卷一

曾国藩家书

[清] 曾国藩 著 郑红峰 译注

吉林出版集团有限责任公司

图书在版编目（CIP）数据

曾国藩家书 / (清) 曾国藩著 ；郑红峰译注. -- 长春 ：吉林出版集团有限责任公司，2011.7
ISBN 978-7-5463-5929-8

Ⅰ. ①曾… Ⅱ. ①曾… ②郑… Ⅲ. ①曾国藩（1811 1872）－书信集②曾国藩家书－译文③曾国藩家书－注释 Ⅳ. ①K827=52

中国版本图书馆CIP数据核字(2011)第139252号

曾国藩家书

著　　者：[清] 曾国藩
译　　注：郑红峰
出 版 人：周殿富
责任编辑：耿　宏　冯　雪
书装设计：张立娟
出版发行：吉林出版集团有限责任公司
电　　话：0431-86012613
印　　刷：三河市文通印刷包装有限公司
开　　本：850mm × 1168mm　　1／16
字　　数：1358千字
印　　张：63.25
版　　次：2011年7月第1版
印　　次：2011年7月第1次印刷
书　　号：ISBN 978-7-5463-5929-8
定　　价：395.00元（古典函套线装 全四册）

如发现印装质量问题，影响阅读，请与印刷厂联系调换。

前 言

曾国藩(1811—1872),虽去世已一百余年,人们至今仍对他顶礼膜拜。他的思想深深影响了几代中国人。如果中国历史用人物来断代,可以这么说:曾国藩是古代历史的最后一人,近代历史的第一人。

曾国藩曾任翰林院侍讲学士、内阁学士,最后官至总督。曾国藩一生历尽坎坷,几度生死,但他靠着坚强之志,度过风雨,令人钦佩折服。他在风雨飘摇的晚清王朝,靠着自己的"内功"与"外王"之气,实现了他心中的目标。

在清王朝由盛转衰、内忧外患的动荡岁月里,曾国藩既无家学,也无根底,却以一介儒生力挽狂澜,获得了官场上的巨大成功。他无靠山,不拉关系,仅凭自己的勤奋刻苦,在科举制度下考取功名,踏上仕途。他一生奉行为政以耐烦为第一要义;凡事要勤俭廉劳,不可为官自傲;为政要心有百姓等。可以这么说,曾国藩的崛起在政治、军事、文化、经济等诸多方面对当时的社会都有很深的影响。但另一方面,他竭力维护封建制度,权倾朝野,却受到朝廷猜忌。在封建王朝面临危难之时,他忠心耿耿,挺身而出,但同时又对清王朝腐败无能深恶痛绝,因而使得这位乱世重臣一生都极富传奇色彩。

曾国藩在晚清政治舞台活动三十余年间,结识了众多对自己事业有帮助的朋友,他曾这样说:"朋友贤否,关乎一生之成败。"在这些朋友当中,有的是和他并肩作战的同僚幕友,有的是文友,尤其是他积极提携的后辈,更是他事业上的左膀右臂。这些人在后来清朝政治舞台上都占有很重要的历史地位。

曾国藩之所以长久为人称道,不仅是因为他的文治武功,更是因为他的文章与道德。

《曾国藩家书》涉及修身、立志、劝学、理财、交友、保健养生、持家、治国治军、为政用人等人生课题,堪称立身之范本、治家之良言、处世之宝典。在曾国藩辞世的第七年,即1879年,由李瀚章编、李鸿章点校的《曾文正公家书》问世,并由传忠书局刊刻出版。此后一百年间,《家书》版本众多,超出史上的任何一部。由传忠书局刊刻的版本并没有按照曾国藩家书原本刻印,而是对部分文章进行了删减。为了还原历史的本来面貌,让读者对曾国藩有一个全面的了解,我们把删去的文字参照岳麓书社的《曾国藩全集·家书卷》、海南出版社的《曾国藩往来家书全编》进行了复原,以便大家阅读研究。

《曾国藩家书》内容涵盖非常丰富,从处理人际关系到从政为官之道;从持家劝学到养生保健;从战胜绝境的胆略到培养与众不同的气质;从克服人性弱点到掌握成功的步骤,应有尽有,而且思想深远,意义深刻。如,居官以耐烦为第一要义、勤俭生活可以治骄奢、为人处事要谦和、紧迫关头只有靠自己、善于抓住时机开创局面等,这些都是人生不可回避的问题。只要仔细研读,便能明白他的谋略之所在。愿读者能在这洋洋百万字中,读懂生命通达权变的莫大智慧。

历经数年的苦心编撰,我们终于完成了《曾国藩家书》的最新校注,解读本。本书按历史时期分为道光年间、咸丰年间、同治年间三卷,在每篇家书前标明了公元纪年,便于读者阅读查阅。此外,每篇家书结尾加注了简评,以便在您诵读困惑之时,得到曾公言论的启示。

曾国藩一生严于治军统兵，勤俭持家、慎行、立功、立德、立言，细细读来，还能体会到中国几千年传统智慧的精华，足见他思想的进步性和科学实用价值。他的思想对中国传统文化的传承和发展，有很深远的影响。

当然，曾国藩的思想谋略精华，短短的几封书信不能透其全貌，他的一生是一部全方位、多视角的成功学全书，值得后人细细品味。

本书不足之处，敬请读者批评指正。

编　者

目　录

第一册

道光二十年二月初九日与父母亲书 ……（1）
道光二十一年四月十七日与祖父书 ……（3）
道光二十一年五月十八日与父亲书 ……（4）
道光二十一年六月初七日与祖父书 ……（6）
道光二十一年六月廿九日与祖父书 ……（7）
道光二十一年八月初三日与父亲书 ……（9）
道光二十一年八月十七日与父母书 ……（12）
道光二十一年八月十七日与叔父书 ……（13）
道光二十一年九月十五日与父母书 ……（14）
道光二十一年十月十九日与父母书 ……（16）
道光二十一年十一月十九日与祖父书 ……（18）
道光二十一年十二月廿一日与父母书 ……（19）
道光二十二年正月初七日与父亲书 ……（20）
道光二十二年正月十八日与父母书 ……（21）
道光二十二年二月廿四日与父母书 ……（23）
道光二十二年三月十一日与父母书 ……（24）
道光二十二年四月廿七日与祖父书 ……（25）
道光二十二年六月初十日与祖父书 ……（27）
道光二十二年七月初四日与父母书 ……（28）
道光二十二年八月初一日与祖父书 ……（30）
道光二十二年八月十二日与父母书 ……（33）
道光二十二年九月十七日与祖父书 ……（34）
道光二十二年九月十八日与诸弟书 ……（36）
道光二十二年十月廿六日与父母书 ……（40）
道光二十二年十月廿六日与诸弟书 ……（41）
道光二十二年十一月十七日与父母书 ……（45）
道光二十二年十一月十七日与诸弟书 ……（45）
道光二十二年十二月二十日与父母书 ……（48）
道光二十二年十二月二十日与诸弟书 ……（49）
道光二十三年正月十七日与父母书 ……（54）
道光二十三年正月十七日与诸弟书 ……（55）

道光二十三年二月十九日与父母书 …………………………………………………… (61)
道光二十三年三月十九日与诸弟书 …………………………………………………… (63)
道光二十三年三月廿三日与祖父书 …………………………………………………… (65)
道光二十三年四月二十日与父母书 …………………………………………………… (67)
道光二十三年六月初六日与祖父书 …………………………………………………… (68)
道光二十三年六月初六日与温弟书 …………………………………………………… (69)
道光二十三年六月初六日与诸弟书 …………………………………………………… (72)
道光二十四年正月廿五日与父母书 …………………………………………………… (74)
道光二十四年正月廿六日与诸弟书 …………………………………………………… (76)
道光二十四年二月十四日与诸弟书 …………………………………………………… (77)
道光二十四年三月初十日与祖父书 …………………………………………………… (79)
道光二十四年四月廿二日与诸弟书 …………………………………………………… (80)
道光二十四年五月十二日与父母书 …………………………………………………… (81)
道光二十四年五月十二日与诸弟书 …………………………………………………… (83)
道光二十四年六月廿三日与父母书 …………………………………………………… (86)
道光二十四年七月二十日与父母书 …………………………………………………… (88)
道光二十四年八月廿九日与祖父书 …………………………………………………… (89)
道光二十四年八月廿九日与诸弟书 …………………………………………………… (90)
道光二十四年九月十九日与父母书 …………………………………………………… (92)
道光二十四年九月十九日与诸弟书 …………………………………………………… (93)
道光二十四年十月廿一日与父母书 …………………………………………………… (94)
道光二十四年十月廿一日与诸弟书 …………………………………………………… (95)
道光二十四年十一月廿一日与祖父书 ………………………………………………… (97)
道光二十四年十一月廿一日与诸弟书 ………………………………………………… (98)
道光二十四年十二月十四日与祖父书 ………………………………………………… (100)
道光二十四年十二月十八日与诸弟书 ………………………………………………… (101)
道光二十五年二月初一日与诸弟书 …………………………………………………… (104)
道光二十五年三月初五日与诸弟书 …………………………………………………… (106)
道光二十五年四月十五日与父母书 …………………………………………………… (108)
道光二十五年四月十五日与诸弟书 …………………………………………………… (109)
道光二十五年四月廿四日与诸弟书 …………………………………………………… (111)
道光二十五年五月初五日与诸弟书 …………………………………………………… (112)
道光二十五年五月廿九日与父母书 …………………………………………………… (113)
道光二十五年六月十九日与父母书 …………………………………………………… (115)
道光二十五年七月初一日与父母书 …………………………………………………… (116)
道光二十五年七月十六日与父母书 …………………………………………………… (118)
道光二十五年七月三十日与诸弟书 …………………………………………………… (119)
道光二十五年八月廿一日与叔父母书 ………………………………………………… (120)
道光二十五年九月十七日与叔父书 …………………………………………………… (122)
道光二十五年十月初一日与叔父母书 ………………………………………………… (123)
道光二十五年十月廿九日与父母书 …………………………………………………… (125)
道光二十五年十一月二十日与父母书 ………………………………………………… (126)

道光二十六年正月初三日与父母书 …………………………………………………… (127)
道光二十六年二月十六日与父母书 …………………………………………………… (129)
道光二十六年三月廿五日与父母书 …………………………………………………… (130)
道光二十六年四月十六日与国荃国葆书 ……………………………………………… (131)
道光二十六年五月十七日与父母书 …………………………………………………… (133)
道光二十六年闰五月十五日与父母书 ………………………………………………… (134)
道光二十六年七月初三日与父母书 …………………………………………………… (135)
道光二十六年九月十九日与父母书 …………………………………………………… (137)
道光二十六年十月十五日与父母书 …………………………………………………… (138)
道光二十七年正月十七日与祖父书 …………………………………………………… (139)
道光二十七年正月十八日与父母书 …………………………………………………… (140)
道光二十七年二月十二日与诸弟书 …………………………………………………… (141)
道光二十七年三月初十日与父母书 …………………………………………………… (145)
道光二十七年三月初十日与诸弟书 …………………………………………………… (146)
道光二十七年六月十七日与祖父书 …………………………………………………… (148)
道光二十七年六月十七日与叔父书 …………………………………………………… (150)
道光二十七年六月十八日与诸弟书 …………………………………………………… (151)
道光二十七年六月廿七日与父母书 …………………………………………………… (152)
道光二十七年六月廿七日与诸弟书 …………………………………………………… (153)
道光二十七年七月十八日与父母书 …………………………………………………… (155)
道光二十七年七月十八日与诸弟书 …………………………………………………… (156)
道光二十七年八月十八日与诸弟书 …………………………………………………… (158)
道光二十七年九月初十日与诸弟书 …………………………………………………… (160)
道光二十七年十月十五日与诸弟书 …………………………………………………… (163)
道光二十七年十二月初六日与父母书 ………………………………………………… (164)
道光二十八年正月廿一日与诸弟书 …………………………………………………… (165)
道光二十八年四月十四日与父母书 …………………………………………………… (168)
道光二十八年五月初十日与父母书 …………………………………………………… (169)
道光二十八年五月初十日与诸弟书 …………………………………………………… (170)
道光二十八年六月十七日与诸弟书 …………………………………………………… (172)
道光二十八年七月二十日与叔父书 …………………………………………………… (174)
道光二十八年九月十二日与叔父书 …………………………………………………… (176)
道光二十八年十一月十四日与诸弟书 ………………………………………………… (177)
道光二十八年十二月初十日与诸弟书 ………………………………………………… (179)
道光二十九年正月初十日与诸弟书 …………………………………………………… (181)
道光二十九年二月初六日与父母书 …………………………………………………… (184)
道光二十九年二月初六日与诸弟书 …………………………………………………… (185)
道光二十九年三月初一日与诸弟书 …………………………………………………… (186)
道光二十九年三月廿一日与诸弟书 …………………………………………………… (188)
道光二十九年四月十六日与父母书 …………………………………………………… (191)
道光二十九年四月十六日与诸弟书 …………………………………………………… (193)
道光二十九年五月十五日与诸弟书 …………………………………………………… (196)

道光二十九年六月初一日与诸弟书 …… (197)
道光二十九年六月十四日与诸弟书 …… (199)
道光二十九年六月廿九日与诸弟书 …… (200)
道光二十九年七月十五日与诸弟书 …… (201)
道光二十九年九月廿一日与诸弟书 …… (203)
道光二十九年十月初四日与诸弟书 …… (204)
道光二十九年十一月初五日与诸弟书 …… (207)
道光二十九年十二月初三日与诸弟书 …… (209)
道光三十年正月初九日与诸弟书 …… (210)
道光三十年三月三十日与父母书 …… (212)
咸丰元年三月初四日与诸弟书 …… (213)
咸丰元年三月十二日与诸弟书 …… (214)
咸丰元年四月初三日与诸弟书 …… (215)
咸丰元年五月十四日与诸弟书 …… (218)

第二册

咸丰元年六月初一日与诸弟书 …… (221)
咸丰元年七月初八日与诸弟书 …… (222)
咸丰元年八月十三日与诸弟书 …… (225)
咸丰元年八月十九日与诸弟书 …… (227)
咸丰元年闰八月十二日与诸弟书 …… (229)
咸丰元年九月初五日与诸弟书 …… (231)
咸丰元年十月十二日与诸弟书 …… (233)
咸丰元年十二月廿二日与诸弟书 …… (235)
咸丰二年正月初九日与诸弟书 …… (237)
咸丰二年七月廿六日与纪泽书 …… (239)
咸丰二年八月初八日与纪泽书 …… (244)
咸丰二年八月十二日与纪泽书 …… (247)
咸丰二年八月十三日与纪泽书 …… (248)
咸丰二年八月廿六日与纪泽书 …… (249)
咸丰二年九月十八日与纪泽书 …… (250)
咸丰二年十一月十四日与牧云书 …… (252)
咸丰二年十二月十五日与牧云书 …… (254)
咸丰二年十二月廿五日与牧云书 …… (255)
咸丰三年正月十二日与牧云书 …… (256)
咸丰三年十月初四日与父亲大人书 …… (257)
咸丰四年三月廿五日与父亲大人书 …… (259)
咸丰四年三月廿五日与诸弟书 …… (261)
咸丰四年四月初四日与诸弟书 …… (261)
咸丰四年四月十四日与诸弟书 …… (263)
咸丰四年四月十六日与诸弟书 …… (264)

咸丰四年四月二十日与诸弟书 …………………………………………………… (265)
咸丰四年四月廿一日与诸弟书 …………………………………………………… (268)
咸丰四年五月初一日与诸弟书 …………………………………………………… (269)
咸丰四年五月初四日与诸弟书 …………………………………………………… (270)
咸丰四年五月初九日与诸弟书 …………………………………………………… (271)
咸丰四年五月二十日与父亲大人书 ……………………………………………… (272)
咸丰四年六月初二日与诸弟书 …………………………………………………… (274)
咸丰四年六月初四日与诸弟书 …………………………………………………… (275)
咸丰四年六月初六日与诸弟书 …………………………………………………… (276)
咸丰四年六月十二日与诸弟书 …………………………………………………… (276)
咸丰四年六月十八日与诸弟书 …………………………………………………… (277)
咸丰四年六月廿三日与诸弟书 …………………………………………………… (278)
咸丰四年七月廿一日与诸弟书 …………………………………………………… (279)
咸丰四年七月廿七日与诸弟书 …………………………………………………… (281)
咸丰四年闰七月初二日与诸弟书 ………………………………………………… (282)
咸丰四年闰七月初三日与诸弟书 ………………………………………………… (284)
咸丰四年闰七月初九日与诸弟书 ………………………………………………… (285)
咸丰四年闰七月十四日与诸弟书 ………………………………………………… (285)
咸丰四年闰七月廿七日与诸弟书 ………………………………………………… (287)
咸丰四年八月十一日与诸弟书 …………………………………………………… (288)
咸丰四年九月十三日与诸弟书 …………………………………………………… (290)
咸丰四年十月廿二日与诸弟书 …………………………………………………… (291)
咸丰四年十一月初七日与诸弟书 ………………………………………………… (293)
咸丰四年十一月廿三日与诸弟书 ………………………………………………… (295)
咸丰四年十一月廿七日与诸弟书 ………………………………………………… (296)
咸丰五年正月初二日与诸弟书 …………………………………………………… (298)
咸丰五年正月十八日与诸弟书 …………………………………………………… (300)
咸丰五年二月廿九日与诸弟书 …………………………………………………… (301)
咸丰五年三月二十日与诸弟书 …………………………………………………… (302)
咸丰五年三月廿六日与诸弟书 …………………………………………………… (304)
咸丰五年四月初八日与诸弟书 …………………………………………………… (306)
咸丰五年四月二十日与诸弟书 …………………………………………………… (307)
咸丰五年四月廿四日与诸弟书 …………………………………………………… (309)
咸丰五年五月廿六日与诸弟书 …………………………………………………… (311)
咸丰五年六月十六日与诸弟书 …………………………………………………… (313)
咸丰五年七月初八日与诸弟书 …………………………………………………… (314)
咸丰五年八月十三日与诸弟书 …………………………………………………… (316)
咸丰五年八月廿七日与诸弟书 …………………………………………………… (317)
咸丰五年九月三十日与诸弟书 …………………………………………………… (320)
咸丰五年十月十四日与诸弟书 …………………………………………………… (321)
咸丰五年十月十九日与诸弟书 …………………………………………………… (323)
咸丰五年十一月初四日与诸弟书 ………………………………………………… (323)

咸丰五年十二月初一日与诸弟书 …………………………………………………………… (325)
咸丰六年正月十八日与诸弟书 …………………………………………………………… (327)
咸丰六年二月初八日与诸弟书 …………………………………………………………… (329)
咸丰六年四月初八日与六弟国华书 ……………………………………………………… (331)
咸丰六年七月廿七日与诸弟书 …………………………………………………………… (332)
咸丰六年八月十八日与诸弟书 …………………………………………………………… (333)
咸丰六年九月初十日与诸弟书 …………………………………………………………… (334)
咸丰六年九月初十日与四弟国潢书 ……………………………………………………… (336)
咸丰六年九月十七日与九弟国荃书 ……………………………………………………… (337)
咸丰六年十月初二日与九弟国荃书 ……………………………………………………… (338)
咸丰六年十月初二日与纪泽书 …………………………………………………………… (340)
咸丰六年十月初三日与四弟国潢书 ……………………………………………………… (341)
咸丰六年十月初六日与九弟国荃书 ……………………………………………………… (342)
咸丰六年十月初九日与九弟国荃书 ……………………………………………………… (344)
咸丰六年十月十三日与九弟国荃书 ……………………………………………………… (345)
咸丰六年十一月初五日与纪泽书 ………………………………………………………… (345)
咸丰六年十一月初七日与九弟国荃书 …………………………………………………… (347)
咸丰六年十一月初七日与四弟国潢书 …………………………………………………… (348)
咸丰六年十一月十四日与九弟国荃书 …………………………………………………… (349)
咸丰六年十一月廿九日与四弟国潢书 …………………………………………………… (350)
咸丰六年十二月廿七日与九弟国荃书 …………………………………………………… (351)
咸丰七年正月十五日与九弟国荃书 ……………………………………………………… (353)
咸丰七年正月十八日与四弟国潢书 ……………………………………………………… (354)
咸丰七年正月廿二日与九弟国荃书 ……………………………………………………… (355)
咸丰七年正月廿六日与九弟国荃书 ……………………………………………………… (356)
咸丰七年二月初三日与九弟国荃书 ……………………………………………………… (357)
咸丰七年九月廿二日与九弟国荃书 ……………………………………………………… (358)
咸丰七年十月初四日与九弟国荃书 ……………………………………………………… (359)
咸丰七年十月初十日与九弟国荃书 ……………………………………………………… (361)
咸丰七年十月十五日与九弟国荃书 ……………………………………………………… (363)
咸丰七年十月十六日与九弟国荃书 ……………………………………………………… (364)
咸丰七年十月廿七日与九弟国荃书 ……………………………………………………… (365)
咸丰七年十一月初五日与九弟国荃书 …………………………………………………… (367)
咸丰七年十一月廿五日与九弟国荃书 …………………………………………………… (369)
咸丰七年十二月初六日与九弟国荃书 …………………………………………………… (371)
咸丰七年十二月十四日与九弟国荃书 …………………………………………………… (373)
咸丰七年十二月廿一日与九弟国荃书 …………………………………………………… (375)
咸丰八年正月初四日与九弟国荃书 ……………………………………………………… (377)
咸丰八年正月十一日与九弟国荃书 ……………………………………………………… (379)
咸丰八年正月十四日与九弟国荃书 ……………………………………………………… (381)
咸丰八年正月十九日与九弟国荃书 ……………………………………………………… (382)
咸丰八年正月廿九日与九弟国荃书 ……………………………………………………… (383)

咸丰八年二月初二日与九弟国荃书 …… (385)
咸丰八年二月十四日与九弟国荃书 …… (386)
咸丰八年二月十七日与九弟国荃书 …… (388)
咸丰八年三月初六日与九弟国荃书 …… (389)
咸丰八年三月十三日与九弟国荃书 …… (390)
咸丰八年三月廿四日与九弟国荃书 …… (392)
咸丰八年三月三十日与九弟国荃书 …… (393)
咸丰八年四月初九日与九弟国荃书 …… (396)
咸丰八年四月十七日与九弟国荃书 …… (398)
咸丰八年四月廿三日与九弟国荃书 …… (400)
咸丰八年五月初五日与九弟国荃书 …… (401)
咸丰八年五月初六日与九弟国荃书 …… (403)
咸丰八年五月十六日与九弟国荃书 …… (404)
咸丰八年五月三十日与九弟国荃书 …… (407)
咸丰八年六月初四日与九弟国荃书 …… (409)
咸丰八年六月十六日与九弟国荃书 …… (411)
咸丰八年六月廿三日与九弟国荃书 …… (413)
咸丰八年六月廿七日与九弟国荃书 …… (414)
咸丰八年七月初七日与九弟国荃书 …… (415)
咸丰八年七月十四日与九弟国荃书 …… (416)
咸丰八年七月二十日与国潢国葆书 …… (417)
咸丰八年七月廿八日与九弟国荃书 …… (418)
咸丰八年八月初四日与九弟国荃书 …… (419)
咸丰八年八月初六日与九弟国荃书 …… (420)
咸丰八年八月十四日与九弟国荃书 …… (422)
咸丰八年八月十七日与九弟国荃书 …… (424)
咸丰八年八月廿二日与九弟国荃书 …… (425)
咸丰八年八月廿二日与国潢国葆书 …… (426)
咸丰八年八月廿七日与九弟国荃书 …… (428)
咸丰八年八月廿九日与九弟国荃书 …… (429)
咸丰八年九月廿八日与国潢国葆书 …… (430)
咸丰八年十月初三日与国潢国葆书 …… (433)
咸丰八年十月十五日与九弟国荃书 …… (434)
咸丰八年十一月十二日与诸弟书 …… (435)
咸丰八年十一月廿三日与诸弟书 …… (437)
咸丰八年十二月初三日与诸弟书 …… (439)
咸丰八年十二月十三日与诸弟书 …… (440)
咸丰八年十二月十六日与诸弟书 …… (442)
咸丰八年十二月二十日与诸弟书 …… (443)
咸丰九年正月初一日与诸弟书 …… (444)
咸丰九年正月初八日与诸弟书 …… (446)
咸丰九年正月十三日与诸弟书 …… (447)

咸丰九年正月廿三日与诸弟书 …………(448)
咸丰九年正月廿八日与诸弟书 …………(451)
咸丰九年二月初三日与诸弟书 …………(451)
咸丰九年二月十三日与诸弟书 …………(454)
咸丰九年二月廿三日与诸弟书 …………(456)
咸丰九年三月初三日与诸弟书 …………(457)
咸丰九年三月初八日与诸弟书 …………(459)
咸丰九年三月十三日与诸弟书 …………(460)
咸丰九年三月廿三日与诸弟书 …………(462)
咸丰九年四月廿三日与诸弟书 …………(463)
咸丰九年五月初三日与国潢国葆书 …………(464)
咸丰九年五月初六日与四弟国潢书 …………(465)
咸丰九年五月十三日与四弟国潢书 …………(466)
咸丰九年五月廿四日与四弟国潢书 …………(467)
咸丰九年六月初四日与四弟国潢书 …………(468)
咸丰九年六月初六日与九弟国荃书 …………(469)
咸丰九年六月十八日与四弟国潢书 …………(470)
咸丰九年六月三十日与四弟国潢书 …………(471)

第三册

咸丰九年七月廿三日与四弟国潢书 …………(473)
咸丰九年八月初五日与国潢国荃书 …………(473)
咸丰九年八月十二日与国潢国荃书 …………(475)
咸丰九年八月廿二日与诸弟书 …………(476)
咸丰九年八月廿九日与四弟国潢书 …………(478)
咸丰九年十月初四日与四弟国潢书 …………(478)
咸丰九年十月十八日与四弟国潢书 …………(479)
咸丰九年十一月初三日与国潢国荃书 …………(480)
咸丰九年十一月十四日与国潢国荃书 …………(481)
咸丰九年十一月廿四日与国潢国荃书 …………(482)
咸丰九年十二月廿四日与国潢国荃书 …………(484)
咸丰十年正月初四日与国潢国荃书 …………(485)
咸丰十年正月十四日与国潢国荃书 …………(487)
咸丰十年正月廿八日与国潢国荃书 …………(488)
咸丰十年二月初八日与国潢国荃书 …………(489)
咸丰十年二月廿四日与国潢国荃书 …………(490)
咸丰十年三月十九日与国潢国荃书 …………(493)
咸丰十年三月廿四日与国潢国荃书 …………(494)
咸丰十年闰三月初四日与国潢国荃书 …………(495)
咸丰十年闰三月十四日与国潢国荃书 …………(497)
咸丰十年闰三月廿九日与四弟国潢书 …………(498)

咸丰十年四月初四日与四弟国潢书 ……………………………………………………（499）
咸丰十年四月十四日与四弟国潢书 ……………………………………………………（499）
咸丰十年四月廿四日与四弟国潢书 ……………………………………………………（501）
咸丰十年四月廿九日与四弟国潢书 ……………………………………………………（502）
咸丰十年五月初四日与四弟国潢书 ……………………………………………………（503）
咸丰十年五月十四日与四弟国潢书 ……………………………………………………（504）
咸丰十年六月初十日与国荃国葆书 ……………………………………………………（505）
咸丰十年六月十九日与九弟国荃书 ……………………………………………………（506）
咸丰十年六月廿二日与九弟国荃书 ……………………………………………………（507）
咸丰十年六月廿七日与季弟国葆书 ……………………………………………………（508）
咸丰十年六月廿八日与国荃国葆书 ……………………………………………………（509）
咸丰十年七月初三日与国荃国葆书 ……………………………………………………（510）
咸丰十年七月初八日与国荃国葆书 ……………………………………………………（511）
咸丰十年七月十二日与国荃国葆书 ……………………………………………………（512）
咸丰十年七月十五日与九弟国荃书 ……………………………………………………（513）
咸丰十年八月初七日与国荃国葆书 ……………………………………………………（514）
咸丰十年九月初四日与四弟国潢书 ……………………………………………………（515）
咸丰十年九月初七日与国荃国葆书 ……………………………………………………（516）
咸丰十年九月十四日与九弟国荃书 ……………………………………………………（517）
咸丰十年九月廿一日与九弟国荃书 ……………………………………………………（518）
咸丰十年九月廿三日与九弟国荃书 ……………………………………………………（519）
咸丰十年九月廿四日与国荃国葆书 ……………………………………………………（520）
咸丰十年十月初四日与四弟国潢书 ……………………………………………………（521）
咸丰十年十月初四日与国荃国葆书 ……………………………………………………（522）
咸丰十年十月初五日与九弟国荃书 ……………………………………………………（523）
咸丰十年十月二十日与国荃国葆书 ……………………………………………………（525）
咸丰十年十月廿四日与四弟国潢书 ……………………………………………………（526）
咸丰十年十一月十四日与四弟国潢书 …………………………………………………（527）
咸丰十年十一月廿一日与国荃国葆书 …………………………………………………（528）
咸丰十年十二月初四日与四弟国潢书 …………………………………………………（529）
咸丰十年十二月十六日与国荃国葆书 …………………………………………………（530）
咸丰十年十二月二十日与国荃国葆书 …………………………………………………（531）
咸丰十年十二月廿四日与四弟国潢书 …………………………………………………（532）
咸丰十一年正月初一日与九弟国荃书 …………………………………………………（534）
咸丰十一年正月初四日与四弟国潢书 …………………………………………………（535）
咸丰十一年正月十四日与四弟国潢书 …………………………………………………（536）
咸丰十一年正月廿一日与九弟国荃书 …………………………………………………（537）
咸丰十一年正月廿八日与九弟国荃书 …………………………………………………（538）
咸丰十一年二月初四日与四弟国潢书 …………………………………………………（539）
咸丰十一年二月初七日与国荃国葆书 …………………………………………………（540）
咸丰十一年二月廿二日与国荃国葆书 …………………………………………………（541）
咸丰十一年二月廿四日与四弟国潢书 …………………………………………………（543）

咸丰十一年二月廿六日与国荃国葆书 …… (545)
咸丰十一年二月廿九日与九弟国荃书 …… (546)
咸丰十一年三月初四日与诸弟书 …… (547)
咸丰十一年三月十四日与国荃国葆书 …… (548)
咸丰十一年三月十七日与国荃国葆书 …… (549)
咸丰十一年三月十九日与九弟国荃书 …… (550)
咸丰十一年三月廿一日与国荃国葆书 …… (552)
咸丰十一年三月廿二日与九弟国荃书 …… (553)
咸丰十一年三月廿四日与四弟国潢书 …… (554)
咸丰十一年三月廿八日与九弟国荃书 …… (555)
咸丰十一年三月三十日与九弟国荃书 …… (556)
咸丰十一年四月初三日与九弟国荃书 …… (557)
咸丰十一年四月初八日与九弟国荃书 …… (558)
咸丰十一年四月十二日与九弟国荃书 …… (560)
咸丰十一年四月十三日与九弟国荃书 …… (561)
咸丰十一年四月十五日与国荃国葆书 …… (563)
咸丰十一年四月廿一日与九弟国荃书 …… (564)
咸丰十一年四月廿四日与四弟国潢书 …… (564)
咸丰十一年四月廿四日与丹阁十叔书 …… (565)
咸丰十一年四月廿六日与九弟国荃书 …… (567)
咸丰十一年五月初一日与九弟国荃书 …… (569)
咸丰十一年五月初四日与国荃国葆书 …… (570)
咸丰十一年五月初七日与九弟国荃书 …… (571)
咸丰十一年五月初九日与国荃国葆书 …… (572)
咸丰十一年五月十三日与九弟国荃书 …… (573)
咸丰十一年五月廿五日与九弟国荃书 …… (574)
咸丰十一年五月三十日与九弟国荃书 …… (575)
咸丰十一年六月初五日与九弟国荃书 …… (576)
咸丰十一年六月十二日与国荃国葆书 …… (577)
咸丰十一年六月十四日与四弟国潢书 …… (578)
咸丰十一年六月十七日与九弟国荃书 …… (579)
咸丰十一年六月廿三日与九弟国荃书 …… (580)
咸丰十一年六月廿九日与九弟国荃书 …… (581)
咸丰十一年七月十四日与四弟国潢书 …… (583)
咸丰十一年七月十四日与九弟国荃书 …… (584)
咸丰十一年七月十七日与九弟国荃书 …… (585)
咸丰十一年七月十九日与九弟国荃书 …… (586)
咸丰十一年七月廿四日与季弟国葆书 …… (587)
咸丰十一年八月初一日与九弟国荃书 …… (588)
咸丰十一年八月初四日与四弟国潢书 …… (589)
咸丰十一年九月初三日与九弟国荃书 …… (589)
咸丰十一年九月初六日与国荃国葆书 …… (590)

咸丰十一年九月初十日与九弟国荃书 ……………………………………………… (591)
咸丰十一年九月十二日与九弟国荃书 ……………………………………………… (592)
咸丰十一年九月十四日与四弟国潢书 ……………………………………………… (593)
咸丰十一年九月十七日与九弟国荃书 ……………………………………………… (596)
咸丰十一年九月廿三日与九弟国荃书 ……………………………………………… (596)
咸丰十一年九月廿五日与九弟国荃书 ……………………………………………… (597)
咸丰十一年九月廿六日与九弟国荃书 ……………………………………………… (599)
咸丰十一年十月初四日与四弟国潢书 ……………………………………………… (599)
咸丰十一年十一月十四日与国潢国荃书 …………………………………………… (600)
咸丰十一年十一月廿四日与国潢国荃书 …………………………………………… (602)
咸丰十一年十二月十四日与国潢国荃书 …………………………………………… (604)
同治元年正月初四日与国潢国荃书 ………………………………………………… (605)
同治元年正月十四日与九弟国荃书 ………………………………………………… (606)
同治元年正月十八日与九弟国荃书 ………………………………………………… (607)
同治元年二月初二日与季弟国葆书 ………………………………………………… (608)
同治元年二月廿一日与季弟国葆书 ………………………………………………… (609)
同治元年三月初三日与国荃国葆书 ………………………………………………… (609)
同治元年三月初四日与四弟国潢书 ………………………………………………… (611)
同治元年三月初八日与九弟国荃书 ………………………………………………… (611)
同治元年三月廿四日与九弟国荃书 ………………………………………………… (612)
同治元年三月廿七日与九弟国荃书 ………………………………………………… (613)
同治元年三月廿九日与九弟国荃书 ………………………………………………… (614)
同治元年四月初三日与季弟国葆书 ………………………………………………… (616)
同治元年四月初四日与九弟国荃书 ………………………………………………… (616)
同治元年四月初五日与季弟国葆书 ………………………………………………… (618)
同治元年四月初六日与九弟国荃书 ………………………………………………… (619)
同治元年四月初八日与九弟国荃书 ………………………………………………… (620)
同治元年四月十一日与九弟国荃书 ………………………………………………… (620)
同治元年四月十二日与九弟国荃书 ………………………………………………… (622)
同治元年四月十四日与四弟国潢书 ………………………………………………… (622)
同治元年四月廿二日与九弟国荃书 ………………………………………………… (623)
同治元年四月廿四日与四弟国潢书 ………………………………………………… (624)
同治元年四月廿五日与九弟国荃书 ………………………………………………… (625)
同治元年四月廿八日与九弟国荃书 ………………………………………………… (625)
同治元年五月初四日与四弟国潢书 ………………………………………………… (626)
同治元年五月初七日与国荃国葆书 ………………………………………………… (627)
同治元年五月初八日与季弟国葆书 ………………………………………………… (628)
同治元年五月十五日与国荃国葆书 ………………………………………………… (628)
同治元年五月二十日与国荃国葆书 ………………………………………………… (630)
同治元年五月廿五日与九弟国葆书 ………………………………………………… (631)
同治元年五月廿八日与国荃国葆书 ………………………………………………… (632)
同治元年六月初二日与国荃国葆书 ………………………………………………… (633)

同治元年六月初四日与四弟国潢书 …………(634)
同治元年六月初八日与国荃国葆书 …………(635)
同治元年六月初九日与国荃国葆书 …………(636)
同治元年六月初十日与国荃国葆书 …………(636)
同治元年六月十二日与国荃国葆书 …………(637)
同治元年六月十四日与四弟国潢书 …………(638)
同治元年六月二十日与九弟国荃书 …………(639)
同治元年六月廿二日与国荃国葆书 …………(640)
同治元年六月廿三日与九弟国荃书 …………(641)
同治元年六月廿六日与国荃国葆书 …………(643)
同治元年六月廿九日与国荃国葆书 …………(644)
同治元年七月初一日与国荃国葆书 …………(644)
同治元年七月初五日与九弟国荃书 …………(645)
同治元年七月二十日与国荃国葆书 …………(646)
同治元年七月廿四日与四弟国潢书 …………(648)
同治元年七月廿五日与国荃国葆书 …………(648)
同治元年七月廿八日与国荃国葆书 …………(649)
同治元年八月初四日与国荃国葆书 …………(650)
同治元年八月初七日与国荃国葆书 …………(651)
同治元年八月廿一日与国荃国葆书 …………(652)
同治元年闰八月初四日与四弟国潢书 …………(653)
同治元年闰八月十六日与九弟国荃书 …………(654)
同治元年闰八月十九日与九弟国荃书 …………(655)
同治元年闰八月廿一日与九弟国荃书 …………(656)
同治元年闰八月廿四日与九弟国荃书 …………(657)
同治元年九月初一日与九弟国荃书 …………(658)
同治元年九月初二日与九弟国荃书 …………(659)
同治元年九月初三日与国荃国葆书 …………(660)
同治元年九月初四日与四弟国潢书 …………(661)
同治元年九月初四日与九弟国荃书 …………(662)
同治元年九月初五日与九弟国荃书 …………(663)
同治元年九月初七日与国荃国潢书 …………(664)
同治元年九月初八日与九弟国荃书 …………(665)
同治元年九月初九日与国荃国潢书 …………(666)
同治元年九月初十日与九弟国荃书 …………(667)
同治元年九月十一日与九弟国荃书 …………(668)
同治元年九月十二日与九弟国荃书 …………(669)
同治元年九月十三日与九弟国荃书 …………(670)
同治元年九月十四日与九弟国荃书 …………(671)
同治元年九月十五日与九弟国荃书 …………(671)
同治元年九月十六日与九弟国荃书 …………(673)
同治元年九月十七日与九弟国荃书 …………(673)

同治元年九月十九日与九弟国荃书 ……（675）
同治元年九月二十日与九弟国荃书 ……（676）
同治元年九月廿一日与九弟国荃书 ……（676）
同治元年九月廿四日与四弟国潢书 ……（678）
同治元年九月廿四日与九弟国荃书 ……（679）
同治元年九月廿五日与九弟国荃书 ……（680）
同治元年九月廿六日与九弟国荃书 ……（681）
同治元年九月廿八日与九弟国荃书 ……（681）
同治元年九月廿九日与九弟国荃书 ……（682）
同治元年九月三十日与九弟国荃书 ……（683）
同治元年十月初一日与九弟国荃书 ……（684）
同治元年十月初三日与九弟国荃书 ……（684）
同治元年十月初五日与九弟国荃书 ……（686）
同治元年十月初八日与九弟国荃书 ……（686）
同治元年十月十二日与国荃国葆书 ……（687）
同治元年十月十三日与九弟国荃书 ……（688）
同治元年十月十三日与九弟国荃书 ……（690）
同治元年十月十四日与九弟国荃书 ……（690）
同治元年十月十五日与九弟国荃书 ……（691）
同治元年十月十六日与季弟国葆书 ……（692）
同治元年十月十七日与九弟国荃书 ……（693）
同治元年十月十九日与九弟国荃书 ……（694）
同治元年十月二十日与九弟国荃书 ……（695）
同治元年十月廿三日与九弟国荃书 ……（696）
同治元年十月廿四日与九弟国荃书 ……（697）
同治元年十月廿五日与九弟国荃书 ……（698）
同治元年十月廿七日与九弟国荃书 ……（699）
同治元年十月廿八日与九弟国荃书 ……（700）
同治元年十一月初一日与九弟国荃书 ……（701）
同治元年十一月初四日与九弟国荃书 ……（702）
同治元年十一月初六日与九弟国荃书 ……（702）
同治元年十一月初八日与九弟国荃书 ……（703）
同治元年十一月初九日与九弟国荃书 ……（704）
同治元年十一月十一日与九弟国荃书 ……（705）
同治元年十一月十八日与九弟国荃书 ……（706）
同治元年十一月十九日与九弟国荃书 ……（706）
同治元年十一月廿二日与九弟国荃书 ……（707）
同治元年十一月廿三日与九弟国荃书 ……（708）
同治元年十一月廿四日与九弟国荃书 ……（709）
同治元年十一月廿五日与九弟国荃书 ……（710）
同治元年十一月廿六日与九弟国荃书 ……（710）
同治元年十一月廿八日与九弟国荃书 ……（711）

同治元年十一月廿九日与九弟国荃书 …… (711)
同治元年十二月初一日与九弟国荃书 …… (712)
同治元年十二月初二日与九弟国荃书 …… (713)
同治元年十二月初四日与四弟国潢书 …… (714)
同治元年十二月初九日与九弟国荃书 …… (715)
同治元年十二月初十日与九弟国荃书 …… (716)
同治元年十二月十一日与九弟国荃书 …… (716)
同治元年十二月十二日与九弟国荃书 …… (717)
同治元年十二月十三日与九弟国荃书 …… (718)
同治元年十二月十五日与九弟国荃书 …… (719)
同治元年十二月十七日与九弟国荃书 …… (719)
同治元年十二月二十日与九弟国荃书 …… (720)
同治元年十二月廿二日与四弟国潢书 …… (721)
同治元年十二月廿三日与九弟国荃书 …… (723)
同治元年十二月廿五日与九弟国荃书 …… (724)

第四册

同治元年十二月廿七日与九弟国荃书 …… (725)
同治二年正月初一日与九弟国荃书 …… (725)
同治二年正月初三日与九弟国荃书 …… (726)
同治二年正月初七日与九弟国荃书 …… (727)
同治二年正月十一日与九弟国荃书 …… (728)
同治二年正月十三日与九弟国荃书 …… (729)
同治二年正月十八日与九弟国荃书 …… (730)
同治二年正月二十日与九弟国荃书 …… (732)
同治二年正月廿四日与九弟国荃书 …… (733)
同治二年正月廿七日与九弟国荃书 …… (734)
同治二年二月十四日与四弟国潢书 …… (735)
同治二年二月二十日与九弟国荃书 …… (736)
同治二年三月初六日与九弟国荃书 …… (737)
同治二年三月十二日与九弟国荃书 …… (738)
同治二年三月十四日与九弟国荃书 …… (740)
同治二年三月十六日与九弟国荃书 …… (741)
同治二年三月十八日与九弟国荃书 …… (743)
同治二年三月廿一日与九弟国荃书 …… (744)
同治二年三月廿四日与四弟国潢书 …… (745)
同治二年三月廿九日与九弟国荃书 …… (746)
同治二年四月初一日与九弟国荃书 …… (747)
同治二年四月初三日与九弟国荃书 …… (748)
同治二年四月初六日与九弟国荃书 …… (749)
同治二年四月初十日与九弟国荃书 …… (750)

同治二年四月十六日与九弟国荃书 …… (751)
同治二年四月廿一日与九弟国荃书 …… (752)
同治二年四月廿四日与四弟国潢书 …… (753)
同治二年四月廿七日与九弟国荃书 …… (754)
同治二年五月初二日与九弟国荃书 …… (755)
同治二年五月初四日与九弟国荃书 …… (756)
同治二年五月初七日与九弟国荃书 …… (758)
同治二年五月初九日与九弟国荃书 …… (759)
同治二年五月十四日与九弟国荃书 …… (760)
同治二年五月十六日与九弟国荃书 …… (761)
同治二年五月廿一日与九弟国荃书 …… (762)
同治二年五月廿四日与四弟国潢书 …… (764)
同治二年六月初三日与九弟国荃书 …… (765)
同治二年六月初六日与九弟国荃书 …… (766)
同治二年六月初十日与九弟国荃书 …… (767)
同治二年六月十二日与九弟国荃书 …… (768)
同治二年六月廿七日与九弟国荃书 …… (769)
同治二年七月初一日与九弟国荃书 …… (770)
同治二年七月十一日与九弟国荃书 …… (771)
同治二年七月十五日与九弟国荃书 …… (772)
同治二年七月廿一日与九弟国荃书 …… (773)
同治二年七月廿三日与九弟国荃书 …… (775)
同治二年七月廿四日与四弟国潢书 …… (776)
同治二年七月廿七日与九弟国荃书 …… (777)
同治二年八月初二日与九弟国荃书 …… (778)
同治二年八月初五日与九弟国荃书 …… (780)
同治二年八月初九日与九弟国荃书 …… (781)
同治二年八月廿三日与九弟国荃书 …… (782)
同治二年八月三十日与九弟国荃书 …… (783)
同治二年九月十七日与九弟国荃书 …… (784)
同治二年九月廿二日与九弟国荃书 …… (785)
同治二年十月初四日与四弟国潢书 …… (786)
同治二年十月十七日与九弟国荃书 …… (787)
同治二年十月廿二日与九弟国荃书 …… (788)
同治二年十一月初五日与九弟国荃书 …… (789)
同治二年十一月十二日与九弟国荃书 …… (790)
同治二年十一月十四日与四弟国潢书 …… (791)
同治二年十一月廿四日与四弟国潢书 …… (792)
同治二年十二月初一日与九弟国荃书 …… (794)
同治二年十二月初十日与九弟国荃书 …… (795)
同治二年十二月十四日与四弟国潢书 …… (796)
同治二年十二月十八日与九弟国荃书 …… (797)

同治二年十二月廿一日与九弟国荃书 ……………………………………………… (798)
同治二年十二月廿三日与九弟国荃书 ……………………………………………… (799)
同治二年十二月廿六日与九弟国荃书 ……………………………………………… (800)
同治三年正月初四日与四弟国潢书 ……………………………………………… (802)
同治三年正月初七日与九弟国荃书 ……………………………………………… (802)
同治三年正月十四日与四弟国潢书 ……………………………………………… (803)
同治三年正月十七日与九弟国荃书 ……………………………………………… (804)
同治三年正月廿三日与九弟国荃书 ……………………………………………… (805)
同治三年正月廿四日与四弟国潢书 ……………………………………………… (806)
同治三年正月廿六日与九弟国荃书 ……………………………………………… (807)
同治三年二月初二日与九弟国荃书 ……………………………………………… (808)
同治三年二月十一日与九弟国荃书 ……………………………………………… (809)
同治三年二月十四日与四弟国潢书 ……………………………………………… (810)
同治三年二月廿四日与四弟国潢书 ……………………………………………… (811)
同治三年三月初四日与四弟国潢书 ……………………………………………… (812)
同治三年三月十二日与九弟国荃书 ……………………………………………… (813)
同治三年三月十四日与四弟国潢书 ……………………………………………… (814)
同治三年三月廿六日与九弟国荃书 ……………………………………………… (816)
同治三年三月廿七日与九弟国荃书 ……………………………………………… (817)
同治三年三月三十日与九弟国荃书 ……………………………………………… (818)
同治三年四月初三日与九弟国荃书 ……………………………………………… (819)
同治三年四月初四日与四弟国潢书 ……………………………………………… (820)
同治三年四月初五日与九弟国荃书 ……………………………………………… (821)
同治三年四月初六日与九弟国荃书 ……………………………………………… (822)
同治三年四月初九日与九弟国荃书 ……………………………………………… (824)
同治三年四月十三日与九弟国荃书 ……………………………………………… (825)
同治三年四月十四日与四弟国潢书 ……………………………………………… (826)
同治三年四月十六日与九弟国荃书 ……………………………………………… (827)
同治三年四月十八日与九弟国荃书 ……………………………………………… (828)
同治三年四月二十日与九弟国荃书 ……………………………………………… (829)
同治三年四月廿四日与四弟国潢书 ……………………………………………… (831)
同治三年四月廿八日与九弟国荃书 ……………………………………………… (832)
同治三年五月初一日与九弟国荃书 ……………………………………………… (833)
同治三年五月初三日与四弟国潢书 ……………………………………………… (834)
同治三年五月初六日与九弟国荃书 ……………………………………………… (835)
同治三年五月初十日与九弟国荃书 ……………………………………………… (836)
同治三年五月十二日与九弟国荃书 ……………………………………………… (837)
同治三年五月十四日与四弟国潢书 ……………………………………………… (838)
同治三年五月十五日与九弟国荃书 ……………………………………………… (839)
同治三年五月十六日与九弟国荃书 ……………………………………………… (840)
同治三年五月十七日与九弟国荃书 ……………………………………………… (841)
同治三年五月十九日与九弟国荃书 ……………………………………………… (842)

同治三年五月廿三日与九弟国荃书 …………………………………………………… (843)
同治三年五月廿五日与九弟国荃书 …………………………………………………… (844)
同治三年六月初一日与九弟国荃书 …………………………………………………… (845)
同治三年六月初四日与九弟国荃书 …………………………………………………… (846)
同治三年六月初四日与四弟国潢书 …………………………………………………… (847)
同治三年六月初九日与九弟国荃书 …………………………………………………… (848)
同治三年六月初十日与九弟国荃书 …………………………………………………… (849)
同治三年六月十一日与九弟国荃书 …………………………………………………… (850)
同治三年六月十四日与四弟国潢书 …………………………………………………… (850)
同治三年六月十六日与九弟国荃书 …………………………………………………… (851)
同治三年六月十九日与九弟国荃书 …………………………………………………… (852)
同治三年六月二十日与九弟国荃书 …………………………………………………… (853)
同治三年七月初四日与四弟国潢书 …………………………………………………… (854)
同治三年七月十四日与四弟国潢书 …………………………………………………… (855)
同治三年七月廿四日与四弟国潢书 …………………………………………………… (855)
同治三年七月廿九日与九弟国荃书 …………………………………………………… (856)
同治三年八月初二日与九弟国荃书 …………………………………………………… (858)
同治三年八月初四日与四弟国潢书 …………………………………………………… (859)
同治三年八月初五日与九弟国荃书 …………………………………………………… (860)
同治三年八月初九日与九弟国荃书 …………………………………………………… (861)
同治三年八月十四日与四弟国潢书 …………………………………………………… (862)
同治三年八月二十日与九弟国荃书 …………………………………………………… (863)
同治三年八月廿四日与四弟国潢书 …………………………………………………… (863)
同治三年八月廿六日与九弟国荃书 …………………………………………………… (865)
同治三年九月十四日与四弟国潢书 …………………………………………………… (865)
同治三年九月廿四日与四弟国潢书 …………………………………………………… (866)
同治三年十月初五日与四弟国潢书 …………………………………………………… (867)
同治三年十一月十四日与国潢国荃书 ………………………………………………… (868)
同治三年十一月廿四日与国潢国荃书 ………………………………………………… (868)
同治三年十二月十六日与国潢国荃书 ………………………………………………… (869)
同治四年正月十四日与九弟国荃书 …………………………………………………… (870)
同治四年正月廿四日与九弟国荃书 …………………………………………………… (871)
同治四年正月三十日与国潢国荃书 …………………………………………………… (872)
同治四年二月初五日与国潢国荃书 …………………………………………………… (872)
同治四年三月初四日与国潢国荃书 …………………………………………………… (873)
同治四年三月初七日与国潢国荃书 …………………………………………………… (874)
同治四年三月十八日与九弟国荃书 …………………………………………………… (875)
同治四年四月十五日与国潢国荃书 …………………………………………………… (876)
同治四年四月廿四日与国潢国荃书 …………………………………………………… (877)
同治四年五月初五日与国潢国荃书 …………………………………………………… (878)
同治四年五月十五日与国潢国荃书 …………………………………………………… (879)
同治四年五月廿六日与国潢国荃书 …………………………………………………… (880)

同治四年闰五月廿四日与国潢国荃书 …………………… (881)
同治四年六月初五日与国潢国荃书 …………………… (882)
同治四年六月十五日与国潢国荃书 …………………… (883)
同治四年六月廿四日与国潢国荃书 …………………… (884)
同治四年七月廿五日与国潢国荃书 …………………… (885)
同治四年八月初六日与国潢国荃书 …………………… (886)
同治四年八月廿五日与国潢国荃书 …………………… (886)
同治四年九月十六日与国潢国荃书 …………………… (887)
同治四年九月廿五日与国潢国荃书 …………………… (888)
同治四年十月初五日与国潢国荃书 …………………… (889)
同治四年十月十五日与国潢国荃书 …………………… (890)
同治四年十月廿五日与国潢国荃书 …………………… (890)
同治四年十一月初五日与国潢国荃书 …………………… (891)
同治四年十一月十六日与国潢国荃书 …………………… (892)
同治四年十二月初六日与国潢国荃书 …………………… (892)
同治四年十二月十五日与国潢国荃书 …………………… (894)
同治四年十二月廿五日与国潢国荃书 …………………… (895)
同治五年正月初六日与国潢国荃书 …………………… (896)
同治五年正月十五日与国潢国荃书 …………………… (897)
同治五年二月初一日与国潢国荃书 …………………… (898)
同治五年二月初四日与九弟国荃书 …………………… (899)
同治五年三月初五日与九弟国荃书 …………………… (900)
同治五年三月十六日与国潢国荃书 …………………… (901)
同治五年三月廿六日与国潢国荃书 …………………… (903)
同治五年四月廿一日与九弟国荃书 …………………… (904)
同治五年五月初三日与九弟国荃书 …………………… (905)
同治五年五月十一日与九弟国荃书 …………………… (907)
同治五年六月初五日与四弟国潢书 …………………… (909)
同治五年六月十二日与九弟国荃书 …………………… (910)
同治五年六月廿三日与九弟国荃书 …………………… (912)
同治五年七月初三日与九弟国荃书 …………………… (913)
同治五年七月初六日与四弟国潢书 …………………… (914)
同治五年七月十六日与九弟国荃书 …………………… (915)
同治五年七月廿四日与九弟国荃书 …………………… (916)
同治五年八月初十日与四弟国潢书 …………………… (917)
同治五年八月十二日与九弟国荃书 …………………… (918)
同治五年九月初六日与四弟国潢书 …………………… (919)
同治五年九月十二日与九弟国荃书 …………………… (920)
同治五年十月初六日与四弟国潢书 …………………… (922)
同治五年十月廿三日与九弟国荃书 …………………… (923)
同治五年十月廿六日与九弟国荃书 …………………… (924)
同治五年十一月初二日与九弟国荃书 …………………… (925)

同治五年十一月初七日与九弟国荃书 …………………………………………………… (926)
同治五年十一月十二日与九弟国荃书 …………………………………………………… (928)
同治五年十二月初六日与四弟国潢书 …………………………………………………… (929)
同治五年十二月十二日与九弟国荃书 …………………………………………………… (931)
同治五年十二月十八日与九弟国荃书 …………………………………………………… (932)
同治五年十二月二十日与九弟国荃书 …………………………………………………… (933)
同治五年十二月廿二日与九弟国荃书 …………………………………………………… (935)
同治五年十二月廿七日与九弟国荃书 …………………………………………………… (936)
同治六年正月初二日与九弟国荃书 ……………………………………………………… (937)
同治六年正月初四日与四弟国潢书 ……………………………………………………… (939)
同治六年正月初十日与九弟国荃书 ……………………………………………………… (940)
同治六年正月十二日与九弟国荃书 ……………………………………………………… (941)
同治六年正月廿二日与九弟国荃书 ……………………………………………………… (942)
同治六年正月廿六日与九弟国荃书 ……………………………………………………… (942)
同治六年二月初三日与九弟国荃书 ……………………………………………………… (943)
同治六年二月初五日与四弟国潢书 ……………………………………………………… (945)
同治六年二月廿一日与九弟国荃书 ……………………………………………………… (946)
同治六年二月初二日与九弟国荃书 ……………………………………………………… (947)
同治六年三月初七日与四弟国潢书 ……………………………………………………… (948)
同治六年三月十二日与九弟国荃书 ……………………………………………………… (948)
同治六年四月十二日与九弟国荃书 ……………………………………………………… (950)
同治六年四月二十日与九弟国荃书 ……………………………………………………… (950)
同治六年五月初一日与九弟国荃书 ……………………………………………………… (951)
同治六年五月初五日与四弟国潢书 ……………………………………………………… (952)
同治六年五月十二日与九弟国荃书 ……………………………………………………… (953)
同治六年五月廿一日与九弟国荃书 ……………………………………………………… (954)
同治六年六月初六日与四弟国潢书 ……………………………………………………… (955)
同治九年十二月廿一日与国潢国荃书 …………………………………………………… (956)
同治十年正月廿五日与国潢国荃书 ……………………………………………………… (957)
同治十年二月初七日与国潢国荃书 ……………………………………………………… (959)
同治十年三月初三日与国潢国荃书 ……………………………………………………… (960)
同治十年三月十七日与九弟国荃书 ……………………………………………………… (962)
同治十年四月初一日与国潢国荃书 ……………………………………………………… (963)
同治十年五月初十日与国潢国荃书 ……………………………………………………… (964)
同治十年六月廿七日与国潢国荃书 ……………………………………………………… (966)
同治十年七月廿六日与国潢国荃书 ……………………………………………………… (968)
同治十年八月初十日与国潢国荃书 ……………………………………………………… (970)
同治十年九月初十日与国潢国荃书 ……………………………………………………… (971)
同治十年十月廿三日与国潢国荃书 ……………………………………………………… (973)
同治十年十一月初八日与国潢国荃书 …………………………………………………… (975)
同治十年十一月十七日与国潢国荃书 …………………………………………………… (976)

道光二十年二月初九日与父母亲书

公元 1840 年 3 月 12 日

男国藩跪禀父亲、母亲大人膝下：

去年十二月十六日，男在汉口寄家信，付湘潭人和纸行，不知已收到否？后于廿一日在汉口开车，二人共雇二把手小车六辆，男占三辆半。行三百余里，至河南八里汉度岁。

正月初二日开车，初七日至周家口，即换大车。雇三套篷车二辆，每套钱十五千文。男占四套，朱占二套。初九日开车，十二日至河南省城，拜客耽搁四天，获百余金。十六日起行，即于是日三更趁风平浪静径渡黄河，廿八日到京。一路清吉平安，天气亦好，惟过年二天微雪耳。

至京在长郡会馆卸车。二月初一日，移寓南横街千佛庵。屋四间，每月赁钱四千文，与梅、陈二人居址甚近。三人联会，间日一课；每课一赋一诗誊真。初八日是汤中堂老师大课，题"智若禹之行水赋"，以"行所无事、则智大矣"为韵，诗题赋得"池面鱼吹柳絮行"，得吹字，三月尚有大课一次。同年未到者不过一二人，梅、陈二人皆正月始到。岱云江南山东之行无甚佳处，到京除偿债外，不过存二三百金，又有八口之家。

曾国藩像

男路上用去百金，刻下光景颇好。接家眷之说，郑小珊现无回信。伊若允诺，似尽妥妙；如其不可，则另图善计，或缓一二年亦可，因儿子太小故也。

家中诸事都不挂念，惟诸弟读书不知有进境否？须将所作文字诗赋寄一二首来京。丹阁叔大作亦望寄示。男在京一切谨慎，家中尽可放心。

又禀者：大行皇后于正月十一日升遐，百日以内禁剃发，期年禁燕会音乐。何仙槎年伯于二月初五日溘逝。是日男在何家早饭，并未闻其大病，不数刻而凶音至矣。殁后，加太子太保衔。其次子何子毅已于去年十一月物故。自前年出京后，同乡相继殂逝者，夏一卿、李高衢、杨宝筠三主事，熊子谦、谢讱庵、何氏父子，凡七人，光景为之变。

男现慎保身体，自奉颇厚。季仙九师升正詹，放浙江学政，初十日出京。廖钰夫师升尚书。吴甄甫师任福建巡抚。朱师、徐师灵榇，并已回南矣。

詹有乾家墨，到京竟不可用，以胶太重也，拟仍付回，或退或用，随便。接

家眷事，三月又有信回家中。信来，须将本房及各亲戚家附载详明，堂上各老人须一一分叙，以烦琐为贵。

谨此跪禀万福金安。

【译文】

儿国藩跪禀父亲、母亲大人膝下：

去年十二月十六日，儿子在汉口往家寄出一封信，并且把信交于湘潭人和纸行捎转，不知你们收到没有？我们在二十一日驾车离开汉口，两人共雇了六辆二把手小车，我占了三辆半。如此行走了三百多里，在河南八里溪度过了年关。

我们在正月初二出发，初七到达周家口，更换了大车。雇了六套篷车，每套十五千文。儿占四套，初九出发，十二日到达开封，访友耽搁了四天，收到别人送来的约百余礼金。十六日再次出发，当天三更趁天色好渡过黄河。二月十八日抵达京城。一路相安无事，只是过年那两天飘了点小雪。

到京城后，我们先暂时住在长郡会馆。二月一日搬到南横街千佛庵安歇。在这里我们共租住了四间房，房租每月四千文，并且离梅、陈二人住所较近，三人可以一起温习功课。现在基本上是隔一天有一次课，每次课都要作出一赋一诗。初八是汤中堂老师的课，题目是“智若禹之行水赋”，以“行所无事则智大矣”为韵，诗题赋得“池面鱼吹柳絮行”，得“吹”字。三月份还有一次大课。

同年没到的只有一两人，梅、李二人都是在正月到的。岱云去江南和山东，情况不理想，到京城后，偿还了债务，只剩下二三百金，还有八口之家拖累。

我一路用了百金，现在光景还好。接家眷的事情，郑小珊目前还未回信。如果她同意，自然很好；如不同意，只有另作安排，或者延缓一两年也行，目前孩子尚太小。

家中的事情有父母照料，我很放心，但唯一放心不下的就是几位弟弟的学业。劳请把几位弟弟写的文章诗赋寄一两份给我，还有丹阁叔所作的文章，也请一并寄来拜阅。儿子在京城的生活学习，自会小心谨慎，家中不要挂念，尽管放心就可以了。

此外，还有一些事情向父母大人禀告：大行皇后于正月十一日驾崩，因此官府规定百日之内不准剃发，一年之内严禁各种方式的宴会和娱乐活动。还有一件让我难过的事情，何仙槎年伯于二月五日不幸仙逝。那天儿子恰巧在何家用早膳，之前还没有听说有什么严重的病症，但是不久就听说了他去世的消息。年伯死后，朝廷封他为太子太保，次子何子毅也已于去年十一月去世。自前年离京后，很多同乡人相继去世，让人非常悲伤，其中有：夏一卿、李高衢、杨宝筠三位主事，还有熊子谦、谢切庵以及何氏父子共七人。昔日情景已不再重现。

儿现在很注意保护身体，并爱护自己。季仙九先生荣升为正詹，外放任浙江学政，初十离开京城。廖钰夫先生升任为尚书。吴甄甫先生荣任福建巡抚。朱先生、徐先生的灵柩已送回老家。

随身携带的詹有乾家的墨，到京城后发现无法使用，可能是由于墨中的胶质太多的原因，故打算日后再带回家中，或退或用都行。至于接家眷的具体事宜，三月我会有信寄回家中。下次的来信时，请将本房及各家亲戚姓氏附载详细，堂上各位老人的情况也请一一叙述详细。

谨此跪禀万福金安。

【点评】

这是曾国藩向父母报道行踪，以请父母放心的一封书信。信中介绍了曾氏前往京城的所见所闻以及在京城的住宿、学业、家眷等情况，家长里短，娓娓道来，读来十分亲切，让我们体会到曾氏柔情的一面。信中，曾氏尤其挂念诸弟的学业，并要求查看他们的诗作，我们可以感受到曾氏作为大哥的责无旁贷及深切之心。曾国藩是曾氏家族中的第一个翰林，是家中的焦点，他也殷切盼望着全家族兴旺、昌盛，因而非常关注兄弟们的求学情况，他希望他们也能够求取功名，共同进步。

道光二十一年四月十七日与祖父书

公元1841年6月6日

祖父大人万福金安：

四月十一日由折差发第六号家信。十六日折弁又到。孙男等平安如常。孙妇亦起居维慎。曾孙数日内添吃粥一顿，因母乳日少，饭食难喂，每日两饭一粥。今年散馆，湖南三人皆留，全单内共留五十二人，仅三人改部属，三人改知县。翰林衙门现已多至百四五十人，可谓极盛。

琦善已于十四日押解到京，奉上谕派亲王三人，郡王一人，军机大臣、大学士、六部尚书会同审讯，现未定案。

梅霖生同年因去岁咳嗽未愈，日内颇患咯血。同乡各京官宅皆如故。

澄侯弟三月初四在县城发信已经收到，正月廿五信至今未接，兰姊以何时分娩？是男是女？伏望下次示知。

楚善八叔事，不知去冬是何光景？如绝无解危之处，则二伯祖母将穷迫难堪，竟希公之后人将见笑于乡里矣。孙国藩去冬已写信求东阳叔祖兄弟，不知有补益否？此事全求祖父大人作主。如能救焚拯溺，何难嘘枯回生。

伏念祖父平日积德累仁，救难济急，孙所知者已难指数。如廖品一之孤、上莲叔之妻、彭定五之子、福益叔祖之母及小罗巷、樟树堂各庵，皆代为筹画，曲加矜恤。凡他人所束手无策，计无复之者，得祖父善为调停，旋乾转坤，无不立即解危，而况楚善八叔同胞之亲、万难之时乎？

孙因念及家事，四千里外杳无消息，不知同堂诸叔目前光景。又念家中此时亦甚艰窘，辄敢冒昧饶舌，伏求祖父大人宽宥无知之罪。楚善叔事如有说法之处，望详细寄信来京。

兹逢折便，敬禀一二，即跪叩祖母大人万福金安。

【译文】

祖父大人万福金安：

四月十一日信差寄出第六封家书，十六日信差来送信，借此机会又写信一封。孙儿等现在一切都好，孙媳起居也非常小心。曾孙这些天每日都吃一顿粥，由于他母亲的奶一天天减少，吃饭又不好喂，所以每日两顿饭一顿粥。今年散馆，湖南的三个人都已全部留下，名单上共留下五十二人任职，仅三人改为到部中任职，三人担任知县。翰林衙门目前已多达一百四五十人，可谓盛况空前。

琦善在十四日被押解到京城。奉圣谕派亲王三人，郡王一人，军机大臣，大学士，六部尚书一同堂审。目前还未定案。

梅霖生因去年咳嗽没有治愈，近日咯血较为严重。各位在京城做官的同乡都和往常一样。

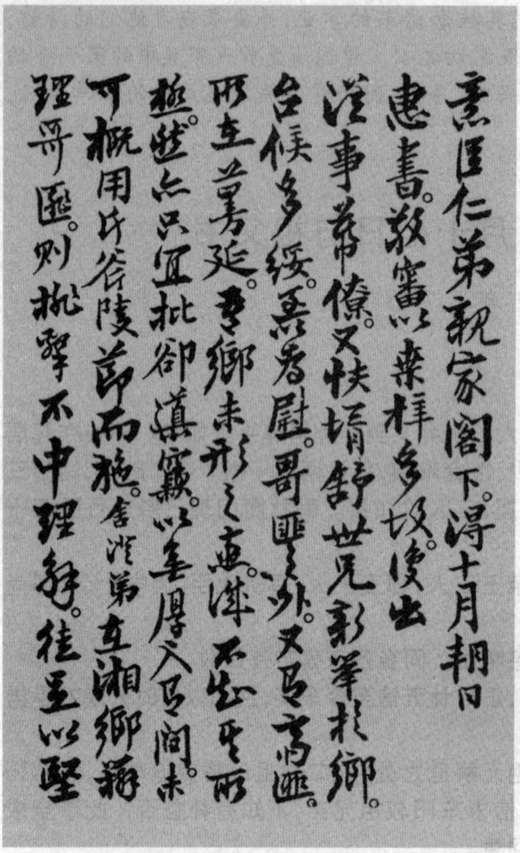

曾国藩手札

澄侯弟三月四日在县城寄出的信已经收到，而正月二十五写的信至今日也没收到。兰姐何时分娩？男孩女孩？希望在下次来信时告知。

八叔楚善的事情，不知去年冬天处理得怎样？如果没有解决困难的办法，二伯祖母就会穷困难堪，竞希公的后人将会被乡里所取笑的。我去年冬天已经写信去求助东阳叔祖兄弟，不知道有何作用。此件事望祖父大人做主，如果您能拯救他于危难之中，使他脱离水火又有何难？

知祖父时常积德行善，救济穷困，据我所知做过的好事已数不胜数，像廖品一的孤儿、上莲叔的老婆、彭定五的儿子、福益叔祖的母亲，以及小罗巷、樟树堂的各庵，您都曾帮助过他们，想方设法地救助。凡是别人束手无策，认为不可能办到的事，经过您妥善地处理，都会扭转乾坤，没有不脱离危难的，更何况楚善八叔是同胞兄弟，处在十分困难的时候呢？由此我又挂念到家中的境况，远离家乡，也得不到一点消息，不了解自家各位叔父的近况。又想到现在家里也很困难，我就敢冒昧多嘴，还望祖父大人原谅我无知的罪过。楚善叔的事情如有了办法，希望把情况写信告诉我。

恰巧赶上送公文的公差回湖南之便，捎信向您敬禀这些事情，同时跪拜祖母大人，祝祖母万福金安。

【点评】

尊老爱幼、扶危济困，自古以来就是中华民族的传统美德。在这一点上，曾国藩可谓身体力行。然而从这封信的描述也可以看出，曾国藩的这种德操受前辈的影响很深。在写这封信时，他还只是一个年年靠借贷维持生计，生活异常困窘的小官，湖南家中也经常债务缠身，尽管如此，他对亲戚、同乡、同学、朋友却以扶危济困为己任，关爱有加，特别重视维护家族声誉以及庇护同宗族家庭成员。

道光二十一年五月十八日与父亲书

公元 1841 年 7 月 6 日

男国藩跪禀父亲大人万福金安：

自闰三月十四日在都门送别父亲，以后共收到家信五封：十五日接四弟在涟滨所发

信，系第二号，始知正月信已失矣；廿二日接父亲在廿里铺发信；四月廿八巳刻接在汉口寄曹颖生家信；申刻又接在汴梁寄信；五月十五接父亲到长沙发信，内有四弟信、六弟文章五首。诸悉祖父母大人康强，家中老幼平安，诸弟读书发奋，并喜父亲出京，一路顺畅，自京至省，仅三十余日，真极神速！

男于闰三月十六发第五号家信，四月十一发六号，十七发七号，不知家中均收到否？迩际男身体如常，每夜早眠，起亦渐早。惟不耐久思，思多则头昏，故常冥心于无用，优游涵养，以谨守父亲保身之训。

九弟功课有常，《礼记》九本已点完，《鉴》已看至三国，《斯文精萃》诗、文各已读半本，诗略进功，文章未进功。男亦不求速效。观其领悟，已有心得，大约手不从心耳。

甲三于四月下旬能行走，不须扶持，尚未能言，无乳可食，每日一粥两饭。冢妇身体亦好，已有梦熊之喜。婢仆皆如故。

今年新进士龙翰臣得状元，系前任湘乡知县见田年伯之世兄。同乡六人，得四庶常、两知县。复试单已于闰三月十六付回，兹又付呈殿试朝考全单。同乡京官如故。郑莘田给谏服阕来京。梅霖生病势沉重，深为可虑。黎樾乔老前辈处，父亲未去辞行，男已道达此意。广东之事，四月十八得捷音，兹将抄报付回。男等在京自知谨慎，堂上各老人不必挂怀。

家中事，兰姊去年生育，是男是女？楚善事如何成就？伏望示知。男谨禀。即请母亲大人万福金安。

【译文】

儿国藩跪禀父亲大人万福金安：

从闰三月十四日在都门送别之后，共收到五封家书，十五日收到四弟在涟滨寄出的信，是第二封信。得知正月寄出的信已丢失；二十二日收到父亲从二十里铺寄出的信；四月二十八日巳刻收到从汉口寄往曹颖生家的信；申刻接到从汴梁寄来的信；五月十五日接到父亲到达长沙后寄出的信，信中装有四弟的信和六弟的五首文章。很高兴得知祖父母大人身体康健，家里老小都平安，诸位弟弟刻苦读书，并且得知父亲离京后一路平安，从京城到省城，仅三十多天，深感欣慰。

儿在闰月十六日寄出第五封家信，四月十一日寄出第六封信，十七日发出第七封，家里是不是都已收到？近来我身体和往常一样，每天坚持早睡，起得也逐渐早了。但是经不住很长时间的思考，想多了就头昏。故时常静心养神，修身养性，谨记父亲教导儿之养身之道。

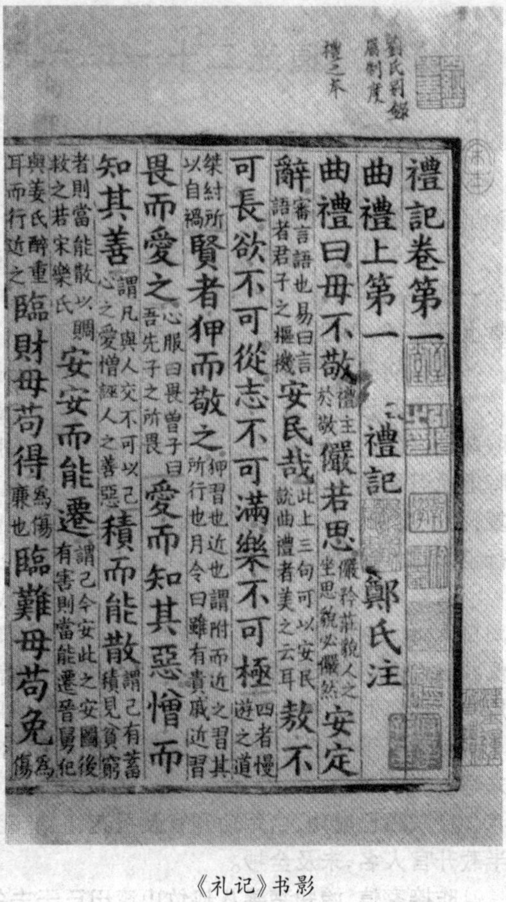
禮記卷第一
曲禮上第一　禮記　鄭氏注
曲禮曰毋不敬儼若思安定辭安民哉敖不
可長欲不可從志不可滿樂不可極
賢者狎而敬之畏而愛之愛而知其惡憎而
知其善積而能散安安而能遷
臨財毋苟得臨難毋苟免

《礼记》书影

九弟功课与平时一样。《礼记》九

本都已读完,《通鉴》已经看到三国,《斯文精萃》诗、文都已读了半本。作诗略有长进。写文章未见有所进步,儿并不要求他进步很快。他对书的领悟,已经有些心得,大概只是手不从心,尚表达不出吧。

甲三于三月下旬,不要别人扶持已能行走,但还未能说话,没有乳吃,每日一顿粥两顿饭,儿媳身体也好,已有怀孕的征兆,婢女仆从都与昔日一样。

今年进士龙翰臣得中状元,龙是前任湘乡知县见田年的世兄。同乡六人,四人荣任庶常,二人担任知县。复试名册已在闰三月十六寄回去,现附上殿试朝考名册。在京城任职的各位同乡都与以前一样。郑莘田给事中服完丧已来京城。梅霖生病情加重,让人非常担忧。黎樾乔老前辈处,父亲未去辞行,儿已代您表达歉意。广东之事,四月十八日得到好消息,现把抄报寄回。

儿等在京城,自知谨慎从事。堂上各位老人,不必担心。家里的事,兰姐去年生育,是男是女?楚善的事如何处理?儿子希望父亲告知。儿子谨禀,即请母亲大人万福金安。

【点评】

关爱他人,从古至今就是中华民族的优良道德传统,曾国藩在这封信中就秉承这一美德,不仅非常关心父亲的近况,还对朋友的状况关心甚多,同时,他还不忘让家人放心,把自己和妻儿的情况一一为亲人作了阐述,让老人家安心,充分体现出了曾国藩关心他人,奉行"孝""悌"这一儒士思想。

道光二十一年六月初七日与祖父书

公元 1841 年 7 月 24 日

孙男国藩跪禀祖父大人万福金安:

五月十八日孙在京发第八号家信,内有六弟文二篇,广东事抄报一纸,本年殿试朝考单一纸,寄四弟、六弟新旧信二封,绢写格言一幅,孙国荃寄呈文四篇、诗十首、字一纸,呈堂上禀三纸,寄四弟信一封,不审已收到否?

六月初五日接家信一封,系四弟四月初十日在省城发,得悉一切,不胜欣慰。

孙国藩日内身体平安。国荃于三日微受暑热,服药一帖,次日即愈;初三日复患腹泻,服药二帖即愈。曾孙甲三于廿三日腹泻不止,比请郑小珊诊治,次日添请吴竹如,皆云系脾虚而兼受暑气,三日内服药六帖,亦无大效。廿六日添请本京王医,专服凉药,渐次平复,初一二两日未吃药,刻下病已全好,惟脾元尚亏,体尚未复。孙等自知细心调理,观其行走如常,饮食如常,不吃药即可复体,堂上不必挂念。家孙妇身体亦好,婢仆如旧。

同乡梅霖生病,于五月中旬日日加重,十八日上床,廿五日子时仙逝。胡云阁先生亦同日同时同刻仙逝。梅霖生身后一切事宜,系陈岱云、黎月乔与孙三人料理。戊戌同年赙仪共五百两,吴甄甫夫子(戊戌总裁)进京赙赠百两,将来一概共可张罗千余金。计京中用费及灵柩回南途费不过用四百金,其余尚可周恤遗孤。

自五月下旬以至六月初,诸事殷繁,荃孙亦未得读书。六弟前寄文来京,尚有三篇孙未暇改。

广东事已成功,由军功升官及戴花翎、蓝翎者共二百余人。将上谕抄回前半节,其后半载升官人名,未及全抄。

昨接家信,始知楚善八叔竹山湾田已于去冬归祖父大人承买。八叔之家稍安,而我家更窘迫,不知祖父如何调停?去冬今年如何说法?望于家信内详示。

孙等在京别无生计,大约冬初即须借账,不能备仰事之资寄回,不胜愧悚。吴春冈分发浙江,告假由江南回家,七月初起程。余容续禀,即禀祖父母大人万福金安。孙跪禀。

【译文】

孙子国藩跪禀祖父大人万福金安:

五月十八日,孙于京城寄出第八封家书。附载有:六弟的两篇文章,关于广东之事的抄报一份,今年殿试朝考名录一份,寄给四弟、六弟共两封信,另写格言一篇,孙儿国荃交呈祖父的文章四篇、诗十首、字一纸,寄给父亲三纸,四弟的一封信。不知收到没有?六月五日收到家中的一封信,是四弟四月十日于省城寄出的。得知家中境况,孙儿甚是高兴。

孙儿近来身体康健。国荃于二十三日略受点暑热,吃药一副,次日就好了。初三患腹泻,吃了二服药已治愈。曾孙甲三在二十三日腹泻不止,请了郑小珊来医治,第二天又请吴竹如,两位先生都说是脾脏虚弱并且又受了暑热。三天服了六服药,效果不理想。二十六日又请京城的王大夫来,专门吃凉药逐渐有所好转。初一、初二两天没吃药,目前病已经全好了。但是脾胃还比较虚弱,体力也没恢复。孙儿等知道自当细心调养,观察他走起路来同往常一样,饮食也较正常,不吃药也可以恢复,堂上大人不必担心,长孙媳妇身体平安,婢女仆人与往常一样。

同乡梅霖生于五月中旬患病,病情不断加重,到十八日已卧床不起了,二十五日子时仙逝,胡云阁先生也在同日相同时刻去世。梅霖生身后事务,都由陈岱云、黎月乔与孙儿三人处理的。戊戌同年共赠白银五百两。吴甄甫先生(戊戌年考进士时总裁)到京城,赠银一百两。之后一共收到千余两银子,估计京中用费和灵柩回湖南花费共计不超过四百两银子,其余还可以抚恤遗孤。

从五月下旬到六月初,事务较多,孙儿国荃也没有时间读书。六月前寄文来京,尚有三篇孙儿没有时间阅改,广东的事已经办妥,由军功升迁和赏戴花翎、蓝翎的总计二百余人。现把前半节上谕抄回,后半截是升迁人的姓名,没来得及全部抄送。昨日收到家中来信,得知楚善八叔竹山湾田地在去年冬天被祖父大人买下。八叔一家现已安定,而我家却愈加困窘,不知祖父大人如何处理?去冬今年如何说法?还望在来信中详细告知。

孙儿等在京城,别无生计,大约今冬不得不借账,目前还无法寄钱回家孝敬您老人家,不胜惭愧!吴春冈分发到浙江,请假从江南回乡,七月初开始动身。

其余事务以后再行禀告,即请祖父母大人万福金安。孙跪禀。

【点评】

此封家信主要叙述了曾国藩家人患病,同乡病逝,其楚善八叔的境况和广东之事的进展状况,信尾说了关于自己窘迫的近况。

信虽不长,但充分体现出了曾国藩事无巨细的性格。

道光二十一年六月廿九日与祖父书

公元 1841 年 8 月 15 日

孙男国藩跪禀祖父大人万福金安:

六月初七日发家信第九号,廿九日早接丹阁十叔信,系正月二十八日发,始知祖父大人于二月间体气违和,三月已痊愈,至今康健如常,家中老幼均吉,不胜欣幸。

四弟于五月初九寄信物于彭山屺处，至今尚未到，大约七月可到。

丹阁叔信内言，去年楚善叔田业卖与我家承管，其中曲折甚多。添梓坪借钱三百四十千，其实只三百千，外四十千系丹阁叔兄弟代出。

丹阁叔因我家景况艰窘，勉强代楚善叔解厄，将来受累不浅，故所代出之四十千，自去冬至今，不敢向我家明言，不特不敢明告祖父，即父亲、叔父之前，渠亦不敢直说。盖事前说出，则事必不成；不成，则楚善叔逼迫无路，二伯祖母奉养必阙，而本房日见凋败，终无安静之日矣！事后说出，则我家既受其累，又受其欺，祖父大人必怒，渠更无辞可对，无地自容，故将此事写信告知孙男，托孙原其不得已之故，转禀告祖父大人。

现在家中艰难，渠所代出之四十千想无钱可以付渠。八月心斋兄南旋，孙拟在京借银数十两，付回家中，归楚此项，大约须腊底可到，因心斋兄走江南回故也。

孙此刻在京光景渐窘。然当京官者，大半皆东扯西支，从无充裕之时，亦从无冻饿之时，家中不必系怀。孙现经管长郡会馆事，公项存件亦已无几。孙日内身体如恒，九弟亦好。甲三自五月廿三日起病，至今虽痊愈，然十分之中，尚有一二分未尽复旧。刻下每日吃炒米粥二餐，泡冻米吃二次。乳已全无，而伊亦要吃，据医云此等乳最不养人，因其夜哭甚，不能遽断乳。从前发热烦躁，夜卧不安，食物不化，及一切诸患，此时皆已去尽，日日嬉笑好吃。现在尚服补脾之药，大约再服四五帖，本体全复，即可不药。孙妇亦感冒三天。郑小珊云"服凉药后，须略吃安胎药"，目下亦健爽如常。

甲三病时，孙妇曾于五月廿五日，跪许装修家中观世音菩萨金身，伏求家中今年酬愿。又言西冲有寿佛神像，祖母曾叩许装修，亦系为甲三而许，亦求今年酬谢了愿。

梅霖生身后事，办理颇如意，其子可于七月扶榇回南。同乡各官如常。家中若有信来，望将王率五家光景写明。肃此，谨禀祖父母大人万福金安。

【译文】

孙男国藩跪禀祖父大人万福金安：

六月初七日寄出第九封家书。二十九日早收到丹阁十叔正月二十八日发出的信，得知祖父大人在二月间身体欠安，三月已治愈，现在健康如常。又知家中亲人都平安，非常高兴。

四弟在五月初九从彭山屺处寄出的信和物品，至今尚未收到，大概七月可收到。

丹阁叔信里写到，去年楚善叔家的田地卖与我家承管，其中比较曲折。添梓坪借三百四十千钱，仅只借得三百千，其余四十千钱是丹阁叔兄弟添上的。

丹阁叔眼看咱们家经济窘迫，勉强解决楚善叔困难，故他代为拿出四十千钱，从去年冬天至今，一直没向咱们家说明事实，不仅没有告诉您，而且在我父亲、叔父面前，丹阁叔也没有直说。如果事先讲了，则这件事必定办不成；事情就处理不了，楚善叔就走投无路，二伯祖母的生活就更加贫困，咱们这一房亲戚也就日见衰败，没有安稳日子了。如果事后说，又恐咱们家认为既受了拖累，又受了欺骗，您老人家也肯定动怒，这样丹阁叔更是无言以对，无地自容了。最后丹阁叔写信把此事详细都告诉了我，托我从中游说，这也是迫不得已的事，并让我代为禀告您。我想现在家中窘迫，丹阁叔垫上的四十千，恐怕一时也不能还他。在八月份心斋兄打算回南方，我计划在京城借几十两银子，托他稍回家中。但因为心斋兄准备绕道江南，所以可能要到腊月底才能到达家乡。

孙儿现在在京城生活也日渐窘迫。不过在京城做官之人，大多都东借西凑，从来就没有宽裕的时候，也决不会饥寒交迫。家里不必挂念。孙儿现在管理长郡会馆的事，朝廷的钱也剩余不多。孙儿现在身体健康。九弟亦好。甲三自五月二十三日犯病以来，虽已痊愈，但十分之中，仍有一二分没有完全恢复。现在每日吃炒米粥二顿，吃二次泡冻米，奶现已经没有了，可甲三仍想吃。据医生讲如此吃奶最不养身，只是由于甲三夜里常哭得厉害，不可以一下就断奶。不过先前的发热不安，睡不踏实，消化不良等病症，现在都已去掉，每天即爱笑又好吃。现在仍吃补脾的药，估计再服四五贴药，身体方可完全恢复，不用再吃药了。孙儿媳妇也感冒了三天，说吃过凉药后，得再吃些安胎药。现在也已健康如初。

在甲三患病时，孙儿媳妇在五月二十五日，曾跪着许愿如果甲三的病治好了，说要装修家中观音菩萨金身。还恳请家中今年能够还了这个心愿。还说西冲有寿佛神像，祖母为了甲三的病，也曾叩头许愿修身。亦请家中拜谢神像，了此心愿。

梅霖生身后事，办得很妥当，他的儿子计划在今年七月扶榇回南。同乡在京做官的各位都安好。家中若来信，请把王率五家的情况详细告知。

肃此，谨禀祖父母大人万福金安。

【点评】

这封曾国藩的家书主要写了家中的一些事情的处理情况，以及怜恤亲族楚善叔的事。从中我们可以看出曾国藩非常重视家人和亲族之间的关系，体现出了曾国藩对家族兴衰的关注，并希望族人都平安兴旺。信末言及甲三病时，曾跪拜许愿于观音，如果病好了，便装修观音金身。古时人们生病，常企求神仙、观音的帮助，可见封建思想的局限性。

道光二十一年八月初三日与父亲书

公元 1841 年 9 月 17 日

男国藩跪禀父亲大人万福金安：

五月十八日发家信第八号，知家中已经收到。六月初七发第九号，内有男呈祖父禀一件，国荃寄四弟信一件；七月初二发第十号，内有黄芽白菜子，不知俱已收到否？

男等接得父亲归途三次信，一系河间廿里铺发，一汴梁城发，一武昌发；又长沙发信亦收到。六月廿九接丹阁叔信。七月初九彭山屺到京，接到四弟在省所寄《经世文编》一部，慎诒堂《四书》、《周易》各一部，小皮箱三口，有布套龙须草席一床，信一件，又叔父手书，得悉一切：谱已修好，楚善叔事已有成局，彭山屺处兑钱四十千文；外楚普叔信一件，岳父信一件。七月廿七日接到家信二件：一系五月十五在家写，一系六月廿七在省写；外欧阳牧云信一，曾香海信一，心斋家信二，荆七信一，俱收到。

彭山屺进京，道上为雨泥所苦，又值黄河水涨，渡河时大费力，行李衣服皆湿。惟男所寄书，渠收贮箱内，全无潮损，真可感也！到京又以腊肉、莲、茶送男。渠于初九晚到，男于十三日请酒，十六日将四十千钱交楚。渠于十八日赁住黑市，离城十八里，系武会试进场之地，男必去送考。

男在京身体平安。国荃亦如常。男妇于六月廿三四感冒，服药数帖痊愈，又服安胎药数帖。孙纪泽自病痊愈后，又服补剂十余帖，辰下体已复元，每日行走欢呼，虽不能言，已无所不知。食粥一大碗，不食零物。仆婢皆如常。

周贵已荐随陈云心回南，其人蠢而负恩。萧祥已跟别人，男见其老成，加钱呼之复来。

男目下光景渐窘，恰有俸银接续，冬下又望外官例寄炭资。今年尚可勉强支持，至明年则更难筹画。借钱之难，京城与家乡相仿，但不勒追强逼耳。

前次寄信回家，言添梓坪借项内，松轩叔兄弟实代出钱四十千，男可寄银回家，完清此项。近因完彭山屺项，又移徙房屋，用钱日多，恐难再付银回家。

男现看定屋在绳匠胡同北头路东，准于八月初六日迁居（初二日已搬一香案去，取吉日也）。棉花六条胡同之屋，王翰城言冬间极不吉，且言重庆下者不宜住三面悬空之屋，故遂迁移绳匠胡同房，每月大钱十千，收拾又须十余千。心斋借男银已全楚，渠家中付来银五百五十两，又有各项出息，渠言尚须借银出京，不知信否？

广东事前已平息，近又传闻异辞。参赞大臣隆文已病死，杨芳已告病回湖南。七月间，又奉旨派参赞大臣特依顺往广东查办。八月初一日，又奉旨派玉明往天津，哈哴阿往山海关。

黄河于六月十四日开口，汴梁四面水围，幸不淹城。七月十六日奉旨派王鼎、慧成往河南查办。现闻泛溢千里，恐其直注洪泽湖。又闻将开捐名“豫工”，例办河南工程也。

男已于七月留须。楚善叔有信寄男，系四月写，备言其苦。近闻衡阳田已卖，应可勉强度日。戊戌冬所借十千二百，男曾言帮他，曾禀告叔父，未禀祖父大人，是男之罪，非渠之过。其余细微曲折，时成时否，时朋买，时独买，叔父信不甚详明。楚善叔信甚详，男不敢尽信。总之，渠但免债主追逼，即是好处。第目前无屋可住，不知何处安身？若万一老亲幼子栖托无所，则流离四徙，尤可怜悯！以男愚见，可仍使渠住近处，断不可住衡阳。求祖父大人代渠谋一安居。若有余赀，则佃田耕作。又求父亲寄信问朱尧阶，备言楚善叔光景之苦与男关注之切。问渠所管产业可佃与楚善耕否？渠若允从，则男另有信求尧阶，租谷须格外从轻。但路太远，至少亦须耕六十亩，方可了吃。尧阶寿屏，托心斋带回。

严丽生在湘乡不理公事，簠簋不饬，声名狼藉，如查有真实劣迹，或有上案，不妨抄录付京；因有御史在男处查访也，但须机密。

四弟、六弟考试不知如何？得不足喜，失不足忧，总以发愤读书为主。史宜日日看，不可间断。九弟阅《易知录》，现已看至隋朝。温经须先穷一经，一经通后，再治他经，切不可兼营并鹜，一无所得。厚二总以书熟为主，每日读诗一首。

右谨禀父母亲大人万福金安。

【译文】

儿国藩跪禀父亲大人万福金安：

五月十八日寄出第八封家书，家中是否已收到。六月初七发出第九封家信，其中有我呈交祖父的信一纸，国荃与四弟的信一纸。七月初二寄出第十封信，里面装有黄芽白菜籽。不知收到没有？

我与国荃共收到父亲在回乡途中寄出的三封信：一封是在河间二十里铺发的，一封是从汴梁城寄出，一封是在武昌发的。此外从长沙寄出的信也已收到。六月二十九日收到丹阁叔的书信。七月初九彭山屺到达京城。四弟在省城替他带的《经世文编》一本，慎诒堂版的“四书”、《周易》各一本，小皮箱三个，另有布套龙须草席一床、信件一封和叔父手

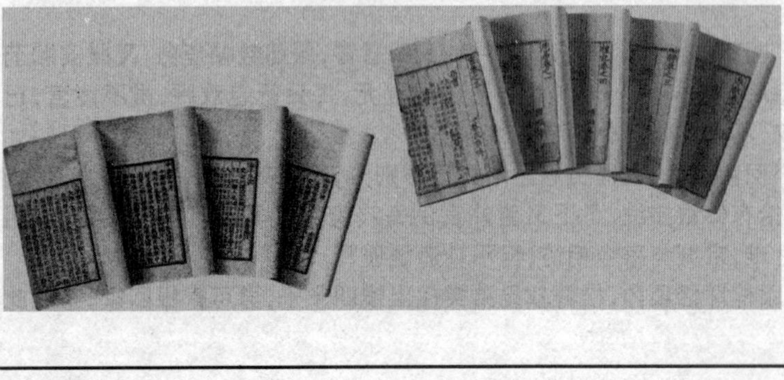

“四书”和“五经”书影

书,都已收到。从中得知家谱已修好,楚善叔的事已解决,彭山屺出钱四十千文。另又收到楚善叔信一封,岳父信一封。七月二十七日收到家书二封:一封是五月十五日在老家寄出的,另一封是六月二十七日于省城寄出的。此外收到欧阳牧云的信一封,曾香海的信一封,心斋家之信二封,荆七的信一封,都已收到。彭山屺在去京城路上,被雨泥所拖,恰又赶上黄河涨水,渡河比较困难,行李衣服全弄湿,但托他带的书,却完好无损,没有受潮水损坏,真让人感动。彭到达京城后,又送给儿腊肉、莲子、茶叶。他于初九晚上到达,儿在十三日请他喝酒,十六日把四十千钱交接完毕。彭于十八日租房居于黑市,离城十八里,是武会试场所。到时候儿定去送考。

儿在京城身体平安,国荃和往常一样。儿媳在六月二十三四患感冒,服了些药便痊愈了,又服了几服保胎药。您的孙子纪泽自病好以后,又服了不少补药,现身体已经完全复原。他每天到处行走,虽不会说话,但已经很聪明了,不吃零食,能吃一大碗粥。男女仆人情形还和过去一样。

周贵愚蠢且忘恩负义,让陈云心带他回南方去。萧祥已另谋他处,我看这个人较老成,就涨了他的工钱,把他又叫回来了。

儿现生活渐窘,恰好有俸银接续,冬天希望外省官员照例送些"炭资"来,估计今年还可勉强支持。不过明年就较难筹划了。很难借钱,此地与老家差不多,只是这里不会逼你还债罢了。

上一次写信回家,讲起在添梓坪借的钱中,松轩叔兄弟实际给钱四十千,故儿能够寄银回家,解决此事。近日由于还借彭山屺的钱,还要搬家,花钱的事一天比一天多,恐怕不能再寄钱回去。儿现相中的房子在绳匠胡同北头路口东,计划在八月初六搬家(初二是吉日,已搬过去一条香案)。关于棉花六条胡同的房子,据王翰城说冬天住不吉利,并且老家在重庆南边的人不宜住三面悬空的房子。故搬到绳匠胡同住。房租每月大钱十千,收拾房子得十余千钱。心斋借儿的银子已经归还。他家中寄来五百五十两白银,还有各项进账,他还说离京时还得借钱,不知是否属实?

广东的事现已平息下来,但近日仍听到不少传闻。参赞大臣隆文已病逝,杨芳已告病回乡。七月又奉旨派参赞大臣特依顺往广东查办。八月初一,又朝廷派玉明去天津,哈哴阿派往山海关。

黄河在六月十四日决口,汴梁四面被水围困,不过并未淹城。七月十六日,朝廷派王鼎、慧成到河南处理涝情。听说现已洪水泛滥,恐怕要直接流入洪泽湖。还听说将要举办名为"豫工"的募捐,河南工程与往日一样。

儿于七月开始留须。楚善叔四月寄来书信,说了很多诉苦的话。近日听说衡阳的田地已卖,应该能够勉强度日。戊戌年冬楚善叔借钱十千二百,我曾说过要帮他偿还。这事曾禀告知叔父,但没有禀告祖父大人,是儿之罪过,不能责怪楚善叔。至于其他的小小事端,一时说成,一时说不成,一会儿说合买,一会儿说独买,叔父信中没说清楚。楚善叔的信中倒说得很详细,只是儿也不敢全信。总之,楚善叔如能免除债主拖累,就算可以。只是楚善叔目前无房可住,不知安身何处?可让其住在近处,千万不可远居衡阳。请求祖父代楚善叔寻一所住所。如果还有余银,就租田耕种。这望父亲写信询问朱尧阶,详细说明楚善叔生活的贫困并说儿对这事很关心,打听他所管辖的土地,是否能租给楚善耕种?如若答应,儿再写信请求尧阶,使地租得尽量从轻。不过那块地较远。至少得租六十亩地,才能维持生计。至于尧阶的寿屏,已托心斋带回。

严丽生在湘乡不向公事,不忠不孝,声名衰败。如查有真实情况,或有人上诉,方可抄录有关文件寄来。我这里有御史在查访违法乱纪的官员。不过要小心,必须做得机密。

四弟和六弟参加了考试,不知结果怎样。考中了不要高兴,落榜了也不要伤心,总之,应以刻苦读书为宗旨。史书必须天天看,不能间断。九弟读《纲鉴易知录》。现已经至隋朝。学习经书需先读完一部,精通一种后,方可研究其他经书,万万不可齐抓,最后一无所得。厚二的学习也应把书读熟为主,每天要读一首诗。

右谨禀父母亲大人万福金安。

【点评】

曾国藩的家书一直不厌其烦地向长辈们禀告自己一家老小在外地生活的情况,其中不乏生活中的各种烦琐小事,来宽慰亲人的挂念,不觉让人有种亲切之感。同时曾氏还常要求家人来信时内容越详细越琐碎越好,体现了他深切细密的故乡之情。他在家书中,不但谈与自己家有关的各项事情,而且还经常告诉家中国家发生的各种大事的有关情况,体现出他心系国运民生的品格。

道光二十一年八月十七日与父母书

公元 1841 年 10 月 1 日

男国藩跪禀父母亲大人万福金安:

八月初三日,男发家信第十一号,信甚长,不审已收到否?十四日接家信,内有父亲、叔父并丹阁叔信各一件,得悉丹阁叔入泮,且堂上各大人康健,不胜欣幸。

男于八月初六日移寓绳匠胡同北头路东,屋甚好,共十八间,每月房租京钱二十千文。前在棉花胡同,房甚逼仄,此时房屋爽垲,气象轩敞。男与九弟言,恨不能接堂上各大人来京住此。

男身体平安,九弟亦如常,前不过小恙,两日即愈,未服补剂。甲三自病体复元后,日见肥胖,每日欢呼趋走,精神不倦。冢妇亦如恒。九弟《礼记》读完,现读《周礼》。

心斋兄于八月十六日离京,男向渠借钱四十千付至家用。渠允于到湘乡时,送银廿八两,交勤七叔处转交男家,且言万不致误。男订待渠到京日偿还其银,若到家中,不必还他。

又男寄冬菜一篓,朱尧阶寿屏一副,在心斋处。冬菜托交勤七叔交送至家,寿屏托交朱啸山转寄香海处,月内准有信去。王睢园处,去冬有信去,至今无回信,殊不可解。颜字不宜写白折,男拟改临褚、柳。

去年跪托叔父大人之事,承已代觅一具,感戴之至,泥首万拜。若得再觅一具,即于今冬明春办就更妙。敬谢叔父,另有信一函。

在京一切,自知谨慎。男跪禀。

【译文】

儿国藩跪禀父母亲大人万福金安:

八月初三,儿寄出第十一号家书。信较长,不知收到与否?十四日收到家中来信,有父亲、叔父和丹阁叔书信各一封。得知丹阁叔已入学,堂上各位家人身体都很好,很是高兴。

儿于八月初六日搬至绳匠胡同北头路东。房子很好,共十八间,每月房租二十千文京钱。之前在棉花胡同,房子窄小,现在房屋空气畅通,屋内干燥,四周开阔。儿曾与九弟闲聊,恨不得接堂上各位家人来京在此住。

儿身体健康，九弟亦平安，虽前一段不过有点不舒服，但两天就好了，并未吃药。甲三自病好后，身体日渐肥胖，每日到处奔走，精神较好。儿妻亦好。九弟《礼记》已经读完，现正读《周礼》。

心斋兄于八月十六日（离京），我向他借了四十千钱，寄给家里用。他还承诺说等到了湘乡后，再赠送白银二十八两，由勤七叔转交咱们家，还说决不会有误。儿准备等他回京后再还其银两，家里不必担心。另外，儿还寄有一篓冬菜、朱尧阶寿屏一副，都由心斋代转。冬菜请心斋交给勤七叔送至家中，寿屏请朱啸山转寄至香海处，在这个月儿会写信去。王睢园处，我去年冬天曾写信去，但至今无回信，不知发生何事？由于颜体字不宜写白折，故我打算改临褚、柳体字。

清·象牙雕松荫高士圆笔筒

去年恳请叔父大人之事，承叔父大人的恩德，已代为寻得一具，非常感谢叔父大人，给叔父大人叩首谢恩了。如果能再觅得一具，那在今冬明春办此事就更妙了，敬谢叔父，另有书信一封，是特写给叔父大人的。儿等在京一切自会小心谨慎。儿跪禀。

【点评】

孝顺由始以来就是中华之美德，更是做人的根本。曾国藩是一个大孝子，从此封家书中就能明显地体会出来，尤其是他在京城换住所后与其九弟说了一句“恨不能接堂上各大人来京住此”表现得尤为突出。此外本封家书还写了自己和弟弟们的近况，同时也不忘及时为家中分担困难。

道光二十一年八月十七日与叔父书

公元1841年10月1日

侄国藩敬禀叔父大人侍下：

本年家信三号，正月一号，至今尚未收到。由彭九峰寄之信，七月初九收到。七夕所发之信，八月十四收到，欣悉家中一切。三月之事，本侄分所当为，情所不得已，何足挂齿！

前年跪托之事，蒙在渣前买得顶好料一具，侄谨率弟国荃南望拜谢，感抃难名。更求再买一具，即于今冬明春请木匠办就。其所需之钱，望写信来京，侄可觅便付回。一切经营费心，何能图报！

婶母之病痊愈，不知是何光景？曾否服药？尚有不时言笑否？若有信来，望详细示知为幸。肃此，恭请叔父母大人万福金安。侄率弟国荃谨禀。

【译文】

侄国藩敬禀叔父大人侍下：

今年的三封家书，其中正月的那一封，至今未收到。由彭九峰处寄出的信，七月七日已经收到。七夕寄出的信，八月十四已收到。得知家中近况非常高兴。三月一事，是侄儿分内之事，有些事也是情不得已，不值得一提。

前年恳求您处理的事情，承蒙您在渣前买到较好的木料寿材一具，侄儿谨率弟国荃面向家乡，给您叩首谢恩了。真不知该如何表达我的谢意。但还要恳求您再代买一具寿材，在今冬明春雇木匠做好。所需的费用，请您写信于我，侄儿找机会带给您。有费心的地方，侄儿自当万分感谢！

不知婶母的病情况如何，是否还吃药？心情如何？如果写信来，还请详细告诉侄儿。

肃此，恭请叔父母大人万福金安。侄率弟国荃谨禀。

【点评】

此封家书虽简短，但却突出体现了曾国藩不但孝顺而且做事非常细心，在上一封信中说了曾国藩孝顺，在这封信中却表现得淋漓尽致。他不仅关心家人生前的生活状况，而且为长辈去世后的寿材也准备好了。

如信中所言"买得顶好料一具"，此句尤可体现曾氏在尽孝方面从不敢疏忽大意，对待去世的前辈皆遵循礼法。

道光二十一年九月十五日与父母书

公元1841年10月29日

男国藩跪禀父母亲大人万福金安：

八月十四接家信三件，内系得父亲信一，叔父信一，丹阁叔信一。十八日男发家信第十二号，不知已收到否？

男等在京身体平安，甲三母子如常。惟九弟迫思南归，不解何故。自九月初间即言欲归，男始闻骇异，再四就询，终不明言。不知男何处不友，遂尔开罪于弟，使弟不愿同居。男劝其明白陈辞，万不可蕴藏于心，稍生猜疑。如男有不是，弟宜正容责之，婉言导之，使男改过自赎。再三劝谕，弟终无一言。如男全无过愆，弟愿归侍定省，亦宜写信先告知父亲，待回信到时，家中谕令南归，然后择伴束装，尚未为晚。男因弟归志已决，百计阻留，劝其多住四十天，而弟仍不愿，欲与彭山屺同归。彭会试罢屈，拟九月底南旋，现在尚少途费，待渠家寄银来京。男目下已告匮，九弟若归，途费甚难措办。

英夷在浙江滋扰日甚。河南水灾，豫、楚一路，饥民甚多，行旅大有戒心。胡咏芝前辈扶榇南归，行李家眷，雇一大船，颇挟重资，闻昨已被抢劫，言之可惨。九弟年少无知，又无大帮作伴，又无健仆，又无充裕途费，又值道上不甚恬谧之际，兼此数者，男所以大不放心，万万不令弟归。即家中闻之，亦万万放心不下。男现在苦留九弟在此，弟若婉从，则读书如故，半月内，男又有禀呈。弟若执拗不从，则男当责以大义，必不令其独行。

自闰三月以来，弟未尝片语违忤，男亦从未加以词色，兄弟极为湛乐，兹忽欲归，男寝馈难安，辗转思维，不解何故，男万难辞咎。父亲寄谕来京，先责男教书不尽职、待弟不友爱之罪，后责弟少年无知之罪，弟当翻然改悟。男教训不先，鞠爱不切，不胜战栗待罪之至。伏望父母亲俯赐惩责，俾知悛悔遵守，断不敢怙过饰非，致兄弟仍稍有嫌隙。

男谨禀告家中，望无使外人闻知，疑男兄弟不睦，盖九弟不过坚执，实无丝毫怨男也。男谨禀。

【译文】

男国藩跪禀父母亲大人万福金安：

八月十四日那天收到三封家信，父亲、叔父以及丹阁叔各一封。我于十八日给家中寄去第十二封信，不知有没有收到。

我们在京城身体都很好，甲三母子俩的状况也正常。但是不知什么缘故，九弟总是想回家乡。从九月九日开始弟就说想回老家，儿听了非常惊奇，多次询问，可九弟终究不愿说明原因，不知是儿哪儿做得不好，把弟弟得罪了，让弟弟不想和儿一同居住。儿劝他有什么话一定要说出来，千万不要憋在心里，以致彼此猜忌。假如为兄有不对之处，做弟弟的理应严肃地指出来，婉言相劝，让儿纠正过错，弥补犯下的过失。同他谈了几次，弟弟终究没说一句话。就算儿没有不对之处，弟弟只是想回家服侍老人，也应当先写信告知父亲，等父亲同意了，然后再整理行李，选择陪同，也都不晚。儿由于弟弟回家的想法已定，极力劝说，希望他再住上四十天，弟弟依旧不同意，打算和彭山屺结伴同行。彭没有通过会试，准备在九月底回家，如今路费还不够，得让家中把银钱寄来才能起程。儿目前手头也缺钱。假如九弟真的要回家，也很难筹办费用。

英夷侵扰浙江，越来越嚣张，河南还闹水灾，从河南到湖南这一条道上，很多要饭的人，旅途还是不安全。胡咏芝前辈携眷南归，除了家眷还有很多行李，租了条大船，稍带了些财物，据说昨天已经遭遇抢劫，情形很惨啊。九弟年幼无知，而且又不是成群结队地走，还没有强健的仆人跟随，路费也不够，又恰逢路上不太平安期间，这些不利的因素让儿很担心，千万不能让弟弟回南方老家。就是家里得知这个消息，也是会很担心的。儿如今苦留弟弟在这儿，弟弟假如委曲求全听从了，并且读书和从前一样，半个月之内儿会再给父亲写信，告知情况；假如弟弟执意不听，那只有和他讲明道理，一定不会让他独自离京回家。

从闰三月到现在，弟弟从未讲过一句气话，儿也从未讲过一句重话，兄弟之间相处得很融洽，如今突然提出回家，让儿寝食难安，前思后想，不清楚其中的原因，儿确实没法推辞自己的错误。父亲假如寄信到京城来，请先批评儿教书不尽责，对弟弟不友爱的过错，再责备弟弟的年幼无知，弟弟看了一定会醒悟。儿教诲无方，不够关照兄弟，心中十分愧疚，等待父亲批评指责。请求父母亲多加批评教导，儿会谨记悔过自新，听从父亲的教诲，坚决不敢闻过饰非，加以辩驳，以致兄弟之间有丝毫的不和。

我仔细地把情况禀告家中，希望不要让外人知道，从而怀疑我们兄弟间不和，或许九弟只是固执，事实上对我并没有一丝的抱怨。男谨禀。

【点评】

此信写到曾氏的弟弟曾国荃跟随他在京城读书，他尽心授课，关怀备至，兄弟相处融洽。当弟弟突然提出要回湖南老家时，曾氏再三开导、挽留弟弟。他认为自己没有尽到做兄长的责任，故而弟弟不愿久留，并向父母大人请罪，而且不愿意让外人知道这件事。

兄弟之间和睦相处，这本身就是中国古代的基本道德规范之一。曾氏在信中没有埋怨弟弟，更没有为自己开脱，而是忍辱负重，从兄弟关系、家庭和睦、宗族声望的大局出发，体现了他友爱兄弟、孝顺长辈、维护家族声誉的操行。

道光二十一年十月十九日与父母书

公元 1841 年 12 月 1 日

男国藩跪禀父母亲大人万福金安：

十月十七日接奉在县城所发手谕，知家中老幼安吉，各亲戚家并皆如常。七月廿五由黄恕皆处寄信，八月十三日由县附信寄折差，皆未收到。男于八月初三发第十一号家信，十八发第十二号，九月十六发第十三号，不知皆收到否？

男在京身体平安。近因体气日强，每天发奋用功，早起温经，早饭后读廿三史，下半日阅诗、古文。每日共可看书八十页，皆过笔圈点，若有耽搁，则止看一半。九弟体好如常，但不甚读书。前八月下旬迫切思归，男再三劝慰，询其何故，九弟终不明言，惟不读书，不肯在上房共饭。男因就弟房二人同食，男妇独在上房饭，九月一月皆如此。弟待男恭敬如常，待男妇和易如常，男夫妇相待亦如常，但不解其思归之故。

男告弟云"凡兄弟有不是处，必须明言，万不可蓄疑于心。如我有不是，弟当明争婉讽，我若不听，弟当写信禀告堂上。今欲一人独归，浪用途费，错过光阴，道路艰险，尔又年少无知，祖父母、父母闻之，必且食不甘味，寝不安枕，我又安能放心？是万万不可也"等语。又写书一封，详言不可归之故，共二千余字，又作诗一首示弟。弟微有悔意，而尚不读书。

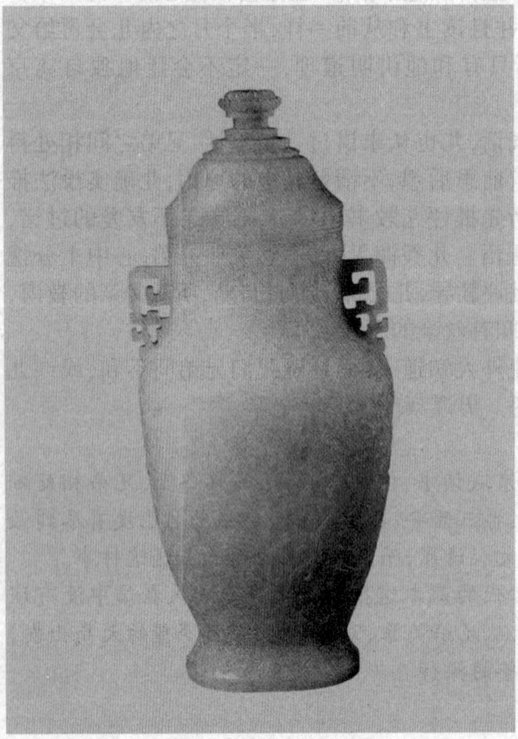

清代缠枝莲纹双耳瓶

十月初九，男及弟等恭庆寿辰。十一日，男三十初度，弟具酒食，肃衣冠，为男祝贺，嗣是复在上房四人共饭，和好无猜。

昨接父亲手谕，中有示荃男一纸，言"境遇难得，光阴不再"等语，弟始愧悔读书。男教弟千万言，而弟不听，父亲教弟数言，而弟遽恐惶改悟，是知非弟之咎，乃男不能友爱，不克修德化导之罪也。伏求更赐手谕，责男之罪，俾男得率教改过，幸甚。

男妇身体如常。孙男日见结实，皮色较前稍黑，尚不解语。

男自六月接管会馆公项，每月收房租大钱十五千文。此项例听经管支用，俟交卸时算出，不算利钱。男除用此项外，每月仅用银十一二两，若稍省俭，明年尚可不借钱。比家中用度较奢华，祖父母、父母不必悬念。男本月可补国史馆协修官。此轮次挨派者。

英夷之事，九月十七大胜，在福建、台湾生擒夷人一百三十三名，斩首三十二名，大快人心。

许吉斋师放甘肃知府，同乡何宅尽室南归，余俱如故。同乡京官现仅十余人。敬呈近事，余容续禀。男谨禀。

又呈附录诗一首云：

松柏翳危岩，葛荔相钩带。兄弟匪他人，患难亦相赖。
行酒烹肥羊，嘉宾填门外。丧乱一以闻，寂寞何人会？
维鸟有鹣鹣，维兽有狼狈。兄弟审无猜，外侮将予奈？
顾为同岑石，无为水下濑。水急不可矶，石坚犹可礚。
谁谓百年长，仓皇已老大。我迈而斯征，辛勤共粗粝。
来世安可期，今生勿玩愒！

【译文】

男国藩跪禀父母亲大人万福金安：

十月十七日收到了父亲于县城寄来的信，据悉家中老小平安，各亲戚家也都好。七月二十五日从黄恕皆处寄出的信，八月十三日在县城附信交给信差的信，都没有接到。我在八月三日发出第十一封家信，十八日发出第十二封家信，九月十六日发出第十三封家信，不知家里都接到了没有？

儿于京城身体很好。近来由于精神越来越旺盛，每天刻苦用功。清晨起来习读经书，吃饭后读二十三史，后半天看诗和古文。每天一共可以读八十页书，全部用笔圈点。如果有事耽误，便只看一半。

九弟身体还与平常一样强壮，只是不经常读书。八月中旬时，急着要回去，我再三劝解安抚，询问为啥有这样的念头，九弟就是不解释，只是不看书，不肯去上房一起吃饭，我只好去九弟房中与他一起吃饭，妻子一个人在上房吃饭。整个九月都是这样。九弟对我尊敬如从前一样，对我妻子也和从前一样，我夫妻俩对他也和往常一样，就是不知道他为啥要急于回去。

我告知九弟说："凡是兄弟之间有了纠纷，一定说明，千万不可憋在心中胡思乱想。假如我有不对的事情，弟弟应当面说出或好言劝说。我假如不听，弟弟应当写信告诉父亲。现在弟弟要一人回家，浪费盘缠，错过时光，路上又不安全，你年纪又小没有经验，祖父母、父母知道了，一定会吃不下饭，睡不好觉，我又怎能放心？这是一定不准许的。"等等。又写了一封信，仔细说明不能这样做的原因，总共写了两千多字。又作了一首诗让弟阅读。九弟看了，稍微有些后悔，但还是不看书。十月初九，我与九弟等恭庆父亲生日。十一日，儿三十岁生日，九弟备好了酒菜，穿戴整洁，为我祝贺。于是四人又重新一起到上房吃饭，和好如初。

昨天收到父亲的信，其中有专门写给国荃的一封，说机会难得，光阴不可等待等，九弟读了，感到惭愧反省，开始看书。我教导弟弟费尽了千辛万苦，九弟不听，父亲教导弟弟几句话，可弟弟就害怕认错。由此可见这不能错怪九弟，只能怪我不关爱兄弟，不能言传身教感动弟弟。还望父亲再写信，指责我的过错，让我也看到自己的毛病，改正自己的错误，那便真的是太好了。

我妻子身体平安，你们的孙子一天比一天活泼，皮肤比以前稍微黑了些，尚不会说话。我从六月初接任会馆公务，每月收房租大钱十五千文，此项款照惯例由经办人支用，等到离职时算还可以，不收利钱。我除了这项进款外，每月费用十一二两银子。如果再节俭些，明年还可以不借钱。同家里相比，花销要富裕多了，望祖父母、父母不必挂念。我本月可任国史馆协修官，这个差事是轮次分派的。

关于英国人的事，九月十七日获得胜利。在福建、台湾收降一百三十三人，三十二名斩首，真是令人痛快。

许吉斋师离开京师去甘肃任知府，同乡何家全家回湖南了，剩下的全都和从前一样，同乡在京师任官的现在只有十几人。敬呈近事，余容续禀。

又，呈附录诗一首云：

松柏翳危岩，葛荔十钩带。兄弟匪他人，患难亦相赖。
行酒烹肥羊，嘉宾填门外。丧乱一以闻，寂寞何人会？
维鸟有鹣鹣，维兽有狼狈。兄弟审无猜，外侮将予奈？
顾为同岑石，无为水下濑。水急不可矶，石坚犹可磕。
谁谓百年长，仓皇已老大。我迈而斯征，辛勤共粗粝。
来世安可期，今生勿玩愒！

【点评】

曾国藩在此信中详细叙述了他耐心地教导弟弟的经过，读后未免让人有些感动。曾氏认为，兄弟亲如手足，只有患难与共、同御外侮、团结和睦、休戚与共、互相保护，才能在社会竞争中增强实力，立于不败之地。只有将弟弟们教育成才，才可以光宗耀祖，提高门第声望。读者在此阅读时，应该注意的是，他对弟弟的关怀爱护，不仅仅是出于仁爱的目的，更有其深层的原因。

曾氏兄弟在事业上都取得了不错的成就，这与其家风家教，以及曾氏的教育帮助是密不可分的。

道光二十一年十一月十九日与祖父书

公元1841年12月31日

孙男国藩、国荃跪禀祖父母大人万福金安：

十一月初二日，孙发家信第十五号，外小鞋四双，由宝庆武举唐君带至湘乡县城罗宅，大约新正可到。

十五日戌刻，孙妇产生一女。是日孙妇饮食起居如故，更初始作势，二更即达生，极为平安。寓中所雇仆妇，因其刁悍，已于先两日遣去，亦未请稳婆，其断脐、洗三诸事，皆孙妇亲自经手。

曾孙甲三于初十日伤风，十七日大愈，现已复元，系郑小珊医治。孙等在京身体如常。同乡李碧峰在京，孙怜其穷苦无依，接在宅内居住，新年可代伊找馆也。谨禀。

【译文】

孙男国藩、国荃跪禀祖父母大人万福金安：

十一月初二日，我寄回第十五封家信，还有鞋四双，让宝庆武举人唐先生捎到湘乡县罗家，可能新年正月可以到那里。

十五日戌刻，我媳妇生下一女婴。那天我妻生活起居和往常没什么两样，更初开始有察觉，二更就顺利分娩，很是平安。家里原来雇用的保姆，因为她太奸猾，已在前两天辞退了，也没有用接生婆。像断脐、洗三等事，全是我妻自己动手。

您的曾孙甲三初十感冒了，十七日已病情减轻，现在已经痊愈了，是请郑小珊看好的。

我等在京师身体都好。老乡李碧峰在京师，我同情他穷苦又无依赖，接到家中同住，明年可给他找个地方教书。

【点评】

曾氏给其祖父写信报平安，又喜添千金，在其祖父母看来，人到老年家丁兴旺又四世同堂，实在是让人十分庆贺的幸事，心情自然会非常高兴，乐不合口；也会觉得自己老年幸福，福如东海；儿、孙辈们这样有出息，也时常是老年人津津乐道的事，这源于中国传统文化的固有模式，乃人之常情。

道光二十一年十二月廿一日与父母书

公元 1842 年 1 月 21 日

男国藩跪禀父母亲大人万福金安：

十一月十八男有信寄呈，写十五日生女事，不知到否？昨十二月十七日奉到手谕，知家中百凡顺遂，不胜欣幸。

男等在京，身体平安，孙男孙女皆好。现在共用四人，荆七专抱孙男，以春梅事多，不能兼顾也。孙男每日清早与男同起，即送出外，夜始接归上房。孙女满月，有客一席。

九弟读书，近有李碧峰同居，较有乐趣。男精神不甚好，不能勤教，亦不督责。每日兄弟语笑欢娱，萧然自乐，而九弟似有进境。兹将昨日课文原稿呈上。

男今年过年，除用去会馆房租六十千外，又借银五十两。前日冀望外间或有炭资之赠，今冬乃绝无此项。闻今年家中可尽完旧债，是男在外有负累，而家无负累，此最可喜之事。岱云则南北负累，时常忧贫。然其人忠信笃敬，见信于人，亦无窘迫之时。

同乡京官俞岱青先生告假，拟明年春初出京。男有干鹿肉托渠带回。杜兰溪、周华甫皆拟送家眷出京。岱云约男同送家眷，男不肯送，渠谋亦中止。

彭山屺出京，男为代借五十金，昨已如数付来。心斋临行时，约送银廿八两至勤七叔处转交我家，不知能践言否？

嗣后家中信来，四弟六弟各写数行，能写长信更好。男谨禀。

【译文】

男国藩跪禀父母亲大人万福金安：

十一月十八日，我有一封信寄给父母，讲十五日生女儿的事情，不知信接到没有？昨天也就是十二月十七日看过父亲信，知道家里一切事情都好，十分高兴！

我等在京师，身体健康。您的孙儿孙女也都平安。现在一共雇了四名仆人。荆七专负责管甲三，春梅事情忙，照管不过来。甲三每天清晨与我一同起床，然后送出上房，晚上才接回来上房休息。女儿满月，招待了一桌客人。九弟看书，近来由于有李碧峰在一起陪伴，相互切磋，很有情趣。我精力不够，不能常教他，也不监督。每日兄弟间有讨论不完的话题，倒也悠然自得，而这样九弟好像有所进步。现把九弟昨天的作业原稿呈上。

我今年过年，除了花掉会馆房租钱六十千以外，还借了五十两银子。前段时期还盼望外面或有人馈赠"炭资"，没料到今年冬季已没有这笔进项，听说今年家中或许把旧债全部还上，这样我虽然在外欠下好多债，而家里没有债务拖欠，也是件叫人高兴的事情。可岱云则南北交困，经常为钱的事情发愁。不过这个人为人厚道，又讲信用，值得依赖，也没有到山穷水尽的时候。

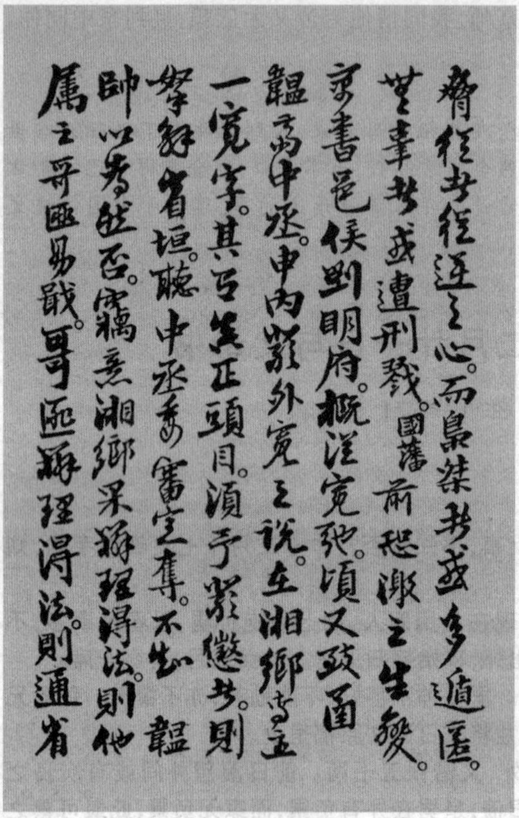
脊经与经连之心。而枭桀者或多逋匿。其幸者或遭刑戮。国藩前恐激之生变。分书邑侯刘明府。概从宽弛。顷又致函韫斋中丞。申内严外宽之说。在湘乡亦主一宽字。其首犯正头目。须予严惩者。则解赴省垣。听中丞与审定耳。不知韫帅以为然否。窃意湘乡案办理得法。则他属之哥匪易戢。哥匪办理得法。则通省

曾国藩手札

老乡在京师做官的俞岱青先生请假，预备明年开春离开京师，我有干鹿肉让他带回去。杜兰溪、周华甫全准备送家眷离开京师。岱云约我一起送家眷回家，我不想送回去，他也就不提这事了。

彭山屺离开京师时，我出面帮他借了五十两银子，昨天已如数归还。心斋在离开之前，约定了送二十八两银子给勤七叔那里，转交到家里，不知道他是否说话算数？

往后家中写信来，叫四弟、六弟分别写上数语，能多写些更好。

【点评】

交友重在交心；为人诚实最重要；人在困难的时候，尤为忠厚老实的人在其困难时，帮扶他一把，如同雪中送炭，这样的人都讲信义，即使他以后没有财物回赠你，却终生不会忘记你的恩德，这样的人最值得信赖，一旦你有困难求于他时，他会倾尽全力帮助你，于此奉劝诸君交友还是交如曾氏所讲得那种朋友。

道光二十二年正月初七日与父亲书

公元1842年2月6日

男国藩、国荃跪禀父亲大人万福金安：

去年十二月廿一日，发平安信第十七号，内呈家中信六件，寄外人信九件，不知已收到否？

男与九弟身体清吉。冢妇亦平安。孙男甲三体好，每日吃粥两顿，不吃零星饮食，去冬已能讲话。孙女亦体好，乳食最多。合寓顺适。

今年新正，景象阳和，较去年正月甚为暖烘。兹因俞岱青先生南回，付鹿脯一方，以为堂上大人甘旨之需。鹿肉恐难寄远，故熏腊附回，此间现熏有腊肉、猪舌、猪心、腊鱼之类，与家中无异。如有便附物来京，望附茶叶、大布而已，茶叶须托朱尧阶清明时在永丰买，则其价亦廉，茶叶亦好。家中之布附至此间，为用甚大，但家中费用窘迫，无钱办此耳。

同县李碧峰苦不堪言，男代为张罗，已觅得馆，每月学俸银三两，在男处将住三月，所费无几，而彼则感激难名。馆地现尚未定，大约可成。

在京一切，自知谨慎。即请父母亲大人万福金安。

【译文】

男国藩、荃跪禀父亲大人万福金安：

去年十二月二十一日，寄回平安信一封，编码十七，其中包含给家里的信六件，转交别人的信九件，不知都已收到没有？

我与九弟身体都平安，我妻也好。您的孙子甲三身体也健壮，每天喝两顿粥，不吃零嘴，去年冬季就会讲话了。您的孙女身体也健壮，吃奶吃得最多。一家人都平安。

今年开春，天气晴朗温暖，比起去年开春还要缓和些。现在由于俞岱青先生回湖南，让他捎去一块鹿脯，给父母大人补养身体。道路太遥远，怕鹿肉不好保存，就只能做成熏肉。这里现在有腊肉、猪舌、猪心、腊鱼等，和家乡大都相同。如果有时间带东西到京师来，请捎些茶叶、布匹就行了。茶叶要请朱尧阶到清明节时去永丰购买，那里的茶叶不仅价钱低，而且质量优。家里的布匹带来有很大的用处，但是家里现在经济艰难，或许没钱去买这些东西。

同乡人李碧峰太困苦了，简直窘迫极了。我帮他四处求职，已找到一个教学的差事，每月三两报酬。他在我这里住了将近三个月，并无花销多少钱，但他却很是感激不尽。教学的差事目前还没有作出最后的决定，大概不成问题了。

在京师的一切，我自然会时时小心谨慎的。即请父母亲大人万福金安。

【点评】

曾氏的同乡李碧峰生活艰难，没有着落，曾氏几经周折为他谋到一个教学的差事；不能说是助人为乐吧，或许是同病相怜，处于同等环境中，又是同乡，也是曾氏为拉拢关系；也让我们看到曾氏身处逆境时也有怜悯之心，帮助他人，防备以后自己困难时，也会有所求于他人，这也是当时社会的人们为谋求生存发展的一种手段吧。

道光二十二年正月十八日与父母书

公元1842年2月27日

男国藩跪禀父母亲大人万福金安：

新正初七日，男发第一号家信，并鹿脯一方，托俞岱青先生交彭山屺转寄，不知到否？去年腊月十九发家信，内共信十余封，想已到矣。初七日信系男荃代书。

初八早，男兄弟率合寓上下焚香祝寿。下半日荃弟患病，发热畏寒，遍身骨节痛，胁气疼痛，次早请小珊诊，系时疫症，连日服药，现已大愈。

小珊云凡南人体素阴虚者，入京多患此症，从前彭棣楼夫妇皆患此症。罗苏溪、劳辛阶、郑小珊、周华甫亦曾有此病，男庚子年之病，亦是此症。其治法不外滋阴袪邪，二者兼顾。

九弟此次之病，又兼肝家有郁，胃家有滞，故病势来得甚陡，自初八至十三，胁气疼痛，呻吟之声震屋瓦，男等日夜惶惧，初九即请吴竹如医治，连日共请四医，总以竹如为主，小珊为辅。十四日胁痛已止，肝火亦平，十五日已能食粥，日减日退，现在微有邪热在胃。小珊云，再过数日，邪热袪尽，即可服补剂，本月尽当可复体还元。

男自己亥年进京，庚子年自身大病，辛丑年孙儿病，今年九弟病，仰托祖父母、父母福荫，皆保万全，何幸如之。因此思丁酉春祖父之病，男不获在家伏侍，至今尚觉心悸。

九弟意欲于病起复体后归家，男不敢复留，待他全好时，当借途费，择良伴令其南归，

大约在三月起行。

英逆去秋在浙滋扰，冬间无甚动作。若今春不来天津，或来而我师全胜，使彼片帆不返，则社稷苍生之福也！

黄河决口，去岁动工，用银五百余万，业已告峻，腊底又复决口。湖北崇阳民变，现在调兵剿办，当易平息。余容续禀。男谨呈。

【译文】

男国藩跪禀父母亲大人万福金安：

今年正月七日，我寄回第一封家信，与一块鹿脯，全让俞岱青先生拜托彭山屺转寄，不知是否收到？去年十二月十九寄回的家信，里面共有十几封信，料定已收到了。初七的信，是九弟代写的。

八日早上，我兄弟领一家大小烧香祝寿。下午九弟就生病，发热惧寒，全身关节疼痛，两侧胁骨疼痛。第二天清晨请小珊来看病，说是流行病，接连服了几天的药，现在病情好转。小珊说大多南方人体质差，来京师后多数都生这种病。彭棣楼夫妻俩从前也都生过这种病，罗苏溪、劳辛阶、郑小珊、周华甫也都曾经生过这种病。我庚子年生病，也是这种情况。治此病的方法几乎是滋阴祛寒，二者都要治疗。九弟这次患病，又遇上肝、胃都有火，因而病热来得很快。从八日到十三，胁骨疼痛，叫喊之声很大。我等日夜惶恐不定。九日又请吴竹如来给他治疗，几天来一共请了四位大夫，一般是以竹如为主，小珊为辅。十四日胁痛已好，肝火也消除了。十五日可能够喝粥，一天好于一天，现在胃有点热。小珊说再过两天，邪热消除，就可服用补药，这月就可身体痊愈。

我从己亥年进京，庚子年自己患了场大病，辛丑年孩子患了场大病，今年九月九弟生病，都依仗祖父母、父母的福气，顺利地过来了，真是幸运！由此想到了丁酉年春天祖父患病，我不能在家伺候，直到现在仍然觉得心中愧疚。九弟想病好后回去，我不敢再留他。等他完全恢复以后，就筹集路费，找个合适的伙伴，让他回湖南老家。大概在三月份回去。

英国人去年秋天在浙江闹事，冬天没发生什么事。假如今年春天不上天津来，即使来了而我国水军也能打败他们，让英国人的战船一艘也回不去，那便是国家与百姓们的福气了。

黄河决口，去年开始动工修堤，花费五百多万两银子，目前已快竣工了，十二月底又决

大清朝水兵画像

口了。湖北崇阳百姓闹事,现在正调拨兵力去镇压,应该是很快平息这次叛乱的。

其他的事情容后告知。男谨呈。

【点评】

治理黄河的问题成为历朝历代的心腹大患,黄河可称为我国的母亲河,我们的祖先最早就在黄河流域繁衍生息,可由于长期逐年的泥沙沉淀,河床渐渐增高,于近代成为地上河,每年汛期来临时,黄河决口给住于岸两侧的百姓造成无穷的祸患,旧社会人力、财力有限,科学也不发达,很难达到彻底地治理。

道光二十二年二月廿四日与父母书

公元 1842 年 4 月 5 日

男国藩跪禀父母亲大人万福金安:

正月十七日,发第二号家信,不知已收到否?男身体平安,男妇亦如常。

九弟之病自正月十六日后,日见强旺,二月一日开荤,现已全复元矣。二月以来,日日习字,甚有长进。男亦常习小楷,以为明年考差之具。近来改临智永《千字文》帖,不复临颜、柳二家帖,以不合时宜故也。孙男身体甚好,每日佻达欢呼,曾无歇息。孙女亦好。

浙江之事,闻于正月底交战,仍尔不胜,去岁所失宁波府城,定海、镇海二县城尚未收复。英夷滋扰以来,皆汉奸助之为虐。此辈食毛践土,丧尽天良,不知何日罪恶贯盈,始得聚而歼灭!湖北崇阳县逆贼钟人杰为乱,攻占崇阳、通城二县。裕制军即日扑灭,将钟人杰及逆党槛送京师正法,余孽俱已搜尽。钟逆倡乱不及一月,党羽姻属,皆伏天诛。黄河去年决口,昨已合龙,大功告成矣。

九弟前病中思归,近因难觅好伴,且闻道上有虞,是以不复作归计。弟自病好后,亦安心不甚思家。李碧峰在寓住三月,现已找得馆地,在唐同年(李杜)家教书,每月俸金二两,月费一千。男于二月初配丸药一料,重三斤,约计费钱六千文。

男等在京谨慎,望父母亲大人放心。男谨禀。

【译文】

男国藩跪禀父母亲大人万福金安:

正月十七日寄回第二号家信,不知是否收到?我身体平安,妻儿也挺好。

九弟的病情已逐渐好转,特别是自正月十六日之后,病情大为减轻,身体也随之日渐强壮。二月一日开始吃荤食,目前已全部康复。二月以来,天天练习写字,且有所进步。我也常写小楷,作为有机会考差的基础。近来临摹了临永千字文帖,不再临摹颜、柳两家帖了,因为不适合时候的原因。您的孙儿身体很好,终日蹦蹦跳跳,一时也不安静。孙女也挺好。

想到浙江的事,传言正月底与英人开战,但结局却仍未获胜,而且去年失守的宁波府城、定海镇海二县城仍在英国人手里,没能得以收复。英国人侵犯以来,那帮汉贼助纣为虐,此等依靠外国人,糟蹋自己的国家,丧尽天良,不知要等何时恶贯满盈,才可全被消灭!湖北崇阳县反贼钟人杰反朝廷,攻占崇阳、通城二县。裕制军当天将其镇压,将钟人杰及同伙关进囚车,送至京城判决,剩下的全部扫除。钟人杰叛乱不到一个月,党羽姻亲部属,都被消除。黄河去年决口,昨天已修好,大功告成了。

九弟身处患病之时,老想回家,近来病情好了,而且又恰好找到合适的旅伴,又听说近来回家沿途并不安全,所以决定暂时不回湖南了。自从九弟痊愈后,心情也逐渐安稳下来，想家之心也不像从前急切了。李碧峰在我这住了三个月，目前找到教书的差事，在唐同年（李杜）家教书，每月报酬二两，月费一千。我于二月初配丸药一副，重三斤，约共计花了六千文钱。

我等在京师的一切事情，自会小心谨慎地去做，父母亲大人不必挂心，不必为此劳神。

【点评】

自1840年鸦片战争以来，英国就大举进兵侵略我国，清政府的腐败无能和英国人的嚣张气焰，激起了中国有志之士和平民的坚决抵抗，历史上著名的“三元里人民抗英斗争”，就是一个很好的例证。

道光二十二年三月十一日与父母书

公元1842年4月21日

男国藩跪禀父母亲大人万福金安：

二月廿三日，发家信第三号，不知已收到否？正月所寄鹿脯，想已到。三月初奉大人正月十二日手谕，具悉一切。又知附有布疋（现作“匹”）、腊肉等在黄荸卿处，第不知黄氏兄弟何日进京，又不知家中系专人送至省城，抑托人顺带也。

男在京身体如常，男妇亦清吉。九弟体已复元。前二月间，因其初愈，每日只令写字养神。三月以来，仍理旧业，依去年功课。未服补剂，男分丸药六两与他吃，因年少不敢峻补。孙男女皆好，拟于三月间点牛痘。此间牛痘局系广东京官请名医设局积德，不索一钱，万无一失。

男近来每日习帖，不多看书。同年邀为试帖诗课，十日内作诗五首，用白折写好公评，以为明年考差之具。又吴子序同年有两弟在男处附课看文。又金台书院每月月课，男亦代人作文，因久荒制艺，不得不略为温习。

此刻光景已窘，幸每月可收公项房钱十五千，外些微挪借，即可过度。京城银钱比外间究为活动。

家中去年彻底澄清，余债无多，此真可喜。蕙妹仅存钱四百千，以二百在新窑食租，不知住何人屋？负薪汲水，又靠何人？率五素来文弱，何能习劳？后有家信，望将蕙妹家事琐细详书。余容后禀。男谨呈。

【译文】

男国藩跪禀父母亲大人万福金安：

我于二月二十三日寄出的第三号家信，不知收到没有？今年正月叫人带回的鹿脯料想已经收到了吧。三月初的时候收到了父亲正月十二日所写的亲笔信，由信中得知了家中的一切事情。又知已带布匹、腊肉到黄荸卿处，尚不知黄氏兄弟哪时进京？又不知家里是派专人把物品送到省城，还是叫人顺带去的？

近来我在京身体健康，我妻也是一样。九弟的身体已彻底康复，二月间他大病刚好之时，只怕他劳累，每日只让他练字养神，安心休养而已。三月以来，复习为去年的功课。没吃养药，我分出六两丸药给他服用，因他年龄小，不敢给他服太多补药。您的孙子孙女都好，准备三月份接种牛痘。这里的牛痘局是广东籍在京举办的，为的是积德行善请名医设局营业，不收一钱，万无一失。

我近来依然每天临摹习字，很少读书。同年好友常常邀请儿子一同试帖诗课，我于十日内便作了五首诗,用白折写好,由大伙公开评议,也可为明年的在职官员考试作些必要的准备。另外吴子序同年有两个弟弟在我这一起复习功课看文章。又金台书院每月月课,我也替人作文。因为好久没有作诗写文章了,不得不略微复习一下。目前经济很拮据,幸亏每月可以收公家房租十五千,外头再多少筹借些,就可以度日。京师里的银钱流动快,借借还还也比较顺当。

让人高兴的事情是去年家中的债务已经快要还清,剩下的一点债务也已数量不多了。只是挂心蕙妹一人,她顶多存了四百千钱,其中的二百要用来生活费,还不知住的是哪家的房子?还要担柴打水之类的劳累,又靠什么人呢?而且率五向来体弱没劲,这些体力活怎能承担啊!往后家里再来信,还望多讲一些蕙妹的情况,将她的家事尽可详细告诉我,以慰挂念之心。其他的事情容后再告知。

【点评】

作为长子的曾氏,处处为家庭生计着想,为弟弟、妹妹分心,这好似农家之弟的通例,俗话说"家贫才能出孝子",看来人的一生,少时多吃点苦,多经受些磨砺对人生是有好处的,就是对于今天做父母的,在教育子女的问题上也有借鉴意义。

道光二十二年四月廿七日与祖父书

公元1842年6月5日

孙男国藩跪禀祖父母亲大人万福金安:

三月十一日发家信第四号,四月初十、廿三发第五号第六号。后两号皆寄省城陈家,因寄有银、参、笔、帖等物,待诸弟晋省时当面去接。四月廿一日,接壬寅第二号家信,内祖父、父亲、叔父手书各一,两弟信并诗文俱收。伏读祖父手谕,字迹与早年相同,知精神较健。家中老幼平安,不胜欣幸。游子在外,最重惟平安二字。

承叔父代办寿具,兄弟感恩,何以图报!湘潭带漆,必须多带。此物难辨真假,不可邀人去同买,反有奸弊。在省考试时,与朋友问看漆之法,多问则必能知一二。若临买时,向纸行邀人同去,则必吃亏。如不知看漆之法,则今年不必买太多,待明年讲究熟习,再买不迟。今年添新寿具之时,祖父母寿具必须加漆,以后每年加漆一次。器具同加,约计每年漆钱多少,写信来京,孙付至省城甚易,此事万不可从俭。子孙所为报恩之处,惟此最为切实,其余皆虚文也。孙意总以厚漆为主,由一层以加至数十层,愈厚愈坚。不必多用瓷灰、夏布等物,恐其与漆不相胶粘,历久而脱壳也。然此事孙未尝经历讲究,不知如何而后尽善。家中如何办法,望四弟详细写信告知,更望叔父教训诸弟经理。

心斋兄去年临行时,言到县即送银廿八两至我家。孙因十叔所代之钱,恐家中年底难办,故向心斋通挪,因渠曾挪过孙的。今渠既未送来,则不必向渠借也。家中目下敷用不缺,此孙所第一放心者。孙在京已借银二百两,此地通挪甚易,故不甚窘迫,恐不能顾家耳。

曾孙兄妹二人体甚好,四月廿三日已种牛痘。牛痘万无一失,系广东京官设局济活贫家婴儿,不取一钱。兹附回种法一张,敬呈慈览。湘潭、长沙皆有牛痘公局,可惜乡间无人知之。

英夷去年攻占浙江宁波府及定海、镇海两县,今年退出宁波,攻占乍浦,极可痛恨,京城人心安静如无事时,想不日可殄灭也。孙谨禀。

【译文】

孙男国藩跪禀祖父母亲大人万福金安：

三月十一日寄第四号家信，四月十日、二十三日寄回第五号、第六号书信。后二号都发往省城陈家，由于寄有银两、人参、笔、帖等东西，待到各位弟弟进省城时，当面去取。四月二十一日收到壬寅日寄出的第二号家信，含有祖父、父亲、叔父亲笔信各一封，两位弟弟的信及诗文，全已收到。捧读祖父亲笔信，字迹与以前相同，知道祖父精神旺盛。家中老小平安，顿感欣慰幸福。我身处在外，最注重的是平安二字。

承叔父代办棺木，我们兄弟十分感激，不知怎样报答！湘潭购漆，必须多买，这种东西不好分清真货假货，不可以请人去同买，反而有欺骗弊病产生。在省城考试时，向朋友请教鉴别漆的方法，多请教就能略知一二了。到真要买的时候，要纸行邀请人一块儿去，就必吃亏，如果不知道辨别漆的方法，那么今年就不应买太多，等明年了解情况后，再买也不晚。今年漆新棺木的时候，祖父母的一定加漆，以后每年刷漆一次。四口同时刷漆，估计每年要花漆钱多少？写信告我，我寄钱到省城很方便。此事千万不可简单了事，我要报答祖父母、父母的方式，只有此事最为实惠，其他的都是虚的。我的意见，棺木总以厚漆为主，由一层加到几十层，漆越厚就越结实，不要多用瓷灰、夏布等物，担心这些东西与漆不相胶粘，时间久了会剥落。不过这种事我没有经验，不知该如何才能做到尽善尽美。家中怎么办理，希望四弟详细写信回来，更望叔父督导诸弟办理。

心斋兄去年刚离开时，说到了县城就送银二十八两到咱家，我因为十叔所垫的钱，担心家里年底钱不够用，所以向心斋求助挪借，因为他也曾借过我的钱。现在他既然没送来，也就不必向他借了。家中目前日常花销还不缺，这是我所第一放心的。我在京已借了二百两银子，这里挪借很方便，所以不很拮据，只是不能顾家。

曾孙兄妹两人身体很健壮。四月二十三日，已接种了牛痘，一切安好，是广东京官设局救济贫困婴儿，不要一分钱。现在附上种牛痘法一张，敬呈细看。其实湘潭、长沙也都有面向百姓的牛痘局，可惜乡下没人知道。

英国人去年攻占浙江宁波府及定海、镇海两县，今年退离宁波，攻占乍浦，极为痛恨，京城人心，安静得好似没事一样，料想不久英国人就可以被彻底消灭。

【点评】

旧社会人们的思想观念比较封建，劳累辛苦的一生，都想晚年有个寿终正寝的归宿，所以把死去以后都看得比较庄重，也是晚辈对作为长辈的一种孝心的表现。其中主要的是死后占用寿棺的厚重。曾氏信中提出以再对老人的死后所用的棺椁，多次刷漆，刷好漆正是报答长辈的养育之恩，不惜重金花费来表达自己一分孝心的表现形式。

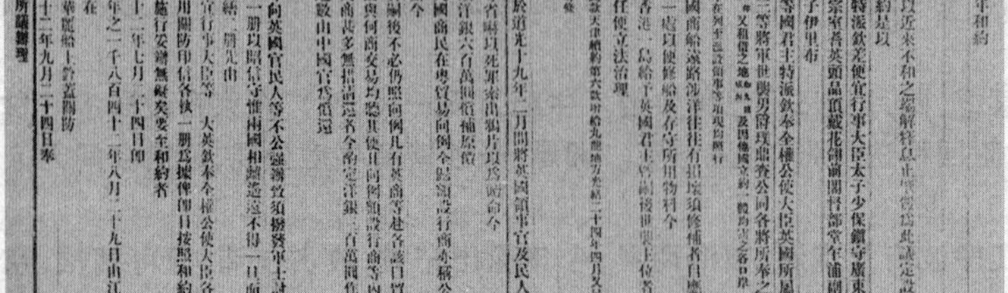
道光二十二年和約
茲因
大清大皇帝
大英君主欲以近來不和之端解釋息止肇釁為此議定設立
永久和約是以
大清大皇帝特派欽差便宜行事大臣太子少保鎮守廣東廣
州將軍宗室耆英頭品頂戴花翎前閣督部堂乍浦副都
統紅帶子伊里布
大英伊耳蘭等國君主特派欽奉全權公使大臣英國所屬印
度等處三等將軍世襲男爵璞鼎查公同各將所奉之
一因英國商船遠路涉洋往往有損壞須修補者自應給
予沿海一處以便修船及存守所用物料今
大皇帝准將香港一島給予英國君主暨嗣後世襲主位者常
遠主掌任便立法治理
一因
欽差大臣等於道光十九年二月間將英國領事官及民人等
強留粵省嚇以死罪索出鴉片以為贖命今
大皇帝准以洋銀六百萬圓償補原價
一凡英國商民在粵貿易向例全歸額設行商亦稱公行
者承辦今
大皇帝准其嗣後不必仍照向例凡有英商等赴各該口貿易
者勿論與何商交易均聽其便且向例額設行商等內有
累欠英商甚多無措清還者今酌定洋銀三百萬圓作為
商欠之數由中國官為償還
欽差大臣等向英國官民人等不公強辦致須撥發軍士討求
國分執一冊以昭信守俾兩國相離遙遠不得一日而到
是以另繕二冊先由
大清欽差便宜行事大臣等　大英欽奉全權公使大臣各為
君上定事蓋用關防印信各執一冊為據俾即日按照和約開
載之條施行妥辦無礙矣要至和約者
道光二十二年七月二十四日即
英國記年之一千八百四十二年八月二十九日由江甯
省會行在
大英君主汗華麗船上鈐蓋關防
道光二十二年九月二十四日奉
硃批依議照所議辦理

1842 年，第一次鸦片战争结束，双方签订《中英南京条约》，中国赔款白银二千一百万两，割让香港等地，英国退兵。图为中英《南京条约》节选。

道光二十二年六月初十日与祖父书

公元 1842 年 7 月 17 日

孙男国藩跪禀祖父母大人万福金安：

四月廿七日，呈家信第七号，内共四信，不知已收到否？孙兄弟在京平安。孙妇身体如常。曾孙兄妹二人种痘后，现花极佳。男种六颗出五颗，女种四颗出三颗，并皆清吉。寓内上下平善。

逆夷海氛甚恶，现在江苏滋扰，宝山失守，官兵退缩不前，反在民间骚扰，不知何日方可荡平。天津防堵甚严，或可无虑。

同乡何子贞全家住南京，闻又将进京。谢果堂太守（兴峣）于六月初进京，意欲捐复，多恐不能。郑莘田（世任）放贵州贵西道，黎樾乔转京畿道，同乡京官绝少。

孙在京光景虽艰，而各处通挪，从无窘迫之时，但不能寄资回家，以奉甘旨之需，时深愧悚。前寄书征一表叔，言将代作墓志，刻下实无便可寄。蕙妹移居后，究不知光景如何？孙时常挂念，若有家信来京，望详明书示。孙在京自当谨慎，足以仰慰慈廑。孙谨禀。

【译文】

孙男国藩跪禀祖父母大人万福金安：

四月二十七日寄回第七封家信，里面一共有四封信，不知已经收到没有？

我们在京平安，我媳妇身体也好。您的曾孙曾孙女兄妹俩接种牛痘后，疗效很好。儿子种六颗出了五颗，女儿种四颗出了三颗，都很平安，未受感染，家里大小都平安。

英国人和逆贼在沿海闹得很猖狂，现在江苏暴乱，宝山失守了。官兵后退不敢进攻，反而在民间骚扰，不知何时才能平定，天津防守得比较严密，应该没多少忧虑。

同乡何子贞全家住在南京，传言又要搬到北京来。谢果堂太守（兴峣）于六月初进入京城，计划花点钱通融一下想官复原职，或许可能性不太大。郑莘田（世任）离开京城去贵州贵西道任职，黎樾乔则去京畿道任职，同乡在京做官的人很少了。我在京城状况虽然也很困难，但东拼西凑，还没有到十分窘迫的地步。只是不能寄钱回家，孝敬堂上长辈，常常深感愧疚不安。

前几日写信给征一表叔，说将替作墓志，目前实在不容易寄出。蕙妹搬家后，情况究竟如何？我常常担心挂念。倘若写家信来，还望认真写清楚告诉我。

我在京城一定会小心谨慎，决不会辜负您老人家的厚望。孙谨呈。

【点评】

“牛痘”俗称天花病，旧社会医学不发达，因得此病死去的人不少，即使病痊愈后也会给面部乃至全身留下疤痕；人们通常给得过此病的人起绰号“麻子脸”，此种病病毒，能借助空气传播，青少年儿童极易感染；新中国成立后，多数人已接种天花疫苗，这种病在我国基本消除。

道光二十二年七月初四日与父母书

公元 1842 年 8 月 9 日

男国藩跪禀父母亲大人万福金安：

六月廿八日接到家书，系三月廿四日所发，知十九日四弟得生子，男等合室相庆。四妹生产虽难，然血晕亦是常事，且此次既能保全，则下次较为容易。男未得信时，常以为虑，既得此信，如释重负。

六月底，我县有人来京捐官（王道隆）。渠在宁乡界住，言四月县考时，渠在城内，并在彭兴歧（云门寺）、丁信风两处面晤四弟六弟，知案首是吴定五。男十三年在陈氏宗祠读书，定五才发蒙作起讲，在杨畏斋处受业。去年闻吴春冈说，定五甚为发奋，今果得志，可谓成就甚速。其余前十名及每场题目，渠已忘记，后有信来，乞四弟写出。

四弟、六弟考运不好，不必挂怀。俗语云："不怕进得迟，只要中得快。"从前邵丹畦前辈（甲名），四十三岁入学，五十二岁作学政，现任广西藩台。汪郎渠（鸣相）于道光十二年入学，十三年点状元。阮芸台（元）前辈于乾隆五十三年县府试皆未取头场，即于其年入学中举，五十四年点翰林，五十五年留馆，五十六年大考第一，比放浙江学政，五十九年升浙江巡抚。些小得失不足患，特患业之不精耳。两弟场中文若得意，可将原卷领出寄京，若不得意，不寄可也。

男等在京平安。纪泽兄妹二人体甚结实，皮色亦黑。

逆夷在江苏滋扰，于六月十一日攻陷镇江，有大船数十只在大江游弋，江宁、扬州二府颇可危虑。然而天不降灾，圣人在上，故京师人心镇定。

同乡王翰城（继贤，黔阳人，中书科中书）告假出京，男与陈岱云亦拟送家眷南旋，与郑莘田、王翰城四家同队出京（郑名世任给事中，现放贵州贵西道）。男与陈家本于六月底定计，后于七月初一请人扶乩（另纸录出大仙示语），似可不必轻举妄动，是以中止。现在男与陈家仍不送家眷回南也。

同县谢果堂先生（兴峣）来京，为其次子捐盐大使，男已请至寓陪席。其世兄与王道隆尚未请，拟得便亦须请一次。

正月间俞岱青先生出京，男寄有鹿脯一方，托找彭山屺转寄，俞后托谢吉人转寄，不知到否？又四月托李昺冈（荣灿）寄银寄笔，托曹西垣寄参，并交陈季牧处，不知到否？

前父亲教男养须之法，男仅留上唇须，不能用水浸透，色黄者多，黑者少，下唇拟待三十六岁始留。男每接家信，嫌其不详，嗣后更愿详示。男谨禀。

【译文】

男国藩跪禀父母亲大人万福金安：

六月二十八日，收到家信，是三月二十四日所发，获悉十九日四弟生了儿子，我等全家表示庆贺！四妹分娩虽难，但血晕也是常事，并且这次能保平安，下次便好些了。儿子没有接到来信时，常以挂念，既得了这封信，心里感觉轻松多了。

六月底，我县有人到京城来办事，花钱买官（王道隆）。这个人住宁乡，讲起四月份在县里参加科举考试之事，他说在城内彭兴岐（云门寺）、丁信风两人那里见到过四弟、六弟。知道考第一名的是吴定五。我十三年于陈氏宗祠读书时，定五才刚刚入门，在杨畏斋那里听课。去年听吴春冈说定五非常刻苦用功，今天果然成名，可以说很快就取得了成就。其前前十名的人与考试的题目,他已记不好了。往后如果写信来,还望四弟写上告知我。

四弟六弟考试不中,不必挂在心里。俗话说:"不怕进得迟,只要中得快。"从前邵丹畦前辈。四十三岁起步,五十二岁作学政,目前任职广西藩台。汪郎渠(鸣相)于道光十二年入学起步,十三年即高中状元。陈芸台(元)前辈于乾隆五十三年参加县、府考试都没取得头名,就在这一年入学,中了举人,五十四年中为翰林,五十五年聘任馆职,五十六年大考第一名,做浙江学政,五十九年授命浙江巡抚。小的得失不应放在心里,只有自己的学业不足才值得重视。两位弟弟考场中做的文章如果认为可以,就将原考卷取出来寄到京城,如果认为不行,不寄来也可以。

清代进士题名碑

我等在京平安,纪泽兄妹二人,身体健壮,肤色稍黑。

外国人在江苏闹事,于六月十一日攻破镇江,有大船几十只,在大江游行。江宁、扬州两府目前很是担心。不过上天不会降临灾难,圣人在上,京城人心还比较踏实。

同乡王翰城请假离京,我和陈岱云也想送家眷回湖南,与郑莘田、王翰城四家人一起离京。我与陈家,本在六月底打算好了,后在七月初一请人扶乩,似可不必轻易行动,因此停止了。现在我与陈家,就不送家眷回湖南了。

同县谢果堂先生(名兴峣)到京城来,为他的第二个儿子花钱买官,我已请到家里来吃饭。他的世兄与王道隆还没有请,往后方便的时候准备请一次。

正月里俞岱青先生出了京城,我让他带了一块鹿肉,请他交给彭山屺那里转寄回家中,俞后来托谢吉人转寄,不知是否收到?又在四月时托李昺冈(名荣灿)带银两、笔,让曹西垣寄人参,一同交到陈秀牧那里,也不知是否收到?上次父亲教我留胡须的方法,我目前只留上唇须,不能用水泡透。胡须颜色黄的多、黑的少,下巴上的胡须想等到三十六岁时再开始留。

我多次接到家信,都觉得写得不详细,往后来信写详细些更好。

【点评】

旧时人们的命运除了有人靠战争发迹外,通常的情况是经过科举考试步入仕途,然封建社会的科举制度有许多弊端,除了单调乏味的"八股文",别的事项少之又少。对此,也埋没了不少人才;而有的人对获取仕途名利如此看重,终生都在求学而屡考不中,由此搞得一些文人心中的郁闷非常大,而终生不得功名的人,也大有人在;中学课本有一篇文章《范进中举》对当时的社会文人就是一个辛辣的讽刺,可见,迂腐的科举制度害人有多深。

道光二十二年八月初一日与祖父书

公元1842年9月5日

孙男国藩跪禀祖父母大人万福金安:

七月初五日发第九号信,内言六月廿四日后,孙与岱云,意欲送家眷回南,至七月初一谋之于神,乃决计不送。初五日发信后,至初八日,九弟仍思南归,其意仍坚,不可挽回,与孙商量,孙即不复劝阻。

九弟自从去年四月父亲归时,即有思归之意。至九月间,则归心似箭。孙苦若细问,终不明言其所以然。年少无知,大抵厌常而喜新,未到京则想京,既到京则想家,在所不免。又家中仆婢,或对孙则恭敬,对弟则简慢,亦在所不免。孙于去年决不许他归,严责曲劝,千言万语,弟亦深以为然,几及两月,乃决计不归。今年正月,病中又思归,孙即不敢复留矣。三月复原后,弟又自言不归,四五六月,读书习字,一切如常。至六月底,因孙有送家眷之说,而弟之归兴又发。

孙见其意,是为远离膝下,思归尽服事之劳。且逆夷滋扰,外间讹言可畏,虽明知蕞尔螳臂,不足以当车辙,而九弟既非在外服官,即宜在家承欢,非同有职位者闻警而告假,使人笑其无胆,骂其无义也。且归心既动,若强留在此,则心如悬旌,不能读书,徒废时日。兼此数层,故孙比即定计,打发他回,不复禁阻。

恰好郑莘田先生(名世任,长沙人,癸酉拔贡,小京官,由御史升给事中,现放贵西兵备道)将去贵州上任,迂道走湖南省城,定于十六日起程,孙即将九弟托他结伴同行。

此系初八九起议,十四日始决计,即于数日内将一切货物办齐,十五日雇车。郑宅大车七辆,渠已于十三日雇定,九弟雇轿车一辆,价钱二十七千文(时价轿车,本只要二十三千,孙见车店内有顶好官车一辆,牲口亦极好,其车较常车大二寸,深一尺,坐者最舒服,故情愿多出大钱四千。恐九弟在道上受热生病)。雇底下人,名向泽,其人新来,未知好歹,观其光景,似尚有良心者。(昨九弟出京七日,在任邱县寄信来京,云向泽伺候甚好。)

十六日未刻出京,孙送至城外二十里,见道上有积潦甚多,孙大不放心,恐路上有翻车陷车等事,深为懊悔。廿三日,接到弟在途中所发信,始稍放心。兹将九弟原信附呈。

孙交九弟途费纹银三十二两整(先日交车行上脚大钱十三千五百文,及上车现大钱六千文两项在外),外买货物及送人东西(另开一单,九弟带回)。外封银十两,敬奉堂上六位老人吃肉之资(孙对九弟云,万一少途费,即扯此银亦可,若到家后,断不可以他事借用此银,然途费亦断不至少也)。

向泽订工费大钱二千文,已在京交楚。郑家与九弟在长沙分队,孙嘱其在省换小船到县,向泽即在县城开销他。向泽意欲送至家,如果至家,留住几日打发,求祖父随时斟酌。

九弟自到京后,去年上半年用功甚好。六月因甲三病,耽搁半月余。九月,弟欲归,不肯读书,耽搁两月。今春弟病,耽搁两月。其余工夫,或作或辍,虽多间断,亦有长进。计此一年半之中,惟书法进功最大。外此则看《纲鉴》卅六本,读《礼记》四本,读《周礼》一本,读《斯文精萃》两本半(因《周礼》读不熟,故换读《精萃》),作文六十余篇,读文三十余首。

父亲出京后,孙未尝按期改文,未尝讲书,未能按期点诗文,此孙之过,无所逃罪者也。读文作文,全不用心,凡事无恒,屡责不改,此九弟之过也。好与弟谈伦常,讲品行,使之扩

见识，立远志，目前已颇识为学之次第，将来有路可循，此孙堪对祖父者也。待兄甚敬，待侄辈甚慈，循规蹈矩，一切匪彝慆淫之事毫不敢近，举止大方，性情挚厚，此弟之好处也。弟有最坏之处，在于不知艰苦。年纪本轻，又未尝辛苦，宜其不知，再过几年，应该知道。

九弟约计可于九月半到家。孙恐家中骇异，疑兄弟或有嫌隙，致生忧虑，故将在京、出京情形述其梗概。至琐细之故，九弟到家详述，使堂上大人知孙兄弟绝无纤介之隙也。

孙身体如常，惟常耳鸣，不解何故。孙妇及曾孙兄妹二人皆好。丫环因其年已长，其人太蠢，已与媒婆兑换一个（京城有官媒婆，凡买妾买婢，皆由她经纪），彼此不找一钱。此婢名双喜，天津人，年十三岁，貌比春梅更陋，而略聪明。寓中男仆皆如故。

同县谢果堂先生，为其子捐盐大使，王道隆（王恒信之侄）捐府经历，黄鉴之子捐典史，以外无人。

孙在京一切自宜谨慎，伏望堂上大人放心。孙谨禀。

【译文】

孙男国藩跪禀祖父母亲大人万福金安：

七月初五日寄回第九封家信，里面讲起六月二十四日后，我和岱云计划送家眷回湖南老家，待到七月一日请了神占了卜，就确定先不送家眷回来了。

五日寄回信后，到八日九弟还是想回湖南老家，态度很坚决，已经不可留住。九弟与我商量这件事，我也就不再再三阻拦。九弟自从去年四月父亲离开京城回老家时，就想着要回去。到九月里，可以说是归心似箭。孙儿再三细问，九弟始终不愿说明是为何原因。年少无知的孩子，大约多数是喜新厌旧。没有到京城的时候想来京成，到了京城又想回家，这也是不可避免的。另外家里的仆人婢女，有的对孙毕恭毕敬的，而对弟弟则怠慢，这也是不可避免的。孙儿在去年坚决不允许他回南方去，严厉批评，好言相劝，千言万语，弟弟也深感到是这样，闹了将近两个月，就决定不回家了。四、五、六月读书写字，一切同往常一样。到六月底，因为孙儿有送家眷回老家的想法，弟弟又生了回家的念头。

孙儿猜想他的想法，是因为远离父母膝下，想回家尽一份孝心。再说英夷滋扰，外面的传言十分恐怖。虽然明知道小小螳螂不足以挡车辙，可九弟又不是在外做官，最好在家承欢膝下。不像在京为官的人，听见战事就告假回家，让人笑话没有胆量，骂其不讲情义。何况回家的心愿迫切，如果勉强留在这里，心也是静不下来，书又看不进去，白白浪费时光。想到这几层意思，我也下定决心，送他回家，不再阻拦劝说。

正好郑幸田先生（名世任，长沙人，癸酉年拔贡，小京官，从御史升任给事中，现离开京城任贵西兵备道）将去贵州上任，绕道走湖南省城，定在十六日起程。孙儿就把九弟托付给他，和他结伴同行。

此事八、九日开始商议，十四日才定下来。孙儿将近在几天内把一切货物行李采办齐全，十五日雇车。郑家大车七辆（他已在十三日雇好了），九弟雇轿车一辆，价钱二十七千文（这时轿车价钱本来只要二十三千文，孙儿看见车店里有顶好的一辆官车，牲口也较好，其车身比平时常见的车大二寸，长一尺，坐着最舒服，所以情愿多出四千大钱，只怕九

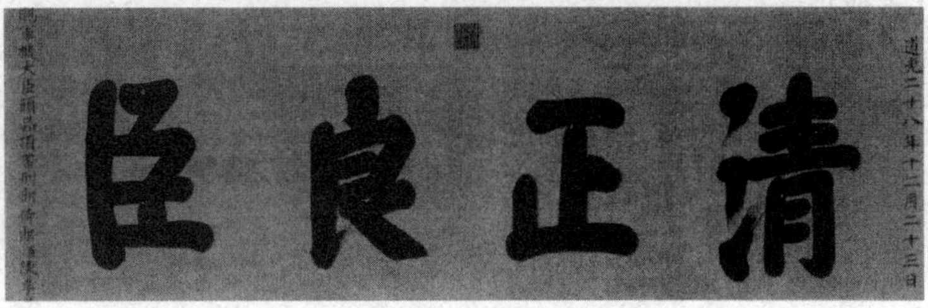

道光皇帝手书“清正良臣”匾

弟在路上受热生病)。雇的用人名叫向泽,这人是新来的,还不知道是好是坏,看他的样子,好似是有良心的(昨天是九弟离开京城的第七天,在任邱县寄信来说向泽伺候得很好)。

十六日未刻出城,我送到城外二十里地,看见路上泥水很多,我很不放心,很怕路上有翻车的情况,深感后悔。二十三日接到弟弟在路上寄来的信,才稍稍放心了。现谨将九弟的原信附呈祖父大人。

我交给九弟路费纹银共计三十二两整(头一天交给车行脚夫钱十三千五百文和订车钱六千文两项除外),另外买的货物和送人的东西(清单由九弟带回)。又有一封银子十两,敬奉给堂上六位老人,一点买肉的钱罢了(孙对九弟讲,万一路费不足,可以花这一项钱,但如果已到家,就不可因别的事借用这一项钱,当然路费也肯定不会少)。

向泽的工钱是大钱二千文,已在京城讲清楚。郑家和九弟在长沙分手后。我嘱九弟在长沙换乘小船到县里,向泽就在县城结账。向泽想送九弟到家,如果到家,留他住几天再打发走也可以,请祖父拿主意吧。

九弟自从来京城后,去年上半年用功很好。六月因为甲三患病,耽误了半个月。九月弟想回去,不肯看书,又耽搁两个月。今年春天弟生病耽搁两个月。剩下的时间,读读停停,虽然间断很多,但还是有进步的。总计在这一年半的时间里,只有书法进步最大。除此之外看了《纲鉴》三十六本,读了四本《礼记》,一本《周礼》,又读了两本半《斯文精萃》(因《周礼》读不熟,所以换成《精萃》),作了六十多篇文章,三十多篇诗文。

父亲从京城离开后,我没有按时批改九弟的文章,也没有讲书或按期点评诗文,这是我的过错,是没法推托的。读书作文都不用心,什么事都没有恒心,多次教育都不悔改,这是九弟的过错。孙儿很想和弟弟一起谈伦常、讲品行,使他增长见识,立下远大的志向,现在已基本上知道做学问的步骤,将来也知道将如何去求知,这是孙儿堪对祖父大人的地方。对兄长很尊敬,对侄儿晚辈很慈爱,循规蹈矩,老老实实,一切乱七八糟的事情都不去沾边儿,举止大方,性情挚厚,这是九弟的长处。弟弟最大的缺点,在于不知艰苦。年纪本来还小,又没吃过苦,现在不懂也是情有可原的,再过几年,就应该懂了。

九弟大概九月份可到家,孙怕家中吃惊,认为我们兄弟有什么不和,以致产生忧虑,所以将九弟在京和离京的情形,大概向家中叙述一下。其他一些具体事情,九弟到家后再详细叙说。写这封信是为了让堂上老人知道孙儿兄弟之间绝没有半点不和和闹矛盾。

孙儿身体和以往一样,只是常常耳鸣,不知是什么原因。孙妻和两个孩子都好,因丫环年龄已大了,人又太愚蠢,已和媒婆说好换一个(京城有官媒婆,凡是买妾婢,都由她办理),相互不找一钱。新来的婢女名叫双喜,天津人,年龄十三岁。相貌比春梅更丑陋,但人稍聪明些。家中男仆人和往常一样。

同县谢果堂先生为他的儿了捐盐大使,王道隆(王恒信的侄儿)捐府经历,黄鉴的儿子捐典史,除此之外没有别人了。

孙在京城一切自会小心谨慎,敬请堂上大人放心。孙谨禀。

【点评】

曾氏为人处世上是让人十分佩服,从信中可看出对其九弟的关怀可谓无微不至,对祖父母、父母、弟弟、妹妹都想得很周到,可见曾氏是一个不但极有心机,而且是极为细心的人;笔者始终认为,曾氏虽算不上一个圣贤君子,但作为社会及家庭的人,为人子、为人兄、为人孙、为人父,是极其成功的一个人。

道光二十二年八月十二日与父母书

公元1842年9月16日

男国藩跪禀父母亲大人万福金安：

八月初二日发第十号家信，内载九弟南旋事甚详，不审到否？九弟自七月十六日出京，廿三即有信来京，嗣后在道上未发信来，刻下想已到樊城矣。不知道上果平安否？男实难放心。

黄河决口百九十余丈，在江南桃源县之北，为患较去年河南不过三分之一。逆夷在江南，半月内无甚消息，大约和议已成。

同县有黄鉴者，为口外宣化巡检，去年回家，在湘乡带一老妈来京，因使用不合，仍托人携带南归，现寄居男寓，求男代觅地方附回，途费则黄自出。谢果堂先生已于八月初六出京，住京两月，与男极相投洽，临别依依难舍。同乡如唐镜海、俞岱青、谢果堂三前辈，皆老成典型，于男皆青眼相待。何子贞全家皆已来京。

男妇及孙男女身体如常。此次折差于七月十六在省起身，想父亲彼时尚在省城，不知何以无信？陈岱云家信，言学院十六封门。四弟、六弟府考，渠亦不知。

彭王姑墓志铭，九弟起程时，仓卒未及写，今写毕，又无便寄，求告知征一表叔。

正月十二所办寿具，不知已漆否？万不可用黄二漆匠。此人男深恶之，他亦不肯尽心也。彭宫五亦不可用，彼未学过，且太迟钝。余俟续禀。男谨禀。

【译文】

男国藩跪禀父母亲大人万福金安：

八月初二日寄回第十封家信，里面仔细说明了九弟回湖南的事情，不知已收到没有？九弟自七月十六日离开京城。二十三日便有信来京城，以后在路上未再寄信来，目前大概已到攀城了。不知一路上是否平安？我实在是不放心。

黄河决堤一百九十多丈，决堤地点是在江南桃源县的北岸，水灾面积大概是去年河南水灾的三分之一。英国人在江南半个月内没啥消息，可能是已达成了协议。

同县一位叫黄鉴的，在山海关外宣化做巡检。去年回湖南，在湘乡带回一个老妈子来京城做仆人。因为使用起来不称心，就让人带回老家。目前这个老妈子寄住在我家里，黄求我替他找个机会带回去，路费从他那出。谢果堂先生已于八月六日离开京城，于北京住了两个月，和我很谈得来，离开时依依不舍。同乡唐镜海、俞岱青、谢果堂三位长辈，都老成稳重，对我也另眼相待。何子贞一家已经来京城。

我妻和孩子身体都好。这次信使在七月十六从省城动身，料定父亲当时还在省城，不知为何没来信？陈岱云家来信讲，学院十六日停考。四弟、六弟去府中考学的事，他也不太了解。

彭王姑墓碑文，九弟回去时，时间紧事忙没来得及写，目前已经写好了，又不方便带回来，还望告知征一表叔。

正月十二所操办的棺木，不知刷了漆没有？一定不能用漆匠黄二，我很讨厌这个人，他也不会尽心尽力的。彭宫五也不能信用，他没学过刷漆，而且人又反应慢，其他的事以后再相告。儿谨禀。

【点评】

黄河年年决口，殃及百姓无数，实在是让人头疼的事，清政府年年投入大量物力、人力，耗费了大量的钱财，为何得不到彻底的治理呢？笔者认为除了缺乏科学的水利常识外，还有人为的因素在里面，某些贪官污吏正想借此机会而大捞钱财。

道光二十二年九月十七日与祖父书

公元1842年10月20日

孙男国藩跪禀祖父母大人万福金安：

九月十三日接到家信，系七月父亲在省所发，内有叔父信及欧阳牧云致函，知祖母于七月初三日因占犯致恙，不药而愈，可胜欣幸。高丽参足以补气，然身上稍有寒热，服之便不相宜，以后务须斟酌用之，若微觉感冒，即忌用此物。平日康强时，和入丸药内服最好。然此时家中想已无多，不知可供明年一单丸药之用否？若其不足，须写信来京，以便觅便寄回。

唐鉴像，出自《清代学者像传》。唐鉴，字镜海，清代官吏、学者，曾国藩在治学问题上曾多次向他请教。

四弟六弟考试又不得志，颇难为怀，然大器晚成，堂上不必以此置虑。闻六弟将有梦熊之喜，幸甚。近叔父为婶母之病劳苦忧郁，有怀莫宣，今六弟一索得男，则叔父含饴弄孙，瓜瓞日蕃，其乐何如。

唐镜海先生德望为京城第一，其令嗣极孝，亦系兄子承继者，先生今年六十五岁，得生一子，人皆以为盛德之报。

英夷在江南，抚局已定。盖金陵为南北咽喉，逆夷既已扼吭而据要害，不得不权为和戎之策，以安民而息兵。去年逆夷在广东曾经就抚，其费去六百万两。此次之费，外间有言二千一百万者。又有言此项皆劝绅民捐输，不动帑藏者，皆不知的否。现在夷船已全数出海，各处防海之兵陆续撤回，天津亦已撤退。议抚之使系伊里布、耆英及两江总督牛鉴三人。牛鉴有失地之罪，故抚局成后，即革职拿问。伊里布去广东代奕山为将军，耆英为两江总督。自英夷滋扰，已历二年，将不知兵，兵不用命，于国威不无少损。然此次议抚，实出于不得已，但使夷人从此永不犯边，四海宴然安堵，则以大事小，乐天之道，孰不以为上策哉？

孙身体如常，孙妇及曾孙兄妹并皆平安。同县黄晓潭（鉴）荐一老妈吴姓来。渠在湘乡苦请他来，而其妻凌虐婢仆，百般惨酷，黄求孙代为开脱。孙接至家住一月，转荐至方夔卿太守（宗钧）处，托其带回湖南，大约明春可到湘乡。

今年进学之人，孙见题名录，仅认识彭惠田一人，不知廿三四都进入否？谢宽仁、吴光煦取一等，皆少年可慕。一等第一题名录刻黄生平，不知即黄星平否？

孙每接家信，常嫌其不详，以后务求详明。虽乡间田宅婚嫁之事，不妨写出，使游子如神在里门。各族戚家，尤须一一示知，幸甚。

敬请祖父母大人万福金安。余容后呈。孙谨禀。

【译文】

孙男国藩跪禀祖父母大人万福金安：

九月十三日接到家信，是七月份父亲于省城寄出的。里面有叔父的信与欧阳牧云信。知道祖母于七月三日因身体不适，以至于患了小病，未吃药就全好了，心中十分高兴。

高丽参益于滋补气血，可是当身上觉得发冷时，吃高丽参就不适宜了，今后务必仔细考虑后服用。如果只是稍微感到有点感冒，就不要服用它了。这物品平时身体健康时，和入药丸吃最好。不过目前家中可能没多少高丽参了，每天吃一丸，不知能否供应明年一副丸药的用量？如果不够，千万要写信给我，以便我买到一些后再寄回去。

四弟、六弟考试又不理想，心里必定会很难受。不过他们或许是大器晚成，堂上老人也不要为此过于忧愁。听说六弟马上做父亲了，很高兴。近段时期来叔父因为婶母的病焦虑不安，心里很郁闷。现在六弟一旦生了儿子，那么叔父便会因为有了孙子而高兴，子孙昌盛，这样的快乐又如何能比呢？

唐镜海先生很有威望，在京城可算得上第一，他的儿子很孝敬，也是兄弟的儿子过继来的。他今年六十五岁了，有了一个儿子，人们都说这是老天对有大德的人的报偿。

英国人在江南，大局已定。南京是南北的交通要道，英国人既然已把住我们的咽喉要道并占据了重要地段，我方不得不采用历史上的和平谈判之策，来安抚百姓以及停止战争。去年英国人在广东接受我方安抚，花掉了六百万两银子。这次的费用，外面有传言多达二千一百万两。又听说这项费用全是由官绅民众集资，没动国家库藏，都不知可否属实。目前英国人的船已全部开到上海，每个地方防备海上进攻的军队已经陆续撤回来，天津的军队也都撤回来。去议和的大臣，是伊里布、耆英与两江总督牛鉴三人，牛鉴有失地的罪责，因而和谈成功后立即便被革职问罪。伊里布去广东代替奕山为将军，耆英做两江总督。自从英国人骚扰，已有两年了，将领掌管不了士兵，士兵不愿为国献身，损坏了国家的威严。然而这次议和，也确实是没办法。如果能使外

耆英像。耆英，爱新觉罗氏，字介春，满洲正蓝旗人。1842 年 4 月他被任命为钦差大臣，同伊里布一起赴浙江向英军求和。

清代的进士题名录

国人从今以后永远也不来侵扰，四海仍然太平，那么大事化小事，乐天之道，谁不认为这是明智之举呢？

我身体跟以前一样，我妻和曾孙子们也都好。同县黄晓潭（名鉴）找了一个姓吴的老妈来。他在湘乡好不容易请了这位老妈来，可他的妻子虐待人家，百般刁难，他求我替他想想办法，我接她到家住了一个月，转而又推荐到方夔卿太守（名宗钧）那里，让他把她带回湖南，大概明年春就能带回湘乡。

今年考中进士的人，我看了《题名录》，只知道彭惠田一个人。不知二十三四都是否是进士？谢宽仁、吴光照取一等，都很年少，很使人羡慕。考一等第一的人，《题名录》上说叫黄生平，不知是不是黄星平？

我每次收到家信，都觉得写得不够仔细，今后一定要写详细些，即使是乡间田宅婚嫁之类的小事，也不妨写上，使远在他乡的我仍觉得在家里一样。族中亲戚各家的事，也请写信一一告诉我。幸甚。

敬请祖父母大人万福金安。余容后禀。孙谨呈。

【点评】

本封家信写了曾氏问及祖母病情，安慰国潢、国华科举落第不必介意，并评及与英国侵略者和议之事，以及帮助受凌虐的老妈子的情况，最后写自己一家在京情况。

曾氏认为，把大事化小，小事化了，取乐天之道，乃为上策，这也是他为人处世的智慧之所在。曾国藩的一生虽然屡遭大风大浪，但他的高深之处就在运用化大为小的战术，一步一步顺利地走上成功的台阶。这种处世之道很值得我们借鉴。

再者，一个人在年轻时就出人头地，并不是一件好事，因为容易得意忘形，人生总有不得志的时候，大器晚成更是一种对成功的历练，因此不必在意暂时的失意和困难。

道光二十二年九月十八日与诸弟书

公元 1842 年 10 月 21 日

四位老弟足下：

九弟行程，计此时可以到家。自任邱发信之后，至今未接到第二封信，不胜悬悬，不知道上不甚艰险否？四弟六弟院试，计此时应有信，而折差久不见来，实深悬望。

予身体较九弟在京时一样，总以耳鸣为苦。问之吴竹如，云只有静养一法，非药物所

能为力。而应酬日繁，予又素性浮躁，何能着实静养？拟搬进内城住，可省一半无谓之往还，现在尚未找得。予时时自悔，终未能洗涤自新。

九弟归去之后，予定刚日读经、柔日读史之法。读经常懒散不沉着。读《后汉书》，现已丹笔点过八本，虽全不记忆，而较之去年读《前汉书》，领会较深。九月十一日起，同课人议每课一文一诗，即于本日申刻用白折写。予文诗极为同课人所赞赏，然予于八股绝无实学，虽感诸君奖许之殷，实则自愧愈深也。待下次折差来，可付课文数篇回家。予居家懒做考差工夫，即借此课以磨厉考具，或亦不至临场窘迫耳。

吴竹如近日往来极密，来则作竟日之谈，所言皆身心国家大道理。渠言有窦兰泉者（垿，云南人），见道极精当平实。窦亦深知予者，彼此现尚未拜往。竹如必要予搬进城住，盖城内镜海先生可以师事，倭艮峰先生、窦兰泉可以友事，师友夹持，虽懦夫亦有立志。予思朱子言，"为学譬如熬肉，先须猛火煮，然后用慢火温"，予生平工夫，全未用猛火煮过，虽略有见识，乃是从悟境得来，偶用功，亦不过优游玩索已耳，如未沸之汤，遽用慢火温之，将愈煮愈不熟矣。以是急思搬进城内，屏除一切，从事于克己之学。镜海、艮峰两先生亦劝我急搬；而城外朋友，予亦有思常见者数人，如邵蕙西、吴子序、何子贞、陈岱云是也。

蕙西尝言，"与周公瑾交，如饮醇醪"，我两人颇有此风味，故每见辄长谈不舍。子序之为人，予至今不能定其品，然识见最大且精，尝教我云："用功譬若掘井，与其多掘数井而皆不及泉，何若老守一井，力求及泉，而用之不竭乎？"此语正与予病相合，盖予所谓"掘井多而皆不及泉"者也！

何子贞与予讲字极相合，谓我真知大源，断不可暴弃。予尝谓天下万事万理皆出于乾坤二卦，即以作字论之：纯以神行，大气鼓荡，脉络周通，潜心内转，此乾道也；结构精巧，向背有法，修短合度，此坤道也。凡乾以神气言，凡坤以形质言。礼乐不可斯须去身，即此道也。乐本于乾，礼本于坤。作字而优游自得、真力弥满者，即乐之意也；丝丝入扣，转折合法，即礼意也。偶与子贞言及此，子贞深以为然，谓渠生平得力，尽于此矣。

陈岱云与吾处处痛痒相关，此九弟所知者也。

写至此，接得家书，知四弟六弟未得入学，怅怅。然科名有无迟早，总由前定，丝毫不能勉强。吾辈读书，只有两事：一者进德之事，讲求乎诚正修齐之道，以图无忝所生；一者修业之事，操习乎记诵词章之术，以图自卫其身。进德之事，难以尽言；至于修业以卫身，吾请言之：

卫身莫大于谋食。农工商，劳力以求食者也；士，劳心以求食者也。故或食禄于朝，教授予乡，或为传食之客，或为入幕之宾，皆须计其所业，足以得食而无愧。科名者，食禄之阶也，亦须计吾所业，将来不至尸位素餐，而后得科名而无愧。食之得不得，穷通由天作主，予夺由人作主；业之精不精，则由我作主。然吾未见业果精而终不得食者也。农果力耕，虽有饥馑，必有丰年；商果积货，虽有壅滞，必有通时；士果能精其业，安见其终不得科名哉？即终不得科名，又岂无他途可以求食者哉？然则特患业之不精耳。

求业之精，别无他法，曰专而已矣！谚曰"艺多不养身"，谓不专也。吾掘井多而无泉可饮，不专之咎也。诸弟总须力图专业。如九弟志在习字，亦不必尽废他业，但每日习字工夫，断不可不提起精神，随时随事，皆可触悟。四弟六弟，吾不知其心有专嗜否？若志在穷经，则须专守一经；志在作制义，则须专看一家文稿；志在作古文，则须专看一家文集。作各体诗亦然，作试帖亦然，万不可以兼营并骛，兼营则必一无所能矣。切嘱切嘱！千万千万！

此后写信来，诸弟各有专守之业，务须写明，且须详问极言，长篇累牍，使我读其手书，即可知其志向识见。凡专一业之人，必有心得，亦必有疑义。诸弟有心得，可以告我共赏之，有疑义，可以问我共析之；且书信既详，则四千里外之兄弟，不啻晤言一室，乐何如乎！

予生平予伦常中，惟兄弟一伦，抱愧尤深。盖父亲以其所知者尽以教我，而我不能以吾所知者尽教诸弟，是不孝之大者也。九弟在京年余，进益无多，每一念及，无地自容。嗣后我写诸弟信，总用此格纸，弟宜存留，每年装订成册。其中好处，万不可忽略看过。诸弟为信寄我，亦须用一色格纸，以便装订。

谢果堂先生出京后，来信并诗二首。先生年已六十余。名望甚重，与予见面，辄彼此倾心，别后又拳拳不忘，想见老辈爱才之笃。兹将诗并予送诗附阅，传播里中，使共知此老为大君子也。

予有大铜尺一方，屡寻不得。九弟已带归否？频年寄黄英白菜子，家中种之，好否？在省时已买漆否？漆匠果用何人？信来并祈详示。兄国藩手具。

【译文】

四位老弟足下：

算计九弟的行程，想必现在能够到家了。自在任邱发了上封信后，直到今天没收到第二封信，十分惦念。不知一路上艰苦困难否？四弟、六弟参加院试，预计这时应有信来，而信使久不见来，实在令人深为盼望。

我的身体与九弟在京城的时候一样，总是因为耳鸣而烦恼。询问吴竹如，说是唯有静养，不是药物所能治愈的。而近来事务一天比一天多，我又性情不定，如何能静下来休养？计划搬进内城住，节省一半没必要往返的道路，目前还没有合适的房子。我时常后悔，始终未能够全部改正缺点，使自己进步。

周瑜像，图出自清·顾沅辑《古圣贤像传略》。周瑜，字公瑾，东汉末年东吴名将，为人风流儒雅，古人有“与周公瑾交，如饮醇醪”之说。

九弟回湖南以后，我定下刚日看经、柔日看史的计划。可读着常常懒散不沉稳。读《后汉书》，现已用红笔画点过八本，虽然全都记不牢，但比起去年看《前汉书》，领会较深刻。九月十一日起在一起做功课的人商量每次写一篇文章作一首诗，便在今天申刻用白折写好。我的文、诗全为大家所称赞，然而我在八股文方面没真才实学，虽然感激各位先生的赞扬好心，实则越听越觉得愧疚。等下次信使来，可捎几篇课文回家。我住在家里不想为考核在职官作准备，就趁此机会练练笔头，也许不至于临场发慌吧。

吴竹如近日与我交往很密切，一来便整天地在一起谈论，讲的都是关于身心国家的大道理。他说有个叫窦兰泉的人（名序，云南人），学问很有见识而又最是纯朴。窦兰泉也认识我，目前还没有机会见一面。吴竹如赞成我搬进城住，城内镜海先生可以做老师，倭艮峰先生、窦兰泉先生可以做朋友，有师友支持着，即是懦夫也会立志。我想起朱子说过做学问好比熬肉，先必须用大火煮，然后用慢火温。我生平工夫全没用大火煮过，虽稍有见识，也是从感悟中得来的。偶尔用功，也不过是志趣而已，就好像没开锅的汤，用慢火温着，会越煮越不熟。于是急着想搬到城内，抛除一切杂事，从事于克己之学。镜海、艮峰两先生也催我快搬。而住在城外的朋友，我也有几位是经常见面的，如邵蕙西、吴子序、何子贞、陈岱云等。

蕙西说过："古人云'与周公瑾交，如饮醇醪'，我两人颇有此风味。"每次见面交谈舍不得离开。子序的为人，我至今不能说出是好是坏来，但他的见识最好也最精，曾教导我说："用功好比挖井，与其挖好几口井而都不出水，不如看中一口，力求挖出水来，如此可用之不尽。"这话正说到我的心坎上。我正是所谓挖井多却都不出水的那种人。

何子贞与我谈书法，见解非常相投，他认为我真正明白书法的根本道理，千万不能自暴自弃。我常说天下万事万物皆出于乾坤二卦，就凭书法论之：纯以神行，大气鼓荡，脉络周通，潜心内转，此乾道也；结构精巧，向背有法，修短全度，此坤道也。凡乾以神韵言，凡坤以形体言。礼乐不可斯须去身，即此道也。乐本于乾，礼本于坤。写字怡然自得发自内心的人，是得到了乐的神韵；写字丝丝入扣转折合法的人，是得到了礼的含义。然与子贞谈到这些，子贞深切体会到是这样，并说他生平所追寻的，全在于此。陈岱云和我处处痛痒相关，这九弟是知道的。

写到这里，收到家信。得知四弟、六弟没能够入学，心中郁闷。但科名的有无与迟早，总是由前世缘分决定的，丝毫不可勉强。我们用功读书，只为了两点：一是增强道德修养，追求诚实正派修养的道理，以无愧于一是研修学业，练习背诵辞章的技巧，以求能自强独立。增进道德的事很难说明白，至于修业以求自强独立，我可以说说：

要想自强自立最主要的莫过于求生存了。农民、工人、商人，这都是靠劳力而求生存的人，士，则是以"劳心"来求生存的。所以，人或者在朝廷做官，或者在乡村教书，或者是管理百姓的小吏，或者是出谋划策的幕客，无论是劳力还是劳心，都是认认真真于他所从事的职业，才能够问心无愧地生活。科举功名，是做官的梯架，这也需要精益求精的精神，将来才不至于抛尸街头，而后实至名归，获得成就，这才问心无愧。科举能不能中，这全是由上天做主，不是个人所能左右的；学业精不精，则完全由自己所决定。我还未有见过学业虽然高明，可总是不能生存的。农民如果真是用力气种田，即是饥荒年月也会有收入；商人如果真有奇货可居，即是行情不好也会买卖兴隆；士人如果真能精通其学业，哪见过终生不得科举功名的呢？即使终生不能中举做官，又哪能没有别的路可以谋生呢？因此只是担心自己的学业还不那么精通。

要求学业精通，没有别的方法，要时时都专心学习而已。谚语"艺多不养身"，说的就是学业不专一。我掘井多但没有水可喝，是不专一的原因。各位贤弟总要努力追求专业。如果九弟志在习字，也不必把其他学业全都抛掉。但每日练字时绝不能不振作精神去做，随时随地，都能有所感悟。四弟、六弟，我不知对何有兴趣？如果有志读经书，就必须专守一经；如果志在作制义，就必须专看一家文稿；如果志在作古文，就必须读熟一家文集。作各种诗道理也一样，作笔帖也是如此，确不可以兼营并驱，那样就必会一事无成。至嘱至嘱，千万千万。

今后写信来，诸弟如各有专攻的学业，必须写明告诉我。写得越详细越好，哪怕是长篇烦琐也没关系。这样我看了信，就能明白诸弟的志向与见解。凡是专修一门的人，必有体会，也必能提出问题，各位弟弟有心得，可以告我共欣赏；有疑问，可以请我一起分析。书信写得较详明，就四千里外兄弟不低于共处一室，这是何等的乐趣。

我生平在伦理方面，唯有在兄弟这一层上最感愧疚。因为父亲把他所懂的一切全都教给了我，而我却没有能把我所懂的东西全教给弟弟们，这是最大的不敬。九弟在京一年多，进步不大，每一想起，无地自容。往后给诸弟写信，总用此格纸，诸弟最好保存下来，每年装订成册。此种的好处，千万不可忽视。诸弟写信给我，也最好用同样格纸，便于装订。

谢果堂先生离开京城后，给我寄回信与两首诗。谢先生已六十多岁，德高望重，与我会面，很快就彼此倾心，别后又念念不忘，可以想象老辈爱才的诚笃。现将先生的诗与我送先生的诗附阅，在乡间传诵，让大家知道这位前辈是真正君子。

我有一把大铜尺，多次寻找也没找到，九弟是否把它带回去了？我每年给家中寄黄芽白菜籽，家中种了它以后收成怎样？你们在省城时买好了刷棺材的油漆没有？刷漆工到底用谁？来信时请一并详细地介绍。

【点评】

这是曾氏所收与弟书的第一封，谈到了求学之道。作此书时，曾氏入京三年，官居翰林院国史馆协修官，因而有机会读书再温习，再深造；曾氏的四个弟弟在老家湖南读书，且无一人有任何功名。深受儒家文化影响、同时又身为大哥的曾氏觉得有必要、有义务教化诸弟，读书宜“猛火煮慢火温”，“先猛后温”，才能学得广，学得深，学得精，年轻人应抓紧时间，不然到了老年恐怕就“心有余而力不足”了。

道光二十二年十月廿六日与父母书

公元 1842 年 11 月 28 日

男国藩跪禀父母亲大人万福金安：

十月廿二奉到手谕，敬悉一切。

郑小珊处小隙已解。男从前于过失每自忽略，自十月以来，念念改过，虽小必惩，其详具载示弟书中。耳鸣近日略好，然微劳即鸣。每日除应酬外，不能不略自用功，虽欲节劳，实难再节。手谕示以节劳、节欲、节饮食，谨当时时省记。

萧莘五先生处寄信，不识靠得住否？龙翰臣父子已于十月初一日到京，布疋线索俱已照单收到，惟茶叶尚在黄恕皆处，恕皆有信与男，本月可到也。男妇等及孙男女皆平安，余详与弟书。谨禀。

【译文】

男国藩跪禀父母亲大人万福金安：

十月二十二日收到父亲手谕，具知一切。

郑小珊那里，小小隔阂已经化解。儿子以前对于过错，每每自己忽视了。自十月以来，时时不忘改正，问题虽小也要严戒。详细问题都写在给弟弟的信中。近日耳鸣稍微有所减轻，但只要劳累一些就会很快复发。我现在每天除了忙于事物外，不能不多加努力，提高自己的修养。虽想减劳，但确实难以再节了。手谕训示儿子减劳，减欲，减饮食，我一定牢牢谨记于心。

萧辛五先生那里寄信，不知可牢靠不？龙翰臣父子，已在十一月初一日到了。布匹、线索，都已照单子收毕，唯有茶叶还在黄恕皆那里。恕皆有信寄我，本月可以到。我媳妇和孙儿和孙女都好，其他的详细写在给弟弟的信中，谨此禀告。

【点评】

曾氏此信提到与郑小珊之间隔阂，已得到化解；对于曾氏为人处世的态度，很值得我们学习,他能够认识到自己的错误,并勇于承认错误,以诚恳的态度改正过失,确实是难能可贵的,也看到曾氏的谦虚态度,于今天社交广泛的人们很有借鉴意义。

道光二十二年十月廿六日与诸弟书

公元 1842 年 11 月 28 日

诸位贤弟足下:

十月廿一日接九弟在长沙所发信,内途中日记六页,外药子一包;廿二接九月初二日家信,欣悉以慰。

自九弟出京后,余无日不忧虑,诚恐道路变故多端,难以臆揣。及读来书,果不出吾所料,千辛万苦,始得到家,幸哉幸哉!郑伴之不足恃,余早已知之矣。郁滋堂如此之好,余实不胜感激。在长沙时,曾未道及彭山屺,何也?又为祖母买皮袄,极好极好!可以补吾之过矣。

观四弟来信甚详,其发奋自励之志溢于行间,然必欲找馆出外,此何意也?不过谓家塾离家太近,容易耽搁,不如出外较清净耳。然出外从师,则无甚耽搁;若出外教书,其耽搁更甚于家塾矣。且苟能发奋自立,则家塾可读书,即旷野之地、热闹之场,亦可读书,负薪牧豕,皆可读书;苟不能发奋自立,则家塾不宜读书,即清净之乡、神仙之境,皆不能读书,何必择地?何必择时?但自问立志之真不真耳!

六弟自怨数奇,余亦深以为然。然屈于小试,辄发牢骚,吾窃笑其志之小,而所忧之不大也。

晚清私塾学童拜师图

君子之立志也，有民胞物与之量，有内圣外王之业，而后不忝于父母之所生，不愧为天地之完人。故其为忧也，以不如舜、不如周公为忧也，以德不修、学不讲为忧也。是故顽民梗化则忧之，蛮夷猾夏则忧之，小人在位贤才否闭则忧之，匹夫匹妇不被己泽则忧之，所谓悲天命而悯人穷，此君子之所忧也。若夫一身之屈伸，一家之饥饱，世俗之荣辱得失贵贱毁誉，君子固不暇忧及此也。

六弟屈于小试，自称数奇，余窃笑其所忧之不大也。盖人不读书则已，亦既自名曰读书人，则必从事于《大学》。《大学》之纲领有三：明德、新民、止至善，皆我分内事也。若读书不能体贴到身上去，谓此三项与我身了不相涉，则读书何用？虽使能文能诗，博雅自诩，亦只算得识字之牧猪奴耳！岂得谓之明理有用之人也乎？朝廷以制艺取士，亦谓其能代圣贤立言，必能明圣贤之理，行圣贤之行，可以居官莅民、整躬率物也。若以明德、新民为分外事，则虽能文能诗，而于修己治人之道实茫然不讲，朝廷用此等人作官，与用牧猪奴作官何以异哉？

然则既自名为读书人，则《大学》之纲领皆己身切要之事，明矣。其条目有八，自我观之，共致功之处，则仅二者而已：曰格物，曰诚意。

格物，致知之事也；诚意，力行之事也。物者何？即所谓本末之物也。身、心、意、知、家、国、天下，皆物也；天地万物，皆物也；日用常行之事，皆物也。格者，即物而穷其理也。如事亲定省，物也；究其所以当定省之理，即格物也。事兄随行，物也；究其所以当随行之理，即格物也。吾心，物也；究其存心之理，又博究其省察涵养以存心之理，即格物也。吾身，物也；究其敬身之理，又博究其立齐坐尸以敬身之理，即格物也。每日所看之书，句句皆物也；切己体察，穷究其理，即格物也。此致知之事也。所谓诚意者，即其所知而力行之，是不欺也。知一句，便行一句，此力行之事也。此二者并进，下学在此，上达亦在此。

吾友吴竹如格物工夫颇深，一事一物皆求其理。倭艮峰先生则诚意工夫极严，每日有日课册，一日之中，一念之差，一事之失，一言一默，皆笔之于书。书皆楷字，三月则订一本。自乙未年起，今三十本矣。盖其慎独之严，虽妄念偶动，必即时克治，而著之于书，故所读之书，句句皆切身之要药，兹将艮峰先生日课抄三页付归与诸弟看。

余自十月初一日起，亦照艮峰样，每日一念一事，皆写之于册，以便触目克治，亦写楷书。冯树堂与余同日记起，亦有日课册。树堂极为虚心，爱我如兄，敬我如师，将来必有所成。

余向来有无恒之弊，自此次写日课本子起，可保终身有恒矣。盖明师益友，重重夹持，能进不能退也。本欲抄余日课册付诸弟阅，因今日镜海先生来，要将本子带回去，故不及抄。十一月有折差，准抄几页付回也。

余之益友，如倭艮峰之瑟僩，令人对之肃然；吴竹如、窦兰泉之精义，一言一事，必求至是；吴子序、邵蕙西之谈经，深思明辨；何子贞之谈字，其精妙处，无一不合，其谈诗尤最符契。子贞深喜吾诗，故吾自十月来，已作诗十八首，兹抄二页，付回与诸弟阅。冯树堂、陈岱云之立志，汲汲不遑，亦良友也。镜海先生，吾虽未尝执贽请业，而心已师之矣。

吾每作书与诸弟，不觉其言之长，想诸弟或厌烦难看矣。然诸弟苟有长信与我，我实乐之，如获至宝，人固各有性情也。

余自十月初一日起记日课，念念欲改过自新。思从前与小珊有隙，实是一朝之忿，不近人情，即欲登门谢罪。恰好初九日小珊来拜寿，是夜余即至小珊家久谈，十三日与岱云合伙请小珊吃饭，从此欢笑如初，前隙尽释矣。

金竺虔报满用知县，现在小珊家，喉痛月余，现已全好。李笔峰在汤家如故。易莲舫要出门就馆，现亦甚用功，亦学倭艮峰者也。同乡李石梧已升陕西巡抚。

两大将军皆锁拿解京治罪，拟斩监候。英夷之事，业已和抚，去银二千一百万两，又各

处让他码头五处。现在英夷已全退矣。两江总督牛鉴，亦锁解刑部治罪。

近事大略如此，容再续书。

兄国藩手具。

【译文】

诸位贤弟足下：

十月二十一日收到九弟于长沙发来的信，里面有九弟在路上写的日记六页，另外尚有药一包。二十二日收到九月初二日的家书，具悉一切，感到很欣慰。

自九弟离开京城回湖南后，我没有一天不挂念他的行旅安全，实在担心路上变故多端，难以料想预知。等看了九弟的来信我才明白他在路上的情况果然不出我所想。经历千辛万苦，才到得家里，幸运啊！幸运啊！同行的伙伴郑莘田不能依赖，这我早就料到。郁滋堂这样好，我实不尽感激，在长沙的时候，九弟没曾提起彭山屺，这是为何？弟还为祖母买了皮袄，很好很好，可以补救我的过失了。

我读四弟的来信很是详细，四弟发奋图强的志向，表现于字里行间。四弟必定要找教馆到外面去，这是啥意思呢？不过以为私塾离家太近了，容易耽误读书求学，不如外面比较安静罢了。但出去从师求学，那就不耽搁；但若出去教书，那耽误就要比在私塾时更多。况且如果能立志发奋图强，那么他在私塾里可以看书，就是在旷野、热闹的地方也可以读书，即使在砍柴负薪或放猪的时候也能看书；如果他不能立志努力自立，那么在私塾不能看书，在安静的地方、神仙的境地也不能看书。何必挑地方？何必挑时候？只有自问立志是真是假！

六弟抱怨自己命不好，我也深表同情。不过仅仅是由于小小的科举考试不中就发牢骚，我私下也笑你志气不大，心中所考虑的事情也不大。君子立志，应有包容天下的气概，而后才不愧对父母的养育之恩，不愧为天地间一完美无缺的圣人。因此君子忧愁什么呢？是凭自己不如舜不如周公而忧愁，是为自己的道德没提高而忧愁，学问无进步而忧愁。他会为顽冥不化的小民执拗不化而忧虑；会为野蛮的夷族扰乱华夏而忧虑；会为小人得志，有才德的人上进无门而忧虑，会为平民得不到自己的关爱而忧虑。所谓悲天命而悯人穷，这才是君子应当忧虑的。至于自己得失，家人温暖，世俗的荣辱贵贱，讽言蜚语，君子本来是没有工夫想这些的。六弟科举不力，就抱怨命苦，我私下笑他所忧虑的事情太小了。

人不读书就算了，如果他自认为读书人，那么就必须要身体力行《大学》的要义。《大学》的纲领有三条：明德，新民，到达完善，这些都是读书人的分内事。如果只读书不去切身力行，讲这三点和我自己没有啥关系，那么读书有何用呢？虽然他能文会诗，自夸高雅，也只算是一个识字的放猪奴罢了！如何说他是一个懂事理有用于社会的人呢？朝廷以制艺取士，也是要求士人能替圣贤立言，能够懂圣贤的道理，按圣贤的言行去做，可以居官为民，整躬领物。如果以明德、新民为额外事，那么虽然能文能诗，而于修业治人的道理实际上一所无知，朝廷用这等人做官，与用放猪奴才做官有何不同？既然自以为读书人，则《大学》的纲要，都是自己应关心的事，这是很明白的。《大学》的条目有八，依我看，其中能让人成功的地方，也就二条而已：一是格物，二是诚意。

格物，是求得智慧学问的事；诚意，是要求人切身力行的事。这里所说的物是什么呢？它就是所说的从根本到末节的一切事物。身体、心、思想、知识、家庭、国家、天下等都属于物。天地万事是物，每日常做的事情也是物。所谓格，就是对事物研究其中的道理。例如侍奉双亲，这是物，研究为什么要侍奉双亲，就是格物了。跟随兄长，这是物，弄懂为什么要跟随兄长，这也是格物了。我的心，是物，研究自己的心理状况，深入地思考，就是格物了。我的体魄，是物，研究养生之道，深入地细研，就是格物了。每天所读的书，句句是物；联系自己来思考，认真研究其内容就是格物了。以上是对格物的认识。所谓诚意，就是遵循自己所明白的道理去身体力行，这才是诚实的态度。知一句就行一句，这才是切身力行的做法。格物和诚意并进，下学上达均在此了。

我的朋友吴竹如格物能力很深，一事一物，都要弄懂其道理。倭艮峰先生则诚意行为极严，每天都记日记，一天之中的一念之差，一事之失，一言一默都有记载。都用楷书，三个月合订为一本。从乙未年初，至今已三十本。处世谨慎，虽偶尔有些邪念，必须立即纠正，并记载下来。所以他看的书，句句都是切合自己的良药。现将艮峰先生日记抄三页给你们读读。我自十月一日起也照艮峰的言行，每天一个闪念一件小事，都记录下来，以便提醒自己改正过错，字体也写成楷书。冯树堂和我同日起也这样做。树堂极为虚心，爱我如同爱自己的兄长一样，尊敬我如同尊敬自己的老师一样，将来必有大成。我向来有没恒心的缺点，自这次写日记起，可以坚持终身有恒了。有名师良友的帮助，我是只能进不能退了。原想抄几页回去给你们看，由于今天镜海先生来，要将本子带回去，所以来不及抄了。十一月有信使来，那时一定抄几页寄回。

我的良友都有长处，例如倭艮峰的严谨慎重，让人见到就很尊敬。吴竹如、窦兰泉的精通情理，一句话一件事，总是力求达到最佳。吴子序、邵蕙西的谈论经典，思想得深入，辨析得清楚。何子贞的品评书法，说到精妙的时候，未有一句不恰当。他品评诗词尤其精确，子贞很喜欢我的诗，所以从十月来我已写诗十八首了。现在抄二页，送回去让诸弟看看。冯树堂、陈岱云的立志，勤奋不舍，也是良友。镜海先生，我虽然没送拜师的礼物请教当他的学生，但我心里早已把他当成老师了。

我每次给诸位老弟写信，不感到话多，料定你们或许已厌烦得看不下去了。不过你们如有长信给我，我会十分高兴，如获至宝。人本来就是各有各的个性。

我从十月初一起记日记，总想改正。想起从前和小珊有些小嫌隙，确实是一种冲动，不近人情，奉想登门赔理。恰好初九小珊来拜访，当天晚上我就到小珊家谈了很久。十三日和岱云一起，请小珊吃饭。从此和好如初，尽释前嫌了。

金竺虔报满任知县，现居在小珊家，喉病一个多月，现已全好了。李笔峰尚在汤家。易莲舫要出门看书，现在很用功，也是在学倭艮峰的行为。同乡李石梧已经升任陕西巡抚。两大将军奕山、奕经都被捕拿解送到京城来治罪，决定为斩刑而监禁，等候处决日期。英国鬼子的事已经和解，共用去银二千一百万两，又在各地让给他们五处码头，任凭通商。现在英国鬼子已经全部撤了。两江总督牛鉴，也要捕拿解送京城治罪。近事大概就这些。容再续书。

兄国藩手书。

【点评】

这是曾氏教育诸弟的一封家书。四弟国潢平庸无用，六弟虽称“奇”，但缺乏自知之明。身为大哥的国藩自感有责任、有义务去开化、教化弟弟们，他认为读书的根本目的在于“格物”、“诚意”，即结合自身检查，深入追究其中的道理，并且实事求是，不欺骗自己，这样才能排除读书的功利目的，获得自身素质的提高。我们现在提倡的“素质教育”也可以从中借鉴。

道光二十二年十一月十七日与父母书

公元 1842 年 12 月 18 日

男国藩跪禀父母亲大人万福金安：

十月廿七日发第十二号信，不知到否？男在京身体甚好，男妇亦如常。孙男日益发胖，毫无小恙。孙女于昨十五日满周，一年之内，无半点累大人之处，真可谓易养者也。合寓上下平安。

海疆平定以来，政简人和，雍熙如旧。廖钰夫师署漕运总督，兼署南河总督。奕山、奕经并拟斩刑，现在监候罪。满协办大学士敬征补授，汉大学士尚未宣麻。今年南河决口，河督麟庆革职，现放潘锡恩为总河。同乡京官并皆如常。

其余琐事，详载诸弟信中，不敢上渎。男谨禀。

【译文】

男国藩跪禀父母亲大人万福金安：

十月二十七日寄回第十二封家信，不知是否收到？我在京城身体健康，我妻也和以前一样，您的孙子越来越胖了，一点问题也没有，您的孙女于昨天十五日已满周岁，一年来，没有一点拖累大人的事，实在是个好带好养的孩子，全家老小都平安。

海疆平稳以来，政通人和，繁荣如往常一样。廖钰夫师授命漕运总督，并兼任河南总督。奕山、奕经都拟定处以斩刑，目前在监牢里候罪。满协办大学士，目前已经敬征补授。汉大学士未有任命。今年河南决口，河督麟庆被免除职务，目前任命潘锡恩负责。同乡在京做官的都没事。

其他的小事在给各位兄弟的信中详细述说，不敢呈给您看。

【点评】

曾氏于信中谈到近来身体很好，妻子也和从前一样，儿子身体健壮，女儿活泼可爱，可谓享受天伦之乐，乃人之常情之理。

再是，自从鸦片战争至今，国内形势趋于平定，人事升迁得以更替，负有罪责的官员将被惩处。

道光二十二年十一月十七日与诸弟书

公元 1842 年 12 月 18 日

诸位贤弟足下：

十月廿七日寄弟书一封，内信四页，抄倭艮峰先生日课三页，抄诗二页，已改寄萧莘五先生处，不由庄五爷公馆矣，不知已到无误否？

十一月前八日已将日课抄与弟阅，嗣后每次家书，可抄三页付回。日课本皆楷书，一笔不苟，惜抄回不能作楷书耳。

冯树堂进功最猛，余亦教之如弟，知无不言。可惜九弟不能在京与树堂日日切磋，余无日无刻不太息也。九弟在京年半，余懒散不努力，九弟去后，余乃稍能立志，盖余实负九

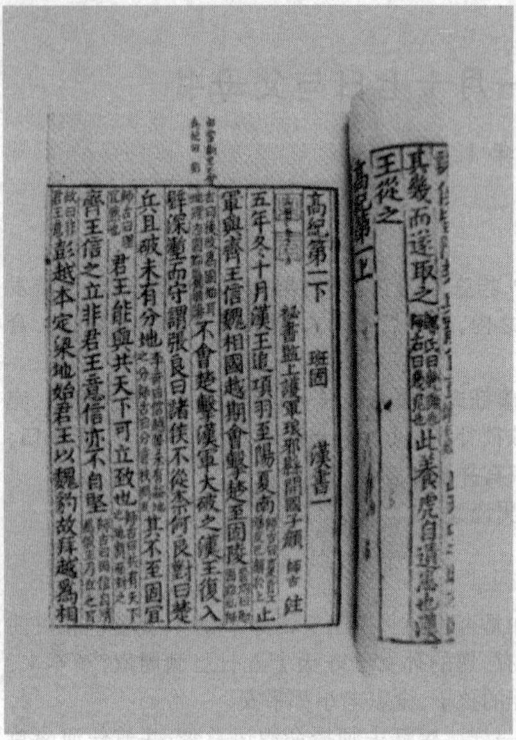
其幾而遂取之 此養虎自遺患也漢
王從之
高紀第一上
高紀第一下　班固　漢書一
五年冬十月漢王追項羽至陽夏南止
軍與齊王信魏相國越期會擊楚至固陵
不會楚擊漢軍大破之漢王復入
壁深壍而守謂張良曰諸侯不從柰何良對曰楚
兵且破未有分地其不至固宜
君王能與共天下可立致也
齊王信之立非君王意信亦不自堅
彭越本定梁地始君王以魏豹故拜越爲相

《汉书》书影

弟矣。余尝语岱云曰:“余欲尽孝道,更无他事,我能教诸弟进德业一分,则我之孝有一分;能教诸弟进十分,则我孝有十分;若全不能教弟成名,则我大不孝矣。”九弟之无所进,是我之大不孝也。惟愿诸弟发奋立志,念念有恒,以补我不孝之罪,幸甚幸甚。

岱云与易五近亦有日课册,惜其识不甚超越。今虽日日与之谈论,渠究不能悉心领会,颇疑我言太夸。然岱云近极勤奋,将来必有所成。

何子敬近待我甚好,常彼此作诗唱和,盖因其兄钦佩我诗,且谈字最相合,故子敬亦改容加礼。子贞现临隶字,每日临七八页,今年已千页矣。近又考订《汉书》之讹,每日手不释卷。盖子贞之学长于五事:一曰《仪礼》精,二曰《汉书》熟,三曰《说文》精,四曰各体诗好,五曰字好。此五事者,渠意皆欲有所传于后。以余观之,前三者余不甚精,不知深浅究竟何如;若字,则必传千古无疑矣。诗亦远出时手之上,必能卓然成家。近日京城诗家颇少,故余亦欲多做几首。

金竺虔在小珊家住,颇有面善心非之隙。唐诗甫亦与小珊有隙。余现仍与小珊来往,泯然无嫌,但心中不甚惬洽耳。

曹西垣与邹云陔十月十六日起程,现尚未到。汤海秋久与之处,其人诞言太多,十句之中仅一二句可信。今冬嫁女二次,一系杜兰溪之子,一系李石梧之子入赘。黎樾翁亦有次女招赘。其婿虽未读书,远胜于冯舅矣。李笔峰尚馆海秋处,因代考供事,得银数十,衣服焕然一新。王翰城捐知州,去大钱八千串。何子敬捐知县,去大钱七千串,于明年可选实缺。黄子寿处,本日去看他,功夫甚长进,古文有才华,好买书,东翻西阅,涉猎颇多,心中已有许多古董。何世兄亦甚好,沈潜之至,天分不高,将来必有所成。吴竹如近日未出城,余亦未去,盖每见则耽搁一天也。其世兄亦极沈潜,言动中礼,现在亦学倭艮峰先生。吾观何、吴两世兄之姿质,与诸弟相等,远不及周受珊、黄子寿,而将来成就,何、吴必更切实。此其故,诸弟能看书自知之,愿诸弟勉之而已。此数人者,皆后起不凡之人才也,安得诸弟与之联镳并驾,则余之大幸也。季仙九先生到京服阕,待我甚好,有青眼相看之意。同年会课,尽皆懒散,而十日一会如故。

余今年过年,尚须借银百五十金,以五十还杜家,以百金用。李石梧到京,交出长郡馆公费,即在公项借用,免出外开口更好。不然,则尚须张罗也。

门上陈升一言不合而去,故余作《傲奴》诗。现换一周升作门上,颇好。余读《易·旅卦》“丧其童仆”。《象》曰:“以旅与下,其义丧也。”解之者曰:“以旅与下者,谓视童仆如旅人,刻薄寡恩,漠然无情,则童仆亦将视主上如逆旅矣。”余待下虽不刻薄,而颇有视如逆旅之意,故人不尽忠,以后余当视之如家人手足也。分虽严明,而情贵周通。贤弟待人,亦宜知之。

余每闻折差到，辄望家信，不知能设法多寄几次否？若寄信，则诸弟必须详写日记数天，幸甚。余写信亦不必代诸弟多立课程，盖恐多看则生厌，故但将余近日实在光景写示而已，伏惟诸弟细察。

【译文】

诸位贤弟足下：

十月二十七日寄回各位贤弟一封信，内有信四页，抄写倭艮峰先生日记三页，抄诗二页，已经寄到萧莘五先生那里，不经庄五爷公馆转交了。不知是否已收到？

十一月前八日已将日记抄给诸弟看，今后每次家信，可抄三页寄回。日记本皆是楷书，一丝不苟，可惜抄录时不能用楷书了。

冯树堂功课进步很快，我教他也如同教自己的弟弟一样，知无不言。可惜九弟不能在京和树堂日日交流商议，我无时无刻不为此感叹。九弟于京半年，我懒散没有好好教他。九弟走后，我才稍微能够立志，确实对不起九弟。我曾与岱云说："我想尽孝，但没别的办法，我若能教导诸弟道德学问长进一些，那么算我进了一分孝；若能教诸弟长进十分，我便有十分孝；倘若一点也不能引导诸弟成名，那我就是十分不孝了。"九弟没有进步，是我的大不孝。只希望诸弟发奋图强，做事有始有终，来补救我的不孝之过。幸甚幸甚。

岱云和易五近来也写日记，可惜他们的学问不很出众。我虽天天也与他们高谈阔论，他们好似不能全心体会，反而却怀疑我言语吹嘘。不过岱云近来极努力，将来一定有所成就。

何子敬近来对我很好，常相互做诗唱和。因为他的兄长很敬佩我的诗，对于书法又最谈得拢，所以子敬对我也十分敬重。子贞的学问有五个方面的特长：一是《仪礼》精，二是《汉书》熟，三是《说文》精，四是各体诗好，五是字写得好。这五方面，他以为都想有所成就而传与后人。让我来看，《礼》、《汉书》、《说文》这三方面我不太明白，不知深浅究竟怎样。若说字，子贞的字必能传之千古万代；诗也远比目前这些人高明，能成一家之体。近日京城做诗能称上"家"的人很少，因此我也打算多作几首。

金竺虔在小珊家住，很有面善心非之嫌。唐诗甫也和小珊有矛盾。我现仍和小珊交往，依然无嫌，但还是不很交心。

曹西垣和邹云陔十月十六日起程，现还未到，汤海秋这个人和他处久了，发现此人假话太多，十句话中只有一二句可信。今年冬季有两家女儿出嫁：一是杜兰溪的儿子，一是李石梧次子入赘。黎樾翁也有二女招女婿。其婿虽没读书，但比冯舅强多了。李笔峰还在海秋处教学。因给人代考，得银数十，衣服全然一新。王翰城买知府，花去大钱八千串。何子敬买知县，花去大钱七千串，都在明年可选任实缺。黄子寿那里，今天去看他，功夫很有长进，古文也有才华，喜好购书，东翻西阅，涉猎很多，心中已装有不少典故。何世兄也很好，为人十分稳重，天分虽不强，但将来必有所成，吴竹如近日没出城，我也没去，因为每见一面就耽搁一天。他的世兄也很深沉，一言一行都合乎礼，目前也在学倭艮峰先生。我观察何、关两世兄之资质天分，和诸弟一样，远不如周受珊、黄子寿。而将来有无成果，何、吴必然更靠得住。这是为何，诸弟能看书自己会清楚。但愿能够使诸弟和他们联手并进，那我实在是太幸运了。

季仙九先生到京任职，待我很好，有另眼相看的意思。同年会课，全都懒散，只是还和以前一样十日一会。

我今年过年，还须借银一百五十金，用五十金还杜家，留下百金自己用。李石梧到京城，交出长郡馆公费，就在公家钱中借用，免得出外张口更好。不然，就还须张罗费事。

用人陈升因一句话不合走了，我写了一首傲奴诗。现换了一名叫周升的守门人，人还

旅次舍图，出自宋《周易图》，描绘了《易经·旅卦》的卦义和卦象。

不错。我读《易·旅卦》“丧其童仆”。《象》曰：“以旅与下，其义丧也。”解释的人说：“以旅与下者，谓视童仆如旅人，刻薄寡恩，漠然无情，则童仆亦视主上如逆旅矣。”我对待仆人虽不刻薄，但看他们不是一条道上的人，无话可谈，底下人也不尽忠。今后我应当把用人也当作自家手足兄弟看，主仆身份虽严格但情义贵在交心。贤弟对人也应懂得这一点。

我每听说信使来了，总是盼有家信。不知能否想法多寄几次信吗？若来信，请诸弟一定仔细写日记数天。幸甚。我写信，也不必告诉你们要学什么课程，害怕这类话看多了也厌烦，因而只是把我近日平常生活多写写而已，唯付诸弟细察。

【点评】

本书贵在言传身教，毫无造作之感、距离感。曾氏始终非常关心自己的兄弟，于多封家书中谈到兄弟的学业、为人等问题。本书信结合自己对他人的认识与分析，内含好恶，从而为兄弟树立榜样：不喜欢汤鹏与黄子寿的浮华，而喜欢“沉潜”的何吴二子，愿诸弟勉之而已，这比空洞的理论说教更直接，更实际，更能打动人。在今天的家教中，这种以身作则的方法还是很值得借鉴的。

道光二十二年十二月二十日与父母书

公元 1843 年 1 月 20 日

男国藩跪禀父母亲大人万福金安：

十二月十四奉到十月初七手谕，敬悉一切。芝妹又小产，男恐其气性太躁，有伤天和，亦于生产有碍，以后须平心和气，伏望大人教之。

朱备之世兄任宝庆同知，其人浑朴，京师颇有笑其憨者，实则笃厚君子也。龙见田年伯来京，男请酒，渠辞不赴。意欲再请翰臣，待明春始办席也。在省未送程仪，待见面可说明。

漆寿具既用黄二漆匠亦好，男断不与此等小人计较，但恐其不尽心耳。闻瓷灰不可多用，多用则积久易脱，不如多漆厚漆，有益无损，不知可否？以后每年四具必须同漆一次，男每年必付四两银至家，专为买漆之用。

九弟前带回银十两，为堂上吃肉之费，不知已用完否？男等及孙男女身体俱如常。今年用费共六百余金，绝不窘手，左右逢源，绰有余裕，另有寄弟信详言之。

正月祖父大人七十大寿，男已作寿屏两架，明年有便，可付回一架。

今年京察（京城各衙门京察，堂官出考语，列等第，取一等者即外放道府），湖南惟黎樾乔得一等。翰林未满三年俸者，例不京察。

同乡黄茀卿兄弟到京，收到茶叶一篓，重廿斤，尽可供二年之食。惟托人东西太大，不免累赘，心实不安，而渠殊不介意也。在京一切，自知谨慎。男谨禀。

【译文】

男国藩跪禀父母亲大人万福金安：

十二月十四日收到十月七日手谕，具知家中一切。

芝妹又流产了，我担心她脾气太急躁，有损于身体健康，也不利于生育，今后凡事要心平气和，还望大人多劝导她。

朱备的世兄任宝庆同学，对人谦和诚实，京城里有些人讥笑他太憨，其实是位厚道的君子。龙见田年伯来京城，我请他喝酒他推辞没来。想再请翰臣作陪，要待到明年春天再置酒席了。在省城时未有送礼钱，等见面了可解释一下。

刷棺材既然已请了黄二漆匠，也行，我决不会与这种小人计较，只是怕他不尽心尽力罢了。听说瓷灰不可用多，用多了时间久了就会脱落，还不如用漆漆厚一点儿，更有好处。不知是否如这样做的？今后每年四口棺材必须同时刷一次，我每年一定会寄四两银子回来，专门用来买漆。九弟上次带回的十两银子，是给老人们买肉吃的，不知花完了没有？我等和孩子们身体都好，今年共花掉了六百多两银子，虽然开支挺大，但手头绝不会太紧，又左右迎合，还能有些剩余。另外有给弟弟的信详细谈到钱的事情，正月祖父大人七十大寿，我已做好了两架寿屏，明年有时间的话，可让人带回去。

今年京城考核在职官员（京城各衙门考察，主管堂官出考语按优劣列等级，列为一等的就可离开京城任道府一级官员），湖南唯有黎樾乔列为一等。翰林未满三年俸的按照惯例不参加。

同乡黄茀卿兄弟来到京城，收到家里让他们带来的一篓茶叶，重二十斤，足够可以喝两年了。只是让人家带的东西太多，太劳累了，心里感到过意不去，可他们兄弟并不在意，我在京城一切自会谨慎。男谨禀。

【点评】

旧社会的封建礼教，抛弃其糟粕之外，也有可取乃继承之处，由数次的曾氏给家中写信可以看到，以前的人们，尤为仕途得志的人们，对待家中的老人、长辈都非常孝敬，连家中的兄弟姐妹都是尽心尽力地关照，可想来对于今天的人们，社会经济生活虽然越来越丰富，人们的思想观念于亲情越来越淡薄，不赡养老人，兄弟之间闹纷争，在社会上却大有人在，当这些人们看到曾氏书信的时候又有何感想呢？

道光二十二年十二月二十日与诸弟书

公元 1843 年 1 月 20 日

诸位贤弟足下：

十一月十七寄第三号信，想已收到。父亲到县纳漕，诸弟何不寄一信，交县城转寄省城也？以后凡遇有便，即须寄信，切要切要。九弟到家，遍走各亲戚家，必各有一番景况，何不详以告我？

四妹小产以后，生育颇难，断不可以人力勉强，劝渠家只须听其自然，不可过于矜持。又闻四妹起最晏，往往其姑反服事他，此反常之事，最足折福。天下未有不孝之妇而可得好处者，诸弟必须时劝导之，晓之以大义。

诸弟在家读书，不审每日如何用功？余自十月初一立志自新以来，虽懒惰如故，而每日楷书写日记，每日读史十页，每日记“茶余偶谈”一则，此三事未尝一日间断。十月廿一日，立誓永戒吃水烟，洎今已两月不吃烟，已习惯成自然矣。予自立课程甚多，惟记“茶余偶谈”、读史十页、写日记楷本，此三事者，誓终身不间断也。诸弟每人自立课程，必须有日日不断之功，虽行船走路，俱须带在身边。予除此三事外，他课程不必能有成，而此三事者，将终身以之。

前立志作曾氏家训一部，曾与九弟详细道及。后因采择经史，若非经史烂熟胸中，则割裂零碎，毫无线索。至于采择诸子各家之言，尤为浩繁，虽抄数百卷，犹不能尽收；然后知古人作《大学衍义》、《衍义补》诸书，乃胸中自有条例，自有议论，而随便引书以证明之，非翻书而遍抄之也；

然后知著书之难，故暂且不作曾氏家训。若将来胸中道理愈多，议论愈贯串，仍当为之。

清代文人聚会图

现在朋友愈多，讲躬行心得者，则有镜海先生、艮峰前辈、吴竹如、窦兰泉、冯树堂，穷经知道者，则有吴子序、邵蕙西；讲诗、文、字而艺通于道者，则有何子贞，才气奔放则有汤海秋，英气逼人、志大神静，则有黄子寿。又有王少鹤（名锡振，广西主事，年二十七岁，张筱浦之妹夫）、朱廉甫（名琦，广西乙未翰林）、吴莘畬（名尚志，广东人，吴抚台之世兄）、庞作人（名文寿，浙江人），此四君者，皆闻予名而先来拜，虽所造有浅深，要皆有志之士，不甘居于庸碌者也。

京师为人文渊薮，不求则无之，愈求则愈出。近来闻好友甚多，予不欲先去拜别人，恐徒标榜虚声。盖求友以匡己之不逮，此大益也；标榜以盗虚名，是大损也。天下有益之事，即有足损者寓乎其中，不可不辨。

黄子寿近作《选将论》一篇，共六千余字，真奇才也。子寿戊戌年始作破题，而六年之中遂成大学问，此天分独绝，万不可学而至，诸弟不必震而惊之。予不愿诸弟学他，但愿诸弟学吴世兄、何世兄。吴竹如之世兄，现亦学艮峰先生写日记，言有矩，动有法，其静气实可爱。何子贞之世兄，每日自朝至夕总是温书，三百六十日，除作诗文时，无一刻不温书，真可谓有恒者矣。故予从前限功课教诸弟，近来写信寄弟，从不另开课程，但教诸弟有恒而已。

盖士人读书，第一要有志，第二要有识，第三要有恒。有志，则断不甘为下流。有识，则知学问无尽，不敢以一得自足，如河伯之观海，如井蛙之窥天，皆无识者也。有恒，则断无不成之事。此三者缺一不可。诸弟此时惟有识不可以骤几，至于有志、有恒，此诸弟勉之而已。

予身体甚弱，不能苦思，苦思则头晕，不耐久坐，久坐则倦乏，时时属望惟诸弟而已。

明年正月，恭逢祖大人七十大寿，京城以进十为正庆。予本拟在戏园设寿筵，窦兰泉及艮峰先生劝止之，故不复张筵。盖京城张筵唱戏，名为庆寿，实则打把戏。兰泉之劝止，正以此故。现在作寿屏两架，一架淳化笺四大幅，系何子贞撰文并书，字有茶碗口大。一架冷金笺八小幅，系吴子序撰文，予自书。淳化笺系内府用纸，纸厚如钱，光彩耀目，寻常琉璃厂无有也，昨日偶有之，因买四张。子贞字甚古雅，惜太大，万不能寄回。奈何奈何！

侄儿甲三体日胖而颇蠢，夜间小解知自报，不至于湿床褥。女儿体好，最易扶携，全不劳大人费心力。

今年冬间，贺耦庚先生寄三十金，李双圃先生寄二十金，其余尚有小进项。汤海秋又自言借百金与我用，计还清兰溪、寄云外，尚可宽裕过年。统计今年除借会馆房钱外，仅借百五十金，岱云则略多些。岱云言在京已该账九百余金，家中亦有此数，将来正不易还。寒士出身，不知何日是了也！我在京该账尚不过四百金，然苟不得差，则日见日紧矣。

书不能尽言，惟诸弟鉴察。兄国藩手草。

课　程

主敬　整齐严肃，无时不惧。无事时心在腔子里，应事时专一不杂。

静坐　每日不拘何时，静坐一会，体验静极生阳来复之仁心，正位凝命，如鼎之镇。

早起　黎明即起，醒后勿沾恋。

读书不二　一书未点完，断不看他书。东翻西阅，都是徇外为人。

读史　二十三史每日读十页，虽有事不间断。

写日记　须端楷，凡日间过恶：身过、心过、口过，皆记出，终身不间断。

日知其所亡　每日记“茶余偶谈”一则，分德行门、学问门、经济门、艺术门。

月无忘所能　每月作诗文数首，以验积理之多寡，养气之盛否。

谨言　刻刻留心。

养气　无不可对人言之事，气藏丹田。

保身　谨遵大人手谕：节欲，节劳，节饮食。

作字　早饭后作字，凡笔墨应酬，当作自己功课。

夜不出门　旷功疲神，切戒切戒。

【译文】

诸位贤弟足下：

十一月十七日我发了第三号信，预计你们已经接到。父亲去县里交纳公粮，弟弟们为何不顺便寄一封信,交给县里的人转发到省城呢?今后凡遇到有机会,就要给我写信,千万记住。九弟到家,走访各亲戚家,必定各家有各家的事情,为什么不写信详细告诉我?

四妹小产以后,再要生育就难,但这件事最为重要,千万不能以人为地勉强。告诉她家只可以顺其自然,不要过分执拗。又听说四妹每日起床很晚,常常让她的婆母反而伺候她,这是有悖常理的事,最能折减她的福分。普天下哪有不孝的媳妇能得到好处的,弟弟们一定经常劝导她,晓以大理。

弟弟们在家读书,不知每天如何用的功?我从十月一日立志自新以来,虽然懒散如故,但每日用楷书写日记、每天看十页史书、记茶余偶谈一则,这三件事一直没有间断过。十月二十一日发誓永戒水烟,至今已两个月不吸烟,习惯成自然了。我自己立志要做的事较多,唯有记茶余偶谈、读史十页、写楷书体日记这三件事,发誓终身不停顿。弟弟们每人计划几件事情去做,一定天天不间断地努力,即是行船走路,也应带在身边。除此三事之外,其他事情未必有多大成果,而此三事做成功将受益终生。

以前我发誓要写一部《曾氏家训》,曾经与九弟详细谈过。后来从经书与史书中收集选择材料,感觉如果胸中没有把经书与史书记得烂熟,便会搞得支离破碎,半点也没有系统;至于收集选择各家之言,更为烦琐,即是抄几百卷书还是不可把材料收齐。然后才明白古人编著《大学衍义》、《衍义补》等书,仍是胸有成竹,自有一套体系自有一组见解,然后随便引书为证,不是翻书抄写的。然后才懂得写书之难,因此暂时不写曾氏家训。如果将来心中知道的道理越来越多,要发的议论越来越有条理,还是要著这部书的。

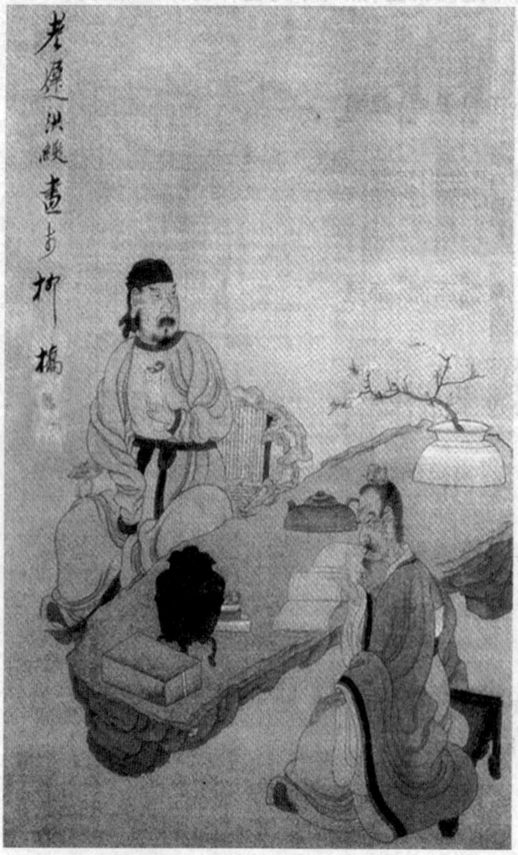

清人所绘《高贤读书图》

我目前的朋友越来越多了。能够讲自己切身力行的独到见解的,就有镜海先生、艮峰前辈、吴竹如、窦兰泉、冯树堂;钻研经书寻求道理的,就有关子序、邵蕙西;讲诗文字而技艺用在表现古人的"道"的,就有何子贞;才气豪放,就有汤海秋;爽气逼人、志向大、神态安详的,就有黄子寿;又有王少鹤(名锡振,任广西主事,现年二十七岁,是张筱浦的妹夫)、朱廉甫(名琦,广西乙未年中举任翰林)、吴莘畲(名尚志,广东人,吴抚台之世兄)、庞作人(名文寿,浙江人),这四君子,都是慕名来拜访我的。虽然功夫有深有浅但都是有志之士,不甘心做庸俗的人。

京师人才济济,不去追求则不然,越去追求朋友越多。近来听说可交往朋友的人很多,我不想先去拜访别人,害怕那样做只是标榜虚名。求友以扶正自己的过错,这是最大的好处;标榜图个虚名,这是最大的患处。天下有利的事中,就有足以促成损害的事在里面，不能不分辨清楚。

黄子寿近日写《选将论》一篇，共六千余字，真是人才。他戊戌年才开始学写文章，而六年之中就做出大文章，这是很少有的，那是不能学到的。弟弟们不必吃惊，我不是要你们都学他，但望你们学吴世兄、何世兄。吴竹如的世兄现在也学艮峰先生写日记，交谈有法则，行为有规矩，其安详自得的样子实在可爱。何子贞之世兄，每天从早到晚总是温习书本，三百六十天，除了作诗写文章外，没一刻不温习书本，真可称得上有恒心的人。因此我从前限定功课教育弟弟们，近来写信，从不另外开设课程，只教你们有恒心就行了。

有作为的士人读书，第一要有志气，第二要有卓识，第三要有信心。有志气则一定不甘心平平庸庸；有卓识则明白学海无边，不敢以一得而自满，如河伯观海、井蛙观天，都是未有见识的人的做法；有信心则断然没有办不成的事。这三者缺一不可。诸位兄弟现在想有见识的目标不是一下能实现的；至于有志向有恒心，则是你们发奋努力的事。

我身体很差，不能久思苦想，苦思就头晕；不耐长坐，坐长了则倦乏，时时把希望放在诸位兄弟身上。

明年正月恭候祖父大人的七十大寿，京城以进十岁为正式庆典。我原想在戏园设寿筵，窦兰泉及艮峰先生劝解我，因此不再设筵。原来京城张筵唱戏，名义上是为庆寿，实际上是玩把戏。兰泉劝我，也正为此义，目前做寿屏两架，一架淳化笺四大幅，是何子贞作的文章并手书，每个字有茶碗口大。一架冷金笺八小幅，是吴子序作的文章，我自己抄的。淳化笺是内府用纸，纸厚像铜钱，光彩夺目，在琉璃厂通常是没有的，昨天偶尔碰上，买了四张。子贞字很典雅，可惜篇幅太大，没法寄回，无可奈何！

你们的侄儿甲三一天天地发胖，较笨，但夜里要小便时知道自己说，不至于尿湿被褥。女儿身体好，最容易抚养，半点也不用大人费劲。

今年冬季，贺耦庚先生寄来三十金，李双圃先生寄来二十金，其他还有些小收入。汤海秋先生又自己说可以借百金给我用，估计还清兰溪、寄云的钱外，还能宽裕过年。统计今年除借会馆房钱外，只借了百五十金。岱云就借得略多些，岱云说在京已欠债九百余金，家里也拖欠了这个数，将来真不容易还上。寒士出身，借借还还不知何时到头！我在京欠账尚不过四百金，不过若得不到官差，就一日比一日紧。

再长的信也不能把想讲的话全写出来，希望弟弟们谅解。

课程：

一、崇尚严于律己（作风正派严肃，时刻存有戒惧心理。无事时心在肚子里，应对事务时专一不杂乱）。

二、静坐（每天无论什么时候，静坐一会儿，体验沉静到极致的阳刚之气，仁义之心回归的体会。把自己置于中正的位置上，言行规矩，像鼎立地一样镇定）。

三、早起（天一明亮就起床，醒来后不留恋床席）。

四、读书专一（一本书未有圈点完，绝对不读别的书。东翻西看的做法都是不会读书的）。

五、读史书（二十三史要每天看十页，即使有事也不停顿）。

六、写日记（必须用正楷，凡是一白天自己的过错，不论行为错、思想错、言语错，都要记录下来。终身不间断）。

七、每天都获得自己缺乏的知识（每天写《茶余偶谈》一篇。分为德行、学问、经营管理、艺术四个门类）。

八、每月都不放弃已有的本领（每月作诗与文章几篇，以检查自己获得的道理的多少，培养的浩然之气是不是强盛）。

九、慎重言谈(每时每刻都要留心)。

十、涵养气质(没有不可对人讲的事。气藏于丹田)。

十一、保重身体(严格遵守父亲的教诲:节欲、节劳、节饮食)。

十二、练字(早饭后习字。凡是笔墨方面的往来接待,都当作自己练字的机会)。

十三、夜不出门(夜间外出会耽搁学业,使精神疲乏,千万要注意终止)。

【点评】

读此书,我们可感到曾氏的严于律己:他为自己设下三事:记茶余偶谈、读史十页、写日记楷本,并"誓终身不间断"。姑且不论他后来坚持情况如何,曾氏的这种精神还是可嘉的。本书中还谈到了交友与求学之道,这对我们很有启发:交友上,"天下有益之事,即有足损者寓乎其中,不可不辨";求学上,应做到"有志"、"有识"、"有恒",同时,曾氏附了一张课程表,井然有序,即使与敌作战,曾氏亦处乱不惊,坚持奉行。这种精神与状态是成功的重要基础。

道光二十三年正月十七日与父母书

公元 1843 年 2 月 15 日

男国藩跪禀父母亲大人万福金安:

正月八日,恭庆祖父母双寿。男去腊作寿屏二架。今年同乡送寿对者五人,拜寿来客四十人。早面四席,晚酒三席,未吃晚酒者,于十七日、廿日补请二席。又倩人画"椿萱重荫图",观者无不叹羡。

男身体如常。新年应酬太繁,几至日不暇给,媳妇及孙儿俱平安。

正月十五接到四弟六弟信。四弟欲偕季弟从汪觉庵师游,六弟欲偕九弟至省城读书。男思大人家事日烦,必不能在家塾照管诸弟,且四弟天分平常,断不可一日无师,讲书改诗文,断不可一课耽搁。伏望堂上大人俯从男等之请,即命四弟季弟从觉庵师,其束脩银,男于八月付回,两弟自必加倍发奋矣。

六弟实不羁之才,乡间孤陋寡闻,断不足以启其见识而坚其志向。且少年英锐之气不可久挫,六弟不得入学,既挫之矣;欲进京而男阻之,再挫之矣;若又不许肄业省城,则毋乃太挫其锐气乎?伏望堂上大人俯从男等之请,即命六弟、九弟下省读书。其费用,男于二月间付银廿两至金竺虔家。

夫家和则福自生,若一家之中,兄有言弟无不从,弟有请兄无不应,和气蒸蒸而家不兴者,未之有也。反是而不败者,亦未之有也。伏望大人察男之志,即此敬禀叔父大人,恕不另具。六弟将来必为叔父克家之子,即为吾族光大门第,可喜也。谨述一二,余俟续禀。

【译文】

男国藩跪禀父母亲大人万福金安:

正月初八日,恭敬地祝贺祖父母双寿,我去年冬天做了两架寿屏。今年老乡送寿对的五人,拜寿的宾人四十人,早面四席,晚酒三席。未吃晚酒的,在十七日、二十日补请了两席。又请人画了一幅"椿萱重荫图",看到这幅画的人未有不赞叹羡慕的。

我身体如常,新年招待太多,几乎是一天到晚接连不断。媳妇及孙儿女都好。

正月十五,收到四弟六弟的信,四弟想和季弟一起跟汪觉庵老师学,六弟想和九弟去省城读书。儿子想父母大人家里的事越来越多,不能经常在家塾学堂管教几位弟弟。并且四弟天赋平常，一定不能一天未有老师讲解课文与修改诗文，一定不能耽搁一课。愿请堂上大人听从我的请求，就让四弟、季弟拜觉庵先生为师。学费儿将在八月寄回来，两位弟弟自己一定会加倍刻苦努力。

六弟实是不拘之才，乡间见识低，不能够以启其见识，立其志向，多次说少年英锐之气上进之心不可受挫。六弟不能入学，已经受了挫折；想进京可我又阻挡了，又受了挫折；如果再不准他去省城念书，也太压抑他的上进心了吧？恳求堂上大人听我的请求，就让六弟、九弟去省城念书，学费用我二月里寄回二十两银子到金竺虔家里。

家庭和谐，那福气自然产生。倘若一家之中，哥哥讲了的话，弟弟无不依从；弟弟有要求，哥哥总是准许，充满和气而家业不兴旺的，从来没见过；反之而家运不败的，也从未有过。恳求大人仔细体会我的志向就此信敬告叔父大人，就不另外寄信了。六弟将来必定能为叔父振兴家业，也能为我们家族光大门庭，可喜可贺。

谨述一二，其余的容以后再禀告。

【点评】

曾氏非常挂念弟弟们的学业，几乎每封信都提及到，尤为这次讲到其六弟的学习情况，再三恳求父母，让四弟、六弟去省城读书，六弟正处于少年也是求知欲很强的时候，如果不让他们去，就会打击他们上进的积极性，曾氏还积极给他们寄学费，如此关心兄弟的心情，由此可见一斑。

道光二十三年正月十七日与诸弟书

公元 1843 年 2 月 15 日

诸位老弟足下：

正月十五日接到四弟、六弟、九弟十二月初五日所发家信。四弟之信三页，语语平实，责我待人不恕，甚为切当。谓"月月书信，徒以空言责弟辈，却又不能实有好消息，令堂上阅兄之书，疑弟辈粗俗庸碌，埙弟辈无地可容"云云，此数语，兄读之不觉汗下。

我去年曾与九弟闲谈云：为人子者，若使父母见得我好些，谓诸兄弟俱不及我，这便是不孝；若使族党称道我好些，谓诸兄弟俱不如我，这便是不弟。何也？盖使父母心中有贤愚之分，使族党口中有贤愚之分，则必其平日有讨好底意思，暗用机计，使自己得好名声，而使其兄弟得坏名声，必其后日之嫌隙由此而生也。刘大爷、刘三爷兄弟皆想做好人，卒至视如仇雠，因刘三爷得好名声于父母族党之间，而刘大爷得坏名声故也。今四弟之所责我者，正是此道理，我所以读之汗下。但愿兄弟五人，各各明白这道理，彼此互相原谅。兄以弟得坏名为忧，弟以兄得好名为快。兄不能使弟尽道得令名，是兄之罪；弟不能使兄尽道得令名，是弟之罪。若各各如此存心，则亿万年无纤芥之嫌矣。

至于家塾读书之说，我亦知其甚难，曾与九弟面谈及数十次矣。但四弟前次来书，言欲找馆出外教书。兄意教馆之荒功误事。较之家塾为尤甚，与其出而教馆，不如静坐家塾。若云一出家塾便有明师益友，则我境之所谓明师益友者，我皆知之，且已夙夜熟筹之矣。惟汪觉庵师及阳沧溟先生，是兄意中所信为可师者。然衡阳风俗，只有冬学要紧，自五月以后，师弟皆奉行故事而已。同学之人，类皆庸鄙无志者，又最好讪笑人（其笑法不一，总之不离乎轻薄而已。四弟若到衡阳去，必以翰林之弟相笑，薄俗可恶）。乡间无朋友，实是第一恨事，不惟无益，且大有损。习俗染人，所谓与鲍鱼处，亦与之俱化也。兄尝

韩愈像，出自明·天然撰《历代古人像赞》。韩愈是唐代著名文学家，因其祖籍河北昌黎，故后人称其为韩昌黎。

与九弟道及，谓衡阳不可以读书，涟滨不可以读书，为损友太多故也。

今四弟意必从觉庵师游，则千万听兄嘱咐，但取明师之益，无受损友之损也。接到此信，立即率厚二到觉庵师处受业。其束脩，今年谨具钱十挂，兄于八月准付回，不至累及家中，非不欲从丰，实不能耳。兄所最虑者，同学之人无志嬉游，端节以后放散不事事，恐弟与厚二效尤耳。切戒切戒。凡从师必久而后可以获益，四弟与季弟今年从觉庵师，若地方相安，则明年仍可从游；若一年换一处，是即无恒者，见异思迁也，欲求长进，难矣。

此以上答四弟信之大略也。

六弟之信，乃一篇绝妙古文，排奡似昌黎，拗很似半山。予论古文，总须有倔强不驯之气，愈拗愈深之意，故于太史公外，独取昌黎、半山两家。论诗亦取傲兀不群者，论字亦然。每蓄此意而不轻谈。近得何子贞意见极相合，偶谈一二句，两人相视而笑。不知六弟乃生成有此一枝妙笔，往时见弟文，亦无大奇特者，今观此信，然后知吾弟真不羁才也。欢喜无极，欢喜无极！凡兄有所志而力不能为者，吾弟皆可为之矣。

信中言兄与君子讲学，恐其渐成朋党，所见甚是，然弟尽可放心。兄最怕标榜，常存暗然尚絅之意，断不至有所谓门户自表者也。信中言四弟浮躁不虚心，亦切中四弟之病，四弟当视为良友药石之言。信中又有"荒芜已久，甚无纪律"二语，此甚不是。臣子于君亲，但当称扬善美，不可道及过错；但当谕亲于道，不可疵议细节。兄从前常犯此大恶，但尚是腹诽，未曾形之笔墨。如今思之，不孝孰大乎是？常与阳牧云并九弟言及之，以后愿与诸弟痛惩此大罪。

六弟接到此信，立即至父亲前磕头，并代我磕头请罪。

信中又言："弟之牢骚，非小人之热中，乃志士之惜阴。"读至此，不胜惘然，恨不得生两翅忽飞到家，将老弟劝慰一番，纵谈数日乃快。然向使诸弟已入学，则谣言必谓学院做情，众口铄金，何从辨起？所谓塞翁失马，安知非福，科名迟早实有前定，虽惜阴念切，正不必以虚名萦怀耳。

来信言看《礼记疏》一本半，浩浩茫茫，苦无所得，今已尽弃，不敢复阅，现读朱子《纲目》，日十余页云云。说到此处，兄不胜悔恨，恨早岁不曾用功，如今虽欲教弟，譬盲者而欲导人之迷途也，求其不误难矣。

然兄最好苦思，又得诸益友相质证，于读书之道，有必不可易者数端：穷经必专一经，不可泛骛。读经以研寻义理为本，考据名物为末。读经有一"耐"字诀：一句不通，不看下句；今日不通，明日再读；今年不精，明年再读，此所谓耐也。读史之法，莫妙于设身处地。每看一处，如我便与当时之人酬酢笑语于其间。不必人人皆能记也，但记一人，则恍如接其人；不必事事皆能记也，但记一事，则恍如亲其事。经以穷理，史以考事，舍此二者，更别无学矣。

盖自西汉以至于今，识字之儒约有三途，曰义理之学，曰考据之学，曰词章之学，各执一途，互相诋毁。兄之私意，以为义理之学最大，义理明，则躬行有要，而经济有本；词章之学，亦所以发挥义理者也；考据之学，吾无取焉矣。此三途者，皆从事经史，各有门径。吾以为欲读经史，但当研究义理，则心一而不纷。是故经则专守一经，史则专熟一代，读经史则专主义理。此皆守约之道，确乎不可易者也。

若夫经史而外，诸子百家，汗牛充栋。或欲阅之，但当读一人之专集，不当东翻西阅。如读昌黎集，则目之所见，耳之所闻，无非昌黎，以为天地间除昌黎集而外，更无别书也。此一集未读完，断断不换他集，亦"专"字诀也。六弟谨记之。

读经，读史，读专集，讲义理之学，此有志者万不可易者也，圣人复起，必从吾言矣。然此亦仅为有大志者言之。若夫为科名之学，则要读四书文，读试帖律赋，头绪甚多。四弟、九弟、厚二弟天质较低，必须为科名之学。六弟既有大志，虽不科名可也，但当守一"耐"字诀耳。观来信言读《礼记疏》，似不能耐者，勉之勉之！

兄少时天分不甚低，厥后日与庸鄙者处，全无所闻，窍被茅塞久矣。及乙未到京后，始有志学诗古文并作字之法，亦洎无良友。近年得一二良友，知有所谓经学者经济者，有所谓躬行实践者，始知范韩可学而至也，马迁韩愈亦可学而至也，程朱亦可学而至也。慨然思尽涤前日之污，以为更生之人，以为父母之肖子，以为诸弟之先导。无如体气本弱，耳鸣不止，稍稍用心，便觉劳顿，每自思念，天既限我以不能苦思，是天下不欲成我之学问也。故近日以来，意颇疏散，计今年若可得一差，能还一切旧债，则将归田养亲，不复恋恋于利禄矣！粗识几字，不敢为非以蹈大戾已耳！不复有志于先哲矣。

吾人第一以保身为要，我所以无大志愿者，恐用心太过，足以疲神也。诸弟亦须时时以保身为念，无忽无忽！

来信又驳我前书，谓"必须博雅有才，而后可明理有用"，所见极是。兄前书之意，盖以躬行为重，即子夏"贤贤易色"章之意，以为博雅者不足贵，惟明理者乃有用，特其立论过激耳。六弟信中之意，以为不博雅多闻，安能明理有用？立论极精，但弟须力行之，不可徒与兄辩驳见长耳。

来信又言四弟与季弟从游觉庵师，六弟、九弟仍来京中，或肄业城南云云。兄之欲得老弟共住京中也，其情如孤雁之求曹也。自九弟辛丑秋思归，兄百计挽留，九弟当能言之，及至去秋决计南归，兄实无可如何，只得听其自便。若九弟今年复来，则一岁之内，忽去忽来，不特堂上诸大人不肯，即旁观亦且笑我兄弟轻举妄动。且两弟同来，途费须得八十金，此时实难措办，弟云能自为计，则兄窃不信。曹西垣去冬已到京，郭云仙明年始起程，目下亦无好伴。惟城南肄业之说，则甚为得计。兄于二月间准付银廿两至金竺虔家，以为六弟、九弟省城读书之用。竺虔于二月起身南旋，其银四月初可到。

弟接到此信，立即下省肄业。省城中兄相好的，如郭云仙、凌笛舟、孙芝房，皆在别处坐书院；贺蔗农、俞岱青、陈尧农、陈庆覃诸先生皆官场中人，不能伏案用功矣。惟闻有丁君者（名叙中。号秩臣，长沙廪生），学问切实，践履笃诚，兄虽未曾见面，而稔知其可师。凡与我相好者，皆极力称道丁君。两弟到省，先到城南住斋，立即去拜丁君（托陈季牧为介绍），执贽受业。

凡人必有师，若无师，则严惮之心不生。既以丁君为师，此外择友，则慎之又慎。昌黎曰："善不吾与，吾强与之附；不善不吾恶，吾强与之拒。"一生之成败，皆关乎朋友之贤否，不可不慎也。

来信以进京为上策，以肄业城南为次策。兄非不欲从上策，因九弟去来太速，不好写信禀堂上，不特九弟形迹矛盾，即我禀堂上亦必自相矛盾也。又目下实难办途费，六弟言能自为计，亦未历甘苦之言耳。若我今年能得一差，则两弟今冬与朱啸山同来甚好。目前且从次策，如六弟不以为然，则再写信来商议可也。

此答六弟信之大略也。

九弟之信，写家事详细，惜话说太短，兄则每每太长，以后截长补短为妙。尧阶若有大事，诸弟随去一人帮他几天。牧云接我长信，何以全无回信？毋乃嫌我话太直乎？扶乩之事，全不足信，九弟总须立志读书，不必想及此等事。季弟一切皆须听诸兄话。

此次折弁走其急，不暇抄日记本，余容后告。

冯树堂闻弟将到省城，写一荐条，荐两朋友。弟留心访之可也。

【译文】

诸位老弟足下：

正月十五日收到四弟、六弟、九弟十二月五日寄出的家信。

其中四弟的三页信中所讲之事，句句真实有理，尤其是批评我对人不够宽容这一点，讲得很使我信服。说每月写信仅是以空话指责弟弟们，却又几乎从没有啥具体实际的好消息。大人们得知此事，一定会疑心弟弟们整天碌碌无为，不做学业，不求上进，让弟弟们陷入无地自容的处境等。这些话，为兄看了很愧疚，不觉汗颜。

去年我和九弟闲谈之时，曾说为人子者，若让父母过分地偏爱，觉得别的兄弟都不比自己，这便是不孝；若让家族同乡极力地夸奖自己，而贬低别的兄弟，认为都不比自己出色，这便是对兄弟不关爱。原因是什么呢？那是由于如果让父母心中有了贤能愚笨的区分，使族人同乡口中有了贤能愚笨的区别，那么平常必有着意讨好的意思，以致暗用心机，获得个虚无的好名声，而叫他的兄弟身背恶名，自然今后的矛盾就会不断发生。比如刘大爷、刘三爷都想做好人，最后却搞得如同仇人。就由于刘三爷在父母面前得好名声，而在家人同乡中间，刘三爷得坏名声的缘由。现在四弟所指责我的，也是这个理，因此我读了汗颜。但愿我们兄弟五人，各自都懂得这个道理，相互体谅。当兄长的因为弟弟得坏名声而忧虑，弟弟为兄长得好名声而高兴。兄不可让弟尽孝道得美名，是兄的罪过，弟不能让兄尽孝道而得美名，是弟的罪过。若都如此去想，那么时间再久远也不会有半点矛盾了。

曾国藩故居

关于在私塾中念书做学问，我知道也并不是易事。我以前就此事和九弟面谈数十次。但四弟上一次来信，心思找个地方边教边学，我认为这样做确实是浪费时间，比在私塾更差。倘若去外面教书，还不如安心做私塾。至于说一离开私塾便有良师益友，那么所说家乡的良师益友，我都清楚，还彻夜谋划，以为只有汪觉庵先生与欧阳沧溟先生，是我心中值得信任的老师。不过衡阳的教学习惯，只有冬季抓得紧，自五月以后，师生都只是应付走过程而已。同乡的人，几乎都是些素常无大志的人，又最爱讥笑人（其笑法不一，总之不离轻浮。四弟倘若到衡阳去，一定要笑你是翰林之弟，轻俗可恶）。乡间没良友，确实是第一憾事。不只是没有益处，而且很有害处。习俗感染人，所讲近朱者赤，近墨者黑，我曾经和九弟谈起，讲衡阳不能读书，涟滨也不能读书，由于坏朋友太多了。

目前四弟思想上必定要跟从汪觉庵老师学习的话，那就一定要听我的话，只接纳良师的教学，不接受损友的影响。接到这封信，四弟马上带厚二去觉庵处受业。学费我今年准备了钱十挂。在八月一定寄回，不会牵累家里。不是不想多寄一些，确实是心有余而力不足。我所担心的，是同学中多数无志向只知道嬉笑胡闹，端午节后放散没什么事，担心四弟与厚二学坏了。切记切记。跟从老师受业，时间长久才能有收获。四弟和季弟今年跟觉庵老师受业，如地方稳定，就明年还可以跟觉庵受业；如一年换一地方，也是没有恒心的人，见异思迁，想求进步也就难了。

以上是简单地谈谈四弟的回信。

六弟的信实在是一篇绝妙的古文，于刚劲方面如韩愈，于固执方面如王安石。我以为古文一定有倔强不驯的文势与越拗越深的文义，因此在司马迁之外，只崇尚韩愈与王安石两家。论诗也取独具风格的人，论字也是如此。我早就料到这些，不随便谈论。近来和何子贞很谈得来，才有机会说一二句，两人相对而笑。我还真不清楚六弟有这样妙笔。以前读六弟的文章，也没让人觉得很特别。现在读过这封信，方知六弟确是个不羁之才。真太叫人高兴了，真太叫人高兴了！我有心去做而力不从心，我的弟弟却能做到了。

信中谈到我和各位君子一起讲学，也许会逐渐形成一个朋党（封建社会士大夫各树党羽，互相勾结）。这种看法没有错。不过六弟尽可放心，我最怕招摇，常记着要时刻留心，绝不会因门户之言来标榜自己。信中说到四弟不沉稳不虚心，我认为这恰好说中了四弟的缺点，应把这看为良友药石之言。

信中还有"学业被耽误很久，对儿子们半点也没有管教"两句话，这样讲很不对。臣对君，子对父，只应当赞扬其善美，不能谈论其过错，只能在父亲面前明白讲道理，不能在细节上非议。我原先经常犯这种大罪过，但还是心里有看法，未有用笔墨写出来。现在回想起来，还有比这更大的不孝吗？我常对欧阳牧云与九弟谈到这一点。往后希望能与弟弟们痛改这种大不敬。六弟收到这封信后，要立即去父亲面前磕头，并且也替我磕头谢罪。

信中又谈到弟弟的牢骚，不是小人热衷名利而不得的牢骚，而是有志者珍惜时间的喟叹。读到这里，我不禁茫然，恨不能长出两翅飞到家中，对老弟劝告一番，长谈几天才痛快。不过如果各位兄弟已入学，就一定有小人造谣说是学院做的人情。众口铄金，无可辩驳！所讲塞翁失马，安知非福。科名迟缓，实是前世注定，即使珍惜光阴的念头再顽强，也不必整日都想着中举的事。

来信说你看《礼记疏》到一本半，觉得渺渺茫茫，嫌没有啥收获，现在已经全抛开，不愿再去看，现在正看朱子《纲目》，每天阅十几页等。讲到这一点，我心中后悔不已，恨自己以前没有用功，目前虽然想教弟弟，就好比是盲人想给迷路的人指路，要想不错误是很难的。

但是我最喜好苦思问题，又能与益友们互相谈论辨析，认为在念书学习上，有几点规律是肯定不会改变的：研究经书必须先专通一经，不可乱读。读经以钻研寻求义理为主，考据名物为辅。读经书有一"耐"字口诀，叫做一句不通，不看下句；今日不懂，明日再看；

今年不精,明年再看,这便是耐心吧。读史书的方法,莫妙于会设身处地地去思考。每读一处描绘,就好像我曾和当时人物一起饮酒作乐。不一定人人都能记住,要记一个人,就好像接触认识这个人;不一定事事都能记得,要记一件事,就好像亲身经历过这件事。经书读了是能寻求道理的,史书读了是能考证历史的。舍弃这两条,则没其他学问了。

自西汉至现在,读书人做学问约有三条途径:一是义理之学,二是考据之学,三是词章之学。各执一词,相互贬低。我个人认为,义理之学学问最深。义理清楚则切身力行有原则,对人处事有基础。辞章之学,是用以宣扬义理的工具。考据之学,我没从中得到啥。这三条途径,都能为研究经书史学服务,各有门路。我认为,要看经书史学,则应当研究义理,才能专一而不会心绪纷乱。可见学经就应专守一经,学史就当专熟一代,看经书史学就专心致志于义理。这些全是专的道理,确实不可改变的。

关于经史,诸子百家之学,书籍堆积如山。倘若想阅读,只应看一个人的专集,不应东瞅西看。比如读昌黎集,就眼睛所看到的,耳朵所听到的,无非则是昌黎,认为天地间除了昌黎集以外,再未有其他书了。一个人的书集没看完,千万不可换别人的书集,这也是"专"字秘诀。六弟请牢固记住这些。

读经、读史、读专集,讲义理之学,这都是有志气的人绝不能改变的。便是圣人再生,也会按我的话去做。不过这些也只可对那些胸襟远大志气的人说的。如果只是为科举功名,那就要看四书,看试帖、律赋等,篇章很多。四弟、九弟、厚二弟智商差些,一定做科举功名的学问。六弟既然志向远大,即是不参加科举功名也可以,但应牢记一耐字诀,心平气和。从来信说,看《礼记疏》好像厌烦,这是不行的,勉之勉之。

我少年时天赋不算低,后来每天和不学无术的人在一起,没长啥见识,也很顽冥不化。等到乙未年进了京城后,才开始在学诗、古文与书法等上刻苦学习,也没有好朋友。最近有一两位良友,懂得有经学、经济与躬行实践的说法,才明白范、韩是经过学习才达到他们的境界的,司马迁、韩愈,也是通过学习而达到他们的境界的,程、朱也即如此。全然想要扫净前日之污,以重生为人,以做父母的好儿子,各位兄弟的榜样。未想到身体虚弱,时常耳鸣,稍以用心,就觉得疲乏。每想到这些,感觉是老天在捉弄我,让我不能勤奋思考,不能成全我的学业。所以近日来,心灰意冷。打算今年如可得一官职,能还上一切债务,就回老家孝敬父母,不想做官了。略识几个字,明白些道理,也仅是不敢胡作非为犯下大错而已,不再有志于走能者的路了。我这人以保重身体为第一。我因此无大志,是怕费心太多,疲惫劳神。各位兄弟也要时刻以保重身体为主,千万不要疏忽。

来信又反驳我上封信,说一定博学多才,以后才可明理致用,你的看法没错。我上封信的意思,是强调切身力行、经验的重要性,即子夏"贤贤易色"章的意思。认为博学不十分可贵,唯有明理才有用,或许观点有些过激。六弟信中的内容,是说不博学多才,如何能明理有用?立论极精,但弟必须切身力行,不能只是和我辩驳对错争个高低。

来信又说四弟和季弟跟从觉庵师学习,六弟、九弟依旧未去省城,或在城南学习等。我想要老弟一起同住京城的心情,好比孤雁寻找雁群的感受一样。九弟辛丑年秋天想回去,我尽力挽留,他也都知道的。等到去年秋天决定回湖南老家,我也没有办法,只得听其自然。倘若九弟今年又来,就一年之中一会儿来一会儿去,不要说家里各位长辈不能同意,即是旁观者也会笑话我兄弟胡思乱动;再说两位弟弟一块来,路费需要八十两黄金,实难办到,虽然弟说能自己筹集,为兄我不能相信。曹西垣去年冬季已到京城,郭云仙明年才上路,眼下也未有好同伙。唯有在城南读书,还比较符合实际。我到二月里一定送银二十两给金竺虔家,作为六弟、九弟省城学习的费用。竺虔在二月动身回湖南,这笔银子四月初可接到。

弟收到这封信，立即去省城读书。省城中我的益友，如郭云仙、凌笛舟、孙芝房，都在那里的学院学习。贺蔗农、俞岱青、陈尧农、陈庆覃诸先生都是官场中人，不能安心学习。只听说有丁君（名叙忠，号铁臣，长沙禀生）学问深厚，为人忠诚。我虽然没有和他见过面，但早就明白这个人是能做老师的。凡是我的朋友，都极力夸奖丁君。两弟去了省城，先到城南住下，然后马上去拜师丁君（托陈季牧介绍），执贽受业，尊为老师。凡为人必有老师；若是没老师，就不会严格要求自己。你们就以丁君为师吧。另外，结交朋友一定要慎重，昌黎说："善不吾与，吾强与之附；不善不吾恶，吾强与之拒。"一生成败，都和朋友是否贤能有关，不得不慎重。

来信把到京城来作为最理想，把在城南学习看作其次。我不是不想同意你们来京城，只是由于九弟来去得太急，不好写信告诉父母亲。不仅九弟行为矛盾，就是我告诉父母也必前后矛盾，再就是眼下确实难筹办路费。六弟说个人去想法，也是没经过困难的说法。倘若今年我求得一官职，那两位弟弟冬季和朱啸山一块儿来更好。现在就放在其次，若六弟认为不可以，再写信来商议。以上是简单回复六弟的来信。

九弟的信，将家里的详细情况一一告知，不过言语太过简单，话讲得太短。我写信又总是太长，而九弟又太短，以后应以取长补短为好。朱尧阶假如有大事，弟弟们就跟去一个人帮他几天。欧阳牧云收到了我的长信，为何一直不回信？是否嫌我的话太直白呢？扶乩的事完全不能信，九弟必须要立志读书，不可去想这些事情。季弟一切都要听从哥哥们的话。这次送公文的差人走得很紧，顾不得抄日记本了。其他的事就往后再写信告知。

冯树堂听说弟弟将要起身前往省城，便写了一封推荐信，推荐两个朋友给你认识。弟可留心访求。

【点评】

本书信主要目的是答四弟、六弟信。四弟对兄长有所不满，曾氏以"孝"、"悌"解释，希望兄弟之间能和谐相处，并指出若见异思迁，"欲求长进难矣"，即不要"汲汲于进学"而缺乏恒心，这是做学问求成功的大忌；在答六弟书中，曾氏将读经史专集，讲义理之学看作有志者必备的条件，将读四书文、读试帖、律赋看作天资低的人所为之事，这为时人做学问指出一条明路，同时曾氏建议诸弟就丁君处求学。曾氏看重师道的做法对后人治学具有启发意义。

道光二十三年二月十九日与父母书

公元 1843 年 3 月 19 日

男国藩跪禀父母亲大人万福金安：

正月十七日，男发第一号家信，内呈堂上信三页，复诸弟信九页，教四弟与厚二从汪觉庵师，六弟、九弟到省从丁秩臣，谅已收到。二月十六日接到家信第一号，系新正初三交彭山屺者，敬悉一切。

去年十二月十一，祖父大人忽患肠风，赖神灵默佑，得以速痊，然游子闻之，尚觉心悸。六弟生女，自是大喜。初八日恭逢寿诞，男不克在家庆祝，心尤依依。

诸弟在家，不听教训，不甚发奋，男观诸弟来信，即已知之。盖诸弟之意，总不愿在家塾读书。自己亥年男在家时，诸弟即有此意，牢不可破。六弟欲从男进京，男因散馆去留未定，故此时未许。庚子年接家眷，即请弟等送，意欲弟等来京读书也。特以祖父母、父母

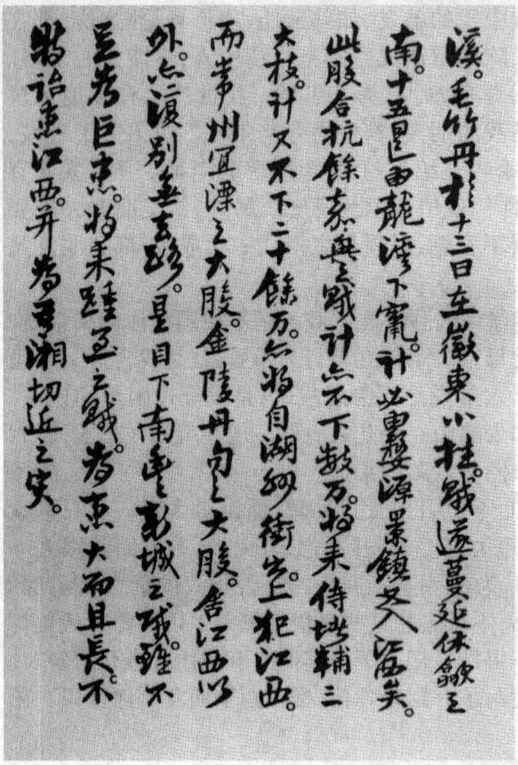
溪。毛竹丹於十三日在徽东小挂。贼遂蔓延休歙之
南。十五日由龙湾下窜。计必由婺源景镇犯入浙矣。
此股合杭余东与之贼计亦不下数万。将来侍逆辅三
大股，计又不下二十余万。亦将自湖州衔尾犯江西。
而常州宜溧之大股，金陵丹句之大股。舍江西以
外，亦须别求去路。是目下南赣彭城之贼，虽不
足为巨患。将来赶逐之贼，为患大而且长。不
能诿江西，并为吾湘切近之实。

曾国藩手札

在上，男不敢专擅，故但写诸弟而不指定何人。迨九弟来京，其意颇遂，而四弟六弟之意尚未遂也。年年株守家园，时有耽搁，大人又不能常在家教之，近地又无良友，考试又不利，兼此数者，怫郁难申，故四弟六弟不免怨男。

其可以怨男者有故：丁酉在家教弟，威克厥爱，可怨一矣；己亥在家，未尝教弟一字，可怨二矣；临进不肯带六弟，可怨三矣；不为弟另择外傅，仅延丹阁叔教之，拂厥本意，可怨四矣；明知两弟不愿家居，而屡次信回，劝弟寂守家塾，可怨五矣。惟男有可急者五端，故四弟六弟难免内怀隐衷，前次含意不申，故从不写信与男，去腊来信甚长，则尽情吐露矣。

男接信时，又喜又惧。喜者，喜弟志气勃勃不可遏也；惧者，惧男再拂弟意，将伤和气矣。

兄弟和，虽穷氓小户必兴；兄弟不和，虽世家宦族必败。男深知此理，故禀堂上各位大人俯从男等兄弟之请，男之意实以和睦兄弟为第一。九弟前年欲归，男百般苦留，至去年则不复强留，亦恐拂弟意。也。临别时，彼此恋恋，情深似海。故男自九弟去后，思之尤切，信之尤深。谓九弟纵不为科目中人，亦当为孝弟中人。兄弟人人如此，可以终身互相依倚，则虽不得禄位，亦何伤哉。

恐堂上大人接到男正月信，必且惊而怪之，谓两弟到衡阳，两弟到省，何其不知艰苦，擅自专命。殊不知男为兄弟和好起见，故复缕陈一切，并恐大人未见四弟六弟来信，故封还附呈，总愿堂上六位大人俯从男等三人之请而已。

伏读手谕，谓男教弟宜明言责之，不宜琐琐告以阅历工夫。男自忆连年教弟之信不下数万字，或明责，或婉劝，或博称，或约指，知无不言，总之，尽心竭力而已。

男妇孙男女身体皆平安，伏乞放心。男谨禀。

【译文】

男国藩跪禀父母亲大人万福金安：

正月十七日，儿寄回第一封家信，里面有给父母的信三页，回复各位弟弟的信九页，让四弟与厚二跟从觉庵老师，六弟、九弟去省城跟从丁秩臣老师，我想必定已收到了。二月十六日收到第一封家信，便是新年正月初三交到彭山屺那里的那封，敬告家中的一切。

去年十月二十一，祖父大人突然患伤风，全仗神仙暗中保佑，才能够马上就康复了，可远在他乡的孙儿我听了，还是觉得恐惧。六弟有了一个女儿，自然是大喜事。初八日恰好寿筵，我不能在家中庆贺，心中很是怅然无措。

各位弟弟在家不听管教，不很刻苦努力，我看几位弟弟的来信，便已经知道了。各位兄弟的意见是，不想在私塾读书。自己亥年我在家时，各位弟弟便有这个想法。这个想法

可以说是非常坚决。六弟想跟随我来京城，我由于散馆去留尚未定下来，因此当时没同意，庚子年接家眷，又让弟等送，也是要让弟弟们来京城学习。只是有祖父母、父母在，我不能擅自拿主意，因此只写是各位兄弟，不具体指明是谁。待到九弟来京城，了结了这个心愿，而四弟、六弟尚未达到他们的心愿。年年静守在家里，耽搁时间，父母又不能常在家中教他们，周围又没有好的老师，考试又不顺利，因为这种种事情，心中郁闷难受。因此四弟、六弟免不了抱怨我。

这也是事由缘由吧？丁酉年于家教弟弟，大多严厉而缺乏慈爱，这是其中原因之一；己亥年在家未有教弟弟练习一个字，这是原因之二；而刚进京城而不愿带六弟，这可能原因之三；未有给弟弟于外面另请好的老师，只请丹阁叔教他们，丝毫没依从他们的心愿，这可能原因之四；明知道两位弟弟不愿在家住，而几次去信，都告弟弟静守私塾，这是可能原因之五。可见我有五项可被埋怨的原因，因此四弟、六弟心里不免有些不满。以前闷着不说，仅是从来不与我来信。去年十二月写了一封很长的信来，把不满情绪都尽情地讲出来了。

我收到各位弟弟的来信，又高兴又害怕，高兴的是弟弟志气蓬勃不可阻挡，害怕的是倘若我再不同意弟弟的请求，将会伤了和气。兄弟和谐，虽然穷苦平常百姓也一定会兴旺强盛；兄弟不和睦，即便是世家大族也一定会败落。我深深明白这个道理，因此敬告堂上各位老人依从我等兄弟的请求。我的意愿也确实是以兄弟和睦为第一。

九弟前年想回老家，我尽力强留，直到去年才不再勉强，也是怕违反了兄弟的意见。快要离别时，却相互难以分别，情深义重。我自九弟离开后，非常思念，越是思念，越是觉得九弟即使不得科举功名，也应是孝顺父母关爱兄弟的人。兄弟间人人都这样，可以终生相互依赖，那便是做不了官，又有何值得悲伤的呢？

我害怕堂上老人收到我正月间写的信会非常吃惊，说两弟去衡阳，或去省城，如何这样不知艰辛，随意决定，却不知我这是为兄弟和好才这样办，因此又详细陈述一切；又害怕父母没读过四弟、六弟来信，因此封好了寄回来。总之，还恳求堂上六位老人依从我等三人的要求才好。

捧读大人手谕，说我教导弟弟应该直言责备，不应该唠叨说些经历工夫。我自己这些年教育弟弟的信已不下数万字，有时直言指责，有时婉言相告，有时长篇赘述，有时简略说明，知道的无不说出，总之一句话，尽自己的力量与心意吧。

我妻与孩子的身体都平安，请老人放心。男谨禀。

【点评】

读此书，我们可以看出曾氏对兄弟情谊的重视。本书前半部分分析了四弟、六弟可能产生的怨意，未能来京而意不遂，对此，曾氏持理解态度，并带有自责，这充分显示了做大哥的大度与责任感；后半部分曾氏考之父意，“以和睦兄弟为第一”，并告之父亲自己会“竭尽全力”帮助兄弟，从而使父亲放心。对父亲的尊重与孝敬，对兄弟的关怀与帮助，让人钦佩。“家和万事兴”，古时如此，现在亦如此。

道光二十三年三月十九日与诸弟书

公元 1843 年 4 月 18 日

诸位老弟足下：

正月间曾寄一信与诸弟，想已收到。二月发家信时甚匆忙，故无信与弟。三月初六巳

清代官帽上的顶珠

刻，奉上谕于初十大考翰詹。余心甚着急，缘写作俱生，恐不能完卷。不图十三日早见等第单，余名次二等第一，遂得仰荷天恩，赏擢不次，以翰林院侍讲升用。格外之恩，非常之荣，将来何以报称。惟有时时惶悚，思有补于万一而已。

兹因金竺虔南旋之便，付回五品补服四付、水晶顶二座、阿胶二封、鹿胶二封、母亲耳环一双。竺虔到省时，老弟照单查收。阿胶系毛寄云所赠，最为难得之物，家中须慎重用之。竺虔曾借余银四十两，言定到省即还。其银以廿二两为六弟九弟读书省城之资，以四两为买书笔之资，以六两为四弟、季弟衡阳从师束脩之资，以四两为买漆之费，即每岁漆一次之谓也，以四两为欧阳太岳母奠金。贤弟接到银后，各项照数分用可也。

此次竺虔到家，大约在五月节后，故一切不详写。待折差来时，另写一详明信付回，大约四月半可到。贤弟在省，如有欠用之物，可写信到京，要我付回。另付回大考名次及升降一单照收。余不具述。

【译文】

诸位老弟足下：

正月里已经寄一信给各位兄弟，料定已经收到。二月寄家信时很急忙，因此没写信给诸弟。

三月初六巳刻，接圣旨于初十日大考翰林詹事，我心里十分着急，由于写作都快忘了，害怕不能做好试卷。未有想到十三日早上，看到揭榜的名次单，我的名次属于第二等第一名，这样便依赖皇上的恩典，又是馈赠又是迁升，成为翰林院侍讲。这种特别的恩惠，非常的荣幸，将来又怎样报答？唯有时时保持惶恐惊惧，来报答万分之一罢了。

目前有金竺虔回湖南的机会，带去四套五品补服，两只水晶顶，两个阿胶，两个鹿胶，送母亲的一对耳环，竺虔到省城后，老弟照单查收，阿胶是毛寄云送给的，是十分难得的东西，家里要谨慎使用。

竺虔以前借我银子四十两，约定到省便归还。这四十两的花项，二十二两是六弟与九弟于省城读书的学费，四两是买书买笔的花销，六两是四弟季弟去衡阳拜师的礼金，四两是买漆的花销（就是每年漆一次寿材的费用），四两是赠给欧阳太岳母的祭奠礼金。老弟收到银子后，可按上面说的分配数照付。

这回竺虔到家，大概在五月节后，因此一切不详细写了，待通信兵来时，再写一封详细的信带回，大概四月半可以到。老弟在省城，如有啥缺乏，可以写信来。

额外附大考名次及升降名单，其余不一一写了。

【点评】

信中讲到曾氏喜中翰林院侍讲，得到皇上的恩赐，好比教授提升院士，归总为名位的升迁，这是皇家几年例行对文职官员的考核制度。

另外让同乡带回的四十两银，分清用途考虑如此之清楚，可见曾氏是特别细致的，于平常生活中，对于每一件事都力求处理得恰如其分，这是一个度的问题，于今天的人们也有借鉴意义。

道光二十三年三月廿三日与祖父书

公元1843年4月22日

孙男国藩跪禀祖父母大人万福金安：

二月十九日，孙发第二号家信。三月十九日发第三号，交金竺虔，想必五月中始可到省。孙以下阖家皆平安。

三月初六日奉上谕，于初十日大考翰詹，在圆明园正大光明殿考试。孙初闻之，心甚惊恐，盖久不作赋，字亦生疏。向来大考，大约六年一次。此次自己亥岁二月大考，到今仅满四年，万不料有此一举，故同人闻命下之时，无不惶悚。孙与陈岱云等在园同寓。初十日卯刻进场，酉正出场，题目另纸敬录，诗赋亦另誊出。通共翰詹一百二十七人，告病不入场者三人（邵灿，己亥湖南主考；锡麟；江泰来，安徽人），病愈仍须补考。在殿上搜出夹带，经交刑部治罪者一人，名如山（戊戌同年）。其余皆整齐完场。

道光皇帝像

十一日，皇上亲阅卷一日，十二日钦派阅卷大臣七人，阅毕，拟定名次进呈。皇上钦定一等五名，二等五十五名，三等五十六名，四等七名。孙蒙皇上天恩，拔取二等第一名。湖南六翰林，二等四人，三等二人，另有全单。十四日引见，共升官者十一人，记名候升者五人，赏缎者十九人（升官者不赏缎）。孙蒙皇上格外天恩，升授翰林院侍讲，十七日谢恩。现在尚未补缺，有缺出即应孙补。其他升降赏赉，另有全单。

湖南以大考升官者，从前（雍正二年）惟陈文肃公（名大受，乾隆朝宰相）一等第一，以编修升侍读，近来（道光十三年）胡云阁先生二等第四，以学士升少詹，并孙三人而已。孙名次不如陈文肃之高，而升官与之同，此皇上破格之恩也。孙学问肤浅，见识庸鄙，受君父之厚恩，蒙祖宗之德荫，将来何以为报？

惟当竭力尽忠而已。

金竺虔于昨廿一日回省，孙托带五品补服四付，水晶顶戴二座，阿胶一斤半，鹿胶一斤，耳环一双。外竺虔借银五十两，即以付回。昨在竺虔处寄第三号信，信面信里皆写银四十两，发信后，渠又借去十两，故前后二信不符。竺虔于五月半可到省，若六弟九弟在省，则可面交；若无人在省，则家中专人去取，或渚弟有高兴到省者亦妙。

今年考差，大约在五月中旬，孙拟于四月半下园用功。孙妇现已有喜，约七月可分娩。曾孙兄妹并如常。寓中今年添用一老妈，用度较去年略多。

此次升官，约多用银百两。东扯西借，尚不窘迫。不知有邯郸报来家否？若其已来，开销不可太多。孙十四引见，渠若于甘八以前报到，是真邯郸报，赏银四五十两可也。若至四月始报，是省城伪报，赏数两足矣。

家中景况，不审何如。伏恳示悉为幸。孙跪禀。

【译文】

孙男国藩跪禀祖父母大人万福金安：

二月十九日，我寄回第二封家信。三月十九日又写第三封家信，一并交给金竺虔，估计他五月中旬就可到省城。我这全家都好。

三月初六日，接到谕旨初十日大考翰林詹事，在圆明园正大光明殿考试。我刚开始听了，心里没底感惶恐，因好长时间不作赋了，字也生疏。通常大考，大概六年一次，这次自从己亥年二月大考至今天，刚满四年，实在没有想到有这个措施，因此我们这伙人听到谕旨下的时候，没有不觉得惶恐惊惧的。我与陈岱云于园里住在一起。初十卯刻进入考场，酉正时离开考场，考试题目另外抄录在一张纸上，我所作的诗赋也另外出名。翰林院詹事总共是一百二十七人，称病不去考场的三人（邵灿，己亥年湖南主考；锡麟、江泰来，安徽人）。病好以后仍需要补考。在殿上搜出携带书籍，移交刑部问罪的一人，这人名叫如山（戊戌同年）。其余的人都整齐考完。

十一日皇上亲自盘卷。二月十二日，钦派阅卷大臣七人，过后，拟排名次，送呈皇上钦定。一等五名，二等五十五名，三等五十六人，四等七名。我蒙受皇上天恩，选取二等第一名，湖南六个翰林，二等四人，三等二人，另有全部名单。十四日召见，共迁升的十一人，记名迁升的五人，赏缎的十九人，升官的不赏缎。我蒙受皇上特别天恩，提升翰林院侍讲。十七日拜见皇上。现在还未有补缺，有官缺时便立即是我去补。其他升迁恩赐，额外写有全部名单。

湖南籍人因大考升官的人，以前（雍正二年）唯有陈文肃公（名大受，乾隆朝宰相）考取一等第一名，由偏修升为侍读，近来（道光十三年）有胡云阁先生中得二等第四名，由学士升为少詹，再就是我了。我考的名次比不上陈文肃那样高，可是升的官与他相同。这是皇上特别赐予的恩典。我学问浅陋，见识肤浅，蒙受皇上大恩，蒙受祖宗荫德，将来如何报答？唯有尽心尽力，忠心报国罢了。

金竺虔于昨天二十一日回湖南，我托付他带回五品补服四套，水晶顶戴两只，阿胶一斤半，鹿胶一斤，耳环一副。另外竺虔借我五十两银子，也预备归还。昨天去竺虔那里送第三封家信，信皮里内都是写的四十两，写完信后他又借了十两，因此前后两封信不相符合，竺虔于五月中旬可到省城，倘若六弟、九弟在省城，便可以当面交给他们，如果没有人在，那么家中就专门派人去拿，或是各位兄弟有哪个愿意到省城跑一趟也可以。

今年考核官员大约在五月中旬，我计划四月中旬到园中去用功学习。我媳妇目前已有身孕，大约七月可分娩，曾孙兄妹如以前一样健壮。京寓中今年又雇了一位老妈子，花费比去年略多。这次迁升，祝贺酒宴等约多花费一百两银子，东搬西凑，还不是觉得很拮据。不知有无邯郸喜报到家了么？如喜报已到，花费不能太多，我认为，喜报如于二十八日以前送到，是真的邯郸报，可以赏给报子银子四五十两。如果是四月份才送到喜报，那么便是省城人假报，赏几两银子便可以了。

但家里景况不知怎样，还请求祖父大人告知我才好。孙跪禀。

【点评】

曾氏科考中第，内心喜悦难以抑止，便作此书，向祖父母传递欣喜之情。他向祖父母详细描述了科考时的情形，从初十日到十七日，事无巨细。曾氏这样具体，是因为暗含得意，他“拔取二等第一名”，并授翰林院侍讲，还是“破格之恩”，这对几百年来仕途无发展的曾氏家族来说，无疑是很大的骄傲，因而曾氏不惜笔墨向祖父母汇报此事，以使二老开心，并以此感恩二老。科考可以光耀门楣，可光宗耀祖，从曾氏的这封家书中我们可以再次体会到。

道光二十三年四月二十日与父母书

公元1843年5月19日

男国藩跪禀父母亲大人万福金安：

三月廿日，男发第三号信，廿四日发第四号信，谅已收到。托金竺虔带回之物，谅已照信收到。男及男妇、孙男女皆平安如常。男因身子不甚壮健，恐今年得差劳苦，故现服补药，预为调养，已作丸药二单。考差尚无信，大约在五月初旬。

四月初四，御史陈公上折直谏，此近日所仅见，朝臣仰之如景星庆云。兹将折稿付回。三月底盘查国库，不对数银九百二十五万两，历任库官及查库御史皆革职分赔，查库王大臣亦摊赔，此从来未有之臣案也。湖南查库御史有石承藻、刘梦兰二人，查库大臣有周系英、刘权之、何凌汉三人，已故者令子孙分赔，何家须赔银三千两。

同乡唐诗甫（李杜）选陕西靖边县，于四月廿一出京。王翰城选山西冀宁州知州，于五月底可出京。余俱如故。

男二月接信后，至今望信甚切。男谨禀。

【译文】

男国藩跪禀父母亲大人万福金安：

三月二十日，儿寄出第三号信，二十四日寄出第四号信，料定已经收到。让金竺虔带回的物品，估计也已经照信上说的接到，我及我妻孩子都如往常一

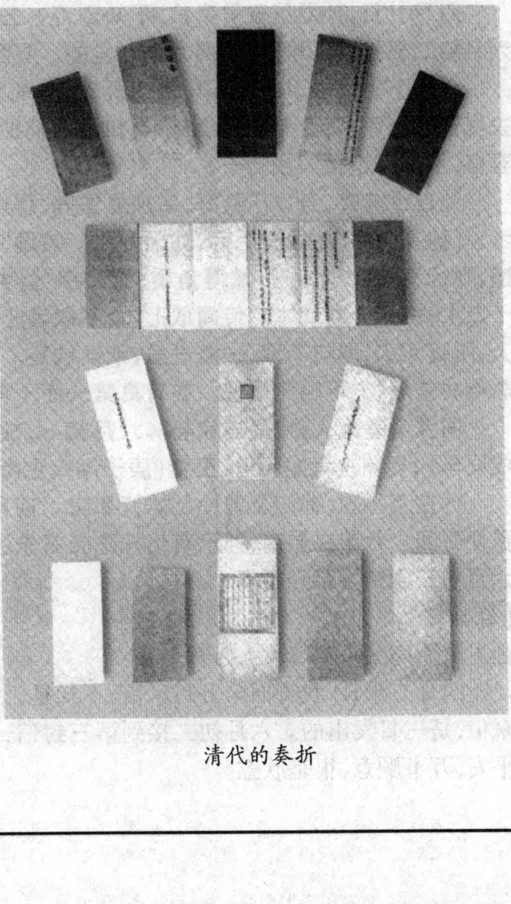

清代的奏折

样都好。我因身体不很强壮,想必今年官差辛苦,因此目前在吃补药,准备把身体调养好,已经做好丸药两单。考差的事尚没有信息,大概是在五月上旬。

四月初四日御史陈公呈了一个奏本,直接坦率地指责朝政,这是近来少有的事,朝廷的官员们敬佩他,犹如天上的星星与白云,现把他们的奏折稿寄回。三月底清查国库,有九百二十五万两银子不对账目,原任管库官员,清查库御史都撤了职,还要分别赔款,查库大臣也摊了一份赔款,这是从未有过的大案。湖南有查库御史石承藻、刘梦兰两人,查库大臣是周系英、刘权之、何凌汉三人,已经死去的,让子孙公摊退赔,何家必须赔银三千两。

同乡唐诗甫(李杜)授为陕西靖边县知县,于五月二十一日起程,王翰城授任山西冀宁州知府,将于五月底起程,其他的都如同从前。

我二月接家中来信后,一直十分盼望家中的信。男谨禀。

【点评】

曾氏信中提到国库亏损九百二十五万两,这是何等令人吃惊的数字,可又会是什么样的人敢动用国库的银两?无非是那些王公大臣,皇亲国戚。素平百姓万难与这事沾上边,可见当时的封建腐败制度,即如此,国将不国。

道光二十三年六月初六日与祖父书

公元 1843 年 7 月 3 日

孙男国藩跪禀祖父母大人万福金安:

四月廿日,孙发第五号家信,不知到否?五月廿九接到家中第二号信,系三月初一发。六月初二日接第三号信,系四月十八发的。具悉家中老幼平安,百事顺遂,所幸之至。

六弟下省读书,从其所愿,情意既畅,志气必奋,将来必大有成,可为叔父预贺。祖父去岁曾赐孙手书,今年又已半年,不知目力何如?下次信来,仍求亲笔书数语示孙。大考喜信,不知开销报人钱若干?

孙自今年来,身体不甚好,幸加意保养,得以无恙。大考以后,全未用功。五月初六日考差,孙妥帖完卷,虽无毛病,亦无好处。首题“使诸大夫国人皆有所矜式”,经题“天下有道,则行有枝叶”,诗题“赋得角黍,得经字”。共二百四十一人进场。初八日派阅卷大臣十二人,每人分卷廿本。传闻取七本,不取者十三本。弥封未拆,故阅卷者亦不知所取何人,所黜何人,取与不取,一概进呈,恭候钦定。外间谣言某人第一,某人未取,俱不足凭,总待放差后,方可略测端倪。亦有真第一而不得,有真未取而得差者,静以听之而已。

同乡考差九人,皆妥当完卷。六月初一,放云南主考龚宝莲(辛丑榜眼),段大章(戊戌同年),贵州主考龙元僖、王桂(庚子湖南主考)。

孙在京平安,孙妇及曾孙兄妹皆如常。前所付银,谅已到家。高丽参目前难寄,容当觅便寄回。六弟在城南,孙已有信托陈尧农先生。同乡官皆如旧。黄正斋坐粮船来,已于六月初三到京。余容后禀。

【译文】

孙男国藩跪禀祖父母大人万福金安:

四月二十日,我寄回第五封家信,不知是否已经收到?五月二十九日接到家中第二封来信,是三日发出的。六月初二接到第三封信,是四月十八发出的。知道家中一切,老小平安,万事顺意,很是欣慰。

六弟去省城学习，随从了他的意见，心情既然痛快了，志向必定奋发，将来必会大有成就的，可为叔父早先祝贺。祖父去年曾经亲笔给我写信，到现在已有半年，不知视力好了没有？下次写信来，还望祖父亲自写上几句给我。大考喜报，不知家里给报喜的人多少钱？

我自今年以来身体不太健康，幸亏知道保养，才未有患病。大考以后丝毫没用功。五月初六考试，我顺当答完考试，虽然没有问题，但也没好处。前提"使各位大夫国人都有所矜式"，经题"天下有道，则行有枝叶"，诗题"赋得角黍，得经字"。共二百四十一人进入考场。初八日派阅卷大臣十二人盘阅考卷，每人分得二十本，传言选七本，没选的十三本。密封未拆开，因此批阅考卷的人也不知道选中的是哪个，没选中的是哪个。不论取和不取所有的考卷一起送给皇上，等待钦定。外面谣言某人第一，某人没选中，都未有凭据。总得待到其中一些人被授命官差以后，才能摸清几分。也有确实考第一而得不到官差的，也有实际没选中而反而得了官差的，唯有静心听之罢了。

老乡考差九人，都顺利答完试卷。六月初一，授命龚宝莲（辛丑年榜眼）、段大章（戊戌同年）为云南主考，龙元僖、王桂（庚子年湖南主考）为贵州主考。

我在京城挺好，我妻与孩子们都好。前段时间我让人带回去的银两，估计已到家，高丽参目前很难寄回去。待我再找顺当的时候带回去。六弟在城南，我已有信拜托陈尧农先生带去。同乡各位官员都和以前一样。黄正斋坐运粮的船来，已在六月初三来京城，余容后禀。

【点评】

曾氏信中提到"亦有真第一而不得，有真未取而得差者"，由此可见旧时的社会科考制度腐败程度，有钱的人，卖官，捐官，向主考官员行贿的人大有人在；而真正有才能的，却受到排挤，得不到重用，一个国家的兴衰，人才是关键，这样腐朽的用人制度，又怎能使国家强盛呢？

道光二十三年六月初六日与温弟书

公元 1843 年 7 月 3 日

温甫六弟左右：

五月廿九、六月初一连接弟三月初一、四月廿五、五月初一三次所发之信，并四书文二首，笔仗实实可爱。

信中有云，"于兄弟则直达其隐，父子祖孙间不得不曲致其情"，此数语有大道理。余之行事，每自以为至诚可质天地，何妨直情径行。昨接四弟信，始知家人天亲之地，亦有事须委曲以行之者。吾过矣！吾过矣！

香海为人最好，吾虽未与久居，而相知颇深，尔以兄事之可也。丁秩臣、王衡臣两君，吾皆未见，大约可为尔之师。或师之，或友之，在弟自为审择。若果威仪可则，淳实宏通，师之可也；若仅博雅能文，友之可也。或师或友，皆宜常存敬畏之心，不宜视为等夷，渐至慢亵，则不复能受其益矣。

尔三月之信，所定功课太多，多则必不能专，万万不可。后信言已向陈季牧借《史记》，此不可不熟看之书。尔既看《史记》，则断不可看他书。功课无一定呆法，但须专耳。余从前教诸弟，常限以功课，近来觉限人以课程，往往强人以所难，苟其不愿，虽日日遵照

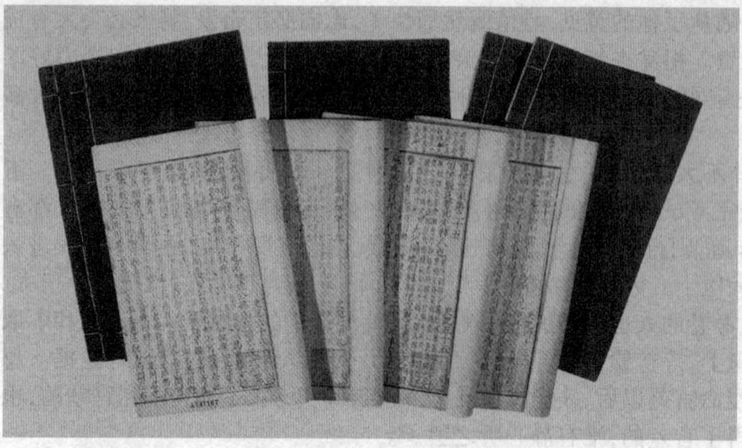

《史记》是曾国藩所喜爱的典籍，图为《史记》书影

限程，亦复无益。故近来教弟，但有一“专”字耳。专字之外，又有数语教弟，兹特将冷金笺写出，弟可贴之座右，时时省览，并抄一付寄家中三弟。

香海言时文须学《东莱博议》，甚是。尔先须过笔圈点一遍，然后自选几篇读熟。即不读亦可，无论何书，总须从首至尾，通看一遍，不然，乱翻几页，摘抄几篇，而此书之大局精处茫然不知也。

学诗从《中州集》入亦好。然吾意读总集不如读专集。此事人人意见各殊，嗜好不同。吾之嗜好，于五古则喜读《文选》，于七古则喜读昌黎集，于五律则喜读杜集，七律亦最喜杜诗，而苦不能步趋，故兼读元遗山集。吾作诗最短于七律，他体皆有心得。惜京都无人可与畅语者。尔要学诗，先须看一家集，不要东翻西阅，先须学一体，不可各体同学，盖明一体则皆明也。凌笛舟最善为律诗，若在省，尔盯就之求教。

习字临《千字文》亦可，但须有恒。每日临帖一百字，万万无间断，则数年必成书家矣。陈季牧最喜谈字，且深思善悟。吾见其寄岱云信，实能知写字之法，可爱可畏。尔可从之切磋，此等好学之友，愈多愈好。

来信要我寄诗回南，余今年身体不甚壮健，不能用心，故作诗绝少，仅作感春诗七古五章，慷慨悲歌，自渭不让陈卧子，而语太激烈，不敢示人。余则仅作应酬诗数首，了无可观。顷作寄贤弟诗二首，弟观之以为何如？

京笔现在无便可寄，总在秋间寄回。若无笔写，暂向陈季牧借一支，后日还他可也。

兄国藩手草。

【译文】

温甫六弟左右：

五月二十九日、六月一日连续收到六弟三月一日、四月二十五日、五月一日三次寄来的信，及二首回书文，文笔对仗十分可爱。

信中谈道：“于兄弟则直达其隐，父子祖孙间不得不曲致其情。”这两句话蕴蓄了很大的道理。我做事，常常自认为只要诚心诚意，可对证天地，有话直说没有啥影响。昨天收到四弟的信，才明白一家人虽是骨肉之亲，有时也需要委婉行事，我有错误啊。

香海为人很好，我虽没和他一起长期居住，但彼此了解很深，你可把他作为兄长看待，丁秩臣、王衡臣两人，我都没见过，大约是可以当你的老师的。或作为老师，或作为朋友，由你们自己谨慎决定。倘若真是仪容威严，知识渊博，涵养较深，可把他作为老师；倘若仅仅是博雅喜文，交个朋友便可以了。无论是当作老师还是朋友，都应时常具备敬畏之心，尊敬人家,不能看作和自己差不多,逐渐轻视人家,那将不会得到别人的帮助的。

你三月份来信中规定的课程太多,多了就不能专心,千万不可以。后一封信中说已向陈秀牧借了《史记》,这是不能不熟读的书。你既看《史记》,就决不能看其他书。温习学业也没有固守的法则,但一定专一。我以前教各位弟弟,常限制功课。近来感觉限制别人学啥课程,常常是强人所难,倘若违背别人的意见,即使每天遵守规定的课程学,也没有啥好处。因此近来教弟弟的只有一个"专"字。专字之外,也有几句话讲给弟弟,特别用冷金笺写出,弟弟可以贴在座右,时刻看,时刻反省,并另写一副寄给家里三个弟弟。

曾国藩推崇诗圣杜甫的五律、七律,这两种诗体他只学杜甫的风格。图为杜甫像,出自明·天然撰《历代古人像赞》

香海说学时文必学《东莱博议》,很有道理。你先一定用笔从首到尾圈点一遍,然后自选几篇读熟。即便不读也行,不论啥样的书,总是一定从头至尾通看一遍。不然,胡乱翻几篇,摘写几篇,而这本书的大体内容,以及好在哪里都一无所知。

读诗从《中州集》入手也好。不过我想看总集,不如看专集。这件事每人见解不统一,兴趣爱好不同。我的志趣,于五言古诗方面就喜爱读《文选》,于七言古诗方面就喜爱读韩昌黎集,于五言律诗方面就喜爱读杜甫的,七言律诗方面也最喜爱杜甫的诗。但难于不能效仿,因此也看元遗山集。我做诗七律最差,其他形式的诗都有体会,可叹京城中没有人可与交谈。你要学诗,先必须看一家的诗集,不要东瞅西看。先必须学一种体裁,不能同时学每种体裁。因为懂得了一种体裁,别的体裁也便都明白了。凌笛舟最擅长作律诗,他若在省城,你可以前去请教拜访。

练习字临《千字文》也行,但一定要有恒心。每天临帖一百个字,千万不能停顿,就几年之后定成书法家。陈秀牧最喜爱谈论书法,且思考较深,悟性好。我见他发给岱云的信,真正是懂得书法的,可敬可畏。你可以与他探讨。这样爱学的朋友,越多越好。

你来信要我发诗回去。我今年身体不太好,不可过多费心,因此作诗极少,仅作感春诗七古五章,浩慨悲吟,自认为不在陈卧子之下,但语词太激扬,不敢给人读。其他的也仅作了应付诗几首,没啥可看的。过两天我写二首诗发给贤弟,你认为怎样?京笔目前无法带去,待到秋天寄回。若现在没有笔用,暂且向陈季牧借一支,往后还他便行了。

兄国藩手草。

【点评】

曾氏每每面对兄弟,总是怀有拳拳之心。该书向温弟讲解治学与临摹书法之道,切中肯綮。曾氏主张不论看史书,还是读诗集,都要专,只有读得专才能读得精,而读得精才能形成自家的独学,这对我们今天做学问仍有极强的借鉴意义。现在的书目浩如烟海,选择性地读书就变得极为重要,毕竟人的精力有限,不可能阅读那么多。在有选择的基础上,还要讲究精读,这样才能有所收获。在书法上,曾氏强调持之以恒,有了积累才能有质的飞跃,并且书画可以使人收敛浮躁,延年益寿,这不也是我们求成功、求长生所要懂得的么?

道光二十三年六月初六日与诸弟书

公元 1843 年 7 月 3 日

澄侯、叔淳、季洪三弟左右:

五月底连接三月一日、四月十八两次所发家信。

四弟之信具见真性情,有困心横虑、郁积思通之象。此事断不可求速效,求速效必助长,非徒无益,而又害之。只要日积月累,如愚公之移山,终久必有豁然贯通之候,愈欲速则愈锢蔽矣。

来书往往词不达意,我能深谅其苦。今人都将学字看错了,若细读"贤贤易色"一章,则绝大学问即在家庭日用之间。于"孝弟"两字上,尽一分便是一分学,尽十分便是十分学。今人读书皆为科名起见,于孝弟伦纪之大,反似与书不相关。殊不知书上所载的,作文时所代圣贤说的,无非要明白这个道理。若果事事做得,即笔下说不出何妨?若事事不能做,并有污于伦纪之大,即文章说得好,亦只算个名教中之罪人。贤弟性情真挚,而短于诗文,何不日日在"孝弟"两字上用功?《曲礼》《内则》所说的,句句依他做出,务使祖父母、父母、叔父母无一时不安乐,无一时不顺适,下而兄弟妻子,皆蔼然有恩,秩然有序,此真大学问也。若诗文不好,此小事不足计,即好极,亦不值一钱。不知贤弟肯听此语否?

科名之所以可贵者,谓其足以承堂上之欢也,谓禄仕可以养亲也。今吾已得之矣,即使诸弟不得,亦可以承欢,可以养亲,何必兄弟尽得哉?贤弟若细思此理,但于孝弟上用功,不于诗文上用功,则诗文不期进而自进矣。

凡作字总须得势,务使一笔可以走千里。三弟之字,笔笔无势,是以局促不能远纵。去年曾与九弟说及,想近来已忘之矣。九弟欲看余白折。余所写折子甚少,故不付。大铜尺已经寻得。付笔回南,目前实无妙便,俟秋间定当付还。

去年所寄牧云信未寄去,但其信,前半劝牧云用功,后半劝凌云莫看地,实有道理。九弟可将其信抄一遍,仍交与他,但将纺棉花一段删去可也。地仙为人主葬,害人一家,丧良心不少,未有不家败人亡者,不可不力阻凌云也。至于纺棉花之说,如直隶之三河县、灵寿县,无论贫富男女,人人纺布为生,如我境之耕田为生也。江南之妇人耕田,犹三河之男人纺布。湖南如浏阳之夏布,祁阳之葛布,宜昌之棉布,皆无论贫富男妇,人人依以为业,此并不足为骇异也。第风俗难以遽变,必至骇人听闻,不如删去一段为妙。书不尽言。

兄国藩手草。

【译文】

澄侯、叔淳、季洪三弟左右:

五月底接连接到三月一日、四月十八日家中寄来的两封家信。

四弟的信,真心实意溢于字里行间,大约是苦闷忧郁之心过重,想马上有一个明朗的前途吧。只是这样的事绝不能以求速成,求速成必如拔苗助长,有百害而无一益。只要时时积累,好比愚公移山,终能会有豁然明朗的时候,急于求成就会永远没有出头之日。

关于你的来信中有多处讲不明白,我深深体谅你的难处。目前的人都把"学"字看错

清·孝经图之一

了。倘若细读《贤贤易色》一文,就绝大部分知识就在家庭日常生活之中了。于“孝弟”两字上尽力一分就是一分知识,尽力十分就是十分知识。目前的人学习都是为了科举功名,对于孝弟伦纪这些大道理,反而好似和书不相关。却不知书上所记载的,作文章时替圣贤说的,不过是要讲明这个道理。倘若事事做得好,即便笔下说不出又有何妨碍!倘若事事不能做,并且有负于伦理纲纪这些大道理,即便文章写得再好,也只可算是个名教中的罪人。贤弟性情真诚,诗文并没进步,何不每日在“孝悌”两字上用功?《礼记》中《曲礼》、《内则》章所讲的,句句照做,必定使祖父母、父母、叔父母无一时不高兴,无一时不舒心;对下便兄弟妻儿都睦然有情,秩序不紊,这乃是大学问。如诗文不好的小事,不足以挂心;即便写得再好,也不值一文,不知贤弟肯听我讲的话吗?

科举功名之所以宝贵,是由于得到后能够使长辈高兴,可以供养双亲。目前我已得了功名,即便各位兄弟得不到功名,也可以让长辈知足,可以供养双亲,为何大家都要取得功名呢?贤弟倘若仔细想一下这个问题,就会在孝悌上用功,不必在诗文上多费时间,那么在诗文方面的进步自然会出乎意料的。

每每练字之时,一定有笔势,必须做到一笔下去可走千里。三弟的字,笔锋无势,是由于太拘泥不能放开的原因。去年曾与九弟讲到这个问题,估计近日已忘记了。

九弟想读我写的奏折。我因写的折子很少,就不发了。大铜尺已找到。寄笔回去,现在实在未有便利的机会,待秋天必定寄回去。

去年写给牧云的信未有发出,信中的前半内容是对牧云进行劝导,后半内容劝凌云别看地仙,这是有道理在里面的。九弟可把此信重写一遍,仍交给他,不过要把纺棉花一段去掉。地仙为人处理丧葬之事,损害人一家,亏良心不少,导致家破人亡的便不在少数,因此不能不尽力劝阻凌云。关于纺棉花一事,如直隶的三河县、灵寿县,不管男女老少,富贵贫穷,人人依仗纺布为生,好像我们家乡人人以种地为生一样。江南妇人种田,好比三河男人纺布一样,湖南如浏阳的夏布、祁阳的葛布、宜昌的棉布,也都是无论贫富男女,人人以此为职业,不值得为之吃惊。各地的风俗很难一时就会改变,必定有的是奇谈妙闻,不如删去这一段为好。书不能尽言,容后再续。

兄国藩手草。

【点评】

曾氏以“速熟恒思”四字鼓励诸弟,希望他们能建一家之学,于学习中有所悟得,从而建立功名。本书信一开篇便强调了“恒”字,曾氏鼓励诸弟注重量的积累。读书需广而博,并要长期坚持,“学问之道无穷,而总以有恒为主”,这样才能于学习中有所收获。除了“恒”以外,曾氏还建议诸弟注意生活中的点滴。生活中包含了书本中没有的东西,并且生活是一切知识的来源,例如孝弟,只有一个真正懂得伦理的人才能做出真正的学问来,才能做出对他人有益的事情来,这也是我们今天求学问的旨归所在。

道光二十四年正月廿五日与父母书

公元1844年3月13日

男国藩跪禀父母亲大人万福金安:

男在四川,于十一月廿日还京,彼时无折弁回南,至十二月十六始发家信,十二月除夕又发一信,交曾受恬处。受恬名兴仁,善化丙子举人,任江西分宜县知县。十年进京引见,正月初四出都,迂道由长沙回江西。男与心斋各借银一百两与渠作途费。男又托渠带银三百两,系蓝布密缝三包;鹿胶二斤半、阿胶二斤共一包,高丽参半斤一包,荆七银四十两一包,又信一封,交陈宅,托其代为收下,面交六弟九弟,大约二月下旬可到省。受恬所借之银百两,若在省能还更好,若不能还,亦不必急索,俟渠到江西必还,只订定妥交陈宅,毋寄不可靠之人耳。若六月尚未收到,则写信寄京,男作信至江西催取也。

陈岱云之贤配于正月八日仙世。去年岱云病时,曾经割臂疗夫。十二月初二日生一子,小大平安;至除夕得气痛病,正月初三即服人参,初八长逝。岱云哀伤异常,男代为经理一切。廿三日开吊,男赙银十六两。陈宅共收赙仪三百廿余两。

廿二夜,男接家信,得悉一切,欣喜之至。蕙妹移寓竹山湾,自好;但不知作何局面?待聘妹夫恐不谙耕作事,不宜写田作也。祖父大人七旬晋一大庆,不知家中开筵否?男在京仅一席,以去年庆寿故也。祖母大人小恙旋愈,甚喜。以后断不可上楼,不可理家事。叔父大人之病,不知究竟何如,下次求详书示知。

男前次信回,言付银千两至家,以六百为家中完债及零用之费,以四百为馈赠戚族之用。昨由受恬处寄归四百,即分送各戚族可也。其余六百,朱啸山处既兑钱百三十千,即除去一百两,四月间再付五百回家,与同乡公车带回,不同县者亦可,男自有斟酌也。

男自四川归后,身体发胖,精神甚好,夜间不出门。虽未畜车,而每出必以车,无一处徒步。保养之法,大人尽可放心。男妇及孙男女皆平安。陈岱云十二月所生之子,亦雇乳妈,在男宅抚养,其女在郑山家抚养。本家心斋,男待他甚好,渠亦凡事必问男,所作诗赋,男知无不言。冯树堂于正月十六来男寓住,目前渠自用功,男尽心与之讲究一切。会试后即命孙儿上学,每月修金四两。郭筠仙进京,亦在男处住,现尚未到。

四川门生已到四人,二月间即考国子监学正。今年正月初三,下诏举行恩科。明年皇太后万寿,定有覃恩,可请诰封,此男所最为切望者也。去年因科场舞弊,皇上命部议定,以后新举人到京,皆于二月十五复试,倘有文理纰缪者,分别革职停科等罚,甚可惧也。

在京一切,男自知慎。余容续陈。男谨禀。

【译文】

男国藩跪禀父母亲大人万福金安：

我在四川，于十一日二十日返回京城。那时未有信使回湖南，到十二月十六日始寄家信。十二月除夕又寄出一封信，托付曾受恬处转寄。受恬名兴仁，是善化人，丙子年的举人，委任江西分宜县知县十年。入京接受皇上召见，正月四日离开，绕道由长沙回江西。我和心斋各借一百两银子给他做路费。我又让他带银三百两，用蓝布密缝分为三包，鹿胶二斤半、阿胶二斤共一包，高丽参半斤一包，荆七四十两银子一包，有一封信，让他交给陈宅，托付陈家代替收下，再当面交六弟、九弟，大概二月下旬可到省城。受恬所借的一百两银子，倘若在省里能还更好，如不能还上，也不要急于要，待他到江西后必定会归还，只是说好妥当交给陈家，不要交给不牢靠的人。倘若六月份还没收到，那么就写信到京，我写信寄江西催他。

陈岱云的妻子在正月八日去世。去年岱云生病时，她曾割自己身上的肉治疗丈夫的病，十二月二日生了一个儿子，母子都挺好。到了除夕患了气痛病，正月三日服用人参，八日去世了。岱云非常哀痛伤心，我帮他操办一切。二十三日开丧，送上奠礼十六两，陈家共收入奠礼钱三百二十多两。

二十二日晚，我收到家信，具悉一切，非常欣慰！祖父大人七十岁的寿庆，不知家里摆了筵席没有？我在京城只摆了一桌，由于去年已办过七十大寿的，祖母大人的病很快好了，很高兴，往后决不能上楼不要管家务，叔父大人的病，不知究竟如何？下次家里详细告诉。

我上次的家信，说交银子一千两给家里，拿六百两还债与零用，拿四百两送亲戚族人。昨天从受恬处带回四百两，就分送各家亲戚与族人吧。其他六百，朱啸山处已兑换钱有三十千，即花去一百两，四月里再送五百两回家，托付同乡举人带回，不同县的也行，我自有办法。

我从四川回后，身体发福，精力很好，晚上不外出，虽说自己未有专车，但每次出门一定用车，没有一处是跑着，保养的办法，父母尽可放心。我妻及孩子们都好。陈岱云十二月所生的儿子，我带到家里，雇奶妈喂养，陈岱云的女儿于郑山家住。本家心斋，我对他很好，他也凡事请教我。他所写诗赋，我知道无不告诉他，冯树堂于正月十六日来我家里住，现在他自己在刻苦，我会在各方面尽力照顾他。会试后就叫您的孙儿上学，每个月学费四两。郭均仙来京城，也计划在我家住，目前还没有到。

四川门生已经有四人，二月里便考国子监学正。今年正月三日下诏举行科考。明年是皇太后大寿，一定会有特别的恩典，可替父母请求诰封，这是我最为恳切希望的事了。去年因有人在科举考场作弊，皇上命郭议定：往后新举人来京，都于二月十五日复试，倘若有文理不会的，分别给予撤职，取消参加科举考试资格等处罚。十分可怕。

在京一切，自己知道慎重。其余容以后再谈。男谨禀。

【点评】

道光二十三年，曾氏大考升官，后放四川乡试正主考，曾氏由此获得一笔丰厚的银钱，改变了以往并不宽裕的生活。他很高兴，将部分收入寄予父母与诸弟，以作还债及零用之费，这样大大减轻了家庭的负担，由此我们可以看出曾氏的孝顺与责任感。曾氏仍是深受儒家文化影响的，子曰："今之孝者，是谓能养。至于犬马，皆能有养；不敬，何以别乎？"（《论语·为政第二》），曾氏心怀孝道，并慷慨帮助兄弟，可谓儒家的君子，这种真情难能可贵。

道光二十四年正月廿六日与诸弟书

公元 1844 年 3 月 14 日

四位老弟左右：

正月二十三日接到诸弟信，系腊月十六在省城发，不胜欣慰。四弟女许朱良四姻伯之孙，兰姊女许贺孝七之子，人家甚好，可贺。惟蕙妹家颇可虑，亦家运也！

六弟、九弟今年仍读书省城，罗罗山兄处附课甚好。既在此附课，则不必送诗文与他处看，以明有所专主也。凡事皆贵专，求师不专，则受益也不入；求友不专，则博爱而不亲。心有所专宗，而博观他途以扩其识，亦无不可；无所专宗，而见异思迁，此眩彼夺，则大不可。罗山兄甚为刘霞仙、欧晓岑所推服，有杨生（任光）者，亦能道其梗概，则其可为师表明矣。惜吾不得常与居游也。在省用钱，可在家中支用（银三十两则够二弟一年之用矣，亦在吾寄一千两之内），予不能别寄与弟也。

我去年十一月廿日到京，彼时无折差回南，至十二月中旬始发信。乃两弟之信，骂我糊涂，何不检点至此？赵子舟与我同行，曾无一信，其糊涂更何如耶？余自去年五月底至腊月初，未尝接一家信。我在蜀可写信由京寄家，岂家中信不可由京寄蜀耶？又将骂何人糊涂耶？凡动笔不可不检点。

陈尧农先生信，至今未接到，黄仙垣未到京。家中付物，难于费心，以后一切布线等物，均不必付。

九弟与郑、陈、冯、曹四信，为作俱佳，可喜之至。六弟与我信字太草率，此关乎一生福分，故不能不告汝也。四弟写信语太不圆，由于天分，吾不复责。

余容续布，诸惟心照。

兄国藩手具。

【译文】

四位老弟左右：

正月二十三日收到你们腊月十六在省城发出的信，看后很是高兴。四弟的女儿与朱良四姻伯的孙子订婚，兰姐的女儿与贺孝七的儿子订婚，这两家人家都十分好，可祝贺！仅是蕙妹家很令人担心，这也是家运啊。

六弟、九弟现在仍然在省城学习，跟随罗罗山兄那里听讲，非常好。既然在那上课，就不用送诗文给别人看，可表明对师一心一意。任何事都贵在一个专字上，寻访老师不专一，即便受益也不会有多深；寻访朋友不专一，便是泛泛的来往，而不亲近。心中有专一的念头，然后博览群书广交朋友来扩展知识，也未有啥不可以的。没有专一的思想，思想不固定，变来变去，是很不应该的。罗山兄很受刘霞仙、欧晓岑的推崇敬佩，杨生（名任光）也能讲出他的大约情况。由此看来，罗山兄可为人师表是准确无误的，可叹我不能够常和他住在一块互相沟通。在省城花钱，可从家中支出（三十两银够二弟一年的费用，这也在我寄回家的一千两银之内），我不再另外寄钱给你们了。

我去年十一月二十日回到京城，当时未有信使回湖南，至十二月中旬才寄出信。你们两兄弟来信斥责我糊涂，为何这样放肆呢！赵子舟和我一路同行，他一封信都未写，按你们的说法那不更糊涂了吗？我从去年五月底到腊月初未有接到一封家信。我于四川可以写信去京城转寄家中，家里的信不是也可以从京城转发四川吗？又到底是何人糊涂呢！

凡是动笔不能不好好想想。

陈尧农先生的信到现在没有接到。黄仙垣未有到京。家里让人带物品,太麻烦了,今后一切布线等物,都不必带。

九弟给郑、陈、冯、曹的四封信,书法文笔都好,很是值得高兴。六弟给我的信字太凌乱,字关系到一个人终生的福气,因此我不能不给你指明。四弟写信话说得也太不周全了,由于天赋,我不再指责你。

我以后再写信,各位弟弟只有互相了解,情义才会更深。诸惟心照。

兄国藩手书。

清代翡翠丹凤插花

【点评】

曾氏教导诸弟读书做人,反复强调一个"专"字:"凡事皆贵专","求师不专,则受益也不入;求友不专,则博爱而不亲",只有专心致志,才能心无旁骛,才能达到做学问的最高境界,找到最亲近的朋友。生有涯,而知无涯,因而很有必要在书籍的汪洋大海中得到明师的指点,找到渡过海洋的扁舟,而不至于沉船大海。同样,在茫茫人群中,也要找到志同道合之士,才不至于枉度了青春。

道光二十四年二月十四日与诸弟书

公元 1844 年 4 月 1 日

四位老弟左右:

正月廿六日发第一号家信。二月初十日黄仙垣来京,接到家信,备悉一切,欣慰之至。所付诸物,已接脯肉一方,鹅肉一边,杂碎四件,布一包,烘笼二个,余皆彭雨苍带来。

朱啸山亦于是日到,现与家心斋同居,系兄代伊觅得房子,距余寓甚近,不过一箭远耳。郭筠仙现尚未到,余已为赁本胡同关帝庙房,使渠在庙中住,在余家火食。冯树堂正月十六来余家住,拟会试后再行上学,因小儿春间怕冷故也。

树堂于二月十三日考国子监学正,题"而耻恶衣恶食者"二句、"不以天下奉一人策",共五百人入场。树堂写作俱佳,应可必得。

陈岱云于初六日移寓报国寺,其配之柩亦停寺中。岱云哀伤异常,不可劝止,作祭文一篇三千余字。余为作墓志铭一首,不知陈宅已寄归否?余懒誊寄也。

四川门生现已到廿余人。我县会试者,大约可十五人。甲午同年,大约可廿五六人。然有求余者,颇不乏人。

余今年应酬更繁,幸身体大好,断不似从前光景,面胖而润,较前稍白矣。耳鸣亦好十之七八，尚有微根未断，不过月余可全好也。内人及儿子、两女儿皆好，陈氏小儿在余家乳养者亦好。

六弟、九弟在城南读书，得罗罗山为之师，甚妙。然城南课似亦宜应；不应，恐山长不以为然也。所作诗文及功课，望日内付来。四弟、季弟从觉庵师读自佳。四弟年已渐长，须每日看史书十页，无论能得科名与否，总可以稍长见识。季弟每日亦须看史，然温经更要紧，今年不必急急赴试也。

曾受恬自京南归，余寄回银四百两、高丽参半斤、鹿胶阿胶共五斤、闱墨廿部，不知家中已收到否？尚有衣一箱，银五百两，俟公车南归带回。

同乡汤海秋与杜兰溪，子女已过门而废婚，系汤家女儿及父母并不是。余俱如故。周介夫（鸣銮）放安徽庐凤道，其女儿欲许字纪泽。常南陔（大淳）升安徽臬台，其孙女欲许字纪泽。余俱不甚愿。

季仙九师为安徽学政后，升吏部右侍郎。廖老师名鸿荃，去年放钦差至河南塞河决，至今未成功，昨革职，赏七品顶戴，在河工效力赎罪。黄河大工不成，实国家大可忧虑之事，如何如何！余容后陈。

国藩手具。

【译文】

四位老弟左右：

正月二十六日寄回第一封家信。二月初十黄仙垣到京城，接到家信，明白了家中一切，很是欣慰，让他带的东西，已接到脯肉一方、鹅肉半只、杂碎四件、布一包、烘笼二个，其他的都是彭雨苍带来的。

朱啸山也于这天来京城，目前和族人心斋一起住。是我代他找的房子，离我家较近，无非一箭之地。郭筠仙目前还没到达，我已经给他租下胡同内关帝庙的房子，让他在庙里面住，来我家吃饭。

冯树堂正月十六来我家里住，预备会试后再开学，这是由于小儿春天怕冷的缘故。树堂于二月十三月考国子监学正，考题是“而耻恶衣恶食者”两句、“不以天下奉一人策”，共五百人进场参加考试。树堂书法文章都非常好，应当可以说是毫无疑问必定会成功的。

陈岱云于初六搬到报国寺。他妻子的灵柩，就存放在寺中。岱云悲伤不同寻常，无法劝阻，他自己写了一篇三千多字的祭文，我替他写了一首墓志铭，不知陈家是否寄回？我不想抄写再寄了。

四川学生目前已到二十多人。我县参加考试的，大概也就仅有十五人。甲午同年，大概也有二十五人。然而有求助我的人，还真不少。

我今年接待更加繁忙了。幸亏身体很健康，完全不似以前的状态，脸胖了而且有光泽，近观也比以前白了，耳鸣也差不多好了，还有点微根没停，不过再等一个多月就可完全好。内人与儿子、两个女儿都好。陈家的小儿子在我家也长得很健壮。

六弟、九弟在城南学习，有罗罗山当老师最好。不过城南的课也该跟上，否则怕山长不以为然。所作的诗文与功课，希望于近日内寄来。四弟、季弟跟从觉庵老师读书，虽然挺好，但四弟年龄逐渐大了，应当每日读十页史书，不管能不能取得功名，总可以增长点知识，季弟每日也一定看看史书，然而复习经书更重要，今年不必急于去会试。

曾受恬由京城回湖南，我托付他带回四百两银子，半斤京丽参鹿胶与阿胶共五斤，科举用书二十部，不知家里是否收到？还有衣服一箱，五百两银子，待参加会试的举人们回家乡的时候再由他们带回来。

周介天（名鸣銮）任职安徽庐凤道，他的女儿想嫁给纪泽，常南陔（名大淳）任安徽臬台，他的孙女也想嫁给纪泽，我都不很愿意。

季仙九师当安徽学政以后，升任吏部右侍郎。廖老师名鸿基，去年任钦差去河南负责堵黄河决口，直至今天也还没办好。昨天被撤去职务，降为七品顶戴，在河南工地效力赎罪。黄河大工程不成功，确实是国家的忧虑。怎样办呢？我以后写信再续。

国藩手书。

【点评】

曾氏处于对家乡的深厚感情，对于来京城的同乡，表现得十分友好，有求于他的也很多，整日忙于接待，对来访的同乡非常热情，乐此不疲。不是亲人胜似亲人，由此，他于京城结下很好的人缘，这种社会有识之士，同乡之间，热情互助的风气，也是我们今天值得学习的地方。

道光二十四年三月初十日与祖父书

公元 1844 年 4 月 27 日

孙国藩跪禀祖父母大人万福金安：

二月十四孙发第二号信，不知已收到否？孙身体平安，孙妇及曾孙男女皆好。

孙去年腊月十八曾寄信到家，言寄家银一千两，以六百为家中还债之用，以四百为馈赠亲族之用，其分赠数目，另载寄弟信中，以明不敢自专之义也。后接家信，知兑啸山百三十千，则此银已亏空一百矣。顷闻曾受恬丁艰，其借银恐难遽完，则又亏空一百矣。所存仅八百，而家中旧债尚多。馈赠亲族之银，系孙一人愚见，不知祖父母、父亲、叔父以为可行否？伏乞裁夺。

孙所以汲汲馈赠者，盖有二故。一则我家气运太盛，不可不格外小心，以为持盈保泰之道。旧债尽清，则好处太全，恐盈极生亏；留债不清，则好中不足，亦处乐之法也。二则各亲戚家皆贫，而年老者，今不略为饮助，则他日不知何如。自孙入都后，如彭满舅曾祖、彭王姑母、欧阳岳祖母，江通十舅，已死数人矣，再过数年，则意中所欲馈赠之人，正不保何若矣！家中之债，今虽不还，后尚可还；赠人之举，今若不为，后必悔之。

此二者，孙之愚见如此。然孙少不更事，未能远谋，一切求祖父叔父作主，孙断不敢擅自专权。其银待欧阳小岑南归，孙寄一大箱，衣物、银两概寄渠

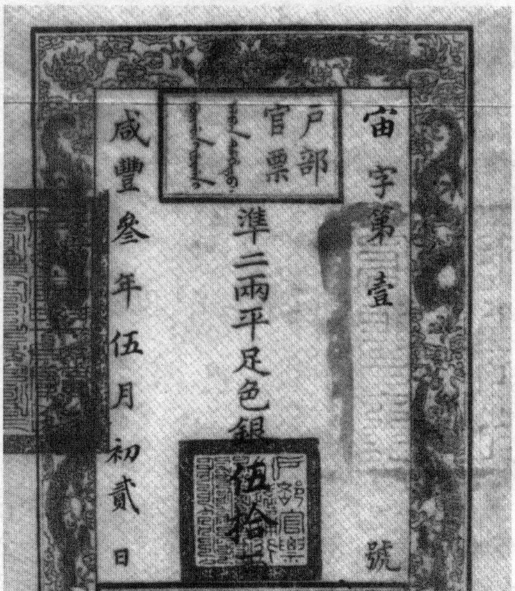

清代户部五十两银票

处，孙认一半车钱，彼时再有信回。孙谨禀。

【译文】

孙国藩跪禀祖父母大人万福金安：

二月十四日我寄出第二号信，不知已经是否收到？我身体平安，我妻及曾孙子们都好。我去年腊月十八曾经发信回家，说要送回家一千两银子，拿六百两还家中债务，拿四百两作为馈赠亲友族人的用项。其分赠数目，另外写在给弟弟的信中，来表明不敢独断专行。后收到家里来信，明白兑换了啸山的一百三十千钱，那么这一千两银已用去了一百两。又听说曾受恬家里老人去世，他借去一百两银子恐怕近期还不回来，那么又短损一百两。剩余的只有八百两，而家里旧债还多，赠送亲友族人的银子，是我一人的短见，不明白祖父母、父亲、叔父认为能够办得到吗？希望大人决定。

我之所以急着要赠送亲友，有两个缘故：一是我家气运强盛，不能不格外谨慎，作为保盈安泰之道。旧债全清，便好处占全，可能极满生损；欠债不清，便又美中不足，也是处世乐道的方法。二是各亲戚家都很贫穷，年老的，现在不稍给点资助，那么将来不定会怎样。从我入京后，像彭满舅曾祖、彭王姑母、欧阳岳祖母、江通十舅，已经死去几个了。再等几年，想施与帮助的人，还不知是否在世！家中之债务，目前虽然不还，以后还可以还，馈赠的事，现在如果不做，今后一定为此后悔。

对这两件事，我的意见就是这样，不过我很少办事，不能考虑得很远，一切请求祖父、叔父决定，我绝对不会自作主张。银子等欧阳小岑回湖南时，我托他带一大箱，衣物银两全部让他带回，我承诺出一半车费的，到时间再有信写回去。

【点评】

此信曾氏再次提到给家里送回一千两银子，打算拿出其中一部分四百两馈赠亲戚好友，可听家中事没意料的变缘；送给亲友的那部分有些短缺；曾氏面对家里的情况，于情于理还是恳请家中老人，能接纳他的意见，接济亲戚，并晓之以理，曾氏能于自己得志后，不忘亲情，此种义举，就是对于现在，还应值得肯定并由衷赞扬的。

道光二十四年四月廿二日与诸弟书

公元1844年6月7日

四位老弟左右：

前黄仙垣归，托带四川闱墨四十部共二包，无家信。顷欧阳小岑归，托带大皮箱一口，内银五百十两，衣服一单，单存箱内；又长包一个，内袍褂料及毡子诸物，亦有单存包内，有家信数行。外又有寄霞仙信一件，书一包，共十套。不知仙垣、小岑二君到时，诸弟尚在省城否？

兹安化梁蔡庄同年（献廷）南还，又托带四川闱墨四十部，共一包。有一包系油纸封的，内装订闱墨廿部，彭王姑墓志铭一幅（内“业”误“叶”，“栗”误“慄”），龙翰臣写散馆卷三开，自写白折一本（试笔写的，故大小不均）。又布包鹿胶一包，重三斤，又乡试录题名录共一包，照收。并附大挑单一纸。

其进士题名录及散馆录，随后交折差带回。统俟后信详述。

兄国藩手草。

【译文】

四位老弟左右：

前些天黄仙垣回老家，我托付他带四川编印科举应用书四十部，一共两包，未有写信。不久欧阳小岑又回老家去，我托付他带了一口皮箱，里面有五百一十两银子、衣物，衣物的清单在箱子里。尚有一个长方形的包，里面有袍褂布料与毡子等物件，也有清单在包里面，有一封写了几行字的信，另外尚有发给霞仙的一封信、一包书，共十套。不了解仙垣、小岑二人到省城的时候，各位弟弟是否还在那里？

前段时期安化梁菉庄同年（名献廷）回湖南老家，又让他带回四川的科举应用书四十部，共一包。有一包是用油纸封的，里面有科举用书二十部，彭王姑墓志铭一幅（墓志铭中"业"误写与"叶"，"栗"误写成"憟"），龙翰臣写的散馆卷三开，我写的白折一本（试笔写的，所以大小不均匀）。又有一个包裹里面有三斤鹿胶，还有乡试时题名录共一包照收。附总清单一张。

进士题名录与散馆录随后交给信使带回去，其详细情况见下次来信。

兄国藩手草。

【点评】

曾氏多次托付人给其家带去银两、人参等贵重物品，这次又给家里送去五百一十两银子及其他物品，可见一个出门在外，对于家庭拳拳孝子之心，对其家中的一切老小及亲戚朋友无不关怀备至，对弟弟们的学业无不悉心关照，对于深受儒家教育的曾氏来说，可谓成功人士的佼佼者。

道光二十四年五月十二日与父母书

公元 1844 年 6 月 27 日

男国藩跪禀父母亲大人万福金安：

五月十一接到四月十三自省城所发信，具悉一切。母亲齿痛，不知比从前略松否？现服何药？下次望四弟寄方来看。叔父之病至今未愈，想甚沉重，望将药方病症书明寄京。刘东屏医道甚精，然高云亭犹嫌其过于胆大，不知近日精进何如？务宜慎之又慎。

王率五荒唐如此，何以善其后？若使到京，男当严以束之，婉以劝之。明年会试后，偕公车南归，自然安置妥当，家中尽可放心，特恐其不到京耳。本家受恬之银，男当写信去催。江西抚台系男戊戌座师，男可写信提及，亦不能言调剂之说。

常南陔之世兄，闻其宦家习气太重，孙男孙女尚幼，不必急于联婚。且男之意，儿女联姻，但求勤俭孝友之家，不愿与宦家结契联婚，不使子弟长奢惰之习，不知大人意见何如？望即日将常家女庚退去，托阳九婉言以谢。渠托买高丽参，因亲事不成，亦不便买。

本家道三兄弟托荐馆，男当代为留心。然分发湖南者，即使在京答应，未必到省果去找他，此亦不可靠者也。常南陔处，即由男写信回复。

前男送各戚族家银两，不知祖父、父亲、叔父之意云何？男之浅见，不送则家家不送，要送则家家全送；要减则每家减去一半，不减则家家不减。不然，口惠而实不至，亲族之间，嫌怨丛生，将来衅生不测。反成仇雠。伏乞堂上审慎施行，百叩百叩。男谨禀。

曾国藩画像

【译文】

男国藩跪禀父母亲大人万福金安：

五月十一日收到四月十三日由省城发来的信，一切都已明白。

母亲牙痛，不知道目前比原来减轻些没有？目前服用什么药？下回盼望季弟将药方发给我看一看。叔父的病至现在也没有好，料定有些严重，盼望将药方、病情写明白寄到京里。刘东屏的医术十分精湛，然而高云亭还是顾虑他胆量太大，不知近期进步得如何？必须慎之又慎。

王率五这样荒唐，怎样才能善后呢？如果送到京城来，我会严加管束他，好话劝慰他。等到明年会试让他跟官府的公车回南方，自然能安排恰当，家中完全放心，只是害怕他不到京城来。

本家受恬所借的银两，我会寄信去催促，江西抚台是我戊戌年会试时的试官，我可以发信提及，但也不能说周济的事情。常南陔世兄，我听说他家官宦风气太浓，孙男孙女目前还小，不必着急联姻。况且我的意见，儿女联姻，只寻婚配勤俭忠孝友爱的家门，不想和官宦之家定下婚约联姻，不要让我家子弟漫长奢侈懒散的恶习。不知道父母意见怎样？希望家里马上把常家女子的庚帖退回去，拜托阳九委婉辞谢。常世兄让我买高丽参，由于亲事不成，也就不便代他买了。

本家道三兄弟委托我保举他坐馆，我一定会为此留心。不过从京城去湖南任职的人，即便在京中答应了，去省城后也不一定去找他，这也不牢靠。常南陔那里，由我寄信去应复。

以前，我馈赠亲戚世族各家的银子，不明白祖父、父亲、叔父说啥？我的短见，不送则家家都不送，要送则家家全送；要减则家家都减半；不减则家家都不减。不然，话上说得好而实际一点未有，亲族之间抱怨丛生，以后产生矛盾，反倒成了仇家。请堂上大人慎思周详再办。百叩百叩。男谨禀。

【点评】

曾氏于百忙中，时刻牵挂母亲及叔父的病情；想法于京城寻求好的医生给他们治疗，以尽孝道；提到自己儿女的婚事，特别注重门风之见；“儿女联姻，但求勤俭孝友之家”，曾氏的主观正派思想很值得我们学习；至于馈赠亲族银两之事，处于公正的态度，慎重处理微妙的亲族关系，处理不妥当，好事反而会变成坏事；曾氏的处世之道，可谓细微之处见真情。

道光二十四年五月十二日与诸弟书

公元 1844 年 6 月 27 日

四位老弟足下：

自三月十三日发信后，至今未寄一信。余于三月廿四日，移寓前门内西边碾儿胡同，与城外消息不通。四月间到折差一次，余竟不知，迨既知而折差已去矣。惟四月十九欧阳小岑南归，余寄衣箱银物，并信一件，四月二十四梁菉庄南归，余寄书卷零物并信一件。两信皆仅数语，至今想尚未到。四月十三黄仙垣南归，余寄闱墨，并无书信，想亦未到。兹将三次所寄各物，另开清单付回，待三人到时，家中照单查收可也。

内城现住房共廿八间，每月房租京钱三十串，极为宽敞，冯树堂、郭筠仙所住房屋皆清洁。

甲三于三月廿四日上学，天分不高不低，现已读四十天，读至自修齐至平治矣。因其年太小，故不加严，已读者字皆能认。两女皆平安，陈岱云之子在余家亦甚好。内人身子如常，现又有喜，大约九月可生。

余体气较去年略好。近因应酬太繁，天气渐热，又有耳鸣之病。今年应酬，较往年更增数倍：第一，为人写对联条幅，合四川湖南两省求书者，几日不暇给；第二，公车来借钱者甚多，无论有借无借，多借少借，皆须婉言款待；第三则请酒拜客及会馆公事；第四则接见门生，颇费精神。又加以散馆，殿试则代人料理，考差则自己料理，诸事冗杂，遂无暇读书矣。

三月廿八大挑，甲午科共挑知县四人，教官十九人，其全单已于梁菉庄所带信内寄回。四月初八日发会试榜，湖南中七人，四川中八人，去年门生中二人，另有题名录附寄。十二日新进士复试，十四发一等廿一名，另有单附寄。十六日考差，余在场，二文一诗，皆妥当无弊病，写亦无错落，兹将诗稿寄回。十八日散馆，一等十九名，本家心斋取一等十二名，陈启迈取二等第三名，二人俱留馆。徐棻因诗内“皴”字误写“皱”字，改作知县，良可惜也。廿二日散馆者引见；廿六七两日考差者引见，廿八日新进士朝考，三十日发全单附回，廿一日新进士殿试，廿四日点状元，全榜附回。五月初四五两日新进士引见。初一日放云贵试差，初二日钦派大教习二人，初六日奏派小教习六人，余亦与焉。

初十日奉上谕，翰林侍读以下，詹事府洗马以下，自十六日起，每日召见二员。余名次第六，大约十八日可以召见。从前无逐日分见翰詹之例，自道光十五年始一举行，足征圣上勤政求才之意。十八年亦如之，今年又如之。此次召见，则今年放差，大约奏对称旨者居其半，诗文高取者居其半也。

五月十一日接到四月十三家信，内四弟、六弟各文二首，九弟、季弟各文一首。

四弟东皋课文甚洁净，诗亦稳妥，“则何以哉”一篇，亦清顺有法，第词句多不圆足，笔亦平沓不超脱。平沓最为文家所忌，宜力求痛改此病。

六弟笔气爽利，近亦渐就范围，然词意平庸，无才气峥嵘之处，非吾意中之温甫也。如六弟之天姿不凡，此时作文，当求议论纵横，才气奔放，作为如火如荼之文，将来庶有成就。不然，一挑半剔，意浅调卑，即使获售，亦当自惭其文之浅薄不堪，若其不售，则又两失之矣。

今年从罗罗山游，不知罗山意见如何？吾谓六弟今年入泮固妙，万一不入，则当尽弃前功，一志从事于先辈大家之文。年过二十，不为少矣，若再扶墙摩壁，役役于考卷截搭小题之中，将来时过而业仍不精，必有悔恨于失计者，不可不早图也。余当日实见不到此，幸而早得科名，未受其害。向使至今未尝入泮，则数十年从事于吊渡映带之间，仍然一无所得，岂不腼颜也哉？此中误人终身多矣。温甫以世家之子弟，负过人之姿质，即使终不入泮，尚不至于饥饿，奈何亦以考卷误终身也。

九弟要余改文详批，余实不善改小考文，当请曹西垣代改，下次折弁付回。季弟文气清爽异常，喜出望外，意亦层出不穷，以后务求才情横溢，气势充畅，切不可挑剔敷衍，安于庸陋，勉之勉之，初基不可不大也。书法亦有褚子笔意，尤为可喜。

总之，吾所望于诸弟者，不在科名之有无，第一则孝弟为瑞，其次则文章不朽。诸弟若果能自立，当务其大者远者，毋徒汲汲于进学也。

冯树堂、郭筠仙在寓看书作文，功无间断。陈季牧日日习字，亦可畏也。四川门生留京约二十人，用功者颇多。

余不尽言。

兄国藩草。

【译文】

四位老弟足下：

从三月十三日给你们发了信以后，直到目前也没有再发信。我于三月二十四日搬迁到了前门内西边的碾儿胡同，与城外消息不灵通。四月里送公文的公使到过一次，我竟然不清楚，待知道以后，公使已经走了。四月十九日欧阳小岑回湖南时，我托付带衣服、箱子、银两、杂物与一封信。四月二十四日梁莱庄回湖南，我托付他带书籍、杂物与一封信。两封信都仅有几句话，估计也许还没接到。四月十三日黄仙垣又回湖南，我托付他带科举应用书，未写信，估计也没接到。目前将三次托人带的物品列一清单寄去，待他们三人到时，家里可照单查收。

内城目前房共二十八间，每月房租京钱三十串，较宽敞。冯树堂、郭筠仙的住处都很整洁。甲三于三月二十四日上学，天赋不高不低，已念了四十天，学到修身齐家治国平天下了。由于他年龄太小，因此也未严格要求，已经读过的字他都能认得。两个女儿都好。陈岱云的儿子在我家也挺好。妻身体与从前一样，目前又怀孕了，大约在九月就分娩。

我的身体比去年渐强一些，近来因为接待太忙，天气渐渐变暖，又患了耳鸣的毛病。今年的接待比往年又增加了许多。第一是给人写对联条幅，全四川与湖南两省来要字的几乎搅得人一点空闲也没有。第二是来京城参加会试的举子们求我借钱的很多，不管是借或不借，多借或少借，都得好言接待。第三是请宴拜访和会馆的公事。第四是召应门生。这些事都很费精力。再加上散馆与殿试时代别人张罗，考差事便是为自己忙碌，各种事情非常杂乱，便没有空闲读书了。

三月二十八日，朝廷对道光十四年参加会试的举人们举行大选，共选取了知县四人，教官十九人，所有名单已在梁莱庄带的信里面。四月初八颁布会试榜，湖南考取七人，四川中八人，其中包括去年的学生二人，另外有题目附在信中寄回。十二日新取进士复试，十四日颁布成绩，列为一等的有二十一人，也有名单跟信寄回。十六日考核选取官员，我在考场作了两篇文章写了一首诗，都十分好也没毛病，字体也工整，现把诗稿寄回去。十八日在翰林院进修的庶吉士学习期满，其中有十九人名列一等，本家心斋名列一等第十二名，陈启迈名列二等第十三名。两人全留于馆中任职。徐棻因在作诗时把“皴”字误写成“皱”字，降为知县，令人可惜。二十二日皇上召见在翰林院进修期满的人，二十六、二十七日召见考差的人，二十八日新考进士由皇上钦命的大臣再复考一次，三十日颁布全部大

清代官帽

员名单也附信寄去。二十一日新进士殿试,二十四日点状元,全部中榜名单跟信寄回。五月初四、五两天皇上召见新进士,初一任命带原官衔去云贵任职的官员,初二钦派大教习两人,初六奏派小教习二人,我也一起去。

初十日收到皇上的谕旨,对翰林侍读以下、詹事府洗马以下的官员,自十六日起,皇上每日召见两名。我的名字排在第六,大概在十八日可以被皇上召见。以前没有每天分别召见翰林院詹事府官员的先例,自道光十五年才开始实行了一次,可见皇上勤政求贤的心情。道光十八年即是如此,今年也是如此。此次召见后,今年派出去做官差的要占大部分,其中,奏对合了皇上心意的占去一半,诗与文章写得好的占了一半。

五月十一日收到了家中在四月十三日发来的信件,其中包括四弟与六弟的文章各两篇,有九弟与季弟的文章各一篇。四弟的东皋习作文笔很整洁,诗也作得妥恰。“则何以哉”一篇也清丽通畅且有章法,仅是词句有好多不圆满的地方,文笔也平实而不超越。文笔平实是写文章者的大忌,应当力求痛改这一毛病。六弟文笔爽利,现在也开始知道得怎样写文章了。仅是词意平淡,未有才气奇异的笔势,不像我心目中的六弟。凭六弟的天资聪慧,做文章应力求议论深广,才气豪放,写出一篇如火如荼的文章,往后才可能有前途。不然一挑半剔,调低意薄,即便得了功名,也当惭愧自己的文章浮浅,假如得不了功名,那岂非是功名、学问都没落了?

今年你跟从罗山学习,不知罗山意见怎样?我认为六弟今年入学当然好,万一入不了,就应抛弃前功,专心致志学习前辈们的文章。六弟满二十岁,也不小了,假如再扶墙摩壁,整日读些科举考卷之类的作文,往后年龄大了仍然学业无成,必定要后悔的,为何不早做打算。我早年也未看到这一点,幸亏早早得了科名,才没受其害。假如我目前还没入学,多年来做一些没用的功课,一无所获,岂不荒谬!于这方面误人终生的可不少。六弟是世家子弟,又智慧过人,即便一生入不了学,也不会遭罪,何必也要一生学考卷奔科举呢?

九弟要我详细修改他做的文章,我确实不懂得如何修改小考文章,请曹西垣替我改,下次由折差带去。季弟文势清爽很不一般,令人高兴异常,文思也层出不穷。往后一定才华横溢,气势贯宏,做文章千万不能挑剔应付,满足于平庸、孤陋,勉之勉之,最基本的不可不牢固一点。季弟的字体也有点像褚体字,更让人兴奋。总之,我所期望诸弟的,不在有没有科举功名,第一是以孝悌衡量端正自己的言行,再就是文章能成为传世之作。各位兄弟假如真能自立,应该树立更远大的志向,不要一心想着科举功名。

冯树堂与郭云仙住在我这里看书写文章,学业从不停顿。陈季牧天天在习字,也是后生可畏。四川的门生们留住京城的约有二十多个人,用功的很多。其他的事不都写了。

兄国藩草。

【点评】

此封家信曾氏阐明自己参加科考还算顺利，但他同时认识到“此中误人终身多矣”的科考制度。

明清以来，科举考试的制度日渐腐朽，弊陋百出，使真正的人才难以得到重用，参加科考只能浪费青春，贻害很深。他期望于弟弟们的，不在有没有科举功名，而是要以孝悌的标准端正自己的言行，再就是文章能成为传世之作，有真才实学，自奋自立，树立远大的目标，不要一心想着科举功名。这些理论在当时可谓真知灼见，体现了曾氏目光远大，志向高远的思想境界。

道光二十四年六月廿三日与父母书

公元 1844 年 8 月 6 日

男国藩跪禀父母亲大人福万金安：

五月十二日，男发第六号信，其信甚厚，内有寄欧阳小岑、黄仙垣、梁莱庄三处货物单。此刻三人想俱到省，不审已照单查收否？

男及男妇身体清吉。孙儿亦好，六月十七日《三字经》读完，十八日读《尔雅》起。二孙女皆好。冯树堂、郭筠仙皆在寓如常。

道光皇帝便服像

王率五妹夫于五月廿三日到京，其从弟仕四同来，二人在湘潭支钱十千，在长沙搭船，四月十二日至汉口，在汉口杉牌厂内住十天，廿二在汉口起身，步行至京，道上备尝辛苦，幸天气最好，一路无雨无风，平安到京。在道上仅伤风两日，服药二帖而愈。到京又服凉药二帖，补药三帖，现在精神全好。初到京时，遍身衣裤鞋袜皆坏，件件临时新制，而率五仍不知艰苦，京城实无位置他处，只得暂留男寓，待有便即令他回家。男自调停妥当，家中不必挂心，蕙妹亦不必着急。

至于仕四，目前尚在男寓吃饭，待一月既满，如有朋友回南，则荐仕四作仆人带归，如无便可荐，则亦只得麾之出门，不能长留男寓也。湖北主考仓少平系男同年相好，男托仓带仕四到湖北，仓七月初一出京，男给仕四钱约六千，即可安乐到家。本不欲优待他，然不如此，则渠必流落京城。终恐为男之累，不如早打发他回为妥。

祖父大人于四月鼻血多出，男闻不胜惶恐。闻率五说祖父近日不吃酒，不甚健步，不知究竟何如？万求一一详示。叔父病势似不轻，男尤挂心，务求病症开示。

男教习庶吉士，五月十八日上学，门生六人。二十日，蒙皇上御勤政殿召见，天语垂问及男，奏对约共六七十句。今年考差只剩河南、山东、山西三省，大约男已无望。男今年甚怕放差，盖因去年男妇生产是踏花生，今年恐走旧路，出门难以放心。且去年途中之病，至今心悸。

男日来应酬已少，读书如故。寓中用度浩繁，共二十口吃饭，实为可怕。居家保身，一切男知谨慎，大人不必挂念。男谨禀。

【译文】

男国藩跪禀父母亲大人万福金安：

五月十二日，我寄第六号信，这封信很多。里面有寄给欧阳小岑、黄仙垣、梁菉庄三处的货物单。此刻三人估计都到了省城，不知已经是否照单查收？

我以及我的妻子身体平安。孙儿也平安，六月十七日《三字经》已经读完，十八日开始学《尔雅》。两个孙女都平安。冯树堂、郭筠仙均在家中，和从前一样。

王率五妹夫于五月二十三日来了京城，他的从弟仕四一块儿到来。两人在湘潭支钱十千，在长沙搭船，四月十二日到达汉口，在汉口杉牌厂内待了十天，二十二日于汉口动身，步行到京城，路上历尽辛苦。幸亏天气很好，一路上没雨没风，安全到达京城。在路上仅是感冒了两天，吃了两帖药就好了，到京又服凉药两帖、养药三帖，目前精神全好。刚来京时，全身衣裤鞋袜都破了，件件都是临时新做的，而率五还不知道艰苦。京城确实没有地方安置他，只好暂且留住在我家中，待到有机会就让他回家。我自会调理妥当，家中不必挂念，蕙妹也不必着急。

至于仕四，现在还在我家中吃饭，待到满了一个月，倘有朋友回湖南，便推荐仕四当作仆人带回家，如果未有机会可以介绍，那么也只能请他出门，不能长期居住在我家里。湖北主考仓少平是我同年中要好的，我拜托仓带仕四去湖北。仓七月一日离京，我给仕四的钱大概有六千，便能够平安到家。本不想厚待他，然而不这样，则他定会流落京城。最后可能成为我的累赘，不如早打发他回去稳妥。

祖父大人在四月出了很多鼻血，我得知十分慌乱。听率五说祖父现在不喝酒，走路也不很好，不知到底怎么样？一定请一一详细告诉我。叔父病情好似不轻，我尤其挂在心上，一定请把病情写清楚。我教习庶吉士，五月十八日开课，门生有六人。二十日被皇上于勤政殿召见。皇上问、我回答，一问一答共约有六七十句。

今年考查选取官员，只剩下河南、山东、山西三省，大概我已经没有希望。我今年很怕派到在外当差，大约由于去年我的妻子分娩时难产，今年可能还会这样，出门很难放心，而且去年途中患病，现在还心有余悸。我现在应酬已经减少，读书与原来一样。家中花销很大，共有二十人吃饭，确实可怕。持家保身一切。我明白谨慎行事，大人不必挂念。男谨禀。

【点评】

本篇为一封普通家书，开篇曾氏向父母介绍妻与子最近情况，以请父母放心，接着曾氏特意叙述了招待妹夫的事宜，暗含无奈。王率五是曾氏的大妹国蕙的丈夫，他带着从弟仕四来北京探访曾氏，以求在京谋得一官半职。他的想法未免简单了点，因为在京城，翰林院侍讲的官职算不了什么，曾氏没有那么大的特权帮助妹夫，但是他又不好意思直接说出，只有带领妹夫在京城四处看看，出钱送他回湖南。身为大哥，曾氏很想帮助他，但是现实条件不允许，只有向父母述说了。

道光二十四年七月二十日与父母书

公元 1844 年 9 月 2 日

男国藩跪禀父母亲大人万福金安：

六月二十三日男发第七号信，交折差，七月初一日发第八号，交王仕四手，不知已收到否？

六月廿日接六弟五月十二书，八月十六接四弟九弟五月廿九日书，皆言忙迫之至，寥寥数语，字迹潦草，即县试案首前列皆不写出。同乡有同日接信者，即考古考先生皆已详载。同一折差也，各家发信迟十余日而从容，诸弟发信早十余日而忙迫，何也？且次次忙迫，无一次稍从容者，又何也？

男等在京大小平安，同乡诸家皆好，惟汤海秋于七月八日得病，初九未刻即逝。六月二十八考教习，冯树堂、郭筠仙、朱啸山皆取。湖南今年考差，仅何子贞得差，余皆来放。惟陈岱云光景最苦。男因去年之病，反以不放为乐。

王仕四已善为遣回。率五大约在粮船回，现尚未定。渠身体平安，二妹不必挂心。叔父之病，男累求详信直告，至今未得，实不放心。甲三读《尔雅》，每日二十余字，颇肯率教。

六弟今年正月信欲从罗罗山处附课，男甚喜之。后来信绝不提及，不知何故？所付来京之文，殊不甚好。在省读书二年，不见长进，男心实忧之，而无如何，只恨男不善教诲而已。大抵第一要除骄傲气习，中无所有而夜郎自大，此最坏事。四弟九弟虽不长进，亦不自满。求大人教六弟，总期不自满足为要。余俟续呈。男谨禀。

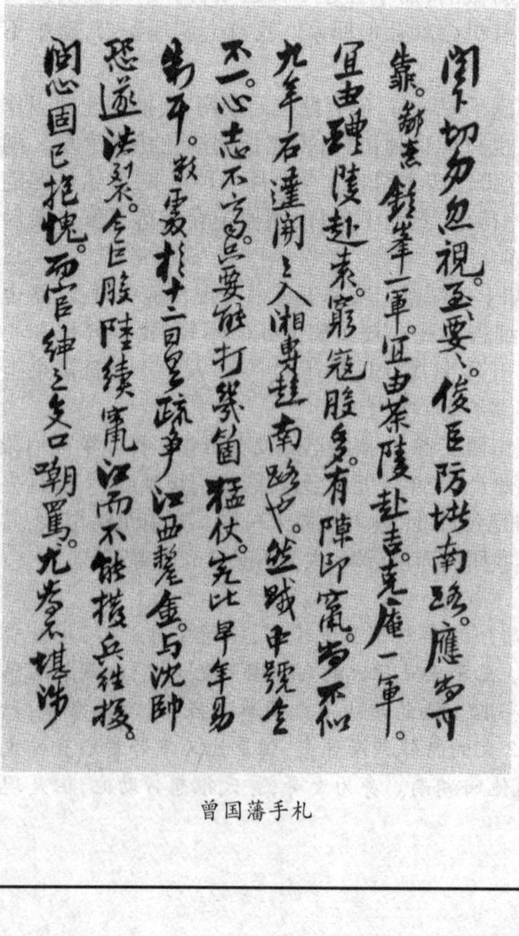

曾国藩手札

【译文】

男国藩跪禀父母亲大人万福金安：

六月二十三日我寄第二封信交给信使，七月初一发第八封信交给王仕四让他捎回，不知已收到了吗？

六月二十日，收到六弟五月十二日的信。七月十六日，收到四弟九弟五月二十九日的信。全说十分忙，简单几句话，字迹也乱，即是县里考试的第一名与前几名，都未有写上。同乡中间有同一天收到信的，就是考古老先生，也都详细写了。同是一邮差，各家寄信，晚十多天而镇静不慌乱。弟弟们早十多天却这样繁忙，为啥？况且每次都说忙，没有一次清闲，又为啥？

我等在京城生活平稳，大小都很好。同乡的各家情况也都挺好，仅有汤海秋在七月初八患病，初九日未刻就去世了。六月二十八日考教习，冯树堂、郭筠仙、朱啸山全被选拔。湖南籍官员今年考职位，仅有何子贞取得官差，其他都未得到。唯有陈岱云的生活情境最差。孩子由于去年得了病。反而认为得不到官差为好。

王仕四已经稳妥地送回去，率五大概坐粮船回，目前还没有定。他们身体都好，二妹不必担心。叔父的病情，我多次要求将认真据实告诉他至现在未有收到，确实不放心。甲三学《尔雅》，每天能识二十多个字，比较肯听从老师的教诲。

六弟今年正月的信，想从罗罗山那里读书，我很高兴。后来的信便不提这件事，不知为啥？所发来的信，写得不强。于省学习两年，看不见长进，我心里很忧虑，又没有办法，只恨我不善于教导罢了。大概第一要改正骄傲习惯。心中无却认为有，又夜郎自大，这个最糟糕。四弟九弟虽说不长进，但不骄傲，求双亲大人教育六弟，总是不自满自足最为主要。其余下次再写。儿谨禀。

【点评】

曾氏于京城非常挂念家里情况，总是尽量多了解，而要想了解的唯一途径是家中的书信多写些内容，详细些，可四弟、九弟总以忙推诿，信不但简单而且潦草，使得曾氏不免心生抱怨情绪；叔父的病情于曾氏心中始终是个悬念，让其放心不下，可家里人却不给透露。六弟的学习让其忧虑，怕他滋生骄傲情绪，不思进取；通过这些家庭琐事，折射曾氏的一颗拳拳孝子之心，跃然纸上。

道光二十四年八月廿九日与祖父书

公元 1844 年 10 月 10 日

孙国藩跪禀祖父母大人万福金安：

八月廿七日接到七月十五、廿五两次所发之信，内祖父母各一信，父亲母亲叔父各一信，诸弟亦皆有信，欣悉一切，慰幸之至。叔父之病，得此次信始可放心。祖父正月手书之信，孙比收他处，后偶忘之，近亦寻出。孙七月二十发第九号信，不知到否？

八月廿八日，陈岱云之弟送灵榇回南，坐粮船，孙以率五妹夫与之同伴南归。船钱饭钱，陈宅皆不受。孙送至城外，率五挥泪而别，甚为可怜。率五来意，本欲考供事，冀得一官以养家。孙以供事必须十余年乃可得一典史，宦海风波，安危莫卜，卑官小吏，尤多危机。每见佐杂末秩下场鲜有好者，孙在外已久，阅历已多，故再三苦言，劝率五居乡，勤俭守旧，不必出外做官。劝之既久，率五亦以为然。其打发行李诸物，孙一一办妥，另开单呈览。

孙送率五归家，即于是日申刻生女。母女俱平安。前正月间，孙寄银回南，有馈赠亲族之意；理宜由堂上定数目，方合《内则》“不敢私与”之道。孙比时糊涂，擅开一单，轻重之际，多不妥当，幸堂上各大人斟酌增减，方为得宜，但岳家太多，他处相形见绌，孙稍有不安耳。率五至家，大约在春初可以到家。渠不告而出，心中怀惭，到家后望大人不加责，并戒家中及近处无相讥讪为章。孙谨禀。

【译文】

孙国藩跪禀祖父母大人万福金安：

八月二十七日收到七月十五日、二十五日两次寄出的信，里面包含祖父母各一封信、父母亲与叔父各一封信，兄弟们也均有信，因此知道了一切，十分高兴。叔父的病症，接到这次信才刚可以放心。祖父正月的亲笔信，我存放在其他地方，后来偶尔忘记了，现在也找到了。发在七月二十第九号信，不知接到了吗？

八月二十八日，陈岱云的弟弟护送灵柩回湖南，搭乘粮船，我让率五妹夫和他结伴回南方，船钱饭费，陈家都不接收。我送到城外，率五洒泪而别，很是同情。率五来的意愿，原想考供事，盼望得一官半职来养家糊口。我认为做个供事一定十余年才可得一典史，宦海风云，安危不能预知；下级官吏，太多危机，小官小吏很少有好结果的。我在外已久，阅历已增深，因此苦口婆心劝率五回乡生活，勤苦俭朴，坚持旧业，不用出外做官。劝了很长时间，率五也认为如此。他的行李等各种物品，我件件都办妥，另写清单呈上阅读。

我送率五回湖南，便在当天申刻生女，母女都平安。上次正月里，我发银回家，有接济亲戚族人的想法，照理说应由堂上大人决定数量，才合“内则”与“不敢私与”之道。我那时草率，亲自开一清单，轻重之间，多有不恰当，幸而堂上大人酌量增减，方才适宜，但岳家过多，其他地方相比较少，我稍有不安。

率五大概在初春可能到家。他不告诉家人而离开，心中怀有愧疚，到家后，盼望大人不要加以指责，并嘱咐家中及周围的人不要笑话为好。孙谨禀。

【点评】

曾氏这次总算收到家中各位亲人的来信，心里甚是高兴，也知道叔父的病情大有好转，这使他放下心来。又打发其二妹夫王率五，搭乘粮船，返回湖南。临别时，率五很是伤怀，挥泪而别；历尽千辛万苦由老家来京城，本想投奔大舅哥曾氏谋得一官半职，以养家糊口，可曾氏看透了官场黑暗，尤为小官小吏大多不得善终。故此，他力劝妹夫率五回家生活，持守本分，由此也看到曾氏过人智慧及精知之处，居安思危，得以深谋远虑。

道光二十四年八月廿九日与诸弟书

公元1844年10月10日

四位老弟左右：

昨廿七日接信，快畅之至，以信多而处处详明也。四弟七夕诗甚佳，已详批诗后。从此多作诗亦甚好，但须有志有恒，乃有成就耳。

余于诗亦有工夫，恨当世无韩昌黎及苏黄一辈人，可与发吾狂言者。但人事太多，故不常作诗，用心思索，则无时敢忘之耳。

吾人只有进德、修业两事靠得住。进德，则孝弟仁义是也；修业，则诗文作字是也。此二者由我作主，得尺则我之尺也，得寸则我之寸也。今日进一分德，便算积了一升谷；明日修一分业，又算余了一文钱；德业并增，则家私日起。至于功名富贵，悉由命定，丝毫不能自主。昔某官有一门生，为本省学政，托以两孙，当面拜为门生。后其两孙岁考，临场大病，科考丁艰，竟不入学。数年后两孙乃皆入，其长者仍得两榜。此可见早迟之际，时刻皆有前定，尽其在我，听其在天，万不可稍生妄想。六弟天分较诸弟更高，今年受黜，未免愤怨，然及此正可困心横虑，大加卧薪尝胆之功，切不可因愤废学。

九弟劝我治家之法，甚有道理，喜甚慰甚。自荆七遣去后，家中亦甚整齐，问率五归家便知。《书》曰：“非知之艰，行之维艰。”九弟所言之理，亦我所深知者，但不能庄严威厉，使人望若神明耳。自此后，当以九弟言书诸绅而刻刻警省。

季弟信天性笃厚，诚如四弟所云“乐何如之”。求我示读书之法及进德之道，另纸开示，余不具。

国藩手草。

【译文】

四位老弟左右：

昨天，即二十六日收到来信，非常爽快，回信内容多而所写的事处处细致明白。四弟的七夕诗非常好，见解已仔细批在诗后面。从此多写诗也挺好。但要有志向有恒心，才有成绩。

我对于诗也很刻苦，可恨当世未有韩昌黎与苏、黄一辈人，可以激发我口出豪言。但人事应酬太多，因此不常作诗。专心思索，仍还是时刻不忘的。

苏轼像，出自明·天然撰《历代古人像赞》。苏轼是北宋文学家，曾国藩与弟书“恨当世无韩昌黎及苏黄一辈人”中的“苏”即指苏轼。

我们这些人唯有进德、修业两件事靠得牢。增进品德修养，是孝悌仁义；研修学业，是诗文作字。这两件都由自己做主，想进一尺我就进一尺，想进一寸我就进一寸。今日积一分德，好比进了一升谷；明日修一分业，好比存了一分钱。德业共进，家业就一天比一天兴旺。至于功名富贵，都由命运决定，不能自己做主。以前某官有一门生为本省学政，专门管科举考试，这位官员就让自己的孙子拜这门生为师，当面交付给他。后来他的两个孙子于考试之前生了大病，科举考试很不顺当，连学都上不了。多年后两个孙子都上了学，其中大孙子还接连中榜。可见科举功名早晚是前世注定的，能否尽力而为在于个人，能否考中就听天由命，一定不可稍生妄想。六弟比各位兄弟天赋高些，今年遭到挫败，也不要有抱怨情绪。正好这时可以静心反思，下一番卧薪尝胆的工夫，一定不能因怨恨就不读书了。

九弟劝我管理家的办法，十分有道理，感到很高兴很欣慰！自从把荆七请出后，家里也很整洁，待率五到家后问他便知道了。《书》曰：“非知之艰，行之维艰。”九弟所讲的道理，也是我深有感触的。但为人不能庄重严肃，使人望而生畏。从今后，我把九弟的话郑重写好，时时警示、反省自己。

季弟天性真诚务实，正如四弟说的，天性纯真！请求我指导读书方法与增德的途径，我另外写信。其他不多写。

国藩手草。

【点评】

曾氏在此家信中有一句名言“吾人只有进德、修业两事靠得住”，希望读者深刻领会其内在含义。

在曾氏的此封家信中，谈论的主题是“有恒”二字，他强调受到挫折，也不要怨天尤人。正好这时可以困心横虑，下一番卧薪尝胆的苦功，千万不可因怨恨就不学习了。如做事半途而废，则很难成就事业。在曾氏的一生中，他努力行事，善始善终，铲除阻碍势力，实现了一个个既定的人生目标。很值得我们借鉴。

道光二十四年九月十九日与父母书

公元 1844 年 10 月 30 日

男国藩跪禀父母亲大人万福金安：

八月廿九日男发第十号信，备载廿八生女及率五回南事，不知已收到否？男身体平安。妇月内甚好，去年月里有病，今年尽除去。孙儿女皆好。初十日，顺天乡试发榜，湖南中三人，长沙周荇农中南元（原名康立）。

率五之归，本拟附家心斋处。因率五不愿坐车，故附陈岱云之弟处，同坐粮船。昨岱云自天津归，云船不甚好，男颇不放心，幸船上人多，应无可虑。

诸弟考试后，尽肄业小罗巷，不知勤惰若何？此时惟季弟较小，三弟俱年过二十，总以看书为主。我境惟彭薄墅先生看书略多，自后无一人讲究者，大抵为考试文章所误。殊不知看书与考试，全不相碍，彼不看书者，亦仍不利考如故也。我家诸弟，此时无论考试之利不利，无论文章之工不工，总以看书为急。不然则年岁日长，科名无成，学问亦无一字可靠，将来求为塾师而不可得。或经或史，或诗集文集，每日总宜看二十页。男今年以来，无日不看书，虽万事丛忙，亦不废正业。

闻九弟意欲与刘霞仙同伴读书，霞仙近来见道甚有所得，九弟若去，应有进益。望大人斟酌行之，男不敢自主。此事在九弟自为定计，若愧奋直前，有破釜沉舟之志，则远游不负；若徒悠忽因循，则近处尽可度日，何必远行百里处哉？求大人察九弟之志而定计焉。余容续呈。男谨禀。

【译文】

男国藩跪禀父母亲大人万福金安：

八月二十九日儿发出第十封信，叙述二十八日生一女儿与率五回湖南老家的事，不知是否已经收到了？

我身体健康。我妻月子里挺好，去年月子里得的病，今年全部彻底好了。孩子们都好。初十顺天乡试揭榜，湖南籍考生中了三人，长沙周荇农中南凶（原名康立）。

率五回家，原来计划让他跟本家心斋一起走，因为率五不愿坐车，所以让他和陈岱云的弟弟一块坐运粮船回去。昨天岱云由天津回京城，说船不太好，我很不放心，幸亏船上人多，应该是没啥担心的。

各位弟弟考试后，全在小罗苍庵读书，不知是刻苦还是懒散？目前只有季弟年纪还小，其他三位弟弟已年过二十，总该将看书当作第一要务。我们家乡唯有彭薄墅先生读的书较多，自他以后未有一个人讲究读书的，大多都被科举考试的文章耽搁了。其实看书和考试并不矛盾，不读书的人，照旧不利于考试。我的各位弟弟，目前无论考试是否顺利，文章写得好坏，都要以读书为头等大事。若不然的话年纪一天比一天大了，科举功名没成就，学问也不牢靠，以后想当个私塾先生都不行。或经书或史书或诗集文集，每日总要看二十页。我今年以来未有一天不看书的，虽然百事繁多，但也不荒误正业。

听说九弟有同刘霞仙结伴读书的念头，霞仙近来学识很有收获，九弟如果去，应该有所进步。这件事还盼大人细致考虑后作出裁定，我不敢自作主张。这件事要九弟个人拿主意，如果是虽然心里感到惭愧，但仍然有勇往直前、破釜沉舟的志向，那么远行倒也值得；如果还是悠然如故，那在近处完全可以度日，何必离家百里以外呢？恳求大人细致观察九弟的志向然后再做裁定，余容续呈。男谨禀。

【点评】

曾氏信中谈到于家中几位弟弟的学业情况：不要一味地追求科举成名，而整日读那些陈词滥调的科举文章，也应抽空看些别的书籍，扩展视野，不然一生未取得功名而荒废学业，最后连做个私塾都不合格；由此看到腐朽的科举制度的确害人匪浅，历史上这样的事例不乏其人，智慧过人的曾氏也看到当时科举考试的弊病。因此，他写信力劝各位弟弟不要一心只求科举功名，而荒废学业。

道光二十四年九月十九日与诸弟书

公元1844年10月30日

四位老弟足下：

自七月发信后，未接诸弟信，乡间寄信较省城百倍之难，故余亦不望也。

九弟前信有意与刘霞仙同伴读书，此意甚佳。霞仙近来读朱子书，大有所见，不知其言语容止、规格气象何如？若果言动有礼，威仪可则，则直以为师可也，岂特友之哉！然与之同居，亦须真能取益乃佳，无徒浮慕虚名。人苟能自立志，则圣贤豪杰，何事不可为？何必借助于人？“我欲仁，斯仁至矣。”我欲为孔孟，则日夜孜孜，惟孔孟之是学，人谁得而御我哉？若自己不立志，则虽日与尧舜禹汤同住，亦彼自彼，我自我矣，何与于我哉？

去年温甫欲读书省城，吾以为离却家门局促之地而与省城诸胜已者处，其长进当不可限量。乃两年以来，看书亦不甚多；至于诗文，则绝无长进，是不得归咎于地方之局促也。去年余为择师丁君叙忠，后以丁君处太远，不能从，余意中遂无他师可从。今年弟自择罗罗山改文，而嗣后杳无信息，是又不得归咎于无良友也。日月逝矣，再过数年，则满三十，不能不趁三十以前立志猛进也。

余受父教，而余不能教弟成名，此余所深愧者。他人与余交，多有受余益者，而独诸弟不能受余之益，此又余所深恨者也。今寄霞仙信一封，诸弟可抄存信稿而细玩之。此余数年来学思之力，略具大端。

六弟前嘱余将所作诗录寄回。余往年皆未存稿，近年存稿者，不过百余首耳，实无暇抄写，待明年交一本付回可也。

国藩草。

孔子像，出自明·天然撰《历代古人像赞》。孔子被儒家尊为圣人，曾国藩鼓励弟弟攻孔孟之学

【译文】

四位老弟足下：

自从七月里发出信以后，一直未有

接到弟弟们的来信，在乡村里寄信比在省城困难一百倍，因此我也不责备你们。

九弟上次来信说想和刘霞仙结伴读书，此意甚好。霞仙近来学朱子书大有心得，不知道他的言谈举止、规矩气象怎样？如果确实言谈举止合乎礼节，仪表威严庄重可为榜样，那么便拜他为师也是可以的，岂止是做朋友对待。不过和他住在一起，也须真能进步才好，不要仅是贪他的名气。人倘若能立志，即便圣贤英雄做的事都能做，何须借助于人！“我欲仁，斯仁至矣。”我想学孔、孟，则日夜不觉疲倦，只是钻研孔孟之学，谁又能阻拦我呢？若是自己不立志，就是每日和尧舜禹汤这些圣人住在一起，也还是他是他，我是我，一点也不管用的！

去年六弟想去省城学习，我想着如此可以离开家门口这一小块天地，去省城和比自己高的人相处，进步应该是不可限量。谁知他两年以来看书也不太多，关于诗文，更绝无长进。这是不能怪罪于天地太小了的。去年我给你指定拜丁叙忠为师，后因丁君住得太远，不能跟随他学习，我印象中也无他人可当做老师，今年弟弟自己选定了罗罗山批改文章，但后来又没有消息，这就又不能怪罪于未有良师了。时间不停地流逝过去了，再过几年便会年满三十，不能不趁三十岁之前立志奋发。

我恩受了父亲的教诲，而我却不能够教育弟弟们成名，这是我深感惭愧的。别人与我交朋友，从我这里得到教益的人很多，而唯有弟弟们不能从我这里受到教益，这又是我深刻怨恨自己的。现在发去给刘霞仙的一封信，弟弟们可以将信稿抄写一份，保存下来，仔细地品味。这是我几年来读书与思考的工夫，简略地讲一些大的方面。

六弟以前嘱咐我将自己写的诗抄录发回去，我以前写的诗都未保存底稿，近年来保存底稿的也不过一百多首，确实没有时间抄录，待明年我可以把全部诗稿都托人带回去。

国藩草。

【点评】

立志是成才的一个最重要的因素。凡成才者，都是有志者；凡平庸者，都是无志或志短者。曾国藩对此有深切的感受，他多次写信教导弟弟们要立志猛进，在这封信中更对弟弟们历年来无长进的情况进行了尖锐地批评。良师良友虽然重要，但那都只是外在条件，而自身立志则是内因。如果没有远大的志向和坚韧的毅力，即使每天和尧舜禹汤这样的圣人们生活在一起，也不能受益而进步。

道光二十四年十月廿一日与父母书

公元 1844 年 11 月 30 日

男国藩跪禀父母亲大人万福金安：

九月廿日，男发十一号信，内有寄刘霞仙一封，想已收到。男身体平安，读书日有常课，自六月底起，至今未尝间断一天。男妇如常，渐渐有乳。孙男读书有恒，已读《尔雅》一本，共四本，大约明年下半年可读完，此书太难，他书则易为力矣。三孙女皆好，余亦合室平安。男自七月起，寓中已养车马，每年须费百金。因郭雨三奉讳出京，渠车马借与男用，渠曾借男五十金，亦未见还。

率五在东昌有信来京，兹附呈。渠在道上，船钱火食，皆陈宅的，所需用者不过剃头吃烟而已，故男仅给银十两、钱五千而已，意谓钱已够用，银可剩下到家也。兹渠到东昌已将钱用完，不知余银敷用否？如不敷，陈处挪移自易，然男已不放心。

邹至堂来，望付茶叶一篓、大小剪刀各二把，其余布匹、腊肉之类，俱不必付，盖家中极难办，路上极难带也。

初九日，父亲大人寿辰，京寓客共三席。十一月初三日，母亲大人六十寿辰，男不获在家庆祝，不胜瞻恋。男拟于寿辰后作寿屏一架，即留在京张挂，不必付回。

诸弟读书，不知明年定在何处？望于今冬写信告知，男不胜悬望。谨禀，即跪叩父母亲大人双寿大喜。

【译文】

男国藩跪禀父母亲大人万福金安：

九月二十日，我寄第十一号家信，里面有发给刘霞仙的一封信，估计已经收到。我身体平安，读书每日有计划。自六月底起，至今未停歇一天。我的妻子如同往常，已逐渐有了奶水。孙子学习有恒心，已经读完《尔雅》一本。《尔雅》一共有四本，大概明年下半年可以读完。此书很难，其他书就好读些。三个孙女都好，我也一家平安。我自七月起，家里已养有车马，每年必定花掉百两银子。由于郭雨三离京奔丧，他的车马留给我用，他曾经借了我五十两银子，也未见归还。

率五在东昌寄信到京城，目前附上呈进。他在路上，船费伙食全是陈家出的，所花销的不过是剃头、吸烟而已，因此我仅给了十两银子、五千钱而已，原意是钱已经够花销，银子可以余下到家。目前他到东昌就已经将钱用完，不知剩余的银子是否够用？如果不够，陈家那里挪借自然容易，但是我已经不放心了。

邹至堂来，希望拜托他带回一篓茶叶、大小剪刀各两把，其他布匹、腊肉之类都不要带了，家中很难办理，路上也很不好带。九日是父亲大人的寿辰，京城家里共置办了三桌宴席。十一月三日是母亲大人六十寿辰。我不能在家庆祝，非常挂念。我预备在寿辰后做一架寿屏，就保存在京中张挂，不用带回去。兄弟们学习，不知明年决定在啥地方，盼望在今年冬季写信告知我，我十分悬念，盼望。谨此禀告。即跪叩父母亲大人双寿大喜。

【点评】

学习贵在有恒心，"书山有路勤为径，学海无涯苦作舟"，人只要有恒心，没有办不成的事；曾氏于百忙中，每天抽空坚持有计划地读书，他的学习方法很值得我们后人学习，这也感染了他的儿子，小小年纪即将把《尔雅》读完；曾氏刻苦学习的精神及教育子女的方法，对今天的人们很有借鉴意义。

道光二十四年十月廿一日与诸弟书

公元 1844 年 11 月 30 日

四位老弟足下：

前次回信内有四弟诗，想已收到。九月家信有送率五诗五首，想已阅过。吾人为学，最要虚心。尝见朋友中有美材者，往往恃才傲物，动谓人不如己，见乡墨则骂乡墨不通，见会墨则骂会墨不通，既骂房官，又骂主考，未入学者，则骂学院。平心而论，己之所为诗文，实亦无胜人之处；不特无胜人之处，而且有不堪对人之处。只为不肯反求诸己，便都见得人家不是，既骂考官，又骂同考而先得者。傲气既长，终不进功，所以潦倒一生，而无寸进也。

余平生科名，极为顺遂；惟小考七次始售。然每次不进，未尝敢出一怨言，但深愧自己

试场之诗文太丑而已。至今思之，如芒在背。当时之不敢怨言，诸弟问父亲、叔父及朱尧阶便知。盖场屋之中，只有文丑而侥幸者，断无文佳而埋没者，此一定之理也。三房十四叔非不勤读，只为傲气太胜，自满自足，遂不能有所成。

京城之中，亦多有自满之人，识者见之，发一冷笑而已。又有当名士者，鄙科名为粪土，或好作诗古，或好讲考据，或好谈理学，嚣嚣然自以为压倒一切矣。自识者观之，彼其所造，曾无几何，亦足发一冷笑而已。故吾人用功，力除傲气，力戒自满，毋为人冷笑，乃有进步也。

诸弟平日皆恂恂退让，第累年小试不售，恐因愤激之久，致生骄惰之心，故特作书戒之，务望细思吾言而深省焉，幸甚幸甚。

国藩手草。

【译文】

四位老弟足下：

上次回信，里面有四弟的诗，估计已接到了。九月里给家中的信里有送率五的诗五首，估计也都看过了。我们这些人做学问，最主要是虚心。常常碰到朋友中有天赋好的人，大都恃才傲物，动不动就说别人不如自己，见到举人的文章便骂举人文章不通。见到进士的文章也骂进士文章不通，既骂分房阅卷的同考官，又骂主持考试的主考官，没入学的就骂学院。平心而论，他们个人所作诗文，的确也不比别人好；不但未有比别人好的地方，而且还有见不得人的地方。仅是因为不肯反过来要求自己，则只看见人家的不足，既骂考官又骂和自己一起参加会试而取中的人。傲气一增加，始终不会进步，只能是终生穷困潦倒无所进步。

我以前科举功名挺顺利，只是小考七次才取得了功名。然而每次不得意时，从不口出怨言，仅是后悔自己考试时作的诗文太差，现在想起，依然如芒刺在背。我当时不敢口出怨言。各位兄弟问问父亲、叔父与朱尧阶便知道了。科举考试，只有文章差而侥幸中举的，绝未有好文章而被埋没的，这便是一定的道理。

三房十四叔不是不刻苦学习，只是由于傲气太大，自满自足，因此没有成就。在京城里，自足的人也多。能看穿这些人的人见了，对他们只冷笑罢了。又有些所谓名士，视科举功名如粪土，或者喜爱作诗、古文，或者喜爱讲考据，或者喜爱谈理学，张牙舞爪自认为压倒一切。有学问的人见了，他们所做的一切又算得了啥，仅足以叫人发出一声冷笑。因此我们这些人用功，先要尽力清除傲气，努力戒除自满，不要受人冷笑，然后才能有所进步。

各位兄弟平常都是谨慎忍让的谦谦君子，仅是好几年科举都不成功，害怕你们心情激愤，时间久了，以至于滋生出骄懒之气，特写信告知你们有所戒备，请必须仔细体会我的话，深刻反思自己。幸甚幸甚。

国藩手草。

【点评】

虚心使人进步，骄傲使人落后，这句谚语成了人们通常为人的准则。凡骄傲者，总是拿自己的长处与别人的短处相比，因而沾沾自喜，不求上进。曾氏在这封家书中通过总结正反两方面的教训，谆谆告诫弟弟们要戒除傲气，切忌不能自满，对后人也同样会有深刻的教育意义。希望每个人都能把这一点作为对自己的忠告。

道光二十四年十一月廿一日与祖父书

公元 1844 年 12 月 29 日

男国藩跪禀祖父母大人万福金安：

十月廿一日发十二号家信，想已收到。孙在京平安，孙妇及曾孙男女四人皆好。曾孙最好写字，散学后则在其母房中，多写至更初。犹不肯睡，骂亦不止。目下天寒墨冻，脱手写多不成字，兹命之写禀安帖寄呈，以博堂上大人一欢笑而已。

上半年所付黑狸皮褂，不知祖父大人合身否？闻狸皮在南边易于回潮，黑色变为黄色，不知信否？若果尔，则回潮天气须勤勤检视。又凡收皮货，须在省城买潮老。其色如白淮盐，微带黄色，其气如樟木，用皮纸包好，每包约寸大，每衣内置三四包，收衣时仍将此包置衣内。又每年晒皮货，晒衣之日不必折收，须过两天，待热气退尽乃收。

江西家受恬明府昨有信来，云此银今冬必付到，不知近来接到否？如未接到，则立即写信来京，再去催取，兑银之难，往往如此。同乡唐镜海先生，三年以来，连生三子，而长者前以病殇，幼者昨又以痘殇，仅存次子，尚未周岁，良可悼叹。现在京官甚少，仅二十二人，昨十月廿五日谢恩，赴宫门叩头者仅到三人，尤非盛时气象。兹将谢折付回呈览。

王率五到家，须即寄一信。仕四已于八月初到省，不知曾到我家否？母亲生日，京中仅客一席，待明年当付寿屏回。

家中有所需之物，须写信来，明年会试后寄归。孙谨禀。

【译文】

孙国藩跪禀祖父母大人万福金安：

十月二十一发出的第十二封家信，估计已经接到。我在京城相安无事，我妻与您的四个曾孙曾孙女都好。曾孙最爱习字，放学后便在他母亲房中练习写字，直至初更还不肯休息，骂他也不肯停止。目前天气寒冷，墨汁都冻了，脱手写多数不像字，就让他写一禀安帖寄呈大人，能使得堂上大人一笑。

上半年送回去的黑狸皮褂，不知祖父大人穿着合身吗？听说狸皮在南方容易反潮，黑色变成黄色，不清楚是不是真的？如果确实是这样，在反潮天气一定经常检查。再有凡是保存皮货，都一定到省城买一种叫“潮老”的商品，颜色如白淮盐，微带黄色，气味犹如樟木，买回后拿皮纸包好，每包大概一寸大，每件皮衣内放三四包。整理衣服时，仍把这个包放在衣服里。另外，皮货每年都要晒，晒衣的当天，不要把衣服折起

曾国藩给家人书信

来放好,等过两天,等热气散尽后再收好。

江西本家受恬县令昨天寄信来说,借的银子今年冬季一定归还,不知近来家里是否收到?如果未收到,就立刻写信到京城来,我再去催取。讨还借债的难处,常常就是这样。

同乡唐镜海先生三年以来接连生了三个儿子,可老大以前就病故了,昨天老三又因天花病死亡了,只剩下老二,还未有满周岁,实在让人悼叹。

目前京官很少,只有二十二人。昨天十月二十五日去宫门给皇上叩头谢恩的,只去三人,已与兴盛时的气象无法比拟了。现将谢折寄回呈览。

王率五到家后,要立即发一封信来。仕四已在八月初到省城,不知是否到咱们家来?母亲生日,京城家里仅来了一席拜寿的客人,等明年再把寿屏带回去。家里如果需要什么物品,一定写信来,明年会试后带回去。

【点评】

这是一封普通的书信,曾氏告知家人自己一家老小于京城平安,又讲纪泽儿,虽年龄尚小,但学习用功,尤为笔法更有偏爱,"曾孙最好写字,放学后则在其母房中,多写至更初。犹不肯睡,骂亦不止"。又讲到曾氏给其祖父的黑狸皮褂关心老人穿着是否合适;细致给老人讲解皮衣如何保养,如此细致地关怀老人的心情让我们看到了一个拳拳孝子之心。

道光二十四年十一月廿一日与诸弟书

公元 1844 年 12 月 29 日

四位老弟足下:

前月寄信,想已接到。余蒙祖宗遗泽,祖父教训,幸得科名,内顾无所忧,外遇无不如意,一无所觖矣。所望者,再得诸弟强立,同心一力,何患令名之不显?何患家运之不兴?欲别立课程,多讲规条,使诸弟遵而行之,又恐诸弟习见而生厌心;欲默默而不言,又非长兄督责之道,是以往年常示诸弟以课程,近来则只教以"有恒"二字。所望于诸弟者,但将诸弟每月功课写明告我,则我心大慰矣。

乃诸弟每次写信,从不将自己之业写明,乃好言家事及京中诸事。此时家中重庆,外事又有我料理,诸弟一概不管可也。以后写信,但将每月作诗几首,作文几首,看书几卷,详细告我,则我欢喜无量。诸弟或能为科名中人,或能为学问中人,其为父母之令子一也,我之欢喜一也。慎弗以科名稍迟,而遂谓无可自力也。如霞仙今日之身分,则比等闲之秀才高矣;若学问愈进,身分愈高,则等闲之举人、进士,又不足论矣。

学问之道无穷,而总以"有恒"为主。

兄往年极无恒,近年略好,而犹未纯熟。自七月初一起,至今则无一日间断:每日临帖百字,抄书百字,看书少亦须满二十页,多则不论。自七月起至今,已看过《王荆公文集》百卷,《归震川文集》四十卷,《诗经大全》二十卷,《后汉书》百卷,皆朱笔加圈批。虽极忙,亦须了本日功课,不以昨日耽搁而今日补做,不以明日有事而今日预做。诸弟若能有恒如此,则虽四弟中等之资,亦当有所成就,况六弟九弟上等之资乎?

明年肄业之所,不知已有定否?或在家,或在外,无不可者。谓在家不可用功,此巧于卸责者也。吾今在京,日日事务纷冗,而犹可以不间断,况家中万万不及此间之纷冗乎?

树堂、筠仙自十月起，每十日作文一首，每日看书十五页，亦极有恒。诸弟试将朱子《纲目》过笔圈点，定以有恒，不过数月即圈完矣。若看注疏，每经亦不过数月即完。切勿以家中有事而间断看书之课，又弗以考试将近而间断看书之课。虽走路之日，到店亦可看；考试之日，出场亦可看也。兄日夜悬望，独此“有恒”二字告诸弟，伏愿诸弟刻刻留心，幸甚幸甚。

兄国藩手草。

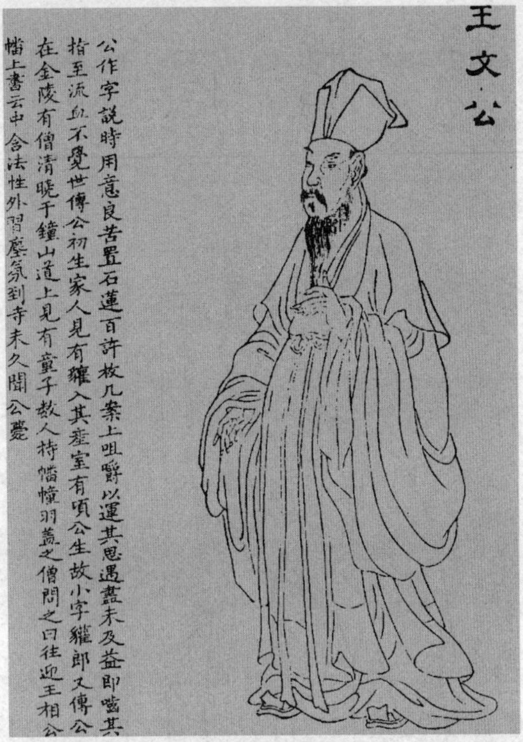

王安石像，图出自清·上官周绘《晚笑堂画传》。王安石是北宋著名的政治家、文学家，曾被封为荆国公，故后世称其为“王荆公”，有《王荆公文集》传世

【译文】

四位老弟足下：

上个月发出的信，我想大约已经接到了吧。我有幸承受祖宗传留的恩泽、祖父的教诲，考取了科举功名，现在内顾无所忧，外遇无不如意，终此一生也没什么所求了。我目前所希望的便是各位兄弟能够自强自立，同心同德，如真能这样，还担心不能声名远扬吗？还担心不能家道兴旺吗？我想另外开设些课程，多讲一些规范，让各位兄弟按照去做，又担心各位兄弟听这些话多了反而生气；想闷在心里不谈，又想尽到兄长督促弟弟的责任。所以往年常告知各位兄弟该学些啥课程，近来就仅教以“有恒”两字。我所期待各位兄弟的，仅是将每个月的功课写清楚告知我，这样我心中便觉得是极大的安慰。

可是各位兄弟每次写信，从不把自己的学习情况在信里告知详情，仅是爱说些家中的事与京城的事。目前家里的大小事情自有父母大人出面张罗，外面的事自然由我来照应，各位兄弟都可以不必过问。往后写信，只要把每月作几首诗、几篇作文，看几卷书，详情告知我，我就非常高兴了。各位兄弟或能成为科举功名中的人，或能成为有知识的人，全是父母的好儿子，全一样是我喜爱的弟弟。一定不能因考取科举功名稍迟一点，便说自己不行。比如霞仙现在的身份，比一般秀才要高。假如学问越进步，身份就越高，那一般的举人、进士便是不在话下了。

学海无涯，没有尽头，总要以有恒为主。

我原来最缺乏恒心，现在情况稍好，但仍然未达到成熟的目标。自七月一日到现在，未有一天停顿。每天临帖一百个字，抄书一百个字，看书最少二十页，多则不论。自七月起到现在已看《王荆公文集》一百卷，《归震川文集》四十卷，《诗经大全》二十卷，《后汉书》一百卷，全用红笔加以圈点批注。虽然很忙，也一定完成每天的功课，不因昨天耽误而今天补上，也不因明天有事而今天预先做。各位弟弟如果能像这样有恒心，则即便像四弟这样的中等天分，也会有所成功，何况六弟、九弟这种上等的天分呢？

不知道明年读书的地方定下来了吗？在家乡或者在外地，全是可以的。说在家学习

归有光像，出自清·孔继尧绘《吴郡名贤图传赞》。归有光，明代学者，字熙甫，又字开甫，号震川，著有《归震川文集》

不能用功，无非是推卸责任的缘由而已。我目前在京城，整日事务繁忙，而仍然坚持学习，从不停止，何况家中怎么也不会像我这里事务繁多！树堂、筠仙二人自十月起，每十天写一篇文章，每日看十五页书，也很有恒心。弟弟们请试试把朱子《纲目》用笔圈点，必须要有恒心，不过几个月便圈点完了。如看《十三经注疏》，每部经书也不过几个月便看完。一定不要以家里有事为由而停顿看书的功课，也不要因为考试临近而停顿看书的功课。即便是行路的日子里，到了旅店也可看书；考试的日子里，考试完了也可以看。

为兄我时时希望之事，只有将"有恒"两个字告诉弟弟们。衷心希望弟弟们要每时每刻都留心二字，深刻领会其中的道理。幸甚幸甚。幸甚幸甚。

兄国藩手草。

【点评】

求取学问的道路是无穷尽的，总是以持之以恒为主，曾氏在给诸弟的书信中再次强调了坚持的重要性。曾氏告诉诸弟，他为官以来，事务纷冗，但是他从未间断过自学：读文集、临帖子、记日记，即使战事紧张，曾氏亦未放弃，这就是为什么他能获得巨大成功的真谛所在。他敦促诸弟尤其是温、沅二弟不可浮躁，必须踏踏实实做学问，并要求诸弟将每月习作交来察看，可见曾氏对学问的重视，对诸弟的关切。时至今日，我们要想获得成功，亦应戒骄戒躁，持之以恒。

道光二十四年十二月十四日与祖父书

公元 1845 年 1 月 21 日

孙国藩跪禀祖父母大人万福金安：

十一月二十二日发十三号信。廿九日祖母大人寿辰。孙等叩头遥祝，寓中客一席，次日请同县公车一席。初七日，皇上御门，孙得转补翰林院侍读，所遗侍讲缺，许乃钊补升。侍讲转侍读，照例不谢恩，故孙未具折谢恩。

今冬京中未得厚雪，初九日设三坛求雪，四、五、六阿哥诣三坛行礼，皇上亲诣太高殿行礼，十一日即得大雪。天心感召，呼吸相通，良可贺也。

孙等在京平安。曾孙读书有恒，惟好书写，见闲纸则乱画，请其母钉成本子。孙今年用度尚宽裕，明年上半年尚好，至五月后再作计。昨接曾兴仁信，知渠银尚未还，孙甚着急，已写信去催，不知家中今年可窘迫否？

同乡京官皆如故，冯树堂、郭筠仙在寓亦好。荆七自五月出去，至今未敢见孙面，在同乡陈洪钟主事家，光景亦好。若使流落失所，孙亦必宥而收恤之。特渠对人言，情愿饿死，不愿回南，此实难处置。孙则情愿多给银两，使他回去，不愿他在京再犯出事，望大人明示以计，俾孙遵行。四弟等自七月寄信来后，至今未再得信，孙甚切望。

严太爷在京引见，来拜一次，孙回拜一次，又请酒，渠未赴席。此人向有狂妄之名，孙己亥年在家，一切不与之计较，故相安于无事，大约明春可回湘乡任。孙谨禀。

【译文】

孙国藩跪禀祖父母大人万福金安：

十一月二十二日发回第十三封家信。二十九日，祖母大人寿诞，我等在遥远的北方磕头祝贺，家里请了一桌酒宴。第二天请同县举人办了一桌宴席。初七日，皇上御门，我得以移补翰林院侍读。我所留下的侍讲空缺，由许仍钊升任补上。侍讲转侍读，照惯例不谢恩。因此孙也未具折谢恩。

今年冬季京城没下大雪，初九日设三坛祈求下雪，四、五、六皇子去三坛行大礼，皇上也亲自去太和殿行礼。十一日就下大雪，天心感召，呼吸相关，确实值得庆贺。

我们在京城都平安。您的曾孙学习有恒心，特别喜欢写字，见有多余的纸便乱画，并让他母亲订成本子。我今年花费还宽裕，明年上半年估计也尚好，到五月以后再作打算。

昨天接到曾兴仁的信，了解他借的银子还没有还给家里，我很着急，已经寄信去催讨，不知道家中今年生活是否困难？

老乡于京城做官的都与从前一样。冯树堂、郭筠仙在我家中也好，荆七自五月离去后，直至现在也不敢来见我，他目前在同乡陈洪钟家主事，情况也好。倘若他实在到了流离失所的困境，我也会原谅他让他回来。只是他曾对人说，宁愿饿死，也不想回湖南老家，确实不好办。我情愿多给银子让他回老家，也不愿他在京城再惹出麻烦来，望大人明确告诉我办法，我遵照执行。四弟等自七日来信后，到现在也没再写信来，我十分盼望能来一封信。

严太爷在京城等待皇上召见时，来家里拜访过一次，我回拜了一次，又请他喝酒，他未来赴宴。此人向来有狂妄的名声，我己亥年在家，完全不和他计较，因此相安无事。他大概明年春季回湘乡上任。孙谨禀。

【点评】

曾氏写信说，他在京城跪地磕头，给遥远的祖母祝寿，表示孝道。又讲到，皇上命人设三坛求雪；皇上和众皇子躬身去拜，果然三天后下了大雪，古代人十分迷信，也认为是感动了上天，其实，此种事纯属巧合；不过，在当时人们很信服宿命论，就连皇上也自认为真命天子。现在看来，这种做法很荒谬。

道光二十四年十二月十八日与诸弟书

公元 1845 年 1 月 25 日

诸位老弟足下：

十四日发十四号家信，因折弁行急，未作书与诸弟。十六早接到十一月十二所发信，内父亲发一信，四位老弟各一件。是日午刻，又接九月十一所寄信，内父亲及四、六、九弟各一件，具悉一切，不胜欣幸。

曹石樵明府待我家甚为有礼，可感之至，兹寄一信去。西坤四位，因送项太简，致生嫌隙，今虽不复形之口角，而其心究不免有觖望，故特作信寄丹阁叔，使知我家光景亦非甚裕者。贤弟将此信呈堂上诸大人，以为开诚布公否？如堂上诸大人执意不肯送去，则不送亦可也。

四弟之诗又有长进，第命意不甚高超，声调不甚响亮。命意之高，须要透过一层。如说考试，则须说科名是身外物，不足介怀，则诗意高矣；若说必以得科名为荣，则意浅矣。举此一端，余可类推。腔调则以多读诗为主，熟则响矣。

去年树堂所寄之笔，亦我亲手买者。“春光醉”目前每支大钱五百文，实不能再寄；“汉璧”尚可寄，然必须明年会试后，乃有便人回南，春间不能寄也。

五十读书固好，然不宜以此耽搁自己功课。女子无才便是德，此语不诬也。常家欲与我结婚，我所以不愿者，因闻常世兄最好恃父势作威福，衣服鲜明，仆从烜赫，恐其家女子有宦家骄奢习气，乱我家规，诱我子弟好佚耳。今渠再三要结婚，发甲五八字去，恐渠家是要与我为亲家，非欲与弟为亲家，此语不可不明告之。

贤弟婚事，我不敢作主，但亲家为人何如，亦须向汪三处查明。若吃鸦片烟，则万不可对；若无此事，则听堂上备大人与弟自主之可也。所谓翰堂秀才者，其父子皆不宜亲近，我曾见过，想衡阳人亦有知之者。若要对亲，或另请媒人亦可。

六弟九月之信，于自己近来弊病颇能自知，正好用功自医，而犹日“终日泄泄”，此则我所不解者也。家中之事，弟不必管。天破了自有女娲管，洪水大了自有禹王管，家事有堂上大人管，外事有我管，弟只安心自管功课而已，何必问其他哉？至于宗族姻党，无论他与我家有隙无隙，在弟辈只宜一概爱之敬之。孔子曰：“泛爱众，而亲仁。”孟子曰：“爱人不亲反其仁，礼人不答反其敬。”此刻未理家事，若便多生嫌怨，将来当家立业，岂不个个都是仇人？古来无与宗族乡党为仇之圣贤，弟辈万不可专责他人也。

十一月信言现看《庄子》并《史记》，甚善。但作事必须有恒，不可谓考试在即，便将未看完之书丢下，必须从首至尾，句句看完。若能明年将《史记》看完，则以后看书不可限量，不必问进学与否也。贤弟论袁诗论作字，亦皆有所见，然空言无益，须多做诗多临帖，乃可谈耳。譬如人欲进京，一步不行，而在家空言进京程途，亦何益哉？即言之津津，人谁得而信之哉？

九弟之信，所以规劝我者甚切，余览之，不觉毛骨悚然。然我用功，脚踏实地，不敢一毫欺人。若如此做去，不作外官，将来道德文章必粗有成就。上不敢欺天地祖父，下不敢欺诸弟与儿子

亚圣孟子像，出自明・吕维祺《圣贤像赞》

也。而省城之闻望日隆，即我亦不知其所自来。我在京师，惟恐名浮于实，故不先拜一人，不自诩一言，深以过情之闻为耻耳。

来书写大场题及榜信，此间九月早已知之，惟县考案首前列及进学之人，则至今不知。诸弟以后写信，于此等小事及近处族戚家光景，务必一一详载。

季弟信亦谦虚可爱，然徒谦亦不好，总要努力前进。此全在为兄者倡率之。余他无可取，惟近来日日有恒，可为诸弟倡率。四弟、六弟纵不欲以有恒自立，独不怕坏季弟之样子乎？

昨十六日卓秉恬拜大学士，陈官俊得协办大学士，自王中堂死后，隔三年大学士始放人，亦一奇也。

书不尽宣。

兄国藩手具。

【译文】

诸位老弟足下：

十四日我发出第十四号家信，由于信使走得很急，因此未给弟弟们写信。十六日早晨收到十一月十二日家中发出的信，其中有父亲的一封信，四位老弟各一封信。这天午刻又收到九月十二日家中发出的信，内有父亲及四、六、九弟的信各一封。一切都明白了，很是高兴。

曹石樵县令对我们十分有礼，让人感动。目前寄一封信去。西坤四位，因送的物品太少，以至于产生了不高兴，现在虽然嘴上没说，但心里毕竟不免有些失望，因此特地写信给丹阁叔，让他明白我家的情况也不是很富裕的。贤弟可把这封信交给堂上几位大人看，看他们认为开诚布公是否可以？倘若堂上几位大人坚持不肯把信送去给丹阁叔，则不送也可以。

四弟的诗，又有进步。就是诗的立意不很高超，声调不很响亮。立意要高，一定提高一个层次。如说考试，那应该说科名是身外之物，不能使一个人耿耿于怀，那么立意就高了一筹。假如说必须要取得科名为荣幸，那意义就浅薄了。举这一个例子，其余便可类推。音调不响的问题需多读诗来解决，熟读古诗，音调自然就响啦！

去年树堂发的笔，也是我亲手买的“春光醉”，现在每支大钱五百文，真的不能再寄。“汉璧”还可以让人带回，但一定要等到明年会试之后，才有顺便返回湖南的人，春天是没有办法了。

五十岁看书虽然好，但不能因此耽搁自己的功课。女子无才便是德，这话不假。常家想和我家通婚，我之所以不愿意，是听说常家世兄最好依仗他们父亲的权势胡作非为，衣服鲜艳，仆人随从一大群，担心这家的女孩也有官宦人家骄傲奢侈的习惯，会乱我家规，引导我的孩子学会奢侈。现在他家几次要和我结亲家，要了甲五的生辰八字去，恐怕他家是要和我结亲家，而不是和弟弟结为亲家，这话不可不明说。

贤弟的婚事，我不能做主，但是亲家为人怎样，也要问汪三那边查问清楚。如果抽鸦片烟，那千万不能对亲；如果不抽鸦片烟，就听凭堂上大人和弟弟自己做主就行了。所谓翰堂秀才的人，那家的父子都不应该接近，我曾经见过，估计衡阳人也有知道他的。如果要对亲，或者另外请媒人也行。

六弟九月的来信，对于自己近来缺点能很了解，正有利于用功改正自己的毛病，而仍要说“终日泄泄”，这我就不理解了。家中的事，弟弟不要管，天破了自有女娲管，洪水大了自有禹王管，家事自有堂上大人管，外面的事有我管，弟弟只要安心管好自己的功课就行了，何必过问其他事呢？至于宗族姻亲，不管他和我家有无矛盾，在弟弟这一辈人全应尊重人家,关爱人家。孔子说"泛爱众而亲仁","爱人不亲反其仁,礼人不答反其敬"。目前还没有管理家事,就已矛盾重重,以后成家立业,岂不个个都是仇人?自古以来从未有和宗族乡亲结怨的圣贤,弟弟们一定不要一味地指责他人。

十一月的信中说:目前正在看《庄子》与《史记》,非常好,但做事一定要有恒心,不能说考试在即,就把未看完的书丢下。一定从头到尾,句句看完。如果能在明年把《史记》看完,则今后读书不必限定数量,也不要问科举考试是否有进展了。贤弟谈论袁(牧)的诗,谈论习字也都有体会。不过说空话没有好处,一定多做诗多临帖,方可谈论这些。比如有个人要去京城,一步也不迈,仅是在家里空谈进京的途径,又有何好处呢?即使说得唾沫四溅,又会有谁相信呢?

九弟的信,对我的规劝非常恰当,我看后,不觉为之心惊胆战。但我用功,确实脚踏实地,不敢有丝毫蒙骗别人。倘若我这样做下去,即便将来不在地方上做官,道德、文章也一定会有成绩。对上不敢哄骗天地与祖辈父辈,对下不敢哄骗各位弟弟与儿子。然而我在省城的名望一天比一天重,即便自己也不清楚是怎样有了名望的。我在京城,唯恐名不副实,因此从不主动去拜访别人,不自夸一句话,深切地为过分大的名望感到羞耻。

来信写的大场题目与发榜的信息,这边九月间早已清楚了,只是县考的案首前列几名与进学的人,至现在还不清楚。弟弟们以后写信,对这些小事及近处亲戚家的情况,必须一一详细记载。

季弟的信也谦虚、可爱。但仅是谦虚也不行,总要勤奋进步,这全部责任在于当哥哥的提醒,做表率,我没有啥可取之处,仅是近来做事读书天天有恒,可作为弟弟们的表率。四弟、六弟如果不打算以有恒来自立,则不怕给季弟做个坏榜样吗?

昨天十六日,卓秉恬拜为大学士,陈官俊得任协办大学士。自从王中堂死后,隔了三年,才任命大学士,也是少见的新闻。书不尽宜。

兄国藩手具。

【点评】

旧社会,女子的社会地位很低,要讲"三从四德";抛头露面于公众是被人耻笑的事;故此,曾氏信中提到"女子无才便是德",是历史的局限性所致。曾氏督导弟弟们的学业,不仅言传身教,细致入微地讲解,还自己率先垂范,用实际行动感化诸弟,说明持之以恒的重要性。

道光二十五年二月初一日与诸弟书

公元 1845 年 3 月 8 日

四位老弟足下:

去年十二月廿二日寄去书函,原已收到。顷接四弟信,谓前信小注中误写二字,其诗比即付还,今亦忘其所误谓何矣。

诸弟写信,总云仓忙。六弟去年曾言城南寄信之难,每次至抚院赍奏厅打听云云,是何其蠢也!静坐书院,三百六十日,日日皆可写信,何必打听折差行期而后动笔哉?或送至提塘,或送至岱云家,皆万无一失,何必问了无关涉之赍奏厅哉?若弟等仓忙,则兄之仓忙殆过十倍,将终岁无一字寄家矣。

送王五诗第二首,弟不能解,数千里致书来问,此极虚心,余得信甚喜。若事事勤思善

问，何患不一日千里？兹别纸写明寄回。

家塾读书，余明知非诸弟所甚愿，然近处实无名师可从。省城如陈尧农、罗罗山皆可谓明师，而六弟、九弟又不善求益，且住省二年，诗文与字皆无大长进。如今我虽欲再言，堂上大人亦必不肯听。不如安分耐烦，寂处里间，无师无友，挺然特立，作第一等人物，此则我之所期于诸弟者也。

昔婺源汪双池先生，一贫如洗，三十以前在窑上为人佣工画碗，三十以后读书，训蒙到老，终身不应科举，卒著书百余卷，为本朝有数名儒。彼何尝有师友哉？又何尝出里间哉？余所望于诸弟者，如是而已，然总不出乎"立志有恒"四字之外也。

买笔付回，刻下实无妙便，须公车归乃可带回。大约府试院试可得用，县试则赶不到也。诸弟在家作文，若能按月付至京，则余请树堂看。随到随改，不过两月，家中又可收到。书不详尽，余俟续具。

兄国藩手草。

【译文】

四位老弟足下：

我去年十二月二十二日发回去的书信想必你们已接到了。最近我收到四弟的来信，说我上次发去信中的注释写错了两个字。待到那首诗送回来，我也不记得那两个字为什么写错了。

你们写信总是说急忙，六弟去年曾经提起去城南发信的困难：每次先去抚院赍奏厅打探等等。这样做是何等愚笨啊！你们一年三百六十日全在书院静坐着，每天都可以写信，为何先去打听信使的行期而后才写信呢？你们或者将信送到提塘，或者送到岱云家让人带来，全万无一失，为何去问毫无关联的赍奏厅呢？如果你们忙，那么我比你们大约忙碌十倍，那样我岂不是一年全没只言片语寄回家中了！

送给王五的第二首诗，弟弟看不明白，几千里之外写信来询问，这十分虚心，我接到信很欣慰。假如每件事都勤于思考，善于询问，何愁没有一日千里的进步？现时用另外的纸写清楚，寄回家。

在私塾学习，我知道弟弟们不愿意，但近处确实没有名师可以跟从，省城里如陈尧农、罗罗山这两位先生全可以说是好老师，但六弟、九弟又不喜欢向人家请教；况且在省城呆了两年，诗文和字都未有大的长进。现在我虽然想再替弟弟们说说，可是堂上大人也一定不想听。不如静下心来，培养耐性，寂寞地待在家中，未有老师，未有朋友，傲然自立，做第一等的人物，这便是我对弟弟们的期盼。原先婺源汪双池先生十分贫穷，三十岁以前在瓷窑给别人做工画碗，三十岁以后学习，教私塾当启蒙老师一直到老，不参加科举考试，最终著有百余卷的书，成为当代有数的名儒之一。他哪里有过师友呢？又哪里出过乡里呢？我对诸弟的希望，就愿你们如汪先生一样罢了，但这总不会超出"立志有恒"四个字之外。

买笔送回去，目前实在未得方便，须待到参加会试的公车回湖南方可带回去。大约在府试院试中用得到，县试便赶不上了。你们在家里作的诗文，假如能按月寄到京城里，我则请树堂看。诗文随到随修改，不出两个月，家中又可接到。信不详尽，其余的等以后再谈。

兄国藩手草。

【点评】

本封信语言简短精练，浅显易懂。曾氏明确提出自己对诸弟的希望："立志有恒。"志，是人生的目标，有了目标才有动力，才有信心，而目标的确立并不受时间早晚、身份高低、师友有无的限制，信中曾氏特举汪氏之例来说明此意。恒，是恒心，这是获得成功的手段。愚公可以移走大山，贵在坚持；老妪可以磨石成针，贵在持久，任何事情，就怕一个“恒”字。曾氏鼓励诸弟坚持不懈怠，这对我们亦有很大的启发意义。

道光二十五年三月初五日与诸弟书

公元 1845 年 4 月 11 日

四位老弟足下：

二月有折差到京，余因眼蒙，故未写信。三月初三接到正月廿四所发家信，无事不详悉，忻喜之至。此次眼尚微红，不敢多作字，故未另禀堂上，一切详此书中，烦弟等代禀告焉。

去年所寄银，余有分馈亲族之意，厥后屡次信问，总未详明示悉。顷奉父亲示谕，云皆已周到，酌量减半。然以余所闻，亦有过于半者，亦有不及一半者。下次信来，务求九弟开一单告我为幸。

受恬之钱，既专使去取，余又有京信去，想必可以取回。则可以还江岷山、东海之项矣。岷山、东海之银，本有利息，余拟送他高丽参共半斤，挂屏、对联各一付，或者可减少利钱，待公车归时带回。父亲手谕，要寄银百两回家，亦待公车带回。有此一项，则可以还率五之钱矣。

率五想已到家，渠是好体面之人，不必时时责备他，惟以体面待他，渠亦自然学好。兰姊买田，可喜之至。惟与人同居，小事要看松些，不可在在讨人恼。

欧阳牧云要与我重订婚姻，我非不愿，但渠与其妹是同胞所生，兄妹之子女，犹然骨肉也。古者婚姻之道，所以厚别也，故同姓不婚。中表为婚，此俗礼之大失。譬如嫁女而号泣，奠礼而三献，丧事而用乐，此皆俗礼之失，我辈不可不力辨之。四弟以此义告牧云，吾徐当作信复告也。

罗芸皋于二月十八到京。路上备尝辛苦，为从来进京者所未有。于廿七日在圆明园正大光明殿补行复试，湖南补复试者四人，余在园送考，四人皆平安，感余之情。今年新科复试，正场取一等三十七人，二三等人数甚多，四等十三人，罚停会试二科。补复着一等十三人，二三等共百六十人，四等五人，亦罚停二科。立法之初，无革职者，可谓宽大。湘乡共到十人。邓铁松因病不能进场。渠吐血是老病，或者可保无虞。

芸皋所带小菜、布匹、茶叶俱已收到，但不知付物甚多，何以并无家信？四弟去年所寄诗，已圈批寄还，不知收到否？汪觉庵师寿文，大约在八月前付到。五十已纳征礼成，可贺可贺。朱家气象甚好，但劝其少学官款，我家亦然。啸山接到咨文，上有祖母已殁字样，甚为哀痛，归思极迫。余再三劝解，场后即来余寓同住。我家共住三人。郭二于二月初八到京，复试二等第八。上下合家皆清吉。余耳仍鸣，无他恙。内人及子女皆平安。树堂榜后要南归，将来择师尚未定。

六弟信中，言功课在廉让之间，此语殊不可解。所需书籍，惟《子史精华》，家中现有，准托公车带归。《汉魏百三家》，京城甚贵，余已托人在扬州买，尚未接到。《稗海》及《绥寇纪略》亦贵，且寄此书与人，则必帮人车价，因此书尚非吾弟所宜急务者，故不买寄。元明名人古文尚无选本，近来邵蕙西已选元文，渠劝我选明文，我因无暇，尚未选。古文选本，惟姚姬传先生所选本最好，吾近来圈过一遍，可于公车带回，六弟用墨笔加圈一遍可也。

九弟诗大进，读之为之距跃三百，即和四章寄回。树堂、筠仙、意诚三君，皆各有和章。诗之为道，各人路径不同，难执一己之成见以概论。吾前教四弟学袁简斋，以四弟笔情与袁相近也。今观九弟笔情，则与元遗山相近。吾教诸弟学诗无别法，但须看一家之专集，不可读选本以汩没性灵，至要至要。吾于五七古学杜韩，五七律学杜；此二家无一字不细看。此外则古诗学苏黄，律诗学义山，此三家亦无一字不看。五家之外，则用功浅矣。我之门径如此，诸弟或从我行，或别寻门径，随人性之所近而为之可耳。

余近来事极繁，然无日不看书，今年已批韩诗一部。正月十八批毕。现在批《史记》已三分之二，大约四月可批完。诸弟所看书，望详示，邻里有事，亦望示知。

国藩手草。

【译文】

四位老弟足下：

二月有信差到京城，我由于眼睛不好，因此没有写信。三月三日收到正月二十四日所寄的家信，没有啥事不详细具悉，十分欣慰。这次眼睛尚有点儿稍稍发红，不能多写字，所以未另外写给堂上大人。一切全详细写在这封信里，烦劳兄弟代我呈告堂上大人。

去年所发的银两，我有馈赠亲戚族人的想法，往后多次寄信询问，总未有详细告知我清楚，刚收到父亲的亲笔信，讲全已办妥，并酌量减了一半。但我所听到的，也有超过一半的，也有不到一半的。下次寄信来，一定请九弟写一张清单告知我最好。

受恬借的银两，既然派专人去取，我又从京城发信，料定可以取回，那么可以还岷山、东海的债务了，本来有利息。我计划送他半斤高丽参、挂屏、对联各一副，或许可以减少利息钱，待举人回去时带回。父亲说要寄一百两银子回家，也要待到举人带回，有了这些银两，又可以还率五的钱了。

率五估计已经到家了，他是爱好脸面的人，用不着时时指责他，只要用礼法对待他，他自然也会学好。兰姐买田地，十分高兴，只是和人住在一起，小事要看宽些，不能招人厌烦。

欧阳牧云要和我家重订婚姻，不是我不同意，而是他和他妹妹是同胎所生，兄妹的孩子，还是亲骨肉。古时候的婚姻之道，特别重视血缘关系的区分，因此同姓不通婚，近表亲联姻，这是很失礼法的。就好像嫁女时痛哭、祀礼上献上“三献”礼、丧事而用鼓乐，这些全是一般人在礼法上的过错，我们不能不极力避免。四弟将这个意见告知牧云，我再细细写信回答他。

罗芸皋于二月二十八日来京城，路上历尽了辛苦，是以前进京的人中所未有的。二十七日在圆明园正大光明殿补行复考，湖南补复考的有四人。我在园中送考，四人都相安无事，感激我的关心。今年新科复考，正场选一等三十七人，二、三等人数很多，四等十三人，罚停会试两科。补考的人一等十人，二、三等共一百六十人，四等五人，也罚

圆明园正大光明殿全景图

停会试两科。立法刚开始，没有人被革职，可谓宽大。湘乡共来京十人，邓铁松因为患病不能入场，他吐血是老毛病，或许平安无事。

芸皋带来的小菜、布匹、茶叶全已经收下，但不知道带的物品很多，为何没有家信？四弟去年所发的诗我已经圈点修改并寄回了，不知收到了吗？汪觉庵先生的寿文，大概在八月前接到。五十已纳征礼成，可贺可贺。朱家风气很好，但劝他少学官腔，我们家也要如此。

啸山收到咨文，上面有祖母已死等词句，十分悲痛，回家的心情很急切。我再三相劝，出场后便到我家同住。我家共住了三人。郭二于二月八日来京城，复考成绩是二等第八。全家大小都平安。我耳朵还在鸣响，未有其他毛病。妻子与子女都好。树堂在发榜后要回南方，以后选择当老师还没有决定。

六弟信中说功课在廉让之间，这句话特别不好理解。所需要的书籍，仅有《子史精华》家中目前有，预备托付举人带回。《汉魏百三家》在京城价格很贵，我已经请人在扬州购买，还未收到。《稗海》与《绥寇纪略》书价也很贵，况且托付人带书，那么一定要为人出一些车费。由于这些书不是弟所急需的，所以没买不托人带回了。元明名家古文还没有选本，最近邵蕙西已选编元文，他劝我选编明文，我由于没有空闲还没做。古文选本，唯有姚姬传先生的选本最好。我近期圈阅过一遍，可以托付举人带回，六弟用墨笔再圈阅一遍也行。

九弟的诗大有进步，读了为之欢呼，我即刻和了四首诗寄回。树堂、筠仙、意诚三人，全各有和九弟的诗。诗的技巧、个人的技法不同，很难依个人的主见来一概而论。我原来教育四弟学习袁简斋，因为四弟的文笔和袁简斋相近似。目前看弟的笔势，则和元遗山相近。我教兄弟们学诗没有别的办法。但必须看一家的专集，不能看选本，以隐没个性，至关重要。我对于五言七言古诗学杜、韩，五七律诗学杜，这两家未有一个字不细致看。此外，古诗学苏、黄，律诗学义山，这三家也是未有一个字不看。五家之外，则用的功夫很少。我的方法便是这样，兄弟们或者跟我学，或者另寻方法，找与自己性情相近的学习就行。

我最近事情很繁忙，但未有一天不读书。今年已批完韩诗一部，正月十八日即改完。目前批阅《史记》已有三分之二，大概四月能批完。弟弟们读的啥样书，盼望详细告知我。邻居有事，也希望告知我。

国藩手草。

【点评】

曾氏于该书中传达了较多信息，从家庭到科考，从读书到作诗，一一道来，如数家珍。首先是馈赠银两之事。之前曾氏的六弟、九弟曾不满大哥将钱赠与亲族，这里已作了结。然后曾氏谈到了儿女的婚事，曾氏不同意欧阳氏的婚事，因为“同胞所生”，血缘太近。书信笔墨仍侧重学业，后半部分曾氏说到自己买书情况，及学诗、和诗情况。曾氏认为学诗应看专集，“不可读选本，以汩没性灵”，这算是曾氏的一家之言吧。

道光二十五年四月十五日与父母书

公元 1845 年 5 月 20 日

男国藩跪禀父母亲大人膝下：

男于三月初六日蒙恩得分会试房，四月十一日发榜出场，身体清吉，合室平安，所有一

切事宜，写信交折差先寄。兹因啸山还家，托带纹银百两，高丽参斤半，《子史精华》六套，《古文辞类纂》二套，《绥寇纪略》一套，皆六弟信要看之书。高丽参，男意送江岷山、东海二家六两，以冀少减息银，又送金竺虔之尊人二两，以报东道之谊，听大人裁处。男尚办有送江家、金家及朱岚暄挂屏，俟郭筠仙带回，又有寿屏及考试笔等物，亦俟他处寄回。

余俟续具，男谨禀。

【译文】

男国藩跪禀父母亲大人膝下：

我于三月六日蒙受圣恩任会试房考官，四月十一日揭榜离开考场，身体健康，全家都平安。所有一切事项，写了一信交给信差先带走。现趁啸山回家之便，托付他带纹银百两，高丽参一斤半，《子史精准》六套，《古文辞类纂》两套，《绥寇纪略》一套，全是六弟来信要看的书。高丽参，我的意见是送给江岷山、东海两家六两，以希望他少要点利息钱。又送给金竺虔家的老人二两，来报答他的热情招待，听从大人决定。我还办有送给江家、金家及朱岚暄的挂屏，让郭筠仙带回。还有寿屏及考试用笔等物品，也等机会带回。

其他的以后谈。男谨禀。

【点评】

这是一封极为普通的家书，一是向父母报喜，曾氏的官职，于京城又得到升迁，做了分会试房的考官；二是向父母交代，托付人往家带去了纹银百两及高丽参和给六弟购得书籍，详细说明高丽参的馈赠用项，不难看出曾氏此人为人处世的周到。

道光二十五年四月十五日与诸弟书

公元1845年5月20日

四位老弟足下：

三月初六日余发第二号家信。是日皇上天恩，余得会试分房差，即于是日巳刻入闱。十三日始阅卷，十八房每位分卷二百七十余，至廿三日头场即已看毕，廿四看二三场，至四月初四皆看完。各房荐卷，多少不等，多者或百余，少者亦荐六十余卷。余荐六十四卷，而惟余中卷独多，共中十九人，他房皆不及。十一日发榜，余即于是早出闱。在场月余，极清吉。寓内眷口大小平安。出闱数日，一切忙迫，人客络绎不绝。

朱啸山于四月十六日出京。余寄有纹银百两，高丽参一斤半，书一包，内《子史精华》六套、《古文辞类纂》二套、《绥寇纪略》一套，到家日查收。别有寿屏及笔等项尚未办齐，待郭筠仙带归。

十四日新进士复试，题“君子喻于义”，赋得“竹箭有筠，得‘行’字”。我县谢吉人中进士，后因一切不便，故邀来在余寓住。

十五日接三月初十日家信，内有祖父、父亲、叔父手谕，及诸弟诗文并信。其文此次仅半日，忙不及改，准于下次付回。四弟之信所问，盖窦牟、窦庠、窦巩兄弟，皆从昌黎游。去年所写牟尼，实误写尼字也。汪双池先生（灿）系雍正年间人，所著有《理学逢源》等书。

郭筠仙、翊臣兄弟及冯树堂俱要出京，寓内要另请先生，现尚未定。草布一二，祈贤弟代禀堂上各位大人。今日上半天已作一函呈父亲大人，交朱啸山，大约六月可到。

兄国藩手草。

【译文】

四位老弟足下：

三月初六，我寄回第二号家书。承受皇上厚恩，任会试分房阅卷考官。于当天巳刻进入考场，十三日开始盘卷，我所在的第十八房每位考官分得试卷二百七十余份，至二十三日头场试卷就已阅完。二十四日阅着二、三场的试卷，直到四月初四才阅完。各房推荐的试卷，多少不等。多的或百余份，少的也有六十余份。我选拔了六十四份试卷，而仅有我选拔的试卷录取的最多，有十九人，其他各房都没有我这么多。十一日揭榜，我则于这天一早离开考场。在考场内一个多月我挺好，家里眷属大小全平安。出场后的几天非常繁忙，客人接连不断。

清代竹刻笔筒

朱啸山于四月十六日出了京城，我托付他带一百两纹银，一斤半高丽参，一包书——内有《子史精准》六套，《古文辞类纂》两套，《绥寇纪略》一套，待送到家后请照收。另外寿屏与毛笔等物品还没有办完，等郭筠仙回家时带去。

十四日新中进士复考，题目是《君子喻于义》，赋得"竹箭有筠，得'行'字"。我们同乡谢吉人考中进士后，因生活不方便，我请他来家里住。

十五日收到三月初十日家信，里面有祖父、父亲、叔父亲笔信，诸位弟弟的诗文及信。诗文因这次仅有半天时间，忙得来不及批改，必定于下次信中寄去。

四弟信中问的，大约是窦年、窦庠、窦巩兄弟，全是跟从韩昌黎读书的人。去年写的牟尼，"尼"字写错了。汪双池先生（名灿）是雍正年间的人，著有《理学逢源》等书。

郭筠仙、翌臣兄弟及冯树堂均要离开京城。寓内要另外请先生，目前还没有确定人选。简单写了几句，盼望贤弟代我告诉堂上各位大人。今天上午已写了一封信呈给父亲大人，交给朱啸山带回，他大概六月可到。

兄国藩手草。

【点评】

曾氏详细讲了自任阅卷考官，具体的工作分工，且于众考官中，只有自己工作业绩最好；由此看出曾氏不但学识根底深厚，而且也看到他工作认真、踏实的作风。对待每一份考卷都非常认真，一丝不苟地批改，也说明他慧眼识真才，因此，他推荐批改过的试卷取中的最多。

道光二十五年四月廿四日与诸弟书

公元1845年5月29日

四位老弟左右：

四月十六日曾写信交折弁带回，想已收到。十七日朱啸山南归，托带纹银百两，高丽参一斤半，书一包计九套。

兹因冯树堂南还，又托带寿屏一架，狼兼毫笔二十枝，鹿胶二斤，对联条幅一包（内金年伯耀南四条，朱凤暄四条，萧辛五对一幅，江岷山母舅四条，东海舅父四条，父亲横披一个，叔父折扇一柄），乞照单查收。前信言送江岷山、东海高丽参六两，送金耀南年伯参二两，皆必不可不送之物，唯诸弟禀告父亲大人送之可也。

树堂归后，我家先生尚未定。诸弟若在省得见树堂，不可不殷勤亲近。亲近愈久，获益愈多。

今年湖南萧史楼得状元，可谓极盛。八进士皆在长沙府。黄琴坞之胞兄及令嗣皆中，亦长沙人也。余续具。

兄国藩手草。

【译文】

四位老弟左右：

四月十六日，我曾寄了一封家信，交给信使带回，想必已经接到了吧。十七日朱啸山回南方，托付他带回一百两纹银，一斤半高丽参，一包书共计九套。

时间不长冯树堂也回湖南，又托付他带寿屏一架，狼兼毫笔二十支，鹿胶二斤，对联、堂幅一包，其中，金年伯耀南四条，朱凤暄四条，萧辛五对一幅，江岷山母舅四条，东海舅父四条，父亲横批一个，叔父折扇一柄，望照单验收。上次信中说赠给江岷山、东海两人各六两高丽参，赠给金耀南年伯二两高丽参，全是必须送的，还望弟弟们告诉父亲大人送去即可。

树堂回家后，我家老师还未定。弟弟们假如在省城碰见树堂，不能不殷勤接近，接近越久，自然就会觉得从中获益颇深。

今年湖南萧史楼中了状元，可谓极盛，八个进士全在长沙，黄琴坞的胞兄及其儿子都考中，也是长沙人，其余以后再写。

兄国藩手草。

【点评】

"自古江南出才子"，此话一点不假。道光二十五年，湖南萧史楼中得状元，而有八位进士都是长沙人，真可谓人杰地灵，由此不难看出，湖南自古以来，人们就很注重学业，有着底蕴较为深厚的学风，培养了大批的栋梁之才，直到现在，湖南也是高级知识分子辈出的省份。

道光二十五年五月初五日与诸弟书

公元 1845 年 6 月 9 日

四位老弟足下:

四月十六日余寄第三号交折差,备述进场阅卷及收门生诸事,内附会试题名录一纸。十七日朱啸山南旋,余寄第四号信,外银一百两,书一包计九函,高丽参一斤半。廿五日冯树堂南旋,余寄第五号家信,外寿屏一架,鹿胶二斤一包,对联条幅扇子及笔共一布包。引导此三信,皆于六月可接到。

树堂去后,余于五月初二日新请李竹坞先生(名如昆,永顺府龙山县人,丁酉拔贡,庚子举人)教书,其人端方和顺,有志性理之学,虽不能如树堂之笃诚照人,而亦为同辈所最难得者。

初二早,皇上御门办事。余蒙天恩,得升詹事府右春坊右庶子。次日具折谢恩,蒙召见于勤政殿,天语垂问共四十余句。是日同升官者:李菡升都察院左副都御史,罗惇衍升通政司副使,及余共三人。余蒙祖、父余泽,频叨非分之荣,此次升官,尤出意外,日夜恐惧修省,实无德足以当之。诸弟远隔数千里外,必须匡我之不逮,时时寄书规我之过,务使累世积德,不自我一人而堕,庶几持盈保泰,得免速致颠危。诸弟能常进箴规,则弟即吾之良师益友也。而诸弟亦宜常存敬畏,勿谓有家人作官,则遂敢于侮人;勿谓己有文学,而遂敢于恃才傲人。常存此心,则是载福之道也。

今年新进士善书者甚多,而湖南尤甚。萧史楼既得状元,而周荇农(寿昌)去岁中南元,孙芝房(鼎臣)又取朝元,可谓极盛。现在同乡诸人,讲求词章之学者固多,讲求性理之学者亦不少,将来省运必大盛。

余身体平安,惟应酬太繁,日不暇给,自三月进闱以来,至今已满两月,来得看书。内人身体极弱,而无病痛,医者云必须服大补剂,乃可回元。现在所服之药,与母亲大人十五年前所服之白术黑姜方略同,差有效验。儿女四人皆平顺,婢仆辈亦如常。

去年寄家之银两,屡次写信,求将分给戚族之数目详实告我,而至今无一字见示,殊不可解。以后务求四弟将帐目开出寄京,以释我之疑。又余所欲问家乡之事甚多,兹另开一单,烦弟逐条对是祷。

兄国藩草。

【译文】

四位老弟足下:

四月十六日,我将第三号家信交给信使,信中详细介绍了进场盘卷及收门生等事的详情,信中还附有会试题名录一份。十七日朱啸山回南方,我托付他带回第四号信,另外有一百两银子,书一包计九函,还有一斤半高丽参。二十五日冯树堂回湖南,我托他捎回第五号家信,另外有一架寿屏,一包重两斤的鹿胶,对联条幅扇子及笔共一个包裹。估计这三封信,将于六月份可能接到。

自树堂走了之后,我于五月二日新邀到李竹坞先生(名如昆,永顺府龙山县人,丁酉年的贡生,庚子年的举人)教书。此人仪容端重,性格温和,有志于情理之学,虽然不能如树堂那样以纯朴厚实感召人,但在同辈中已称得是很难求的了。

初二一大早,我去皇上的御门办事,承受天恩,升任詹事府右春坊右庶子。第二天写好奏折谢恩，受皇上在勤政殿接见，皇上询问四十余句。这天同时升迁的有：李菡升任都察院左副都御使，罗惇衍升任通政司副使，连上我一共三人。

我蒙受祖上遗留下来的荫德，多次得到我本不应得到的殊恩，这次升迁，尤其出乎意料。时时小心谨慎，修身反省，认为自己确实是未有足以担当重任的品德。弟弟们远在几千里之外，一定纠正我的缺点，时时寄信来规劝我的过失，务必不使祖上累世积下的德从我这里开始堕落。只有在一帆风顺时小心谨慎，才能免遭很快遇到颠覆的危险。弟弟们如能时常写信说些金玉良言，那么你们则是我的良师益友了。并且弟弟们也应该时时保持敬畏之心，不要以为家里有人做了官，便敢于欺负别人；不要以为自己有学问，就敢于恃才傲物，目空无人。常有敬畏之心，便是保持幸福的心态。

今年的新进士，文章做得好的人非常多，湖南的更多。萧史楼中了状元，而周荇农（名寿昌）去年中南元，孙芝房（鼎臣）又取得朝元，可以说是极致。目前同乡的人中讲究辞章之学的人虽然很多，讲究性理之学的人也不少见，今后湖南省一定会大大兴盛。

我身体很好，只是接待太繁忙，照应不过来。自从三月份做同考官以来，到今天已满两个月，一直没能看书。我妻子身体很差，可并未有病痛，医生说一定服用大补的药，才可以恢复元气。目前服用的药和母亲大人十五年前曾服用过的白术黑姜药方大抵相同，略有疗效。儿女四人全平安如常。下人们也都很好。

去年寄回家里的钱，曾叫你们将分给亲族的数目详细地告知我，而至今未有一个字写来，实在不知道是为何。望你们以后一定将账目寄来，以化解我的疑虑。还有，我很想了解家乡的事，已列出一个清单，麻烦你们一件一件地讲来细听。

兄国藩草。

【点评】

“谦受益，满招损”是一条颠扑不破的真理。曾氏的成功之道，给我们后人一个很好的警示：他人生每取得成功之时，不但自己时时提醒戒骄、戒躁，还告诉别人要给自己时刻提出缺点以便改正，这种精心求学，踏实做人的思想，怎能不值得我们后人学习呢？

道光二十五年五月廿九日与父母书

公元 1845 年 7 月 2 日

男国藩跪禀父母亲大人膝下：

五月初六日，男发第六号家信后，十七日接到诸弟四月廿二日在县所发信，欣悉九弟得取前列第三，余三弟皆取前廿名，欢慰之至。

诸弟前所付诗文到京，兹特请杨春皆改正付回。今年长进甚速，良可欣慰。向来六弟文笔最矫健，四弟笔颇笨滞，观其“为仁矣”一篇，则文笔大变，与六弟并称健者。九弟文笔清贵，近来更圆转如意。季弟诗笔亦秀雅。男再三审览堪怡悦。

男在京平安。十六七偶受暑，服药数帖，禁荤数日而愈，现已照常应酬。男妇服补剂已二十余帖，大有效验。医人云虚弱之症，能受补则易好。孙男女及合室下人皆清吉。

长沙馆于五月十二日演戏题名，状元、南元、朝元三匾同日张挂，极为热闹，皆男总办，而人人乐从。头门对联云：“同科十进士，庆榜三名元。”可谓盛矣。

同县邓铁松在京患吐血病，甚为危症，大约不可挽回。同乡有危急事，多有就男商量者，男效祖大人之法，银钱则量力佽助，办事则竭力经营。

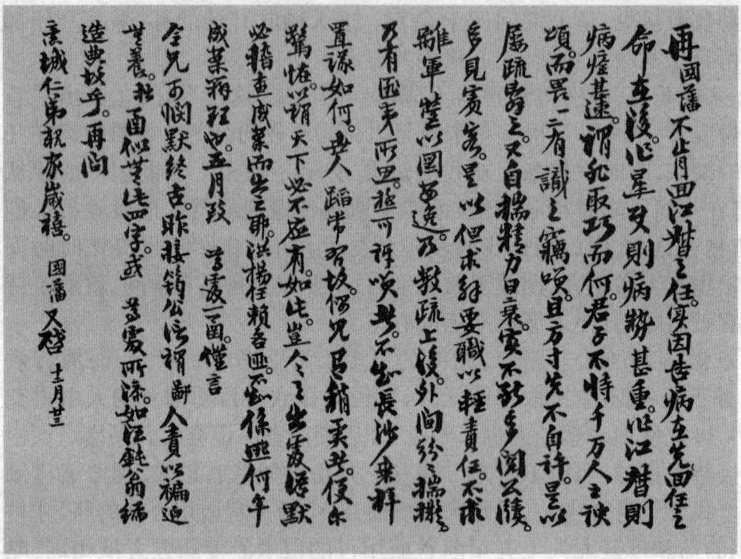

曾国藩手札

严丽生取九弟置前列，男理应写信谢他，因其平日官声不甚好，故不愿谢，不审大人意见何如？我家既为乡绅，万不可入署说公事，致为官长所鄙薄。即本家有事，情愿吃亏，万不可与人构讼，令官长疑为倚势凌人，伏乞慈鉴。

男谨禀。

【译文】

男国藩跪禀父母亲大人膝下：

五月六日，我寄回第六号家信后，十七日收到弟弟们四月二十二日于县里寄的信。可喜地得知九弟考中前三名，其他三位弟弟也全名列前二十名，非常欣慰。

弟弟们上回发来的诗文，现正特地邀杨春皆修改，已寄回。今年弟弟们进步很大，令人高兴。六弟一向文笔最矫捷，四弟文笔却拙劣，读了四弟的“为仁矣”一篇，感觉文笔大变，和六弟一样算得上是文笔矫捷了。九弟文笔清畅高贵，近期更加圆滑婉转，让人满意。季弟的诗笔也很秀致。我审阅了几遍，心里确实是很高兴。

我在京城很好。十六七日偶患中暑，服了几服药，禁吃肉食，几天便好了，目前已经能如往常工作应付。我妻服用二十余服补药，大有好转。医生说虚弱的病情，吃了补药能有功效就容易好。孩子们及家中仆人也都平安。

长沙馆在五月十二日演戏庆祝，状元、南元、朝元三块匾，一天悬挂，非常热闹，这些事全是我总管操办的，人们均乐于听从我的安排。头门上贴的对联是：“同科十进士，庆榜三名元。”可谓极兴盛。

同乡的邓铁松于京城有了吐血的病，非常危险，大抵是无法挽救了。老乡遇上病急的事情，大部分愿意来找我商议。我依照祖父大人的方法，根据个人的经济能力，尽力而行，给予扶助，办事就用尽全力，救人于危难之中。

严丽生录取九弟在前几名，我本应寄信谢谢他，但由于此人平常做官的名气不好听，因此不愿意谢他。不知大人意见怎样？我家既然是乡绅门第，千万不可上衙门里去谈说公事，那会招来当地官员的轻视。即是自己家有事，也宁可吃亏，千万不可和人打官司，那样地方官员会认为你仗势欺人。伏乞慈鉴。

男谨禀。

【点评】

道光二十五年五月十二日于京城长沙馆，庆贺状元、南元、朝元三匾同日张挂，曾氏负责操办，甚是热闹，从中看到他于同乡人的威信，及他的社会感召力；同乡病情危急之时，曾氏遵循家训竭力相助，可见其家庭也是教子有方；最难能可贵的是，曾氏身居在京官员，力劝家人尽力消除官宦家庭的恶习，不倚势欺人；宁可吃亏，也不与人打官司，这于当时是十分令人佩服的地方。

道光二十五年六月十九日与父母书

公元 1845 年 7 月 23 日

男国藩跪禀父母亲大人万福金安：

五月三十日发第七号家信，内有升官谢恩折及四弟、九弟、季弟诗文，不知到否？

男于五月中旬出瘟疹，服药即效，已痊愈矣，而余热未尽。近日头上生癣，身上生热毒，每日服银花、甘草等药。医云内热未散，宜发出不宜遏抑；身上之毒，至秋即可全好，头上之癣，亦不至蔓延。又云恐家中祖茔上有不洁处，虽不宜挑动，亦不可不打扫。男以皮肤之患，不甚经意，仍读书应酬如故，饮食起居，一切如故。男妇服附片、高丽参、熟地、白术等药已五十余日，饭量增加，尚未十分壮健，然行事起居，亦复如常。孙男女四人并皆平安，家中仆婢皆好。

前有信言寄金年伯高丽参二两，此万不可少，望如数分送，去年所送戚族银，男至今未见全单。男年轻识浅，断不敢自作主张，然家中诸事，男亦愿闻其详，求大人谕四弟将全单开示为望。

诸弟考试，今年想必有所得。如得入学，但择亲属拜客，不必遍拜，亦不必请酒，盖恐亲戚难于应酬也。

同县邓铁松之病略好，男拟帮钱送他回家，但不知能至家否？宝庆公车邹柳溪死，一切后事皆男经理。谢吉人、黄麓西皆分发江苏，周子佩、夏平皆分吏部主事。

曾受恬去年所借钱，不知已寄到否？若未到，须专人去取，万不可再缓。如心斋亦专差，则两家同去；如渠不专差，则我家独去。家中近日用度何如？男意有人做官，则待邻里不可不略松，而家用不可不守旧，不知是否？

男国藩谨禀。

【译文】

男国藩跪禀父母亲大人万福金安：

五月三十日寄第七号家书，内有升官谢恩的折子及四弟、九弟、季弟诗文，不知是否到了？

我在五月中旬，感染瘟疫，服药很快好了，已经痊愈，但余热未有褪尽，近期口头部长癣，身上患热毒，每日服银花、甘草这些药，医生说，内热未有散尽，适宜发出来不应压下去，身体的毒气，到秋天应当好转，头部的癣也不会蔓延，又说可能家中坟茔有不清洁的地方，即便不适合搬动，也不能不清扫。我以为皮肤的病，不太在意，依然学习应酬如同往来，饮食起居也一如既往。我的妻子服用附片、高丽参、熟地、白术等药已过五十多天，饭量有所增加，还不是十分强壮，但做事生活也与原来一样。孙子、孙女四人都好，家中仆人、丫鬟也都好。

上次发信说寄二两高丽参赠给金年伯，这千万不可减少，盼望如数送去。去年赠送亲

曾国藩夫人像

戚族人的银两，我现在没有见到清单。我年轻，见识短浅，绝不会擅自做主，但家里的各种事情，我也想了解清楚。恳求大人让四弟将清单写好寄给我为盼。

弟弟们的会试，今年料定有所收获，倘能入学，只管选择亲属拜客，不必普遍地拜，也没必要请酒，由于害怕亲戚族人不好应酬。

同乡邓铁松的病症略有减轻，我打算帮助他银钱好送他回家，但不清楚能否到家？宝庆举人邹柳溪死了，一切后事全是我在处理。谢吉人、黄麓西全分配到江西任职，周子佩、夏平都分配吏部任主事。

曾受恬去年所欠的钱，不知已经送到家没有？假如未有到，要专人去拿，千万不可以晚了，如心斋也派专差，那么两家一同去，如他不派专差，那我家一家去，家里近期钱的开支如何？我的意见是有人做官，那么对邻居不能不略宽一些，而自己家花费不能不像原来。不知讲得对不对？

男国藩谨禀。

【点评】

曾氏信里写到"男意有人做官，则待邻里不可不略松，而家用不可不守旧"，人在贫穷时，勤俭持家还容易，但生活富裕了，再想勤俭便不那么容易，这是人们惯有的通病。而曾氏于此嘱咐家人，虽然家中有在外做官的，生活富裕了，也应继续保持勤俭的家风，越是有做官的越应对众乡邻好些，这才是长久保持家业安泰的正道，曾氏所持的人生观点的确十分可贵。

道光二十五年七月初一日与父母书

公元 1845 年 8 月 3 日

男国藩跪禀父母亲大人万福金安：

六月廿一日，男发第八号家信，不审到否？中言头上生癣，身上生热毒云云，近日请医细看，头上亦非癣也，皆热毒耳。用生地煮水常洗，或用熬浓汁法厚涂患处即愈。现在如法洗涂，大有效验。盖本因血热而起，适当郁蒸天气而发，生地凉血而滋润，所以奏功。特此告知，望大人放心。

寓中大小平安。陈岱云之妾于二十二日到京，其幼子寄在男处养者，渠已于廿四日接归自养。同乡各家，并皆如旧。

李双圃先生（象鹍）由贵州藩台进京，奉旨以三品京堂候补，虽在渠为左迁，而湖南多一京官，亦自可喜。

今年考试，想四位老弟中必有入泮者，然世事正难逆料，万一皆不得售，则诸弟必牢骚、抑郁、愤懑不平，此亦人之情也。如果郁忧，则问四弟、六弟、九弟三人中，或有愿进京者，不妨来京一游，可以广耳目，豁心胸，可以叙兄弟之乐，亦男所甚望也。如诸弟不愿来，则不必强，恐其到京而急于思归也。如有一位入学者，则亦不必，恐家中既办印卷，又办途费，银钱艰窘也。如皆不进，而诸弟又甚愿来，则望大人张罗途费，毋阻其愤发之志而遏其抑郁之气，幸甚。如季弟愿来，则须有一兄同来乃妥。

邓铁松病势日危，恐不复能回南。屡劝之勿服药，渠皆不听，今之病者皆药误之也。

去年大人教男写字不宜斜脚，男近日已力除此弊。自去年六月起，无论行楷大小字，皆悬腕、悬肘，是以力足而不精致，伏求大人教训。

男谨禀。

【译文】

男国藩跪禀父母亲大人万福金安：

六月二十一日，我寄出第八号家信，不知是否收到？信里说头部长癣，身体生热毒等等。近几天让大夫细看，原来头部也不是癣，全是热毒。用生地煮水经常洗，或用生地煮浓汁厚厚地抹在患处便会好，目前用这种办法洗涤涂抹，大有缓解。患病本是由于血热引起的，正好碰上这种沉闷炎热的天气，因此就发作了，生地此种药凉血而又滋润，所以有功效。特地告知父母亲，盼望大人放心。

家中大小都好，陈岱云的妾于二十二日来京城，他放在我家的小儿子，已于二十四日接回去个人养，老乡在京城的各个家庭都未有啥事。

李双圃先生（象鹍）从贵州藩台之任上调来京城，奉旨以三品京堂候补，虽说他是降了职，但湖南人在京城多了一位京官，也是可贺的。

今年考试，估计四位老弟中一定有入学的。然而世上的事很难预知，一旦都入不了学，弟弟们便必会牢骚抱怨，心情郁闷，气愤不平，这亦是人之常情。假如抑郁烦恼，就征询四弟、六弟、九弟三人中是否有愿意来京城的，不妨来京城逛逛，可以增加见识，开阔视野，可以畅谈兄弟之娱，这也是我很希望的。假如弟弟们全不愿来，也不要勉强，担心他们到了京城又着急想回家。倘如有一个人入了学，那么也不要来京，担心家里既办印卷，又要筹集路费，经济上困顿。假如弟弟们都未有进学，而又很想来，则盼望大人筹措路费，不要阻挡他们奋进有为的志向，也不要压制他们心中的郁闷懑气，这样便很好。假如季弟愿意来，一定有一个哥哥一同来才稳妥。

邓铁松病情日益恶化，恐怕是不能再回湖南了，我多次劝诫他不要吃药，他不听，现在的病，全是药给耽搁的。

去年大人教我练字时，不应斜脚，我近日已尽力改掉这种毛病。自去年六月起，不管行书、楷书、大字、小字全悬腕悬肘，可力气使大了，字写出来又不漂亮，恳求大人给以指导。

男谨禀。

【点评】

信中再次给父母介绍自己头、身上发得癣疾，通过治疗，病情有所好转，好让父母放心；又非常关心弟弟们的学业，担心他们万一入不了学，会自暴自弃；再次劝告父母注意他们情绪变化，有意愿来京城的，就让他们来，以便散心。曾氏对弟弟们的如此细致的关怀之情，令人感动。

道光二十五年七月十六日与父母书

公元 1845 年 8 月 18 日

男国藩跪禀父母亲大人万福金安：

六月廿一日发第八号家信，七月初二日发第九号信，想俱收到。十四日接到四弟在省发信，内有大人手谕，具悉一切，不胜欣慰。家乡一切近事，及去年分赠之项，至是始昭然明白矣。

男在京平顺，惟身上热毒至今未好，其色白，约有大指头大一颗，通身约有七八十颗，鼻子两旁有而不成堆，余皆成堆，脱白皮痂，发里及颈上约二十余颗，两胁及胸腹约五十余，现以治癣之法治之，有效与否，尚不敢必。幸喜毫无他病，饮食起居如常，读书写字应酬亦如常。男妇服补剂渐好。孙儿读《尔雅》，后读《诗经》，已至《凯风》，朔望行礼，颇无失仪。孙女及合寓皆平安。

荆七在陈宅，光景尚好。男想叫他回来，不好安置，他亦腼颜不愿回家。若男得主考学政，或放外官，则一定叫他回来，带他上任。京官毫无出息，陈宅有小印结分，故荆七在陈宅比我家好些。男已将此意告荆七，乞家中并告渠兄弟也。

前次写升官信，未详职守。詹事府本是东宫辅导太子之官，因本朝另设有上书房教阿哥，故詹事府诸官毫无所事，不过如翰林院为储才养望之地而已。男居此职，仍日以读书为业。

汪觉庵师寿文准于八月折差付回。温甫弟生子不育，想不免伤感，然男三十始生子，六弟今年二十三耳，叔父母不必忧虑。四弟与常家对亲甚好。男拟寄挽联一副（挽常老太姻母），亦在下次寄回。同乡诸家如旧，惟何子贞脚痛已久，恐仓卒难好，邓铁松病亦难好，余俱平安。

男谨禀。

【译文】

男国藩跪禀父母亲大人万福金安：

六月二十一日寄回第八号家信，七月二日寄回第九号家信，估计都已收到。十四日收到四弟在省城寄来的信，里面有大人亲笔信。具悉一切，十分高兴。家乡一切近事及去年分送各家银两，到现在才全然明白。

我在京平安，仅是身上热毒至今没好。这些毒泡呈白色，约有拇指头大一颗。全身约有七八十颗，鼻子两边有，但不聚集，其他地方全成堆，脱白皮痂，头发里及颈项上约有二十多颗，两胁及胸腹约有五十多颗，目前用治癣的法子来治，是否有效，还不敢确定。幸亏没有其他病，饮食生活正常，读书写字招应也如往常一样。

我妻服用补剂后身体渐渐强壮。您的孙子看完《尔雅》后，又读《诗经》，已看到《凯风》一章。逢到长辈全施以礼节，在礼貌方面没有一点欠缺。孙女及全家都好。

荆七在陈家，情况尚好。我想让他回来，又不好安排，他也不好意思不想回来。如果我当上主考学政，或到外地任官，就一定叫他回来，带他同去。做京官没有啥出路。陈家有些进项，因此荆七在陈家比在我家好些。我已把此意告诉荆七，恳求家中告知他兄弟一声。

前一次写信讲到升迁，但未有说明升迁之后做什么。詹事府本是东宫中辅助太子的官，因本朝另设有上书房教太子，因此詹事府的官员们没有啥事做，无非像翰林院一样，是个存放人才的地方。我任此职，每日仍以学习为业。

汪觉阉老师的寿文必须于八月交折差送回来，温甫弟生的儿子未有养活，思之不免伤感。然而我于三十岁才有儿子，六弟今年二十三岁，叔父母不要忧虑。四弟和常家结亲很好。我打算发挽联一副（挽常老太姻母），也在下次寄回。

同乡于京各家均无事。只有何子贞脚疼了很长时间，恐怕近期难以好转。邓铁松的病也难以好。其他人都平安。

男谨禀。

【点评】

曾氏提到自己身上的症状，好像是疱疹，它是属于疱疹病毒感染的皮肤病，在当时医学尚不发达的社会，此病很难治愈，又讲到自己的差事，虽说提升官职，也是个闲差；尽管曾氏有皮肤病折磨着他，但他始终没停顿自己的学业，这种求学的精神很值得我们学习。

道光二十五年七月三十日与诸弟书

公元 1845 年 9 月 1 日

四位老弟足下：

七月十六发第十号家信，想已收到。廿九日折差到京，问之系七月十一在省起行。维时诸弟正在省，想是府考将毕之时，岱云之弟及各家皆有信来京，而我弟无信来，何也？余自十四日接到澄侯六月廿三之信，不胜欣慰。日日望府考信到，乃折差至而竟无信，殊不可解。

余在京身体如常。前日之病，近来请医生姜姓（名士冠）细看，云是肺胃两家之热，发于皮毛，现在自头上、颈上以至腹下，无处无之。其大者如钱，小者如豆，其色白，以蜜涂之，则转红紫色，爬破亦无水，不喜着衣盖被，盖燥象也。此外毫无所病，一切饮食起居，大小二便，并皆如常。据姜医云，须用清凉药使肺胃之热退尽，然后达于皮毛，不可求速效，两月内则可全好矣。言之甚为有理，余将守其说而不摇。

六弟之文，昨日始找出“乐道人之善”一首，其文甚有识见道理，准于下次折差带回。此外诸弟尚有文在京者否？若有，须写信来清出。汪觉庵师寿文，今日始作就，付回查收。

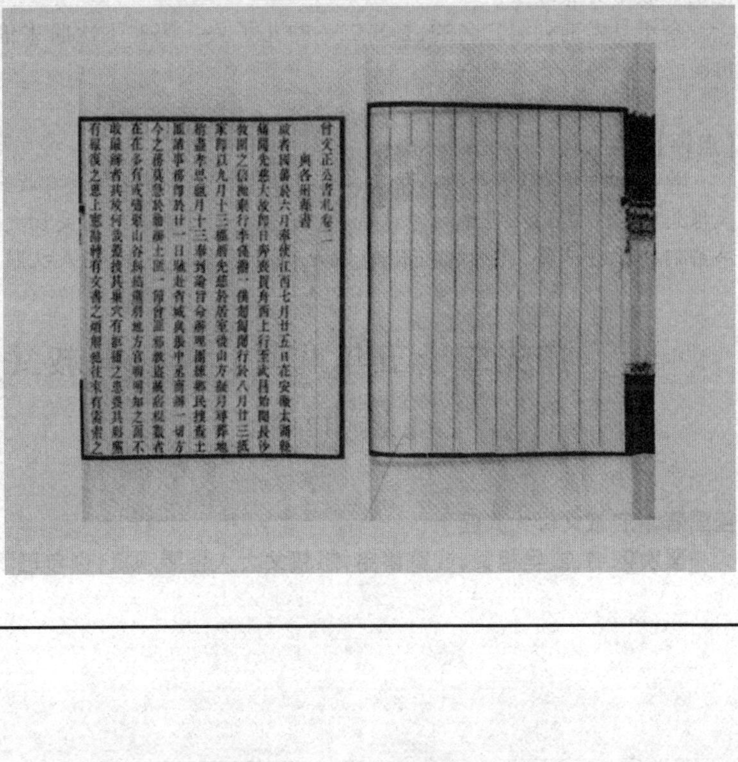
曾文正公書札卷二
與各州縣書

曾文正公书札

若有不妥处，即请觉庵师改正可也。

邓铁松病势不轻，于八月初五日起行回南。此人利心甚炽，余去年送大钱十千，今又送盘费十两，渠尚怏怏有觖望。王荆七自去年来，不常至我家。昨日因奉父亲大人之命，故唤他来，许他凡我得外差，或得外官，即带他出京。他现欢天喜地，常来请安。然自此次惩戒之后，想亦不敢十分鸱张矣。

今年县前列第二名，是葛二一之子关一否？下次书来，乞示我。余俟续布。

兄国藩手具。

【译文】

四位老弟足下：

七月十六日寄回第十号家信，估计已经收到。二十九日信使到京城我问他，他于七月十一日在省城起身的。那时弟弟们正在省城，估计是府考快结束的时候，岱云的弟弟及各家都有信来京，而我弟未有信来，为何呢？我自十四日收到澄弟六月二十三日的信，十分高兴，时刻盼望有府考消息的信来，可信使来了竟然未有信，很不可理喻。

我在京身体如同往常。前段时间的病，近期请姜士冠医生详看，说是肺、胃两脏器的燥热散发到皮肤毛发，目前从头部脖子上直至腹下，无处没有毒泡。大的像铜钱大，小的像豆子小。颜色是白的，用蜂蜜抹了，则变成红紫色，挠破了也没有水。不爱穿衣盖被，这是身体发热的表现。除此之外没有其他的病，一切饮食起居，大小便全正常。据姜医生说，一定用清凉药，使肺和胃里的热全褪尽，然后药效才到达皮肤毛发。不能求速效，两个月内便能痊愈了。他讲得很有道理，我将信奉他的说法不退却。

六弟的作文，昨天刚找出《乐道人之善》一篇，这篇文章很有见解，很有哲理，必须在下次交给信使带回。除此之外，弟弟们还有作文在京城吗？如有，请寄信来寻找出来。

汪觉庵老师的寿文，今天刚写好，发回查收。若有不当之处，便请觉庵老师批改好了。

邓铁松病情不轻，于八月五日动身回南方。此人利欲心太浓。我去年赠送给他大钱十千，今天又赠送路费十两，他还怏怏地瞧似失望。

王荆七从去年以来不常来我家，昨天因听从父亲大人之命，叫了他来，承诺如我得了外差或外官，便带他出京城。他目前欢天喜地，常来请安。然而自这一次惩罚之后，估计他也不敢十分放肆了。

今年县考前列第二名的，是葛二一的儿子关一吗？下次盼来信告知我。其他的以后再谈。

兄国藩手具。

【点评】

曾氏信中提到，岱云的弟弟及各家均有信来京，而他却没有收到弟弟们的信。由于曾氏很想了解弟弟们在省城的考试情况，正是处于对弟弟们的关切之情，才便于信中道出对弟弟们的抱怨情绪，此种晓之以理、动之以情的深切关怀，令人叹服。

道光二十五年八月廿一日与叔父母书

公元 1845 年 9 月 22 日

侄国藩谨启叔父母大人座下：

屡次家书，或呈祖父，或寄诸弟，想叔父大人皆赐观览，今年已寄十一次矣。而家中诸弟寄京信，侄每嫌其不详。平日在家时寄省无便，侄亦不怪。昨府考以六月十八到省，而折差七日初九进京，诸弟无信。八月初一折差进京，仅四弟一信，六弟九弟季弟皆无信。四弟信又太略，府考共考几场？每场是何题目？开点何人？前列何人？皆不写一句。院考题目，考古题目，道案首及进学何人，亦皆不写一句。去年考试亦如此。侄期望甚切，而毫不能得音信，真不可解。九弟前在京时，望家信亦甚切，而归去后亦懒于寄信，何也？

侄今年自五月来，满身热毒，烦躁之至，加以应酬最繁，而每次家信必详细言之。现在身上热毒，已服四十余帖，尚未得好。据医者云，虽无大害，然必至十一月乃能去尽。幸饮食起居如恒。因家中客多，不甚清净，于昨十八日移寓吕祖阁庙内，离家不过半里，而在庙内起火食，无事从不归去。家中侄妇及侄孙、侄孙女三人，皆平安如常。侄孙《诗经》已读至《定之方中》。

同乡诸家，亦皆如旧。同年中祁宿藻放湖北黄州府知府。本家心斋仙逝，实为可哀。下次折差，必作书慰毅然宗伯。四弟六弟不审已进京否？若未来，仍须发奋，不可牢骚废学。

侄谨启。

【译文】

侄国藩谨启叔父母大人座下：

我多次给家中寄信，或者呈交祖父大人，或者发给弟弟们，估计叔父大人都已阅览过，今年已寄了十一次信了。而家里弟弟们的来信，侄儿我感觉全不够详细。平常在家乡发信到省城不方便，我不责怪。前不久，弟弟们参加府试，于六月十八日去了省城，而信使七月初九进京，弟弟却未有信来。八月一日信使又进京，仅四弟有一封信，六弟、九弟、季弟全没信。四弟的信又太简单，府考共考了几场？每场题目是啥？开点是什么人？前列是什么人？都不写一句。院考题目、考古题目、哪人考了第一及哪人进了学，也都不写一句，去年考试也是这样。侄儿我盼望甚切，而一点消息都得不到，真不能理解。九弟从前在京城时，盼望家信也是很急切的，但回家后，也不愿写信了，为何？

侄儿我从今年五月以来遍身热毒泡，烦躁得很，加以应酬繁忙，每次家信全说得很仔细。目前身上的热毒泡，已服了四十八服药还不见缓解。据医生说这种病未有大的危害，但一定要等到十一月才能根治。幸亏饮食起居还正常。因家里客人多，不太安静，我于昨天（十八日）搬迁到吕祖阁庙里住，离家不过半里地，而自己在庙里吃饭，没事不回去。家中侄妻及孩子三人都好。您的侄孙子读《诗经》已经读到《定之方中》一章。老乡在京城的几家也都如旧。同年人中祁宿藻离京出任湖北黄州府知府。我的本家心斋病逝，确实可哀，下次信使来，一定写信安慰毅然宗伯。

四弟、六弟不知是否已动身进京？如没有来，仍须刻苦努力，不要抱怨满腹，荒废学问。

侄谨启。

【点评】

此封书信是曾氏写给叔父的。信中再次抱怨弟弟们很少给他写信，即便有信也不详细，言外之意，曾氏是想通过叔父督促弟弟们多写信和他交流，以便使其更多、更好地了解弟弟们的学业及家中的情况。一个拳拳孝子之心溢于言表。

道光二十五年九月十七日与叔父书

公元 1845 年 10 月 17 日

侄国藩谨启叔父大人座下：

八月廿二日发十二号家信，想已收到。九月十五、十七连到两折差，又无来信，想四弟六弟已经来京矣。若使未来，则在省还家时，必将书信寄京。

侄身上热毒，近日头面大减。请一陈姓医生，每早丸药一钱，又小有法术，已请来三次，每次给车马大钱一千二百文。自今年四月得此病，请医甚多，服药亦五十余剂，皆无效验；惟此人来，乃将面上治好，头上已好十分之六，身上尚未好。渠云不过一月即可痊愈。侄起居如常，应酬如故，读书亦如故，惟不做诗文，少写楷书而已。侄妇及侄孙儿女皆平安。陈岱云现又有病，虽不似前年之甚，而其气甚馁，亦难骤然复元。

湘乡邓铁松孝廉于八月初五出京，竟于十一日卒于献县道中。幸有江岷樵（忠源）同行，一切附身附棺，必信必诚。此人义侠之士，与侄极好。今年新化孝廉邹柳溪在京久病而死，一切皆江君料理，送其灵榇回南。今又扶铁松之病而送其死，真侠士也。扶两友之柩，行数千里，亦极难矣！侄曾作邹君墓志铭，兹付两张回家。

今年七月忘付黄芽白菜子，八月底记出，已无及矣。请封之典，要十月十五始可颁恩诏，大约明年秋间始可寄回。

闻彭庆三爷令郎入学，此是我境后来之秀，不可不加意培植，望于家中贺礼之外，另封贺仪大钱一千，上书侄名，以示奖励。余不具。

侄谨启。

【译文】

侄国藩谨启叔父大人座下：

八月二十二日寄回第十二号家信，估计已收到。九月十五、十七接连有两名信使到达，但都未有家里的来信，我想是由于四弟、六弟已经进京了吧。如果还没有来，那自省城回家之前，可以一同寄信来京城。

侄儿身上的热毒，近来已渐减轻，头部康复得也挺快。最近请了一位姓陈的医生，每日早上吃一钱丸药，而且此人小有医术，已请了三次，每次车马费一千二百文。自从今年四月份患这个病以来，聘请了很多医生，吃药也有五十余剂，全不见好转。仅有这个陈姓医生来，才将面部毒泡治愈，头部已好了十分之六，身上还没有好。他说不到一个月便可痊愈。侄儿我起居如旧，应酬如常，学习也如故。仅是不做诗文，少写楷书而已。侄妻及孩子们都好。

陈岱云目前又有病，虽不像前年那么严重，但他的精神状态很不好，担心也难以一下就康复。八月初五，同乡邓铁松孝廉出京，竟不幸病死在去献县的路上。幸而有江岷樵、忠源同行，一切葬衣葬棺全是二位必信必诚地张罗，他们是侠义之士，和侄儿极亲密，今年，新化孝廉邹柳溪，在京城病了很久才故去，一切后事均是江君操办，并送他的灵柩回老家。后来又伺候生病的邓铁松，直到为他处理后事，真是侠义之人。护送两个朋友的灵柩长途劳顿几千里，也是极艰难的。侄儿我曾写了一篇邹君墓志铭，现发两张回家。今年七月忘了发黄芽白菜籽，八月底想起来了，可也迟了。

请封之典，欲十月十五日才能颁布皇上恩诏，大概明年秋天才能寄回。

传言彭庆三爷的儿子入学。这是我们家乡的后辈之秀，不能不注意培养，盼望在家里的贺礼之外，另外包一个一千大钱的礼单，上面写上我的名字，表示奖励，其余不一一禀告。

侄谨启。

【点评】

本封信是曾氏写给小叔骥云的。信中谈到了自己与友人的健康状况，其中友人的过世让曾氏感到难过。曾氏于开篇说到"热毒"一事，这困扰曾氏好长时间。他告知叔父，一个陈姓医生可以将此病治好，请叔父放心。接着信中提到了陈岱云病情难复原、邓铁松病死途中，邓铁松的灵柩由江忠源帮助运回家乡。曾氏对江忠源评价甚高，称之为"真侠士"。他热心公益事，还兴办团练，建立军功，后来因兵败投水自杀，可谓"以死义节"。

道光二十五年十月初一日与叔父母书

公元 1845 年 10 月 31 日

侄国藩谨启叔父母大人万福金安：

九月十八日发第十三号信，是呈叔父者，廿一日发十四号信，是寄九弟者，想俱收到。廿三日四弟六弟到京，体气如常。

廿四日皇上御门，侄得升翰林院侍讲学士。每年御门不过四五次，在京各官出缺，此时未经放人者，则候御门之日简放，以示"爵人于朝，与众共之"之意。侄三次升官，皆御门时特擢，天恩高厚，不知所报。

侄合室平安。身上疮癣尚未尽净，惟面上于半月内全好，故谢恩召见，不至陨越以诒羞，此尤大幸也。

前次写信回家，内有寄家毅然宗丈一封，言由长沙金年伯家寄去。心斋之母奠仪三十金，此项本罗苏溪寄者，托侄转交，故侄兑与周辑瑞用，由周家递金家。顷闻四弟言，此项，已作途费矣，则毅然伯家奠分，必须家中赶紧办出付去，万不可失信。谢兴岐曾借去银三十两，若还来甚好，若未还，求家中另行办去。又黄麓西借侄银二十两，亦闻家中已收。

侄在京借银与人颇多，若侄不写信告家中者，则家中不必收取。盖在外与居乡不同：居乡者紧守银钱，自可致富；在外者有紧有松，有发有收，所谓大门无出，耳门亦无入，全仗名声好，乃扯得活。若名声不好，专靠自己收藏之银，则不过一年即用尽矣。以后外人借侄银者，仍使送还京中，家中不必收取。去年蔡朝士曾借侄钱三十千，侄已应允

清代笔架

作文昌阁捐项，家中亦不必收取。盖侄言不信，则日后虽有求于人，人谁肯应哉？侄于银钱之间，但求四处活动，望堂上大人谅之。

又闻四弟六弟言，父亲大人近来常到省城县城，曾为蒋市街曾家说坟山事、长寿庵和尚说命案事，此虽积德之举，然亦是干预公事。侄现在京四品，外放即是臬司。凡乡绅管公事，地方官无不衔恨。无论有理无理，苟非己事，皆不宜与闻。地方官外面应酬，心实鄙薄。设或敢于侮慢，则侄腼然为官而不能免亲之受辱，其负疚当何如耶？以后无论何事，望劝父亲总不到县，总不管事，虽纳税正供，使人至县。伏求堂上大人鉴此苦心，侄时时挂念独此耳。

侄谨启。

【译文】

侄国藩谨启叔父母大人万福金安：

九月十八日寄回第十三号信，是交给叔父的，二十一日寄回第十四号信，是交给九弟的，估计都已经接到。二十三日四弟、六弟到达京城，身体气色都不错。

二十四日举行皇上御门典礼，侄儿荣升任翰林院侍讲学士。皇上每年御门不超四五次，在京的官职有了空闲，这时没有经补缺的，则得待到御门典礼那天任命，用此表达“爵人于朝，与众共之”的思想。侄儿三次升官，全是御门典礼时特别提拔的。天恩殊厚，不知如何报答。

侄儿全家好。身上疮癣还没有痊愈，仅有脸上在半月内全好了。因此谢恩时皇上如召见，不至于有碍观瞻，这确是天大的幸运。

上次给家里写信，其中装着给毅然长辈的一封信，谈到自长沙金大伯家里发去用做曾心斋母亲祭奠金的三十两银子。这笔礼金本是罗苏溪发的，托我转送，因此我兑换给周辑瑞暂用，由周家交给金家。方才听四弟说，这笔钱已经分做路费了，那么毅然伯家的奠礼金一定赶紧由家里拿出发去，决不能失信用。谢兴岐曾从我这里借了三十两银子，倘如还回来便更好，如果没有还，请求家人另想办法交付人家。此外黄麓西借我的二十两银子，也听说家里已经要回去了。

我在京城借给很多人钱财，如果我不寄信告知家里，家里则不必索要。在外面与在乡下不同，在乡下的人严格掌管银钱，自然可以致富；在外面的人既要有严紧，又要有宽松，有借出去的，也有要回来的，这便是人们常说的大门没有出去的，小门也就没有进来的。全仗着名声好，才能够在社会上立稳脚跟；如果名声不好，专门靠自已积攒的银子，那么不到一年，就花完了，今后外人借了侄儿银钱的，仍然让他送还到京中，家中不要收取。去年蔡朝十曾经借了侄儿三十千钱，侄儿已经承诺作为给文昌阁的捐款，家中也不要收回。如果侄儿没有信用，那么以后即使有求于人，人家肯答复吗？侄儿对于银钱的往来，只求四处挪筹。希望堂上大人谅解。

听四弟、六弟讲父亲大人近来时常去省城、县城，曾为蒋市街曾家说坟山一事，为长寿庵和尚游说人命案子的事。这虽然是积善之举，却也是干预公事。侄儿目前在京为四品官，外放则是臬司。若是乡绅干预公事，地方官没有不记恨在心的。不论有没有道理，只要不是个人的事，全不适合参与。地方官表面上应付，心里其实瞧不起你；倘若还敢于羞辱怠慢，那么侄儿即使做了官也不能使亲人免受侮辱，那负罪感该是怎样的？今后不管什么事情，盼望劝父亲一定不要去县里，一定不要过问地方政务。即便是交纳法定的赋税，也要派别人去县里。恭敬地请求大人们理解这番苦心，我挂念的仅是这件事情而已。

侄谨启。

【点评】

信义第一，这是曾国藩处世为人的原则，也是他后来能网罗人才的重要原因之一。银钱关系历来是人际关系的焦点之一，反映着一个人的品质和待人接物的能力。当时，向他借钱的大部分是赴京参加科考或办事的同乡。日后肯定能归还，若家人前去索要，不仅有违解囊相助的初衷，而且势必扰乱曾氏的收支安排。可见，曾氏对复杂的银钱关系此既能泾渭分明，又有远见卓识。

此外，信中还透彻地剖析了地方为官的心态，劝诫父亲莫要依仗自己的权势干预地方政务，曾氏在此件事情上的做法与那些纵容家人横行霸道的官僚相比，尤见其明智、有胸怀、有远见。

道光二十五年十月廿九日与父母书

公元1845年11月28日

男国藩跪禀父母亲大人万福金安：

十月初二，男发十五号家信。二十八日接到手谕第九号，系九月底在县城所发者。

男等在京平安。身上疮毒至今未得全好，中间自九月中旬数日，即将面上治愈，毫无疤痕，系陈医之力，故升官时，召见无陨越之虞。十月下半月，又觉微有痕迹，头上仍有白皴皮，身上尚如九月之常。照前七八月则已去其大半矣，一切饮食起居，毫无患苦。

四弟六弟用功皆有定课，昨廿八始开课作文。孙男纪泽《郑风》已读毕，《古诗十九首》亦已读毕。男妇及三孙女皆平顺。

前信言宗毅然家银三十两，可将谢山益家一项去还。顷接山益信，云渠去江西时，嘱其子办苏布平元丝银四十两还我家，想送到矣。如已到，即望大人将银并男前信送毅然家。渠是纹银，我还元丝，必须加水，还他三十二两可也。萧辛五处鹿胶，准在今冬寄到。

初十皇太后七旬万寿，皇上率千官行礼。四位阿哥皆骑马而来，七阿哥仅八岁，亦骑马雍容，真龙种气象。十五日皇上颁恩诏于太和殿，十六日又生一阿哥。皇上于辛丑年六秩，壬寅年生八阿哥，乙巳又生九阿哥，圣躬老而弥康如此。

男得请封章，如今年可用玺，则明春可寄回，如明夏用玺，则秋间寄回。然既得诏旨，则虽诰轴未归，而恩已至矣。望祖父先换蓝顶，其四品补服，候男在京寄回，可与诰轴并付。

湖南各家俱平安。余俟续具。

男谨禀。

清代四品文官官服上的补子

【译文】

男国藩跪禀父母亲大人万福金安：

十月二日，儿寄回第十五号家信。二十八日收到父母亲大人第九号亲笔信，是九月底在县城寄出的。

我们在京平安，我身上疮毒至今尚没有全好。中间自九月中旬起那几天，脸上的泡毒曾即将痊愈，没有疤痕，是依赖陈医生的医术，因此升官时皇上召见未有见不得圣上的忧虑。十月下半月，又觉得稍有痕迹，头部仍有白皱皮，身上还是与九月份时一样。与七八月相比，便已是好了大半了。一切生活起居，全毫无痛苦。四弟、六弟用功读书，都有规定的计划，昨天二十八日起开课做文章，您的孙子纪泽已看完《诗经》中的《郑风》，《古诗十九首》也已读完，我妻及三个孙女都好。

上次交代宗毅然家银子三十两，可用谢山益家那一欠款去还。刚收到山益来信，说他到江西时，吩咐他的儿子办苏准备元丝银四十两还给我家，估计已经送到了。如果已经接到，希望大人把银两和我上次去的信交到毅然家。他借给咱们的是纹银，我还元丝银，应该多还一点，可以还他三十二两。萧辛五那里的鹿胶，肯定在今年冬季收到。

十日为皇太后七十大寿，皇上率百官行大礼，四位皇子全骑马而来。七皇子年仅八岁，也骑在马上，仪容庄重，确实是龙种气派。十五日皇上于太和殿发布恩诏。十六日又生一皇子。皇上于辛丑年已年满六十，壬寅年生八皇子，乙巳年又生九皇子。皇上的身体如此的越老越健康。

我为祖父求诰命封典，如果今年使用上宝玺，那么明年春天能够发回；如果明年夏天能用上宝玺，那么秋天便能够发回。但是既然领到了诏旨，那么即便诰轴还未拿到手，而皇恩已经到了。望祖父先换蓝顶官服，四品补服等我在京发回，可和诰轴一起带回。湖南在京的各家都平安，余俟续具。

男谨禀。

【点评】

曾氏脸部疮毒即将痊愈，幸得皇上的召见，得以升官，自然是心中窃喜；多次蒙受皇上的殊恩，虽他自己说时感觉诚惶诚恐，但也看出他为官之道的智谋，以及对社交礼仪、金钱往还的妥当处理，显示他善于笼络各种社会人才，并逐渐在社会上培植自己的势力范围。

道光二十五年十一月二十日与父母书

公元 1845 年 12 月 18 日

男国藩跪禀父母亲大人万福金安：

十一月初一发十六号家信，内有覃恩条例单，不知收到否？男头上疮癣至今未愈，近日每天洗二次，夜洗药水，早洗开水，本无大毒，或可因勤洗而好。闻四弟言家中连年生热毒者八人，并男共九人，恐祖坟有不洁净处，望时时打扫，但不可妄为动土，致惊幽灵。四弟六弟及儿妇孙男女等皆平安。

男近与同年会课作赋，每日看书如常，饮食起居如故。四弟课纪泽读，师徒皆有常程。六弟文章极好，拟明年纳监下场，但现无银，不知张罗得就否。

同乡唐镜海先生已告病，一明春即将回南。所著《国朝学案》一书，系男约同人代为发刻，其刻价则系耦庚先生所出。

前门内有义塾，每年延师八人，教贫户子弟三百余人，昨首事杜姓已死，男约同人接管其事，亦系集腋成裘，男花费亦无几。

纪泽虽从四弟读书，而李竹屋先生尚在男宅住，渠颇思南归，但未十分定计耳。

诰封二轴，今年不能用玺，明年乃可寄回。萧辛五七月处，已于十一月寄鹿胶一斤、阿

胶半斤与他。家中若须鹿胶、阿胶,望付信来京,以便觅寄。

男谨禀。

【译文】

男国藩跪禀父母亲大人万福金安:

十一月一日寄回第十六号家信,里面有覃恩条例单,不知可否收到?

我头部的疮癣至今没有好。最近每天洗两次头,夜里用药水洗,清晨用开水洗。本来没有多大的毒,或许多洗会好的。听四弟讲家乡连年患热毒病的就有八个人,加上我则是九个了,担心祖坟上有不清洁的地方,盼时常打扫,但不能轻易动土,孩子们都好。

我近来和同年人会课作赋,每天读书如故,生活起居如故。四弟督促纪泽学习,师徒均要有不变的功课。六弟作文极好,预备明年捐个监生,参加科举考试,但目前没有钱,不知能否筹借到银子。

老乡唐镜海先生已告病假,明年春季就回湖南。他写的《国朝学案》一书,是我邀同人代为刻印的,刻书费则是耦庚先生出的。

前门内有一所义塾,每年聘请八位教师,教穷人子弟三百多人,昨天义塾管理人杜某已死,我邀同人代管了这一义塾,也是大家捐资,集腋成裘,我所费没多少。

纪泽虽然跟随四弟学习,而李竹屋先生尚在我家住,他很想回湖南,但还没最后决定。

诰封二轴,今年还不能用玺,明年方可发回。

萧辛五那里,已于十一月发去鹿胶一竹、阿胶半斤给他。家中假如需要鹿胶、阿胶,请寄信来京,以便有机会带回。

男谨禀。

【点评】

曾氏头上疮癣至今未好,癣症本是顽固性皮肤病,加之医学不发达,自然难以治愈,可曾氏两次在信中提及迷信他人所讲说其老家祖坟有不洁净的地方,乃纯粹无中生有。一些庸医的混淆视听,就连博学多闻的曾氏,也信奉这一套,何况寻常百姓呢?可见,愚昧的封建迷信,于当时人们的思想观念中多么根深蒂固,害人匪浅。

道光二十六年正月初三日与父母书

公元1846年1月29日

男国藩跪禀父母亲大人万福金安:

乙巳十一月廿二日发家信十七号,其日同乡彭棣楼放广西思恩府知府。廿四日,陈岱云放江西吉安府知府,岱云年仅三十二岁,而以翰林出为太守,亦近来所仅见者,人皆代渠庆幸,而渠深以未得主考、学政为恨。且近日外官情形,动多掣肘,不如京官清贵安稳。能得外差,固为幸事,即不得差,亦可读书养望,不染尘埃。岱云虽以得郡为荣,仍以失去玉堂为悔,自放官后,摒挡月余,已于十二月廿八出京。

是夕渠有家书到京,男拆开,接大人十一月廿四所示手谕,内叔父及九弟季弟各一信,彭茀庵表叔一信,具悉家中一切事。

前信言莫管闲事,非恐大人出入衙门,盖以我邑书吏欺人肥己,党邪嫉正。设有公正之乡绅,取彼所鱼肉之善良而扶植之,取彼所朋比之狐鼠而锄抑之,则于彼大有不便,必且造作谣言,加我以不美之名,进谗于官,代我构不解之怨。而官亦阴庇彼辈,外虽以好言待我,实则暗笑之而深斥之,甚且当面嘲讽。且此门一开,则求者踵至,必将日不暇给,不如一切谢绝。今大人手示,亦云杜门谢客,此男所深为庆幸者也。

男身体平安。热毒至今未好,涂药则稍愈,总不能断根。

十二月十二,蒙恩补充日讲起居注官;廿二日又得充文渊阁直阁事。两次恭谢天恩,兹并将原折付回。讲官共十八人,满八缺,汉十缺,其职司则皇上所到之处,须轮四人侍立。直阁事四缺不分满汉,其职司则皇上临御经筵之日,四人皆侍立而已。

四弟六弟皆有进境。孙男读书已至《陈风》。男妇及孙女等皆好。

欧阳牧云有信来京,与男商请封及荐馆事。二事男俱不能应允,故作书婉转告之。外办江绸套料一件、丽参二两、鹿胶一斤,对联一付,为岳父庆祝之仪,恐省城寄家无便,故托彭棣楼带至衡阳学署。

朱尧阶每年赠谷四十石受惠太多,恐难为报,今年必当辞却。小斗四十石,不过值钱四十千,男每年可付此数到家,不可再受他谷,望家中力辞之。毅然家之银想已送矣,若未送,须秤元银三十二两,以渠来系纹银也。

男有挽联,托岱云交萧辛五转寄毅然家,想可无误。岱云归,男寄有冬菜十斤、阿胶二斤、笔四枝、墨四条、同门录十本;彭棣楼归,男寄有蓝顶二个、四品补服四付,俱交萧辛五家转寄,伏乞查收。

男谨禀。

【译文】

男国藩跪禀父母亲大人万福金安:

乙巳年十一月二十二日寄回第十七号家书。当日老乡彭棣楼被受命为广西思恩府知府。二十四日,陈岱云被受命为江西吉安府知府,岱云年仅三十二岁,以翰林身份做太守,这在近年也是少有的。大家全为他感到庆幸,而他自己却非常以不能任主考、学政为遗憾,况且观近来地方官的情况,许多行动全受限制,不比京官清闲安稳。能够得到去各地的职位,定然是好事,即便得不到差使,也可以看书养性,增长名望,不染世俗。岱云虽以做太京为荣幸,可还是为离开翰林院而郁闷。自任职诏书下达后,不接见客人一个多月,已经在十二月二十八日离京赴任。

晚上他有家信到京,我拆开,收到大人十一日二十四日所寄的亲笔信,内有叔父及九弟季弟的信各一封,彭茀庵表叔的信一封,家里一切事都明白了。上次信讲别管闲事,不是担心大人到县衙门去走动走动,而是由于县衙门里的官吏欺人利己,和坏人为伍,嫉恨正人君子,假如有主持正义的乡绅,对被这些人欺压的善良之人加以帮助,对他们的狐朋狗友等小人进行制约,对他们来说自然不好,必会散布谣言,将种种罪名加在我身上,在当官的面前屡进谗言,不自觉便会结下很深的怨仇。而为官的也往往背地里庇护此等小人,表面虽还算对我好言好语,实际上背后讥笑并尽力挤压,甚至也当面嘲笑,何况此例一开,便使求您办事的人会接二连三,必然以后没有清闲,不如一概谢绝。今收到大人亲笔来信,说已闭门谢客。这是我深为父亲大人感到高兴的。

清代掐丝珐琅八宝纹长方熏炉

我身体平安。热毒至今没好,涂了药便稍好一点,但总不能根除。

十二月十二日,承蒙圣恩补任日讲起居注官。二十二日,又得任文渊阁直阁事。两次敬谢天恩,现把谢恩奏折发回。讲官共有十八人,满人八位,汉人十位,责任是皇上走到哪里,一定四人一班侍立皇上身边,随防皇上咨询。直阁事四人,不分满人、汉人,全可任职,其责任是,皇上临御经筵时,四人都必须侍立身旁而已。

四弟、六弟都有进步。您的孙子读书已读到《阵风》,我妻及您的孙女等都好。

欧阳牧云有信来京,和我商量请求诰封与推荐学馆的事情。两件事儿全不能答应,因此写信婉言回绝他。另外置办了江绸套料一件、二两高丽参、一斤鹿胶、一副对联,作为送给岳父的庆祝礼物。可能从省城发到家不方便,因此委托彭棣楼带到衡阳学署。

朱尧阶每年赠送稻谷四十石给我家,要人家好处太多,可能今后难以回报,今年一定谢绝。小斗四十石稻谷不过价值四十千钱,我每年可发这笔钱给家里,不要再收受他的稻谷了。盼望家中一定辞谢,毅然家的银子估计已经送去了,若还没有送,一定送足元银三十二两,由于他借给我的是纹银。

儿有挽联,拜托岱云交萧辛五转交毅然家,估计可能没有差错。岱云同乡,我托付他带了十斤冬菜、两斤阿胶、四支笔、四条墨、十本同门录。彭棣楼回老家,我托他带有两个蓝顶、四套四品补服,全交给萧辛五家转交。希望照收。

男谨禀。

【点评】

这是一封治家书。文中先简略交代了友人陈岱云官职的变化:外放江西任从四品知府,这对政绩上一直无较大突破的陈岱云来说是一次超擢;然后曾氏劝谏父母"杜门谢客":"无论有理无理,苟非己事,皆不宜与闻。"。曾氏官至翰林侍从,长沙识与不识者多至父母家中送钱送物,虽有不乏诚心祝贺的,但是也有人另怀意图。曾氏洞悉人情世故,他明白自己不过是个小官,如果因为受礼一事遭到弹劾,他是无力应对的,因而他规诫父母不与闻地方事务实为明智之举。

道光二十六年二月十六日与父母书

公元1846年3月13日

男国藩跪禀父母亲大人万福金安:

正月初三日发第一号家信。初七日彭棣楼太守出京,男寄补服四付、蓝顶二个,又寄欧阳沧溟先生江绸褂料一件、对联一付、高丽参二两、鹿胶一斤,又寄彭茀庵表叔鹿胶一斤。二月初寄第三号家信,想俱收到。

男等在京合室平安。男病尚未痊愈,二月初吃龙胆泻肝汤,甚为受累,始知病在肝虚,近来专服补肝之品,颇觉有效,以首乌为君,而加以蒺藜、山药、赤芍、兔丝诸味。男此时不求疮癣遽好,但求脏腑无病,身体如常,即为如天之福。今年虽不能得差,男亦毫无怨尤。

同乡张钟涟丁艰,男代为张罗一切,令之即日奔丧回里。黎樾乔于二月十四到京。

四弟近日读书,专以求解为急,每日摘疑义二条来问,为男煮药求医及纪泽教读,皆四弟独任其劳。六弟近日文思大进,每月作四书文六首、经文三首,同人无不击节称赏。

请封之事,大约六月可以用玺,秋冬可以寄家。余详四弟书中。

男谨禀。

【译文】

男国藩跪禀父母亲大人万福金安：

儿子于正月初三发回了第一封家信。彭棣楼太守于初七这一天出京城前去赴任，我顺便托付他带去补服四套、蓝顶两个；另外还有送给欧阳沧溟先生的一件江绸褂料、一副对联、二两高丽参与两斤鹿胶；又带给彭茀庵表叔一斤鹿胶。我于二月初又发回了第三号家信。想必现在都已经接到了。

我全家人于京城相安无事。仅是我的病现在尚未痊愈，二月初起吃龙胆泻肝汤，感觉很累，后来才知道病根是肝虚。近来专门服补肝的东西，还觉得有疗效。这个药方以首乌为主，加上蒺藜、山药、赤芍、兔丝各味药。我这时不期求疮癣好得快，只要内脏没病，身体健康，便是天大的福气了。今年即便不能升任官职，我也毫无怨言。

近日，老乡张钟涟家的老人不幸死去，我受他所托，代替操办京城的一切事务，以便他当天可回家处理丧事。黎樾乔于二月十四日到了京城。

最近四弟学习之时，专门以解决疑问为急务，每日都要抄录两条不明白的问题来问我。目前为我煎药、请医生，还有教纪泽学习这些事，全是四弟一个人左右忙碌。六弟近来文思大有长进，每月写六篇四书文、三篇经文，同事们阅后都拍手称赞。

最后再说请封的事，此事大约六月份能够得到皇上的准许，想来秋冬之交就可以寄回家。其他诸事详见四弟所寄之信。

男谨禀。

【点评】

此封家书，曾氏详写让人往家带回的物品；又讲到自己的皮肤病仍未痊愈，只要自己的身体健康，官职是否迁升都无所谓，此时的曾氏更注重的是自己的身体，名利是身外之物，并没看得那么重要，曾氏的心态恰好和当今社会的某些贪图名利的人形成极大的反差，更有甚者只顾眼前的一己私利，不惜铤而走险。

道光二十六年三月廿五日与父母书

公元 1846 年 4 月 15 日

男国藩跪禀父母亲大人万福金安：

上次男写信，略述癣病情形，有不去考差之意。近有一张姓医，包一个月治好，偶试一处，居然有验，现在赶紧医治，如果得好，男仍定去考差，若不愈，则不去考差。总之，考与不考，皆无关紧要。考而得之，不过多得钱耳，考而不得，与不考同，亦未必不可支持度日。每年考差三百余人，而得差者通共不过七十余人，故终身翰林屡次考差而不得者，亦常有也，如我邑邓笔山、罗九峰是已。男只求平安，伏望堂上大人勿以得差为望。

四弟已写信言男病，男恐大人不放心，故特书此纸。

男谨禀。

【译文】

男国藩跪禀父母亲大人万福金安：

上次我寄信大约叙述了癣症的情况，有不想考差的意思。最近有一姓张的医生，说保证一个月治好，随即试了一块癣，竟然见效，目前正抓紧治疗。如果治得好，我仍决定去考差，如果不好，便不去考差。总之，考或不考，都无所谓。考取一官差，无非多得些钱，考不上官差,和不考一样,也不定就过不了日子。每年考职位的三百多人,而得到官职的不过七十多人。因此有的翰林一生多次考职位而没有得到官职的,也是常有的事,像我县的邓笔山、罗九峰便是这样。我只求平安,希望堂上大人不要以我得到官职为盼。

四弟已寄信说我生了病,我担心大人不放心,因此特地写这封信。

男谨禀。

【点评】

曾氏此封信再次向父母表明淡泊名利的思想,由于自己的癣疾也不方便去考差,只要能保住自己的健康身体,平安就是福气。曾氏的心态对于生活在今天的人们很有借鉴意义。尤为物欲横流的当今,私欲极为膨胀,好多贪赃枉法的官员,翻身落马,一败涂地,难道不令人警醒吗?

道光二十六年四月十六日与国荃国葆书

公元1846年5月11日

子植、季洪两弟左右:

四月十四日接子植二月、三月两次手书,又接季洪信一片,子植何其详,季洪何其略也!

今年以来,京中已发信七号,不审俱收到否?第六号、第七号,余皆有禀呈堂上,言今年恐不考差。彼时身体虽平安,而癣疥之疾未愈,头上面上颈上,并斑剥陆离,恐不便于陛见,故情愿不考差。恐堂上诸大人不放心,故特作白折楷信,以安慰老亲之念。

三月初有直隶张姓医生言最善治癣,贴膏药于癣上,三日一换,贴三次即可拔出脓水,贴七次即痊愈矣。初十日,令于左肋试贴一处,果有效验。廿日即令贴头面颈上,至四月八日而七次皆已贴毕,将膏药揭去,仅余红晕,向之厚皮顽癣,今已荡然平矣。十五六即贴遍身,计不过半月,即可毕事,至五月初旬考差,而通身已全好矣。现在仍写白折,一定赴试。虽得不得自有一定,不敢妄想,而苟能赴考,亦可上慰高堂诸大人期望之心。

寓中大小安吉,惟温甫前月底偶感风寒,遂痛左膝,服药二三帖不效,请外科开一针而愈。

澄弟去年习柳字,殊不足观;今年改习赵字,而参以李北海《云麾碑》之笔意,大为长进。温弟时文已才华横溢,长安诸友多称赏之;书法以命意太高,

颜真聊像,出自明·天然撰《历代古人像赞》。颜真卿是唐代著名书法家,开创了书法中的"颜体",曾国藩常临摹其书法作品《郭家庙碑》。

笔不足以赴其所见，故在温老自不称意，而人亦无由称之。故论文则温高于澄，澄难为兄；论书则澄高于温，温难为弟。子植书法驾涤、澄、温而上之，可爱之至，可爱之至！但不知家中旧有《和尚碑》（徐浩书）及《郭家庙碑》（颜真卿书）否？或能参以二帖之沉著，则直追古人不难矣。

狼兼毫四枝既不合用，可以二枝送辛田叔，以二枝送莆表叔。正月间曾在岱云处寄羊毫二枝，不知已收到否？至五月，钟子宾（名音鸿，戊戌同年，放辰州府知府）太守往湖南，又可得再寄二枝。以后两弟需用之物，随时写信至京可也。

祖父大人嘱买四川漆，现在四川门生留京者仅二人（敖册贤，陈世镳），皆极寒之士。由京至渠家有五千余里，由四川至湖南有四千余里，彼此路皆太远。此二人在京常半年不能得家信，即令彼能寄信至渠家，渠家亦万无便可附湖南。九弟须详禀祖父大人，不如在省以重价购顶上川漆为便。

做直牌匾，祖父大人系貤封中宪大夫，父亲系诰封中宪大夫，祖母诰封恭人，母亲诰封恭人。京宫中加一级请封，侍讲学士是从四品，故堂上皆正四品也。蓝顶是暗蓝，余正月已寄回两顶矣。

书不宣尽，诸详澄、温书中。今日身上敷药，不及为楷，堂上诸大人，两弟代为禀告可也。

【译文】

子植、季洪两弟左右：

四月十四日收到子植二月、三月两次的来信，又收到季洪的一封信。子植的信写得很详细，季洪的信却很简略！今年以来，我已在京城发回七封信，不知全收到了吗？第六、第七封信中我均禀告堂上大人，说今年大约不能考差了。那时身体虽说健康，可疮癣的病未好，头部脸上脖子上全斑驳脱皮，或许不方便与皇上见面，因此情愿不考差。担心堂上各位大人放心不下，所以特地用楷书很恭敬写了一封信，避免长辈挂念。

三月初有直隶省姓张的医生，传说最善于治癣，将膏药贴于癣上，三日换一次；贴三次，便可拔出脓水；贴七次，则可痊愈。初十那天，我让他在左胁贴了一处试试，果然奏效。二十日则让他把膏药贴在头部脸上颈部，到四月初八，已经贴了七次，将膏药撤去，仅有些红，先前皮肤上厚厚一层顽固的癣疮，到目前已荡然无存。十五六日则贴身上，料定不超过半个月，则可痊愈，等五月初旬考差时，浑身的疮癣全都好了。目前依然练习考差专用的书法，必须去参加考试。能否得差，是由上天注定的，我也不敢痴想，但只要可以参加考试，就可安慰各位高堂长辈的心了。

家里大小都很好。仅有温甫上月底突然伤风感冒，左膝也痛，吃了二三服药也不见减轻，请外科医生打了一针才好。澄弟去年研习柳体字，很不成功，今年换成赵体字，并参照李北海《云麾碑》的笔法，大有长进。温弟八股文已练得才华超群，在京城的各位朋友均夸奖他。由于书法命意太高。笔下又力不从心，温弟他本人并不满足，别人也感觉不太好。因此论文章是温弟比澄弟强，澄为兄长确实羞愧；比书法则澄弟比温弟强，温不好做弟弟。

子植书法在涤、澄、温之上，实在难得！实在难得！却不了解家里原来有的《和尚碑》（徐浩写的）与《郭家庙》（颜真卿写的）是否还在？若能参考这两个帖子的功力，则是要赶上古人也不太难了。

狼兼毫笔四支既然不好使，可以赠给莘田叔二支，送给彭茀庵表叔二支。正月里尚在岱云家叫他带两支羊毫笔，不知是否收到？待五月钟子宾（名音鸿，戊戌同年，离京任长州府知府）太守去南方，又能让他带两支羊毫笔。往后两位弟弟需要用任何东西，尽管写信来京城告知我。

祖父大人叫我买四川产的漆,目前四川门生留在北京的仅有两人(敖册贤、陈世镳),全是很穷的读书人。自京城去他们的老家有五千多里路,从四川去湖南又有四千多里路,彼此路途太遥远了。这两个人在京城常常是半年也接不到一封家信,即便让他们写信回家,他们的家里人也难以有机会让人带到湖南。望九弟告诉祖父大人,尚不如就在省城花高价钱买些最好的四川漆方便。

做直书牌匾,祖父大人还是封为中宪大夫,父亲也诰封中宪大夫,祖母还是封为恭人,母亲诰封恭人。在京做官的长一级请封,我所任侍讲学士是从四品,因此堂上各位大人全封为正四品。蓝顶颜色为暗蓝色,我已经于正月里捎回去两顶蓝顶。

要讲的太多了,一时也写不完,别的事在给澄弟、温弟的信里已详细介绍。现在身上贴了药,写楷书不太方便。堂上各位大人,两位弟弟代为告诉即可,就不另外写信了。

【点评】

信中提到六弟温甫文章作得极好,得到同人们的称赞,但书法方面欠缺。出于兄长的关爱,写信给家里要字帖《和尚碑》及《郭家庙碑》以模仿。又讲到给家中各位大人请封之事,做直牌匾。奉行以孝治天下。因此,曾氏于京城得到官位,家中的堂上大人也跟着请封。

道光二十六年五月十七日与父母书

公元 1846 年 6 月 10 日

男国藩跪禀父母亲大人万福金安:

四月十七日男发第八号家信,言男一定考差。五月初二日赴圆明园,初六日在正大光明殿考试,共二百七十人入场,湖南凡十二人。首题为"无为小人儒",次题"任官惟贤才"一节,诗题"灵雨既零,得'沾'字"。

男两文各七百字,全卷未错落一字,惟久病之后,两眼朦胧,场中写前二开,不甚得意,后五开略好。今年考差,好手甚多,男卷难于出色。兹命四弟誊头篇与诗一首寄回,伏乞大人赐观,知男在场中不敢潦草,则知男病后精神毫无伤损,可以放心;知男写卷不得意,则求大人不必悬望得差。堂上大人不以男病为忧,不以得差为望,则男心安恬矣。

男身上癣疾,经张医调治,已愈十之七矣。若从此渐渐好去,不过闰月可奏全效。寓中大小平安。男妇有梦熊之喜,大约八九月当生。四弟书法日日长进。冯树堂于五月十七到京,以后纪泽仍请树堂教,四弟可专心读书。六弟捐监,拟于本月内上兑,填写三代履历、里乡户长一切,男自斟酌,大人尽可放心。纪泽书已读至"浩浩昊天",古诗已读半本,书皆熟。三孙女皆平安。

同乡各家皆如常,惟湘阴易问斋(文浚)丁艰。湖南在京小考入学者六人,皆系好手。黄正斋小京官六年报满,三月已升主事。杜兰溪四月升官员外郎,今年亦与考差。

京师今年久旱,屡次求雨,尚未优渥,皇上焦思。未知南省年岁何如也?

男谨禀。

【译文】

男国藩跪禀父母亲大人万福金安:

四月十七日,我寄第八号家信,说我必须参加考差。五月二日去圆明园,六月在正大光明殿考试,共二百七十人进场,湖南籍的共有十二人。首场题目是"无为小人儒",第二

清·象牙雕柳荫弈棋图笔筒

场题目是“任官惟贤才”一节，诗题“灵雨既零，得‘沾’字”。我两篇作文各七百字，全卷未有错落一个字。仅是久病之后两眼看东西模糊不清，在考场中写的八股文，前两股不太满意，后五股稍微好一些。

今年考职位，高手很多，我的考卷难以出色。目前叫四弟把头一篇文章和一首诗抄写寄回，伏求大人一阅，可知我在考场中不敢轻视应付，也可知我病后头脑一点未有损失，可以放心。也可知我的考卷不太满意，还请大人不必盼望我能得什么官差。高堂大人不要因我的病而担心，不要因我未有得到官差而失望，那么我的心就安稳了。

我身体的癣病，经张医生医疗，已好了十分之七了。如果从此逐渐好下去，不等闰月就可以痊愈。家中老少平安。我妻有喜了，大概八九月就生了。四弟的字迹天天都有进步。冯树堂在五月十七日来京城，今后纪泽仍叫树堂教学。四弟好用心学习。六弟捐监生的事，计划于本月内上兑银两，填写三代简历，里邻户长等等，我自会考虑，大人尽能放心。纪泽书已读到“浩浩昊天”，古诗已念了半本，念过的书全熟。三孙女也都好。

老乡各家都如旧，仅是湘阴易问斋（名文浚）家中老人病故。湖南在京小考入学的有六人，均是好手。黄正斋京官六年任期已满，三月已升任主事。杜兰溪四月升任员外郎，今年他也参加了考试。

京城今年大旱，多次祈雨，还没见老天下雨，皇上焦躁思虑。不知南方各省今年收成怎样？

男谨禀。

【点评】

曾氏详细介绍了考官差的事宜，表明了自己态度，好让堂上大人放心；又讲到四弟的学业问题，为不耽搁其学业，又给纪泽请了老师，并说明了四弟的书法大有进步。信中说到京城久旱无雨，旧时的农业大多靠老天吃饭，没有水源也是困扰农业经济发展的关键因素，而人们把希望寄托于上天保佑，这是愚昧落后的思想所致。

道光二十六年闰五月十五日与父母书

公元 1846 年 7 月 8 日

男国藩跪禀父母亲大人万福金安：

五月十八日发第九号家书，内有考差诗文。男自考差后，癣疾日愈，现在头面已不甚

显矣，身上自腰以上，亦十去七八，自腿部以下尚未治。万一放差，尽可面圣谢恩，但如此顽病而得渐好，已为非常之喜，不敢复设妄想矣。

六弟捐监，于五月廿八日具呈，闰月初兑银，廿一日可领照，六月初一日可至国子监考到，十五即可录科。仰承祖、父、叔父之余荫，六弟幸得成就功名，敬贺敬贺。

男身体平安，现服补气汤药，内有高丽参、焦术。男妇及孙男女四人并如常。

四弟自树堂来教书之后，四弟工课益勤。六弟近日文章虽无大进，亦未荒怠。余俟续呈。

男谨禀。

【译文】

男国藩跪禀父母亲大人万福金安：

五月十八日寄回第九号家信，里面有考差时作的诗文。我自考差后，癣病一天天减轻，目前头上脸上已不太明显。身体自腰部以上已治好了十分之八，腿以下尚没有治疗。万一考得官差，完全可以去见皇上谢恩了。如此顽固的病却逐渐地好转，已是十分高兴，不敢再多有妄想了。

六弟捐监生，在五月二十八日拿文呈报，闰月初兑银交涉，二十一日可领取官照，六月一日可去国子监考核报名，十五日即可正式录取。仰承祖父、父亲、叔父的荫庇，六弟幸运地有了功名，庆贺庆贺。

我身体平安，目前服汤药补元气，药内有高丽参、焦术。我妻及您的孙儿、孙女四人全无事。四弟自从树堂代替他教纪泽学习后，做功课更加刻苦。六弟近来文章虽未有大长进，可也没有荒芜。其余的以后再谈。

男谨禀。

【点评】

曾氏告知父母自己头上、脸上的癣病已渐好，如能考得一官差，见皇上谢恩便可无忧了；又谈到六弟捐监生的事挺顺利，这全仰仗堂上各位大人的荫德，实在是值得庆幸的事；再是四弟现在能够专心学业，更加勤奋，这都是使曾氏感到自豪的事，自不必细说，自然有他的一份功劳。

道光二十六年七月初三日与父母书

公元 1846 年 8 月 24 日

男国藩跪禀父母亲大人万福金安：

闰五月廿六日，男发家信第十一号，想已收到。邹云陔出粤西差，男寄有高丽参半斤、鹿胶一斤、膏药三十个、眼药三包、张湘纹金顶一品，大约七月初可到省城，家中月半后可接到也。

六弟六月初一日在国子监考到，题“视其所以”，经题“闻善以相告也”二句，六弟取列一百三十名。廿五日录科，题“齐之以礼”，诗题“荷珠，得‘珠’字”，六弟亦取列百余名。两次皆二百余人入场。

男等身体皆平安，男妇及孙男女皆安泰。今年诰封轴数甚多，闻须八月始能办完发下；男于八月领到，即恳湖南新学院带至长沙。男另办祖父母寿屏一架，华山石刻陈抟所书“寿”字一个，新刻诰封卷一百本，共四件，皆交新学院带回，转交陈岱云家。求父亲大人于九月廿六七赴省。邹云陔由广西归，过长沙不过十月初旬。渠有还男银八十两，面订交陈季牧手。父亲或面会云陔，或不去会他，即在陈宅接银亦可。十月下旬，新学院即可到省，渠有关防，父亲万不可去拜他，但在陈家接诰轴可也。

若新学院与男素不相识，则男另觅便寄回，亦在十月底可到省，最迟亦不过十一月初旬。父亲接到，带归县城，寄放相好人家或店内，至廿六日令九弟下县去接。廿八日夜，九弟宿贺家坳等处。廿九日祖母大人八十大寿，用吹手执事接诰封数里，接至家，于门外向北置一香案，上竖圣旨牌位，将诰轴置于案上，祖父母率父母望北行三跪九叩首礼。

寿屏请萧史楼写。史楼现未得差，若八月不放学政，则渠必告假回籍，诰轴托渠带归亦可也。一切男自知裁酌。

兹寄回黄芽白菜籽一包，求查收。余俟续呈。

男谨禀。

【译文】

男国藩跪禀父母亲大人万福金安：

闰五月二十六日，我寄出第十一号家信，估计已收到。邹云陔去广西出差，我托他带高丽参半斤、鹿胶一斤、膏药三十个、眼药三包、张湘纹金顶一品，大概七月初可到省城，家里七月中旬以后可能接到。

六弟六月一日在国子监考核报名，考题是“视其所以”，经书考题是“闻善以相告也”二句。六弟名列第一百三十名。二十五日复试，题目是“齐之以礼”，诗题是“荷珠，得‘珠’字”，六弟也名列百余名。两次考试均有二百多人参加。

我们身体都平安，我妻及孩子们也都好。今年诰封数量很多，听说等八月才能办完发下来。我于八月领到后，则恳请新任的湖南新学院带到长沙。我另外还置办了一架送给祖父母的寿屏，又有华山石刻陈抟写的寿字一个，再有新刻诰封一百本，共有四件物品。全交给新学院带回，转送陈岱云家。请父亲大人于九月二十六七日去省城。邹云陔从广西经过长沙不会超过十月上旬。他要还我八十两银子，已说好交到陈季牧手里。父亲或者亲自见一下云陔，或不去见他，就在陈家接收这笔钱也行。十月下旬新学院就可到长沙。他有官司在身，父亲不要去拜会他，仅在陈家接过诰封即可。

假如到时候新学院和我素不相识，我会另找方便的机会妥当带回，也不过就在十月底能送到长沙，最晚不过十一月上旬。父亲接到后，带回县城，存放在关系好的人家或旅店里，等二十六日让九弟到县城去接。二十八日夜，九弟住于贺家坳等处。二十九日祖母大人八十大寿，雇用吹鼓手，执事走出去八里迎接诰封，送到家，在门外向北放一香案，案上竖圣旨牌位，把诰封放在香案上，祖父母率父母向北行三跪九叩首的礼。

寿屏请萧史楼写。史楼目前还未得官差，倘若八月份还不受命他做学政，那他必会告假回原籍，诰封托他带回也是可以的。一切事情儿自会斟酌办理。现寄回黄芽白菜籽一包请查收。其他的以后再谈。

男谨禀。

【点评】

曾氏于京城做四品官员，他的祖父母、父母都得到皇上的诰封，对于寻常百姓自是十分荣耀的事。因是皇帝的亲封，必然会对诰封十分恭敬、庄重。曾氏写信给其父如何细致、周到地安排家中人迎接诰封之事宜。

道光二十六年九月十九日与父母书

公元1846年11月7日

男国藩跪禀父母亲大人万福金安：

九月十七日接读第五、第六两号家书，喜堂上各老人安康，家事顺遂，无任欢慰。

男今年不得差，六弟乡试不售，想堂上大人不免内忧。然男则正以不得为喜。盖天下之理，满则招损，亢则有悔；日中则昃，月盈则亏，至当不易之理也。男毫无学识而官至学士，频邀非分之荣，祖父母、父母皆康强，可谓极盛矣。现在京官翰林中无重庆下者，独我家惟享难得之福。是以男栗栗恐惧，不敢求分外之荣，但求堂上大人眠食如常，阖家平安。即为至幸。万望祖父母、父母、叔父母，无以男不得差、六弟不中为虑，则大慰矣。况男三次考差，两次已得；六弟初次下场，年纪尚轻，尤不必挂心也。

同县黄正斋，乡试当外帘差，出闱即患痰病，时明时昏，近日略愈。

男癣疾近日大好，头面全看不见，身上亦好九分。十八生女，男妇极平安，惟体太弱，满月当大补养。在京一切，男自知谨慎。

八月廿三日，折差处发第十四号信，廿七日，周缦云处寄寿屏，发十五号信。九月十二日，善化郑七处寄诰封卷六十本，发第十六号信，均求查收。

男谨禀。

【译文】

男国藩跪禀父母亲大人万福金安：

九月十七日收到并敬读第五号、六号家书。高兴地明白堂上各位老人安康、家事和顺，实在是无限欣慰。

我今年未得差使，六弟参加考试不中，料想堂上大人内心不免担忧；但我却正由于没有得差使而感到高兴。天下事理，盈满就必定会招致损害，高做就必定会招来灾祸，日到中午后便要西斜，月盈后就要损缺，这均是至今不变的道理。我无才能而官至学士，多次蒙受非分的荣恩，家中祖父母、父母全康健强壮，可谓是极盛的了。目前京官翰林中未有一个是四代同堂的，唯有我家独享这难得的福分。因此我常心怀恐惧，惴惴不安，不敢奢求分外的荣誉，只望家中大人睡眠饮食如故，合家平安，这便是最大的幸福了。万望祖父母、父母、叔父母不要由于我不得差使及六弟未考中为忧，我就十分欣慰了。何况我三次考差，两次考得不错；六弟首次入场参加考试，年纪尚轻，更不必挂念一定考中。

同县黄正斋，乡试时在外当帘差，离了考场就得了怪病，神志一会儿清醒，一会儿糊涂，最近已有所见好。

我的癣疾近日大有转好，长在头上面上的都看不见了，身上的也好了十分之九。十八日生了个女儿，我的妻子极平安。仅是她的身体还很虚弱，满月后自应大补养。在京一切，我自会谨慎。

八月二十三，信差处寄第十四号信。二十七日，我在周缦云处寄寿屏，寄出十五号信。九月十二日，我在善化郑七处发往六十本诰封，寄第十六号信。这些都望家中查收。

男谨禀。

【点评】

曾氏这封信中提出了一个很深的生活哲理问题“盖天下之理，满则招损，亢则有悔；

日中则昃，月盈则亏，至当不易之理也”。这也反映了一个人对于人生中为人处世的态度，取之一个“度”的问题，即对待任何事物要辩证看待；过于偏激某一方面都是不明智之举，曾氏所持的人生态度，值得我们借鉴。

道光二十六年十月十五日与父母书

公元 1846 年 12 月 3 日

男国藩跪禀父母亲大人万福金安：

九月十九日发十七号信，十月初五日发十八号信，谅已收到。十二三四日内诰轴用宝，大约十八日可领到。同乡夏阶平吏部（家泰）丁内艰，二十日起程回南。男因渠是素服，不便托带诰轴，又恐其在道上拜客，或有耽搁。祖母大人于出月廿九大寿，若赶紧送回，尚可于寿辰迎接诰轴，故特命四弟束装出京，送诰轴回家，与夏阶平同伴。计十一月十七八可到汉口，汉口到岳州不过三四天，岳州风顺则坐船，风不顺则雇轿，五天可到家。四弟到省即专人回家，以便家中办事，迎接诰命。

凡事难以逆料，恐四弟道上或有风水阻隔，不能赶上祖母寿辰，亦未可知。家中做生日，酒且不必办。接诰封事，若四弟能到，廿七日有信，廿八办鼓手香亭，廿九接封可也。若廿七无四弟到省之信，则廿九但办筹筵，明年正月初八接封可也。倘四弟不归而托别人，不特廿九赶不上，恐初八亦接不到，此男所以特命四弟送归之意耳。

四弟数千里来京，伊意不愿遽归。男与国子监祭酒车意园先生商议，令四弟在国子监报名，先缴银数十两，即可给予顶戴。男因具呈为四弟报名，先缴银三十两，其余俟明年陆续缴纳，缴完之日，即可领照。男以此打发四弟，四弟亦欣然感谢，且言愿在家中帮堂上大人照料家事，不愿再应小考，男亦颇以为然。

男在京身体平安，男妇生女后亦平善。六弟决计留京。

九弟在江西有信来，甚好，陈岱云待之如胞弟，饮食教诲，极为可感，书法亦大有长进。然无故而依人，究似非宜，男写书与九弟，嘱其今年偕郭筠仙同伴回家，大约月底可到家。

男在京一切用度，自有调停，家中不必挂心。

男谨禀。

【译文】

男国藩跪禀父母亲大人万福金安：

九月十九日寄回第十七号信，十月五日寄出第十八号信，估计已收到。十二、十三、十四日内诰封将得皇上恩准，大概十八日可领到。同乡夏阶平吏部（名家泰）家中有人病故。二十日起程回湖南（奔丧）。我因他是穿的孝服，不便托付他带诰封，又怕他在途中拜客，或者有其他事要耽误。祖母大人下月二十九日大寿，若赶紧送回，还可在寿辰那天迎接诰封。所以特地叫四弟整理行装离京，专程送诰封回家，与夏阶平同行，估计十一月十七八日可到汉口。汉口至岳阳不过三四天，（到了）岳阳，风顺便坐船，风不顺则雇轿子，五天就能到家。四弟到省城后便派专人回家报信，好让家中做好准备，迎接诰命。

只是世事都难以预知，就怕四弟途中或许有刮风下雨的弱天气阻挡，能否赶上祖母寿辰也不可知。家中过生日，酒暂且不必置办。接诰封的事，倘若四弟能到省城，二十七日就会有四弟的信到家里，二十八日张罗鼓手、香亭，二十九日迎接诰封是可行的。假如二十七日没有得到四弟到省城的信，便二十九日只办寿筵，明年正月初八迎接诰封也可以，

清代官印

如果不让四弟专程回来一趟而委托别人带回，不但二十九日赶不上，就连明年正月初八也接不到诰封。这便是我特意叫四弟专程送诰封回来的缘故。

四弟从几千里之外到京，他不想急匆匆地就回去。我和国子监祭酒车意园先生商量，叫四弟在国子监报个名，先交几十两银子，便可给予顶戴。我也具呈为四弟报到，先缴银三十两，其余的待明年陆续缴齐，缴完之后，即可领取执照。我这样顾及四弟，四弟也非常高兴，表示感激我，并说愿于家中帮堂上大人照管家事，不愿再参加考试。我也认为这样很好。

我们在京身体平安，我妻生女后也好。六弟决意留在京城，九弟在江西写信来，很好。陈岱云对他如同亲兄弟，生活及学习方面很让人感动，九弟的书法也大有进步。不过无故依赖别人，终究不适宜。我写信给九弟，嘱咐他今年和郭筠仙结伴一起回家，大概年底可以到家。我在京一切花费自有办法，家中不必挂念。

男谨禀。

【点评】

本信同样为一篇治家书，书中曾氏与父母商量大办祖母八十大寿寿庆一事。曾氏为使寿庆风光，特地成功申请了诰封，这是皇帝的封赠命令。曾氏担心家乡人不懂得接受诰封的细节，故而信中介绍得十分详细。为了稳妥起见，曾氏特意安排四弟送诰封回家，但是四弟并不情愿离京，曾氏只好买一监生顶子来满足四弟的要求，四弟亦同意不应考试，留在家中照顾父母，这让曾氏感到很安心。可惜老祖母没有机会享用这个福分：诰封十二月到家，老祖母九月已寿终正寝了。曾氏始终挂念父母，心存孝道，是典型的儒士。

道光二十七年正月十七日与祖父书

公元 1847 年 3 月 3 日

孙国藩跪禀祖父大人万福金安：

去年十二月十七发第廿二号信，并挽联一包、朱心泉诰命一轴，交徐玉山太守带交萧辛五处，想三月可到。又于廿日发第廿三号信，交折弁，想二月可到。新正十五日接到家中十一月十九日所发信，敬悉大人之病已愈大半，不知近日得全愈否？孙去冬信言须参用化痰之药，不知可从否？

祖母已于十二月初十安葬，甚好甚好。但孙有略不放心者：孙幸蒙祖父福佑，忝居卿大夫之末，则祖母坟茔必须局面宏敞，其墓下拜扫之处须宽阔，其外须建立诰封牌坊，又其外须设立神道碑。木斗冲规模隘小，离河太近，无立牌坊与神道碑之地，是以孙不甚放心。

意欲从容另寻一地，以图改葬，不求富贵吉祥，但求无水蚁，无凶险，面前宏敞而已，不知大人以为何如？若可，则家中在近境四十里内，从容寻地可也。

余俟续具。孙谨禀。

【译文】

孙国藩跪禀祖父大人万福金安：

去年十二月十七日寄出第二十二号信，与挽联一包、朱心泉诰命一轴，委托徐玉山太守代交给萧辛五那里，估计三月可以接到。又于二十日把第二十三号信交给信差，估计二月可以接到。新年正月十五日，收到家中十一月十九日寄出的信，具悉大人的病已好了大半，不知近日是否已安康？我去年冬天写信说大人的病须加入祛痰的药，不知是否有道理？

祖母已于十二月十日安葬，很好很好。但孙儿我还有点不放心的地方：我既然仰承祖父福分保佑，又愧居卿大夫之末，那么祖母的坟茔则一定局面广阔宽敞。基前祭奠扫墓的地方也要宽阔，墓前应树诰封牌坊，再往前应立神道碑。木斗冲这块地很狭窄，离河也较近，未有立牌坊与神道碑的地方。所以孙儿不是很放心，我想从从容容地另寻一个地方，以想改葬，不图富贵吉祥，只要没有水灾蚁害的危险，基地前面地形宽阔就可以了。不知大人认为怎样？若大人觉得可以，则在家乡附近四十里以内从容地找一块地就行了。

其他的以后再谈。孙谨禀。

【点评】

旧时，人们很迷信，把祖茔看得比住宅还要重要，曾氏也不例外：他信中提出要给其祖母另找一个较宽阔的坟茔地，除处于对老人的孝心之外，另一层意思是自己有现在这个前程也是得以祖上的福荫保佑，他认为祖坟对于家庭后人影响很大，很有必要选一块好茔地。这是曾氏受封建迷信思想的历史局限所在。

道光二十七年正月十八日与父母书

公元 1847 年 3 月 4 日

男国藩跪禀父母亲大人礼次：

正月十五日接到父亲、叔父十一月二十所发手书，敬悉一切。但折弁于腊月廿八在长沙起程，不知四弟何以尚未到省？

祖母葬地，易敬臣之说甚是。男去冬已写信与朱尧阶，请渠寻地。兹又寄书与敬臣，尧阶看妥之后，可请敬臣一看，以尧阶为主，而以敬臣为辅。尧阶看定后，若毫无疑义，不再请敬臣可也；若有疑义，则请渠二人商之（男书先寄去，若请他时，四弟再写一信去）。男有信禀祖父大人，不知祖父可允从否？若执意不听，则遵命不敢违拗，求大人相机而行。

大人念及京中恐无钱用，男在京事事省俭，偶值缺乏之时，尚有朋友可以通挪。去年家中收各项约共五百金，望收藏二百勿用，以备不时之需。丁、戊二年不考差，恐男无钱寄回。男在京用度自有打算，大人不必挂心。此间情形，四弟必能详言之。

家中办丧事情形，亦望四弟详告。共发孝衣几十件？飨祭几堂？远处来吊者几人？一一细载为幸。

男身体平安。一男四女，痘后俱好。男妇亦如常。

闻母亲想六弟回家，叔父信来，亦欲六弟随公车南旋。此事须由六弟自家作主，男不劝之归，亦不敢留。

家中诸务浩繁，四弟可一人经理。九弟、季弟必须读书，万不可耽搁也；九弟、季弟亦万不可懒散自弃。去年江西之行，已不免为人所窃笑，以后切不可轻举妄动，只要天不管地不管，伏案用功而已。男在京时时想望者，只望诸弟中有一发愤自立之人，虽不得科名，亦是男的大帮手。万望家中勿以琐事耽搁九弟、季弟，亦望两弟鉴我苦心，结实用功也。

男之癣疾近又小发，但不似去春之甚耳。同乡各家如常。刘月槎已于十五日到京。

余俟续呈。男谨禀。

【译文】

男国藩跪禀父母亲大人礼次：

正月十五日收到父亲、叔父十一月二十日寄出的亲笔信，具悉一切。但信差于腊月二十八从长沙起程，不知四弟为啥还未有到达省城？

祖母的茔地，易敬臣的说法挺有道理，我去年冬天已寄信给朱尧阶，请他协助寻一块茔地。随后又寄信给敬臣。尧阶把地看好之后，可以让敬臣再看一遍。以尧阶为主，以敬臣为辅，若尧阶看好了，觉得绝无问题，不再请敬臣看也行；若有问题，就请他们两人商量（儿的信先寄去，若要请他，四弟再写一封信去）。我曾写信（就祖母葬地一事）禀告祖父大人，不知祖父可否愿听？若祖父决意不听，做晚辈的遵命不能违抗。望父亲大人相机而行。

大人担心我在京城没有钱用，我在京城事事节俭，偶有遇到缺钱的时候，尚有朋友可以挪借，去年家中各项收入，大概共五百两，望收存两百金不要动，以预防万一有什么花费。丁、戊两年我不考差，恐怕也未有钱寄回去。我在京花销自有打算，大人不必挂念。

这里的情况，四弟必定能详细说的。家里办丧事的情况，还盼望四弟详细告知我。共发放孝衣多少件？祭品几堂？由远方来吊孝的有多少人？一一详细注明才好。

儿身体健康。一男四女五个孩子，出痘后全好了，我妻也与往常一样。

听说母亲想让六弟回家，叔父写信，也想让六弟随官车回家，此事要由六弟自己作决定，我不劝他回，也不强留他。家里事务繁多。四弟可以一人处理。九弟、季弟一定读书，千万不可耽误他们。九弟、季弟也千万不能懒惰成性，自暴自弃。去年江西之行，可不免被人背后取笑，今后千万不能轻举妄动，只管不管天、不管地，埋头用功即是。我在京城时时盼望期待的，就是希望弟弟们中有一个发愤自强的人，即便得不到科举功名，也是我的大助手。万求家中不要以小事耽误九弟、季弟，也盼望两弟明白我的苦心，扎实用功。

我的癣疾，近来又复发，但不如去年春天那么严重。老乡人在京中的各家全好。刘月槎已于十五日来京。

其他的以后再谈。男谨禀。

【点评】

曾氏为其祖母寻一块好茔地，花费了一番苦心，连请两位风水先生看了又看，审了又审，可见曾氏对祖坟茔一事，所重视的足够程度；又讲到九弟、季弟的学业，希望他们一定下苦工夫，学业有成，望以后能协助自己，由此可窥见怀有抱负的曾氏，有远见、有卓识。

道光二十七年二月十二日与诸弟书

公元1847年3月28日

澄侯、子植、季洪三弟左右：

二月十一日接到三弟正月初旬手书，具悉一切。

澄侯以腊月廿三至岳州，余见罗芸皋已知之。后过湖又阻风，竟走七十余天始到，人事之难测如此，吾弟此后又添了阅历工夫矣。黎樾乔托带之件，当装车时吾语弟曰："此物在大箱旁边，恐不妥。弟明日到店，须另安置善地。"不知弟犹记得吾言否？出门人事事皆须细心，今既已弄坏，则亦不必过于着急。盖此事黎樾翁与弟当分任其咎，两人皆粗心，不得专责弟一人也。

祖父大人之病久不见效，兄细思之，恐有火，不宜服热药。盖祖父体赋素强，丁酉之春以服补药之故，竟成大病，后泽六爷以凉药治好。此次每日能吃三中碗饭，则火未甚衰，恐医者不察，徒见小便太数，则以为火衰所致，概以热药投之，亦足误事。兄不明医量，又难遥度，而回忆丁酉年之往事，又闻陶云汀先生为补药所误之说，特书告家中，望与名医细商，不知有可服凉药之理否？

兄自去年接祖母讣后，即日日思抽身南归，无如欲为归计，有三难焉：现在京寓欠帐五百多金，欲归则无钱还帐，而来往途费亦须四百金，甚难措办，一难也；不带家眷而归，则恐我在家或有事留住，不能遽还京师，是两头牵扯，如带家眷，则途费更多，家中又无房屋，二难也；我一人回家，轻身快马，不过半年，可以还京，第开缺之后，明年恐尚不能补缺，又须在京间住一年，三难也。有此三难，是以踌躇不决，而梦寐之中，时时想念堂上老人。望诸弟将兄意详告祖父及父母，如堂上老人有望我回家之意，则弟书信与我，我概将家眷留在京师，我立即回家；如堂上老人无望我归省之意，则我亦不敢轻举妄动。下次写信，务必详细书明堂上各位老人之意。

祖母之葬事既已办得坚固，则不必说及他事。日前所开山向吉凶之说，亦未可尽信。山向之说，地理也；祖父有命而子孙从之，天理也；祖父之意已坚，而为子孙者，乃拂违其意而改卜他处，则祖父一怒，肝气必郁，病势必加，是已大逆天理，虽得吉地，犹将变凶，而况未必吉乎？自今以后，不必再提改葬之说，或吉或凶，听天由命。即朱尧阶、易敬臣，亦不必请他寻地（尧阶二人如看得有妥地，亦不妨买）。四弟则在家帮父亲与叔父管家事，时时不离祖父左右。九弟、季弟则专心读书。只要事事不违天理，则地理之说，可置之不论不议矣。

吾身之癣，春间又发，特不如去岁之甚。面上颈上，则与弟出京时一样，未再发也。六弟近日颇发愤，早间亦能早起。纪泽《诗经》尚未读完，现系竹屋教，总多间断，将来必要请一最能专馆之人。

黎樾乔御史报满引见，回原衙门行走。黄正斋之长子于正月初间失去，至今尚未归来。邓星阶就正斋之馆，李希

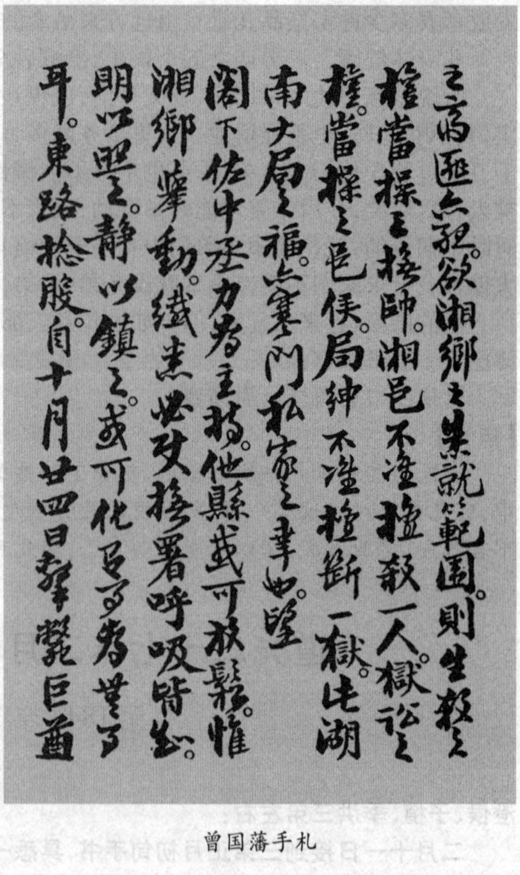

曾国藩手札

庵就杜兰溪之馆，系我所荐。同县刘九爷、罗邹二人，及新科三人皆已到京，住新馆。江岷樵住张相公庙，去我家甚近，郭筠仙尚未到。袁漱六于正月廿四到京，现在家眷住北半截胡同。周荇农尚未到。杨春皆于正月二日生一子。刘药云移寓虎坊桥，其病已全好。赵松原之妻于正月仙逝。舒伯鲁二月出都。我家碾儿胡同房东将归，三四月必须搬家。黄秋农之银已付来，加利息十两，兄意欲退还他。

九弟、季弟读书，开口便有自画之意，见得年纪已大，功名无成，遂有懒惰之意，此万万不可。兄之乡试座师余晓村、许吉斋两先生，会试房师季仙九先生，皆系二十六七入泮，三十余岁中举，四十余岁入词林。诸弟但须日日用功，万不必作叹老嗟卑之想。譬如人欲之京师，一步不动而长吁短叹，但曰京师之远岂我所能到乎？则旁观者必笑之矣。吾愿吾弟步步前行，日日不止，自有到期，不必计算远近而徒长吁短叹也。望澄侯时时将此譬喻说与子植、季洪听之。千万千万！无怠无怠！

九弟信言诸妯娌不甚相能，尤望诸弟修身型妻，力变此风。若非诸弟痛责己躬，则内之气象必不改，而乖戾之致咎不远矣。望诸弟熟读《训俗遗规》《教女遗规》，以责己躬，以教妻子。此事全赖澄弟为之表率，关系至大，千万千万，不胜嘱切之至！伏惟留心自反为幸。

兄国藩手草。

【译文】

澄侯、子植、季洪三弟左右：

二月十一日收到三弟正月上旬的来信，家中所有事情都明白了。

澄侯于腊月二十三日去岳州，我遇到罗云皋已经明白了。今后经过洞庭湖又遭遇上挺大的风浪，竟然走了七十多天才到达家中。人世间的事常常也如这样难以预知！我兄弟经历此事后又增长了许多经历。黎樾乔叫弟弟带的物品，在装车的时候，我对弟弟说："这物品放在大箱子旁边可能不保险，弟弟明天到了客店，一定另外存放在一个妥当的地方。"不知弟弟还记得我的话吗？出门在外的人，事事均得留心。目前既然已经损坏了，也没必要过于着急。此事你和黎樾乔各负一半的责任，你们两位全粗心大意，不能只责备你一个人。

祖父大人的病服药总不见减轻，我细致想过了，也许是有火，不适合服热药。祖父身体一直很健壮，丁酉年春由于服了补药，竟然患了一场大病，后来泽六爷使凉药治好了他的病。这一回每日能吃一般大小的碗三碗饭，这便说明身体并不很虚弱，也许医生并未观察到，仅看见小便次数太多，则认为是身体虚弱引起的，一直服热药治疗，也可能会耽误事的。我也不了解医学上的道理，又相隔这么远，很难猜准病情，只因回忆起丁酉年的事情，又听陶云汀先生因补药耽搁病情的事，因此写信告知家里。盼望你们和有名望的医生认真商量，不清楚有没有改服凉药的道理？

我从去年收到祖母病故的消息，就时刻想着抽空回一次老家。可想要回家乡，有三个困难：目前京城家中欠债务五百多两银子，想回老家则未有钱还债，来回的路费还要用去四百多两银子，这些银子也很难筹措。这是第一个困难。不带家眷回去，又怕我在家也许有啥事情拖住了，短期内不能返京城，两边均牵挂着；假如把家眷全带回去，路费又增加了，家里又没处住。这是第二个困难。我一个人回去，轻身快马，不超过半年则可以回到京城，待到免去我目前担任的职务以后，明年也许还不能有新的任命下来，又得在京城待一年。这是第三个困难。有这三个困难，因此直到目前还犹豫不定。而在睡梦之中，都时刻想念家里老人，请各位兄弟将我的意思认真告诉祖父与父母。假如老人还盼望我回家，那弟弟就寄信告知我，我将家中大小全部留在京城，很快动身回家。假如家中老人不希望我回去探亲，那我也就不轻举妄动。下次弟弟写信，必须详细写明白家中各位老人的意思。

祖母安葬的事既然已经处理得很稳妥，就不必说到其他地方了。前段日子关于说墓地方向走向等吉利凶恶，也不能全相信。山脉走向的说法，是地势上的事；祖父有命则子孙遵从，这是天理。既然祖父的意见已经不能改变，作为晚辈的还要违拗他的意见，去另外找一块茔地，那祖父一生气，肝火郁积，病情一定严重，这便是违反天理了，即便得到一块好坟地，也将会变吉祥为凶恶，更何况新找的茔地未必一定吉祥。从现在起不能再说改葬的事了，无论吉利或凶恶，只好听天由命了。即是朱尧阶、易敬臣也不要请他们找地方（尧阶等两个人如果有看得好的地方，也可以先买下来）。四弟就在家协助父亲、叔父料理家中的事，一刻也不要离祖父身边。九弟、季弟则专心读书。只要什么事情全不违背天理，就风水地势上的讲究，可以撂在一边不去管它。

我身上的癣疾，春季又犯了，仅是没有去年严重。脸上、脖子上的便与弟弟离开京城时一个样，没有再犯。六弟近段日子较为刻苦努力，早晨也起得早。纪泽《诗经》还没念完，目前是竹屋在教他，老是耽误，以后一定要请一位最能专心教育孩子的人。

黎樾乔当御史，任职期满皇上召见了他，仍然封原来的官职在以前的衙门任职。黄正斋的大儿子在正月初走失，到目前也没回家。邓星阶去正斋处做私塾教师，李希庵去杜兰溪处做私塾先生，全是我举荐的。同乡刘九爷、罗邹两人与新中科举三人全在京城，仍然在外馆。江岷樵住在张相公庙，离我家很近。郭筠仙还未来。袁漱六在正月二十四日来京城，目前家属住在北半截胡同。周荇农还未到。杨春皆在正月二日生了一个儿子。刘药云移居虎坊桥，他的病已经完全好了。赵松原的妻子在正月病故。舒伯鲁二月出去京城。我在碾儿胡同租的房子主人要回来，三四月一定搬家。黄秋农借我的银子已经还回，补贴了十两利息，我想将利息退回去。

九弟、季弟学习，张口便有瞧不起自己的意思。大概是看到自己年龄大了，又未取得功名，就有灰心丧气的想法，这是绝对不可的。我考试时的主考官余晓村、许吉斋两位先生，会试时同房考官季仙九先生，全是二十六七岁才入学，三十多岁得举人，四十多岁入翰林。各位兄弟只要天天用功读书，一定不能感叹年龄大了，便产生自卑感。比方有人想去京城，一步也不走只是垂头丧气，只说："京师太遥远，哪能是我能够到达的？"那么旁人一

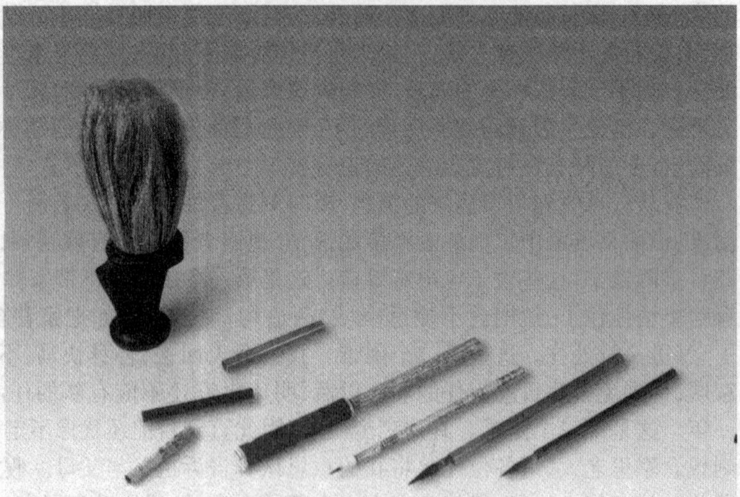

清代的毛笔

定会讥笑他。我盼望我的弟弟步步前进,天天不停歇,自然会有到达目标的那一日,不要去算计走了多长而长吁短叹。盼望澄侯时刻将这个比喻说给子植、季洪听,千万要牢记,不可懈怠!

九弟写信说各位妯娌不很和睦,我更盼望各位弟弟修身养性,改变自己的妻子,并争取改变现在这种妯娌不和气的家风。假如各位兄弟不一面严加管束一面以身作则,则家中这种气氛不能改变,也不会减少许多口角是非。盼各位兄弟熟读《训俗遗规》、《教女遗规》,用来对照改正自己的错误,用来教诲妻子。这些事全依仗澄弟做出榜样。此事关系重大,千万牢记!不知道该如何嘱咐你们更好!这只有依赖你们自己用心反省自己才是。

兄国藩手草。

【点评】

古语言"父母在,不远游",曾氏为了科考求取功名,离开家乡,就职京城,但是照顾父母、以尽孝道的想法始终没有改变过。曾氏一向敬重的祖父久病不愈,祖母又过世,作为长子,理应回去看看,但是曾氏却有三难:一是缺路费,二是有家属难照顾,三是担心官职缺失,因而他犹豫不决,想听听家里意见。仔细追寻曾氏归家想法,恐怕与他对官场的失望有关,他想借此归隐,但是又难以放弃,因而有些彷徨。在信结尾,曾氏略谈治家之道,他建议诸弟修身型妻,以读《训俗遗规》、《教女遗规》为重。

道光二十七年三月初十日与父母书

公元 1847 年 4 月 24 日

男国藩跪禀父母亲大人膝下:

昨初九日巳刻,接读大人示谕及诸弟信,藉悉一切。祖父大人之病已渐愈,不胜祷祝,想可由此而痊愈也。

男前与朱家信,言无时不思乡土,亦久宦之人所不免,故前次家信亦言之。今即承大人之命,男则一意服官,不敢违拗,不作是想矣。

昨初六派总裁房差,同乡惟黄恕皆一人(单另列,初八日题目亦另列)。男今年又不得差,则家中气运不致太宣泄,祖父大人之病必可以速愈,诸弟今年或亦可以入学,此盈虚自然之理也。

男癣病虽发,不甚狠,近用蒋医方朝夕治之。渠言此病不要紧,可以徐愈。治病即好,渠亦不要钱,两大人不必悬念。

男妇及华男、孙男女身体俱好,均无庸挂虑。男等所望者,惟祖父大人病之速愈,暨两大人之节劳,叔母目疾速愈,俾叔父宽怀耳。余容另禀。

【译文】

男国藩跪禀父母亲大人膝下:

昨天初九巳时收到大人示谕与各位弟弟的来信,明白了家中的所有情况。祖父大人的病已经渐渐好了,实在是感谢老天,估计可逐渐痊愈了。我上一次给朱家的信讲无时无刻不在想念家乡,这也是长久在外做官的人难免会有的感情,因此上一次给家里写信也说到这一点。目前既然承受父亲大人的教导,我就一心一意在外做官,不敢违抗,也不再那样想了。

初六任命科举考试总考官与考官,同县中唯有黄恕皆一个人(名单另列,初八题目也另列)受到任命。我今年又未得任官差,如此家中的气运不会太外泄,祖父大人的病也肯定很快会好的。各位兄弟今年或许也能入学,这是盈亏自然的道理。

我的癣病虽然又犯,但不太厉害,近期用蒋医生的药方早晚治疗。他说这病无大碍,可以慢慢治好。蒋医生治病手法很高明,他又不要银两,父母大人不必挂念。我妻子与弟弟国华、孩子们身体都平安,都不必挂念。我等所盼望的,唯有祖父大人的病早日痊愈、父母大人不要太劳累、叔母眼病快好、叔父的心情痛快罢了。余容另禀。

【点评】

曾氏听到祖父的病已好,遵从父亲的教诲,安心在京城做官,也不再想回家了;而他这次又没得到任何官差,他认为更有利于祖父病的痊愈,使他心安理得。曾氏做人的心态和对老人的孝心,使人敬佩。

道光二十七年三月初十日与诸弟书

公元 1847 年 4 月 24 日

澄侯四弟、子植九弟、季洪二弟左右:

二月十一接到第一、第二号来信,三月初十接到第三四五六号来信,系正月十二、十八、廿二及二月朔日所发而一次收到,家中诸事,琐屑毕知,不胜欢慰。

祖父大人之病,竟以服沉香少愈,幸甚。然予终疑祖父大人之体本好,因服补药太多,致火壅于上焦,不能下降,虽服沉香而愈,尚恐非切中肯綮之剂。要须服清导之品,降火滋阴为妙。予虽不知医理,窃疑必须如此,上次家书亦曾写及,不知曾与诸医商酌否?丁酉年祖大人之病,亦误服补剂,赖泽六爷投以凉药而效,此次何以总不请泽六爷一诊?泽六爷近年待我家甚好,即不请他诊病,亦须澄弟到他处常常来往,不可太疏,大小喜事,宜常送礼。

尧阶既允为我觅妥地,如其觅得,即听渠买。买后或迁或否,仍由堂上大人作主,诸弟不必执见。

上次信言,予思归甚切,嘱弟探堂上大人意思何如。顷奉父亲手书,责我甚切,兄自是谨遵父命,不敢作归计矣。

郭筠仙兄弟于二月二十到京。筠仙与其叔及江岷樵住张相公庙,去我家甚近。翊臣即住我家,树堂亦在我家。入场我家又添二人伏侍李、郭二君,大约榜后退一人,只用一打杂人耳。

筠仙自江西来,述岱云母子之意,欲我将第二女许配渠第二子,求婚之意甚诚。前年岱云在京,亦曾托曹西垣说及,予答以缓几年再议。今又托筠仙为媒,情与势皆不可却。岱云兄弟之为人与其居官治家之道,九弟在江西一一目击,烦九弟细告父母,并告祖父,求堂上大人吩咐,或对或否,以便回江西之信。予夫妇现无成见,对之意已有六分,不对之意亦有四分,但求堂上大人主张。

九弟去年在江西,予前信稍有微词,不过恐人看轻耳。仔细思之,亦无妨碍,且有莫之为而为者,九弟不必自悔艾也。

碾儿胡同之屋,房东四月要回京,予已看南横街圆通观东间壁房屋一所,大约三月尾可移寓。此房系汪醇卿之宅(教习门生汪廷儒),比碾儿胡同狭一小半,取其不费力易搬,故暂移彼。若有好房,当再迁移。

黄秋农之银已付还,加利十两,予仍退之。周子佩于三月三日喜事。正斋之子竟尚未归。黄茀卿、周韩臣闻皆将告假回籍。茀卿已定十七日起行。刘盛唐得疯疾,不能入闱,可悯之至。袁漱六到京数日，即下园子用功，其夫人生女仅三日即下船进京，可谓胆大。周荇农散馆，至今未到，其胆尤大。曾仪斋（宗逵）正月廿六在省起行，二月廿九日到京。凌笛舟正月廿八起行，亦廿九到京，可谓快极。而澄弟出京偏延至七十余天始到，人事之无定如此。

新举人复试题“人而无恒”二句，“赋得‘仓庚鸣’得鸣字”。四等十一人，各罚会试二科，湖南无之。

我身癣疾，春间略发而不甚为害。有人说方将石灰澄清水用水调桐油搽之，则白皮立去，如前年搽铜绿膏。现二三日一搽，使之不起白皮，剃头后不过微露红影（不甚红），虽召见亦无碍。除头顶外，他处皆不搽，以其仅能济一时，不能除根也。内人及子女皆平安。

今年分房，同乡仅恕皆，同年仅松泉与寄云大弟，未免太少。余虽不得差，一切自有张罗，家中不必挂心。今日予写信颇多，又系冯、李诸君出场之日，实无片刻暇，故予未作楷信禀堂上，乞弟为我说明。

澄弟理家事之闲，须时时看《五种遗规》，植弟、洪弟须发愤读书，不必管家事。

兄国藩草。

【译文】

澄侯四弟、子植九弟、季洪二弟左右：

二月十一日收到第一、二号来信。三月初十收到第三、四、五、六号家信，分别是正月十二、十八、二十二及二月朔日寄出的，我这里同时收到。家里大小各事具悉，十分高兴。

听说祖父大人服了沉香之后，病定然好了些，确是幸事。不过我总认为祖父大人身体本来并不要紧，由于补药服用的过多，导致火壅在上焦，不能退去。虽然吃了沉香身体有所减轻，但担心这种办法并不能切中关键，而要服清除疏导的药，降温滋阴，才是清除病根的良策。虽然我不明白医理，但心里觉得一定是这样，上次信中，也曾经谈到过，不知曾经与弟弟们商议过没有？丁酉年祖父大人的病也是错吃补药，依照泽六爷下了凉药方好，这次为何不请泽六爷为他治病呢？泽六爷近年对待我家挺好，即是不请他看病，也要澄弟去他家常常拜访，不要因此疏远了，每遇大小喜事，更要常送礼，不可怠待。

尧阶既然承诺帮我找块好地，如果他找到，则听他的话买了吧，买后或者迁或者不迁，还由堂上大人作决定，诸弟不必坚持己见。

上次去信说我想家心切，嘱咐各位弟探问堂上大人的意见。不久接到父亲亲笔来信，很恳切地批评我不该如此。我自然是遵从父命，不敢再有回家的想法了。

郭筠仙兄弟在二月二十日来京。筠仙与他的叔叔及江岷樵均住在张相公庙，和我家很近。翊臣就住在我家。树堂也住在我家准备进考场。家中又增加了两个用人伺候李、郭两人。大概发榜后辞退一人，只叫一人打理。

筠仙由江西来，传达了岱云母子的意思，计划将二女许配给他家二少爷，而且求婚的态度很是恳切。前年岱云在京城的时候，则曾经托曹西垣说过此事，当时我的意见是等几年再商量。如今他家又托筠仙保媒，无论从感情上与道理上来看全无法再找借口推辞。岱云兄弟之为人与他居官治家之道，九弟在江西是亲眼所见的。麻烦九弟认真禀告父母，并禀告祖父，请堂上大人注时。或结这门亲事或推辞，以便我好回江西的信，我们夫妻目前无成熟的意见。结为亲戚的道理有六分，不结为亲戚的道理亦有四分，只望堂上大人拿主意。

九弟去年在江西，我上次信略有微词，不过是怕人轻视了九弟。认真想想，也没啥妨碍，而且已这样做了，九弟也不要自己后悔抱怨。

碾儿胡同的房东，四月要返回京城，我已看好南横街圆通观东间壁的一处宅子，计划三月底就要搬家了，那房子是汪醇卿教习门生汪廷儒的住宅，比碾儿胡同的房子窄小一半，好处是容易搬，因此暂时迁居。若有好宅子，可以再作打算。

黄秋农借我的银子已归还，贴了十两利钱，我将利钱退给了他。周子佩三月三日操办喜事，正斋的儿子竟然还没回来。听说黄茀卿、周韩臣全将告假还乡，茀卿已定于十七日起程。刘盛唐患了疯病，不能参加科举考试，真是让人可怜。袁漱六来京没几天，则下园子用功。他夫人生下女儿仅三天便坐船进京，可谓胆大。周荇农在翰林院学业期满，至今没到，他的胆量尤其大。曾仪斋（名宗逵）正月二十六日于省城起身，二月二十九日来京，凌笛舟正月二十八日起身，也是二十九日到京，可谓极快。而澄弟离京回家，偏偏拖迟到七十多天才到。人事不可预测，往往是这样！

新取举人复试题目是"人而无恒"三句，"赋得'仓庚鸣'，得鸣字"。四等十一人，各罚不准参加会试二次，湖南没有。

我的癣病，春天稍微轻了一点，为害不很大。有人说，使石灰澄清水，使水调桐油擦，白皮马上可去，如同前年擦绿豆膏的情况一样。我目前二三日一擦，使患处不起白皮，剃头后不过稍露红色（不太红），遇皇上接见也无妨碍。除头顶外，其他地方不抹，因为这药只能暂时管用，不能清除病根。妻子及孩子们都平安。

今年受命科举总考、月考各位官员，同县中仅有恕皆、同年中仅有松泉和寄云大弟，难免太少。我虽没得官差，一切自会处置，家中不必挂念。今天我写信颇多，又是冯、李诸位离开考场的日子，确实一点空闲都未有，因此我不能用楷体给堂上大人写信了，还盼弟弟替我说明。

澄弟在处理家事的余闲，要时常看看《五种遗规》。植弟、洪弟只管刻苦读书，不必管其他的家事。

兄国藩草。

【点评】

曾氏信中谈及祖父的病情，系服补药过多所致，自认为还是以服凉药去火为妙；关于祖坟茔一事，权宜由堂上大人做主，晚辈以顺从为孝，讲到自己二女儿婚姻一事，分清事理后，全凭由大人做主。由以上事例，可以看到曾氏虽为京城四品官员，但于家务事仍以一个拳拳孝子之心，恭敬对待堂上大人，无愧于一个儒家君子。

道光二十七年六月十七日与祖父书

公元 1847 年 7 月 28 日

孙国藩跪禀祖父大人万福金安：

六月十五日接家中第九号信，系四月初三日四弟在县城发者，知祖父身体康强，服刘三爷之药，旧恙已经痊愈，孙等不胜欣喜。前五月底，孙发第五号信，言大考蒙恩记名赏缎事，想家中已收到。

六月初二，孙荷蒙皇上破格天恩，升授内阁学士兼礼部侍郎衔，由从四品骤升二品，超越四级，迁擢不次，惶悚实深。

初六日考试教习，孙又蒙天恩派为阅卷大臣，初六日入闱，初七日王大臣点名。士子入闱者，进士、举人共三百八十余名，贡生入闱者一百七十余名。初八早发题纸，十一日发榜，十三日复试，十四日复命。初三日谢恩及十四复命，两次召见，奏对尚无愆误。教习取中额数共一百二十一名，湖南得取十一人，另有全单。

十七日冯树堂回南，孙寄回红顶二个、二品补服三付及他物，另有单。大约八月初旬可到省，存陈季牧家中。望大人于中秋前后，专人至省来接，命九弟写信与季牧可也。

孙等身体平安，癣疾已将全好，头上竟看不见。孙妇及曾孙男女皆好。余俟续具。

孙谨禀。

清代二品文官官服上的补子

【译文】

孙国藩跪禀祖父大人万福金安：

六月十五日收到家里发的第九号信，是四月三日四弟于县城发出的。获悉祖父身体健康，吃了刘三爷的药，旧病已经全好，我十分欣喜。前次五月底，我寄出第五号信，讲考核官员时，蒙受圣恩记住姓名并赏给锦缎的事，估计家中已经接到。

六月二日，我承蒙皇上破例的天恩，高升授命于内阁学士兼任礼部侍郎。自从四品忽然升为二品。连越了四级，升任未有按次序，心中确实诚惶诚恐。

六日考试教学，我又蒙受天恩派为阅卷大臣。六日进入考场，七日王大臣点名，读书人参加考试的，进士、举人一共三百八十多名，贡生参加考试的有一百七十多人。八日早晨发放考卷，十一日揭榜，十三日复考，十四日回复圣命。三日谢恩与十四日回复圣命时，两次被圣上召见，奏对还未有出差错，教习录取的人数共是一百二十一名，湖南能够录取的十人，另外附有全部名单。

十七日冯树堂回湖南，我寄回两个红顶、三套二品官的补服以及其他物品，另外有清单。大概八月初旬可以到达省城，存放在陈季牧家中。盼望大人在中秋节前后派专人去省城去收回，叫九弟写信给季牧也可以。

孙等身体健康，癣病已经痊愈了，头部的居然看不见了。我的妻子以及曾孙、曾孙女都好。我有空其他事再谈。

孙谨禀。

【点评】

曾氏敬重祖父，所以一有好的消息，曾氏便想到要向祖父汇报。这封家书或许是曾氏最开心时所作，因为他连升四级——从四品骤升二品，成为湘省有清一代空前绝后的连升四级者，曾氏的喜悦之情溢于言表。他细数了召见的过程，指出“奏对尚无愆误”，不论是野史中流传的曾氏得高人指点，还是正史中可见的曾氏勤勉尽职，我们都可从中窥到曾氏的德才兼备与处乱不惊，这对一个人的成功意义重大。在这样的好运关照下，曾氏连久治不愈的癣疾也快全好，看来曾氏处于人生的一个顶峰期。

道光二十七年六月十七日与叔父书

公元 1847 年 7 月 28 日

侄国藩敬禀叔父婶母大人万福金安：

新年两次禀安，未得另书敬告一切。侄以庸鄙无知，托祖宗之福荫，幸窃禄位，时时抚衷滋愧。兹于本月大考，复荷皇上天恩，越四级而超升，侄何德何能，堪此殊荣？常恐祖宗积累之福，自我一人享尽，大可惧也。望叔父作书教侄，幸甚。

金竺虔归，寄回银五十两。其四十两用法：六弟九弟在省读书用二十六两，四弟季弟学俸六两，买漆四两，欧阳太岳母奠金四两，前第三号信业已载明矣。后又有十两，若作家中用度，则嫌其太少，添此无益，减此无损。侄意戚族中有最苦者，不得不些须顾送，求叔父将此十金换钱，分送最亲最苦之处，叔父于无意中送他，万不可说出自侄之意。使未得者有觖望有怨言。二伯祖母处，或不送钱，按期送肉与油盐之类，随叔父斟酌行之可也。

侄谨禀。

【译文】

侄国藩敬禀叔父婶母大人万福金安：

新年两次写信给你们问安，没有另外写信敬告一切。侄儿才能平庸鄙薄无知，托祖宗的福，幸运地做了官，经常从内心感到惭愧。在本月考核选拔官员时，再次承蒙皇恩，连升四级，侄儿有什么品行能够承受这份殊荣？常恐祖宗积累下的福气全让我一个人享用殆尽了，这太可怕了。希望叔父写信来教导侄儿，那侄儿就太幸运了。

金竺虔回家，托他带回五十两银子。其中四十两的用途是：六弟、九弟在省城读书的费用二十六两，四弟、季弟学费六两，买漆钱四两，欧阳太岳母奠仪礼金四两，上次第三号信已经写明了。剩下的十两，如果留在家中以供开支嫌太少，多了这些没什么好处，少了这些也没什么坏处。侄儿的意思是亲戚族人中有些生活最穷苦的，不得不稍微照顾他们一些，请求叔父把这十两银子兑换成铜钱，分别送到最亲近最穷苦的人那里。叔父要在无意中送给他们，千万不要说这是侄儿的意思，以免那些没有得到钱的人失望有怨言。二伯祖母那里，或者不送钱，只按期送去肉与油盐之类的东西，请叔父斟酌着办吧。

侄谨禀。

【点评】

曾国藩一生行事谨慎，尤其是对官场中的事情，处理起来更是小心细致。曾国藩位居高位，万人瞩目，一举一动都可能关系到自己的前途和命运，更何况他身上背得是整个家族的荣誉和地位。

居于高位的人，做事情必须三思而后行，只有这样才能做到“在其位而谋其政”，也只有这样才能确保自己的仕途顺畅。

道光二十七年六月十八日与诸弟书

公元 1847 年 7 月 29 日

澄侯、子植、季洪三位老弟足下：

五月寄去一信，内有大考赋稿，想已收到。

六月二日，蒙皇上天恩及祖父德泽，予得超升内阁学士，顾影扪心，实深惭悚。湖南三十七岁至二品者，本朝尚无一人，予之德薄才劣，何以堪此。近来中进士十年得阁学者，惟壬辰季仙九师、乙未张小浦及予三人，而予之才地，实不及彼二人远甚，以是尤深愧仄。

冯树堂就易念园馆，系予所荐，以书启兼教读，每年得百六十金。李竹屋出京后，已来信四封。在保定，讷制台曾以三十金，且留乾馆与他。在江苏，陆立夫先生亦荐乾俸馆与他，渠甚感激我。考教习余为总裁，而同乡寒士如蔡贞斋等，皆不得取，余实抱愧。

寄回祖父、父亲袍褂二付，祖父系夹的，宜好好收拾，每月一看，数月一晒。百岁之后，即以此为敛服，以其为天恩所赐，其材料外间买不出也。父亲做棉的，则不妨长著，不必为深远之计，盖父亲年未六十，将来或更有君恩赐服，亦未可知。

祖母大人葬后，家中诸事顺遂。祖父之病已好，予之癣疾亦愈，且骤升至二品，则风水之好可知，万万不可改葬。若再改葬，则谓之不祥，且大不孝矣。然其地，予究嫌其面前不甚宽敞，不便立牌坊起诰封碑亭，又不便起享堂立神道牌。予意欲仍求尧阶相一吉地，为祖父大人将来寿藏，弟可将此意禀告祖父，不知可见允否？盖诰封碑亭断不可不修，而祖母又断不可改葬，将来势不能合葬。乞禀告祖父，总以祖父之意为定。

前此问长女对袁家，次女对陈家，不知堂上之意如何？现在陈家信来，谓我家一定对，渠甚欢喜。余容后具。

兄国藩草。

【译文】

澄侯、子植、季洪三位老弟足下：

五月份寄去一封信，里面有考核官员时我写的词赋底稿，想必已经收到。

六月二日承蒙皇上天恩和祖父的恩泽，我得以越级升任为内阁学士。看着身影，扪心自问，的确感到非常惭愧。湖南省三十七岁就当上二品官的，本朝中还没有一人。我德行浅薄，才识低劣，怎么能够承受如此的殊荣！近年考取进士之后十年内升至内阅学士的，又有壬辰年的季仙九师、乙未年的张小浦和我三个人，而我的才学比起他们二位来实在差得很远。因此，我尤其感到惭愧、内疚。

冯树堂在易念园的学馆任教，是我推荐的，教以书法启蒙并兼教读书，每年给他一百六十两银子。李竹屋离开京城后，已经来了四封信。在保定，讷制台赠送给他三十两银子，而且留了一个有名无实的教席给他。在江苏，陆立夫先生也推荐了一个有名无实的教席给他，他很感激我。考教习时，我担任总裁，但同乡寒士像蔡贞斋等都没能够录取，我实在抱歉。

寄给祖父、父亲两套袍褂。祖父那件是夹的，应好好收拾，每月查看一次，几个月晒一次。百年之后，就把它当敛服用，因为这是皇上所赐，所用料子外边是买不到的。父亲那件做成棉的，就不妨常穿，不必考虑得太远。因为父亲还不到六十岁，将来皇上或许还会赐予衣服，也说不定。

祖母大人下葬后，家里什么事情都顺利，祖父的病已痊愈，我的癣疾也痊愈，而且突然间升为二品，那么风水好是可以知道的，千万不可改葬。如果再改葬，那就叫不祥，而且是大不孝。但是那块地，前面终究不很宽敞，不方便树立牌坊起造诰封碑亭，又不方便起造享堂立神道碑。我的意思是仍然求尧阶相看一块吉地，作为祖父大人将来安葬的地方。弟可以把这个意思禀告祖父，不知他会不会同意？大概因为诰封碑亭，绝不能不修，然而祖母又绝不能改葬，将来势必不能合葬。望禀告祖父，总是要按照祖父的意见作决定。

上次问长女与袁家，次女与陈家结亲，不知堂上大人的意见怎么样？现在陈家的信来了，说我家如果同意，他十分欢喜。其他事情以后再写。

兄国藩草。

【点评】

曾国藩突然蒙受皇恩荣升二品，祖父的病已经痊愈，自己的癣疾也痊愈了，这一切在曾氏眼中看来，都是因为祖母安葬的地方风水很好。因此，他坚决反对祖母以后改葬，以免破坏风水。

风水在今人看来是迷信的东西，但在曾氏那个时代的人眼中，风水是非常重要的选址因素，因此，曾氏特意写信叮嘱弟弟们。

道光二十七年六月廿七日与父母书

公元 1847 年 8 月 7 日

男国藩跪禀父母亲大人礼次：

十八日发第八号信，言升官事，托萧辛五先生专人送回，计七月中旬可以到家。昨又接四弟六月初一日所发之信，藉悉一切。于祖父大人之病略不言及，惟言至刘家更补药方可以长服者，则病已尽除矣。游子闻之，不胜欣幸之至。

男升官后，应酬较繁，用费较广，而俸入亦较多，可以应用，不致窘迫。昨派教习总裁，门生来见者多，共收贽敬二百余金，而南省同乡均未受，不在此数。

前陈岱云托郭筠仙说媒，欲男以二女儿配伊次子，男比写信告禀，求堂上决可否。昨四弟来信，言堂上皆许可，男将于秋间择期订盟。前信又言以大女儿许袁漱六之长子，是男等先与袁家说及。漱六尚有品学，其子亦聪明伶俐，与之结姻，谅无不可，亦求堂上大人示知。

藩男癣疾将近痊愈，尚略有形影，而日见日好。华男身体甚壮健。余大小男女俱平安，堂上不必挂念。余另禀。

男百拜呈。

【译文】

男国藩跪禀父母亲大人礼次：

十八日发出第八号家信，说升官的事情，托付萧辛五先生专人送回，估计七月中旬可以到家。昨天，又接到四弟六月一日发出的信，得以知道一切。信中没有提及祖父大人的病，只说到刘家换了补药的方子，能够长期服用，那么祖父的病就已经全好了。我在外面听到这个消息，觉得十分欣慰、幸福。

儿升官后，应酬较为繁忙，花钱的地方多，然而俸禄也较多，可以应付，不至于窘迫。昨天被任为教习总裁，门生来拜见的很多，收到二百多两礼金，但湖南省同乡的礼金我都没接受,不在这二百两之内。

先前陈岱云委托郭筠仙说媒,想让我把二女儿许配给他的次子,儿接连写信禀告,请求堂上大人决定行不行得通。昨天四弟来信,说堂上大人都说可以,儿将在秋天给他们择期定亲。上封信又说把大女儿许配给袁漱六的长子,是儿等先和袁家提起的。漱六尚有品学,他儿子也聪明伶俐,与他家联姻,想来也没有什么不可以的,也请堂上大人指示告知。

儿癣病将近痊愈,还略微有些痕迹,但一天天见好。国华弟身体十分强壮健康。其他大小男女都平安,堂上大人不必挂念。其他的等以后再说。

儿百拜呈上。

【点评】

这是一封治家书,信中谈到了曾氏女儿的婚事。曾氏共有五个女儿,其中有四个婚姻都不幸。信中提到了大女儿与二女儿的婚事。大女儿许配给了湖南湘潭翰林袁芳瑛(号漱六)的儿子,曾氏认为"漱六尚有品学,其子亦聪明伶俐",可惜曾氏看走眼了,其子实为纨绔子弟。二女儿许配给了同门陈岱云的儿子陈远济,陈远济脾气不好,二女儿又早年病逝。其他两个女儿的丈夫也不理想。"父母之命"、"从一而终"的旧习俗害了曾氏和他的几个女儿们。

道光二十七年六月廿七日与诸弟书

公元 1847 年 8 月 7 日

澄侯、子植、季洪三位老弟足下:

自四月廿七日得大考谕旨以后,廿九日发家信,五月十八又发一信,廿九又发一信,六月十八又发一信,不审俱收到否?廿五日接到澄弟六月一日所发信,具悉一切,欣慰之至。

发卷所走各家,一半系余旧友,惟屡次扰人,心殊不安。我自从己亥年在外把戏,至今以为恨事。将来万一作外官,或督抚,或学政,从前施情于我者,或数百,或数千,皆钓饵也。渠若到任上来,不应则失之刻薄,应之则施一报十,尚不足以满其欲,故兄自庚子到京以来,于今八年,不肯轻受人惠。情愿人占我的便益,断不肯我占人的便益。将来若作外官,京城以内无责报于我者。澄弟在京年余,亦得略见其概矣。此次澄弟所受各家之情,成事不说,以后凡事不可占人半点便益,不可轻取人财,切记切记。

彭十九家姻事,兄意彭家发泄将尽,不能久于蕴蓄。此时以女对渠家,亦若从前之以蕙妹定王家也。目前非不华丽。而十年之外,局面亦必一变。澄弟一男二女,不知何以急急定婚若此?岂少缓须臾,即恐无亲家耶?贤弟行事,多躁而少静,以后尚期三思。儿女姻缘,前生注定,我不敢阻,亦不敢劝,但嘱贤弟少安毋躁而已。

成忍斋府学教授,系正七品,封赠一代,敕命二轴。朱心泉县学教谕,系正八品,仅封本身,父母则无封,心翁之父母,乃貤封也。家中现有《搢绅》,何不一翻阅?牧云一等,汪三入学,皆为可喜。啸山教习,容当托曹西垣一查。

京寓中大小平安。纪泽读书,已至"宗族称孝焉",大女儿读书,已至"吾十有五。"前三月买驴子一头,顷赵炳堃又送一头。二品本应坐绿呢车,兄一切向来简朴,故仍坐蓝呢车。寓中用度比前较大,每年进项亦较多(每年俸银三百两,饭银一百两)。其他外间进项,尚与从前相似。

同乡诸人皆如旧。李竹屋在苏寄信来，立夫先生许以乾馆。余不一一。

兄国藩手草。

【译文】

澄侯、子植、季洪三位老弟足下：

自从四月二十七日得知皇上大考谕旨后，二十九日发一封家信，五月十八日又发一封信，二十九日又发一封信，六月十八日再发一封信，不知都收到了没有？二十五日，收到澄弟六月一日发出的信，知道了一切，我感到十分欣慰。

考中举人后走动的各家，有一半是我的老朋友，只是多次打扰人家，心里觉得特别不安。我自从己亥年在外面做事以来，到现在都把这些看做让我遗憾的事情。将来万一做了地方官，或者是总督巡抚，或者是学政，从前施舍过恩惠给我的，或者几百，或者几千，都是诱饵。如果他们到我任职的地方来，我不接待就显得太不讲情面，接待他们就得加倍地报答其施舍，还不能满足他们的要求。所以我自庚子年到京城以来，至今八年，不肯轻易接受别人的好处。情愿别人占我的便宜，我也绝对不肯占别人的便宜。将来如果做了地方官，京城里没有能指望我报答的人。澄弟在京城待了一年多，也基本都看见了。这一次澄弟所欠各家的情，事情能办成就不说什么了，以后任何事不可占别人半点便宜，不可轻易收取别人的钱财。切记切记。

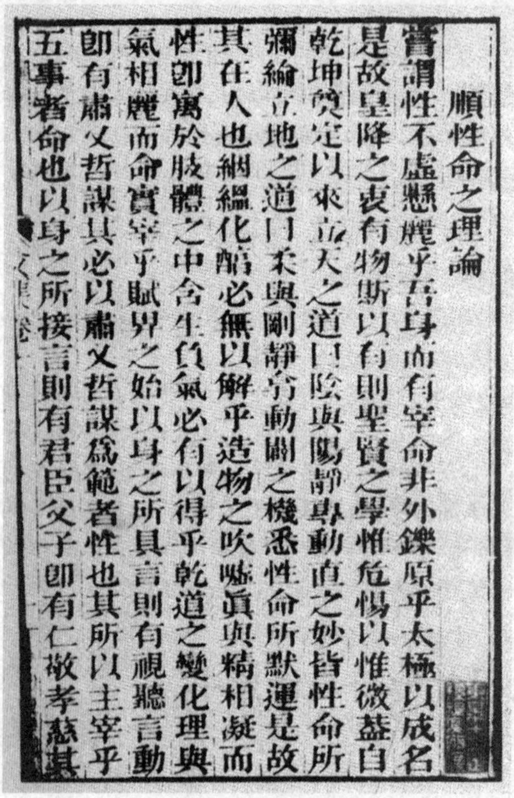

順性命之理論

嘗謂性不虛懸麗乎吾身而有宰命非外鑠原乎太極以成名是故皇降之衷有物斯以有則聖賢之學惟危惕以惟微益自乾坤奠定以來立天之道曰陰與陽靜專動直之妙皆性命所彌綸立地之道曰柔與剛靜翕動闢之機悉性命所默運是故其在人也絪緼化醇必無以解乎造物之吹嘘眞與精相凝而性即寓於肢體之中含生負氣必有以得乎乾道之變化理與氣相麗而命實宰乎賦畀之始以身之所具言則有視聽言動即有肅乂哲謀其必以肅乂哲謀爲範者性也其所以主宰乎五事者命也以身之所接言則有君臣父子即有仁敬孝慈其

曾文正公文集书影

与彭十九家的婚事，兄长的意思是彭家家运已到尽头，不可能长久了，这个时候把女儿许配给他家，也好比以前把蕙妹许配给王家一样。眼下彭家并非不兴旺，但十年以后，局面也肯定彻底改变。澄弟一男二女三个孩子，不知为何这样急急忙忙让他们订婚？难道等上一等，就怕找不着亲家了吗？贤弟做事，经常急躁而很少安静，以后做什么事还望三思而后行。儿女姻缘，前生注定，我不敢阻挡，也不敢劝说，只是嘱咐贤弟少安毋躁罢了。

成忍斋府学教授，是正七品的官，封赠一代，皇上敕命二轴。朱心泉任县学教谕，是正八品的官，仅封他本人，父母无诰封，心翁父母是延续以前的诰封。家中现有《搢绅》一书，为什么不看一看？牧云考试名列一等，汪三入了学，都令人高兴。啸山教习的情况，容我委托曹西垣查一查。

京城家中大小平安。纪泽读书已读到“宗族称孝焉”，大女儿读书已读到“吾十有五”。三个月前买了一头驴子，不久赵炳堃又送了一头。二品官本来应该乘坐绿呢绒装饰的轿子，但为兄在生活的各方面一直是节俭朴素，所以仍然乘坐蓝呢绒装饰的轿子。家里的开支比起以前来有所增多，但每年的收入项目也有所增多（每年俸禄有三百两银子，饭食补贴有一百两银子）。其他来自外面的收入款项，还和以前差不多。

老乡们都和过去一样。李竹屋从江苏寄信来，说立夫先生许诺让他在学馆中不做事而白拿俸禄。别的事就不一件一件地细说了。

兄国藩手草。

【点评】

曾氏为人廉洁自爱，宁肯吃亏也不占别人便宜，这种不要轻易接受他人恩惠施舍的处事原则是值得肯定的。信中曾氏以亲身经历揭示了人情往往是钓饵，欠人之情终究会得不偿失，教诲弟弟凡事不可占别人半点便宜。

信中说道，二品官本来应该乘坐绿呢绒装饰的轿子，但曾氏在生活的各方面向来是节俭朴素，所以仍然乘坐蓝呢绒装饰的轿子。由此可以看出曾氏节俭沉稳、不羡慕虚荣的处世态度。在等级森严的中国古代社会，车服是权力的标志、地位的象征，也是物质享受的需要。身为二品官员的曾国藩为什么不贪慕虚荣呢？这与他历览多少兴亡事，成由俭朴败由奢的深刻教训有着密切关系，这也正是曾国藩所要告诉各位弟弟的，也很值得后人借鉴。

道光二十七年七月十八日与父母书

公元1847年8月28日

男国藩跪禀父母亲大人膝下：

十六夜接到六月初八日所发家信，欣悉一切。祖父大人病已十愈八九，尤为莫大之福。六月廿八日，曾发一信言升官事，想已收到。冯树堂六月十七日出京，寄回红顶、补服、袍褂、手钏、笔等物，计八月可以到家。贺礼耕七月初五日出京，寄回鹿胶、丽参等物，计九月可以到家。

四弟九弟信来，言家中大小诸事，皆大人躬亲之，未免过于劳苦。勤俭本持家之道，而人所处之地各不同，大人之身，上奉高堂，下荫儿孙，外为族邮乡里所模范，千金之躯，诚宜珍重。且男忝窃卿贰，服役已兼数人，而大人以家务劳苦如是，男实不安于心。此后万望总持大纲，以细微事付之四弟。四弟固谨慎者，必能负荷，而大人与叔父大人惟日侍祖父大人前，相与娱乐，则万幸矣。

京寓大小平安，一切自知谨慎，堂上各位大人不必挂念。余容另禀。

【译文】

男国藩跪禀父母亲大人膝下：

十六日晚，收到六月初八日所发出的家信，我很高兴地知道了一切。祖父大人的病已好了十之八九，这尤其是极大的福分。六月二十八日我曾发出一封信说升官的事，想来已经收到了。冯树堂六月十七日离京，我委托他带回红顶、补服、袍褂、手钏、笔等东西，预计八月可以到家。贺礼耕七月五日离京，我委托他带回鹿胶、高丽参等东西，预计九月可以送到家里。

四弟、九弟写信来，说了家中大小事情，都是大人亲自管理，这样做不免过于劳苦了些。勤俭本来是持家的道理，但每个人所处地位不同，大人的身体，上要奉养祖父，下要福荫儿孙，在外则为族人乡里的模范，千金贵体，实在应该珍重。况且儿愧居官职，手下用人已有好几个，然而大人却仍然如此为家务劳累，儿心中实在不安。以后万望大人主持大事，把细微小事交给四弟。四弟一向谨慎，一定能担此重任，而大人与叔父大人只要天天侍奉在祖父大人面前，互相都心情愉快，那就是万幸了。

在京合家大小都平安，一切事情都懂得谨慎处理，堂上各位大人请不必挂念。其他的以后再谈。

【点评】

曾国藩在信中劝父亲大人要珍重贵体，不要任何事情都亲自处理。自己为官已觉惭愧，还有几个用人可供使用，何况父亲大人呢？因此，曾氏希望父亲主抓大事，家中小事交给四弟处理就好了。

曾国藩对国家尽忠，对家亲尽孝。他与我们所有人的心愿都一样，都是希望家中父母老人心情愉快，万事平安就好。

道光二十七年七月十八日与诸弟书

公元 1847 年 8 月 28 日

四弟、九弟、季弟足下：

六月廿八日发第九号家信，想已收到。七月以来，京寓大小平安。癣疾虽头面微有痕迹，而于召见已绝无妨碍，从此不治，听之可也。

丁士元散馆，是诗中“皓月”误为“浩”字，胡家玉是赋中“先生”误为“先王”。

李竹屋今年在我家教书三个月，临行送他俸金，渠坚不肯受。其人知情知义，予仅送他袷料被面等物，竟未送银。渠出京后来信三次，予有信托立夫先生为渠荐馆。昨立夫先生信来，已请竹屋在署教读矣，可喜可慰。

耦庚先生革职，同乡莫不嗟叹。而渠屡次信来，绝不怪我，尤为可感可敬。

《岳阳楼记》大约明年总可寄到。家中《五种遗规》，四弟须日日看之，句句学之。我所望于四弟者，惟此而已。

家中蒙祖父厚德余荫，我得忝列卿贰，若使兄弟妯娌不和睦，后辈子女无法则，则骄奢淫佚，立见消败，虽贵为宰相，何足取哉？我家祖父、父亲、叔父三位大人，规矩极严，榜样极好，我辈踵而行之，极易为力。别家无好榜样者，亦须自立门户，自立规条；况我家祖父现样，岂可不遵行之，而忍令堕落之乎？现在我不在家，一切望四弟作主。兄弟不和，四弟之罪也；妯娌不睦，四弟之罪也；后辈骄恣不法，四弟之罪也。我有三事奉劝四弟：一曰勤，二曰早起，三曰看《五种遗规》。四弟信此三语，便是爱兄敬兄；若不信此三语，便是弁髦老兄。我家将来气象之兴衰，全系乎四弟一人之身。

六弟近来气性极和平，今年以来，未曾动气，自是我家好气象。惟兄弟俱懒，我以有事而懒，六弟无事而亦懒。是我不甚满意处。若二人俱勤，则气象更兴旺矣。

吴、彭两寿文及小四书序、王待聘之父母家传，俱于八月付回，大约九月可到。

袁漱六处，予意见定将长女许与他，六弟已当面与他说过几次矣，想堂上大人断无不允，余意即于近日订庚，望四弟禀告堂上。陈岱云处姻事，予意尚有迟疑，前日四弟信来，写堂上允诺欢喜之意，筠仙已经看见，比书信告岱云矣，将来亦必成定局，而予意尚有一二分迟疑。

岱云丁艰，余拟送奠仪，多则五十，少则四十，别有对联之类，家中不必再致情也，余不尽言。

兄国藩手草。

【译文】

四弟、九弟、季弟足下：

六月二十八日寄出的第九封家信，想来已经收到。七月以来，京城里家中大小都平安。癣病虽然在脸上、头上还稍微有些痕迹，但在皇上召见时已经绝对没有妨碍了。从此再也不去治疗它，顺其自然就可以了。

丁士元在翰林院学习完毕，但是将诗中的“皓月”之“皓”误写成“浩”字，胡家玉的赋中“先生”也误写成了“先王”。

今年，李竹屋在我家任教有三个月的时间，临走之前我给他酬劳的时候，他坚持不要，可见此人是重情重义之人。我也没有勉强他，最后只送给他褂子布料和被面等生活用品，没有送他银钱。他离开京城后写了三次信来，我写信拜托立夫先生为他推荐教书的地方。昨天立夫先生来信说，已请竹屋在署中教书了，这真是让我觉得又庆幸又欣慰。

耦庚先生被撤职，老乡们没有不感叹。可他几次来信，都不怪罪我，更加让人感到感动和敬佩。

《岳阳楼记》估计到明年肯定是可以寄到的。家中的《五种遗规》，四弟必须每天翻看，逐句学习。我对四弟所期望的，也就只有这个了。

家中承蒙祖父德高望重遗余荫恩，我得以愧居高位，如果兄弟妯娌之间不和睦，晚辈子女没有规矩，那就会骄奢淫逸，衰败便会接踵而至，即使我贵为宰相，又有什么用处呢？我家祖父、父亲、叔父三位大人，规矩很严，榜样当得很好，我们后辈人只要照着样子做就行了，这是极容易、极省力的。别的人家没有好榜样，也要自立门户，自立规矩；何况我们家有祖父现成的榜样，难道可以不遵照祖父的样子去做，而忍心看着家道衰落吗？我现在不在家，一切还望四弟做主。兄弟之间不和睦，是四弟的罪过；妯娌之间不团结，是四弟的过失；晚辈们骄横放纵不知礼仪，是四弟的过错。我有三件事忠告四弟：一是勤奋，二是早起，三是看《五种遗规》。四弟能信任我这三句话，就是爱护我敬重我；如果不信任我这三句话，就是看不起我这个当兄长的。我们家以后的家业是兴旺还是衰败，全靠四弟你了。

范仲淹像，图出自《吴郡名贤图传赞》。范仲淹是北宋名臣，其散文名篇《岳阳楼记》很受曾国藩推崇

近日来，六弟的脾气性格渐趋平和，这一年来也没发过脾气，这自然是我家的好气象。只是几位兄弟都懒。我是因为有很多事情而懒惰，六弟没事情也犯懒惰的坏毛病，这是我很不满意的地方。如果两人都很勤劳，那家中气象更加兴旺了。

吴、彭处的两幅寿文和小四书序言，王待聘的父母家传等文章，都在八月叫人带回来了，大约九月就可以到达。

我已经打定主意把大女儿许配给袁漱六家，六弟已经和他当面谈过几次了，想来家中大人也不会有什么不同的意见。我打算尽快让他们定亲，希望四弟把我的意思转告给家中的各位长辈。陈岱云那边的婚事，我还拿不定主意，前几天四弟来信说，家中大人已答应这门亲事并且十分高兴，筠仙已经看到了，不久就写信告诉了岱云，看来这门亲事将来也必成定局，只是我心里还有几分犹豫。

近日岱云家中老人去世，我准备送点奠礼钱，多则五十两，少则四十两，另外还有挽联等东西。这样家中就不必另外再送东西了，其他的就不多说了。

兄国藩手草。

【点评】

曾国藩位居朝廷大员，为国家大事鞠躬尽瘁，但同时作为曾家的长子，他身上还担负着让整个家族兴旺不衰的责任。

曾氏给各位弟弟三个忠告：一是要勤奋，二是要早起，三是要看《五种遗规》。勤奋用来戒除懒惰，早起用来戒除安逸，《五种遗规》用来时刻自省。曾国藩对各位弟弟的劝说真是动之以情，晓之以理，这一切都是为了使曾家家道不至于在曾国藩这一代人手中衰败，曾氏可谓是用心良苦。

道光二十七年八月十八日与诸弟书

公元1847年9月26日

澄侯、子植、季洪三弟左右：

八月十六日折弁到京，系七月廿九日在省起行。维时植、洪二弟正在省城，不解何无一字寄京？闻学院廿六日始考古，则廿九日我邑尚未院试也。

京中大小平安。予之癣疾，七月底较六月稍差，然无碍召见之事，则亦听之而已。

六弟在国子监考课，各位堂官颇加青眼。上次蔡司业课古学，经文一篇、经解一篇、赋一篇、诗一篇，六弟取第一，奖励甚重：帖一套、佳墨八条。

内人近颇多病，不能健饭，现在服药，当不要紧也。

纪泽读书，前四月间所请之湖北魏先生，渠八月中即回家。我家已于八月初七日换请一宋先生，常德府丙午举人，今年考取教习，系我门生。其人专严勤教。余有回人书札，亦交渠代写。纪泽现已读至"梁惠王"章句下，每日读书，颇能领会。

大女儿与袁家订姻，已于八月初六日写庚书过礼。郭筠仙为媒，即须出都，后年始能复来，故趁其在京时，先行纳采。袁家过礼：真金簪一、真金耳环一对、镀金手镯二、镀金戒指二、红绿湖绉各三丈、金花一对。我家回礼：袍褂料一套、靴一、帽一、朝珠一、补子一、扇插一、笔插一，又女婿见面仪六两。

陈家姻事，前接四弟信，知家中堂上大人甚欢喜。现在岱云丁艰，自不能定庚，只好待渠服满后。诸弟若与陈家昆仲见面时，亦不必道及姻事。岱云之丧事，余已送赙仪三十两，交郭筠仙带归，又有挽联一付。京官向例不送外官之银，予送三十两，则已为重矣。诸弟若到省，只须办香烛去行礼，不必再送情也。

同乡萧史楼、郭筠仙、孙鳌舟、徐寿衡并出京，在九月底起行。郭、孙走江西，徐走山

西。邓辛阶尚在黄正斋家坐馆。蔡贞斋在袁漱六家。龙滋圃就一同乡任江南金山县者之馆，已出京矣，车钟毓亦就金山馆，金山县之幕中人才可谓极盛。

王荆七现来，要求再入我家，我家现在本用两个跟班，目前有一个要去，拟仍叫荆七来，但不知高僧能久持戒行否？

文小南之尊翁亦于八月出京。黎月乔亦欲出京，大约在冬间矣。书不详尽，余俟续寄。

兄国藩手草。

【译文】

澄侯、子植、季洪三弟左右：

八月十六日信差到京城，他七月二十九日从省城起程。当时植、洪两弟正在省城，不明白你们为什么没有一个字寄到京城？听说学院二十六日开始考古，那么咱们家乡二十九日还没有举行院试。

京城家中大小平安。我的癣病，七月底比六月里还稍微差些，但是不妨碍皇上召见，也就听之任之算了。

六弟在国子监学习，各位堂官都很青睐他。上次蔡司业考核古学，经文一篇、经解一篇、赋一篇、诗一篇，六弟考取第一。奖励的东西很重：一套帖、八条佳墨。

内人近来病很多，不能好好吃饭，现在服药，应当不要紧。

纪泽读书，以前四月份的时候请的湖北魏先生，他八月中旬就回家。我家已在八月七日那天另外请了一位宋先生，他是常德府丙午年的举人，今年考取教习，是我的门生。他严肃认真、教学辛勤。我有回复别人的书信，也交给他代写。纪泽现在已经读到“梁惠王章句下”，每天读书，很能领会。

清代的官帽

大女儿与袁家定亲，已在八月六日那天写庚书过礼。郭筠仙做媒人，他马上要离开京城，后年才能回来，所以趁他在京城时，先行纳采。袁家过的礼是：一支真金簪、一对真金耳环、两对镀金手镯、两枚镀金戒指、红绿湖绸各三丈、一对金花。我家的回礼是：一套袍褂料、一双靴子、一顶帽子、一串朝珠、一个插扇、一个插笔，另外还有女婿的见面礼六两银子。

陈家的亲事，上次收到四弟来信，知道家中堂上大人十分欢喜。现在岱云家中有老人去世，自然不能订亲，只好等他丧期满后。各位弟弟如果与陈家兄弟见面，也不要说及亲事。岱云的丧事，我已经送三十两奠金交给郭筠仙带回，还有一副挽联。京官从来不送外地官员银子，我送三十两，就已经算是重礼了，各位弟弟如果到省城，只须准备香烛去行礼，不用再送人情了。

同乡萧史楼、郭筠仙、孙鳌舟、徐寿衡都要离开京城，在九月底起程。郭、孙去江西，徐去山西。邓尧阶仍在黄正斋家教书。蔡贞斋在袁漱六家。龙滋圃被聘为同乡江南金山县县太爷的家庭教师，已经离开京城了。车钟毓也去金山县任教，金山县的幕僚中人才可以说是极其盛旺了。

王荆七现在来了，要求还回我家。我家现在本来用了两个跟班，眼下有一个要走，准备还是叫荆七来，但不知道这位“高僧”能长期坚持戒行吗？

文小南的父亲也在八月离开京城。黎月乔也想离开京城，大约在冬天起程吧，这里就不详细说了，其余的以后再叙。

兄国藩手草。

【点评】

曾国藩最近比较挂念的两件事：一是两个女儿的婚事，一是各位同乡的出路问题。大女儿的婚事已经互纳彩礼，只等择日定亲，但二女儿的亲事因为婿家有老人去世，只能拖延时日。“父母之命，媒妁之言”，两位女儿也不会得到任何发言权。

几位同乡也都各觅得出路，陆续离开京城，让曾氏渐觉心中踏实。看到自己的同乡之中人才辈出，也让曾氏觉得非常欣慰。

道光二十七年九月初十日与诸弟书

公元1847年10月18日

澄侯、子植、季洪足下：

九月重阳日接到家信三封，内父亲手谕二件，澄侯六月廿五在家发信一件，七月十五在省发信一件，十九又一件，八月十三又一件，子植七月十九发一件，八月十三又一件。季洪亦有七月十九一片。子植府试文章在此包内，题名录二纸。盖至是始识九弟案首入学之信，前八月折弁到京，乃七月二十八九在省起行者，计是时九弟府首喜信已发交提塘矣，而渠不带来，良可憾也。此外又有张湘纹、曾季甫、唐镜丈、首班臣、邓荻仙、欧阳沧溟丈各信，亦俱收到。我与温甫看一夜始完。两次喜信，使祖父大人病体大愈，此为人子孙者之大幸也。

呈请晋封，仍须覃恩之年。辛亥年是皇上七旬万寿，大约可以请晋封祖父母、父母，并可貤封叔父母，且可诰赠曾祖父母矣。然使身不加修，学不加进，而滥受天恩，徒觉愧悚。故兄自升官后，时时战兢惕惧。

近来身体甚好，耳又微聋。甲三读书，先生极好，严而且勤，教书亦极得法。长女《上论》将读毕矣。温甫国子监应课已经补班。寓中眷口俱平顺。

荆七现又收在我家，于门上跟班之外，多用一人，以充买办行走之用，即以荆七补缺，甚为胜任。渠亦如士会还朝，苏武返汉，欣幸之至，四弟可告知渠家也。

袁漱六因其幼女已死，现搬住湘潭馆，订庚之事，前已写信告堂上矣。陈家姻事，堂上大人既欣然允许，余岂复有不满意者？惟订庚须稍迟，或俟贷云起复，亦未可知，至姻事则确有成言矣。

曾心斋曾借银八十与郭瑞田，渠现还百金交余，托转寄毅然先生，目前尚无妥便，一入他人手，又恐化为乌有，故不得不慎重。弟可先作书告毅然丈，说我所以慎重之故，亦总在今冬明春寄到也。朱啸山托曹西垣查教习之期，西垣查得，言尚遥遥无期，弟亦可告啸山也。

刘福桥先生要挂屏四张，现亦无便可寄，盖徐寿衡不回家，史楼、筠仙亦明年方可到省，故皆不敢寄。罗筠皋之银亦无便寄，弟可并告筠皋也。

沧溟丈以我言魏家讼事，回书颇有不豫之意。牧云无笔写字，弟可先将树堂带回之笔分三枝送他，待彭大生归，我再寄笔回。岳父寄贡券至京，余拟送贺仪大钱二十千，亦交彭大生带回。柳衙叔仙逝，余拟备奠仪大钱八千，亦交彭大生带回。惟毅然先生及筠皋之项不敢交彭，恐其难担艰险。

九弟印券费，须出大钱百千，乃为不丰不啬，不被人讥议。或三股均送，或两学较多、门斗较少亦可，但须今年内送去，不可捱至明年。教官最为清苦，我辈仕宦之家，不可不有以体谅之也。家中今年想尚可支吾，至明年上半年，余必寄银至家应用。

陈岱云到省，四弟与郭三合办呢幛，甚是妥叶。余送渠奠分三十金，已交筠仙带去矣。别有挽联，现尚未寄。梅劭生求我作书与仲子宾，准在近日付去。唐画郊之信屡次未回，则实以懒惰之故；渠托我代求各翰林法书，澄侯不在京，而欲我为此等事，毋乃强人以难乎？收到邹芸陔所带各件，屡次写信道之，不知来信何以屡问？添梓枰各件，容当再寄物与他，四弟先为我道谢可也。

四弟以女许彭家，姻缘前定，断不可因我前言，而稍生疑心。九弟入学，家中材料可以做衣，若再久收，恐被虫打。做数套衣，兄弟易衣而出最好。家中诸皮衣，年年须多买樟脑，好好收拾，否则必为虫伤矣。

同乡诸家如常。书不能尽，折弁在京仅一日，故多草率。

兄国藩手具。

【译文】

澄侯、子植、季洪足下：

九月重阳节那天收到三封家信，里面有父亲的两封亲笔信，澄候六月二十五在家寄出的一封信、七月十五日在省城寄出的一封信、十九日的一封信、八月十三日的一封信，子植在七月十九日寄出的一封信、八月十三日的一封信。季洪也有一封七月十九日寄出的信。子植府学考试文章在这包内，题名录了两张纸。到现在才知道九弟有一封讲以第一名入学这件事的信，上次折差到京是在八月，他是七月二十八九日在省城起程的，估计那时九弟报喜的那封信，已经发出交给提塘官了，而他没有带来，实在让人觉得遗憾。另外，又有张湘纹、曾季甫、唐镜丈、首班臣、邓荻仙、欧阳沧溟岳父的各封信，也全部收到。我与温甫看了一夜才看完。两次喜信使祖父大人病体大愈，这是为人子孙者莫大的幸福。

为长辈先人奏请晋封，得等到皇上格外开恩的时候。辛亥年是皇上七十大寿，大概可以请求晋封祖父母、父母，并可延续叔父母以前的封号，还可以诰赠曾祖父母的封号。但是假如自己不加修养，学习上不求上进，反而滥受天恩，只会觉得惭愧不安。所以为兄升官之后，时时战战兢兢，警惕恐惧。

近来我身体很好，只是耳朵稍微有点聋。甲三读书，先生很好，严厉并且勤劳，教书也很有方法。长女学《论语》已经快读完了。温甫在国子监上课已经补了班。家中家眷全都平安顺利。

荆七现在又被我家收用了，除了门上跟班的之外，又多用了一个人，用来充实采买跑腿一类事，就用荆七补这个缺，他很能胜任。他也好比战士还朝、苏武返汉一样，十分高兴。四弟可以告知他的家里。

袁漱六因为他的小女儿已经去世，现在搬到湘潭馆居住。订亲的事，前不久已经写信禀告堂上大人了。陈家的亲事，堂上大人既然欣然同意，难道我还会有不满意的地方吗？只是定亲的时间要略为推迟，也许得等到岱云丧期服满，也说不定，至于联姻的事情，则确是说定了。

曾心斋曾经借了八十两银子给郭瑞田，他现在还了一百两银子交给我，委托我转寄毅然先生，目前还不方便，一到了他人手中，又担心化为乌有，所以不得不慎重。弟可以先写信告诉毅然的岳父，告诉他我为什么慎重的原因，也总会在今年冬天明年春天之间寄到的。朱啸山委托曹西垣查找教习的日期，西垣已查得，说还遥遥无期，弟也可以告诉啸山。

刘福桥先生要四张挂屏，现在也不方便寄去，因为徐寿衡不回家；史楼、筠仙也要明年才能到省城，所以都不敢寄。罗筠皋的银两，也不方便寄去，弟可一并告诉筠皋。

沧溟岳父与我说起和魏家打官司的事，回信中有些很不高兴的意思。牧云没有笔写字，弟可先把树堂带回的笔中分三支送给他，等到彭大生回来，我再寄笔给他。岳父寄贡卷到京城，我准备送贺礼二十千大钱，也交给彭大生带回来。柳衙叔仙逝，我准备了奠礼八千大钱，也交给彭大生带回。只有毅然先生和筠皋的款项不敢交给彭，担心他难以承担风险。

九弟的印卷费，需要出百千大钱，才算是不多不少，不被人讥笑议论。或者三股平均送，或是两处学堂多一些，门科少一些也可以，但必须在今年之内送出去，不能拖到明年。教官这个职业最为清苦，我们这些仕宦人家，不能不体谅他们的心情。想来家中今年还可以支撑到明年上半年，我一定寄银子到家里用。

陈岱云到了省城，四弟与郭三合办置呢幛，非常妥当。我送他奠分三十两银，已经交给筠仙带回去了。另外还有挽联，现在还没有寄出。梅劭生请求我写字给钟子宾，准备在这两天就交给他。唐画郊的信，多次都没回复，实在是懒惰的原因；他委托我代他收集各位翰林的书法，澄侯不在京城，就想让我办这些事情，这不是强人所难吗？收到邹芸陔带来的各封信件，多次写信都说了，不知为什么多次来信询问？添梓坪各封信件，应当再寄物品给他，四弟先为我道谢就可以了。

四弟把女儿许配给彭家，姻缘前世注定，千万不能因为我以前说的话而有一点疑心。九弟入学，家中的布料可以用来给他做衣服，如果收藏时间过久，可能被虫咬坏。做几套衣服，兄弟出门常换衣服最好。家中各件皮衣，年年要多买樟脑，好好收拾，否则一定会被虫咬坏。

同乡各家如常。信中不能详尽，折差在京城只留一天，所以大部分写得很草率。

兄国藩手具。

【点评】

曾国藩历来觉得自己居于高位，深以为愧。因此他时时刻刻战战兢兢，如履薄冰，小心谨慎地处理一切事情。

要确保自己的安全，必须要提升自己的修养，从各方面严格要求自己。而要想提升自己的修养，必须不断地通过学习，以求上进。因此曾国藩对家中教师的选择是非常慎重的，并且会尽力给他们较高的报酬，这与中国尊师重教的传统也是很符合的。

道光二十七年十月十五日与诸弟书

公元 1847 年 11 月 22 日

澄侯、子植、季洪三弟足下：

十月十二日接到九月初六澄弟在县学宪行台所发信，十五日又接二十三日在省城曾子庙所发信。其八月在省各信，已于前月收到，前次信已提及矣。惟九月一日托树堂代寄一信，今尚未到。

京寓大小平安。余之癣疾近日已全好，百分中不过一二分未复元，皆生首乌之功也。六弟近日体亦好。内人怀喜，大约明年正月分娩。甲三兄妹皆好，甲三读至《滕文公上》，大女读至《颜渊第十二》。

余蒙皇上天恩，得派武会试正总裁，又派武殿试读卷大臣。会试于十三日入闱，十七日发榜，复命后始归。殿试三十日入内阁，初四发榜始归，共中额六十四人。殿试读卷，不过阅其默写《武经》。其弓矢技勇，皆皇上亲自阅看。初二日，皇上在紫光阁阅马步箭。初三日，皇上在景运门外箭亭内看弓刀石，读卷大臣及兵部堂官两日皆在御前侍班。湖南新进士谌琼林，以石力不符，罚停殿试一科。今年但有状元、榜眼，而无探花，仰见皇上慎重科名之意。

同乡诸公并皆如常。黄恕皆喉痛，病势甚重。郑小山随大钦差至河南办赈济。近日河南大旱，山东盗贼蜂起，行旅为之不安。

十月九日父亲大人寿辰，余因家中有祖母之制，故未宴客，早晚皆仅一席。

凌荻舟现就园子一馆，其回城内，则寓余处。宋芗宾在余家教书，亦甚相得。余不尽书。

兄国藩手草。

【译文】

澄侯、子植、季洪三弟足下：

十月十二日收到九月六日澄弟在县学宪行台寄出的信件，十五日又收到二十三日在省城曾子庙寄出的信件。那些八月份在省城发来的各封信件，已经在上个月收到。唯有九月一日委托树堂代寄的一封信，现在还没有收到。

清代阅兵图

京中家里大小都平安。我的癣病最近几天已经全部好了,还没好的地方不到百分之二,这都是生首乌的功效。六弟这几天身体也好。内人有喜,大约在明年正月里分娩。甲三兄妹都好,甲三读到《滕文公上》,大女读到《颜渊第十二》。

我承蒙皇上天恩,得以被任命为武举考试正总裁,又任命为武殿试读卷大臣。会试在十三日入场,十七日发榜,回复任命后再归任原职。殿试三十日入内室,四日发榜后就归任,共录取六十四人。殿试读卷,不过是看看考生默写《武经》如何。至于弓矢等武功,都是皇上亲自检阅。二日,皇上在紫光阁检阅骑马、步行射箭的功夫。三日,皇上在景运门外箭亭内观看弓箭、刀枪和举重,读卷大臣和兵部的长官这两天都在皇上身边陪驾。湖南籍新进士谌琼林因为所取石头重量不合标准,罚他停止殿试一次。今年只有状元、榜眼,但没有探花,可见皇上对科名的重视程度。

同乡各位都跟往常一样。黄恕皆喉咙痛,病情十分严重。郑小山跟随钦差大臣到河南办理赈灾救济的事务。这段时间河南旱情严重,山东盗贼蜂拥而起,行走的旅客因此感到不安。

十月九日是父亲大人的生日,我因为家中有祖母丧事正在守制,所以没有宴请宾客,早晚都只有一桌客人。

凌荻舟现在在园子学馆教书,他回到城里,就住在我这里。宋芗宾在我家教书,与我们相处得很好。其余的就不全写了。

兄国藩手草。

【点评】

这封信是一封治政书,其中介绍了武科考试的过程。曾氏于道光二十六年六月连升四级,擢为二品大员,就任后的第一件大事便是在十月份充任武会试正总裁及武殿试读卷大臣。曾氏十分重视这两件差事,认为这是在为国家遴选栋梁,因而非常认真地对待。清代武科考分三级:县、省、中央三试,除内试武经外,还要外试骑射刀石等。内试主要由大臣负责,外试由皇帝亲自负责,并由皇帝钦点状元、榜眼、探花,体系也十分完善。曾氏负责内试,他认为这是皇帝对自己的器重,因而写信告诉各位弟弟。

道光二十七年十二月初六日与父母书

公元 1848 年 1 月 11 日

男国藩跪禀父母亲大人万福金安:

十二月初五接到家中十一月初旬所发家信,具悉一切。男等在京身体平安。男癣疾已痊愈,六弟体气如常,纪泽兄妹五人皆好,男妇怀喜平安,不服药。同乡各家亦皆无恙。

陈本七先生来京,男自有处置之法,大人尽可放心。大约款待从厚,而打发从薄。男光景颇窘,渠来亦必自悔。

九弟信言母亲常睡不着,男妇亦患此病,用熟地、当归蒸母鸡食之,大有效验,九弟可常办与母亲吃。乡间鸡肉、猪肉最为养人,若常用黄芪、当归等类蒸之,略带药性而无药气,堂上五位老人食之,亦有益也。望诸弟时时留心办之。

老秧田背后三角丘,是竹山湾至我家大路,男曾对四弟言及,要将路改于坎下,在檀山嘴那边架一小桥,由豆土排上横穿过来。其三角丘则多栽竹树,上接新塘坎大枫树,下接檀山嘴大藤,包裹甚为完紧,我家之气更聚。望堂上大人细思,如以为可,求叔父于明春栽竹种树;如不可,叔父写信示知为幸。

男等于二十日期服已满,敬谨祭告,廿九日又祭告一次。余俟续具。

【译文】

男国藩跪禀父母亲大人万福金安:

十二月五日,我收到家中十一月上旬寄出的信,从信中知道了一切。儿子及家人等在京城,身体安好。儿子的癣疾已经痊愈了,六弟的身体气色一如往常,纪泽兄妹五个人身体都还健康,儿媳妇又有身孕了,身体平安,不用吃药。同乡每家也都平安无事。

陈本七先生来京城,儿自会有安置的办法,大人尽可放心。总体上就是招待他要周到,打发他走时路费要少一点。儿自己的日子也很贫寒,他来了自己也必定会后悔。

九弟来信说母亲经常睡不好,儿媳妇也犯这种毛病,用熟地、当归蒸母鸡吃,很有效,九弟可经常蒸给母亲吃。乡下的鸡肉、猪肉最有营养,如果经常和黄芪、当归等东西蒸着吃,稍微有点药性又没有药味,堂上五位老人吃了,也会大有益处。希望弟弟们用心照办。

老秧田背后的三角丘,是竹山湾到我家的大路,儿子曾对四弟说过,要把路改到坎下,在檀山嘴那边搭架一座小桥,从豆土排上面横穿过来。在三角丘上多栽竹子,上可接新塘坎的大枫树,下可接檀山嘴的大藤,包成一圈,很是完整紧密,我家的兴旺气象就会更加凝聚了。希望家中大人仔细考虑,如果认为可行,请求叔父在明年春天栽竹种树;如果不可行,还是最好请叔父写信告诉我。

儿等在二十日为祖母守制期满,敬谨祭告祖母,二十九日又祭告一次。其余的下次再行禀告。

【点评】

在这封家书中,曾氏向父母介绍了一些养生与治家的方法。曾氏的母亲常常失眠,恰好曾氏的妻子也有这种毛病,不过通过食用"熟地与当归蒸母鸡"的方法治愈了,于是曾氏推荐给母亲食用。曾氏于养生问题颇有自己的一套主张,例如慎饮食、节嗜欲、戒酒、早起、勤洗脚等,这对我们养生也有借鉴意义。曾氏还向父母介绍了一种可以为家中招来好运的方法,即多栽竹种树,认为这样可以积聚好运。看来曾氏对治理家庭还真有自己的一套方法。

道光二十八年正月廿一日与诸弟书

公元 1848 年 2 月 25 日

澄侯、子植、季洪足下:

正月十一日发第一号家信,是日予极不得闲,又见温甫在外未归,心中懊恼之至,故仅写信与诸弟,未尝为书禀堂上大人,不知此书近已接到否?

温弟近定黄正斋家馆,每月俸银五两。温弟自去岁以来,时存牢骚抑郁之意。太史公所谓"居则忽忽若有所亡,出则不知其所往"者,温甫颇有此象。举业工夫大为抛荒,间或思一振奋,而兴致不能鼓舞,余深以为虑,每劝其痛著祖鞭,并心一往,温弟辄言思得一馆,使身有管束,庶心有维系。余思自为京官,光景尚不十分窘迫,焉有不能养一胞弟而必与寒士争馆地?向人求荐,实难启口,是以久不为之谋馆。

自去岁秋冬以来,闻温弟妇有疾。温弟羁留日久,亦觉牢落无耦。而叔父抱孙之念甚切,不能不思温弟南归,且余既官二品,明年顺天主考,亦在可简放之列。恐温弟留京三年，又告回避。念此数者，欲劝温弟南旋，故上次信告诸弟，道及此层，欲诸弟细心斟酌。

不料发信之后，不过数日，温弟即定得黄正斋馆地。现在既已定馆，身有所管束，心亦有所系属，举业工夫，又可渐渐整理。待今年下半年再看光景。

如我或圣眷略好，有明年主考之望，则到四五月再与温弟商入南闱或入北闱行止。如我今年圣眷平常，或别有外放意外之事，则温弟仍留京师，一定观北闱，不必议南旋之说也。

坐馆以羁束身心，自是最好事，然正斋家，澄弟所深知者，万一不合，温弟亦难久坐。见可而留，知难而退，但不得罪东家，好去好来，即无不可耳。

曾国藩像

余自去岁以来，日日想归省亲，所以不能者，一则京帐将近一千，归家余费又须数百，甚难措办；二则二品归籍，必须具折，折中难于措辞。私心所愿者，得一学差，三年任满，归家省亲，上也。若其不能，或明年得一外省主考，能办途费，后年必归，次也。若二者不能，只望六弟九弟明年得中一人，后年得一京官，支持门面，余则归家告养，他日再定行止。如三者皆不得，则直待六年之后，至母亲七十之年，余誓具折告养，虽负债累万，归无储粟，亦断断不顾矣。然此实不得已之计，若能于前三者之中得其一者，则后年可见堂上各大人，乃如天之福也。不审祖宗默佑否？

现在寓中一切平安。癣疾上半身全好，惟腰下尚有纤痕。家门之福，可谓全盛，而余心归省之情，难以自慰。因偶书及，遂备陈之。

毅然伯之项，去年已至余寓，今始觅便寄南，家中可将书封好，既行送去。余不详尽，诸惟心照。

兄国藩手草。

【译文】

澄侯、子植、季洪足下：

正月十一日寄出了第一号家信，那天我很忙，又看见温甫外出没有回来，心里很恼火，所以只给弟弟写了信，没有给堂上大人写信，不知道这封信最近收到没有？

温弟最近在黄正斋家中当私人教师，每个月有五两俸银。温弟自从去年以来，常常有发牢骚且心情抑郁的时候。太史公司马迁所说的"居则忽忽若有所亡，出则不知其所往"者，温弟很像这个样子。所以为科举考试下的工夫大为荒废，偶尔想起来又精神振奋，但兴致又不能持久，我因为这个而深感忧虑，经常劝他记住祖宗的教训，静下心来专心致志地学习。温弟总说想到学馆教书，以便约束自己，让自己心里有所维系。我想自己作为京官，日子还不十分窘迫，哪里有不能养活一个亲兄弟而让兄弟与贫寒的士子去争学馆的道理呢？向别人推荐，实在难以启齿，所以很久没有替他谋求学馆。

自去年秋冬以来，听说温弟媳妇有病。温弟在京城待得太久，孤身一人。叔父抱孙子的心情很迫切，不能不想温弟回南方的事，而且我既然做了二品官员，明年顺天主考，我可能也在简放的范围之内，恐怕温弟留在京城三年，有回避的问题。考虑到这几点，我想劝温弟回湖南，所以上次信中与各位弟弟谈到这一层意思，想让诸位弟弟细心斟酌。

没想到信寄出之后没过几天，温弟就得以在黄正斋学馆教书。现在既然已经有了学馆，使他身有所管束，心也有所归属，科举的工夫也可以渐渐地整理，等到今年下半年再看情况。

如果我今年蒙圣上垂青，或许有担任明年主考官的希望，那么就到明年四五月份再与温弟商议是在家乡参加科举考试，还是在北京参加科举考试。如我今年不被圣上看中，或者出人意料地被放外任，那么温弟仍然留在京城，一定在京城参加科举考试，不用提回去的事。

在学馆教书能约束身心，自然是最好的事，然而正斋家的学馆，澄弟知道得很清楚，万一合不来，温弟也难以久留。能留就留下来，有困难就退让，但不能得罪东家，好去好来，也没有什么不可以的。

我自从去年以来，天天想回家探亲，之所以不能成行，一是因为京城中欠债将近一千两银子，回家路费又要几百两银子，很难筹办；二是因为二品官呈请假回家，必须自己写奏折，在奏折中不知该怎么说好。心里私自的想法是很愿意能够出任一届学差，三年任期满了，就可以回家看望亲人、长辈，这是最好的情况。如果不能，那么明年或许出任一省的主考官，能筹办出路费，那么后年一定回家，这是次等的情况。如果两样都不能，就只有指望六弟、九弟明年考中一人，后年在京为官，支持门面，我就上奏回家奉养老人，他日再作打算。如果以上三条都行不通，就等到六年之后，到甲寅年母亲七十岁时，我发誓要上奏折回乡奉养老人，即使负债上万，回来后没有一点储粮，我也管不了那么多了。然而这是实在是迫不得已的打算，如果能在前面三种情况中得以实现一种，那么后年便可以看望堂上各位大人，那真是我天大的福分。不知祖宗能不能默默保佑？

现在我家中一切平安！上半身癣疾全部好了，只是腰下面还有一点点痕迹。我家的福气，可以说是全盛时期，而我回家探亲的心情，难以自慰。所以偶然间写到这里，便详细地禀告一番。

毅然伯之项去年已到了我家，我现在正在找机会寄回，家中可将信封好，马上送去。其余不详细说了，彼此心照不宣。

兄国藩手草。

【点评】

曾国藩身处京城，位居高官，可是在外时间太久了，一直想回家探亲，奉养各位老人。但是无奈债台高筑，又难以向皇上启齿，故一直在等好的机会解决这两个妨碍他顺利回乡的难题。

一个人不管飞得多高、多远，与家中总有一根线维系着。俗话说，“落叶归根”，曾氏也不可能超凡脱俗，从这封信中便可体会到曾氏想回家的强烈愿望。

道光二十八年四月十四日与父母书

公元 1848 年 5 月 16 日

男国藩跪禀父母亲大人礼安：

三月廿日，男发第五号家信，内言及长孙纪泽与桂阳州李家定亲之事，不审已收到否？

男等身体平安。次孙于廿四日满月，送礼者共十余家。是日未请客，陆续请酒酬谢。男妇生产之后，体气甚好，所雇乳母最为壮健。华男在黄正斋家馆，诸凡如恒。

祖父大人之病，未知近日如何？两次折弁皆无来信，心甚焦急。

兹寄回辽东人参五枝，重一两五钱，在京每两价银二十四两，至南中则大贵矣。大约高丽参宜用三钱者，用辽参则减为一钱，若用之太少，则亦不能见功。祖父年高气衰，服之想必有效。男前有信，托江岷樵买全虎骨，不知已办到否？闻之医云，老年偏瘫之症，病右者，以虎骨之右半体熬胶医之，病左者，以虎骨之左半体熬胶医之，可奏奇效。此方虽好，不知祖父大人气相宜否？当与刘三爷商之。若辽参则醇正温和，万无流弊。

次孙体气甚壮，郭雨三（汝霖）欲妻之以女。雨三，戊戌同年，癸卯大考二等第三，升右赞善。其兄用宾，壬辰翰林，现任山西蒲州府知府。其家教勤俭可风，其次女去年所生，长次孙一岁，与之结婚，男甚愿之，不审堂上大人以为何如？下次信来，伏祈示知。

又寄回再造丸二颗，系山东杜家所制者。杜家为天下第一有福之家，广积阴德。此药最为贵重，有人参、鹿茸、蕲蛇等药在内，服之一无流弊。杜氏原单附呈，求照方用之。

欧阳沧溟先生谋衡阳书院一席，男求季仙九先生写信与伍府尊，求家中即遣人送至岳家为要。

同乡周华甫（扬之）、李梅生（杭）皆于三月仙逝，余俱如故。

男等在京，一切自知谨慎，伏乞堂上大人放心。

男谨禀。

【译文】

男国藩跪禀父母亲大人礼安：

三月二十日，儿发出第五号家信，里面说到您的长孙纪泽与桂阳李家定亲的事，不知已收到了没有？

儿等身体平安。您的次孙于二十四日满月，送礼的共有十多家。那天没有请客，陆陆续续请酒酬谢。儿妻生孩子之后，身体气色都很好，雇的乳母最为健壮。国华在黄正斋家教书，其他事一如往常。

祖父大人的病不知近来怎样了？两次折差到京均无来信，我心里很焦急。

现寄回五支辽东人参，重一两五钱，在京城每两价格是二十四两银子，到南方就非常贵了。大体上高丽参应用三钱的时候，用辽参就减为一钱，如用得太少，也不能见效。祖父年老气衰，服了想必有效。儿前些日子写信给江岷樵，委托他买全虎骨，不知已办成没有？听医生讲，老年偏瘫病，病右侧身子的，以虎骨的右半边熬胶医治，病左侧身子的，以虎骨左半边熬胶医治，会有奇效。这个方子虽然好，但不知祖父大人体质气色是否相适宜？应与刘三爷商议。像辽参这样醇正温和，肯定不会有问题。

您的次孙身体气色都很好，郭雨三（名沛霖）想把自己的女儿许配给他。雨三与我是戊戌同年，癸卯年考核官吏位列二等第三名，升任右赞善。他哥哥用宾，壬辰年翰林，现任山西蒲州府知府。他家家风勤俭，他的小女儿是去年所生，比我第二个儿子大一岁，与他结亲家，我很愿意，不知堂上大人以为如何？下次来信，恳请指示。

又寄回两颗再造丸，是山东杜家所造。杜家是天下第一有福的人家，广积阴德。这个药最为贵重，有人参、鹿茸、蕲蛇等药在里面，服了毫无坏处。杜氏原单附在信中寄回，求大人照方服用。

欧阳沧溟先生想在衡阳书院任一教席，儿求季仙九先生写信给伍府尊，还请家中马上派人送到我岳父家为好。

同乡周华甫（名扬之）、李梅生（名杭）都已于三月去世，其余都跟以前一样。

儿等在京城，一切自知谨慎小心，请堂上各位大人放心。

男谨禀。

【点评】

曾氏谈及治家，总是很有心得。他特意寄回五支辽东人参，为家中节省钱财，并且建议祖父服用虎骨来治疗偏瘫之症，可谓关怀备至。信的后半部分介绍了儿孙情况。曾氏长子早夭，而欧阳夫人又连生四女，《孟子》云“不孝有三，无后为大”，生一个男子对曾氏来说非常重要。这次终于如愿以偿，得到了儿子纪鸿。纪鸿娶了郭沛霖的女儿郭氏为妻，郭氏对曾氏家族的接续工作贡献巨大，她生有四男一女，在丈夫早亡的情况下，她抚养子女长大成人，并且她良好的文化素养影响了子女们以后的成长。

道光二十八年五月初十日与父母书

公元1848年6月10日

男国藩跪禀父母亲大人礼安：

四月底接家中二月廿六所发书，五月初八又接三月廿九所发书，具悉一切。祖父大人病体未愈，不知可服虎骨胶否？

男在京身体如常。华男在黄家就馆，端午节后仍于初八日上学。纪泽读《告子》至“鱼我所欲也”，书尚熟。次孙体甚肥胖。四孙女俱平安。长孙女《论语》已读毕。家妇亦好。其余眷口如常。

前叔父信，言知广彭姓山内有地，有干田十亩。男思好地峰回气聚，其田必膏腴，其山必易生树木。盖气之所积，自然丰润。若硗田童山，气本不聚，鲜有佳城，如庙山宗祠各山之童涸，断无吉穴矣。大抵凡至一处，觉得气势团聚、山水环抱者，乃可以寻地，否则不免误认也。知广之地，不知何如？男因有干田十亩之说，故进此说。祖母葬后，家中尚属平安，其地或尚可用，如他处买地，不必专买丈尺。若附近田亩在三四千内者，京中尽可寄

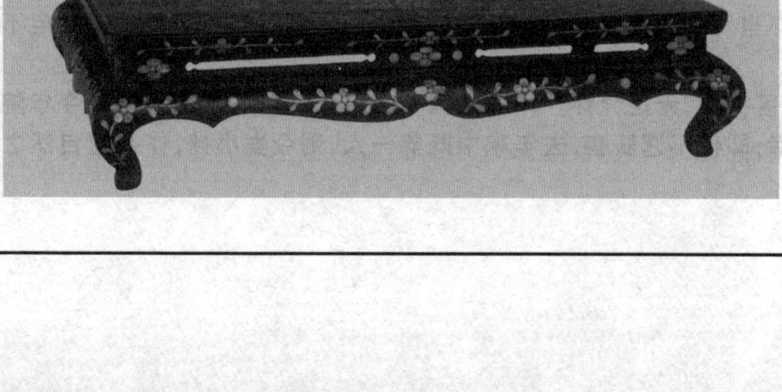

清·黑漆嵌螺钿花鸟炕桌

回。京中欠账已过千金，然张罗尚为活动，从不窘迫，堂上大人尽可放心。余容续禀。

男谨禀。

【译文】

男国藩跪禀父母亲大人礼安：

四月底收到家中二月二十六日发出的信，五月八日又收到三月二十九日发出的信，得知一切。祖父大人病体未愈，不知可不可以服用虎骨胶？

儿在京身体如常。国华弟仍在黄家教书，端午节后仍于初八上学。纪泽读《告子》读到“鱼，我所欲也”，书读得还算熟。纪鸿身体肥胖。四个孙女儿都平安。长孙女《论语》已经读完。儿妻也好。家中其他人都跟往常一样。

上次叔父信中说知广彭姓山里有十亩旱地。儿认为好地峰回气聚，土地必然肥腴，山地必然易于树木生长，因为这是真气所积聚之地，自然丰润。如果土地瘠薄，山体光秃，真气本来就不聚集，很难有好地方，像庙山宗祠各山那穷山恶水的样子，决无好地。大抵凡到一个地方，觉得气势团聚、山水环抱，才可以寻求风水宝地，否则不免误认。知广这块地不知怎么样？儿因听有十亩旱地之说，所以才讲了这些话禀告大人。祖母入土后，家中还算平安，这些地或许还有其他的用途，如在别的地方买地，不必专买一小块墓地。如附近一亩田的价钱在三四百千以内，我在京中绝对可以寄钱过去。我在京城欠债已超过千金，但张罗张罗还可以想到办法，从没有窘迫过。堂上大人尽可以放心。其他的以后再谈。

男谨禀。

【点评】

青山绿水环抱，真气回转积聚，自为风水宝地。这种地方在古人看来，土地必然肥沃，而且最适宜葬先故之人。这种风水宝地可以让整个家族家风承继，永葆盛旺。

曾国藩一直相信风水的作用，而且也有一套自己的寻找风水宝地的办法。在听说了知广那十亩旱地之后，他也是及时地向家中说了自己的看法，并且表示可以资助家中购买土地。

道光二十八年五月初十日与诸弟书

公元 1848 年 6 月 10 日

澄侯、子植、季洪三弟左右：

澄侯在广东，前后共发信七封，至郴州、耒阳，又发二信，三月十一到家以后，又发二信，皆已收到。植、洪二弟今年所发三信，亦俱收到。

澄弟在广东处置一切，甚有道理。退念园、庄生各处程仪，尤为可取。其办朱家事，亦为谋甚忠；虽无济于事，而朱家必可无怨。《论语》曰：“言忠信，行笃敬，虽蛮貊之邦行矣。”吾弟出外，一切如此，吾何虑哉！

贺八爷、冯树堂、梁俪裳三处，吾当写信去谢，澄弟亦宜各寄一书。即易念园处，渠既送有程仪，弟虽未受，亦当写一谢信寄去，其信即交易宅，由渠家书汇封可也。若易宅不便，即托岱云觅寄。

季洪考试不利，区区得失，无足介怀。补发之案有名，不去复试，甚为得体。今年院试，若能得意，固为大幸；即使不遽获售，去年家中既隽一人，则今岁小挫，亦盈虚自然之理，不必抑郁。

植弟书法甚佳，然向例未经过岁考者不合选拔，弟若去考拔，则同人必指而目之；及其不得，人不以为不合例而失，且以为写作不佳而黜。吾明知其不合例，何必受人一番指目乎？弟书问我去考与否，吾意以科考正场为断。若正场能取一等补廪，则考拔之时，已是廪生入场矣；若不能补廪，则附生考拔，殊可不必，徒招人妒忌也。

我县新官加赋，我家不必答言。任他加多少，我家依而行之。如有告官者，我家不必入场。凡大员之家，无半字涉公庭，乃为得体。为民除害之说，为所辖之属言之，非谓去本地方官也。

排山之事，尚未查出，待下次折弁付回。欧阳之二十千及柳衙叔之钱，望澄弟先找一项垫出，待彭大生还来，即行归款。

彭山屺之业师任千总（名占魁），现在京引见，六月即可回到省；九弟及牧云所需之笔，及叔父所嘱之膏药眼药，均托任君带回。

曹西垣教习报满引见，以知县用，七月动身还家；母亲及叔父之衣并阿胶等项，均托西垣带回。

去年内赐衣料袍褂，皆可裁三件，后因我进闱考教习，家中叫裁缝做，渠裁不得法，又窃去正料，遂仅裁祖父、父亲两套。本思另办好料为母亲制衣寄回，因母亲尚在制中，故未遽寄。叔父去年四十晋一，本思制衣寄祝，亦因在制，未遽寄也。兹准拟托西垣带回，大约九月可以到家，腊月服阕，即可著矣。

纪梁读书，每日百二十字，与泽儿正是一样，只要有恒，不必贪多。

澄弟亦须常看《五种遗规》及《呻吟语》。来书想发财捐官云云，犹是浮躁习气。洗尽浮华，朴实谙练，上承祖父，下型子弟，吾于澄实有厚望焉。

兄国藩手草。

【译文】

澄侯、子植、季洪三弟左右：

澄侯在广东，前后一共发了七封信，到了郴州、耒阳，又发两封。三月十一日到家以后，又发了两封，都已收到。植、洪两位弟弟今年所发的三封信，也都收到了。

澄弟在广东处理一切事务，都比较合理。退回念园、庄生各处送的路费，做得尤其好。他处理朱家的事情，也考虑得很好，虽然无济于事，但朱家必定不会有怨言。《论语》中说："言忠信，行笃敬，虽蛮貊之邦行矣。"我弟在外面，一切都像这样，我有什么可忧虑的呢！

贺八爷、冯树堂、梁俪裳三个地方，我当去信道谢，澄弟也应该各寄一封信去。就是易念园那边，他既送了路费，弟弟虽说没有接受，也应该写一封信致谢，信交到易家宅第，由他家一起封寄。如果易宅不方便，就委托岱云想办法去寄好了。

季洪考试失利，小小的得失，不足以放在心上。补发的案卷上有名字，不去复试，这种做法很是得体。今年院试，如果能得意，固然是大幸；即使不能马上得志，去年家中既然已有一人得到好事，那么今年受些小挫折，也是盈虚自然消长的道理，用不着心情抑郁。

植弟书法很好，然而一向的惯例是没有经过岁考的不能参加选拔，弟如果去参加选拔，那么同人必会指指点点；等你没有成功，别人以为不是不合惯例而没有被选上，而是因为写作不好而被淘汰。我明知道这不合惯例，何必受人家一通指指点点呢？弟来信问我参加不参加考试，我的意思是看是否正式科举考试再决定。如果正式考试能取得一等补廪，那么考核选拔时，已经是凭廪生的身份参加考试；如果不能取得一等补廪，只是以附生的身份去参加考核选拔，大可不必，白白招人忌妒。

我县新官增加赋税，我家不要去干预，随他加多少，我家都照给。如果有告状的，我家不要掺合进去。凡是大官的家庭,要做到没有半个字涉及公庭,才是得体的。为民除害的说法,是指除掉地方官管辖地域内的危害,不是说要除去地方官。

排山的事还没有查出,等到下次折差再带回去。欧阳的二十千和柳衙叔的钱,希望澄弟先找出款项垫上,等到彭大生回来,就马上还钱。

彭山屺的业师任千总(名占魁)现在京等候皇上的接见,六月里就能回到省城;九弟和牧云所需要的笔,以及叔父所嘱咐的膏药、眼药,都委托任君带回来。

曹西垣教习任职期满被皇上接见,被任命为知县,七月动身回家;母亲和叔父的衣服连同阿胶等东西,都委托西垣带回。

去年宫里赏赐的衣料,都可以裁剪三件袍褂,后来因为入考场选拔教习,家中叫裁缝做,他裁剪不得法,又偷走一整块布料,于是只裁剪出给祖父、父亲的两套。本想另外置办好布料为母亲制成衣服寄回家,因为母亲还在穿丧服守制,就没有马上寄。叔父去年四十晋一,本想做衣服寄回以表示祝贺,也是因为还在穿丧服守制就没有寄。现在打算委托西垣带回,大约九月里可以到家,腊月服丧期满,就可以穿了。

纪梁读书,每天一百二十个字,与泽儿正好一样,只要有恒心,没必要贪图太多。

澄弟也必须常看《五种遗规》和《呻吟语》。来信中说想发财捐钱买官等,还是浮躁的习气。把浮华的习气洗干净,朴实干练,上承祖父遗风,下为子弟模范,我对于澄弟实在是寄予厚望。

兄国藩手草。

【点评】

曾国藩在京城做高官,每每劝诫家中不要干涉地方官的事务,不要卷入百姓与官府的纠纷之中。他认为朝中大员的家中成员,最好不要涉及朝廷官府的事情,才是最为得体的。

曾氏要求弟弟要洗尽铅华,滤尽浮躁,净留朴实干练,以便继承家族遗风,以身作则教育子弟,这也是曾氏对澄弟寄予的愿望。

道光二十八年六月十七日与诸弟书

公元 1848 年 7 月 17 日

澄侯、子植、季洪三弟左右:

五月廿四发第八号家信,由任梅谱手寄去。高丽参二两,回生丸一颗,眼药数种,膏药四百余张,并白菜、大茄种,用大木匣(即去年寄镜来京之匣)盛好寄回,不知已收到否?六月十六日接到家信,系澄侯五月初七在县城所发,具悉一切。

月内京寓大小平安。予癣疾上身已好,惟腿上未愈。六弟在家已一月,诸事如常。内人及儿女辈皆好。郭雨三之大女许与黄茀卿之次子,系予作伐柯人,亦因其次女欲许余次子,故并将大女嫁湖南。此婚事似不可辞,不知堂上大人之意云何?

澄侯在县和八都官司,忠信见孚于众人,可喜之至。朱岚轩之事,弟虽二十分出力,尚未将银全数取回。渠若以钱来谢,吾弟宜斟酌行之。或受或不受,或辞多受少,总以不好利为主。此后近而乡党,远而县城省城,皆靠澄弟一人与人相酬酢。总之不贪财,不失信,不自是,有此三者,自然鬼服神钦,到处人皆敬重。此刻初出茅庐,尤宜慎之又慎。若三者有一,则不为人所与矣。

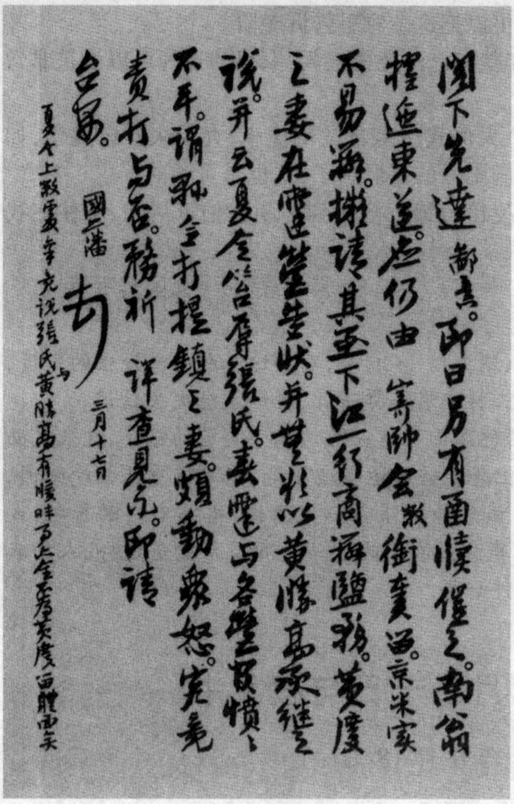

曾国藩手札

李东崖先生来信要达天听，予置之不论，其诰轴则杜兰溪即日可交李笔峰。刘东屏先生常屈身讼庭，究为不美，澄弟若见之，道予寄语，劝其“危行言孙，蠖屈存身”八字而已。

墓石之地，其田野颇为开爽（若过墓石而至胡起三所居一带，尤宽敞），予喜其扩荡眼界，可即并田买之，要钱可写信寄来京。凡局面不开展、眼鼻攒集之地，予皆不喜，可以此意告尧阶也。

何子贞于六月十二丧妻，今年渠家已丧三，家运可谓乖舛。

季弟考试万一不得，亦不必牢骚。盖予既忝侥幸，九弟去年已进，若今年又得，是极盛，则有盈满之惧，亦可畏也。

同乡诸家，一切如常。凌笛舟近已移居胡光伯家，不住我家矣。书不十一，余俟续具。

兄国藩手草。

【译文】

澄侯、子植、季洪三弟左右：

五月二十四日发出第八号家信，是通过任梅谱之手寄去的。二两高丽参、一颗回生丸、几种眼药、四百多张膏药，还有白菜种、大茄种，用大木匣（就是去年寄镜到京的匣子）装好寄回，不知是不是已经收到了？六月十六日收到家里的信，是澄侯五月七日在县城里发来的，一切全都知道了。

这个月里京城家里大人小孩都平安。我的癣病上半身已经治好，只有腿上没有痊愈。六弟待在家里已经一个月了，各方面的情况一如往常。我妻子及子女都很好。郭雨三的大女儿许配给了黄茀卿的二儿子，是我说的媒，这也是因为他的二女儿要许配给我二儿子，所以一起把大女儿嫁给湖南人。这件婚事似乎不能推辞，不知道父母大人的意见如何？

澄侯在县和八都官司，忠信能让人信服，十分可喜。朱岚轩的事情，弟虽然出了二十分的力，还是没有把银子全部取回。他如果用银钱来表示谢意，弟要斟酌着办理。要么接受要么不接受，要么谢绝多的接受少的，总是要以不好利为原则。此后近到乡党远到县城省城，都靠澄弟一个人应酬。总之不贪财、不失信、不自是，有这三样，自然神鬼佩服，到处都受人敬重。你这时初出茅庐，更要尤其谨慎。如果三样只有一样，那就不被人信任了。

李东崖先生来信，想要有话向皇上禀奏，我把他放到一边不管，他的诰封卷轴，杜兰溪今天就可以交给李笔峰。刘东屏先生经常委屈自己到法庭上去，毕竟不是什么好事，澄弟如果见到他，转述我嘱托的话，奉劝他“行为正直，说话谦逊，像尺蠖虫弯曲身体那样保护自己”一句话就行了。

墓石之地，那一带田野很开阔（若过墓碑而到胡起三住的地方，那一片尤其宽敞），我喜欢这地方视野开阔，可以连田一起买，需要钱可以写信来京。凡是地势不开阔，眼睛鼻子挤在一起的狭窄地段，我都不喜欢，你们可以把这个意思告诉尧阶。

何子贞的妻子在六月十二日死了，今年他家已经死去三人，家里的运气可以说是非常波折。

季弟考试万一考不中，也不必发牢骚。大概我已暗自觉得侥幸，九弟去年已进学，如果今年又考中，是极盛的气势，那么就有盈满则亏的畏惧感了，这也是可怕的。

同乡们各家一切情况都和平常一样。凌笛舟最近已搬到了胡光伯家居住，不住在我家了。信不能尽言，其他事情待以后接着说。

兄国藩手草。

【点评】

曾氏在此封家信中谈及做人要不贪财、不失信、不自是，有了这三种为人处世的态度，连鬼神都会钦服，人人都会敬重你；倘若这三样中有一样违背，自然就会失去信用。

信中说澄侯为朱岚轩出了二十分力，帮他取回一部分应该属于自己的银子，就朱氏而言，自然应该"滴水之恩，当以涌泉相报"，但澄侯若不适当地拒绝，只知道一味领受酬谢，便会让人怀疑当初助人的动机。曾国藩告诫弟弟："渠若以钱来谢，吾弟宜斟酌行之，或受或不受，或辞多受少，总以不好利为主。"其意义恰在此处。人际关系就是这样，人助我一尺，我还人一丈，有时候吃亏未必不是一件好事。

道光二十八年七月二十日与叔父书

公元 1848 年 8 月 18 日

侄国藩谨禀叔父母大人礼安：

六月十七发第九号信，七月初三发第十号信，想次第收到。十七日接家信二件，内父亲一谕，四弟一书，九弟季弟在省各一书，欧阳牧云一书，得悉一切。

祖父大人之病，不得少减，日夜劳父亲、叔父辛苦服事，而侄远离膝下，竟不能效丝毫之力，中夜思维，刻不能安。江岷樵有信来，言渠已买得虎骨，七月当亲送我家，以之熬膏，可医痿痹云云，不知果送来否？

闻叔父去年起公屋，劳心劳力，备极经营，外面极堂皇，工作极坚固，费钱不过百千，而见者拟好三百千规模，焦劳太过，后至吐血，旋又以祖父复病，勤劬弥甚。而父亲亦于奉事祖父之余，操理家政，刻不少休。侄窃伏思父亲、叔父二大人年寿日高，精力日迈，正宜保养神气，稍稍休息，家中琐细事务，可命四弟管理。至服事祖父，凡劳心细察之事，则父亲、叔父躬任之。凡劳力粗重之事，则另添一雇工，一人不够，则雇二人（雇工不要做他事，专在祖大人身边，其人要小心秀气）。

侄近年以来，精力日差。偶用心略甚，癣疾即发，夜坐略久，次日即错倦。是以力加休养，不甚用功，以求无病无痛，上慰堂上之远怀。外间求作文求写字者，求批改诗文者，往往历久而莫偿宿诺，是以时时抱疚，日日无心安神恬之时。

前四弟在京，能为我料理一切琐事，六弟则毫不能管。故四弟归去之后，侄于外间之回信，家乡应留心之事，不免疏忽废弛。

侄等近日身体平安，合堂大小皆顺。

六弟在京，侄苦劝其南归。一则免告回避，二则尽仰事俯畜之职，三则六弟两年未作文，必在家中父亲叔父严责方可用功乡试。渠不肯归，侄亦无如之何。

叔父去年四十晋一，侄谨备袍套一付，叔母今年四十大寿，侄谨备棉外套一件，皆交曹西垣带回，服阕后即可著。母亲外褂并汉绿布夹袄，亦一同付回。

闻母亲近思用一丫环，此亦易办，在省城买不过三四十千。若有湖北逃荒者来乡（今年湖北大水奇灾），则更为便益。望叔父命四弟留心速买，以供母亲、叔母之使令，其价侄即寄回。

侄今年光景之窘，较甚于往年，然东支西扯，尚可敷衍。若明年能得外差，或升侍郎，便可弥缝家中。年季弟喜事，不知不窘迫否？侄于八月接到俸银，即当寄五十金回，即去年每岁百金之说也。

在京一切张罗，侄自有调停，毫不费力，堂上大人不必挂念。

侄谨禀。

【译文】

侄国藩谨禀叔父母大人礼安：

六月十七日发出第九号信，七月三日发出第十号信，想必已经陆续收到。十七日收到两次家信，其中有父亲的一封亲笔信、四弟的一封信，九弟、季弟在省城各发出的一封信、欧阳牧云的一封信，得以知道一切。

祖父大人的病情，没有减轻，日夜让父亲和叔父劳心辛苦地服侍，而侄儿远离膝下，竟不能出丝毫的力气，整晚翻来覆去地想，实在是一刻都不得安宁。江岷樵有信寄来，说他已经买到虎骨，七月会亲自送到我家，用它熬成膏，可以医治偏瘫之病等，不知他真的送来了吗？

听说叔父去年起公房，劳心劳力，尽心尽力经营，外面很堂皇，工程很坚固，花钱不过百千，而参观的人都觉得这种规模至少要三百千。太过操劳，后来吐血，不久又因为祖父生病，就更加勤苦。而父亲也在服侍祖父的暇余操理家中事务，片刻不得休息。

侄儿暗自心想父亲、叔父两位大人年纪一天比一天高，精力日渐减退，正应当保养神气，稍稍休息，家中琐细事务，可让四弟管理。至于服侍祖父，凡是需要用心仔细处理的事，就由父亲、叔父亲自去做；凡是用力粗重的事情，就另外添加一个雇工，一个人不够就雇两个人（雇工不要做其他事，专门待在祖父大人身边，其人要小心秀气）。

侄儿近年来精力越来越差了，偶尔操心多一点，癣疾便会发作，晚上坐得稍微有点久了，第二天便感到疲倦。所以努力保养身体，不很用功，以求没有病痛，向上可以安慰堂上大人的遥远关怀。外面求文章、求字、求批改诗文的人，往往过了很长时间，但没有得偿过去的承诺，因此我时时心怀内疚，天天没有心安神恬的时候。

先前四弟在京城，能为我料理一切琐事，六弟则一点也管不了。所以四弟回去之后，侄儿对于外间的回信，家乡应该留心的事，不免会疏忽松懈。

侄儿等近来身体平安，全家大小都顺心。

六弟在京城，侄儿苦劝他回去。一是免得要告回避，二是尽到为人儿孙、为人丈夫的责任，三是六弟两年没写文章，必须在家中父亲、叔父的严格督促下才会用功。乡试他不肯回去，侄儿也无可奈何。

叔父去年四十晋一岁，侄儿谨备了一副袍套，叔母今年四十大寿，侄儿谨备一件棉袍，都交由曹西垣带回，等守孝服满之日就可以穿了。母亲的外褂和汉绿布夹袄，也一起附带回家。

听说母亲近来想用一个丫鬟，这也容易办到，在省城买不过三四十千。如果有从湖北逃荒来到家乡的（今年湖北发大水，灾害很大），就会更便宜。希望叔父让四弟留心，马上买来，以供母亲、叔母使用，买丫鬟用的钱，侄儿马上寄回。

侄儿今年窘困的情形，比往年还要厉害，但东支西扯，还勉强可以敷衍过去。明年如能得一外差，或升任侍郎，便可以弥补家中亏空了。今年季弟办喜事，不知会不会窘迫？侄儿在八月接到俸银，马上寄五十两回去，就是去年我说的每年一百金的许诺。

在京城的一切事情，侄儿自会调停妥当，毫不费力，堂上大人，不必挂念。

侄谨禀。

【点评】

此封信中谈及曾氏的身体状况和治理家庭的方法。曾氏人到中年，不应“精力日差”，“夜坐略久，次日即昏倦”，可能跟他早些年得肺病、患癣疾有关。不过就是这样一个虚弱人士，居然做出了一番大事业，不得不让人钦佩。我们现在有些人做事情常常知难则退，失去斗志，面对曾氏，这些人的确应该好好反省一下自己。“世上无难事，只怕有心人”，只要我们有了恒心、信心，还怕有什么事情做不成功的呢？在治理家庭上，曾氏建议父亲、祖父添些雇工，用来做一些重活。曾氏做事依然以孝敬为出发点。

道光二十八年九月十二日与叔父书

公元 1848 年 10 月 8 日

侄国藩谨禀叔父母大人福安：

八月十六日发第十三号家信，不审已收到否？九月初十日接到四弟九弟季弟等信，系八月半在省城所发者，知祖父大人之病又得稍减，九弟得补廪，不胜欣幸。

前劳辛垓廉访八月十一出京，侄寄去衣包一个，计衣十件，不知已收到否？侄有银数十两欲寄回家，久无妙便，十月间武冈张君经赞回长沙，拟托渠带回。闻叔父为圳上公屋加工修治，侄亦欲寄银数两，为叔父助犒赏匠人之资。罗六（嘉秬）所存银二十二两在侄处。右三项皆拟托张君带归。

前欧阳沧溟先生馆事，伍太尊已复书于季仙九先生。兹季师又回一信于伍处，托侄便寄，家中可送至欧阳家，嘱其即投伍府尊也。牧云又托查万崇轩先生选教官之迟早。兹已代为查出，写一红条，大约明冬可选。此二事，可嘱澄侯写信告知牧云。

侄等在京，身体平安。西席朱湘宾九月十一出京，是日即聘庞君（名际云，号省三，直隶人）。

曹西垣初十挈眷出都，黎月乔十六出京。江岷樵于初八到京，严仙舫初十到京，余同乡俱如故。

常南陔先生欲以其幼女许配纪泽（一八九岁者，一六七岁者），托郭筠仙说媒。李家（即赉予之妹）尚未说定。两家似皆可对，不知堂上大人之意若何？望示知。下次家信来，望将酒药研成末，封信内寄京，以便酿酒为要。余容续具。

侄谨禀。

【译文】

侄国藩谨禀叔父母大人福安：

八月十六日发出第十三号家信，不知已收到了没有？九月初十收到四弟、九弟、季弟等人来信，是八月中旬在省城发出的，得知祖父大人的病又好了一点，九弟得以廪生资格入学，我感到不胜欣幸！

前不久劳辛垓廉访于八月十一日离京，侄儿我委托他带去一个衣服的包裹，一共有十件衣服，不知收到没有？侄儿我有几十两银子想寄回家，很久以来一直没有方便的机会，十月间武冈张经赞先生回长沙，打算托他带回。听说叔父正在施工修治圳上公屋，侄儿我也想寄几两银子，作为资助叔父犒赏匠人的费用。罗六（嘉秬）存了二十二两银子在侄儿这里。以上三笔钱都打算托张先生带回去。

上次欧阳沧溟先生找地方教书的事，伍太尊已回信给季仙九先生。现在季先生又回复给伍太尊一封信，托我找机会带去，家中可送到欧阳家，嘱咐他马上交给伍太尊。牧云又委托查万崇轩先生什么时候可选为教官，现已代为查出，写在一张红纸条上，大概明年冬天可以选作教官。这两件事，可叮嘱澄侯写信告诉牧云。

侄儿等在京，身体平安。私塾老师朱湘宾于九月十一日离京。当天就聘请了庞先生（名际云，号省三），他是直隶人。

曹西垣初十带家眷离京，黎月乔十六日离京，江岷樵初八到京，严仙舫初十到京，其他同乡都和以前一样。

常南陔先生想把他的小女儿许配给纪泽（他有两个女儿，一个八九岁，一个六七岁），托郭筠仙说媒。李家（就是赉予的妹妹）还没有说定，这两家好像都可以成为亲家，不知堂上大人意见如何？望示知。下次家里来信，请将酒曲药研磨成末，夹在信里封好寄来，以便酿酒用。其他的以后再谈。

侄谨禀。

【点评】

曾国藩的儿子纪泽已经到了婚娶年龄，现在有两家之女可供选择，由此可见曾氏在京城的威望和人缘都还比较好。他写信征求叔父的意见，希望叔父可以定夺。

为人父母者最关心的便是家中子女的终身大事，中国古代又有"父母之命，媒妁之言"的传统，曾氏开始操心起儿子的终身大事，自是情理之中的事。但我们也可以看出信中提到的两个小女孩还都未满十岁便谈婚论嫁，这也是中国古代社会压迫女性的毒瘤之一。

道光二十八年十一月十四日与诸弟书

公元 1848 年 12 月 9 日

澄侯、子植、季洪三弟左右：

十月十九日温甫弟出京，二十日发第十五号家信，不知此时收到否？吾目疾尚未全好，此次尚不能写信呈堂上，故仍以书告诸弟。

前九月十八蒙皇上天恩，派稽查中书科事务。十月初二一信，因恐张楠皆到迟，故未写。二十日一信，因六弟出京，诸事仓皇，又忘写也。稽察中书科向系于阁学四人中钦派一人，只算差使，不算升官。其属员有中书六人，笔帖式八人。其所管之事，为册封诰命，凡封亲王用金册，封郡王用银册，封贝勒、贝子以下用龙边笺，封镇国公以下及文武五品以上官俱用诰命，六品以下俱用敕命，以上皆在中书科缮写。予于十八日奉旨派出，十九日具折谢恩。兹将原折寄回，系在园笔帖式所写，故字甚丑。

前六弟归时，予曾寄母亲零用银五两，内人寄岳母零用银二两。因思予在京多年，并未寄零钱与婶母使用，且四位弟妇买棉买麻，亦极窘迫。嗣后每年予所寄亲族银内，当添母亲、婶母零用钱各四千，四位弟妇零用钱各三千，每年共二十千。今年张楠皆处银到，澄

弟即将各亲族处照单分送，又将婶母（四千）及四位弟妇（各三千）零用钱分送（母亲今年已有银五两，不必再送）。以后每年照今年为例。上半年春俸，予寄五六十两归，以为家中用度，其有不足，望家中设法张罗。下半年秋俸，予寄五六十两归，以为各亲族帮项及母亲婶母四位弟妇零用之项。去年所开之单，记共八十千。若添家中此项，则共百千矣。不知须银多少？乞澄弟告知。予之寄以今年为常规，家中所送亲族者，亦望于今年举行定例。惟孟学公之子孙赴考者，今年在省，不知曾送给否？若未送，望按名补送，以为买笔之需，至要至要。一切万祈照单施行。

予身体平安，家中大小皆如常。纪泽读书，已读至《太甲上》。同乡孙鳌洲已到京，余并如故。

昨日放定郡王（载铨）、季仙九先生至天津办盐务，又放耆英、朱凤标至山东办盐务。十一日刑部主事朱寿康（系朱伯韩之胞弟）、户部主事袁铨、广西提塘李鹏飞，俱因在娼家饮酒，都督府锁拿交刑部治罪。十月宝中堂（兴）殁。昨耆英授大学士，琦善仍得协办。余容后具。

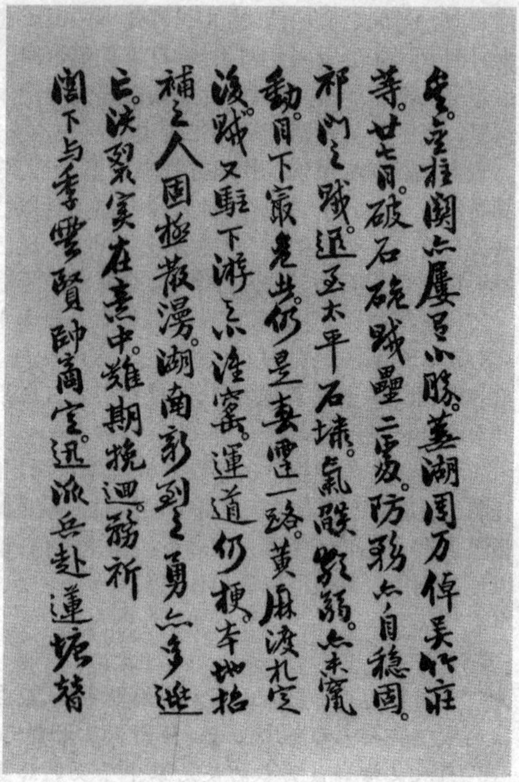

曾国藩手札

国藩草。

【译文】

澄侯、子植、季洪三弟左右：

十月十九日温浦弟离开京城，二十日我发出第十五号家信，不知现在收到没有？我的眼病还没有全好，这次还不能写信呈交堂上大人，所以仍只写信给各位兄弟。

上次九月十八日承蒙皇上天恩，委派我稽察中书科事务。十月二日本应写信，因为害怕张楠皆来得晚，所以没有写。二十日本应写信，因六弟离京，许多事很仓促，又忘记写了。稽察中书科一直是皇上从内阁学士四人中钦派一人担任，只算差使，不算升官。其下属有中书大人六人，书记官八人，所做的事情就是册封诰命。凡册封亲王用金册，册封郡王用银册，册封贝勒、贝子以下用龙边笺册，册封镇国公以下及文武五品以上官都用诰命，六品以下都用敕命，以上诰命都在中书科缮写。我在十八日奉旨被派出，十九日奏折谢恩。现在把原折寄回，因是衙门里书记官抄写的，所以字很难看。

上次六弟回去时，我曾托他带给母亲五两银子的零用钱，我妻子托他带给岳母二两零用钱。因为想起我在京这么多年，并没有寄零用钱给婶母用，况且四位弟妹买个棉、买个麻也很窘迫。以后每年我寄给亲戚族人的银子里面当加上母亲、婶母的零用钱各四千，四位弟妹零用钱各三千，每年一共是二十千。今年托张楠皆带的银子收到后，澄弟即将按照清单分送各亲戚族人。又将婶母（四千）及四位弟妹（各三千）的零用钱送去（母亲今年已有五两银，不必再送）。以后每年以今年为例。上半年春天发的俸禄，我寄回家五六十两，作为家中开支，如有不足，望家中想办法应付。下半年秋天发的薪水，我也寄五六十两回去，用作帮助各亲戚族人及母亲、婶母、四位弟妹的零花钱（去年开列的单子，共约八十千，如果添上家中这笔款项，则共计百千了。不知需要多少银子，希望澄弟告诉我）。我以后往家里寄钱，就以今年这个数目为标准，家中分送亲戚族人，也希望在今年决定比例。只是孟学公的儿孙去参加考试的，今年在省城，不知有没有送钱过去？如果没有送，希望按名单补送，就作为买笔的钱吧，这点至关重要。一切千万遵照单列办理。

我身体平安，家中大小都如同往常。纪泽读书，已经读到《太甲上》。同乡孙鳌洲已经到京，其他人都跟往常一样。

昨天任命定郡王（载铨）、季仙九先生到天津办理盐务，又任命耆英、朱凤标到山东办理监务。十一日刑部主事朱寿康（朱伯韩的亲弟弟）、户部主事袁铨、广西提塘李鹏飞，都因在妓院饮酒作乐，提督府将他们缉拿归案，交由刑部治罪。十月宝中堂（名兴）去世。昨天任命耆英为大学士，琦善仍为协办军机。其他的容以后再说。

国藩草。

【点评】

曾国藩在信中谈及自己被派去稽查中书科事务，并且说这不是升官，只是差遣使职罢了。由信中我们可以看出清代不同级别的册封诰命形式，但不管哪种，都在中书科书写。曾氏还想增加每年寄往家中的银钱，以添补家中花销，并决定以今年之数定为常数，以后每年都按照这个标准往家中寄钱，希望家人能够按照列单一一送去，不要产生任何偏差，以免导致亲戚族人之间出现矛盾。曾氏真是家事、国事，事事关心，并且事事处理得都很妥当。

道光二十八年十二月初十日与诸弟书

公元 1849 年 1 月 4 日

澄侯、温甫、子植、季洪四弟左右：

十一月十四发第十四号家信，不知收到否？十二月初九接到家中十月十二日一信，十一月初一日一信，初十日一信，具悉一切。

家中改屋，有与我意见相同之处。我于前次信内，曾将全屋画图寄归，想已收到，家中既已改妥，则不必依我之图矣。但三角丘之路，必须改于檀山嘴下，而于三角丘密种竹木，此我画图之要嘱，望诸弟禀告堂上，急急行之。

家中改房，亦有不与我合意者，已成则不必再改。但六弟房改在炉子内，此系内外往来之屋，欲其通气，不欲其閟塞，余意以为必不可，不若以长横屋上半节间断作房为妥（连间两隔，下半节作横屋客坐，中间一节作过道，上半节作房）。内茅房在石柱屋后，亦嫌太远，不如于季洪房外高坎打进去七八尺（即旧茅房沟对过之坎，若打进丈余，则与上首栗树处同宽），既可起茅房、澡堂，而后边地面宽宏，家有喜事，碗盏、菜货亦有地安置，不致局促，不知可否？

家中丽参已完，明春得便即寄。彭十九之寿屏，亦准明春寄到。此间事务甚多，我又多病，是以迟迟。

澄弟办贼，甚快人心。然必使其亲房人等知我家是图地方安静，不是为一家逞势张威，庶人人畏我之威，而不恨我之太恶。贼既办后，不特面上不可露得意之声色，即心中亦

建于清代的湖南汉族住宅

必存一番哀矜的意思，诸弟人人当留心也。

罗芸皋坐东皋，求我援引，此刻想已无及矣（我想写一信与师令及伍府尊，此次又赶不及）。且如何援引之法，须写信告我。渠前年存银二十二两在我处，昨托张楠皆带交还渠。张言途中要借用，我已答应，嘱渠到家即办交邵阳彭筱房转寄芸皋，并作求告筱房矣，明春可问芸皋，看收到否？

征一表叔在我家教读甚好，此次未写信请安，诸弟为我转达。

张豆腐（和尚之称如此）写信寄南，殊为可恶。我付之不理，若并未接到此信者然，渠亦无如之何。

同乡周荇农家之鲍石卿，前与六弟交游，近因在妓家饮酒（十一月初六日荇农之母生日，席散鲍即出游），提督府捉交刑部，革去供事。而荇农、荻舟尚游荡不畏法，真可怪也。

余近日常有目疾，余俱康泰。内人及二儿四女皆平安。小儿甚胖大。西席庞公拟十一回家，正月半来，将请李笔峰代馆。

宋荩宾在道上仆跌断腿（宋有与六弟信），五十余天始抵樊城，大可悯也，余不一一。

国藩手草。

【译文】

澄侯、温甫、子植、季洪四弟左右：

十一月十四日发出第十四号家信，不知收到没有？十二月初九，接到家中十月十二日寄出的一封信，十一月初一寄出的一封信，初十寄出的一封信，得以知道一切。

家里改建房屋，有和我意见相同的地方。我在上次信里面，曾经把房屋的图纸寄回去，想必已收到了，家中既然已经修改妥当了，就不必依用我的图纸了。但是三角丘的路，必须改在檀山嘴下面，在三角丘密密地种上竹木，这是我的设计图中最重要的嘱托，希望各位弟弟禀告堂上大人，赶紧照办。

家中改建房屋，也有与我意见不合之处，已经改完了的也不必再改。但是六弟的房改建在炉子里，这是内外往来的屋子，要它通气，不要它闭塞，我的意思是认为这必定不可以，不如把长横屋上半节间断做屋更为妥当（连间放两道隔板，下半节作为客人休息的横屋,中间一节做过道,上半节做房屋)。内茅房在石柱屋后面,也嫌太远,不如在季洪房外面高坎打进去七八尺(也就是过去茅房沟对面的高坎,如果打进丈余,就与上面栗树处一样宽),既可以起茅房和澡堂,而且后面地面宽大,家里有喜事,碗盏、菜货等东西也有地方安放,不至于局促,不知可不可以?

家中高丽参已经用完,明年春天有方便的机会就再托人捎回一些。彭十九的寿屏,也定于明年春天寄到。这里事务很多,我又多病,所以拖延至今。

澄弟惩治土匪,大快人心。然而必须让那些土匪的亲朋好友知道,我家这么做是图地方上的安宁,不是为自家逞威气、显权势,这样才会使大家既畏惧我们的威严,又不痛恨我们做得太恶毒。惩治之后,不仅表面上不要露出得意之色,就是心里也要有一种同情的心理,各位弟弟人人都要留心。

罗芸皋受东皋牵连,求我帮助,现在估计也来不及了(我想写一封信给师令及伍府尊,这次又来不及了)。用什么办法帮助他,必须写信告诉我。他前年存了二十二两银子在我这里,昨天我托张楠皆带回交给他。张说途中要借用,我已答应,叮嘱他一到家就交给邵阳彭筱房转寄给云皋,我已写信告诉筱房了,明年春天可以问问芸皋,看看收到没有?

征一表叔在我家教书很好,这次没有写信请安,弟弟们代我转达。

张豆腐(和尚之称如此)写信寄回南方,很是可恶!我置之不理,就像从未收到这封信一样坦然,他也没有办法。

同乡周荇农家鲍石卿,以前与六弟相识,最近因在妓院饮酒作乐(十月六日是荇农母亲的生日,酒席散后鲍就去了妓院),被提督府捉去交由刑部革职问罪。但荇农、获舟仍放荡不惧国法,真是奇怪!

我近来常常犯眼病,其他地方都还康泰。妻子和两个儿子、四个女儿都平安。小儿子又胖又大。西席老师庞公,准备十一月回家,正月中旬再来,准备请李笔峰代教。

宋芗宾在路上摔了一跤,把腿跌断(宋有给六弟的信),五十多天才到樊城,真是可怜!其他不一一说了。

国藩手草。

【点评】

这是一封治家书,同时涉及了当时官员的生活情况。曾氏对家中改建房屋尤其关注,不仅寄去了图纸说明,还在书信中详细阐述了自己对房中布局的意见,即使连茅房的安置也未省略。因为曾氏懂得叶落归根,虽然在京城谋得职位,但他还是要回家乡的——那里才是自己的根,在家乡安度晚年心里才能坦荡荡。同时他交代四弟治理土匪时,“不特面上不可露得意之声色,即心中亦必存一番哀矜的意思”,可谓考虑周全。京城常发生官员因吃花酒被抓的事情,曾氏说他们“不畏法”,他自己心中则是以此为戒的。

道光二十九年正月初十日与诸弟书

公元1849年2月2日

四位老弟足下:

去腊初十日发戊申第十八号家信,厥后廿六日接温弟在湖北所发信,正月初日接诸弟腊月十五所发信,而温弟在河南托邬墨林转寄一信,则至今未到。澄弟十一月十九所发一信,亦至今未到也。

澄弟生子，庆贺庆贺。吾与澄弟去年报最，今年轮应温、植、洪三人报最矣。但植弟子之妇闻已有吉语，恐政成当在温弟之前，植弟未免"疾行先长耳"。

四位弟妇闻皆率母亲叔母之教，能勤能俭，予闻之不胜欣喜。已办有材料，今春为四弟妇各制一衣，觅便即行寄回。

澄弟捐监执照，亦准于今年寄回。父亲名书呈祥，取"麟趾呈祥"之义也。前年温弟捐监，叔父名书呈材，取"天骥呈材"之义也。当时恐六弟尚须小试，故捐监填名略变，以为通融地步。而今温弟既一成不易，故用呈祥配呈材，暗寓"麟"字"骥"字于中。将来即分两房：曰呈祥房，曰呈材房，亦免得直写父叔官名耳。

清代红漆圆足小几

李子山、曾希六族伯托我捐功名，其伙计陈体元亦托捐。我丁酉年在栗江煤垅，此二人待我不薄，若非煤垅之钱，则丁酉万不能进京。渠来托我，不能不应，拟今岁为之办就。其银钱嘱渠送至我家，有便交执照付至家中。渠银钱一到，即发执照与渠可也，即未收全，亦可发也。丁酉年办进京盘费，如朱文八、王燧三、燧六等皆分文不借，则曾、陈二人岂不可感也哉！现在乔心农（晋芳）放常德知府，二月出京。四弟监照与二人执照，大约可托渠带至湖南也。

去年年内各族戚之钱，不知如数散给否？若未给，望今春补给，免得我时时挂心。考试者十千及乞丐之十千，不审皆给否？务乞详以示我。

竹山湾找当价，不知比楚善叔一头原价何如？乞明告我。既买竹山湾，又买庙台上，银钱一空，似非所宜。以后望家中无买田，须略积钱，以备不时之需。

植弟诗才颇好，但须看古人专集一家，乃有把握，万不可徒看选本。植弟则一无所看，故无把握也。季弟诗文难于进功，须用心习字，将来即学叔父之规模，亦有功于家庭。

纪泽儿自去腊庞先生归河间，请李笔峰来代馆，日加奖赞，悟性大进。一日忽自作四言诗一篇，命题曰《舜征有苗篇》。余始不信，次日余与黄翥吾面试之，果能清顺。或者得祖父德荫，小有成就，亦未可知。兹命其誊出寄呈堂上，以博一笑。然记性不好，终不敢信其可造也。

兹寄回正月初一至初十日上谕及宫门抄，以后按月寄归。温弟所允萧辛五《缙绅》，当于乔心农处付渠。李竹屋思鹿胶、丽参，亦俟乔公始寄。此次欲写信与竹屋，实无少暇矣。

予身体平安，家中大小如常，二儿肥胖。

余不一一。兄国藩手草。

又：梁俪裳兄弟到京，盛称澄弟之才。且言广东骗客帐以千万计，从无一人取回一文者，澄弟可谓破天荒也。

【译文】

四位老弟足下：

去年腊月初十发出戊申年第十八号家信，之后二十六日收到温弟在湖北发出的信，正月初八收到弟弟们腊月十五发出的信，而温弟在河南托邹墨林转寄给我的那封信，则至今没有收到。澄弟十一月十九发出的一封信，至今也没有收到。

澄弟生了儿子，庆贺庆贺。我与澄弟去年都生了孩子，今年应轮到温、植、洪三弟生孩子了。但植弟的妻子，听说已有身孕，恐怕要在温弟生孩子之前，植弟未免太快了，赶在哥哥的前面了。

四位弟媳妇，听说都能听从母亲、叔母的教导，勤劳节俭，我听说后不胜欣喜。我已经置办好了衣料，今年春天为四位弟媳妇各做一件衣服，找方便的机会寄回去。

澄弟捐监生的执照，也定于今年寄回。父亲的名讳是"呈祥"二字，取"麟趾呈祥"的意思。前年温弟捐监生，叔父的名讳是"呈材"，取"天骥呈材"的意思。当时恐怕六弟还要参加小试，所以捐监生填写姓名时略有变动，留作以后通融的借口。而现在温弟既然已经一成不变，所以用呈祥配呈材，暗寓"麟"字、"骥"字于其中。将来就分作两个房，即呈祥房，呈材房，也不用直写父亲及叔父的官名了。

李子山、曾希六族伯委托我捐个功名，他的伙计陈体元也委托我给捐个功名。我丁酉年在栗江煤垅，这两个人待我不薄，那年如没有煤垅的钱，我是肯定不能进京的。他来委托我，不能不答应，准备今年替他们办了。要用的银钱嘱咐他送到我家，有方便的机会就把执照带到家中。他钱一到，就把执照交给他就行了，即使他先只交来一部分钱，也给他执照。丁酉年筹办进京的路费，像朱文八，王燧三、燧六等人都是分文不借，而曾、陈两人岂不令人感动！现在乔心农（名晋芳）出任常德知府，二月离京。四弟的监生执照与曾、陈二人的执照，大概都可托他带到湖南。

去年年内各亲戚族人的钱，不知如数分给各家了没有？如果没有给，希望今年春天补给，免得我时时挂心。给参加考试的人的十千钱及给乞丐的十千钱，不知都给了没有？务必详细写明告诉我。

竹山湾的田价，不知比起楚善叔一头原价如何？请写明告诉我。既然已买了竹山湾，又买了庙台上，银钱都花光了，似乎不是很合适。希望以后家中不要买田了，须略微攒些钱，以防备急时的需要。

植弟的诗才很好，但要看一家古人的专集才有把握，万万不可只看选本；植弟则什么都没有看，所以没有把握；季洪的诗文难有进步，需用心练习书法，将来就学习叔父的榜样，也会对家庭有所贡献。

纪泽儿从去年腊月份庞先生回河南老家之后，请来李笔峰代教，每天加以奖励赞扬，纪泽儿悟性大有进步。有一天忽然自作一篇四言诗，题目叫《舜征有苗篇》。我开始不信，第二天我与黄翥吾当面试问他，果然能够清楚通顺。或许得到祖父德荫，小有成就，也未可知。现命他誊写出来寄呈堂上大人，以博一笑。不过纪泽记性不好，总不敢相信他是可造之材。

现寄回正月初一到初十的上谕及宫门抄，以后按月寄回。温弟所答应的给萧辛五的《缙绅》，当由乔心农那里带给他。李竹屋想要鹿胶、高丽参，也等到乔公动身时才能托他带去。这次我想写信给李竹屋，实在没有一点时间。

我身体平安，家中大小如常，二儿肥胖，其他的不一一谈。兄国藩手草。

另外：梁俪裳兄弟到京后，极力称赞澄弟的才干。而且说广东人骗外乡人的钱数以千万计，从没有一人取回一文，澄弟可以说是破天荒了。

【点评】

曾国藩是一个重情重义之人，讲求有恩必报，而且讲求"滴水之恩，当以涌泉相报"。这次曾、陈二人委托他帮忙捐功名，因为二人以前曾经尽力帮助曾氏进京，所以他欣然应允二人之请。

正因为曾氏懂得有恩必须回报的道理，所以他从不轻易受人恩惠，欠人人情，以免将来为人情所牵制，去做一些违背自己心意的事情。

道光二十九年二月初六日与父母书

公元1849年2月28日

男国藩跪禀父母亲大人万福金安：

正月十一日，男发第一号家信，并寄呈京报，想已收到。

廿二日，男蒙皇上天恩升授礼部侍郎。次日具折谢恩，蒙召对，诲谕谆切。廿五日午刻上任，属员共百余人，同县黄正斋亦在内。从前阁学虽兼部堂衔，实与部务毫不相干。今既为部堂，则事务较繁，每日须至署办事。八日一至圆明园奏事，谓之该班。

间有急事，不待八日而即陈奏者，谓之加班。

除衙门官事之外，又有应酬私事，日内甚忙冗，几于刻无暇晷，幸身体平安，合家大小如常。

纪泽读书已至《酒诰》，每日讲《纲鉴》一页，颇能记忆。次孙体甚肥胖。同乡诸人并皆如旧。余详与诸弟信中。

男谨禀。

【译文】

男国藩跪禀父母亲大人万福金安：

正月十一日，儿发出第一号家信，并寄回京报，想必已经收到。

二十二日儿承蒙皇上天恩，升任礼部侍郎。第二天上奏折谢恩，蒙受皇上召见奏对，皇上对我谆谆教诲，让人觉得十分亲切。二十五日午时上任，下属人员一共一百多人，来自同县的黄正斋也在内。从前内阁学士虽然兼有尚书、侍郎的官衔，实际上与部里职务毫不相干。现在既然作为侍郎，那么事务比较繁忙，每天必须到衙署办公。隔八天去圆明园一次奏请事情，这就叫"该班"。

中间有急事，不用等到八天就立即陈奏的，叫做"加班"。

除了衙门的公事，又要应酬私人的事，最近十分忙碌，几乎没有片刻时间休息，幸好身体平安，全家大小如常。

纪泽读书已读到《酒诰》，每天给他讲解一页《纲鉴》，他记忆力很好。次孙身体很肥胖。同乡的各位都如往常。其余的详细写在给各位兄弟的信中。

男谨禀。

【点评】

道光二十九年正月二十二日曾氏升任礼部侍郎，虽然礼部在清代六部中（其他五部为吏部、户部、兵部、刑部、工部）属于清高而油水较少的一个部门，但是也要天天上班，"八日一至圆明园奏事"，可见曾氏之繁忙。即使在如此繁忙的情况下，曾氏也要坚持给父母写信，一来尽一下孝道，不使父母担心；更为重要的是他擢升为礼部侍郎，便是真正的侍郎了，开始握有实权。这对曾氏来说，是一次重要的升迁，同时也是光耀门楣的大好机会，因而他特意写信告知父母这一变化。我们从中可以明白古人为什么对功名如此看重。

道光二十九年二月初六日与诸弟书

公元1849年2月28日

澄侯、温甫、子植、季洪四位老弟左右：

正月十日曾寄家信，甚为详备。二月初三接到澄弟十一月二十夜之信，领悉一切。

今年大京察，侍郎中休致者二人，德远村(厚)、冯吾园(芝)两先生也，余即补吾园先生之缺。向来三载考绩，外官谓之大计，京官谓之京察。京察分三项：一二品大员及三品之副都御史，皇上皆能记忆其人，不必引见，御笔自下朱谕，以为彰瘅，此一项也。自宗人府丞以下，凡三四五品京堂，皆引见，有黜而无陟，前丙午在碾儿胡同时，间壁学士奎光，即引见休致者也，此一项也。自五品而下，如翰林、内阁、御史六部，由各堂官考察，分别一二三等，一等则放府道，从前如劳辛阶、易念园，今年如陈竹伯，皆京察一等也，此一项也。

余自到礼部，比从前较忙冗，恨不得有人帮办寓中琐杂事。然以家中祖父之病，父、叔勤苦已极，诸弟万无来京之理。且如温弟在京，余方再三劝诱，令之南归，今岂肯蹈复辙，令之北来？

江岷樵以拣发之官浙江，补缺不知何时。余因温弟临别之言，荐邓星阶偕岷往浙，岷樵既应允矣。适徐芸渠请星阶教书，星即就徐馆，言定秋间仍往浙依江，江亦应允。

邹墨林自河南来京，意欲捐教，现寓圆通观，其为人实诚笃君子也。袁漱六新正初旬，忽吐血数天，现已全愈。黄正斋竟为本部司员，颇难为情。余一切循谦恭之道，欲破除藩篱，而黄总不免拘谨。

余现尚未换绿呢车，惟添一骡，盖八日一赴园，不能不养三牲口也。书不一一。

兄国藩草。

【译文】

澄侯、温甫、子植、季洪四位老弟左右：

正月十日曾经寄出家信，非常详细。二月三日收到澄弟十一月二十日夜里写的信，得以知道一切情况。

今年京城的官员大考核，侍郎中退休的有两人，就是德远村(名厚)、冯吾园(名芝)两位先生，我补的就是吾园先生退休后的空缺。一直都是每隔三年考核一次官员的政绩，对外官的考核叫做“大计”，对京官的考核称为“京察”。“京察”分为三项内容：一、二品大员和三品官员中的副都御史，皇上都能够记住，这些人不用引见，御笔自然会下朱批谕旨，以示表彰或惩罚，这是第一项。从宗人府丞以下，凡是三、四、五品在京的官员皇上都要引见，只有罢黜而没有升迁。先前丙午年在碾儿胡同居住时，隔壁是学士奎光，就在引见后退休了，这也是一项。自五品以下，如翰林、内阁、御史、尚书六部官员，都由各部门的长官考查，分成一、二、三等，一等的就放外任为知府、道台，之前的像劳辛阶、易念园，今年的像陈竹伯，都是“京察”的一等，这又是一项内容。

我自从到礼部任职，比从前更加忙碌，恨不得有人帮助处理家中的琐事。然而家中因为祖父的病情，父亲、叔父已经极其勤劳辛苦，各位兄弟绝对没有来京城的道理。况且温

清代官帽上的顶珠

弟在京城,我再三劝说开导,让他回去,现在怎么可能再重蹈覆辙,让他来京城呢?

江岷樵因"拣发"(注:各省处督抚奏请由候选人士中拣选人员到该省为官,称为"拣发")到浙江为官,补缺不知要等到什么时候。因为温弟临别时曾有叮嘱的话语,我便推荐邓星阶同岷樵前往浙江,岷樵已经答应了。恰好徐芸渠请星阶去教书,星阶马上就去了徐家的学馆,说好秋天仍然到浙江投奔江岷樵,江也答应了。

邹墨林从河南来京城,想花钱捐为教谕,现在住在圆通观,他是为人实诚笃行的君子。袁漱六新年正月上旬,忽然吐血几天,现在已经痊愈。黄正斋竟然是本部的司员,见到我很尴尬。我一切都以谦虚恭敬的态度去对待他,想消除隔阂,但是黄总免不了拘谨。

我现在还没有换乘绿呢轿车,只添了一头骡子。因为八天去一次圆明园,不能不饲养三头牲口。信中就不一一详说了。

兄国藩草。

【点评】

曾国藩因升任礼部侍郎,因而公务日繁,很想找人来帮忙,可是鉴于以往的教训和家中也急需人手,因此并没有让各位弟弟前来京城帮助自己。

曾氏在信中向大家介绍了在京官员的考核活动——京察。京察一般按照各位京官职位的不同和级别的高低共分为三等,分别按不同的形式考核,并且在这之中只有罢黜和退休两种情况出现,而不会有人得到升迁。从中我们可以看出清朝"京察"活动的基本状况。

道光二十九年三月初一日与诸弟书

公元 1849 年 3 月 24 日

澄侯、温甫、子植、季洪足下:

二月廿六发家信第三号,想可早到。兹乘乔心农先生常德太守之便,付去纹银六十三两零,共六大锭,外又一小锭,系内子寄其伯母,乞寄欧阳牧云转交。

又闻邓星阶寄银六两,亦在此包内,并渠信专人送去。又高丽参一布包,内顶上者一

清代一品文官补服

两，共十四枝，专办与祖父大人用；次等者三两，共五枝；又次等者自参半斤，不计枝。今年所买参，皆择其佳者，较往年略贵，故不甚多。又鹿胶二斤，共一布包。

又一品补服四副，共一布包。前年所寄补服，内有打籽者，系一品服。合此次所寄，共得五付。补服不分男女，向来相传鸟嘴有向内向外之分，皆无稽之言也。一品顶戴三枚，则置高丽参匣之内。望诸弟逐件清出，呈堂上大人。乔太守要由山西再转湖南，到长沙大约在闰四月底。此信不详他事，容下次再详也。

国藩手草。

【译文】

澄侯、温甫、子植、季洪足下：

二月二十六日发出第三号家信，想来早已收到。现在趁乔心农先生任常德太守之机，委托他带去六十三两纹银，共六大锭，外加一小锭，是内人寄给她伯母的，请寄给欧阳牧云转交。又有邓星阶附带寄去的六两银，也在这个包里，和他的信一起派专人送去。还有一布包高丽参，其中最上等的一两，共十四支，专供祖父大人用；次等的三两，共五支；又次一等的白参半斤，不计支数。今年所买的高丽参，都选择质量上乘的，价格较往年略贵些，所以不是很多。又有二斤鹿胶，共一布包。

又有四套一品补服，共一布包。前年所寄的补服，其中有打籽的，是一品补服。加上这次所寄，共有五套。补服不分男女，一直以来相传鸟嘴有向内向外的区别，都是无稽之谈。一品顶戴三枚，就放在高丽参匣里面。希望各位弟逐件清点出来，呈上父母大人。乔太守要从山西再转道湖南，到长沙大约在闰四月底。

这封信其他事不详写，容我下次再详述。

国藩手草。

【点评】

曾国藩这封信主要是对家里人说了托乔心农带去的物品。曾氏向各位弟弟列出一个清单，希望各位弟弟在收到东西后清点清楚，然后呈上父母大人。曾氏还说补服根据鸟嘴向内向外分为男女补服的说法根本就是无稽之谈，以打消家人的疑虑。

道光二十九年三月廿一日与诸弟书

公元1849年4月13日

澄侯、温甫、子植、季洪足下：

正月初十日发第一号家信，二月初八日发第二号家信，报升任礼部侍郎之喜，二十六日发第三号信，皆由折差带寄。三月初一日由常德太守乔心农处寄第四号信，计托带银七十两，高丽参十余两，鹿胶二斤，一品顶戴三枚，补服五付等件。渠由山西迂道转至湖南，大约须五月端午前后，乃可到长沙。

予尚有寄兰姊、蕙妹及四位弟妇江绸棉外褂各一件，依照去年寄呈母亲、叔母之样。前乔心农太守行时，不能多带，兹因陈竹伯新放广西左江道，可于四月出京，拟即托渠带回。澄弟《岳阳楼记》，亦即托竹伯带回家中。

二月初四澄弟所发之信，三月十八接到。正月十六七之信，则至今未接到。据二月四日书云，前信著刘一送至省城，共二封，因欧阳家、邓星阶、曾厨子各有信云云，不知两次折弁何以未见带到？

温弟在省时，曾发一书与我，到家后未见一书，想亦在正月一封之中。此书遗失，我心终耿耿也。

温弟在省所发书，因闻澄弟之计，而我不为揭破，一时气忿，故语多激切不平之词。予正月复温弟一书，将前后所闻温弟之行，不得已禀告堂上，及澄弟植弟不敢禀告而误用诡计之故，一概揭破。温弟骤看此书，未免恨我。然兄弟之间，一言欺诈，终不可久；尽行揭破，虽目前嫌其太直，而日久终能相谅。

现在澄弟来书，言温弟鼎力办事，甚至一夜不寐，又不辞劳，又耐得烦云云。我闻之欢喜之至，感激之至。温弟天分本高，若能改去荡佚一路，归入勤俭一边，则兄弟之幸也，合家之福也。我待温弟，似乎近于严刻，然我自问此心，尚觉无愧于兄弟者，盖有说焉：

大凡做官的人，往往厚于妻子而薄于兄弟，私肥于一家而刻薄于亲戚族党。予自三十岁以来，即以做官发财为可耻，以宦囊积金遗子孙为可羞可恨，故私心立誓，总不靠做官发财以遗后人，神明鉴临，予不食言。此时事奉高堂，每年仅寄些须以为甘旨之佐；族戚中之穷者，亦即每年各分少许，以尽吾区区之意。盖即多寄家中，而堂上所食所衣，亦不能因而加丰；与其独肥一家，使戚族因怨我而并恨堂上，何如分润戚族，使戚族戴我堂上之德而更加一番钦敬乎？

将来若作外官，禄入较丰，自誓除廉俸之外不取一钱。廉俸若日多，则周济亲戚族党者日广，断不畜除廉俸之外不取一钱积银钱为儿子衣食之需。盖儿子若贤，则不靠宦囊亦能自觅衣食；儿子若不肖，则多积一钱，渠将多造一孽，后来淫佚作恶，必且大玷家声。故立定此志，决不肯以做官发财，决不肯留银钱与后人；若禄入较丰，除堂上甘旨之外，尽以周济亲戚族党之穷者，此我之素志也。

至于兄弟之际，吾亦惟爱之以德，不欲爱之以姑息。教之以勤俭，劝之以习劳守朴，爱兄弟以德也；丰衣美食，俯仰如意，爱兄弟以姑息也。姑息之爱，使兄弟惰肢体，长骄气，将来丧德亏行，是即我率兄弟以不孝也，吾不敢也。我仕宦十余年，现在京寓所有惟书籍、衣服二者。衣服则当差者必不可少，书籍则我生平嗜好在此，是以二物略多。将来我罢官归家，我夫妇所有之衣服，则与五兄弟拈阄均分。我所办之书籍，则存贮利见斋中，兄弟及后辈皆不得私取一本。除此二者，予断不别存一物以为宦囊。一丝一粟不以自私，此又我待兄弟之素志也。恐温弟不能深谅我之心，故将我终身大规模告与诸弟，惟诸弟体察而深思焉。

去年所寄亲戚各项，不知果照单分送否？杜兰溪为我买《皇清经解》，不知植弟已由省城搬至家中否？

京寓一切平安。纪泽书经读至《冏命》。二儿甚肥大。易南谷开复原官，来京引见。闻左青士亦开复矣。同乡官京中者，诸皆如常。余不一一。男国藩手草。

再者：九弟生子大喜，敬贺敬贺。自丙午冬葬祖妣大人予木兜冲之后，我家已添三男丁，我则升阁学，升侍郎，九弟则进学补廪。其地之吉，已有明效可验。我平生最不信风水，而于朱子所云"山环水抱""藏风聚气"二语，则笃信之。木兜冲之地，予平日不以为然，而葬后乃吉祥如此，可见福人自葬福地，绝非可以人力参与其间。家中买地，若出重价，则断断可以不必；若数十千，则买一二处无碍。

宋湘宾去年回家，腊月始到。山西之馆既失，而湖北一带又一无所得。今年因常南陔之约，重来湖北，而南陔已迁官陕西矣，命运之穷如此。去年曾有书寄温弟，兹亦付去，上二次忘付也。

李笔峰代馆一月，又在寓抄书一月，现在已搬出矣。毫无道理之人，究竟难于相处。庞省三在我家教书，光景甚好。邹墨林来京捐复教官，在圆通观住，日日来我家闲谈。长沙老馆，我今年大加修整，人人皆以为好。

琐事兼述，诸惟心照。

兄国藩手草。

【译文】

澄侯、温甫、子植、季洪足下：

正月十日发出第一号家信、二月八日发出第二号家信，是告诉家中我升任礼部侍郎的喜讯，二十六日发出第三号家信，都由折差带回。三月一日从常德太守乔心农那里附寄第四号家信，共计委托带去五十两银子、十多两高丽参、两斤鹿胶、三枚一品顶戴、五件补服等物品。他从山西绕道转赴湘南，大约得在五月份端午节前后才能到达长沙。

我还寄给兰姐、蕙妹以及四位弟妹各一件江绸棉外褂，仿照去年寄给母亲、叔母的样式。上次乔心农太守走时不能多带行李，现在趁着陈竹伯放外任广西左江道，可以在四月离京，打算委托他带回去。澄弟的《岳阳楼记》，也就托付竹伯带回家中。

二月四日澄弟发出的信，三月十八日收到。正月十六七日的信，至今还没有收到。据二月四日的信中说，上次的信派刘一送到省城，共两封，因为欧阳家、邓星阶、曾厨子各自都有信等等，不知为什么折差两次都没有带到？

温弟在省城时，曾寄了一封信给我，到家后没有见到一封信寄来，想来也在正月的那封信当中。这封信的遗失，总让我耿耿于怀。

温弟在省城发出的信里，因为听说了澄弟的计策，而我又不给他说明真相，一时气愤，所以话里有很多激切不满的措辞。我在正月里给温弟写了封回信，将先后听到的有关温弟的行为，不得已告诉父母，以及澄弟、植弟不敢告诉大人而错用狡诈计策的缘故全部挑明。温弟乍一读这封信，不免会恨我。但兄弟之间，一句欺骗的话，终究不可以维持长久；彻底说明真相，虽然现在显得太直露，但日子长了最终能互相谅解。

现在澄弟来信，说温弟尽力办事，甚至一夜不睡，又不辞劳苦，又很有耐心等等。我听到这些感到这十分欢喜，十分感激。温弟天分本来就高，如果能改掉放荡一类的毛病，回到勤俭的道路上来，那么就是兄弟们的幸运、全家的福气。我对待温弟似乎近乎苛刻严

道光皇帝御笔“恭俭惟德”

厉,然而我扪心自问,仍然觉得无愧于兄弟之情,大概是有道理的。

一般来说,做官的人,往往对妻子儿女感情深厚,而对兄弟感情淡薄,富了自己一家,而对亲戚本家刻薄无情。我自从三十岁以来,就认为通过做官发财是可耻的行径,认为官宦人家积攒钱财留给子孙是令人羞愧、令人憎恨的行为,所以私自内心发誓,决不靠做官来发财留给后代,神灵可以作证,我不会违背诺言。现在侍奉父母,每年也只寄少些钱回家,作为吃些好东西的费用;宗族亲戚中贫穷的,也是每年各分给少许,以尽到我的一点心意。大概即使多寄钱给家中,但堂上大人吃的穿的也不能因此而更加丰厚,与其独自富贵一家,而使宗族亲戚因为埋怨我而并憎恨堂上大人,为何不分余润给宗族亲戚,使他们感谢我堂上大人的恩德而更多一些钦服敬重呢?

将来如果在外地做官,俸禄收入较为丰厚,我自己发誓除廉俸之外,不拿一分钱。廉俸如果一天天增多,那么周济亲戚族人的范围就越来越广,决不蓄积银钱作为儿子的衣食之需。因为儿子如果贤明,那么不靠官囊也能够自己去找衣食;儿子如果不肖,那么多积攒一钱,他将多造一份孽,将来淫逸作恶,必定大坏家庭名声。所以下定了这个决心志向,决不肯靠做官来发财,决不肯积留银钱给后人。如果俸禄收入较为丰厚,除供给父母美味之外,尽量用来周济亲戚族人中贫穷的,这是我平生的志向。

至于兄弟之间,我也只能用德行去爱护他们,不愿用姑息去关爱他们。用勤劳俭朴教导他们,用习劳守朴来规劝他们,这是用德行去爱护兄弟;丰衣美食,一切如意,这是用姑息去关爱兄弟。姑息的溺爱,使兄弟们肢体懒惰,骄气增长,将来丧失德行,这就是我拿不孝来做兄弟们的表率,我不敢这么做。我为官十多年,现在京城家中有的全部东西只有书籍、衣服两样。衣服是当官者必不可少的;书籍则是我生平的嗜好,所以这两样东西稍多。将来我罢官回家,我夫妇所有的衣服,就与五兄弟抓阄平分;我所置办的书籍,就藏存在利见斋中,兄弟和后辈都不得私自拿取一本。除了这两样东西,我绝对不另外保存一件东西来作为做官得来的财产,连一根线、一粒米都不占为己有,这又是我对待兄弟们的一贯原则。恐怕温弟不能深刻体谅我的用意,所以把我一直以来做事的根本准则告诉弟弟,希望弟弟们体验观察,深刻思考。

去年寄给亲戚的各种款项,不知是不是当真照例单分送的?杜兰溪为我买的《皇清经解》,不知植弟是不是已经从省城搬到家中了?

京城家中一切平安。纪泽《书经》读到了《冏命》。二儿子很胖大。易南谷官复原职,来京城接受召见。听说左青士也官复原职了。同乡在京师里任职的,每个人都和以前一样。其他暂不详述。男国藩手草。

还有,九弟生得儿子是大喜之事,恭喜恭喜。从丙午年冬天埋葬祖妣大人于木兜冲之后,我们家已经添了三个男孩,我则升任阁学,再升任侍郎,九弟也进入学馆补了廪生。这块地的吉祥之气,已经有了明显的应验。我平日最不信风水,而对于朱子所说的“山环水抱”、“藏风聚气”两句话,则深深地相信。木兜冲这块地方,我平日不以为然,但葬后却是如此吉祥,可见福人自会葬入福地,决不是人力能够参与其中的。家中要买地,如果对方出高价，则是绝对没有必要；如果只要几十千，那么买一两处也无妨。

宋湘宾去年回家，腊月才到。山西学馆之职已经丢掉，而在湖北一带又一无所得。今年因为常南陔的约定又来湖北，而南陔已经升官到陕西去了。他的命运如此穷困！去年曾有信寄给温弟，现在也附寄过去，上两次忘寄了。

李笔峰在馆中代教一个月，后又在家中抄书一个月，现在又搬出去了。毫无道理可讲的人，终究难以相处。庞省三在我家教书，光景很好。邹墨林来京捐复教官，住在元通观，天天到我家来闲谈。长沙老馆，我今年会大加修整，人人都认为很好。

说了许多琐事，兄弟们心中自明。

兄国藩手草。

【点评】

本信曾氏主要向各位弟弟们介绍了他的治政立身之道：不存做官发财之念。他的这句话似乎与以前的做法大相径庭。可能曾氏以前出身寒门，立志光耀门楣，而现今身居礼部侍郎，可谓功成名就，所以才出此言。曾氏作为家族中的大哥，肩负很多责任，他的弟弟们难免对其怀有较高的期待，曾氏担心为了承担这些责任走上歧途，所以他告诫各位弟弟断绝非分之想，从而保证自己的清名。他不留任何钱财给自己的儿孙，就是希望他们自力更生，而不是养尊处优，不以姑息迁就来友爱兄弟，为的是创造艰苦磨炼的环境，让他们在拼搏中长才干、求发展。这种深谋远虑的训导子弟的方法，对今人也有重要的参考价值。

道光二十九年四月十六日与父母书

公元 1849 年 5 月 8 日

男国藩跪禀父母亲大人万福金安：

四月十四日，接奉父亲三月初九日手谕，并叔父大人贺喜手示，及四弟家书。敬悉祖父大人病体未好，且日加沉剧。父、叔率诸兄弟服侍，已逾三年，无昼夜之间，无须臾之懈。独男一人远离膝下，未得一日尽孙子之职，罪责甚深。

闻华弟荃弟文思大进，葆弟之文得华弟讲改，亦日驰千里。远人闻此，欢慰无极。

男近来身体不结实，稍一用心，即癣发于面，医者皆言心亏血热，故不能养肝，热极生风，阳气上干，故见于头面。男恐大发，则不能入见（二月廿三谢恩蒙召见，三月十四值班蒙召见，三十又蒙召见），故不敢用心。谨守大人保养身体之训，隔日一至衙门办公事，余则在家，不妄出门。

现在衙门诸事，男俱已熟悉。各司官于男皆甚佩服，上下水乳交融，同寅亦极协和。男虽身在礼部衙门为国家办此照例之事，不苟不懈，尽就条理，亦所深愿也。

英夷在广东，今年复请入城。徐总督办理有方，外夷折服，竟不入城。从此永无夷祸，圣心嘉悦之至（四月十五日上谕甚嘉奖，兹付呈）。李石梧前辈告病。陆立夫总制两江，亦极能胜任。术者每言皇上连年命运行劫财地，去冬始交脱，皇上亦每为臣工言之。今年气象果为昌泰，诚国家之福也。

儿妇及孙女辈皆好。长孙纪泽，前因开蒙太早，教得太宽，顷读毕《书经》，请先生再将《诗经》点读一遍。夜间讲《纲鉴》正史，约已讲至“秦商鞅，开阡陌”。

李家亲事，男因桂阳州往来太不便，已在媒人唐鹤九处回信不对。常家亲事，男因其女系妾所生，且闻其嫡庶不甚和睦，又闻其世兄不甚守俭敦朴，亦不愿对。南陔先生今年来京时，男不与之提及此事，渠已知其不谐矣。

纪泽儿之姻事屡次不就，男当年亦十五岁始定婚，则纪泽再缓一二年，亦无不可。或求大人即在乡间选一耕读人家之女，或男在京自定，总以无富贵气习者为主。纪沄对郭雨三之女，虽未订盟，而彼此呼亲家，称姻弟，往来亲密，断不改移。

二孙女对岱云之次子，亦不改移。谨此禀闻，余详与诸弟书中。

男谨禀。

【译文】

男国藩跪禀父母亲大人万福金安：

四月十四日，接奉父亲三月初九日手谕，和叔父大人贺喜手示、四弟家信。知道祖父大人病体没有好，而且一天天加重，父亲、叔父领着诸位兄弟已经服侍三年，不分昼夜，没有片刻松懈。只有儿子一个人远离膝下，没有尽一天做孙子的职责，罪责太深重了。

听说华弟、荃弟在做文章方面大有长进，葆弟所写文章有了华弟的讲评和批改，也突飞猛进。身在远方的亲人听到这些事，感到无比的欢快与欣慰！

儿子近来身体不怎么结实，稍微操心，脸上的癣疾便会发作。医生都说是心亏血热，以致不能养肝，热极生风，阳气上肝，所以表现在脸上。孩儿担心疥癣大发，就不能进见皇上了（二月二十三日谢恩，蒙受皇上召见，三月十四日值班，蒙受皇上召见，三十日又蒙受皇上召见），所以不敢用心去思考，而谨慎地遵守父亲大人保养身体的教导，每隔一天到衙门处理公事，剩下的时间就在家中休息，不敢轻易出门。

现在衙门各项事务，孩儿都已很熟悉。各个部门的官员对孩儿都很佩服，上下级之间的关系如同水乳交融，同年人之间的关系也非常和谐。孩儿即使终身在礼部衙门为国家办些照例之类的事务，不马虎、不怠慢，全都办得有条有理，这也是孩儿的深切愿望。

英夷（指英国侵略者）在广东，今年又要求进入省城。徐总督办事很有才干，外夷心悦诚服，最终没有进城。从今以后再也没有英夷来侵扰，皇上圣心高兴欢喜极了（四月十五日上谕很是嘉奖，现附在一起呈上）。李石梧老前辈因为有病而请假了。陆立夫总管两江，也很能胜任此职。术士常常说皇上连年命运行在劫财之地，去年冬天才刚脱离，皇上也经常对臣下说起。今年气象果然昌盛安泰，真是国家的福分。

儿媳妇和孙女辈都好。长孙纪泽，因为启蒙太早，教得太宽，刚读完《书经》，请先生再领他把《诗经》点读一遍。晚上讲《纲鉴》正史，大概已讲到"秦商鞅，开阡陌"。

李家的亲事，孩儿认为桂阳州来往不太方便，已经向媒人唐鹤九回信表示不同意。常家的亲事，孩儿觉得他家女儿是小妾生的，而且听说他家嫡生子女与庶生子女不很和睦，又听说他哥哥不太淳朴节俭，也不愿意答应。南陔先生今年到京城来时，孩儿不向他提起这门亲事，他就知道已经办不成了。

纪泽儿的婚姻大事，多次不成，儿子当年也是十五岁才订婚，纪泽再缓一两年，也没有什么不可以的。或者请大人就在乡里挑选一耕读人家的女儿，或者儿子在京城自定，总以没有富贵气习为主。纪沄对郭雨三的女儿，虽然没有定亲，但彼此称呼亲家，称呼姻弟，往来亲密，决不改变。

二孙女许配给岱云的儿子，也是不会改变的。就向父母详细告知这些，其他的事在给各位兄弟的信中详细谈了。

男谨禀。

【点评】

曾国藩升任礼部侍郎之后，公事越来越多，需要操心的地方也越来越多，因此经常导致肝气上冲，使癣疾在脸上复发。他为了不影响皇上的召见，因而恪守养身之法，常作休息。曾氏对大清朝可谓是鞠躬尽瘁，死而后已。

曾氏还在信中表示自己愧对祖父，身在远处漂泊，没有尽到为人孙者的责任和义务。曾氏难以忠孝两全，这对像他这样的士大夫来讲是一种心理上的煎熬。

道光二十九年四月十六日与诸弟书

公元1849年5月8日

澄侯、温甫、子植、季洪足下：

四月十四日接到己酉三月初九所发第四号来信，次日又接到二月廿三日所发第三号来信，其二月初四所发第二号信则已于前次三月十八接到矣。惟正月十六日发第一号信，则至今未接到。

京寓今年寄回之家书：正月初十发第一号（折弁），二月初八日发第二号（折弁），廿六发第三号（折弁），三月初一日发第四号（乔心农太守），大约五月初可到省；十九日发第五号（折弁），四月十四日发第六号（由陈竹伯观察），大约五月底可到省。《岳阳楼记》竹伯走时尚未到手，是以未交渠，然一两月内不少妥便，亦必可寄到家也。

祖父大人之病，日见日甚如此，为子孙者远隔数千里外，此心何能稍置？温弟去年若未归，此时在京，亦刻不能安矣。诸弟仰观父叔纯孝之行，能人人竭力尽劳服事堂上，此我家第一吉祥事。我在京寓，食膏粱而衣锦绣，竟不能效半点孙子之职；妻子皆安坐享用，不能分母亲之劳。每一念及，不觉汗下。

清人所绘《松下读书图》

吾细思凡天下官宦之家，多只一代享用便尽，其子孙始而骄佚，继而流荡，终而沟壑，能庆延一二代者鲜矣。商贾之家，勤俭者能延三四代；耕读之家，勤朴者能延五六代；孝友之家，则可以绵延十代八代。我今赖祖宗之积累，少年早达，深恐其以一身享用殆尽，故教诸弟及儿辈，但愿其为耕读孝友之家，不愿其为仕宦之家。诸弟读书不可不多，用功不可不勤，切不可时时为科第仕宦起见。若不能看透此层道理，则虽巍科显宦，终算不得祖父之贤肖，我家之功臣；若能看透此道理，则我钦佩之至。

澄弟每以我升官得差，便谓我是肖子贤孙，殊不知此非贤肖也。如以此为贤肖，则李林甫、卢怀慎辈，何尝不位极人臣，舄弈一时，讵得谓之贤肖哉？予自问学浅识薄，谬膺高位，然所刻刻留心者，此时虽在宦海之中，却时作上岸之计。要令罢官家居之日，己身可以淡泊，妻子可以服劳，可以对祖父兄弟，可以对宗族乡党，如是而已。诸弟见我之立心制行与我所言有不符处，望时时切实箴规，至要至要。

鹿茸一药，我去腊甚想买就寄家，曾请漱六岷樵两人买五六天，最后买得一架定银九十两，而请人细看尚云无力，其有力者必须百余金，到南中则直二百余金矣，然至少亦须四五两，乃可奏效。今澄弟来信，言谭君送四五钱便有小效，则去年不买就急寄，余之罪可胜悔哉！近日拟赶买一架付归，以父、叔之孝行推之，祖父大人应可收药力之效。叔母之病，不知宜用何药？若南中难得者，望书信来京购买。

“安良会”极好，地方有盗贼，我家出力除之，正是我家此时应行之事。“细毛虫”之事，尚不过分，然必须到这田地，方可动手。不然则难免恃势欺压之名。既已惊动官长，故我特作书谢施梧冈，到家即封口送县可也。去年欧阳家之事，今亦作书谢伍仲常，送阳凌云属其封口寄去可也。

澄弟寄俪裳书，无一字不合。蒋祝三信已交渠，兹有回信，家中可专人送至渠家，亦免得他父母悬望。予因身体不旺，生怕得病，万事废弛，抱疚之事甚多。本想诸弟一人来京帮我，因温、沅乡试在迩，澄又为家中必不可少之人，洪则年轻，一人不能来就，且祖父大人未好，岂可一人再离膝下？只得俟明年再说。

希六之事，余必为之捐从九品。但恐秋间乃能上兑，乡试后南旋者乃可带照归耳。

书不能详，余后续寄。

国藩手草。

【译文】

澄侯、温甫、子植、季洪足下：

四月十四日收到己酉年三月九日发出的第四封来信，第二天又收到二月二十三日发出的第三封来信，二月四日发出的第二封信已经在上次三月十八日就收到了，只有正月十六七日所发的第一封信至今没有收到。

我今年在京城家中寄回去的家信，总共有正月初十寄出的第一封（由折弁带）、二月初八寄出的第二封（由折弁带）、二月二十六日寄出的第三封（由折弁带）、三月初一寄出的第四封（由乔心农太守附带），大概五月初可以到省城，三月十九日寄出的第五封（由折弁带），四月十四日寄出的第六封（由陈竹伯观察附带），大概五月底可到省城。陈竹伯走时《岳阳楼记》还没有拿到手，所以没有交给他，不过在一两个月内，有不少妥当方便的机会，也一定可以捎到家里。

祖父大人的病情一天比一天严重，作为子孙而远在几千里之外，这心怎么能有一点放得下？温弟去年如果不回去，这时还留在京城，也会一刻都不得安宁。弟弟们看到父亲和叔父笃厚孝敬的品行，能够人人竭尽全力侍候老人，这是我们家最吉祥的气象。我在京城的家里，吃着精美的食品，穿着精致华丽的丝绣衣服，竟不能尽半点做孙子的责任；妻子儿女都安稳地坐在家中享受，不能分担母亲的劳苦。每一次想到这里，我不由得就流下泪来。

我仔细思考，普天之下官宦人家，大多数都只有一代人就享用完了，他们的子孙开始骄奢淫逸，接着又放荡不羁，最后身填沟壑，能够幸运地延续一两代的人家实在太少见了；商贾人家，勤俭的能延续三四代；耕读人家，谨慎淳朴的能延续五六代；孝友之家，就可以绵延十代八代人。我现在靠着祖宗积的德，年龄不大却位居高官，生怕这种情况只供我一生就享用完了，所以教导各位兄弟和儿子们，但愿他们成为耕读孝友的人家，不想他们成为仕宦人家。各位兄弟读书不能不多读些，用功也不能不勤奋，千万不能常常因为应试科举做官而心生杂念。如果不能够看透这一层道理，即使是在科举考试时高中了，仕宦显赫，最后也不能算是祖父的贤肖子孙，也不能算是我们家的有功之人；如果能看透这层道理，那我就对你们很钦佩。

澄弟往往因为我提升官职得到差遣，就认为我是孝子贤孙，殊不知这并不是贤孙孝子的表现。如果把这个当作贤肖，那么李林甫、卢怀慎之类人，何尝不是位极人臣、显赫一时，难道能说他们贤肖吗？我扪心自问知道自己学识浅薄，谬居高位，然而念念不忘的是：现在虽身处宦海之中，但时时要作上岸的打算。要让离职后回家居住的日子里，自身可以恬淡寡欲，妻子儿女可以从事劳动，可以对得起祖父、父亲和兄弟，可以对得起本族亲戚和乡邻，如此罢了。弟弟们发现我树立心志制约行动和我所说的有不相符的地方，希望随时向我切实规劝，这是很重要的。

鹿茸这一味药，我去年腊月很想买好就寄回家里，曾经请漱六、岷樵两人买了五六天，最后买到一架，说好的价钱是九十两银子，后来又请人仔细看了看，还是说没有药力，有药效的，必须要一百多两银子，到了南方就值二百多两银子了，然而最少也要吃四五两鹿茸才可能收到效果。现在澄弟来信说，谭君送去四五钱，吃下去就有了点效果，那么去年没有及时买下来寄回去，我的罪过可真是后悔也来不及了！这几天准备尽快买一架寄回去，用父亲、叔父的纯孝行为来推断，祖父大人的病体应该是可以收到药力的效果的。叔母的病，不知道应该用什么药？如果南方很难买到，希望写信来京城购买。

“安良会”组织很好，地方上有强盗，我们家出力除掉他们，正是我们家这时应该做的事。“细毛虫”之类的事，还不过分，但必须到了这种地步才可以动手。不然，就难免会有仗势欺压的恶名。既然已经惊动了地方官员，所以我特意写信感谢施梧冈，寄到家后就封上信口送到县里就行了。去年欧阳家的事情，我现在也写了信去感谢伍仲常，送给阳凌云，叮嘱他封好信口寄出去就行了。

澄弟寄给俪裳的信，没有一个字是不恰当的。蒋祝三的信已交给他，现在有回信了，家里可专门派一个人送到他家里，也免得让他父亲担心挂念。我因为身体不太好，害怕生病，所以所有的事情都丢在一边荒废了，感到抱歉内疚的事情也很多。我本来打算请各位兄弟中的一个人到京城来帮助我，因为温弟、沅弟最近又要乡试了，澄弟又是家中不可缺少的人，洪弟年纪又还小，不能一个人到京城来，况且祖父大人病体没好，怎么能再有任何人离开他身边呢？只好等到明年再说了。

希六的事，我一定会为他谋求个从九品的官职。但是也许要等到秋天才能办好，等乡试之后有回南方的人才能将执照带回去。

信中不能详细述说，其他的事等以后写信时再谈吧。

国藩手草。

【点评】

本书谈及治身之道，他劝诫各位弟弟不可以谋取功名为人生第一要义，而应看重孝悌。曾氏比较四种家庭：官宦之家、商贾之家、耕读之家和孝友之家，只有孝友之家才可以造福子孙后代，获得长足发展，其他几种家庭因缺乏内在精神的指引而容易失去发展的方向与前进的动力。孝友的家风均可以在这四种家庭中存在，这是家族延续的基础，可惜世人汲汲于物质与功名并乐此不疲，忽略了内在素质的修养，难免本末倒置。因此，曾氏劝诫各位弟弟注重培植孝友的家风。孝友之道在当今社会仍然十分有用。

道光二十九年五月十五日与诸弟书

公元 1849 年 7 月 4 日

澄侯、温甫、子植、季洪足下:

四月十八日发家信第七号,想已收到。近一月余无折弁来,以新抚台尚未到任。五月十一接澄弟四月八日所发第五号信、并廿六日所发第六号信,而正月十七第一号,至今未到,诚不可解。

京寓自四月以来,一切平安。癣疾经邹墨林开方做丸药,有附子、黄芪等补阳之药,愈见大好。面上头上,生人全看不出矣。

纪泽儿近作史论,略成章句。兹命其誊两首,寄呈堂上一阅。次儿之名,音与叔父名相近,已改名纪鸿。体其肥大,尚不能行,不能说话。四女皆好。闰四月初九日考差,题"士志于道"一章,经题"闰月则阖门左扉",诗题"赋得'岁丰仍节俭',得仍字"。

澄弟《岳阳楼记》拟交广西主考带去,大约七月初旬可到长沙。澄弟若高兴入闱,中元前后到长沙,定可接到。然温、植二弟到省以后,恐家中无人伺候,澄弟即不入闱亦可。宜禀堂上,问宜如何耳。

去年冬底所寄各族戚家微资,今年家书总未提及,不知竟一一如数交去否?乞示知。余不详尽,俟下次续具。

兄国藩手草。

【译文】

澄侯、温甫、子植、季洪足下:

四月十八日寄发第七号家信,想已收到。最近一个多月的时间没有信差来,因为新抚台还没有到任。五月十一日收到澄弟四月八日寄出的第五号信,以及二十六日寄出的第六号信,而正月十七日寄出的第一号信,至今未到,真搞不清楚是怎么回事。

京城家中自从四月份以来,一切平安。癣疾经由邹墨林开药方做丸药,有附子、黄芪等补阳的药,越来越好。脸上、头上的癣疾,陌生人完全看不出来了。

纪泽儿近来写的史论,略微开始成章成句了。现在命他誊写两篇,寄给父母大人看看。二儿子的名字,读起来与叔父的名字相近,已改名为纪鸿。他身体十分肥大,还不能走路,也不能说话。四个女儿都好。闰四月九日考差,题"士志于道"一章,经题是"闰月则阖门左扉",诗题"赋得'岁丰仍节俭',得仍字"。

澄弟要的《岳阳楼记》准备交给广西主考官带去,大约七月上旬可到长沙。澄弟如果愿意应考,中旬前后到长沙,一定可以接到。然而温、植二弟到省城以后,恐怕家中没有人侍候,澄弟如不去应考也可以。应当禀明父母大人,问应如何处理。

去年冬末寄给各亲戚族人家的那点钱,今年来的家信中一直没有提到,不知到底有没有一一如数交去?请告知。其他的不多说了,待下次再说。

兄国藩手草。

【点评】

曾国藩对去年寄给亲戚族人家的那笔钱,一直非常挂念,家中寄来的信却一直对此事只字未提,更让曾氏觉得蹊跷,因此他再次问及此事,希望家人告知。曾国藩之所以会如此关心此事,那是因为在他眼中,一个人飞黄腾达之后,接济亲戚同族之人是理所当然的事，而且是必须要做的事情，因为只有这样，才不至于招来亲戚族人的怨恨。

道光二十九年六月初一日与诸弟书

公元 1849 年 7 月 20 日

澄侯、温甫、子植、季洪四位老弟足下：

五月十五日发家信第八号并京报一厚包，廿四日由广西主考孙蕖田太史（锵鸣）处发第九号信，并澄弟监照、户部照二纸，又今年主考车顺轨乡试文一篇，徐元勋会试文三篇，共为一包，不审何日可到？孙太史于五月廿八在京起程，大约七月中旬可过长沙，待渠过去后，家中可至岱云处接监照也。

京寓近日平安。癣疾服邹墨林丸药方，最为有效。内人腹泻七八天，亦服邹所开方而效。

昨日折弁到后，又未接信。澄弟近日写信极勤且详，而京中犹有望眼欲穿之时。盖不住省城，则折弁之或迟或早无由查问。正月十六第一号家信，至今尚未接到。予屡次以书告诸弟，又书告岱云，托其向提塘并萧辛五处确查，昨岱云回信内夹有萧辛五回片，写明正月十六之信，已于廿一日交提塘王二手收，又言四月十四日周副爷（维新）到京，此信已交京提塘云云。予接辛五来片，比遣人去京提塘问明，据答云周维新到京并无此信，若有，万无不送之理。且既系正月廿一交省提塘，则二月廿三有韩折弁到京，三月十八有张折弁到京，何以两人俱未带，而必待四月十四之周维新哉？今仍将辛五原片付回家中，望诸弟再到提塘细查，正月廿一辛五送到时，提塘曾挂收信号簿否？并问辛五兄，何以知二月之韩弁、三月之张弁俱未带此信，而直待周维新始带？且辛五片称四月十四信交京提塘门上收，系闻何人所言？何以至今杳然？一一查得水落石出，复示为要。予因正月十六之信至为详细，且分为两封，故十分认真。若实查不出，则求澄弟再细写一遍，并告邓星阶家、曾厨子家，道前信已失落也。

纪泽儿读书如常，兹又付呈论数首，皆先生未改一字者。纪鸿儿体堪肥胖，前闻排行已列丙一，不知乙字一排十人何以遽满？乞下次示知，得毋以乙字不佳，遂越而排丙乎？予意不必用甲乙丙丁为排，可别取四字，曰“甲科鼎盛”，则音节响亮，便于呼唤。诸弟如以为然，即可遍告诸再从兄弟。

山西巡抚王兆琛，钦差审明各款，现奉旨革职拿问。将来不知作何究竟？此公名声狼藉，得此番镌示，亦足寒贪吏之胆。

袁漱六病尚未全好。同乡各家如常。季仙九先生放山西巡抚，送我绿呢车，现尚未乘，拟待一二年后再换。凌荻舟、徐芸渠并考取军机，引见记名，黄正甫、张润农未记。余不悉具。

兄国藩手草。

【译文】

澄侯、温甫、子植、季洪四位老弟足下：

五月十五日发出第八号家信和一厚包京报，二十四日由广西主考官孙渠田太史（锵鸣）发出第九号信，以及澄弟的两份监照、户部照，又有今年主考官车顺轨的一篇乡试文，徐元勋三篇会试文，共有一包，不知哪一天可带到？孙太史五月二十八日从京起程，大约七月中旬可经过长沙，等他过去后，家中可到岱云那里拿监照。

京城家中近来平安，癣病服用邹墨林的丸药好转得最快。我妻子腹泻七八天，也是服用了邹所开的药方才见效的。

昨天信差到来，又没有收到信。澄弟这几天写信极勤快且详细，而我在京中仍然时时有望眼欲穿的时候。大概因为你们不住在省城，则邮差或迟或早出发没有办法查问。正月十六日寄出的第一号家信，我至今还没有收到。我屡次写信告诉弟弟们，又写信告诉岱云，托他向提塘及萧辛五那里去查实。昨天岱云回信内夹有萧辛五所回信片，其中写明正月十六日信已于二十一日交省提塘王二亲收，又说四月十四日周副爷（维新）到京，此信已交给京提塘等等。我收到辛五来片，随即派人去京提塘那里问明。据答，周维新到京，并没有带此信来；如果有，绝对没有不送过去的道理。况且那是正月二十一日交给省提塘，那么二月二十三日有韩姓邮差到京，三月十八日有张姓邮差到京，如何两人都没有带信，而一定要等到四月十四日的周维新呢？现在仍然把辛五原片附在信中寄回家中，希望各位弟弟再到提塘官那里细查，正月二十一日萧辛五送信到提塘那里时，提塘官曾登记收信号簿没有？并问辛五兄，他是如何知道二月来京的韩折差，三月来京的张折差都没有带来此信，而一直等到周维新来京才带来呢？况且辛五信片中说四月十四日信交给京提塘门上收，是听谁说的？为何至今音讯全无？一一查个水落石出，复信告诉我，这非常重要。我因为正月十六日的信极为详细，而且分为两封，所以十分认真。如果实在查不出来，则请澄弟再详细写一遍，并转告邓星阶家、曾厨子家，说上次那封信已丢失了。

清·填彩漆云龙双环式几

纪泽儿读书如旧，现又附寄呈上论文数篇，都是先生没有改动过任何一个字的。纪鸿儿十分肥胖，先前听说儿辈排行他已列丙字第一，不知乙字一排十人为何突然排满？请下次来信告知。是否因为乙字不佳，就越过而排到丙字行列呢？我的想法是不必用甲乙丙丁来排行，可另取四字，用“甲科鼎盛”，则音节响亮，便于呼唤。弟弟们如果觉得对，即可遍告其他几位兄弟知道。

山西巡抚王兆琛，钦差大臣已审查清楚他的各项罪状，现已奉旨革职拿问。将来不知怎么处理？这个人声名狼藉，受到这一番严厉惩治，也足以使那些贪官污吏们心惊胆寒。

袁漱六病还未全好。同乡人士各家如常。季仙九先生外放担任山西巡抚，送我绿呢车，现在还没有乘坐，准备等一两年以后再换。凌荻舟、徐芸渠都考取军机，承蒙皇上引见记名，黄正甫、张润农则没有记名。其余不详写。

兄国藩手草。

【点评】

读这封信，我们可以看到曾氏的两面性。在上封信中，曾氏强调孝友的重要性，劝诫弟弟们不要汲汲于功名，而在这封信中，他却以“甲科鼎盛”来为子侄排行取名，可见他还是希望子侄能够获取功名，从而光耀门庭。曾氏自己也连续三次会试才考中，因此他是看重功名的。这不免让人觉得曾氏言行不一，有点虚伪，但是曾氏也有自己的独到之处：他不仅看到仕宦的好，也体会到仕宦的坏，并且告知弟弟们。他还警示各位弟弟孝友的重要性，也就是说不要只看重功名，也要注重内在素质的修养，这是曾氏比一般人高明之处。

道光二十九年六月十四日与诸弟书

公元1849年8月2日

澄侯、温甫、子植、季洪四位老弟足下：

五月二十四发家书第九号，不知已收到否？六月初二日又发家书第十号交折弁，想已收到矣。昨十三日折弁又到两次，皆无来信，盼望之至。

六月以来，京师大雨极多，人多有病。寓中如予及内人儿子，皆略腹泻，幸数日即愈。闻江南大水，今年乡试必须改期，现尚未见奏明。

余今年考差，颇望得江西主考，冀家中亲属可就至江西，一叙天伦之乐。昨田敬堂得放江西试差，而我私愿不遂。南望家山，远怀堂上，真不知仕宦之略有何味也！

现在祖父大人之病，数月不接音信，不知何处耽延？想澄弟必发有数次信矣。

山西巡抚王西舶（兆琛），钦差大臣陈孚恩、福济审出各款，拟定发往新疆，皇上未允，严旨解交刑部，会同军机再行鞫审。兹将御史原参折子付回，足见仕宦者一不自慎，身败名裂。而去年梁星舫（萼涵）中丞果得蒙恩湔雪，褒其廉正，君子终乐得为君子也。

庞省山之兄来京乡试，住圆通观，自起火食。唐镜丈之世兄住黄茀卿家。余来乡试者，同乡无几。

书不十一，统俟续布。

兄国藩手草。

【译文】

澄侯、温甫、子植、季洪四位老弟足下：

五月二十四日发出第九号家信，不知已经收到了没有？六月二日又发出十号家信交给邮差，想必已经收到了。昨天十三日邮差又到京城两次，都没有来信，十分盼望。

六月份以来，京城里下了很多场大雨，很多人都生病了。家中像我和妻子儿子都稍微有些腹泻的症状，幸亏没几天就好了。听说江南发大水，今年的乡试必须改期进行，现在还没有见到奏明皇上。

我今年得到了考差，很有希望能到江西担任主考官，希望家中的亲属可到江西，一叙天伦之乐。昨天田敬堂得放任江西主考，而我私下的意愿未能实现。向南望着家乡的山峰，遥远地思念父母，真不知道做官有什么味道！

现在祖父大人的病情，已经几个月没有收到音信了，不知在哪里耽搁延误了？想来澄弟肯定寄出几次信来了。

山西巡抚王西舶（兆琛），被钦差大臣陈孚恩、福济审问出各项罪状，准备定罪为流放到新疆，皇上没有批准，下严旨解交刑部，会同军机处再进行审讯。现在把御史原先参劾他的折子寄回，足以看出当官的自己稍微有点不谨慎，就会身败名裂。而去年梁星舫（萼涵)中丞真的蒙受皇恩洗雪,褒扬他的廉正,君子最终乐得成为君子。

庞省三的哥哥来京城参加乡试,住在圆通观,自己开火做饭。唐镜丈的世兄住在黄弗卿家里。其他来参加乡试的,同乡的人没有几个。

信里就不一一细说了,有什么事以后再说。

兄国藩手草。

【点评】

俗话说得好,伴君如伴虎。意思就是说在皇帝身边为官做伴,就好比陪伴在老虎身边一样,随时都可能会有危险发生。

曾国藩在官场上八面玲珑、如鱼得水,就得益于他能够时时警惕自己,让自己常有如临深渊、如履薄冰的危机感。曾氏在信中又举了山西巡抚王西舶犯罪被革职拿问的例子给家人看,也用来自省。

道光二十九年六月廿九日与诸弟书

公元 1849 年 8 月 17 日

澄侯、温甫、子植、季洪四位老弟足下:

六月初二发家信第十号,十五日发第十一号,廿日发第十二号,不知次第收到否?

恕皆于廿二日奉使陕西,今年湖南差运颇利。日内身体平安。内人自前腹泻后,至今尚服黄芪、丽参、附片之类,自此可保安泰。纪泽儿读书尚熟,《诗经》现读至《生民之什》,古诗读至左太冲《咏史》,《纲鉴》讲至汉高祖末年。所作史论,较前月所作意思略多,兹付回三首。次儿肥胖可爱。四女儿皆好。庞省三教书,甚为得法。

宋湘宾在湖北藩署,光景颇好,昨有书来致意温弟。长郡馆向来规模不好,人人不喜,今年我督工匠大改规模,人人拍案称奇。现在同乡人请我将湖广馆一改定规制,拟于八月兴工,想二月可毕役。

郭云仙家水势不知如何?温甫在省见之,可问明告我。渠欠漱六五十金,近已偿去。若见云仙、翊丞,可即告之,不另写信。岱云寄程正启信亦已妥交,见岱云时即告之。寄庄心庠、张礼度信各一件,到日即送去。

余不一一,俟下次续具。

兄国藩手草。

【译文】

澄侯、温甫、子植、季洪四位老弟足下:

六月二日发出第十号家信,十五日发出第十一号,二十日发出第十二号,不知有没有依次收到?

恕皆在六月二十二日奉命出使陕西。今年湖南的运输状况很好。我近来身体平安。妻子从上次腹泻后,到现在还服用黄芪、高丽参、附子片之类的药物,从此可确保健康平安。纪泽儿读书还算熟练,《诗经》现已读到《生民之什》,古诗读到左太冲的《咏史》,《纲鉴》讲解到汉高祖末年。纪泽儿写的史论,比上月写的稍多。现在附在信里寄回三篇。二儿子肥胖可爱。四个女儿都好。庞省三教书很得法。

宋湘宾在湖北藩署的情况很好,昨天有信来向温弟致意。长郡馆历来规模就不大,人们都不喜欢它。今年我监督工匠大改其规模,人人拍案称奇。现在同乡人士请我把湖广馆的规模制度也加以更改，准备在八月份动工，想来十月份可以完工。

郭云仙家水势不知怎么样了？温甫在省城见到他，可以问清楚后告诉我。他欠漱六五十两银子，最近我已偿还。如见到云仙、翊丞，可以告诉他们，我不另外写信了。岱云寄给程正启的信也已妥善交到，你们见到岱云时就告诉他。寄给庄心庠、张礼度各一封信，收到之日即刻送去。

其余不一一说了，下次再继续陈述。

兄国藩手草。

【点评】

曾国藩已经多次在家信中谈到长子纪泽的启蒙教育情况。曾氏虽然口头上说自己不看好纪泽是可造之材，但是从字里行间我们还是可以看出曾氏对纪泽的学习情况是比较满意的。望子成龙是每个父母的最大心愿，曾氏精心为长子挑选家庭教师，密切地关注纪泽的学习情况，充分地体现了他对纪泽的殷切期望。

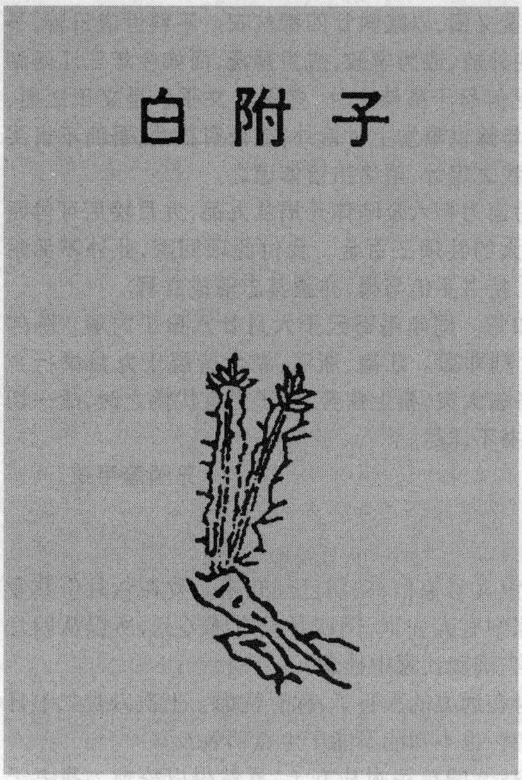

白附子图，出自《本草纲目》。附子为一种中药，可治疗虚寒吐泻、阴寒水肿、寒湿痹痛等症，也可用于夏季药浴

道光二十九年七月十五日与诸弟书

公元1849年9月1日

澄侯、温甫、子植、季洪四位老弟足下：

七月十三日接到澄弟六月初七所发第九号家信，具悉一切。吾于六月共发四次信，不知俱收到否？今年陆费中丞丁忧，闰四月无折差到，故自四月十七发信后，直至五月中旬始再发信，宜家中悬望也。

祖父大人之病，日渐增加，远人闻之，实深忧惧。前六月廿日所付之鹿茸片，不知何时到？亦未知可有微功否？予之癣病多年沉痼，赖邹墨林举黄芪附片方，竟得痊愈。内人六月之病亦极沉重，幸墨林诊治，遂得化险为夷，变危为安。同乡找墨林看病者甚多，皆随手立效。墨林之弟岳屏四兄，今年曾到京，寓圆通观，其医道甚好，现已归家。予此次以书附墨林家书内，求岳屏至我家诊治祖父大人，或者挽回万一，亦未可知。岳屏人最诚实而又精明，即周旋不到，必不见怪。家中只须打发轿人大钱二千，不必别有所赠送。渠若不来，家中亦不必去请他。

乡间之谷贵至三千五百，此亘古未有者，小民何以聊生！吾自入官以来，即思为曾氏置一义田，以赡救孟学公以下贫民；为本境置义田，以赡救廿四都贫农。不料世道日苦，予之处境未裕。无论为京官者自治不暇，即使外放，或为学政，或为督抚，而如今年三江两湖之大小水灾，几于鸿嗷半天下，为大官者，更何忍于廉俸之外，多取半文乎！是义田之愿，恐终不能偿。然予之定计，苟仕宦所入，每年除供奉堂上甘旨外，或稍有赢余，吾断不肯买一亩田，积一文钱，必皆留为义田之用。此我之定计，望诸弟皆体谅之。

今年我在京用度较大，借账不少。八月当为希六及陈体元捐从九品，九月榜后可付照回，十月可到家。十一月可向渠两家索银，大约共须三百金。我付此项回家，此外不另附银也。率五在永丰有人争请，予闻之甚喜。特书手信与渠，亦望其忠信成立耳。

纪鸿已能行走，体甚壮实。同乡各家如常。同年毛寄云于六月廿八日丁内艰。陈伟堂相国于七月初二仙逝，病系中痰，不过片刻即殁。江南、浙江、湖北皆展于九月举行乡试。闻江南水灾尤甚，恐须再展至十月。各省大灾，皇上焦劳，臣子更宜忧惕之时，故一切外差，皆绝不萌妄想，望家不亦不必悬盼。书不详尽。

兄国藩手草。

【译文】

澄侯、温甫、子植、季洪四位老弟足下：

七月十三日收到澄弟六月七日发出的第九号家信，一切已经知道。我在六月份共发出四封信，不知收到没有？今年陆费中丞家中有人去世，闰四月没有邮差到，所以从四月十七日发信后，直到五月中旬才第二次发信，确实让家中挂念。

祖父大人的病情一天天加重，我这个身在远方的人听了，深感忧虑。上次六月二十日所附带寄去的鹿茸片，不知哪天能够到家中？也不知能不能产生点功效？

我的癣病，是多年以来的顽症，靠邹墨林开的黄芪附片方子，竟然得以痊愈。我妻子六月份生的病也极严重，幸亏得到墨林诊治，于是化险为夷，变危为安。同乡人士找墨林看病的很多，都随手下药立即见效。墨林之弟岳屏四兄，今年曾经到京，住在圆通观，他的医术很高明，现已经回家。我这次有信寄到墨林家，信里请求岳屏到我家为祖父大人诊治，或许能有挽回的希望，也说不定。岳屏为人最诚实而且又精明，即使应酬不周到，他也一定不会见怪。家中只需打发二千大钱给轿夫，不必另外有所赠送。他如果不来，家中也不必去请他。

乡间米谷贵到三千五百钱一石，这是自古以来没出现过的情况，普通百姓用什么来维持生计！我自进入官场以来，就想为曾家购置一块义田，用来赡养救济孟学公以下的贫民；为本地购置义田，用来赡养救济二十四都的贫民。没想到世道日益艰苦，我的处境不宽裕。不用说做京官的自顾不暇，即使外放，要么做学政，要么做总督巡抚，遇上像今年这样三江两湖大小水灾，几乎半个天下的百姓哀鸿饥号，当大官的，又怎么忍心在廉俸之外多拿半文钱呢？这购置义田的愿望，恐怕最终不能如愿以偿。然而我已经订下计划，只要做官的收入，每年除了供奉父母大人美味外，或许稍有剩余，我决不肯买一亩田，攒一文钱，一定都留作购置义田的费用。这是我决定了的计划，希望兄弟们都能体谅我。

今年我在京的开支较大，借了不少账。八月又当为希六及陈体元捐从九品官位，九月乡试发榜后可把官照寄回家，十月可寄到家。十一月份可向他们两家索要银两，大约共需要三百两银子。我交付这笔款项回家，除此之外不另外附寄银两。率五在永丰有人争相聘请，我听说后非常喜悦，特地写亲笔信给他，也是盼望他能以忠信自立。

纪鸿已经能够走路，身体十分壮实。同乡人士各家如常。同年毛寄云于六月二十八日那天内宅有人去世了，陈伟堂相国在七月二日仙逝，病因是中痰，不过片刻就去世了。江南、浙江、湖北的乡试都延期到九月举行。听说江南水灾特别厉害，恐怕需要再延至十月。各省大灾，皇上焦虑，臣子更应是忧心忡忡的时候，所以一切外差，都决不再妄想，希望家中也不必悬念期盼。信中就不详细说了。

兄国藩手草。

【点评】

曾国藩虽身在异乡为官，但心中时时系念家中亲人及乡里乡亲。他一直有为曾家和老家所在地购置义田，以赈济救护贫困穷苦百姓的计划和愿望。可无奈的是，京官俸禄微薄，自己在京城开销又大，所以一直没有余力来实现自己的愿望。但是他订下计划为了购置义田积蓄钱财，这样一来便不能更多地往家中寄钱，因此他希望各位弟弟们能够体谅。这也能体现曾氏落叶归根、不忘本的感情和想法，也是值得我们去体会的做法和举动。

道光二十九年九月廿一日与诸弟书

公元 1849 年 11 月 4 日

澄侯、温甫、子植、季洪四位老弟足下：

九月十八日接到澄弟八月十七夜一书，植弟一书，具悉一切。

惟澄弟书中注明十七夜二更写，云明早飞骑归去，植弟书中注明十七夜四更写，亦云明早登舟归去，似皆于十八早回家矣。而植弟书云，“今早四兄归，已先携弟稿呈堂上”。澄弟书云，“两弟想必誊付京”。澄与植同时发书，而所言不符，何也？

吾于八月十二发十五号家信，不审此时收到否？京寓大小平安。纪泽儿八月十七八遘脾家积滞之疾，初时错服补剂，至廿九乃服石膏，九月初二服大黄，遂不见效，至重阳后痊愈，惟前阴微肿，日内调治，将就痊可，饮食起居，皆已复常。纪鸿儿体最结实，日日欢笑走跃。余皆安善。

曾希六、陈体元两家执照，已于九月初八领到。欧阳沧溟先生、陈开煦两家执照，已于九月初八领到。

乡试，论人文则升玉而骧铁，榜发则升黜而骧售，天下事不可料，往往如此。

廿五自宗室举人复试，廿七派阅卷大臣三人，十五日顺天举人复试，十七日派阅卷大臣六人，吾两次皆与焉。廿七阅卷三人：穆中堂、贾桢、曾。十七阅卷文人：祁中堂、杜受田、柏葰、曾、何裕承、车克慎。季世兄复试一等，赛司农（尚阿）之子、徐制军（泽醇之子），皆一等也，同乡唐翁二君皆一等，余不详载。

澄弟欲买鹿茸，且与谭、彭二家均分。此次廷芳字至长沙，尚不能买，缘近日银钱甚窘，稍有可图，即行买就，今冬明春准可付回。谭彭二家之钱，交村堂带来可。

曾陈二家之银，如必俟照到乃可取，则今冬周济亲族一项，可先向添梓坪借用，我此次先为书告东阳叔祖也。

郭筠仙七月十六丁内艰，诸弟来信并未提及，何也？或省中尚未得知欤？同乡各家如常，邹芸陔又丧一妾，余皆无恙。书不十一。

兄国藩手草。

【译文】

澄侯、温甫、子植、季洪四位老弟足下：

九月十八日收到澄弟八月十七日晚上写的一封信、子植弟的一封信，一切都知道了。

只有澄弟信中注明是十七日夜里二更写的，说第二天早上骑快马回去，子植弟信中注明是十七日夜里四更写的，也说第二天早上乘船回去，好像是都在十八日早上回家了。但子植弟信中又说："今早四兄回来，已先携带弟弟的文稿呈给父亲大人。"澄弟信中又说："两弟想必已誊清文稿交付去京城了。"澄弟与植弟同时发出的信，而所说的话不相符合，这是怎么回事？我于八月十二日发出第十五号家信，不知现在收到没有？

京城的家里大小平安。八月十七八日纪泽儿得了脾家积滞的病，开始时错服补药，到二十九日才服用石膏，九月二日服用大黄，于是大大见效，到重阳节后痊愈，只是前阴稍微有点肿，这几天调养医治，就会痊愈，饮食起居，都已恢复平常的样子。纪鸿儿身体最结实，天天欢笑，行走又跑又跳。其余人都安好。

曾希六、陈体元两家的执照，已于九月八日领到。欧阳沧溟先生、陈开煦两家贡单所换的执照，也已于九月八日领到。

乡试，论人论文则应提升宝玉而淘汰顽铁，实际发榜时则提升应黜退的而排斥淘汰了应考中的。天下的事情不可预料，经常会有这种事情发生。

二十五日宗室的举人复试，二十七日派出三位阅卷大臣为他们阅卷，十五日是顺天府的举人复试，十七日派出六位阅卷大臣为他们阅卷，这两次阅卷我都参加了。二十七日参加阅卷的三人是：穆中堂、贾桢和我。十七日参与阅考的六人是：祁中堂、杜受田、柏葰、何裕承、车克慎和我。季世兄复试成绩一等，赛司农（尚阿之子）、徐制军（泽醇之子）都是一等，同乡人唐、翁二君也都是一等，其余的不详写。

澄弟想买鹿茸，且与谭、彭两家平分。这次廷芳宇到长沙，我还是不能买了让他带回去，因为最近手头很紧，等稍微宽裕可以购买时，就去买下，今冬明春一定可以交付他人带回。谭、彭两家的钱，交给树堂带来就行。

曾、陈二家的钱，如果一定要等到执照到手才可取来，那么今年冬天周济亲戚族人那一项所需的银两，可先向添梓坪借用，我这次先写信告知东阳叔祖了。

郭筠仙七月十六家里有人去世，弟弟们来信并没有提及，为什么？或许是省城中的人还不知道这件事？同乡人士各家如常。邹芸陔又有一妾去世。其余的都没有什么问题。书不十一。

兄国藩手草。

【点评】

乡试榜文一出，让曾国藩觉得非常别扭，为什么该提升进用的良石美玉被淘汰出局，而那些该放弃的破铜烂铁却名列高位？曾氏不得不感叹世事无常，凡人难料。但这也没什么好大惊小怪的，官场上这种事情是经常出现的，曾氏已经见怪不怪，只能徒叹奈何了。他所能做的只能是问心无愧地做好自己的本职工作，但是一己之力又怎能敌得过整个官场上的坏风气？这种现象也值得我们今人深思。

道光二十九年十月初四日与诸弟书

公元 1849 年 11 月 18 日

澄侯、温甫、子植、季洪四位老弟足下：

八月十二日发第十五号家信，九月廿二日发第十六号家信，想次第收到。二月初二日接到澄弟八月廿六一书，具悉一切。

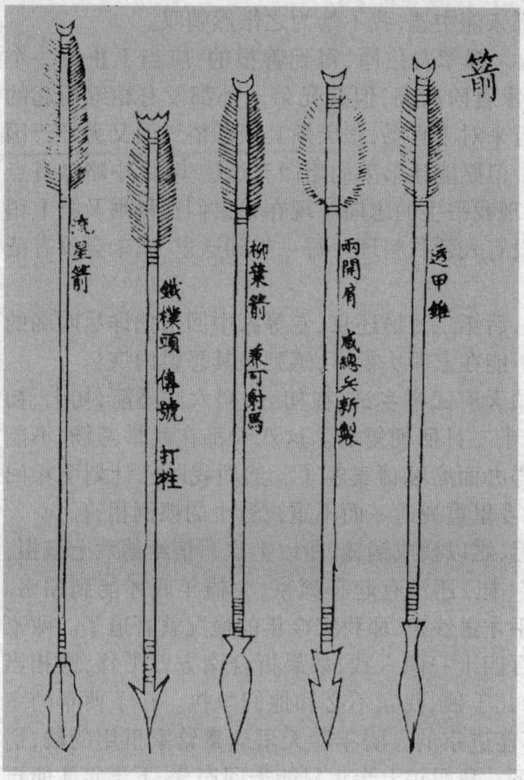

箭图，出自古代兵书《防守集成》

是日又从岱云书内见南省题名录，三弟皆不与选，为之怅喟。吾家累世积德，祖父及父叔二人皆孝友仁厚，食其报者，宜不止我一人，此理之可信者。吾邑从前邓罗诸家官阶较大，其昆季子孙皆无相继而起之人，此又事之不可必者。吾近于宦场，颇厌其烦俗而无补于国计民生。惟势之所处，求退不能。但愿得诸弟稍有进步，家中略有仰事之资，即思决志归养，以行吾素。今诸弟科第略迟，而吾在此间，公私万事丛集，无人帮照，每一思之，未尝不作茫无畔岸之想也。

吾现已定计，于明年八月乞假归省，后年二月还京，专待家中回信详明见示。今年父亲六十大寿，吾竟不克在家叩祝，悚疚之至。

十月初四日奉旨派作较射大臣。顺天武闱乡试，于初五六马箭，初七八步箭，初九十技勇，十一发榜，十二复命。此八日皆入武闱，不克回寓，父亲寿辰，并不能如往年办面席以宴客也。然予既定计明年还家庆寿，则今年在京即不称觞，犹与吾乡重逢一不重晋十之例相合。

家中分赠亲族之钱，吾恐银到太迟，难于换钱，故前次为书寄德六七叔祖，办百褶裙送叔曾祖母。现在廷芳宇（桂）尚未起行，大约年底乃可到湖南。若曾希六、陈体元二家必待照到乃送钱来，则我家今年窘矣。二家捐项，我在京共去京平足纹二百四十一两六钱，若合南中漕平，则当二百三十六两五钱。渠送钱若略少几千，我家不必与之争，盖丁酉之冬，非渠煤垅则万不能进京也。明年春间，应寄家用之钱，乞暂以曾、陈捐项用之。我上半年只能寄鹿茸，下半年乃再寄银耳。

《皇清经解》一书，不知取回否？若未取回，可专人去取。盖此等书诸弟略一涉猎，即扩见识，不宜轻以赠人也。

明年小考，须送十千，大场又须送十千。此等钱家中有人分领，便是一家之祥瑞。但澄弟须于在省城时张罗此项，付各考者，乃为及时。

京寓大小平安。纪泽儿已病两月，近日痊愈，今日已上书馆。纪鸿儿极结实，声音洪亮异常。仆婢辈皆守旧。同乡各家亦皆无恙。邹墨林尚住我家。张雨农之子闱艺甚佳而不得售，近又已作文数首，其勇往可畏爱也。书不详尽，写此毕，即赴武闱，十二始归寓，余俟后报。

国藩手草。

【译文】

澄侯、温甫、子植、季洪四位老弟足下：

八月十二日发出第十五号家信，九月二十二日发出第十六号家信，想来都已陆续收到。十月初二收到澄弟八月二十六日发出的一封信，详知一切。同一天又从岱云来信中看到南方各省乡试及第的名单，三位老弟都未能中选，我不禁为之怅然喟叹。

我们家几代积德，祖父及父、叔二人为人都孝友仁厚，得到善报的，应当不止我一个人，这是可信的道理。我们县从前邓、罗几家官阶较高，但其兄弟子孙都没有相继而起的人物，这又是事物之不可必然的例子。我近来对于官场，很厌烦其烦琐俗气而又无补于国计民生。只是因我所处的态势，求退不能。但愿能让弟弟们略微有点进步，家中略微有点侍奉父母的钱，我就想决计回乡养老，以实现我平生的志向。现在弟弟们在科举及第上稍有延迟，而我在这里，公私万事芜杂堆集，没有人帮我料理。每一想到这里，我未尝没有茫茫然无边无岸的感慨。

我现已决定于明年八月请假回乡省亲，后年二月份还京，专等家中回信把详尽明确的意见告诉我。今年父亲六十大寿，我竟然不能在家叩头祝寿，感到极其恐惧内疚！

十月初四，我奉旨被派作较射大臣。顺天府武举乡试，在初五、初六试马箭，初七、初八试步箭，初九、初十试技勇，十一日发榜，十二日回朝复命。这八天都在武举考场，不能回家。父亲寿辰之时，我并不能像往年那样办面席宴请宾客了。然而我既已计划明年回家庆寿，那么今年在京即使不举酒，仍与我乡里重视逢一而不重视晋十的惯例相符。

家中分赠亲族的钱，我怕银子到得太迟，难以换成铜钱，所以上次写信给德六七叔祖，并置办百褶裙送给叔曾祖母。现在廷芳宇（桂）还没有起程离京，大概年底才能到湖南。如果曾希六、陈体元两家一定要等官照到手才送钱来，那我家今年的境况就窘迫了。两家捐官的款项，我在京共用京平秤足纹银二百四十一两六钱，如果折合南方曹平秤，则相当于二百三十六两五钱。他们送钱如果稍少几千钱，我家不必和他们争执。在丁酉年的冬天，没有他们的煤垅资助，那么我是万万不能进京的。明年春天里应寄给家里用的钱，请暂时先把曾、陈两家捐官用的银子借用一下。我明年上半年只能寄回鹿茸，下半年才能再寄银子。

《皇清经解》一书，不知拿回去了没有？如没有拿回来，可派专人去拿。大概这样的书籍，弟弟们稍微有所涉猎，就会扩大见识，不要轻易赠与他人。

明年小考，须送十千钱，大考又需送十千钱。这种钱家中有人分担，便是一家的祥瑞气象。但澄弟必须在省城张罗着把这些钱分别给各位主考人，才算及时。

京城家中大小平安。纪泽儿已病了两个月，最近几天痊愈，今天已经到书馆上学了。纪鸿儿非常结实，声音异常洪亮。仆人婢女都各守旧职。同乡各家，也都无恙。邹墨林还住在我家。张雨农之子应试的技艺很高而未能考中，近来又已经写了几篇文章，他勇往直前的精神真是可畏可爱。

信不详尽，写完此信后我马上就要赶赴武举考场，十二日才能回家，其他的事情等以后再报。

国藩手草。

【点评】

曾国藩的三位弟弟参加乡试全都未能中举，让曾氏非常懊恼失望。他本来希望可以有个弟弟考取功名，支撑家门，自己也好放心地辞官回乡养老，可是弟弟们却没有一个能够中选的，怎能让曾氏不失望？

曾氏为官数年，厌烦了官场中那种烦琐的习气，有了告老还乡的想法。可是没有接班人，这让曾氏极为烦心，不知道自己要熬到什么时候才是头。为了探望高堂父母，曾氏已经定下计划明年肯定会请假回乡省亲，以尽一下做儿子的孝道。

道光二十九年十一月初五日与诸弟书

公元1849年12月18日

澄侯、温甫、子植、季洪四弟左右：

十月初四日发第十七号家信，由折弁带交。十七日发第十八号信，由廷芳宇(桂)明府带交。便寄曾希六陈体元从九品执照各一纸，欧阳沧溟先生陈开煦换执照并批回各二张，添梓坪叔庶曾祖母百褶裙一条，曾陈二人九品补服各一付(副)，母亲大人耳帽一件(以上共一包)，膏药一千张，眼药各种，阿胶二斤，朝珠二挂，笔五支，针底子六十个(以上共一木匣)，曾陈二人各对一付(副)，沧溟先生横幅篆字一付(副)(以上共一卷)。计十二月中旬应可到省，存陈岱云宅，家中于小除夕前二日遣人至省走领可也。芳宇在汉口须见上司，恐难早到，然遇顺风，则腊月初亦可到，家中或着人早去亦可。

余于十月初五起至十一止在围较射，十七出榜。四月共中百六十四人，余围内分中五十二人。向例武举人、武进士复试，如有弓力不符者，则原阅之五大臣每一名罚俸半年。今年以张字围不符者三名，五大臣各罚俸一年半。余围幸无不符之人，不然，则罚俸年半，去银近五百金，在京官已视为切肤之痛矣。

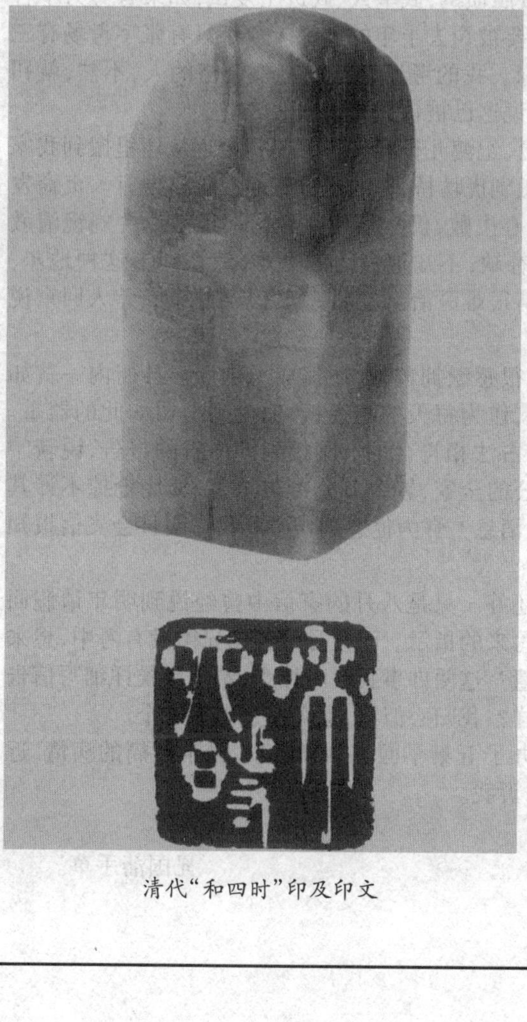

清代"和四时"印及印文

寓中大小平安。纪泽儿体已全复，纪鸿儿甚壮实。邹墨林近由庙内移至我家住，拟明年再行南归。袁漱六由会馆移至虎坊桥，屋好而贱。贞斋榜后本拟南旋，因愤懑不甘，仍寓漱六处教读。刘镜清教习已传到，因丁艰而竟不能补，不知命途之舛何至于此。凌荻舟近病内伤，医者言其甚难奏效。黄恕皆在陕差旋，述其与陕抚殊为冰炭。

江岷樵在浙署秀水县事，百姓感戴，编为歌谣。署内一贫如洗，藩台闻之，使人私借千金，以为日食之资，其为上司器重如此。其办赈务，办保甲，无一不合于古。顷湖南报到，新宁被斋匪余孽煽乱，杀前令李公之阖家，署令万公亦被戕，焚掠无算，则岷樵之父母家属，不知消息若何？可为酸鼻。余于明日当飞报岷樵，令其即行言旋，以赴家难。

余近日忙乱如常，幸身体平安。惟八月家书，曾言及明年假归省亲之事，至今未奉堂上手谕。而九月诸弟未中，想不无抑郁之怀，不知尚能自为排遣否？此二端时时挂念，望澄侯详写告我。祖父大人之病，不知日内如何？余归心箭急，实为此也。

母亲大人昨日生日，寓中早面五席，晚饭三席。母亲牙痛之疾，近来家信未尝提及，断根与否，望下次示知。

书不十一，余俟续具。

兄国藩手草。

【译文】

澄侯、温甫、子植、季洪四弟左右：

十月四日发出第十七号家信，由信差带去交回。十七日发出第十八号家信，由廷芳宇(桂)明府带交。顺便附寄曾希六、陈体元从九品执照各一张，欧阳沧溟先生、陈开煦所换执照和批复各两张，添梓坪叔庶曾祖母百褶裙一条，曾、陈二人九品补服各一套，母亲大人耳帽一件(以上共一包)，膏药一千张，眼药各种，阿胶两斤，朝珠两挂，笔五支，针底子六十个(以上共一木匣)，曾、陈对子各一副，沧溟先生横幅篆字一副(以上共一卷)。预计十二月中旬应该可以到省城，存放在陈岱云家中，家里在除夕前两天派人到省城去领回就可以了。芳宇在汉口要见上司，恐怕难以早到，但如果遇到顺风，那么腊月初也可以到，家里或者早派人去也可以。

我从十月初五起到十一日止，在考场较射，十七日出榜。四个考场一共考中一百六十四个人，我的考场内考中了五十二个人。按照惯例，武举人、武进士复试，如果有弓力不合格的，每有一人，那么原来检阅考试的五臣要被罚去半年的俸禄。今年只有张字考场有三个不合格的，五位大臣各罚去一年半的俸禄。我的考场幸好没有不合格的人，不然，就罚去半年的俸禄，将近五百两银子，对京官来说这已被认为是切肤之痛。

家里大小平安，纪泽儿身体已全部恢复，纪鸿儿很壮实。邹墨林最近从庙里搬到我家里住，准备明年再回南方。袁漱六从会馆搬到虎坊桥，住的地方好而且价格便宜。贞斋发榜后本来打算南归，因为愤怒不满，又不甘心失败，仍然借住在漱六那里教读。刘镜清教习已经传到，但因为母亲去世而终究不能补缺，不知他命运的磨难，怎么到了这种地步？凌荻舟近来得病受了内伤，医生说他的病情很难医治出效果。黄恕皆在陕西，差人回京说他和陕西巡抚关系如同冰炭。

江岷樵在浙江，署理秀水县知事，百姓很感激拥戴他，还编成了歌谣。县衙内一贫如洗，藩台听说，让人私自借一千两银子给他，作为每天的吃饭钱，他受到上司如此的器重。他办理赈灾事宜、办理保甲事宜，没有不与古法相符合的。刚接到湖南省的报告，说新宁县被斋匪的残余势力煽乱，杀死前县令李公的全家，署令万公也被杀害，焚烧抢掠不计其数，那么岷樵的父母亲属，不知有没有什么消息？真为他感到伤心。我在明日会飞信报知岷樵，让他马上请假回家，以奔赴家难。

我最近以来还是一样忙乱，幸亏身体还好。只是八月的家信中曾经说到明年请假回家探亲的事，至今没有收到堂上大人亲手写来的指示。而九月份各位兄弟没有考中，想来心情没有不抑郁的，不知还能不能自我排遣？这两件事我时时挂念，希望澄侯详细写信告诉我。祖父大人的病情，不知这几天怎么样？我归心似箭，也实在是因为这个。

母亲大人昨天生日，京城我在家里置办了五桌早面、三桌晚饭。母亲牙痛的病情，近来信中没有提到，有没有根治，希望下次告诉我。

就写这些，下次再告。

兄国藩手草。

【点评】

清制，武举人以及武进士复试中如果出现了弓力不合格的，每一个人罚主考官每人半年的俸禄。对曾国藩来说，就得罚去五百两银子，这对京官来说可是一个不小的打击。不过幸好他的考场里没有出现不合格的人。这说明，清朝对武举是非常重视的，主试官员稍有疏忽，便会惨遭重罚；另一方面还能说明清朝京官的俸禄确实不是很高，像曾国藩这样的二品大员每年的俸禄也就是一千两银子，也难怪曾氏在信中屡屡谈及生活窘迫。

道光二十九年十二月初三日与诸弟书

公元1850年1月15日

澄侯、温甫、子植、季洪四弟左右：

十一月十五日接到祖父大人讣音，中肠惨痛。自以游子在外，不克佐父母襄办大事，负罪婴疚，无可赎挽。比于十八日折差之便，先寄银百零五两，计元宝二锭，由陈岱云宅专足送至家中，不知刻已收到否？

国藩于十六日成服，十七日托军机大臣署礼部侍郎何大人（汝霖）代为面奏，请假两月，在家穿孝。自十七以后，每日吊客甚多。二十九日开吊，是早祭奠，因系祖妣冥寿之期，一并为文祭告。开吊之日，不收赙仪。讣帖刻“谨遵遗命，赙仪概不敢领”二语。共发讣帖五百余分。凡来者不送银钱，皆送祭幛、挽联之类，甚为体面。共收祭文八篇，祭幛七十五张，挽联二十七对，祭席十二桌，猪羊二付（副），其余香烛纸钱之类，不计其数。香烛剩下者卖与店内得钱七千。送礼物来者用领谢帖，间有送银钱来者，用“奉遗命璧谢”帖。其原封上粘贴红签璧去（签上刻“旋吉”二字）。兹将讣帖等印发者付回样子，与家中一看纪梁侄名一时偶忘，遂刻作纪沆。

各处送祭幛来者，哈喇大呢甚多，亦有缎匹江绸者。余意欲将哈喇作马褂数十件，分寄家中族戚之尤亲者。（另开一单于后，乞诸弟斟酌或添或减，以书复我。）盖南中老人考终，往往有分遗念之说，或分衣，或分银钱。重五伯祖曾以獾皮马褂一件与王高七作遗念衣，即其证也。

既多且精，各处寄布，令我歉然难安，诸弟先代我趋谢，并言往后万不可如此。盖京中买布甚易，而家中纺纱织布则难于登天，我受之甚抱愧也。

澄弟之信，劝我不可告假回家，所言非不是。余亦再四思维，恐难轻动。惟离家十年，想见堂上之心实为迫切。今祖父大事既已办过，则二亲似可迎养，然六旬以上之老人，四千有余之远道，宿聚之资既已不易，舟车之险尤为可畏。更不敢轻举妄动。烦诸弟细细商酌，禀知父母亲及叔父母，或告假归省，或迎养堂上，二者必居其一，国藩之心，乃可少安。父母近来欲见国藩之意，与不愿国藩假归之意，孰缓孰急，望诸弟细细体察，详以告我。祷切望切。

国藩手草。

【译文】

澄侯、温甫、子植、季洪四弟左右：

十一月十五日收到祖父大人死去的噩耗，心肠悲痛。自以为游子于外未能协助父母料理大事，负罪愧疚，不能赎免。已于十八日乘信使回省之便，先送银一百零五两，还有元宝二锭，让陈岱云专人送到家中，不知已接到了吗？

国藩于十六日穿丧服，十七日拜托军机大臣署礼部侍郎何大人！（汝霖）代我面奏皇上，请丧假两月，在家守孝。从十七日后，每日来吊丧的客人许多。二十九日开丧，早晨祭奠。由于是祖母冥寿的日期，一起写文讣告。开丧之日，不收赙仪（注：礼金），讣帖刻有“谨遵遗命，赙仪概不敢领”二语，共寄出讣帖五百余份，所有来人不送银钱。全送祭幛、挽联之类，十分容光。共接到祭文八篇、祭幛七十五张、挽联二十七对、祭席十二桌、猪羊两副。其他香烛纸钱之类无计其数。所有送礼物来的，发给一张谢帖；偶尔有送银钱来的，便使“奉遗命璧谢”帖谢绝。所有原来封面上贴有红签的敬重地取下，并在签上写“旋吉”二字。现把讣帖等印发样品寄给家中。纪梁侄名字我一时暂且忘了，于是刻成了“纪沆”。

各地送来的祭幛，哈喇大呢的挺多，亦有缎布红绸的。我欲用哈喇大呢做成马褂几十件，分送给家里亲戚族人较亲近的人（另开一单在后，望弟考虑或添或减，用书信回复给我）。南方老人寿寝，常常有分遗念的风俗，或是分衣物，或是分银钱。重五伯祖曾把一件貂皮马褂赠给王高七做遗念衣，便是证明。

各处送来的布，既多又好，让我抱歉不安。弟弟们先替我前去致谢，并说今后千万不可这样。京中买布非常容易，而家中纺纱织布，就比登天还难，我受之十分有愧。

澄弟的信，劝我不可请假回去，所说的不是不对，我也前后反复地思考，恐怕难以盲动，仅是我离家十年，想念父母大人的心情确实迫切。目前祖父的大丧既已办完，就二亲似乎可到京中奉养。但六十岁多的老人，四千里多的路程，多年积攒的家产要放弃已是不易，途中车船之危险尤为可怕，更不能轻易妄动。麻烦各位弟们细细商量斟酌，敬告父母亲与叔父母，是我请假回乡探亲，还是我迎奉父母，二者必择其一，国藩之心才可稍得安静。父母亲近期想见国藩的心情，与他们不愿国藩请假回乡的心情，谁缓谁急？盼弟弟们细致体察，详细地告知我，祈切盼切。

国藩手草。

【点评】

曾氏治家要求谨严，从这封书信中我们可以窥见一斑。清代的丧事，对主家来说，正是一个收钱接礼的大好机会，但是曾氏并不这样做，他明文规定：“谨遵遗命，赙仪概不敢领”，只收情不领钱，是他“做官不存发财之念”的一种表现。同时为了劝诫诸弟，他将收到的哈喇大呢做成马褂，分到族亲中，以作纪念之用。曾氏身为大哥，处处严于律己，并能恰到好处地指点诸弟，这对诸弟日后的健康发展起到积极作用。

道光三十年正月初九日与诸弟书

公元1850年2月20日

澄侯、温甫、子植、季洪四位老弟足下：

正月初六日接到家信三函：一系十一月初三所发，有父亲手谕，温弟代书者；一系十一月十八所发，有父亲手谕，植弟代书者；一系十二月初三澄弟在县城所发一书，甚为详明，使游子在外，巨细了然。

庙山上金叔，不知为何事，而可取“腾七之数”？若非道义可得者，则不可轻易受此。要做好人，第一要在此处下手。能令鬼服神钦，则自然识日进气日刚；否则不觉堕入卑污一流，必有被人看不起之日，不可不慎；诸弟现处极好之时，家事有我一人担当，正好做个

光明磊落、神钦鬼服之人。名声既出，信义既著，随便答言，无事不成，不必爰此小便宜也。

父亲两次手谕，皆不欲乞假归家，而予之意，甚思日侍父母之侧，不得不为迎养之计。去冬家书曾以归省、迎养二事与诸弟相商，今父亲手示既不许归省，则迎养之计更不可缓。所难者，堂上有四位老人，若专迎父母而不迎叔父母，不特予心中不安，即父母心中亦必不安；若四位并迎，则叔母病未全好，远道跋涉尤艰。予意欲于今年八月初旬，迎父亲、母亲、叔父三位老人来京；留叔母在家，诸弟妇细心伺候；明年正月元宵节后，即送叔父圆南，我得与叔父相聚数月，则我之心安；父母得与叔父同行数千里来京，则父母之心安；叔母在家半年，专雇一人服侍，诸弟妇又细心奉养，则叔父亦可放心；叔父在家抑郁数十年，今出外潇洒半年，又得观京师之壮丽，又得与侄儿、侄妇、侄孙团聚，则叔父亦可快畅。在家坐轿至湘潭，澄侯先至潭，雇定好船，伺候老人开船后，澄弟即可回家。船至汉口，予遣荆七在汉口迎接，由汉口坐三乘轿子到京，行李婢仆则用小车，甚为易办。求诸弟细商堂上老人，春间即赐回信，至要至要。

李泽昱、李英灿进京，余必加意庇护。八斗冲地，望绘图与我看。诸弟自侍病至葬事，十分劳苦，我不克帮，心甚歉愧。

京师大小平安。

皇太后大丧已于正月七日二十七日满，脱去孝衣。初八日系祖父冥诞，我作文致祭，即于是日亦脱自孝，以后照常当差。心中万绪，不及尽书，统容续布。

兄国藩手草。

【译文】

澄侯、温甫、子植、季洪四位老弟足下：

正月六日收到三封家信：一是十一月三日寄出，有父亲的信件，是温弟代笔的；一是十一月十八日寄出，有父亲的书信，是植弟代笔的；一是十二月三日澄弟于县城寄出的一封信，很是详细清楚，使在京城的我，大小事全都了解。

庙山上金叔，不知为了何事而能够取“腾七之数”？假如不是依道义便得到的，则不能轻易接受它。要想做善人，第一则从这里着手，能使鬼神钦佩，那么见识便会日日进步，志气也会日日刚强。不然，则会不自觉地落伍到卑污一流，一定有被人瞧不起的那天，不可不谨慎！兄弟们目前处于很好的机会，家事有我一人担带，恰好可以做个胸怀坦荡、鬼神钦佩的人。名气既然已宣扬，信义定然已显著，随便承诺，没事不成，不必贪图这些小便宜。

父亲的两次亲笔信，均不愿让我请假回去。而我的意思，很愿天天伺候在父母的身边，不可不做迎接侍奉父母的打算。去年冬季的家信，曾和诸弟商议归省、奉养两件事。现在收到父亲亲笔信，既然不准回家探亲，那么奉养的事更加不可迟缓。最难办的是，堂上有四位老人。假如专门迎父母而不接叔父母，不但我心里不宁，即是父母心中也不安神；如果四位一同奉养，但是叔母病尚未有全好，远途跋涉尤为艰辛。我的意思是想于今年八月上旬迎父亲、母亲、叔父三位老人到京城，让叔母在家，各位弟妹细心服侍。明年正月元宵节后，马上送叔父回湖南，这样我能够和叔父同处几个月，我也会心安理得；父母能和叔父同行几千里来京城，父母也会安心；叔母在家半年，专门雇一人伺候，各弟妹又细心服侍，那么叔父也能放心；叔父在家郁闷几十年，目前出来风光半年，又可以游览京师的壮丽，又能和侄儿、侄儿媳妇、侄孙团圆，那么叔父也可舒畅。在家乡乘轿子去湘潭，澄侯先去湘潭雇好船，照料到开船了老人走后，澄弟便可回家。船到汉口，我派荆七在汉口迎接。由汉口坐三乘轿子到京城，包裹婢仆则用小车，很容易操办。请兄弟们和堂上老人认真商量，春天便请回信。至要至要。

李泽显、李英灿进京，我必须用心庇护。八斗冲那块地，盼望画张图给我看。诸弟从伺候老人到葬事,十分辛苦,我不能有所相助,内心十分愧疚、羞惭。

京中老少平安。皇太后大丧自正月七日到二十七日完毕,脱去孝衣。初八是祖父的祭日,我作了文章致祭。便在这天也脱下孝服,往后照常工作。心中千头万缕,来不及都讲完,全等以后再续写吧。

兄国藩手草。

【点评】

此信劝勉诸弟要爱护荣誉,不要占小便宜,并商量迎接父母、叔父来京的事情。俗话说:"羊有跪乳之意,鸦有反哺之恩。"曾国藩认为,做人的第一要素是要遵循孝道。他在信中这样说道:"我很想天天服侍在父母的身旁,不能不做迎接奉养父母的考虑。现在接父亲亲笔信,既然不许归家探望,那么迎养的事更加不能延缓。最困难的是,堂上有四位老人。如果专门接父母而不接叔父母,不但我心中不安,就是父母心中也不安。"由此可以看出,曾氏在京做官最放心不下的就是亲族长辈。

在工作节奏日益加快的今天,切莫忘记我们生养父母的大恩大德。曾氏的这种伦理思想非常值得我们借鉴。

道光三十年三月三十日与父母书

公元 1850 年 5 月 8 日

男国藩跪禀父母亲大人礼安:

湏男三月十五到京,十八日发安信一件,实系五号,误写作四号,四月内应可收到。

藩男十九日下园子,二十日卯刻恭送大行皇太后上西陵。西陵在易州,离京二百六十里,二十四下午到,廿五辰刻致祭。

比日转身,赶走一百廿里。廿六日走一百四十里,申刻到家。一路清吉,而昼夜未免辛苦。廿八早复命。

数日内作奏折,拟初一早上。其折因前奏举行日讲,圣上已允,谕于百日后举行,兹折要将如何举行之法切实呈奏也。

廿九日申刻,接到大人二月廿一日手示,内六弟一信、九弟二十六之信并六弟与他之信一并付来,知堂上四位老人康健如常,合家平安。

父母亲大人俯允来京,男等内外不胜欣喜。手谕云起程要待湏男秋冬两季归,明年二月湏男仍送两大人进京云

曾国藩像

云，男等敬谨从命。叔父一二年内既不肯来，男等亦不敢强。湞男归家，或九月，或十月，容再定妥。

男等内外及两孙、孙女皆好，堂上老人不必悬念。余俟续禀。

【译文】

男国藩跪禀父母亲大人礼安：

湞儿三月十五日来京，十八日寄出一封家信，实际是五号，错写成四号，四月内应可接到。

我于十九日去园子，二十日卯时敬奉大行皇太后到西陵安葬。西陵在易州，距京二百六十里。二十四日下午至达，二十五日辰刻致祭。当天转身返京，走了一百二十里。二十六日又走了一百四十里，申时到达家中。一路平安，而整日奔忙，难免辛苦。二十八日早入朝交差。

几天来抓紧写奏折，预备四月初一早上完成。因上回奏请举行日讲，圣上已经答应，奏准于百日后举行。这个奏折要将怎样举行日讲的办法切实呈奏。

二十九日申刻，收到大人二月二十一日的家书，内有六弟的信一封，九弟二十六日的信一封，还有大弟给他的信，一起寄来，了解堂上四位大人身体健壮，全家平安，

父母亲大人应允来京城，我一家大小都高兴。亲笔信说动身要等湞儿秋冬两季回家，明年二月湞儿才陪两位大人来京等等。我等敬谨从命。叔父一二年内既然不想来京，我等也不敢强迫。湞儿回家，或于九月，或于十月，允许我以后再作决定。

我等里外及两孙、孙女都好，堂上大人不必挂念，其余等以后另行禀告。

【点评】

曾氏提及随送皇太后去西陵安葬的事，旧时皇家丧事，俗称国丧，场面相当隆重，声势浩大，当朝的文武官员及奴婢仆人等都得穿孝服；又提到曾氏父母想来京城的事，令其全家大小非常高兴，也使曾氏在京城能伺奉父母，尽守孝道，自然不胜欣慰。

咸丰元年三月初四日与诸弟书

公元 1851 年 4 月 5 日

澄侯、子植、季洪三弟左右：

二月初二日接到第一、第二号家信，一系正月二十发，一系二月十二发，具悉一切。日内极挂念沅弟，得沅弟一红纸片、甚欣慰也。

澄弟已于二月廿六出京。诰轴须四月用宝，澄弟竟不能待矣，将来另托人带归。澄弟与安化张星垣（奎）、衡山陈谷堂（焯墀）二大令同行，至保定又约杨毓楠之弟同行。鹅毛筒眼药、贴毒膏药澄弟未带，将来托魏亚农带归，黄生之胞侄也。梁同年（献廷）请托诰封之事，将来必为办妥，渠之银弟尽可收用。

京寓大小平安。癣疾微发，尚不为害。陈岱云之如夫人殁于安徽，顷接其信，甚为凄婉。同乡周辅亭得御史。常世兄劳世兄两荫生皆内用，将来为光禄寺署芷，可分印结，亦善地也。

兰姊多病，予颇忧虑，下次书来，尚乞详示。父大人命予家书中不必太琐琐，故不多及。

国藩草。

【译文】

澄侯、子植、季洪三弟左右：

二月初二收到第一、第二号家书，一号于正月二十日寄出的，二号于二月十二日寄出的，详知一切。近段时间极其挂念沅弟，接到沅弟一张红纸片，非常高兴。

澄弟已于二月二十六日出京城。诰轴要待四月加盖宝印，澄弟不能等待了，以后另外让人带回。澄弟和安化张星垣（奎）、衡山陈谷堂（焯墀）两位县令同行。去保定，又邀请杨毓楠之弟同路。鹅毛筒眼药、贴毒膏药澄弟没捎。以后托魏亚农带回，他是黄生的胞侄。梁同年（献延）拜托请诰封的事，以后我必须为他办妥。他的银子，弟弟们尽可接收。

京中寓所老幼平安。我的癣疾有些复发，尚不妨碍。

陈岱云的如夫人死在安徽，刚收到他的信，说得十分凄婉。同乡周辅亭任命御中之职。常世兄、劳世兄两位荫生全已内定任用，以后做光禄寺署正。可分印结，也是个好职位。

兰姊有病，我很忧虑。下次来信，还望详示。

父亲大人叫我家信不要太琐碎，故不多写。

国藩草。

【点评】

此封中，曾氏父母嫌他写信“太琐碎”，笔者在数读曾氏的信中，亦有同感。但这不是说曾氏的文笔不好，从另一个方面因为是家书，更能看出曾氏一颗孝顺心之，就此封信中虽言语不多，可也罗列了好多项事务，总心怀感念。

咸丰元年三月十二日与诸弟书

公元1851年4月13日

澄、温、植、洪四弟左右：

三月初四发第三号家信，其后初九日予上一折，言兵饷事，适于是日皇上以粤西事棘，恐现在彼中者不堪寄此重托，特放赛中堂前往。以予折所言甚是，但目前难以遽行，命将折封存军机处，待粤西事定后，再行办理。

赛中堂清廉公正，名望素著，此行应可迅奏肤功。但湖南逼近粤西，兵差过境？恐州县不免借此生端，不无一番蹂躏耳。

魏亚农以三月十三日出都，向予借银二十两。既系姻亲，又系黄生之侄，不能不借与渠。渠言到家后即行送交予家，未知果然否也。叔父前信要鹅毛管眼药并硇砂膏药，兹付回眼药百筒，膏药千张，交魏亚农带回，呈叔父收存，为时行方便之用。其折底亦付回查收。

澄弟在保定，想有信交刘午峰处，昨刘有书寄子彦，而澄弟书未到，不解何故。已有信往保定去查矣。澄弟去后，吾极思念，偶自外归，辄至其房，早起辄寻其室，夜或遣人往呼，想弟在途路弥思我也。书不十一，余俟续具。

兄国藩手草。三月十二日巳刻。

【译文】

澄、温、植、洪四弟左右：

三月初四寄一封家信，往后初九日，我呈了一个奏折，谈军饷的事，正巧皇上由于广东西部的事情无奈，恐怕现在那里的人不能够担起这个重任，特别派赛中堂前去。以为我奏折中说得很对，但现在难以立即实行，命令将具折封存于军机处，待到粤西事平定后再将办理。

赛中堂清正廉名，名声威望向来有名，他这次去必定能迅速取得成功，但是湖南和粤西很相邻近，兵差路过，担心州官，县官以此为借口生出是非，不免有一番糟蹋。

三月十三日魏亚农要出京城，来求我借了二十两银子。本来就是亲戚，而且他又是黄生的侄儿，只能借给他。他说到家以后，就把银子还到家里，不知道给了没有？叔父上封信要鹅毛筒眼药与硇砂膏药。目前寄回眼药百筒、膏药千张，也叫魏亚农捎回，交叔父收存，可在方便时用。奏折的本稿也付回照收。

澄弟在保定，估计有信交刘午峰处，昨天刘有信给子彦，而澄弟的信未有到，不知是何缘故。已发了信到保定查去了，澄弟走后，我对他很是思念。有时从外头回来，便常去他住房里看看。早晨起床也不自觉地去他的卧室查看，晚上还叫人去喊他。一想弟弟还在返家的路上，我心里就会很挂念。其他的不一一写了，以后再叙。

兄国藩手草。三月十二日巳刻。

【点评】

理解此书，需结合时代背景才可认识得深刻。曾氏作此书时是咸丰元年，即道光帝退位、咸丰帝掌管国家的第一年。新帝登基，负责此事的礼部自然忙碌，这使得曾氏只好延后回乡"迎养父母"的时间。同时，广西爆发太平军起义，这对朝廷构成不小的威胁，皇帝连忙派官员前去镇压，而朝廷官员也以解决广西动乱为当务之急，军事成为此时热门话题，这就是该书中所称"予上一折，言兵饷事"。他希望赛中堂可以"迅奏肤功"，心愿美好。

咸丰元年四月初三日与诸弟书

公元 1851 年 5 月 4 日

澄侯、温甫、子植、季洪四位老弟左右：

三月初四日，此间发第三号家信交折弁，十二日发第四号信交魏亚农，又寄眼药鹅毛筒及硇砂膏药共一包，计可于五月收到。季洪三月初六所发第三号信，于四月初一日收到。

邓升六爷竟尔仙逝，可胜伤悼。如有可助恤之处，诸弟时时留心，此不特戚谊，亦父大人多年好友也。

乡里凶年赈助之说，予曾与澄弟言之，若逢荒歉之年。为我办二十石谷，专周济本境数庙贫乏之人。自澄弟出京之后，予又思得一法，如朱子社仓之制，若能仿而行之，则更为可久。朱予之制：先捐谷数十石或数百石贮一公仓内，青黄不接之月借贷与饥民，冬用取息二分收还（每石加二斗），若遇小歉则蠲其息之半（每石加一斗），大凶年则全蠲之（借一石，还一石），但取耗谷三升而已。朱子此法行之福建，其后天下法之，后世效之，今各县所谓社仓谷者是也。其实名存实亡，每遇凶年，小民曾不得借贷颗粒，且并社仓丽无之，仅有常平仓谷，前后任尚算交代，小民亦不得过而问焉。盏事经官吏，则良法美政，后皆归于子虚乌有。

国藩今欲社仓之法而私行之我境。我家先捐谷二十石，附近各富家，亦劝其量为捐

清代御制诗堆泥方壶

谷，于夏月借与贫户，秋冬月取一分息收还（每石加一斗），丰年不增，凶年不减。凡贫户来借者，须于四月初间告知经管社仓之人。经管量谷之多少，分布于各借户，令每人书券一纸，冬月还谷销券。如有不还者，同社皆理斥，议罚加倍。以后每年我家量力添捐几石，或有地方争讼，理曲者罚令量捐社谷少许。每年增加，不过十年，可积至数百石，则我境可无饥民矣。盖夏月谷价昂贵，秋冬价渐平落，数月之内，一转移之间，而贫民已大占便宜，受惠无量矣。

吾乡曹年有食双谷者，此风近想未息。若行此法，则双谷之风可息。前与澄弟面商之，说我家每年备谷救地方贫户。细细思之，施之既不能及远，行之又不可以久；且其法止能济下贫乞食之家，而不能济中贫体面之家。不若社仓之法，即可以及于远，又可以贞于久；施者不甚伤惠，取者又不伤廉，即中贫体面之家亦可以大享其利。本家如任尊、楚善叔、宽五、厚一各家，亲戚如宝田、腾七、宫九、荆四各家，每年得借社仓之谷，或亦不无小补。澄弟务细细告之父大人、叔父大人，将此事于一二年内办成，实吾乡莫大之福也。

我家捐谷，即写曾呈祥、曾呈材双名，头一年捐二十石，以后每年或三石，或五石，或数十石。地方每年有乐捐者，或多或少不拘，但至少亦须从一石起。吾思此事甚熟，澄弟试与叔大人细思之，并禀父亲大人，果可急于施行否？近日即以回信告我。

京寓大小平安。保定所发家信，三月末始到。

赛中堂于初九日出京赴广西。考差在四月十四。同乡林昆圃于三月中旬作古，予为之写知单，大约可得百金。熊秋佩丁外艰。余无他事。予前所寄折稿，澄弟可抄一分交彭筱房，并托转寄江岷樵；抄一分交刘霞仙，并托转寄郭筠仙。赛中堂视师广西，带小钦差七十五人，京兵二百四十名，京炮八十八尊，抬枪四十杆，铅子万余斤，火药数千斤，沿途办差，实为不易。

粤西之事，日以猖獗。李石梧与周天爵、向荣皆甚不和，未知何日始得廓清。圣主宵旰焦灼，廷臣亦多献策，而军事非亲临其地，难以遥度。故予屡欲上折，而终不敢率尔也。余不一一。

兄国藩手草。

【译文】

澄侯、温甫、子植、季洪四位老弟左右：

三月四日，我这里寄出第三号家信交给信差。十二日寄出第四号家信托付魏亚农，又发有眼药鹅毛筒与硇砂膏药共一包,算计能够在五月接到。季洪三月六日所寄出的第三号信,在四月一日收到。

邓升六爷突然仙逝,十分悲伤!假如有可以帮助他的事,诸弟要时刻留心。这不仅是因为亲戚的友情,也由于他是父亲大人的多年好友。

乡里灾年赈济饥民一事,我曾对澄弟说过,如果赶上荒歉的年份,代我置办二十石谷子,专门照顾本县内几个庙的贫苦人。自从澄弟离开京城之后,我又寻思了一个办法,如朱子的社仓之制,假如能效仿实行,就能更长久。朱子之制是:先捐出谷子几十石或者几百石贮存在一个仓库里,赶上青黄不接的月份,则借贷给灾民,到了冬天加利息两分收还(每石加两斗),如赶上略为歉收的年份则减少利息一半(每石加一斗),大灾之年便全部免去利息(借一石还一石),仅收取谷耗三升而已。朱子的这个方法以前在福建实行,然后天下效仿,后世也照办,这便是现在各县所说的社仓谷。不过其实已经不起作用,每遇到灾年,平民连颗粒粮食全借不到,而且社仓也未有了,仅有平常的仓谷,前后任交替时虽然还交代,百姓却不能过问此事。大概经过官吏之手,原先好的政策、方法,最终都归于子虚乌有了。

国藩现在想实行社仓之法在我家乡私下实行。我家先捐谷二十石,周围各户富裕人家也劝解他们量力捐谷,在夏月里借济贫穷人家,待到秋冬月收取一分的利息(每石加一斗),好年景不增加,灾年也不减少。凡是贫穷人家来求的,一定在四月里告知管理经营社仓的人。照管的人称量好谷子的数量,平均给各借户,让每人写一张欠条,冬月还谷子时撕毁欠条。假如有不还的,同社的全有理由责备他,判罚他加倍偿还。今后我家每年量力加捐几石,或者地方上有官司事件发生,没理的就罚他捐少量社谷。如此每年都有增加,不到十年,就能累积到几百石,那么我县内就未有灾民了。夏月谷价高,秋冬价格逐渐降低,几个月之内,贫民已经大占好处,受惠不尽了。

我家乡原先有吃双谷的,这种风气估计近年未有停止。如果采用这种方法,那么吃双谷的风气就能停止。以前和澄弟当面商议这事,说我家每年预备谷子照顾地方贫困人家。仔细想来,救济既不能顾及到远方,采用起来又不能够长远。而且这种办法仅能救济最贫穷与行乞的人家,而不能救济一般贫穷又体面的人家。不如社仓之法,既可以顾及到远的,又可以坚持长远;施舍者不会因为施舍过多而受损失,得谷者也不会由于保住体面而受害,即是中等贫穷人家也能够大获好处。本家如任尊、楚善叔、宽五、厚一各家,亲戚如宝田、腾七、宫九、荆四各家,每年可以借些社仓的谷子,也许不无小好处。澄弟一定细细告之父亲大人、叔父大人,把此事在一两年内办成,确实是我乡莫大的福气。

我家捐谷,就写曾呈祥、曾呈材双名。第一年捐二十石,往后每年或者三石,或者五石,或者数十石,地方每年全有乐于捐助的人,或多或少不说,但至少也需从一石起。我对此事做了很细细的考虑,澄弟想着和叔父大人认真考虑。并敬告父亲大人。当真能很快地操办吗?近日就写信告知我。

京寓老小平安。在保定发出的家信,三月底才接到。

赛中堂在九日出京城去广西。考官差于四月十四日。同县林昆圃在三月中旬病故,我为他写礼单,大概可得酬金一百两。熊秋佩丁外艰。其余没有别的事情,我以前所寄的折稿,澄弟可以誊一份交给彭筱房,并拜托他转交给江岷樵;誊一份交给刘霞仙,并拜托他转寄给郭筠仙。赛中堂督师广西,率领小钦差七十五人、京营士兵二百四十名、京炮八十八尊、抬枪四十杆、铅弹万多斤、火药几千斤。沿途办理军务,确实不容易。

粤西的事件,更加猖獗。李石梧和周天爵、向荣均很不和睦,不知哪天才可以得以化解。圣上日夜焦心忧虑,廷臣也多次出计策,但军务上的事,不是亲临其境,就难以遥相预知。因此我几次想上奏折,但最终不敢轻率从事,我不一一细讲。

兄国藩手草。

【点评】

本书体现了曾氏的治政之道。《礼记》云:“人不独其亲,不独善其子。”目的是为了实现天下大同的社会,曾氏开义仓资助穷人则是在践行这一理想。做了礼部侍郎从曾氏自认为自己有能力帮助穷人,便效仿朱子之道,“取社仓之法而私行之我境”。他先带头捐谷二十石,并号召富庶之户仿行。“丰年不增,凶年不减”。曾氏的想法是好的,只是没法得到家里人的认同,该方法实施三个月后便以失败告终,可能是因为曾氏家族其他人没有达到他那么高的觉悟吧。

咸丰元年五月十四日与诸弟书

公元 1851 年 6 月 13 日

澄侯、温甫、子植、季洪四位老弟足下:

四月初三日发第五号家信,厥后折差久不来,是以月余无家书。五月十二折弁来,接到家中四号信,乃四月一日所发者,具悉一切。植弟大愈,此最可喜。

京寓一切平安。癣疾又大愈,比去年六月更无形迹。去年六月之愈,已为五年来所未有,今又过之,或者从此日退,不复能为恶矣。皮毛之疾,究不甚足虑,久而弥可信也。

四月十四日考差,题:“乐民之乐者,民亦乐其乐”,经文题“必有忍,其乃有济,有容德乃大”,赋得“濂溪乐处,得焉字”。

二十六日,余又进一谏疏,敬陈圣德三端,预防流弊,其言颇过激切,而圣量如海,尚能容纳,岂汉唐以下之英主所可及哉。余之意,盖以受恩深重,官至二品,不为不尊,堂上则诰封三代,儿子则荫任六品,不为不荣,若于此时再不尽忠直言,更待何时乃可建言?而皇上圣德之美,出于天亶自然,满廷臣工,遂不敢以片言逆耳;将来恐一念骄矜,遂至恶直而好谀,则此日臣工不得辞其咎。是以趁此元年新政,即将此骄矜之机关说破,使圣心日就兢业,而绝自是之萌,此余区区之本意也。现在人才不振,皆谨小而忽于大,人人皆习脂韦唯阿之风,欲以此疏稍挽风气,冀在廷皆趋于骨鲠,而遇事不敢退缩,此余区区之余意也。折子初上之时,余意恐犯不测之威,业将得失福祸置之度外矣。不意圣慈含容,曲赐矜全。自是以后,余益当尽忠报国,不得复顾身家之私矣。

然此后折奏虽多,亦断无有似此折之激直者。此折尚蒙优容,则以后奏折必不致或触圣怒可知矣。诸弟可将吾意细告堂上大人,毋以余奏折不慎,或以戆直干天威为虑也。父亲每次家书,皆教我尽忠图报,不必系念家事。余敬体吾父之教训,是以公尔忘私,国尔忘家。计此后但略寄数百金偿家中旧债,即一心以国事为主,一切升官得差之念,毫不挂于意中。故昨五月初七大京堂考差,余即未往赴考。

侍郎之得差不得差,原不关乎与考不与考。上年巳酉科,侍郎考差而得者三人:瑞常、花沙纳、张芾是也。未考丽得者亦三人:灵桂、福济、王广荫是也。今年侍郎考差者五人,不考者三人。是日题“以义制事以礼制心论”,诗题“楼观沧海日”,得“涛”字。五月初一放云贵差,十二放两广、福建三省,名见京报内,兹不另录。袁漱六考差颇为得意,诗亦工妥,应可一得,以救积困。

朱石翘明府初政甚好,自是我邑之福,余下次当写信与之。霞仙得县首,亦见其犹能拔取真士。刘继振既系水口近邻，又送钱至我家求请封典，义不可辞，但渠三十年四月选授训导，已在正月廿六恩诏之后，不知尚可办否，当再向吏部查明。如不可办，则当俟明年四月升祔恩诏，乃可呈请；若并升祔之时，推恩不能及于外官，则当以钱退还。家中须于近日详告刘家，言目前不克呈请，须待明年六月，乃有的信耳。

澄弟河南一汉口之信皆已接到，行路之难，乃至于此！自汉口以后，想一路载福星矣。刘午峰、张星垣、陈谷堂之银，皆可收，刘、陈尤宜受之，不受似拘泥。然交际之道，与其失之滥，不若失之隘，吾弟能如此，乃吾之所欣慰者也。西垣四月廿九到京，住余宅内，大约八月可出都。

此次所寄折底，如欧阳家汪家及诸亲族，不妨抄送共阅。见余忝窃高位，亦欲忠直图报，不敢唯阿取容，惧其玷辱宗族，辜负期望也。余不一一。

兄国藩手草。

【译文】

澄侯、温甫、子植、季洪四位老弟足下：

四月初三日我发出了第五号家信，自那以后南方送公文的信使好久未有来，因此一个多月未有给家里写信。五月十二日信差到了，收到四号家信，是四月一日寄出的那封，一切已经明白。植弟病已痊愈，这最使人高兴。

我们一家人在京城一切均平安，我的癣病又很好了，比去年六月更好得彻底。去年六月的缓解，已经是五年来所未有过的，目前好转的病情又超过了去年。或许从此会一天天地消失，不再会成为大病了。皮毛的疾病，终究不值得太用心，这句话过得时间越长，越感觉可信。

曾国藩欲以身殉国，表达了他对朝廷忠心耿耿

四月十四日考差，题是："乐民之乐者，民亦乐其乐"，经文题目是："必有忍，其乃有济；有容，德乃大"，赋题是："濂溪乐外，得焉字"。

二十六日，我又给皇帝呈了一道进谏的奏折，讲述了当皇帝的应该具备的三点美德，肯求皇上防备流弊。奏章的言辞十分激烈痛切，而皇上的胸怀像大海一样开阔，还能够接受我的建议，这岂是汉唐以来的贤明君主们能比得上的呢？我的看法是，感觉得自己蒙受到的皇恩十分深重，做到了二品官，不能说不高。堂上大人又诰封三代，儿子就受荫任六品官，不是不荣耀。假如在这时再不尽心忠言，要待到何时候可以进言？而皇上的仁德的美好出自本性，来于自然。满朝臣子，假如不敢有一句逆耳的忠言，以后可能由于一念之差而骄傲矜持，于是非常憎恨忠言而喜听奉承，那么此时臣子们推卸不了自己的罪责。因此趁这六年开行新政的时候。

便将这滋生骄傲矜持的名堂说清楚，使圣上的心整日兢兢业业而隔绝自以为是的产生，此是我小小的本意。目前人才不振，全拘谨于小节而忽略了走德，人人全习惯于阿谀奉承的风气。想凭这奏折稍微挽回一些风气，希望当朝为官的全能趋向于正直有骨气，遇事不退避，这是我另外一方面的意图。奏章刚呈上的时候，我心里恐怕冒犯了不测之威，已经将福祸得失置之度外了。未想到圣上仁慈宽容，典赐矜全。自从此以后，我更应该尽忠报效国家，不再顾及自己家里的私事了。

然而这之后奏章虽然很多，也绝未有如这道奏折的激烈直言了。这道折子尚蒙圣上厚待宽容，那么往后的奏折，一定不至于再冒犯圣怒了，这是能够知道的。兄弟们就把我的意思详细禀告堂上大人，不要由于我的奏折不谨慎，或者由于愚直触犯天威而忧虑了。

父亲的每次家信，均是教我尽忠报国，不必挂念家中的事情，我恭维地体会父亲的教诲，所以因公忘私、因国忘家。预想在这之后寄几百两银子偿还家中债务，则一心一意以国家大事为主，所有升官得肥差的念头，一点不留在心中，故此上次五月七日在京堂官考差，我便没去赴考。

侍郎能不能得官差，本来和考不考没有关系。上年已酉科，侍郎从考差而得到的有三人，则是灵桂、福济、王广荫，今年侍郎赴考差的有五人，不考的有三人，那天的考题是："以义制事以礼制心论"，诗题是："楼观沧海日，得涛字。"五月一日开始外放云贵当差，十二日外放广东、广西、福建三省，名字在京报上，此不另外抄录。袁漱六考差很是称意，诗也工整，应该可以得到，好接济他多年的贫困。

朱石翘在明府起初的政绩很好，自然是我家乡的福分，我不久会寄信给他。霞仙获得县里的首选，也可看出他还是能选拔使用有真才实学的人士。

刘继振既然是水口的邻居，又送钱到我家肯求朝廷封典，这事理所当然。他在道光三十年曾被选拔为训导，已经于正月二十六恩诏颁布之后，不知还是否能办？我会再请吏部查明问题。如果不能够办，则得待到明年四月颁布升祔恩诏，才可呈请；假如升祔之时推恩不包括外官，那么应该把钱归还给他。家中一定在近日详细告知刘家，说现在不能呈请，一定等到明年六月份才有确切的消息。

澄弟自河南、汉口发来的信全已经收到了，路途的难走竟然到了这个程度！从汉口以后，想来一路上便有福星保佑了。刘午峰、张星垣、陈谷堂送来的银子均可以收下，刘、陈两人的更应当接受，不收反而显得见外。不过与人交朋友的规则是，与其交得过滥，尚不如交得少一些。弟弟能够做到目前这个样子，是让我觉得很欣慰的。曹西垣四月二十九日到达京城，住在我这里，大概八月里能够离开京城。

这次我发回去的奏章的底稿，如欧阳家、汪家与各亲戚族人家不妨抄出来送给他们全看一下，表明我处在较高的职位上，也要忠诚正直，报答皇恩，不敢仅是阿谀奉承而招皇上的高兴，恐怕那样会玷污家族的声荣，辜负家人对我的期望。其他事情不一一细谈了。

兄国藩手草。

【点评】

读此书，我们可以感受到曾氏得正道直行。古代，皇帝有极高的权威，若稍有不慎，惹得龙颜大怒，就很有可能招致杀身之祸，所以大臣上书时出言谨慎，很少建言，但是曾氏却未这样做，他认为"若于此时再不尽忠直言，更待何时乃可建言？"在咸丰帝即位的一年内，曾氏连续上了五道建言疏，其中言语最为直接的就是信中所提到的《敬呈圣德三端预防流弊疏》，这让曾氏族亲为之捏了一把汗，不过后来曾氏有惊无险，同时还赢得了"关心民瘼"、"忠敢直言"的美誉。

曾国藩家书

卷二

[清] 曾国藩 著 郑红峰 译注

吉林出版集团有限责任公司

咸丰元年六月初一日与诸弟书

1851 年 6 月 29 日

澄侯、温甫、子植、季洪四位老弟足下：

五月十四日发第六号家信，内有四月廿六日具奏一疏稿。余虽不能法古人之忠直，而皇上圣度优容，则实有非汉唐以下之君所能及者，已将感激图报之意，于前书内详告诸弟矣。五月廿六日，又蒙皇上天恩，兼署刑部右侍郎，次日具折谢恩，即将余感戴之忱写出。兹将原折付归。日内京寓大小平安。癣疾大好，较去年澄弟在此时更好三倍，头面毫无踪影，两腿虽未净尽，不复足以为患也。

同乡周子佩之母，病体不轻，下身不仁，恐成偏枯。徐寿蘅放四川主考。湖南放四川者向极吉利。嘉庆辛酉之杨刚亭先生、庚午之陶文毅、道光甲午之李文恭、乙未之罗苏溪，有成例矣。邝炉青、陈俊臣两人皆已来京。陈挈眷而邝则否，邝富而陈寒，所为似相反。然究以挈眷为是，邝一二年亦必悔之耳。林昆圃事，余为写知单得百余金，合之开吊共二百金，将来可以赡其七十四岁之老母也。漱六望差甚切，未知能如愿否？现在已放一半，而实录馆当差人员尚未放一人也。唐镜海于十八日到京，廿三日召见，垂询一切，天颜有喜，极耆儒晚遇之荣。现已召见五次，将来尚可入对十余次也。

罗山前有信来，其词气温纯，似有道者之言，余已回信一次。顷又有信来，言纪泽未定婚，欲为贺耦庚先生之女作伐，年十二矣。余嫌其小一岁，且耦庚先生究系长辈，从前左季高与陶文毅为婚，余即讥其辈行不伦，余今不欲仍蹈其辙，拟敬为辞谢。现尚未作书复罗山，诸弟若在省见罗山兄，可将余两层意思先为道破，余他日仍当回书告知一切耳。

余近思为纪泽定婚，其意颇急切。夏阶平处一说，本可相安，因其与黄子寿为亲家，余亦嫌辈行少屈，是以未就。黄茀卿有女年十三矣，近托袁漱六往求婚。茀卿言恐余升任总宪，渠须回避（例给事回避改郎中，御史回避改员外，最为吃亏），不知渠是实意，抑系不愿成婚而托辞以谢也，故现未说定，弟可一一禀告堂上大人。又余意乡间若有孝友书香之家，不必问其贫富，亦可开亲，澄弟盍为我细细物色一遍？然余将同邑各家一想，亦未闻有真孝友人家也。

余至刑部，日日忙冗异常，迥不与礼部、工部、兵部相同。若长在此部，则不复能看书矣。湖南副主考乔鹤侪水部，颇称博雅，今年经策，必须讲究古茂。曹西垣办分发，本月可引见，七月可出京。朱石翘明府昨有信来，言澄弟四月底到县。此次折弁到京，石翘有信，而澄弟无信，殊不可解。兹有书复朱，家中封好送去。

诸惟心照，余俟续布。

国藩手草。

【译文】

澄侯、温甫、子植、季洪四位老弟足下：

五月十四日寄第六号家信，内有四月二十六日上奏的奏折稿。我虽然不能效仿先人的忠直，而皇上的宽度优容，则确是汉唐以后的君主所不及的，已经将感激报答的意图在头封信中仔细地告诉了各位兄弟。五月二十六日，又蒙受皇上天恩，兼署刑部右侍郎的职位。第二天上折谢恩，很快将我感恩戴德的心情写出。目前把原奏折寄回。现在家中老小平安。癣疾大为减轻，比去年澄弟在这时更是好出三倍。头上、面部一点没留痕迹，两腿虽然未有完全消失，但不再让人忧虑了。

同乡周子佩的母亲病得很重，下半身麻痹，可能会瘫痪。徐寿蘅外放四川主考官。湖南人放任去四川的一向很吉利，嘉庆辛酉年的杨刚亭先生、庚午年的陶文毅、道光甲午年的李文恭、乙末年的罗苏溪，均是现成的例子。邝炉青、陈俊臣两人均已经到京城。陈带着家属邝就没有，邝富裕而陈贫寒，所作所为正好相反。然而到底以带家属为正确，邝过一两年之后也一定会因此懊悔的。林昆圃的丧事，我代他写知单，收到一百多两银子，加上开吊，一共二百两银子，以后可以赡养他七十四岁的老母亲。漱六非常迫切地盼望得到官差，不知能否如愿以偿。目前已放了一半的差，而实录馆当差人员还没有放一人。唐镜海在十八日来到京城，二十三日受到皇上接见，垂问一切。皇上容颜有悦色，他享尽了老儒生的晚年的荣幸。目前已经召见了五次，以后还可能入宫召对十多次。

罗山上次有信来，语气委婉，像是有德之人讲的话，我已经回复一封信。不久又有信来，讲纪泽没有订婚，想帮贺耦庚先生的女儿做媒。贺家女儿年纪有十二岁了，我嫌她小了一岁，况且耦庚先生毕竟是长辈。以前左季高和陶文毅结亲，我就笑话他们辈分不伦不类。我目前不想重蹈覆辙，想来恭敬地婉言谢绝。目前还没有寄信给罗山，各位兄弟假如在省城遇到罗山兄，就把我这两层意思先说破，我以后仍然要回信告知他这一切。

我近日想为纪泽定婚，心情很急迫。夏阶平那里讲过一次，本来可以，由于他和黄子寿是亲家，我也嫌他辈分低，所以没有答应。黄茀卿有女年，龄十三岁，近日拜托漱六前去求婚，茀卿说可能我要升任刑部尚书，他务必回避（按例给事中需回避改任郎中，御史只回避改任员外郎。最是吃亏）。不知他确是这种意思，还是不想成婚而寻借口谢绝呢？所以目前没有说定，弟可以一一敬告堂上大人。另外，我的意思乡间若有孝友书香之家，无论他家是否贫穷富有，也可以定亲，澄弟何不替我认真物色一遍？但是我将同县各家虑了一遍，也没有听说有真正的孝友人家。

我到了刑部，整日异常忙碌，大不同于礼部、工部、兵部，若长期在此部，就不能再看书了，湖南副主考乔鹤侪在刑部，算得上博才雅志。今年科举考试政策一定讲究文字古茂。曹西垣管理分发，本月可以诏见皇上，七月可以离开京城。朱石翘明府昨天有信来，讲澄弟四月底到县城。这次信使到京城，有朱石翘的来信，而没有澄弟的信，特别不能理解。目前有书信回复朱，家里封好了送去。其他事待后续详。

国藩手草。

【点评】

曾氏于此信中介绍友人近况，简短道来，使诸弟有个大致印象。同时曾氏在信中谈到了儿子的婚事，现在已经有人为纪泽说媒。一为罗山，他介绍了贺耦耕的女儿，一为袁漱六，他推荐了黄茀卿的女儿。曾氏认为前者小一岁，后者“辈行少屈”，因而希望寻找孝友书香之家。曾氏对待儿子的婚事是非常慎重的，只是他没有寻找到真正的孝友人家，最终还是同意了儿子与贺家女儿的婚事，这是后事，以后再谈。

咸丰元年七月初八日与诸弟书

公元1851年8月4日

澄侯、温甫、子植、季洪四位老弟足下：

七月初六日接澄弟四月廿六信，五月初一、初八、廿三各信，具悉一切。植弟洪弟各信

亦俱收到。洪弟之书已至，六月初二所发者亦到矣。澄弟回家，至此始算放心。

樊城河内，泡沙如此可怖，闻之心悸。余戊戌年九月下旬在樊城河，半夜忽遭大风，帆散缆断，濒于危殆，后亦许观音戏，至今犹有余惊。以后我家出行者，万不可再走樊城河，戒之，记之！敬告子孙可也。

彭山屺苦况如此，良为可怜，一月内外，当更求一书，以苏涸鲋，但不知有济否耳？此等人谋，亦须其人气运有以承之，如谢博泉之事，即鲜实效。若使南翁在彼，当稍有起色矣。

凌获舟之银，虽周小楼与荻舟之子私相授受以欺紫嫂，而荻子又当受小楼之欺，终吞于周氏之腹而后已。余处现尚存凌银将二百金，拟今年当全寄去。澄弟既将此中消息与孙筱石道破，则此后一概交孙，万无一失。

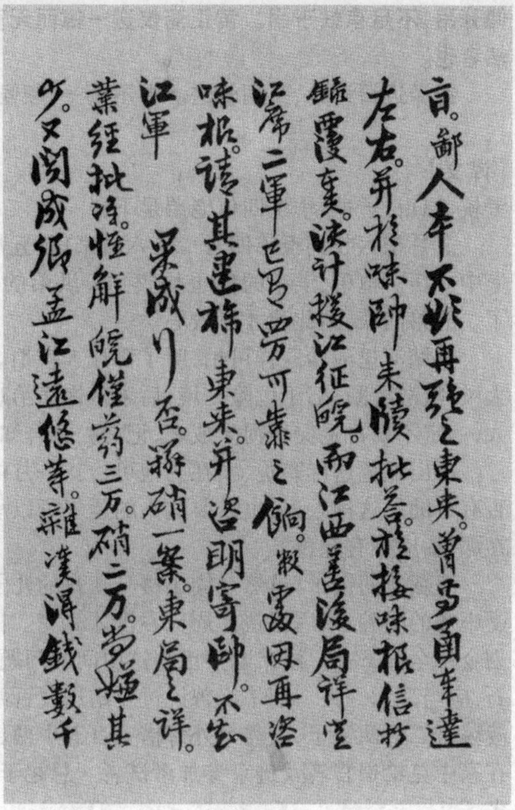

曾国藩手札

刘午峰曾言赙赠百金，不知今岁可收到否？余今年还凌银须二百，又须另筹二百五十金寄家，颇为枯窘。今年光景，大不如去年之源源，然后知澄弟之福星来临，有益于人不浅也。其二百五十金，望澄弟在家中兑与捐职者及进京会试者，总在今冬明春归款，不致有误，但不可以更多耳。

父大人至县城两次，数日之经营，为我邑造无穷之福泽，上面邑长生感，下而百姓歌颂，此诚盛德之事。但乡民可与谋始，难与乐成，恐历时稍久，不能人人踊跃输将，亦未必奏效无滞。我家倡义，风示一邑，但期鼓舞风声，而不必总揽全局，庶可进可退，绰绰余裕耳。

朱明府之得民心，予已托人致书上游，属其久留我邑。著因办饷得手，而遂爱民勤政，除盗息讼，则我邑之受赐多矣。

社仓之法，有借无还。今日风俗，诚然如此。澄弟所见，良为洞悉时变之言，此事竟不可议举行矣。王介甫青苗之法，所以病民者，亦以其轻于借而艰于还也。

季弟书中言，每思留心于言行之差错，以时时儆惕。余观此语，欣慰之至。凡人一身，只有“迁善改过”四字可靠；凡人一家，只有“修德读书”四字可靠。此八字者，能尽一分，必有一分之庆；不尽一分，必有一分之殃。其或休咎相反，必其中有不诚，而所谓改过修德者，不足以质诸鬼神也。吾与诸弟勉之又勉，务求有为善之实，不使我家高曾祖父之积累自我兄弟而剥丧，此则余家之幸也。

余癣疾上身全好，自腰下略有未净，精神较前三年竟好得几分，亦为人子者仰慰亲心之一端。宅内大小上下俱平安，然苟得中式，印结竟不易取。同乡周子佩丁忧，余送银八两，挽联一副。杜兰溪放山西差。漱六又不得差，颇难为情；写作俱佳，而不可恃如此。曹西垣请分发，将于月半之官皖中。李笔峰完娶之后，光景奇窘。同乡各家，大半拮据。子

佩开吊，不足京蚨千吊。黄正斋仅送一幛而无奠分，徐芸渠既不吊双赙，皆同乡所不以为然者也。

纪泽近日诗论，又稍长进。书不十一，顺候近佳，余俟续具。

兄国藩手草。

【译文】

澄侯、温甫、子植、季洪四位老弟足下：

七月初六收到澄弟四月二十六日来信，五月初一、初八、二十三日各信也已接到，详知家中一切。植弟、洪弟的信也均收到。洪弟的信已到，六月初二所寄出的那封信也已到了。澄弟回家，到此我才可放心。

樊城河里泡沙这样可怕，听了都让人害怕。我戊戌年九月下旬在樊城河，半夜里忽遭大风，帆散缆断，陷于危险处境，后来曾许诺给观音演戏，至今还有后怕。今后我家出行的人，一定不要再走樊城河。戒之，记之！并告知子孙们。

彭山屺竟这样窘迫，实在为他可怜！一月内外当另求一信来缓解困难，仅是不清楚能否有帮助。这种人谋，也需要这人的运气可以承受，如谢博泉的事则少有实效。若让南翁在那里，应微有起色。

凌荻舟的银子，虽然是周小楼与荻舟的儿子私相授受来蒙骗紫嫂，而荻舟的儿子大概受小楼的哄骗，最后银钱让周氏吞没才算完。目前我这还存有凌荻舟银子将近二百两，计划今年全部寄去。澄弟既然已将这中间的问题与孙筱石说破，便此后的事全都交给孙筱石，应当万无一失。刘午峰曾说过要赠送我百两银子，不知今年能否收到？我今年需归还凌荻舟二百两银子，又需另外筹措一百五十两银子寄家中，那二百五十两银子，盼望澄弟在家中兑给捐官者及进京参加考试者。总之于今冬明春归还款项，不会有误，只是不可更多了。

父亲大人去县城两回，几天的经营，为我县创造了无穷的福泽。上面县长感激，下面百姓称赞，这确是盛大德行的事。但乡民只能和之谋始，而难和他们乐成。担历时稍长，不会人人踊跃输捐，也不定能无阻碍地奏效。我家倡导行义风气显示一县，只求鼓动声势，而不要总揽全局，以便能进能退，绰绰有余。

朱明府能取得民心，我已叫人送信给他上司，请求上司让他长久留在我县。若能办军饷很顺手，而更爱民勤政，灭贼息讼，那么我们县受他的恩赐则多了。社仓的办法，有借没有还的，今日风俗确实这样。澄弟所见，确切是洞察时势变化的话，这事最终不能考虑施行了。王介甫青苗之法所以损害百姓，也是由于这办法借出易而归还难。

季弟信中说常常留心自己言行中的差错，并时时警惕。我看到这些话语，欣慰之至。大凡人的一生，唯有“迁善改过”这四个字最牢靠；大多人的一家，只有“修德读书”四字牢靠。这八个字，能够做到一分，便必定会有一分福庆，不做到一分，则一定会有一分祸患。假如有福祸相反，必定是在其中有不诚挚之处，而所谓改过养德，也不能取信于神灵。我与诸弟勉励而又勉励，一定寻求有行善的行动，不让我家高曾祖父积累的德行从我兄弟身上败落沦丧。这样就是我家的幸运。

我的癣病上身都好了，自腰以下尚有未褪净之处。精力比前三年竟然好了些许，也是做人儿子的人可安慰双亲爱心的一件事。宅内大幼上下都平安。

同乡周子佩父去世，我送去了八两银子，一副挽联。杜兰溪外放山西任职差遣。袁漱六又没有得到职位，很难为情，他写文作诗均很好，而才不可恃如此！曹西垣肯求分发，将在本月十五日后去安徽做官。李笔峰结婚之后，情况特别窘迫。同乡的各家大半均很困难。子佩办理丧事，所得不足京钱千吊。黄正斋仅送一障而没送奠银，徐芸渠就既不吊唁又不赠物，这全是同乡人士所不以为然的。

纪泽最近所写诗论又稍有进步。书不尽言，顺便问候近好，其他的事待后续写。

兄国藩手草。

【点评】

曾国藩一向是从个人修养和家风两方面来看待一个人的成长过程。他教育子弟做人要“迁善改过”，为家要能“修德读书”，这八个字，能做到一分，就一定会有一分福庆，不做到一分，就一定会有一分祸殃。如果对二者有较好的把握，就能有所裨益。知善改过是一个人逐步成熟的标志，进业修德是提高一个人素质的方法。曾氏在此讲这些淳朴家风与诸弟共勉，其内在意义也是为了弘扬宗族德行，传承家族家风。

咸丰元年八月十三日与诸弟书

公元1851年9月8日

澄侯、温甫、子植、季洪四位老弟足下：

七月初九日发家信第八号，想已收到。八月初十折差来京。接张湘纹书。折弁当于七月廿外起行，诸弟正在省城而无家书，何也？诸弟发家书交提塘后，往往屡次不带，或一次带数封，折弁颇为可恶！诸弟须设法与提塘略一往还，当面谆托，或稍有济，否则每次望信，甚闷损人也。

京寓大小平安。前月内人病数日，近已痊愈。曹西垣于八月四日出京之官安徽，张书斋于十一日出京之官贵州。张尚须回长沙，曾借我银八十金，言明内三十俟补缺再还，其五十到省送凌家。予收凌家奠分，尚有二百金未寄，兹张处既寄五十，其五百十总于今冬妥寄孙筱石，不再借人也。

今冬本欲寄银到家，因前次澄弟书言公车来京，家中尽可兑银，是以予不另寄矣。除凹里田价外，尚须送亲族年例银五十金，亦宜早早筹画。共计若干，概向各处公车妥兑，免致年底掣肘。如无处可兑，即须闰八月寄信来京，以便另办，然不如兑之为便也。诰轴已经用宝，日即可发下，准于乡试者带回，九月即可到家。乡试题刻于京报上，诗题“得庠字”，系出高宗御制。是题诗中句云，“即此供吟眺，奚烦事豁庠”，场中无人知之也。李子彦之文甚好，然苟得中式，印结竟不易取。镜云文尚未见。宋湘宾教习已传到，昨日专人去告知渠矣。

李石梧身后恩典甚厚，乃七月末翰林院撰祭文、碑文进呈，朱批竟加严饬，谓其夸奖过当，词藻太多，且贬其调度乖方，功过难掩，历任封疆，尤不足称云云，饬令翰林院另行改撰。其后复撰进呈，遂多贬词。将来建立冢石，殊不冠冕。功名之际，难得终身始完全也。

耦庚先生家亲事，予颇思成就。一则以耦翁罢官，予亦内有愧心，思借此联为一家，以赎予隐微之愆。二则耦翁家教向好，贤而无子，或者女子必贤，诸弟可为我细访罗山，下次信来详告。若女子果厚重，则儿子十七岁归家省祖父母、叔祖父母时，即可成喜事也。前托在乡间择婚，细思吾邑读书积德之家，如贺氏者亦实无之，诸弟暂不必昌言耳。余俟续布。

兄国藩手草。

【译文】

澄侯、温甫、子植、季洪四位老弟足下：

七月九日寄出第八号家信，料定已经接到。八月十日信使来到京城，收到张湘纹的来信。估计信差会在七月二十日前动身，各位兄弟正在省城而未有家信，为何？各位兄弟将家信交提塘后，常常多次都没有带到，或者一次带来多封。信差真是可恶！各位兄弟须想办法和提塘略有交往。当面嘱咐，也许会好些，不然每次盼望来信，非常烦闷。

京中寓所老小平安。上个月我妻生了几天病，近日已经痊愈。曹西垣于八月四日离京去安徽做官。张书斋于十一日离京去贵州做官。张书斋尚须回长沙，曾问我借了八十两银子。表明其中三十两等补缺后再归还，其中五十两到了省城交到凌家。我收凌家奠分银尚有两百两没有寄。目前张书斋那里已经发了五十两，余下的一百五十两在今年冬天一起妥善地发给孙筱石，不再借给别人了。

今年冬天打算寄钱回家，由于前次澄弟来信说赶考的举人进京，家中尽可兑换银两，因此我就不另外再发了。除凹里田价要支付外，还得一定送亲族年例银五十两，也应当早早准备。共有若干两，全都向各地举人妥当兑换，避免年底受到牵制。假如没有地方能兑换，就一定闰八月里写信到京城，以便再办。然而不跟兑换了更为妥当。

诰轴已经盖上宝玺，很快就可发下，必定让参加乡试的人带回去，九月就能到家。

乡试的考题刻在京报上，诗题“得庳字”，是出自于高宗皇帝御制诗。此题诗中有一句是：“即此供吟眺，奚烦事豁庳”。考场中没有人明白。李子彦的文章甚好。然而便算考中，印结也不轻易得到。镜云的文章还没有见到。朱湘宾的教习之职已传达，昨天已派专人去通知他了。

李石梧仙世后，朝廷赐给的恩典很多。但七月底翰林院给他撰写祭文、碑文呈上后，皇上的朱批竟严厉斥责，说是赞许过了头，用的辞藻太多，而且贬低他调配无方、功过难饰，在历任封疆大臣中，他特别不值得称赞等等。责令翰林院另行改撰。今后再写好了进呈，就有许多贬义词，以后建立坟墓，不一定很堂皇。功名之间，很难做到从始至终完全一致。

耦庚先生家的亲事，我很想使它办妥。一是由于耦翁罢官，我内心也感觉有愧，想借此机会联姻成为一家，来赎我较小的过错。二是耦耕家教向来很好，为人贤明而无子，或许他的女儿一定也贤惠。诸弟可以替我细心查访，让罗山下回来信详细告知我。如果他女儿果然质朴端庄，那么儿子十七岁归乡探望祖父母、叔祖父母时，就能办喜事了。先前委托兄弟们在乡间为儿子择

李星沅像。李星沅，清朝大臣，字子湘，号石梧，湖南湘阴人

婚，细致考虑我县读书积德的人家，如贺氏这样的，也确实没有。各位兄弟暂且不要把我这话宣扬出去。余俟续布。

兄国藩手草。

【点评】

李石梧去世后，朝廷给予很厚的恩典，当翰林院的官员为其撰写祭文、碑文呈请皇上御览时，却遭到皇上严厉的斥责，称夸奖李石梧，已言过其实，由此事，精明的曾氏想到"功名之际，难得终身始完全也"，因此，身处宦海的曾氏，每临官场得意时，他是头脑冷静，诚惶诚恐，谨慎处之，这的确是过人之处。

咸丰元年八月十九日与诸弟书

公元 1851 年 9 月 14 日

澄侯、温甫、子植、季洪四位老弟足下：

八月十四日发第九号信，至十七日接到家信第七第八二号，欣悉一切。

左光八为吾乡巨盗，能除其根株，扫其巢穴，则我境长享其利，自是莫大阴功。第湖南会匪所在勾结，往往牵一发而全身皆动。现在制军程公特至湖南，即是奉旨查办此事，盖恐粤西匪徒穷窜，一入湖南境内，则楚之会匪因而窃发也。左光八一起，想尚非巨伙入会者流，然我境办之，不可过激而生变。现闻其请正绅保举，改行为良，且可捉贼自效，此自一好机会。万一不然，亦须相机图之，不可用力太猛，易发难收也。

公议粮饷一事，果出通邑之愿，则造福无量；至于帮钱垫官之亏空，则我家万不可出力。盖亏空万六千两，须大钱三万余千，每都几须派千吊。现在为此说者，不过数大绅士，一时豪气，为此急公好义之言。将来各处分派，仍是巧者强者少出，而讨好于官之前，拙者弱者多出，而不免受人之勒。穷乡殷实小户，必有怨声载道者矣。且此风一开，则下次他官来此，既引师令之借钱办公为证，又引朱令之民帮垫亏为证，或亦分派民间出钱帮他，反觉无辞以谢。若相援为例，来一官帮一官，吾邑自此无安息之日矣。

凡行公事，须深谋远虑。此事若各绅有意，吾家不必拦阻，若吾家倡议，则万万不可。且官之补缺皆有呆法，何缺出轮何班补，虽抚藩不能稍为变动。澄弟在外多年，岂此等亦未知耶？朱公若不轮到班，则虽帮垫亏空，通邑挽留，而格于成例，亦不可行；若已轮到班，则虽不垫亏空，亦自不能不补此缺也。间有特为变通者，督抚专折奏请，亦不敢大违成例。季弟来书，若以朱公之实授与否，全视乎亏空之能垫与否，恐亦不尽然也。

曾仪斋若系革职，则不复能穿补子，若系大计休致，则尚可穿。

季弟有志于道义身心之学，余阅其书，不胜欣喜。凡人无不可为圣贤，绝不系乎读书之多寡。吾弟诚有志于此，须熟读《小学》及《五种遗规》二书，此外各书能读固佳，不读亦初无所损。可以为天地之完人，可以为父母之肖子，不必因读书而后有所加于毫末也。匪但四六、古诗可以不看，即古文为吾弟所愿学者，而不看亦自无妨。但守《小学》、《遗规》二书，行一句算一句，行十句算十句，贤于记诵词章之学万万矣。

季弟又言愿尽孝道，惟亲命是听，此尤足补我之缺憾。我在京十余年，定省有阙，色笑远违，寸心之疚，无刻或释。若诸弟在家能婉愉孝养，视无形，听无声，则余能尽忠，弟能尽孝，岂非一门之祥瑞哉！愿诸弟坚持此志，日日勿忘，则兄之疚可以稍释，幸甚幸甚。书不十一，余俟续具。

兄国藩手草。

【译文】

澄侯、温甫、子植、季洪四位老弟足下：

八月十四日寄出第九号家信，至十七日收到第七、第八两号家信，高兴地明白了一切。

左光八是我们乡里最大的匪贼，若能彻底将其消灭，扫平他的贼窝，那家乡的百姓则能长久过上和平安宁的日子，这便是莫大的功劳。只是湖南的会党帮贼，彼此勾结，常常是动一根头发而牵动全身，现在制军的程公，特地来湖南，则是奉了圣命查办这件事，因为担心粤西的匪贼逃窜，一旦闯入湖南境内，那么湖南、湖北的会党帮，说不定也趁机作乱，左光八这一帮，我认为还不是大团伙，然而我们家乡去惩治他，不能太过激了，以免导致事变。目前听说左某正在请地方的乡绅推荐他，改恶从善，而且能为捉贼效力，这便是一个好时机。万一不这样，也应当待机铲除他，不可以使力太猛，开场容易收场难。

关于公议粮饷一事要多加商榷，如果真出于全县乡绅的意愿，就会对朝廷有利，为百姓谋福。至于出钱出力垫付官府的亏损，则千万不可草率出力。官府的亏损大约有一万六千两银子，需支付大钱三万余串，几乎每家全要分派千串才可以填补。现在提出此项建议的，均是几个大绅士，无非是他们一时的豪气而已，以致讲出这种急功近利、不切现实的话。若以后真的到各家轮番摊派，必定是投机取巧的富人家趁机弄诈，不愿出钱，反而在官府面前讨好；而厚道的弱势者不仅要多出钱财，还难免要受奸诈者伺机勒索。这样一来，穷乡贫瘠的小户人家，必定会怨声载道。况且此种风气一旦形成，就下任官员上任之后，便会引用这个借钱办公为例证，而且会仿照朱县令在任之时百姓出钱垫付官府亏损为例证，也分派民间出钱帮他，那时反而未有话好拒绝人家，假如这样攀比起来，来一个官员，要扶持一个官员，我们的家乡从此将永远不安宁了。

凡属办公事，定要深谋远虑，此事如绅士们有意办，我家不必去阻挡，若我家出面倡议，千万不可以。况且官位的补缺全有固定的办法，哪种官位空缺轮到哪个班次的人去补，即便是抚台也不可以稍作变动。澄弟在外多年，怎会不知此事？朱公如轮不到班，那么虽然帮垫亏损，全县挽留他留任。而拘于成例，也不能补缺。现已轮到班次，则虽然不垫付亏损，也不可不补这个官缺。其中有个别要变通的，一定由总督巡抚专门写奏折奏请，但也不敢太违背成例。季弟来信，好像朱公的实授县令与否，全看他亏损能否垫补，恐怕也不全这样。曾仪斋若是被革职，就不再能穿补服了；若是在外官考核时退休的，那还可以穿。

季弟有志于立德、修身养性的学问，我看过信，十分高兴，凡属是人均可以做圣人贤者，断不在于读书的多少，我弟果然有志于此，需要熟读《小学》和《五种遗规》两书。此外其他书能读当然好，不读也没有何损害。可以做天地间的完人可以做父母的孝子，不会因为读书而增加一丝一毫。不但四六文与古诗可以不看，即使是古文这种我弟所愿学的，不看也不要紧。只要谨守《小学》、《遗规》两书，做一句算一句，做十句算十句，比那记诵词句文章的学问强上万万倍。

季弟又说愿意尽孝道，唯亲命是听，这尤其能弥补我的缺憾。我在京城十多年，侍奉堂上大人有遗憾，长不在父母身边逗笑取悦双亲，内心十分愧疚，没有一天能放下这桩心病，若弟弟们在家，可以委婉高兴地孝敬堂上大人，一点一滴，默默地执行，那么，我能尽忠，弟弟能尽孝，那难道不是我家的祥瑞之气吗？希望弟弟们能守护这个志向，天天不忘，那么为兄我的愧疚则可以稍稍减轻。

幸甚幸甚，书不十一，余俟续布。

兄国藩手草。

【点评】

本书体现了曾氏的治政之道。湘乡县政府公款亏空，家里来信征求曾氏意见看是否应该出钱为政府补空子，曾氏断然否定："万不可出力。"这是因为这种举措必然得罪很多人，此风一开，日后必接续奉行，"吾邑自此无安息之日矣。"曾氏办事善深谋远虑，于信中写出自己的想法劝诫诸弟，不致误入歧途。信末曾氏写给季弟的话语亲切，告知季弟学习的方法，由此可见曾氏对诸弟的关心。

咸丰元年闰八月十二日与诸弟书

公元1851年10月14日

澄侯、温甫、子植、季洪四位老弟左右：

八月二十日发家信第十号，想已收到。顷闰月初十日折弁来京，计其在省起行当在前月廿外，乃竟未接到家信，诸弟出闱后不惟不付文章，亦并不抄一题寄一信，何耶？或者已发，而折弁未带，未可知也。

近来京寓平安，癣疾又微发。以兼署刑部，较为繁劳。儿女辈皆如常，足慰堂上老人之垂念。惟近来有两件事大不快意。

一件国事，系黄河于丰县北岸决口，数十万生灵罹此凶灾。目前抚恤固非易事，将来堵筑，非帑金数百万不可。且漕船尚未回空，水道中梗，恐致贻误。一件家事，诰封已于八月用宝，我家各轴竟尚未用。吾意思急急寄回，以博父母大人、叔父母大人之一欢，乃竟未领得，心焉负疚。去年请封时，系由礼部行文吏部，彼时曾与澄弟谈及，以为六部毕竟声势相通，办事较易。岂知不另托人，不另给钱，则书办置之不议不论，遂将第一次用宝之期已误过矣。现在已另托夏阶平妥办，不知今岁尚用宝否？然父亲叔父顶戴补服皆于服阕后即穿用一品服色，盖此以去年颁诏之日为定，不以接轴之日为定也。

顺天于初十日发榜，湖南中十一人，镜云中而子彦黜，一喜一惋。然子彦九月就婚蔚州，亦是大喜，小挫正无伤也。曹冶山（镕）于闰月初殁于老馆，实为可怜。近来此等事，棺木之费，皆我任之，颇觉拮据不给。然使无人任之，又岂可听其客死无归？

耦庚先生之女，其德容言工，诸弟曾打听分明否？茶叶将近吃完，望即觅再寄。做饼药巴巴之法，此间为之不善。澄弟可向明做法，写信来告知，江氏三家近况亦望详示。

兰姊、蕙妹二家不睦，将来不宜在一屋居住。即田地毗连亦非所宜。予署刑部，大约十月可御事，现在审办琦善一案，正为吃紧之时。予保养身体，自知慎重，诸弟禀知堂上大人，敬求放心。余俟续布。

兄国藩手草。

【译文】

澄侯、温甫、子植、季洪四位老弟左右：

八月十二日寄出第十号家信，谅已收到。刚刚闰月初十信使来京，揣摩他在省城动身当在上月二十日前，而竟没接到家信。诸弟出考场后不但不寄文章，也并不录一题写一信，为什么？或者已寄信而折差没带，也不可知。

近来京寓平安，癣疾又小复发，这原因是兼署刑部，较为繁劳。儿女们均如常，满以安慰父母大人的悬念。只是最近两件事让我心中非常烦闷。一件是国事，黄河在丰县北岸决堤，数十万生灵遭遇这场灾难。现在抚恤本非易事，以后堵筑，非损耗白银百万不可。

况且漕船还没回来,水道又已中断,恐怕招致延误。一件是家事,诰封已于八月用宝印盖过,我家各轴竟还没盖上。我本来想着急寄回,用以使得父亲大人、祖父母大人高兴,而竟然没能领到,心里感到愧疚。去年请求封诰时,是由礼部行文交吏部的,那时曾和澄弟谈到,我认为六部毕竟声势相通,办事容易。哪知道不另托人、不另给银两,就被管理文书的小吏放在一边,不管不问,于是将第一次行用宝印的时间误过了。目前已另托夏阶平安排办理,不知今天还用宝印吗?然而父亲、叔父顶戴补服均在服孝期满后可穿用一品服色,这是以去年颁发诏书的日子为准,而不以授轴的日期为准。

顺天府于初十发榜,湖南中得十一人。镜云考取而子彦没中,令人一喜一忧。然而子彦九月将到蔚州成婚,也是大喜,小小挫折无大害。曹冶山(镕)于闰月初在老馆亡故,实是可怜。最近这种事,棺木费用全由我承担,颇感吃紧。但若没人承担,又如何听任他们客死在此,无法回葬?

明代学者顾宪成像,图出自清·孔继尧绘《吴郡名贤图传赞》

耦庚先生的女儿,她的品行容貌、言谈女工,诸弟曾经询问清楚了吗?茶叶快要喝完,希望找方便再发。做饼药巴巴的方法,这里做得不好。澄弟可问清做法,寄信来告知。江氏三家近况也盼望详告。

兰姊、蕙妹两家不和睦,以后不适宜在一所宅屋里居住。即是田地毗连在一起,也不适宜。我署理刑部事务,大约十月可以辞职,目前审理琦善一案,正是抓紧的时候。我保护身体,自知慎重。诸弟禀知父母大人,敬请放心。余俟续布。

兄国藩手草。

【点评】

明东林党领袖顾宪成说"家事国事天下事,事事关心",在该信中,曾氏谈到了一件国事,一件家事,这两件事情让曾氏感到非常担心。国事为黄河水灾,数十万生灵罹难,而抚恤不是易事,漕运又恐耽误;家事为申请的诰封迟迟没有盖印。曾氏虽官至二品,理应获得批准,但是不另给钱,此事很难办成,由此我们可以窥探出大清王朝的腐败多么严重。曾氏文末交代他告知诸弟,他虽忙于琦善一案,但是仍会保养身体,毋须父母挂心,曾氏依然是以孝道为重的。

咸丰元年九月初五日与诸弟书

公元 1851 年 10 月 28 日

澄侯、温甫、子植、季洪四弟足下：

日来京寓大小平安。癣疾又已微发，幸不为害，听之而已。

湖南榜发，吾邑竟不中一人。沅弟书中言温弟之文典丽矞皇，亦尔被抑，不知我诸弟中将来科名究竟何如？以祖宗之积累及父亲、叔父之居心立行，则诸弟应可多食厥报。以诸弟之年华正盛，即稍迟一科，亦未遽为过时。特兄自近年以来，事务日多，精神日耗，常常望诸弟有继起者，长住京城，为我助一臂之力。且望诸弟分此重任，余亦欲稍稍息肩，乃不得一售，使我中心无倚。

盖植弟今年一病，百事荒废，场中又患眼疾，自难见长。温弟天分本甲于诸弟，惟牢骚太多，性情太懒。前在京华不好看书，又不作文，余心即甚忧之。近闻还家以后。亦复牢骚如常，如数月不搦管为文。吾家之无人继起，诸弟犹可稍宽其责，温弟则实自弃，不得尽诿其咎于命运。

吾尝见友朋中牢骚太甚者，其后必多抑塞，如吴檀台、凌荻舟之流，指不胜屈。盖无故而怨天，则天必不许；无故而尤人，则人必不服。感应之理，自然随之。温弟所处，乃读书中最顺之境，乃动则怨尤满腹，百不如意，实我之所不解。以后务宜力除此病，以吴檀台、凌荻舟为跟前之大戒。凡遇牢骚欲发之时，则反躬自思：吾果有何不足而蓄此不平之气？猛然内省，决然去之。不惟平心谦抑，可以早得科名，亦且养此和气，可以消减病患。万望温弟再三细想，勿以吾言为老生常谈，不值一哂也。

王晓林（植）先生在江西为钦差，昨有旨，命其署江西巡抚。余署刑部，恐须至明年乃能交卸。袁漱六昨又生一女，凡四女已殇其二，又丧其兄，又丧其弟，又一差不得，甚矣，穷翰林之难当也。黄麓西由江苏引见入京，迥非昔日初中进士时气象，居然有经济才。王衡臣于闰月初九引见，以知县用，后于月底搬寓下洼一庙中，竟于九月初二夜无故遽卒。先夕与同寓文任吾谈至二更，次早饭时，讶其不起，开门视之，则已死矣。死生之理，善人之报，竟不可解。

邑中劝捐弥补亏空之事，余前已有信言之，万不可勉强勒派。我县之亏，亏于官者半，亏于书吏者半，而民则无辜也。向来书吏之中饱，上则吃官，下则吃民。名为包征包解，其实当征之时，则以百姓为鱼肉而吞噬之；当解之时，则以官为雉媒而播弄之。官索钱粮于书吏之手，犹索食于虎狼之口，再四求之，而终不肯吐。所以积成巨亏，并非实欠在民，亦非官之侵蚀入已也。

今年父亲大人议定粮饷之事，一破从前包征包解之陋风，实为官民两利，所不利者，仅书吏耳。即见制台留朱公。亦造福一邑不小。诸弟皆宜极力助父大人办成此事。惟捐银弥亏，则不宜操之太急，须人人愿捐乃可，若稍有勒派，则好义之事反为厉民之举，将来或翻为书吏所借口，必且串通劣绅，仍还包征包解之故智，万不可不预防也。

梁侍御处银二百，月内必送去。凌宅之二百，亦已兑去。公车来，兑五七十金，为送亲族之用，亦必不可缓。但京寓近极艰窘，此外不可再兑也。

邑令既与我家商办公事，自不能不往还，然诸弟苟可得已。即不宜常常入署。陶、李二处，容当为书。本邑亦难保无假名请托者，澄弟宜预告之。

书不详尽，余俟续具。

兄国藩手草。

【译文】

澄侯、温甫、子植、季洪四弟足下：

最近京城家里老少平安，我的癣病又开始复发了，幸而还没造成危害，随它去吧。

湖南的考生发榜了，我县竟然没考中一人！沅弟信中讲温弟的文章华丽堂皇，也被抑退。不知我诸弟中以后的科举功名究竟如何？凭祖宗的积善以及父亲、叔父的正派做人。则诸弟应能多得厚报。凭诸弟的年轻旺盛，即便稍迟一科及第，亦不能算过时。只是为兄自近年来事务逐渐增多，精神整日损耗，常常盼望诸弟有能继我而起的，长期住于京城，为我助一臂之力。盼望诸弟分担我这重担，我也稍微休息一下，而竟不能有一事实现，让我内心无依无靠！

植弟今年一病，百事荒芜，场中又患眼病，从今很难进步。温弟的天赋，在弟弟中可称第一，只是抱怨太多，性情懒惰，近来听说回家后，还是常常发牢骚，或者几个月不动笔。我家之所以没人继起，各位弟弟的责任较轻，温弟确实是自暴自弃，不能把责任推脱到命运。

我经常见到朋友之中牢骚太多的人，后来一定坎坷也多，如吴檀台、凌获舟等，数不胜数。无故而抱怨天，天一定不答应；无故而尤人，人一定不服气。天人感应的规律，顺其自然而已。温弟所在之处，才是对读书人最有利的地方，却动不动则怨天尤人，牢骚满怀，一百个不称心，确实是我所不明白的。今后一定要下力气消除此病，以吴檀台、凌获舟作为眼前的大戒。所遇牢骚要发的时候，则反过来自己好好想想：我果真有何不满而积下这些不平之气吗？忽然自省，断然弃去。不仅平心谦和，能够早得科场功名，也能养成和气，能够消灭病患。万望温弟再三考虑，不要把我的话当作老生常谈，认为不值一笑。

王晓林先生在江西做钦差，昨天有御旨，命他署理江西巡抚，我署理刑部，恐怕等到明年才能交卸。袁漱六昨又生一女，共四女，已死了两个，既丧了兄，又丧了弟，连一个差事也不得，穷翰林确是太难当了。黄麓西从江苏引见入京，与以前初中进士时的气象截然不同，他居然有经济能力。王衡臣在闰月初九日引见，以知县被任命，后来在月底搬家到下洼一座庙里，竟然在九月二日夜里无故猝然死去。前一夜他和同住的文任吾谈到二更，第二天早饭时，家人对他不起床感到奇怪，开门看时，就已死了。生死的道理，好人的报应，竟然没法理解。

家乡劝捐，补充亏空的事，我前不久有信讲到，千万不可以勉强勒派，我县的亏损，亏于这些官员的占一半，亏于书吏的占一半，老百姓是无辜的。一向书吏的中饱私囊恶习，上则吃官，下则吃民。名义上包征包解送，其实当他们征敛之时，就把老百姓当成鱼肉吞吃掉；当解送之时，就把官员当成雉媒（注：猎人驯养以招引猎物的雉鸡）而摆弄。官员从书吏手中索要钱粮，就好比从虎狼口中索要食物那么难，再三再四求取，而最后还是不肯吐出来。因此会积成巨额亏空，并不在于百姓欠税，也不是官员侵占而入于私囊。今年父亲大人商定粮饷的事，一并破除以前书吏包征包解的恶习，的确是官民两利，所不利的唯有书吏。即便是父亲大人面见总督请留朱公，也造福于一县不小。诸弟均应极力帮助父亲大人办成此事。只有捐银补亏则不能操之过急，一定人人愿意捐银才行。若稍有逼派，就本是好心的事反成为害民之举，以后或者反成了书吏所攻击的借口，他们一定串通劣绅，仍旧恢复包征包解的老法，千万不能不预先防备。

梁侍御处二百两银子，本月内务必送去。凌宅的二百两银子也已兑付。举人兑付六七十两银子，为送亲族之用，也必定不能迟缓。但我在京寓最近极其艰难窘迫，此外已不可再兑付了。

县令既和我家商办公事，便不能不往来应酬，然而诸弟如果可能，则不应经常入县衙。陶、李两处，待我有空即当回信。本县难保未有假借他人名字请托的，澄弟应预先告知我。书不详尽，余俟续具。

兄国藩手草。

【点评】

本书主要谈到两事：一为乡试，湘乡没有一个能中，一为劝捐弥补亏空。曾氏在信中批评了六弟。六弟自负以至名落孙山，却满腹牢骚，曾氏认为六弟的失败全是个人原因，与环境无关，"无故而怨天，则天必不许；无故而尤人，则人必不服。"曾氏还特意举例让六弟反省。曾氏还谈到国家亏空之事，他认为责任不仅在主要官员身上，还在书吏身上，后者甚至比前者还可怕，因为他们欺上瞒下可以做到了无痕迹。曾氏深谙官场之道，所以才能说出如此有见地的话来。

咸丰元年十月十二日与诸弟书

公元 1851 年 12 月 4 日

澄侯、温甫、子植、季洪四弟足下：

九月廿六日发家信第十三号，想已收到。十月初十日。接到家中闰月廿八所发信及九月初二、九月十四所发各件。十二夜又于陈伯符处接到父亲大人闰八月初七所发之信，系交罗山手转寄者。陈伯符者，贺耦庚先生之妻舅也，故罗山托其亲带来京。得此家书四件，一切皆详知矣。

纪泽聘贺家姻事，观闰八月父亲及澄弟信，已定于十月订盟；观九月十四澄弟一信，则又改于正月订盟。而此间却有一点挂碍，不得不详告家中者：京师女流之辈，凡儿女定亲，最讲究嫡出庶出之分，内人闻贺家姻事，即托打听是否庶出，余以其无从细询，亦遂置之。昨初十日接家中正月订盟之音，十一日内人即亲至徐家打听，知贺女实系庶出，内人即甚不愿。余比晓以大义，以为嫡出、庶出何必区别，且父亲大人业已喜而应允，岂可有他议？内人之意，以为为夫者先有嫌妻庶出之意，则为妻者更有跼蹐难安之情，日后曲折情事亦不可不早为虑及。求诸弟宛转禀明父母，尚须斟酌，暂缓订盟为要。陈伯符于十月十日到京，余因内人俗意甚坚，即于十二日夜请贺礼庚、陈伯符二人至寓中，告以实情，求伯符先以书告贺家，将女庚不必遽送，俟再商定。伯符已应允，明日即发书，十月底可到贺家。但兄前有书回家，言亲事求父亲大人作主。今父亲欢喜应允，而我乃以妇女俗见从而扰惑，甚为非礼。惟婚姻百年之事，必先求姑媳夫妇相安，故不能不以此层上渎。即罗山处，亦可将我此信抄送一阅，我初无别见也。

夏阶平之女，内人见其容貌端庄，女工极精，甚思对之。又同乡陈奉曾一女，相貌极为富厚福泽，内人亦思对之。若贺家果不成，则此二处必有一成，明春亦可订盟，余主意尤在夏家也。京城及省城订盟，男家必办金簪、金环、玉镯之类，至少亦须花五十金。若父亲大人决意欲与贺家成亲，则此数者亦不可少。家中现无钱可办，须我在京中明年交公车带回，七月间诸弟乡试晋省之便再行订盟，亦不为晚。望澄弟下次信详以告我。

祖父佛会既于十月初办过，则父母叔父母四位大人现已即吉。余恐尚未除服，故昨父亲生日，外未宴客，仅内有女客二席。十一，我四十晋一，则并女客而无之。

朱石樵为官，竟如此之好，实可佩服。至于铳沙伤其面尚勇往前进，真不愧为民父母。父亲大人竭力帮助，洵大有造于一邑。诸弟苟可出力，亦必尽心相扶。现在粤西未靖，万一吾楚盗贼有乘间窃发者，得此好官粗定章程，以后吾邑各乡自为团练，虽各县盗贼四起，而吾邑自可安然无恙，如秦之桃花源，岂不安乐。须将此意告邑之正经绅耆，自为守助。

牧云补廪，烦弟为我致意道喜。季弟往凹里教书，不带家眷最好。必须多有人在母亲前，乃为承欢之道。季洪十日一归省，亦尽孝之要也；而来书所云寡欲多男之理，亦未始不寓乎其中。甲五读书，总以背熟经书常讲史鉴为要（每夜讲一刻足矣），季弟看书不必求多，亦不必求记，但每日有常，自有进境，万不可厌常喜新，此书未完，忽换彼书耳。

兄国藩手草。

【译文】

澄侯、温甫、子植、季洪四弟足下：

九月二十六日寄出第十三号家信，想已接到。十月初十，收到家中闰月二十八日所写的信及九月初二、九月十四日所寄各信。十二日夜又在陈伯符处收到父亲大人闰八月初七日所寄的信。是交由罗山之手转交的，陈伯符是贺耦庚先生的妻舅，因此罗山叫他亲自带到京师。接到这四封信。一切全已详知。

纪泽聘贺家的订婚之事，看闰八月父亲及澄弟的信，已定于十月定亲；看九月十四日澄弟的一封信，便又改在正月定亲。而这里却有一点烦心的事，不得不详告知家里。京师女流之辈，凡儿女订婚，最讲究嫡出庶出的区别，妻子听说了贺家的亲事，便托人打听贺家女儿是否庶出，我由于这件事无从细询问，也就放下了。昨初十日收到家中正月定亲的音讯，十一月妻子就亲自去徐家打听，了解贺家女儿确是庶出，妻子就非常不愿意，我从那时以来则以大义开导她，以为嫡出庶出有何区别，况且父亲大人也已高兴地答应了，难道还能再有别的办法？妻子的想法，以为做丈夫的若先有嫌妻子是庶出的意思，那么做妻子的更有局促难安的心情，往后也许有曲曲折折的事情，也不可不早些考虑到。肯求诸弟委婉地告诉父母，此事还需考虑，暂缓定亲为要。陈伯符于十月十日来京，我因妻子俗见很是固执，便在十二日夜请贺礼庚、陈伯符二人到寓所，将实情告诉他们，请求伯符先寄信告知贺家，不要马上将女儿的庚帖送过来，以后再商议。伯符已经应许，明天就寄信，十月底可到贺家。但为兄以前有信寄回家中，讲亲事求父亲大人做主。目前父亲大人欢喜应许，而我竟由于妇女的偏见而迷惑，很没礼貌。只是婚姻是百年之事，一定先求得婆媳夫妇相安无事，因此不能不把这层意思上禀。即是罗山那里，也可把我这封信抄写给他一阅，我起初并无其他看法。

妻子见夏阶平的女儿容貌端庄，女工极好，很想与夏家成亲。又同乡陈奉曾有一女儿，相貌极为丰满有福气，妻子也想娶她。若贺订婚事真的不成，那这两家一定有一个成功，明春也可定亲。我的注意力尤其在夏家。京城及省城订婚，男家一定要置办金簪、金环、玉镯之类，至少也需花五十两银子。若父亲大人决心要与贺家成亲，就这些银两数也不能少。家中目前无钱置办，需要我在京中明年托付应试举人带回。七月间诸弟乡试间趁进省城之机再订婚，也不算晚，盼望澄弟来信详细告我。

祖父的佛会既然已在十月初办完，就父母与叔父母四位大人目前已经即吉，我恐怕家中还没除去孝服，因此昨天父亲生日，对外没曾宴请宾客，仅在宅内请了二席女客。十一日，是我四十一岁生日，便连女客也不请。

朱石樵当官竟然这样好，确实可佩服！以至于铳沙伤了面容仍勇往直前，真不愧是民之父母。父亲大人鼎力帮助，确是对本县大有造化。诸弟如能出力，也务必要尽力相扶助。目前广西不安宁，万一我们湖南的盗匪有乘机闹事的，得有这样的好官略定章程，今后我县各乡自办团练，即便各县盗贼四起，而我县仍可安然无恙，如同秦朝的桃花源，难道不安乐？需要将这个意思告知县里的正经绅士，自己互相守护帮忙。

牧云补廪生，烦请诸弟为我致意祝贺，季弟去凹里教书，不带家属最好，一定多有些人在母亲面前，才是承受欢颜的好方法。季洪十天回家探亲一次，也是尽孝的好办法。而来信所说寡欲会多生男孩的道理，也未尝不包含在其中。甲五看书，总要以背熟经书，常讲史鉴为最重要（每天夜里讲一刻钟足够了）。季弟看书不必贪多，也不定求记住，只要每天坚持看书，自有上进，千万不可喜新厌旧，这本书没读完，又忽而换了那本书。

兄国藩手草。

【点评】

这是曾氏谈论纪泽婚事的一封家书。纪泽是曾府的长房长孙，在看重宗法的封建社会中，纪泽身份尤为重要。曾氏夫人不同意纪泽与贺女的婚事，是因为贺女不是嫡出，与纪泽不是门当户对，所以曾氏告知父母诸弟暂缓订盟。曾氏虽不在意嫡出庶出，其实内心仍存嫡庶之别，故而郑重写出夫人的话来做理由。曾氏是典型的儒士，恪守礼制，他怎么可能破坏常规呢？他与父母诸弟商议，看夏阶平之女、陈奉曾之女是否合适？可见在纪泽与贺女的婚事上，他不是那么肯定。

咸丰元年十二月廿二日与诸弟书

公元 1852 年 2 月 28 日

澄侯、温甫、子植、季洪四位老弟足下：

十二月十一日发家书十六号，中言纪泽儿姻事，求家中即行与贺家订盟，其应办各物，已于书中载明，并悔前此嫌是庶出之咎云云，想已接到。如尚未到，接得此信，即赶紧与贺家订盟可也。

诰封各轴已于今日领到，正月廿六恩诏四轴（曾祖父母、祖父母、父母、叔父母），四月十三恩诏亦四轴，三月初三恩诏一轴（本身妻室），凡九轴。八月初六用宝一次，我家诸轴因未曾托人，是以未办，曾于闰八月写信告知，深愧我办事之忽。后虽托夏阶平，犹未放心，又托江苏友人徐宗勉，渠系中书科中书，专办诰敕事宜。今日承徐君亲送来宅，极为妥当，一切写法行款俱极斟酌，此廿六年所领到者不啻天渊之别，颇为欣慰。虽比八月用宝者迟五个月，而办法较精，且同年同乡中有八月领到者，或止一次，未能三次同领，或此番尚未用宝者，亦颇有之。诸弟为我敬告父母大人、叔父母大人，恭贺大喜也。

惟目前无出京之人，恐须明年会试后乃交公车带归。重大之件，不敢轻率。向使八月领到，亦止十二月陈泰阶一处可付（与雨苍同行），此外无便。

余于十八日陈奏民间疾苦一疏，十九日奏银钱并用章程一疏，奉原批交户部议奏，兹将两折付回。文任吾于十三日搬至我家，庞省三于廿四日放学。

寓中一切如常，内外大小平安。今年腊底颇窘，须借一百金乃可过年，不然，恐被留住也。袁漱六亦被年留住。刘佩泉断弦，其苦不可名状，儿女大小五六人无人看视。黎越翁尚未到京，闻明年二月始能到，未带家眷。涂心畬已到京，尚未来见我。公车中，惟龙皞臣及沣州馆到二人而已。

粤西事用银已及千万两，而尚无确耗。户部日见支绌，内库亦仅余六百万。时事多艰，无策以补救万一，实为可愧。明年拟告归，以避尸位素餐之咎。诸弟为我先告堂上可也。余不一一。

国藩手草。

【译文】

澄侯、温甫、子植、季洪四位老弟足下：

十一月十二日寄第十六号家信，信中提到纪泽儿的婚姻一事，请家里马上就和贺家定亲，应该置办的各种东西，已经在信中注明，并后悔先前嫌弃贺家之女是庶出的过失等等，估计已经收到。若还未有收到，接到这封信，就赶忙和贺家定亲也可以。

诰封各轴已在今天领到。正月二十六日恩诏四轴，（曾祖父母、祖父母、父母、叔父母），四月十三的恩诏也是四轴，三月三日恩诏一轴（本身妻室），一共九轴。八月六日用过一次宝玺，我家各轴因为未有委托人，因此未有办理。曾在闰八月寄信告诉家中，为我办事的大意而深深惭愧。后来虽然委托了夏阶平，还是不放心，又委托江苏的朋友徐宗勉，他是中羽书中书，专门管理诰敕的事务。今天感谢徐君亲自送到家中，十分稳妥，一切写法行款均极费斟酌，比二十六年前领到的有天壤之别，十分欣慰。虽然比八月用过宝玺的诰封晚了五个月，但是做法很精致。何况同年同乡人中有八月领到的，要么只领了一次，未有能够三次同领，要么这次还未有用过宝玺的也大有人在。兄弟们为我禀告父母大人，叔父母大人，恭贺大喜。只是现在没有人离开京城，可能要待到明年会试后交给举人带回。重大的物件不敢粗心。向来即使八月领到，也唯有陈泰阶一人可以托付（与雨苍同行），除此之外，没有方便的机会。

我在十八日呈上了一道陈述百姓疾苦的奏折，十九日呈上了一道关于银钱与章程的奏折，奉皇上批示转交户部议奏，目前将两道奏折发回。文任吾于十三日搬到我家，庞省三于二十四日流放学政。

家中一切如故，里里外外大大小小均平安。今年腊月底很拮据，必定借一百两银子才可以过年，不然的话，可能过不了年。袁漱六就没能过得了年。刘佩泉妻子死去，其痛苦无法比喻，儿女大大小小有五六个没人照管。黎越翁还未有到京城，听说明年二月才可以到达，未有带家属。涂心畬已经到达京城，还未有来见我。举人中只有龙皞臣与泮州馆两人到了。

广东西部的事情耗费了将近千万两银子而还未有确切的消息，户部的开支一天天吃紧，内库只剩六百万两。时局艰难，未有良策能够补救一点，确实惭愧！明年计划告假回乡，来避免光吃饭不做事的指责，各位兄弟可替我先敬告堂上大人。余不一一。

国藩手草。

【点评】

本书承接上书，将纪泽的婚事作一了结。曾氏最终同意纪泽与贺女的婚事，前后态度巨变，是有原因的。曾父在接到曾氏暂缓订盟的书信后，立刻回信给曾氏，信中批评了曾氏的做法，是因为这样做会失信天下。妻子的端庄贤惠才是最重要的，至于嫡出庶出基本与女性无关。曾氏感到大义的重要，所以迅速与贺家订立了婚约。曾氏在信中再次流露出回家之念，这恐怕与国事相关。太平天国起义的爆发让清王朝无力以对，曾氏也感朝廷的岌岌可危，于是想全身而退，但又遭家庭的反对，可见曾氏的无奈。

咸丰二年正月初九日与诸弟书

公元 1852 年 2 月 28 日

澄侯、温甫、子植、季洪四位老弟足下：

正月初八接到十二月初旬父大人所发二信，皆系在县城发者，不胜忻慰。纪泽作定婚之事，予于十二月连发二信，皆言十月十二所发之信，言嫌贺女庶出之说系一时谬误，自知悔过，求诸弟为我敬告父亲大人，仍求作主，决意对成，以谐佳偶，不知此二书俱已到家否？细思贺家簪缨门第，恐闻有前一说，惧其女将来过门受气，或因此不愿对亦未可知。果尔，则澄弟设法往省城，坚托罗罗山、刘霞仙二君，将内人性情细告贺家，务祈成此亲事，不致陷我于不孝之咎。

澄弟与朱尧阶成亲，余甚欢喜，我朋友最初之交，无过于尧阶者，盖今日姻缘，已定于二十年以前矣。魏家亦我境第一诗书人家，魏栋尚未到京，容当照拂一切也。植弟买笔事，总在春间寄南，以备科考之用。若科考不在前三名，则不宜考优，无使学政笑我家太外行也。

《关帝觉世经》刷五百张，须公车回南乃可付归，《阴骘文》、《感应篇》亦须公车南去乃可带。澄弟戒烟，正与阿兄同年，余以壬寅年戒烟，三十二也，澄弟去年亦三十二也。戒酒似以不必，三两杯以养血未始不可，但不宜多耳。

去年带回父大人之干尖子皮褂，不知已做成否？若未做，可即做成，用月白缎子为面。今年当更寄白风毛褂回家，敬送与叔父大人。若父、叔二大人同日出门，则各穿一件，若不同出门，则薄寒穿干尖子，盛寒穿白风毛。予官至二品，而堂上大人衣服之少如此，于孝道则未尽，而弥足以彰堂上居家之俭德矣。

京寓大小平安。癣疾未发。文任吾先生（希范）于正月六日上学。其人理学甚深，今年又得一贤师。

植弟劝我教泽儿学八股，其言甚切至有理，但我意要《五经》读完始可动手。计明年即可完经书，做时文尚不过满十四岁，京师教子弟十四岁开笔者甚多。若三年成篇，十七岁即可作佳文。现在本系荫生，例不准赴小考。拟令照我之样，廿四岁始行乡试，实可学做八

慈祥为救国民图，出自古代劝善书《阴骘文图证》

股者十年。若稍有聪明,岂有不通者哉?若十九二十即行乡试,无论万万不中,即中得太早又有何味?我所以决计令其明秋始学八股,廿四始乡试也。九弟为我禀告父大人,实不为迟,不必挂虑。

余近来常思归家,今年秋间实思挈眷南旋,诸弟为我禀告堂上大人,春间即望一回信。九弟进京之说,暂不必急急。同乡诸家如故。余容后日续寄。

兄国藩手草。

【译文】

澄侯、温甫、子植、季洪四位老弟足下:

正月八日收到十二月上旬父亲大人所寄的两次信,全是在县城发出来的,十分高兴。纪泽订婚的事情,我于十二月接连发出两封信,均说十月十二日所发的信说贺家女儿庶出是一时错误,自己已经知道后悔,请求各位兄弟代我禀告父亲大人,仍然求他做主,决心选对成功,以达佳偶和谐。

不知道这两封信全已经到家了吗?仔细想来,贺家也是书香门第,恐怕他们听到了前面那种说法,担心他的女儿将来过门后会受气,或许因此而不愿成亲也不一定。假如真的是这样,就请澄弟想法前去省城,坚决委托罗罗山、刘霞仙两君把妻子的性情详细告知贺家,一定请求他们成全这件亲事,不至于陷我于不孝的罪名中。

澄弟和朱尧阶结亲,我十分高兴。我朋友当中,当初交情最好的,未有超过尧阶的,大约今日姻缘,已经在二十年前就已经定下了。魏家也是我县第一的诗书人家,魏栋还未到达京城,我便会照顾他的一切。植弟买笔的事,总的在春天里发回到南方,以防备科举考试之用。假如科举考试不在前三名,就不应入考优等,不要让学政笑话我家太外行了。

《关帝觉世经》印刷五百张,待应试举人回到南方时才能交给他们带回来。《阴骘文》、《感应篇》也要等应试举人南回时才可以带回。澄弟戒烟正好与为兄的在同样年龄,我在壬寅年戒烟,时三十二岁,澄弟去年也是三十二岁。戒酒好像未有必要,三杯酒用来养血未尝不可,但不要过多。

去年带回去给父亲大人的干尖子皮褂,不知道做好了吗?若没有做,可以马上做成,用月白缎作为面子。今年应该再寄白风毛褂回家,敬送给叔父大人。若父亲大人、叔父大人同一天出门,则各穿一件;若不同时出门,那么不太冷时穿干尖子,非常寒冷时穿白风毛。我官至二品,然而堂上大人衣服这样少,从孝道上讲,未有尽孝心,但却足以说明父亲在家的节俭之美德。

京中寓所老小平安。癣病未有发作。文任吾先生(希范)在正月六日上课。此人理学功夫很深,今年又得到一位贤明的老师。植弟劝我教泽儿学八股文,说得确切,十分有理。但我的意思是要把《五经》读完后,才开始学习。打算明年就可以读完经书,作应时文章还不到十四岁整,京师教人家子弟动笔的人许多。若三年能写成篇章,十七岁就能够写得好文章。泽儿目前本来是荫生,按例不准赶赴小考。计划让他照我的样子,二十四岁才开始乡试,认认真真学做八股文十年。如果稍稍聪明,难道有不明白的道理吗?如果十九、二十岁便进行乡试,别说万万考不中,即便太早考中了,又有什么意思?我因此决定让他明年秋天开始学八股文,二十四岁开始乡试,九弟代我敬告父亲大人。这样安排并不算晚,不必挂念。

我这几年常想回家,今年秋天真想带着家属南归,各位兄弟为我敬告堂上大人,春天则希望回封信。九弟进京的事,暂且不要着急。同乡各家一切如故。余后待续。

兄国藩手草。

【点评】

由纪泽与贺家女儿定亲之事，我们可以看到曾氏对儿子婚事的重视，能够调节各种矛盾，把握问题的关键。对于纪泽的学业也做了精心的安排，他不注重求取纪泽早取得成名，而要求他踏踏实实地进修学业。

咸丰二年七月廿六日与纪泽书

公元 1852 年 9 月 9 日

字谕纪泽儿：

七月廿五日丑正二刻，余行抵安徽太湖县之小池驿，惨闻吾母大故。余德不修，无实学而有虚名，自知当有祸变，惧之久矣。不谓天不陨灭我身，而反灾及我母，回思吾平日隐匿大罪不可胜数，一闻此信，无地自容矣。

小池驿去大江之滨尚有二百里，此两日内雇一小轿，仍走旱路，至湖北黄梅县临江之处，即行雇船。计由黄梅至武昌不过六七百里，由武昌至长沙不过千里，大约八月中秋后可望到家。

一出家辄十四年，吾母音容不可再见，痛极痛极！不孝之罪，岂有稍减之处。

兹念京寓眷口尚多，还家甚难，特寄信到京，料理一切，开列于后：

（一）我出京时，将一切家事，面托毛寄云年伯，均蒙慨许。此时遭此大变，尔往叩求寄云年伯，筹划一切，必能俯允。现在京寓银钱，分毫无出，不得不开吊收赙仪，以作家眷回南之路费。开吊所得，大抵不过三百金，路费以人口太多之故，计须四五百金，其不足者，可求寄云年伯张罗。此外同乡如黎樾乔、黄恕皆老伯，同年如王静庵、袁午桥年伯，平日皆有肝胆，待我甚厚，或可求其凑办旅费。受人恩情，当为将来报答之地，不可多求人也。袁漱六姻伯处，只可求其出力帮办一切，不可令其张罗银钱，渠甚苦也。

（一）京寓所欠之帐，惟"西顺兴"最多，此外如杨监川、王静庵、李玉泉、王吉云、陈仲鸾诸兄，皆多年未偿。可求寄云年伯及黎、黄、王、袁诸君，内择其尤相熟者，前往为我展缓（我再有信致各处）。外间若有奠金来者，我当概存寄云、午桥两处，有一两即以一两还债，有一钱即以一钱还债，若并无分文，只得待我起复后再还。

（一）家眷出京，行路最不易。樊城旱路既难，水路尤险。此外更无好路，不如仍走王家营为妥，只有十八日旱

曾国藩长子曾纪泽像

路。到清江(即王家营也)时,有郭雨三亲家在彼,到池州江边,有陈岱云亲家及树堂在彼,到汉口时,吾当托信照料。江路虽险,沿途有人照顾,或略好些。闻扬州有红船最稳,虽略贵,亦可雇。

尔母最怕坐车,或雇一驮轿亦可(又闻驴子驮轿比骡子较好),然驮轿最不好坐,尔母可先试之,如不能坐,则仍坐三套大车为妥(于驮轿大车之外,另雇一空轿车备用,不可装行李)。

(一)开吊散讣,不可太滥。除同年、同乡、门生外,惟门簿上有来者散之,此外不可散一分。其单请宠省三先生定。此系无途费不得已而为之,不可滥也,即不滥,我已愧恨极矣。

(一)外间亲友,不能不讣告寄信,然尤不可滥,大约不过二三十封。我到武昌时,当寄一单来,并寄信稿,此刻不可遽发信。

(一)铺店帐目,宜一一清楚。今年端节,已全楚矣。此外只有松竹斋新帐,可请省三先生清,只可少给他,不可全欠他的出京。又有天元德皮货店,请寄云年伯往清,其新猞猁狲皮褂,即退还他,若已做成,即并缎面送赠寄云可也。万一无钱,皮局帐亦暂展限,但累寄云年伯多矣。

(一)"西顺兴"帐,自丁未年夏起,至辛亥年夏止,皆有折子。可将折子找出,请一明白人细算一遍(如省三先生、湘宾先生及子彦皆可),究竟用他多少钱,专算本钱,不必兼算利钱。待本钱还清,然后再还利钱。我到武昌时,当写一信与萧沛之三兄,待我信到后,然后请寄云年伯去讲明可也。总须将本钱利钱划为两段,乃不致胶轕不清。六月所借之捐贡银一百廿余金,须设法还他,乃足以服人。此事须与寄云年伯熟计(其折子即交与毛,另誊一个带回)。

(一)高松年有银百五十金,我经手借与曹西垣,每月利息(立有折子)京钱十千。今我家出京,高之利钱已无着落。渠系苦人,我当写信与西垣,嘱其赶紧寄京。目前求黎樾乔老伯,代西垣清几个月利钱,至恳至恳(并请高与黎见面一次)。

(一)木器等类,我出京时,已面许全交与寄云,兹即一一交去,不可分散于人;虽炕垫炕枕及我坐蓝缎垫之类,玻璃灯及镜屏之类,亦一概交寄云年伯。盖木器本少,若分则更少矣,送渠一人,犹成人情耳。锡器瓷器,亦交与他(锡器带一木箱回家亦可,其九碗合大圆席者不必带)。

(一)书籍我出京时一一点明与尔舅父看过。其要紧者皆可带回(《读礼通考》四套,不在要紧之列,此时亦须带回)。此外我所不带之书,惟《皇清经解》六十函算一大部,我出京时已与尔舅说明,即赠送与寄云年伯(我带两函出京,将来仍寄京)。又《会典》五十函算一大部,可借与寄云用。自此二部外,并无大部,亦无好板,可买打磨厂油箱,一一请书店伙计装好(上贯钉封皮),交寄云转存一庙内,每月出赁钱可也。边袖石借《通典》一函,田敬堂借地图八幅,吴南屏借梅伯言诗册,俱往取出带回。

(一)大厅书架之后,有油木箱三个,内皆法帖类,其已裱好者可全带回,其未裱者带回亦可送人。家信及外来信,粘在本子上者,皆宜带回。地舆图三付(并田敬堂借一分则四分矣),皆宜带回。又有十八省散图亦带回。字画对联之类择好者带回,上下木轴均撤去,以便卷成一捆。其不好者太宽者不必带(如《画象赞》《玄秘塔》之类),做一宽箱封锁,与书箱同寄一庙内。

凡收拾书籍字画之类,均请省三先生及子彦帮办,而牧云一一过目。其不带者,均用箱寄庙(带一点单回)。

(一)我本思在江西归家,凡本家亲友,皆以银钱赠送。今既毫无可赠矣,尔母归来,须略备接仪。但须轻巧不累赘者，如毡帽、挽袖之类，亦不可多费钱，卤沙膏、眼药之属，亦宜带些（高丽参带半斤）。

（一）纪泽宜做棉袍褂一付，靴帽各一，以便向祖父前叩头承欢。

（一）王雁汀先生寄书，有一单，我已点与子彦看。记得乾隆二集系王世兄取去，五集系王太史（敦敏）同刘世兄借去，余刘世兄取去者有一片，此外皆在架上，可送还他。

（一）苗仙鹿寄卖之书，《声订》《声读表》共一种，《毛诗韵订》一种，《建首字读本》想到江西销售几部，今既不能，可将书架顶上三种各四十余部还他，交黎樾乔老伯转交。

（一）送家眷出京，求牧云总其事。如牧云已中举，亦求于复试后九月廿外起行，由王家营水路至汉口，或不还家，仍由汉口至京会试可也。下人中必须罗福、盛贵，若沈祥能来更好，否则李长子亦可。大约男仆须四人，女仆须三人。九月廿前后必须起程，不可再迟。一定由王家营走，我当写信托沿途亲友照料。

（一）水陆途费约计三百余金，买东西捆装行李之物及略备接仪约须数十金，男女仆婢支用安家约须数十金（罗福、盛贵、鲁厨子多给几许钱亦可），共须五百金也。开吊之所入不足，则求毛年伯及诸位老伯张罗，总以早出京到家为要。则求毛年伯及诸位老伯张罗，总以早出京到家为要。其京中各帐，我再写信去料理。

以上十七条，细心看明照办。并请袁姻伯、庞先生、毛寄云年伯、黎樾乔老伯、黄恕皆老伯、王静庵年伯、袁午桥年伯同看，不可送出外去看。

【译文】

字谕纪泽儿：

七月二十五日丑时二刻，我到达安徽太湖县的小池驿，悲痛地听到我母亲亡故的消息。我德行不修，没实学而有虚名，自知会有祸患，恐惧已很长了，不想老天不惩罚我本人，而反嫁祸于我母。回想起来，我平日不能觉察到的大罪真是不可胜数，一听这个消息，确实无地自容。

小池驿离大江边尚有二百里，这两天雇一顶小桥，仍走旱路，到湖北黄梅县监江之地则去雇船。从黄梅至武昌不过六七百里，从武昌至长沙不过一千里，大概八月中秋后能够到家。

一离家即是十四年，母亲的音容已不能再见，痛极痛极！不孝之罪，哪有稍微减轻之处！

现想到京寓家口还很多，回家困难，特寄信到京，处理一切，开列于此。

一、我出京时将一切家务全当面托付毛寄云年伯，承蒙他慨然答应。这时遇到这样的大变故，你前去磕头求请寄云年伯谋划一切，必然能得到应允。目前京寓内并无银钱，一分一毫也拿不出，不得不治丧收取奠礼，作为家属南回的路费。治丧所得，大概不过三百两银子。因人口太多，路费大约需要四五百两，那不足的部分，可请寄云年伯筹措。此外同乡如黎樾乔、黄恕皆老伯，同年如王静庵、袁午桥年伯，平常均以肝胆相许，待我很厚，或者可以请求他人凑办路费。受人恩情，应当留以后报答的余地，不可多求于人。袁漱六姻伯那里，只可请他出力帮忙办理一切事务，不可让他筹措银钱，他已经很苦了。

二、京寓所欠的账，只有“西顺兴”最多，此外杨监川、王静庵、李玉泉、王吉云、陈仲鸾诸兄全是多年没还。可请寄云年伯及黎、黄、王、袁诸君，由他们中挑选很熟悉的人，前去为我说情，我再有信寄到各处。外面如有人送奠钱来的，我当全都放在寄云、午桥两处。有一两就用一两还债，有一钱就还一钱债。如并无分文，只有等我起用复官后再还了。

三、家属离京行路最为不易。樊城旱路既已艰难，水路更加惊险，此外别无它路可走。不若仍走王家营稳妥，只有十八日的旱路。到达清江（就是王家营）时有郭雨三亲家在那里，到达池州江边有陈岱云亲家及树堂在那里，到达汉口时，我会叫人照料。江路虽然危险，沿途有人照管，会稍好些。听说扬州有红船最稳当，即便贵些也可雇乘。你母最怕坐车，或者雇一座驮轿也可（又听说驴子驮轿比骡子较好些）。但驮轿最不好坐，你母可先试坐一下。若不能坐，就仍坐三套大车为妥（在驮轿或大车之外另雇一座空轿车备用，不可装行李）。

四、治丧发讣不可滥来，除同年、同乡、门生外，仅门簿上有过来往的人才发给，此外不能发一份。讣单请庞省三先生定。这是由于没有路费，不得已而为之，不可滥发。即使不滥，我也已经愧恨极了。

五、外地亲友，不能不讣告寄信，然而尤其不可滥寄。大约不过二三十封。我到武昌时会发一个名单来，并寄信稿。目前不能马上发信。

六、铺店账应一一弄明白，今年端午节已全弄清了。此外仅有松竹斋新账，可让省三先生前往清查，只能少给他，不可全欠而离京城。又有天元德皮货店，让寄云年前去清查，新猞猁狲皮褂可即退还给店里，如已做好，连缎面赠送给寄云便可。万一无钱，皮局帐也暂且延期还，只是拖累寄云年伯太多了。

七、"西顺兴"账，自丁未年夏天起到辛亥年夏天止均有折子，可以将折子找出来，请一个明智人细算一遍（如省三先生、湘宾先生及子彦都可）。到底用了他们多少钱，只算本钱，不必兼算利钱。待本钱还清，然后再还利钱。我到达武昌时，当寄一封信给萧沛之三兄。待我信后，再请寄云年伯去讲明即可。总该把本钱利钱划成两段，才不会纠缠不清。六月所借的捐贡银一百二十余两，须设法还清，才足以服人。这件事需要与寄云年伯好好地计议（那折子就交给毛，另誉写一个带回来）。

八、高松年有银子一百五十两，我经办借给了曹西垣，每月利息京钱十千（立有折子）。目前我离京，高的利钱已无着落。他是穷人，我应写信给西垣，叮嘱他赶紧把利钱寄京。现在请求黎樾乔老伯替西垣还清几个月利息，至为恳切，至为恳切，并请高与黎见一次面。

九、木器等类东西，我离京时已面许都交给寄云，现将一一交去，不能分散给他人。即炕垫及我所坐的蓝缎垫之类，玻璃灯及镜屏之类，也全都交给寄云年伯。大概木器等物本

黑漆描金海棠式几

来就少，分散了就更少了。送他一人，还成全个人情。锡器、瓷器也送给他。锡器带一木箱回家也可。至于九碗合大圆席就不要带了。

十、书籍在我出京时一一点清，给你舅父看过。那些要紧的均可带回，《读礼通考》四套不在要紧之列，这时也一定带回。此外我所不要的书，只有《皇清经解》六十函算一大部，我出京已和你舅父说明，就赠送给寄云年伯（我带两函离京，将来仍寄回京）。又《会典》五十函算一大部，可借给寄云用。除此两部外，并没大部头，也未有好版本。可买打磨石油漆木箱，一一请书店伙计装好，上面穿好铁钉，贴上封皮，交寄云存放在一个庙里，每月出些租赁钱即可。边袖石借《通典》一函，田敬堂借地图八幅，吴南屏借《梅伯言诗册》，全去取出带回。

十一、大厅书架后有油木箱三个，里面均是法幅之类。那已装裱好的可全带回来，未裱好的带回来送人。家信及外来信，贴在本子上的全应带回。地舆图三幅（连田敬堂借的一份就是四份了），全应带回。又有十八省散图也带回。字画、对联之类，选好的带回，上下木轴均撤去，便于卷成一捆；那些不好的与太宽的不要带，如《画象赞》、《玄秘塔》之类，做一个宽箱装进去封好，与书籍同存在一个庙里。凡整理书籍、字画之类，全请省三先生及予彦帮忙，由牧云一一过目。那些不带走的，均用箱装好储存庙里，带一份清点好的单子回来。

十二、我本想由江西回家，凡是本家亲友均赠送些银钱，现已毫无可赠了。你母回来，须略微准备些礼物。但要轻巧不累赘的，如毡帽、挽袖之类，也不能多费钱，如卤沙膏、眼药之属也应带些，高丽参带半斤来。

十三、纪泽应做棉衬褂一付、靴帽各一，以便在祖父面前磕头承欢。

十四、王雁汀先生存放的书，有一份单子，我已点于子彦看过。记得乾隆二集是王世兄拿去的，五集是王太史（敦敏）向刘世兄借去的，其余有一片被刘世兄借去。此外全在架上，可送还给他。

十五、苗仙鹿寄卖的书：《声订》、《声读表》共一种，《毛诗韵订》一种，《建首字读本》想去江西销售几部。目前既已不行，可以将书架项上三种各四十余部还给他，交黎樾乔老伯转交。

十六、送家属离京，须有牧云来总管此事。若牧云已中举，也请他在复试后来总管，九月二十日前出发，由王家营水路去汉口，或者不回家，仍由汉口回京师参加会试即可以了。仆人中一定让罗福、盛贵来，若沈祥能来则更好，不然李长子来也行。大约男仆需要四人，女仆需要三人。九月二十日前后务必起程，不可再晚。必须要由王家营走，我会寄信托沿途亲友照顾。

十七、水陆途费用约三百两银子，购东西捆装行李的物品及略备礼物约需几十两银子。男女仆婢领用安家费约需数十两银子（罗福、盛贵、鲁厨子多给一些钱也可），共需五百两银子。开丧所收入的银钱不够，就请求毛年伯及诸位老伯筹措，总归是以早出京早到家为好。京中各项欠账，我再写信去处理。

以上十七条仔细看明白照着去做，并请袁姻伯、庞先生、毛寄云年伯、黎樾乔老伯、黄恕皆老伯、王静庵年伯、袁午桥年伯同看，但不能送给外人去看。

【点评】

母亲的去世给曾氏带来很大的打击，哀痛之极。自离家十四年来，未曾和母亲谋面，此突然离去，今生今世再也难见母亲的慈容，曾氏此刻心情的悲伤是可想而知的，虽处此悲痛之中，尚能把于京的家眷，事无巨细地安排得井井有条，可以看出一个大丈夫处变不惊的心态。

咸丰二年八月初八日与纪泽书

公元 1852 年 9 月 21 日

字谕纪泽儿：

吾于七月廿五日在太湖县途次痛闻吾母大故，是日仍雇小轿行六十里，是夜未睡，写京中家信料理一切，命尔等眷口于开吊后赶紧出京。廿六夜发信交湖北抚台寄京，廿七发信交江西抚台寄京，两信是一样说话，而江西信更详，恐到得迟，故由两处发耳。惟仓卒哀痛之中，有未尽想到者，兹又想出数条，开示于后：

（一）他人欠我账目，算来亦将近千金。惟同年鄢勖斋（敏学），当时听其肤受之诉而借与百金，其实此人并不足惜（寄云兄深知此事），今渠已参官，不复论已。此外凡有借我钱者，皆光景甚窘之人，此时我虽窘迫，亦不必向人索取，如袁亲家、黎樾翁、汤世兄、周荇农、邹云阶，此时皆甚不宽裕。至留京公车，如复生同年、吴镜云、李子彦、刘裕轩、曾爱堂诸人，尤为清苦异常，皆万不可向其索取，即送来亦可退还。盖我欠人之账，即不能还清出京，人欠我之账而欲其还，是不恕也。从前黎樾翁出京时，亦极窘，而不肯索穷友之债，是可为法。至于胡光伯之八十两，刘仙石之二百千钱，渠差旋时，自必还交袁亲家处，此时亦不必告知渠家也。外间有借我者，亦极窘，我亦不写信去问他。

（一）我于廿八廿九在九江耽搁两日，雇船及办青衣等事，三十早即开船。廿九日江西省城公送来奠银一千两。余以三百两寄京还债，以“西顺兴”今年之代捐贡银及寄云兄代买皮货银之类，皆极紧急，其银交湖北主考带进京，想到京时家眷已出京矣，即交寄云兄择其急者而还之。下剩七百金，以二百余金在省城还账（即左景乔之二百金及凌王曹曾四家之奠金），带四百余金至家办葬事。

（一）驮轿要雇即须二乘，尔母带纪鸿坐一乘，乳妈带六小姐五小姐坐一乘。若止一乘，则道上与众车不同队。极孤冷也。此外雇空太平车一乘，备尔母道上换用，又雇空轿车一乘，备尔与诸妹弱小者坐，其余用三套头大车。我之主见，大略如此，若不妥当，仍请袁姻伯及毛、黎各老伯斟酌，不必以我言为定准。

（一）李子彦无论中否，皆须出京，可请其与我家眷同行几天，行至雄县，渠分路至保定去，亦不甚绕也。到清江浦雇船，可请郭雨三姻伯雇，或雇湖广划子二只亦可，或至扬州换雇红船，或雇湘乡“钓钩子”亦可。沿途须发家信，至清江浦托郭姻伯寄信，至扬州托刘星房老伯寄信，至池州托陈姻伯，至九江亦可求九江知府，寄至湖北托常太姻伯寄，以慰家中悬望。信面写法另附一条。

（一）小儿女等，须多做几件棉衣，道上十月固冷，船上尤寒也。

（一）我托厦阶平老伯请各家诰封：一梁献廷、一邓廷楠、一刘继振三教官。我另有信与阶平兄，你须送银十二两至夏家去。至家中请封之事，暂不交银，俟后再寄可也。

（一）御书诗匾及戴醇士、刘椒云所写匾，俱可请裱匠启下，卷起带回。王孝凤借去天图，其底本系郭筠仙送我的，暂存孝凤处，将来请交筠仙。

（一）我船一路阻风，行十一日，尚止走得三百余里，极为焦灼。幸冯树堂由池州回家，来至船上，与我作伴，可一同到省，堪慰孤寂，京中可以放心。

（一）江西送奠仪千金，外有门包百金，丁贵、孙福等七人，已分去六十金，尚存四十金，将来罗福、盛贵、沈祥等到家，每人可分八九两。渠等在京要支钱，亦可支与他，渠等皆极苦也。

(一)松竹斋军机信封五寸长者、六寸长者、七寸长者三等,各为我买百封并签子。

(一)我写信十余封至京,各处有回我信者,先交折差寄回。

(一)我在九江时,知府陈景曾、知县李福(甲午同年)皆待我极好。家眷过九江时,我已托他照应,但讨快不讨关(讨关,免关钱也;讨快,但求快快放行,不免关税也)。尔等过时,渠若照应,但可讨快,不可代船户讨免关。

(一)船上最怕盗贼。我在九江时,德化县派一差人护送,每夜安船后,差人唤塘兵打更,究竟好些。家眷过池州时,可求陈姻伯饬县派一差人护送,沿途写一"溜信",一径护送到湖南(上县传之下县,谓之"溜信"),或略好些。若陈姻伯因系亲戚,避嫌不肯,则仍至九江求德化县派差护送。每遇一县换一差,不过赏大钱二百文。

(一)各处发讣信,现在病不知日,没不知时,不能写信稿,只好到家后再说。八月初八日蕲水舟中书。

沿途寄家信封面写式

内家信,敬求加封,妥寄至湖北巡抚部院常署内转,求速递至湘乡前任礼部右堂曾宅开拆为感

某月某日自某处发

家眷不出京,此式不用了。此后写信,但交顺天府马递至湖北抚署转交我手便是。

十二夜批。

此信写后,余于十二日至湖北省城晤常世兄,备闻湖南消息。此后家眷不出京。我另写一信,此信全用不着了。

十二夜批。

【译文】

字谕纪泽儿:

我七月二十五日在太湖县的路上听到母亲亡故的大事,当天仍然雇用小轿子走了六十里,晚上没有入睡,寄信给京中的家里处理一切,命你们在治丧后赶快离京。二十六日晚上寄出信件,交给湖北抚台发往北京。二十七日寄出信件,交给江西抚台发往京城。两封信的内容一样,给江西的信写得更详细些。怕信到的时间太晚,所以由两个地方发出去,只是在突然悲痛中有没想周全的,目前又想出几条,开列示儿如下:

一、别人欠我的账目,算起来也接近一千两银子。只有同年鄢勖齐(敏学),当时由于听他的不真实的言辞受了感动而借给他一百两银子,其实这个人并不值得可怜。目前他已被参劾官职,不再说了。这里所有借我钱的人,均是光景十分窘迫的人。目前我虽然窘迫,也用不着向人家索要,如像袁亲家、黎樾翁、汤世兄、周荇农、邹云阶这些人,目前全不很宽裕。至于留京的举人,如复生同年、吴镜云、李子彦、刘裕轩、曾爱堂等人,特别清苦。千万不可向他们索取,即便他们送来也可以退还。既然我欠别人的账,既能不还清即出京城,别人欠我的账而要别人偿还,这是说不过去的。原先黎樾翁离开京城时也是极其拮据而不肯向穷朋友索要债务,这是可以照做的。至于胡光伯借的八十两,刘仙石借的两百千,他们出差完了回到京城时必定会交还到袁亲家那里,目前也用不着告知他们家里。外地有借我钱的,也很窘迫,我也不写信去问他们。

二、我于二十八、二十九在九江耽误了两天,雇船以及购办青衣等事,三十日早晨即开船。二十九日江西省城官府拿来奠礼银一千两银子,我用三百两寄到京城还债,由于西顺兴今年的代捐贡银与寄云兄代买皮货之类的银子全很紧急。这些银子交给湖北主考带进

曾氏怕于自己悲痛中有疏漏，把一家大小、里里外外离京回乡的具体事宜很详细地在信中列举

京城。想到银子到京城的时候，家属已经离开京城了，就交给寄云兄选择急需银两的交给他们。剩余的七百两，用两百多两在省城还债（就是欠左景乔的一百两和凌、王、曹、曾四家的奠金），带四百两剩余的银子回家置办丧事。

三、驮轿要雇就要雇两乘，你母亲带纪鸿坐一乘，乳奶带六小姐、五小姐坐一乘。如果只是一乘，那么在路上与其他车辆不同队，极为孤独冷漠。另外，雇空太平车一辆，防备你母亲在路上换用。还雇空轿车一辆，防备你与弱小的妹妹乘坐。其余一概用三套头大车。我的主意，大体上是这样。如果不恰当，还是请袁姻伯与毛、黎老伯商量，不必以我的话为准。

四、李子彦不管考中没有均需要离京，可以让他与我的家属同行几天，到了雄县，他分路去保定也不很绕远。到达清江浦乘船，可以叫郭雨三姻伯雇，或者雇两只湖广划子也可。或者到扬州换雇红船，或雇湘乡钓钩子船也可以。沿途要寄家信。到清江浦拜托郭姻伯寄信，到了扬州委托刘星房老伯寄信，到了九江也可请求九江知府寄信，到了湖北委托常太姻伯寄信，以安慰家中的悬望，信封的写法另外附一条。

五、小儿女等一定多做几件棉衣，路上十月本来就冷，船上尤其寒冷。

六、我托夏阶平老伯请到各诰封：一是梁献廷、一是邓廷楠、一是刘继振三位教官。我另外有信写给阶平兄，你需要交十二两银子到夏家去。至于我家中请诰封的事，暂不交银子，待到以后再送也可以。

七、御书的诗匾和戴醇士、刘椒云所写的匾，均可请裱匠取下，卷好后带回。王孝凤借去的天图，其底本是郭筠仙送给我的，暂且放存在孝凤那里，将来请他交给筠仙。

八、我坐的船一路逆风行驶，走了十一天，才仅走了三百多里，心情十分焦急。幸而冯树堂从池州回家，来到船上和我做伴，可以一起去省城，化解孤独寂寞，京中可以放心。

九、江西送奠银一千两，另外有门包一百两。丁贵、孙福等七人已分去六十两，还剩四十两，以后罗福、盛贵、沈祥等到家每人可分得八九两，他们在京要支用钱，也可以支付给他们，他们全十分贫苦。

十、松竹斋军机信封有五寸长的、六寸长的、七寸长的三种，为我连同签子各买一百封。

十一、我写了十多封信至京城，各个地方有给我回信的，先交给信使寄回。

十二、我在九江的时候，知府陈景曾、知县孝福（甲午同年）均对我很好。家属过九江时，我已拜托他照应，但只可讨快不能讨关（讨关是免关税钱，讨快只求快快放行，不免关税钱)。你们过那里时,他们如果有照顾,只可讨快,不可代船户讨免关税。

十三、船上最怕盗贼。我在九江时,德化县派了一个差人护送,每晚停船后,差人全呼唤塘兵打更,还是好些。家属过池州时,可请求陈姻伯命令县里派一衙役护送。沿途写一"溜信",一路护送到湖南(上一县通知下一县,称作"溜信"),或者稍微好些。假如姻伯因为亲戚而避嫌不肯,那么到了九江仍然要请求德化县派专人护送。每过一个县就换一个差人,不过赏两百文大钱。

十四、给各处发讣信,目前我病得不知日子,不知时候,不能写信稿,只好回到家再说(八月八日蕲水县船上写)。

沿途寄家信封面格式

内家信,敬求加封,妥寄至湖北巡抚部院常署内转,求速递至湘乡前任礼部右堂曾宅开拆为感 某月某日自某处发

家属不离京,这个格式就不用了,今后写信,只要交顺天府马递到湖北巡抚官署转交至我手里即是。

十二日夜里写。

写了这封信后,我于十二日去湖北省城会见常世兄,明白了湖南的消息。目前家属不要离开京城。我另外再写信,这封信用不着了。

十二日夜里写。

【点评】

此封与上封略同,曾氏怕于自己悲痛中有疏漏,把一家大小,里里外外离京回乡的具体事宜更详细地一一列举,寄与纪泽,令其照办。由此,也看出曾氏精明处世、圆滑为人,于细微之处,可观全貌。

咸丰二年八月十二日与纪泽书

公元 1852 年 9 月 25 日

与纪泽书:

余于初八日在舟中写就家信,十一早始到黄州,因阻风太久,遂雇一小轿起旱。十二日未刻到湖北省城,晤常南陔先生之世兄,始知湖南消息。长沙被围危急,道路梗阻,行旅不通,不胜悲痛焦灼之至。

现在武昌小住,家眷此时万不可出京,且待明年春间再说。开吊之后,另搬一小房子住,余陆续十二日起在武昌城内,涤生字。设法寄银进京用。匆匆草此,俟一二日内续寄。

【译文】

与纪泽书:

我于初八日,在船上写好家书,十一日早,刚到黄州。因逆风太久,于是租了一乘小轿由陆路出发,十二日下午三点左右到了湖北省城。会见常南陔先生的世兄,才了解湖南的消息,长沙被围困,很危险,道路隔断,行旅不通,实在是悲痛焦急至极。

目前武昌小住,家属这个时候千万不能离京城,待到明年春间再说。形势好转以后,我会另搬一小房子住下,我大概十二月以后在武昌城内,涤生字。同时,我会相继设法寄银两回京。匆匆草此,等一二日内再写。

太平军北上攻打长沙

【点评】

世事很难预料，曾氏本来打算安排在京城的一家大小回家乡，但曾氏回家途中又另有变故，他在武昌听说太平军已攻打长沙，回家的路被隔断。看到路途的危险，他只好暂且放弃让京城一家大小回家的打算，自己的悲痛焦急心情已达到极点。

咸丰二年八月十三日与纪泽书

公元 1852 年 9 月 26 日

字谕纪泽：

十三日在湖北省城住一天，左思右想，只得仍回家见吾父为是。拟十四日起行，由岳州湘阴绕道出沅江益阳以至湘乡，大约须半个月。沿途自知慎重。如果遇贼，仍即回湖北省城，陆续有家信寄京，不必挂念。

家眷即不出京，止将书检存箱内，搬一房子，余物概不必动。余行李皆存常大人署中，留荆七、孙福看守。自带丁、韩二人回南，常又差四人护送，可以放心，涤生字。十三夜在湖北省城写谕纪泽并呈尔舅尔母。京中寄家信概交湖北抚台常为要。

【译文】

字谕纪泽：

十三日在湖北省城待了一天，左思右想，只能仍然回家见我父才是。准备十四日动身，由岳州、湘阴绕道出沅江、益阳而至湘乡，大约需要半个月。途中自会慎重，如果遇上贼人，就仍旧回湖北省城，陆续有家信到京城，不必挂念。

家属既然不离京城，只把书簿放进箱内，搬一间小房子，其余的东西都不要动，我的行李寄存在常大人衙署中，留荆七、孙福看守，自带丁、韩两人回南方，常大人又派四人护送，可以放心。涤生字。八月十三夜在湖北省城并呈上你舅父与你母一阅。京中寄给家里的信也全都交湖北常抚台为好。

【点评】

曾氏回家奔丧途中，突遇变故被隔置湖北省城，心情十分焦虑，左思右想最终还是决定冒险继续绕道回湘乡，看望父亲。他将绕道回家的具体路途及京城家中的一切事宜，写信告诉纪泽，让其家人放心。

咸丰二年八月廿六日与纪泽书

公元1852年10月9日

字谕纪泽儿：

余于八月十四日在湖北起行，十八至岳州，由湘阴、宁乡绕道于廿三日到家，在腰里新屋痛哭吾母。廿五日至白杨坪老屋，敬谒吾祖星冈公坟墓。家中老少平安，地方亦安静。合境团练，武艺颇好，土匪可以无虞。吾奉父亲大人之命，于九月十三日暂厝吾母于腰里屋后，俟将来寻得吉地，再行迁葬。

家眷在京，暂时不必出京，俟长沙事平，再有信来。王吉云同年在湖北主考回京，余交三百廿金，托渠带京，想近日可到。余将发各处讣信，刻尚无暇，待九月再寄。京中寄信回，交湖北常大人处最妥。岳父岳母俱于廿五日来我家身体甚好，尔可告尔母，余不尽。牧云仁兄不另书。

（咸丰二年八月廿六日到家后第一号） 涤生手示。

余在汉口交银三百二十两请王吉云同年带至京城。其三百两，略还紧急债。或家中无钱用，则债暂缓亦可，然“西顺兴”捐贡银必须还也。余留银在湖北，以后可陆续寄京用。其二十两，即下人之银；共门包百两，丁贵等太辛苦，分去八十矣，此二十请太太分与家下人。又书三函亦查收。

字谕纪泽儿。涤生。

【译文】

字谕纪泽儿：

我于八月十四日在湖北动身，十八日至岳州，从湘阴、宁乡绕道，于二十三日到家。在腰里新屋痛哭我母。二十五日到白杨坪老屋，恭敬地跪拜祖父星冈公坟墓，家中老小平安，地方上也安宁。全境团练武艺很好，不用害怕土匪。我奉父亲大人之命，于九月十三日暂且将母亲葬于腰里屋后，待以后寻找到吉祥地再迁葬。

家属在京城，暂且不要出京，待长沙的事平静后再去信。同年王吉云在湖北主考任返回京城，我交三百二十两银子托付他带到京城，估计近日可到。我要向各个地方发讣信，连一刻闲空也没有，等九月再寄。京中发回信，交给湖北常大人那里最好。岳父、岳母均在二十五日来我家，身体很好，你可转告你母亲，余不尽。

牧云仁兄不另外写信。

（咸丰二年八月二十六日到家后第一号） 涤生手示。

我在汉口拿出银三百二十两，拜托王吉云同年带到京城。三百两大多用来还紧要债务，若家中未有钱用，那么债暂不还也可，但西顺兴捐贡银一定还掉，我留银子在湖北，今后可以相继寄到京城开支。那二十两是仆人的银子。门包银共有百两，丁贵等人太辛苦了，分得八十两。这二十两请太太分给家中仆人，又有三封信也查收，字谕纪泽儿。涤生。

【点评】

此信交代曾氏平安回到家中，见到母亲的灵柩放声痛哭；母恩难报，一个拳拳孝子之心，而抱恨终生，决心安葬母亲后，为其在家守孝。此刻又牵挂京中一家大小，委托别人带回银两，并一再嘱咐纪泽儿由京中往家寄信时，一定交给湖北常大人那里最为妥当。曾氏此时这种对于家人血浓于水的亲情，表现得淋漓尽致。

咸丰二年九月十八日与纪泽书

公元1852年10月30日

字谕纪泽儿：

予自在太湖县闻讣后，于廿六日书家信一号托陈岱云交安徽提塘寄京，廿七日发二号家信托常南陔交湖北提塘寄京，廿八日发三号交丁松亭转交江西提塘寄京，此三次信，皆命家眷赶紧出京之说也。八月十三日，在湖北发家信第四号，十四日发第五号，廿六日到家后发家信第六号，此三次信皆言长沙被围，家眷不必出京之说也。不知皆已收到否？

余于廿三日到家，家中一切清吉，父亲大人及叔父母以下皆平安。余癣疾自到家后日见痊愈。地方团练，我曾家人人皆习武艺，外姓亦多善打者，土匪决可无虞。粤匪之氛虽恶，我境僻处万山之中，不当孔道，亦断不受其蹂躏。

现奉父亲大人之命，于九月十三日权厝先妣于下腰里屋后山内，俟明年寻有吉地，再行改葬。所有出殡之事，一切皆从俭约。惟新做大杠六十四人舁请，约费钱十余千，盖乡间木料甚贱也。请客约百余席，不用海菜，县城各官一概不请，神主即请父亲大人自点。

丁贵自廿七日已打发他去了，我在家并未带一仆人，盏居乡即全守乡间旧样子，不参半点官宦气习。丁贵自回益阳，至渠家住数日，仍回湖北为我搬取行李回家，与荆七二人同归。孙福系山东人，至湖南声音不通，即命渠由湖北回京，给渠盘川十六两，想渠今冬可到京也。

尔奉尔母及诸弟妹在京，一切皆宜谨慎。目前不必出京，待长沙贼退后，余有信来，再行收拾出京。

兹寄去信稿一件，各省应发信单一件。亦可将信稿求袁姻伯或庞师照写一纸发刻。其各省应发信，仍求袁、毛、黎、黄、王、袁诸位妥为寄去。余到家后，诸务丛集，各处不及再写信，前在湖北所发各处信，想已到矣。

十三日申刻，母亲大人发引，戌刻下殡。十二日早响鼓，巳刻开祭，共祭百余堂。十三日正席一百九十席，前后客席甚多。十四日开吊，客八人一席，共二百六十余席，诸事办得

咸丰二年刊印的《太平诏书》合订本

整齐。母亲即权厝于凹里屋后山内，十九日筑坟可毕。

现在地方安静。闻长沙屡获胜仗，想近日即可解围。尔等回家，为期亦近矣。罗劭农（芸皋之弟）至我家，求我家在京中略为分润渠兄。我家若有钱，或十两，或八两，可略分与芸皋用，不然，恐同县留京诸人有断炊之患也。书不能尽，余俟续示。

【译文】

字谕纪泽儿：

我在太湖县听到讣讯后，在二十六日寄一号家信，拜托陈岱云交安徽提塘发往京城；二十七日发二号家信，拜托常南陔交湖北提塘发到京城；二十八日寄三号家信，交丁松亭转交江西提塘发往京城，这三次信全是让家属赶紧离开京城。八月十三日在湖北寄第四号家信、十四日发第五号、二十六日到家后发第六号家信，这三次信全说长沙被围困，家属不必离开京城。不知是否均已经收到？

我于二十三日到家，家里一切均安泰吉祥，父亲大人以及叔父、叔母以下人等均平安。我癣疾自从到家后一天天见好。至于地方团练，我曾家人人均练习武艺，外姓人也有许多人善于打斗，土匪决不可怕。广东土匪的气势虽然凶残，但我县处在偏远的万山之中，并没有在交通要道上，也决不会遭到土匪的侵掠。目前奉父亲大人之命，于九月十三日暂时安葬亡母在下腰里屋后的山中，待明年找好吉地后另行改葬。所有出殡的事项一切均从俭节约，唯有新做的大杠，需共六十四人抬杠，付人力钱十多千，这是由于乡间木料价钱很低。请客大概百多席，没有海味，县城各位官员一律不请。神主则请父亲大人亲自点定。丁贵自二十七日已打发走了，我在家中并没有带一个仆人，大概住在乡下就得全依照乡间的老样子，不可掺杂半点官宦秉气。丁贵自己先去益阳，到他家居住几天，仍然回湖北为我搬取行李返京，和荆七两人一同回来。孙福是山东人，到了湖南语言不通，则让他由湖北回京城，给了他十六两银子作路费，估计他今年冬天能到京城。

你侍奉你母亲以及各位兄弟姐妹在京城，一切均要小心。现在不必出京，待到长沙土匪退去后我有信去，再整理离开京城。目前寄去信稿一件、各省应寄出的信单一件，你可将信函请袁姻伯或庞老师照抄一纸刻印。各省应寄出信件，仍求袁、毛、黎、黄、王、袁诸老师妥当寄出。我到家后，专事读书学习，各处不再寄信，先前在湖北所寄给各处的信，估计已经收到了。

十三日申时，母亲大人灵柩出殡，戌时下葬。十二日上响鼓，巳时开祭，共祭百多堂。十三日正酒一百九十席，前后客席很多，十四日开吊，来客八人一席，共有二百六十余席。诸事全办得很整齐。母亲就暂安葬于凹里屋后山内。十九日可以结束筑坟。目前地方安宁。听说长沙屡打胜仗，估计近日内就可解围。你们回家的日子也快了。

罗邵农（芸皋的弟弟）到我家，求我家在京中时给他哥略为照料。我家若有钱，或者十两，或者八两，可稍微分给芸皋用。不然，可能同乡中留在京中的各位有断粮的忧患。书不能尽，余俟续示。

【点评】

写此信时曾氏在老家服丧，信中详细地向纪泽儿介绍了家中服丧、治丧情况。“共二百六十余席，诸事办得整齐”。信中吩咐纪泽在京要谨慎。在信的末尾嘱咐纪泽在京城微分钱粮于罗芸皋，以资助困难同乡。曾氏在万分悲痛的心情下，还不忘京城困苦同乡，实属难能可贵。

咸丰二年十一月十四日与牧云书

公元 1852 年 12 月 24 日

牧云仁兄大人阁下：

屡接手书，舍间一切，皆蒙经理，感极感极！

弟自八月廿三到家后，已发信三次。十月初十一次，交常南陔家。闻南陔先生家中十八始遣人到湖北，是时适值长沙贼匪窜往宁乡益阳一带，不知此信果到京否？

自十月以来，弟家大小平安。十一月初一未刻，四舍弟生一子，排行科九，母子均极平安。初二起佛会，初四夜散。初七日弟至尊府，岳父在衡州来归，岳母康健，嫂夫人身体如常，其余大小均吉。李先生是日上学，渠本约十月初上馆，因初三丁艰，是日满月，才过四日也。莲湖书院租谷今年自己发卖，价钱较往年远胜，钱已尽行肩回。

弟家请魏荫亭教书，即召亭之弟，四舍弟之亲家也。学生共三人：舍侄甲五，胞姊之子临三，胞妹之子昆八，十月十七上馆。荫亭极善教书，弟生平所见教读者，殆无其故。自黎明初醒，以至夜深将睡，殆无须臾不与学生讲解。早间在床未起，即盘问学生昨日所讲之书、所记之典能记忆否，点生书时则讲生书，吃饭时则讲典故。每日既讲《四书》，又讲《诗经》，现在未满一月，《诗经》已讲一本矣。傍晚无事，则请东家盘问学生讲解，不特盘问字，并且盘问神气。其讲《四书》亦然，讲古文时文皆然。其所讲之典故，又令学生对对子，使之习熟。一月之中，学生进功，真可谓一日千里。

弟于京中一切，不甚挂念。所最挂念者，惟念纪泽儿年少，恐其学坏。敬求老兄大人时时教诲，时时防闲，总须多解多讲，令其神不外散，乃为有益，千万千万。又须令其习字，可拜李寿廷为师，每日习大字二百，亦是要事。京中用钱，须格外省俭。王吉云进京，带银三百，又存银二百在南陔先生处，留为寄京之用，此外则更无分毫可寄。

太平军头盔

现在贼匪盘踞岳州，恐湖北亦属可虞。不知明年正月家眷可回南否？弟意正月节后，家眷由通州上船，二月可至扬州，万一湖北不靖，则由苏州小河转至浙江，由江西水路到家。不过中间盘堤二次，虽为日甚久，而一则免大江之险，一则无盗贼之警，似尚可行，求老兄更与诸友熟计之。

弟身体平安，癣疾请刘医诊治，云须食淡二七（不吃盐茶酒醋）。昨十月廿三起已淡七日，此次十一月初八日起又淡七日，虽未痊愈，而夜间能熟睡。

兄八月廿三在张抚台家所寄之信，十月廿七接到。此次不另写家书，诸惟心照。

【译文】

牧云仁兄大人阁下：

多次接到你的来信，家中一切都承蒙仁兄经管照料，实在是非常感谢您！我自八月二十三日到家后，已经发了三次信。十月初十一次，交给常南陔家。后来听说南陔先生家中十八日才派人去湖北，这时节恰逢长沙贼匪逃往宁乡、益阳一带，不知道这些信送到京城没有？

自十月至今，我家中大小都平安。十一月初一下午三点左右，我家四弟生了一个孩子，排行第九，母子都十分平安。初二起佛会，初四晚上才散。初七我到您府上，仁兄岳父在衡州没回来，岳母身体健康，嫂子身体跟往常一样，其余大小都无事安好。

我请魏荫亭到家里教书，他是魏召亭的弟弟，也是我四弟的亲家。学生一共三个人：我侄儿甲五，胞姐的孩子临三，和胞妹的孩子昆八，十月十七日开学。荫亭非常善于教书，我平生所见到的教书的，大概没有像他这样会教的。从清晨初醒到夜深人静，一刻不停地向学生们讲解。早晨还没起床，就盘问学生前一天讲的书，记的典故记住没有。圈点生书时就讲生书，吃饭时讲典故。每天既讲《四书》，又讲《诗经》。现在还不到一个月，《诗经》已经讲了一本。傍晚没有事情，就请东家考问学生，不仅考问字，而且还考问神气。他讲《四书》也是一样，讲古文时也是这样。他讲的典故还让学生对对子，以便让学生熟记理解。一个月的时间，学生进步非常大，真是一日千里啊。

我对北京城中的一切，没有什么挂念的。最挂念的就是，唯恐儿子纪泽年纪还小，怕他学坏。希望仁兄时时教诲，时时防范，总之需要多给他讲解，让他思想不走神，不分散精力，这对他是十分有好处的，千万千万。同时还要让他练习书法，可以拜李寿廷为师，每天练习写大字二百个，也是要紧的事。在京城用钱，要十分节省勤俭。王吉云到北京，带了三百两银子，又存了二百两在南陔先生那里，作为寄往京城的费用，此外便没有分毫可寄了。

现在贼匪盘踞在岳州，湖北恐怕也难预料。不知道明年正月家眷能不能回到南方？我想正月过节后，带家眷从通州上船，二月可以到扬州，万一湖北发生匪乱，就由苏州小河转到浙江，从江西走水路回家。但是中间要迂回两次，虽然时间用得多一些，不过一可以消除大江之险，二可以无盗贼骚扰之忧，似乎这样回去还可以，求老兄与各位朋友为这件事仔细考虑并帮忙出谋划策。

我身体很好，癣病已请刘医生诊治，他说十四天不能吃盐茶酒醋。昨天即十月二十三日起，已经满了七天，第二次从十一月初八起，又满七天，虽然还没有完全好，但晚上能够熟睡。仁兄八月二十三日在张抚台家寄的信，十月二十七日已收到。这次不另写家书，各位心照。

【点评】

曾氏在此信中首先介绍了家乡情况，然后重点嘱托了牧云要照料自己的儿子纪泽，之后问及来年自己家眷回南方的迂折路线，并提到了岳州太平军的运动情况。由此我们可以看出曾国藩作为一代大儒是何等地重视自己子侄的教育情况，一句“千万千万”道出了一位父亲的爱子之情。我们可以从另一个侧面更深入地了解这位传奇人物，是一个经天纬地的人，也是一个平平常常的人。

咸丰二年十二月十五日与牧云书

公元 1853 年 1 月 23 日

牧云仁兄大人左右：

十一月十八发家信一件，交湖南抚台转寄。十二月二十初七发家信一件，交益阳县李筱泉明府，托其由常德交云贵折差，转寄。其弟李少荃编修，不知何时可到京中？十月十二所发之信，已于十二月初六接到矣。九月之信，至今未到。弟身体极好，面色红润发胖，在京十余年，无此气象。合家大小平安。尊府人人清吉。

十二月十三日申刻，湖南巡抚专差送到咨文，十一月廿九奉旨，命弟在本省帮同办理团练乡民搜查土匪诸事务。弟闻讣到家仅满四月，葬母之事，草草权厝，尚思寻地改葬。家中诸事，尚未料理。此时若遽出而办理官事，则不孝之罪滋大。且所办之事，亦难寻头绪。若其认真督办，必须遍走各县，号召绅耆，劝其捐资集事，恐为益仅十之二，而扰累者十之八。若不甚认真，不过安坐省城，使军需局内多一项供应，各官多一处应酬而已。再四思维，实无裨于国事，是以具折陈情，恳乞终制。

兹将折稿寄京，相好中如袁、毛、黎、黄、王、袁、庞诸君，仅可令其一阅。此外，如邵蕙西、李少荃、王雁汀、吕鹤田有欲阅者，亦可以阅。盖欲使知交中谅我寸心，不必登诸荐牍，令我出而办事，陷于不孝也。

弟自奉旨后，始知汉阳失守。乡间音问难通，即县城亦无确信。眷口在京或归或否，惟兄与内人裁度。或由浙江江西一路，或由樊城一路，或竟作久住之计，全不作归家之想，均由兄为主。弟僻处乡间，消息不明，不遥决也。

纪泽儿身体不健，宜常常行动，或坐车至圆明园一二次亦可。无事总宜读书习字，余不一一。

【译文】

牧云仁兄大人左右：

十一月十八日寄了一封家信，交给湖南抚台转寄。十二月二十七日又发了一封家信，交给了益阳县李筱泉明府，让他在常德县交给云贵折差转寄。他弟弟李少荃编修，不知道什么时候可以到京城？你十月十二日发的信，已于十二月初收到。九月发出的信，至今还未收到。我身体十分地好，脸色红润、身体发胖，在京城住了十多年，也没有这种好情况，仁兄一家大小都平安，人人清闲高兴。

十二月十三日下午四五点，湖南巡抚派专差送来一封咨文，十一月二十九日奉旨让我在本省帮助办理训练乡民搜查土匪等事情。我听到母亲去世的消息后赶回家，只有四个月，葬母之事，草草地处理，以后想另寻地方改葬。家里许多事情，还没料理。此时要是匆匆离家而去办理官事，就犯了最大的不孝罪。况且所办理的官事，也很难找出一个头绪。如果认真督办，一定要走遍各县，号召年老的绅士，说服他们捐款集资，恐怕做好事的只有十分之二，而干扰破坏的人有十分之八。如果不怎么认真去办，不过安坐在省城，只让军需局内部多一项供应，各位官员多一处应酬罢了。再三考虑，实在对国家不利。因此打算就奏折陈说情由，恳请乞求终制。现在我将奏折草稿寄到京城，送给相好知交如袁、毛、黎、黄、王、袁、庞等人查看。此外，像邵蕙西、李少荃、王雁汀、吕鹤田这几人有想阅看的，也可以让他们阅看。主要是想让他们这些知交能够理解我对母亲的一片孝心，不必到处

清朝地方民兵

送阅刊发，让我出面办事，陷于不孝之名。

我在奉旨后，才知道汉阳失守，乡间信息闭塞，即使在县城也很难有确切的消息。家人在京城，是回来还是不回来，就请兄长与我的夫人做主。或者由浙江、江西上路，或者由樊城上路，或者干脆长住京城，不再做回家的打算，都由兄长你一个人做主。我一个人住在偏僻的乡间，消息一点也不灵通，就不作决定了。

我儿子纪泽身体不太健康，应该经常加以锻炼，或者坐车到圆明园一两次也可以。没事时要督促他读书写字。我就不一一叙说了。

【点评】

自古忠孝不能两全，生逢乱世自当以国事为己任，但身为人子亦应尽孝父母，更何况儒家以孝悌为本。在此信中曾氏就谈到了自己因在家服丧而不能为国出力，去帮助办理团练；同时还提到了太平军攻克汉阳的消息。由此我们可以从中得到有关太平天国运动的历史情况，为研究提供佐证材料。

咸丰二年十二月廿五日与牧云书

公元1853年2月2日

牧云仁兄大人足下：

前信写就，正拟专人送至省城，请张抚台代为发折。十五夜接张抚台来信二件，知武昌失守，不胜骇叹。郭筠仙于十五夜来我家，劝我到省帮办团练等事。弟以湖北失守，关系甚大，又恐长沙人心惶惧，理宜出而保护桑梓，即于十七日由家起行，廿一日抵省。先以稽查城内土匪奸细为要务，其次则勤于操练。江岷樵所带之壮勇二千，甚为可恃，即留于长沙防守。弟又招湘乡壮勇千名，亦颇有纪律，若日日操练，可期得力。现在大股业已顺长江而下，只怕分股回窜，不得不严为防备。幸张抚台至明决，勇于任事，乡绅亦多信吾之言，或可办理得宜，京中全家，不必挂心。

湖北既失守，则道途必多盗贼，家眷不宜出京。望兄辛苦照料一切，不胜感激。若冯树堂来京，一切与之商议，必甚妥叶。书不能详，诸惟心照。

【译文】

牧云仁兄大人足下：

前些天写了书信一封，正打算请专人送到省城，让张抚台代为送达。十五日晚上接到两封张抚台的来信，才知道武汉失守，不禁骇然叹息。郭筠仙在十五日晚来我家，说服我到省城帮助办理训练乡民等事情。我认为湖北失守，关系很大，又担心长沙人心惶恐惧怕，应该出来保护家乡，因此就在十七日从家出发，二十一日到达了省城。首先把稽查城内土匪奸细作为头等大事，其次则是勤于操练乡民。江岷樵所带领的两千士兵，十分勇敢可靠，就留在长沙防守。我又招募了近千名湖南乡民中的优秀士兵，也十分有纪律，如果天天操练，可以助一臂之力。现在大股匪贼已经顺着长江而下，只怕小股匪贼回窜，不得不严加防备。幸好张抚台聪明果断，敢于任事，乡绅们也非常信任我，或许这件事能够办得好。希望京城里的家人不要挂念。

湖北已经失守，道途中一定有很多盗贼，家眷不宜出京。还希望兄长辛苦照料一切，不胜感激。如果冯树堂来京，一切和他商议，一定能妥当协商好。书不能详，诸惟心照。

【点评】

写此信时，太平天国运动正如火如荼，湖北被太平军攻占，长沙人心惶恐，曾国藩就是在这样一个危急时刻决定出山，帮助训练乡民，保卫家乡。从此英雄有了用武之地，名震天下的湘军也将一步步建立起来。

咸丰三年正月十二日与牧云书

公元 1853 年 2 月 19 日

牧云仁兄大人阁下：

十二月廿八发家信一件。其时弟以奉旨来长沙，具折陈奏，将折稿封存家信中，不知到否？

正月以来，弟在省身体平安。九弟于初九到省，知舍间自严亲以下并安好。又接岳父大人手示，知尊府一切平安。正月二日，余写一信，交湘乡公车刘月槎、贺石农带京，信中言会试后，家眷与公车一同回南。近日仔细思之，恐仍以不出京为妥。盖道途多梗，即不遇粤寇，犹恐土匪所在窃发，终不放心，不如待其稍定，再看机会。

正月初三日，粤匪自武昌下，水陆两路并发，不识直扑安徽乎，抑入江西乎？现尚未得确耗。南陔先生闻于城门尽节，其夫人及大世兄并大孙女，并于初七殉难。其二世兄与二少奶奶并各孙男女等皆为贼所掠，幸不甚凌辱。昨初三日逆贼下窜之时，闻将城中男女一概裹胁，驱之上船，投江自尽者不可胜数，恐常氏遂无遗类矣，惨哉！

正月十一日，湖南张中丞至湖北履总督任，收复省城。江岷樵与之同往，弟再三托岷樵嘱其收常氏之遗骸，求常氏之孤孽，不知可得一二否？常氏有一家人由湖北贼中逃难回者，弟亦遣之同往，不知常氏何辜，遭此奇祸，殊不可解。

弟在省办事，以查办土匪为第一要务，以各县之正人，办各县之匪徒，总在访求公正绅耆为下手工夫，其次则操练兵勇。三年之艾，亦须及时收蓄，以为七年治病地步。

四、九舍弟及刘霞仙、郭筠仙俱在长沙，与弟同居作伴，甚不寂寞。癣疾十愈其八，自在京以来，未尝如此大好，此近日第一欣幸之事。

纪泽读书，求兄勤勤讲解，务使怡然以悦，乃为至善。书不详尽，诸惟心照。顺请日安。

【译文】

牧云仁兄大人阁下：

十二月二十八日寄出一封家信，当时我已经奉旨到长沙，准备了一份奏折呈上，并将奏折稿随家信一并寄出，不知收到没有？正月以来，我在湖南省城身体平安。九弟于初九到我这里，才知道我家父母子女都很平安。又接到岳父大人亲笔信，知道仁兄一家一切平安。

正月初二，我写了一封信，交给溆乡举人刘月槎、贺石农带到京城，信中说到会试后，想让我妻子儿女与公车一同回到南方。最近仔细想来。恐怕还是以不出京城为好。一路上多险阻。即使遇不上广东贼寇，还是怕土匪偷偷袭击，始终叫人不放心，不如等时机稍微安定后，再看机会。

正月初三，广东匪徒从武昌出发，水陆两路并进，不知道是直扑安徽，还是直进江西呢？现在还未得到确切的消息。惊闻南陔先生在城门尽节战死，他的夫人和大世兄及大孙女也在初七殉难。他的二世兄与二少奶奶和其他孙子孙女等都被贼匪抢走，受尽凌辱。昨天初三逆匪下窜的时候，听说将城中的男女全部胁迫带走，驱赶上船，因不堪凌辱而投江自尽的，不可胜数。恐怕南陔先生一家也没有留下几人吧，太惨了！正月十一日，湖南张中丞到湖北任总督，收复了省城，江岷樵与他一起去的，我再三嘱托岷樵埋藏常南陔遗体，寻找常南陔的遗孤，不知道能办得成几件？常先生家中有一个人，从湖北贼匪那里逃脱，我也派他一起前去，不知道常先生有什么罪过，遭到这样的奇耻大祸，实在不可理解。

我在省城办事，把查办土匪这件事作为第一要务，让各县有正义感的人打击各县的土匪，总在招揽公正的绅士为下手工作，其次就是操练士兵。经过三年的治理，也应该及时收蓄，以便于达到七年治病地步。

四弟、九弟及刘霞仙、郭筠仙都在长沙，与弟弟同住做伴，还不至于感到寂寞。癣病也好了百分之八十了，自从在京城患了这病以来，还没有这样好过，这也是最近最令人高兴的事。

纪泽读书，肯请仁兄认真讲析解疑，一定要使他对学习感兴趣，愿意读书，那是最好不过的。书不详尽，诸惟心照。顺请日安。

【点评】

这封家书又说到了家眷是否南下之事，由于太平天国运动，政局动荡，天下大乱，人们流离失所，亲人失散，作为朝廷的大臣尚且如此，更何况平民老百姓。由此也可以想象战争的残酷，以及其对国家人民所带来的极大灾难。

咸丰三年十月初四日与父亲大人书

公元 1853 年 11 月 4 日

男国藩跪禀父亲大人万福金安：

屡次接到廿三日、廿八日、廿九日、初二日手谕，敬悉一切。

男前所以招勇往江南杀贼者，以江岷樵麾下人少，必须万人一气诸将一心，而后渠可以指挥如意，所向无前。故八月三十日寄书与岷樵，言陆续训练，交渠统带，此男练勇往江南之说也。

王璞山因闻七月廿四日江西之役，谢、易四人殉难，乡勇八十人阵亡，因大发义愤，欲招湘勇二千，前往两江杀贼，为易、谢诸人报仇——此璞山之意也。男系为大局起见，璞山系为复仇起见。男兼招宝庆、湘乡及各州县之勇，璞山则专招湘乡一县之勇。男系派六千人，合在江西之宝勇、湘勇足成万人，概归岷樵统带，璞山则招二千人，由渠统带。男与璞山大指虽同，中间亦有参差不合之处。恐家书及传言但云招勇往江南，而其中细微分合之故，未能尽陈于大人之前也。

自九月以来，闻岷樵本县之勇皆溃散回楚，而男之初计为之一变。闻贼匪退出江西，回窜上游，攻破田镇，逼近河北，而男之计又一变。而璞山则自前次招勇报仇之说，通禀抚藩各宪，上宪皆嘉其志而壮其才。昨璞山往省，抚藩命其急招勇三千赴省救援。闻近日在涟滨开局，大招壮勇，即日晋省。器械未齐，训练未精，此则不特非男之意，亦并非璞山之初志也。事势之推移，有不自知而出于此，若非人力所能自主耳。

季弟之归，乃弟之意男不敢强留。昨奉大人手示，严切责以大义，不特弟不敢言归，男亦何敢稍存私见，使胞弟迹近规避，导诸勇以退缩之路。现今季弟仍认……（以下原缺一百余字）之不可为，且见专用本地人之有时而不可恃也。

男现在专思办水战之法，拟簰与船并用。湘潭驻扎，男与树堂亦尝熟思之。办船等事，宜离贼踪略远；恐未曾办成之际，遽尔蜂拥而来，则前功尽弃。

朱石翁已至湖北，刻难遽回。余湘勇留江西吴城者，男已专人去调矣。江岷樵闻亦已到湖北省城。谨此奉闻。

男办理一切，自知谨慎，求大人不必挂心。癸丑十月初四日，男谨禀。

【译文】

湘军士兵

男国藩跪禀父亲大人万福金安：

接连收到二十三日、二十八日、二十九日、二日的亲笔信，知道了所有的情况。

儿以前之所以招募兵勇到江南杀敌是因为江岷樵麾下人太少。必须要万人一气，众将一心，然后他指挥起来才能够得心应手，所向无敌。所以八月三十日写信给岷樵，说正在继续训练，交给他统一指挥，这就是我训练士兵到江南的主张。

王璞山因为听说七月二十四日在江西之战中谢、易等四人遇难，有八十名士兵阵亡，因此极为愤慨，想招募湖南士兵两千人到江西、江苏杀敌，为谢、易各位报仇。这是璞山的主张。儿是从大局着想，璞山是从报仇考虑，儿又招募了宝关、湘乡和各州县的士兵，璞山则是只招募汀乡一个县的士兵。儿增添了六千士兵加上在江西的宝庆士兵，湘乡士兵足以达到一万人，全部归岷樵统领，璞山则招募了两千人由他统领。儿与璞山的主要想法虽然相同，但其中也有不完全一致的地方，可能家信和传言只说招募士兵前往江南，而其中细微的不同之处，没有能够在父亲大人面前详尽陈述。

自九月以来，听说岷樵本县的士兵都战败回了湖北，因此儿最先的计划也因为这事而改变。听说敌人退出江西，回窜到了上游，攻占了田家镇，逼近湖北，因此儿的计划又有了改变。而璞山则把上次招募兵士报仇的想法通报给了抚藩各司，上司都赞许他的志向并重视他的才干。昨天璞山前往省城，抚藩命令他紧急招募三千士兵到省城救援。听说这几天在涟滨开设兵局，大量招募士兵，马上开赴省城。装备不完善，训练不好，这不是儿最先的意思，也并不是璞山的最初意愿。事势的发展无法预测而出了这境况，这不是人力所能决定的。

季弟要回去，是他自己的主张，儿不敢强作挽留。昨天遵循父亲大人亲笔信中的指示，用大道理严厉责备他，不但弟弟不敢再说要回去的话，儿也不敢稍有私念，让兄弟的行为近似于躲避，致使士兵们走向退缩的道路。儿现在重点思考水战的方法，打算簰与船一起使用。驻扎在湘潭，儿和树堂也进行过深入的探讨。置办船只等事情，要距离敌人的踪迹稍远些，担心在还没有办成的时候，他们马上蜂拥而来，那就前功尽弃了。

朱石翁已经到了湖北，短时间里难以速回，剩下留在江西吴城的湘军，儿已经派专人去调动了。听说江岷樵也到了湖北省城。谨以此信奉告给父亲大人知道。儿办理一切事情，自然知道谨慎，请父亲大人不必挂念。

【点评】

这封家书作于咸丰三年，这个时候曾氏已经不是朝廷的文官，而是掌管湖南湘军的武官了，因而在书信中曾氏谈到了军事问题。曾氏首先说明了他与王璞山的矛盾所在。王璞山是湘勇带头人罗泽南的手下，善战能干。曾氏简单说明了他与璞山的不合之处，使父亲大致了解情况。另外曾氏还告诉父亲他想筹建湘勇水师："现在专思办水战之法。"这是因为衡州府人水上技能发达，利用水战与太平军交锋定占上风，后来曾氏还特意挑选了两名营官，为水师的壮大打下了坚实基础，由此我们可以看出曾氏独到的眼光与非凡的气度。

咸丰四年三月廿五日与父亲大人书

公元 1854 年 4 月 22 日

男国藩跪禀父亲大人万福金安：

廿二日接到十九日慈谕，训诫军前要务数条，谨一一禀复：

（一）营中吃饭宜早，此一定不易之理。本朝圣圣相承，神明寿考，即系早起能振刷精神之故。即现在粤匪暴乱，为神人所共怒，而其行军，亦是四更吃饭，五更起行。男营中起太晏，吃饭太晏，是一大坏事。营规振刷不起，即是此咎。自接慈谕后，男每日于放明炮时起来，黎明看各营操演，而吃饭仍晏，实难骤改。当徐徐改作天明吃饭，未知能做得到否。

（一）扎营一事，男每苦口教各营官，又下札教之，言筑墙须八尺高三尺厚，壕沟须八尺宽六尺深，墙内有内壕一道，墙外有外壕二道或三道，壕内须密钉竹签云云，各营官总不能遵行。季弟于此等事尤不肯认真。男亦太宽，故各营不甚听话。岳州之溃败，即系因未能扎营之故，嗣后当严戒各营也。

（一）调军出战，不可太散，慈谕所诫极为详明。昨在岳州，胡林翼已先至平江，通城

屡禀来岳请兵救援，是以于初五日遣塔、周继往。其岳州城内王璞山有勇二千四百，朱石樵有六百，男三营有一千七百，以为可保无虞矣，不谓璞山至羊楼司一败。而初十开仗，仅男三营与朱石樵之六百人，合共不满二千人，而贼至三万之多，是以致败。此后不敢分散，然即合为一气，而我军仅五千人，贼尚多至六七倍，拟添募陆勇万人，乃足以供分布耳。

（一）破贼阵法，平日男训诫极多，兼画图训诸营官。二月十三日男亲画贼之莲花抄尾阵，寄交璞山，璞山并不回信，寄交季弟，季弟回信，言贼了无伎俩，无所谓抄尾阵。寄交杨名声、邹寿璋等，回信言当留心。慈训言当用常山蛇阵法，必须极熟极精之兵勇乃能如此。昨日岳州之败，贼并未用抄尾法，交手不过一个时辰，即纷纷奔退，若使贼用抄尾法，则我兵更胆怯矣。若兵勇无胆无艺，任凭好阵法，他也不管，临阵总是奔回，实可痛恨。

（一）拿获形迹可疑之人，以后必严办之，断不姑息。

【译文】

男国藩跪禀父亲大人万福金安：

二十二日收到十九日慈谕训诫我在军中要务数条。谨一一禀复：

一、营中早吃饭，这是一个不变的道理。本朝各位圣上相承袭，有如神明且获高寿，就是因为早起能振作精神的原因。就是现在粤匪暴乱，让神人所共怒，而他们行军，也是四更吃饭，五更出发。儿营中起得太晚，吃饭太晚，是一件很不好的事。营规振作不起来，就是这一问题所造成。自接大人慈谕后，儿每天在放明炮时起床，黎明时看各营操练。但吃饭仍晚，实在难以骤然改变，我会慢慢改做天色未明就吃饭。不知道能不能做到。

二、扎营这件事，儿常常苦口教导各营官，又下札教他们，说筑墙需要八尺高、三尺厚；壕沟要挖八尺宽、六尺深；墙内挖有一道内壕，墙外有外壕二道或三道；壕内还须密密地钉上竹签等等。各营官总是不能遵照执行。季弟对这些事尤其不肯认真对待，儿也太宽容，因此各营不十分听话。岳州的溃败，就是因为未能扎营的缘故。以后应该严格训诫各营。

三、调兵出战，不可以太分散。大人慈谕所训诫的，非常详明。昨天在岳州，胡林翼已先到了平江、通城，屡次禀告来岳州请兵救援，因此在初五派遣塔、周相继前往。岳州城内王璞山在羊楼司一败，而初十日开战，儿营与朱石樵的六百人，合兵一共不到二千人，而贼兵达三万之多，因此打了败仗。此后不敢再分散兵力。然而即使合成一军，我军才五千人，贼多至六七倍。准备增添招募陆勇万人，才够分布。

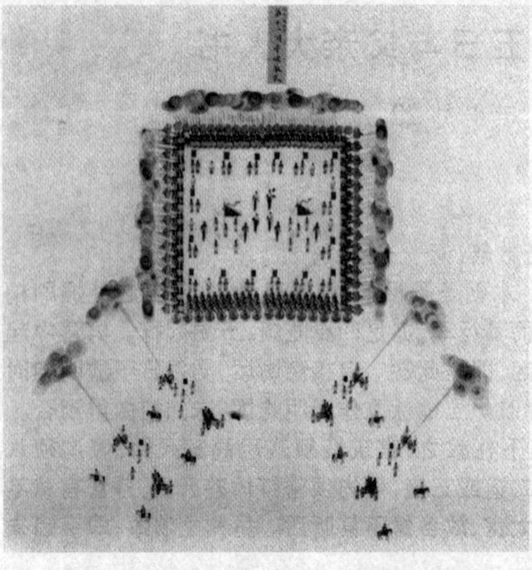

清代伏虎开山阵式图册·固守破敌式

四、破贼阵法，平时儿训诫极多，兼画图教训各位营官。二月十三日，儿亲自画贼军的莲花抄尾阵。寄给璞山，璞山并不回信；寄交季弟，季弟回信说贼军一点也没有伎俩，并说无所谓抄尾阵；寄给杨名声、邹寿璋等，回信说应留心。大人慈训说当用常山蛇阵法，但必须有极熟练极精强的兵勇才能做。昨天岳州之败，贼军并未用抄尾法，开战不过一个小时，我军就纷纷奔退。如让敌军用抄尾阵法，则我兵更加胆怯了。如果兵勇没有胆量、没有技艺，任凭什么好阵法，他们也不管，临阵总是逃跑，实在令人痛恨。

五、抓住形迹可疑的人，以后一定严办，决不姑息。

【点评】

这是曾氏接到父亲手谕后回给父亲的一封家书，家书中谈到了治军之道。曾父本为一乡塾教师，因为太平军起义，进入湖南，当地居民结团自保，曾父因为儿子的缘故也被推为湘乡县团练总使，略微了解了军事，他叮嘱儿子要注重从食宿、军队阵法、人事等方面管理部队，这些虽都是治军常理，但是如若认真奉行仍非易事。曾氏慎重对待父亲的指示，一一认真回复，并切实执行，这就是为什么湘军可以取得成功、产生深远影响的原因所在。

咸丰四年三月廿五日与诸弟书

公元1854年4月22日

澄、温、植三弟左右：

澄弟有病，即可不必来此。此间诸事杂乱，澄弟虽来，亦难收拾，不如在家料理一切也。长夫来此者至六十名之多，澄弟于此等处不知节省，亦疏略也。兹一概遣归。仅留十三名在此，如不好，尚须再遣回。

昨夜褚太守带三营水师至靖港剿贼，不知能得手否？塔、周大胜仗归来，余赏银千两、功牌百张、猪十三口、酒五百斤，颇觉鼓舞。现惟邓湘一营难于收辑耳。

余不一一。

【译文】

澄、温、植三弟左右：

澄弟有病，可以不必到这里来。这里各事杂乱，澄弟即使来了，也难以处理，不如就在家料理一切。长夫来这里的有六十多人，澄弟在这些地方不知道节省，也是一种疏忽。现在全部遣送回去，仅留十三个人在这里。如果不好，还要再遣送回去。

昨天晚上，褚太守带了三营水师到靖江围剿贼寇，不知成功没有？塔、周打了大胜仗回来，我赏给他们银一千两、功牌一百张、十口猪、五百斤酒，他们很受鼓舞。

现在只有邓湘一营兵难以管理了。余不一一。

【点评】

此信非常简短，主要讲到了劝阻国潢不要到军营中来，并提到了塔、周大胜太平军之事，由此可以看出一支军队的成长有一个从失败到成功的过程，要成为战无不胜的勇者之师，必须要经过千百次的实战。

咸丰四年四月初四日与诸弟书

公元1854年4月30日

澄、温、沅三位老弟足下：

初四日午刻安五等来，接到家信，具悉一切。父大人声色不动，毫无惊怖，实我辈所万不能及。

贼于廿七时辰刻破湘潭，即刻分股至朱亭、渌口、株洲一带，掳大河及一宿河之船，又分股至湘乡掳涟江之船。廿八早塔副将在潭大获胜仗，踏破贼营三座，烧毁木城一座，杀贼至六百余人。是夜贼又筑营垒，廿九日塔副将与大战二次，第一次烧贼营二座，杀贼七百人，二次真长发老贼拼命出战，塔将又大胜，杀贼千余。初一、初二皆大战，官兵大捷。五仗共杀贼至四千人。三日连破贼营三次，至第四日，贼不敢筑营矣。凡自贼中逃出者，皆自广西起事以来，官兵从无此非常之胜。

褚太守、彭玉麟、杨载福、邹世琦至湘潭水战，自初一日黎明起至初三止，烧毁贼船至七百余号之多，亦为近来所仅见。现在湘潭贼势甚为穷蹙，若能破城剿灭此股，则靖港以下之贼，朱亭以上之贼皆为易办。

湘潭大战之时，贼调回湘乡一支兵。我县得以无恙，我家得以安全，皆塔副将之功也。

所可恨者，吾于初二日带水师五营、陆勇八百至靖港攻剿贼巢，申刻开仗，仅半顿饭久，陆勇奔溃，水勇亦纷纷奔窜，二千余人竟至全数溃散，弃船炮而不顾，深可痛恨！惟钓钩子未出队者，略存子药炮位，而各水手亦纷纷尽散，红船之水手仅存三人，余船竟无一水手，实为第一可怪之事。

刻下兄已移寓妙高峰，留数百陆勇护卫。如使湘乡一股竟就扑灭净尽，则天下事大有可为；若湘潭贼不遽灭，则贼集日众，湖南大局竟多棘手之处。尽人事以听天，吾惟日日谨慎而已。余俟续布。

【译文】

澄、温、沅三位老弟足下：

初四午时安五等人来，收到家信，明白了一切。父亲大人不动声色，一点也不惊怖，实在是我等所万不能及的。

贼兵于二十七日辰时攻破湘潭，立刻分股窜到朱亭、渌口、朱洲一带抢夺大河以及一宿河的船只，又分股窜到湘乡抢夺涟江的船只。二十八日早晨，塔副将在湘潭大获全胜，攻陷内贼营三座，烧毁木城一座，杀贼六百余人。这天晚上，贼兵又筑营垒。二十九日，塔副将与他们打了二次，第一次烧毁二座贼营，杀贼七百人。第二次是真留长发的老贼拼命出战，塔副将又获大胜，杀贼一千余人。初一、初二都大战，官兵大捷五仗，一共杀贼四千人。三天连破贼营三次。到第四天，贼兵不敢再筑营了。凡是从贼营中逃出来的人，都说从广西起事以来，官兵从没有打过这样的大胜仗。褚太守、彭玉麟、杨载福、邹世琦至湘潭水战，自初一黎明起至初三止，烧毁贼船达一百余艘，也是最近所仅见的。

现在湘潭贼势很是穷蹙。如果能破贼，剿灭这股贼兵，那么靖江以下的贼兵、朱亭以

太平军与清军激战的场面

上的贼兵都容易对付。湘潭大战时,贼兵调回湘乡的一支军队,我县免遭战患,我家得以安全,这都是塔副将的功劳啊。

可恨的是,我于初二带五营水师,陆军八百到靖江攻剿贼巢,申刻开仗,仅半顿饭工夫,陆军就崩溃了,水军也纷纷逃窜。两千多人,竟然全部溃散,丢弃船炮而不顾,真是可恨!只有钓钩子未离队,稍稍保存子药炮位,而各船水手也纷纷逃散。红船的水手仅剩下三人,其余船只竟然一个水手也没有剩下,实在是第一等可怪的事。

现在为兄已经移居妙高峰,留数百名陆军护卫。如果湘潭这一股贼兵最终被扑灭干净,那么天下事还大有可为;如果湘潭贼兵不能马上消灭,那么贼兵聚集日渐增多,湖南大局最终将会多有棘手的地方。尽人事以听天命,我只有天天谨慎而已,余俟续布。

【点评】

胜败乃兵家常事,有战争就有胜败。在这封信中,曾国藩叙述了塔、周大胜太平军,而自己却在清港大败,"二千余人竟至全数溃散,弃船炮而不顾,深可痛恨"!因此只能"尽人事以听天,吾惟日日谨慎而已"。战争有时是不可预测的,不消极怠战就会使战争朝着有利于自己的方面发展。

咸丰四年四月十四日与诸弟书

公元 1854 年 5 月 10 日

澄侯、温甫、子植、季洪四位老弟左右:

十四日刘一名四来,安五来,先后接到父大人手谕及洪弟信,具悉一切。

靖港之贼,现已全数开去,窜奔下游,湘阴及洞庭,皆已无贼,直至岳州以下矣。新墙一带土匪皆已扑灭,惟通城、崇阳之贼,尚未剿净,时时有窥伺平江之意。湘潭之贼,在一宿河以上被烧上岸者,窜至醴陵、萍乡、万载一带,闻又裹胁多人,不知其尽窜江西,抑仍回湖南浏、平一带,如其回来,亦易剿也。安化土匪现尚未剿尽,想日内可平定。

吾于三月十八发岳州战败请交部治罪一折,于四月初十日奉到朱批"另有旨"。又夹片奏,初五日邹国鳙被火烧伤、初七大风坏船一案,奉朱批"何事机不顺若是,另有旨"。又夹片奏,探听贼情各条,奉朱批"览,其片已存留军机处矣"。又有廷寄一道,谕旨一道,兹抄录付回。十二日会同抚台、提台奏湘潭、宁乡、靖江各处胜仗败仗一折,兹抄付回,其折系左季高所为。又单衔奏靖港战败请交部从重治罪一折。又奏调各员一片,均于十二日发六百里递去,兹抄录寄家,呈父、叔大人一阅。

兄不善用兵,屡失事机,实无以对圣主,幸湘潭大胜,保全桑梓,此心犹觉稍安。现拟修整船只,添招练勇,待广西勇到,广东兵到,再作出师之计。而饷项已空,无从设法,艰难之状,不知所终。人心之坏,又处处使人寒心。吾惟尽一分心作一日事,至于成败,则不能复计较矣。

魏荫亭近回馆否?澄弟须力求其来。吾来子侄半耕半读,以守先人之旧,慎无存半点官气。不许坐轿,不许唤人取水添茶等事。其拾柴收粪等事须一一为之,插田莳禾等事亦时时学之,庶渐渐务本,而不习于淫佚矣,至要至要,千嘱万嘱。

【译文】

澄侯、温甫、子植、季洪四位老弟左右:

十四日刘一名四来,安五来,我先后接到父亲大人手谕及洪弟的信,详悉一切。

靖江的贼兵已全部开走，逃窜到下游，湘阴和洞庭都已经没有贼兵，直到岳州以下都是如此。新墙地区的土匪都已经被扑灭，只有通城、崇阳的贼兵还未剿灭干净，并且时时有窥视平江的意思。湘潭的贼兵，在一宿河以上被烧船上岸的，逃到醴陵、萍乡、万载地区，听说他们又裹胁了很多人，不知道他们是全部窜至江西，还是仍回湖南浏阳、平江一带。如果他们回来，也容易剿灭。安化的土匪现在还没有剿尽，估计最近就可平定。

我在三月十八日发出的关于岳州战败请交刑部治罪的一道奏折，于四月初十日迎奉到圣上朱批"另有旨"。又夹片奏初五邹国螭被火烧伤、初七大风吹坏船只一案，迎奉朱批"何事机不顺若是，另有旨"。又有夹片禀奏探听贼情各条，迎奉到朱批"览其片已存留军机处矣"。又有廷寄一道，谕旨一道，现在都抄录下来寄回去。十二日与抚台、提台一起上奏湘潭、宁乡、靖江各处打胜仗、败仗的一道奏折，现在抄录寄回。这道折子是左季高写的。又我个人属名奏靖江战败请交刑部从重治罪的一道折子，还有奏调各位官员的一个夹片，都在十二日发给六百里急递送京。现抄录寄回家中，呈给父亲大人、叔父大人一阅。

为兄不善于用兵，屡次失掉战机，实在无颜以对圣主。幸好湘潭大胜，保全家乡，这颗心才觉得稍稍安定。现在准备修整船只，添招练勇，等广西兵、广东兵来到后再作出师的打算。但饷银已空，想不出办法。艰难的情况，不知道什么时候终了，人心的败坏，又处处让人心寒。我只是尽一份心做一天事，至于成败，则不再计较了。

魏荫亭最近回学馆了吗？澄弟必须尽力让他来。我家子侄半耕半读，恪守祖先的旧规，注意不存半点官气，不准坐轿，不准唤人为自己倒水添茶等。拾柴捡粪等事，也必须一一做到。插秧锄地等事，也要时时学做。以便渐渐务农而不致溺于淫逸。至要至要，千嘱万嘱。

【点评】

曾氏治军，起先总是失败，靖港之战，败得一塌糊涂，他自觉无颜面对圣主和湘乡父老，曾投水自尽，后被人救起。后来湘潭大捷，曾氏内心才感到安慰，决定"修整船只，添招练勇"，东山再起。不过这个时候曾氏心情平和许多，他希望"尽一份心做一日事"，不再计较成败了。在信的结尾，曾氏劝诫子侄过平凡日子，不要涉足官场，这是他对"耕读之家"的再次强调，尤其是经历战败后，他对这种家庭的理解又深入许多，历史证明曾氏的家教是正确的，这种家教方法也令现代人受益匪浅。

咸丰四年四月十六日与诸弟书

公元 1854 年 5 月 12 日

澄、温、子植、季洪四弟足下：

昨寄去一函，谅已收到。十五日按父大人手谕，敬知一切。兄每日黎明看操，现已阅看四日，专看戈什哈及亲兵二种。然有所表率，他营亦将兴起。

父大人命招湘乡之原水手，赶紧前赴鄂省下游。此时所患者，水手易添，船只难办。不特衡州新造之船难以遽就，即在省之船经屡次风波屡次战阵后，亦多有损坏者，修整难以遽毕。且广西水勇、广东水兵皆于五月可到，不得不少为等候，整顿成军稍有把握，然后扬帆东下。

余近来因肝气太燥，动与人多所不合，所以办事多不能成。澄弟近日肝气尤旺，不能为我解事，反为我添许多唇舌争端。军中多一人不见其益，家中少一人则见其损。澄侯及

诸弟以后尽可不来营，但在家中教训后辈，半耕半读，未明而起，同习劳苦，不习骄佚，则所以保家门而免劫数者，可以人力主之，望诸弟慎之又慎也。

四月十六夜，国藩书于长沙妙高峰。

【译文】

澄、温、子植、季洪四弟足下：

昨天寄去一函，估计已经收到。十五日收到父亲大人手谕，知道一切。

为兄每天黎明看士兵操练，现已阅看四天，专看戈什哈及亲兵二种。只要能成表率，其他兵营也将这样做。

父亲大人命我招募湘乡原来的水手，以便尽快前赴鄂省下游战场。现今所忧虑的是：水手容易增添，船只难以置办。不但衡州新造的船只难以马上造成，就是在省城的船只经过屡次风波和多次战阵后，也大部分损坏了，修整起来难以马上完工。况且广西水兵、广东水兵都在五月可以达到，因此我不得不稍稍等候修整成军，当稍稍有些把握时，然后扬帆东下。

清代战船

我最近因为肝气太燥，动不动就跟别人合不来，因此办事也多不能成功。澄弟近日肝气尤其旺盛，不仅不能帮我解决事情，反而给我增添许多唇舌争端。军中多一个人，看不到益处；家中少一人则立刻看到了损失。澄弟及诸弟以后尽可不到营中来，只在家中教导后辈半耕半读，天未明就起床，同习劳苦，不学骄逸，这样就能保住家门而免遭劫难，可以用人的力量自己主宰。希望诸弟慎之又慎。

四月十六日夜，国藩手书于长沙妙高峰。

【点评】

此信提到招募水军缺船难题，谈及自己近日脾气暴躁，劝勉诸弟在家务本。曾氏在这封家书中也谈到了与人相处融洽的重要性。如果不能与人相处和谐，办好一件事是非常困难的。

他在家书中这样劝勉弟弟："半耕半读，未明而起，同习劳苦，不习骄佚，则所以保家门而免劫数者，可以人力主之，望诸弟慎之又慎也。"表现了曾国藩处于高位而居安思危、忧国忧家的不安心理。告诫诸弟，生逢乱世，当处处谨慎而为之。

咸丰四年四月二十日与诸弟书

公元1854年5月16日

澄、温、植、洪老弟左右：

十七、十九接父大人十三、十五手谕及澄弟两函，具悉一切。兹分列各条于后，祈诸弟

彭玉麟像。彭玉麟字雪芩，号雪琴，为湘军将领，随曾国藩创办湘军水师，官至兵部尚书

禀知父大人，兼禀叔父大人：

（一）水勇自廿四五日成章诏营内逃去百余人，胡维峰营内逃去数十人。廿七日何南青营内逃去一哨，将战船炮位弃之东阳港，尽抢船中之钱米帆布等件以行。廿八日各营逃至三四百人之多，不待初二靖港战败，而后有此一溃也。其在湘潭打胜仗之五营，亦但知抢分赃贼，全不回省，即行逃回县城。甚至将战船送入湘潭河内，各勇登岸逃归，听战船漂流河中，丢失货物。彭雪琴发功牌与水手，水手见忽有顶戴，遂自言并册上姓名全是假的，应募之时乱捏姓名，以备将来稍不整齐，不能执册以相索云云。鄙意欲预为逃走之地，先设捏名之计，湘勇之丧心昧良，已可概见。若将已散者复行招回，则断难得力。衡永之水勇不过五月可到，亦不甚迟迟也。

（一）广东水师总兵陈大人带广东兵一百，洋炮一百，已于四月初六日到郴，月内可到省。广西水勇亦五月可到。衡州造新船，省城整旧船，皆五月可齐，不致延到七月始行也。

（一）澄弟自到省帮办以来，千辛万苦，巨细必亲，在衡数月，尤为竭力尽心，衡郡诸绅佩服，以为从来所未有。昨日有郑桂森上条陈言，见澄侯先生在湘阴时景象，渠在船上，不觉感激泣下云云。澄弟之才力诚心，实为人所难学。惟近日公道不明，外间悠悠之口，亦有好造谣言讥澄弟之短者。而澄弟见我诸事不顺，为人欺侮，愈加愤激，肝火上炎，不免时时恼怒，盛气向人。人但见澄弟之盛气，而不知实有激之逼之使然者也。人以盛气凌物诮澄，澄以盛气伤肝致病。余恐其因抑郁而成内伤，又恐其因盛气而招怨声，故澄归之后，即听其在家养息，不催其仍来营中。盖亦见家中之事，非澄不能提新宅之纲；乡间之事，非澄不能代大人之劳也。并无纤介有不足于澄弟之处，澄弟当深知之，必须向大人膝下详禀之。

（一）王璞山之骄蹇致败，贻误大局，凡有识者皆知之。昨在家招数百乡勇，在石潭杀残贼三十人，遂报假胜仗，言杀贼数百人，余深恶之。余与中丞、提军三人会衔具奏一折，系左季高所作，余先本将折稿看过。后渠又添出几段，竟将璞山之假胜仗添人。发折后始送稿来画，已无可如何，只得隐忍画之。朱石樵在岳州战败逃回，在宁乡战败，逃奔数次，昨到省城，仍令其署宝庆府事，已于十八日去上任矣。是非之颠倒如此。余在省日日恼郁，诸事皆不顺手，只得委曲徐图。昨当面将朱石樵责备，渠亦无辞以对，然官场中多不以我为然。将来事无一成，辜负皇上委任之意，惟有自愧自恨而已，岂能怨人乎？怨人又岂有益乎？大抵世之乱也，必先由于是非不明，白黑不分。诸弟必欲一一强为区别，则愈求分明，愈致混淆，必将沤气到底。愿诸弟学为和平，学为胡涂。璞山之事，从今以后，不特不可出诸口，而且不可存诸心。

（一）我廿四都之长夫不耐劳苦，好穿长衣鞋袜，不敢远行，时刻思归。余拟在此另雇长夫，其本境长夫，止留三四人在此，以便送信归家。

（一）率五病故，我绝不知信息，季弟何以并不告我？前澄弟信中有半句，我始骇然。昨葛十一来，乃实知之。刻下已搬柩还乡否？若尚在省，急须写信来，我当设法送归也。其如何病，如何殁，季弟当详告我。

以上数条，望诸弟细心体贴。缕禀堂上大人为要。

【译文】

澄、温、植、洪老弟左右：

十七日、十九日收到父亲大人十三日、十五日写的亲笔信和澄弟的两封信，诸事已经知晓。现在分别回答于后，希望各位兄弟禀告父亲大人，禀报叔父大人：

一、水兵自二十四五日从成章诏营中逃走一百多人，从胡维峰营中逃走几十人。二十七日，何南青营中逃走一哨官，把战船炮位丢弃在东阳巷，把船上的钱米帆布等东西抢得干干净净以便于逃跑。二十八日，各营逃跑的多达三四百。没想到二日靖江战败后，接着又有这样一次溃逃。在湘潭打了胜仗的五营，也只知道抢分贼匪的赃物，全都不回省城，就自行逃回县城了。甚至把战船送到湘乡河内，各个士兵上岸逃跑回去，任凭战船在河中漂流，物品丢失。彭雪琴分发功劳牌给水手，水手看见忽然有顶戴的奖赏，就主动说明名册上的姓名全是假的，应招时乱造姓名，以备将来稍有不守纪律时，就无法按名册查找等。我认为这是他们为逃走预先做好准备，而设下假造姓名的计策，湘兵丧昧良心，由此可见一斑。如果把已经逃跑的人重新招回，则决不会再尽心尽力。衡、永的水兵不用五个月就能够到达，也不算很迟。

二、广东水军总兵陈大人率领一百广东兵、一百门洋炮，已经在四月六日到达郴州，本月内可以到达省城。广西水兵在五月内也能够到达。衡州造的新船、省城修理的旧船，都可以在五月集齐，不至于延长到七月才能出兵。

三、澄弟自到省城帮忙办事以来，千辛万苦。不管大小事情，都亲自办理，在衡阳的几个月，更是竭心尽力。衡郡的各位士绅都很佩服，觉得这是从来没有过的。昨天有个叫郑桂森的上条，陈说看到澄侯先生在湘阴时的景象，他在船上，觉得十分感动。澄弟的才能真诚，实在是别人难以学到的。只是这段时间公理不明，外面的众口舆论，也有爱造谣讥笑他的缺点。而澄弟看到我很多事情都不顺利，被人欺侮，更加气愤，肝火上升，免不了经常恼怒，盛气凌人。别人看到澄弟盛气凌人，却又不知道确实有刺激他逼使他这样的原因。就说澄弟盛气凌人的不是，澄弟又因为盛气伤肝致病。我担心他因为性情抑郁而成为内伤；又担心因为盛气凌人招来怨言。所以，澄弟回家后，就让他在家养息，不要催促他到营中来。也因为家里的事情，非澄弟不能提新宅之纲；乡间事务，非澄弟不能替代父亲大人之劳。并没有丝毫不满意澄弟，澄弟应当清楚地认识到这一点，必须向父亲大人膝下详细禀明情况。

四、王璞山因为骄蹇致使失败，贻误了大局。凡是有识之士都知道这件事，先前在家招了几百名乡勇，在石潭剿灭残余贼匪三十人，便假报打了胜仗，说杀死贼匪几百人。我对此非常厌恶。我和中丞、提军三人联名上奏一折，是左季高所作。我先看过折稿，后来他又添上了几段，竟然把璞山的胜仗添进去。奏折寄出后，才送稿子让我圈阅，已是无可奈何，只好昧心而圈阅。朱石樵在岳州战败逃了回来，在宁乡也战败，逃跑了几次。昨天到省城，仍然命令他署理宝庆府事，已经在十八日上任去了，是非颠倒就像这样。我在省城天天烦恼、郁闷，什么事都不顺利，只得委曲求全，再做打算。昨天，当面责备朱石樵，他

左宗棠像。左宗棠字季高，湖南湘阴人，清朝大臣

无言以对，但是官场中多少人不拿我当回事，将来一事无成，辜负了皇上的委任之意，只有惭愧悔恨了，难道能埋怨别人吗？埋怨别人难道又有用吗？大概世道混乱，必定先是由于是非不明、黑白不分。各位弟弟如果要样样强作区别，那么越想分明，便越是混淆，必将怄气到底。但愿各弟学会心平气和，学会糊涂。璞山的事，从今以后不但不能说出来，而且不可以记在心上。

五、我二十四都的长夫耐不住劳苦，喜欢穿长衣鞋袜，不敢远行，总想回去，我打算在这里另外雇长夫。本县长夫只留下三四个人在这里，以便送信回家。

六、率五病故，我不知道消息。季弟为什么不告诉我？先前澄弟信中有半句话提到，我还觉得奇怪。昨天葛十一来，才确切知道这件事。现在是否已把灵柩迁回故乡？如果还在省城，马上写信来，他怎么得的病？怎么去世？季弟应当详细告诉我。

以上几条，希望各位兄弟细心体会，分别禀明堂上大人为要。

【点评】

读此书，我们可以了解到一些湘军的情况。曾氏虽说自己的军队是仁义忠信之师，但实际上他的士兵多投机之人，当这些人得到食物、钱财后，便逃之夭夭，这就是为什么曾氏部队初期多逃逸现象的缘故。王璞山是有野心的一个人，他想另起炉灶，因而没多久，他也逃离了曾氏的部队。曾氏认识到问题的严重性，开始认真整顿军队，严格筛选军士，杜绝了这种现象，并且把湘军培养成一支极具战斗力的队伍，取得了一个又一个胜利，看来曾氏治军还是很有自己的一套方法的。

咸丰四年四月廿一日与诸弟书

公元1854年5月17日

澄、温、沅、洪四弟左右：

屡日发家信数次，想已收到。实收换部照，须造清册一本，大非易事。现命孙阆青经理此事，恐非二十日不能了，纵不能如请咨部功牌册之精妙，亦不宜太草率也。三月廿二日所发一折，顷于四月二十日接奉朱批并廷寄，兹照抄送回，呈堂上大人一阅。

广东水师兵已于廿一日到一百矣，洋炮亦到百尊，广西水勇尚未到。衡州所造新船，闻甚不合用，顷有信与萧可兄，令其略改也。荫亭兄到馆，请其催将侯兄速来。并告贵州徐河清、韩超、张礼度并皆奏调来楚，均五月可到也。余不一一。

【译文】

澄、温、沅、洪四弟左右：

连日寄信几次，估计应该已经收到。

收换部照，必须造一本清册，这事情很不容易。现在让孙阆青办理这件事，估计没有二十天可能完成不了。即使不能做到如请咨部功牌册那样精妙，也不要太草率了。三月二十二发出的一道奏折，刚在四月二十日接到圣上的批示和廷寄。现在照原件抄写送回，呈给堂上大人阅看。

广东水兵已在二十一日到了一百人，洋炮也到了一百尊。广西水兵还没有到。衡州所造的新战船，听说很不合用。才有信给萧可兄，叫他略微改动。荫亭兄来到了学馆，请他催促侯兄快来，并告诉贵州徐河清、韩超、张礼度等人，都奏请调来湖广，在五月份可以到达，余不一一。

【点评】

工欲善其事必先利其器，一支军队如果想要取得胜利必须要有良好的武器装备，在这封书信中我们可以看到清军有战船、有大炮，因而在与太平军交战时会有更大的胜率。曾国藩在信中多次提到洋炮，可见他对先进武器极其看重。

咸丰四年五月初一日与诸弟书

公元 1854 年 5 月 27 日

澄、沅、洪三弟左右：

三十日奉到父大人手谕及三弟信件，具悉一切。长夫俱留在此，吃上头饭，每日给钱百文，实无一事可劳其筋力，故不能不略减也。

借用厉伯苻之抽箱内，竟无抄录《说文便考》，不知何处遗失，俟查出付回。

沅弟言我仁爱有余、威猛不足，澄弟在此时亦常说及。近日友人爱我者人人说及。无奈性已生定，竟不能威猛，所以不能威猛，由于不能精明，事事被人欺侮，故人得而玩易之也。

甲三之论、甲五之小讲，已加批付回。科一、科三、科四之字俱好。科一请安禀，其字画粗大，颇有乃父之风。

季弟在益阳所领钱文，绅士文任吾等已料理清楚。在湘阴时，即在兄处领得实收，兄到岳州忘告季弟耳。

四弟初一日与中丞会衔奏请调贵州、广东兵，兹于廿六日奉到寄谕，抄录付回。余不一一。

【译文】

澄、沅、洪三弟左右：

三十日接父亲大人亲笔信及三弟的信件，一切都知道了。

长夫都留在这里，除了吃饭以外，每天发给他们一百文钱，实在没有一件事情可以劳动他们的筋骨，因此不得不略微减少一下。

借用厉伯苻的抽箱，其中竟然没有抄录的《说文便考》，不知道在什么地方遗失了，等找到了就给带回去。

沅弟说我仁爱有余而威猛不足，澄弟在这里也时常说到这点，近来爱我的朋友也都说到这点。无奈我性情已生就，竟然不能威猛。之所以不能威猛，是由于不能做到精明。事事都被人欺侮，所以人人都可以轻易要弄我。

甲三作的论，甲五写的小讲，都已经加以批注寄回去了。科一、科三、科四的字都写得很好。科一的请安禀，笔画粗大，很有他父亲的风范。

季弟在益阳所领的钱，绅士文任吾等人已经办理好了，在湘阴时季弟就在我这里领到实收了，我到岳阳时忘了告诉季弟。

四弟初一与中丞联名奏请调贵州、广东兵士，现于二十六日接到朝廷寄来的谕旨，抄录寄回家。其余的不一一叙说。

【点评】

曾氏在此信中承认因天生威猛不足而受人欺侮的缺点，并谈及儿孙读书的事。曾国藩在这封家书中的基本观点是：做人要刚强、威武、勇猛。威猛是一个人的个性写照。一旦男人缺乏这种个性，就会变得软弱，被人欺辱，任人要弄。

咸丰四年五月初四日与诸弟书

公元1854年5月30日

澄、温、季三位侍右：

初二日接奉寄谕，兄两次请罪，尚止革职，不加严谴。鲍提军革职，即以塔副将署提军任。圣鉴之公明，天恩之高厚，实令人感激无地。兹抄录付回。

江采七于三月自庐州回，初三到省，千辛万苦，或三日而仅得两饭，或数夜而不得一眠，乱世行路之难，真奇难也。在湖北时得见魏召亭，光景甚窘。曾与采五言及，万一城破，当由大东门避去。湖北官弁兵勇久无饷银，真不堪设想也。召亭家书一件付去。

兄身体甚好，树堂、云仙皆来此过节。专待衡州船到，广西勇到，即配齐东下。塔智亭于初八日先带陆勇三千余人至岳州去。余不一一。初四日巳刻，兄国藩手草。父亲、叔父大人前，诸弟为我一一禀明，并跽叩节禧。

鲍超像，出自《紫光阁功臣小像》。鲍超是清代湘军将领，官至提督

【译文】

澄、温、季三位侍右：

初二接奉圣上寄谕。为兄的两次请求治罪，仍然只是革去职务，不另加严谴。鲍提军被革去职务，就用塔副将署理提军之职。圣上明鉴的公明，上天恩泽的高厚，实在叫人感激，叫人无地

自容。现在抄录寄回。

江采七在三月从庐州回来，初三到省城，历经千辛万苦，有时三天只能吃两顿饭，有时几个晚上睡不成觉。乱世行路之艰真是难得出奇！在湖北时得以见到魏召亭，他的境况很窘迫。曾与采五说到万一城池被攻破，应当从大东门逃走。湖北的官兵很久没有领到军饷，真是不堪设想。召亭的一封家信附去。

为兄身体很好。树堂、云仙都到这里过节。现在专门等衡州的船开到、广西的部队来到，就可以配备齐全东下。塔智亭在初八先带领陆军三千多人到岳州去了。初四日巳刻，兄国藩手草。余不一一。

父亲、叔父大人面前，各位兄弟替我一一禀明，并跪叩节禧。

【点评】

此信甚短，主要说到自己和鲍超被革职，因前战失利，曾国藩两次请罪，要求严惩，但最终只是革职，此正说明曾氏责己之深，真正把为国尽忠看得很重；同时也说明此时清朝不得不依赖汉族将领，盼望他们能消灭太平军，维护清朝统治。信中又一次地表露了战争带来的灾难，表明曾氏十分同情民间疾苦。

咸丰四年五月初九日与诸弟书

公元 1854 后 6 月 4 日

澄、温、沅、季老弟左右：

初九日芝山到省，接奉父大人手谕及澄、季、芝生各信，具悉一切。余于初八日具折谢恩，并夹片三件，兹一并抄录付回。

凡谕旨章奏等件付至家中者，务宜好为藏弆。我兄弟五人，无一人肯整齐收拾者，亦不是勤俭人家气象，以后宜收拾完整。可珍之物固应爱惜，即寻常器件亦当汇集品分，有条有理。竹头木屑，皆为有用，则随处皆取携不穷也。

温弟在此住旬余，心平气和，论事有识，以后可保家中兄弟无纷争之事，余在外大可放心。

李筱泉之家眷意欲寄居湘乡，一则省城虽防守甚严，而时时有寇至之虑，一则寓公馆比之居乡，其奢俭相去甚远。渠托江采五在中沙等处，又托余在廿三四都等处寻觅住居(渠遣一人来乡同觅，先至江采五处后至我家)。澄弟等为之留心，或在离我家二三十里之区择一善地，以省俭为主，渠光景甚窘也。余再三辞之，言我家尚难自保，且迁徙而远避，又焉能庇及他人？渠意总欲居乡，缓急尚可藏匿山穴；至土匪抢劫，渠本无可抢云云。余不能再辞，澄弟可一为照拂之。

鲍提军于初八日出省至辰州住，塔智亭初十拟至岳州。余不一一，即请近佳。初九日二更。

兄国藩手草。

【译文】

澄、温、沅、季老弟左右：

初九芝山去省城，为兄接奉父亲大人手谕以及澄弟、季弟、芝生各人的信，一切都知道了。我于初八备好折子谢恩，连并夹片三件，现在一起抄录寄回。

凡是谕旨、奏章等物件寄至家中的，务必要好好保藏。我兄弟五人，没有一人肯整理家务好好收拾东西的，这也不是勤俭人家的气象，以后要收拾完整。可珍爱的东西本应爱惜，就是寻常器件也应当汇集品评区分，做到有条有理。竹头木屑，都是有用的东西，随处都可取之不尽。

温弟在这里住了一旬多，心平气和，论事很有见识，以后可保证家中兄弟无纷争的事情发生，我在外大可放心。

李筱泉的家眷想要寄居于湘乡，一则省城虽然防守非常严固，但经常有贼寇（注：太平军）来侵扰，二则借住在公馆比起住在乡里的奢俭程度相差很远。他托江采五在中沙等处，又托我在二十三四都等处寻找住房（他派一人到乡间一同寻找，先到江采五处，后到我家）。澄弟为他留心寻找。或可在离我家二三十里的区域内选择一处好地，以省俭为主，因为他的光景也很窘困。我推辞再三，说我家自身尚难保全，并且还要迁徙远处避祸，又怎么能够庇护他人？他的意思是总想居住在乡间，一旦有急事还可藏匿在山洞里；至于土匪抢劫，他说他早无东西可抢。我不能再推辞，澄弟可为他照应一下。

鲍提军于初八离开省城到辰州去居住，塔智亭准备在初十抵达岳州。余不一一，即请近佳。初九日二更。

兄国藩手草。

【点评】

这是一封治家书，曾氏在该书中叮嘱诸弟要善于保管书籍：不分贵贱，分门别类。他十分注重文书的完整性，曾专雇抄手帮他誊写文书。为了防止文书在战乱中烧毁或丢失，他还特派人将这些东西背往湖南老家以作收藏，之后他在所立的遗嘱中，也特意交代文书只供曾氏儿孙观看，不对外人开放，这就是我们现在所看到的三十大册的《曾国藩全集》。信尾曾氏介绍了李筱泉的情况。李筱泉是清代重臣李鸿章的哥哥，但是这时候李氏家族还没发迹，光景窘迫，家中没什么贵重物品，此书为我们了解李氏家族早起情况提供借鉴。

咸丰四年五月二十日与父亲大人书

公元 1854 年 6 月 15 日

男国藩跪禀父亲大人万福金安：

廿日申刻唐四到，奉到手谕，敬悉一切。家中大小平安，乡间田禾畅茂，甚为忻慰。

贼匪于初六日复窜入岳州城内，约有二三千人，岳阳城下及南津港船约有数百号。初八九分船窜至西湖，扰安乡县。十三日龙阳失守，东而益阳，西而常德，并皆戒严。此间调李相堂都司带楚勇一千，胡永芝带黔勇六百前往，又调周凤山带道州勇一千一百，想廿三四可先后到常。又赵璞山带新宁勇一千，由宝庆往常德，又有贵州兵一千亦至常德，想可保全。塔智亭于十二日起程至岳，现尚未到。

男在省修理战船，已有八分工程。衡州新船及广西水勇均于本月可到。出月初，即可令水师至西湖剿贼。

十八日城墙上之兵一二千人，闹至中丞署内，因每银一两折放钱二千文，系奉户部咨而兵不肯从，斫柱毁轿，闹至三堂，实属可虑。

二十日，吴坤修之火器所起火，火药烧去数千斤，其余火器全烧，伤人数十，现尚未查清。此事关系最要紧，男之心绪不能顺适，然必认真办理，断不因此而稍形懈弛。

大人此次下县，系因公事绅士之请，以后总求不履县城，男心尤安。尤望不必来省，军

务倥偬之际，免使省中大府多出一番应酬。男亦惟尽心办理一切，不以牵裾依恋转增大人慈爱感喟之怀。伏乞大人垂鉴。余容续禀。

【译文】

男国藩跪禀父亲大人万福金安：

二十日申刻唐四到来，儿男奉到手谕，知道了一切。家中大小平安，乡间庄稼茂盛，非常欣慰。

贼匪于初六再次窜进岳州城内，大概有二三千人，岳阳城下及南津港有他们的战船约有数百艘。初八、初九日又分船窜至西湖，扰乱安乡县，十三日龙阳失守。东至益阳，西至常德，都已经戒严。我从这里调李相堂都司带领楚地勇士一千，胡永芝带黔勇六百前往，又调周凤山带领道州兵勇一千一百。估计到二十三四日可先后到达常德。又有赵璞山带领新宁兵勇一千从宝庆往常德，又有贵州兵勇一千也到常德，想来可以保全。塔智亭于十二日起程到岳州去，现在还没有抵达。

胡林翼像。胡林翼是清代大臣，支持曾国藩军破太平军，世称"曾胡"

儿在省城修理战船，已经完成十分之八的工程。衡州新造船只及广西水勇都在本月可以到达，本月初就可以命令水师到西湖剿贼。十八日，守在城墙上的兵勇有一两千人闹到中丞衙署内，原因是每一两银子折发成二千文钱，这本是遵奉户部规定办的，但兵勇却不肯听从。他们砍柱毁轿，闹到三堂，实在可忧。二十日，吴坤修的火器所起火，烧去火药好几千斤，其余火器也全都烧毁了，烧伤数十人，现在还未查清。这件事关系十分重大，儿男的心绪十分不畅。但必须认真办理，决不能因此而有丝毫松懈。

父亲大人这次到县城，是因为有公事应绅士们的请求。以后总希望不进县城，儿男心中才安宁。尤其希望父亲大人不要来省城，现正是军务倥偬之际，免得让省中大衙门多出一番应酬。儿男也只有尽心办理一切，不将牵裾依恋之情转而增加大人慈爱感叹的心怀，伏望父亲大人垂鉴。余容续禀。

【点评】

曾氏于此书中向父亲汇报了军事情况。太平军的势力再次侵入岳州城内，占领龙阳，曾氏正在尽力调集各路军队，修理战船以应敌军，形势紧急。就在这种情况下，军队还闹了火灾，这更给繁忙的军务添乱，但是曾氏处乱不惊，"认真办理，断不因此而稍形懈弛"，由此我们可以看出曾氏的将帅之风。信中所提胡永芝即胡林翼，是中兴四大名臣之一，他早年曾不误正业，后来父亲病亡，他改过自新，成为一代名臣。胡林翼的经历可以给我们现代人以启迪。

咸丰四年六月初二日与诸弟书

公元 1854 年 6 月 26 日

澄侯、温甫、子植、季洪老弟足下：

父大人自县还家后，又接一信，知合家清吉，甚慰甚慰。

此间发探卒数十人至常德、龙阳探听，均言常德已于十六日失守。省局及各处探信，众口一词，而桃源廿三日尚有请兵禀帖来省，桃源去常六十里，不应郡城失陷一无所闻，大约常德此时尚未失守。现已遣周凤山带道州新田勇一千六百前往，李辅朝带楚勇一千，胡永芝带黔勇六百，新宁赵令带楚勇千人驰往，合之贵州兵一千，并常德本城二千，共六七千之多，兵力实不为单。惟中隔河水四渡，不知各兵能过至常否？澧州西接荆州之贼，南接常德之贼，而蒋家之富，久为贼所垂涎，实属可危。塔提军于廿二日在新墙打一胜仗，夺获贼船四十七只，夺得木城一座，现驻扎新墙之北，离岳州尚五十里。通城之贼，与江老四之楚勇相持月余。

林秀三因名声不好（人人言其勇骚扰异常），撤回省城。自通城、平江之官绅庶民及省城之官员，无不说秀三坏话者。毁誉之至，如飘风然，蓬蓬然起于北海，蓬蓬然入于南海，而不知其所自，人力固莫能挽回也。

水师战船，省河所修葺及衡城所新造者，皆精坚可爱，比去年者好得三倍。拟于初十间令褚、夏、杨、彭起行赴常德剿办，是为头帮；余待广西水勇到一同起行，为二帮；陈镇台七月初起行，为三帮。现在发往各处者兵勇共二万人，饷项十分支绌，幸广东解银十二万，近日可到，略有生机。罗罗山初三可到省。芝生之信，罗山一到即交，当可速耳。

儿侄辈总须教之读书，凡事当有收拾。宜令勤慎，无作欠伸懒漫样子，至要至要。吾兄弟中惟澄弟较勤，吾近日亦勉为勤敬。即令世运艰屯，而一家之中勤则兴，懒则败，一定之理，愿吾弟及儿侄等听之省之。付回参茸丸一坛，即颜翼臣、王仲山所作者。父大人能服更好，若不相宜，叔父及家中相宜者服之可也。

初二日申刻，兄国藩手草。

【译文】

澄侯、温甫、子植、季洪老弟足下：

父亲大人从县城回到家后，又收到一封信，得知全家清平安吉，非常欣慰。

这段时间派了几十个探子到常德和龙阳打探消息，都说常德已经在十六日失守。省局以及其他各处探听到的消息都这么说，但桃源二十三日还有请求援兵的报告送来省城。桃源距离常德只有六十里，不至于对常德失陷一无所闻，大概这时常德还没有失守。现在已经调遣周凤山带领道州新田兵一千六百人、李辅朝带湖北兵一千人、胡咏芝带贵州兵六百人、新宁赵令带湖北兵一千人赶去救援。合计贵州兵一千人，加上常德本城兵两千人，总共有六七千人之多，兵力实在不少。只是中间隔着四条河水，不知各兵能不能过河到达常德？澧州西面紧接荆州的敌人，南面接着常德的敌人，而蒋家的财富早就被敌人垂涎三尺，实在危急。塔提军二十二日在新墙打了一个胜仗，缴获敌人的船四十七只，夺取木城一座。现在驻扎在新墙的北面，离岳州还有五十里，通城的敌人与江老四的湖北兵相持了一个多月。

林秀三因为名声不好，撤回到省城。通城、平江的官员士绅和平民百姓以及省城的官员，没有人不说秀三的坏话。毁誉之词无以复加，像风一样呼呼地从北海刮起，又呼呼地吹到南海，不知道来自什么地方。这是人力无法挽回的。

水军的战船，省城河中所修理的和衡州所新造的，都精美坚固无比，比去年的好上三倍。计划在十日命令褚、夏、杨、彭起行奔赴常德剿匪，这是第一批人马；等到广西水兵到来，我与他们一同起程为第二批人马；陈镇台七月初起程为第三批人马。现在派到各地的士兵共有两万人，军饷非常紧张，幸亏广东送了十二万两银子来，估计这两天能到，才略有生机。罗罗山初三可到省城。芝生的信，罗山一到就交给他，应该会很快的。

儿侄辈总应该教他们读书，什么事都应当让他们处理，要让他们勤劳谨慎，不要做打呵欠、伸懒腰散漫的样子，这十分重要。我的兄弟中只有澄弟比较勤快。我最近也努力做到勤奋恭敬。尽管世道艰难，而对于一个家庭来说还是勤则兴盛、懒则衰败，这是万世不变的道理，希望我弟我儿侄们认真听从，认真反省。寄回参茸丸一瓶，就是颜翼臣、王仲山所制造的。父亲大人能够服用此药更好，要是不适合，叔父以及家中合适的人服用也可以。

初二日申刻，兄国藩手草。

【点评】

此封家信谈到刺探太平军消息，遣军进攻太平军及塔齐布新墙战捷，分析通城战事和水军近况，最后勉励子侄要勤慎，有恒心，做事不能离开“勤”字。在这封家书中，曾国藩的核心观点是：一个人要勤于做事，切忌涣散懈怠。现实社会中的确有许多人就是“懒”字当头，做事今天拖明天，明天拖后天，千方百计找借口拖延，没有恒心做好自己的事情，绝对不会成功。这类人应当铭记曾氏的名言：“勤则兴，懒则败。”

咸丰四年六月初四日与诸弟书

公元1854年6月28日

澄、温、沅、季四弟足下：

昨发一信后，罗山即于初三到省。是日二更得信，周凤山、李辅朝之勇，于廿九在龙阳得三胜仗，廿九日夜终宵鏖战，不得休息。初一早一战，即已败溃。盖扎营城外沙洲之上，是夜涨水侵入营盘。初一早，营内水深尺余，贼船三面环攻，共二千余号之多。此时逃出营外，途中无船可渡。淹毙至二三百人，军器全失。周、李皆健将，此番大挫，尤焦灼也。

家中长夫，春二、维五、芝三、明四等皆不愿远出，兹皆令其回里。其工钱每月三十日，并未扣一日耳。余不一一。

【译文】

澄、温、沅、季四弟足下：

昨天寄出一封信后，罗山就在初三到达省城了。当天三更得到消息，周凤山、李辅朝的士兵于二十九日在龙阳打了三个胜仗，二十九通夜鏖战得不到休息，初一早晨，一战就

太平军斩刀

兵败溃散。由于他们在城外沙洲上扎营,当天晚上河里涨水,侵入营盘。一日早晨,营内已水深一尺有余,贼船三面环攻,共有二千余艘之多。这时他们逃出营外,中途无船可渡,淹死的有两三百人,军资器械全部丢失。周、李都是健将,这番大受挫折,让我十分焦灼。

家里长夫,春二、维五、芝三、明四等人都不愿意远出,现都让他们回到乡里。工钱每月按三十日计算,并没有扣一日的。余不一一。

【点评】

这封家信主要讲了李辅朝在龙阳因为驻扎地点失误以及鏖战太久而终于被太平军击败。周凤山、李辅朝都是猛将,他们的战败让曾国藩感到了焦躁不安。由此可见曾氏对于战争的谨慎态度。在信末提到让四名长夫回家而不扣他们一天工钱,足见曾氏治家之得人心,这是让我们现代人所深思的。

咸丰四年六月初六日与诸弟书

公元1854年6月30日

澄、温、沅、季老弟足下:

昨寄一信,言周凤山、李相堂龙阳之败。后接来禀,知周营千一百人中实伤毙四十人,李营千人中实毙十九个人,尚不为大挫。胡永芝初四由安化至桃源,一路剿贼,周、李即可同去。

广西水勇,李太守带来,今日到省,若配齐船只尚须十余日,乃可行也。

余不一一。

【译文】

澄、温、沅、季老弟足下:

昨天寄出一封信,主要讲的是周凤山、李相堂龙阳战败的事。后来收到他们的禀报,知道周营一千一百个人当中实际伤亡四十个人,李营一千人当中实际死了十九个人,还算不上遭受重创。胡永芝初四由安化到桃源,一路清剿贼寇,周、李便可与他同去。

广西水兵由李太守带领而来,今天到达省城。如果等配齐船只,还需十几日才可出发。

【点评】

这封家书十分简短,信中简单介绍了周凤山、李相堂龙阳战败的事,但他们损失都不大,因此仍可以继续剿匪。事情虽然简单,但仍然在百忙之中写此家书,可见一个人的恒心毅力是多么重要,这给我们整天说写日记而却天天不行动的人树立了一个好榜样。

咸丰四年六月十二日与诸弟书

公元1854年7月6日

澄、温、沅、季四位老弟左右:

刘一至,接到父大人手谕并诸弟各信,欣悉乡里人和年丰,犹是盛世景象。

周凤山初一早在沅江城外打败仗,次日退至益阳,初三停住一天,初四仍出征,由安

化、桃源一路至常德剿贼。凤山之勇打仗并未多伤，仅伤十余人，水淹死者又近二十人，其余陆续回营，隔日即能整队出征，真可爱！真可敬！

常德、澧州并于十六日失守，现在均已贼退。初三、四、五贼船由西湖回至东边，约以千余计，不知系占踞岳州，抑系径赴下游湖北，现未探确。

初十日奏折奉批回，谢恩折批云"知道了"，请专折奏事片批云"着准汝单衔奏事"，请塔军门出境剿贼片批云"另有旨"，其寄谕抄回。圣上此次并不十分催促，尤深感激。

省城新铸大钱，甚为可观，兹付当百者五十文，当五十者五十文，乞查收，并寄七千五百文，收据为凭。余不一一。

【译文】

澄、温、沅、季四位老弟左右：

刘一来到，儿男收到父亲大人的亲笔信和几位兄弟的几封来信，很高兴地知道乡里人和年丰，依然是盛世景象。

周凤山初一早晨在沅扛城外打了败仗，第二天退到益阳，初三停驻一天，初四仍旧出征，由安化、桃源一路到常德清剿贼寇。凤山的兵勇，打仗并没有伤多少人，仅伤十余人，被水淹死的接近二十人，其余的人陆续回到军营中，隔日就能整队出征，真令人敬爱，真令人佩服。

常德、澧州都在十六日失守，现在贼寇都已经撤退。三日、四日、五日贼船由西湖回到东边，大约有一千多只船。不知道是去占据岳州，还是直接开赴下游湖北，现在还没有探听明确。

初十奏折奉批复回。谢恩折批语说"知道了"，请专折奏事片批复说"着准汝单衔奏事"，请示塔军门出境剿贼片批复说"另有旨"。现将寄谕抄录寄回。圣上这次并没有着急催促，我十分感激。

省城新铸的大钱，形制十分可观。现在一同寄回当一百用的五十枚，当五十用的五十枚，请查收。并寄七千五百文收据作为凭据。余不一一。

【点评】

这封信的主要内容是说军事情况，一方面谈到周凤山在沅江城外打了败仗，但损失不大仍继续作战，令人可敬可爱；另一方面谈到太平军的军事动向，同时还记录了奏折的所有批复，并谈到朝廷并不催促湘军出军。曾氏历来重视文书资料的整理，这给我们现代人很大启示。

咸丰四年六月十八日与诸弟书

公元1854年7月12日

澄、温、沅、季老弟左右：

湖北青抚台于今日入省城。所带兵勇均不准其入城，在城外二十里扎营，大约不过五六千人。其所称难民数万在后随来者，亦未可信。此间供应数日，即给与途费。令其至荆州另立省城，此实未有之变局也。

邹心田处，已有札至县撤委。前胡维峰言邹心田可劝捐，余不知其即至常之兄也，昨接父大人手谕始知之，故即札县撤之。胡维峰近不妥当，亦必屏斥之。余去年办清泉宁征羲、宁宏才一案，其卷已送回家中，请澄弟查出，即日付来为要。

湖北失守，李鹤人（孟群，带广西水勇来者）之父想已殉难。鹤人方寸已乱，此刻无心办事，日内尚不能起行，至七月初旬乃可长征耳。余不一一。十八日早，兄国藩手草。

诸弟在家教子侄，总须有勤敬二字。无论治世乱世，凡一家之中，能勤能敬，未有不兴者；不勤不敬，未有不败者。至切至切！余深悔往日未能实行此二字也，千万叮嘱。澄弟向来本勤，但敬不足耳，阅历之后，应知此二字之不可须臾离也。

【译文】

澄、温、沅、季老弟左右：

今天，湖北青抚台率领军队进入省城，但所带的士兵，都不允许入城，只命令他们在城外二十里扎营，人数大约有五六千人。他说有几万难民跟随在后面，也不可尽信。我打算让他们再逗留几天，然后打发给他们一些路途费用，命他们到荆州另立湖北省城。这样的变乱局面的确从未发生过。

邹心田那里，已有信札寄到县里，撤去委托他劝捐这件事。以前胡维峰说邹心田可以劝捐，而我不知道邹就是至堂的兄长。昨天收到父亲大人的亲笔信才知道，所以就用信札通知县里撤去。胡维峰最近办事不妥当，我也一定会对他有所惩罚。我去年审理清泉宁征羲、宁宏才一案，案卷已经送回家中，请澄弟清查出来，并即日送来这很重要。

湖北失守，李鹤人之父（孟群，带领广西水兵的人）估计已经为国殉难。如今鹤人方寸大乱，必定无心办事。因此我近日还不能起程出发，到七月上旬才能远行。我不一一说明了。十八日早，兄国藩手书。

弟弟们在家训导子侄，最重要的是"勤敬"二字。无论是和平时期还是战乱时期，凡一家之中能做到勤和敬的，无不兴旺发达；要是不勤不敬，则难逃衰败的命运。千万牢记！过去没能够切实履行这两个字，如今我非常后悔，所以现在才对你们千叮万嘱。澄弟一直以一个勤字为先，只是敬做得还不够。等你们有了阅历之后，就会发现这两个字是须臾不可离开的。

【点评】

此信首先谈到湖北局势和邹心田、李孟群之事，表现曾氏善于谋变、善于体察下人以及处事稳健的性格。最后在信中着重强调要以"勤敬"二字治家教子，体现了曾国藩的"勤敬"思想，这是贯穿他一生的思想，诚如曾氏所言："无论治世乱世，凡一家之中，能勤能敬，未有不兴者；不勤不敬，未有不败者，至切至切！"

咸丰四年六月廿三日与诸弟书

公元 1854 年 7 月 14 日

澄、温、沅、季四位老弟左右：

廿二日彭四到，接父大人手谕及诸弟来信，欣悉一切。

廿日折差归，阅京报，袁漱六于五月十三日引见得御史，十五日特旨放江苏苏州府遗缺知府。渠写信回，甚长，怨我何不写信复之，又言即日须娶妾。于干戈乱离之际，放知府甫三日，即以此事为初政，颇为可怪。又要其家专人至京，渠有多少事要交代。兄因各捐生事，亦欲造册专人至京，如袁家人去，即与之同行也。余前奏捐事，部议已准，兹抄回。

广西水勇于十八日杀死祁阳勇七人，日内严查逞凶下手之犯，必须按律严办。

湖北青抚台带来之兵勇，大约二万金乃可了事。饥困之后甚安静，不闹事也。

余拟于七月初六起行，甲三、甲五二人，可令其来省送我。盖少年之人，使之得见水陆军旅之事，亦足以长见识；且子侄送我，亦至理之不可少者也。

书不一一，余俟续布。

【译文】

澄、温、沅、季四位老弟左右：

二十二日彭四来到，收到父亲大人的亲笔信和各位兄弟的来信，知道了一切都很欣慰。

二十日折差回来，看阅京报，袁漱六在五月十三日蒙皇上召见得为御史，十五日特旨外放为江苏苏州府遗缺知府。他写家信回来的时间已经很长了，埋怨我为什么不写回信答复他，又说马上需要娶妾。在兵荒马乱的时候，上任知府才三天，就把这件事作为上任后的第一件事，真是奇怪。又要他家里派专人到京城，他有很多事情要交代。为兄的因为有各个捐生的事情，也要造册，派专人送到京城。如果袁家有人去，就与他同行。我前次奏请捐生员那件事，部议已经批准，现在抄写寄回。

广西水兵在十八日杀死祁阳士兵七人。现在正在严厉查找下手的凶犯，必须按照法律严加惩办。

湖北青抚台带来的水兵，大约要两万两银子才能够了事。饥困之后的士兵很安静，没有闹事。

我打算在七月六日起程，甲三、甲五两人，可以叫他们来省城送我。大概年轻人，让他们能够见识水陆军旅之事，也完全能够增长见识；况且子侄送我，也是符合情理的。

书不详尽，以后再续。

【点评】

这封家书提到袁漱六任御史和苏州知府，谈及广西水兵闹事，要求纪泽、纪梁到省城送自己。而这其中尤其可以注意的是袁漱六在到任后的第一件事竟是娶妾，真是“颇为可怪”。在那样干戈乱离的时候仍有许多朝廷官员在醉生梦死，这也就无怪乎太平天国运动会爆发，大清朝会灭亡了，只有一两个如曾国藩这样的治世能臣，也是无法改变这不可逆转的历史趋势，可悲可叹！

咸丰四年七月廿一日与诸弟书

公元1854年8月14日

澄侯、温甫、子植、季洪四位老弟左右：

自十六日水师大败，十八日陆营获胜，吾两寄家书，想已收到。

十九、二十皆平安。廿一日陆军开仗，辰勇深入，误中贼伏，诸殿元阵亡，带新化勇之刘国庆亦阵亡，辰勇、新化勇、宝勇相继奔溃，塔军门坐马扎子镇住，独不奔回，身旁仅数十人。杨名声带宜章勇前往救援，喝令各营倒回，仍前进杀贼，始得保全。智亭又追贼数里，杀毙数十名。我军伤亡者亦仅数十人。下半天，水师至陈陵矶开仗，去三板艇二十余只，二更尚未归营，不知胜负若何。下游贼势浩大，合武昌汉口之贼尽锐上犯，水师太单，恐难得力。吾惟静镇谨守，以固军心而作士气。

初六、十四胜仗一折，十六、十八胜败互报一折，兹专人送归，呈父叔大人一阅。

家中兄弟子侄，总宜以勤敬二字为法。一家能勤能敬，虽乱世亦有兴旺气象；一身能

清代望远镜

勤能敬，虽愚人亦有贤智风味。吾生平于此二字少工夫，今谆谆以训吾昆弟子侄，务宜刻刻遵守，至要至要。家中若送信来，子侄辈亦可写禀来岳，并将此二字细细领会，层层写出，使我放心也。余俟续布。七月廿一夜三更，兄国藩手草。

水师顷已于三更回营，完好无恙。辰勇闻只伤十余人，阵亡者系一刘千总，带道标勇者，非刘国庆也。

【译文】

澄侯、温甫、子植、季洪四位老弟左右：

自十六日水军大败，十八日陆军获胜，我两次寄出家书，估计已收到。

十九、二十日都平安无事。二十一日陆军开仗，辰州士兵深入，误中敌人埋伏。结果诸殿元阵亡，带领新化兵勇的刘国庆也阵亡了。辰州兵勇、新化兵勇、宝兵勇相继奔溃。塔军门坐在马扎子上镇住逃兵，独不奔回，身旁只有数十个人。杨名声带领宜章兵勇前去救援，喝令各营掉转回头，仍前进杀贼，才得以保全。塔智亭又追逐贼兵数里，杀死了数十人。我军伤亡的也仅有数十人。下半天水师到陈陵矶开仗，去了舢舨艇二十余只，二更天还没有回营，不知道胜负如何。下游贼势浩大，会合武昌、汉口的贼兵都是其精锐进犯。水师力量过于单薄，恐怕难以应付。我唯有静心谨慎地镇守，以此来稳固军心和振作士气。

初六、十四日打了胜仗有一道奏折，十六、十八日胜败各报一道奏折，现派专人送回，呈给父亲、叔父大人一阅。

家中兄弟子侄，都应用"勤敬"二字作为修身法则。一家人能勤能敬，即使是在乱世也会有兴旺气象；一个人能勤能敬，即使是愚人也有贤人智者的风度。我平生在这二字上缺少功夫，现在谆谆训导我的兄弟子侄，一定要时时刻刻遵守，至要至要。家中如果送信来，子侄辈也可写禀帖附送来岳州，并把这两字细细领会，层层写出，叫我放心。余俟续布。七月二十一夜三更，兄国藩手草。

水师刚刚已经在三更回营，完好无损。辰州兵勇听说只伤了十余人，战死的是刘千总，带领道州兵勇的，不是刘国庆。

【点评】

这封信的主旨内容与前一封信相同，开始谈到湘军与太平军战斗激烈，互有胜败，后来勉励诸弟、子侄以"勤敬"修身持家。体现了曾国藩的"勤敬"思想。初看起来，一个人要做到勤与敬，看起来非常容易，但是实际上要真正做到这一点，很了不起。就如曾氏所言：一家人能勤能敬，即使是在乱世也会有兴旺气象；一个人能勤能敬，即使是愚人也有贤人智者的风度。

咸丰四年七月廿七日与诸弟书

公元 1854 年 8 月 20 日

澄侯、温甫、子植、季洪四弟足下：

安五至，接到家书，具悉一切。

自十八日一战后，廿一日陆路开仗，小有挫衄，诸殿元阵亡，千总刘士宜阵亡，余兵勇伤亡廿余人，贼亦歼毙数十人。二十六日，贼从湖北颁集悍贼二万人，由临湘陆路前来，意欲扑塔、周、罗山等之营盘，陆路既得，水军自然失势，拼死攻扑，满山满坑无非黄旗红巾，比三月初十人数更多。幸罗山之湘勇得力，将头起杀退。以后如周凤山之营、杨名声之营。亦俱奋勇，杀贼共七八百名。此股贼来甚多，必有屡次血战，东南大局，在此数日内可定。如天之福，陆路得获大胜，水路亦可渐次壮盛也。带水师者，有战阵之险，有风波之苦，又有偷营放火之虑，时时提防，殊不放心，幸精神尚好，照料能周耳。

霞仙定于本月内还家，渠在省实不肯来，兄强之使来。兵凶战危之地，无人不趋而避之，平日至交如冯树堂、郭云仙等尚不肯来，则其他更何论焉！现除李次青外，诸事皆兄一人经手，无人肯相助者，想诸弟亦深知之也。甄甫先生去年在湖北时，身旁仅一旧仆，官亲、幕友、家丁、书差、戈什哈一概走尽，此亦无足怪之事。兄现在局势，犹是有为之秋，不致如甄师处之萧条已甚；然以此为乐地，而谓人人肯欣然相从，则大不然也。

兄身体如常，癣疾不作，乞告禀父叔大人千万放心。七月廿七日，兄国藩顿首。

好茶叶望寄数斤来。

【译文】

澄侯、温甫、子植、季洪四位老弟足下：

安五到来，接到家信，详悉一切。

自十八日一战后，二十一日陆路又开仗，受到小小的挫败创伤。各殿元阵亡，千总刘士宜阵亡，其余兵勇伤亡二十余人，敌人也被歼毙数十人。二十六日，贼党从湖北集结悍战贼兵两万人，从临湘陆路前来，意思是想攻打塔、周、罗山等营盘。陆路既已得利，水军自然失利，拼死攻扑，满山满坑没有一处不是黄旗红巾，比三月初十人数更多。幸而罗山的湘勇得力，把第一波贼兵杀退。以后像周凤山的营盘、杨名声的营盘也都奋勇作战，杀死贼兵七八百名。这股贼兵来得很多，一定有屡次血战。东南大局，在这几天内可以安定。要是老天降福，陆路能获大胜，水路也可渐渐壮大。带领水师的，有战阵的风险，有风波的艰苦，又有偷营放火的忧虑，时时提防，极不安心，幸而我精神还好，还能照料周到。

霞仙决定在本月内回家。他本不肯来省城，是为兄强使他来的。兵凶战危之地，没有人不赶快逃避的。平日里至交如冯树堂、郭云仙等尚且不肯来这里，其他人就更不必说。现在除李次青外，各种事务都是为兄一人处理，没人肯相助，想来诸弟也深深知道这一点。甄甫先生去年在湖北时，身旁只有一个旧仆人，官亲、幂友、家丁、书差、戈什哈一律走光，这事也是没什么奇怪的。为兄现在的局势仍然是可以大有作为，不至于如甄师处那么萧条至极。然而把这里当做乐园，而认为人人都肯欣然相从，那就大错特错了。

我身体和往常一样，癣病未发，请告禀父亲、叔父大人千万放心。七月二十七日，为兄国藩顿首。

好茶叶希望能寄几斤来。

【点评】

曾氏虽为一军统帅，但是却不是一般人想象得那么风光，他也有他的窘困之处。自从湘军与太平军交战以来，曾氏军队尚未取得一次很有声望的胜利，这引起了其他人对曾氏军队的质疑。战阵危险，风波险苦，除了李元度外，曾氏基本得不到将才的支持，就连平日至交冯树堂、郭云仙等亦“趋而避之”，这恐怕与湘军不强的军威有关，但这并没有打败他的信心，他认为现在的形式是建功立业的好时机，并以此为乐，可见曾氏的气度之大。

咸丰四年闰七月初二日与诸弟书

公元1854年8月25日

澄、温、植、洪四弟足下：

初一日胡二、春二、维五至，接父大人及诸弟手书，具悉一切。自廿六日陆路大获胜仗之后，廿八日陆路又大胜，廿九日水路大胜。贼自湖北汉黄以下，尽纠精锐来岳，以与我军相抗。廿八日鏖战至五个时辰之久，塔军门匹马冲突，忽东忽西，全军士卒无一人不俯首咋舌，称为神勇。

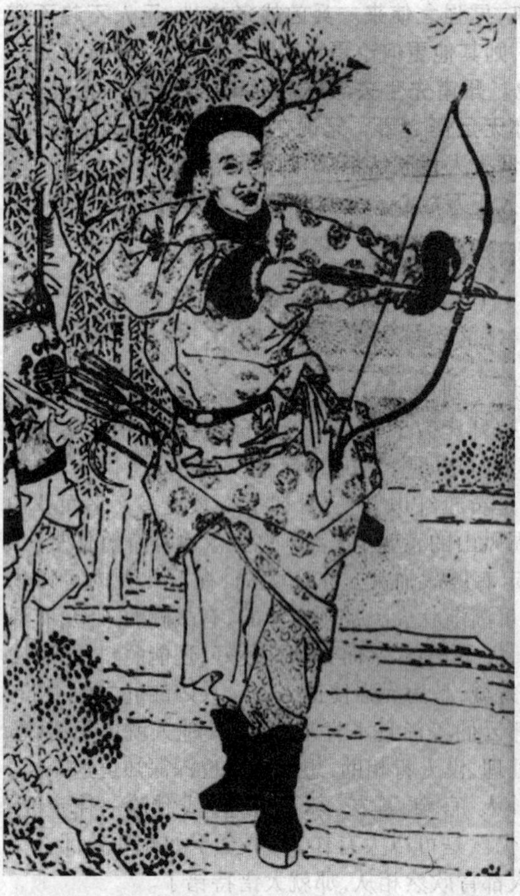

塔齐布像，出自《紫光阁功臣小像》。塔齐布是满族正黄旗人，清将领，从曾国藩湘军征讨太平军

廿九日辰刻接仗，塔公打中路，罗山打西路，周凤山打东路。罗山之湘勇，此次最为出力。贼分五六千人，专扑罗山一路，湘勇竟能以少胜多。我军猛杀，则贼败退，退不过二里，辄回戈相向，大杀一回，如是者三退三进，湘勇竟能抵住，不忙不乱，至第三次追去，贼亦不敢回顾矣。周凤山之勇，杨名声之勇，皆极勇敢向前，一可当十。是日自辰至申，杀贼共计五百余人，贼自败奔，跌崖坠涧死者，其数尚多。

水师于未刻至陈陵矶，适有贼船上来，开炮轰击，贼舟奔退，乘势追下至擂鼓台，烧贼船约二十余号，夺获贼船约七十余号，杀毙、溺毙之贼约千余人。盖是日凶悍之贼皆已上岸，每船仅留二三贼在船，余皆被掳之水手，一见官兵开炮轰击，贼与水手纷纷扑水自溺，故我军愈得势也。

三十、初一日，水师皆出队击贼。

三十日未甚交锋，初一日李鹤人一营在前攻剿，击断陈镇车之旧拖罟船头桅，毙贼十余人。

陆营经廿六廿八九日三次血战之后，二日内未开仗。现在陆营有六七分可靠。水营有四五分可靠，拟再备舢板数十号，小渔划一百号，出队开仗时散布满河，抛掷火球，以乱贼阵，或更有济。余不一一，即乞禀告父、叔大人堂上为要。千万放心。闰七月初二日，兄国藩字。

自十六日水师大挫之后，至廿九日获一胜仗，人心始克大定。不料初一日酉刻，广西勇收队回来，在刘公矶一带开炮，讹传为贼船上来，岳城百姓纷纷逃奔，扶老携幼，号泣于道。南津港各船，皆挂帆开逃，严禁之而不能止。军心总不坚定，颇可虞也。

现在力求镇定，总以不出队、不开仗为主。

【译文】

澄、温、植、洪四弟足下：

初一胡二、春二、雏五来到，收到父亲大人及诸弟手书，知道了所有事情。自二十六日陆路大获全胜之后，二十八日陆路又获大胜，二十九日水、陆都大胜。贼兵自湖北汉口、苋冈以下，把全部精锐都纠集到岳州，与我军对质抗衡。二十八日鏖战达五个时辰之久。塔军门匹马冲突，忽东忽西，全军士卒没有一人不俯首咋舌，称他神勇。二十九日辰时接仗，塔公打中路，罗山打西路，周凤山打东路。罗山的湘勇这一次最为卖力。贼兵五六千人专扑罗山一路，湘勇竟能抵挡住，不忙不乱。到第三次追逐，贼兵也不敢回顾了。周凤山的兵勇、杨名声的兵勇，都极其勇敢向前，能以一当十。这一天自辰时至申时，杀贼兵共计五百余人。贼兵自己败逃，跌岩坠涧死的人数更多。

水师于未刻来到陈陵矶，正遇到贼船上来，烧毁贼船约二十余艘，夺获贼船约七十余艘，杀死溺死贼兵大约一千余人。大概这天凶悍的贼兵都已上岸，每船仅留二三个贼兵在上面，其余都是被掳去的水手，一见官兵开炮轰击，赋兵和水手都纷纷投水自溺，因此我军越发得势。

三十日、初一日，水师都出兵杀贼。三十日没怎么交锋。初一日，李鹤人一营军队在前面攻剿，击断了陈镇军旧拖网船的头桅，杀死贼兵十余人。

陆营经过二十六日、二十八日、二十九日三次血战之后，两天内没有开仗。现在陆营有六七分可靠，水营有四五分可靠，打算再准备舢板数十艘，小渔划子一百艘，出兵打仗时，散布满河，抛掷火球，扰乱贼兵阵势，或者更有帮助。余不一一。就请禀告父亲、叔父大人为要，让他们千万放心。

自从十六日水师大败之后，到二十九日打了一次胜仗，人心才开始稳定下来。不料初一酉时，广西兵勇收队回来，在刘公矶一带开炮，谣传说是贼船上岸来了，岳城百姓听后纷纷逃奔，扶老携幼，满路上哀号哭泣。南津港的船只，都挂帆开拔逃走，严令禁止却无人听从。军心总是不能坚定，叫人颇为担忧。

现在力求军心镇定，总以不出兵、不打仗为主。

【点评】

战争有胜有败，而胜败的关键则是军心是否坚定：如果众志一心，则能以一当十，战无不胜；相反，如果军心不稳，则会风声鹤唳，一有风吹草动就溃散逃奔，如此军队是没有战斗力可言的。这封家书中正反映了曾氏治军之法唯在力求军心镇定。

咸丰四年闰七月初三日与诸弟书

公元1854年8月26日

澄、温、沅、洪老弟左右：

初二日遣刘四、王晚送信回家。是日申刻得信，智亭于巳刻传令直扑贼营，行至近贼营盘，天大风雨，贼点大炮不燃。放火球亦不燃。我军勇气百倍，虽数万竹签布地，数重深沟高墙，竟能一直扑入。一营既破，各营胆寒，不过一时之久，竟将贼营十三座全行踏蹋。数万之贼，狂奔大溃，满山遍谷。我军穷追，愈追愈力。有直追至陈陵矶江边，逼贼下水者不下千人，有追至半途而返收取贼物者。大约抢到骡马六七百匹，大炮数十位，抬枪数百枝，鸟枪刀矛以千件计，旗帜亦以千计。自有此贼以来，未有如此剿洗痛快者也。

兄申刻得信，又派水师前往追剿。行至陈陵矶，即已天黑，因驻扎焉。派舢板往下追十余里，贼舟已全数下窜。今日黎明，各船当进追。待其追贼归来，水营当进扎陈陵矶下擂鼓台一带，以与陆营相近，联络一气。

余俟续布。

初三日辰刻，兄国藩字。

【译文】

澄、温、沅、洪老弟左右：

初二日，为兄派刘四、王晚送信回家。这一天申刻得到消息，说塔智亭在巳时传令，直接攻扑贼营。行到贼兵营盘附近，天忽然刮风下大雨，贼兵点不燃大炮，施放火球也不能燃烧。我军勇气百倍，虽然有数万竹签布满地面，数重深沟高墙，而竟然能够一直攻打进去。一营既被攻破，其他各营胆寒。不过一个时辰，竟把贼营十三座全部攻陷，数万贼兵狂奔逃走，满山遍谷都是。我军穷追不舍，越追越有力，有的一直追到陈陵矶江边，把贼兵逼赶下水的不止千人，有的追到半路而返回，收取贼军器物，大约抢到骡马六七百匹、大炮数十位、抬枪数百支，鸟枪刀矛数以千计、旗帜也数以千计。自从有此贼以来，还没有像这样剿灭得痛快的事。

为兄申刻得到消息，又派水师前往追剿，行到陈陵矶就已天黑，因而驻扎下来，派舢板船向下游追了十余里，贼船已经全都向下逃窜。今天黎明，各艘船进一步追剿。等到追贼回来，水营将驻扎在陈陵矶下擂鼓台一带，以便和陆营靠近，联络一气。

以后接着续。

初三日辰刻，兄国藩字。

【点评】

通过读这一封家书，我们可以深刻地体会到曾国藩由于这场战争的胜利而表现出来的喜悦之情。自从创建湘军以来，虽然有胜有败，但从没有一次像这一仗这样打得这么痛快，终于大获全胜。一个雄心万丈的男人终于体验到了成功的喜悦，真是快哉，快哉！

咸丰四年闰七月初九日与诸弟书

公元 1854 年 9 月 1 日

澄侯、温甫、子植、季洪足下：

自初二日陆路连蹋贼营十三座，夺获马骡七八百匹，军械二千余件。是夜，水师进追四十里，贼舟舍命奔逃。初三日又追百余里，贼弃舟登岸者甚多。初四日追至六溪口，追得贼船十余号，开炮轰击，贼仅放数炮抵拒，旋即登岸逃走。我军入口内之湖搜剿，搜得贼船百数十号，一见我军开炮围攻，即纷纷弃舟而去。军士争欲抢船，杨载福下令只许焚烧，不许抢夺，遂将百余船一炬焚之。是夜，将士搜湖三十里，通宵未睡，次早，仍回新堤、螺山驻扎。以小划探至金口，皆无贼船。

自金口至武昌六十里，不知贼船尚存若干。此番若能乘胜直追下去，武汉竟易收复。可惜我水师尚须添募，船炮亦未齐全，陆路之兵，尚无粮台随行，不能遽进。连日北风甚大，亦难东下，风稍息，余即进扎螺山也。兹遣人回送一信，即日移营前进，求堂上大人放心。

余不一一。

【译文】

澄侯、温甫、子植、季洪足下：

自从初二陆路连续攻陷贼营十三座，夺获骡马七八百匹、军械二千余件，当夜水师又进追四十里，贼船舍命逃跑。初三又追赶百余里，贼兵弃船登岸的很多。初四日追赶到六溪口，追上贼船十余艘，开炮轰击，贼兵仅放几炮抵抗，马上就登岸逃走了，我军进入口内小河搜剿，搜出贼船一百余只，一见我军开炮围攻，就纷纷弃船逃走。军士争着要抢船，杨载福下令“只许焚烧，不许抢夺”，于是将百余艘船一把火烧了。当夜将士们在河中搜索了三十里，通宵未睡。第二天早晨，仍旧回到新堤、螺山驻扎，用小划子搜索到金口，都没有发现贼船。

自金口至武昌六十里，不知贼船还存有多少艘。这一番如能乘胜直追下去，武汉也容易收复。可惜我军水师还需要添募，船炮也不齐全，陆路的兵勇还没有粮台随行，不能马上进发。接连几日北风很大，也难东下。等风稍微停息，我就进驻螺山。现派人送回一信，我即日移营前进，请父亲大人放心。

余不一一。

【点评】

这封信仍是承接上封信中大胜而写的战势，太平军兵败一溃千里，官兵乘胜追击，势不可挡，但因为限于人员、军备不齐，尚无法收复武昌继续追剿。但不难看出，此时曾国藩已胜券在握，对未来的战争形势充满了必胜的信心。

咸丰四年闰七月十四日与诸弟书

公元 1854 年 9 月 6 日

澄、温、沅、洪四弟左右：

兄于初十日开船，十一日巳刻至螺山，去岳州八十里。杨载福、萧捷三（即彭玉麟之

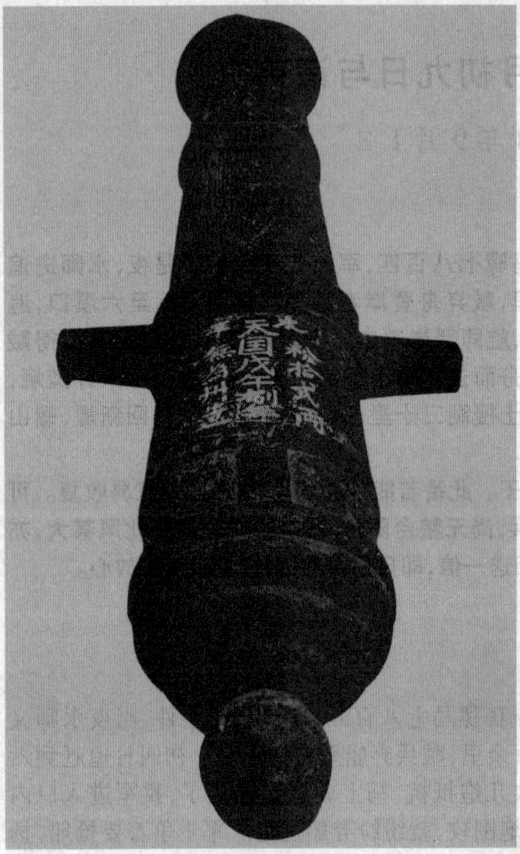

太平军铜炮

营）两营已下驻扎新堤，去螺山又四十五里。

杨、萧于十一夜入倒口黄介湖内搜剿余贼，贼仅开十余炮，即纷纷登岸逃走。各哨官谨遵我不许抢船之令，将六十余号空船一概焚烧。岸上百姓焚香于辫顶，跪岸上欢迎，呼各勇为青天大人。各勇每见一人即得如此称呼，高兴之至。倒口湖内即已搜剿，其下六溪口亦经搜剿，京口以上已无贼踪。自京口六十里至武昌，尚未探明。

大抵贼予水战一事，极为无能。渠所用者民船，每放一炮，全身震破；所掳水手，皆不愿在贼中久住；又以所掳之百姓，令其勉强打桨，勉强扶柁，皆非其所素习。即两次得我之船，得我之炮，皆我兵勇自先上岸，情愿将船炮丢弃与他，是以大败。若使我兵勇自顾其船，不将船炮送他，渠亦断不能拢来追我。此屡次打仗，众勇所亲见而熟知者。渠得我之战船洋炮，并不作水战之用。以洋炮搬于岸上扎营，而战船或凿沉江心，或自焚以逃，亦未收战船之用。惟贼中所擅长制胜者，在渔划百余号，每战四出围绕，迷目惊心。此次余亦办得小渔划百廿号，行走如飞。以后我军见贼小划，或不致惊慌耳。

衡州捐项究竟何如？便中可一打听。永丰大布厚而不贵，吾意欲办好帐房五百架，宽大结实，以为军士寒天之用。澄弟若可承办此事，望与尧阶细商，即在本邑捐项内支用。余不一一。望敬禀父亲大人、叔父大人，军中匆忙，不及楷禀也。

诸子侄辈于勤敬二字略有长进否？若尽与此二字相反，其家未有不落者；若个人勤而且敬，其家未有不兴者，无论世乱与世治也。诸弟须刻刻留心，为子侄作榜样。

又行，凡我屡次所寄奏折、谕旨，家中须好为收藏，不可抛散。或作一匣收之，敬谨奔藏。

【译文】

澄、温、沅、洪四弟左右：

为兄于初十开船，十一日巳刻到达螺山，距岳州八十里。杨载福、萧捷三（即彭玉麟之营）两营已往下驻扎在新堤，离罗螺山又距四十五里。

杨、萧于十一日夜里进入倒口黄介湖内搜剿残余的贼寇。贼兵仅开十余炮，就纷纷登岸逃走了。各位哨官谨遵守“不许抢货”的命令，把六十余艘空船全部焚烧。岸上百姓在辫顶上焚香，跪在岸上欢迎，称呼各位兵勇为青天大人。各位兵勇每遇到一人，就得到这样的称呼，真是高兴极了。倒口湖内既然已搜剿过了，在它下游的六溪口也经过搜剿，京口以上已经没有贼踪。自京口六十里至武昌还没有探明情况。

大体上贼兵对水战一事非常无能。他们所乘用的民船，每放一炮就全身震破，所俘虏的水兵都不愿在贼军中久住。又用掠得的百姓，强迫他们打桨、扶舵，并不是他们平时所练习的。两次获得我们的船和炮，都是我军兵勇先上岸，情愿把船炮丢弃给他们，因此大败。这是屡次打仗，众兵勇所亲眼见到而且熟知的。他们得到我军的战船洋炮，并不用来作战，而是把洋炮搬到岸上扎营，并把战船或凿沉江中，或焚烧逃跑，也没有当战船使用。只是贼兵中有擅长打仗的，乘渔划子四出围绕，叫人目迷心惊。

这次我也置办了小渔划子一百二十艘，在水中行走如飞，以后我军再见贼军小划子，或许就不致惊慌了。

衡州捐项到底怎么样了？顺便可以打听一下。永丰大布厚实而不贵，我想要置办好营帐房五百架，又宽大又结实，以便军士们天冷时使用。澄弟如果能办这件事，希望和尧阶仔细商量，就从本县捐款内支取使用。余不一一。希望敬禀父亲大人、叔父大人，军中匆忙，来不及用楷书写禀。

诸子侄辈对"勤敬"二字是否有了深入的理解？如都与这二字相反，不管什么人的家道没有不败落的；要是个个都勤而敬，那他们的家道没有不振兴的，不论乱世与治世，都是如此，诸弟必须时时留心，为子侄们作榜样。

另外，凡是我屡次寄回的奏折、谕旨，家中必须好好替我收藏，不可抛散。或者制作一个匣子收藏，应该敬谨收藏起来。

【点评】

在倒口湖内太平军败还，曾氏分析了太平军水战失利的原因，太平军虽有善于水战的兵士，却不善于利用先进的武器装备，因此乘驾民船的太平军最终被乘驾战船洋炮的军官所打败了。在信末，曾氏又一次告诫兄弟子侄应以"勤敬"为修身之本，并且着重强调了要妥善收藏所寄回的奏折、谕旨等，足见曾氏对此等物件的重视。

咸丰四年闰七月廿七日与诸弟书

公元 1854 年 9 月 19 日

澄侯、温甫、子植、季洪四位老弟左右：

日来北风甚劲，省城各船不能来营。吾自十六挫败之后，陆续添募水勇。募小划子共百三十号，每号多者六七人，少者三四人，通共小划子载水师千余人，已到七十余号。此外添募之勇，仍用快蟹、长龙、舢板等船，但恨无好炮配之。

水师前营（李孟群）、左营、中营（秦国禄）、清江营（俞晟）各战船皆已驻扎金口，去武昌仅六十里。右营尚在嘉鱼，去金口百五十里。后营、定湘营，尚随余在新堤，去嘉鱼九十里。通共水师大营八营，小营五营。若在广西借得洋炮急至，则振兴气象，较自省起程时尚远胜之，但恐炮难遽至耳。

陆兵大队驻扎羊楼司。罗山于十八日在长安驿打一胜仗。廿三日在羊楼洞打胜仗，破一贼卡。廿四日在佛岭打胜仗，破一贼卡。廿六日在羊楼洞打大胜仗。四次共杀贼七八百人，而我军仅一人受伤。

湘勇之善战，超出各营之上，而罗山以书生而善用兵若此，良可敬也。智亭剿威崇通股匪后，即直下收复武汉。水师亦待陆军同进。而水勇皆跃跃欲战，暗笑主将之不进为极怯也。

廿一至廿九四次胜仗，折已批回，兹抄回呈堂上大人一阅，求诸弟禀明。

余不一一。

【译文】

澄侯、温甫、子植、季洪四位老弟左右：

最近几天来北风很猛，省城各船只不能到营中来。我自十六日受挫失败之后，陆续增添招募水兵。招募小划子总共一百三十只，每只多的六七人，少的三四人。小划子总共可乘载水师千余人，已经到达的有七十余只。此外添募的水勇仍旧乘用快蟹、长龙、舢板等船，只可惜没有好炮配给他们。

水师前营（李孟群）、左营、中营（秦国禄）、清江营（俞晟）各营战船都已驻扎金口，距离武昌只有六十里。右营还在嘉鱼，距离金口一百五十里。后营、定湘营还跟我在新堤驻扎，离嘉鱼九十里。总共水师大营八座、小营五座。要是在广西借的洋炮能迅速运到，那么振兴气象，远比从省城起程要快得多，但是恐怕洋炮难以很快运到。

陆军大队驻扎在羊楼司。罗山于十八日在长安驿打了一个胜仗。二十三日在羊楼洞打了一个胜仗，攻破一个贼兵关卡。二十四日在佛镇打了一个胜仗，攻破贼兵关卡一个。二十六日在羊楼洞打了一个大胜仗。四次总共杀死敌人七八百人，而我军仅有一人受伤。湘军的善战超出各营之上，罗山以一介书生而善于用兵如此，实在可敬！智亭剿灭威崇通股贼兵以后，就直下收复武汉。水师也等待着陆军一同前进，而水兵都跃跃欲战，还暗地里嘲笑主将不进兵是极其胆小。

二十一日至二十九日四次胜仗的奏折都已批复回来，现抄回呈父亲大人一阅，请各位兄弟禀明情况。

余不一一。

【点评】

曾国藩作为湘军主帅极具军事才能，不仅调兵如神，还能够审时度势。湘军水师正在一步步地建设强大，而陆军则屡战屡胜，太平军已失去了抵抗能力，不日即可收复武汉，此时的曾氏定是心情顺畅，意气风发。

咸丰四年八月十一日与诸弟书

公元 1854 年 10 月 2 日

澄侯、温甫、子植、季洪四弟足下：

久未遣人回家，家中自唐二、维五等到后，亦无信来，想平安也。

余于廿九日自新堤移营，八月初一日至嘉鱼县。初五日自坐小舟至牌洲看阅地势，初七日即将大营移驻牌洲，水师前营、左营、中营自又七月廿三日驻扎金口。廿七日贼匪水陆上犯，我陆军未到，水军两路堵之，抢贼船二只，杀贼数十人，得一胜仗。罗山于十八、廿三、廿四、廿六等日得四胜仗。初四发折俱详叙之，兹付回。

初三日接上谕廷寄，余得赏三品顶戴，现具折谢恩，寄谕并折寄回。余居母丧，并未在家守制，清夜自思，局蹐不安。若仗皇上天威，江面渐次肃清，即当奏明回籍，事父祭母，稍尽人子之心。

诸弟及儿侄辈，务宜体我寸心，于父亲饮食起居十分检点，无稍疏忽，于母亲祭品礼仪必洁必诚，于叔父处敬爱兼至，无稍隔阂。兄弟姒娣，总不可有半点不和之气。凡一家之

中，勤敬二字能守得几分，未有不兴，若全无一分，未有不败；和字能守得几分，未有不兴，不和未有不败者。诸弟试在乡间将此三字于族戚人家历历验之，必以吾言为不谬也。

诸弟不好收拾洁净，比我尤甚，此是败家气象。嗣后务宜细心收拾，即一纸一缕，竹头木屑，皆宜捡拾伶俐，以为儿侄之榜样。一代疏懒，二代淫佚，则必有昼睡夜坐，吸食鸦片之渐矣。四弟九弟较勤，六弟季弟较懒，以后勤者愈勤，懒者痛改，莫使子侄学得怠惰样子，至要至要。子侄除读书外，教之扫屋、抹桌凳、收粪、锄草，是极好之事，切不可以为有损架子而不为也。

前寄来曝笋殊不佳，大约以盐菜蒸几次，又咸又苦，将笋味全夺去矣。往年寄京有曝竹，今年寄营有曝盐菜，此虽小事，亦足见我家妇职之不如老辈也，因便附及，一笑。烦禀堂上大人，余不一一。

坐小舟至金口看营，船太动摇，故不成字。

【译文】

澄侯、温甫、子植、季洪四弟足下：

很长时间没有派人回家，家中自唐二、维五等来了以后也没有来信，想来都平安吧。

我于二十九日从新堤拔营出发，八月初一日到抵达嘉鱼县。初五日自己乘坐小船到牌洲察看地形，初七日就将大营迁到了牌洲。水军的前营、左营、中营在闰七月二十三日驻扎到了金口。二十七日贼军从水路和地上进犯，我们的陆军还没有到达，水军分为两路抵挡敌人，抢夺到了两只贼军的战船，杀死了几十名贼兵，打了一次胜仗。罗山在十八日、二十三日、二十四日、二十六日打了四次胜仗。初四日向朝廷上了奏折，将以上情况详细地作了汇报，现将奏折的底稿寄回家去。

初三日接到了圣旨和军机大臣寄来的皇上的谕旨，得知我被赏赐了三品顶戴，现已经写了奏折向皇上谢恩。廷寄、上谕连同奏折一同寄回。我正在守母丧，但没有在家守丧，晚上我思考反省，深深地感到局促不安。如果仰仗皇上天威，江面上的贼匪能够逐渐肃清，便应该奏明皇上回到家乡，侍奉父亲，祭祀母亲，稍稍尽些人子之心。

弟弟们以及子侄们一定要体会我的想法，对父亲的饮食起居要十分细心，不要有丝毫疏忽；对给母亲的祭品必须洁净，礼仪必须诚敬；对叔父要既尊敬又爱戴，不能有一丝的隔阂疏远。兄弟及兄弟内人之间不该有半点不和谐的气氛。凡是一家之中，“勤敬”二字能守得住几分，没有不兴旺的；如果一点也没有，没有不衰落的。和字能守住几分，没有不兴旺的；不和，没有不衰落的。弟弟们不妨在乡里把这三个字对亲戚宗族中的人家一一进行验证，一定会认为我的话是对的。

弟弟们不喜欢整洁，这点我更是如此，这是败家的气象。以后一定要细心收拾，就连一纸一缕、竹头木屑，都应该收拾干净，为子侄们树立榜样。第一代人懒散、第二代人淫逸，就必定会有昼睡夜坐、吸食鸦片之类的事出现。四弟、九弟较勤，六弟、季弟较懒。以后勤的要越勤，懒的要痛改前非，不让子侄学到怠慢懒惰的样子，这是十分重要的。子侄们除了读书之外，让他们扫地、擦桌凳、锄草，都是极好的事，一定不能以为有损脸面而不做。

前些时候给我寄来的曝笋很不好，大概是用咸菜蒸了几次，又咸又苦，笋味全蒸掉了。往年给京城寄过曝竹，今年往军营里又寄来了曝盐菜，这虽然是件小事，可也足以看出我家的女人们在本职事务上比不上老辈人了，顺便提一下，供大家一笑。请将以上情况禀告家中大人，其他事情不一一详谈了。

由于写信时正坐小船到京口查看营地，船太摇晃，所以字写得不成样子。

【点评】

曾氏于此书中再次谈到治家之道。曾氏想向清帝告假还乡，祭拜亡故的母亲，并打点父亲和叔父的起居，另外，曾氏还叮嘱诸弟，治家应以"勤"、"敬"、"和"三字为主，子侄要多参与家务劳作，"万不可以为有损架子而不为也"，只有这样，家族才能长治不衰。在信的结尾，曾氏还谈到了家乡的小菜，这有点让人惊异，军事紧急，曾氏怎么有心谈家事呢？这或许与曾氏见好就收的想法有关。这种想法对四十四岁的曾氏来说，不失为明智之举。

咸丰四年九月十三日与诸弟书

公元1854年10月4日

澄、温、沅、季四位老弟左右：

廿五日着胡二等送家信，报收复武汉之喜。廿七日具折奏捷。初一日制台杨慰农（霈）到鄂相会，是日又奏廿四夜焚襄河贼舟之捷。初七日奏三路进兵之折。其日酉刻，杨载福、彭玉麟等率水师六十余船前往下游剿贼。初九日，前次谢恩折奉朱批回鄂。初十日彭四、刘四等来营，进攻武汉三路进剿之折，奉朱批到鄂。十一日，武汉克复之折奉朱批、廷寄、谕旨等件，兄署湖北巡抚，并赏戴花翎。兄意母丧未除，断不敢受官职。若一经受职，则二年来之苦心孤诣，似全力博取高官美职，何以对吾母于地下？何以对宗族乡党？方寸之地，何以自安？是以决计具折辞谢，想诸弟亦必以为然也。

功名之地，自古难居。兄以在籍之官，募勇造船，成此一悉事业，名震一时自不待言。人之好名，谁不如我？我有美名，则人必有受不美之名与虽美而远不能及之名者，相形之际，盖难为情。兄惟谨慎谦虚，时时省惕而已。若仗圣主之威福，能速将江面肃清，荡平此贼，兄决意奏请回籍，事奉吾父，改葬吾母。久或三年，暂或一年，亦足稍慰区区之心，但未知圣意果能俯从否？

诸弟在家，总宜教子侄守勤敬。吾在外既有权势，则家中子弟最易流于骄，流于佚，二字皆败家之道也。万望诸弟刻刻留心，勿使后辈近于此二字，至要至要。

罗罗山于十二日拔营，智亭于十三日拔营，余十五六亦拔营东下也。余不一一。乞禀

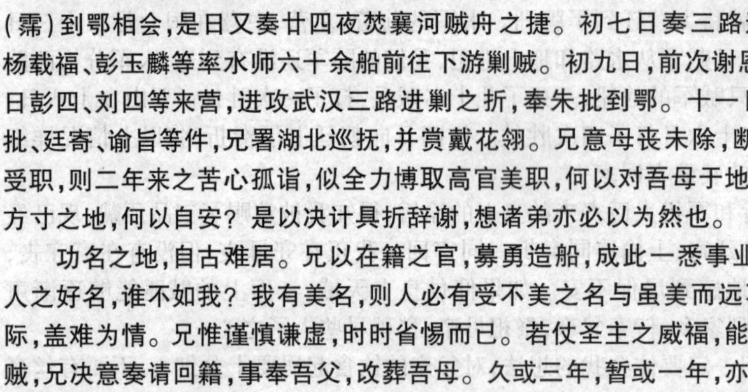

湘军克复武昌战图

告父亲大人、叔父大人万福金安。

兄国藩手草。

【译文】

澄、温、沅、季四位老弟左右：

二十五日派遣胡二等送家信，报告收复武汉的喜讯，二十六日写奏折报捷，初一日制台杨慰农需到湖北相会，当天又奏上二十四晚焚烧襄河贼船之捷。初七日奏上三路进兵的折子。当天酉时，杨载福、彭玉麟等率领水师六十余艘战船前往下游剿灭贼寇。初九日，上次谢恩折皇上朱批送回鄂。初十日彭四、刘四等来到营中。进军武汉三路进剿的折子，奉朱批到鄂。十一日，武汉克复的折子奉朱批、廷寄、谕旨等件，为兄担任湖北巡抚，并赏戴花翎。为兄想来因母丧没有结束，决不敢受官职。如果一旦接受官职，则两年来的苦心孤诣，就好像全是为了博取高官美职，又怎么能自安？因此决定备折辞谢，想来诸弟必定认为是对的。

官场这个地方，从古到今，都是一个难待的地方，为兄作为在籍的官员，招募士勇，修造战船，成就这一番功业，而名震一时，人的好名思想，没有不一样的，我有美名，别人总有得到不好名声的，对比之下，又多么地难为情呢。为兄只有谨慎谦虚，时时自省警惕罢了。如若仰仗圣上的威福，能迅速把江南肃清，荡平这伙贼寇，为兄就决定奏请回籍，侍奉父亲，安葬母亲，长或三年，短或一年，也足以稍稍宽慰我区区的心意，只是不知道圣意真能允许否？

弟弟们在家，一定要时时教育子侄辈遵守“勤敬”二字，我在外面，既有了权势，那么家里的子弟们最容易产生骄傲奢侈、放荡不羁的毛病。“骄佚”二字，正是败家之道，万万希望弟弟们时刻留心，不要让子侄们接近这两个字，至关紧要啊！

罗罗山于十二日拔营东下，塔智亭于十三日拔营东下。我于十五六日也将拔营东下。其余不一一写了。请禀告父亲大人叔父大人，祝他们万福金安。

兄国藩手草。

【点评】

读此书，我们可以感受到曾氏的谦谦儒士之风。咸丰四年八月二十七日湘军一并收复武昌、汉阳两城，取得军事上的巨大胜利，曾氏也被授以湖北巡抚一职，并赏戴花翎，官位虽未升迁，但实权大大增加，从而有利于解决湘军军饷这一大难题。不过曾氏却不愿意接受这一殊荣，因为他服丧期未满，“若一经受职，则二年来之苦心孤诣，似全为博取高官美职，何以对吾母于地下”？在曾氏心中，孝道始终是处于第一位的，这就是为什么即使在战乱中、升迁时，曾氏一再向父母表达敬重的心理、劝诫诸弟孝敬父母的原因。这点值得后人学习。

咸丰四年十月廿二日与诸弟书

公元 1854 年后 12 月 13 日

澄侯、温甫、子植、季洪四位老弟左右：

胡二等于初一日到营，接奉父大人手谕及诸弟信，具悉一切。

兄于二十日自汉口起行，二十一日至黄州，二十二日至堵城，以羊一豕一，为文祭吴甄甫师。二十三日过江至武昌县。二十四日在巴河晤郭雨三之弟，知其兄观亭在山西，因属

湘军与太平军在田家镇及蕲州作战图

邑失守革职，雨三现署两淮盐运使。

二十九日至蕲州，是日水师大战获胜。初一、初四、初五陆军在田家镇之对岸半壁山大战获胜。初九、初十水师在蕲州开仗小胜。十三日水师大破田家镇贼防，烧贼船四千余号。自有此军以来，陆路杀贼之多，无有过于初四之战；水路烧船之多，无有过于十三之役。

现在前帮已至九江，吾尚驻田家镇，离九江百五十里。陆路之贼均在广济、黄梅一带，塔、罗于廿三日起行往剿。一切军事之详，均具奏报之中。兹并抄录寄回，祈敬呈父大人、叔父大人一览。

刘一、良五于廿日至田家镇，得悉家中老幼均吉，甚慰甚慰。魏荫亭先生既来军中，父大人命九弟教子侄读书，而九弟书来坚执不肯，欲余另请明师。余意中实乏明师可以聘请，日内与霞、次及幕中诸君子熟商，近处惟罗研生兄是我心中佩仰之人，其学问具有本原，于说文、音学、舆地尤其所长，而诗古文辞及行楷书法亦皆讲求有年。

吾乡通经学古之士，以邹叔绩为最，而研生次之，其世兄现在余幕中，故请其写家信，聘研生至吾乡教读。研兄之继配陈氏，与耦庚先生为联襟，渠又明于风水之说，并可在吾乡选择吉地，但不知其果肯来否？渠现馆徐方伯处，未知能辞彼就此否？若果能来，足开吾邑小学之风，于温甫、子植亦不无裨益。若研兄不能来，则吾心中别无人，植弟坚不肯教，则乞诸弟为访择一师而延聘焉，为要。甲三、甲五可同一师，不可分开。科一、科三、科四亦可同师。

余不一一，诸俟续布。

【译文】

澄侯、温甫、子植、季洪四位老弟左右：

胡二等于初一来到营中，接奉父亲大人手谕及诸弟的信，知道了一切情况。

为兄于二十日从汉口出发，二十一日到黄州，二十二日到堵城。用一只羊、一头猪，撰文祭吴甄甫师。二十三日过江到了武昌县。二十四日在巴河会见郭雨三的弟弟，知道他的哥哥观亭在山西，因为属县失守而被革职。雨三现在署理两淮盐运使之职。

二十九日至蕲州，当天水师大战获胜。初一、初四、初五陆军在田家镇对岸的半壁山上大战获胜。初九、初十水师在蕲州开仗获得小胜。十三日水师大破田家镇贼军防线，烧毁贼船四千余艘。自有这支军队以来，陆路杀贼之多没有超过初四这一战的，水路烧船之多没有过于十三日这一战的。现在前锋已到九江。我还驻扎在田家镇，离九江一百五十里。陆路的贼兵都在广济、黄梅一带，塔、罗于二十三日出发前往剿除。一切军事详情，都在奏报之中。现在一并抄录寄回。祈请诸弟敬呈父亲大人、叔父大人一览。

刘一、良五于二十日到田家镇，得知家中老幼都安康吉祥，甚慰甚慰。魏荫亭先生既已来到军中，父亲大人命九弟教授子侄们读书，而九弟来信坚决不肯，让我另请明师。我心中实在缺乏明师可以聘请。近日内与霞、次以及幕僚中众位君子反复商量，近处只有罗研生兄是我心中敬佩仰慕的人。他的学问都有本有原，说文、音韵学、舆地尤其是他的擅长，而诗、古文辞及行楷书法也都讲求有些年头了。我乡通经学古的人士，以邹叔绩为最佳，而研生排在其次。他的世兄现在也在我的幕僚之中，所以请他写家信，聘请研生到我乡教读。研兄的继配夫人是陈氏，跟耦庚先生是联襟。他又懂得风水的学说，还可以在我乡选择吉地。只是不知他果真肯来否？他现在教读于徐方伯家，不知能辞去那里而来这里吗？如果真能来，足以开畅我县小学的风气，对温甫、子植也不无裨益。如研兄不能来，那我心中没有他人。植弟坚决不肯教读，则请诸弟替我寻访选择一位老师而延聘为要紧。甲三、甲五可同从一位老师，不可分开。科一、科三、科四也可同师。

语不详尽，其他的事以后再谈。

【点评】

读此书，我们可以感受到曾氏对教育的重视。曾国藩不仅是一名元帅，还是一位儒士学者，他对乡内学人了如指掌，在给子侄们聘请老师时更是细心谨慎，由此可见其儒士之风。

咸丰四年十一月初七日与诸弟书

公元 1854 年 12 月 26 日

澄侯、温甫、子植、季洪四位老弟足下：

廿五日遣春二、维五归家，曾寄一函并谕旨、奏折二册。

廿六日水师在九江开仗获胜。陆路塔、罗之军，在江北蕲州之莲花桥大获胜仗。杀贼千余人，廿八日克复广济县城。初一日在大河埔大获胜仗，初四日在黄梅城外大获胜仗，初五日克复黄梅县城。该匪数万现屯据江岸之小池口，与九江府城相对，塔、罗之军即日追至江岸，即可水陆夹击。能将北岸扫除，然后可渡江以剿九江府城之贼，自到九江后，即可专夫由武宁以达平江、长沙。

兹因魏荫亭亲家还乡之便，付去银一百两，为家中卒岁之资，以三分计之。新屋人多，取其二以供用；老屋人少，取其一以供用。外五十两一封，以送亲族各家，即往年在京寄回之旧例也。以后我家光景略好，此项断不可缺，家中却不可过于宽裕，处此乱世，愈穷愈好。

我现在军中声名极好，所过之处，百姓爆竹焚香跪迎，送钱米猪羊来犒军者，络绎不绝。以祖宗累世之厚德，使我一人食此隆报，享此荣名，寸心兢兢，且愧且慎。现在但愿官阶不再进，虚名不再张，常葆此以无咎，即是持身守家之道。至军事之成败利钝，此关乎国家之福，吾惟力尽人事，不敢存丝毫侥幸之心。诸弟禀告堂上大人，不必悬念。

冯树堂前有信来，要功牌一百张，兹亦交荫亭带归，望澄弟专差送至宝庆，妥交树堂为要。衡州所捐之部照，已交朱峻明带去。外带照千张交郭云仙，从原奏之所指也。朱于初二日起行，江隆三亦同归，给渠钱已四十千，今年送亲族者，不必送隆三可也。余不一一。

【译文】

澄侯、温甫、子植、季洪四位老弟足下：

二十五日让春二、维五回家，曾经寄给一封信，还有谕旨奏折两册。

九江府图

二十六日，水军在九江打了大胜仗。陆路塔齐布、罗山两军在江北蕲州的莲花桥大获全胜，杀贼一千多人。二十八日收复广济县城。初一大河埔打了大胜仗，初四在黄梅城外打了大胜仗，初五收复黄梅县城。贼匪有几万，现在屯据在江岸的小池口，跟九江城遥遥相对。塔、罗的军队只要追到江岸，就可水陆两面夹击，可以把北岸的贼匪肃清。然后就能渡江剿除九江城的贼匪。到达九江后，可以派专人由武宁到达平江、长沙了。

趁着魏荫亭亲家回乡的方便，让他捎去一百两银子，当作家中年终的费用。分三份使用，新屋人多，取两份供其使用；老屋人少，拿一份供其使用。这之外还有一封五十两的银子，送给亲戚族人各家，这也是往年在京寄回的旧例。以后要是家中光景稍好了，这一款项更是不可缺少，家中倒不可以过于宽裕，处在这种乱世，越穷越好。

我现在在军中名声非常好。每到一个地方，老百姓都放爆竹、焚香下跪迎接，送钱、送米、送猪羊来慰劳军队的人络绎不绝。承蒙祖宗几代的厚德，让我一个人享用这么丰厚的回报，享有这种荣誉和名声，方寸之心，战战兢兢，感到既惭愧又谨慎。现在只盼望官阶不再晋升，虚名不要再扩大，长期保持这样而不会出错，就是做到了保身守家之道。说到军事上的成败胜负，这关系到国家的福分，我必须尽力而为，不敢存半丝半毫侥幸之心。弟弟们请禀告父亲大人，不必挂念。

冯树堂前些天有信来，要了一百张功牌，现在也一块儿交给荫亭带回去。希望澄弟让专差送到宝庆，一定妥善交给树堂。衡州捐的部照，已经交朱峻明带回去。另外又带了一千张执照，交给郭云仙，遵从原奏的意旨。朱峻明已于初二出发，江隆三也一起回去。给他的钱已有四十千。今年寄回送给亲戚宗族的钱，不必再给隆三。我不再一一诉说。

【点评】

曾国藩在这封家书中首先提到战事告捷：南路湖南提督塔齐布率湘军攻克兴国、大冶；北路湖北提督桂明收复广济等地；中路由曾国藩亲率水师取长江要隘田家镇，在九江布防。其次，通过家书中所写家用的分配问题体现曾氏勤俭、谨慎的品质与人格特征，也是他“官阶不再进，虚名不再张，常葆此以无咎，即是持身守家之道”的修身、齐家、治国、平天下思想的具体体现。

咸丰四年十一月廿三日与诸弟书

公元 1855 年 1 月 11 日

澄侯、温甫、子植、季洪四位老弟足下:

十月廿五专人送信回家,魏荫亭归,又送一函,想先后收到。十一月廿一日,范知宝来九江,接澄弟信,具悉一切。

部监各照已交朱峻明带归矣。树堂要功牌百张,又交荫亭带归。余送朱峻明途费二十金,渠本解船来,故受之。送荫亭二十金,渠竟不受,俟有便当再寄渠。江隆三表弟来营,余念母亲之侄仅渠有子,送钱四十千,渠买盐花带归,不知已到家否?荫亭归,余寄百五十金归家,以五十周济亲族,此百金恐尚不敷家用。军中银钱,余不敢妄取丝毫也。

名者,造物所珍重爱惜,不轻以予人者。余德薄能鲜,而享天下之大名,虽由高曾祖父累世积德所致,而自问总觉不称,故不敢稍涉骄奢。家中自父亲、叔父奉养宜隆外,凡诸弟及吾妻吾子吾侄吾诸女侄女辈,概愿俭于自奉,不可倚势骄人。古人谓无实而享大名者,必有奇祸。吾常常以此敬惧,故不能不详告贤弟,尤望贤弟时时教戒吾子吾侄也。

塔、罗自田家镇渡至江北后,五获胜仗,九江对岸之贼遂下窜安徽境。余现泊九江河下,塔、罗渡江攻城。罗于廿一日与贼接仗,杀贼二三百,而我军亦伤亡四十余人。此在近数月内即是小有挫失,而气则未稍损也。

水师已下泊湖口,去我舟已隔六十里。二十夜,贼自江西小河内放火船百余号,实以干柴、桐油、松脂、火药,自上游乘风放下,惊我水营。两岸各千余人呐喊,放火箭、火球,其战船放炮,即随火船冲出,欲乱我阵。幸我军镇定,毫不忙乱,反用小船梭穿于火船之中,攻入贼营,烧贼船十余号,抢贼划数十号。摇撼不动,是亦可喜之事。

余身体平安,癣疾近又大愈,胡须日长且多。军中将士俱平安。

余不一一,即候近佳,并恳禀告父亲大人、叔父大人福安。

【译文】

澄侯、温甫、子植、季洪四位老弟足下:

十月二十五日派遣专人送了一封信回家。魏荫亭回去,又捎回去一封信。估计都已先后收到了吧。十一月二十一日,范知宝来到九江,收到澄侯的信,知道了所有事情。

部监各部门的执照已交给朱峻明带回去了。树堂要求的一百张功牌,也一块儿交给荫亭带回去了。我送给朱峻明路费二十两银子,他本是解押船来的,因此接受了。送给荫亭二十两银子,他竟不肯接受,等有机会时再寄给他。江隆三表弟来到营中,我念在母亲的侄儿子的分上,送给了他四十千钱,他买盐花带回去了,不知是否已到家?荫亭回乡,我寄带的一百五十两银子也该回到家中了,用五十两银子周济亲族宗族,此外一百两银子恐怕还不够支付家用。军中银钱,我不敢私自取一丝一毫。

名望,是造物主所珍重爱惜的东西,不会轻易地给予人。我道德浅薄能力又小,却享有天下大名,虽然是因高曾祖父几代积德所达到的,但扪心自问,总觉得不配,因此不敢稍有骄奢。家中除父亲、叔父奉养要丰厚外,其余诸弟及我妻,我子,我侄,我诸女及侄女等人,全都希望自我奉养要节约俭省,不可倚势骄傲。古人说无实才却享大名的人,一定有奇祸。我经常用这话警戒自己,所以不能不详告贤弟,尤其希望贤弟们时时教训告诫我的子侄辈们。

塔、罗自田家镇渡至江北后接连获得五次胜仗,九江对岸的贼匪只能下窜至安徽境内。我现在停舟于九江河下，塔、罗渡江攻城。罗于二十一日与贼兵开仗，杀敌人两三百人，而我军也伤亡四十多个人。这在这几个月内小有损失，而士气则一点也没受损。

水师已经驻泊在湖口，距离我的船仅相隔六十里。二十日夜，贼兵在江南小河内施放百余艘火船，里面装了干柴、桐油、松脂、火药，从上游顺风放下，企图惊扰我们水营。两岸又各派千余人呐喊，发射火箭、火球。他们的战船放着炮，跟着火船一起冲出，想要扰乱我军的阵势。幸好我军镇定，一点也不慌乱，反而用小船穿梭在火船之中，乘机攻入贼军的营垒，烧毁了贼船十多只，抢到贼军小划子数十只。水军阵势不可摇撼，也是可喜的事。

我身体平安，癣疾最近又痊愈。胡须也一天天长长、增多。军中的将士们都很平安。余不一一，即问候近安，并恳请禀告父亲大人、叔父大人福安。

【点评】

湘军连月大捷，朝野内外无不因为曾国藩所率湘军的战功，对他的赞美之言不绝于耳。曾国藩在家书中表现出他在荣誉面前的冷静与谨慎，认为自己才疏学浅，名不符实，并且告诫诸弟及妻儿子侄辈"俭于自奉，不可倚势骄人"。另外"军中银钱，余不敢妄取丝毫也。名者，造物所珍重爱惜，不轻以予人者"。体现曾氏廉洁自律、洁身自好、极重名节的品质与作风。

咸丰四年十一月廿七日与诸弟书

公元 1855 年 1 月 15 日

前信已封，而春二、维五于二十五日到营，接奉父大人手谕及诸弟信件，敬悉一切。

曾祖生以本境练团派费之事，而必求救于百里之外，以图免出费资，其居心不甚良善。刘东屏先生接得父大人手书，此等小事，何难一笑释之，而必展转辩论，拂大人之意？在寻常人尚不能无介介于中，况大人兼三达尊而又重以世交，言不见信，焉能不介怀耶？望诸弟曲慰大人之意，大度含容，以颐天和，庶使游子在外，得以安心治事。所有来往信件，谨遵父大人谕，即行寄还。

吾自服官及近年办理军务，中心常多郁屈不平之端，每效母亲大人指腹示儿女曰"此中蓄积多少闲气，无处发泄"。其往年诸事不及尽知，今年二月在省城河下，凡我所带之兵勇仆从人等，每次上城，必遭毒骂痛打，此四弟、季弟所亲见者。谤怨沸腾，万口嘲讥，此四弟、季弟所亲闻者。自四月以后，两弟不在此，景况更有令人难堪者，吾惟忍辱包羞，屈心抑志，以求军事之万有一济。现虽屡获大胜，而愈办愈难，动辄招尤。倘赖圣主如天之福，歼灭此贼，吾实不愿久居宦场，自取烦恼。四弟彼去冬以来，亦屡遭求全之毁，蜚来之谤，几于身无完肤。想宦途风味，亦深知之而深畏之矣。而温弟、季弟来书，常以保举一事疑我之有吝于四弟者，是亦不谅兄之苦衷也。

甲三从师一事，吾接九弟信，辞气甚坚，即请研生兄，以书聘之。今尚未接回信，然业令其世兄两次以家信催之，断不可更有变局。学堂以古老坪为妥，研兄居马托铺乡中，亦山林寒苦之士，决无官场习气，仅可放心。至甲三读书，天分本低，若再以全力学八股、试帖，则他项学业必全荒废，吾决计不令其学作八股也。

曾兆安、欧阳钰皆已保举教官，日内想可奉旨。曾子庙税钱用空二百四十千之多，可由营寄省还之，应交何店，付何人手收存，下次信来望详明示知，以便妥寄。范知宝来营，言尚欠途费一千五百，比即给之，又给三千为两月工价，又给四千为归去途费。上次春二、

维五归，给银四两。下次唐四、在十归，给钱八千。渠辈到营，往往言不够使用，不可言也。

余不一一，统候续布，再颂澄、温、沅、季四弟近佳。国藩再行，十一月廿七日。冯树堂一信，托速寄去。

【译文】

前一封信已经封好，还没有发出，而春二和维五于二十五日回到营中，收到了父亲大人的手谕和弟弟们的信件，一切都已经知悉。

曾祖生由于他们那里训练民团，关于向他家摊派费用的事，竟向百里之外的父亲大人请求帮助，企图不出捐款，他的做法不很善良。刘东屏先生收到父亲大人亲笔信，这等小事，何妨一笑而抛之脑后，哪里一定要辗转辩论，违背父亲大人的心意呢？对于平常人还不能做到无动于衷，况且父亲大人兼三达尊同时又加上是世交，说话不被人信任，怎么能不耿耿于怀呢？希望各位弟弟委婉劝慰父亲大人，大度含容，用以静心养气，才能叫我这游子在外得以安心办事。一切往来信件，我都谨遵父亲大人训谕，马上寄还。

我自从当官以来，以及近年来处理军事，心中经常充满了委屈不平的事情，时时像母亲大人指着自己的肚子对儿女们说的那样："这里面积攒着多少闲气，没地方发泄。"以前的各种事情你们都没有赶上，今年二月在省城的河下，只要是我部下的官兵随从等每次到省城去，总要受到毒打痛骂，这是四弟和季弟亲眼看到过的。对我诽谤怨恨的声音沸腾，对我百般嘲讽讥刺，这是四弟、季弟亲耳听见的。自四月以后两位老弟不在这里了，事情更有让人难以忍受的。我唯有忍辱包羞，屈心抑志，以此来求得军事上的万一之济。现在虽然屡获大胜，却越办越难，动辄招致怨恨。倘若不是仰赖圣主如天一般广大的洪福，歼灭这帮贼匪（注：指太平军），我实在不想长久待在官场，自找烦恼。四弟自从去年冬天以来，也屡次受到责备和飞来的诽谤讥议，几乎体无完肤，想来宦途的风波，也已经深深了解并且深深畏惧了。而温弟、季弟的来信，常常因为保举做官一事来怀疑我对四弟有吝啬之心，这也是没有体谅为兄的苦衷啊。

甲三从师这件事，我接到九弟的来信，意见非常坚定，就是要聘请研生兄为老师，去信聘请，也已让他世兄两次寄家信催促，绝对不能再有变化了。学堂选在古老坪最好。研生兄住在马蚱铺的乡间，也是山林间的贫寒之士，肯定没有官场的坏习气，完全可以放心。至于甲三读书的事，他天资本来就不高，如果再让他用尽全力去学习八股文和试帖，那么其他学业就一定会全部荒废，我决定不让他学写八股文了。

曾兆安、欧阳钰都已经保举做了教官，估计最近就能接到圣旨。曾子庙的税款亏空了二百四十千之多，可以从我营中寄到省里偿还。应该交哪个店铺，交给什么人亲手收存，下次来信，希望能够详细告知，以便妥善寄去。范知宝来到这里，说还欠路费一千五百，这就给他。又给了他三千文钱作为两个月的工钱，又给了四千文当作回去的路费。上次春二和维五回去，我给了他们四两银子。下次唐四和在十回去，我打算给八千文钱。他们来到军营里，常常说家中给他们的钱不够用，这些话都不能相信。其他事情就不一一细述了，等以后写信再谈吧。再祝澄、温、沅、季四弟近好。国藩再行，十一月二十七日。冯树堂一信，托速寄去。

【点评】

在湘军与太平军交战取胜的阶段，曾国藩在家书中提到二月时他带兵勇上城时所受"谤怨沸腾，万口嘲讥"。他之前闭口不谈是因为不想因此而得到同情怜悯，将其暗藏心中作为斗志，从而激励自身不断奋斗进取。之所以在这个时候又提及这件事是体现一种扬眉吐气的释怀。另外，在家书中，曾国藩提到请罗研生做子侄的先生，但不让纪泽跟他学习八股文，是因为曾氏想让儿子学些真才实学，而不是为求虚名荒废岁月。

咸丰五年正月初二日与诸弟书

公元 1855 年 2 月 18 日

澄侯、温甫、子植、季洪四位老弟足下：

久未专使回家，想家中极为悬念。王芝三等到营，得悉家中大人安福，合室平善，甚慰甚慰。此军自破田家镇后，满拟九江不日可下。不料逆贼坚守，屡攻不克。分罗山湘营至湖口，先攻梅家洲坚垒，亦不能克。而士卒力战于枪炮雨下之中，死伤甚众，盖陆路锐师，倏变为钝兵矣。

水师自至湖口屡获大胜，苦战经月，伤亡亦复不少。腊月十二日，水师一百余号轻便之船，精锐之卒，冲入湖口小河内，该逆顿将水卡堵塞，在内河者不能复出，在外江之老营船只，多笨重难行，该逆遂将小划乘夜放火，烧去战船、民船四五十号之多。廿五日又被小划偷袭，烧去抢去各船至二三十号之多。以极盛之水师，一旦以百余号好船陷入内河，而外江水师遂觉无以自立。两次大挫，而兄之座船被失。一军耳目所在，遂觉人人惶愕，各船纷纷上驶。自九江以上之隆坪、武穴、田家镇，直至蕲州，处处皆有战船，且有弃船而逃者。粮台各所之船，水手尽行逃窜。此等情景，殊难为怀。现率残败之水师驻扎九江城外官牌夹，兄住罗山陆营之内，不知果能力与此贼相持否？

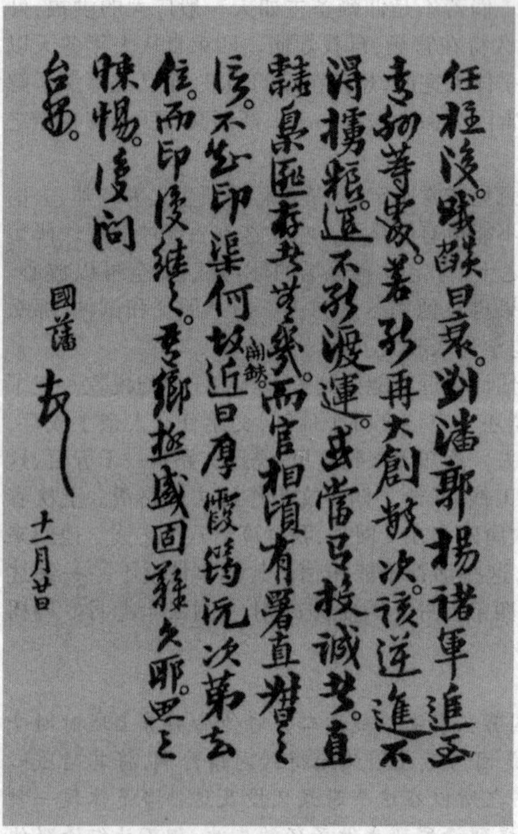

曾国藩手札

兄于廿五日蒙恩赏穿黄马褂，并颁赐狐皮黄马褂一件，四喜扳指一个，白玉巴图鲁翎管一个，小刀一把，火镰一个。廿六夜蒙恩赏福字一幅，大小荷包三对，又有奶饼果食等件颁到军营。廿五夜之变，将扳指、翎管、小刀、火镰失去。兹遣人送回黄马褂一件，福字一幅，荷包三对。兄船上所失书籍、地图、上谕、奏章，及家书等件，甚为可惜；而二年以来，文案信件如山，部照、实收、功牌、账目，一并失去，尤为可惜。莘田叔解战船来，离大营止少一二日，竟不能到。军家胜败本属无常，而年余辛苦，难补涓埃，未免心结。廿九日罗山率湘勇渡江，剿小池口之贼，又见挫败，士气愈损。现惟力加整顿，挽回元气，不审能如意否。兹遣长夫自江西送信回家，当无梗阻。

书不千一，诸惟心照。即祈代禀堂上大人，不必挂念。

太平军大战湖口图

【译文】

澄侯、温甫、子植、季洪四位老弟足下：

很久没有派专人回家，想来家中应该十分想念。王芝三等人来到营中，知道家中大人都平安吉祥，全家也都平安吉祥，非常欣慰。

这次大军从攻占田家镇后，满以为九江没几天就可以攻下，没有料到逆贼坚守，屡攻不克。分遣罗山的湘营去湖口，进攻梅家洲贼军的坚垒，也不能攻克。士兵们在枪林弹雨中力战，死伤很多，看来陆路精锐之师，转眼之间就变成钝兵了。水师自到湖口，屡获大胜，苦战一月多，伤亡也不少。腊月十二日，水师一百多艘轻便战船，精锐士兵冲进湖口小河内，这股逆贼立即就把水卡堵塞，使在内河里的水师不能再冲出，在外面大江上的老营船只多数都笨重难行。这股逆贼使用小划子偷袭，烧去、抢去我们的战船达二三十条之多。凭我极盛的水师，一旦把百余条船陷入了内河，外江水师便感到无法自立，两次遭大挫折战败。为兄的座船也丢失了，这是一军耳目之所在，因此人人感到惊惶失措，各船只纷纷向上游驶去。从九江以上到隆坪、武穴、田家镇，直到蕲州，每个地方都有战船，甚至有弃船逃跑的，粮台各所船上的水手全都逃走了。这种情景，真让人无法接受。现在带领着残败的水师驻扎在九江城外官牌夹，为兄则住在罗山的陆营中，不知道果真能与这股逆贼尽力相持吗？

为兄于二十五日蒙皇上圣恩赏穿黄马褂，并颁赐狐皮黄马褂一件，四喜扳指一个、白玉巴图鲁翎管一个、小刀一把、火镰一个；二十六日夜蒙圣恩赏福字一幅、大小荼包三对，还有奶饼果等物件颁发到军营。二十五日晚的突变，把扳指、翎赏、小刀、火镰丢失了。现在让人送回黄马褂一件、福字一幅、包三对。为兄船上所失去的书籍、地图、上谕、奏章及家信等物件，叫人想来就感到可怕。两年以来，文案信件多如山，部照、实收、功牌、账目，全都丢失，最为可惜。莘田叔押解战船回来，离大营只差一两天路程，竟然没能赶到。兵家胜败本来无常，但一年多来的辛苦经营难以补偿一二，不免心中难受。二十九日，罗山率领湘勇渡江，剿除小池口贼兵，又遭到挫败，士气越来越受损。现在只有下力气加以整顿，挽回元气，不知能否如愿？现派长夫自江西送信回家，应当没有阻碍吧。

书不千一，诸惟心照。即请代禀父亲大人，不必挂念。

【点评】

此封家书主要说的是湖湘水师在咸丰四年十二月底江西湖口大败于太平军的惨状。在战斗中，湘军被烧战船、民船四五十条之多，后又被偷袭，损失二三十条战船。此次战役造成更为严重的后果是太平军将鄱阳湖入口封锁，切断湖内的水师与湖外水师的联系，将一体的水师分为两部分，大大削减湘军水师的战斗力，使湖湘水师遭受到重创。

咸丰五年正月十八日与诸弟书

公元1855年3月6日

澄侯、温甫、子植、季洪老弟足下：

初二日遣人送信回家，想节后可到。

初四日大风击坏战船三十余号。水师自十二日百余轻便之舟、二千精锐之卒陷入内湖，外江老营两次被贼用小划烧袭，业已不能自立。终日惶惶，如坐针毡。又复遭此大风，遂全数开赴上游武汉等处，桅折樯摧，多不堪战，不知回至上游，果尚足以御贼否？

兄因小舟陷入江西内河者，皆向来能战之船，不甘遽弃之无用之地，必须亲至江西整顿。即于十二日自九江起行，十六日至江西省城，官绅相待甚好。在内之百余船尚皆完好，再加大船数十号，另成一军，即足自立。

罗山所带湘勇，自二十九日挫败后，现在淘汰整顿，认真操练。塔公所带之兵勇，亦日日操练。将来兄在江西另成之水军，由湖口打出，与塔、罗相依护其外江。新回武汉之水师，如果能重整劲旅，则两路会合攻击。如不能重整劲旅，则我专治内河之水师，亦自能独立不惧。江西物力尚厚，供我水陆两军口粮，大约足支八个月。

兄身体甚好，惟左腰有寒气作痛，癣疾亦尚未愈，想皆不久可痊愈。家中长夫，相住甚近。军中危地，恐小有差失，反为不妙，且送信行走极缓，在营又无事可干，兹尽遣回家。以后若有家信，即用湘乡县官封发至江西南昌府署中，可以必到，兼可速到，不似长夫专送之迟延也，慎勿再令长夫来营。

兵凶战危，我境之人俱未历过险难。莘田叔此次行二千里，竟不得见我之面，受尽千惊万苦，实实可悯。嗣后族戚有愿至营者，切劝不必前来，至要至要。

书不百一，诸惟心知，其不详者，长夫自能面述耳。

【译文】

澄侯、温甫、子植、季洪老弟足下：

初二派人送信回家，估计节后可以到达。

初四日大风吹坏战船三十多艘。水师自从十二日一百余艘轻便战船、二千精锐士卒陷入内湖，外江老营两次被贼兵用小划子火烧偷袭，业已不能自立，整天惶惶如坐针毡，又再遭受这场大风，于是全都开赴上游武汉等处。桅折樯摧，多数不能参战，不知回到上游，还能够抵御贼兵吗？为兄因为陷入江西内河的小船都是向来能战斗的船，不甘心就这样抛弃在没有用的地方，必须亲自到江西整顿，就在十二日从九江出发，十六日到江西省城，省城官员绅士待我非常好。在内湖的百余船还都完好无损，再加上大船数十艘，另组成一军，就足以自立。

罗山所率领的湘勇，自二十九日遭受挫败后，现正在淘汰整顿，认真操练。塔公所带领的兵勇也正在天天操练。将来为兄在江西新组成的水军从湖口打出去，与塔、罗相互依恃保护外江。新回武汉的水师，如果能重新整顿成劲旅，那么两路会合攻击；如果不能重新整顿成劲旅，我则专心整治内河的水军，也自能独立不会感到恐惧。江西财物、人力还算丰厚，供养我水陆两军口粮，大约可足足支持八个月。

为兄身体很好，只有左腰上有寒气作痛，癣病也还没有痊愈，想来不久都可以痊愈。家中长夫住得离我这里很近，军中是危险的地方，恐怕小有差错，反为不妙；况且送信远走，极其缓慢，在营中又没事可干，现都遣派回家。以后如有家信，就用湘乡县官封寄发至江西南昌府衙中，一定可以送到，而且到得更快，不像长夫专程送信那样迟缓拖延。以后一定不要再让长夫来营中了。兵凶战危，我们县里人都没有经历过险难。莘田叔这次走两千里，竟然见不到我的面，受尽千辛万苦，真是可怜。以后族人亲戚来营中的，千万劝阻他们不必前来，至要至要。书不百一，诸唯心知。还有未说详细的，长夫自能当面陈述。

【点评】

一次的失败并不能代表最终的失败，只有具有坚强毅力、百折不挠的人才能获得最终的胜利。在此信中曾氏讲到了兵败之相，但他并没有从此一蹶不振，而是更加奋发努力，亲自到江西组建新军，期待有朝一日能够重振雄风，建功立业。这种坚韧不拔的精神尤其值得我们学习。

咸丰五年二月廿九日与诸弟书

公元 1855 年 4 月 15 日

澄侯、温甫、子植、季洪老弟足下：

廿一日春二、维五到，接一信，廿六日唐萍洲官封，递到家书一件，廿九日王在十、良五到，接一信。此两次专夫走信均极快，每人赏钱一千。

自到江西办理水师，一切尚为平顺。船只三月初可尽完，惟快蟹未毕，目下本不须此。廿七日具折分两路用兵，兹抄稿寄回。已调罗山来江省，欲令前往饶州剿贼，不料廿九日得湖北失守之信。诸将士苦战经年，一旦前功尽弃，可惜可恨！贼即占湖北，自必窥伺湖南，兄与塔公一军，恐不能不回救桑梓。而回救之法，人少则无济于事，人多则口粮无出，且全军回救，而战船之在江西鄱湖以内者，又复无人统领，殊不放心。日内定计，发折后再专信回。

腾七、起三、有六、怀三来江西投效，即日遣之回家，每人送银四两，腾七加二两。魏荫亭、阳凌云亦来江西，亦将速遣回。

纪泽儿读书，记性不好，悟性较佳。若令其句句读熟，或责其不可再生，则愈读愈蠢，将来仍不能读完经书也。请子植弟将泽儿未读之经，每日点五六百字教一遍，解一遍，令其读十遍，不必能背诵也，不必常温习也。待其草草点完之后，将来看经解，亦可求熟；若蛮读蛮记蛮温，断不能久熟，徒耗日工而已。诸弟必以兄言为不然，吾阅历甚多，问之朋友皆以为然，植弟教泽儿即草草一读可也。儿侄辈写字亦要紧，须令其多临帖，临行草字亦自有益，不必禁之。

兄癣疾未好，余俱平安。即问近好。

【译文】

澄侯、温甫、子植、季洪老弟足下：

二十一日春二、维五来到，收到一封信。二十六日唐萍州官封，送到一封家信。二十九日王在十、良五到来，接到一封信。这两次派专人送信都很快，每人给了一千文赏钱。

自从来到江西整治水军，一切还算顺利。船只在三月初可以全部完工，只剩快蟹还没有完工，目前还不需要它。二十七日写好奏折，打算分两路用兵，现在把稿子抄写寄回。

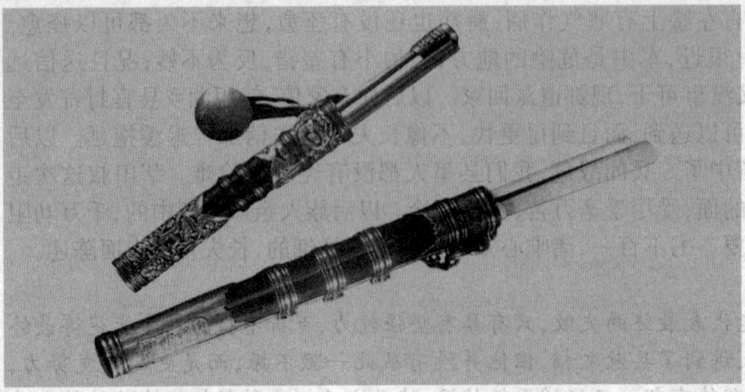

清代的刀

已经把罗山调到了江西省，计划让他前去赣州剿贼，没料到二十九日得知湖北失守的消息，各位将士苦战一年多，一旦前功尽弃，真让人又可惜又遗憾。敌人既然占领了湖北，自然必定会窥视湖南，为兄的与塔公一军恐怕不得不回去救家乡。而回去救援，人少了于事无补，人多了则没有口粮；况且要是全军回去救援，那么派在江西鄱阳湖以内的战船，就没有人统领，这使我很不放心。将在这两天做出决定，发奏折后再派专人送信回去。

腾七、起三、有六、怀三来到江西投靠，当天就遣送他们回家，每人给了四两银子，腾七多给了二两。魏荫亭、阳凌云也来到江西，也将马上遣送回去。

纪泽儿读书记性不好，悟性比较好。如果叫他句句熟读，或者他会不再生疏，却会越读越蠢，将来仍然不能读完经书。劳请予植弟把泽儿没有读完的经书，每天选出五六百字教一遍，解释一遍，叫他读十遍就行了，用不着能背诵，也不用经常温习。待他草草读完后，将来再看经解，也可以求得熟练。如果硬读、硬记、硬温习，绝对不可能久熟，只是白白浪费每天的工夫罢了。兄弟们肯定不赞成为兄的话，我阅历很多，问朋友这事，都认为是这样，植弟教泽儿只要草草一读就行了，儿侄辈写字也很重要，必须叫他们多临摹字帖。临摹草书行书也会有好处。不必禁止。

为兄的癣病没有痊愈，其他都好，即问近好。

【点评】

读此书首先可以感到曾氏对家乡的拳拳之情，湖北失守，湖南正面临危险，曾国藩打算率领全军前去保卫，又担心口粮不足，因此陷入了艰难的抉择境地。由此可以看出曾氏心思缜密，有勇有谋，不作匹夫之勇。因此信尤其令人注意的是曾氏提出的对儿子纪泽的教育方法问题，他并不要求儿子将经书背诵而熟记于心，只要草草读完就好。然而这并不是曾氏对儿子的放任，相反这是一种因材施教，可见曾国藩灵活变通而不拘泥于旧。

咸丰五年三月二十日与诸弟书

公元 1855 年 5 月 5 日

澄侯、温甫、子植、季洪四弟足下：

久未接家信，想堂上大人安康，家中老幼清吉为慰。

自北省再陷，兄处一军，反在下游，进退两难。在内湖之水师，兄在江西驻扎两月，造船添勇，已有头绪。现在船近二百号，勇逾三千人，认真操练，可成劲旅。

兄于十三日出省登舟。郭云仙于十六日到营。曾莘田、易敬臣兄弟于十五日到营，罗芸皋于初旬到营。事机不顺而来者偏众，可见乡间穷苦也。阳凌云初间归去，余送途费八两。魏荫亭尚未归。

塔军门尚扎九江。罗山于初十日进剿广信、饶州之贼。李次青忽然高兴带勇，于十一日起行赴南康府，实非其所长也。

余办内湖水师，即以鄱阳湖为巢穴，间或出江剿贼，亦不过以三分之一与贼鏖战。剿上游，则在九江、武穴、田镇等处游弋，不出湖口二百里之内，利则战，不利则退回鄱湖巢穴之内；剿下游，则在彭泽、望江、安庆等处游弋，亦不出湖口二百里之内，利则久战，不利则亦退鄱湖巢穴之内。如此办理，则上游武汉之贼与下游金陵之贼，中间江路，被我兵梗阻一段，其势不能常通，亦足以制贼之命。特上游金口等处，我军战船无人统领，常不放心耳。

近日吾乡人心慌乱否？去年迁避，终非善策。如贼窜上游岳、常等处，谣言四起，总以安居不迁为是。

季洪弟尽可不必教书，宜在家中读书，文理尚未甚通，不可误人子弟。去年季弟带兵在益阳等处，所出告示，人有传以为笑者，笔墨之间，不可不慎。沅弟要方望溪、姚姬傅文集，霞仙已代为买得，可用心细看，能阅过一遍，通加圈点自不患不长进也。

纪泽儿记性极平常，不必力求背诵，但宜常看生书，讲解数遍，自然有益。八股文、试帖诗，皆非今日之急务，尽可不看不作。史鉴略熟，宜因而加功，看朱子《纲目》一遍为要。纪鸿儿亦不必读八股文，徒费时日，实无益也。修身齐家之道，无过陈文恭公《五种遗规》一书，诸弟与儿侄辈皆宜常常阅看。

吾夏季衣服有在家者，可交来人即日送营。特袍褂不宜带来，余皆可送也。诸不一一，惟祈心照。

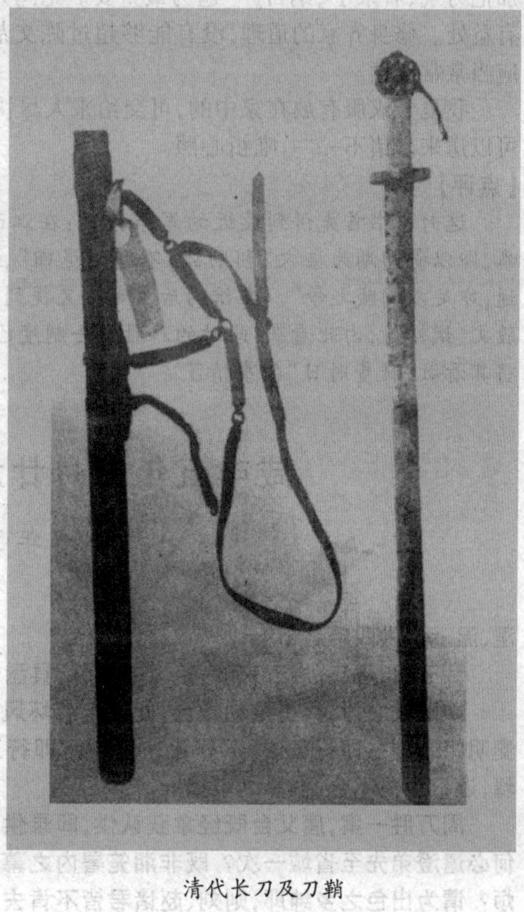
清代长刀及刀鞘

【译文】

澄侯、温甫、子植、季洪四弟足下：

很久没有收到家信，想来父亲大人平安健康，家中老幼清平吉祥，甚感欣慰。

自湖北省城再次陷落，为兄处有一支军队反而在下游，进退两难。在内湖的水师，为兄在江西驻扎了两月，打造船只，添募兵士，已经有了头绪。现在有船将近二百艘，兵勇超过三千人，刻苦操练，可以成为劲旅。

为兄于十三日离开省城登上战船。郭云仙于十六日到达军营，曾莘田、易敬臣兄弟于十五日到达营中，罗芸皋于本月初旬到达营中。时机不顺但来者偏偏很多，可见乡里真是穷苦。阳凌云月初回去，我送他路费八两银子，魏荫亭还没有回去。塔军门还驻扎在九江。罗山于初十发兵剿除广信、饶州处贼兵。李次青忽然愿意带兵了，于十一日起程去南康府，但这实在不是他的专长。

我整治内湖水师，以鄱阳湖作为巢穴。有时也出江剿贼。不过用三分之一的兵与贼兵鏖战。剿除上游贼寇，就在九江、武穴、田家镇等处游弋，总在湖口二百里之内。有利就久战，不利就退回鄱阳湖巢穴之内；清剿下游，便在彭泽、望江、安庆等处游弋，也不出湖口二百里的范围，有利就久战，不利便退回鄱阳湖巢穴之内。这样办理，那么上游武汉的贼寇和下游金陵的贼寇，中间长江的航路被我军阻塞一段，无法常通，也足够制贼于死命。只是上游金口等地的我军战船无人统领，时时使我不放心。

最近我们乡里人心慌乱吗？像去年那样迁家避难，终究不是好的计策。如贼寇窜犯上游岳州、常德等地，谣言四起，一定要以安居不迁为上策。

季洪弟不必出去教书，应该在家中读书。文理还不是很通，不能误人子弟。去年季弟带兵到益阳等地，所出的告示让人传为笑话。动笔写作，不能不慎重。沅弟所要方望溪、姚姬传的文集，霞仙已经代为买到，可用心细看。如果能阅读一遍，都加圈点，自然会有长进。

纪泽儿记性极平常，读书不必一定要求背诵，但应该常看新书，讲解几遍，自然会有好处。八股文、试帖诗都不是现在迫切要学的，尽可不看不写。史书比较熟，应当趁热打铁，加把力气，看朱子《纲目》一遍为最重要。纪鸿儿也不必读八股文，白白浪费时间，实在没有益处。修身齐家的道理，没有能够超过陈文恭公《五种遗规》一书的，诸弟和儿侄们都应当常常阅读。

我夏天衣服有放在家中的，可交给来人尽快送来营中，只是袍褂不要带来，其他的都可以送来。诸不一一，唯祈心照。

【点评】

这封家书首先讲到最近的军事情况：在江西内湖办水师已有头绪，找到了克敌的策略，即以鄱阳湖为巢穴“利则战，不利则退回”，阻遏“贼兵”上下游通路，使“其势不能常通，亦足以制贼之命”。在信的后半部分又提到了兄弟子侄们读书的事，并强调不必学八股文、试帖诗，由此看来，此时的八股取士制度已经被一些上流社会的士大夫阶级所唾弃，将其看做“徒费时日”的事情了。

咸丰五年三月廿六日与诸弟书

公元 1855 年 5 月 11 日

澄、温、沅、洪四弟足下：

廿五日，春二、维五来营，接家书数件，具悉一切。

乘败仗之时，兵勇抢劫粮台，此近年最坏风气。向帅营中屡屡见之，而皆未惩办。兄奏明将万瑞书即行正法，奉严旨饬骆中丞即行正法。闻骆中丞不欲杀之，将附片奏请开释，近日意见不合，办事之难如此。

周万胜一案，唐父台既经拿获认供，即录供通禀请，在本县正法可也，立毙杖下可也，何必遣澄弟先至省城一次？既非湘笼署内之幕友，又非署内之书办，而仆仆一行，何不惮烦？谓为出色之乡绅耶，则刘、赵诸君皆不肯去，而弟独肯出头；且县署办案，必一一请乡坤去省一次，则绅士络绎于道矣。谓为吾军中之事耶，则军事极多，澄弟能一一管之耶？且军中事件，家中亦不宜干预。唐父台径禀来营，兄可批令正法也。

自兄办军务以来，澄弟在兄左右，得谤议甚多。澄弟肝气亦甚旺，人咎怨于弟，弟亦咎怨于人，去春在省在岳之景象，岂忘之耶？澄弟在省河告假归家之时，其意似甚忿嫉，若终身不愿复出家门者，而今忽又至省一行，将何颜以对兄乎？澄弟接此回信，务望即刻回家，凡县城、省城、衡城之事，一概不可干预。丹阁叔受辱之事，可为前车之鉴。

提捐项五万，前有此札，后因武昌失守，又有札止之。凡有信托商大营事者，弟概辞以不管可也。（捐项事尤不可干预。湖南捐项，实未多解交吾军，十月以后未解一文；粮台所抢，陕西、江西之银也。）兄在外年余，惟有忍气二字日日长进，常恐弟等在家或受侮辱，故不惮迫切言之，不知弟果知兄之意否也？

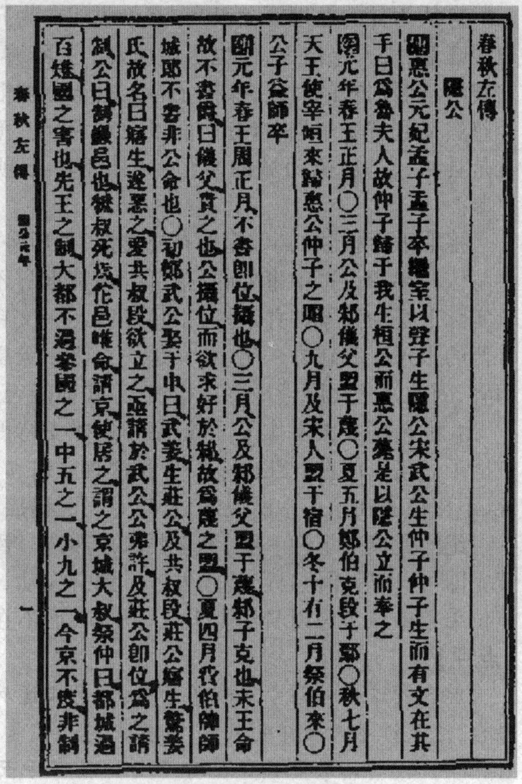
春秋左傳
隱公
惠公元妃孟子孟子卒繼室以聲子生隱公宋武公生仲子仲子生而有文在其手曰爲魯夫人故仲子歸于我生桓公而惠公薨是以隱公立而奉之
元年春王正月○三月公及邾儀父盟于蔑○夏五月鄭伯克段于鄢○秋七月天王使宰咺來歸惠公仲子之賵○九月及宋人盟于宿○冬十有二月祭伯來○公子益師卒
元年春王周正月不書即位攝也○三月公及邾儀父盟于蔑邾子克也未王命故不書爵曰儀父貴之也公攝位而欲求好於邾故爲蔑之盟○夏四月費伯帥師城郎不書非公命也○初鄭武公娶于申曰武姜生莊公及共叔段莊公寤生驚姜氏故名曰寤生遂惡之愛共叔段欲立之亟請於武公公弗許及莊公即位爲之請制公曰制巖邑也虢叔死焉佗邑唯命請京使居之謂之京城大叔祭仲曰都城過百雉國之害也先王之制大都不過參國之一中五之一小九之一今京不度非制
春秋左傳　隱公元年　一

《春秋左传》书影

吾癣疾大发，幸精神尚足支持。罗山在广信府大获胜仗，杀贼三四千。塔军门在九江平安。吾常有家信并奏折寄回，而来信言塔公回鄂，不听吾家信而专听谣言，何也？

纪泽儿读书记性平常，读书不必求熟，且将《左传》、《礼记》于今秋点毕，以后听儿之自读自思。成败勤惰，儿当自省而图自立焉。吾与诸弟惟思以身垂范教子侄，不在诲言之谆谆也。即候近祺。

【译文】

澄、温、沅、洪四弟足下：

二十二日春二、维五年来到军营中，收到几封家信，一切都知道了。

士兵趁打了败仗之机抢劫粮台，这是最近几年最坏的风气。向大人军营中常常发生这种事，但均未惩罚。我奏请将万瑞书立刻正法，得到圣旨命令骆中丞立即惩办。听说骆中丞不打算处死他，将要用奏折附件奏请赦免。最近意见不一致，办事之难都像这样啊。

周万胜一案，唐父台既然已经把他抓获并已经供认，就应当录下供状一同禀报，请在本县正法也可以，立即杖毙也可以，何必派遣澄弟先到省城去一趟？澄弟既不是湘乡县衙里的幕友，又不是县衙里的书办，却风尘仆仆走一趟，怎么就不怕麻烦？难道会因此就说你是出色的乡绅吗？那么为什么刘、赵那些人都不肯去，而澄弟肯单独出头露面。况且县署办案，每一件案子都请乡绅去一趟省城，那么绅士就该在路上络绎不绝了。就算是我军中的事务吧，那么军中事物极其多，澄弟能一一都管吗？况且军中的事务，家人也不应该干预。唐父台直接来到营中报告，为兄的可以直接下令正法他。

自从为兄的办理军务以来，澄弟跟随在为兄左右，遭受到的诽谤讥议很多。澄弟肝气也很旺盛，别人怨恨你，你也怨恨别人。去年春天在省城岳州的事情，难道忘了吗？澄弟在省河请假回家的时候，那样子看上去十分愤恨，好像一辈子都不愿意出家门了似的。而今忽然又到省城一趟，将有何面目面对为兄？澄弟收到这封回信，希望一定要马上回家。凡是县城、省城、衡州城的事情，一律不准干预。丹阁叔受到侮辱的事，应当作为前车之鉴。

提取五万捐款的事，起先有公文批下，后来因为武昌失守，又下公文取消了。所有那些写信托弟商议军中事务的，弟可以全都推辞不管。捐款之事尤其不要干预。湖南的捐款实际上送给我军的并不多，十月以后连一文钱也没有送来。粮台被抢去的，都是陕西、江西的银子。我在外一年多，只是一天比一天更学会了忍耐。时时担心弟弟们在家受到侮辱，因此才毫无顾虑地直言指出，不知你能否真能理解为兄的心情？

我的癣病又大发作了，幸好精神还能支持得住。罗山在广信府取得了大胜仗，杀敌人三四千。塔军门在九江也平安。我常有家信和奏折寄回家去。而来信竟说塔公已经回湖北，不相信我在家信中所说的话，却专门听信谣言，这是为什么？

纪泽儿读书记性一般，不必要求他熟读。暂且让他把《左传》、《礼记》到今年秋天点读完即可，以后任他自己阅读思考。勤奋成功，懒惰失败，纪泽应该自觉并求自立。我与诸位弟弟应该考虑以身作则来教育子侄，而不在于说教很多。即候近祺。

【点评】

曾氏的这封信写于江南军营中，当时正逢兵败之时，信中谈士兵乘打了败仗之机抢劫粮台，这是近年来最坏的风气，并要求对相关责任人进行惩治。此外，信中还讲到向儿子曾纪泽传授的读书要领。在对子女的教育方面，曾国藩主张鼓励子女奋发图强、自省自立。长辈应该给子侄作出榜样，而不在于讲过多的大道理，这样会让人觉得厌烦。

咸丰五年四月初八日与诸弟书

公元 1855 年 5 月 23 日

澄侯、温甫、子植、季洪足下：

凌问樵来，接澄弟信，知勇劫粮台事办有头绪，澄弟已归去矣，甚慰甚慰。

当此乱世，黑白颠倒，办事万难。贤弟宜藏之深山，不宜轻出门一步。澄弟去年三月在省河告归之时，毅然决绝，吾意其戢影家园，足迹不履城市矣。此次一出，实不可解。以后务须隐遁，无论外间何事，概不可与闻，即家中偶遇横逆之来，亦当再三隐忍，勿与计较。吾近来在外，于“忍气”二字加倍用功。若仗皇上天威，此事稍有了息之期，吾必杜门养疾，不愿闻官事也。

癣疾近日大发，懒于治事。自廿七日至吴城镇，迄今已满十日。罗山于廿一日克复弋阳，廿三日克复兴安，廿六日两获大胜，克复广信府城。智亭门尚扎九江。水师前队扎南康府，李次青率陆勇护之，后队扎吴城，均尚安吉，家中不必挂念。

莘田在营，甚为安雅，拟留二三月遣归。魏荫亭近日即当告归。余不一一，即候近好。

付去谕旨一本，奏章一本，幸好为收存。向来寄回家中之奏稿，不知收置一处否？以后望作箱存之为要。诸惟心照。

兄国藩手草，四月八日。

【译文】

澄侯、温甫、子植、季洪足下：

凌问樵来到这里，收到澄弟来信，知道士兵抢劫粮台的事情已经办理得有了头绪，澄弟已经回去了。甚慰甚慰。

乱世当中，黑白颠倒，办事非常困难，贤弟应避藏在深山里，不要轻易出门。澄弟去年三月在省河告归的时候，毅然决心断绝仕途，我以为澄弟会隐遁在家园里，足迹不再进入城市。这次出来，真是不可理解。以后务必要隐遁，无论外间发生什么事，一概不过问。就是家中偶然遇上蛮横无理的人，也要忍让三分，不要计较。这些年我在外面，在“忍气”两个字上努力用功。如果仰仗皇上的神威，平乱的事情稍微有了结束的头绪，我一定关起门来养病，不愿参与官场上的事。

癣病这几天十分厉害，懒得做事。从二十七日去吴城镇，至今已满了二十天。罗山在二十一日收复弋阳、二十三日收复兴安，二十五六日打了两次大胜仗，收复了广信府城，智亭军门仍驻扎在九江。水军前队驻扎在南康府，李次青率领陆军保护着他们，后队驻扎在吴城，都算平安，家中不用挂念。莘田在军营里十分安静、文雅，打算待上两三个月再派他回去。魏荫亭这两天就要请假回去，余不一一，即候近好。

寄回去一本谕旨、一本奏章，希望好好地保存。以前寄回家里的奏稿，不知道是不是放存在同一个地方？以后希望制作箱子木匣保存最好。诸唯心照。

兄国藩手书，四月八日。

【点评】

这封家书嘱咐诸弟在乱世之中切勿生事，凡事学会容忍。并告诉他们罗山出师大获全胜，水师前队情况尚好，莘田二三月之后可以到家，并问及奏稿之事。

曾氏认为，“忍耐”能体现一个人的素质，也是一个人成就事业的基本保证，过于冲动终究不能成大气，冲动更解决不了任何问题，因此就应当学会“忍”。曾国藩在这封家书中，谈到了自己的“忍”功，读者可细细品味其中的深刻意义。

咸丰五年四月二十日与诸弟书

公元1855年6月4日

澄、温、沅、季四位贤弟左右：

十六日在南康府，接父亲手谕及澄沅两弟、纪泽儿之信，系刘一送来，二十日接澄弟一信，系林福秀由县送来，具悉一切。

余于十三日自吴城进扎南康，水师右营、后营、向导营于十三日进扎青山。十九日，贼带炮船五六十号，小划船五六十号，前来扑营，鏖战二时，未分胜负。该匪以小划二十余号，又自山后攒出，袭我老营。老营战船业已全数出队，仅坐船水手数人及所雇民船水手，皆逃上岸。各战船哨官见座船已失，遂尔慌乱，以致败挫。幸战舟炮位毫无损伤，犹为不幸中之大幸。且左营、定湘营尚在南康，中营尚在吴城，是日未与其事，士气依然振作。现在六营三千人同泊南康，与陆勇平江营三千人相依护，或可速振军威。

现在余所统之陆军，塔公带五千人在九江，罗山带三千五百人在广信一带，次青带平江三千人在南康，业已成为三支，人数亦极不少。赵玉班带五百湘勇来此，若独成一支，则不足以自立；若依附塔军，依附罗军，则去我仍隔数百里之远；若依附平江营，则气类不合。

太平军的手枪

且近日口粮实难接济，玉班之勇可不必来。玉班一人独来，则营中需才孔亟，必有以位置之也。

蒋益澧之事，唐公如此办理甚好。密传其家人，详明开导，勒令缴出银两，足以允服人心，面面俱圆，请莘翁即行速办，但使探骊得珠，即轻劝着笔，亦可以办到矣。

此间自水师小挫后，急须多办小划以胜之，但乏能管带小划之人。若有实能带小划者，打仗时并不靠他冲阵，只要开仗之时在江边攒出攒入，眩贼之眼，助我之势，即属大有裨益。吾弟若见有此等人，或赵玉班能荐此等人，即可招募善驾小划之水手一百余人来营。冯玉珂所缴水勇之抢银，及各银应缴营者，可酌用为途费也。

余在营平安，惟癣疾未愈，精神不足，诸事未能一一照管。小心谨慎，冀尽人事以听天命。诸不详尽，统俟续布。父亲、叔父大人前恭请福安。兄国藩手草，四月廿日，南康城作水营。

顷与魏荫亭谈及招小划水勇一事，渠可回家与萧可卿商办。大约每划五人，五划立一哨官，每百人四哨官，十余哨即立一营官。此不难于招勇，而难于选求哨官营官。澄弟若见有可当哨官者，或令其来营，或荐与荫亭。勇则不必招，听萧、魏办理可也。

【译文】

澄、温、沅、季四位贤弟左右：

我于十六日在南康府收到父亲亲笔信，以及澄、沅两位弟弟和儿子纪泽的信，是刘一送来的，二十日接到澄弟一封信，是林福秀由县里送来的，知悉一切。

我于十三日从吴城进军驻扎南康，水师右营、后营、向导营在十三日进驻青山。十九日，贼兵带炮船五六十只、小划船五六十只前来攻打我营，鏖战长达二个时辰，没有分出胜负。这伙贼兵又用小划子二十多只从山后钻出来，袭击我军老营。老营战船都已经全部出战，只有座船几个水手及所雇民船水手，他们都逃到岸上。各战船哨官看到座船都已丢失，因此慌乱，以致挫败。幸好战船炮位一点也没有损伤，真算是不幸中的万幸。而且左营、定湘营还在南康，中营还在吴城，这一天没有参加战斗，士气仍然振作。现在六营三千人一同驻扎在南康，跟陆军平江营三千人互相依靠，也许可以很快重振军威。

目前我所率领的陆军有：塔公带领五千人在九江；罗山带领的三千五百人在广信一带；次青带领平江营三千人在南康，已经分为三支，人数也不是很少。赵玉班带领五百湘军要来这里，如果让他独立成为一支，却不足以自立；如果依附塔军、依附罗军，那么离我仍有几百里远；如果依附平江营，则双方气类不合。而且最近口粮也确实难以接济，玉班的兵可以不必来。要是玉班一个人独自来此，营中非常需要人才，一定有合适的位置安排他。

蒋益澧的事，唐公这样处置很好。秘密传讯他的家人，详细明确地加以开导，勒令他交出银两，足以平服人心，各方都觉得处理的圆满，请莘翁加紧办理。假若能说到要领精髓的地方，写上几笔，也是可以办得到的。

这边自从水师小败之后，急切需要多置办小划船去战胜敌人，但缺乏能管理带领小划船的人，如果有确实可以带领小划船的人，打仗时并不依靠他冲阵，只要在开仗的时候，让小划子在江边穿来穿去，迷惑贼兵眼目，助长我军气势，就算是大有益处了。我弟如果遇到有这类人，或者赵玉班能推荐这类人，就可以招募善于驾驭小划子的水兵一百多人来营中。冯玉珂所缴纳水兵抢劫的银子以及其他各项银两应缴纳给营中的，可以适当用做路费。

我在军营中平安，只是癣病没有好，精神不足，许多事情没有能够一一小心谨慎，希望能够尽人事，以听天命，写得不够详细，等以后再续告。父亲、叔父大人面前恭请安福。兄国藩手草，四月二十日，南康城作水营。

刚刚和魏荫亭谈到招募小划子水兵这件事，他可以回家与萧可卿商量办理。大概每条划子五个人，五条划子设一个哨官，每百人要四个哨官，十余哨设一个营官。这事的难处不在于招募水兵，而难在挑选哨官、营官。澄弟如见到有人可以担任哨官，或者让他们来营中，或者推荐给荫亭。水兵则不必招募，听从萧、魏办理就行了。

【点评】

这封家书主要讲了南康失利之事以及各路人马的安排情况，并请诸弟代为寻觅善使小划子的水手。俗语说“火车跑得快，全靠车头带”，一支军队如果有了好的领导者，那么它的战斗力将大大增强。曾国藩作为一名军事家，深知人才的重要性，因此特别嘱托各位弟弟替他寻找能够担任哨官、营官的人。曾氏的知人善任是其获得成功的一大因素。

咸丰五年四月廿四日与诸弟书

公元1855年6月8日

澄、温、沅、季四弟左右：

廿二日齐三、昴十到营，奉到父亲大人手谕并沅弟一信，研生代作之墓表稿在焉。廿三日接澄弟在县官封一信，乃三月廿五日所发，比齐三等之信迟十六日。

水师自十九日小挫，日内未开仗。闻都昌有贼船，派船二十号前往搜剿，廿二日烧船八十余号，廿三日烧三十余号，皆贼所掳之民船也。李次青所带之平江陆勇，现扎南康护卫水师。魏荫亭回衡招小划水勇，请萧可卿同办。

吾乡有三眼铳，亦有单眼铳，喜事用之，响振山谷。吾意单眼铳若装子弹于内，尽可打贼，乡间用木削铳尖，往往打得四五十丈远。请澄弟在吾乡打单眼铳数竿，用梗木为把，试装铜扣小石之类于内，是否可打半里远？如其合用，即可多打数十竿或百竿，交魏荫亭之水勇带来，其钱由兄营寄回。

兄近日身体尚好，惟火气甚旺，癣疾未愈。莘田在营。安静谨慎。冯玉珂亦稳实也。

余不一一，容俟续具。四月廿四日，兄国藩草。

蒋芗泉之事，唐莘翁迫于邑绅之言，不能不办，但须轻妙，不著痕迹。若过于着迹，必至大伤体面，将来使带勇者人人有自危之心，即罗山、迪庵亦觉为之不怡，非所宜也。

前年在衡州时，与季弟定陆营薪水单。五百人一营者，每月营官、帮办薪水二百六十

两。章程本过于丰厚，故营官无人不发财，闻周凤山家已成素封矣，其余积资置产者甚多。若专办蒋家，则未免厚于外人而薄于邑人，故兄日内于此事极踌躇也。

大营事件甚多，凡关涉本邑者，诸弟总以不管为妥。军事愈办愈难，有非一言所能尽者。诸惟心照。

【译文】

澄、温、沅、季四弟左右：

二十二日齐三、昴十来到营中，收到父亲大人亲笔信和沅弟一封信。二十三日收到澄弟在县城的官封一信，乃是三月二十五日发出的，比齐三等带来的信要迟十六天。

水师在十九日小败后，近日内还没有开仗。听说都昌有贼船，已经派出战船二十只前去搜剿。二十二日烧毁贼船八十多只，二十三日又烧毁三十多只，都是贼兵掠夺的民船。李次青率领的平江营陆勇现在驻扎在南康护卫着水师。魏荫亭已经回到衡州招募小划水勇，请萧可卿一同办理。

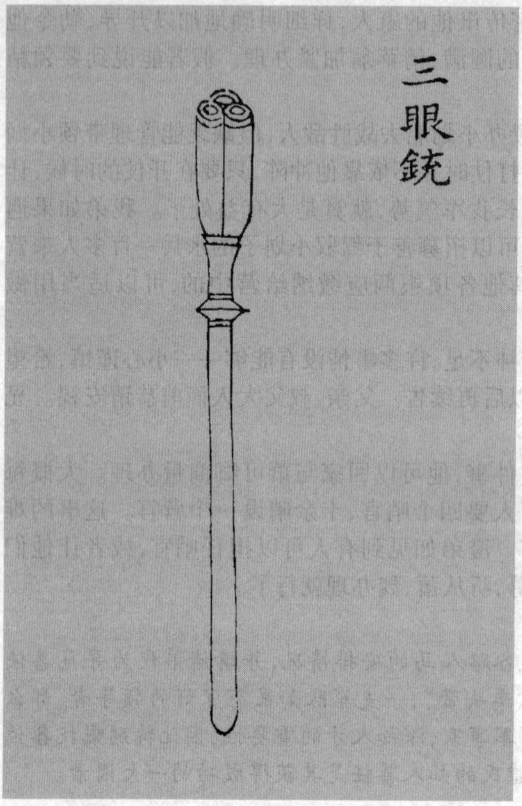

三眼铳图，出自古代兵书《防守集成》。三眼铳是用以发射火药和铅弹的器械

我们乡间有三眼铳，也有单眼铳，每逢喜事便使用它，响声振动山谷。我想单眼铳如果装上子弹在里面，肯定可以用来打击贼兵。乡里人用木头削片铳尖，常常能打四五十丈远。请澄弟在我乡打造单眼铳几竿，用硬木当把手，试着装铜扣、小石头之类东西在里面，是否可以打半里远？如果可以，就可多打数十竿或百竿，交给魏荫亭的水勇带来，所花费的钱由为兄营中寄回去。

为兄近日来身体还好，唯有火气很旺，癣病未痊愈。莘田在营中安静谨慎，冯玉珂也很稳重务实，余不一一，容俟续具。

蒋芗泉的事，唐苹翁迫于乡绅们的言论，不能不办。但需要巧妙轻办，不露痕迹。如果过于暴露痕迹，一定会大伤体面，将来让带领兵勇的军官人人有自危之心，就是罗山、迪庵也会因此感觉不快，这是不适宜的。

前年在衡州时，同季弟议定陆营薪水单：五百人一营的，每月营官帮办薪水二百六十两银子。章程本来规定得过于丰厚，所以营官周凤山家里虽然无封爵，却有如受封的厚，其余积累钱财购置产业的很多。如蒋家专办，则未免对外人厚而对县人薄，所以为兄近日内对这件事非常踌躇。

大营事情很多，凡是关系到本县的，诸弟一定要以不管为妥。军事越办越难，有的不是一句话所能说明的。诸唯心照。

【点评】

读此信我们会惊叹于曾国藩竟还是一位武器发明家，他竟可以将办喜事听响用的单眼铳改造成杀敌的利器，真不愧为一位绝顶聪明之人。在此信的末尾又嘱咐诸弟要清静无为，少管闲事，并慨叹军事之难办，体现了曾氏为人处世谨慎隐忍的风格。

咸丰五年五月廿六日与诸弟书

公元1855年7月9日

澄、温、沅、季四位老弟足下：

廿五日春二、维五到营，接奉父亲大人手谕，并澄沅来信、纪泽儿禀函，具悉一切。

此间自四月十九小挫之后，五月十三各营在青山与该逆大战一次，幸获全胜。该逆水战之法，尽仿我军之所为，船之大小长短，桨之疏密，炮之远近，皆与我军相等。其不如我军处，在群子不能及远，故我军仅伤数人，而该逆伤亡三百余人。其更胜于我处，在每桨以两人摧送，故船行更快。

罗山克复广信后，本可即由饶州、都昌来湖口会剿，因浙江抚台札令赴徽州会剿，故停驻景德镇，未能来湖口。顷又因义宁州失守，江西抚台调之回保省城，更不能来南康、湖口等处矣。事机未顺，处处牵制，非尽由人力作主也。

永丰十六里团练新集之众，以之壮声威则可，以之打仗，则恐不可，澄弟宜认真审察一番。陈锟系加捐何职，俟查明再复。现在大营并无部照，如果漏填，尚须向麓西处借填耳。

小划子营，如有营官哨官之才，望即告知荫亭，招之以出。沅弟荐曾和六，其人本有才，但兵凶战危，渠身家丰厚，未必愿冒险从戎，若慷慨投笔则可，余以札调则不宜也。朱楚成之才，不过能带一舢板耳，亦不值一札。

闻父亲所办单眼铳甚为合用，但引眼宜略大，用引线两三根，更为可靠。

沅弟买得方、姚集，近已阅否？体气多病，得名人文集静心读之，亦自足以养病。凡读书有难解者，不必遽求甚解。有一字不能记者，不必苦求强记。只须从容涵泳，今日看几篇，明日看几篇，久久自然有益。但于已阅过者，自作暗号，略批几字，否则历久忘其为已阅未阅矣。筠仙来江西时，余作会合诗一首，一时和者数十人，兹命书办抄一本寄家一阅。

癣疾近已大愈，惟今年酷暑异常，将士甚苦。余不一一，即问近好。兄国藩手草，五月

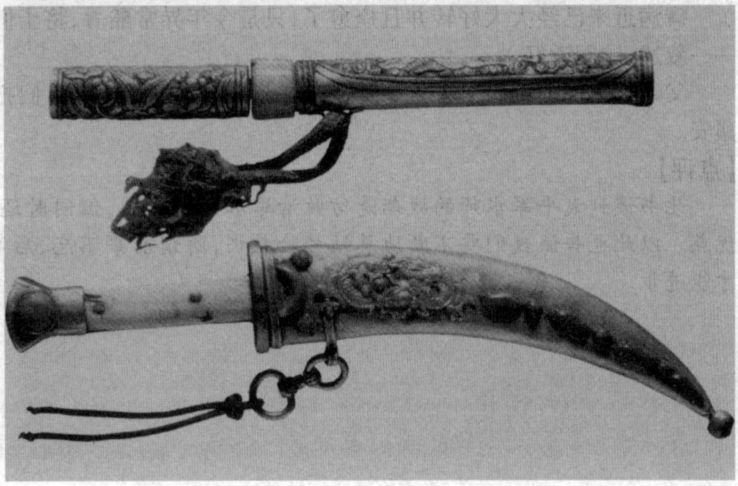

清·银鞘象牙柄刀

廿六日。

父亲大人首即此跪禀万福金安。叔父大人前诸弟送阅禀安。

【译文】

澄、温、沅、季四位老弟足下：

二十五日春二、维五来到军营中，收到父亲大人亲笔信及澄、沅两弟的来信和纪泽儿的禀函，一切事全都知道了。

我这里自从四月十九日小败之后，五月十三日各营在青山同这股贼匪大战一次，幸而大获全胜。这股贼匪水战的方法全是模仿我军的，船的大小长短、船桨的疏密、炮的远近，全和我军相同。这伙逆贼不及我军的地方，在于他们的炮弹打不了多远，所以只伤了我军几个人，而这伙逆匪伤亡有三百多人。他们也有胜过我军的地方，就是每支船桨由两个人划，因此船走得更快。

罗山的部队收复广信后，本来可以马上由饶州、都昌来湖口会合围剿，由于浙江抚台来信命令他赴徽州会剿，因此把军队停驻在景德镇，没能来湖口。不久又因为义宁州失守，江西抚台调他回省城，更不能来南康、湖口等地了。事情不顺利，处处受牵制，不是人力所能完全主宰的。

永丰十六里团练新招募的兵士，用他们壮声威是可以的，用他们打仗恐怕不行，澄弟应该认真审查一番。陈锟加捐的是什么职务，待查清后再回复。现在大营并没有部照，如果漏填了，还需要向麓西那里借来填上。

小划子营中如果有能担任营官、哨官这种才能的人，提拔他们出来干。沅弟推荐曾和六，这个人本来有才能，但战争极其危险，他又家产丰厚，未必肯冒险从军。如果他能够慷慨投笔从戎，当然可以，让我用书信去调他来则是不合适的。朱楚成的才干，只能带一只舢板，也不值一札。

听说父亲制造的单眼铳很适用，但引眼应该稍大些，用两三根引火线会更加可靠。

沅弟买到方、姚文集，最近读了吗？身体多病，得到名人文集静心阅读，也足以养病的。读书有难于理解的地方，不必立即求得透彻地理解。有一个字不能记住，也没必要苦求强记，只要从容理解领会，今天看几篇，明天看几篇，时间长了自然有好处；只是对已经读过的部分要作出记号，稍微批几个字，否则时间久了就会忘记是已经读过了的，还是没有读过的。筠仙来江西时，我作了一首会合诗，一时间唱和的有几十人，现在让书办抄录一本寄回家中给大家看看。

癣病近来已经大大好转并且痊愈了，只是今年异常酷暑，将士们很艰苦。其余的就不一一叙述，顺问近好。

父亲大人面前，就此跪禀万福金安。叔父大人面前，弟弟们把信送给他们看，代为禀安。

【点评】

此书谈到太平军水师的战船是仿效清军水师的建制，但同时还分析了它的弱点以及优点。以此也告诫我们要不断地总结经验教训，所谓前事不忘，后事之师，只有这样我们才能进步。

咸丰五年六月十六日与诸弟书

公元 1855 年 7 月 28 日

澄侯、温甫、子植、季洪四位老弟足下：

春二、维五来营，接奉父亲大人手谕并诸弟信函，敬悉一切。

此间自五月十三日水战获胜后，三十日该逆七十余舟上犯至青山一带，我军出队迎敌，又获胜仗，夺回余去年所坐之拖罟船外，又夺贼战船五只，军心为之一振。六月初七日、初九夜两次风暴，营中坏船十余号，应修整者二十余号。

十三日派人至南康对岸之徐家埠，水陆搜剿。其地去湖口县七十里，贼匪督率土匪在该处收粮，诛求无度，民不聊生。因派水陆六百人前往搜剿。真贼十余率土匪三百人与我军接仗，仅放两排枪，该匪即败窜。追奔十余里，焚贼馆十余所，焚辎重船百余只，击毙十余人，生擒七人，十四日收队回南康。

十五日水师至湖口探看贼营情形，该匪坚匿不出，迨我军疲乏将归，逆船突出大战。我军未约定开仗，人心忙乱，遂致挫败，被该匪围去长龙船一号，舢板船二号，三船共阵亡五十余人，受伤二十余人，军气为之一减。

今年内湖水师共开四仗，两胜两败。湖口一关，竟难遽行打出，不胜焦灼。塔军门在九江，十三日打一胜仗，杀贼三百余人，亦无益于大局也。

自义宁州失守，不特江西省城戒严，而湖南亦有东顾之忧，盖义宁与平江、浏阳接壤，贼思向此路窥伺长沙。罗山现回江西省，拟即日进攻义宁，以绝两省腹心之患。若能急急克复，则桑梓有安枕之日，否则三面受敌，湖南亦万难支持。大乱之弭，岂尽由人力？亦苍苍者有以主之耳！

余癣疾未愈，用心尤甚，夜不成寐，常恐耿耿微忱，终无补于国事，然办一日事，尽一日心，不敢片刻疏懈也。陈竹伯中丞办理军务不惬人心，与余诸事亦多龃龉。凡共事，和衷最不易易也。

澄弟近日尚在外办公事否？宜以余为戒，步门不出，谢绝一切。余食禄已久，不能不以国家之忧为忧，诸弟则尽可理乱不闻也。子侄辈总宜教之以勤，勤则百弊皆除，望贤弟留心。即问四位老弟近好。

【译文】

澄侯、温甫、子植、季洪四位老弟足下：

春二、维五来到营中，收奉父亲大人亲笔信和诸弟信件，知道了一切。

为兄这里自五月十三日水战获胜后，三十日这伙匪逆七十多只船向上窜犯至青山一带，我军出兵迎敌，又获胜利。除夺回我去年所乘坐的拖网船外，又夺取贼船五只，军心大振。六月初七日、初九日晚上两次风暴，营中有十多只船被损坏，应修整的船有二十多只。

十三日派人至南康对岸的徐家埠，水陆并进，搜剿匪。这个地方离湖口县城七十里，贼匪督率土匪在这里征收粮食，诛求无度，民不聊生，因此派出水陆兵士六百人前去搜剿。真贼十余人率领土匪三百人与我军开仗，刚放了两排枪，这股匪逆就战败逃窜。追奔十多里，焚烧匪逆屋舍十余所，焚烧辎重船百余只，击毙十余人，活捉七人。十四日收兵回南康。

十五日，我水师开至湖口探查贼营情形，贼匪坚壁藏匿，不肯出战，待我军因疲惫要撤

清军大炮

回时，贼逆船只突然杀出大战，我军由于并未约定开仗，人心慌乱，于是战败，被匪逆围夺长龙船一艘，舢板船二只，三船共阵亡五十余人，受伤二十余人。我军士气因此一减。

今年内湖水师共开四仗，两胜两败。湖口水卡一日被关住，竟然难以立刻打出去，真是不胜焦灼！塔军门在九江，十三日打了一个胜仗，杀敌人三百余人，但对大局也无益。

自从义宁州失守，不但江西省城戒严，而且湖南也有东边的忧患，大约义宁与平江、浏阳接壤，贼匪想从这条路进而进犯长沙。罗山现在已回江西省，准备马上进攻义宁，以消除两省的心腹之患。如果能迅速克复，那么我桑梓故乡就会有安枕之日，否则三面受敌，湖南也万难支撑。大乱的平定，并非完全靠人力，也靠苍苍上天做主！

我的癣病没有好，尤其费心，晚上不能睡觉，时常担心我这一点点耿耿忠心，最终仍无补于国事，但做一天事，就尽一天心，不敢有片刻松懈。陈竹伯中丞处理军务，人心不畅快，与我在很多事情上也多有分歧。大凡和衷共事，是十分不容易做到的。

澄弟最近来还在外处理公事吗？应当以我为戒，不出大门一步，谢绝一切来访。我接受官禄已久，不能不把国家的忧患当作自己的忧患，诸弟则尽可以对治乱一概不闻不问。子侄辈总应教导他们要勤，勤则百种弊端都可除去，希望贤弟留心。即问四位老弟近好。

【点评】

信中提到近日来湘军士气的一增一减：一增指五月三十日除夺回曾国藩去年战败时被太平军拖去的战船，又夺五只太平军战船；一减指六月十五日太平军采取战略战术，采用逆船突战，致使湘军军心大乱，损失两战船，伤亡七十余人。这种状况使曾国藩夜不能寐，十分担忧。六月十二日曾国藩还言辞激烈地上书参劾江西巡抚陈启迈的官场劣迹，这恐怕也为他以后的官场仕途埋下隐忧。

咸丰五年七月初八日与诸弟书

公元 1855 年 8 月 20 日

澄侯、温甫、子植、季洪四位老弟左右：

刘朝相来营，得植弟手书，具审一切。

内湖水师自六月十五日开仗后，至今平安。本拟令李次青带平江勇渡鄱湖之东，与水师会攻湖口，奈自六月底至今，十日大风，不克东渡。初四日风力稍息，平勇登舟，甫经解缆，狂飙大作，旋即折回，弁勇衣被帐棚，寸缕皆湿。天意茫茫，正未可知，不知湖口之贼，运数不宜遽灭乎？抑此勇渡湖，宜致败挫，故特阻其行，以保全此军乎？现拟俟月半后，请塔军渡湖会剿。

罗山进攻义宁，闻初四日可至界上，初五六日当可开仗。湖南三面用兵，骆中丞请罗山带兵回湘，业经入奏。如义宁能攻破，恐罗山须回湖南保全桑梓，则此间又少一支劲旅矣。内湖水师，船炮俱精，特少得力营官，现调彭雪琴来江，当有起色。

盐务充饷，是一大好事，惟浙中官、商多思专利。邵位西来江会议，已有头绪，不知渠回浙后，彼中在事人能允行否？舍此一筹，则饷源已竭，实有坐困之势。

东安土匪，不知近日何如？若不犯邵阳界，则吾邑尚可不至震惊。

带兵之事，千难万难。澄弟带勇至衡阳，温弟带勇至新桥，幸托平安，嗣后总以不带勇为妙。吾阅历二年，知此中构怨之事造孽之端，不一而足，恨不得与诸弟当面一一缕述之也。诸弟在家侍奉父亲，和睦族党，尽其力之所能为，至于练团带勇却不宜过于出头。澄弟在外已久，谅知吾言之具有苦衷也。

宽二弟去年下世，未寄奠分，至今歉然于心。兹付回银二十两，为宽二奠金，望送交任尊叔夫妇手收。植弟前信言身体不健，吾谓读书不求强记，此亦养身之道。凡求强记者，尚有好名之心横亘于方寸，故愈不能记；若全无名心，记亦可，不记亦可，此心宽然无累，反觉安舒，或反能记一二处亦未可知，此余阅历语也，植弟试一体验行之。

余不一一，即问近安。

【译文】

澄侯、温甫、子植、季洪四位老弟左右：

刘朝相来到营中，收到植弟的亲笔信，已知道一切事情。

内湖我水军自六月十五日开仗后，平安如常。本计划命令李次青带领平江兵渡到鄱阳湖的东面，与水军会合进攻湖口。无奈从六月底到现在，连续十天大风，不能东渡。四日风力稍微停歇，平江兵登上战船。刚刚解开缆绳，狂风大作，只好马上返回。士兵们的衣被帐篷，里外全都已湿透。天意茫茫，正未可知，不知道是不是湖口的贼寇运数还没有到头，还是次青的部队渡过湖去应该遭受挫败，因此特地阻止他渡湖以保全这支军队呢？现在准备等到月中后请塔军渡湖会合剿贼。

罗山进攻义宁，听说四日就可以到达该州境内，五六日应该可以开仗。湖南三面被贼包围，骆中丞请罗山带兵回湘，已经上奏。如义宁能够攻破，恐怕罗山得回湖南保卫家乡，那我这里又要少一支劲旅了。内湖水军船炮都很精利，只是少一些能干的营官，现在调彭雪琴到江西，应该有一些起色。

用盐务所得来充军饷是一件大好事，只是浙中官商多数想私自获取其中的利益。邵位西来江西会商，已经有了眉目，不知道他回到浙江后，那里的官员能允许实行吗？如舍弃这一筹钱的方法，则饷源已经枯竭，确实有坐待困毙的趋势。

东安的土匪，不知道最近怎么样？如果不窜犯邵阳地界，那么我县还不至于到震惊的地步。

带兵的事，千难万难。澄弟带兵到衡阳，温弟带兵到新桥，幸好托老天之福，一路平安，但以后最好不带兵为好。我带兵阅历二年，知道这中间造成埋怨的、造孽的事不能一一说出，恨不得与各位兄弟当面一一细述。诸弟在家侍奉父亲、和睦亲族乡党，已经尽了全力，至于操办团练、带领士兵，却不合适。澄弟在外已久，估计应该知道我的话真是有苦衷的。

宽二弟去年去世，为兄还没有寄去奠份银，至今觉得抱歉。现寄回银二十两，当作宽二弟的奠银，希望送给任尊叔夫妇亲收。植弟上次来信说身体不健康。我认为读书不求强记，这也是养身之道。凡是想要强记的，还有好名的想法横在心里，就更记不住。如完全没有爱好虚名的想法，记住也行，不记住也行，这种想法宽松无牵挂，反倒觉得安心舒平，也许倒能记住一二处，也未可知。这是我的经验之谈。植弟试着去体验看看。余不一一，即问近好。

【点评】

曾氏在这封家书中写内湖水师遇风无法打仗，调兵遣将有喜有忧，并力劝诸弟切勿带兵，嘱咐曾国荃读书不可强记。

此外，曾国藩在这封家书中谈到自己读书的体会是以读书为养身之道。这是实话，曾国藩在许多家书中都细述自己读书的体会，从书本中悟到为人处世之道，这也是值得我们借鉴的。

咸丰五年八月十三日与诸弟书

公元1855年9月23日

澄侯、温甫、子植、季洪四弟左右：

胡二等来大营，接奉父亲大人、叔父大人手谕及诸弟各书，具悉一切。此次余已月余未寄家信。

七月十八夜，忽报塔军门大病，至三更而凶问至。余十九往九江陆营，料理一切，派周凤山统领浔城陆军。至廿三日湖口水陆开仗，萧捷三阵亡。廿五日，余又从九江回至青山水营，连日大北风，不能办一事。廿九日，罗山兄由义宁州单骑行六百里至南康面议大局。余初一日又回南康。

李次青自七月十四渡湖攻剿湖口，十八、廿一、廿三连获胜仗，现已入奏，初四、初八又获胜仗。而水师初八日开仗小挫，失去炮船廿一号，小划二号。次早初九未明，贼船大队前来扑营，我军极力堵御，轰击二时，该匪败退。今年内湖水师分为两帮，前帮四营，后帮五营，各船百号，初八之败，初九之胜，皆后帮之事，前帮未曾与闻。故水营虽小挫，尚足以自立。

曾国藩像

罗山一军，定计由崇、通以进剿武汉。骆中丞奏调罗军回剿湖南境内，余令其扫荡崇、通一带，则巴陵、平江皆安，即所以固湘省北门之锁钥也。由崇、通以捣武汉，则有裨于大局，不仅保全桑梓，年内仍可来南康湖口与余军会合。余在南康，已过五月，不能打出湖口，仅能保全江西，无能补益全局，焦灼难名。

癣疾日甚，身无完肤，夜不成寐，惟日服滋阴之剂，以冀平善。

九弟信来，言纪泽姻事。泽儿年尚轻，姻事概由父亲大人作主，或早办，或迟办，或丰或俭，均请父亲经理，内子不得自主也。至入赘之说，则断不可。我乡向无此例，恐习富贵气。今冬明年读书，亦由父亲大人作主，诸弟为我择师可也。余在军中，诸事冗杂，多不能理，家事尤不克兼顾。罗研生将来军中，不能教书耳。即问近好。

【译文】

澄侯、温甫、子植、季洪四弟左右：

胡二等来到大营中，收到父亲大人、叔父大人亲笔信及诸弟各信，已经知道了一切。这次我已经一月多没有寄家信了。

七月十八日晚，忽然有报说塔军门得了重病，到三更而凶讯已到。我十九日前往九江陆营去料理一切，命周凤山统浔城陆军。到二十三日，湖口水陆开仗，萧捷三阵亡。二十五日，我又从九江回到青山水营中。接连几日北风大刮，一件事也办不成。二十九日，罗山兄从义宁州一个人走了六百里到南康面议大局。我在初一又回到南康。

李次青自七月十四日渡过鄱阳湖攻剿湖口以来。十八、二十一、二十三日接连获得胜仗。初四、初八又胜仗而水师初八日开仗小败，失去炮船二十一只，小划子两只。第二天九日天色未明，贼船大队前来攻扑营垒。我军奋力堵截抗御，轰击了两个时辰，这股匪逆才败退。今年内湖水师分为两帮，前帮四营，后帮五营，各有百只战船。初八日的败仗，初九日的胜仗，全是后帮的战事，未听到前帮有什么事，因此水营虽然受到了小挫败，仍足以自立。

罗山所率领的一部分军队，决定计划由崇、通而进剿武汉。骆中丞奏请调罗军回剿湖南境内贼兵。我已命令罗军进剿崇、通一带，则巴陵、平江都可以保平安，这是坚固湖南省北门的钥匙。由崇、通进击武汉，则有补于大局，不但能保全桑梓故乡，年内还可以来南康、湖口与我军会合。我在南康已经超过五个月了，仍然不能打出湖口，仅仅能保全江西，对全局没有补益。真是说不出的焦急啊。

我的癣病一天比一天厉害，体无完肤，晚上无法入睡，只有天天服用滋阴的药剂以乞求平安康复。

九弟来信，说到纪泽的婚姻大事。泽儿年纪还轻，婚姻大事概由父亲大人做主，或早办或晚办，或办得丰厚或俭约，都由父亲做主，内子不得自作主张。至于入赘之说，则绝对不可，我乡里从来没有这种先例。今冬明年读书，也都由父亲大人做主，诸弟替我选择教师就行了。我在军中，各种事务冗杂，多到不能处理，家中事务尤其不能兼顾。罗研生将来军中，他不能教书了。即问近好。

【点评】

曾氏在这封信中记录了水师近来的战况，总体说来并不十分顺心，首先是惊闻塔军门重病身亡，然后又说连日大风，诸事皆不能办，又说自己在南康已被困而不能打出湖口，表现出了深深的焦虑。在信末提到儿子纪泽的婚事，一切“概由父亲大人做主”体现出了曾氏身上的封建意识的局限性，读者当详加审辨。

咸丰五年八月廿七日与诸弟书

公元 1855 年 10 月 7 日

澄侯、温甫、子植、季洪老兄足下：

十四日良五、彭四回家，寄去一信，谅已收到。嗣罗山于十六日回剿武汉，霞仙亦即同去。

近接武昌信息，知李鹤人于八月初二日败挫，金口陆营被贼蹋毁，胡润芝中丞于初八日被贼蹋破山陆营，南北两岸陆军皆溃，势已万不可支。幸水师尚足自立，杨、彭屯扎沌口。计罗山一军可于九月初旬抵鄂，或者尚有转机。即鄂事难遽旋转，而罗与杨、彭水陆依护，防御于岳鄂之间，亦必可固湘省北路之藩篱也。

内湖水师，自初八日以后迄未开仗，日日操演。次青尚扎湖口，周凤山尚扎九江，俱属安谧。葛十一于初八日在湖口阵亡，现在寻购尸首，尚未觅得，已奏请照千总例赐恤。将来若购得尸骸，当为之送柩回里，如不可觅，亦必醵金寄恤其家。此君今年大病数月，甫经痊愈，尚未复元，即行出队开仗。人劝之勿出，坚不肯听，卒以力战捐躯，良可伤悯，可先告知其家也。去年腊月廿五夜之役，盐印官潘兆奎与文生葛荣册（即元五）同坐一船，均报阵亡，已人奏请恤矣。顷潘兆奎竟回至江西，云是夜遇渔舟捞救得生，则葛元五或尚未死，亦未可知。不知其家中有音耗否？

癣疾稍愈，今年七八两月最甚，为数年之第一次，连子字都对了，近日诸事废弛，故得略痊。余俟续布，顺问近好。父亲大人前跪禀万福金安，叔父大人前敬请福安。八月廿七早，兄国藩草于南康军中。

甲三、甲五等兄弟，总以习劳苦为第一要义。生当乱世。居家之道，不可有余财，多财则终为患害。又不可过于安逸偷惰，如由新宅至老宅，必宜常常走路，不可坐轿骑马。又常常登山，亦可以练习筋骸。仕宦之家，不蓄积银钱，使子弟自觉一无可恃，一日不勤则将有饥寒之患，则子弟渐渐勤劳，知谋所以自立矣。

再，父亲大人于初九日大寿，此信到日，恐已在十二以后。余二十年来仅在家拜寿一次，游子远离，日月如梭，喜惧之怀，寸心惴惴。又十一月初三日为母亲大人七旬晋一冥寿，欲设为道场，殊非儒者事亲之道；欲开筵觞客，又乏哀痛未忘之意。兹幸沅弟得进一阶，母亲必含笑于九泉。优贡匾额，可于初三日悬挂。祭礼须极丰腆，即以祭余宴客可也。

我家挂匾，俱不讲究。如举人即用直匾“文魁”二字，进士即用横匾“进士”二字，翰林即用直匾“翰林第”（或用院字）三字，诰封用直匾“诰封光禄大夫”等字，优贡即用横匾“优贡”二字。如礼部侍郎不可用匾，盖官阶所历无定也。前此用“进士及第”直匾，亦属未妥。

昨接上谕，补兵部右侍郎缺。此缺廿九年八月曾署理一次，日内当具折谢恩。

澄侯弟在县，何日归家？办理外事，实不易易，徒讨烦恼。诸弟在家，吾意以不干预县府公事为妥，望细心察之。

即问近好。

【译文】

澄侯、温甫、子植、季洪老兄足下：

十四日良五、彭四回家，捎去一封信，估计已经收到。嗣罗山在十六日回师攻剿武汉，霞仙也一块儿立即同去。

近日得到武昌的消息，得知李鹤人在八月二日失败，金口的陆军营被敌人击溃。胡润芝中丞在八日被贼兵踏破山陆军营，南北两岸的陆军都已溃败，局势已经一点也不能支撑。幸好水师还能够自立，杨、彭驻扎在沌口。估计罗山一军可以在九月上旬到达湖北，或许还有转机。就算湖北的局势难以立即扭转，而罗与杨、彭水陆相互依护，在岳阳、湖北之间防御敌人，也必定可以巩固湖南省北路的防线。

内湖水军，从八日以来至今没有打仗，天天在训练。次青还驻扎在湖口，周凤山还驻扎在九江，都安然无事。葛十一八日在湖口阵亡，现正在寻找尸首，还没有找到，已经奏请按照千总的规格赐予抚恤。将来如果寻得尸骸，应当护送灵柩回故里。如果不能找到，也

太平天国“冲锋伍卒”号衣

必定要凑钱寄抚恤他的家室。这个人今年生了几个月的大病，刚刚痊愈，还没有恢复元气，就率军打仗。别人劝他不要出战，他坚决不听，最终力战捐躯，实在令人悲伤悯惜。可以先通知他家里。去年腊月二十五夜里的战斗，监印官潘兆奎与文生葛荣册（即元五）同坐一条船，两人都被上报阵亡，已经上奏申请抚恤了。不久潘兆奎竟然回到了江西，说是晚上遇到了渔船，因而被捞起，得以生还，那么葛元五有没有死也不一定。不知道他家里人有没有消息？

我癣病稍有好转，今年七八月最厉害，为这几年的第一次。最近许多事情都荒废了，所以才有所好转。余俟续布，顺问近好。父亲大人前跪禀万福金安，叔父大人前敬请福安。八月二十七早，兄国藩草于南康军中。

甲三、甲五等兄弟，总是要以习惯劳苦作为最重要的事。生在乱世，居家之道就是不可有多余的财产，财产多了最终会成为祸害，又不能过于安逸懒惰。比如从新屋到老屋，必定要常常走路，不可以坐轿骑马。又要经常爬山，也能够锻炼筋骨。官宦人家，不积存银钱，让子弟自我感到一无所恃，一天不勤劳，就有挨饥受寒的担忧，那么子弟会渐渐勤劳，知道计划，才能够自立。

另外，父亲大人的大寿在九日，这封信寄到时，可能已经在十二日以后。我二十年来，仅在家中拜过一次寿。游子远离，光阴荏苒，高兴之余，惴惴不安。十一月三日是母亲大人七旬晋一冥寿，想摆设道场，这又不是读书人的事亲之道；想开席请客，又缺乏哀痛未忘的心情。现在幸好沅弟进升一阶，母亲必会含笑于九泉。优贡匾额，可在三日悬挂。祭礼一定要丰盛，就用祭祀的余宴招待宾客。

我家挂匾，都不讲究。例如举人就用横匾写“文魁”两字，进士就用横匾写“进士”两字，翰林就用直匾写“翰林第”（或用“院”字）三字，诰封用直匾“诰封光禄大夫”等字，优贡就用横匾写“优贡”两字。如礼部侍郎不能用匾，是因为官阶不确定。先前这里用“进士及第”的直匾，也属于不妥当。

昨天接到皇上圣谕，命我补兵部右侍郎的缺。这个空缺二十九年八月曾经署理过一次，近几日应当写奏折谢恩。

澄侯弟在县城哪天才回家？处理外面的事务，确实不容易，白白寻找烦恼。各位兄弟在家，我的意见是不要干预县府的公事最好，希望细心体会我的话。即问近好。

【点评】

在这封家书中除提到战事之外,还体现曾国藩的齐家之方。"不可有余财、不可过于安逸偷惰、不蓄积银钱,使子弟自觉一无可恃"等就是让子弟不依赖家中的钱财,迫使他们不得不自我奋斗,以就业成家,也可以避免为官者为子孙积财而贪污受贿之类事件的发生。这种方式对于今日的独生子女教育仍然有很积极的意义。此外,曾氏为母亲守孝三年期限已满,朝廷任命他为兵部侍郎。

咸丰五年九月三十日与诸弟书

公元1855年11月9日

澄侯、温甫、子植、季洪四位老弟足下:

廿六日王如一、朱梁七至营,接九月初二日家书,廿九日刘一、彭四至营,又接十六日家书,具悉一切。

沅弟优贡喜信,此间廿三日彭山屺接家书,即已闻之。廿七日得左季高书,始知其实,廿九日得家书乃详也。沅弟在省,寄书来江西大营甚便,何以未无一字报平安耶?(宽十来有一信。)在省城刊刻朱卷,应酬亲友,计非一月不能了办,十月初当可回家为父亲叩祝大寿。各省优贡朝考,向例在明年五月,沅弟可于明年春间进京。若由浙江一途,可便道由江西至大营,兄弟聚会。吾有书数十箱在京,无人照管,沅弟此去,可经理一番。

自七月以来,吾得闻家中事有数件可为欣慰者。温弟妻妾皆有梦熊之兆,足慰祖父母于九泉,一也。家中妇女大小皆纺纱织布,闻已成六七机,诸子侄读书尚不懒惰,内外有职业,二也。阖境丰收,远近无警,此间兵事平顺,足安堂上老人之心,三也。今又闻沅弟喜音,意我家高曾以来,积泽甚长,后人食报,更当绵绵不尽。吾兄弟年富力强,尤宜时时内省,处处反躬自责,勤俭忠厚,以承先而启后,互相勉励可也。

内湖水师,久未开仗,日日操练,夜夜防守,颇为认真。周凤山统领九江陆军,亦尚平安。李次青带平江勇三千在苏官渡,去湖口县十里,颇得该处士民之欢心。茶陵州土匪,间窜扰江西之莲花厅永新县境内,吉安人心震动,顷已调平江勇六百五十人前往剿办,又派水师千人往吉防堵河道,或可保全。

余癣疾迄未大愈,幸精神尚可支持。王如一等来,二十四日始到。余怒其太迟,令其即归,发途费九百六十文,家中不必加补,以为懒漫者戒。宽十在营住一个月,打发银六两,途费四千。罗山于十四日克复崇阳后,尚无信来。

罗研生兄于今日到营。纪泽、纪梁登九峰山诗,文气俱顺,且无猥琐之气,将来或皆可冀有成立也。余不一一。

【译文】

澄侯、温甫、子植、季洪四位老弟足下:

二十六日,王如一、朱梁七来到军营,收到九月初二日家信。二十九日,刘一、彭四来到军营,又收到十六日家信,知道了所有事情。

沅弟优贡的喜信,我在这里于二十三日从彭山屺那里接家信时,就已经听说。二十七日收到左季高信,才知道是实事。二十九日收到家信,才知道详细情况。沅弟在省城,寄信到江西大营非常方便,为什么没有来一字报个平安呢(宽十来营,带有一信)?在省城刊刻朱卷,应当酬送亲友,估计没有一月不能办好,十月初大概可以回家,为父亲叩祝大寿。各省优贡进京朝考,向来的惯例是在明年五月,沅弟可以在明年春天时进京。如果由浙江一路前去,可以经便道由江西到大营来,兄弟聚会一下。我有几十箱书在京城中,没有人照管,沅弟这一次去,可以整理一番了。

自七月以来,我听到家里的事情,有几件让人欣慰的事:温弟的妻妾都有得子的吉兆,这足以让在九泉之下的祖父母得到宽慰,这是一;家中大小妇女都会纺纱织布,听说已经有六七张织机,各位子侄读书还不懒惰,内外都有所从事的工作,这是二;家乡获得丰收,远远近近都没有警报,我这里军事也都平安顺利,足以安慰堂上老人的心,这是三;现在又听说了沅弟的喜信。想我家自高曾祖父以来,积累了长久的恩德,后代受报答,更应当绵绵不尽。我兄弟们年富力强,尤其应当常常内心反省,处处反躬自问。人人勤俭忠厚,承前启后,互相勉励才好。

内湖水师,已经许久没有打仗,天天操练,夜夜防守,非常认真。周凤山率领的九江陆军也还平安。李次青带领平江三千兵士在苏官渡,离湖口县有十里的距离,颇得这里士绅和百姓的欢心。茶陵州的土匪,有的逃到江西的莲花厅永新县境内,扰乱治安,吉安人心惶惶。刚刚已经调动平江兵勇六百五十人前去剿除,又派水师千人往吉安防堵河道,大概可保全吉安。

我的癣病没有好,幸好精神还可以支持。王如一等来,二十四日才到,我发脾气说他来的太迟了,叫他回去,发给路费九百六十文,家里不必再加钱给他,作为对懒惰的人的惩戒。宽十在军营中住了一个月,打发他走时,给了他六两银子,路费四千钱。

罗研山兄在今天来到营中。纪泽、纪梁登九峰山所写的诗,文气都顺当,并且没有猥琐的气息,将来或许都能有望有所建树。其他的就不一一详细说明。

【点评】

信提到家中喜事连连:先是曾国藩的九弟曾国荃在省试中优贡。贡生在国子监学习期满,通过考试就可发派到各地任职。因此曾氏让弟弟明年春季进京参加朝考时取道浙江,以便于二人能够在江西见面。家书又提到家中事事顺利:主妇织布纺纱、子侄读书勤奋等。此外在家书中还提到水师的操练状况和人员调派情况。

咸丰五年十月十四日与诸弟书

公元 1855 年 11 月 23 日

澄侯、温甫、子植、季洪四位老弟左右:

十月十三县城专人来营,接到父亲大人手谕,同日成章鉴来,又接植弟十五、十八日二函,具悉一切。张德坚处寄书,至今尚未到也。温弟得生一女,母子平安,甚慰甚慰。闻其侧室亦有梦熊之兆,想当再索得男也。

唐莘洲父台恺恻慈祥,吾邑士民爱戴,此际去任,自必攀辕挽留。但仅夏憩亭一信,不足为凭,夏此时并非湖南之官,私信干预或者有之,断不能以公牍禀告中丞。余若遽以书抵骆中丞,恐省城并无唐公调任之说,翻讶此言从何而来,则根究其由,无损于夏憩亭,而转有损于唐父台。如果有调任之事,俟确信到日,沅甫以一书求左季高,可挽回也。留好官非干预公事可比,余之信所能止者,沅弟之信亦能止之,第不可早发,徒生疑窦耳。

澄弟带勇至株洲、朱亭等处,此间亦有此信。兹得沅弟信,知系康斗山、刘仙桥二人,澄弟实未管带,甚好甚好。带勇之事,千难万难,任劳任怨,受苦受惊,一经出头,则一二三

年不能离此苦恼。若似季弟吃苦数月便尔脱身，又不免为有识者所笑。余食禄有年，受国厚恩，自当尽心竭力，办理军务，一息尚存，此志不懈。诸弟则当伏处山林，勤俭耕读，奉亲教子，切不宜干涉军政，恐无益于世，徒损于家，至嘱至嘱。

罗山分军在壕头堡失利，彭三元、李杏春殉难，有此一挫，武汉恐不能即复。浔阳周凤山一军，湖口李次青一军及水军，平安如故。茶陵贼匪窜至江西，安福、永新失守，吉安府城戒严。在次青处调平江勇千三百人往援，周臬台亦带千余人往剿，不知能迅速扑灭否？

余癣疾日痊，营务平善，无劳挂虑。诸弟为我禀告父亲大人、叔父大人千万放心。不一一具。

十月十四夜，兄国藩手草于南康府屏风水营。

【译文】

澄侯、温甫、子植、季洪四位老弟左右：

十月十三日县城有专人来到军营，收到父亲大人的亲笔信。同一天成章鉴也来了，又收到植弟十五、十八日写的二封信，一切都知道了。张德坚那里寄的书，到今天我还没有收到。温弟生了一个女儿，母子平安，甚感欣慰。听说他的侧室也有梦熊的预兆，估计应当能再得一个男孩。

唐苹洲的父亲快乐诚恳而慈祥，家乡的绅士百姓都十分爱戴他，他这个时候辞职，肯定会被人们拦车挽留。但是只有夏憩亭的一封信，不足以作为凭证，夏憩亭这时并不是湖南的官员，私自写信干预或许还可以，但断然不能以公文的形式禀告中丞。我如果马上写信抵抗骆中丞，又担心省城并没有唐公调任的传言，查明此话从何而来，为什么会这样，对夏憩亭并没有损失，反倒会有损于唐公。如果真有调任的这件事，等确定后，沅甫写一封信请求左季高出面，应该可以挽留住唐公。留住好官并非是干预公事，我的信所能留住的，沅弟的信也能留住，不过这样的信不要早发，不然只会让人产生怀疑。

澄弟带兵到株洲、朱亭等地，这里也有这种说法。看收到沅弟的信，知道是康斗山、刘仙桥两个人，澄弟实际上并没有带队，这很好。带兵这件事，千难万难，任劳任怨，受苦受惊。一旦出来，那么一二三年都不能脱离这种苦恼。如果像季弟那样吃几个月苦就离开，又免不了被有识之士耻笑。我接受国家俸禄多年，受皇上厚恩，自当竭尽全力办理军务，只要一息尚存，就不会放弃为国尽忠。诸弟则应当隐居山林，勤俭节约，耕田读书，侍奉父母，教育子弟，千万不要干涉军政，恐怕不仅对社会没有好处，反而白白使家里受损。至嘱至嘱。

罗山军在壕头堡受挫，彭三元、李杏春殉难，因为这一败，武汉恐怕不能立即收复了。浔阳周凤山一军、湖口李次春一军以及水军，都平安如初。茶陵贼匪逃跑到了江西，安福、永新已经失守，吉安城也戒严了。已经调集次青处平勇一千三百人前往救援，周臬台也带了一千多人前去围剿，不知道能否把这股贼匪迅速消灭掉？

我的癣病日渐痊愈，营中事务平平都好解决，不劳挂念。请诸弟为我向父亲大人、叔父大人禀告，让他们千万放心，其余不一一写了。

十月十四日夜，兄国藩手草于南康府屏风水营。

【点评】

身处高位的曾国藩，一方面自己竭忠尽力为国效忠，另一方面又力劝诸弟"当伏处山林，勤俭耕读、奉亲教子，切不宜干涉军政"，这看上去好像是矛盾的，但却包含了曾氏多年的人生经验，为官固然好，但始终忧虑劳苦不能顺心从事；隐居山林虽然清苦却可以怡然而乐，不为公务所烦扰。这也反映出了中国传统知识分子的矛盾心理。

咸丰五年十月十九日与诸弟书

公元 1855 年 11 月 28 日

澄侯、温甫、子植、季洪老弟足下：

十月初一日，宽十等归，寄一函，县城专差来，又寄一家信，想均收到。

营中日内如常。周凤山九江陆军三千余人，尚属整顿。次青在湖口，因分去千三百人往剿吉安，刻拟添募五百人，以厚兵力。吉安之事，闻周臬台带千人已至，或足以资剿办。罗山在羊楼峒，廿六获胜后，尚无嗣音。

兹因春二患病，维五送之还家，复寄数行，以慰堂上老人悬念。罗山在岳、鄂间，军气单弱，余甚不放心。家中上而衡、郴，下而岳、平，均多可虞。望多送信几次来大营也。

兄国藩书于屏风水次，十月十九早。

【译文】

澄侯、温甫、子植、季洪老弟足下：

十月一日宽十等回到家乡，捎回去一封信，县城派专差到这里来，又带寄一封家信回去，想来都已收到了吧。

营中最近如常。周凤山九江陆军三千多人还在整顿之中。李次青驻扎湖口，因为分走一千三百人前往吉安剿匪，准备马上添募五百人，用来加强兵力。吉安的事，听说周臬台带领一千人已经赶到，或者足够剿灭匪寇。罗山驻扎在羊楼峒，二十六日获得胜利后，还没有新消息。

现在因为春二患病，维五送他回家，我又让他们捎带数行字的信，宽慰堂上老人的想念。罗山在岳州、湖北之间兵力薄弱，我很不放心。家中上到衡州、郴州，下到岳州、平江，都有令人十分忧虑的地方，希望多送几次信到我大营里来。

兄国藩书于屏风水次，十月十九日早。

【点评】

这封信很短，前面主要说了军队分布情况，并没有什么特别值得注意的战事，基本和往常一样。后一段则说了自己的忧虑之事：一是罗山的兵力单薄很不放心，二是家中也有很多令人担忧的地方，因此希望家里可以多寄一些信来，从而得到宽慰。

咸丰五年十一月初四日与诸弟书

公元 1855 年 12 月 12 日

澄侯、温甫、子植、季洪四位老弟左右：

十月廿八日在十等到营，接奉父亲大人手谕，纪泽儿禀件及侄儿外甥等寿诗，具悉一切。

澄弟在朱亭带勇，十八九可以撤营，欣慰之至。兵凶战危，一经带勇，则畏缩趋避之念决不可存。兵端未息，恐非二三年所能扫除净尽。与其从事之后，而进退不得自由，不如早日审度，量而后入，想诸弟亦必细心筹维也。

清军水师战船模型

南康水师，廿八日开仗一次，失长龙船一号。九江陆军相持如故。李次青在湖口亦未开仗。黄莘农先生今年为我军办理捐输，已解银六十余万两，未收者尚有二十余万。水陆兵勇自入江西境内，已用口粮百余万。此项捐款，实为大宗。

目下捐款将次用毕，莘翁又接办盐务。盐务之可以筹饷有二端：一则四月间奏请浙盐三万引，现在陆续运行，大约除成本外，可获净利十万两；一则于江西饶州、吴城、万安、新城四处设卡，私盐过境，酌抽税课，大约每月亦可得银万余两。若此两举刻期办齐，则明年军饷竟可无虑，黄司寇之为功于我军者大矣。浙江盐务，先须成本十余万，现请郭云仙往浙一行，张罗本钱，虽未必有济，姑试图之。

罗山自入湖北境内克复崇、通后，忽有壕头堡之挫，旋于廿六日、初三日两获大胜，军威大振。伪北王、伪翼王俱上犯岳、鄂之交，楚事孔棘。乃十月初二早，庐州克复，杀贼近万，官兵即日可捣安庆。上游之贼均须回救安省，韦石二逆或俱退回下游，两湖之事近日必可渐松。此吾省之福，而亦国家之厚泽，冥冥中巧为布置，使悍贼不得逞志于两湖也。

兄身体如常，癣疾未愈。昨日系先妣七旬晋一冥寿，军中不得备礼以祭，负罪滋深。莘翁自省来营商议盐事，军中亦无盛馔款之，故未将冥寿之期告之也。

余不一一。

【译文】

澄侯、温甫、子植、季洪四位老弟左右：

十月二十八日在十等人来到军营中，收到父亲大人亲笔信，纪泽儿禀件及子侄外甥等祝寿诗，知道了所有事情。

澄弟在朱亭带领士兵，十八九日能够撤营，我十分欣慰。兵是凶器，战是危事，一旦带领兵士，则畏缩逃避的想法决不能存在。兵端还没有停息，恐怕不是两三年就能扫除干净的，与其在带领兵勇之后而进退不得自由，还不如自己及早考虑清楚，量才而后入，估计诸弟也一定细心筹划过了。

南康水师，二十八日打了一仗，损失长龙船一艘。九江陆军与敌人还跟以前一样相持。李次青在湖口也未开仗。黄莘农先生今年给我军办理捐赠一事，已经解送银子六十余万两,没有收到的还有二十余万两。水陆兵勇自进入江西境内,已消耗口粮百余万。这项捐款,确实算得上是大宗了。

眼下捐款就要用完,莘翁又接办盐务。盐务可以用来筹办饷银,这有两种办法:一种是四月间奏请到浙盐三万引,目前正陆续运行,大概除成本以外,可以获得净利十万两;一种是在江西饶州、吴城、万安、新城四处设置关卡,私盐运输过境,都要酌情收取税费,大约每月也能得到万余两白银。如果这两项措施按期办齐,那么明年的军饷就可以不用担忧了。黄司寇对于我军的功劳实在太大了。浙江盐务,必须先有成本十余万两,现在请郭云仙到浙江一趟,张罗本钱,虽然不一定能成,姑且让他尝试着办。

罗山自从进入湖北境内收复崇、通后,忽然遭到壕头堡的挫折失败,紧接着又在二十六日、初三日两次获得大胜,军威因此大振。伪北王、伪翼王都逆流而上进犯岳州、武汉之间,湖北军事形势十分复杂。而十月初二早晨,庐州被我军克复,杀死敌人近万人。官兵马上可以直捣安庆,上游的贼兵都要回救安徽省,韦、石两股逆贼或者都会退回下游。两湖的紧张形势,近日来必定可以渐渐松弛。这是我们省的福分,也是国家的丰厚德泽在冥冥之中巧为布置,使悍贼不能在两湖伸张他们的志气。

为兄身体如常,癣病没有痊愈。昨天是亡母七十一岁冥寿,我在军中不能备礼祭祀,深感负罪。莘翁从省城来到营中,商量浙江盐务的事情,军中也没有丰盛的菜肴可以款待他,所以没有把母亲冥寿的日子告诉他。

余不一一。

【点评】

读此书可以知道曾氏的涉世之道。在信的开头曾国藩教导曾国潢"兵凶战危,一经带勇,则畏缩趋避之念决不可存",也就是在自己做出了选择后一定要知难而进,切不可畏惧退缩,而在从事之前则一定要"早日审度,量而后入",不要等"进退不得自由"时再做出决定。这一涉世经验也值得我们现代人引以为戒。

咸丰五年十二月初一日与诸弟书

公元 1856 年 1 月 8 日

澄侯、温甫、子植、季洪四位老弟左右:

安五、蒋一来,接到父亲大人手谕及各书函,欣悉温弟生子之喜,至慰至慰。我祖父母生平无一缺憾之事,惟叔父一房后嗣未盛,九泉尚未满意。今叔父得抱长孙,我祖父母必含笑于地下,此实一门之庆。而叔父近年于吉公祠造屋办祭极勤极敬,今年又新造两头横屋,刚值落成之际,得此大喜,又足见我元吉太高祖庇佑后嗣,呼吸可通,洋洋如在也。

安五等途次遇贼,迂折数日,始归正道。彭雪琴亦于袁州遇警,抛弃行李,与安五等同步行数百里,千辛万苦,现尚未到大营。

江省于十一月初十日临江失守,十一日瑞州失守。两府同陷,人心惶恐。不得已,调九江周凤山全军前往剿办,暂解浔城之围。吾率水军及湖口、青山两处陆军,尚驻南康,安稳如常。

吾今年本拟付银百两回家,以三十两奉父亲大人甘旨之需,以二十两为叔父大人含饴之需,以五十两供往年资送亲族之旧例。此时瑞、临有贼,道途阻梗,不能令长夫带银回家。昨接冯树堂信,言渠将宝庆捐功牌之银,送二百两与子植,为进京川资,不审已上到

否？如已收到，即请子植先代出百金，明年来大营如数给还，或有所增加亦未可知。如未收到，即请澄侯代为挪借百金，即付还归款也。资送亲族之项，比往年略有增改，兹别开一单，祈酌之。

闻屡次长夫言及，我家去年在衡阳五马冲买田一所，系国藩私分等语，并云系澄侯弟玉成其事。国藩出仕廿年，官至二品，封妻荫子，且督师于外，薄有时名。今父亲叔父尚未分析，两世兄弟怡怡一堂，国藩无自置私田之理。况田与蒋家垅相近，尤为鄙陋，此风一开，将来澄弟必置私产于暮下，温弟必置私产于大步桥，植弟、季弟必各置私产于中沙、紫甸等处，将来子孙必有轻弃祖居而移徙外家者。昔祖父在时，每讥人家好积私财者为将败之征，又常讥驼五爹开口便言水口，达六爹开口便言桂花树，想诸弟亦熟闻之矣。内子女流，不明大义，纪泽儿年幼无知，全仗诸弟教训，引入正大一路；若引之入于鄙私一路，则将来计较锱铢，局量日窄，难可挽回。

子孙之贫富，各有命定。命果应富，虽无私产，亦必自有饭吃；命果应贫，虽有私产多于五马冲倍蓰什佰，亦仍归于无饭可吃。兄阅历数十年，于人世之穷通得失，思之烂熟，兹特备陈大略，求澄侯弟将五马冲田产，为我设法出脱，或捐作元吉公祭田，或议作星冈公祭田，或转售他人，以钱项备家中日用之需。但使不为我私分之田，并不为父亲私分之田，则我之神魂为之少安，心志为之少畅。温、植、季三弟，亦必力赞成吾意，至幸至慰。诸弟禀明父亲叔父后，如何定计，望详明告我。

余身体如常，癣疾迄未大愈，营中之事尚能料理，无所疏失耳。余不一一，即问近好。

【译文】

澄侯、温甫、子植、季洪四位老弟左右：

安五、蒋一到来，收到父亲大人的亲笔信和各弟的信件，很高兴地知道温弟有生子之喜，十分欣慰。我祖父祖母活着时没有一件遗憾的事情，只有叔父一房后代不够兴旺，九泉之下还不能满意。现在叔父可以怀抱长孙，祖父祖母一定含笑于九泉了，这真是全家人的喜事。而叔父最近几年在吉公祠修建房屋办理祭祀事务十分勤劳，十分恭敬，今年又新修整了有两头的横屋，刚刚落成，就得到这一大喜事，又足以看出我家元吉太祖保佑他的子孙后代，真是呼吸可通，洋洋然就像还健在。

安五等人在路上遇到贼匪，往返迂回几天后才回到正路。彭雪琴也在袁州遇到贼匪，行李丢掉了，和安五等人一同走了几百里，历经千辛万苦，直到现在还没能到大营。

江西省在十一月十日临江失守，十一日瑞州失守。两座城池同时沦陷，人心惶恐，没有办法，才调九江周凤山全军前往剿办，暂时解除对泽阳城的围困。我带领水军和湖口、青山两处陆军仍然驻扎在南康，与往常一样安稳。

我今年原本打算寄一百两银子回家，用三十两作为侍奉父亲大人的饮食需要，用二十两当作叔父大人的饮食需要，用五十两作为例年资送亲戚宗族家的旧例。现在瑞、临有贼匪，道路不通，不能让长夫带银两回家，昨天收到冯树堂的信件，说他把宝庆捐功牌的银子送两百两给子植，当作进京城的路费，不知道是不是已经收到？要是没有收到，我请子植

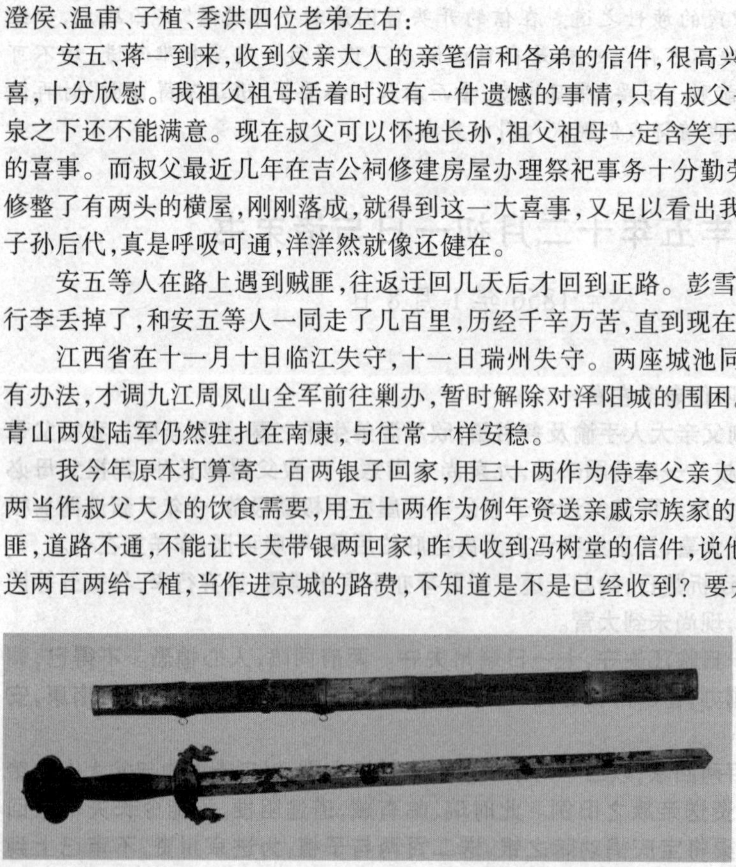

清代宝剑

代为挪借一百两银子，我立即就寄钱还借款。送给亲戚的钱，与往年略有改动，现在另外开一个单子，希望对此用心处理。

我听到长夫们多次说到我家去年在衡阳五马冲买了一块田地，说是我自己的私人田地，并说是澄侯弟办理的这件事。国藩为官二十年，官至二品，封妻荫子，而且在外带领军队，小有名声。目前父亲与叔父还没有分家，两代兄弟和睦相处在一起，国藩自然没有置办私田的道理。况且这块田地与蒋家垅靠近，显得鄙陋。这种风气一开，将来澄弟肯定在暮下购置私产，温弟必然在大步桥购置私产，植弟、季弟必定在中沙、紫甸等地方购置私产，将来后代肯定有轻易抛弃祖居而迁移到别处去的。过去祖父在世时，常常讥笑别人喜好积聚私财，这是将要败家的征兆，又常笑驼五爹张口就说水口，达六爹张口就说桂花树，想必各位弟弟也听熟了。妻子是女流之辈，不懂大道理，儿子纪泽年幼无知，全靠兄弟们教导，引到光明正大的道路上。若把他们引入鄙俗、自私的道路将来为人斤斤计较，气量一天天狭窄，就难以挽回了。子孙后代的贫富，都有自己的命运决定。命里确实该富，即使没有私产也必定会有饭吃；命里确实该穷，即使私产比五马冲多上十倍百倍，也仍会没有饭吃。为兄的阅历几十年，对于人世间的穷富得失想得很透彻。现在特别说个大概，请澄弟把五马冲的私田想办法为我脱手。要么捐作元吉公的祭田，要么议定价格作为星冈公的祭田，要么转卖给他人，所得的银两作为家里的日常开支。只要不是我的私田，也不是父亲的私田，那么我的心就会因此稍微安宁，心情也会因此稍微舒畅。温、植、季三弟也一定极力赞成我的意见，至幸至慰。诸位兄弟禀明父亲、叔父后，如何决定，希望详细地告诉我。

我身体如同往常，癣病至今没有完全好。营中的事务还能处理，没有疏忽、失误。余不一一，即问近好。

【点评】

曾国藩在家书中首先恭贺叔父得长孙之喜，然后又提到临江、瑞州失守等战事失利的状况造成人心惶惶，在不得已的情况下，他调遣九江周凤山全军剿办。但曾国藩在信中主要责备家人购置私田的事情。一方面，曾家上至叔父辈，下至曾氏五兄弟都没有分家，财产公有，因此，内子女私置田产有分家的嫌疑；另一方面，这也出于曾氏“不蓄银钱于子孙”的勤俭持家之方。因此，曾氏要弟弟卖掉私田或把它捐作公田，使得自己“神魂为之少安”。

咸丰六年正月十八日与诸弟书

公元1856年2月23日

澄侯、温甫、子植、季洪四位老弟左右：

去年腊月初二遣胡二、佑七送家信，中途遇贼，抢去银两等件，仍回南康大营。嗣后未专人回家，想父亲、叔父及家中老幼悬望之至。以瑞、临尚未克复，长夫视为畏途，故迟迟也。

自周凤山至江西省城，人心为之安定。十二月初四日大战樟树镇，杀贼千余，军威颇振。其时即应留贼之浮桥，星夜修造，次日渡河，攻剿临江，必可得手。周凤山不敢渡河，而移剿上游六十里之新淦，失此机会。于是省城各大吏，有请其移兵救援吉安以解里围者，有欲其上剿峡江者，有求其留守新淦者，迁延商榷，遂逾二旬。

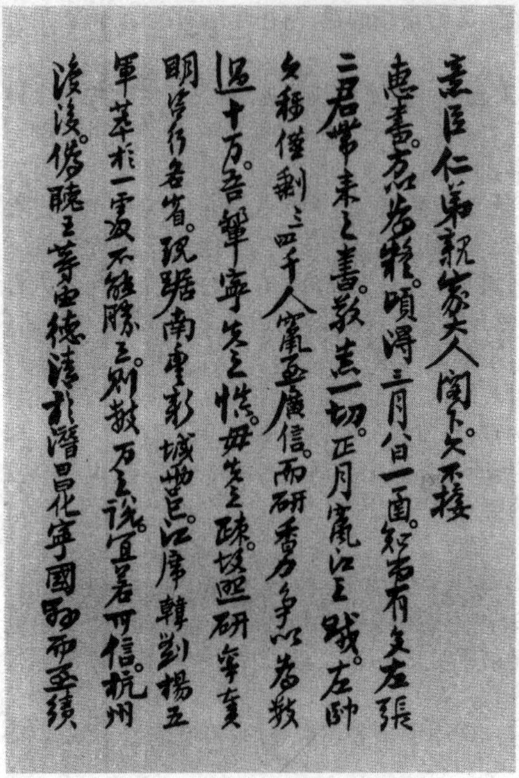

曾国藩手札

周凤山以水师孤扎樟镇，恐致疏虞，派辰勇常勇八百人至樟树护卫水师。正月初二贼匪渡河来扑，辰、常二勇人少败挫，伤亡二百余人，幸初三日大战获胜，军威复振。盖贼匪于初二日得胜后，即上窜新淦，扑周凤山之营。而周凤山于初二日闻败后，亦速回樟树，为辰常二勇之援，中途遇于瓦山，大战杀贼千余，夺马七十余匹，军械锅帐无算。初七日，彭雪琴水师又获胜仗，拆贼浮桥，夺贼新舟。水陆两军，目下仍紧扼樟镇，江西省城可保无虞。

至南康、青山、湖口水陆各营，自腊月初三青山战胜后，未经开仗。李次青带平江勇驻湖口，训练不懈，日有起色。惟望罗山在湖北克复武汉，周、彭在樟镇克复临、瑞，大局方有转机耳。

余身体如常，癣疾十愈六七。高云亭于去年十月初二三来营诊视癣疾，但云可治，并未开方。去后寄二方来，云须服一百帖，今已服六十帖，大有效验，不知果可断根否？兹将二方抄回一览。此间并湖北军情，有寄罗山观察一函，亦抄回一览。

兹专人由义宁、平江、长沙回来，不知可无梗阻否？年终奉圣恩赐福字一方，大小荷包三对，食物各件，于正月十六日接到。兹将军机处原咨抄回，其赐件暂不敢寄，俟道路肃清，再行专送。

去腊初旬之函，兹一并附呈。余不一一，即问近好。

【译文】

澄侯、温甫、子植、季洪四位老弟左右：

去年腊月初二让胡二、佑七送信回家，途中遇到盗贼，把银两等抢走了，只好仍旧回到南康大营。这以后没有派专人回家，想来父亲、叔父及家中大小一定非常想念。但因瑞州、临江还没有克复，长夫们将送家信视为令人恐惧的路途，所以迟迟未派人回去。

自周凤山来到江西省城，人心得到安定。十二月初四，凤山在樟树镇打了一仗，杀死贼兵（注：指太平军）千余人，军威很是振作。这时就应当保留贼兵所造的浮桥，连夜修造，第二天渡河进攻，临江府肯定可以克复。周凤山不敢渡河，而移师剿除上游六十里的新淦贼匪，失去了这个机会。因此省城各位大官，有请周凤山移师救援吉安以解除重围的，有让他上溯剿除峡江贼寇的，又有求他留守新淦的，就这样拖拖拉拉地商量，致使二十多天过去了。

担心周凤山只有水师独自驻守樟镇会出现疏失，因此派出辰勇、常勇八百人到樟树护卫水师。正月初二，贼匪渡河前来进犯，辰、常两支军队人少战败，伤亡二百多人。幸好初三日大战获胜，军威得到重新振作。大概贼匪于初二日获得胜利后，就上溯窜犯新淦，攻打周凤山营垒。而周凤山在初二听到战败的消息后，也迅速赶回樟树，支援辰、常两支军队，结果中途相遇于瓦山，双方大战，杀死贼匪一千多人，夺得战马七十多匹，此外军械锅帐多得不计其数。初七日彭雪琴水师又打了胜仗，拆毁贼军的浮桥，夺获了贼军的新船。水陆两军目前仍然紧紧扼守樟树镇，江西省城可以确保不出问题。

至于南康、青山、湖口水陆各营，自腊月初三日青山战胜后，没有再开仗。李次青率领平江兵士驻扎在湖口，坚持训练，一天比一天有起色。现在只有希望罗山在湖北能够克复武汉，周、彭在樟树镇克复临江、瑞州，大局才能有转机。

我身体像往常一样，癣病十分好了六七分。高云亭在去年十月初二、初三日到营中给我诊治癣病，只是说可以治，并没有开药方。走后寄了两个药方来，说需要服用一百帖。现在已服下六十帖，很有效果，不知道真能断去病根吗？现在把这两个药方抄回供他们参看。我这里连同湖北军情有寄给罗山观看的一封信，也抄回供你们参看。

现在派专人由义宁、平江、长沙回家，不知道能平安通过吗？年终奉圣上恩德赐我福字一方、大小荷包三对、食物若干，都在正月十六日收到，现将军机处原本咨文抄写寄回，那些赏赐的东西不敢寄回，等肃清道路以后，再让专人送回。

去年腊月初旬的信件，现在一同附带一并寄回。余不一一，即问近好。

【点评】

读这封家书有一个地方我们不得不加以注意，就是说到周凤山在樟树镇大获全胜后，没有“星夜修造，次日渡河，攻剿临江”，却因为胆小怕败而失掉了“必可得手”的大好机会。从这里我们可以看到曾国藩的军事思想是要乘胜追击，把握机会，不可以因胆小而坐失良机。我们在现实生活中，当遇到好的机会时也要勇于把握它，切不可因为顾虑太多，胆小怕事而错过成功的机会。

咸丰六年二月初八日与诸弟书

公元 1856 年 3 月 14 日

澄侯、温甫、子植、季洪四位老弟左右：

正月十九日发去家信，交王发六、刘照一送回，又派戈什哈萧玉振同送，想日内可到。正月三十日、二月一日连接澄侯在长沙所发四信，具悉一切。唐四、景三等正月所送之信，至今尚未到营。

江西军事，日败坏而不可收拾。周凤山腊月四日攻克樟树，不能乘势进取临江，失此机会。后在新淦迁延十余日。正月五日复回樟镇，因浮桥难成，未遽渡剿临江。吉安府城已于二十五日失守矣。周臬司、陈太守等坚守六十余日。而外援不至，城破之日，杀戮甚惨。伪翼王石达开，自临江至吉安督战，既破吉郡，自回临江，而遣他贼分攻赣州，以通粤东之路。如使赣郡有失，则江西之西南五府尽为贼有。北路之九、南、饶本系屡经残破之区，九江早为贼据，仅存东路数府耳。

罗山观察久攻武昌，亦不得手。现经飞函调其回江救援，但道途多梗，不知文报可达否？刘印渠一军，闻湘省将筹两月口粮，计二月初启行，不知袁州等处果能得手否？

余在南康身体平安，癣疾已好十之七。青山陆军正月十八日攻九江城一次，杀贼百余人。水师于廿九日打败仗一次，失去战船六号。湖口陆军于初一日打胜仗一次，杀贼七八十人。省城官绅请余晋省，就近调度。余以南康水陆不放心，尚未定也。陈锟捐官，例须专折具奏，黄、曹处之部照不可用，即日当行入奏。

纪泽儿定三月廿一日成婚，招赘之后，七日即回湘乡，尚不为久。诸事总须节省，新妇入门之日，请客亦不宜多。何者宜丰，何者宜俭，总求父亲大人定酌之。

纪泽儿授室太早，经书尚未读毕。上溯江太夫人来嫔之年，吾父亦系十八岁，然常就外傅读书，未久耽搁。纪泽上绳祖武，亦宜速就外傅，慎无虚度光阴。

闻贺夫人博通经史，深明礼法。纪泽至岳家，须缄默寡言。循循规矩。其应行仪节，宜详问谙习，无临时忙乱，为岳母所鄙笑。少庚处以兄礼事之，此外若见各家同辈，宜格外谦谨，如见尊长之礼。

新妇始至吾家，教以勤俭。纺织以事缝纫，下厨以议酒食，此二者，妇职之最要者也。孝敬以奉长上，温和以待同辈，此二者，妇道之最要者也。但须教之以渐，渠系富贵子女，未习劳苦，由渐而习，则日变月化而迁善不知。若改之太骤，则难期有恒，凡此祈诸弟一一告之。

江西各属告警，西路糜烂。子值若北上，宜走樊城，不宜走浙江，或暂不北上亦可。优贡例在礼部考试，随时皆可补考，余昔在礼部阅卷数次，熟知之也。

澄侯每写家信，全无安详气象，不知何事匆忙若此？以后宜戒之。即问近好，不一一。

【译文】

澄侯、温甫、子植、季洪四位老弟左右：

正月十九日寄回的家信，是交给王发六和刘照一带回去的，又派侍从护卫萧玉振一起护送他们，想这几天里可以送到。正月三十日、二月一日连着收到澄侯在长沙所寄来的四封信，详悉一切。唐、四、景三等人正月所带的信，到今天还没有到达营中。

江西的军事状况，一天比一天恶劣，到了无法收拾的地步。周凤山腊月初四攻下樟树镇，没能乘胜进攻收复临江，失去了这个大好机会。后来在新淦拖延了十几天，于正月初五又回到了樟树镇。由于浮桥难以造成，不能马上渡江进剿临江贼匪，而吉安府城已经在二十五日失守了。周臬司、陈太守等坚守了六十多天，而外援没有到来。城破那天，贼匪残忍杀戮。伪翼王石达开亲自从临江到吉安督战，既已攻破吉安，又亲自回到临江，又派遣其他贼匪分兵进犯赣州，想打通粤东的道路。要是赣州失守，那么江西的西南五个府将全部为贼匪所占有。北路的九江、南昌、饶州本来就是屡经残破的地区，九江早就被贼匪占据，只有东路的几个府在我军控制当中。

罗山观察久攻武昌，也没有成功。现在用飞函调他回江西救援。但道路大都艰险难通，不知文报能不能到达他那里。刘印渠的一支军队，听说湖南省将要筹备两个月的口粮，大约二月初出发，不知袁州等地果真能够成功吗？

我在南康，身体平安，癣病已经好了十分之七。青山陆军，正月十八攻打九江城一次，杀贼一百多人。水师于二十九日打了一次败仗，失去战船六只。湖口陆军于初一打了一次胜仗，杀贼百余人。水师于二十九日打了一次败仗，失去战船六只。湖口陆军于初一打胜仗一次，杀贼匪七八十人。省城的官员士绅请我进军驻扎省城，就近调度。我因为对南

太平军作战图

康的水陆军不放心，还没有决定。陈锟捐官，依旧例需用专折奏请，黄、曹那里的部照不能用，我应当马上入奏朝廷。

纪泽儿定于三月二十一日成婚。招到女方家后，七天就回我们家，还不算太长。各种事情都要节省，新娘进我家门的那天，也不要请太多的客人。哪项应该丰盛，哪项应该节省，都要让父亲大人考虑决定。

纪泽儿成家太早，经书还没有读完。回想到江太夫人嫁到我家那一年，我父亲也是十八岁，但常常跟着老师读书，未曾长久耽搁。纪泽应上遵祖先行事，也应该快些跟着教师读书，一定不要虚度光阴。

听说贺夫人博通经史，深明礼法。纪泽到岳丈家后，应当沉默寡言，循规蹈矩。那些应该照办的礼节，应当详细询问，熟谙练习，不要事到临头才忙乱应付，受岳母的耻笑。关于少庚，用对待兄长的礼节对待他。此外要是见到各家同辈人，都应当格外谦虚谨慎，用如同见到尊者长辈那样的礼节对待他们。

新娘刚到我们家里，要教她勤俭节省。纺线织布进而学习缝纫，下厨做饭进而学会置办酒饭，这两项是妇女最重要的职责；对待长辈要孝敬，对待同辈人要温和，这两点是妇女最重要的美德。但要慢慢地教她，她是富贵人家的子女，没有习作劳苦，应当逐渐教她，让她逐渐熟悉，这样就会慢慢变化，在不知不觉中变好。如教得太快，就很难期望长久保持。凡此诸事，请诸弟一一告诫她。

江西各所属县纷纷告警，西路已经糜烂。子植如果北上，要走樊城河，不要走浙江，或暂不北上也可以。优贡按旧例到礼部考试，随时可以补考。我以前在礼部阅过几次卷子，了解得十分清楚。

澄侯每次写家信，一点也没有细心的样子，不知道什么事使他慌忙到如此程度。以后应该注意。即问近好，不再一一详述了。

【点评】

曾国藩率领的湘军，于咸丰六年“日败坏而不可收拾”。太平天国翼王石达开将江西八府五十多个县收入囊中；湖北战场上，湘军和太平军三夺武昌以失败告终。但也有些令人欣喜的事情，比如纪泽新婚，曾国藩由此谈到“教妇初来”之道：即孝敬长辈，温和以待同辈，这两点是遵守妇道最重要的原则。在教育方法问题上，曾氏认为应该采取“教之以渐，日变月化”的方式，“若改之太骤，则难期有恒”，也就是循序渐进的道理，值得我们借鉴。

咸丰六年四月初八日与六弟国华书

公元 1856 年 5 月 11 日

温六老弟左右：

三月廿八日，有小伙计自鄂来江，乃初九日起程者。接润之老板信三条，知雄九老板噩耗。吾邑伟人，吾店首功，何堪闻此。迪庵老板新开上湘宝行，不知各伙计肯听话否？若其东来，一则恐无盘缠，二则恐润老板太单薄，小店生意萧条。次青伙计在抚州买卖较旺，梧冈伙计亦在彼帮助，邓老八、林秀三亦在彼合伙也。雪琴河里生意尚好，浙闽均有些伙计要来，尚未入境。黄虎臣老板昨往瑞州去做生意，欲与印渠老行通气，不知可得手否？

余身体平安，癣疾痊愈。在省城与秋山宝店相得，特本钱太少，伙计又不得力，恐将来火食为难耳。余不一一。澄四老板三月十九发一信来，已收到矣。开益号手具。润公老

罗泽南像。罗泽南，湖南湘乡（现双峰县）人，贡生出身。1852年在籍倡办团练。次年初往长沙，协同曾国藩练湘军，所部团练成为湘军的基础

板、迪庵老板、义渠宝号、吴竹宝店均此。来伙计二人，照给白货。初七日到小店，初九日行。

【译文】

温六老弟左右：

三月二十八日，有小伙计从湖北来到九江，是初九日出发的。我收到了润之老板的三封信，得知雄九老板逝世的噩耗。我乡伟人，商界领袖，怎么能忍心听到这种消息！迪庵老板新开张了上湘宝行，不知道各位伙计肯听话吗？如果要东来，一则担心没有盘缠，二则担心润之老板那里人手太少，小店生意萧条。次青的伙计在抚州，生意比较兴隆，梧冈的伙计也在他那里帮忙，邓老八、林秀三也在那里合伙做买卖。雪琴河里的生意还好，浙江、福建都有些伙计要来，还没有入境。黄虎臣老板昨天去瑞州做生意，想要与印渠老行通气，不知道他能不能成功。

我身体平安，癣病痊愈了。在省城与秋山宝店相处得很好，只不过本钱太少，伙计又不得力，恐怕将来连伙食都难以解决了。其他的就不一一说了。

澄四老板三月十九寄来一封信，我已经收到了。润公老板、迪安老板、义渠宝号、吴竹宝店都是这样。来的两个伙计，照旧给他们白银。初七日来到小店，初九日再走。

【点评】

在这个时候，江西和湖南的通路被太平军封锁，只能用蜡丸隐语来传递信息（把密信封在蜡丸里）。这封写于四月间的信恰好是封于蜡丸之中以“隐语”给曾国华的。这封信以商家的口吻来谈论战事。润芝老板指的是胡林翼；雄九老板指的是罗泽南。接到润芝老板的信从而得知雄九老板的噩耗是指曾国藩从胡林翼那里得知罗泽南战死的事。曾国藩以“吾邑伟人，吾店首功，何堪闻此”来表达他对罗泽南的敬重与惋惜之情。文中所提的迪庵老板指李续宾，他将接任罗泽南的职位。

咸丰六年七月廿七日与诸弟书

公元1856年8月27日

澄侯、沅甫、季洪三位老弟左右：

七月十六夜温甫弟自瑞州坐战船至省，兄弟相会，得悉阖家老幼平安。十九日韩升

至，接澄弟书，备悉一切，欣慰无比。

此间军事，李次青在抚州大小三十余战，小挫二三次，余俱获胜，虽未克复府城，而东路十余州县赖以保全。饶州经毕金科于六月廿二日大战攻克，月内尚属安谧。彭雪琴吴城水师平安，贼舟亦未上犯。瑞州自温甫与吴、普、刘诸军到后，江西省城又发兵四千人前往迎接，十五日已相会合。十七日贼来扑营，省兵几不能支，幸楚军救援，转败为胜。廿三日吴竹庄率彪勇千人，并省兵八百人，回剿新昌县。瑞州贼势浩大，守备完密，尚难遽破也。

温弟之病，系伤暑熟，在营误服大黄太多，几至阳陷于阴，现服补阳之剂，日就痊可，二日内能食能眠，若再服补药数帖，即可复元矣。余身体平安，癣疾自腿以上皆未发。

江西年谷丰稔，足以告慰。顺候近好。

【译文】

澄侯、沅甫、季洪三位老弟左右：

七月十六日夜，温甫弟从瑞州坐战船来到省城。兄弟相会，得知全家老小都平安。十九日韩升来到，收到澄弟的信，知道了一切，无比欣慰。

我这里的军事形势是：李次青在抚州打了大小三十余战，小败两三次，其余都获得了胜利，虽然没能克复府城，而东路十余州县却赖以保全。饶州经毕金科在六月二十二日大战克复，一月来还属安宁。彭雪琴在吴城的水师也平安无事，贼匪战船也没来进犯。瑞州自从温甫和吴、普、刘各军到后，江西省城又派兵四千人前去迎接，十五日已经会合。十七日贼兵前来攻打营垒，省兵将要支持不住，幸而湖北军前来救援，转败为胜。二十三日吴竹庄率领勇猛兵士一千人和省兵八百人回师剿除新昌县贼匪。瑞州贼兵势力很大，守备十分严密，还很难马上攻破。

温弟的病是由暑热所引起的，在营中误服了太多的大黄，几乎到死去活来的程度。现正服用补阳的药，一天天痊愈，这两天来能吃能睡，如果再服用几帖补药，就能复原了。

我身体平安，癣病自腿以上都未发作。江西年谷丰登，足以告慰。顺候近好。

【点评】

这封信前半部分说了近期的军事情况：李次青在抚州屡获胜仗，吴城水师平安无事，各路大军会师瑞州，因“贼势浩大”而“尚难遽破”。后半部分提到温弟的病因服药合适而基本痊愈。在信末曾国藩特别提到“江西年谷丰稔，足以告慰”，虽然只有寥寥几字，但体现了曾氏心系天下、忧国忧民的博大胸怀。

咸丰六年八月十八日与诸弟书

公元1856年9月16日

澄侯、沅甫、季洪老弟足下：

七月之季，遣刘一、安五回家，寄呈家书，想已到达。温弟之病，日见痊愈。因盛暑行军，过于劳苦，又误服大黄太多，故到省后以温补而始奏效，再调养半月，即可复元，仍回瑞州也。

瑞郡官军屡获大胜，军威日振，贼势日蹙。惟闻伪翼王石达开新自鄂中东下，为李迪庵所败，或当来援瑞州，不免大战数场。果能擒此巨憝，献俘北阙，则江省全局，立转破竹之势，易于着手耳。

七月下旬，有永丰败匪，勾结江闽交界之“边钱会”匪，连陷南丰、新城、泸溪、贵溪、弋阳等县，河口一县镇、广信府城十分危急。幸浙江防兵之在玉山者逾境来援，信郡尚保无恙。一波特起，全省震荡。现抽拨次青抚州军中四千人往剿河口，未审能迅速扑灭否。闽兵尚在建昌，兵多贼少，克复久稽。粤兵在赣，得保要郡，差强人意。毕金科在饶州，彭雪琴在吴城，均尚平安。

前三月间，澄弟在长沙兑李仲云家银二百两，刻下营中实无银可拨，只得仍在家中筹还。前年所买衡阳王家洲之田可仍卖出，以田价偿李家之债可也。余身体平安。癣疾略发，尚不甚为害。

【译文】

澄侯、沅甫、季洪老弟足下：

七月末派刘一、安五回家寄送家信，估计已经到达。温弟的病一天天好转。但因在大热天行军，过于劳累，又误服太多大黄，所以到省城后，服用温和的补药才奏效。再调养半个月就能完全康复，仍旧回到瑞州去。

瑞郡官军屡次获得大胜，军威一天天振作，贼匪的兵势一天天缩小。只是听说伪翼王石达开刚从湖北东下，被李迪庵打败，或者会来救援瑞州，免不了又要大战几场。如果真能擒获这个盗匪头子当作俘虏献给北京，那么江西全局立刻可以转为破竹之势，我军将势不可当了。

七月下旬有股从永丰败逃下来的贼匪勾结江西、福建交界的“边钱会”贼匪，接连攻陷南丰、新城、泸溪、贵溪、弋阳等县，河口一县镇、广信府城非常危急，幸好抽调李次青抚州军队中的四千人前往剿除河口贼匪，不知道能不能迅速扑灭？福建军队还驻扎在建昌，兵多贼少，他们克复该地已等了很久。广东兵在江西能保住要郡，总算令人满意。毕金科驻军在饶州，彭雪琴驻军在吴城，都还平安。

前三月间，澄弟在长沙兑得李仲云家银子二百两，目前营中实在没有银两可以拨付，只好仍旧在家里筹借归还。前年买的衡阳王家洲的田产可以仍旧卖出，用卖田钱偿还李家的债务就行。我身体平安，癣病稍有发作，不是很厉害。

【点评】

石达开作为太平天国的领导人自是曾国藩的劲敌，在此信中曾国藩也表露出了希望擒拿石达开的强烈愿望。另外在信末提到要求诸弟卖掉私田来偿还李仲云的两百两银子，看来湘军的军饷仍然吃紧，这是影响战争胜负的重要因素。

咸丰六年九月初十日与诸弟书

公元 1856 年 10 月 8 日

澄侯、沅甫、季洪三弟左右：

九月初二刘一来江西，奉父亲大人、叔父大人手谕，敬悉家中平安。而澄弟在永丰，沅弟在省，季弟居稍远，均无安信。纪泽儿亦未写信，殊不可解。

自瑞、临道梗，不通音问者已八阅月。此次刘一等回家，纪泽应惊喜异常，写详禀以告家中之琐事，以安余之心，即今年新婚一节，亦应将喜事之首尾、新妇之贤否缕晰禀告。何竟无一字上陈耶？嗣后每次长夫来营，纪泽必写详禀一封，细述家中及亲邻之琐事，并陈己身及诸弟之学业。每次以一千字为率，即以此当问视之子职可也。

清代调兵信符

温甫病已痊愈，眠食均皆复旧，惟脚力略软，是以尚留省城再为调养。

余于初三日自省起程，初五日至瑞州。见刘峙衡营务整肃，治全军如治一家，每日皆饭毕始近黎明，深堪佩服。普承尧宝勇营亦队伍整齐。吴竹庄彪勇现已分出进省，另剿东路广信之贼。省兵五营在瑞者，亦尚有规矩。余驻瑞数日，即行回省，令温弟来瑞也。

沅弟在长沙招勇，不知系代南坡兄办就后即交他人管带，抑系亲自统辖？与周凤山并为一军乎，抑各树一帜乎？此间有凤、新、虎三营，千七百人，周凤山之旧部也。益以渠在长沙所招之千五百人，王吉昌投效之八百人，已足自成一军，皆永州道、新、宁、江四属之人。即不收王吉昌之勇，亦尚有伍化蛟等营可以合并。沅弟所招之湘勇，似不必与周合。如来瑞州，则与峙衡合可也，与宝勇合亦可也；如来吉安，则须另觅一军合之。沅弟与黄南兄、夏憩兄熟商后，望专人飞速寄信来江。安五在营浮躁，不甚守规矩，兹遣之送信回，以后不可令渠来营。余俟续布。

【译文】

澄侯、沅浦、季洪三弟左右：

九月初二刘一来到江西，收到父亲大人、叔父大人的亲笔信，敬悉家中平安。然而澄弟在永丰，沅弟在省城，季弟住得较远，却都没有报平安的信送来，纪泽儿也没有写信来，实在难以理解。

自从瑞州、临江道路阻塞，音信不通已有八个月。这次刘一等人回家，纪泽应该惊喜异常，应当写详细信件告诉我家中的琐事，来安慰我的心，就是今年新婚这件事，也应当把喜事的前前后后，新婚妇贤惠或不贤惠一条条禀告，为什么竟然没有一个字向我陈述？从今以后每次长夫来营的时候，纪泽必须写详禀一封。详细叙述家中及亲族、邻居的日常琐事，并陈述自己和诸弟的学习情况，每次以一千字为准，这样做就当是问候双亲的为子之职责吧。

温甫的病已经痊愈，饮食睡眠都已经复原，只有脚力还稍微软弱，所以还留在省城再休养一段时间。

我于初三从省城出发，初五到达瑞州。看到刘峙衡营中事务整齐肃穆，治理全军就像治理一家，每天都是吃完早饭才接近黎明，深为佩服。普承尧宝庆兵营军队伍整齐。吴竹庄的彪勇现在已经分出一军进驻省城，另一军进剿东路广信的贼匪（注：指太平军）。江西省五营兵驻扎在瑞州，也还有规矩。我在瑞州住了几天，就回到省城，让温弟来瑞州。

沅弟在长沙招募士兵，不知道是替南坡兄办理好后就交给别人管带？还是要亲自统辖与周凤山合并成一军？还是独树一帜呢？我这里有凤、新、虎三营共一千七百人，是周凤山的旧部，加上他在长沙所招募的一千五百人、王吉昌投靠的八百人，已经足以自成一军，都是永州道、新宁、江西等地的人，即便不收编王吉昌的兵士，也还有伍化蛟等营可以合并，沅弟所招募的湖南兵似乎没必要与周合并。如果来瑞州，则与峙衡合军也行，与宝庆兵合军也行。如果来吉安，就需要另外寻找一支军队与其合并！沅弟与黄南兄、夏憩兄仔细商议后，希望派专人飞速捎寄信件来江西。安五在营中表现浮躁，不是很守规矩，现在派他送回信，以后不可以让他来营。余俟续布。

【点评】

此信嘱咐儿子纪泽写信告知家中琐事，谈到各地正整顿军务。曾国藩在家书中提到自己多年看尽世态的炎凉，深知官场的险恶与仕途的坎坷，常常想及早抽身。可是六弟在江西从军后，九弟也在湖南招兵买马。至于四弟在官场上抛头露面，周旋在士绅之间，进出于官场衙门，只图表面风光而不知内里险恶，使得曾国藩更为担心。他常常嘱托弟弟"藏身匿迹，不可稍露圭角于外"。

咸丰六年九月初十日与四弟国潢书

公元 1856 年 10 月 8 日

澄侯四弟左右：

顷接来缄，又得所寄吉安一缄，具悉一切。朱太守来我县，王、刘、蒋、唐往陪，而弟不往，宜其见怪。嗣后弟于县城、省城均不宜多去。处兹大乱未平之际，惟当藏身匿迹，不可稍露圭角于外，至要至要！吾年来饱阅世态，实畏宦途风波之险，常思及早抽身，以免咎戾。家中一切，有关系衙门者，以不与闻为妙。

【译文】

澄侯四弟左右：

刚收到来信，又得到老弟寄去吉安的一封信，知道了一切。朱太守来到我们县，王、刘、蒋、唐都去陪伴，而弟不去，他怪罪你也就不奇怪了。以后老弟县城、省城都不适合多去。我们处在乱世未平的时候，应当藏身匿迹，不可以稍露锋芒。这是十分重要的。

我多年阅尽世态炎凉，实在畏惧宦途风波险恶，时时想及早抽身退居，以免遭受罪责。家中一切，有关官府的事，以不听不问为最好。请大家理解我的一番苦心，不再一一叙说。

【点评】

这封信虽然简短却意味深长，曾氏宦海多年，阅尽世态炎凉，畏惧宦途风波险恶，想及早抽身退居，以免遭受罪责，而其诸弟却不能明了他的良苦用心，都想为官、为将追求表面风光，因此曾氏屡次劝谏诸弟"有关系衙门者，以不与闻为妙"。

咸丰六年九月十七日与九弟国荃书

公元1856年10月15日

沅甫九弟足下：

十七日李观察处递到家信，系沅甫弟在省城所发者。黄南兄劝捐募勇，规复吉安，此豪杰之举也。南路又出此一支劲兵，则贼势必不能支。

金田老贼，癸、甲两年北犯者，既已只轮不返，而曾天养、罗大纲之流，亦颇遭诛殛；现存悍贼惟石达开、韦俊、陈玉成数人，奔命于各处，实有日就衰落之势。所患江西民风柔弱，见各属并陷，遂靡然以为天倾地坼，不复作反正之想，不待其迫胁以从，而甘心蓄发助战，希图充当军师旅帅，以讹索其乡人，掳掠郡县村镇，以各肥其私橐，是以每战动盈数万人，我军之为震骇。若果能数道出师，擒斩以千万计，始则江西从逆之民有悔心，继则广东新附之贼生疑贰，而江西之局势必转，粤贼之衰象亦愈见矣。

南兄能于吉安一路出师，合瑞、袁已列为三路，是此间官绅士民所祷祀以求者也，即日当先行具奏。沅弟能随南翁以出料理戎事，亦足增长识力。南翁能以赤手空拳干大事而不甚著声色，弟当留心仿而效之。夏憩兄前亦欲办援江之师，不知可与南兄同办一路否？渠系簪缨巨室，民望所归，又奉特旨援江，自不能不速图集事。惟与南兄共办一支，则众执易举；若另筹一路，则独力难成。沅弟若见憩翁，或先将鄙意道及，余续有信奉达也。

周凤山现在省城，余飞札调之来江。盖欲令渠统一军，峙衡统一军，一扎老营，一作游兵。不知渠已接札否？望沅弟催之速来。其现在袁州之伍化蛟、黄三清，本系渠部曲，可令渠带来也。余俟续布。

太平天国天王洪秀全像。洪秀全因在金田起义，故被曾国藩称为“金田老贼”

【译文】

沅甫九弟足下：

十七日从李观察那里送来家信，是沅甫弟从省城寄来的。黄南兄劝捐招募兵勇打算收复吉安，真是豪杰的举动。南路又出现这样一支劲旅，那么贼逆兵势绝对不可能支撑。

金田老贼在癸、甲两年间向北进犯的军队已经有去无回；而曾天养、罗大纲之流也屡屡遭到诛杀，现在凶悍勇猛的贼逆只有石达开、韦俊、陈玉成几个人，往来奔命于各个地方，确实有一天天衰落的趋势。我所担心的是江西民风脆弱，看到各属县府均已经失陷，受到靡然浩劫，以为是天崩地裂，因而有了不再归顺本朝的想法。没等贼匪威胁强迫，就顺从贼逆，心甘情愿地留头发助战，争先充当军师、旅帅，用这样的方法讹诈、勒索乡民，掳掠郡县村镇，以此饱填他们的私囊。因此每一战，一动就是几万人，使我军为之震惊。要是真能从几路出兵，擒拿斩杀成千上万的敌人，就能使江西那些从逆的百姓有悔悟之心，进而能使广东刚归附的贼兵产生怀疑动摇的思想，那么江西的形势肯定会转变，而广东贼兵的衰落气象也会更加明显。

南兄能从吉安一路发兵，加上瑞州、袁州已经列成三路，这正是那里的官绅士民所祈祷以求的，我马上就先行备折奏达。沅弟能够随同南翁出师，处理军事，也完全可以增长见识。南翁能够赤手空拳办大事而不露声色，弟应当留心向他学习。夏憩兄先前也想筹办援助江西的军队，不知道能不能和南兄共同筹办一支军队。他是簪缨大户人家，有群众基础，又奉有特旨援助江西，自然很想迅速办成这些事情。与南兄共同筹办一支军队，则依靠众力容易办成；如另筹办一支，就会独力难成。沅弟如果见到憩翁，也可以先把我的意思转告他，我接着有信寄送给他。

周凤山现在省城，我用飞鸽传书调他来江西，大体上要让他率领一支军队，峙衡率领一支军队，一支驻扎在老营，一支作为游兵，不知道他接到飞鸽传书了没有。希望沅弟催促他快些来江西。现驻在袁州的伍化蛟、黄三清本是他的旧部，可以让他带来。余俟续布。

【点评】

这封信是曾国藩九弟曾国荃自从在湖南带兵以来，曾国藩给他的第一封信。信中先提到的"黄南兄"指黄冕，这个人是湖南的富商，因为带头捐巨款资军，朝廷任命他为江西吉安知府。曾国荃在湖南招兵买马的时候，得到黄冕的支持。曾国藩在书中告诫九弟要向黄冕学习，学习他"赤手空拳干大事而不甚着声色"的办实事的本事。

咸丰六年十月初二日与九弟国荃书

公元1856年10月30日

沅甫九弟左右：

二十七日胡二等来营，接手书，具悉一切。

兄十七日在瑞州发去之函，列沅弟与周梧冈来瑞赴吉之利害，不敢专，辄请左季兄、夏憩兄、黄南兄为我断决。而弟之行止，则断以与温并军而毫无疑义，此际想早收到。

十九日兄自瑞返省，闻次青十七日之失，缘次青初二日分兵攻剿近县，初四日克复宜黄，初九日克复崇仁，又分数百人出防许湾，前后共拨出四千有余，老营单薄，遂致疏失。此时广信须派重兵防守，丰城进贤等县，亦宜屯驻一旅，以为近省藩篱。此间兵勇不敷分布，意欲调周梧冈一军，与弟办夏、黄之师同来章门。又以饷需无出，不敢多招食客，以重主人之愆，是以梧冈一军，或赴吉安，或赴袁州，仍听骆中丞之调度。其弟岐山自抚州败后，亦饬其带凤字营暂回湖南，归并梧冈大队。

惟弟所部之千五百人者，兄意决望其仍来瑞州，与温并营。盖峙衡治军整肃，实超流辈，弟若与之同处一二月，观摩砥历，弟与温合之二千人，决可望成劲旅。而憩兄南兄与我投契夙深，又为此间官绅之所属望，一至章门，则嘘枯振萎，气象一新，使我眉问忽忽有生气。望弟商之季兄、憩兄、南兄，即率此千五百人速来瑞州。兄得与憩、南两君熟商一切，大局或有转机，温弟亦得更番归省，公私实为两利。

如众议必欲为吉安之行，亦望先来瑞州小驻半月，然后自袁入吉，亦不过少迟月余。此间诸务，有不能不面谈者，而弟与憩、南二公新军，势亦有不能与梧合，仅可与温、峙、湘、宝合者。此中气机，弟与季翁自必熟知之也。

兹专人送长沙信，另有信送新堤胡莲舫处。（胡莲舫一信一札，请弟专人送至新堤，守取回信。山、陕、湖北三咨，请交马递发去。）草布一二，诸惟心照。

【译文】

沅浦九弟左右：

二十七日胡二等来到大营，收到你的亲笔信，知道了一切。

为兄于十七日在瑞州寄去信函，列出沅弟与周梧冈来瑞州和去吉安的利弊，不敢专任己意，请左季兄、夏憩兄、黄南兄为我决定。关于沅弟的行止，则绝对以和温弟合军，这是毫无疑义的。这会儿想来早已收到了吧。

十九日为兄从瑞州返回省城，听到李次青十七日失利的消失。原因是次青于初二分兵攻剿附近县城，初四日收复宜黄，初九日收复崇仁，又分兵数百人外出防守许湾，前后共调出四千余人，老营兵力单薄，因此导致失利。现在这种情况，广信需要派出重兵防守，丰城、进贤等县也要屯驻一支军队，作为靠近省城的藩篱。我这里的士兵不够分派，想要调周梧冈一军，和沅弟所招募办夏、黄的军队，一同前来章门。又因为饷银军需没有来源，不敢过多招募食客，从而加重东道主的负担。所以周梧冈的一支军队或去吉安，或去袁州，仍听从骆中丞的调度。他弟弟周岐山自从抚州战败后，我也命令他带领凤字营暂且回到湖南，归并于梧冈的大队人马。

唯有沅弟所率领的一千五百人，为兄的意见是一定仍旧开赴瑞州，磨炼观摩，弟与温弟合并的两千人必定可望成为劲旅。而憩兄与南兄跟我交情深长，又为这里官绅们所翘首盼望，一到章门，则人心大振，气象一新，使我眉宇间虎虎然有生气。希望弟与季兄、憩兄、南兄商议，就带领这一千五百人快快赶来瑞州。为兄能与憩、南两君仔细商议一切，大局或者会有转机。温弟也可以轮换回乡省亲，于公于私，实是两利。

如果大家意见都是必须去吉安，也希望弟先来瑞州暂时驻扎半月，然后再从袁州进入吉安地区，也不过稍迟月余；这里各项事务中有不得不当面谈清楚的，而弟与憩、南二公的新军也肯定不能与梧冈军合并，而仅可与温、峙、湘、宝合军。这中间的要害，弟与季翁自然是一定深深了解的了。

现派专人送信到长沙，另有信送交给新堤胡莲舫处。胡莲舫一信一札，请弟派专人送到新堤，守候拿到回信。山西、陕西、湖北三件咨文，请交驿马递发出去。草布一二，诸惟心照。

【点评】

这封信主要谈到分兵部属以及合军的问题。曾国藩十分希望沅弟所带领的一千五百人开赴瑞州，观摩磨炼，以期其成为劲旅。同时又分析了合军的几种情况，而此中则多有利害关系，因此不得不当面谈清楚。足见曾氏的为人谨慎，人在官场如履薄冰、如临深渊，不得不加倍小心。

咸丰六年十月初二日与纪泽书

公元 1856 年 10 月 30 日

字谕纪泽儿：

胡二等来，接尔安禀，字画尚未长进。尔今年十八岁，齿已渐长，而学业未见其益。陈岱云姻伯之子号杏生者，今年入学，学院批其诗冠通场。渠系戊戌二月所生，比尔仅长一岁，以其无父无母家渐清贫，遂尔勤苦好学，少年成名。尔幸托祖父余荫，衣食丰适，宽然无虑，遂尔酣豢佚乐，不复以读书立身为事。古人云劳则善心生，佚则淫心生。孟子云生于忧患，死于安乐。吾虑尔之过于佚也。

新妇初来，宜教之人厨作羹，勤于纺织，不宜因其为富贵子女不事操作。大、二、三诸女，已能做大鞋否？三姑一嫂每年做鞋一双寄余，各表孝敬之忱，各争针黹之工。所织之布，做成衣袜寄来，余亦得察闺门以内之勤惰也。

余在军中，不废学问，读书写字，未甚间断，惜年老眼蒙，无甚长进。尔今未弱冠，一刻千金，切不可浪掷光阴。四弟所买衡阳之田，可觅人售出，以银寄营，为归还李家款。父母存，不有私财。士庶人且然，况余身为卿大夫乎？

余癣疾复发，不似去秋之甚。李次青十七日在抚州败挫，已详寄沅甫函中，现在崇仁加意整顿，三十日获一胜仗。口粮缺乏，时有决裂之虞，深用焦灼。

尔每次安禀，详陈一切，不可草率。祖父大人之起居，阖家之琐事，学堂之工课，均须详载。切切此谕。

【译文】

字谕纪泽儿：

胡二等人来到，收到你禀告平安的信。字的书写还没有长进。你今年已经十八岁，年纪已经渐渐增长，而学业却没有显著长进。陈岱云姻伯的儿子有个叫杏生的，今年入学考

清・讲经训子图

试，主考官员称赞他的诗在全场中是最好的。他是戊戌年二月出生的，比你仅大一岁，因为他的家境很贫寒，因此就勤奋好学，少年成名。而你幸运得以依靠祖父余荫，生活丰厚舒适，心宽无忧无虑，因此就安逸享乐，不再把读书建立功业当作大事。古人说："劳则善心生，逸则淫心生。"孟子说："生于忧患，死于安乐。"我担心你是过于安逸了。

新娘来到我家，应当教她进厨房做菜肴，尽量纺线织布，不应当因为她是富贵人家的女儿就不做事情。老大、老二、老三三个姑娘学会做大鞋了没有？三个小姑子一个嫂子，每年都要做一双鞋寄给我，各自表达自己的孝心，各自比赛针线活的精细。从织的布，寄来的衣服、袜子等东西，我也可以看出她们在闺房里是勤快还是懒惰。

我在军中一直没有停止研究学问，读书写字没怎么停止过。只可惜年老眼花，没什么长进了。现在你还没到二十岁，正是一刻值千金的好时候，千万不要虚度光阴。四弟在衡阳购买的田产，可以找买家把它卖出去，将卖得的银子寄到军营中来，当作归还李家的款项。父母现在都还健在，子孙不应该有私人财产，普通的人士都是这样，更何况身为卿大夫的我呢？

我的癣病又发作了，但不像去年秋天那么厉害。李次青十七日在抚州遭到失败。已经在寄给沅甫的信中详细述说了。现在他驻军在崇仁认真整顿训练，三十日打了一个胜仗。军中粮食缺乏，时时有断粮的危险，对此感到非常焦虑。

你每次禀告平安的家信一定要详细地述说一切，不能草草应付。祖父大人的饮食起居、全家的琐碎小事、学堂的功课等，都必须详细写上。一定记住我的话。

【点评】

曾国藩在家书中批评大儿子年纪渐长但学业不见精进。并且以无父无母、家境清贫而少年成名的例子，和纪泽托祖父余荫、衣食无忧相比，反衬他不以读书立身为业。又用"生于忧患，死于安乐"、"一刻千金"等来教育儿子要珍惜宝贵青春，不要被舒适安逸的生活所蒙蔽。更以曾国藩自身"在军中不废学问，读书写字未甚间断，惜年老眼蒙，无甚长进"为例，言传身教，天下父母心溢于言表。曾国藩的教子之道为今日良好的物质条件下子女的教育问题也提供了很多启示。

咸丰六年十月初三日与四弟国潢书

公元 1856 年 10 月 31 日

澄侯四弟左右：

胡二等来，知弟不在家，出看本县团练。吾兄弟五人，温、沅皆出外带勇，季居三十里外，弟弟又常他出，遂无一人侍奉父亲膝下，温亦不克遽归侍奉叔父，实于《论语》"远游"、"喜惧"二章之训相违。余现令九弟速来瑞州与温并军，庶二人可以更番归省。澄弟宜时常在家，以尽温凊之职，不宜干预外事，至嘱至嘱。

李次青自抚州退保崇仁，尚属安静。惟败勇之自抚回省者，日内在中丞署中闹请口粮，与三年又一村之局相似，实为可虑。

明年延师，父大人意欲请曾香海，甚好甚好。此君品学兼优，吾所素佩，弟可专人作书聘请。稍迟旬日，吾再手缄请之。其馆金丰俭，则父大人酌定，吾自营寄归可也。

【译文】

澄侯四弟左右：

胡二等来到营中，知道弟弟没在家，到外看本县的团练去了。我们兄弟五个，温、沅都出外带领士兵,季弟住在三十里外,弟又时常因其他事情外出,因此没有一人侍奉在父亲膝下,温弟也不可以马上回家侍奉叔父,实在同《论语》"远游"、"喜惧"两章的教训相违背。我现在让九弟速到瑞州与温弟合军,就是想让他两人可以轮流回家省亲。澄弟应当时常在家尽到孝敬老人的职责,不应该干预外面的事务。至嘱至嘱。

李次青从抚州退保崇仁,还算安静无事。只是溃败的士兵从抚州回到省城,最近在中丞官署里闹着要求发放口粮,与咸丰三年又一村的情况相似,实在叫人忧虑。

明年聘请老师,父亲大人主张想请曾香海,这非常好!这个人品学兼优,我向来佩服。弟弟可以写一封信,派专人去聘请。稍微过几天,我再写信去请。报酬多少,由父亲大人决定,我从军营里寄回去即可。

【点评】

信中曾氏嘱咐弟弟曾国澄应当在家尽心侍奉父亲。在信中曾氏历陈了兄弟五人的情况:温弟、沅弟都在外带兵,季弟离家较远,温弟亦带军在外,只有澄弟曾国澄在家,但从来信中得知澄弟又经常外出,致使父亲膝下无人侍奉,故而写信特意嘱咐澄弟应在家侍父而不应多管其他的事情。此种为子之道也是我们当代年轻人应该好好学习的。

咸丰六年十月初六日与九弟国荃书

公元 1856 年 11 月 3 日

曾国藩之弟曾国荃像

沅甫九弟左右:

十月十五日接来缄并季公、筠公信,具悉一切。

攻吉攻瑞,二者俱无把握。瑞则纵筑长围,环攻数月,仍不能下,亦属意中之事。吉则初锐后顿,仍蹈袁、瑞之辙。守吉安者为周亚春,绰号"豆皮春",贼中颇有名迹。必谓我师能一至而举之,余则未敢深信。

惟此军初起,劝捐皆以援吉为名,湘省官绅,皆以援吉为念。势之所在,余何能违众而独成其说?纵余欲违众,弟与梧冈之三千人者,岂敢违上而自定所向,无口粮而直赴瑞州乎?弟可从憩、南两兄,一听骆中丞、左季兄之命,敕东则东,敕西则西。其周梧冈一军,刻有禀来,余亦批其听候南抚院调度。周岐山败挫之营,余亦饬其回湘,归并梧冈一军,同赴吉安,以符湘省官绅之初议,而开江西上游之生面。

至沅弟之所处,则当自为审度。辱

南翁青睐，代为整理营务，送至吉安，无论战之胜败，城之克否，即可敬谢速行。或来章门与余相见，或归里门侍奉老亲，无为仆仆久淹于外也。此事登场甚易，收身甚难，锋镝至危，家庭至乐，何必与兵事为缘？

李次青上年发愤带勇，历尽千辛万苦，日昨抚州一败，身辱名裂。不特官绅啧有烦言，即其本邑平江之勇亦怨詈交加。兵犹火也，易于见过，难于见功。弟之才能不逮次青，而所处之位，尚不如次青得行其志，若顿兵吉安城下，久不自决，以小战小胜为功，以劝捐办团为能，内乖脊令之义，外成骑虎之势，私情公谊，两无所取。弟之自计不可不审，与憩兄、南兄约不可不明也。

日内平江等勇，因口粮久缺拥闹衙署，兄情绪瞀乱，不克详陈。季翁、筠公两处，并不克作答，弟可婉告颠末，或即将此信一呈，亦足以稍见余之郁郁。余俟续布，不尽不尽。

【译文】

沅甫九弟左右：

十月十五日收到你的来信和季公、筠公的来信，一切都已经知道。

进攻吉安和进攻瑞州，两件事情都没有把握。瑞州更是修建起长长的城墙，攻打了几个月，仍然没能够攻下，这也是意料之中的事情。吉安则是先锐利后迟钝，仍然重蹈了袁州、瑞州的老路。守卫吉安的将领是周业春，绰号叫豆皮春，在敌人中很有名气。觉得我军一到那里就一定可以成功，我还不敢深信。

只是你这支军队在刚开始时，劝勉励募捐都是以救援吉安作为号召。湖南的官绅都把救援吉安放在心上，这也是形势逼迫，我怎么能违背大家的意见而专守已见？纵然我想违背众人的意见，弟与梧冈的三千兵士，岂敢违抗上司的命令而自己作出决定，因为没有口粮就直接奔赴瑞州呢？弟可以跟从憩、南两位兄长，一切听从骆中丞、左季兄的命令，叫你朝东就朝东，叫你朝西就朝西。至于周梧冈一军，时常有禀报送来，我也批复他听候南抚院的调遣。周岐山战败的军队，我也命令他们回湖南，归并于梧冈一军，一起奔赴吉安，来应对湖南官绅先前的议论，从而开创江西上游的新局面。

至于沅弟所处的环境，则应该自己审时度势。一定不要辜负了南翁的厚爱，弟代他整顿管理军务，把军队送到吉安，不管打胜仗还是败仗、城能不能攻下，都应该尊敬、感谢南翁，迅速离开。要么到江西与我见面，要么回到家乡侍奉亲老，不要风尘仆仆在外面逗留。这件事情登场很容易，脱身却很难。锋镝之中，极其危险，家庭生活，极为快乐。弟又何必对军事有所牵连？

李次青去年发奋带领部队，历尽千辛万苦，前段时间在抚州打了一次败仗，就叫他身败名裂。不仅有官绅议论纷纷，就连他家乡平江的士兵也是多有埋怨谩骂。用兵如同用火，犯错误很容易，立功却很难。弟的才能赶不上次青，再加上所处的地位，还不如次青能自己实现自己的志向。如果驻军于吉安城下久久不能作出决定，把打小仗得小胜作为功劳，把劝募捐帮助操办团练作为才能的体现，对内有愧于兄弟的相助之情，对外造成骑虎难下的局面，不管是私情还是公谊，两方面都没有益处可谈。弟为自己的打算不能不清楚，与憩兄、南兄的约定不能不明确。

近日内平江等地士兵因为缺粮太久，在衙署内拥挤喧闹，为兄的情绪很不好，不能详细陈述。季翁、筠公两处，也不能写回信，弟可以委婉告诉他们始末，或者将这封信交给他们，也足以稍可看到我郁闷的心情。余俟续布。不尽不尽。

【点评】

这封信劝诫弟弟应该趁此机会远离军事而应当回家过安稳日子。曾国藩以为自身的丰厚阅历，明确地指出在军事上立功难而犯错误却极为容易，并且以李次青作为例子告诫其弟:用兵如同用火,如果稍有不慎就会身败名裂,因此应该见好就收。这也体现了曾国藩一贯的处世之道,于今深有启发。

咸丰六年十月初九日与九弟国荃书

公元 1856 年 11 月 6 日

沅甫九弟左右:

初六日复去一缄,言弟与夏、黄、周军并赴吉安,刻计尚未达也。

初八日接来书,因次青抚州之挫,请拨周军先至瑞州,中丞、季兄慨然允许,周协当以初二日成行,斯诚不失救焚拯溺迫切之忱。第余初六日业许援吉之行,初七日令周岐山还湘归并凤营,亦以赴吉告之,不得因弟一信骆公一咨而遽变成说也,且夏、黄可为我分忧而筹饷,温、沅可与峙观摩而奋兴;弟与夏、黄不来而周军独来,难合瑞城之围,徒增筹饷之虑,殊非余本意也。

兹以书达季高,悉遵渠之初旨,送各批与梧冈,令其同赴吉安。如梧已行到浏、万,可寄书令其折回醴陵小驻,以待弟至而同行也。周岐山自抚州败后回湘,军无锅帐,弟可商之季翁筹给之。到吉后,约以半月为率,即速掣出作游兵,驰剿各处,不可久顿城下。若事机顺手,兄弟年内相见则幸耳。

【译文】

沅浦九弟左右:

初六日回复一封信,谈到弟与夏、黄、周军一同前去吉安,算时间还没有抵达。

初八日收到来信,由于次青抚州的失利,请求调拨周梧冈一军先到瑞州去。中丞、季兄都欣然允许。周军应当在初二日出发,这真是不失救火拯溺那种迫切的热忱。只是我在初六日已经答应援救吉安的行动,初七日已令周岐山回湖南归并凤字营,也把赶援吉安这件事告诉了他。不能因为弟的一封信、骆公的一件咨文就立即变更已经作出的决定。况且夏、黄军不来,而只有周军独自到来,难以合成瑞州城的包围圈,却白白增加了筹措军饷的顾虑,这根本不是我的本意。

现在我写信给季高,一切遵从他的最初决定,寄送各件批示给梧冈,命令他一同前往吉安。如果梧冈已出发到浏、万,可以寄信命他转回醴陵暂时驻扎,等待弟到然后一同行军。周岐山自抚州战败后回到湖南,军中没有锅帐,弟可以与季翁商议给他筹集。到吉安后,大约以半月为限,快速出击,组成游兵迅速围剿各地,不可久滞留城下。如事情办得顺利,兄弟在今年内可以相见就是幸事了。

【点评】

这封信主要叙说了最近的军事安排。由于那时交通不便,因此通信也极为不便利,这就导致了军事行动的延误或命令的迟疑。在这封信中便出现了这种情况,曾国藩的计划与用信寄来的中丞、季兄的安排出现了矛盾,由此我们可以想象古时战争为何说将在外,军命有所不受了。

咸丰六年十月十三日与九弟国荃书

公元1856年11月10日

沅甫九弟左右：

初十日复缄并周梧冈批禀，谅得速达。十二日接初三来缄，藉悉近状。

黄、夏与周同赴吉安，既尽于昨书所云。十一日附片奏请此军颁发执照二千张，俾黄、夏劝捐稍得应手，兹趁来卒带往。至札饬裕时兄接收捐款专济此军一节，黄、夏若果来瑞州，非中丞与季公初意，亦即非司道、时、石诸公佥同之议，强人以曲从吾说，不得不设法将捐项归此军。今既全数赴吉，则季公当能主持其事，捐款自为此军支用，不必更由余处下札，又多一重斧凿痕也。

至入吉以后，或速行掣动，或久顿城下，亦难预决。惟沅甫则以半月为率，急来瑞州，俾温甫得以更替归省，此则家庭要事，弟当与南翁、憩翁坚确订约者耳。

【译文】

沅甫九弟左右：

十日写的回信跟给周梧冈的批禀，估计很快就到达了。十二日收到三日的来信。得以了解最近的情况。

黄、夏与周一同前去吉安，已经在昨天的信里说过了。十一日又用附片奏请给这支军队颁发二千张执照，使黄、夏的劝捐能够稍微得心应手，现在让来这里的士兵带回去。

至于去札饬裕时替兄接受捐款专门用来帮助这支军队这件事，黄、夏如果真的来到瑞州，那就不是中丞与季公当初的心意，也不是司道、时、石诸公共同的意愿；是强迫别人顺从自己的意见，所以不得不想办法将捐款全都归这支军队所有。现在既然已经全部前往吉安，那么季公就可以主持这件事，捐款自然归这支军队使用，用不着再从我这里发出信件，又多了一道程序。至于进入吉安以后，要么快速行动，要么长期屯兵于城下，也难以提前决定。只有沅甫是以半月为限，马上来瑞州，好让温甫可以换回家探亲。这是家庭中的重要事情，弟应当与南翁和憩翁坚定、明确地订立信约。

【点评】

这封信很短，在前半部分主要谈到黄、夏的调动情况以及捐款所得钱的使用情况，后半部分则是曾国藩让曾国荃在十五天内到达瑞州，好让温甫能够回家探亲从而尽到孝道，这体现了曾国藩的齐家思想，曾子说过"孝悌也者其为人之本舆"，曾氏屡次提到为人子弟要好好侍奉父母，现代人，忙于工作之时当好好领悟。

咸丰六年十一月初五日与纪泽书

公元1856年12月2日

字谕纪泽儿：

接尔安禀，字画略长进。近日看《汉书》，余生平好读《史记》、《汉书》、《庄子》、《韩文》四书，尔能看汉书，是余所欣慰之一端也。

贾谊像，图出自清·顾沅辑《古圣贤像传略》

看《汉书》有两种难处：必先通于小学训诂之书，而后能识其假借奇字；必先习于古文辞章之学，而后能读其奇篇奥句。尔于小学、古文两者皆未曾入门，则《汉书》中不能识之字、不能解之句多矣。欲通小学，须略看段氏《说文》、《经籍纂诂》二书。王怀祖（名念孙，高邮州人）先生有《读书杂志》，中于《汉书》之训诂极为精博，为魏晋以来释《汉书》者所不能及。

欲明古文，须略看《文选》及姚姬传之《古文辞类纂》二书。班孟坚最好文章，故于贾谊、董仲舒、司马相如、东方朔、司马迁、扬雄、刘向、匡衡、谷永诸传皆全录其著作；即不以文章名家者，如贾山邹阳等四人传、严助朱买臣等九人传、赵充国屯田之奏、韦元成议礼之疏，以及贡禹之章、陈汤之奏狱，皆以好文之故，悉载钜篇。如贾生之文，既著于本传，复载于《陈涉传》、《食货志》等篇；子云之文，既著于本传，复载于《匈奴传》、《王贡传》等篇；极之《充国赞》、《酒箴》，亦皆录入各传。盖孟坚于典雅瑰玮之文，无一字不甄采。尔将十二帝纪阅毕后，且先读列传。凡文之为昭明暨姚氏所选者，则细心读之，即不为二家所选，则另行标识之。若小学、古文二端略得途径，其于读《汉书》之道思过半矣。

世家子弟，最易犯一奢字傲字。不必锦衣玉食而后谓之奢也，但使皮袍呢褂俯拾即是，舆马仆从习惯为常，此即日趋于奢矣。见乡人则嗤其朴陋，见雇工则颐指气使，此即日习于傲矣。《书》称"世禄之家，鲜克由礼"，《左传》称"骄奢淫佚，宠禄过也"。京师子弟之坏，未有不由于"骄奢"二字者，尔与诸弟其戒之。至嘱至嘱。

【译文】

字谕纪泽儿：

我已经收到你的禀帖，看你的字体多少有些长进，也知道到你最近来在研读《汉书》。我平生喜欢读《史记》、《汉书》、《庄子》、《韩文》四部书，你能读《汉书》，这是让我感到欣慰的一件事。

读《汉书》有两个很难克服的困难，首先一定要先弄懂小学、训诂类书籍，之后才能明白它的假借奇字；其次要先学习古文辞章的知识，然后能理解其中深奥难懂的篇章。你对小学、古文都还没有入门，那么《汉书》中不认识的字、不解释的文句一定不少。要弄通小学，一定要大略看段氏《说文》、《经籍纂古》两本书。王怀祖（名念孙，高邮州人）先生著有《读书杂志》，其中对《汉书》的训诂特别精深渊博，是魏晋以来解释《汉书》的人无法赶上的。

若是要懂得古文，一定要大略看《文选》和姚姬传的《古文辞类纂》两本书。盖孟坚最喜欢文章，所以对于贾谊、董仲舒、司马相如、东方朔、司马迁、扬雄、刘向、匡衡、谷永等人的传记都全文抄录他们的著作；即使不以文章著称的，如贾山、邹阳等四个人的传记，严助、朱买臣等九个人的传记，赵充国屯田的奏疏，都因为喜欢文章的缘故，全部长篇载入。像贾生的文章，不仅著录本传，还记入《陈涉传》、《食货志》等篇；扬雄的文章，不仅著录本传，还记入《匈奴传》、《五贡传》等篇。顶极像赵充国的《充国赞》、《酒箴》，也都抄录在各本传记中。大概盖孟坚对于典雅瑰玮的文章，是不会有一个字不抄录的。你把十二帝纪看完后，暂时先读列传。只要是被昭明太子和姚姬传选用的书，就细心研读，即使是没有被这两家所选用的，也要另外做好标记。如果能从小学、古文两种学问里稍微得到途径，那对读《汉书》的门道就获得大半了。

世家子弟，最容易犯奢侈、骄傲的毛病，并不是锦衣玉食才算是奢侈，只要皮袍呢褂多得到处都是，车马仆人习以为常，这样就一天天接近奢侈了，看到乡下人就讥笑他们简陋；见到雇工就盛气凌人，不可一世，这样就一天天变得骄傲了。《书》称："世禄之家，鲜克由礼。"《左传》称："骄奢淫佚，宠禄过也。"京城子弟变坏，没有一个不是由于骄、奢二字引起的，你和各位兄弟们一定要引以为戒。谨记我的嘱咐。

【点评】

这封家书是曾国藩给大儿子有关读《汉书》方面的建议。他认为，要想读通汉书，必须先通小学、训诂等书，即《说文》和《经籍纂古》；而后习古文辞章之学，即《文选》和《古文辞类纂》。在打下坚实基础之上循序渐进，由字到辞到句到篇，多读多写，这也适用于现在的读者。曾国藩还举例说明世家子弟多犯"奢"、"傲"二字，告诫儿子与子侄辈一定要注意。

咸丰六年十一月初七日与九弟国荃书

公元 1856 年 12 月 4 日

沅甫九弟左右：

初六日俊四等至，接廿八夜来缄，具悉廿五日业经拔营，军容整肃，至以为慰。

吉安殷富，甲于江西，又得诸绅倾城输助，军饷自可充裕。周梧冈一军同行，如有银钱，宜分多润寡，无令己肥而人独瘠。梧冈暗于大局，不能受风浪；若扎营放哨，巡更发探，开杖分枝，究系宿将，不可多得。主事匡汝谐在吉安招勇起团，冀图袭攻郡城。闻湖南援吉之师，将别出一支，起而相应。若与弟军会合，宜善待之。

袁州既克，刘、萧等军当可进攻临江，六弟与普、刘在瑞声威亦可日振。弟与夏、黄诸兄到吉安时，或宜速行抽动，或宜久顿不移，亦当相机办理。若周军与桂、茶诸军足以自立，弟率湘人雕剿来江，兄弟年内相见，则余之所欣慰者也。军事变幻无常，每当危疑震撼之际，愈当澄心定虑，不可发之太骤，至要至嘱。

【译文】

沅甫九弟左右：

初六俊四等来到，收到二十八日晚的来信，详细知道二十五日已经拔营出发，军营严阵肃穆，感到特别欣慰。

吉安的富饶殷实，在江西省名列第一，又得到各位绅士精诚相助，军饷当然可以很充裕。周梧冈一军与弟同行，如果有银钱，应该多分给他们一些，帮助有困难的部队，不要让自己肥厚而他人贫困。梧冈看不到大局，经受不住风浪的考验，至于像扎营放哨、巡更派探子、分兵打仗，他终究还是一个夙将，不可多得。主事匡汝谐在吉安招募兵士，兴办团练，打算攻袭郡城，听说湖南援救吉安的军队将分出一支军队，起来与他相呼应。如果与弟弟军队会合，要好好对待他们。

袁州既然已经攻克，刘、萧两军应当能够进攻临江，六弟与普、刘在瑞州的声威也可以一天天地振作起来。弟弟与夏、黄几位兄弟到达吉安后，或者要迅速抽兵行动，或者要长久驻扎不要移动，都应相机行事。如果周军和桂、荣几支军队能够自立，独当一面，那么弟弟率领湖南兵勇来江西助剿，兄弟二人年内可以相见，则是我感到欣慰的事。军事变幻不定，每当危急困难的时候，越应当集中精力冷静思考，不可以轻率从事。至要至嘱。

【点评】

这封信是曾国藩向初次带兵的九弟曾国荃传授实战经验：一、如果有银子，应当多分给别人而自己少取些，也就是说在得利方面要多利人、少利己，不要怕吃亏。二、在与人相处方面列举他人的优点，让弟弟和有长处的人和睦相处，以取他人之长，补己之短。三、每当危急震撼的时候，要冷静镇定，深思熟虑。这些为人处世的道理同样适用于现代社会与现代人，是极为上乘的处世哲学。

咸丰六年十一月初七日与四弟国潢书

公元1856年12月4日

澄侯四弟左右：

初六日俊四等来营，奉到父大人谕帖并各信件，得悉一切。

弟在各乡看团阅操，日内计已归家。家中无人，田园荒芜，堂上定省多阙，弟以后总不宜常常出门，至嘱至嘱。

罗家姻事，暂可缓议。近世人家，一入宦途，即习于骄奢，吾深以为戒。三女许字，意欲择一俭朴耕读之家，不必定富室名门也。

杨子春之弟四人捐官者，吾于二月十一日具奏，闻部中已议准，部照概交南抚。子春曾有函寄雪琴，似已领到执照者，请查明再行布闻。

长夫在大营，不善抬轿。余每月出门，不过五六次，每出则摇摆战栗，不合脚步。兹仅留刘一、胡二、盛四及新到之俊四、声六在此，余俱遣之归籍。以后即雇江西本地轿夫，家中不必添派人来也。

此间军务，建昌府之闽兵昨又败挫，而袁州克复，大局已转，尽可放心。十月内，饷项亦略宽裕矣。

【译文】

澄侯四弟左右：

六日俊四等来到军营中，收到父亲的谕帖和各封信件，得以知道一切。

弟弟在各乡督办团练，近日估计已经回家了。家里没有人照料，田园荒芜，堂上大人一定没有人侍奉，弟弟以后实在不合适常常出门的，拜托了！

至于罗家结亲的事，暂时先缓一下。近来人一旦当了官，就滋长骄奢的习气，我经常以此为戒。三女儿出嫁，打算选一俭朴耕读的人家，不一定是豪门富家。杨子春的弟弟有四个捐官，我在二月二十一上奏，听说部中已经批准，吏部照旧全都交给南抚台。子春曾经有信寄给雪琴，好像已经领到执照，请查明后再传播消息。

长夫在大本营，不擅长抬轿子。我每个月出门，不过五六次，每次出去轿子都抬的摇摆战栗，轿夫脚步不合。现在只留下刘一、胡二、盛四以及刚到的俊四、声六在这里，其余的都遣回家乡。以后就雇用江西本地轿夫，家中不用再添派人来这里。

这边的军事情况是建昌府的福建兵，昨天又打了败仗，而袁州克复，大局已经开始转变，大可放心。十月内的军饷也略为宽裕些了。

【点评】

在这封信中曾国藩说了自己择婿的标准，即"意欲择一俭朴耕读之家，不必定富室名门也"，之所以不选官宦人家是因为"一入宦途，即习于骄奢"，因此曾氏对于"骄奢"二字深以为戒，我们现代人也当以"骄奢"深戒之。

咸丰六年十一月十四日与九弟国荃书

公元 1856 年 12 月 11 日

沅甫九弟左右：

昨信寄去，实收二百张，想即收到。军行何日抵吉？至以为念。此间有游击马占魁，曾任龙泉营都司，兹回吉安府寻其眷属。其人朴诚可悯，又新有足疾，贫不能自存，弟可优视而扶植之。

吉安膏腴之区，即不遽克复，若扎一老营，除供给本军外，尚可兼解银以润省城。此间众论以为弟军到吉安，宜驻扎不动，不宜遽作抽掣他往之计，恐失民心而涸利源也。望弟熟思而审度之。扎营不可离城太近，宁先远而渐移向近，不可先近而后退向远，至嘱至嘱。

如弟果驻扎吉安，余可赴吉犒师一次，与弟会合，且与黄、夏、周一叙也。

【译文】

沅甫九弟左右：

昨天寄信回去实际应该收到两百张，想来已经收到。不知军队哪一天到达吉安，非常

清代的望远镜，可用于军队作战时观察敌情

挂念。这里有位叫马占魁的游击，曾经担任过龙泉营都司，现在要回吉安府寻找他的家属。这个人诚恳朴实，非常可怜，最近又得了脚上的疾病，贫穷到无法自理，弟可要好好地对待他、帮助他。

吉安是富饶的地方，就算不能立即收复，如果可以驻扎一座老营，除了供应本军外，还能够再押送银两供给省城。这里有许多人认为弟弟的军队已经到了吉安，最好驻扎不动，不利于马上作抽调其他地方的决定，怕失去民心，进而断绝了财源。希望弟深思熟虑，然后审时度势。驻扎军队不能离城太近，宁可先稍远点然后向近处转移；决不先距离太近再向后撤退，切记切记！如果弟真的驻扎在吉安，我可以到吉安一次，去犒赏部队，与弟会合，并且和黄、夏、周一叙。

【点评】

信中曾氏向弟弟曾国荃传授带军之道，当驻扎在一处时宁可要先驻扎得离城远一点再慢慢向前靠近，也不要刚开始就驻扎得离城很近，然后却要向后撤军远离，并且说到自己可能亲自到吉安一趟以犒赏部队与众军首领一叙。表现了一位兄长对弟弟的深切关怀之情。

咸丰六年十一月廿九日与四弟国潢书

公元 1856 年 12 月 26 日

澄侯四弟左右：

二十八日，由瑞州营递到父大人手谕并弟与泽儿等信，具悉一切。

六弟在瑞州，办理一应事宜，尚属妥善，识见本好，气质近亦和平。九弟治军严明，名望极振。吾得两弟为帮手，大局或有转机。次青在贵溪尚平安，惟久缺口粮，又败挫之后，至今尚未克整顿完好。雪琴在吴城名声尚好，惟水浅不宜舟战，时时可虑。

余身体平安，癣疾虽发，较之往在京师则已大减。幕府乏好帮手，凡奏折、书信、批禀均须亲手为之，以是未免有延搁耳。余性喜读书，每日仍看数十页，亦不免抛荒军务，然非此则更无以自怡也。

纪泽看《汉书》，须以勤敏行之。每日至少亦须看二十页，不必惑于在精不在多之说，今日半页，明日数页，又明日耽搁间断，或数年而不能毕一部。如煮饭然，歇火则冷，小火则不熟，须用大柴大火，乃易成也。甲五经书已读毕否？须速点速读，不必一一求熟，恐因求熟之一字，而终身未能读完经书。吾乡子弟，未读完经书者甚多，此后当力戒之。诸外甥如未读完经书，当速补之，至嘱至嘱。

再，余往年在京曾寄银回家，每年或百金，或二百金不等。一以奉堂上之甘旨，一以济族戚之穷乏。自行军以来，仅甲寅冬寄五百十金。今年三月，澄弟在省城李家兑用二百金，此际实不能再寄。盖凡带勇之人，皆不免稍肥私囊，余不能禁人之不苟取，但求我身不苟取，以此风示僚属，即以此仰答圣主。今年江西艰困异常，省中官员有穷窘而不能自存者，即抚藩各衙门亦不能寄银赡家，余何敢妄取丝毫？兹寄银三十两，以二十两奉父亲大人甘旨之需，以十两奉叔父大人含饴之佐，此外家用及亲族常例，概不能寄。

澄弟与我自湘潭一别之后，已若漠然不复相关，而前年买衡阳之田，今年兑李家之银，余皆不以为然。以后余之儿女婚嫁等事，弟尽可不必代管，千万千万！

【译文】

澄侯四弟左右：

二十八日从瑞州营送来的父亲大人的亲笔信及弟与泽儿等信，知道了一切。

六弟在瑞州所办理的全部事宜还算妥当，他的见识原本就好，气质近来也平和。九弟治军严明，名望得到极大提高。我得到两位弟弟做帮手，大局估计会有转机。次青在贵溪还算平安，只是一直缺口粮，又在败挫之后，至今还没有能整顿完好。雪琴在吴城的名声还好，只是因为水浅，没办法进行，时时感到忧虑。

我身体平安，癣病虽然复发了，比在京城时，还是大大减轻了。幕府内缺乏好的帮手，所有奏折、书信、批禀都必须亲自查看，所以不能不有所延搁。我生性喜好读书，每天仍坚持看几十页，虽然也免不了抛荒军务，但不如此就更加没有办法使自己高兴一下了。

纪泽看《汉书》，必须遵守勤、敏二字，每天至少看二十页，不必受所谓"在精不在多"说法的迷惑，今天读半页，明天读两页，再明天却耽搁、间断，估计几年也读不完一部书。就像煮饭一样，歇了火就冷，小了火就不熟，要用大柴大火，那才容易成功。恐怕只为追求这一个"熟"字，甲五的经书已经读完没有？一定要快点阅读，没必要一一求熟，恐怕只为求熟一个字，而一辈子也读不完经书。我乡子弟没有读完经书的人很多，以后应当力戒这样。诸位外甥如果没有读完经书，应当尽快补上。至嘱至嘱。

另外，我往年在京城时，每年往家中寄银子或者一百两或者二百两不等。一是用来孝敬老人买些甘美食品，二是用来帮助贫困的宗族亲戚。自从带兵打仗以来，只有前年冬天寄回一百五十两。今年三月，澄弟在省城李家兑用了二百两银子。目前我这里实在不能再寄。凡是带领军队的人，都免不了稍稍填肥私囊。我无法禁止别人不白拿，只求我自己不白拿。我用这种做法示范于僚属，也用这种做法报答圣主。今年江西艰难困苦非比寻常，省里官员有贫穷困顿到不能自存的，即使是抚藩各衙门也无法寄银两赡养家眷，我怎么敢乱取一丝一毫？现在寄回银子三十两，用二十两作为奉养父亲大人饮食之需，用十两作为奉养叔父大人美味之助。此外家庭用钱以及接济亲戚族人的常例钱全都不能寄了。

澄侯弟和我在湘潭分别以后，好像已经冷冷漠漠不再相关。前年在衡阳买地、今年又兑支李家的银子，我认为都不应该这样。以后我儿女们的婚姻等事，你完全可以不必代管。千万千万！

【点评】

这封信的主旨在信末才体现出来：曾国藩责备四弟"前年买衡阳之田，今年兑李家之银"，却不以为然。曾国藩也知道凡是带兵治军的人，很少有不中饱私囊的，但他认为自己虽不能管别人，但是可以管住自己。他特别提到今年江西经济困窘，军费短缺，而四弟"何敢妄取丝毫"！因此不但大大减少给家里的银子，连涉及银钱的事情，都不让四弟插手了。这是君子"慎独"的体现，告诫君子即使在独处时也要谨言慎行。

咸丰六年十二月廿七日与九弟国荃书

公元1857年1月22日

沅甫九弟左右：

廿三日在九江接弟初八日一缄，廿六日在隘口途次又接弟十三日一缄，具悉一切。

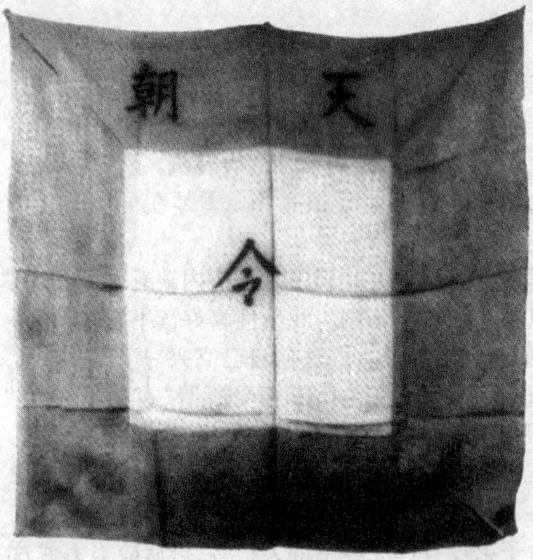

太平天国令旗

改民船为战船，是贼匪向来惯技。自前年水师舢板出，遂远胜贼改之船。弟营若距水次太远，似不必兼习炮船，恐用之不熟，或反资敌也。

十一日击太和援贼，尚为得手。与此贼战，有两难御者：一则以多人张虚声，红衣黄旗漫山弥谷，动辄二万或三四万不等，季洪岳州之败，梧冈樟树之挫，皆为人多所震眩也；一则以久战伺瑕隙，我进则彼退，我退则彼又进，顽钝诡诈，揉来揉去，若生手遇之，或有破绽可伺，则彼必乘隙而入，次青在抚州诸战是也。二者皆难于拒御。所幸多则不悍，悍则不多。盖贼多则中有裹胁之人，彼亦有生手，彼亦有破绽，吾转得乘隙而入矣。

告示及实收，新岁再当续寄。季高信甚明晰，以后得渠信，弟即遵而行之，自鲜疏失。

余于十九日抵九江，廿五六自九江回吴城，廿八九可抵省城。迪庵之陆师更胜于甲寅塔、罗合军之时，厚庵水军亦超出昔年远甚；而皆能不矜不伐，可敬爱也。袁州往返千余里，吾即不请父大人远出。若江西军事得手，明年或可奏明归觐乎？余不一一。顺贺岁禧。兄国藩手草，廿七日。

再，梧冈于军中小事尚能办理妥也，遇有大事则无识无胆。设有探报，称东路有贼数千，西路来贼数千，南北两路各数万，风声鹤唳，大波特起，则梧冈摇惑无主，必须吾弟作主也。到吉安后，专为自守之计，不为攻城之计，打数大仗后，则军心、民心大定，此军乃可特立也。

弟若久驻吉安，余于正月初旬即至吉安犒师，并拟请父亲大人来袁州一行。父子相离四年，或得借此一见，则弟军在吉安不遽掣动，亦一好事也。于公则吉安有一支劲旅，筹饷较易；于私则兄或借此以谒父亲，不知弟意以为然否？如以为然，则请在彼深沟高垒，为坚不可拔之计；先为不可胜，然后伺间抵隙，以待敌之可胜。无好小利，无求速效。至要至嘱。再问近好。涤生手具。

【译文】

沅浦九弟左右：

二十三日在九江收到弟初八写的一信，二十六日在隘口途中又收到弟十三日写的一信，知道了一切。

改造民船作战船，是贼匪向来惯用的伎俩。自从前年我军水师舢板出现，便远远胜过了贼匪改造的船。弟营盘如果离水边太远，似乎没必要兼学放炮驾船，恐怕使用不熟练，或者反倒被敌人所用。

十一日攻击太和前来救援的贼匪，还算顺利。与这种贼匪作战有两种难以抵御的战法：一是用很多人虚张声势，红衣黄旗，漫山遍野，却动不动就是二万或三四万不等出现，季洪在岳州的战败，梧冈在樟树的战败，都是因为被贼军人多给震慑住了；一是通过持久战窥伺我军的破绽，我进他就退，我退他就进，顽钝诡诈，揉来揉去，如果新手遇上他们，或者有破绽可乘，那他们一定乘隙而入，次青在抚州的几次战役都是这样。二者都难以抵御。可幸的是人多并不悍勇，悍勇并不在人多。贼多但其中有很多被裹胁来的人。也有新手，他们也有破绽，我们反过来也能乘隙而入。

告示和实收，新年后就陆续寄出。季高的信非常清晰明了，以后收到他的信，弟就遵从去办，自会减少疏失。

我于十九日抵达九江，二十五六日自九江回到吴城，二十八九日可抵达省城。迪庵的陆军更强于甲寅年塔、罗合军的时候，厚庵的水军也大大超出往年。如果江西军事顺利，明年或者就能奏明圣上回朝觐见。余不一一，顺贺岁禧。

再有，梧冈对军中的小事情还能妥当办理，遇到大事就没有胆量也没有见识。假如有探报说东路有贼数千，西路有贼数千，南北两路各有数万贼，风声鹤唳，大波突起，那梧冈恐怕就动摇迷惑，没有主见了，这种时候我弟必须做主。到吉安后，专作自我守御的计划，不作攻城的打算，打过几个大仗之后就会军心、民心大定，这支军队才能挺立起来。

弟如果久驻吉安，我在正月初旬就到吉安犒劳军队，并准备请父亲大人来袁州走一趟，父子离别四年，或许能借此机会见一面，那么弟军在吉安不要马上进攻，也是一件好事。于公来讲则吉安有一支劲旅，筹措饷银较为容易，于私则为兄可以借此机会拜见父亲。不知道弟心中觉得合适吗？如认为对，就请在那里深沟高垒，作坚不可摧的打算。先造成不可战胜的形势，然后窥伺时机，等待敌人可以被战胜的破绽。不要贪小利，不要求速效。至要至嘱。再问近好。涤生手具。

【点评】

这封信在开头分析了敌人难以战胜的两个原因：一是以人多虚张声势，二是玩持久战等待时机。其次谈到梧冈为人的弱点即大事不能做主，因此嘱咐曾国荃遇大事时要自己做主，并点出了此信的主旨即告诫曾国荃要“无好小利，无求速效”。《论语》中有言“毋欲速，毋见小利，欲速则不达，见小利则大事不成”，如此深刻的人生哲言我们应当谨遵奉行。

咸丰七年正月十五日与九弟国荃书

公元 1857 年 2 月 9 日

沅甫九弟左右：

元旦接去腊二十五日来函，初九日又接除夕一函，均已阅悉。“待贼远出，庶可邀截”一节，“痛加剿洗”及“但求固守营垒，以俟各军之至”等语，均系吾弟近日阅历有得之言，吾亦于禀中批示矣。

水师办成，先烧江中贼船，自是绝接济之一法。唯恐哨勇未能老练，或以利器资敌，慎之慎之！

钱漕一禀，批语宜干净斩截，此事究应由地方官以全力主持，乃为切实。不然，恐吾批愈结实，而人愈疑贰。此等处颇费斟酌，望吾南公一志径行，不恤其他。

余拟日内赴瑞州军营。吉安之行，必须至瑞后乃能定议。

【译文】

沅甫九弟左右：

元旦收到去年腊月二十五日你写的来信，九日又收到除夕写的一封信，一切都已知道了。"等到贼匪远出,或许可以截获一部分,痛加剿灭",以及"只求得固守营垒,以等待各军到来"等语句,都是我弟近来阅历的经验之谈,我已经在信禀中批示了。

等水军办成后,先烧掉江中的贼船,当然是切断贼匪救援的一个办法。但只担心哨兵不够老练,或许反而把利舰给了敌人,一定要小心!

关于钱漕的报告,批语是要干净利落。这件事最终还是要得到地方官的全力支持,才切实可行。不然,可能我的批语越是实在,而人家就越生疑惑。这些地方很费心思,希望吾南公按照自己的心意直道而行,不管其他。

我准备在最近去瑞州军营。吉安之行,只能在瑞州之行后才能决定。

【点评】

这封家书主要是向弟弟曾国荃传授破敌的经验。经过一段时间的战争磨炼,曾国荃的军事才能有了较多长进,但终究还不及久经沙场的哥哥。在此信中曾国藩警告弟弟说"水师办成,先烧江中贼船,自是绝接济之一法。唯恐哨勇未能老练,或以利器资敌"因此要"慎之慎之"。这也反映了曾国藩始终以"敬慎"二字持身。

咸丰七年正月十八日与四弟国潢书

公元1857年2月12日

澄侯四弟左右:

十五日安七等来,接父亲大人手谕,及弟与纪泽儿各信,具悉一切。弟之子配王梅谷之女,龙神订庚,贺贺。尧阶、芝生、荫亭、梅谷,凡为吾家之先生者,即为吾弟之亲家,古人言亲师取友,吾弟可谓善于亲师矣。

余去年有一信,言第三女许罗山之次子,敬请父大人主其事,顷接回信,知家中已有信与罗宅矣。惟余去冬至九江晤李迪庵,知罗山生前曾与订姻,以李女配罗子,业已当面说定。虽未过庚书,而迪庵此时断不肯食言。余闻迪庵之言,比即详述一切,因订定罗子决配李女,而余为之媒,余之第三女即另行择婿,望弟详禀父大人,可将此事中辍,纵已过女庚,亦可取还。缘罗子系恩赐举人,恐人疑为佳婿而争之也。至要至要。

余于腊月廿八日自九江回省。正月十二日接到内赏福字、荷包及食物等件。十七日自省城起行,十八日至奉新县,因吴竹庄于正月初五日克复此城,特来犒师也,二十日可至瑞州会晤六弟。

兹专人送福字、荷包、食物至家,祈查收敬谨尊藏。又寄回《日知录》一册,二十四本,与儿子纪泽阅看。纪泽前有信,言家中无段氏《说文》。余记家有《皇清经解》,其中即有段《说文》一种,尽可取阅,又有《经传释辞》一种,亦小学之要也。纪泽若至省城,不宜久驻,过石潭时,不宜至罗家去。余不一一。

【译文】

澄侯四弟左右:

十五日安七等人到来,收到父亲大人的亲笔信以及弟和纪泽儿的各封信件,一切都已经知道。弟的儿子娶王梅谷的女儿,龙神订婚,祝贺。尧阶、芝生、荫亭、梅谷,只要是我家的教师,就是我弟的亲戚。古人说"亲师取友",我弟可以说是善于亲近师长了。

我去年有一封信,说把我第三个女儿许配给罗山的第二个儿子,敬请父亲大人主持这件事。不久收到回信,知道家中已经给罗家去了信。只是去年冬天,我到九江会见李迪庵,知道罗山生前曾经与他订婚，把李的女儿许配给罗的儿子，而且已经当面说定，虽然没有互换生辰八字，但是迪庵这个时候绝对不会自食其言。我听了迪庵的话，立即就详细述说了一切，因而决定罗子必配李女，而我则作他们的媒人。我的第三个女儿就另外选择女婿，希望弟详细禀告父亲大人，可以中止这件事。即使已互换生庚，也可以取回来。因为罗子是恩赐的举人，恐怕他人疑心我为获得佳婿而跟人争夺。这点至关重要。

我于腊月二十八日从九江回到省城。正月十二日收到宫内赏赐的福字、荷包以及食物等东西。十七日自省城起程，十八日到达奉新县。因办吴竹庄在正月五日克复了这座城池，特地前来犒劳军队。二十日可以到达瑞州与六弟见面。

现在派专人送福字、荷包、食物等东西到家，希望查收，并谨慎收藏。又寄回《日知录》一册二十四本给儿子纪泽阅读观看。纪泽以前来信说家中没有段氏的《说文》，我记得家里有《皇清经解》，其中就有段氏《说文》一种，尽可取来阅读。又有《经传释辞》一种，也是小学类的重要书籍。纪泽如果到省城去，不要久住；路过石潭时，不要到罗家去。余不一一。

顾炎武像，图出自清·孔继尧绘《吴郡名贤图传赞》。顾炎武是明末清初思想家，其著作《日知录》为曾国藩所推崇，并将此书从军前寄给儿子曾纪泽，令其阅读

【点评】

这封家书主要是说到了女儿的婚事问题：起先打算许配给罗山的次子，但后来得知在罗山在生次子前已与李迪庵之女订立了婚约，因此只能另外选择女婿。曾氏之所以这样决定一是认为迪庵不可能毁约因而尊重他们的决定，另一方面则是"缘罗子系恩赐举人，恐人疑为佳婿而争之也"。此为至要之原因，可看出曾氏对名声还是极为看中的。

咸丰七年正月廿二日与九弟国荃书

公元 1857 年 2 月 16 日

沅甫九弟左右：

十八日乌山途次接弟十一日所发一缄，具悉一切。

兄于十七日卯刻出省，十八日至奉新，绅耆款留二日。廿一日率吴竹庄之彪营等四千人同来瑞州，拟于东北隅扎一大营，则四面合围，接济可断，声息不通，或易得手。

近日省中因探报抚州之贼意图内犯，人心颇涉惊惶。而饶州毕都司一军，因毕将初一日在景德镇败挫不知下落，其老营纷纷溃散，饶防自隳，岌岌可虞。福将军于腊月三十日至广信，十三日坐舟赴省，月内应可抵章门。

围城之法，扎营不宜太近，一则开仗之势太蹙，一则军事尚隐尚诡，不宜使敌人丝毫毕知也。余所刻实收，日内另专人送南翁处。南翁事以后省垣不至掣肘也。即候近好。

【译文】

沅浦九弟左右：

十八日在去乌山路途中收到弟十一日所发一信，知道了一切。

为兄于十七日卯时从省城出发，十八日到达奉新，当地士绅名流款待挽留了两天。二十一日率吴竹庄的彪字营等四千人一同前来瑞州，准备在东北角扎一座大营，那样就四面合围，可以切断敌人接济路线，使其不通声息，或者容易成功。

最近省城中因探报说抚州贼匪打算进犯，人心变得十分惊惶。而饶州驻有毕都司一军，因为毕都司初一在景德镇挫败，还不知下落，他的老营纷纷溃散，饶州防卫已经自己毁坏，岌岌可危。福将军在腊月三十日到达广信，十三日坐船赶到省城，月内应该可以抵达章门。

围城的方法，扎营不要离城太近。一是因为开仗时地势太狭窄，一是因为军事讲求隐蔽、诡秘，不应叫敌人知道一丝一毫。我所刻印的实收，最近几天里另派专人送到南翁那里。南翁的事情，以后省城不至于再牵制了。即候近好。

【点评】

这封短信主要讲了围城之道：首先要形成四面全围之势，使其不通声气，其次扎营不应离城太近，以免因地势狭窄而不利于进退，同时可以避免让敌人知道自己的全部军况。这是曾氏军事思想的体现，于今用兵之道或还稍有裨益。

咸丰七年正月廿六日与九弟国荃书

公元1857年2月20日

沅甫九弟左右：

廿四日专人至，接来件，知接战获胜，水师虽未甚如意，然已夺船数号，亦尚可用。水师自近日以来，法制大备，然其要全在得人；若不得好哨好勇，往往以利器资寇。弟处以全副精神注陆路，以后不必兼筹水师可也。

用绅士不比用官，彼本无任事之责，又有避嫌之念，谁肯挺身出力以急公者？贵在奖之以好言，优之以廪给，见一善者则痛誉之，见一不善者则浑藏而不露一字，久久善者劝，而不善者亦潜移而默转矣。吾弟初出办事，而遂扬绅士之短，且以周梧冈之阅历精明为可佩，是大失用绅士之道也，戒之慎之。

余近发目疾，不能作字，率布数行，惟心照。

兄国藩手草。

【译文】

沅浦九弟左右：

二十四日你派的专人已经到达，收到来件，知道你出战获胜，水师虽然并不十分满意，可是也已经缴获船只多艘，也还算可以利用。水师自近日以来，法令制度齐备，然而想要打胜仗全在得人心；如果没有好哨兵、好勇士，往往会把最好的武器送给敌人。你应当把全部精力用在陆军上，以后不必同时筹建水师了。

用绅士不比用官，他们没有担当国家大事的责任，又有逃避嫌恶的念头，谁肯挺身出力来为天下着想？对这些绅士贵在用好言嘉奖他们，用粮饷供给优抚他们，见到一个友善的则狠狠地赞誉他一番，见到一个不友善的，千万要忍着不说一字，久而久之，经过友善的人劝说，不善的人也会受到潜移默化的影响而转变的。你初出办事就揭露绅士的短处，并且认为周梧冈的阅历精明是值得佩服的，这远离了起用绅士的方法，要戒之慎之。

我近日突发眼疾，不能多写字，草写几行，唯心照。

兄国藩手草。

【点评】

曾国藩在这封家书中向曾国荃讲述了用人之法。曾氏认为用人之法在于：对待绅士这一类人要善于用好话和物质奖励他们；对心地不善良的人，千万要忍着，一句话都不能说，让周围的人劝诫他，久而久之他自己必然会得到反省。现今社会也是如此，处理人际关系要峰回路转，切忌直击短处，应当藏而不露为上策。

咸丰七年二月初三日与九弟国荃书

公元1857年2月26日

沅甫九弟左右：

初一日接二十六夜一缄，借悉二十五日梧军小挫，二十六日各军大胜，至以为慰。计二十七八至初旬，援贼、城贼尚有数次大战。数大战后，我军营盘始稳，根基初固，从此以后，方可期贼势之渐就衰落，方可断接济文报，而冀就克复也。

瑞州日内开挖长壕，南城峙衡二十五日兴工，北城诸营二十七日兴工，竹庄在东北尚未兴工。余日内赴省一会福将军，耽搁一日，即仍回瑞。此间初合长围，暂不克抽拨数营往吉也。

玉班兄即日当有信奉谢，弟先为我致意。

不一一。

内外城壕图。内外城壕，即护城河，有防御攻城的作用

【译文】

沅浦九弟左右：

初一日收到二十六日夜的一封信，据此知道二十五日梧军小败，二十六日各军大胜，因此非常欣慰。估计从二十七八日到下月初旬，跟援城之贼、守城之贼还有几次大战。几次大战之后，我军营盘才能稳定，根基才可以坚固。从

此以后才能盼望贼匪势力渐渐衰落，才能切断他们的接济和文报的往来，而后才有克复的希望。

瑞州最近正开挖长壕，城南峙衡二十五日开工，城北的各营二十七日开工，竹庄在城东北还没有开工。我最近到省城与福将军会晤一次，耽搁了一天，就仍旧回瑞州。这里长围刚合，暂时还抽调不出数营兵勇前往吉安。

玉班兄那里，我很快会有信奉谢，弟先代我向他表达谢意。不一一。

【点评】

曾国藩在这封家书中谈到了对未来战势的预测："数大战后，我军营盘始稳，根基初固，从此以后，方可期贼势之渐渐衰落，方可断接济文报，而冀就克复也。"这里虽然说的是军事，但同样适用于其他所有工作，不经过努力就不会有成功，不经历风雨就不能见彩虹，只有拼搏奋斗才会有一个好的结果。

咸丰七年九月廿二日与九弟国荃书

公元1857年11月8日

沅甫九弟左右：

十二日申刻代一自县归，接弟手书，具审一切。

十三日未刻文辅卿来家，病势甚重，自礼陵带一医生偕行，似是瘟疫之症，两耳已聋，昏迷不醒，间作谵语，皆惦记营中。余将弟已赴营、省城可筹半饷等事，告之四五次，渠已醒悟，且有喜色。因嘱其静心养病，不必挂念营务，余代为函告南省江省等语，渠亦即放心。十四日由我家雇夫送之还家矣。若调理得宜，半旦当可痊愈，复元则尚不易易。

陈伯符十二来我家，渠因负咎在身，不敢出外酬应，欲来乡为避地计。七十侄女十二上来。犟山先生十四归去，与临山皆朝南岳。临山以二十归馆，犟山廿二夕至。科四读《上孟》至末章，明日可毕。科六读《先进》三叶，近只耽搁一日也。彭茀庵表叔十一日仙逝，廿四日发引。尧阶之母十月初二日发引，请叔父题主。黄子春官声极好，听讼勤明，人皆畏之。

弟到省之期，计在十二日。余日内甚望弟信，不知金八、佑九何以无一人归来？岂因饷事未定，不遽遣使归欤？弟性褊激似余，恐怫郁或生肝疾，幸息心忍耐为要。

廿二日郴州首世兄凌云专丁来家，求荐至弟营，据称弟已于十七日起程赴吉矣。兹乘便寄一缄托黄宅转递，弟接到后，望专人送信一次，以慰悬悬。

家中大小平安，诸小儿读书，余自能一一检点，弟不必挂心。顺问近好。

【译文】

沅甫九弟左右：

十二日申时代一从县城回来，收到弟写的亲笔信，一切已经详知。

十三日未时文辅卿来到家中，从礼陵带了一个医生一同前来，病情非常严重，似乎是瘟疫的症状。两耳已经聋了，昏迷不醒，时而说胡话，都是挂念营中的事情。我把弟已经回营、省城可筹集到一半的饷银等事情告诉了他四五次，他终于苏醒了，而且非常高兴。因而叮嘱他静心养病，不要挂念营中事情，我代他写信转告湖南、江西，他也就放心了。十四日从我家雇人送他回家了。如果调理得当，半月内应该能够痊愈，恢复元气则不容易。

陈伯符十二日来到我家，他因为负疚在身，不敢外出应酬，想到乡里来避一避。七十侄女十二日也来到我家。夆山先生十四日回去,和临山一起都朝拜南岳去了。临山在二十日回到学馆;夆山是二十二日晚上到的;科四读《上孟》已经读到最后一章,明天可以读完;科六读《先进》三页,最近只耽搁了一天。彭茀庵表叔十一日去世,二十四日发葬。尧阶的母亲二十四日发引,请叔父题神主名。黄子春做官有很好的声誉,审理案件既勤奋,又能明辨是非,人们都敬畏他。

弟弟到省日期,算来在十二日。我最近很盼望你来信,不知道金八、佑九,为什么没有一个人回来?是不是因为军饷没有定,不急于派人回来?弟性情偏激跟我一样,担心愤怒抑郁会得肝病,希望一定要全心忍耐。

二十二日郴州首世兄凌云派专人来到家中,请求我推荐他到你的营中。据说弟已经在十七日起程去吉安了。现在趁方便寄一封信托黄宅转送,弟收到信后,希望派专人送一次信,好宽慰我心中的悬念。

家中大小平安,分家的事暂时不要提。各小儿读书,我自然应该一一检查点拨,弟不必挂记在心。顺问近好。

【点评】

曾国藩在这封信中劝诫弟弟曾国荃在饷事未定时一定要"息心忍耐为要","忍"字诀是曾氏一以贯之的处世之道,有道是退一步海阔天空,这些作为一种处世经验已深为人们所知,然而真正能够做到却是极难的事情,因此我们要提高自己的修养,万事忍字当头,三思而后行,必将有益于为人处世。

咸丰七年十月初四日与九弟国荃书

公元1857年11月19日

沅甫九弟左右:

廿二日写就一函,拟交首宅来足带省。廿二夜灯后,右九、金八归,接弟十五夜所发之信,知十六日已赴吉安矣,遂不寄首宅信。屈指计弟廿四日可抵营,廿五六当专人归来,今日尚未到家,望眼又复悬悬。

九月廿四日叔父六旬晋一冥寿,焚包致祭,科一、科四、科六亦往与祭。关秀姑娘于十九日生子。临三、昆八于十月初一日散学,拟初间即往邹至堂处读冬书,夆山先生之所荐也。枚谷先生十月中旬可散学,夆山不散学。科四已读《离娄》八叶,科六读至"点尔何如",工课尚算有常。家中诸事,弟不必挂虑。

吉字中营尚易整顿否?古之成大事者,规模远大与综理密微,二者缺一不可。弟之综理密微,精力较胜于我。军中器械,其略精者,宜另立一簿,亲自记注,择人而授之。古人以铠仗鲜明为威敌之要务,恒以取胜。刘峙衡于火器亦勤于修整,刀矛则全不讲究。余曾派褚景昌赴河南采买白蜡杆子,又办腰刀分赏各将弁,人颇爱重。弟试留心此事,亦综理之一端也。至规模宜大,弟亦讲求及之,但讲阔大者,最易混入散漫一路,遇事颟顸,毫无条理,虽大亦奚足贵?等差不紊,行之可久,斯则器局宏大,无有流弊者耳。顷胡润芝中丞来书赞弟,有曰"才大器大"四字,余甚爱之。才根于器,良为知言。

湖口贼舟于九月八日焚夺净尽,湖口、梅家洲皆于初九日攻克。三年积愤,一朝雪耻,雪琴从此重游浩荡之宇。惟次青尚在坎窞之中,弟便中可与通音问也。润翁信来,仍欲奏请余出东征。余顷复信,具陈其不宜,不知可止住否?彭中堂复信一缄,由弟处寄至文方

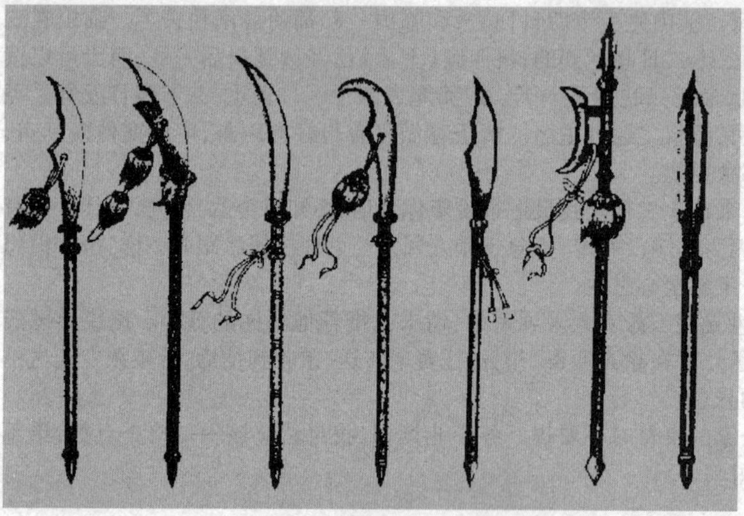

中国古代的兵器

伯署，请其转递至京。或弟有书呈藩署，末添一笔亦可。李迪庵近有请假回籍省亲之意，但未接渠手信。渠之带勇，实有不可及处，弟宜常与通信，殷殷请益。

弟在营须保养身体，肝郁最易伤人，余生平受累以此，宜和易以调之也。兹着王芝三赴吉，报家中近日琐事，并问迩好，余俟续具。咸丰七年十月初四日，兄国藩手草。

外澄弟信一件，温弟信一件，丰山写信一件，陈心壶家信一件，京信一件。

【译文】

沅甫九弟左右：

二十二日写好一封信，打算交给首宅来人送到省城里。二十二日夜掌灯后右九、金八回来，收到弟十五日夜里寄出的信，得知你十六日已经奔赴吉安了，就不寄信给首宅了。屈指算来，弟二十四日大概可以回到营中，二十五六日应该可以派专人回来。今天还没到家，让人焦急盼望，真挂念。

九月二十四日是叔父六旬的冥寿，家人要焚包致祭。科一、科四、科六也一起前往参加祭祀。关秀姑娘在十九日生了个男孩。临三、昆八十月初一放假，打算十月初一就到邹至堂去读冬书，这是丰山先生推荐的。枚谷先生十月中旬能够放假，丰山先生则不放假。科四已经读子《离娄》八页；科六读到了"点尔何如"，学业还算正常。家中的事情，弟不必挂虑。

吉字营还容易整顿吧？自古以来，凡是成就大事业的人，心胸阔大和综理密微两方面缺一不可。弟弟的综理密微，精力超过了我。军中的器械，稍精良的，要另外建立一个账簿，亲自注明记录，选择恰当的人授给使用。古人打仗，用铠仗鲜明威慑敌人，时常容易取胜。刘峙衡勤于修整火器，对刀矛却完全不讲究。我曾经派诸景昌去河南购买白蜡杆子，又置办腰刀，分赏各将士，他们都很珍爱看重。弟弟也可试一试，留心这件事，也是综理的一方面。至于说到规模宜大，弟弟也应当讲求。但说到大场面，最容易混入一些散漫分子，遇到事情漫不经心、毫无条理，那么虽说大又有什么用呢？差事繁多却有条不紊，实行可以久远、那么即使局面宏大，也没有流弊产生，胡润芝中丞来信称赞你，信中有"才大器大"四字，我感到很高兴。才能的根本是器量，这真是了解你的话啊！

贼匪在湖口的船只于九月八日被我军烧毁抢夺干净，湖口、梅家洲都在九日被克复。三年积愤，一朝雪耻，雪琴从此重新游动在浩荡长江的天空下面。唯独次青还在困顿当中，弟有空的时候可以通信问问。润翁来信，仍想奏请让我带军东征。我才回了信，详细叙说了我不适合出师的原因。不知能不能止住？彭中堂回了一封信，从弟那里寄到文方伯的官署中，请他转寄到京城。李迪庵最近有请假回乡探亲的想法，但没有收到他的亲笔信。他带兵的策略，实在有别人无法企及的地方。弟要经常与他通信，诚恳请教。

弟弟在军营中要保养身体，肝郁非常伤身，我平生受累就是肝郁，应以和易调畅一番。现在派王芝三奔赴吉安，报告家中最近一段时间的琐事，并问近好。余俟续具。咸丰七年十月初四日，兄国藩手草。

另外带去澄弟一封信，温弟一封信，丢山写的一封信，陈心壶的一封家信、一封京信。

【点评】

曾国藩在信中问弟弟吉字营的整顿是否顺利，进而提出两方面的建议：一即成大事者要做到远大目标的确立与近期目标的完成相结合。既要有前进的动力和目的，又要一步一个脚印地做好每一件有利于远大目标实现的小事，所谓“不积小流，无以成江河”，保证远大目标最终能够实现。另一方面就是本事的大小取决于气度的大小，即使天生禀赋不高，也要不断修炼。这也是今日处世的金玉良言。

咸丰七年十月初十日与九弟国荃书

公元 1857 年 11 月 25 日

沅甫九弟左右：

十月初七日接弟廿八日所发家信，具悉一切。所得饷银，计可发两月口食。细问得二、金三等，言阖营弁勇夫役，皆欢声雷动。似此气象尚好，或者此出事机顺手。余与合家大小均为欣慰。

家中内外平安。初九日父亲大人六十八冥寿，具财包五百束，行礼仍仿朱子虞祭仪节。男女客十席，夫五席，外间来祭六堂（本房一，二女一，牧云一，圭十一，贤五等一，庆九等一），祭席用燕翅，客席用羊肉。凌问樵于初六日来乡。丢山先生脩金于九月底全数送去。邓汪琼处，洎未写信去请，一则自涉怠惰，一则脩金颇不易筹，而余之行止，亦尚未十分定妥也。胡中丞信来，已于九月廿六日专折奏请余赴九江，总统杨、彭、二李之师。余重九所发之折，至今未奉朱批。

弟此刻到营，宜专意整顿营务，毋求近功速效。弟信中以各郡往事推度，尚有欲速之

清代将军跃马奋战图

念。此时自治毫无把握，遽求成效，则气浮而乏，内心不可不察。进兵须由自己作主，不可因他人之言而受其牵制，非特进兵为然，即寻常出队开仗，亦不可受人牵制。应战时，虽他营不愿，而我营亦必接战；不应战时，虽他营催促，我亦且持重不进。若彼此皆牵率出队，视用兵为应酬之文，则不复能出奇制胜矣。五年吴城水师，六年抚州瑞州陆军，皆有牵率出队之弊，无一人肯坚持定见，余屡诫而不改。弟识解高出辈流，当知此事之关系最重也。

宝勇本属劲旅，普副将所统太多，于大事恐无主张，宜细察之。黄南坡太守有功于湖南，有功于水师，今被劾之后，继以疾病，弟宜维持保护，不可遽以饷事烦之。逸斋知人之明，特具只眼，豪侠之骨，莹澈之识，于弟必相契合，但军事以得之阅历者为贵，如其能来，亦不遽宜主战事。

各处写信自不可少，辞气须不亢不卑，平稳惬适。余生平以懒于写信，开罪于人，故愿弟稍变途辙。在长沙时，官场中待弟之意态，士绅中夺情之议论，下次信回，望略书一二，以备乡校之采。

吉安在宋明两朝，名贤接踵，如欧阳永叔、文信国、罗一峰、整庵诸公，若有乡绅以遗集见赠者，或近处可以购觅，望付数种寄家。余俟续布。

【译文】

沅浦九弟左右：

十月初七日收到弟二十八日所寄的家信，知道了一切。所得饷银预计可以发放两个月口粮钱，详细询问得二、金三等人，说满营弁勇夫役都高兴极了。像这种气象还好，或者这次事机顺利，我和全家大小都为之欣慰。

家中一切平安。初九日是父亲大人六十八岁冥寿，准备了财包五百个，行礼仍旧按照朱子虞祭仪礼节来办，男女客人一共十席，夫役五席，外家来祭奠的人六堂（本房一堂，二女一堂，牧云一堂，圭十一堂，贤五等一堂，庆九等一堂）。祭席用燕翅，客席用羊肉。凌问樵于初六日来到我乡。峯山先生的聘金于九月底全部送去。邓汪琼那里还没有写信去请。一是因为自己怠懈懒惰，一则是聘钱银不容易筹措到手，而我的进退也还没有完全决定好。胡中丞来了一封信，已于九月二十六日专折奏请我奔赴九江总统杨、彭、二李的军队。我在重阳节所寄奏折，至今未接奉到圣批。

弟在这时到军营中，要专心整顿军务，不要追求近功速效。弟信中依据各郡往事进行推测，还是有想求速效的念头。这种时候自己整治是一点也没有把握的，立刻追求成效，就会志气上浮而感到困乏，弟心中不可不明白这一点。进兵一定要由自己做主，不可以受他人言语牵制。应当作战时，即使别的营垒不愿意出战而我的营垒也一定要接战，不应该交战时，即便其他营垒催促，我营也要暂且持重而不进兵。如果相互都牵连出兵，将用兵看成是写应酬文章，那就再也不能出奇制胜了。五年吴城我军水师，六年抚州、瑞州陆军，都有牵连出兵的弊病，没有一个人肯坚持己见，我多次告诫他们还是不改。弟的见识见解高出一般人，应当知道这种事的关系非常重要。

宝勇本来属于劲旅，普副将所带领的人数太多，遇到大事恐怕没有主张，应该仔细观察他。黄南坡太守有功于湖南，对水师有功，现在被弹劾，之后又得了病，弟应当尽力维护他，不可以马上因为筹饷的事情麻烦他。逸斋知人明鉴、慧眼独具，有豪侠的骨气、透彻的见识，与弟肯定会互相投合。但军事是以有阅历经验的人为贵，如果他能来，也不应当立即让他主持战事。

给各个地方写信自是不可缺少的事，文章辞气必须不卑不亢，平稳适宜。我生平因为懒于写信而得罪过人，所以希望弟稍微改变路数。在长沙时，官城中对待弟的态度，士绅中关于弟夺情的议论讥讽，下次回信时，希望大略写上一二，用以准备乡校采纳。

吉安在宋、明两朝名人贤者接踵而出，如欧阳永叔、文信国、罗一峰、整庵诸公。如果有乡绅赠送他们遗集的，或者近处可以寻购到的，希望能够寄几种回家。余俟续布。

【点评】

曾国藩在这封家书中首先告诫弟弟不要追求近功速效，明确地指出了弟弟的不足之处，其次劝诫曾国荃在出兵问题上必须要有自己的主张，不可以受他人的牵制，并举了吴城水师和瑞州陆军的例子。坚持是事情成功的关键，一个没有主见而随波逐流的人是永远不会成功的。

咸丰七年十月十五日与九弟国荃书

公元 1857 年 11 月 30 日

沅甫九弟左右：

十一日彭金三至营，发第二号家信，想十九上下可到。十五日巳刻俊四等归，接弟初八日信，具悉一切。

前信言牵率出队之弊，关系至重。凡与贼相持日久，最戒浪战。兵勇以浪战而玩，玩则疲；贼匪以浪战而猾，猾则巧。以我之疲，敌贼之巧，终不免有受害之一日。故余昔在营中诫诸将曰："宁可数月不开一仗，不可打仗而毫无安排算计。"此刻吉安营头太多，余故再三谆嘱。

重九所发之折，十二日奉至朱批，兹抄付一览。圣意虽许暂守礼庐，而仍不免有后命。进退之际，权衡实难。王得二十六日赴吉，先书数行，以达左右。俊四等十八日赴吉，再行详布一切。顺候近佳。

【译文】

沅浦九弟左右：

十一日彭金三来到军营，我寄出第二封家信，估计十九日前后可以到弟那里。十五日巳时刘俊四等回来，收到弟初八日信，知道了一切。

前信谈到牵连出兵的弊病，关系极为重大。只要和贼相持日久，一定要戒备的是浪战。兵士因为浪战而不认真对待，不认真就会变得疲乏；贼匪由于浪战而变得狡猾，狡猾就变得精巧。用我军的疲乏与敌人的精巧作战，最终免不了有受害的一天。所以过去我在营中告诫诸将说："宁可数月不打一仗，不可打仗却一点也没有安排算计。"这时候吉安我军中营垒头领太多。因此我再三谆谆嘱咐。

重阳九日所寄奏折，十月十二日收奉到朱批，现抄录交弟一览。圣意虽然允许我暂时守丧礼居茅庐，但仍然免不了会有后命让我东征。进退之间，权衡起来很是困难。王得二在十六日去吉安，先写几行让他带去给弟，俊四等十八日去吉安，那时再详述一切。顺候近佳。

【点评】

这封信的主旨是告诫曾国荃切忌与敌浪战，并分析了浪战所带来的后果："兵勇以浪战而玩，玩则疲；贼匪以浪战而猾，猾则巧。以我之疲，敌贼之巧，终不免有受害之一日"。这是曾氏多年行军经验的总结，因此我们要借鉴其"宁可数月不开一仗，不可开仗而毫无安排算计"的军事主张。

咸丰七年十月十六日与九弟国荃书

公元 1857 年 12 月 1 日

沅甫九弟左右：

十五日发第三号信，交王得二带营，计廿三日可到。

余于初十宿添梓坪，十一在丹阁叔家，夜宿白玉堂，十二日赴文吉堂葛宅之饮，欲少避家中庆生之说。而家中十一亦有客三席，曾家坳宅内十二亦有两席。

十三日孙阆青司马来乡。张学使丁内艰，余办祭幛挽联交阆青带省，渠于张，内戚也。张十九廿日开吊，孙十六日冒雨归去。

凌荫庭十四日归矣。王枚谷十五散学，十六归去。科一暂送夆山处读书，拟近日专丁去请邓汪琼，如不能来，再行定计。

季洪十六日代弟接会，甲三、科四均去赴席，甲五则十二已去。叔父初二在尧阶家题主，十三在庙山主祭。温弟近在利见斋临习董字，大有长进。兰姊家起横屋一栋，日内已落成矣。临三、昆八从邹志堂先生，订十七日上馆，每人修金五千文。弟昨各送十两，除读书外，计尚少有所余。

在吉安扎营不宜离城太近，盖地太逼，则贼匪偷营难于防范，奸细混入难于查察；节太短，则我军出队难于取势，各营同战难于分段。一经扎近之后，再行退远，则少馁士气，不如先远之为愈也。

牵率出队之弊，所以难于变革者，盖此营出队之时，未经知会彼营，一遇贼匪接仗，或小有差挫，即用令箭飞请彼营前来接应，来则感其相援，不来则怨其不救。甚或并未差挫，并未接仗，亦以令箭报马预请他营速来接应，习惯为常，视为固然。既恐惹人之怨憾，又虑他日之报复，于是不敢不去，不忍不去。夫战阵呼吸之际，其几甚微，若尽听他营之令箭牵率出队，一遇大敌，必致误事。

弟思力革此弊，必须与各营委曲说明，三令五申。又必多发哨探，细侦贼情，耳目较各

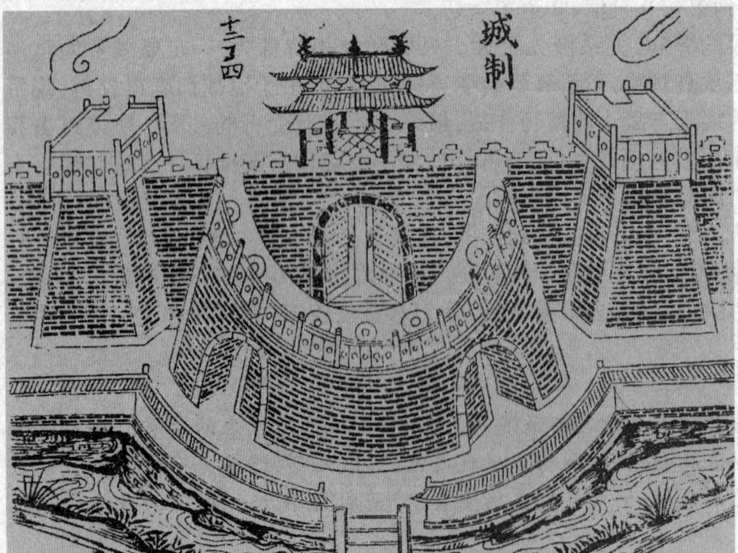

城制图。在古代，城墙是最重要的防守设施

营为确，则人渐信从，而前弊可除矣。余俟续布。

兄国藩手草，十月十六日。

【译文】

沅浦九弟左右：

十五日寄出第三号信，交王得二送往弟营，想来二十三日可以到达。

我于初十日住宿在添梓坪，十一日在丹阁叔家中，夜里住在白玉堂。十二日赴文吉堂葛宅酒席，想稍微避开家中人关于庆生的说法。而家中十一日也有三桌酒席招待客人，曾家坳宅内十二日也有两桌酒席招待客人。

十三日孙阆青司马来到我们家乡。张学使家有人去世，我准备好祭幛挽联交给孙阆青带回省城，他是张学使内家戚属。张于十九日、二十日开吊，孙于十六日冒雨回去了。

凌荫庭十四日回去。王枚谷十五日停馆散学，十六日回去。科一暂时送到夆山那里读书。准备近日派专人去请邓汪琼，如果他不能来，再决定以后的打算。

季洪十六日代替弟接会，甲三、科四都去参加酒席，甲五则在十二日就去了。叔父初二在尧阶家为神主上题字，十三日在庙山主持祭仪。温弟最近在利见斋临摹学习董其昌的字体，长进很大。兰姊家建了一栋横屋，前几天已经落成了。临三、昆八跟随邹志堂先生读书，订于十七日上学馆，每人聘钱五千文。弟前天各送十两银子给了二人，除读书外，估计还稍有剩余。

在吉安扎营盘，不要离城池太近。大体因为驻地太逼近城池，则贼匪偷袭营垒便难以防范，奸细混进来也难以检查出来。节距太短，那么我军出兵列队难以取得地势，各营一同作战也难于分段迎击。一旦扎营之后，再向远处退却，便会减少士气，不如先离远些为好。

牵连出兵作战的弊端，之所以难以改变，在于这一营出兵时并未通知好那一营，一遇到贼匪接仗，假如小有挫败，就用令箭快速请求另外的营兵前来接应。来了就感激他们前来救援，不来就怨恨他不来救援。甚至有并未挫败，还没有接仗，也用令箭报马预先请其他营垒速来接应，并把这等事看作寻常，看成当然如此，既怕遭到别人怨恨，又顾虑以后受到报复，于是不敢不去，不忍心不去。而临阵作战，是在一瞬之间决定胜负，时机非常短暂，如果都听从其他营的令箭牵连出兵，一旦遇上大敌，肯定误事。

弟如果想尽力革除这个弊端，必须与各营委婉说明道理，一定要三令五申。又一定要多派哨探，仔细侦察敌情，耳目要比各营更准确，则他人才能逐渐信任你，从而可以革除这一弊端。余俟续布。

兄国藩手草，十月十六日。

【点评】

曾国藩在这一信中主要向曾国荃传授自己的军事经验：一是在围城扎营时不要离城太近以免不利于我军攻击，另一方面又再一次地强调一定要革除牵连出兵的弊病，并提出了自己的想法，即要事先与各营说好，不可以令箭飞请他营为儿戏，要严肃军事纪律。

咸丰七年十月廿七日与九弟国荃书

公元 1857 年 12 月 12 日

沅甫九弟左右：

廿三夜彭一归，接弟十五书，具悉一切。

吉安此时兵势颇盛。军营虽以人多为贵，而有时亦有人多为累。凡军气宜聚不宜散，宜忧危不宜悦豫。人多则悦豫，而气渐散矣。营虽多，而可恃者惟在一二营；人虽多，而可恃者惟在一二人。如木然，根好、株好而后枝叶有所托；如屋然，柱好、梁好而后椽瓦有所丽。今吉安各营，以余意揆之，自应以吉中营及老湘胡、朱等营为根株，为柱梁，此外如长和，如湘后，如三宝，虽素称劲旅，不能不侪之于枝叶、椽瓦之列。遇小敌时，则枝叶之茂，椽瓦之美，尽可了事，遇大敌时，全靠根株培得稳，柱梁立得固，断不可徒靠人数之多，气势之盛。倘使根株不稳，柱梁不固，则一枝折而众叶随之，一瓦落而众椽随之，败如山崩，溃如河决。人多而反以为累矣。

史册所载，战事以人多而为害者，不可胜数。近日如抚州万余人卒致败溃，次青本营不足以为根株，为梁柱也；瑞州万余人卒收成功，峙衡一营足以为根株，为梁柱也。弟对众营立论，虽不必过于轩轾，而心中不可无一定之权衡。

来书言弁目太少，此系极要关键。吾二十二日荐曾纪仁赴吉充什长，已收用否？兹冯十五往吾，若收置厨下，亦能耐辛苦。凡将才有四大端：一曰知人善任，二曰善觇敌情，三曰临阵胆识（峙有胆，迪、厚有胆识），四曰营务整齐。吾所见诸将，于三者略得梗概，至于善觇敌情，则绝无其人。古之觇敌者，不特知贼首之性情伎俩，而并知某贼与某贼不和，某贼与伪主不协，今则不见此等好手矣。贤弟当于此四大端下工夫，而即以此四大端察同僚及麾下之人才。第一、第二端，不可求之于弁目散勇中；第三、第四端，则末弁中亦未始无材也。

家中大小平安。葛丰山先生回家六日未来，闻其弟喉痛，或未愈耳。科一、科四、科六皆在馆。甲五课之点读，尚属安静，弟可放心。尧阶予廿二来，廿八可归。洪、夏所争之地，余意欲买之。以东阳叔祖极称其好，不知可得否。

胡润芝中丞奏请余率水师东下，廿七日送寄谕来家，兹抄寄弟营一阅。余俟续布。

【译文】

沅甫九弟左右：

二十三日晚上彭一回来了，收到弟十五日写的信。一切都已知道。

吉安部队现在气势非常旺盛。军营虽然以人多为好，但有时也会因人多而成为拖累。凡是军中士气，应该凝聚而不应该离散，应该担心危机而不应该贪图欢娱。人多了就容易贪图欢娱，从而使士气逐渐离散。营垒虽多但可以依靠的只有一两个，人数虽然众多但可以依靠的也只有一两个。就好像树木那样，树根好、树干好而后枝叶才能有所依托；就好像房屋那样，柱好、梁好之后椽子瓦片才有所依附。现在吉安各营，以我的想法来推断，自然应该把吉安中营和湘军老兵胡、朱等营为根为干、为柱为梁。另外，例如长和营、湘后营、三宝营，虽然向来没有号称过劲旅，也不得不放到枝叶椽瓦之类当中去。如果遇到弱小的敌人，凭着枝叶的茂盛、椽瓦的精美也完全可以解决问题；当遇到了强大的敌人，就得完全依靠根干种得稳定、柱梁立得坚固，绝不能只依靠人数的众多、气势的旺盛。如果根干不稳定、柱梁不坚固，那么一根树枝折断了，众多树叶就会随风飘落，一片瓦坠落了，而众椽就会跟着散架。战败了就像山崩，溃退就像河堤决了口，人多了反而会成为负累。史书上所记载的战争故事，由于人多而成为祸害的例子举不胜举。近段时间比如抚州一万多人最后导致战败，就是由于次青本营不能完全成为根干和柱梁。瑞州万人最后成功，是峙衡一营完全能成为根干和梁柱。弟面对众多将领谈论时虽然用不着分出高下，但是心中不能没有一定的权衡。

来信说到带兵的下级将领人数太少，这是非常重要的关键问题，我二十二日推荐纪仁到吉安当什长，弟收用了吗？现在冯十五前去吉安，如果留下安置在厨房，他也能够吃苦耐劳。将领都应具备四大才能：一是知人善任；二是善于揣测敌情；三是临阵时有胆有识（峙衡有胆量，迪庵、厚庵有胆有识）；四是营中军务治理整齐。我所见过的许多将领对三样只是稍稍能懂得大概，至于善于揣测敌情，则从来没有这种人。古代善于揣测敌情的人，不仅知道贼寇首领的性情、策略，而且也知道某个贼与某个贼不和、某贼和伪君主不和。现在却已经看不到这样的好将领了。贤弟应该在这四个方面下工夫，并且就从这四方面的能力来观察同僚和手下的人才。第一项、第二项不可以从下级军官和士兵中去寻找，第三项、第四项则是最低级的军官中也不一定没有这样的人才。

家里大人小孩都平安。葛庠山老师回家六天了还没有回来，听说是他弟弟的喉咙痛，大概还没有痊愈。科一、科四、科六都在学馆念书。甲五功课之中的点读还算可以，弟可以放心。尧阶二十二日来到这里，二十八日可以回去。洪、夏争夺的地产，我想要买下它。因为东阳叔祖极力称赞它的好，不知道能不能得到？

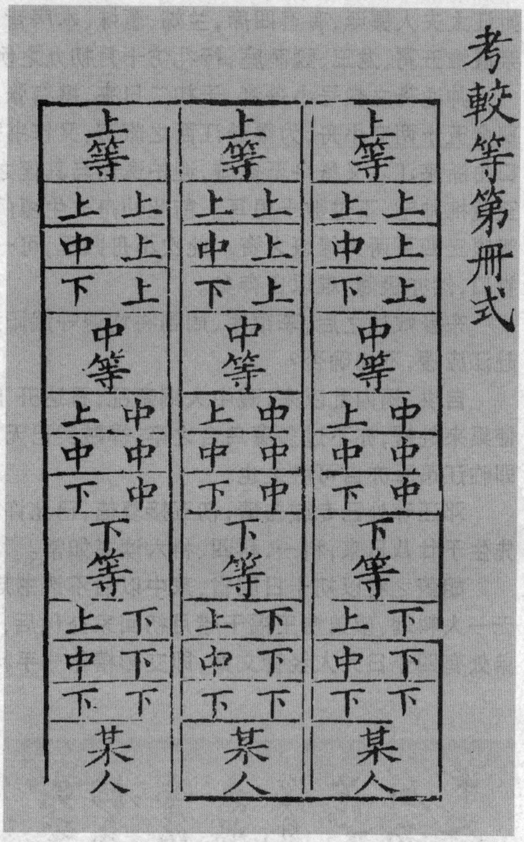

考较等第册式图。古代军队用考校等第册式考核兵士，功赏罚过

胡润芝中丞奏请让我带领水军向东而下，二十七日送寄谕旨来到我家。现在抄录寄到弟营中请弟一阅，其他的以后再谈。

【点评】

曾氏在给九弟的回信中写到军营有时也会因为人数过多而带来麻烦，是因为军气宜聚不宜散，宜忧危不宜悦豫。也就是说，军队的凝聚力靠的是严明的军纪，靠的是士兵警惕的精神状态和旺盛的斗志。他还以树木来做比喻，如果树木根基不稳、柱梁不固，将会败如山崩，溃如河决。另外在用人方面，曾国藩指出，凡是良将都有四大显著特征：知人善任、善窥敌情、有胆有识、营务整齐。并特别指出前两种属高级人才。

咸丰七年十一月初五日与九弟国荃书

公元 1857 年 12 月 20 日

沅甫九弟左右：

十一月初二日，春二、甲四归，接廿四夜来书，具悉一切。弟营中事机尚顺，家中大小欣慰。余廿二日寄第五号信，廿八日发第六号，计次第均达矣。日内四宅平安。初三日显

妣江太夫人冥诞，有客四席，兰姊、蕙妹、本房皆未来，临三、昆八亦以远在云溪寺未归也。亲戚惟五舅、龙三、魏荫庭，行礼仿十月初九之例，但添歌童耳。

帅逸斋之叔号小舟者，于初二日来，携有张六琴太守书缄，具告逸斋死事之惨。余具奠金五十两交小舟，为渠赴江西之旅资，又作书寄雪琴，嘱其备战船至广信，迎护逸斋之眷口由浙来江。又备舟至省城，迎护逸斋与其侄之灵柩，于南康会齐，同出湖口，由湖口段窑至黄梅帅宅，不过数十里耳。前此仙舟先生墓门被贼掘毁，余曾寄书润之中丞、莲舫员外，筹银三四百两为修葺之资。此次小舟归里，可一并妥为安厝。少有余资，即以赡济逸斋之眷口，然亦极薄，难以自存矣。

东乡败挫之后，李镇军、周副将均退守武阳渡，闻耆中丞缄致长沙，请夏憩亭募勇数千赴江应援，不知确否？

自洪、杨内乱以来，贼中大纲紊乱，石达开下顾金陵，上顾安庆，未必能再至江西。即使果来赴援，亦不过多裹乌合之卒，悍贼实已无几。我军但稍能立脚，不特吉安力能胜之，即临江萧军亦自可胜之也。

邓汪琼处已专缄去请，初五接复信，已允许矣，须正月乃可上馆，且请带一子来。丞山先生于廿八日来，科一、科四、科六读书如常。

胡蔚之将以初十日回省，家中以后不请书启朋友。韩升告假回家，余文案尚繁，不可无一人料理，望弟饬王福于腊月初回家交代后，即令韩升回省度岁。韩于正初赴吉营，计弟处有四十日无人经管文案，即交彭椿年一手料理，决无疏失。韩升与王福二人皆精细勤敏，无所轩轾。凌荫庭于日内赴雪琴处，若弟处再须好手，亦可令凌赴吉也。

诸不详尽，顺问近安。

兄国藩手草。

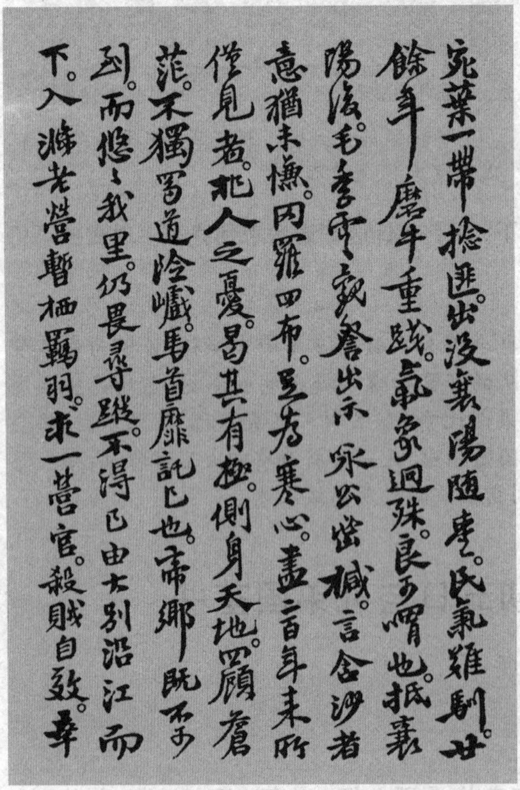
宛葉一帶捻匪出沒襄陽隨棗民氣雖馴廿
餘年屢年重踐氣象迥殊良可喟也抵襄
陽後毛季雲觀察出示永公函牘言金沙者
意猶未慊因羅四布至為寒心盡二百年未所
僅見者恥人之憂曷其有極側身天地顧詹
莊不獨蜀道陰巇馬首靡託已也中鄉既不可
到而悠悠我里仍畏尋蹤不得已由大別沿江而
下入湘老營暫棲羈羽求一營官殺賊自效異

曾国藩手札

【译文】

沅甫九弟左右：

十一月初二，春二和甲四回来，收到了你二十四日夜里写的信。得知你在营中的事情进展还算顺利，家中老老少少都很高兴。我在二十二日寄出第五号信、二十八日寄出第六号信，估计现在已经送到了。最近家中一切平安。三日是亡母江太夫人冥寿，有四桌客人，兰姐、蕙妹、本房都没有来，临三、昆八也因为在云溪寺而没能回来。亲戚只有五舅、龙三、魏荫庭来了，行礼依照十月九日的先例，但多添了一位歌童。

帅逸斋之叔，号小舟，初二日到我这里，带了张六琴太守的信，详细告诉了逸斋死难的惨况。我拿五十两银子作奠金交给了小舟，当作他到江西的路费。又写信给雪琴，嘱咐他准备好战船到广信，迎接护送逸斋的家属从浙江来江西；又备船到省城，迎接护送逸斋和他侄儿的灵柩，在南康会合，一起出湖口。从湖口段窑到黄梅县帅宅不过数十里。不久前仙舟先生墓门被贼掘毁，我曾经写信给润之中丞、莲舫员外，筹措三四百两银子作为修葺的费用，这次小舟回归故里，可以一并妥善安葬。如果稍有剩余，就作为周济赡养逸斋家属的费用，但是实在很少，怕是难以自存。

自从东乡大败，李镇军、周副将都退守武阳渡。听说耆中丞写信到长沙，请夏憩亭招募几千名兵士奔赴江西救援，不知道是否确切？

自从洪杨内乱以来，敌军中纲纪十分混乱。石达开下顾金陵，上顾安庆，不一定能再到江西；即使当真赶来救援，也不过是乌合之众，强悍的敌人已经没有几个了。我军只要可以稍微站住脚，不仅在吉安能够战胜敌人，就是临江的萧军也完全可以战胜他们。

邓汪琼那里已经专门写信去请，五日已收到回信，信中已经答应了。不过要等到正月才可以上学馆教书，而且要求带着一个儿子去。夆山先生二十八日可以到达，科一、科四、科六读书与往常一样。胡蔚之将在初十日回湖南，家中以后不用再请书启朋友。韩升请假回家，我这里文案工作还十分繁重，不能没有人帮着处理。请你叫王福在腊月初回家交代后，便让韩升回省过年。韩升正月初赴吉安营中，估计你那里会有四十天没有人料理文案，可以交给彭椿年一人处理，决不会有疏忽过失。韩升和王福都勤快精细，不会相差很多。凌荫廷这两天就要到雪琴那里去，如果你这里需要能干的人，也可以叫凌到吉安去。诸不详尽，顺问近好。

兄国藩手草。

【点评】

1957 年在太平天国内部发生了洪杨内乱，使得本已江河日下的太平天国更是雪上加霜，不堪一击，此时只有石达开仍可算作清军强敌，因此在此信中曾国藩分析了当前的形势，认为基本上已经胜券在握，就连石达开也不过是一群乌合之众。可以想见曾氏此时的喜悦之情。

咸丰七年十一月廿五日与九弟国荃书

公元 1858 年 1 月 9 日

沅甫九弟左右：

二十四日王得一归，接十六日信，具悉一切。前两次信皆告假还乡而不遽回营者，故未写回信，亦别无便可寄也。以后有信，仍以专人送归为妥，只须一人，不必两人，择捷足如曾正七之类，更可迅速。

汪先生（即邓汪琼，号瀛皆）于初七日专人来订今冬上学，因迎其十五入馆，甲三于十八开课，廿三第二课，改文甚细心。甲五眼睛近日已好十分之七八，右目能认寸大字，左目则能读小注，每日静坐二次，以助药力之不及。邓先生向来亦多病，得力于静坐者深也。科一每日仍读三百字。夆山十六日回家住六天，恰易芝生来此代馆。科四《离娄》将读毕，科六读至《卫灵公》。日内因萧组田刻字，同在一间屋内，心气未免稍浮；而科四仁厚，科六警敏，将来均可望有成，弟可放心。

廿九日祖母大人九十晋一冥寿，内外眷口皆去拜寿，惟九弟妇、季弟妇不能去。前廿日大伯祖母九十一冥寿，本房亦均赴木兜冲助祭，上下七席，廿九日当倍之也。

今年本境买田者多，居然太平景象。余在家亦略读书。下手七宝庙下挑一土山，将下砂接长，以培坟山而遮洞风。邻近如训三、贤五、代三、金五、诗八、陈俊九、上兰叔家，均请吃便饭。猫面脑之地，余又请庚、宽十（近亦好看好，据德六叔祖谓其颇好）去看一次，据称大局与皮公蚝相似，而当前一案系背面。质之东阳，则谓当日雨中忙看，或未审实云云。若果买之，余明正须自往一看耳。

弟所寄各件，代普将请饷，代黄太守上禀，均系顾全大局，即使上官未必批准，亦不失缓急相顾之道。请奖一禀，尚欠妥叶。湘后营一军，不知从何处筹饷？即宝营亦自难支持。弟辞总理之任，极是极是。带勇本系难事，弟但当约旨卑思，无好大，无欲速。管辖现有之二千人，宁可减少，不可加多。口粮业得一半，此外有可设法更好，即涓滴难求，亦自不至于脱巾溃散。但宜极力整顿，不必常以欠饷为虑也。

打仗之道，在围城之外，节太短，势太促，无埋伏，无变化，只有队伍整齐，站得坚稳而已。欲灵机应变，出奇制胜，必须离城甚远，乃可随时制宜。凡平原旷野开仗，与深山穷谷开仗，其道迥别。去吉城四十里，凡援贼可来之路，须令哨长、队长轮流前往该处看明地势，小径小溪，一丘一洼，细细看明，各令详述于弟之前，或令绘图呈上。万一有出队迎战之时，则各哨队皆已了然于心。古人忧"学之不讲"，又曰"明辨之"，余以为训练兵勇，亦须常讲常辨也。家中四宅平安，不必挂念，顺问近好。

兄国藩手草。

【译文】

沅浦九弟左右：

二十四日王得一回来，收到弟十六日写的信，知道了一切。前两次信都因为弟告假还乡而没有即刻回营，所以没写回信，也没有别的方便机会可寄。以后有信仍然以派专人送回最为妥善。只需要一人，不必两人，选择腿脚快的如曾正七之类的人更能够迅速送到。

汪先生（即邓汪琼，号瀛皆）于初七派专人来商议今年冬天上学的事，因而计划迎接他在十五日入学馆教书。甲三于十八日开课，二十三日上第二课，批改文章十分细心。甲五眼睛最近已好了十分之七八，右眼能看清一寸见方大小的字，左眼则能看清小注。每天静坐两次，用此来帮助药方达不到的疗效。邓先生向来也多病，全赖于静坐这种方法，益处很多。科一每天仍旧读三百字，夆山十六日回家住了六天，正好易芝生来这里代为教书。科四《离娄》就快要读完了。科六读至《卫灵公》，这几天因萧组田刻字，两人同在一间房里，心气不免稍微浮躁。而科四为人仁厚，科六则为人机敏，将来都可以希望有成就，弟可放心。

二十九日是祖母大人九十一冥寿，内外眷口都去拜寿，只有九弟媳妇、季弟媳妇不能去。以前二十日是大伯母九十一冥寿，本房大小也都到木兜冲助祭，上下一共摆了七桌酒席。二十九日应该超过一倍。

今年我们县买田的人多，竟然一片太平景象。

我在家也多少读些书，在下首七宝宙下挑选了一个土山，把山下沙地接长，用来增高坟山而遮蔽洞风。近邻如训三、贤五、代三、金五、诗八、陈俊九、上兰叔等家，都请我过去吃便饭。猫面脑这块地方，我又请庚、宽十（他近来也喜好看地。据德六叔祖说他颇爱好这种事）去看了一次。据他们说大体与皮公托差不多，而正前面一个案形地却在阴面。跟东阳询问，则回答说当天在雨中看得苍茫，或者还未看个清楚实在等。如果真要买下来，我明天真应该自己前往看一次。

弟所寄各件：代替普副将请饷银，代替黄大守上禀，都是顾全大局的事。即使上司不一定批准，也不失为缓急时互相照顾的情理。请求奖赏的那封信，还欠妥当。湘后营一军，不知道从什么地方筹饷银？就是宝庆营也自难以支撑。弟辞去总理的职务，这是十分对的。带兵勇本是难事，弟应节旨卑思，不要贪大，不要求速效。管辖现有两千人，宁可减少，不可增多。口粮已获得一半，此外能设法弄到更好，即使是难以求得丝毫，也自应不至于队伍溃散，只需极力整顿，不必常常为欠饷而焦虑。

打仗的道理，在围城以外，假如节距太短，地势太狭促，没有埋伏，没有变化，那就只有队伍整齐、站得坚稳而已。想随机应变、出奇制胜，必须离城远一点，才能随时因地制宜。在平原旷野展开战争，与在深山穷谷中开仗，那方法是大不相同的。离吉安城四十里外，凡是援贼（注：指太平军）能来的道路，一定命令哨长、队长轮流前往该处查看地势，小路小溪，一丘一洼详细看明，各自让他们在弟面前详细陈述，或让他们绘制地图呈上。万一出兵迎战的时候，则各哨队都已了然在心。古人即以弄不清道理，为虑，又说要明辨学问。我觉得训练兵勇，也需要常讲清道理，辨明学问。家中四宅平安，不必挂念。顺问近好。

兄国藩手草。

【点评】

这封信内容较多，大体可分为三部分，首先是叙说了家中老小的近况，让沅弟不必担心；其次谈到曾国荃寄来信中所谈的事，并称赞其辞去总理一职之事；最后则是曾国藩的军事战略思想的展现。又分析了围城切不可驻军离城太近，对比了在平原与峡谷中开仗的不同，强调了观察地势的重要性，总结了自己的经验即“训练兵勇，亦须常讲常辨也”，这或许是对当今治军最有价值的东西。

咸丰七年十二月初六日与九弟国荃书

公元 1858 年 1 月 20 日

沅甫九弟左右：

初四日午刻萧大满、刘得二归，接廿八日来信，藉悉一切。吉水击退大股援贼，三曲滩对岸之贼空壁宵遁。看来吉安之事尚易得手。

廿九日祖母太夫人九十一冥寿，共三十三席，来祭二十一堂。地方如王如一、如二、罗十、贺柏八、王训三、陈贵二等皆来，吉公子孙外房亦来。五席海参、羊肉、蛏虷，祀事尚为诚敬。初一日，余与轩叔至三亩冲拜三舅婆八十一寿，抬盒一架，因接定二舅爹至腰里住五日。

王大诚所借先大夫钱百千，收租十石者十余年，收六石九斗者又已二十年，实属子过于母。澄弟与余商，王氏父子太苦，宜焚券而蠲免之。初三日请大诚父子祖孙来，涂券发还。令元一每年量谷二石以养其祖，量谷二石一斗分济其叔。

三房下首培砂工程已办一半。余日内作报销，大概规模折一件、片三件，交江西耆公代为附奏（其折稿下次寄吉安）。兹由萧大满等手带至吉安，弟派妥人即日送江西省城，限五日送到。耆、龙、李三处并有信，接复信专丁送家可也。

左季高待弟极关切，弟即宜以真心相向，不可常怀智术以相迎距。凡人以伪来，我以诚往，久之，则伪者亦共趋于诚矣。

李迪庵新放浙中方伯，此亦军兴以来一仅见之事。渠用兵得一暇字诀，不特其平日从容整理，即其临阵，亦回翔审慎，定静安虑。弟理繁之才胜于迪庵，惟临敌恐不能如其镇静。至于与官场交接，吾兄弟患在略识世态，而又怀一肚皮不合时宜，既不能硬，又不能软，所以到处寡合。迪庵妙在全不识世态，其腹中虽也怀些不合时宜，却一味浑含，永不发

左宗棠像。左宗棠字季高，故曾国藩信中称其为“左季高”

露。我兄弟则时时发露，终非载福之道。雪琴与我兄弟最相似，亦所如寡合也。弟当以我为戒，一味浑含，绝不发露，将来养得纯熟，身体也健旺，子孙也受用，无惯习机械变诈，恐愈久而愈薄耳。

李云麟尚在吉安营否？其上我书，才识实超流辈，亦不免失之高亢，其弊与我略同。

长沙官场，弟亦通信否？此等酬应，自不可少，当力矫我之失，而另立途辙。余生平制行，有似萧望之，盖宽饶一流人，常恐终蹈祸机，故教弟辈制行，早蹈中和一路，勿效我之褊激也。

黄子春丁外艰，大约年内回省，新任又不知何人。吾邑县运，如王、刘之没，可谓不振！迪庵之简放，可谓极盛。若能得一贤令尹来，则受福多矣。

余身体平安，近日心血积亏，略似怔忡之象。上下四宅小大安好。诸儿读书如常，无劳远注。

顺问近好。

兄国藩手草。

【译文】

沅甫九弟左右：

初四日中午时分萧大满、刘得二回来，收到弟二十八日来信，得以详悉一切。吉水我军击退大股援贼（注：指太平军），三曲滩对岸的贼兵也空营逃遁，看来吉安的战事还容易顺利展开。

二十九日是祖母太夫人九十一冥寿，总共三十三席，来祭的一共二十一堂。地方上如王如一、如二、罗十、贺柏八、王训三、陈贵二等人都来了，吉公子孙加上偏房的子女也来了。五席海参、羊肉、蛏蚶。祭祀等事务办得还算诚挚恭敬。初一日，我和轩叔到三亩冲给三舅婆拜八十一岁大寿，抬盒一架，因而接二舅爹到腰里住了五天。

王大诚所借先大夫的一百千钱，从他那里每年收十石租已经有十多年，收六石九斗租又已经有二十年了，实在是利钱已超过本金。澄弟同我商量说：“王氏父子太苦了，应该焚烧借券以免除债务。”初三日请大诚父子祖孙来，验券之后发还给他们，让元一每年称量两石稻谷奉养他的祖父，称量二石一斗稻谷周济他的叔父。

三房下首培沙工程已经办理一半多了。这几天正作报销（这道奏折的稿子下次寄吉安）。大概的内容是包括奏折一件、附片三件，交给江西耆公代为附奏。现由萧大满等亲手送到吉安，请弟派稳重妥当的人即日送往江西，最迟五日内送到。耆、龙、李三处都有信，接回信后，派专丁送回家中就行。

左季高对你极为关切，弟也应用真心相对，不可以经常心怀智术，虚虚假假。凡他人用虚伪来对待我，我用真诚去对待他，时间久了，虚伪的人也和我一道趋向于真诚了。

李迪庵新近改任浙江省方伯之职，这也是兴军以来绝无仅有的事。他用兵获得一个“暇”字的诀窍。不但在平日里从容处理军务，就是亲临战场，也盘旋观察，他仔细谨慎，安心定虑。弟处理繁忙事务的才能超过迪庵，只有亲临敌阵恐怕不能像他那样镇静。至于在官场中往来，我们兄弟的毛病在于既稍稍了解世态而又怀有一肚子的不合时宜，既不能硬，又不能软，所以无论到哪里都落落寡合，迪庵妙就妙在完全不识世态，他肚子里虽也怀着不合时宜，但却一味浑厚含容，永远不表露出来。我们兄弟则时时发露，总不是带来福气的办法。将来修养得性情纯熟，身体也健康旺盛，子孙也受用无穷，不要习惯于官场机变巧诈，恐怕越久德行就越浅薄。

李云麟还在吉安营中吗？他上次寄给我的书信，才能见识，实在超越一般人，但也不免有失于高亢。他的毛病正和我差不多。

长沙的官场，弟也和那里通信吗？这种应酬的事情自然是必不可少的，应当下力气改正我的弊病而另开门路。我生平品节行为好似萧望之、盖宽饶那样的人物。时常害怕最终撞上祸机，所以教训弟弟们的节行要及早走中允平和的道路，不要效仿我的偏激。

黄子春丁外艰，大约本年内可以回省城，新任官员又不知是什么样的人。我县的命运，如王、刘的死，可以说不够振兴，迪庵的遥放外任，真可谓极盛。如果能得到一个贤明县令来我县，那么我县受福大了。

我身体平安。这些天心血连亏，有点像得心悸痛的症状。上下四宅大小安好，诸儿读书如同平常，不用挂念。顺问近好。

兄国藩手草。

【点评】

在家书的开端曾国藩向弟弟详述二十九日为太夫人办九十一冥寿的情况。从宾客到菜系到银钱开销等。除此之外，曾氏在信中主要总结被升为浙江布政使的李迪庵的为官之道，为九弟也为自己作参照。一为用兵以“暇”，李迪庵平日从容整理，临阵定静安虑，这是带兵之人胸有成竹、深思熟虑、游刃有余的表现。二为处世之“浑”，曾国藩认为李迪庵有时胸中也有不合时宜的想法，但一味含混，永不发露，就是从不表现出来，有些大智若愚又有些看透世俗的圆滑处世的态度。这也是曾国藩在家受制的心得。

咸丰七年十二月十四日与九弟国荃书

公元 1858 年 1 月 28 日

沅甫九弟左右：

十二日正七、有十归，接弟信，备悉一切。

定湘营既至三曲滩，其营官成章鉴，亦武弁中之不可多得者，弟可与之款接。

来书谓意趣不在此，则兴会索然，此却大不可。凡人作一事，便须全副精神注在此一事，首尾不懈。不可见异思迁，做这样想那样，坐这山望那山。人而无恒，终身一无所成。我生平坐犯无恒的弊病，实在受害不小。当翰林时，应留心诗字，则好涉猎它书，以纷其志。读性理书时，则杂以诗文各集，以歧其趋。在六部时，又不甚实力请求公事。在外带兵，又不能竭力专治军事。或读书写字以乱其志意。坐是垂老而百无一成，即水军一事，亦掘井九仞而不及泉。弟当以为鉴戒，现在带勇，即埋头尽力以求带勇之法，早夜孳孳，日所思，夜所梦，舍带勇以外则一概不管。不可又想读书，又想中举，又想作州县，纷纷扰扰，

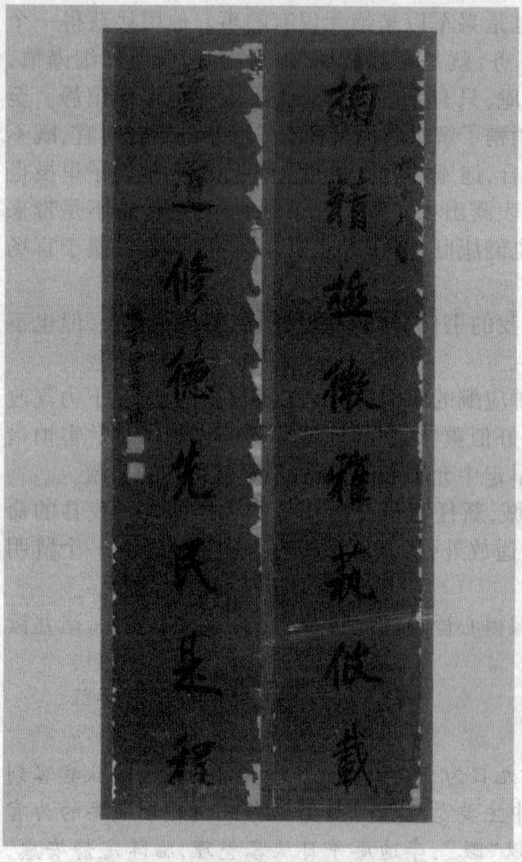

曾国藩手书对联

千头万绪，将来又蹈我之覆辙，百无一成，悔之晚矣。

带勇之法，以体察人才为第一，整顿营规、请求战守次之。《得胜歌》中各条，一一皆宜详求。至于口粮一事，不宜过于忧虑，不可时常发禀。弟营既得楚局每月六千，又得江局每月二三千，便是极好境遇。李希庵十二来家，言迪庵意，欲帮弟饷万金。又余有浙盐赢余万五千两在江省，昨盐局专丁前来禀询，余嘱其解交藩库充饷。将来此款或可酌解弟营，但弟不宜指请耳。

饷项既不劳心，全副精神请求前者数事，行有余力则联络各营，款接绅士。身体强弱，却不宜过于爱惜。精神愈用则愈出，阳气愈提则愈盛。每日作事愈多，则夜间临睡愈快活。若存一爱惜精神的意思，将前将却，奄奄无气，决难成事。凡此皆因弟兴会索然之言而切戒之者也。弟宜以李迪庵为法，不慌不忙，盈科后进，到八九个月后，必有一番回甘滋味出来。余生平坐无恒流弊极大，今老矣，不能不诫教吾弟吾子。

邓先生品学极好，甲三八股文有长进，丞山先生亦请邓改文。丞山教书严肃，学生甚为畏惮。吾家戏言戏动积习，明年当与两先生尽改之。

下游镇江、瓜洲同日克复，金陵指日可克。厚庵放闽中提督，已赴金陵会剿，准其专折奏事。九江亦即日可复。大约军事在吉安、抚、建等府结局，贤弟勉之。吾为其始，弟善其终，实有厚望。若稍参以客气，将以殒志，则不能为我增气也。营中哨队诸人，气尚完固否？下次祈书及。家中四宅平安，澄弟十四日赴县吊丧，余无他事，顺问近好。

兄国藩草。

【译文】

沅甫九弟左右：

十二日正七、有十回来，收到弟的来信，一切全都知道了。

定湘营已经到了三曲滩。这个营的营官成章鉴也是武官当中不可多得的人才，弟可以同他多多接触。

来信说你志趣不在这里，因此干起来索然无味，这是不行的。凡人做一件事，便应当用全副精神去做，全神贯注这件事，自始至终不能松懈，不能见异思迁，做着这件事，想着那件事，坐这山，望那山。人如果没有恒心，一生都不会有成就。我平生由于犯没有恒心的毛病，实在受害不小。在做翰林时，本应该专心于写诗练字，但却喜欢涉猎其他书籍，因此分散了读书的志向。学习理学书时，却夹杂着看诗文集，扰乱了专攻的方向。在六部任职时，又没有尽全力工作。在地方上率领军队，又不能竭尽全力处理军中的事情，有时又因为读书写字扰乱了意志。导致到老了还一无所成。就是水军这件事，也是半途而废，你应该以我为教训。目前你带兵，就应该埋头努力寻找带兵的方法，早晚努力不懈，白天想、晚上梦，除了带兵之事，其余一概不管。不可以又是想读书、又是想中举、又是想在州县当官，三心二意，千头万绪，将来又犯与我相同的错误，等到一事无成时再后悔，已经迟了。

带兵的方法，以体察人才为最重要；其次是整顿军纪和研究战术。《得胜歌》中的每一条，都应当仔细研究。至于粮饷的事，不必过于担忧，不要经常写信去催问。你的军队既然每月获得湖北方面六千两、江西方面二三千两，已经是很好的待遇了。李希庵十二日来我家，说迪庵想资助给你一万两银子的军饷。另外，我在浙江有盐款盈余的一万五千两银子还在江西省，昨天盐局派专人来汇报、询问，我嘱咐他们把盐款解交到藩库当作军饷。以后这一笔款项也可以考虑解送一部分给你营中，但弟不适合请求要这笔钱。军饷的事情就不必操心，要用所有的精神办好前面讲的几件事情，如果有多余的精力就和其他军队加强联络，结交地方的绅士。人的身体虽然虚弱，却不可以过分爱惜，精神越用越有，阳气也是越提越多。每天处理的事情越多，晚上睡觉时就越高兴。如果有半点爱惜精神的想法，畏惧不前、懒懒散散、没有精神，绝对做不成事情。说这么多都是由于你说了毫无兴趣的话我才劝告你的。你要把李迪庵作为榜样，不慌不忙、踏实做事，坚持八九个月后，一定会有一番成果出来。我因为生平没有恒心的毛病非常大，现在老了，不能不教导、劝诫我的兄弟和我的儿子们。

邓老师的品德、学问都极其好；甲三的八股文有了进步；丯山先生也请教邓老师修改文章。丯山在教书时很严肃，学生十分敬怕他。我家里人好开玩笑、好戏弄，明年我在家里时应当与两位老师尽量改正这种旧毛病。

下游镇江、瓜洲，在同一天克复，金陵指日可以攻下，厚庵放任闽中提督，已经去金陵会剿，准许他去折奏事，九江克复也指日可待。大约战事在吉安、抚、建等府结局。贤弟定要勉励：我开头，弟完成，实在寄予厚望。如果稍微掺杂半点客气，将会败坏志气，就不能为我争气了。营中哨队那些人，士气还稳定坚固吗？下次请在信中说一说。家中四宅平安。澄弟十四日到县城吊丧。我没有其他事了，顺问近好。

兄国藩草。

【点评】

曾国藩用他自身生平受“无恒”的弊病所连累，年纪一大把，却用一事无成的例子来告诫九弟凡事贵在“持之以恒”。即做一件事，必须全神贯注、首尾不懈，不可见异思迁，这山望着那山高；在调兵遣将方面，曾氏以其经验而言以体察人才为首，即理论上知道识人用人、实际上重视识人用人、实践上做到识人用人。在品德修养方面，所谓“勤能补拙是良训”。曾氏劝人、育人都用自身的不足作为反面教材，勇于揭露自己的短处，并且语气委婉，让人易于接受。

咸丰七年十二月廿一日与九弟国荃书

公元 1858 年 2 月 4 日

沅甫九弟左右：

十九日亮一等归，接展来函，具悉一切。临江克复，从此吉安当易为力，弟黾勉为之，大约明春可复吉郡，明夏可克抚、建。凡兄所未了之事，弟能为我了之，则余之愧憾可稍

减矣。

余前在江西，所以郁郁不得意者：第一不能干预民事，有剥民之权，无泽民之位，满腹诚心，无处施展；第二不能接见官员，凡省中文武官僚，晋接有稽，语言有察；第三不能联络绅士，凡绅士与我营款惬，则或因吃醋而获咎（万篪轩是也）。坐是数者，方寸郁郁，无以自伸。然此只坐不应驻扎省垣，故生出许多烦恼耳。弟今不驻省城，除接见官员一事无庸议外，至爱民、联绅二端，皆可实心求之。现在饷项颇充，凡抽厘劝捐，决计停之。兵勇扰民，严行禁之，则吾夙昔爱民之诚心，弟可为我宣达一二矣。

吾在江西，各绅士为我劝捐八九十万，未能为江西除贼安民。今年丁忧，奔丧太快，若恝然弃去，置绅士于不顾者，此余之所悔也（若少迟数日，与诸绅往复书问乃妥）。弟当为余弥缝此阙，每与绅士书札往还，或接见畅谈，具言江绅待家兄甚厚，家兄抱愧甚深等语。

就中如刘仰素、甘子大二人，余尤对之有愧。刘系余请之带水师，三年辛苦，战功日著，渠不负吾之知，而余不克始终与共患难。甘系余请之管粮台，委曲成全，劳怨兼任。而余以丁忧遽归，未能为渠料理前程。此二人皆余所惭对，弟为我救正而补苴之。

余在外数年，吃亏受气实亦不少，他无所惭，独惭对江西绅士。此日内省躬责己之一端耳。弟此次在营，境遇颇好，不可再有牢骚之气，心平气和，以迓天休，至嘱至嘱。

承寄回银二百两收到。今冬收外间银数百（袁漱六、郭雨三各二百），而家用尤不甚充裕，然后知往岁余之不寄银回家，不孝之罪上通于天矣。澄弟于十四日赴县，廿日回家。赖古愚十七日上任。夆山先生十七日散学。邓先生尚未去。萧组田、罗伯宜并已归去，韩升亦于十七日旋省矣。

四宅大小平安。余日内心绪少佳。夜不成寐，盖由心血积亏，水不养肝之故。春来当好为调理。甲三所作八股文，近颇长进，科一、四、六三人之书尚熟。二先生皆严惮良师也，一切弟可放心。即颂年祺，不一一。

兄国藩手草。

【译文】

沅甫九弟左右：

十九日亮一等人回来，收到来信，一切都已经知道。临江已经克复，从此吉安的事情就容易处理了，弟要努力做好。估计明年春天可以克复吉安，明年夏天可以克复抚、建。凡是为兄没能完成的事情，弟能替我完成，那么我的愧疚、遗憾就能够稍微减轻了。

我以前在江西，之所以郁郁不得志的原因是：第一，不可以干预民政的事务，只有剥夺民众的权力，却没有造福民众的地位，一肚子诚心无处施展；第二，不能够和官员见面、交往。凡是城里的文武官员同我见面、交谈，总要受到别人的监视。第三，不能够和士绅联络，凡是士绅与我的军队关系相处得好，就会因为别人吃醋而得罪他（万篪轩就是这样）。

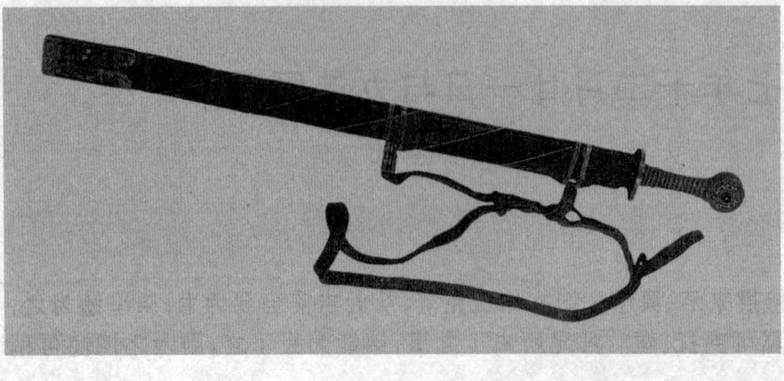

清代的刀

由于这几个方面,所以我郁郁不得志,没有地方发泄。然而这些都是因为不应该驻扎在省城的缘故,因此添了许多烦恼。弟现在没驻扎在省城,除了接见官员不用再说之外,对于爱戴民众、联络士绅两件事情都要全心全意地去做。现在军饷充足,只要是抽厘劝捐的事,务必要停止。士兵如果扰民,要严厉禁止。如此这样,我以往爱惜民众的诚心,弟可以替我表达一些了。

我在江西省时,各位绅士给我的军队捐了八九十万两银子,却没有能够为江西除贼安民。今年奔丧走得太急,像这样突然离开,对绅士们没有理睬的做法,对此我感到非常后悔(如果晚走几天,与绅士有些往来,有些书信问候才妥当)。弟应当替我弥补这个遗憾。每次与绅士们书信交往,或见面畅谈,要说到江西绅士对待家兄非常热情,家兄十分惭愧等。这其中像刘仰素、甘子大两个人,对他们我尤其觉得愧疚。我请刘仰素带领水军,劳苦了三年,战功显著,他没有辜负我的知遇之恩,而我却不能与他在一起共患难。甘子大是我请来管理粮台的,任劳任怨、委曲求全,但我因为奔丧而突然离开,没能够为他安排个好前程。这两个人都是我有所愧对的,你要替我做些补救。

我在外面几年,吃亏、受气也实在不少,其他没有什么惭愧的,只有对江西绅士才觉得惭愧。这是我最近反省、责己的一个方面。弟这次在军中的处境机遇很好,不可以再有牢骚抱怨,心平气和,以迎接天福。至嘱至嘱。

感谢你,寄回的两百两银子已经收到。今年冬天收到外面寄来的几百两银子,(袁漱六、郭雨三各两百),但家用还是觉得不够宽裕,这才感到往年不寄钱回家,是不孝的罪过,老天知道。澄弟在十四日去了县城,二十日回家。赖古愚十七日上任。孚山先生十七日停馆放假。邓先生还没有回去。萧组田、罗伯宜一块儿回去了。韩升也在十七日回省城去了。

四宅大小平安。我当下心情不太好,晚上睡不着觉,大概因为心血积亏、水不养肝的原因,春天到了要好好调理。甲三写的八股文最近大有长进,科一、科四、科六三个人读书还好。两位老师都很严格,是好老师。一切你都可以放心。即颂年祺,不一一。

兄国藩手草。

【点评】

曾国藩从咸丰四年九月至七年二月在江西期间,战事僵持、官场失意。他在回九弟信中提到自己郁郁不得志的原因,在于无实权,并且不能干预民事;与官员相处并不和谐;与绅士也无接触。如此往复,恶性循环,使其"心绪少佳,夜不能寐"。曾氏的信中还体现出他的爱民之心,说自己愧对江西的士绅。曾国藩还告诫九弟严禁兵勇扰民,同时还宣扬其"夙昔爱民之诚心",深悟军民鱼水深情的道理。

咸丰八年正月初四日与九弟国荃书

公元1858年2月17日

沅甫九弟左右:

十二月廿八日接二弟十一日手书,欣悉一切。

临江已复,吉安之克实意中事。克吉之后,弟或带中营围攻抚州,听候江抚调度,或率师随迪庵北剿皖省,均无不可,届时再行相机商酌。此事我为其始,弟善其终,补我之阙,成父之志,是在贤弟竭力而行之,无为遽怀归志也。

弟书自谓是笃实一路人。吾自信亦笃实人，只为阅历仕途、饱更事变，略参些机权作用，把自家学坏了。实则作用万不如人，徒惹人笑，教人怀憾，何益之有？近月忧居猛省，一味向平实处用心，将自家笃实的本质，还我真面，复我固有。贤弟此刻在外，亦急须将笃实复还，万不可走入机巧一路，日趋日下也。纵人以巧诈来，我仍以浑含应之，以诚愚应之，久之，则人之意也消。若钩心斗角，相迎相距，则报复无已时耳。

至于强毅之气，决不可无，然强毅与刚愎有别。古语去：自胜之谓强。曰强制，曰强恕，曰强为善，皆自胜之义也。如不惯早起，而强之未明即起；不惯庄敬，而强之坐尸立斋；不惯劳苦，而强之与士卒同甘苦，强之勤劳不倦，是即强也。不惯有恒，而强之贞恒，即毅也。舍此而求以客气胜人，是刚愎而已矣。二者相似，而其流相去霄壤，不可不察，不可不谨。

李云麟气强识高，诚为伟器，微嫌辩论过易。弟可令其即日来家，与兄畅叙一切。

兄身体如常，惟中怀郁郁，恒不甚舒畅，夜间多不成寐，拟请刘镜湖三爷来此，一为诊视。闻弟到营后，体气大好，极慰极慰。九弟媳近亦平善，元旦至新宅拜年。叔父、六弟亦来新宅。余与澄弟等初二至白玉堂，初三请本房来新宅。任尊家酬完龙愿三日，因五婶脚痛所许，初四即散，仅至女家及攸宝庵，并未烦动本房。温弟与迪庵联姻，大约正月定庚。科四前耍包铳药之纸，微伤其手，现已全愈。邓先生订十八入馆。葛先生拟十六去接。甲三姻事，拟对筱房之季女，现尚未定。三女对罗山次子，则已定矣。

刘詹严先生（绎）得一见否？为我极道歉忱。黄莘翁之家属近状何如？苟有可为力之处，弟为我多方照拂之。渠为劝捐之事怄气不少，吃亏颇多也。

母亲之坟，今年当觅一善地改葬，惟兄脚力太弱，而地师又无一可信者，难以下手耳。余不一一。顺问近好，诸惟心照。国藩手具。咸丰八年正月四日。

再，带勇总以能打仗为第一义，现在久顿坚城之下，无仗可打，亦是闷事。如可移扎水东，当有一二大仗开。弟营之勇，锐气有余，沉毅不足，气浮而不敛，兵家之所忌也，尚祈细察。偶作一对联箴弟云：打仗不慌不忙，先求稳当，次求变化；办事无声无息，既要精到，又要简捷。贤弟若能行此数语，则为阿兄争气多矣。

【译文】

沅浦九弟左右：

十二月二十八日收到你二十一日写的亲笔信，欣然知道了一切。

临江已经克复，吉安的收复实在是意料中的事情。收复吉安以后，你要么带中营去围攻抚州，听从江西巡抚的调派；要么率军跟随李迪庵从北面围剿安徽省，二者都可以。到时候再看实际情况商议。这件事我做了开头部分，你来收个好尾，也好弥补我的缺憾，完成父亲的遗愿。这全靠贤弟竭尽全力的去实行，不要有匆忙回乡的念头。

弟信里提到自己认为自己是老实人，我也自信自己是老实人。只是因为阅历世事，经历了许多事情变化，稍微掺杂了一些机谋权变的想法，使自己学坏了。其实在这方面远不如别人，白白惹人笑话，让人怀恨，有什么好处？最近忧居忽然醒悟，专注于向平实处努力，使自己老实的本质得以还原其本来面目，恢复固有。贤弟现在在外，也急切需要复还老实的本质，千万不可以在投机取巧的道路上越走越远。纵使有人以巧诈对待我，我仍然以模棱两可应付，用诚愚应付，时间长了，他也会改变态度的，假如钩心斗角、尔虞我诈，那么相互报复，将是无休无止的。

至于说强毅的气质，绝对不能没有。然而强毅与固执是有区别的。古语说：能够战胜自己称为强。强能克制，强能宽恕，强能行善，这些都是自己战胜自己的意思。比如不习惯于早起，便要强迫自己天不亮就起；不习惯于恭敬，便强迫自己像受祭的尸身那样坐着，像斋戒时那样站着；不习惯于劳苦，便强迫自己与士兵同甘共苦，强迫自己勤劳而不倦怠。这便是强。不习惯于持之以恒，便强迫自己忠贞不二，从一而终，这便是毅。丢掉强毅去追求使用一时的意气超过别人，只不过是固执罢了。二者相似，但发展下去却有天壤之别。不能不加以辨别，不可不谨慎。

李云麟气强识高，是个人才，只是说话太强硬，弟可让他即日来家，与兄叙谈一切。

兄身体跟往常一样，只是心中郁闷，老是不太舒心，经常失眠，打算请刘镜湖三爷来给看看。听说弟到军营后身体很好，感到非常欣慰。九弟妹近日平安？元旦到新宅拜年，叔父、六弟也来新宅。我与澄弟等初二到白玉堂，初三请本房来新宅，任尊家还了因为五婶脚痛所许的三日龙愿，初四就散了，仅到女家及攸宝庵并没有劳烦本房。温弟与迪庵联姻，大约正月决定婚期。科四前些天玩包枪药的纸，手受了轻伤，现在已经痊愈。邓先生计划于十八日入馆，葛先生准备十六日去迎接。甲三的婚事，打算娶筱房的小女儿，现在还没有说定，三女儿嫁给罗山次子，已经定了。

能见到刘绎先生吗？请替我真心道歉。黄莘翁的家属近况怎么样？如果有需要帮助的地方，请弟多照顾他们。他为劝捐的事情怄气不少，吃亏很多。

母亲的坟，今年应该找一块好地改葬，只是兄身体太弱，又没有值得信赖的风水先生，难以办理。

其余的事不详述了，顺问近好，各事希望相互理解。国藩手具。咸丰八年正月四日。

另外，带兵总是以能打仗为最重要的事情。现在长期驻扎在坚固的围城之下，没有什么仗可打，也是烦闷的事情。如果能够转移驻扎到赣江东边，应该能打一两场大仗。但是你军营中的士兵锐气有余，沉稳不足。士气浮躁而不集中，是兵家所忌讳的，还希望你仔细观察注意。偶尔作一副对联劝诫你："打仗不慌不忙，先求稳当，次求变化；办事无声无息，既要精到，又要简捷。"贤弟如果可以按这几句话去做，便为哥哥争气很多了。

【点评】

曾国藩在家书中告诫九弟，强毅之气绝不可无，但如果过分强毅，有恃无恐，过度自信，不能听取与自己不同的意见和别人给的建议，那就是刚愎自用；而看见别人比自己强，就心生嫉妒怨恨，想方设法利用旁门左道整治他人，这种"强"谓之"强梁"，无论刚愎自用还是强梁，都是大忌。这不仅适用在军营战场，在现代社会里，职场或商场中的尔虞我诈也是这个道理。

咸丰八年正月十一日与九弟国荃书

公元1858年2月24日

沅甫九弟左右：

初七、初八连接弟由便足寄回及由胡二、安七送回两信，具悉一切。亮一去时，信中记封有报销折稿，来信未经提及，或未得见耶？

廿六早地孔轰倒城垣数丈，而未克成功，此亦如人之生死迟早，时刻自有一定，不可强也。

总理既已接札，则凡承上起下之公文，自不得不照申照行，切不可似我疏懒，置之不理也。余生平之失，在志大而才疏，有实心而乏实力，坐是百无一盛。李云麟之长短，亦颇与我相似，如将赴湖北，可先至余家一叙再往。润公近颇综核名实，恐亦未必投洽无间也。

初八日祖父大人八十四冥诞，共二十席，彭寿七、曾题五等皆来，留萧丕八之龙午饭。初九日温弟妇来曾家坳住，二妹子亦同在彼。七十侄女则回老屋。纪泽随易芝生至罗、李、峙衡三家拜年，即至沅堂先生家吊其师母之丧。温弟十一日至永丰等处拜年。澄弟拟节后至城一次。王福、韩升均不在此，余甚不方便。

近日身体略好，惟回思历年在外办事，愆咎甚多，内省增疚。饮食起居，一切如常，无劳谨虑。今年若能为母亲大人另觅一善地，教子侄略有长进，则此中豁然畅适矣。弟年纪较轻，精力略胜于我，此际正宜提起全力，早夜整刷。昔贤谓宜用猛火煮、慢火温，弟今正用猛火之时也。

李次青之才实不可及，吾在外数年，独觉惭对此人。弟可与之常通书信，一则少表余之歉忱，一则凡事可以请益。

玉班兄送弟廿二史甚好。余京中书籍，承漱六专人取出带至江苏松江府署中，此后或易搬回。书虽不可不看，弟此时以营务为重，则不定常看书。凡人为一事，以专而精，以纷而散。荀子称耳不两听而聪，目不两视而明，庄子称用志不纷，乃凝于神，皆至言也。

家中四宅，大小平安。甲五目疾，右目尚未好，略有光，有辨对联字耳，左目已将全好。因谷四胡子仙逝，今日自往一吊，余亦未出门也。诸不详尽，顺问近好。

【译文】

沅甫九弟左右：

初七、初八连续收到弟从便足寄回和由胡二、安七送回的两封信，一切都已经知道。亮一去的时候，所带信中装有报销奏折的手稿，来信没有提到这件事。是不是没看见？

二十六日早地雷轰倒城墙几丈，但没能攻克成功。这就好比人的生死，自有一定的时间，不可以强求。

总理军务既然已经接到公文，那么一切承上启下的公文自然不得不照申照行，千万不可以像我那样疏懒，置之不理。我生平的过失在志大才疏，有实心却没有实力，总是百无一成。李云麟的长处和短处也跟我很相似，如果要去湖北，可以先来我家里一叙再去。润公最近多综核名实，恐怕关系也不一定能十分融洽无间。

初八日，是祖父大人八十四岁冥诞，共有二十桌客人。彭寿七、曾题五等都来了，留下萧丕八的儿子吃午饭。九日温弟妻子来曾家坳住，二妹和她住在一起，七十侄女则回到老屋住。纪泽跟随易芝生去罗、李、峙衡三家拜年，然后去沅堂先生家，为他的师母吊丧。温弟十一日到永寿等处拜年。澄弟计划元宵节后进一次城。王福、韩升都不在这里，我觉得很不方便。

近来身体稍微有所好转。只是回忆起多年在外办事，很多错处，自己反省感到内疚。饮食起居都和往常一样，不必挂念。今年如果可以给母亲大人找到一块好地、教育子侄稍稍有所长进，心情自然会舒畅。弟年纪较轻，精力比我略好，此时正应该全力以赴，趁早整治图新。以前的贤人说过，应该用猛火煮，慢火煴。弟现在正是要用猛火的时候。

李次青的才学我确实比不上，我在外几年，只有面对他时觉得惭愧。弟可以经常与他通信，一方面表达我的内疚之情，一方面遇到事情可以向他请教。

玉班兄送来“二十二史”非常好。我在北京的书籍幸亏漱六派人取出，带到江苏松江府署中，以后或许容易搬回。书虽然不可以不看，但弟此时应当以军务为重，则不适合常看书。大凡人要做一件事，都因专注而精进，因纷繁而散乱。荀子曾说：耳不两听而聪，目不两视为明。庄子说过：用志不纷，乃凝于神。这些都是至理名言。

家中四宅大小平安。甲五眼睛患了病，右眼还没有好，多少有些光感，能够辨别对联上的字，左眼已经全好了。因为谷四胡子去世，今天我去吊唁，其他时间也没有出门。

诸不详尽，顺问近好。

【点评】

曾氏在此封家书中客观地总结了自己，认为志大才疏，有心无力，故没有大的作为。他力求人要做一件事，只有专心致志才能有所长进，假如三心二意则必功亏一篑。就像荀子说过的："耳不两听而聪，目不两视而明。"此外，曾氏在信中劝诫国荃在军中应以办好营务为主，不可强行分心读书。在这封家书中，他从庄子、荀子的养生观中得出"凡人为一事，以专而精，以纷而散"的深刻道理。

咸丰八年正月十四日与九弟国荃书

公元1858年2月27日

沅甫九弟左右：

十二日安五来营，寄第二号家信，谅已收到。

十三日午刻，九弟妇生一女，极为迅速。巳刻余在曾家坳，尚无信息。旋因胡二龙来，余回腰里交付，即闻接内人、四弟妇过去；少顷龙过曾家坳，则已踏生矣。血晕约大半个时辰，服大补剂，申初全愈。仰仗祖宗福庇，此事平安，弟可放心。

治军总须脚踏实地，克勤小物，乃可日起而有功。凡与人晋接周旋，若无真意，则不足以感人；然徒有真意而无文饰以将之，则真意亦无所托之以出，《礼》所称无文不行也。余生平不讲文饰，到处行不动，近来大悟前非。弟在外办事，宜随时斟酌也。

甲三十三日回家，芝生十三日复来。温弟与李家，定二月十三日拨庚。龙达生解元初七、初九宿腰里，初八宿小界家中。四宅平安，不必挂念。顺问近好。

闻我水师粮台银两尚有盈余，弟营此时不缺银用，不必解往。若绅民中实在流离困苦者，亦可随便周济。兄往日在营，艰窘异常，初不能放手作一事，至今追憾。弟若有周济之处，水师粮台尚可解银二千前往。应酬亦须放手办，在绅士百姓身上，尤宜放手也。

【译文】

沅甫九弟左右：

十二日安五来到军营，寄第二封家信，估计已收到。

十三日午时，九弟媳妇生了一个女孩，极为迅速。巳时我在曾家坳，还没有收到消息。接着由于胡二龙来，我回腰里交付，就听说接内人、四弟妇过去。一会儿，胡二龙到曾家坳来，就已经降生了。血晕了约大半个时辰，服了大量补剂，到申时初就痊愈了。仰仗祖宗福庇，这件事很平安，弟可放心。

治军一定要脚踏实地，对小事小物也要注意，方可取得成功。凡是与人交往，如果没有真心，就不足以感人。但只有真心而缺少文饰，那真心也难以表现。《礼》上说没有文采不行。我生平不讲文饰，到处行动不便。近来醒悟，弟在外面办事，应随时注意细加考虑。

甲三十三日回家，芝生十三日也来了。温弟与李家定于二月十三日拨庚。龙达生解元初七、初九住在腰里，初八住在小界家中。

四宅平安，不必挂念。顺问近好。

听说我们水军粮台银两还有盈余，弟营此时不缺粮饷用，不必解往。若百姓中有流离困苦的，可以帮助他们。兄以前在军营中异常窘迫艰难，开始时不可以放手做任何一件事，至今感到遗憾，弟如果有可以周济百姓之处，水师粮台还可以解运银两千两前往。应酬的事情也须放手去做，在绅士百姓身上的，更应该放手。

【点评】

曾氏首先告诉弟弟，弟妹生下一个女儿，家宅平安。而后话锋一转，教弟弟“治军总须脚踏实地，克勤小物，乃可日起而有功”。也就是说做大事必从小事抓起，勤勤恳恳地把一件小事做好，脚踏实地地前进才能够马到成功。另外，待人要有真意，无真意不足以感动人，还要将真意表现出来。

咸丰八年正月十九日与九弟国荃书

公元1858年3月4日

沅甫九弟左右：

正月十七日蒋一等归，接十一日信，藉悉一切。兄于初五、十二、十四、十六共发四信，十六之信系交戈什哈李卿云带去，中有报销折稿，计二月初可到。次青处回信及密件，弟办理甚好。

民宜爱而刁民不必爱，绅宜敬而劣绅不必敬。弟在外能如此调理分明，则凡兄之缺憾，弟可一一为我弥缝而匡救之矣。

昨信言无本不立，无文不行。大抵与兵勇及百姓交际，只要此心真实爱之，即可见谅于下；余之所以颇得民心勇心者，此也。与官员及绅士交际，则心虽有等差，而外之仪文不可不稍隆；余之所以不获于官场者，此也。去年与弟握别之时，谆谆嘱弟以效我之长，戒我之短。数月以来，观弟一切施行，果能体此二语，欣慰之至。惟作事贵于有恒，精力难于持久，必须日新又新，慎而加慎，庶几常葆令名，益崇德业。

芗山先生十六日到，十七日上学，科四、科六书尚熟。九弟妇近日平安，季洪所请乳母十七已到，六弟妇、二妹子、青山舅舅皆常在左右不离。南五舅爹十七日来，十九日归。邓先生十九日可到。余身体如常。请刘镜湖先生，要廿四五始至。

四宅眷口均吉。母亲改卜吉城之事，余常常在念，现请刘为章来乡，大约正月可到，猫面脑之地，必须渠与尧阶等一看，始可放心。此外寻新穴，颇不易得，然余决志在今年办妥。新宁知县许九霞过此，自言于风水颇精，许来帮同寻觅，惟渠新被劾，未便在乡久住。弟在外亦尝闻有明眼人可延至家者否？若无其人，不必为此更分心也。

余俟续布，即候近好。

兄国藩手草。

【译文】

沅甫九弟左右：

正月十七蒋一等人回来，收到你十一日写的来信，得以知道一切。为兄在五日、十二日、十四日、十六日一共寄出四封信，十六日的信是交给戈什哈李卿云带去的，中间有报销奏折的手稿，预计二月初可以到达。次青那里的回信和密件，弟处理得很好。

对平民应当爱护，但对刁民就不必爱护，士绅应当敬重而劣绅不用敬重。弟在外面办事能够这样条理分明，那么凡是为兄所有的缺点、遗憾，弟可以替我一一弥补。

昨天的信说到无本不立，无文不行，大体上跟士兵和百姓交往，只要是真心爱护他们，就可以得到士兵百姓的信任。我为什么可以得民心兵心，就是因为这个。同官员和士绅交往，心里虽然可能有等级差别，但是表面上的礼仪不可以不稍微隆重些，我之所以在官场上不得人心，也是因为这个原因。去年同弟告别的时候，一再嘱咐，要学习我的长处，以我的短处为借鉴。几个月以来，观看弟的一切所作所为，确实体现出了这两句话，十分欣慰。但做事情贵在持之以恒，精力本来难以做到持久，必须日新又新、慎之又慎，才能长久保持你的美名，使你的事业更加光大。

夆山先生十六日来到，十七日开课。科四、科六的书读得还算熟练。九弟的妻子近几天平安，季洪请的乳母十七日已经来了，六弟的妻子、二妹子、青山舅舅都经常来这里，不离左右；南五的舅爹是十七日到的，十九日回去。郑老师十九日将会来，我身体和往常一样。请刘镜湖先生，要二十四五日才能到达。四宅的老少都好，母亲改块好地埋葬的事情，我时常挂念，现在请刘为章来，大概正月内可以赶到。关于猫面脑的地，必须在他与尧阶一起看过之后才可放心。除这块地以外，另外再找新地很不容易。但是，我下决心在今年内一定办好。新宁知县许九霞路过这里，自言对风水术非常精通，他答应来帮忙一起看地。只是他刚被弹劾，不便在我家长住。贤弟在外面如果听到过有眼力好的也可请到家中，不知道有没有这样的人，要是没有，就不必再为这件事操心了。其余的等下封信说，即问候近好。

兄国藩手草。

【点评】

这封信可以说是曾国藩向弟弟传授处世心法的肺腑之言。“无本不立，无文不行”，对待老百姓要诚心爱护，与士绅交往要恭敬有加，如此能做到条理分明，那么做事情也就会成功了。但是“做事惟贵于有恒，精力难于持久，必须日新又新，慎而加慎，庶几常葆令名，益崇德业”。这也为现代浮躁而没有恒心的人敲响了警钟，

咸丰八年正月廿九日与九弟国荃书

公元 1858 年 3 月 14 日

沅甫九弟左右：

二十七日刘福一等四人者归，接弟信，并《廿二史》七十二套，金、史赙银三百两，具悉一切。此书十七史系汲古阁本，《宋》、《辽》、《金》、《元》系“宏简录”，《明史》系殿本，较之兄丙申年所购者多《明史》一种，余略相类，在吾乡已极为难得矣。吾后在京，亦未另买有全史，仅添买《辽》、《金》、《元》、《明》四史及《史》、《汉》各佳本而已，《宋史》至今未办，盖缺典也。

吉贼决志不窜，将来必与浔贼同一办法，想非夏末秋初不能得手，弟当坚耐以待之。迪庵去岁在浔，于开濠守逻之外，问以读书习字。弟处所掘长濠，如果十分可靠，将来亦有间隙可以偷看书籍，目前则须极力请求濠工、巡逻也。

澄弟于廿二日下县。赖明府于蝗蝻事办理极为认真，有信送绅士去。温弟于廿五日回家。夆山先生廿二日归，廿六日复来。瀛皆先生二十上学，廿二日开课，夆山亦执贽受业。甲五目疾总未甚好，右目外云如故，左目已属大好，究不能与常人一般。九弟妇体气极弱，服峻补之剂，日有起色，再过数日，应可出房照料杂事。青山廿七日暂归，余嘱其初一复来。廿八日夕接弟廿二日信，亦请青山在此多住月余，二月内必坚留之也。

周济受害绅民，非泛爱博施之谓，但偶遇一家之中杀害数口者、流转迁徙归来无食者、房屋被焚栖上靡定者，或与之数十金以周其急。先星冈公云，“济人须济急时无”，又云随

清·山水人物方笔筒

缘布施，专以目之所触为主，即孟子所称“是乃仁术也”。若目无所触，而泛求被害之家而济之，与造册发赈一例，则带兵者专行沽名之事，必为地方官所讥，且有挂一漏万之虑。弟之所见，深为切中事理。余系因昔年湖口绅士受害之惨，无力济之，故推而及于吉安，非欲弟无故而为沽名之举也。

金、史谢信此次未写，少迟再寄。李雨苍廿九日到家，孙阆青、吴贯槎均来。初四日系先大夫初周年忌辰，敬办小祥祭事，俟日内再行详布。即问近好，诸惟心照。

兄国藩手草。

【译文】

沅甫九弟左右：

二十七日，刘福一行四人回来之后，我收到了弟弟的来信，此外还有《二十二史》七十二套，金、史的祭银三百两，信中的一切事情也都已经明白了。这些书中的“十七史”是汲古阁本，《宋》、《辽》、《金》、《元》是宏简录，《明史》是殿本。比我在丙申年购买的多了一种《明史》，其他各部都没有什么区别，这样的版本在我们乡间已经是非常难得的了。我后来在京城也没有再买齐全史，仅增添了《辽》、《金》、《元》、《明》四史和《史》、《汉》各种佳本，《宋史》至今没有买到，这是尚缺的典籍。

吉安敌人决心不退逃，以后必然与浔阳敌人采取同一办法，看来非到夏末秋初不能获得胜利，弟弟要坚持，耐心地等待，迪庵去年在浔阳，除了开濠守城巡逻之外，偶尔也读书习字。弟弟那边挖的壕沟，如果十分坚固，将来也有空闲，可以尽力抽出时间来读书，目前却要努力处理濠工巡逻等事务。

澄弟于二十二日去了县里。赖县令对蝗虫一案处理极为认真，有书信邀约绅士前去商议。温弟于二十五日回家。夆山先生二十二日回去，二十六日又回来了。瀛皆先生二十日来到学堂，二十二日开课，夆山也跟随着一同学习。甲五的眼病还是没有大的好转，右眼还是原来的样子，左眼已经大大好转，只是不能和正常人一样。九弟的妻子身体很弱，吃了大补的药，渐渐有了起色；再过几天，应该可以走出屋来照料一些杂事了。青山二十七日暂时回去了，我嘱咐他初一时再来。二十八日晚收到弟弟二十二日写的信，也请青山在这里多住些时间，一定要坚持把他留下再住两个月。

我主张帮助受灾的乡绅百姓，并不是说要泛爱博施，只是偶尔碰到有一家之中被杀数人的灾民，或者辗转迁徙到这里，一时没有粮食的，房屋被烧毁没有地方安身的等，可以适当地赠给他们数十金，以帮助他们急用。以前星冈公曾说“济人须济急时无”。又说随缘布施，一定要以亲眼所见为主，这就是孟子所说的“是乃仁术也”。如果没有亲眼看见，而是广泛地征寻受灾人家给以周济，那就与造册发放救济款相同了。就会被看做是带兵的人沽名钓誉，将被地方官员所讥笑，并且会造成只能救济少数人，而多数人被漏掉的问题。

弟的见解，深刻地切中了事理。我因为去年湖口绅士受害很惨，没有能力救济他们，因此推论于吉安，不让弟弟无故而为沽名钓誉之举。

这次还没有写好给金、史、谢的回信，只好过一段时间再寄。李雨苍二十九日来到家里。孙朗青、吴贯槎也都一同来了。初四是先大夫一周年忌辰。等敬办小祥祭奠仪式之后，再详细叙述此事。

顺问近好，诸惟心照。

兄国藩手草。

【点评】

这封信除提到书籍和家中琐事之外，还谈到做善事的问题：其一，世上的事万千，需得到帮助的人无数，做好视野范围内的善事即可；其二，施者正欲施而受者正欲受的时候，是做善事的最好时机；其三，雪中送炭，授人所需。总体来说，就是在该做善事的时候遇到该帮助的人，满足他的需求。推而广之就是在适当的时间，遇见适当的人，做适当的事。

咸丰八年二月初二日与九弟国荃书

公元 1858 年 3 月 16 日

沅甫九弟左右：

二十九日发第六号信，交刘福一等带至营中，想已接到。日内家中大小平安。澄侯初二未刻自县城归来，季洪初二可来新宅。父大人初四日周年忌辰，只请本房，余俱不便惊动。祭礼全依朱子家礼，早起至坟山泣奠，日中在家恭祭也。

吴贯槎（齐源）由桂东来此住二日。外间言萧浚川在樟树小败，究竟情形若何？下次可便述一二。

弟昨信劝我不必引前事以自艾。余在外立志，以爱民为主，在江西捐银不少，不克立功。凡关系民事者，一概不得与闻。又性素拙直，不善联络地方官，所在龃龉。坐是中怀抑塞，亦常有自艾之意。春来间服补剂，医者以为水不养肝之所致。待刘镜湖来，加意调理，或可就痊。余自知谨慎，弟尽可放心。余俟续布，顺问近好，不戬。

再，九弟妇初一日微觉受寒，现服代三之剂，季洪亦间有参酌，已痊愈矣。镜湖先生来，当请其诊视，服大补剂也。又行，初三日午刻。

再，余所为《水师得胜歌》、《陆军得胜歌》，吉安各营尚有之否？望弟觅一二分寄回为要。涤字，二月三日又行。

【译文】

沅甫九弟左右：

二十九日寄出第六封信，派刘福一等人带到营里，估计已经收到。最近家中大小平安。澄侯初二未时从县城回来。季洪初二可以来新宅。初四是父亲大人的周年忌辰，打算只请本房人，其他人都不方便惊动，祭祀完之后全都按照朱子家礼，早晨到坟山哭奠，中午在家里恭敬祭祀。

吴贯槎（齐源）从桂东来到这里住了两天。外面有传言说萧浚川在樟树打了小败仗，到底是怎样的情况？下次写信时可叙述大概。

你昨天来信劝我说用不着为以前的事情内疚。我在外面从政时，立志以爱民为宗旨，在江西捐了很多银两，不亚于立战功，只要是关系到民众的事情全都不参与；又天生拙直，不善于与地方官员联络，有很多矛盾。总是心中感到郁闷，也经常有内疚的感觉。自春天以来服了一些补药，医生诊断是水不养肝导致的。待刘镜湖来了，注意调理，也许可以痊愈。我自己知道谨慎，弟大可放心。其余的等以后再说，顺问近好，不戬。

还有就是，九弟的妻子初一觉得有点受寒，现在已经服了代三的药剂；季洪也在其间斟酌，已经完全好了。镜湖先生来了，应该请他诊治，服些大补的药。又写，三日午刻。

再有，我所写的《水师得胜歌》、《陆军得胜歌》，吉安各营中有没有还留存的？希望你能找一两份寄回来最好。涤字，三月二日又行。

【点评】

曾国藩在这封家书中先大体说了一下家中的情况，之后向九弟曾国荃谈到了自己带军从政的志向即“余在外立志，以爱民为主”，同时又向九弟说到了自己的缺点：“又性素拙直，不善联络地方官，所在龃龉”。由此可以看出曾氏的恢宏气度，从来不掩饰自己的缺点，而是把自己的人生经验都毫无保留地传授给了在外治军的九弟曾国荃。

咸丰八年二月十四日与九弟国荃书

公元1858年3月28日

沅甫九弟左右：

春二等归，接弟手函，敬悉一切。

吉安贼势虽蹙，而水东无路可窜，自不能不死守穷城。即迟至五六月始行克复，亦属意中之事。弟当坚意忍耐，不可欲速烦闷。壕沟既成，总宜细心巡守，使之无粒米勺水之接济，无蚍蜉蚁子之文报，则十日内外即已迫不可忍。欲得巡逻严密，须自弟营为始。弟既有总理名目，又夙为人望所属，弟行则众营随之以行，止则众营随之以止，勤则皆勤，怠则皆怠，观瞻之所在也。僧王每夜于五更自出巡壕，天明方归，此近人所传颂者。

家中日内大小平安。九弟妇前予初五夜病势颇重，汗出粘手，兼以脾虚发泄，服大补剂，芪、党各四两，配以鹿茸、丽参，日就痊可。而初一伤风，略有寒邪在内。初十日葛甸四先生稍投表剂，立即霍然。十一、二、三又进大补剂，刻已满月复元矣。十三日鼎三侄订庚，余兄弟及甲三、甲五、科一、四、六皆至白玉堂。易芝生自长沙归家做媒，渠今年馆左季高家故也。共四席，仅请本房。先与李家订定，除庚帖之外，一概礼物不用。十一日，六弟除降服，共二席。十三日王壬秋、罗伯宜来，而李秉苑及营中各弁亦来数人。尧阶于初三日来，十四始归。李雨苍至霞仙处，顷亦归矣。应接不暇，是以春二等多住二日。

清·白虹刀

胡二前以龙愿假归，此次亦同赴营，弟可收用。厚一弟亦求赴营，渠以厚三、厚五皆在厘局当差，故涎羡而有此行。或收与否，在弟斟酌。同在宗盟，恐弟亦难处置耳。

史士良同年所送赙仪二百金，兹璧去百五十金，金眉生观察送百金，兹璧去七十金，望弟于近日寄去。余身体平安，夜不成寐近亦略好。四弟于初五六至永市开蝗蝻局，初八即归。六弟起行大约在廿一二也。余不一一，统俟续布。

【译文】

沅甫九弟左右：

春二等人回来，收到弟写的信，已经知道了一切。

吉安敌军的形势窘迫，向水东又没有路可逃，因此只能死守孤城，最晚到五六月就能够攻克了。这应该是预料中的事。弟应该耐心坚持，不要着急烦闷。壕沟已经掘成，就应该细心巡守，让敌军得不到丝毫接济和任何情报，如此十天左右就可以迫使他们无法忍受了。要想做到巡逻严密，必须从弟自己的军营开始要求，弟既然统领各营，又是众望所归，因此弟行众营就会跟随而行，弟止其他各营也会随之而止。弟营勤劳全军都会勤劳，弟营懈怠全军也都会懈怠，因此弟营的举动是全军所关注的。僧格林沁每天晚上五更亲自出营巡濠，天明才回，这是近人所传颂的美谈。

家中最近大小平安。初五时九弟妻子病势很重，出汗粘手，又因为脾虚。服了大补的药，芪、党各四两，再配上鹿茸、丽参，当天就好了。但初一吹了风，感了风寒，初十葛甸先生给开了个药方，很快就好了。十一、十二、十三日又接连服了些补药，现在已经满月复原。十三日那天鼎三侄订婚，我们兄弟及甲三、甲五、科一、科四、科六都去了白玉堂。易芝生从长沙赶回家来给他们做媒人，今年他在左季高家里开馆教书。共摆了四席，只请了本房的人。先是与李家定亲，除了庚帖之外，其他什么礼物也没用。十一那天，六弟除降服摆了两席。十三那天王壬秋、罗伯宜来了，并且李秉苑及军营中的士兵也来了几个人。尧阶于初三那天来，十四那天回去了。李雨苍去了霞仙那里，随即就回去了。因为这些天我应接不暇，所以春二等人多住了两天。胡二是一同请了龙愿假回来的，这次也共同赶去营中，弟可以收留使用。厚一弟也要求到营中做事，他说厚三、厚五都在厘金局当差，非常羡慕，因此要去军营。收不收，请弟考虑一下。都是同宗兄弟，恐怕弟也不好处理。

同年史士良送来的祭仪二百两银子，现在还回一百五十两，观察金眉生送来的一百两银子，还回去七十两。希望弟在最近几天内寄去。我身体平安，夜里睡不着觉的毛病最近也略有好转。四弟于初五、初六去了永开蝗蝻局。初八那天就回来了。六弟出发的日期大约是二十一二日。余不一一，统俟续布。

【点评】

曾国藩在这封家书中劝诫弟弟对于吉安战事“当坚意忍耐，不可欲速烦闷”，并在说到“巡逻严密”之法时讲到“弟既有总理名目，又夙为人望所属，弟行则众营随之以行，止则众营随之以止，勤则皆勤，怠则皆怠，观瞻之所在也”。这正是《论语》中“子率以正，其孰敢不正”以及“欲速则不达”思想的体现，对当今领导者有很大的启示作用。

咸丰八年二月十七日与九弟国荃书

公元 1858 年 3 月 31 日

沅甫九弟左右：

十四日发第八号信，交春二等带往，并带璧还金、史两处银二百二十两，想将收到。是夕接弟初七夜信，得知一切。

贵溪紧急之说确否？近日消息何如？次青非常之才，带勇虽非所长，然亦有百折不回之气。其在兄处，尤为肝胆照人，始终可感。兄在外数年，独惭无以对渠。去腊遣韩升至李家，省视其家，略送仪物，又与次青约成婚姻，以申永好。目下两家儿女无相当者，将来渠成三索得男，弟之次女、三女可与订婚，兄信已许之矣。在吉安，望常常与之通信，专人往返，想十余日可归也。但得次青生还，与兄相见，则同甘苦患难诸人中，尚不至留莫大之愧歉耳。

昔耿恭简公谓居官以耐烦为第一要义，带勇亦然。兄之短处在此，屡次谆教弟亦在此。二十七日来书有云"仰鼻息于傀儡膻腥之辈，又岂吾心之所乐"，此已露出不耐烦之端倪，将来恐不免于龃龉。岁握别时，曾以惩余之短相箴，乞毋忘也。

甲三《史》、《汉》、《韩文》二月中可看毕，三月即看《近思录》、《周易折中》、《四书汇参》等书，一则使略知立身行己之大要，一则有益于制艺也。

李雨苍于十七日起行赴鄂。渠长处在精力坚强，聪明过人，短处即在举止轻佻，言语伤易，恐润公亦未能十分垂青。

澄侯弟于十五日上永丰，温甫弟于二十一日起程，大约三月半可至吉安也。九弟妇日内全愈，业在地下照料一切，展转床褥已历弥月，亦由体气素弱之故，以后再服补剂，必有大裨，弟尽可放心，余不一一。

【译文】

沅甫九弟左右：

十四日寄出第八封信，交给春二等人带回来，并一起带回还给金、史二人的二百二十两银子，大概快要收到了。当天晚上就收到弟弟于初七写的来信，从信中知道了一切。

贵溪战事紧急的消息确切吗？现在的情况怎么样了？次青是个了不起的人才，尽管不擅长带兵，但却有百折不挠的气概。他在我这里时，更是肝胆照人、以诚相待，始终让我感动。我在外面那几年，还是十分惭愧，没能很好地报答他。去年腊月时我派韩升去李家探望，送了一些礼物。又同次青定下婚姻之约，来表示永结友好。当下两家儿女没有年龄适合的。他若三年内再生一个儿子，弟的二女儿、三女儿都可以和他订婚，我在信中已经答应了他。你在吉安，希望可以经常与他通信联系。如果派专人往返，十多天就可以回来。只要次青可以活着回来与我相见，那么在同甘共苦的这些人中，就不至于留下莫大的愧疚和遗憾了。

过去耿恭简公说：做官最重要的修养是耐心，带兵也是这样。我的短处就在这一点上，时常恳切地教导你们的也是这一点。你二十七日的来信说："仰鼻息于傀儡膻腥之辈，又岂吾心之所乐。"已经流露出不耐烦的苗头，恐怕将来出现摩擦。在去年告别时，曾经以我的缺点告诫你，希望你不要忘记。

甲三正在学习《史》、《汉》、《韩文》，大概二月中旬能够看完，三月就开始看《近思录》、《周易折中》、《四书汇参》等书。这些书不仅可以使他知道些为人处世的基本道理，还可以对他学习写八股文提供帮助。

李雨苍十七日出发去湖北，他的优点是精力旺盛，聪明过人，缺点是举止不够庄重，说话容易伤人，恐怕润公不一定能看中他。

澄侯弟在十五日上永丰，温甫弟二十一日出发，大约三月中旬可以到达吉安。九弟妇因为身体历来较弱，这次生病持续一个多月，最近几天已经痊愈，能够下地照料一切事物了。以后再吃些补药，一定会更有好处的。弟弟尽可以放心。其他的就不再一一说了。

【点评】

曾国藩了解到自己的九弟精力过人，个性张扬，很多事都不耐烦，并且为人直率，性情刚烈，不畏人言。因此，劝他要以耐心作为第一要义，端正心高气傲、浮躁的心态，才能在官场上长久立足，游刃有余。另外曾国藩告诉弟弟，弟妇身体已经痊愈，让九弟尽可放心。

咸丰八年三月初六日与九弟国荃书

公元 1858 年 4 月 19 日

沅甫九弟左右：

初三日刘福一等归，接来信，藉悉一切。城贼围困已久，计不久当可攻克。惟严断文报是第一要义，弟当以身先之。

家中四宅平安。季弟尚在湘潭；澄弟初二日自县城归矣。余身体不适，初二日住白玉堂，夜不成寐。温弟何日至吉安？在县城、长沙等处尚顺遂否？

古来言凶德致败者约有二端：曰长傲，曰多言。丹朱之不肖，曰傲，曰嚚讼，即多言也。历观名公、巨卿，多以此二端败家丧身。余生平颇病执拗，德之傲也；不甚多言，而笔下亦略近乎嚚讼。静中默省愆尤，我之处处获戾，其源不外此二者。

温弟性格略与我相似，而发言尤为尖刻。凡傲之凌物，不必定以言语加人，有以神气凌之者矣，有以面色凌之者矣。温弟之神气，稍有英发之姿，面色间有蛮狠之象，最易凌人。凡中心不可有所恃，心有所恃，则达于面貌。以门地言，我之物望大减，方且恐为子弟之累；以才识言，近今军中炼出人才颇多，弟等亦无过人之处，皆不可恃。只宜抑然自下，一味言忠信行笃敬，庶几可以遮护旧失，整顿新气，否则人皆厌薄之矣。沅弟持躬涉世，差为妥叶。温弟则谈笑讥讽，要强充老手，犹不免有

清代掐丝珐琅缠枝花纹双连瓶

旧习，不可不猛省，不可不痛改。余在军多年，岂无一节可取？只因傲之一字，百无一成，故谆谆教诸弟以为戒也。

九弟妇近已全好，无功挂念。沅在营宜整刷精神，不可懈怠，至属。

兄国藩手草。

【译文】

沅甫九弟左右：

初三那天刘福一等人回来，收到来信，从中知道了一切。城内的贼军已被围困很长时间，估计过不了多久便会攻下。只有严密切断文书情报才是最为重要的，你一定要处处领先。

家中四宅都平安。季弟还在湘潭，澄弟初二从县城里回来了。我身体不太舒服，初二住在白玉堂那里，晚上睡不着。不知温弟哪天到达吉安？在县城、长沙等地还顺利吗？

自古以来都认为不好的品德致使失败，大概有两个方面：一方面是高傲，另一方面是多言。帝尧的儿子丹朱不像他的父亲，却表现在奸诈而喜欢争辩，这就是多言。观察历史上有名的公卿大臣，大都因为这两点而家破人亡。我向来有很固执的毛病，这是道德方面的“傲”，平时不多说闲话，但是笔下却大体近乎多言。静下来反省，我之所以处处不顺，其根源不外乎这两方面。

温甫性格大致与我相似，但言语更加尖刻。大凡傲气凌人，不一定都要用语言压人，有的用盛气凌人，有的用表情凌人。温甫弟的神气，有些才华外露的表现，表情中带有蛮横的意味，最容易凌人。大凡心中不能有所依赖，心中有依仗便会表现在脸面上。从家族来说，我的名望大减，还担心连累了子侄兄弟；从见识来说，近年来军中锻炼出不少人才，你们也没有什么超过人的地方，都不可依仗。坚持讲求忠信、讲求礼义，这样才能够弥补过失，整顿风气。不这样的话，人们都会讨厌你、鄙薄你。沅弟那里处世谨慎，很是稳妥。温弟却是谈笑讥讽，总喜欢强充老手，就免不了有旧习气。不可不深深反省！不可不痛改！听说温弟在县城里时，时常随意嘲讽，应该立即改正。我在军中多年，怎么会没有一点可取之处呢？就是因为“傲”字，所以百无一成。因此我谆谆教导各位兄弟要引以为诫。九弟媳妇近日已经痊愈，不必挂念。你在军营中要振作精神，不可松懈。千万记住！

兄国藩手草。

【点评】

曾国藩在这封家书谈到自己多日来的心得和感悟，认为自己难以成功的原因在于其身上有两个“凶德”：一是高傲，一是多言。关于高傲指除了言语上的傲气，更体现在面色傲人和气势凌人；而多言是指文笔上的议论他人等。曾国藩指出，弟弟也有这个缺点，这样不但难以与人相处，还有可能招致杀身之祸，因此告诫弟弟要引以为诫。

咸丰八年三月十三日与九弟国荃书

公元 1858 年 4 月 26 日

沅甫九弟左右：

初十日接初三日来书，具悉一切。

余在白玉堂居五日，初七日仍回新宅，身体总未全好。回思往事，处处感怀。而于湖口一关未得攻破，心以为憾！虽经杨、彭、二李攻破，而未得目见，亦常觉梦魂索绕于其间。

此外错误之事，触端悔悟，恒少泰宇，每憾不得与弟同聚，畅叙衷曲也。

尧阶初九日来，霞仙与其叔镜翁至今未来。服药亦不甚得法，心血耗亏，骤难奏效。九弟妇全好，十二日带五妹子至新宅出行。甲三十一日晋省，备寿屏一架，寿幢一悬，送贺太太五十生日。澄侯在县，初二归来后，未多出门。科一、四、六读书如常，科九亦读至"经既明"等句。四宅大小眷口平安，无劳廑念。

姚秋浦索讨贼檄文，家中竟无全稿本。在外数年，一事无成，每念昔年鸿爪，便若赧然无以自安者。有始无终，内省多疚。湖口水师刘副将（国斌）来乡，道旧叙故，略开怀抱。闻雪琴时时系念，尤为笃挚。

次青眷口至章门寻视，余闻之尤用愧切。使次青去乡从军者，皆因不才而出也。若得东路大定，次青归来，握手痛谈，此心庶几少释耳。弟在吉，宜以书常致次青。余前有信求润公保之，闻润公近解万金至贵溪，奏派次青防浙一路，张皇而提挈之，次青于是乎增辉光矣。

兄国藩手草。

【译文】

沅甫九弟左右：

十日收到三日写的信，一切都已经知道了。

我在白玉堂那里住了五天，七日依旧回新宅。身体还没有全好。忆及往事，处处感怀。而在湖口没能够破敌，一直以为是心中的遗憾。后来杨、彭、二李虽然攻破，但我没能够亲眼看见，仍然经常为这件事所困扰。其余的错误，一想到就感觉很悔恨，经常遗憾不能和兄弟团聚，谈心聊天。

尧阶初九来到，霞仙与他叔父镜翁到今天还未来。我服药不是很得法，心血耗亏，因此很难起作用。

九弟妻子全好了，十二日带五妹子来新宅。甲三于十一日去了山西省城，准备了寿屏一架、寿幛一付，送给贺太太作五十岁的生日礼物。澄侯在县城，自初二回来后没有多出门。科一、科四、科六读书和以前差不多。科九也读到"经既明"等章节了。四宅老少都平安。无劳挂念。

姚秋浦索要，家中竟然没有底稿全文。在外面几年，一事无成。一想起以前的事情，就好像没办法使自己安心。有始无终，反省自己经常觉得内疚。

湖口水师刘副将国斌来到乡里，一起叙旧，稍微觉得高兴了一点。听说雪琴常常怀念，更加深挚。

次青的家属去章门探视，我听到后更是感觉愧疚。让次青加入军队的是我，如果东路可以得到安定，次青能够回来，推心置腹地长谈，我这些心事才能够有些释怀。弟在吉安，应该经常写信给次青。我上次写信请求润公保举次青。听说润公最近押送万金到贵溪一线，奏请派遣次青守卫浙江地区。得到堂堂正正的提拔，次青因此可以增光了。

兄国藩手草。

【点评】

这封信所涉及的方面比较多，战事方面自从曾国藩回故乡之后逐步好转，湘军捷报连连，这使曾氏回忆往日种种，感慨万千，回顾自己办事之不利，诸多悔悟，服药又不得法，因而心血耗亏。家书又提到家中的琐事，报家宅眷口平安。曾国藩说到家中没有讨伐檄文的稿本，进而为自身一事无成、有始无终作检讨，其实是自身郁郁不得志之心的写照。

咸丰八年三月廿四日与九弟国荃书

公元 1858 年 5 月 7 日

沅甫九弟左右：

二十日胡二等归，接弟十三夜书，具悉一切。所论兄之善处虽未克当，然亦足以自怡。兄之郁郁不自得者，以生平行事，有初鲜终；此次又草草去职，致失物望，不无内疚。

朱尧阶于初九日来家。刘霞仙侍其叔父镜湖于十三日来家，悉心诊视。先用开痰之剂，旋服解郁之方，日有效验。镜叟于十九日归去，以廿五日为季子完娶也，霞仙亦于廿三日归去。

高傲、多言二弊，历观前世卿大夫兴衰，及近日官场所以致祸福之由，未尝不视此二者为枢机，故愿与诸弟共相鉴诫。第能惩此二者，而不能勤奋以自立，则仍无以兴家而立业。故又在乎振刷精神，力求有恒，以改我之旧辙，而振家之丕基。弟在外数月，声望颇隆，总须始终如一，毋怠毋荒，庶几于弟为初旭之升，而于兄亦代为桑榆之补。至嘱至嘱。

次青奏赴浙江，令人阅之气王。以次青之坚忍，固宜有出头之一日，而咏公亦可谓天下之快人快事矣。

清代"恭俭唯德"印及印文

弟劝我与左季高通书问，此次暂未暇作，准于下次寄弟处转递。此亦兄高傲之一端，弟既有言，不敢遂非也。

家中四宅，小大平安。纪泽尚未归，闻廿一日在省起行。韩升二十二日来家，渠二人当酌派一人前赴弟营。余不一一，顺问近好，统惟心照。

【译文】

沅甫九弟左右：

二十日胡二等人回来，收到弟弟十三日晚上写的信。一切都已经知道了。所说的兄的好处，虽然不一定恰当，但也足以使我高兴，我郁闷不能自得的原因，是我平生做事很少有始有终；这次又因草草离职，导致很多人失望，免不了内疚。

朱尧阶在九日到家。刘霞仙服侍他叔父镜湖在十三日到家，精心诊断治疗。先服用化痰的药，再服用解忧的药，一天比一天有效果。镜叟十九日回去，打算二十五日为小儿子完婚，霞仙也在二十三日回去了。

高傲、多言两大缺点，历观前世公卿大夫兴衰和最近官场中导致祸患的根由,没有不把它们当作关键原因的,因此愚兄愿与诸位贤弟相互鉴戒。但仅能用这两个方面为戒,却不能勤奋以图自立,则仍然没有办法兴家立业。因此我们要振奋精神,努力追求有恒心,以改变我的老路子而振兴我们家基业。弟弟在外边带军几个月,声望非常高,应当始终如一,不可懈怠,不可荒废。弟弟好像旭日初升,而对我来说也可以代为弥补我的缺失。至嘱至嘱。

次青上奏请求奔赴浙江,凭次青的坚韧不拔,总会有出头之日,而咏公所做的事也可以说是天下大快人心的事。

弟弟劝我同左季高通信问候。现在暂时没有工夫写,打算于下次一定寄到弟弟那里,转递给左公。这或许也是我"傲"的一种表现吧。弟弟既然已经说了,我不敢再错下去了。

家中四宅大小都平安无事,不必挂念。只是纪泽还没有回来,听说二十一日从省城出发。韩升二十二日到家中拜访,我打算在他们两个人中,选派一人到弟弟的军营里供职。其他事情我不再一一说了,顺问近好,统惟心照。

【点评】

高傲与多言是曾氏在罢兵回家后自我反省而找到的两个缺点,正是因为高傲与多言使自己在军营中一事无成。因此多次写信劝诫弟弟要改正这两方面的缺点。自然改一时容易,但一生都能做到不傲与不多言却是很难的,因此这就需要有持久的恒心,这也是做任何事情成功的关键,我们不能不努力去追求。

咸丰八年三月三十日与九弟国荃书

公元 1858 年 5 月 13 日

沅甫九弟左右:

春二、安五归,接手书,知营中一切平善,至为欣慰。

次青二月以后无信寄我,其眷属至江西不知果得一面否?接到弟寄胡中丞奏伊人浙之稿,未知果否成行?顷得耆中丞十三日书,言浙省江山、澜溪两县失守,调次青前往会剿,是次青近日声光,亦渐渐脍炙人口。广信、衢州两府不失,似浙中终可无虑,未审近事究复如何?广东探报,言逆夷有船至上海,亦恐其为金陵余孽所攀援,若无此等意外波折,则洪、杨股匪,不患今岁不平耳。

九江竟尚未克,林启荣之坚忍实不可及。闻麻城防兵于三月十日小挫一次,未知确否?弟于次青、迪、厚、雪琴等处须多通音问,俾余亦略有见闻也。

家中四宅大小眷口清吉。兄病体已愈十之七八,日内并未服药,夜间亦能熟睡。至子丑以后则醒,是中年后人常态,不足异也。纪泽自省城归,廿五日到家。尧阶廿六日归去。澄侯廿七日赴永丰,为书院监课事。湘阴吴贞阶司马于廿六日来乡,是厚庵嘱其来一省视,次日归去。

余所奏报销大概规模一折,奉朱批"该部议奏"。户部于二月初九日复奏,言"曾某某所拟尚属妥协"云云。至将来需用部费,不下数万。闻杨、彭在华阳镇抽厘,每月可得二万,系雪琴督同凌荫廷、刘国斌等经纪其事,其银归水营杨、彭两大股分用。余偶言可从此项下设法筹出部费,贞阶力赞其议,想杨彭亦必允从。此款有著,则余心又少一牵挂。

郭意城信言四月当来乡一次,胡莲舫信言五月当来一次。余前荐许仙屏至杨军门处,系厚庵专人来此请荐作奏者，余荐意诚、仙屏二人，闻胡中丞荐刘小钺（芳蕙，袁州人），已为起草一次，不知尚须再请仙屏否？余因厚庵未续有缄来，故未先告仙屏也。仙屏上次有一信与余，尚未复信，若已来吉营，乞先为致意。

季高处此次匆遽，尚未作书，下次决不食言。

温弟尚在吉安否？前胡二等赴吉，余信中未道及温弟事。两弟相晤时，日内必甚欢畅。温弟丰神较峻，与兄之伉直简澹虽微有不同，而其难于谐世，则殊途而同归，余常用为虑。大抵胸多抑郁，怨天尤人，不特不可以涉世，亦非所以养德，不特无以养德，亦非所以保身。中年以后，则肝肾交受其病，盖郁而不畅则伤木；心火上烁则伤水，余今日之目疾及夜不成寐，其由来不外乎此。故于两弟时时以平和二字相勖，幸勿视为老生常谈，至要至嘱。

朱云亭妹夫廿七日来看余疾，语及其弟存七尚无功名，兹开具履历名条，望弟即为玉成之。亲族往弟营者人数不少，广厦万间，本弟素志。弟善觇国者，睹贤哲在位，则卜其将兴，见冗员浮杂，则知其将替，善觇军者亦然。似宜略为分别，其极无用者，或厚给途费，遣之归里；或酌赁民房，令住营外，不使军中有惰漫喧杂之象，庶为得宜。

至顿兵城下，为日太久，恐军气渐懈，如雨后已弛之弓，三日已腐之馔，而主者晏然，不知其不可用，此宜深察者也。附近百姓，果有骚扰情事否？此亦宜深察者也。

目力极疲，此次用先大夫眼镜，故字略小，而蒙蒙者仍如故。温弟未及另缄，谅之。

兄国藩手草。

【译文】

沅甫九弟左右：

春二、安五回来，收到你的来信。知道营中一切平安，觉得非常欣慰。

次青从二月以后，就没有寄信给我，他的眷属到了江西，不知道他们是否见过一面？弟弟寄来了胡中丞奏请他入浙的文稿，不知道是否去了？刚刚收到耆中丞十三日的信，说到浙省江山、兰溪两县都失守，次青前去会剿。看来次青最近的名声，也逐渐脍炙人口了。如果广信、衢州两府不失守，似乎还没必要为浙江担忧，不知道近况究竟怎样了？广东探报说，洋夷战船已到了上海，非常担心金陵余部同他们联合。要是没有这些意外波折，那么洪杨之乱不愁今年不能平定。

九江竟然还没有克复，林启荣的坚忍，实在是一般人难以达到的。听说防守麻城的兵，在三月十日打了一次小败仗，不知道确实吗？弟弟对于次青、迪庵、雪琴等地方，要多通信问候，我也略微有些见闻。

家中四宅大小家眷都很平安。愚兄的病已经好了十之七八，最近并没有吃药，晚上也能够熟睡，到子正以后便醒来，那是过了中年人的正常状态，不值得奇怪。湘阴吴贞阶司马，在二十六日来到乡里，是厚庵嘱咐他来看望一次，第二天就走了。

我上奏的报销概算的奏折，皇上朱批："该部议奏。"户部于二月初九上奏，复奏说："曾（国藩）所拟尚属妥协"等。以后需要户部拨款多至数万。听说杨、彭在华阳镇抽厘金，每个月可以得二万两银子，这是雪琴督同凌荫庭、刘国斌争着经营的，这些银两由水营杨、彭分用。我偶然提到可以从此项设法筹措户部经费，贞阶十分支持这个主张，估计杨、彭也会答应，这项款额既有着落，我又少了一项牵挂。

郭意诚来信说，四月打算来乡一次。胡莲舫说打算五月来一次。我从前推荐许仙屏到杨军门处，这是厚庵专门派人来请求推荐作奏折的人。我推荐意诚、仙屏二人，听说胡中丞推荐刘小钺（芳蕙，袁州人），并已给他起草过一次奏折了，不知道是否还需要再请仙屏。我由于厚庵没有再来信，因此也没有事先告诉仙屏。仙屏上次给我写了一封信，还没有回信。如果他已经到吉安军营,请先为我致谢。季高那里现在时间太紧,还没有写信,下次决不食言。

温弟还在吉安吗?上次胡二等人到吉安去,我的信里没有提到关于温弟的事。两弟相见时,一定会十分欢畅。温弟丰神严峻,同我的率直简单虽然稍有不同,但不善于处世,却是殊途同归。时常感到忧虑。大概上胸中忧郁,怨天尤人,不但不能处世,也不能修身养性,甚至于不能保护自身。中年以后,因为肝肾有病,只要忧郁、心情不畅,则伤木;心火旺盛,则伤水。我现在害的眼病和夜里失眠的原因也就因为这事。所以对两位兄弟时常用“平和”二字告诫,请千万不要认为只是老生常谈。至要至嘱。

朱云亭妹夫二十七日来看望我的病情,谈到他的弟弟存七还没有功名。现在开下履历名条,希望弟玉成。亲族中前往弟军营中投军的人数不少,广厦万间,招贤纳士,是弟向来的愿望。观察历代兴衰,看到只要贤哲在位,那么国家将兴盛;如果看到鱼龙混杂,那么王朝就会更替。观察军队也是这样。对投军的人应该有所区别,特别没有能力的,或者多给些路费让他们回家,或者租赁民房,让他们住在营外。让军中没有懈怠、散漫、喧哗、杂乱的景象,这些都是可以的。至于屯兵城下,时日太久,恐怕士气军心渐渐松懈,就好像雨后已经放松的弓弦,放了三天已经腐烂的食物,而使用的人却还不知道它们已经不能用了,这种情况一定要认真对待。附近的百姓里当真有来骚扰军队的吗?这也要认真对待。

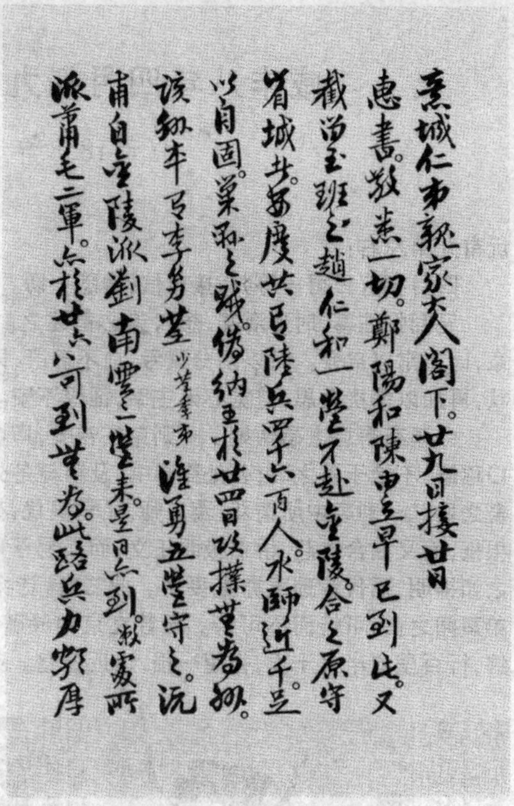
袁城仁弟親家大人阁下。廿九日接廿日
惠書。敬悉一切。鄭陽和陳由立早已到此。又
截留玉班之趙仁和一營不赴金陵。合之原守
省城者,安慶共已陸兵四千六百人。水師近千,足
以自固。巢和之賊,僞納王於廿四日攻撲無爲州。
該州本有李幼荃少荃季弟淮勇五營守之。沅
甫自金陵派劉南雲二營來,是日亦到。敝處所
派蕭毛二軍。亦於廿六可到無爲。此路兵力頗厚

曾国藩手札

眼睛非常疲倦,这次用的是先大夫的眼镜,因此字略小,而眼睛模糊看不清仍然和以前一样。来不及另写信给温弟了。请谅解。

兄国藩手草。

【点评】

曾国藩近来一面苦于军事、官场;一面又因为朝廷如此待他而觉得委屈。如今在家中无所事事,郁郁不得志,使得自己身心俱疲。除了在生理上的医药调理,他更在心中找寻病根。曾国藩坦言因为自身“胸多抑郁,怨天尤人”。这种状况不但不利于身体健康,更不利于品行修为,同时无法立足于世。能够体现出曾国藩修养阶段心态调整的过程。

咸丰八年四月初九日与九弟国荃书

公元 1858 年 5 月 21 日

沅甫九弟左右：

四月初五日得一等归，接弟信，得悉一切。

兄回忆往事，时形海艾，想六弟必备述之。弟所劝譬之语，深中机要，“素位而行”一章，比亦常以自警。只以阴分素亏，血不养肝，即一无所思，已觉心慌肠空。如极饿思食之状，再加以憧扰之思，益觉心无主宰，怔悸不安。

今年有得意之事两端。一则弟在吉安，声名极好，两省大府及各营员弁、江省绅民交口称颂，不绝于吾之耳；各处寄弟书，及弟与各处禀牍信缄，俱详实妥善，犁然有当，不绝于吾之目。一则家中所请邓、葛二师，品学俱优，勤严并著。邓师终日端坐，有威可畏，文有根柢，而又曲合时趋，讲书极明正义，而又易于听受。葛师志趣方正，学规谨严，小儿等畏之如神明，而代管琐事亦甚妥协。此二者，皆余所深慰。虽愁闷之际，足以自宽解者也。弟声闻之美，可恃而不可恃。兄昔在京中颇著清望，近在军营，亦获虚誉，善始者不必善终，行百里者半九十里，誉望一损，远近兹嬖。弟目下名望正隆，务宜力持不懈，有始有卒。

欧阳修像，出自明·吕维祺《圣贤像赞》。欧阳修是宋代政治家、文学家，谥文忠，有《欧阳文忠集》传世

治军之道，总以能战为第一义。倘围攻半岁，一旦被贼冲突，不克抵御，或致小挫，则令望隳于一朝。故探骊之法，以善战为得珠，能爱民为第二义，能和协上下官绅为第三义。愿吾弟兢兢业业，日慎一日，到底不懈，则不特为兄补救前非，亦可为吾父增光于泉壤矣。

精神愈用而愈出，不可因身体素弱，过于保惜；智慧愈苦而愈明，不可因境遇偶拂，遽尔摧沮。此次军务，如杨、彭、二李、次青辈，皆系磨炼出来，即润翁、罗翁，亦大有长进，几于一日千里。独余素有微抱，此次殊乏长进。弟当趁此增番识见，力求长进也。

求人自辅，时时不可忘此意。人才至难，往时在余幕府者，余亦平等相看，不甚钦敬，洎今思之，何可多得？弟常常以求才为急，其阘冗者，虽至亲密友，不宜久留，恐贤者不愿共事一方也。

澄侯弟初九日晋县，系刘月槎、朱尧阶等约去清算往年公账。孚山先生近日小疾，服黄芪两余，尚未痊愈，请甲五在曾家坳帮同背书。如再数日不愈，拟令科四来扶邓先生读，科六则仍从甲

五读，若渐愈则不必耳。纪泽近亦小疾，初八日两人皆停课未作。纪泽出疹咳嗽，亦难遽期金瘳。余自四月来，眠兴较好。近读杜佑《通典》，每日二卷，薄者三卷，惟目力极劣，余尚足支持。四宅大小眷口平安。定三舅爹三月十六来，四月初六归去，在新宅住四天，余住老宅。王福初十赴吉安，另有信，兹不详。

再，弟前请兄与季高通信，兹写一信，弟试观之，尚可用否？可用则便中寄省，不可用则下次再写寄可也。又行。

迪庵嘱六弟不必进京，厚意可感！弟于迪、厚、润、雪、次青五处，宜常常通问，怿廉访处，弟亦可寄信数次，为释前怨。《欧阳文忠集》，吉安若能觅得，望先寄回。

【译文】

沅甫九弟左右：

四月初五那天，得一等人回来，收到你的来信，知道了一切。

我回想往事，不管是在时间上还是在事业上都有很多悔恨的地方，我想六弟肯定都跟你说了。你的劝告都切中要害，依照我目前所处的地位，做我应当做的事，我经常用“素位而行”这一章来警诫自己。只是因为我阴分素亏，血不养肝。即便是一点事也不想，也会觉得心慌腹空，就像是饿极了想吃东西似的，再加上忧心忡忡，更是感觉心中没有了主张，惶恐不安。

今年有两件事情让我很得意，一件是你在吉安的声誉很好。两个省的官员和各营的将士，还有江西省的绅士，对你的称赞没有在我的耳边断过。各个地方寄给你的信，还有你给各个地方写的信，都很翔实妥善，我时常看到。二为家里请的邓、葛两位老师，品行学问都很好，勤谨严厉，都非常有名望。邓老师整天端坐，威严可畏，文章写得有根底又符合时尚，讲课时要义非常明确又容易接受。葛老师志趣方正，学习要求严肃谨慎，小孩们敬畏他就好像神明，而且代替管理琐事也办得十分妥当。这两件事都使我深深地感到欣慰。即便愁闷的时候，也完全可以排解了。弟有好的名声，可靠也不可靠，为兄的以前在京城中很有名望，最近几年在军营里也得到了一些虚名美誉。能善始的人不一定能善终，行百里者半九十。名望一旦受损，远近生疑；弟现在声望正高，一定要坚持不懈，有始有终。

治军始终要以能战作为主要目标，要是围攻半年，一旦被敌人冲破，不可以取胜，或者遭到小挫折，那么你的声誉在一个早晨的时间就下落了。因此按照探骊得珠的方法，善于作战就是得到的珠。能够做到爱民是第二个目标，能够使上下官绅的关系和谐是第三个目标。希望你尽心努力，日慎一日，凡事一定要坚持到底、决不能松懈，这不但为我补救了以前的过失，也可以为父亲增光于九泉之下。

精力用完了还会再产生，不要由于身体平时虚弱而过分爱惜；越是吃苦就会越聪明，不要由于境遇偶尔不顺就马上沮丧。这场战事，像杨、彭、二李、次青等人都是磨炼出来的。即便胡老先生、罗老先生也大有长进，几乎是一日千里。只有我平素虽然有微小抱负，而这次却特别没有长进。你应当趁这个机会，增长见识，力求上进。

求人要自助，每时每刻都要记住这个道理。人才难得，从前在我幕府中的人，我只是平等对待，不是很钦佩。现在想起来，在什么地方还能找到像他们那样的人才啊！你应该把求才作为当务之急，军营里庸碌多余的人，就算是至亲密友，也不应该久留，那样做的话恐怕真正的贤人也不肯前来共事。

澄侯弟初九去了县城，是收到刘月槎、朱尧阶等人的约请，去清算以前的公账。夆山先生最近得了点小病，服用了一两多黄芪，还没有痊愈，请甲五在曾家坳帮助他督促学生背书。要是再过几天还不痊愈，计划让科四跟随邓老师读书，科六还跟着甲五读书。要是逐渐痊愈，那就没有必要了。纪泽最近也有小毛病，八日两人都停了课，没有写文章。纪泽出疹，咳嗽也难以立即就好。我从四月以来睡眠较好，最近这段时间在读杜佑的《通典》，每天看两卷，薄的看三卷。只是视力很不好，我还能够坚持。家中四宅大小平安。定三的舅父三月十六日来这里，四月六日回去，在新房住了四天，其余时间住在老房里。王福十日去吉安，另外有信，这里就不再细说了。

还有，弟弟之前曾经请求我与季高书信往来，这次我就写了一封信，你试试看还能不能寄去？可以用就寄到省城，不可以用就下次写好了再寄也行，又行。

迪庵叮嘱六弟不必去京城，厚意叫人感动。弟对于迪、厚、润、雪、次青五人，要时常通信来往，互相问候。恽廉访那里，弟也可以寄几次信，以消释以前的误会。在吉安如果可以找到《欧阳文忠集》，希望先寄回来。

【点评】

曾氏的这封信写于湖南湘乡家中。曾国藩给沅甫弟的信中谈到统军的策略，第一要善战，第二要爱护百姓，第三要能和上上下下的官员、绅士处理好关系。

此外，曾氏提醒弟弟在用人方面，要寻找能辅佐自己的高人，那些碌碌无为之士，哪怕是最密切的亲朋好友，也不能将其长久留在身边。否则，亲小人的结果必定使贤臣离你远去。

咸丰八年四月十七日与九弟国荃书

公元 1858 年 5 月 29 日

沅甫九弟左右：

十四日胡二等归，接弟初七夜信，具悉一切。

初五日城贼猛扑，凭壕对击，坚忍不出，最为合法。凡扑人之墙，扑人之壕，扑者，客也，应者，主也。我若越壕而应之，则是反主为客，所谓致予人者也；我不越壕，则我常为主，所谓致人而不致于人也。稳守稳打，彼自意兴索然。峙衡好越壕击贼，吾常不以为然。凡此等处，悉心推求，皆有一定之理。迪庵善战，其得诀在不轻进、不轻退六字，弟以类求之可也。

夷船至上海天津，亦系恫喝之常态。彼所长者，船炮也；其所短者，路极远人极少。若办理得宜，终不足患。

报销奏稿及户部复奏，即日当缄致诸公。依弟来书之意，将来开局时，拟即在湖口水次盖银钱所。张小山、魏召亭、李复生诸公多年亲依该所，现存银万余两，即可为开局诸公用费及部中使费。六君子不必皆到此局，但得伯符、小泉二人入场，即可了办。若六弟在浔较久，则可至局中照护周旋；若六弟不在浔阳，则弟克吉后回家一行，仍须往该局为我照护周旋也。至户部承书，说定费资，目下筠仙在京似可料理，将来胡莲舫进京，亦可帮助。

筠仙顷有书来，言弟名远震京师。盛名之下，其实难副，弟须慎之又慎。兹将原书抄送一阅。

家中四宅大小平安。兄夜来渐能成寐。葛圣山先生病尚未愈，而教书功课如常。刘为章在白果看地，余与尧、霞不以为然，第二次往看岳龙，则飘然不反，回湘潭筱岑家去矣。顷有杜茂才者，丰城人，避难来住永丰，至我家投效，因留其看地。据刘与杜二人言，周璧冲有凶煞，是宜速改。余观杜之识似胜于刘，并胜于近处诸人，不知视东阳叔祖何如耳？余心时时未忘改葬一事，而苦自己不善看，又苦无最贴心之人。弟意以东阳叔祖为主，渠

清代湖南民间祠堂

亦难于远出寻求，且上等者自须先自为谋，日夜念此，至焦灼耳。

先大父、先太夫人尚未有祭祀之费，温弟临行捐银百两，余以刘国斌之赠亦捐银百两，弟可设法捐资否？四弟、季弟则以弟昨寄之银内提百金为二人捐款，合之当业二处，每年可得谷六七十石，起祠堂，树墓表，尚属易办。

吾精力日衰，心好古文，颇知其意而不能多作。日内思为三代考妣作三墓表，虑不克工，亦尚惮于动手也。先考妣祠宇若不能另起，或另买二宅作住屋，即以腰里新屋为祠，亦无不可。其天家赐物及宗器、祭器等，概藏于祠堂，庶有所归宿，将来京中运回之书籍及家中先后置书，亦贮于此祠。吾生平坐不善收拾，为咎甚巨，所得诸物，随手散去，至今追悔不已，然趁此收拾，亦尚有可为。弟收拾佳物，较善于诸昆，从此益当细心捡点，凡有用之物，不宜抛散也。

【译文】

沅甫九弟左右：

十四日胡二等人回来了，收到弟弟初七晚上写的信，知道了一切。

五日那天，城里的敌人猛烈进攻，我们凭借壕沟对击，坚守而不出战，这是最好的办法。只要是进攻城墙、进攻壕沟，进攻者是客人，守卫者是主人。我们要是越出壕沟应战，就是反主为客，那样我们就被别人制服；我们不越出壕沟，那么我们就是主，这就是我们制服别人。稳打稳守，进攻者自然没有办法。峙衡喜欢越出壕沟打击敌人，我却以为这样不好。凡是这些事情，用心推测，都有一定的道理。迪庵善战，他的秘诀就是“不轻进不轻退”这六个字。弟可以以此类推。

洋人的战船已经到达了上海、天津，这也是恫吓的常态。他们的优势在于炮利船坚，其劣势在于路途遥远而且人很少。要是处理得好，最终不会成为大的祸患。

报销奏稿和户部复奏，很快就寄给各位。依照弟在来信中的想法，将来开厘金局时，打算就在湖口水边盖建银钱所。张小山、魏召亭、李复生等人掌管该所多年，目前存有一万多两银子，可以作为开局的费用以及户部用费；六君子没必要都到，只要有伯符、小泉两个到场就能办理。如果六弟在浔阳待的时间较长，也可以到局中去照看料理。如果六弟不在浔阳，那么弟克复吉安后，回家一趟，仍然要住在局里为我料理一切。至于户部来函商议费用，现在筠仙在京城好像能够料理，以后胡莲舫进京后，也可以去帮忙。

筠仙刚寄来信，说弟的名声远震京城，盛名之下，难副其实，弟必须谨慎又谨慎。现将原书抄送给你阅读。

家中四宅，老少平安，我晚上可以安睡。葛丬山先生的病还没有痊愈，但教书和从前一样。刘为章在白果看地，我与尧、霞对此不觉得有多好。第二次又去岳龙看地，去了就没有返回，回到湘潭筱岑去了。不久有个叫杜茂才的平城人，避难住到了永丰来，到我家投靠，因此留他去看地。依据刘与杜两人所说，周璧冲有凶煞，应当尽快改葬。我观察杜的见识好像超过刘，并超过附近许多人，不知比车阳叔祖又怎么样？我心中时刻没有忘记改葬这件事，但是自己不善于看地，又没有最贴心的人，非常苦恼。弟的意见是以东阳叔祖为主，他也很少到远处寻看，并且上等地应当由自己决定。时刻都想这件事，非常焦急。

先大父、先太夫人还没有祭祀用的钱，温弟临走时捐了一百两银子，我把刘国斌送我的银两也捐了一百两银子，弟可不可以想办法捐资？四弟、季弟就从你昨天寄来的银子里提取了一百两作为两人的捐款。再加上两处产业，每年可以获得六七十石谷子，建立祠堂、树立墓表，还算可以办到。

我的精力一天不如一天，喜好古文，可以深刻地知其意而自己不能多作，现在想为三代考妣作三块墓碑，考虑到工力不足，还没敢着手。先考妣的祠堂要是不能另建，或者另外买两处房宅作为住房，就用腰里的新屋作为祠堂也可以。只要是皇上赏赐的东西和宗器祭器都应当收藏到祠堂，使它们有所归宿，以后从京城运回的书籍以及家中先后购买的书籍也要收藏在祠堂里。我平生不会收拾，有很大的过失，所得的东西，随手又丢了，到今天后悔不已，便趁此机会收拾，也还有可为，弟弟收拾东西比其他几个弟弟强，今后更应当细心检点，不宜抛散。

【点评】

这封家书曾国藩向曾国荃介绍了对付太平军的方法："凭壕对击，坚忍不出。"并分析了"越壕击贼"的缺点，出壕便会导致反主为客，失去作战的优势。这对于现代我们的军事思想也是有启发的。同时信中还提到了西方侵略军已到了上海、天津，并分析了他们军事上的优劣，觉得"若办理得宜，终不足患"，由此可以看出此时清朝大臣们对西方侵略者的基本态度。

咸丰八年四月廿三日与九弟国荃书

公元1858年6月4日

沅甫九弟左右：

二十一日春二等归，接手书，知九江克复，喜慰无量。迪庵专人来报，十八夜始到。润芝中丞递报，二十日到。屠戮净尽，三省官绅士民同为称快，从此抚、建、吉安贼胆愈寒。吉贼颇悍，常有出壕死斗、攻扑营盘之意，宜时时防备。弟之职分，以战守为第一义，爱民次之，联络上下官绅及各营弁勇又次之，已屡言之矣，务望持之以恒，始终如一为要。

前书言先大夫竹亭公祠宇公费，不知弟意以为然否？如此举有成，则此后凡有书籍、法帖、钟鼎、彝器，皆可存置祠中，先世之积累稍立基业，吾兄弟之什物有所归宿。即如弟寄回之《二十三史》、许仙屏《书谱》，皆可收存，为之目录。若家运隆盛，将来收积之物，兄弟子姓继续承承，尚当不替也。

【译文】

沅甫九弟左右：

二十一日春二等人回来，收到弟写的亲笔信，得知九江克复，极为高兴。迪庵派专人前来报告，十八日晚上才到。润芝中丞的报告二十日到。杀了个干净，三省的官员、士绅、民众全都称快。从此抚、建、吉安贼匪会更加胆寒。吉安的贼匪非常凶悍，常常有冲出壕沟拼命攻打营盘的意图，一定要时刻防备。弟的职责，是要以战斗守城为最重要内容；其次是爱护民众；联系上下官员和各营的士兵又在其后。我已经说过多次，希望能持之以恒，始终如一是最重要的。

上一封信说到先大夫竹亭公祠宇的费用，不知道弟的想法是不是这样？要是这件事可以办成功，那么今后只要是有书籍、法帖、钟鼎、彝器都可以放在祠中。祖先的积累稍建功业，我兄弟的用物就会有所归宿，例如弟寄回的《二十三史》、许仙屏的《书谱》都可以存放，并为此写个目录。如果家运昌盛，以后收积的物品，兄弟子孙不断继承，可以永不衰落。

【点评】

这封信主要说到了清军已经克复九江，众官员、士绅、民众，无限高兴。以“屠戮净尽”四字可以看出清军对太平军屠杀的残忍程度。同时给曾国荃分析了他的职责，强调了持之以恒、始终如一的重要性。信的下半部分主要说了建祠宇可以将书籍器物都存起来，为子孙后代留下宝贵的遗产。

咸丰八年五月初五日与九弟国荃书

公元1858年6月15日

沅甫九弟左右：

五月二日接四月廿三寄信，藉悉一切。

城贼于十七早，廿日、廿二夜均来扑我壕，如飞蛾之扑烛，多扑几次，受创愈甚，成功愈易。惟日夜巡守，刻不可懈，若攻围日久而仍令其逃窜，则咎责匪轻。弟既有统领之名，自应认真查察，比他人尤为辛苦，乃足以资董率。

九江克复，闻抚州亦已收复，建昌想亦于日内可复。吉贼无路可走，收功当在秋间，较各处独为迟滞。弟不必慌忙，但当稳围稳守，虽迟至冬间克复，亦可无碍，只求全城屠戮，不使一名漏网耳。若似瑞、临之有贼外窜，或似武昌之半夜潜窜，则虽速，亦为人所诟病。如九江之斩刈殆尽，则虽迟，亦无后患。愿弟忍耐谨慎，勉卒此功，至要至要。

余病体渐好，尚未痊愈，夜间总不能酣睡，心中纠缠，时忆往事，愧悔憧扰，不能摆脱。四月底，作先大夫祭费记一首，兹送交贤弟一阅，不知尚可用否？此事温弟极为认真，望弟另誊一本，寄温弟阅看，此本仍便中寄回。盖家中抄手太少，别无副本也。

四宅大小眷口平安。邓师初一日散学归去，葛师初四日归去。今年家中学生，科一进功最多，科四、科六次之，甲三又次之。甲五病目，科三在紫甸，皆未得勤课也。

弟在营所寄回银，先后均照数收到。其随处留心，数目多寡，斟酌妥善。余在外未付银至家，实因初出之时，默立此誓，又于发州县信中，以“不要钱、不怕死”六字自明，不欲自欺其志，而令老父在家受尽窘迫，百计经营，至今以为深痛。弟之取与，与塔、罗、杨、彭、

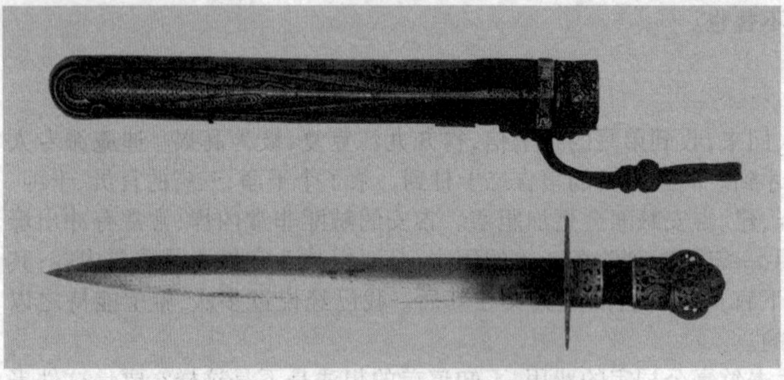

清代佩剑

二李诸公相仿，有其不及，无或过也，尽可如此办理，不必多疑。

顷与叔父各捐银五十两，积为星冈公，余又捐二十两于辅臣公，三十两于竟希公矣。若弟能于竟公、星公、竹公三世各捐少许，使修立三代祠堂，即于三年内可以兴工，是弟有功于先人，可以盖阿兄之愆矣。修祠或即用腰里新宅，或于利见斋另修，或另买田地，弟意如何，便中复示。公费则各立经管，祠堂则三代共之，此余之意也。

罗罗山夫人仙逝，余令纪泽于廿八日往吊。初一早发引，主系纪泽写，未另点朱，办理甚为热闹。初三日辅臣公生日，在吉公祠祭，黎明行礼，科一、科三、四皆往，科六未去。

初二日接温弟信，系在湖北抚署所发。九江一案，杨、李皆赏黄马褂，官、胡皆加太子太保。想弟处亦已闻之。温弟至黄安与迪庵相会后，或留营，或进京，尚未可知。

弟素体弱，比来天热，尚耐劳否？至念至念。羞饵滋补较善于药，如滋阴则海参炖鸭而加以益智仁，补阳则丽参蒸乌鸡或精肉之类，良方甚多，胜于专服水药也。不一一。

兄国藩手草。

【译文】

沅甫九弟左右：

五月二日收到你四月二十三日寄来的信，一切都已经知道了。

城里敌人于十七日早晨、二十日、二十二日夜里来进攻我军的壕沟，就像飞蛾扑火一样，越是多扑几次，受到的损失就越惨重，那么攻城就越容易获得成功。只是我们必须要日夜巡逻守卫，一刻也不能放松。要是围攻这么久，却仍然让他们逃脱，那么责备惩罚一定不轻。弟弟作为统领，自然应该认真督察，比别人更加辛苦，才足以作为全军的表率。九江克复后，又听说抚州也已经克复，估计建昌这几天也可以克复。吉安敌人无路可逃，建立功勋大约应该在秋天。比其他各地可能要稍晚一些，弟弟不要慌忙，只是应该稳防固守，即便推迟到冬天才克复，也没有什么关系，只是希望不要有敌人逃走。要是像瑞州、临州有敌人外逃，或者如武昌的敌人半夜潜逃，那么既使破城较快，却也会被人所讥笑。如果像九江那样斩尽杀绝，虽然迟一些，但再也没有后患。希望弟弟忍耐、谨慎，努力完成这项大的功业，至为重要。

我身体渐渐好转，还没有痊愈，夜里老不能熟睡。心里始终放不下，经常回忆往事，悔愧交加，扰乱心思，无法解脱。四月底写了先大夫祭文一篇，现在寄给贤弟看看，不知是不是还可以使用？关于这件事，温弟非常认真，希望弟弟另外抄写一本寄给温弟看看。这一本还请方便的时候再寄回来。主要是因为家中抄写的人太少，又没有另外的副本。四宅大小老少平安。

邓老师初一放假回去，葛老师初四回去。今年家里的学生，科一进步最大，科四、科六次之，甲三又次之。甲五得了眼病，科三在紫甸，都没有好好地读书上课。

弟弟从军营寄回来的银两,前后几次全都照数收到。希望时刻留心,数目的多少,要仔细考虑,妥善为好。我在外面时没有寄钱回家,实在是由于刚出来时曾暗自立誓,又在寄给州县的信里讲"不要钱,不怕死"六字以表明自己的心志。因为不想自毁誓言,却让年老的父亲在家遭受生活窘迫之苦,不得不设法千方百计挣钱,直到今天我深感悔恨痛心。弟弟从朝廷领取的银两,同塔、罗、杨、彭、二李等人差不多,甚至还要少些,没有超过,完全可以按照这样办理,不必再多疑。

刚才与叔父各捐了五十两银子,为星冈公准备;我又捐了二十两给辅臣公,三十两给竞希公。如果弟弟可以为竞公、星公、竹公三世各捐一点银两,用来修建三代祖堂,那么三年内就可以动工,如此弟弟就有功于先人,并能够弥补为兄的过失。修建祠堂,要么就用腰里的新屋,要么在利见斋另修,要么另买田地,你的意见怎么样?请来信告诉我。大家共同出资而以后则各自经营,祠堂则三代人共同管理。这是我的意见。

罗罗山夫人去世,我命令纪泽二十八日前去吊唁。初一早上举行葬礼,祭文又是要纪泽写的,没有另外请人。举办得很热闹。初三是辅臣公生日,在吉公祠祭奠。黎明时举行祭礼,科一、科三、科四都去了。科六没有去。

初二收到温弟来信,是从湖北抚台衙门发出的。攻克九江,杨、李都获得了黄马褂的赏赐,官、胡都加了太子少保的官衔,料想你那里已经知道。温弟到黄安同迪庵会合后,要么是留在军营,要么是进京,还不知道到底如何。

你向来身体弱,最近天气热,能忍受吗?非常挂念。食物滋补比吃药好,如果要滋阴就用海参炖鸭再加益智仁,如果是补阳就用丽参蒸乌鸡或瘦肉之类。好方子很多,超过专门服用汤药。不一一叙说了。

兄国藩手草。

【点评】

咸丰八年四月初七,湖湘水陆两军联合攻克太平军重镇九江,朝廷重重赏赐立功将领,使得朝野为之一振,这更增添了曾国藩的郁闷之情。曾国藩由此思前想后,提到自己因为遵循"不要钱、不怕死"的六字哲学,使得父亲在家中为生计所迫,令曾国藩备感内疚。

咸丰八年五月初六日与九弟国荃书

公元 1858 年 6 月 16 日

沅弟左右:

昨信书就未发,初五夜玉六等归,又接弟信,报抚州之复,他郡易而吉州难,余固恐弟之焦灼也。一经焦躁,则心绪少佳,办事不能妥善。余前年所以废弛,亦以焦躁故尔。总宜平心静气,稳稳办去。

余前言弟之职以能战为第一义,爱民第二,联络各营将士各省官绅为第三。今此天暑困人,弟体素弱,如不能兼顾,则将联络一层少为放松,即第二层亦可不必认真,惟能战一层,则刻不可懈。目下壕沟究有几道?其不甚可靠者尚有几段?下次详细见告。九江修壕六道,宽深各二丈,吉安可仿为之否?

弟保同知花翎,甚好甚好。将来克复府城,自可保升太守。吾不以弟得升阶为喜,喜弟之吏才更优于将才,将来或可勉作循吏,切实做几件施泽于民之事,门户之光也,阿兄之幸也。

龙翰臣方伯与弟信，内批胡中丞奏折，言有副本，勿与他人看，是何奏也？并问，余续具。

兄国藩再行，五月初六。

【译文】

沅弟左右：

昨天信写好了却没有寄出去，初五晚上玉六回来。又收到你的来信，报告抚州已经克复，其他各郡都容易克复而吉安却比较困难，我十分担心你过分焦虑。一旦焦躁，就会心绪不宁，处理事情就不能妥善。我前年之所以荒废时光，也是由于焦躁的缘故。总还是要平心静气、稳妥办事的好。

清代武官武服上的补子

我上次说你的职责要以作战为第一要义，爱护人民作为第二要义，联络各营将士、各省官绅为第三要义。现在天热，人觉得困乏，你身体一直不好，如果不能兼顾，可以对联络一项稍微放松，就是第二项也可以不必认真，只有作战这一项，则千万不可松懈。当前壕沟到底有几道？不太坚固的地方还有几段？下次写信时详细告诉我。九江修建壕沟六道，宽深各两丈，吉安是不是可以仿照？

你得以保荐同知花翎，这很好很好。将来攻下城府，一定能够保升太守。我并不把你得到升阶当作喜事，喜的是弟弟当官的才能更胜于统兵的才能，将来或许可以成为一个称职的官吏，切实做几件对百姓有好处的善事，这是家门的荣耀啊，也是为兄的幸事。

龙翰臣方伯给弟的信里，内有胡中丞的奏折，说有副本，不让给别人看。是什么内容的奏折呢？随便问一下，以后再谈。

兄国藩再行，五月初六日。

【点评】

急躁是许多人易犯的毛病，急则容易生错。曾国藩在信中力劝沅弟千万不可急躁行事，良好的心态才是事业成功的基石。曾氏认为，一旦焦躁，就心绪不宁，办事则不能妥善。他自己前年之所以荒废时光，也是因为焦躁的缘故。凡事平心静气、稳妥行事，才会达到既定目标。

咸丰八年五月十六日与九弟国荃书

公元 1858 年 6 月 26 日

沅甫九弟左右：

十三日安五等归，接手书，借知一切。抚、建各府克复，惟吉安较迟，弟意自不能无介介；然四方围逼，成功亦当在六七两月耳。

家中四宅眷口平安。十二日叔母寿辰，男女共九席，家人等三席。圣山先生十四日来馆，瀛皆先生十五日馆。澄侯弟于十二晚往永丰一带吊各家之丧，均要余作挽联。余挽贺映南之夫人云：

柳絮因风，阃内先芬堪继武（姓谢）；

麻衣如雪，阶前后嗣总能文。

挽胡信贤之母云：

元女太姬，祖德溯二千余载；

周姜京室，帝梦同九十三龄（胡母九十三岁）。

近来精力日减，惟此事尚颇如常。澄弟谓此亦可卜其未遽衰也。

袁漱六之戚郑南乔自松江来，还往年借项二百五十两，具述漱六近状，官声极好，宪眷极渥，学问与书法并大进，江南人仰望甚至，以慰以愧。

杨家滩周俊大兄号少濂，与余同读同考，多年相好，频年先祖、先考妣之丧，均为致情。昨来家中，以久试不进，欲投营博一功名，求荐至吉营。余以功牌可得，途费可赠，保举则不可必。渠若果至吉营，望弟即日填功牌送之，兼送以来往途费。如有机可假，或恰逢克复之日，则望保以从九县丞之类，若无机会，亦不勉强，以全余多年旧好。余昔在军营不妄保举，不乱用钱，是以人心不附，至今以为诟病。

近日揣摩风云，一变前志。上次有孙、韩、王之托，此次又有周君之托，盖亦情之不得已者。孙、韩、王三人，或保文职亦可，渠辈眼高，久已厌薄千、把也。仙屏在营，弟须优保之，借此以汲引人才。余未能超保次青，使之沉沦下位，至今以为大愧大恨之事。仙屏无论在京在外，皆当有所表见。成章鉴是上等好武官，亦宜优保。

弟之公牍信启，俱大长进。上次谢王雁汀一缄，系弟一手所成？抑系魏、彭辈初稿润色？祈复示。吴子序现在何处？查明见复，并详问其近况。

余身体尚好，惟出汗甚多，三年前虽酷暑而不出汗，今胸口汗珠累累，而肺气日弱，常用惕然。甲三体亦弱甚，医者劝服补剂，余未敢率尔也。弟近日身体健否？科四、六体气甚好，科四比弟在家时更为结实，科六则活泼如常，是为可喜。甲五目疾十愈其八，右目光总欠四分耳。

余不一一，即问近好。

再者，人生适意之时，不可多得。弟现在上下交誉，军民咸服，颇称适意，不可错过时会，当尽心竭力，做成一个局面。圣门教人，不外敬恕二字，天德王道，彻始彻终，性功事功，俱可包括。余生平于敬字无工夫，是以五十而无所成。至于恕字，在京时亦曾讲求及之，近岁在外，恶人以白眼藐视京官，又因本性倔强，渐近于愎，不知不觉，做出许多不恕之事，说出许多不恕之话，至今愧耻无已。

弟于恕字颇有工夫，天质胜于阿兄一筹。至于敬字则亦未尝用力，宜从此日致其功，于《论语》之九思，《玉藻》之九容，勉强行之，临之以庄，则下自加敬。习惯自然，久久遂成德器，庶不至徒做一场话说，四十五十而无闻也。

兄再行。

【译文】

沅甫九弟左右：

十三日安五等人回来，收到来信，已经知道了一切。抚、建各府已经收复，只有吉安较迟。你当然不能没有急躁的心情。相信在我军的四面围攻之下，克复吉安在六、七两个月之内就可以实现。

这几天家中四宅、老少家眷都很好。十二日叔母寿辰，家中男女共摆了九席，家中（佣）人等摆了三席。夆山先生十四日来学馆，瀛皆先生十五日来学馆。十二日晚上，澄侯弟去永丰一带的各家吊唁，都要我作挽联。我给贺映南夫人所写的挽联是："柳絮因风，阃内先芬堪继武（姓谢）；麻衣如雪，阶前后嗣总能文。"写给胡信贤母亲的挽联是："元女太姬，祖德溯二千余载；周姜京室，帝梦同九十三龄（胡母九十三岁）。"

近来我的精力逐渐衰减，只有做这件事还像当年一样。澄弟说，这表明我的精神还好，并没有急剧衰老的迹象。

袁漱六的亲戚郑南乔从松江回来，还了从前借的二百五十两银子，还告诉了漱六的近况。漱六现在为官的声誉非常好，学问书法也大有进步。江南人士都很敬仰钦佩他。这让我感到欣慰，也让我觉得惭愧。

杨家滩的周俊大兄号少谦，跟我同学同科考试，也是多年的好朋友。这几年先祖、先考妣的丧事他都来吊唁。昨天他来到家里，说多次考试都没有中，想投身军营博取一个功名，恳求我推荐到吉安营中。我认为功牌可以获得，路费可以送他，保举就不是必须的了。他要是到达吉安营中，希望弟弟当天写好功牌送给他，并赠送给他来往路费。如果恰好有机会，或者恰好遇到攻克吉安的好日子，那么就保举个如九品县丞之类的功名，要是无机会，就不必勉强了，这样也好成全我多年交往的旧友。过去我在军中不妄加保举、不乱用钱，因此人心不依附，到今天还是一个心病。

最近揣摩时下风气，逐渐改变了从前的固执想法。上一次有孙、韩、王三人的请托，这次又有周君的请托，这也是不得已。孙、韩、王三人如果保举文职官员也可以，他们眼光很高，早已看不上千总、把总之类的武官。仙屏在军营中，弟弟必须优先保举他，以此来吸引人才。我没有破格提拔次青，让他沉沦在低等的置位上，至今仍觉得是很惭愧、很悔恨的事。仙屏不管是在京城还是在外地，都会有好的表现。成章鉴是上等的好武官，也应当好好保举。

弟弟的公文、信函都很有长进。上次答谢王雁汀那封信，是弟弟亲手写成的吗？还是魏、彭等人写了初稿你加以润色的？请回信说明这一点。吴子序现在在什么地方？查明后回信告诉我，并要详细询问他的近况。

我身体还算健康，只是出汗很多。要是在三年前，即便是酷暑天气，也是浑身清凉不出汗，现在稍微活动，胸口就溢满汗珠，而且肺气越来越显示衰弱，让我万分忧虑。甲三的身体也十分弱，医生劝他服用补药，我没敢轻易让他用。弟弟近来身体好吗？科四、科六身体气色都很好；科四比你在家时更加结实；科六则像往常一样活泼，这是可喜的事。甲五的眼病好了十分之八九，右眼视力总差四分。

其余的我不再说，顺问近好。

还有，在人的一生中，得意顺心的时候是很难得的。现在弟弟赢得了上下一致的交口称赞，军民爱戴有加，正是人生得意的时候，千万不要错过机会，应当竭心尽力，给自己的人生铸就更大的辉煌。圣人教导人们不外乎"敬恕"两个字，天德王道，有始有终，性功事功，都可以包含在内。我平生在"敬"字上没下工夫，所以到了五十岁，依然碌碌无为。至于"恕"字，在京城时也曾经讲究追求过。近年在外，憎恨人们以白眼藐视京官，又由于本性倔犟，渐渐接近于刚愎自用，不知不觉做出许多"不恕"的事来，说出很多"不恕"的话来，到如今羞愧不已。

弟弟在"恕"字上下了很大的力气，而且在天分上也胜过我一筹。至于"敬"字，弟弟好像也没有用心，从此以后应该在这方面多下工夫。《论语》中的九思，《玉藻》中的九容，要尽力做到。以上临下应该庄重，那么下面自然会尊敬你。习惯成自然，日子久了可以成大器，这才不至于说一场空话，四五十岁仍然默默无闻。

兄又书。

清代砚台

【点评】

信中照例叙述家中琐事，报家宅平安。曾国藩提到自己当年在军队中的时候，不保举、不乱用钱，特立独行。招兵一切按条件，不讲情面。他现在也认为自己有些过分，因而有和他年纪相仿的同学求他保举时，便托九弟帮忙。在信的后补中，曾国藩劝诫弟弟做事竭尽所能，在“敬”和“恕”上下工夫。即居敬持志，宽厚待人。

咸丰八年五月三十日与九弟国荃书

公元1858年7月10日

沅甫九弟左右：

正七归，接一信。启五等归，又接一信。正七以疟，故不能遽回营。启五求于尝新后始去，兹另遣人送信至营，以慰远廑。

三代祠堂，或分或合，或在新宅，或另立规模，统俟弟复吉后归家料理。造祠之法，亦听弟与诸弟为之，落成后，我作一碑而已。看地之事，宽十现在代觅，冒暑裹粮，一出动十日半月，又不取我家盘缠，颇为可感。惟吉壤难得，即仅图五患之免，亦不易易。余意欲王父母，父母改葬后，将神道碑立毕，然后或出或处，乃可惟余所欲。

目下在家，意绪极不佳。回思往事，无一不惭愧，无不一褊浅。幸弟去秋一出，而江西、湖南物望颇隆，家声将替，自弟振之，兹可欣慰。“靡不有初，鲜克有终”，望弟慎之又慎，总以“克终”为贵。

家中四宅大小平安。廿三四大水，县城永丰受害颇甚，我境幸平安无恙。闻季洪有油在永丰，亦已被淹，渠信未之详也。澄弟以三十日赴永丰，因修丞署及蝗虫事。

弟寄归之书皆善本，林氏《续选古文雅正》，虽向不知名，亦通才也。如有《大学衍义》、《衍义补》二书可买者，望买之。学问之道，能读经史者为根柢。如两通（杜氏《通典》,马氏《通考》)两衍义及本朝两通(徐乾学《读礼通考》、秦蕙田《五礼通考》),皆萃《六经》诸史之精,该内圣外王之要。若能熟此六书,或熟其一二,即为有本有末之学。家中现有四通而无两衍义,祈弟留心。弟目下在营不可看书,致荒废正务。天气炎热,精神有限,宜全用于营事中也。余近作《宾兴堂记》,抄稿寄阅。久荒笔墨,但有间架,全无精意,愧甚愧甚,顺问近好。

再,弟尚有二女未许字人。余前与次青约请两家订为婚姻,以申永好。渠二子皆已定聘,余许以渠若于三年之内续生男子,即与弟本年生女许之。当复信之时,未曾与弟往返函商,亦因弟与温、季两弟平日皆佩服次青之为人也。兹特奉告,望弟莞允。次青节孝之后,此次赏不偿劳,余实负之。将来天佑其家,必有余庆也。又及。

此次信交龙勇六送营,勇六即愿留营,不复带回信归也,望弟收用之。倘有家信,另派长夫送归可耳。

抚、建之贼,究系窜闽,抑仍入浙?望查明寄归。玉班观察家订婚之说,余主持之,尽可对。九弟妇意欲少缓,仍请弟为主。月半道场,亦待弟归再办也。余有戈什四人(陈考元、向子荣、蒋魁南、詹鸿宾)在得胜营,望告知普钦堂遇便保之。又罗德煌从我最久,现在刘培元营,宜设法优保之,可与刘一商也。余不一一。兄国藩再具。

再,近日天气炎热,余心绪尤劣愧恨交集。每中夜起立,有怀吾弟,不得相见一为倾吐。外间讥议之辞弟应得闻十一,便中可密及也。弟近日所事俱合于理,余甚欣慰。惟闻早间晏起,临事少庄敬之象,是亦宜速改者,至嘱至嘱。

外江西抚藩粮道信三件,次青信一件,即日专丁驰送。前杨、李、彭公信,尚无复音,何也?浙抚信一件,浙绅信一件,专勇飞送次青处,由次青派丁送杭州也。又行。

【译文】

沅甫九弟左右:

正七回来,收到你写的一封信。启五等人回来,又收到你写的一封信。正七患了疟疾,因此不能立即回营。启五请求尝新以后再回去。现在已经另派人送信到营中,以宽慰你的忧虑。

三代祠堂,要么分,要么合,或者在新住宅,或者另立规模,全都等九弟克复吉安之后回家办理。建造祠堂的方法,也由九弟与诸位弟弟商量决定,落成以后,我只作一块碑而已。看地的这件事,宽十正在帮着寻找,他顶着酷暑,拿着干粮,每次出去就是十天半月,又不接受我家的盘缠,非常感人。只是好地很难找到,就算只要求免除"五患",也不容易。我的想法是祖父母、父母改葬完之后,将神道碑立好,然后要么出去,要么留下,才可以考虑我自己所想做的事。

目前我在家情绪很不好,回忆往事,没有一件不惭愧,没有一件不偏浅。幸好弟弟去年秋天一出去,在江西、湖南名望越来越大,家族声誉由弟弟来振兴,非常欣慰。"靡不有初,鲜克有终",希望弟弟谨慎又谨慎,一定要以善始善终为贵。

家中四宅老少平安。二十三日发洪灾,县城、永丰受灾非常严重,我们这里幸好平安无恙。传说季洪有油在永丰,也已经被淹,他信里没说清楚。澄弟三十日去永丰,为的是处理修建丞署和蝗虫的事。

弟弟寄回来的书都是很好的本子,林氏的《续选古文雅正》,虽然以前不太知名,但他也算得上是一个通才。要是有《大学衍义》、《衍义补》两书可以买到,希望买几本。学问之途,以能够读经史为基础,例如两"通"(即杜佑《通典》、马端临《通考》),两"衍义"及本朝两"通"(余乾学《读礼通考》、秦蕙田《五礼通考》),都荟萃了《六经》诸史的精华,是内圣外王的要点。如果可以熟读这六本书,或者只熟读其中的一两本,就可以算是有本有末的学问了。家里现在有“四通”而没有“衍义”，希望你留意购买。弟弟目前在军营，不能够看书，以免荒废了正务。天气炎热，精神又有限，要把精力用到处理军务上去。我最近写的《宾兴堂记》，抄了一份稿子寄给你看。笔墨荒废了很久，只有间架结构，没有一点神韵，非常惭愧。顺问近好。

另外，弟弟还有两个女儿没有许配人家。我上次写信跟次青相约，打算两家结为亲家，以此来表明永远友好。他的两个儿子都已经定婚，我答应如果三年内他再生男孩，就把弟弟今年生的女儿许配给他。当时回信没有与弟弟商量这件事，也是因为弟弟与温、季两弟平常都钦佩次青的为人。现在特地告诉你，希望弟弟答应。次青是忠孝臣子的后代，此次得到的奖赏又小于他的功劳，我实在是有负于他。将来老天保佑他家，必定会有其他的喜事。又及。

这封信交给龙勇六送到军营中。勇六要是愿意留在军营里，就不必让他带信回来了，希望弟弟录用他。要是有家信，另外派人送来就行。

抚、建两地的敌人，究竟是不是窜往福建？还是仍然侵入浙江？希望查明情况，写信告诉我。

玉班观察家订婚那件事，由我主持，完全能够应付。九弟妻的意思是要等一等，仍然请弟弟主持。月半的道场也等弟弟回来后再办。

我有戈什四人（陈考元、向子荣、蒋魅南、詹鸿宾）在得胜营那里，希望告诉普钦堂，碰到便利的时机保举他们。另外罗德煌跟随我时间最长，目前在刘培老营那里，应当想办法破格保举，可以跟刘商量一下。其余的不一一叙说。兄国藩再书。

其次，最近天气炎热，我心情很坏，又愧又恨。每天半夜起床，想念弟弟，不能相见一一诉说心里话。外面的讥讽之辞，弟弟应该可以听到一些，顺便用密信告知我。弟弟这几天做事都很合理，我感到很欣慰。只是听说，早上起得还太迟，碰到事情不够庄重，这也应该赶快改正。至嘱至嘱。另外有江西抚藩粮道的三封信、次青的一封信，即日派专人飞马送去。上次杨、李、彭公的信怎么还没有回音，这是为什么？浙江巡抚的一封信、浙江绅士的一封信，派专人飞马送到次青那里，让次青派兵丁送到杭州。又书。

【点评】

这封信较长，但读后我们可以深切感受到对比鲜明的两件事：一件就是曾国藩的愧恨交集，孤枕难眠，没有人可以诉说心里话，因而心绪极坏；另一件就是弟弟在外统兵，声望越来越大，春风得意光宗耀祖。虽然曾国藩的才能不在弟弟之下，但是由于时机不好，也只能一事无成而在家遭受讥议，由此看来，时机对于成功是多么重要。可见，凡事应相时而动，把握好时机。

咸丰八年六月初四日与九弟国荃书

公元 1858 年 7 月 14 日

沅甫九弟左右：

初一日专人至吉营送信。初二夜接弟来信，论敬字义甚详，兼及省中奏请援浙事，劝余起复。是日未刻，郭意城来家述此事，骆中丞业出奏矣。初三日接奉廷寄，饬即赴浙办理军务，与骆奏适相符合。骆奏二十五日发，寄谕廿日自京发也。

圣恩高厚，令臣下得守年余之丧，又令起复，以免避事之责，感激之忱，匪言可喻。

骆秉章朝服像。骆秉章是清代大臣，官至四川总督，曾与太平军作战。曾国藩给弟弟信中的“骆中丞”指的就是骆秉章

兹定于初七日起程，至县停一日，至省停二三日。恐驿路迂远，拟由平江、义宁以至吴城。其张运兰、萧启江诸军，约至河口会齐。将来克复吉安以后，弟所带吉安营，即由吉东行至常山等处相会。

先大夫少时在南岳烧香，抽得一签云：“双珠齐入手，光彩耀杭州。”先大夫尝语余云：“吾诸子当有二人官浙。”今吾与弟赴浙剿贼，或已兆于五十年以前乎？

此次之出，约旨卑思，脚踏实地，但求精而不求阔。目前张、萧二军及弟与次青四军已不下万人，又拟抬船过常、玉二山，略带水师千余人，足敷剿办矣。此外在江各军，有饷则再添，无饷则不添，望弟为我斟酌商办。

办文案者，彭椿年最为好手。现请意城送我至吴城，或至玉山，公牍私函，意城均可料理。请仙屏即日回奉新，至吴城与我相会。其彭椿年、王福二人，弟随留一人，酌派一人来兄处当差，亦至吴城相会。余若出大道，则由武昌下湖口以至河口；若出捷径，则由义宁、吴城以至河口。许、彭等至吴城，声息自易通也。应办事宜及往年不合之处，应行改弦者，弟一一熟思，详书告我。顺问近好。

兄国藩再书。

【译文】

沅甫九弟左右：

初一派遣专人去吉安军营中送信。初二晚上收到弟的来信，讨论“敬”字，讲得非常详细，又提到省里奏请援救浙江的事，劝我重新复出。当天未时，郭意城又来家里述说这件事，骆中丞已经寄出奏折。初三收到圣旨，命令立即赶赴浙江处理军务，跟骆中丞的奏折内容相符合。骆中丞的奏折是在二十五日寄出的，圣旨是在二十日从京城发出的。

皇恩浩荡，让我能够守丧年余，现在又命令我重新复出，以摆脱逃避军务的指责，感激之心是言语无法表达的。现在计划于初七起程，到县城停留一天，到省城停留两三天，担心驿路迂回过于遥远，打算经过平江、义宁到达吴城。并命令张运兰、萧启江各部队到河口会齐。以后攻克吉安后，弟所率领的吉安营就从吉东行到常山等地相会。

先父年轻时在南岳烧香，抽了一支签，上面说：“双珠齐入手，光彩耀杭州。”先父曾经对我说：“我的几个儿子当中应该有两个到浙江为官。”现在我跟弟同赴浙江剿灭敌人，或许在五十年前已经有征兆了吧？

这次复出，是奉旨行事，脚踏实地，只希望兵精而不求人多。现在张、萧两支军队及弟与次青四支队伍合起来已经不下万人。又打算在抬船过常、玉两山时，再带一千多水军，就足够剿敌了。此外在江西的各部队，有军饷的可以再添兵，没有军饷的就不必添了。希望弟为我考虑着去做。

处理文案的人，彭椿年是最合适的人选。现在让意诚送我去吴城，或者去玉山，公文私函意诚都可以处理。让仙屏立即回奉新，到吴城跟我会合。彭椿年、王福二人，弟可以留下一人，派一人到我这里当差，也到吴城会合。我如果走大道，那么就从武昌去湖口再到河口；如要走捷径，就从义宁、吴城再到河口。许、彭等人到了吴城，当然容易联络。应该处理的各种事情如有与往年不同的地方。需要改弦更正的，请弟替我一一考虑。写信详细告诉我。顺问近安。

兄国藩再书。

【点评】

咸丰八年二月，太平军翼王石达开攻占常州等地，浙江告急。御史李龟年上奏朝廷，命令曾国藩复出，朝廷于是派曾国藩带兵援救浙江。曾国藩在家书中提到他父亲年少时在南岳庙烧香抽签，签文是“双珠齐入手，光彩耀杭州”。曾氏就将其联系在自身与九弟身上，由此他认为，这次复出一定是应签文之灵，光耀门楣的开端。于是三日后起程，并作调兵遣将等安排部署。

咸丰八年六月十六日与九弟国荃书

公元 1858 年 7 月 26 日

沅甫九弟左右：

六月十四日接弟初二日信，十六日又接初八日信，借悉一切。所有应复事件，分布如左：

（一）余十二日到省，十三四拜客二天。十四日赴中丞宴，十五早赴李宅宴，系丁、陈、孙（芝房）、周（荇农）、二黄（恕皆、南坡）、李（仲云）、唐（树森）公请。十五日赴贺宅宴，余皆十六早赴左宅宴，余皆会客，几无暇晷。定于十九日起行，坐船至湖北，停住三五日，至湖口住三五日，然后至河口，会齐诸军，始行入浙。

（一）定调之军张凯章、朱南桂、胡兼善、萧浚川，此谕旨所派，骆奏所指者也。浚川久劳于外，疲病日甚，有亲未葬，兹已奏明，准假两月，令其回籍。其军派人暂行摄领，带至河口，俟余至河口，或先带入浙，或待萧假旋，再行带赴浙中，均无不可。自此二军之外，又调吴翔冈之千二百人，又至李迪庵处拔调一千人，马队百人。浚川现统四千人，拟令汰选，仅留二千人，合之张、朱、胡、吴、李，已八千矣（皆精兵）。再加次青一军，则逾万矣。吉安克后，再加弟军及刘腾鹤军，则万四五千矣。嫌其太多，尚须选汰。水师但调舢板六十号过玉山，至多不满千人。水陆合计，与弟条陈之数相符。

（一）吉安不能遽克，弟与兄不能即日相会，未得面叙一切，深为怅怅。若六月克复，则请弟坐船来吴城，先与兄相会一次，然后回家一行，在家小住月余，再至浙中提调一切。若不速克，则常常通信，总以雪琴水师为枢纽。

（一）起程日期一折，于十七日自省拜发，折稿附寄一阅。骆中丞前奏请起复赴浙之折，于十五日奉到朱批，嘉其符合圣意，不分畛域，谕旨褒赞，兹亦抄阅。

(一)营务处已派王入瑞太守,左公及霞老意也。凡属湘勇,入瑞均可联络。侦探所名目,则照弟之条陈,不复立矣。提调亦难其人,俟弟到营时任之。其稽查各员,颇难得此公明之选,弟可于吉安留心访之。

(一)派来之人,朱、萧、李、杨尚未到省,余五、戈什哈皆于十六日到长沙。此后弟有信可派人径送湖口,兄至湖口大约在七月中也。诸惟心照,顺问近好。

兄国藩手草。

【译文】

沅甫九弟左右:

六月十四日收弟二日写的来信;十六日又收到八日写的来信,已经知道了一切。所有需要回答的事情,答复如下:

一、我于十二日到达省城,十三、十四日两天拜访客人,十四日参加中丞的宴请。十五日早又参加李宅宴请,是丁、陈、孙(芝房)、周(荇农)、二黄(恕皆、南坡)、李(仲云)、唐(树森)等诸公请客。十五日参加贺宅的宴请,十六日又参加左宅的宴请。其余的时间都在会客,几乎没有空闲时间。已经决定在十九日起程,乘船到湖北,停留三五天;到湖口再停留三五天,然后到河口会齐各军,一起奔赴浙江。

二、决定调遣的军队有张凯章、朱南桂、胡兼善、萧浚川,这些部队都是奉旨所派、骆中丞所指定的。浚川长时间在外辛苦,疲劳疾病一天比一天严重,又有亲人去世还没有埋葬。我已经奏明皇上,准许给他两个月的假,让他回乡。他的军队暂时让别人统领,带到河口。等我到了河口,或者先带领进入浙江,或者等萧浚川假期结束回到军队再带军赴浙中,都可以。除了这两军以外,又调遣吴翔冈军一千二百人,又到李迪庵部队里调拨一千人、马队一百人。浚川目前统帅四千人,打算命令他挑选淘汰一部分,只留下两千人;加上张、朱、胡、吴、李各军已有八千兵了,都是精兵。再加上次青那支军队,则超过一万人了。吉安克复后,再加上弟所统领的军队和刘腾鹤的军队,就有一万四五千兵了。我觉得太多了,还必须淘汰删减一部分。水军只调派舢板六十条到玉山,最多不过一千人。水陆合计,与弟所说的人数相符合。

三、吉安不能够立即攻克,你我兄弟不能很快会面,不可以面叙一切,非常遗憾。如果六月份可以攻克吉安,就请弟乘船到吴城,先与我相会,然后再回家一趟。住上一个月,再到浙中听候提调。如果吉安不能立即攻克,就时常通信。总之要以雪琴的水师为联络枢纽。

四、关于我起程日期的奏折计划在十七日从省城发出,奏折底稿寄去请你看一看。骆中丞上次奏请起复我并赴浙江处理军务的奏折,已经于十五日传到,皇上朱批表彰他符合

清末军队

圣意，举官而不分地域，下旨褒奖。现在也抄寄给你一阅。

五、依据左公及霞老意见，营务处已经调派王人瑞太守任职。只要是湘军，人瑞都可以联络。关于侦探所，就按照弟的意见，不再建立。提调一职也难以找到合适的人选，等弟来到大营时担任该职。其他各种稽查人员，也难以找到这样公正廉明的人选，弟可以在吉安留心探讨搜求。

六、派来的人当中朱、萧、李、杨还没有到省城，余五、戈什哈都已经在十六日到达长沙。以后弟寄信，可以派人直接送到湖口。我到湖口，大约在七月中旬左右。诸惟心照，顺问近好。

兄国藩手草。

【点评】

1858 年，由于浙江告急而得骆中丞的奏请，曾国藩得以再次统军作战，在家守丧期间的那种愧恨也一扫而光。经历了长时间的苦闷之后，曾国藩终于又等到了施展抱负的机会。因此在这封信中我们可以感受到曾氏复出后的那种脚踏实地、一展鸿图的心胸。

咸丰八年六月廿三日与九弟国荃书

公元 1858 年 8 月 2 日

沅甫九弟左右：

十七日接弟一缄，系王福所书，知弟小有不适，比已痊愈否？至念至念。余十九日自长沙启行，夜宿青油望，二十夜宿土星港，二十一宿岳州，二十二宿新堤，阻风半日。南风太久，恐北风亦难遽止也。

弟封还余寄耆公一书，而另以一书附去，所论皆正大之至。弟能如是见理真确，兄复何患哉？惟吴某曾以一缄分诉于余，余许为之关白。复书去仅二日，而自背其说，亦有未安，当更详之耳。

弟前后两信所言皆极当，特余精力甚倦，不克力行，日日望弟来助我也。奏折、咨札请周荇农，书启请仙屏，又请帮写者二三人，从弟所陈也。余不一一，即问近好。

【译文】

沅甫九弟左右：

十七日收弟一封信，是王福代写的，知道弟弟身体不太好，现在是否已经痊愈，非常的挂念。

我十九日从长沙起程，晚上住在青油望，二十日晚上住在土星港，二十一日住在岳州，二十二日住在新堤。由于大风受阻半天，南风刮的时间太长，恐怕北风也难以马上停止。

弟寄回我写给耆公的那封信，而另外写一封信寄去，所论说的都是极其正大的道理。弟的见解这样真切，兄还有什么担忧的呢？只是吴某曾给我写了一封信，我答应给他关白，回信不过两天，而我却自食其言，心中也觉得不安，应该再考虑一下。弟前后两封信所说极对，只是因为我精力疲倦，不能够身体力行，天天盼望弟能够来助我一臂之力。奏折、公文请周荇农办理、书启请仙屏办理，再请两三人帮着写，都依弟弟的意见。余不一一。即问近好。

【点评】

这封家书主要说到了自己的行程，谈到由于大风而受阻半天，之后又说到曾国荃对寄给耆公一信的处理情况，因为处理得当而受到曾国藩的夸赞，同时也表达了“余精力甚倦，不克力行，日日望弟来助我也”的急切心情。

咸丰八年六月廿七日与九弟国荃书

公元1858年8月6日

沅甫九弟左右：

在岳州曾寄一缄，不知到否？余于廿二日到新堤，廿四至武昌，寓胡中丞署内，商议一切，酒食应酬数日，初一日可赴下游。

李迪庵十九日自武昌赴麻城，二十五日拔营，自蕲水前进，已约其在巴河等候会晤。巴河在黄州下四十里，去鄂垣二百二十里也。浙中之贼，次青六月初八寄胡中丞缄，言衢州解围，江山、常山并已收复，不知其尽窜闽中，抑系分扰浙东？看来浙事亦易了耳。

余身体平安。到湖口时，大约在七月初八九。自家起行至岳，皆值酷暑，近数日稍凉，服鹿茸数帖，略觉健爽，从此新秋益凉，或可日就安泰。弟七月上旬有信，可专人送至吴城、饶州等处。余不一一。

兄国藩手草。

【译文】

沅甫九弟左右：

在岳州时曾寄了一封信，不知收到没有？我于二十二日到达新堤，二十四到达武昌，住在胡中丞官署内，商议一切事情。应酬宴请几天，初一可以奔赴下游。

李迪庵十九日从武昌赴麻城，二十五日拔营进军。自蕲水进发，已经约好他在巴河等候会晤。巴河在黄州下游四十里，距鄂垣二百二十里。浙江的敌军情况，次青六月初八寄信给胡中丞，说到衢州已经解围，江山、常山都已经收复。敌军不知道是都逃窜去了闽中，还是有部分去袭击侵扰浙东？看来浙江的战事已经好办了。

我身体健康。到达湖口的时间在七月初八九。从家里起程一直到岳州，都是酷热，这几天稍微凉爽了一点，服了数帖鹿茸，稍微觉得健爽。从现在开始已经进入秋天，天气逐渐凉爽，大概可以舒服些了。弟如果七月上旬来信，可以派专人送到吴城、饶州等地方。其余不一一谈了。

兄国藩手草。

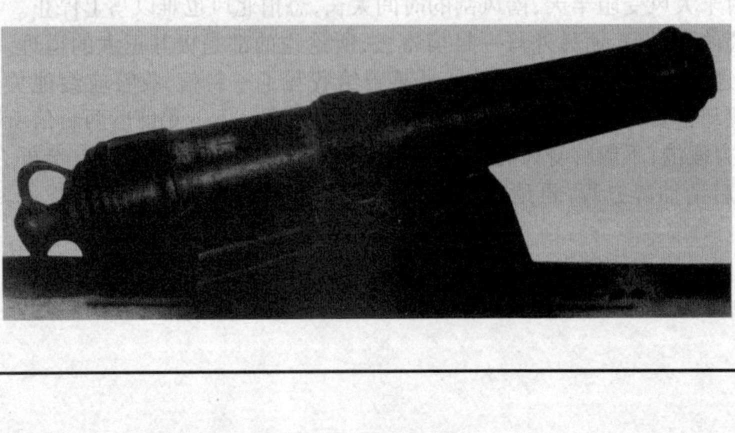

太平天国的火炮

【点评】

这封信向曾国荃介绍了一下行程情况，之后提到了浙江的战事：衢州已经解围，江山、常山都已经收复，只是不知太平军的去向，但浙江的战事已经易于解决了。轰轰烈烈的太平天国运动从此走上衰退之路。

咸丰八年七月初七日与九弟国荃书

公元 1858 年 8 月 15 日

沅甫九弟左右：

二十七日在武昌发第二十五号信，不知何日可达？

兄此出，立有日记簿，记每日事件，兹抄付一览，可得其详。此后凡寄家书，皆以此法行之，庶逐一悉告，不至遗漏。

余于初二日至巴河晤温弟，初四日晤迪庵，初六日晤希庵，彭雪琴、唐义渠皆自下游来迎，可谓胜会。厚庵于六月十一日下攻芜湖，二十七日仍收队回至安庆，余至湖口或可一见。余与温弟、迪、希、雪、霞诸公商酌一切，皆已就绪。惟温、希及胡中丞之意，欲余于营盘附近另觅一县城驻扎，迪、霞之意，欲即于营盘内驻扎，二者尚无定见。

报起程日期一折，初五日在巴河奉到朱批："汝此次奉命即行，足征关心大局，忠勇可尚。俟到营日，将如何布置进剿机宜，由驿具奏可也。钦此。"圣恩奖借，报称维艰，精力日亏，恐不堪事。只望吉安克复，弟早来浙中相助，则兄诸事得以整理矣。

古来围城，亦有三五年不破者，吉贼无路可窜，势不能不尽力死守。望弟勿过于焦急，总宜静心忍耐，至要至要。

在湖北时，胡中丞以鹿茸二架见惠，服之颇有效。近日身体平善，勿以为念，顺问近好。

国藩手草。

【译文】

沅甫九弟左右：

二十七日从武昌寄出第二十五封信，不知道哪天可以到达？我这次外出统军备有日记本，记录每天的事情，现在抄给你看一看，可以知道详细情况。此后凡是寄家信，都用这种方法办理，每一件事都详细地告知，不至遗漏。

我于二日到达巴河与温弟会合，四日与迪庵会合，六日与希庵会合。彭雪琴、唐义渠都从下游前来迎接，可以说是盛会。厚庵在六月十一日攻克芜湖，二十七日仍旧收军回到安庆，我到了湖口，也许能够见到他。我同温弟、迪、希、雪、霞诸公商量的所有事情都已准备好。只是温、希、胡中丞的想法，打算要我在营盘附近另外找一座县城驻扎；而迪、霞的意见让我就在营盘内驻扎，这两方面还没有确定统一的意见。

上奏起程日期的奏折，五日在巴河接到皇上朱批："你这次奉命立即起程，充分表明你关心大局，忠勇可嘉。等到到达军营之后，将怎样布置进剿计划，用驿传奏明就可以了。钦此。"圣恩如此嘉奖，报恩更加艰难，现在精力一天不如一天，担心不能胜任。只盼望吉安早日攻克，弟早些来浙中相助，那样为兄的事就可以理出头绪来了。自古以来，围城也时常有三五年不能攻破的；吉安的敌军没有道路逃窜，迫于形势不能不尽力死守，希望弟不要过于急躁，一定要静心忍耐。

在湖北时，胡中丞赠给我两只鹿茸。服用后很有效果。近日身体健康，不要挂念。顺问近好。

国藩手草。

【点评】

曾国藩在家中日思夜想的事情终于实现了，经过长途跋涉终于到达了巴河，与弟及从前旧部重新相见了；曾国藩也按捺不住内心的喜悦因此在信中称这次相见“可谓胜会”。在喜悦之中仍有不足，那就是九弟还不在自己的身边，因此劝慰曾国荃国城要“静心忍耐”，不可以“过于焦急”。可见曾氏凡事都以大局为重的气量。

咸丰八年七月十四日与九弟国荃书

公元 1858 年 8 月 22 日

沅甫九弟左右：

久未接弟安报，不知近状何如？余在兰溪发一信，由湖北寄左季翁转致，不知得到否也？

初九日与迪、希别，十一日至九江，一祭塔公祠，十二日至湖口。厚庵近日体气稍逊。雪琴则神采奕奕，在湖口新修水师昭忠祠，土木之工，一一皆亲手经营，嘱余奏明。迪庵在九江修塔公祠，亦嘱余一奏。余拟会杨、李衔奏之。迪庵又欲于湘乡立忠义祠，亦将一会奏也。

胡中丞之太夫人（姓汤）于十一日辰刻仙逝。水陆数万人皆仗胡公以生以成，一旦失所依倚，关系甚重。余拟送幛一、联一、银二百，皆书余与温、沅名。玉班兄丁艰，弟如何致情，望速示。

再，兄于近日受暑，夜间又感受风露，体中小有不适，请焦听堂诊治，服药两帖，已愈矣。闻弟病疟，不知痊愈否？罗逢元言尚未愈，韩升之兄言服成章鉴之方，已十愈八九。澄侯信言十六日全好；则尚未悉后小有反复也。七月以来，不审全复元否？体气素弱，不宜多服克伐之剂，而有病在身，又不宜服补剂，殊为惦念。吉安克复，尚无把握，千万不可焦急。日慎一日，以求其事之济，一怀焦愤之念，则恐无成耳。千万忍耐，千万忍耐。久而敬之四字，不特处朋友为然，即凡事亦莫不然。至嘱。

【译文】

沅甫九弟左右：

很久没有收到弟的平安信，不知道近况如何？我在兰溪寄过一信，从湖北寄给左季翁转送，不知收到了吗？

初九在兰溪同迪、希告别，十一日去九江祭奠塔公祠，十二日到达湖口。厚庵最近身体稍微有点不适，而雪琴却是神采奕奕，在湖口新修建水师昭忠祠，土木工程，都是他亲自办理，并嘱托我要奏明朝廷。迪庵在九江修建塔公祠，也嘱托我上奏，我打算会同杨、李联名上奏。迪庵又要为湘乡建忠义祠，我也将一起上奏。

胡中丞的太夫人在十一日辰时去世。水陆两军数万人全依靠胡公的支持，一旦失去依靠，关系十分重大。我准备送祭幛一副、挽联一副、银二百两，都用我和温弟、沅弟署名。玉班兄父去世，弟打算怎么处理？望迅速告之。顺问近好，其余详情见日记，不另再言。

再：我最近几天中暑，晚上又着凉，身体略微有些不适。请了焦听堂诊治，服了两服药,已经痊愈。听说你也病了,不知道痊愈了没有?罗逢元说还没有痊愈,韩升之兄说服了两服药,已经好了十分八九。澄侯来信说十六日已经全好,还不知道以后小有反复。七月以来,不知道完全复原了吗?你身体向来较弱,不适合多吃克伐的药,并且有病在身,又不适合服补药,十分的挂念。攻克吉安,现在还没有把握,千万不可以焦急。一定要日日谨慎,以便把事情做成功,一旦心里有焦急的念头,恐怕反而不能够成功。千万忍耐,千万忍耐!"久而敬之"四个字,不只是交朋友这样,凡事莫不如此。至嘱!

【点评】

曾氏此封家信的主旨在于说明,一个人的一生不是越来越懒散无常,而是应当越来越谨慎有序,这样才能功成名就。此外,家书谈到军事胜利在望之时考虑修建昭忠祠与忠义祠,又讲到胡中丞丧妻众人吊唁,末尾告诫沅甫千万忍耐。末尾告知弟弟如何养生,如何服药,以及遇焦躁之时,万万谨记以"谨慎、忍耐"为第一要义。

咸丰八年七月二十日与国潢国葆书

公元 1858 年 8 月 28 日

澄季两弟左右:

兄于十二日到湖口,曾发一信,不知何时可到?胡蔚之奉江西耆中丞之命,接我晋省,一行于十七日至湖口,余因于二十日自湖口开船入省,北风甚大,二十一日可抵章门也。杨厚庵送至南康,彭雪琴径送至省,诸君子用情之厚,罕有伦比。

浙中之贼,闻已全省肃清,余到江与耆中丞商定,大约由河口入闽。

家中种蔬一事,千万不要怠忽。屋门首塘养鱼,亦有一种生机。养猪亦内政之要者。下首台上新竹,过伏天后有枯者否?此四事者,可以觇人家兴衰气象,望时时与朱见四兄熟商。见四在我家,每年可送束修钱十六千,余在家时曾面许以如延师课读之例,但未言明数目耳。季弟生意颇好,然此后不宜再做,不宜多做,仍以看书为上。

余在湖口病卧三日,近已痊愈,尚微咳嗽。癣疾久未愈,心血亦亏,甚颇焦急也。久不接九弟之信,极为悬系,见其初九日与雪琴一信,言病后元气未复,想比已痊愈矣。

甲五近来目疾何如?千万好为静养。在湖口得见魏荫庭,近况尚好。余详日记中,顺问近好。

兄国藩手草。

曾国藩之弟曾国葆像

【译文】

澄季两弟左右：

我于十二日到达湖口，曾寄出一封信，不知道什么时候可以收到？胡蔚之奉江西耆中丞之命迎接我到省城。一行人于十七日到达湖口。我继而于二十日自湖口开船入省，北风非常大，二十一日可以抵达章门。杨厚庵送我到了南康，彭雪琴一直送到省城。与各位情谊的深厚，无与伦比。

浙江的贼匪，听说已经全省肃清，我到江西，与耆中丞商量决定，大约是从湖口进军福建。

家里种菜这件事，千万不可以疏忽。屋门口池塘里养鱼，也有一种生机在。养猪也是一项重要的家庭事务。下首台上种的新竹，伏天后有没有枯死的？这四件事，可以看出人家兴衰气象。希望能够经常与朱见四兄细细商议。见四在我家里，每年可以送他束修钱十六千。我在家时，曾当面许诺他照例给他像担任老师一样待遇，但没有说明数量。季弟的生意非常好，但今后不便再做、不便多做，仍要以看书为上。

我在湖口病了三天，现在已好了，但还稍微有点咳嗽。癣病许久没有好，心血已经亏损，非常焦急。很久没有收到九弟的信，十分挂念。看到他初九写给雪琴的一封信，说病后元气没有恢复，想来现在已经痊愈了吧。

甲五这些天眼疾怎么样？千万要好好静养。在湖口见到了魏荫庭，他近况还好。其余详情见日记中，顺问近好。

兄国藩手草。

【点评】

曾国藩在家书中强调：家中种菜务农的事，千万不可怠慢；池塘养鱼，也颇有生机。种竹养猪是家政之首要等，其用意深远。首先，曾国藩向来以农桑为本，认为它具有安定社会民生的作用，因此家风也要以淳朴为本。其次，家中成员都要参与劳作，可以避免腐化堕落，无所事事的风气的滋生，家风以勤俭为本。最后，家人团结协作，目标一致才能有所成，这样的齐家之道颇有新意。

咸丰八年七月廿八日与九弟国荃书

公元1858年9月5日

沅甫九弟左右：

在湖口专丁送去一缄，至南昌由驿递发去一函，均接到否？不接我弟家信已四十日，焦灼之至。未审弟病已痊愈否？

余于二十四日出省城登舟，二十五日开船，二十六午刻至瑞洪，闻吴国佐廿七八可至南昌，故在此少为等候。兹因谢兴六赴吉安之便，再寄一缄，询问近状。如吉安尚无克复之耗，千万不必焦急。《达生编》六字诀，有时可施之行军者，戏书以佐吾弟之莞尔。

余向来虽处顺境，寸心每多沈闷郁抑，在军中尤甚。此次专求怡悦，不复稍存郁损之怀，《晋》初爻所谓"裕无咎"者也。望吾弟亦从"裕"字上打叠此心，安安稳稳。顺问近好！

兄国藩手草。

【译文】

沅甫九弟左右：

从湖口派专人送去一封信，到南昌后又通过驿站寄出一封信，都收到了吗？有四十多天没有收到你的来信，十分焦虑，不知道你的病已经痊愈没有？

我于二十四从省城登船，二十五日起程，二十六日午时到达瑞洪。听说吴国佐二十七八日可以到达南昌，因此在此等候。现在趁着谢兴六赴吉安之便，再寄一封信，询问近况。要是吉安还没有攻克的消息，千万不要焦急。达生编写的六字诀，有时可以应用于从军的人，当作玩戏写下来以供你一乐。

我一直虽然身处顺境，但心中仍然经常抑郁沉闷，在军队中更是这样。这次专门寻找快乐，不再怀着忧郁的想法。《晋》初爻所说"裕无咎"。希望你也在"裕"字上下工夫，安安稳稳。顺问近好。

兄国藩手草。

【点评】

居安思危，是许多成功者保持常胜的方法。这封家书中曾氏劝国荃不必为吉安不克而焦急，凡事应做到内心安稳怡悦，即使身居显位，也应居安思危。曾国藩的人生格言是："向来虽处顺境，寸心每多沉闷抑郁"。生活中也是如此，倘若一个人目光短浅，容易满足眼前的利益，被暂时的胜利冲昏头脑，将来必定会以失败告终。

咸丰八年八月初四日与九弟国荃书

公元 1858 年 9 月 10 日

沅甫九弟左右：

八月一日罗逢元专丁归。接弟二十四日信，知弟病渐痊愈复原。自长沙开船后，四十一日不接弟手书，至是始一快慰。而弟信中所云，先一日曾专人送信来兄处者，则至今尚未到，不知何以耽搁若是？

余自廿五日自江西开船，廿六至瑞洪，廿八日就谢弁之便寄信与弟。八月初二日至安仁，初四日至贵溪，王人瑞、张凯章及萧浚川之弟萧启源均在此相候。初六七可至河口，沈幼丹、李次青皆良觌不远矣。

闽省浦城之贼，于七月上旬中旬出犯江西，围广丰、玉山两城，次青以一军分守两县，各力战五六日夜，逆贼大创，解围以去。现在广信一带，次青勋名大著，民望亦孚。浙抚晏公于全浙肃清案内保举次青以道员记名，遇有江西道员缺出，请旨简放。将来玉山守城案内，余亦当优保之。苦尽甘回，次青今日得蔗境矣。

玉山之贼窜至德兴、婺源一带，将归并于皖南芜湖。余至河口，拟留萧军守河口，而自率张、王、朱（品隆）、吴（国佐）进剿闽之崇安。贼势日乱，或尚易于得手。

安化教官李熙庵在弟处揖钱，望速开履历等件来，以凭汇奏，附见意城信中。顺问近发。

兄国藩草，八月四日夜。

【译文】

沅甫九弟左右：

八月一日所专门派遣的罗逢元回来，收到弟二十四日写的信，知道弟病情逐渐痊愈复原。自从长沙开船后，四十一日没有收到弟信，到现在才感到快慰，但弟信中所说前一日曾派专人送信到我这里，却至今没有到，不知什么原因如此耽搁？

我在二十五日从江西开船，二十六日到达瑞洪，二十八日通过谢弁顺便寄信给你。八

清代将官盔帽

月初二到达安仁，初四到达贵溪，王人瑞、张凯章和萧浚川之弟萧启源都在这里等候。初六、初七可以到达河口，沈幼丹、李次青都很快能够相见了。

福建浦城敌军在七月中旬侵犯江西，现在在广信地区，次青靠一支军队分别守卫两座县城，分别大战五六个日夜，敌军受到大创，解围而逃去。现在在广信地区，次青的名声大增，也非常得民心。浙江巡抚晏公在全浙肃清案中保奏次青以道员记名，如果遇有江西道员缺额，就请旨出任。以后在玉山守城案内，应当举荐他。苦尽甘来，次青现在算是可以吃甘蔗了。

玉山敌人流窜到德兴、婺源一带，将和皖南芜湖的敌军合并，我到河口，打算留下萧军守河口，而自己率领张、王、朱（品隆）、吴（国佐）进剿福建的崇安。敌人形势一天天变乱，或者还较容易得手。

安化教官李熙庵在弟那里捐钱，希望尽快寄来履历等材料，以便于上奏。附在意城的信中就行。顺问近好。

兄国藩草，八月四日夜。

【点评】

信的开头，曾氏表现出了收到信后的一种快慰之情，可见兄弟情深。之后又谈到李次青因打了胜仗而“勋名大著，名望亦孚”，又有保举他做道员的喜事，因此曾氏说他是“苦尽甘回，次青今日得蔗境矣”。我们在日常生活中总会遇到许多的艰难困苦之事，但我们一定要相信，只要努力进取，总会有苦尽甘来的一天。

咸丰八年八月初六日与九弟国荃书

公元1858年9月12日

沅甫九弟左右：

初五日贵溪途次，专老湘营勇秦大中等二人送信至吉安营中。甫发二时许，而弟廿四日所遣之人至，接弟信，知体气尚未痊愈。初五夜曾福亦至，得悉弟之近状。

弟素体弱，大黄攻伐之品，非弟所能堪，而误服之后，此复元较难。吉安克后，病当全去。元神尚亏，可至家中将养一月，仍来兄处帮办一切。或带勇，或不带，或多带，或少带，均听弟之自便，但不可不来帮我。我近来精神日减。此次之出，恶我者拭目以观其后效，好我者关心而虑其失坠。意城在此帮助，颇称水乳，手笔亦能曲达人意，特约定至玉山后即当别去。专望弟来照料一切，外和军旅，内检琐务，大小人才，悉心体察，庶可补余之短，弟决不可怀一不来之见也。

刘培元营不中用，兄决计不调，向亦无与左公约定。李大雄得胜定，即当与江抚会札撤之。玉班处弟送礼甚妥，余亦当作书唁之。胡润芝中丞太夫人处，余作挽联云：

武昌居天下上游，看郎君新整乾坤，纵横扫荡三千里；

陶母为女中人杰，痛仙驭永辞江汉，感激悲歌百万家。

胡家联句必多，此对可望前五名否？成章鉴极好，阿兄又当自诩眼力之不谬。余不一一，顺问近好。兄国藩手草，八月初六日。

再，来勇李信六、刘升文，于初五日午刻至贵溪县，较之罗逢元之专丁张正魁、杨和贵廿四日自吉安起行，廿九日即到安仁者，迟速相去多矣。莘田叔日内即至吉安，先此告知。兄又行。初六日，贵溪上三十里舟次。是日始得秋雨，舟中新凉。

【译文】

沅甫九弟左右：

初五从贵溪途中驻扎的地方，专门派老湘营兵士秦大中等两个人送信到吉安营中。出发才两个时辰，而弟二十四日所派的人到了。收到弟信，知道身体还没有痊愈。初五晚上曾福也到了，知道弟的近况。

弟向来体弱，大黄等烈性药物，不是弟可以忍受的，误服之后，很难复原。吉安攻克后，你的病也该痊愈了，元气还是亏乏，可到家中休养一月，然后再来兄处帮助处理一切。带兵或不带兵，多带或少带，都听弟自便。但是不能不来帮我。我最近精神日益衰减，这次出来统兵，讨厌我的人都睁着眼睛等着看我的下场，喜爱我的人都在关心我而担心我会有失误。意城在这里帮助我，非常融洽，文笔也可以反映我的意思。但只是约好到玉山后就应当离去，因此非常希望弟能来照料一切。在外和军旅、在内检杂务，大小人才，尽心体察，这样才可以弥补我的不足。弟一定不要有不来的意思。

刘培元的军队不中用，兄决定不征调他们，以前也没有跟左公约定要用他。李大雄得胜之后，我准备与江苏巡抚联名发公文撤回他们。玉班那里，弟送的礼非常合适，我也应该写文吊唁，胡润芝中丞太夫人那里，我写挽联："武昌居天下上游，看郎君新整乾坤，纵横扫荡三千里；陶母为女中人杰，痛仙驭永辞江汉，感激悲歌百万家。"胡家收到的挽联肯定很多，此联有望进入前五名吗？成章鉴非常好，阿兄又应当自夸眼力不错，余不一一，顺问近好。兄国藩手书，八月初六日。

另外，来的兵士李信六、刘升文于初五日午时才到贵溪县，比罗逢元的专兵张正魁、杨和贵二十四日由吉安起行，二十九日就能到安仁，快慢相差太多。莘田叔这几天就到吉安，先告诉你一声。兄又书。初六日贵溪上三十里舟中。今日开始下雨，舟中凉爽。

【点评】

这封信的主旨是劝九弟在吉安克复后一定要来帮助自己，因为曾国藩的这次复出"恶我者拭目以观其后效，好我者关心而虑其失坠"，同时，自己精力日益不济，因此非常盼望曾国荃可以来帮助自己。此外，值得注意的是：曾国藩对自己所写的挽联很是得意，由此可以看出曾氏对笔墨文章的重视，显示出其为一代大儒的情怀。

咸丰八年八月十四日与九弟国荃书

公元1858年9月20日

沅甫九弟左右：

十三日在河口，接弟专差初一日所发一信，借悉一切。

弟久病之后，尚未复元，吉安克复之日，决计撤勇归田。此在外太久，身体积弱。弟于军旅之事，十分认真，而应酬诸务，又复丝丝入扣，旁徨周浃，宜其神以过劳而致敝，心以过虑而汗多，久病不痊，实职是故。余亦以用心太过，积年衰耗，又兼肝气郁抑，目光昏花。近得次青、意城、仙屏三人相助为理，凡公牍信缄，我心中所欲达，三人者笔下皆能达之，稍觉舒畅。然意城有送至玉山即归之约，日内已萌归志，次青亦思归家觐母一次，吾与仙屏两人，不克一一了办也。弟克城后还家住两月，迅即来营帮办一切，替出次青得以归觐，则兄处之事，尚可判决如流耳。

余于十二日具奏遵旨援闽一折，言即日由分水关直捣崇安。是日申刻，闻闽贼回窜江西，楚勇败挫，泸溪、金溪、新城三县失守。十三早，凯章禀请回剿金溪，即时批准。十四早，凯军行矣。十五日，余亦当回驻弋阳，以便调度。余以援浙而来，改而援闽，今又改而剿办江西之贼，天下事固无定也。

胡恕堂新简浙江巡抚。晏中丞于全浙萧清之后，忽得来京另候简用之命，不审何故？王人瑞现办营务处，勤勤恳恳，颇惬众心，次、意二公均极称之，或可相与有成。竹庄事在章门并未与闻，以众论所不与，而弟与温老皆极不义之，未敢违人而行臆私耳。

此次出来，尚未刻有功牌，日内即将刊刻。吉安如欲来领者，当可刷就，或就近领南省者亦可。弟到家之后，宜多服补剂。余在湖北，胡中丞送大鹿茸一架，顷黄南坡又专丁送来一架（信上有代购字，非赠送者，将来预备价银寄去）。将来余自留一架，寄一架至家与贤弟服之，弟阳虚之体，非此不足以补之也。

久不接润之中丞信，不知果肯夺情否？莘田叔丁于十二日自河口起行，何日可到吉安？奏稿一本，阅后寄家。

即问近好。兄国藩手具。八月十四日，河口。

再，次青一军欠饷二十万，断难弥补。次青乃设一绝妙法，捐十万两请增广平、江县文武学额各十名，又捐五万两请增广岳州府文武学额各五名。盖咸丰三年新例，捐银万两者，除各该捐生家给予应得议叙外，其本县准加文武学额各一名。去年今春湖南办捐输加额一案，长、善、阴、浏、潭、醴六属各加学额十名（捐银至十万以上者，加额亦以十名为止），湘乡加三名，平江加一名，盖湘乡仅捐三万，平江仅捐一万，为数甚少也。次青以此项应得之口粮银出捐，加县学十名，府学五名，真可俎豆泮宫，流芳百世。各勇闻可刊碑泐名于学宫，亦皆欣然乐从。此事若成，诚为美举。

前此咸丰三年，平江以团防出力，加文武学额各三名，系次青所办，余咨抚、学而成者。五年，湘乡援平江之例，亦加额三名。弟营现在欠饷若干？若欠至七八万以上，则与各哨并勇熟商，令其捐出。捐得七万，可增文武学额各七名，合之今春新增之三名，亦为十名，与长、善、阴、浏、潭、醴六邑相等，合之五年特奏增额之三名，则共为十三名矣。弟若办成此事，亦可俎豆泮宫，流芳无既。若弟营不能捐出许多，则或倡捐二三万，余再劝迪、希、浚、凯、玉班诸君子各捐若干万两，凑成七万之数，亦可办成此事，不让次青专美于平江也。

次青禀稿现未在此，俟至玉山取来后，即专丁送至吉安，与弟阅看，以作蓝本。手此，再问日佳。

兄国藩又草。

【译文】

沅甫九弟左右：

十三日在河口收到派专人寄来的一日发出的信，已经知道一切。

弟久病之后身体还没有复原，吉安攻克之后，决定要解甲归田，这是因为在外时间太长，身体积劳衰弱的原因。弟对于军队中的事情十分认真，而应酬的事也一丝不苟，终日彷徨，精神过于疲劳，心里过分忧虑。久病不能痊愈的原因就在这里。我也是因为用心太过，长时间的消耗衰弱，又加上肝气积郁，眼睛昏花。最近这段时间得到次青、意城、仙屏三个人帮助处理。凡公文信件，我心里所要表达的意思，三人笔下都能够表达得十分清楚，才感到多少有些舒畅了。但是跟意城有送到玉山就回去的约定，现在也表明了要回去的意思。次青也打算回乡探母，我与仙屏两个人没有能力一一办理。攻克吉安后回家住上两个月，弟尽快来军营帮助处理一切。替换次青使他得以回家探亲。那样我这里的事情，还可判决如流水。

我在十二日上奏遵旨救援福建一折，说立刻由分水关直捣崇安。这天申时，听说福建敌军向江西回窜，楚军兵败。泸溪、金溪、新城三县都失守。十三日早上，张凯章请令回剿金溪，立刻就批准了。十四日早上，凯章出发。十五日我也打算回驻弋阳，以方便指挥。我原本是为援救浙江而来，后又改为援救福建，现在又改为剿除江西敌军，天下的事情本来就是没有固定不变的。

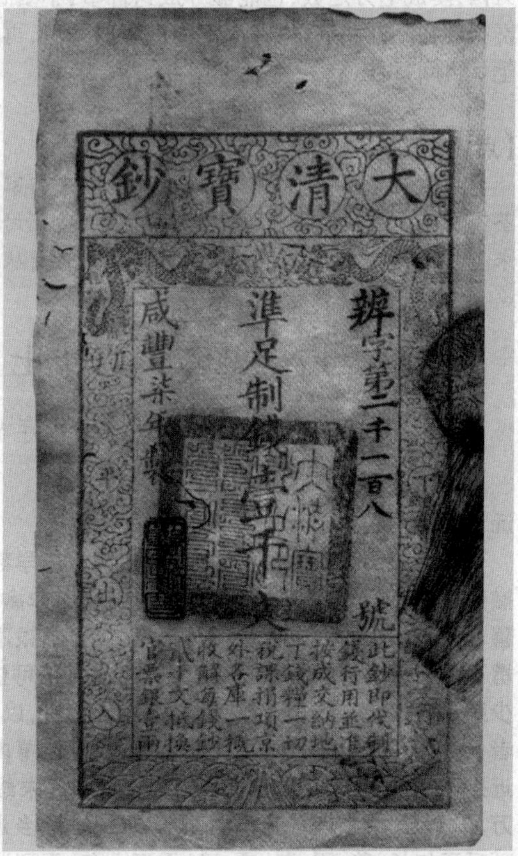

大清宝钞一千文正面

胡恕堂新任浙江巡抚，晏中丞在肃清全浙后忽然去京城另候任命，不知什么原因。王人瑞负责营务处，勤勤恳恳，非常得人心。次、意二公都十分赞赏，或者可以相与有成。有关竹庄的事，在章门那里并没有听说。根据众人的意见应该不给予，但弟与温老都觉得那样做不合道义，但又不敢违背众人的意见而坚持己见。

这次出来，还没有刊刻功牌，最近几天就准备刊刻。吉安要是来领马上就可以印刷好，或者也可以就近去南省那里领也行。弟回到家以后，应该多服些补药。我在湖北时，胡中丞送了一架大鹿茸；没过多久，黄南坡又派专人送来一架（信上有代购两字，说明这不是赠送的，将来备好了买鹿茸银两给他寄去）。过几天我自留一架，寄一架回家给贤弟服食。弟身体阳虚，如果没有这些药材是不能够弥补的。很久没有接到润之中丞的来信，不知道近况怎么样？莘田叔于十二日从河口出发，什么时候可以到吉安？另有奏稿一本，阅读后寄回家。即问近好。兄国藩手书，八月十四日，河口。

再，次青率领的军队欠饷银二十万，难以弥补。次青于是想出了一个绝妙的主意，那就是提出捐十万两银子请增加广平、江县文武学额各十名。又捐五万两银子请增加岳州府文武学额各五名。根据咸丰三年的规定，捐银万两，除了该捐生自家给予应得的仪叙外，他所在本县也可以增加文武学额各一名。去年今春，湖南处理捐输加额一案：长、善、阴、浏、潭、醴六个地方各加学额十名（捐银十万以上的，加额也是以十名为限），湘乡增加三名，平江增加一名。由于湘乡只捐银三万，平江只捐银一万，数目太少。次青用这项应得的口粮银出捐，加县学十名、府学五名。真是可以在学宫前享受香火、流芳百世了。士兵们听说能够在学宫前立碑，也都非常愿意。这件事如果能够办成，真是件好事。

以前咸丰三年，平江因为团防出力，增加文武学额各三名，这是次青办理、我协助而成的。咸丰五年，湘乡援引平江之例也增加了三个名额。弟营现在欠饷银多少？如果在七八万以上，那就请各部士兵商议，让他们捐出。捐出七万，可以增加文武学额各七名，加上今年春天新增加的三名，也是十名。同长、善、阴、浏、潭、醴六地相同。加上五年特别奏请增加的三名，共有十三名。弟如果办成这件事，也能够在学宫前享受香火朝拜，流芳百世了。如果弟营捐不出这么多，那么就带头捐两三万，我再劝迪、希、浚、凯、玉班等人各捐几万两，凑成七万之数，也能够办成这件事，不要让次青在平江一个人做成这件事。次青的奏报现在不在我这里，等从玉山那里取来后，再派专人送到吉安，让弟看阅，作为底本。亲笔。再问日佳。

兄国藩又草。

【点评】

信的前半部分还是劝九弟等攻克吉安回家休整后，来帮助自己办理军务，并说到曾国荃有在克复吉安后解甲归田的心愿。之后就用较大篇幅介绍李次青用捐文武学额的办法来筹措军饷，并力劝曾国荃也效仿此种办法，从而使自己可以“俎豆泮宫，流芳百世”。

咸丰八年八月十七日与九弟国荃书

公元 1858 年 9 月 23 日

沅甫九弟左右：

八月十四日寄信，未言李次青捐饷增广学额一事，兹特将禀稿专人送吉。细思吾弟若撤散各勇，则必给予现银。以欠饷报捐，必非撤勇之所愿，而此事又在当办之列。现在长、善、阴、浏、潭、醴六邑皆已增至十名，湘乡捐银不如六邑之多，此后自不能补捐矣。平江以勇丁欠饷而增府县学额至十五名，湘乡何不可仿行之？必须贤弟仍带勇不撤，多则一年，少则半载，此事必成无疑。弟之不愿带勇者，以久病体弱也。吾之不强弟以多带全部勇来者：一则恐弟独统一部，另扎一营盘，不克在幕内帮办一切；一则恐饷项不继，愈久愈难也。近来因学额一事，反复细思，若不趁此军务未竣、皇恩浩荡之时协力办成，将来即捐银十万、二十万，欲求增一名学额，恐不可得。湘乡近年带勇剿贼，立功各省，极美极盛！而广额反不如长、善、阴、浏、潭、醴、平江之多，不可谓非一阙典。

弟病后虽体弱，然回家养息两月，尽可复元。一张一弛，精神自可提振得起。吉安克后，或先送五百人来，或先送千人来。其余各勇，或令休息两月，将来随弟同出，或竞行撤散，均听弟自行裁酌。总之，弟宜速到，为阿兄计，并为学额计也。

饷项本极艰窘，然只好放开手，使开胆，不复瞻前顾后，畏首畏尾。吾弟以为何如？

兄国藩手草。

【译文】

沅甫九弟左右：

八月十四日寄出第三十三封信，最后说到李次青通过捐饷银增加学额那件事，现在特意将禀稿由专人送往吉安。仔细想来我弟如果解散兵勇，就必须发给他们现银，用拖欠的军饷来抵消税捐，必定不是将要遣散的兵勇的意思，但这件事又好像是应该办的事。现在长、善、阴、浏、谭、醴六地的学额都已经增到十名，湘乡捐银不如这六个县多，以后恐怕也不能补捐了。平江用兵勇的欠饷来增加府县学额到了十五名，湘乡为什么不能仿效？必须要贤弟所带领的兵勇不解散，长则一年，短则半年，这件事肯定能够办成。

弟不愿意带兵的原因是由于久病体弱。我之所以不强求弟多带兵前来的原因：一是担心弟独带一军，另外驻扎营盘，不可以在幕内帮助处理一切；一是担心军饷不够，时间越久越难办，最近因反复思索学额这件事，如果不趁现在军中事务没有结束，皇恩浩荡的时机努力办成，以后即使捐银一二十万，要想增加一名学额，恐怕也做不到。湘乡这几年来带兵剿攻，在各省建立功业，名声极美极盛，但增加学额反而不如长、善、阴、浏、潭、醴、平江多，不能不说是一个缺憾。弟病后虽然身体虚弱，但是回家休养两个月，也可以复原。一张一弛，精神自然能够振作。

吉安攻克后，要么先遣送五百人来，要么先遣送一千人来。其余兵勇，或者命令他们休息两个月，以后随弟一起出来，或者干脆解散，都凭九弟自行裁决。总之，弟应该早到，为了兄的想法，也为了增加学额之计。

饷银本来就非常窘迫，但只有放开手脚大胆去做，不可以再瞻前顾后畏首畏尾。弟认为如何？

兄国藩手草。

【点评】

这封信的主旨是：要努力为湘乡多捐赠几个学额，也好为自己的家乡和子孙后代做件好事。信中分析了要办成这件事，须要曾国荃“仍带勇不撤，多则一年，少则半载”，以此用欠饷来协力办成增加学额这件事。在信中末尾曾国藩仍然力劝曾国荃到自己的军营中来帮助自己处理军务。“饷项本极艰窘，然只好放开手，使开胆，不复瞻前顾后，畏首畏尾”。信最后的这句话体现了曾国藩处世风格的微妙变化：不再是细心谨慎、瞻前顾后，而是放开胆量，大胆去做。

咸丰八年八月廿二日与九弟国荃书

公元 1858 年 9 月 28 日

沅甫九弟左右：

二十二日未刻捷书至，知吉安于中秋夜克复，欣慰之至。自弟从军以来，变故百出，危疑困乏，极难下手。弟内治军旅，外和官绅，应酬周密，条理精严，卒能致此成功。余在江西数年，寸功未就，得弟隐忍成业，增我光华不少。

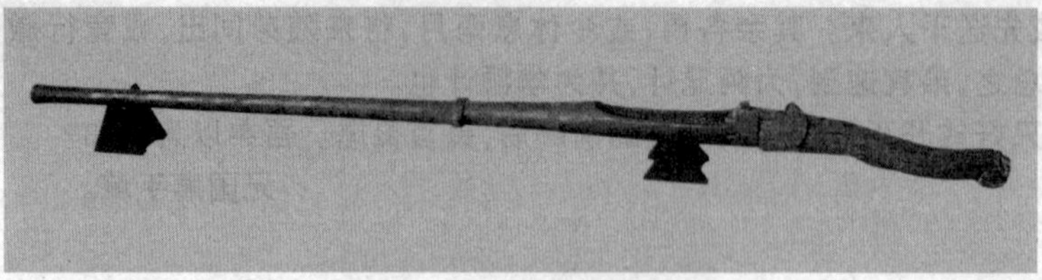

太平军的子母枪

余至弋阳,已发两信。张凯章十八日至安仁,十九日大战获胜,克复安仁县城,杀老长毛悍贼四千余,人闽之贼当以此支为最凶。二十日凯章收队,吴翔冈追至万年,与贼接仗,先胜后挫,刘隐霞殉难,帮办死者三人(李雨苍尚无下落)。景德镇现尚有贼,我军为所牵制,目下尚难入闽。看来弟归不可久住,宜速来帮我也。手此叩贺大喜,余详日记及家信中。

兄国藩草,廿二夜,弋阳。

【译文】

沅甫九弟左右:

二十二日未时报捷书信来到。知道吉安已经于中秋之夜克复,无比的欣慰。自弟从军以来,变故迭出,危疑困乏,着手十分困难。弟在内整治军旅,在外和官绅,应酬周密得当,条理精确分明,终于成就了这件大功。我在江西多年,寸功未得,得到弟坚忍终成大业,给我增光不少。

我到弋阳已经寄出两信。张凯章十八日到达安仁,十九日大战获胜,攻克安仁县城,杀死敌人四千多人,福建的敌人当中这支实力最强。二十日凯章收兵,吴翔冈追敌到万年,与敌军交战。先胜后败,刘隐霞殉难,帮办死了三人(李雨苍还没有下落)。景德镇现在还有贼匪,我军受到他们的牵制,当下还难以进入福建。看来弟回家不可以久住,应该快点来帮我。手此,叩贺大喜。其余详情在日记及家信中。

兄国藩草,二十二日夜,弋阳。

【点评】

此信的主旨是讲经过了长久的围城之后,吉安终于攻克了。这都是九弟曾国荃的功劳,因此在信开头部分曾国藩表彰了弟弟的治军之功,之后又介绍了福建的战况,并要求曾国荃尽快来帮助自己。

咸丰八年八月廿二日与国潢国葆书

公元 1858 年 9 月 28 日

澄侯、季洪两弟左右:

八月十九曾象五来营,廿一日蒋得胜来,接两弟初一、二、三等日之信,具悉家中四宅平安,不胜欣慰。

余于八月初八日至河口,本拟即日入闽,由铅山进捣崇安,十二日已拜折矣。其折稿寄吉安转寄至家。因闽贼出窜江西,连破泸溪、金溪、安仁三县,不得已派张凯章回剿,十八日抵安仁,十九日大战获胜,克复县城,杀贼约四千余,追至万年、乐平等县,尚未收队。待张军归来,余即率以入闽也。

刘星槎尚未到营。以后家信,不可交投效之人带来,渠或中途变计忽归,或投别处军营,即果到,亦迟而又迟。莫如交省城左季高处,最为便捷。

家中养鱼、养猪、种竹、种蔬四事,皆不可忽。一则上接祖父以来相承之家风,二则望其外有一种生气,登其庭有一种旺气,虽多花几个钱,多请几个工,但用在此四事上,总是无妨。

澄弟在家教科一、厚七、旺十习字极好,不特学生有益,亦可教学相长。弟近年书法,远逊于昔,在家无事,每日可仍临帖一百字,将浮躁处大加收敛。心以收敛而细,气以收敛而静。于字也有益,于身于家皆有益。明年请师,仍请邓寅皆先生。人品学问,皆为吾邑第一流人,若在我家教得十年,则子侄皆有成矣。葛丞山先生前言愿来余营,不知其计已决否?若不果来,可仍请之教科四、科六;若渠决来军,则科四、六亦可请邓先生教之。

左头横屋配房二间甚好,但嫌其不甚光亮,又嫌由阶基至帐房(即韩升等住房)须由地坪绕入耳。思云馆之外,染坊架子之下,尚须添种王瓜、竹,夏月思云馆中可生凉风。牛路之内,须筑墙一道。田塘上田一丘,秋冬可作菜园。此皆余在家时与澄弟熟商者,望即行之。

季弟远隔紫甸,余总不放心。汤家屋场之业及各处田业,余皆不愿受。若季弟能回近处居住,或在老屋之上新屋之下中间择买一屋与季弟安居,我则愿寄钱文至家,办成此事。否则,余守旧规,不敢少改也。

后辈子侄总宜教之以礼,出门宜常走路,不可动用舆马,长其骄惰之气。一次姑息,二次、三次姑息,以后骄惯难改,不可不慎。顺问近好。

兄国藩手草,八月廿二日戈阳行营。

【译文】

澄侯、季洪两弟左右:

八月十九日曾象五来到军营,二十一日蒋得胜来到军营,收到你们初一、初二、初三等日写的来信,知道家中四宅平安,不胜欣慰。

我于八月初八到达河口,原本打算即日进入福建,从铅山进攻崇安,十二日已经寄出奏折,折稿寄到吉安再转寄回家。因为福建贼寇外出骚扰江西,接连攻破泸溪、金溪、安仁三县,不得已派遣张凯章回来清剿,十八日到达安仁。十九日获得大胜仗,收复县城,杀敌人四千多人,追击到万年、乐平等县,还没有收兵。等到张军回来以后,我就率领军队进入福建。

刘星槎还没有到营。以后家信不要交给投效营中的人带来,他们有可能中途变卦回去,有可能别投他处。即便来了,也是迟了又迟,不如交给省城左季高那里最为便捷。

家里养鱼、养猪、种竹、种菜这四件事,都不可以疏忽。一是延续祖父以来相传的家风,二是从外面看有一种生气,而在屋里有一种旺气,虽然多花一点钱,多请几个工,但用在这四件事上总是没错。

澄弟在家里教科一、厚七、旺十认字很好,不只对学生有益,也可以教学相长。弟最近几年书法远不如过去,在家里没有事,每天可临帖一百字,将浮躁气好好收敛。心因为收敛而细,气因为收敛而静。对习字也有益,对于修身于家都有益。明年聘请老师,仍然请邓寅皆先生,他的人品学问都是我乡中第一流的。如果在我家教上十年,那子侄们都会有所成就的。葛丞山先生从前说愿意来我军营,不知已经决定了吗?如果不来,可以仍然请他教科四、科六。如果他来军中,科四、科六也可以请邓先生教。

左边横屋那两间配房很好,只是它不够光亮,再加上从台阶到账房(即韩升等住房)必须从地坪绕着进去。我想云馆外面、染坊架子下面还要添种一些王瓜、竹,这样夏天思云馆里就可以产生凉风。牛道里面须筑一道墙。田塘上的那块地,秋冬时节可用作菜园。这些都是我在家时跟澄弟商量好的,希望能尽快办理。

季弟远在紫甸，我老是不放心。汤家屋场和各地的田产，我都不愿意接受。如果季弟能在近处居住，或者在老屋上面、新屋下面的中间地方买一座房子给季弟安居，我愿意寄钱回家办成此事。不然的话，我遵守旧规不敢有稍许的改动。

后辈子侄们，总应该用礼教他们。出门时应经常步行，不要动不动就乘马车，滋长骄傲懒惰的坏习气。一次迁就，两次、三次迁就。以后变得骄惯了，就难以改正了，对这件事不可不慎。顺问近好。

兄国藩手草，八月二十二日弋阳军营。

【点评】

有些人为人处世很浮躁，狂言心大，伤及对方。这种人缺乏的是对自己清醒的认知，误以为到处是自己的天下。曾国藩认为戒浮躁、收敛私心、压制狂气，是非常有好处的。另外，他还谈了两点，一是做第一流人的标准是人品学问皆好；二是要力戒骄奢之气。在这封信中，让我们思考的主要问题是：如何做第一流的人？

咸丰八年八月廿七日与九弟国荃书

公元 1858 年 10 月 3 日

沅甫九弟左右：

廿三日发一信，交送喜报之来营带往，想收到矣。吴翔冈万年之挫，查明实亡二十八人。帮办刘隐霞之死，老湘勇人人痛之。余挽以联句云：

五载共兵戈，地下知心王壮武；

万年歆俎豆，沙场归骨马文渊。

此外军械失者甚少，翔冈廿五日收队，廿六日来弋阳一见。余即于廿七日拔营，张、吴廿七日自贵溪拔营，约廿九、卅日至陈坊取齐，由云际关入闽也。

闻吉安初十、十五日夜两次窜贼攻陷宜、崇二邑，余行至军陈坊时再行察看。如建昌危急，或分兵往剿，亦未可知。然余职办闽省军务。未敢再迟也。

功牌刷就，兹送去五百张，交杨喜贵、蒋魁南、曾象六送往；又鹿茸一架，为弟病后调养之资，均即查收。吉安有好长夫，望代雇一百名送至余营。善抬四轿者，挑十余人为余与次青、意城之用。价钱如须略加，弟为酌之。李廷楷事，听弟自办，兄即不归入捐案另奏也。

张、萧各军，病者甚多，半系疟疫。许仙屏亦病，现留弋阳，不能从行。次青、意城均有假归之意，余强留之。实则意城本约至玉山归去，不愿入浙闽，乃其初议。次青五年未归，思母极切，亦至情耳。弟若可速归速出，则望于十一月中旬到营，以便放次青归去过年；若目下不克速归，到家后不克速出，则请即日来营一次，小住二十日，俾次青得于九月归省亦好。两者在弟酌之。弟与次、意三人者，有两人在余营，则余案无留牍矣。若仅一人在余营（仙屏长于书启，公牍少逊），则必以彭椿年辅之，尚至不可废事。

诸不详尽，即问近好。

兄国藩手草。

【译文】

沅甫九弟左右：

二十三日寄出一封信，把喜报交给来人带了回去，估计已经收到。吴翔冈在万年出战受挫，经查明实际死亡二十八人。帮办刘隐霞的战死，老湘军每个人都感到痛心。我写的挽联是这样的:“五载共兵戈,地下知心王壮武;万年歆俎豆,沙场归骨马文渊。”除此之外,军械损失了很少。翔冈二十五日收兵,二十六日来弋阳与我见面。我立即在二十七日拔营,张、吴两军二十七日由贵溪拔营,大约二十九、三十日到达陈坊会合,从云际关进入福建。

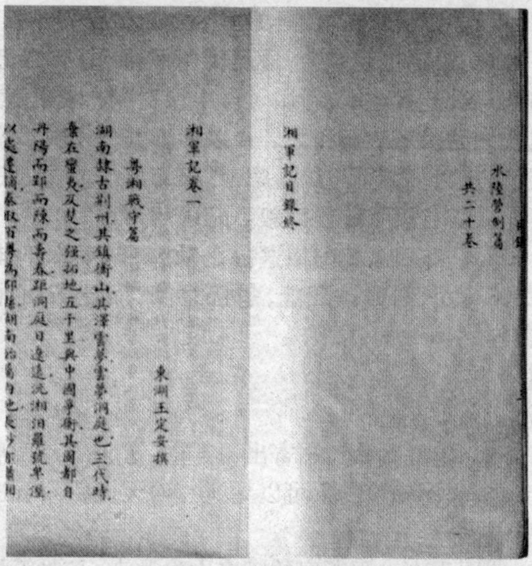

《湘军记》书影

听说吉安敌人十日、十五日两次才把宜、崇两城攻陷,等我军到了陈坊时再进行察看。要是建昌危急,也许分兵前去围剿也不一定。但是我的职责是办理福建省的军务,却不敢再拖延了。

功牌已经制作完毕,现在送去五百张,由杨喜贵、蒋魁南、曾象六三个人送去。又送去鹿茸一架,作为弟病后调养身体时服用,希望查收这些。吉安如果有好的长途脚夫,希望你替我雇用一百人送到我军营中来。擅长抬四人轿的轿夫挑选十多个人给我和次青、意城使用。价钱要是有增加,请弟酌情办理。关于李延楷的事情,请弟亲自办理。我不把他归入捐案,另外上奏。

张、萧各军生病的人非常多,一半是得了疟疫。许仙屏也病倒了,目前留在弋阳,不可以随军前行。次青、意城都有请假回家探望的想法,我勉强留住他们。其实意城原本约好到了玉山便回去,不愿意进入浙江、福建,这是本来的想法。次青五年没有回家了,非常想念母亲,这也是人之常情。弟如果可以速回速出,就希望在十一月中旬到我营中,以便让次青回家过年。要是现在不能马上回去,回家后又不能马上出来,那么就请你到营里来一次,小住二十天,让次青可以在九月份回家探亲也好。这两种意见希望弟参考。弟跟次青、意城三人当中有两个能在我营中,那么我这里公文就不会被积压了。如果只有一个人在营里(仙屏善于处理书信,处理公文的能力较差),就必须让彭椿年来帮忙,这样才不至于误事。诸不详尽,即问近好。

兄国藩手草。

【点评】

有人说战友的关系是天下最铁的关系之一,因为毕竟同生共生,一同经历过许多艰难困苦,故此会有较深厚的感情。在这封信里,曾国藩就用挽联的形式表达了对战死的旧部刘隐霞的深厚感情。在信的最后一段仍然是盼望曾国荃可以来军营里帮助自己,并给他提供了两种方案由其选择。

咸丰八年八月廿九日与九弟国荃书

公元1858年10月5日

沅甫九弟左右:

廿七日在弋阳发一信,送鹿茸一架,功牌五百张,差蒋魁南、杨喜贵等至吉安,不知何

日可到？是日拔营仅行五里。廿八日行四十五里，双港驻扎。

凯章自贵溪来会，语及闽中股匪，复有二万余窜至新城，恐其与宜、崇贼合，窥伺抚、建，急欲赴援建昌、新城。营中如次青、人瑞、意城皆力主此议。吴翔冈尚在贵溪，亦主此说，朱品隆等从而和之。余以初奏入分水关，次奏入云际关，不愿累迁其说。因众意所趋，勉强从之。惟可与弟会晤，是极幸事。望弟即日驰至建昌一会，细商一切。

诸不详尽，统俟面叙。兄国藩手草。

再，昨日派蒋魁南送去之功牌，刻手本不佳，而纸又太薄，刷印太草率，不知可用否？如不可用，则另请江抚、楚抚之牌，而此五百张暂存，待至建昌相见后再说。手此复候刻佳。

【译文】

沅甫九弟左右：

二十七日从弋阳寄出一封信，送去了一架鹿茸，五百张功牌。让蒋魁南、杨喜贵等送到吉安，不知道哪天可以到达。当天拔营只行进了五里，二十八日行进了四十五里在双港驻扎。

因为在弋阳所雇的脚夫中途逃走，又要等张凯章，所以二十九日停留了一日。凯章从贵溪前来相会，说福建敌军又有两万多人流窜到了新城，担心他们跟宜、崇敌军会合，继而进攻抚州、建昌，因此急着要去救援建昌、新城。军营里像次青、人瑞、意城都同意这种意见。吴翔冈还在贵溪，也同意这个意见，朱品隆等人也同意。我原本想先上奏进入分水关，再上奏进入云际关，不愿意再改变主意。但由于大家的意见趋于一致，我只好勉强同意。只要能够和弟相会，就是很幸福的事情。希望弟这几天赶到建昌见面，仔细商量一切。其余的不详说了，全部等到见面时再叙。兄国藩手书。

另外，昨天让蒋魁南等人送去的功牌，刻手的技术本来就不太好；而纸张又太薄，印刷得过于草率，不知道能不能用？要是不能，就另外到江西巡抚、湖北巡抚那里请取功牌，而将这五百张则暂时封存。其他的等到在建昌见面时再说吧。手此。复候刻佳。

【点评】

这封信主要交代了两件事：一是介绍了近期的军事安排，迫于众人的意见而不得不同意援救建昌、新城；二是说送到吉安的功牌如果不能用可以暂时封存而到江西巡抚、湖北巡抚那里取用，并且在信中提到曾国藩、曾国荃两兄弟将要在建昌见面了。一封普通家信而已，别无他意。

咸丰八年九月廿八日与国潢国葆书

公元 1858 年 11 月 3 日

澄侯、季洪两左右：

九月十二日寄第十号家信，交王人树营勇带归，内有高静轩信一件，杜光邦托信一件，日记数页，计将接到。

十三日发折，奏明改道建昌之故。张凯章于廿四日拔营，由新城之杉关入闽。萧浚川于廿七八拔营，由广昌境内入闽。

营中勇夫，病者极多。张军之不能从行、留建昌养病者，至八百人之多，萧军亦复不少。吴翔冈所带千三百人，病者至四百人。建昌知府、知县皆病，委员中病者亦层见迭出。

余身体尚幸平安。许仙屏之父患病，十七日归去省视，现在幕中惟郭意城及其叔笙阶二人，幸事不甚烦，余尚能了之。癣疾近日略愈。

九弟于廿六日到建，兄弟相聚极欢。克复吉安案内，湖南保九弟即选府加道衔。九弟若服阕入仕，将来必能作一好官也。

湖南乡试榜发，吾邑得中者三人。傅泽鸿不知即邓师之徒否？黄南坡之世兄、麓溪之世兄皆中。麓溪年甫四十，而子已登科，可谓早矣。新学政单，徐寿蘅放福建，郑小珊放山东，云仙不与，恐其不乐久居京师。

金陵大营去冬即有克复之望，今年六七月间，贼势尤极穷蹙。八月间，逆匪忽破蒲口，德钦差营盘失陷，又破江浦、天长、仪征三县，扬州被围，并有失守之说。南京之贼，接济已通，气势复旺。天下事诚有非意料所及者，澄弟当自诩先见之明也。

押韵之书、蔬、鱼、猪，不押韵之竹，千万留心，一一培养。下首台上之线瓜、娄瓜，今年有收否？冬塘肥鱼，望烘几个寄营，一笑，即问近好。兄国藩手草。九月廿八日，建昌行营。（第十一号）

再，正封缄间，接澄弟九月十二日来信，兹亦分条复告如左：

（一）押韵四事，蔬菜茂盛，此是一家生意。细塘上之横墙，不筑尽可，下首须雄过上首，此吾弟之老主意，兄亦颇主此说。且有菜无淤，亦是罔济。淤亦押韵字也。县城菜园之人，似尚须请来治菜畦，一切究竟在行些。

（一）湘乡捐建忠义祠，所奉谕旨，前已寄归。迪庵捐银二千两，已付归，交朱铁桥手。余捐银千两，拟于九弟归时寄银五百，明年再寄五百，俟择能手修理也。

（一）买雷家湾田业，尚不甚荒唐。余意欲为竹亭公立祠置产，思在大坪等处，取其在老屋上下适中之区。将来即以此作祭产，实获我心。屋前屋后，总须多种竹树，以期气象葱郁。

（一）薛晓帆之银，交还甚好。罗银买田之事，即日当告雪琴耳。

（一）余去年在家，见家中日用甚繁，因忆先大夫往年支持之苦，自悔不明事理，深亏孝道。今先人弃养，余岂可遽改前辙？余昔官京师，每年寄银一百五十两至家，只有增年，更无减年，此后拟常循此规。明知家用浩繁，所短尚巨，求老弟格外节省。现虽未分家，而吃药买布及在县在省托买之货物，必须各房私自还钱，庶几可少息争尚奢华之风。

（一）纪泽照常读书，不作悻悻之态，余亦欣慰。闻右九言，纪梁右眼亦愈矣。子侄辈须以敬恕二字常常教之，敬则无骄气，无怠惰之气；恕则不肯损人利己，存心渐趋于厚。再问近佳，不一一。

兄国藩又行，九月廿九日。

【译文】

澄侯、季洪两左右：

九月十二日寄出第十封家信，交给王人树营中的士兵带去，里面有高静轩的一封信，杜光邦托付带回的一封信，日记几页，估计很快就会收到。

九月十三日发出一道奏折，奏明改道建昌的原因。张凯章在二十四日带领一路兵马，从新城的杉关进入了福建。萧浚川在二十七日带领另一路兵马，从广昌境内进入了福建。

军中士兵，生病的非常多，张凯章那支军队不能一道走，留下来在建昌养病的至少有八百多人，萧浚川率领的部队也不少。吴翔冈所带领的一千三百人，生病的至少有四百人。建昌知府、知县全都病倒了，委员中生病的也屡见不鲜。许仙屏的父亲患病，他十七日回家探望，目前幕中只有郭意城和他的叔叔笙阶两个人。幸好事情不太多，我还能处理得了。我身体还十分健康，癣病近日稍有好转。

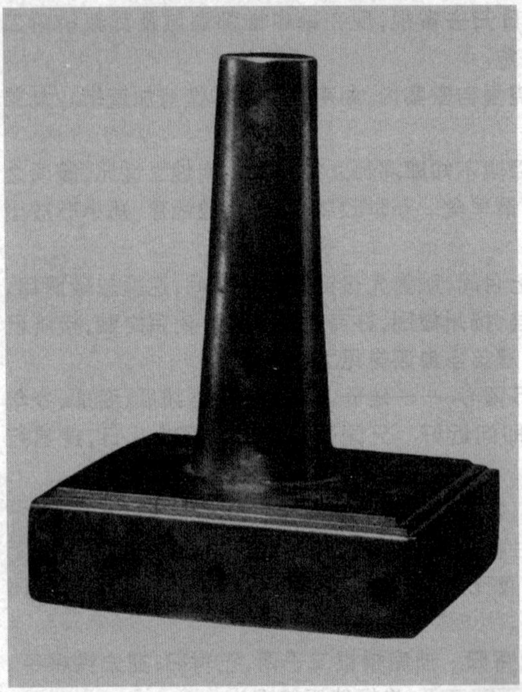
清代官印

九弟于二十六日到达建昌，兄弟相聚十分高兴。在克复吉安案内，湖南保举九弟入选府加道衔。等九弟服丧完毕进入官场，以后一定可以做一个好官。

湖南乡试发榜，我们县有三人得中。傅泽鸿不知道是不是邓师的学生？黄南坡的世兄、麓溪的世兄都得中了。麓溪刚四十岁，儿子已经登科，可说算是早的了。新学改革，徐寿蘅去福建任职，郑小珊去山东任职。云仙不想另外到别的地方，恐怕也不愿意长时间在京城待着。

金陵大军在去年冬天就有攻克敌人的希望，今年六七月间，贼匪尤其凶狠并且咄咄逼人。八月间，匪贼忽然攻破蒲口，德钦差的营盘失守。又攻破了江浦、天长、仪征三座县城，扬州遭到围困，并且有失守的传言。南京一带的贼匪，因为得到物质上的援助，气焰又嚣张起来。天下事确实有不能料想到的。澄弟你是有先见之明的。

押韵的书、蔬、鱼、猪四件事，不押韵的竹，都要用心加以培养。下首台上种的线瓜、娈瓜，今年有收获吗？冬塘的肥鱼，希望烘几个寄到营里来，当然这是笑话。问近好。

再，正当封信时，收到澄弟九月十二日来信，在这里也分条告诉你：

一、蔬菜茂盛，这表明一家有生气。小塘上不建横墙也可以，下头一定要比上头牢固，这是九弟的老主意，我也十分赞赏这种主意。并且有菜地没有池塘，也没什么用。

二、湘乡捐资建造忠义祠，奉谕旨上次已经寄达。迪庵捐银两千两，已经付完，交给朱铁桥亲收。我捐银一千两，打算在九弟回去时先寄银五百两，明年再寄去五百两，等待能工巧匠前来修建。

三、我心里打算给竹亭公立祠置产，想在大坪等地方找老屋上下适中的处所，将来就用这个地方当作祭产，实在是我的心愿。房前屋后一定要多种竹子树木，以期待气象葱郁。

四、薛晓帆的银两，最好交还。罗银买田的事，应及时告诉雪琴。

五、我去年在家里时，看家里日常开支太大，于是记起原来先大夫维持家业的辛苦，自己悔恨不明事理，没有做到孝道。现在先人已逝，我难道可以立即改变过去的办法吗？我以前在京城做官，每年都寄银一百五十两回家，有增无减。今后决定还是这样。已经知道家中开支很多，十分不够用，望老弟格外节省。现在虽然还没有分家，而且吃药、买布都是在县城、省城托人买的，各家一定要还钱，或许可以制止崇尚奢侈的风气。

六、纪泽照常要好好读书，不能有怨恨读书的态度，我也就十分欣慰了。听季洪说，纪梁的右眼已经好了。子侄辈必须以“敬恕”二字常常教导他们，“敬”就是不可以有骄气，没有懈怠锹惰之气；“恕”就是不可以损人利己，心里老想着“恕”就会渐渐趋向于厚道。再问近好，不一一说了。

兄国藩又书，九月二十九日。

【点评】

这封信内容较多，可以分作两部分来看：前一部分是给家中的两位弟弟介绍营中情况，并且提到湖南发榜的事和南京的战事；下半部分则主要是收到九弟曾国荃的来信后所作的回复，提到了家里要亲自种菜建塘，想到了家中开支巨大要杜绝奢华之风；最后又以“敬”“恕”二字告诉子侄们。由此可以看到曾国藩的“齐家”之法概在“勤俭”、“敬恕”等事，当代人不可不深察焉。

咸丰八年十月初三日与国潢国葆书

公元 1858 年 11 月 8 日

澄侯、季洪两弟左右：

廿九日专勇归，寄家信一件，内叔大人一信，纪泽儿一信，牧云一信，日记一本，奏章一本，想十月上半月可到。

张凯章廿四日拔营后，中途各勇夫患病者极多，在资福桥小住调养，日内尚未入闽，闽中贼势亦渐松矣。北路洋口之贼，已被周天培击破，仅存顺昌股匪，数不满万。南路汀州之贼，亦极散漫，所虑零匪不成大股，此剿彼窜，难于奏功耳。

江北贼势复炽，张军门自金陵带兵渡江，于九月十六日克复扬州，大局尚可保全。

天津夷务，闻和局已定，出银六百万与该夷作军资，见诸闽督来咨。余条尚未尽悉。想广州亦将退出矣。

余身体平安。自九弟来此，日增快畅。营中疾病尚多，冬令气敛，当渐愈耳。顺问近好。

兄国藩手草，十月三日。

【译文】

澄侯、季洪两弟左右：

二十九日派了专人回去，带回家信一封，里边有给叔父大人的一封信、纪泽儿的一封信、牧云的一封信、日记一本、奏章一本，估计十月上半月可以收到。

张凯章于二十四日拔营后，途中兵勇患病的非常多，只好在资福桥小住调养伤病，现在还没有入闽。闽中敌情也逐渐松缓。北路洋口的敌军，已经被周天培攻破，只剩下顺昌敌军，人数不到一万。南路汀州的敌军也非常涣散，所担心的是零散的敌军由于合不成大股，因此围剿这里而那边的必然逃窜，很难成功。江北的敌军势力再次强盛，张军门由金陵带兵渡江，在九月十六日攻克扬州，大局还可以保全。

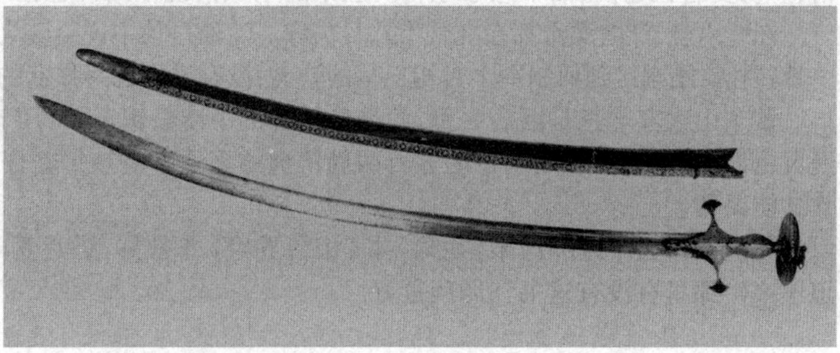

清代从国外传入的战刀

天津跟洋人的谈判,听说和局已经确定。拿出白银六百万两给洋人作为军资。这是福建总督公文里说的,其余条款还不太清楚,估计广州的外国军队也将退出吧。

我身体平安,从九弟来这里,我越来越高兴。营中生病的很多,冬季瘴气收敛,应该可以逐渐痊愈了。顺问近好。

兄国藩手草,十月三日。

【点评】

1858年在太平军还没有被消灭的时候,外国侵略军于是乘虚而入,逼迫清政府签订了一系列的不平等条约,此时中国面临内忧外患的危迫局面。同时由于清政府的软弱,外国侵略军正一步步地侵入中国内地,第二次鸦片战争即将爆发。五千年来未有之大变局也将揭开序幕,清王朝的封建统治进入了倒计时,大国迷梦将再一次被外国的坚船利炮所打破。

咸丰八年十月十五日与九弟国荃书

公元1858年11月20日

沅甫九弟左右:

十二日解缆,闻可行六十里,甚慰。至许湾后,当更顺畅矣。余十二日游麻源,较麻姑山稍胜。日内当发一折,报近日军情,声明暂驻建昌,不遽东也。温弟处复信,十四日始行。

江北六合、江南溧水均于九月十八日失守。沈幼丹信言金陵大营退扎白兔、镇江一带。顷接何制军十月初三咨,无和帅移营之说,想不确也。黄东山太守十三日病故,余拟饬各处凑赙千金,以五百办后事及归榇贵州之资,以五百周其妻子。应俟新太守到,呼应乃灵耳。

乾隆五十五年殿刻仿宋(岳珂)本《相台五经》,极好。近程春海仿刻于贵州,不知庄木生有此书否?

即近问好。

国藩手草,十五日。

【译文】

沅甫九弟左右:

十二日解缆开船,听说可以行进六十里,非常欣慰。到达许家湾以后,应该更加顺利了。我十二日到麻源游玩,觉得比麻姑山更美。最近几天准备发一道奏折,报告最近军情,声明要暂住建昌,而不急于东行。温弟那里来信说十四日起程。

江北六合、江南溧水都在九月十八日失守。沈幼丹信中说金陵大营已经退到白兔、镇江一带驻扎。刚刚接到何制军十月初三写的公文,没有说到合兵移营的事情,看来不够确实。

黄东山太守十三日因病去世,我准备从各部中凑祭银千两,用五百两作为办理后事及送灵柩回贵州的费用,用剩下的五百两周济他的妻子。应该等新任太守到职,各方面的运作才能灵便。

乾隆五十五年殿刻仿宋(岳珂)本《相台五经》非常好,最近程春海在贵州仿刻,不知道庄木生那里有没有这书?即问近好。

国藩手草,十五日。

【点评】

此封简短书信，主要说了最近几日自己的行程，以及南京战争和东山太守的善后事宜，在信末提到了殿刻的仿宋本《相台五经》，可以看出曾国藩虽然身在军营，但心里却始终没有忘记治学，曾国藩日后写的《书目问答》就是他勤于治学的结晶。

咸丰八年十一月十二日与诸弟书

公元1858年12月16日

澄侯、沅甫、季洪老弟左右：

二十五日闻三河挫败之信，专安七、玉四送信回家。三十日就县局回勇之便，又寄一信。初五又专吉字营勇，送九弟湖口所发之信，其时尚幸温弟当无恙也。兹又阅八日，而竟无确信，吾温弟其果殉节矣，呜呼痛哉！

温弟少时性情高傲，未就温和，故吾以温甫字之。六年在瑞州相见，则喜其性格之大变，相亲相友，欢欣和畅。去年在家，因小事而生嫌衅，实吾度量不闳，辞气不平，有以致之，实有愧于为长兄之道。千愧万悔，夫复何言。

自去冬今春以来，吾喜温弟之言论风旨，洞达时势，综括机要。出门以后，至兰溪相见，相亲相友，和畅如在江西瑞州之时。八九月后屡次来信，亦皆和平稳惬，无躁无矜。方意渠与迪庵相处，所依得人，必得名位俱进，不料遘祸如是之惨。迪庵一军，所向无前，立于不败之地。不特余以为然，即数省官绅军民，人人皆以为然。此次大变，迪庵与温弟皆不得收葬遗骨，伤心曷极。

现在官制军、骆中丞皆奏请余军驰赴江北，计十五六及月杪可先后奉旨。如命余赴皖楚之交，余留萧浚川一军防剿江闽，自率张、吴、朱、唐及吉字中营赴皖，必求攻破三河贼垒，收寻温弟遗骸，然后有以对吾亲于地下。若谕旨令余留办闽贼，则三河地方不知何年方有兵去，尤为痛悼。

九弟久无信来，想竟回家矣。想过蕲、黄等处，闻温弟确耗，不审如何哀痛？何无一字寄我？自九江至长沙，水路二千余里，溜急而风亦难顺，不知途次若何愁闷？如能迅速到家，亦是快慰之一端。

去年我兄弟意见不和，今遭温弟之大变，和气致祥，乖气致戾，果有明征。嗣后我兄弟当以去年为戒，力求和睦。第一要安慰叔父暨六弟妇嫡、庶二人之心。命纪泽、纪梁、纪鸿、纪渠、纪瑞等轮流到老屋久住，五十、大妹、二妹等亦轮流常去。并请芗山先生常住自玉堂，安慰渠姊之心。

二要改葬二亲之坟。如温弟之变，果与二坟相关，则改葬可以禳凶而迪吉；若温弟事不与二坟相关，亦宜改葬以符温弟生平之议论，以慰渠九泉之孝思。

三要勤俭。吾家后辈子女，皆趋于逸欲奢华，享福太早，将来恐难到老。嗣后诸男在家勤洒扫，出门莫坐轿；诸女学洗衣，学煮菜烧茶。少劳而老逸犹可，少甘而老苦则难矣。

至于家中用度，断不可不分。凡吃药、染布及在省在县托买货物，若不分开，则彼此以多为贵，以奢为尚，漫无节制，此败家之气象也。千万求澄弟分别用度，力求节省。吾断不于分开后私寄银钱，凡寄一钱，皆由澄弟手经过耳。

温弟殉难事，吾当另奏一折。九弟在湖北若得悉温弟初十日详细情形，望飞速告我，

以便入奏。希庵有详信来，吾即先奏亦可。纪寿侄目清眉耸，忠义之后，当有出息，全家皆宜另目看之。至嘱至嘱。

【译文】

澄侯、沅甫、季洪老弟左右：

二十五日知道了三河兵败的消息，派了安七、玉四专门送信回家。三十日又从县局让士兵顺便送回一封信。那时还盼望温弟没有事，现在又过了八天，竟然还没有确切的消息，我的温弟果真殉难了！呜呼恸哉！

温弟年少时性情高傲，缺少温和。因此我用温甫作为他的表字。咸丰六年时，在瑞州相见，因为看到他的性格有很大变化而感到非常高兴，那时相亲相友，欢乐和睦，舒畅快乐。去年在家里时，由于小事而引起矛盾，实在是因我气度不够大、意气用事而造成的，真有愧于长兄的称谓。千愧万悔，现在还可以再说什么呢！自从去冬今春以来，我更加喜爱温弟的言谈议论了，他既能洞察形势，又能够概括要领。我这次外出以后，在兰溪相见，相亲相友、和睦欢畅又跟在江西瑞州的时候一样。八九月以后，几次通信，也都是平和稳定，不骄不躁。才觉得他跟迪庵在一起，合作非常的合适，以后功名和官位都会大有进步。没有想到竟然遭到这样的惨祸。迪庵那支军队，所向无敌，能够立于不败之地，不仅是我这样认为，就是连几个省的官员、乡绅及士兵、老百姓都是这样认为。这次大变，迪庵和温弟都没能找到遗骨收葬，伤心至极！

现在官制军、骆中丞都上奏请求派我军急赴江北，大概十五六天到月底可以接到圣旨。如果命令我到安徽湖北交界，我将留下萧浚川一军防剿江闽一带敌人，之后亲自率领张、吴、唐及吉字中营奔赴安徽，一定要攻破三河敌营，寻找温弟遗骨，这样才能够对得起我地下的亲人。如果圣旨命令我留在福建剿敌，那三河就不知道什么时候才可以派兵去了，那样就更加哀痛了。

九弟很长时间没有来信，估计是回家了，想到他经过蕲、黄等地，听到温弟殉难的确切消息，不知道他是多么的哀痛！不知道为什么没有写一个字寄给我。从九江到长沙，水路有两千多里，水急风逆，不知道路途上如何愁闷。如果能早点到家，倒是一件快慰的事。

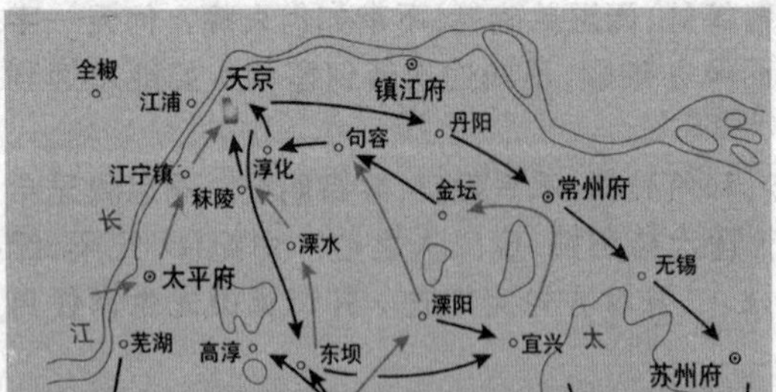

太平军二破江南大营示意图

去年我们兄弟之间意见不合，现在碰到温弟阵亡的大变故。和气带来吉祥，乖戾导致祸害，果然有了验证。今后我们兄弟一定要以去年为戒，力求和睦。第一要安慰叔父跟六弟的妻妾。让纪泽、纪梁、纪鸿、纪渠、纪瑞等轮流到老屋长期居住，五十、大妹、二妹等也应当轮流常去。并请丕山先生经常住在白玉堂，以安慰他姐姐。二要改葬双亲。要是温弟殉难果真与二坟有关系，那么改葬就可以逢凶化吉了；要是温弟之事与二坟没有关系，也应当改葬，以实现温弟生前的主张，来安慰他九泉之下的孝心。三要勤俭。我们家晚辈子女都越来越奢侈，享福太早，以后恐怕很难享福到老。以后所有子侄辈们在家要经常做些打扫庭院之类的活，出门不要坐轿子；所有女孩子要学会洗衣、做饭、烧茶。年轻的时候劳苦、老了安逸还可以，年轻时甜美、老了艰苦就觉得很难了。至于家里的开支，不能不分开。只要是吃药、染布以及在省城在县城托人买货物，要是不分开，互相之间都会以多花钱为好，崇尚奢侈，一点也没有节制，这就是败家的征兆。求澄弟千万要分开开支，力求节省。我决不会在分开后私自往家里寄钱，只要是寄一文钱，都一定由澄弟经手。

温弟殉难的事，我计划另外上一奏折。九弟在湖北如果得到温弟十日这一天的详细情况，希望尽快告诉我，以便于上奏。要是希庵有详细信来，我就先行上奏也行。纪寿侄儿目清眉耸，忠义之后，肯定会有出息，全家人都应该另眼看待。至嘱至嘱！

【点评】

十月初十，湘军和太平军战于三河，湘军全军覆没。战役结束后，六弟曾国华的尸体却没有找到。对于湘军惨败和六弟的阵亡，曾氏悲痛不已，由此认为去年兄弟失和真不应该。由此劝诫家人兄弟间应当团结和睦，并且遵循六弟的意思为父母迁坟改葬，以表示追思。曾氏认为，遭此大难，都是因为后辈子女贪恋逸欲奢华、享福太早的恶果，由此告诫家人应以勤俭为本，团结一致以共渡难关。

咸丰八年十一月廿三日与诸弟书

公元 1858 年 12 月 27 日

澄侯、沅甫、季洪老弟左右：

十三日专吉字营勇送信至家，十七日接澄弟初二日信，十八日接澄弟初五日信，敬悉一切。三河败挫之信，初五日家中尚无确耗，且县城之内毫无所闻，亦极奇矣。

九弟于廿二日在湖口发信，至今未再接信，实深悬系。幸接希庵信，言九弟至汉口后有书与渠，且专人至桐城三河访寻下落，余始知沅甫弟安抵汉口，而久无来信，则不解何故。岂余近日别有过失，沅弟心不以为然耶？当此初闻三河凶报，手足急难之际，即有微失，亦当将皖中各事，详细示我。

今年四月，刘昌储在我家请乩。乩初到，即判日：赋得偃武修文，得闲字（字谜败字）。余方讶败字不知何指。乩判日："为九江言之也，不可喜也。"余又讶九江初克，气机正盛，不知何所为而云，然乩又判日："为天下，即为曾宅言之。"由今观之，三河之挫，六弟之变，正与"不可喜也"四字相应。岂非数皆前定耶？

然祸福由天主之，善恶由人主之。由天主者无可如何，只得听之；由人主者，尽得一分算一分，撑得一日算一日。吾兄弟断不可不洗心涤虑，以求力挽家运。

第一，贵兄弟和睦。去年兄弟不和，以至今冬三河之变，嗣后兄弟当以去年为戒。凡吾有过失，澄、沅、洪三弟各进箴规之言，余必力为惩改；三弟有过，亦当互相箴规而惩改之。

第二，贵体孝道。推祖父母之爱以爱叔父，推父母之爱以爱温弟之妻妾儿女及兰、蕙二家。又父母坟域必须改葬，请沅弟作主，澄弟不可过执。

第三，要实行勤俭二字。内间妯娌不可多事铺帐，后辈诸儿须走路，不可坐轿骑马，诸女莫太懒，宜学烧茶煮菜。书、蔬、鱼、猪，一家之生气；少睡多做，一人之生气。勤者生动之气，俭者收敛之气。有此二字，家运断无不兴之理。余去年在家，未将此二字切实做工夫，至今愧恨，是以谆谆言之。

【译文】

澄侯、沅甫、季洪老弟左右：

十三日派吉字营兵士专人送信回家，十七日收到澄弟初二日写的信，十八日收到澄弟初五日写的信，知道了一切。三河失败受挫的消息。初五时家中还没有确实的消息，而且县城里竟毫无所闻，也是非常奇怪的事。

九弟二十二日从湖口发过信，直到现在没有再收到来信，非常惦念。幸亏收到希庵的来信，说九弟到达汉口后给他写过信，并且派了专人到桐城、三河寻找六弟的下落。我才知道沅浦弟已经安全到达了汉口，但这么长时间不来信，不知道是什么原因。难道是我近日另有什么过失，沅弟心中不高兴了吗？正当刚刚知道三河凶讯，手足无措的时候，就算有过失，也应该将皖中的各种事情详细告诉我。

今年四月时，刘昌储在我家中请乩。乩一到，就判说："敌得偃战修文，得闲字，(字迹败字)。"我刚惊讶，不知道败字指什么。乩判说："为九江言之也，不可喜也。"我又惊讶，刚刚攻克九江，我军气势正十分旺盛，不知道它说的是什么，乩又说："为天下，就为曾家言。"现在看来，三河战败，六弟殉难，正与"不可喜也"四字相应，难道气数不全是前定的吗？

祸福由天注定，喜恶由人做主。由天注定的，人没有办法改变，只能听之任之；由人做主的，可以尽一分人力算一分，支撑一天算一天。我们兄弟一定要洗心革面，希望可以力挽家运。

第一，要以兄弟和睦为贵。去年兄弟不和，以至于有今年冬天的三河之变。从今以后兄弟应当以去年为戒，只要是我有过失，澄、沅、洪三弟都应当规劝，我一定努力改正，三位弟弟有过，也应当互相规劝而改正。

第二，要以尽孝道为贵。由对祖父母的爱戴而推及爱戴叔父，由对父母的爱戴而推及爱护温弟的妻妾儿女以及兰、蕙两家。另外，父母的坟墓一定要改葬。请沅弟做主，澄弟不要固执。

第三，要以勤俭二字持家。家中妯娌不可以过多地铺张。各位子侄后辈出门要走路，不要坐轿骑马。家里妇女不要太懒，而要学习烧茶煮菜。读书、种菜、养鱼、养猪，这是一个家庭的生气；少睡多做这是一个人的生气。勤劳是生动之气，俭约是收敛之气。做到勤俭这两个字，家运绝对没有不兴盛的理由。我去年在家，没能把这两个字切实做到，现在愧恨不已，所以谆谆教导你们。其他的事情详记在日记里，我不再赘述了。

【点评】

曾氏在这封家书说他相信祸福由天主宰，是人力所不能及的，只好听之任之。但是善恶却是由人主宰，尽一分努力就有一分收获。因此为了家运亨通，要求兄弟间同心协力。兄弟间，首先贵在和睦，互进提醒劝诫来共勉；其次要遵守孝道，长幼有序，父慈子孝；最后又归于勤俭，并且提出具体的措施：如出行走路不可以骑马坐轿、家中女子主妇学烧茶煮菜之类。他认为，家中应当有"勤"这一生动之气和"俭"这一收敛之气，家运没有不兴旺的道理。

咸丰八年十二月初三日与诸弟书

公元1859年1月6日

澄侯、沅甫、季洪三弟左右:

初一日接澄弟信,知玉四等于初十日到家,尚未接六弟确耗也。沅弟初九日在长沙所发之信,二十五日接到,甚慰甚慰。此次江行之速,为从来所未有。在汉中所发之信,至今尚未接到。

沅弟抵家后,不得温甫实信,不知如何忧伤?吾派人至江北,至今未归。沅弟所派六人至三河、桐城访查者,想亦无真实下落也,已矣,尚何言哉!

吾去年在家以小事争竞,所言皆锱铢细故,洎今思之,不值一笑。负我温弟,即愧对我祖我父,悔恨何极。当竭力作文数首,以赎余愆,求沅弟写石刻碑。沅弟字有秀骨,宜日日临帖作大楷。凡余文概请沅弟写之,组田刻之,亦足少摅我心中抑郁愧悔之怀。

余近日体尚平安。惟下身癣尚如故,抓烂作痛。张凯章于初二日拔营赴景德镇,吴翔冈初四日起行。吾于新正亦当移营进扎鄱阳、彭泽等处,与水师相联络,即可为江北之声援。萧军现赴南赣,贼踪已远,大约回广东矣。如江闽一律肃清,明岁并带萧军至九江两岸也。

付回银一百两,寄送亲戚本家,另开一单,不知当否?

再,此次附银六十两,以三十两寄兰姊家,内二十为兰姊五十寿辰贺仪,十两为七甥女出嫁奁仪,以三十两寄蕙妹家,补往年奠待聘妹夫之仪,望即日送去。嗣后亲族家如有应行致情者,望写信告我为嘱。再问澄、沅、洪弟近好。

【译文】

澄侯、沅甫、季洪三弟左右:

一日收到澄弟的来信,知道玉四等在十日已经到家,还没有收到六弟确切的消息。沅弟九日在长沙寄的信,二十五日收到。甚感甚慰!这次在长江上航行的速度,是从来没有过的。从汉口寄的信,到现在还没有收到。

沅弟到家以后,没有温甫的确切消息,不知道会怎样地忧伤。我派人到江北探寻,到现在还没有回来。沅弟派六人去三河、桐城查访,估计也没有确实下落。完了!还有什么可说啊!

我去年在家因为小事争执,说的不过是些细小的事情。现在想起这件事,还不值得一笑。对不起温弟,就是愧对我祖我父,这是多么的悔恨!要尽力写好几篇悼文,来赎还我的罪过,并请求沅弟写石刻碑。沅弟写的字有秀骨,最好天天临帖写大楷。只要是我的文字都请沅弟来写,让组田来刻,也能够稍稍减轻你我心中的愧疚和悔恨。

我最近身体还算平安,只是下身的癣还跟从前一样,抓烂了很痛。张凯章在二日拔营奔赴景德镇,吴翔冈四日起程。我也要在这几天移营进驻鄱阳、彭泽等地方,跟水军联络,就可以当作江北的声援。萧军目前赴赣南,敌人早已远退,大约已经回广东了。要是江苏、福建全部剿灭干净,明年将带领萧军到江西两岸。

寄回银子百两,送给亲戚本家,另外开列了一个清单,不知道是否妥当,顺问近好。

另外:这次捎回六十两银子,拿出三十两寄给兰姐家,其中二十两作为兰姐五十寿辰贺仪。十两作为七甥女出嫁的嫁妆。用剩下三十两寄给蕙妹家,补以前祭奠待聘妹夫的

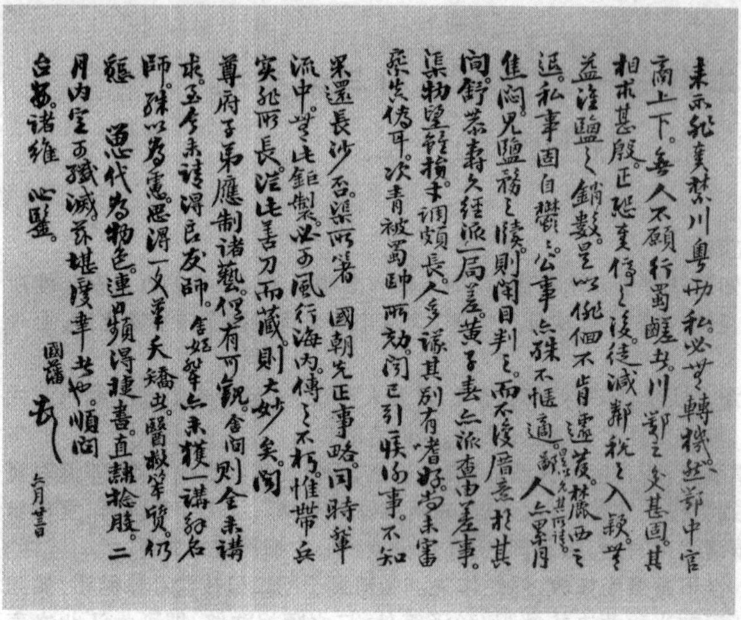

曾国藩手札

礼仪。希望立即送去。今后亲戚家里如果有应该表示的,希望一定要写信告诉我,再问澄、沅、洪弟近好。

【点评】

三河兵败,六弟曾国华尸骨无存,虽屡经寻找,但仍无确切消失,因而更加重了曾氏的愧疚之情,所以想起自己以前的种种过错,并要努力写好几篇悼文来减轻自己的愧疚之情。信的下半部分说到了近期的军事动向,最后谈到了寄出银两的使用情况,并开列了清单。可见曾氏持家向来都是以勤俭为本,绝无大手大脚的奢侈浪费。

咸丰八年十二月十三日与诸弟书

公元 1859 年 1 月 16 日

澄侯、沅甫、季洪三位老弟左右:

十二月初三日接澄弟十六、十七日两信,初七日接沅弟廿一、洪弟廿日两信,得悉家中四宅大小平安。

吾于十月廿五日派安七、玉四送信回家,不知何以至今未归营?已四十八日矣。初三日专人送信已得回报,十三日专人亦满一月,不知何以久延未到也?

此间一切平安。意城于廿八日归,人树于初三日归去,李小泉之弟少荃于初十来营,王壬秋初九来,次青初九日抵南昌,计日内亦可到矣。

温弟之事,家中不知如何举动?至今犹无手信,尚忍言哉!希庵接霍山王令信,言迪庵及筱石遗骸业经寻得,兹抄付归,不知我温弟尚能返葬首邱否?吾往年在外,与官场中落落不合,几至到处荆榛,此次改弦易辙,稍觉相安。去年在家,兄弟为小事争竞,今日温弟永不得相见矣。回首前非,悔之何及!

洪弟明年出外,尚须再三筹维。若运气不来,徒然怄气,帮人则委曲从人,尚未必果能

相合；独立则劳心苦力，尚未必果能自立。如真能受委屈，能吃辛苦，则家庭亦未始不可处也，望与沅弟酌之。

再，此次寄银百两与刘峙衡之嗣子。我去年丁艰时，峙衡穿青布衣冠来代我治事，至今感之，故以此将意。或专使送去，或交纪泽正月带去，祈酌之。

再，泽六老爷之孙葛培，因昨归于玉山解围案内，保举主簿，兹将饬知付回，望专人送去。并望写一信，言明年不可再来投效，来则决不再收，须切实言之，使通境皆闻也。

古人言，今日之恩窦即异日之怨门，其理深矣。

【译文】

澄侯、沅甫、季洪三位老弟左右：

十二月三日收到澄弟十六、十七日寄的两封信，七日收到沅弟二十一日、洪弟二十日寄的两封信，知道了家中四宅大小平安。

我十月二十五日派安七、玉四送信回家，不知道是什么原因直到今天还没有返回营中，已经四十八天了。初三派去送信的人都已经回来报告了，十三日派去送信的人也已经一个多月了，不知道为什么拖延这么长的时间还没有回来。

这里一切平安。意城是在二十八日回去的，人树是初三回去的，李小泉的弟弟少荃十日来到营中，王壬秋九日来到营中，次青九日到达南昌，想来这几天也能够到达营中。

温弟的事情，不知道家中怎样办理，到现在还没有写信来告诉我，难道还要忍着不说吗？希庵收到霍山王令的信，说迪庵及筱石的遗骨已经找到，现在将信抄写寄回。不知道温弟的遗骨能不能回乡安葬？我往年在外面，跟官场里的人不和，几乎到处都有荆棘，这次我改变做法，稍微觉得相安无事。去年在家，弟兄之间为了小事而争执；现在却永远也不能再见到温弟了，想起以前的过错，后悔也没什么用了。

洪弟打算明年外出，还必须再三考虑。如果运气没到，只会白白怄气，帮助别人处理事情就得委曲求全，听从别人，还不一定能够合人心愿；如果自己独立做事又劳心费力，却还不一定能够出人头地。要是真能够忍气受委屈，吃苦耐劳，那么在家里也不一定不可以相处。希望可以与沅弟好好商量这件事。我把详细的情况写在日记中。

另外，这次寄回一百两银子送给刘峙衡的儿子。我去年在家守丧时，峙衡穿戴着青布素服来帮我处理丧事，我至今仍然感念，因此借这个机会表示谢意。要么派专人送去，要么交给纪泽正月时带去。希望考虑。

还有，泽六老爷的孙子葛培因为上次归入玉山解围案而被保举为主簿。现在把任命书带回去，希望可以派专人送去。并要写一封信，说明年内不可以再来投军，就算来了也不会再收留。必须要如实讲清楚，使全部都知道。

古人说过，今日的恩情就是将来的怨恨。这个道理很深刻。

【点评】

曾氏在这封家书中，一是谈及对曾国华的歉疚之情，劝洪弟曾国葆对外出之事应三思；二是助人和自立的问题。然而，这里重要的一层意思就是如何承受委曲的问题。在曾氏看来，忍受委曲是成功人生的重要一课，只有委曲求全帮助别人做事才能与人处好关系；只有费尽心力奋发图强，才能能出人头地；只有能忍气吞声，吃苦耐劳，方能成就自己的一片天地。这些至理名言至今仍意义深刻。

这封家信都以叙述琐事为主：曾国藩首先说到三位弟弟的信件都已经收到，得知家中一切安好。提到六弟战死的事情，不知道家中遭此变故，大家的精神状态如何，并且再次自责去年兄弟间失和之事，悔恨不已。对于弟弟明年离家外出的事情，请他再三斟酌。曾氏还到去年刘峙衡代他处理军务，为表感激，寄银百两给刘氏的嗣子。

咸丰八年十二月十六日与诸弟书

公元 1859 年 1 月 19 日

澄侯、沅甫、季洪老弟左右：

十三日写信专人回家，十五日接澄、沅冬月廿九、三十两缄，得悉叔父大人于二十七日患病，有似中风之象。

吾家自道光元年即处顺境，历三十余年，均极平安。自咸丰年来，每遇得意之时，即有失意之事相随而至。壬子科余典试江西，请假归省，即闻先太夫人之讣。甲寅冬，余克武汉田家镇，声名鼎盛，腊月二十五甫奉黄马褂之赏，是夜即大败，衣服文卷荡然无存。六年之冬、七年之春，兄弟三人督师于外，瑞州合围之时，气象甚好，旋即遭先大夫之丧。今年九弟克复吉安，誉望极隆，十月初七接到知府道衔谕旨，初十即有温弟三河之变。此四事者，皆吉凶同域，忧喜并时，殊不可解。

现在家中尚未妄动，妥慎之至。余在此则不免皇皇。所寄各处之信，皆言温弟业经殉节，究欠妥慎，幸尚未入奏。将来拟俟湖北奏报后，再行具疏也。家中亦俟奏报到日乃有举动，诸弟老成之见，贤于我矣。

叔父大人之病，不知近状何如？兹专法六归，送鹿茸一架，即沅弟前此送我者。此物补精血远胜他药，或者有济。

迪公、筱石之尸，业经收觅，而六弟无之，尚有一线生理。若其同尽，则六弟遗骸必去迪不远也。意者其已逃出，如潘兆奎，或暂降如葛原五乎？家中分用钱项，澄弟意待各炊时再说，余亦无成见，听弟主张可也。沅弟信言家庭不可说利害话，此言精当之至，足抵万金。余生平在家在外，行事尚不十分悖谬，惟说些利害话，至今悔憾无极。

霞仙请做嫁装，即祈澄弟代做，明年三、四、五月可办婚事。即问近好。

兄国藩手草，十二月十六日。

【译文】

澄侯、沅浦、季洪老弟左右：

十三日写的信，派了专人送回家，十五日收到澄、沅两弟腊月二十九、三十两封信，知道叔父大人在二十七日患病，有像中风的症状。

我家自从道光元年开始，就处在顺境之中，过了三十年，都十分平安。从咸丰年间开始，每次碰到得意的事情，便有不得意的事情，相继而来，壬子年科考，我在江西主考，请假回乡探省，就听到先太夫人的讣告。甲寅年冬天，我攻克武汉田家镇，声名鼎盛，腊月二十五日刚得到御赐黄马褂的赏赐，当夜就遭到大败。衣服、文卷荡然无存。六年冬、七年春，兄弟三人在外带兵，合围瑞州，形势非常好，很快就是先大夫去世。今年九弟克复吉安，声誉极盛，十月初七收到加知府道员衔的圣旨，初十就听到温弟三河之变。这四件事，都是吉凶同域，忧喜并时，真是不能理解。

现在家里还没有妄动，没有为温弟办丧，这是十分稳妥慎重的。我在这里不免天天惶惶不安，往各处寄信都说温弟已经殉节，终究有些欠妥。幸亏还没有上奏，以后等湖北奏报之后再上奏，家中也等奏报到来时再办理这事。诸弟见解老成持重，比我高明。

叔父大人的病，不知道最近怎么样？现在专门派法六回家，带一架鹿茸，就是沅弟上次送给我的。鹿茸补精益血，大大胜过其他的药物，或许有些用处。

迪公筱石的尸体，也已经找到，但六弟的却始终没有找到。还有一线希望。要是同时牺牲，那么六弟的尸体，离迪公肯定不会太远。或者六弟已经逃出，像潘兆奎；或者是暂时投降，像葛原五。有关家中分开开支的事情，澄弟的意思是等到分开开伙时再谈，我也没有什么意见，按弟的主张就行。沅弟信里说，在家里不可说有关"利害"的话，这劝诫精确之至，足够抵得上万两黄金，我平生在家里在外面，做事还不算太荒谬，只是爱说有关"利害"的话，十分的悔恨。

霞仙请求做嫁装，就请澄弟帮忙代做。明年三、四、五月可办婚事，即问近好。

兄国藩手草，十二月十六日。

【点评】

曾国藩因为六弟的死痛定思痛，认为自咸丰年来家中每遇到得意之事，都有失意之事接踵而至，认为天下事都是吉凶同域、忧喜并时。这也是中国古代哲人所说的"塞翁失马，焉知非福"，与"祸兮福之所倚，福兮祸之所伏"的体现。因此，曾国藩一方面劝慰家人不要过于悲观，一蹶不振；另一方面如果遇到可喜之事也要惜福，加以注意。

咸丰八年十二月二十日与诸弟书

公元 1859 年 1 月 23 日

澄侯、沅甫、季洪老弟阁下：

十五日接叔父患病之信，十六日专王发六送鹿茸回家，限年内赶到。十七早接澄弟二信、沅弟一信，又于朱家二处问叔父病势已愈，大幸大幸。

温弟之事日内计已说破，不知叔父与温弟妇能少节哀否？温弟妇治家最贤，而赋命最苦，不知天理何以全不可凭？

十八夜接希庵信，知沅弟所派六弁已回，皆未寻得，而迪庵遗骨于初一日已搬至霍山县，同一殉节，而又有幸不幸若此。余又专五人去寻，中有二人系贼中逃出者，言必可至三

《史记》书影

河故垒，其三人则杨名声、杨镇南、张吟也。能寻得遗蜕，尚是不幸中之一幸，否则吾何面目见祖考妣及考妣于地下哉！

日内心绪慌乱，不能办一事。刘良二不愿当长夫，仍令回家。其在家领去之银三两三钱，或给或否，惟酌之，此间亦不另给途费也。家有殿板初印《史记》一部廿六本，望命纪泽查出带来。即问新禧。

兄国藩手草，十二月廿日。

【译文】

澄侯、沅甫、季洪老弟阁下：

十五日收到叔父生病的信。十六日专门派王发六送鹿茸回家，期限他年内赶到。十七日早上收到澄弟的两封信，沅弟一封信，知道叔父的病已经好了，真是天大的幸事！

温弟的事，最近几天预计已经公开了，不知道叔父跟温弟媳妇能够节哀吗？温弟的妻子处理家务最为贤惠，但命又最苦，不知道天理为什么全不可信？

十八日晚上收到希庵的来信，知道沅弟派去的六个士兵都已经回来了。全没有找到六弟的尸骨；而迪庵的遗骨在一日已经搬运到霍山县。同样是殉节，又有像这样的幸运和不幸！我又专门派了五个人去寻找，其中有两个人是从贼匪中跑出来的，说一定可以到达三河原先的营垒中。另外三人就是杨名声、杨镇南、张吟。如果可以寻找到遗骨，那还算是不幸当中的一件幸事，否则，我还有什么面目见地下的祖父母以及先父母呢？

现在心绪慌乱，无法做一件事。刘良二不想当长夫，仍然叫他回家。他从家里领去的三两三钱银子，给还是不给，请仔细考虑，我这里也不另外给他路费。家里有殿板初印的《史记》一部二十六本，希望让纪泽查找出来并带来。即问新禧！

兄国藩手草，十二月二十日。

【点评】

这封信首先提到六弟殉难一事；六弟父及其妻子已经知道，慨叹六弟妻子治家最贤，而命却最苦，因此报怨天理为什么全不可信；之后又说到迪庵的尸骨已经找到并且运回，但六弟的尸体却仍没找到，都是一同殉节，却有幸有不幸若此，因此更感悲痛而无面目见已逝的先人。这封信体现了曾氏“天命无常，吉凶同域”的悲伤思想。

咸丰九年正月初一日与诸弟书

公元1859年2月3日

澄侯、沅甫、季洪三弟左右：

十二月廿三日，接澄、沅初十、十一日信，除夕又接十六日信，敬悉叔父大人体气渐好，不至成中痰之症，如天之福，至幸至幸。

两弟函中所言各事，兹分条列复如左：

（一）先考妣改葬事决不可缓。余二年、七年在家主持葬事，办理草草，去冬今春又未能设法改葬，为人子者，第一大端，问心有疚，何以为人？何以为子？总求沅弟为主，速行改葬，澄弟、洪弟帮同料理，为我补过，至要至祷！洪罗争地果可用否？吾不得知，兹亲笔写二信与洪、罗二处，以冀或有所成。

（一）张凯章于十八日至景德镇附近地方，十九日允两路进。王（钤峰）、吴走西路，凯章走东路。王、吴挫败，义营亡百人，吉左营九人，副湘营三十七人，营务处十二人，在行仗则已为大伤，幸凯章全军未与其事，现尚扎崖角岭，去景德镇二十余里，势颇岌岌。兹札调朱南桂、朱惟堂飞速来军，望即专人送去。又，王人树一信亦速送去。筱岑信弟阅后封寄。

（一）季弟决计出外，不知果向何处？今日办事之人，惟胡润芝、左季高可与共事。此外皆若明若昧，时信时疑，非季弟所能俯仰迁就也。沅弟宜再三开导，令季弟择人而事，不可草草。或沅、季同来吾营商定后，再赴他处亦可。

（一）沅弟所画屋样，余已批出，若作三代祠堂，则规模不妨闳大；若另起祠堂于雷家湾，而此仅作住屋，则不宜太宏丽。盖吾邑带勇诸公，置田起屋者甚少；峙衡家起屋，亦乡间结构耳。我家若太修造壮丽，则沅弟必为众人所指摘，且乱世而居华屋广厦，尤非所宜。望沅弟慎之慎之，再四思之。祠堂样子，余亦画一个付回，以备采择。

（一）科一喉痛，系先天火亏之症，宜服参茸姜附等药，庶可一劳永逸，切不可服凉药，千万记之，余不一一。顺问近好。

兄国藩手书，元旦。

【译文】

澄侯、沅甫、季洪三弟足下：

十二月二十三日收到澄、沅初十和十一日寄来的信，除夕那天又收到十六日的来信。知道叔父大人身体逐渐好转，不至于成为中风的病，这全是天福所赐，至幸至幸。两弟在信中所说的各件事情，现分别答复如下：

一、先父母改葬的事绝对不可以拖延。我二年、七年在家里主持葬事时，处理草率，去冬今春又没能设法改葬，尽孝是为人子者第一大事，问心有愧，如何做人？总之希望以听沅弟的意见为主，尽快改葬，澄弟、洪弟应当协同办理，替我弥补过失，这非常重要。洪罗争地是不是可以用，我不得而知。我将亲自写两封信给洪、罗二人，希望有机会办成这件事。

二、张凯章于十八日到达景德镇附近，十九日从兵两路进发。王（钤峰）、吴从西路，凯章从东路。王、吴兵败，义营阵亡百人，吉左营阵亡九人，副湘营阵亡三十七人，营务处阵亡十二人。这在行军作战当中已经是大伤元气，幸亏张凯章全军没有参与此战。现在仍然驻扎在崖角岭，离景德镇有二十余里，形势也十分危急。现在发信调派朱南桂、朱惟堂火速来军，希望立即派专人送去。另外给王人树的一信也要快点送去。筱岑信，弟看后请封好寄出。

三、季弟决定外出，不知道准备去什么地方？现在可以办事的人，只有胡润芝、左季高，可以跟他们共事，此外都是态度暧昧，一会儿信一会儿疑，都不是季弟肯俯仰迁就的人。沅弟要多加开导，让季弟择人而事，不能够草率。或者沅、季同来我营中，商定之后再去他处也行。

四、沅弟画的新屋草样，我已经看过。如果用作上三代的祠堂，那么规模不妨宏大一些，但要是在雷家湾外建祠堂，而这里仅仅作为住房，那就没必要太宏大华丽了。在我这里统兵的将领买地建房的很少，峙衡家盖房也只是普通的乡村结构。我家要是建得太壮丽，沅弟必然会被众人指责，况且在乱世居住华屋广厦，更加不合适。希望沅弟谨慎行事，再三思之。祠堂的图样，我也画了一个送回，以供选择。

五、科一喉痛，这是先天不足亏火的病症，应该服用服参、茸、姜、附等药，或许可以一劳永逸，千万不可以服凉性药物，千万记着。余不一一，顺问近好。

兄国藩手书，元旦。

【点评】

曾国藩在信中首先提到改葬父母的事绝对不以可缓，这是身为人子的第一要义。然后又提到弟弟外出的事情不能草率决定，必须要仔细斟酌商议。在信中，曾国藩语重心长地劝九弟不要在乱世建造华屋。曾国荃打下吉安后，既得钱财又揽军功，因此特画大屋图样请大哥提意见，但曾国藩却劝弟弟作为住屋，不应该建得太壮丽，希望弟弟慎重考虑。这是其俭朴之风与谨慎处世态度的深刻体现。

咸丰九年正月初八日与诸弟书

公元1859年2月10日

澄侯、沅甫、季洪三弟左右：

正月初七日接沅弟腊月二十日信，敬悉叔父大人病体大愈，远怀少慰。除夕、元旦两日，不知温弟妇伤痛奚似。此间派杨名声、杨镇南等到舒城一带访寻，日内尚无确耗。接胡中丞三、四信，似于温弟事极关切，可感可感。杨弁等去，吾亦告之，苟有可图，费二三千金不惜也。

屋样、祠堂样、罗洪信及各事，皆已寄归。吉中营事，吾未细查。派四川曾佑卿太守（省三，壬子庶常改主事，捐知府）在营看操，意在为沅弟分劳。然合营望沅甚切，正不能不早来。来此从容调停，再谋蝉蜕可耳。顺问近好。

再，凯章于二十七日大获胜仗，杀贼近千，景德镇一军当可站住。惟贼多而狡，垒密而坚，恐刻下难遽克复。

吴翔冈败后禀告病请撤，吾已批准撤之，派凌荫庭前往接统矣。翔不服凯章，铃峰亦与凯龃龉，并讥其不应用统领老湘营回全军关防，凯已换刻矣。吾爱惜凯章，不得不撤翔也。

【译文】

澄侯、沅甫、季洪三弟左右：

正月七日收到沅弟腊月二十日写的来信，知道叔父大人病体完全康复，远方的我稍觉安慰。除夕、元旦两日不知温弟妻子是怎样地悲伤。我这里已经派杨名声、杨镇南等到舒城地区查访寻找，当前还没有确切消息。收到胡中丞三四封信，似乎对温弟的事也非常关切，真让人感念。杨弁等人前去，我也让他们通告一下，要是有什么需要，就算花费两三千两银子也是在所不惜。

新屋图样，祠堂图样，给洪、罗的信以及其他一些事物都已经寄回去了。吉中营的军务，我还没有细查，派四川曾佑卿太守到营中督促操练，目的就是为沅弟分担劳苦。但全营上下都十分盼望沅弟回来。因此沅弟不能不早来，回来后先调度军队，之后再考虑退役的事。

顺问近好。

再，凯章于二十七日大获全胜，杀敌近千人。景德镇一军肯定可以站住脚，但是由于敌人多而狡猾，壁垒严密而坚固，恐怕现在还不能很快攻克。

吴翔冈兵败之后，告病请求撤换，我已经批准，派凌荫庭前去接替统兵。翔冈不服凯章，铃峰也跟凯章有矛盾，并说他没有才能带领老湘营。全军的关防，凯章已经重新布置。我爱惜凯章是个人才，不得不撤换翔冈。

【点评】

信中讲了三件事：一是有关温弟殉难的事，担心温弟妇会过于悲痛，并说到胡中丞的关切；第二件是希望曾国荃可以早来营中“从容调停，再谋蝉蜕”；第三件是讲了近期的战况，包括凯章大获全胜，以及说到吴翔冈、钤锋与凯章的矛盾处理的办法。仅此而已。

咸丰九年正月十三日与诸弟书

公元1859年2月15日

澄侯、沅甫、季洪老弟左右：

初二日专人送一缄，初八盛四归又付一缄，想次第将到。

初十日接胡中丞信，迪庵及温弟已奉旨优恤。迪公饰终之典至隆极渥，其灵柩廿五日到湖北，廿六日宣读恩旨，廿九日请官中堂题主，正月初三日起行还湘，备极哀荣。温弟与之同一殉难，而遗骨莫收，气象迥别。予于十一日具折，奏温弟殉节事，盖至是更无生还之望矣，恸哉！

家中此刻已宣布否？若尚未宣布，则请更秘一月，待二月间杨镇南等归来，我折亦奉批转来，如实寻不得，则招魂具衣冠以葬。余上无以对祖考妣及考妣，下无以对侄儿女。自古皆有死，死节尤为忠义之门，弈世有光，本无所憾，特以骸骨未收，不能不抱憾终古。

胡林翼像。曾国藩信中所说的“胡中丞”即指胡林翼

沅弟近日出外看地否？温弟之事，虽未必由于坟墓风水，而八斗冲屋后及周璧冲三处，皆不可用。子孙之心，实不能安。千万设法，不求好地，但求平妥。洪夏之地，余心不甚愿。一则嫌其经过之处，山岭太多，一则既经争讼，恐非吉壤。地者，鬼神造化之所秘惜，不轻予人者也。人力所能谋，只能求免水、蚁、凶煞三事，断不能求富贵利达。明此理，绝此念，然后能寻平稳之地。不明此理，不绝此念，则并乎稳者亦不可得。沅弟之明，亮能了悟。余在建尚平安，惟心绪郁悒，不能开怀，殊褊浅耳！

【译文】

澄侯、沅甫、季洪老弟左右：

初二派专人送回一封信，初八盛四回去又交给他带回一信，估计依次将到。

初十收到胡中丞的信，得知迪庵和温弟已经奉旨优恤，迪公的丧礼非常隆重。其灵柩二十五日到达湖北，二十六日宣读圣旨，二十九日请官中堂题写灵牌，正月初三起程回湖南，哀荣盛极。温弟跟他同时殉难，但遗骨还没有收殓，境况迥然不同。我于十一日上奏折，奏明温弟殉节的事，因为现在已经没有生还希望了。痛哉！家里是否已经宣布？如果还没有宣布，那就请再保密一个月，待到二月间杨镇南等人回来，我的奏折也应该奉批转回了。要是实在寻找不到遗骨，就招魂并用衣冠安葬吧。我对上无法向祖父母、父母交代，对下无法向侄儿侄女交代。人生自古皆要死，死于殉节更为忠义，使家门有光，本来没有什么遗憾的，只是骸骨没有找到，不能不抱憾终古。

沅弟这几天是否外出看地？温弟的事，虽然不一定是由于风水，但八斗冲屋后以及周壁冲三处都不可以用。子孙后代的心，实在不能安稳。千万设法，不求好地，只求平安。洪、罗那块地，我不太愿意。一是嫌它经过的地方山岭太多，二是因为经过争讼，恐怕也不是什么好地了。地是鬼神造化的隐秘场所，是不能轻易给人的。人力所能做到的只能是防止水患、蚁患和凶煞三件事，决不可以希求富贵荣华，明白了这个道理，断绝了这种想法，然后才能够找到平稳的地方。不明白这个道理，不断绝这种想法，就是想寻找平稳的地方也找不到。沅弟心明眼亮，一定能够明白，我在建昌还算平安，只是心情忧郁，不能舒畅，真是无福。

【点评】

朝廷厚葬三河之役得主将李续宾，追封他为总督，入昭忠祠，给他的家人丰厚的赏赐。而曾国华的尸首到现在也没有找到，真是差强人意。以曾国藩的意思如果实在找不到弟弟的尸首，就招魂具衣冠来葬六弟。他认为人生自古只要为了忠义而死无所憾。至于墓地风水，不求好地，但求平安，只求免水淹、蚁蛀，凶煞就可以了，不求富贵利达，只要明此理便能寻到平稳之地。

咸丰九年正月廿三日与诸弟书

公元 1859 年 2 月 25 日

澄侯、沅甫、季洪老弟左右：

正月十三日发第三号信并折稿及温弟优恤之旨。十八日王林三等来，接澄信二件、沅信一件、纪泽一件，得知家中四宅平安，甚慰。纪泽在省所寄之禀，尚未接到。

此间军事，去腊十九日吴翔冈之挫，亡百六十人。二十七日凯章之胜，亦亡九十人。正月十一凯章又小挫一次，其第五旗扎牛角岭，距凯章老营十八里之远，十二早被贼攻陷。余因五旗去凯太远，除夕曾有信止之。凯复书言旗长可恃，未移也。五旗被陷之后，又换三旗扎该处，余甚为悬悬矣，又函止之。凯军现处孤危之际，不得不思所以济之振之。已派彭山屺回湘调兵六百名，派佘星焕回湘招勇千名，与喻吉三同带之，又令朱品隆添勇二百名，函告王人树添勇三百名，又令张岳龄招平江勇千二百名，共添三千余人。向耆中丞索取饷项，能得与否，尚未可知，然不能不放手一办也。

待兵勇到时，先派在建老营赴凯章处助剿。将来须另派统领，另打一支，与萧、张分为三路，庶足以张犄角之势。此间各营，望沅弟如望岁，吉字中营，尤如婴儿之望慈母。吾前欲派吉中营偕朱、唐去攻景镇，莘田及各帮带皆以沅弟未来，不敢作主。余近日心绪郁郁，望沅弟来此，叙手足之情，商定大局。

先考妣改葬之事，本属刻不可缓，然如此春雨淋淋，何能登山觅地？余意托萧可卿、冯至善在家再寻三四个月。九弟于二月间来营，一面为我画定全局，一面将吉字中营安个实

在着落，住数月后再行回家。温弟遗蜕若竟寻不得，则沅弟于江北宿松等处招魂而归，具衣冠而葬。将来改葬先考妣时，即将温弟衣冠附葬于二亲之旁。若鬼神呵护，温弟忠骸一旦寻得，则九弟即迎温弟灵柩以归，是亦不幸中之一大幸。先考妣改葬时，附寻吉地以葬温弟，亦可少慰叔父及温弟妇之心。

若九弟久不来营，吉中营全无着落，家中不能寻地，温弟招魂葬衣冠等事，早也不好，迟也不好，沅弟心悬数处，均不妥善。是否应于二月来营数月再归，望沅弟与叔父、澄、季熟商妥办。余此次缄催郭意城、王人树、王枚村来营，皆言沅弟于二月来营，沅弟若有信与意、树诸公，可邀其同行也。

正月十三日接奉御赏福字，兹专人送归，又枣果面饼等物，送一半归查收。顺问近好。建昌军中。

再，吾近写有手卷一大卷。首，篆字五个，次大楷四十八个，后小行书二千余。中间空一节，命纪泽觅此三十二人之遗像，绘之于篆字之后，大楷之前。查武梁祠画像内有文、周、孔、孟诸像，外间间有藏本，翁覃溪《两汉金石记》曾刻之，王兰泉《金石萃编》亦刻之，此外加名臣像，亦间有之。纪泽觅得像底，则双钩摹于卷内，不必着色也。或嫌此卷太大，则别办一卷画像。此卷即先付长沙装潢，楠木匣藏之，将来求沅弟精钩刻石。其像有不可尽得者，略刻数像可也。吾生平读书，百无一成，而于古人为学之津途，实已窥见其大，故以此略示端绪。手此，再告澄、沅、季三弟，并谕纪泽儿知之。

国藩又行。

【译文】

澄侯、沅甫、季洪老弟左右：

我在正月十三日寄出第三封信，另外还有奏折底稿和优恤温弟的圣旨。十八日，王林三等人回来后收到了带来的澄弟的两封信、沅弟的一封信，另外还有纪泽的一封信，从你们的信中知道家人都很平安，一切都很顺利，心中非常欣慰。只是纪泽从省城寄出的信还没有到达。

最近的战事比较频繁，概况如下：去年腊月十九日吴翔冈战败，阵亡一百六十人；二十七日凯章获胜，也阵亡了九十人。正月十一日凯章又小败了一次，他的第五旗在牛角岭驻扎，离老营十八里远，十二日早晨被敌人攻破。我由于第五旗离凯章军大营太远，除夕时曾经写信加以禁止。但凯章回信说，旗长是可以信赖的，就没有迁移。第五旗被攻破以后，又换了第三旗在那里驻扎。我非常挂念，又写了一封信阻止。凯章军目前处于孤立危险的情况当中，不得不想办法补充兵力振作起来。我已经派彭山屺回湖南调增兵六百名，派

清代武将的甲胄

余星焕到湖南招募士兵一千名，跟喻吉三共同带领。又让朱品隆增加兵士二百名，写信告诉王人树增加兵员三百名，又让张岳龄招募平江的兵士一千二百多名。总共增兵三千余人。向耆中丞索要的军饷，能不能给还不知道，但不能不放手增兵。

待这些兵勇到来时，先派去建老营，到凯章那里助战。以后须要另派人统领，另外建立一支独立的军队，与萧、张分兵三路，才可以形成犄角之势。这里各营兵士盼望沅弟回来，吉字中营更像婴儿盼望慈母那般盼沅弟回来。我前次本想派吉字中营与朱、唐共同去攻打景德镇，莘田及各帮带都认为沅弟不在，不能够做主。我最近心绪不能安宁，盼望沅弟来这里叙说手足之情，共同商议大局。

先父母改葬的事，本来是刻不容缓，但是最近天气恶劣，春雨不断，致使到处泥泞，如何能够登山寻地？我建议先托付家乡的萧可卿、冯至善用三四个月的时间帮忙寻找合适的墓地。九弟在二月间到军营中来，一方面为我谋划全局，一方面将吉字中营安排落实妥当，住上几个月后再回家。温弟的遗骨要是真的找不到，那么沅弟就到江北、宿松等地招魂，回去后用衣冠安葬，以后改葬先父母时，把温弟的衣冠附葬在两位双亲的旁边。要是鬼神保佑，温弟忠骨一旦找到，那么九弟即可迎温弟灵柩回去，这也是不幸中的一件大幸。先父母改葬时，同时寻找个好地安葬温弟，也可以稍微安慰叔父及温弟妻的心。

如果九弟很长时间不到营中来，吉字中营又不能得到安排落实，家里也不能寻地，给温弟招魂安葬衣冠的事也是早做也不好，晚做也不好，沅弟心里挂念着几件事，都不能妥善处理。是否应于二月份来营中，住上几个月后再回去，希望沅弟与叔父、澄弟、季弟仔细商量后妥善处理。我这次写信催促郭意城、王人树、王枚村到军营中来，都说到沅弟将在二月来营中。沅弟要是有信寄给意、树等人，可以邀约他们同行。

正月十三日，我收到皇上赏赐的福字，已经让专人送回家。又有枣、果、面饼等东西，送回去一半，请查收。顺问近好。在建昌军中。

还有，最近我手写了一大卷手卷。首先是列篆字五个，其次是四十八个大楷字，后面是二千多个小行书，中间空了一节，让纪泽找出这三十二个人的遗像画在篆字后面、大楷前面。据查武梁祠内的画像有文王、周公、孔子、孟子等。外面有时也有藏本。翁覃溪的《两汉金石记》曾经刻过，王兰泉的《金石萃编》也刻过。此外像名臣的像有时也有。纪泽找到了画像底样后，就用双钩画法临摹到手卷上，不用着色。如果嫌这手卷太大，就另外作一卷画像。这个手卷就先交给长沙装潢，用楠木匣收藏，以后再请沅弟精心勾画刻石。如果画像不能全部找到，只刻几个画像也可以。我一生读书非常多，却百无一用，只是对于古人的治学要诀，我已经看出一些其中的要义，因此以此略为表示其中的大概。手此，再告澄、沅、季三弟，并谕示纪泽儿知。

国藩又书。

周文王像，图出自明·天然撰《历代古人像赞》

【点评】

军事方面近日胜少败多，曾国藩派彭氏、余氏等人回湖南招兵买马来支援凯章之军。曾国华得尸体还没有找到，曾国藩命沅弟在江北招魂寻地具衣冠葬，将来改葬父母时，将温弟衣冠葬在父母的旁边，因此希望弟弟二月来营，数月后再回去。另外，曾国藩在正月作了一篇《圣哲画像记》，挑选古今圣贤三十二人作为后辈读书的选择。他要儿子设法找到这三十二位先贤的画像，将来刻在石头上，作永久保藏。

咸丰九年正月廿八日与诸弟书

公元 1859 年 3 月 2 日

澄侯、沅甫、季洪三弟左右：

正月廿三日发第四号家信，并福字、手卷等件，想出月初间可到。

廿七日亥刻，接胡润公专丁来信，知温甫弟忠骸业经寻获，是犹不幸中之一幸。惟先轸丧元，又幸中之一大不幸。计胡中丞亦必有专信另达舍间，沅弟此时自不便遽出，应觅地两所，一面改葬先考妣，一面安厝温弟。润公待我家甚厚，温弟灵榇归舟，想必妥为照料，吾即派杨名声等三弁送湘乡也。建昌不别派人，以赶不上也。墓志铭作就，再行专丁送归。

【译文】

澄侯、沅甫、季洪三弟左右：

正月二十三日寄出第四封家信及福字、手卷等东西，估计下月初可以收到。

二十七日亥时收到胡润公让专人送来的信，知道温甫弟的遗骨已经找到了，这是不幸中的幸事。但遗体没有头，又是幸中的一大不幸。料想胡中丞也必然有专信寄到家里。沅弟现在不应该马上外出，应该找两块地，一方面改葬先父母，一方面安葬温弟。润公对我家向来很好，温弟的灵船估计可以安排妥当。我马上派杨名声等三人送到湘乡。因为赶不上，不从建昌另外派人了。等墓志铭写好后再派专人送回。

【点评】

三河之战结束三个月后，曾国藩在正月二十七日接到胡林翼的来信，得知曾国华的尸体已经找到，但是没有头颅。因此着手一面改葬父母，一面安葬六弟，并且托胡氏妥为照料曾国华灵柩归湘，并安排作墓志铭等琐事。

咸丰九年二月初三日与诸弟书

公元 1859 年 3 月 7 日

澄侯、沅甫、季洪三弟左右：

二十八日发第五号信，告温弟寻获遗骸事。三十日玉四等来，得澄沅四弟及纪泽三信，得知一切。叔父大人病势稍加，得十三日优恤之旨，不知如何？顷又接十九日来函，知叔父病已略愈，欣慰欣慰。然温弟灵柩到家之时，我家祖宗有灵，能保得叔父不添病，六弟妇不过激烈，犹为不幸中之一幸耳。

此间兵事，凯章在景镇相持如故，所添调之平江三营、宝勇一营均已到防，或可稳扎。浚川在南康之新城墟打一大胜仗，夺伪印四十三颗，伪旗五百余面，皆解至建昌，甚为快慰。惟石达开尚在南安一带，悍贼亦多，不知究能扫荡否？吉中营以后常不离余左右，沅弟尽可放心。

起屋起祠堂，沅弟言外间訾议，沅自任之。余则谓外间之訾议不足畏，而乱世之兵燹不可不虑。如江西近岁，凡富贵大屋无一不焚，可为殷鉴。吾乡僻陋，眼界甚浅，稍有修造，已骇听闻，若太闳丽，则传播尤远。苟为一方首屈一指，则乱世恐难幸免。望弟再斟酌，于丰俭之间妥善行之。

改葬先人之事，须将求富求贵之念消除净尽，但求免水蚁以妥先灵，免凶煞以安后嗣而已，若存一丝求富求贵之念，必为造物鬼神所忌。以吾所见所闻，凡已发之家，未有续寻得大地者。沅弟主持此事，务望将此意拿得稳，把得定。至要至要！

纪泽姻事，以古礼言之，则大祥后可以成婚（再期为大祥）；以吾乡旧俗言之，则除灵道场后可以成婚。吾因近日贼势尚旺，时事难测，颇有早办之意。牧云定五月廿七，外姑又以毒月为嫌，则改至六月为妥，盖以先考妣神主尚在中厅供饭，不便行礼也。

纪泽前两禀请心壶抄奏折，尽可行之，吾每月送修金二两。应抄之奏，不知家中有底稿否？抄一篇，可寄目录来一查，注明月日。

纪泽之字近日大退，较之七年二三月间远不能逮。大约握笔宜高，能握至管顶者为上，握至管顶之下寸许者次之，握至毫以上寸许者亦尚可习得好字。若握近毫根，则虽为写好字，亦不久必退，且断不能写好字。吾验之于己身。验之于朋友，皆历历可征。纪泽以后宜握管略高，纵低亦须隔毫根寸余，又须用油纸摹帖，较之临帖胜十倍矣。

沅弟之字不可抛荒，如温弟哀辞、墓志及王考妣、考妣神道碑之类，余作就后，均须沅弟认真书写。《宾兴堂记》首段未惬，待日内改就，亦须沅弟写之。沅弟虽忧危忙乱之中，不可废习字工夫。亲戚中虽有漱六、云仙善书，余因家中碑版，不拟倩外人书也。

玉四来时，曾纪芳、唐介文未到。安五、有四来此，余因未收留。本日接澄弟言玉四荒唐之事，已饬委员重责之矣。近地勇夫，颇不易于约束，余昔不欲多用，正为此故。胡长发亦未收作戈什哈，观其规矩太生，非戈什哈之才耳。

顺问近好。

【译文】

澄侯、沅甫、季洪三弟左右：

二十八日发出第五封信，告诉温弟的遗骨被寻找到这件事。三十日玉四等人到来，收到澄、沅两弟以及纪泽的三封信，知道了一切情况。叔父大人的病又有些加重，收到十三日的优恤圣旨，不知道又会怎么样？不久又收到十九日的来信，知道叔父的病情有些好转。非常欣慰！而等温弟的灵柩回到家的时候，要是我家祖宗有灵，能让叔父的病情不再加重，六弟的妻子情绪不过于激动，也算是不幸中的一件幸事。

这边的战事，凯章在景德镇跟敌人相持，没有什么变化。所增派的平江三个营、宝勇一个营都已经到防，或许可以稳定地在那里驻扎。浚川在南康的新城墟打了一次胜仗，夺获敌人印章四十三颗、旗帜五百多面，都运送到建昌，非常高兴！只有石达开那支敌人还在南安一带，凶悍的贼匪非常多，不知可不可以扫荡干净？吉中营今后常不离开我的左右，沅弟大可放心地修建房屋、祠堂。

起屋建造祠堂，沅弟说外面的风言风语，他自己承担了。我却认为外面的风言风语并不可怕，而动乱年月的兵变，不能不加考虑。像江西，最近几年富贵人家的房屋没有一家不被焚烧的，要以此为戒。我们家乡偏僻、见识肤浅，稍微动土修建，已经是大的听闻；要是太富丽豪华,则会传得更远。作为首屈一指的大户,在乱世难以幸免于难。希望弟仔细考虑。在丰俭之间妥善处理。改葬先人的事情,一定要把求财富求显贵的想法消除干净,仅是希望没有水、蚁的实祸以安慰先人的在天之灵;没有凶险、煞气以使后人安定就可以了。如果存有半点求财求官的想法,必定被造物鬼神所嫉恨。根据我的见闻,只要是已经发达的人家,没有再继续寻找好地的。沅弟主持这件事,一定要把这种想法拿得稳妥、把握得牢。这点非常重要。

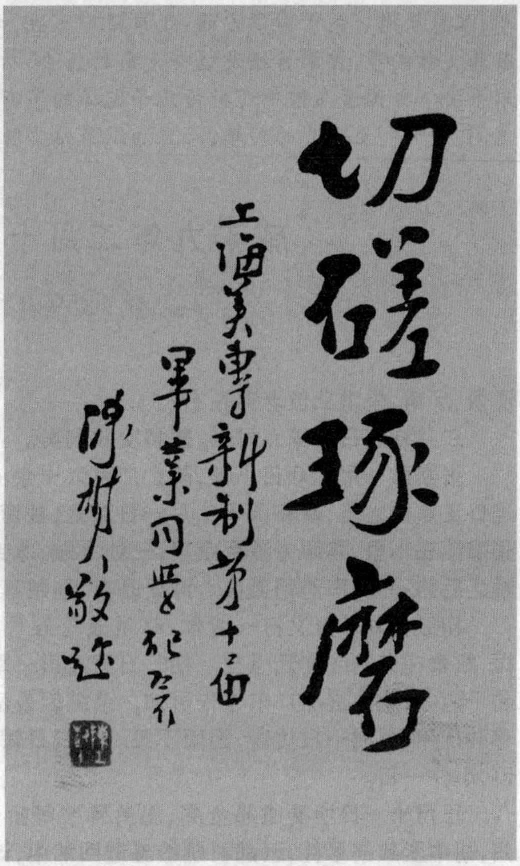

清人所书“切磋琢磨”

纪泽的婚姻大事,按古礼来说,大祥以后可以成亲;按我们乡里的旧俗来说,办完祭灵,做完道场以后就可以成婚。我因最近几天来敌势还比较旺,形势很难预测,总有早点办的想法。牧云将日子定于五月二十七日,外姑又觉得是毒月不好,改在六月更为妥当。大概由于先父母神位还在中厅供奉,不方便行礼。

纪泽上两次报告请心壶抄写奏折,大可以去办,我每个月送二两银子作学费。应该抄写的奏折,不知道家中留了底稿没有?每次抄完一篇,可以寄目录来让我检查,标明日期。

纪泽的字最近退步很大,与去年二月三月相比,远不能及。总之握笔要高,可以握到笔管顶端为最好;可以握到笔管顶端以下一寸的为次好;能握到笔尖以上一寸的也可以练出好字来;要是握在笔尖附近,那么即便写得出好字,也过不了多久就会退步,而且决不可以写出好字。我在自己身上验证,在朋友身上验证,都一一应验。纪泽今后握笔要略高,即便低,也要离笔尖一寸多。又需要用油纸摹帖,这比临帖练字胜出十倍。

沅弟的字不能够荒废,如温弟的哀悼词、墓志铭,以及祖父母、先父母神道碑之类,等我写好后,都必须要沅弟认真书写。对《宾兴堂记》第一段不太满意,等过几天改好,也要沅弟书写。沅弟虽然身在忧危忙乱当中,也不可以废弃习字的工夫;亲戚当中有漱六、云仙善于书法,由于是家中碑版,我不计划请外人书写。

玉四到的时候,曾纪芳、唐介文还没有到。安五、有四到了这里,我因故没有收留。今天收到澄弟说玉四的荒唐事情,已经命令委员重重责罚他,这个地方士兵很难约束,我本来不想多用,正是由于这个原因。也没有留下胡长发作戈什哈,因为看他对军营中的规矩陌生,不是作戈什哈的人才。

顺问近好。

【点评】

曾国藩在家书中首先提到家中叔父没有因为曾国华的死添病,六弟妹也没有过激之举，深感欣慰。关于军事方面，战事稳中有胜，令曾国藩十分欣慰。对于九弟建屋的事与改葬父母的事，曾国藩还是坚持先前的想法，劝九弟不要过于惹眼，选择墓地不求富贵只求平安。曾国藩在信中还批评儿子纪泽的字有很大退步，要想将字写得又快又好，就要握笔高，最好高至笔管的顶端，而且油纸摹帖要胜过临帖十倍。

咸丰九年二月十三日与诸弟书

公元 1859 年 3 月 17 日

澄侯、沅甫、季洪三位老弟左右：

二月初三日发第六号信，想将次收到矣。

张凯章一军廿八日小挫，阵亡二百六十余人。平江营之新到者亦阵亡二十余人。余连日正焦灼之至，幸婺源于二月一日克复，贼窜往祁门一带，浮梁于初四日克复。浮梁去景德镇三十里，婺源去镇百余里，三处之贼，本系互相犄角，互相联络。今婺源即克，则镇贼之后路稍空，声势稍孤矣。浮梁既克，则贼不敢绕出乐平、抄凯章之后尾矣。

初五日刘养素又打一胜仗，夺贼战舟五号、民船百余，夺贼垒十余座，西路之军威一振，凯章在东路或亦无恐矣。初三日萧浚川一军克复南安府城。南路贼势似稍散漫，或者易于剿办，全数逃出广东亦未可知。余前因景德镇官军危急，恐贼锋内犯，先及抚州，定计移驻抚州，拟初十日拔营，因雨不果。十二日冒雨拔营，仅行十五里，驻扎清水铺，泥深没骭，小住一日。

正月十一日所奏通筹全局、温弟殉节等折，今尚未接批谕。温弟忠骸于三十日到黄州，胡中丞致祭尽礼，派都司姚敏忠送回湘中，计二月廿外可到。记得出门甫满一年，今日归骨而不归元，可胜惨痛！七年兄弟争辩不休，今日回思，皆芝麻细故，可胜悔恨！罗椒生之祖在四川阵亡，亦系归骨而不归元。厥后卜葬得吉壤，葬十余年而产椒生，二十余年而椒生之父举于乡，三十年而椒生以甲午举乡试，乙未入词馆。温甫生前郁抑不伸，或者身后能享罗家之报乎？

沅弟寻觅阴地，自必为温弟择一佳壤，不待余之嘱矣。如实难得，或与先考妣同域亦可。俟杨镇南自三河归，余即作墓志付回。温弟照道员例优恤，昨初九日已具折谢恩矣，数日内再行抄稿寄家。李迪庵之丧，余送奠金二千两，挽联一付，句云：

八月妖星，半壁东南摧上将；

九重温诏，再生申甫佐中兴。

盖去年彗星，人以为迪庵应之也。

余不一一，顺问近好。

正封函间，接奉正月十一日各折批谕。温弟一折，奉旨赏给叔父从二品封典，盖未知前此已受从一品、正一品两次封典也。若前此未经貤封，则此次恩亦渥矣。惟受侄之封与受子之封，覃恩普遍之封与谕旨特颁之封，究有不同，即日当具折谢恩，并声明“诰轴则拜此次之新纶，以彰君恩之稠迭；顶戴则仍二年之旧典，以明宠贶之久增”云云。庶叔父先受侄封，后受子封，二者并行不悖。

余于正月具折之时，本拟为温弟乞恩赐谥，因恐交部议驳，反为不美，遂未奏请。此次又与次青、仙屏再三商酌，次青之意，谓皇上以同知而予二品封，已属非常之恩，请谥之举，不若留以有待，将来如有战功，皇上或加恩国藩之身，则一面自己辞谢，一面乞恩为温甫请

谥云云。次青此说，甚有见解。特不知将来有机可乘否？又作折甚难着笔，亦恐江、楚各省识者见哂也。沅弟近于外事颇熟悉，曾思及此事否？筠仙至天津办夷务，又不如来我营耳。再候近佳。

涤生又行，十三夜。

【译文】

澄侯、沅甫、季洪三位老弟左右：

二月三日寄出第六封家信，料想将会立即收到。

张凯章所率军队二十八日打了一次小败仗，阵亡了二百六十多人，平江营新添的士兵也阵亡了二十多人。正在我连续几天都焦灼不安时，幸好婺源在二月一日攻克，贼匪窜往祁门地区，浮梁在四日攻克。浮梁距离景德镇有三十里。婺源距离景德镇有一百多里。这三个地方的贼匪，本来是互成犄角之势的，互相联络，目前婺源已经克复，那么景德镇的贼匪背后虚空，声势也变得孤立了；浮梁已经攻克，贼匪就不敢再绕出乐平，从凯章的后面袭击了。

五日刘养素又打了一个胜仗，夺获贼匪的战船五只、民船一百多条，攻占贼匪营垒十多座。西路的部队威风一振作起来，在东边的凯章或许也没有恐惧了。三日萧浚川率军收复南安府城，南路的贼匪因为形势有些散漫，也许容易剿除，全部逃离广东省也不一定。我之前由于景德镇官军告急，害怕贼锋内犯，先来攻打抚州。因此决定移驻抚州，计划十日拔营，由于天下雨而没有结果；十二日冒雨转移，仅走了十五里，在清水辅驻扎。泥深到了膝关节，只好小住一天。

正月十一日所上奏的通筹全局、温弟殉节等折子，今天还没有收到批谕。温弟的遗骨在三十日到达黄州，胡中丞尽礼致祭，派都司姚敏忠送回灵柩到湘中，大约二月二十日后能够到达。记得温弟外出才满一年，而今天却是尸骨回去而灵魂永远回不去，非常悲惨痛苦！七年，兄弟曾经争论不休。现在回想起来，全是芝麻般的小事情，非常悔恨！罗椒生的祖先在四川阵亡，也是尸骨回去而灵魂不能回去。以后通过占卜，葬在了一块吉地，埋葬十年后生了椒生；二十多年后，椒生的父亲中了举人；三十多年以后，椒生在甲午年乡试中了举，乙未年进入词馆。温甫活着时郁郁不得志，或许死后可以得到罗家那样的报应。

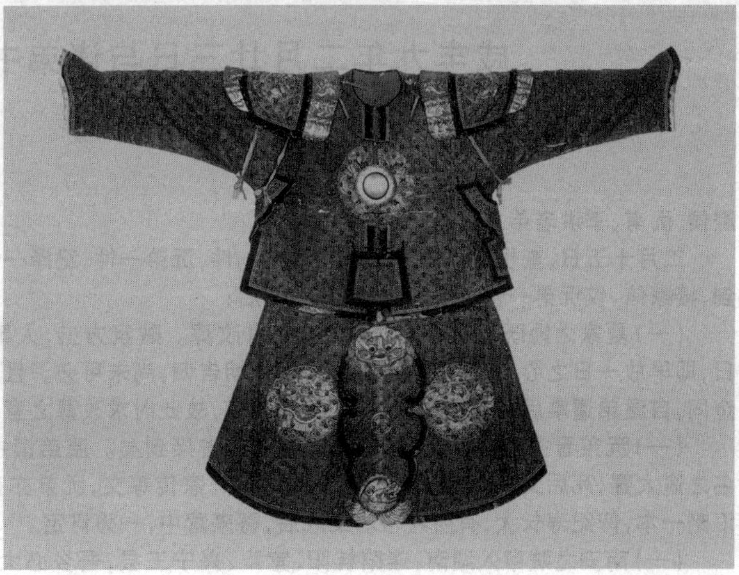

清代武士的铠甲

沅弟寻找墓地，当然要给温弟选一块好地，这用不着我嘱咐。如果实在不能找到，或者跟先父母同一块地下葬也可以。等杨镇南从三河回来，我立即写墓志铭寄回去。温弟按照道员的规格优恤，九日已经上了奏折谢恩，过几天再将稿子抄下来寄回家里。李迪庵的丧礼，我送了两千两银子奠金和一副挽联，挽联是这样写的："八月妖星，半壁东南摧上将；九重温诏，再生申甫佐中兴。"大约去年出现彗星，人们觉得应验在迪庵身上。其他事情不细述，顺问近好。

正当封信时，收到正月十一日各封奏折的批示。有关温弟一折奉旨赏赐叔父从二品封典。估计不知道叔父以前已经受过从一品、正一品两次封典。要是以前没有受过其他封典，那么这次封典也算是极为隆重的。只是由于侄子受封典和儿子受封典、普遍加恩的封典和圣旨特批的封典究竟有些不同。应当马上写奏折谢恩并声明"诰轴则拜此次之新纶，以彰君恩之稠迭；项戴则仍二年之旧典，以明宠贶之久增"云云。叔父先因侄子受封、后因儿子受封，二者并行而不互相矛盾。

我正月写奏折的时候，原本打算为温弟乞请恩典赐予谥号，由于担心吏部驳回，反而不好，因此没有奏请。这次又跟次青、仙屏商量再三。次青的意思是：皇上因同知而授予二品封典，已经属于非常规的恩典；请赐谥号的想法，不如留待将来；要是有了战功，皇上或许加恩在我国藩的身上，那时我再一面辞谢，一面乞求圣恩给温甫请求谥号。次青这种意见很有见解，但不知道将来有没有这样的机会。又因为写奏折很难下笔，也担心江西、湖北各省的有识之士笑话。沅弟近来对外面的事很熟悉，想过这件事没有？筠仙去天津办理洋务，还不如来我的营中。再等候最近的佳音。

国藩又书，十三日夜。

【点评】

在为六弟择地而葬这个问题上，曾国藩的思想又发生了变化，他之前强调只求平安而不求富贵，但毕竟受到中国古代封建思想的影响，从而要求九弟为曾国华寻找一块风水宝地，以泽后世。他还在信中举了罗氏的例子，罗椒生的祖父在四川阵亡，尸骨也无头，因为葬于吉壤，使得二十余年罗椒生的生父举于乡，也使得罗椒生成为一代名吏，仕途顺畅，研究理学，著作颇丰。曾氏的这种思想与其所处的时代有关，不能苛求。

咸丰九年二月廿三日与诸弟书

公元 1859 年 3 月 27 日

澄侯、沅甫、季洪老弟左右：

二月十五日，曾恒五等来，接家信：澄弟一件，沅弟一件，纪泽一件。廿二日，宋顺理等到，接家信，仅沅弟一件。应复之事，分列于后：

（一）夏家之地既经买得，可否即于三月改葬。贼氛方盛，人事之变不可知，早改一日，即早放一日之心。沅弟来营一次，能否如期告归，尚未可必。且周璧冲之有凶煞，众议佥同，自温弟遭难后，余常以七年择地不慎为悔，故此时求改葬之意，尤形迫切。

（一）沅弟晋省迎接温弟忠榇，计日内已在省接到矣。温弟读书颇有识，而生前于科名之途太蹇，死后又有阙憾。余拟作哀辞、墓志、家传等文，沅弟亦宜作文以抒其意，将来汇刻一本，俾纪寿长大，有所考核。文成后，寄来营中，一为订定。

（一）南安之贼窜入湖南，连陷桂阳、宜章、兴宁三县，吾乡必大震动。现派萧浚川速

赴吉安，如贼犯茶陵、安仁等处，即由吉安横出截剿。浚川稳而且悍，或者足资防御。

（一）起祠宇之事，本系要务不可缓者，刻下湖南贼氛正盛，我家为人所瞻仰，举动不可不慎，目下不宜兴工。

（一）纪泽禀中问看书之法。《经义述闻》博洽精深，非初学所能看，目下不必看也。看注疏时有不能解者，偶一翻查则可耳。做赋亦可不必。李次青劝多做八股，渠极善教八股，不过讲批数篇，即能启发无限天机。沅弟亦常催泽儿多做时艺，与次青意同。趁此时光，即认真讲求八股，免得将来吃亏。余不一一，顺问诸弟近好。

【译文】

澄侯、沅甫、季洪老弟左右：

二月十五日曾恒五等来到营中，收到家信：澄弟一封、沅弟一封、纪泽一封，二十二日宋顺理等来到营中，收到家信，只有沅弟一封。要回复的事项分列于下：

一、夏家的地既然已经买得了，是否就应该在三月改葬？敌军的气势正旺盛，人事的变化也不可预知，早改一天，就早一天放心。沅弟来营一次，可不可以如期回去，还说不定。况且周璧冲有凶煞这是大家都认同的。自温弟遭难后，我常为七年择地不够谨慎而后悔，因此现在希望改葬的心意非常迫切。

二、沅弟去省城迎接温弟的灵柩，估计最近几天在省城已经接到。温弟读书非常有见解，但是活着时科场考试的命运不好，死后又留有缺憾。我准备写悼词、墓志、家传等文，沅弟也要写文章以表示哀悼的意念，将来汇刻成一本，让纪寿长大后有所考核。文字写成后寄到营中来，一同定稿。

三、南安敌人窜进湖南，接连攻占了桂阳、宜章、兴宁三县，我们家乡也一定受到震动。现在派萧浚川快速奔赴吉安。如果敌军进犯茶陵、安仁等地，就从吉安派兵截击。浚川稳健并且凶悍，或许能够御敌。

四、有关修建祠堂的事，原是大事不可以推迟，可是现在湖南敌军气势正盛，我家被众乡人所敬仰，举动不可以不慎重，现在不宜动工。

五、纪泽在信中问看书的方法。《经义述闻》博大精深，不是初学的人所能看懂的，当下不必看。读注书时有不明白的地方，偶尔查一查就可以了。也可以不必做赋，李次青劝人多练习八股，他非常善于教八股，仅仅讲解批改几篇，就可以启发出无限的天机。沅弟也经常催泽儿多练八股，跟次青的主张相同。趁现在的时光，就努力讲求八股，免得以后吃亏。余不一一，顺问诸弟近好。

【点评】

这封信是曾国藩收到家信后写的一封回信，在信中主要回复了这件事：一为因早年择地不慎而今急切盼望尽早改葬；二为让沅弟也作文悼念以汇刻成集，供纪寿长大后有所考核；三为介绍当前战事，湖南“匪患”严重；四为考虑到自家在乡中的地位而不宜在当下修建祠堂；五为教授纪泽读书之法，嘱咐要多做八股，方免得以后吃亏。仅此而已。

咸丰九年三月初三日与诸弟书

公元1859年4月5日

澄侯、沅甫、季洪三弟左右：

初二日接澄弟二月廿日一缄，具悉一切。自接沅弟十七日在省一信，至今七日，未接

清代的刀

长沙嗣音，不知耒阳、常宁、安仁、衡州近状何如，至为悬系。

团练之法，余向不甚以为然，而我邑此次却须有团练以壮声威。望澄弟尽心为之，无以我言为典要也。

此间新招三千余人，余星焕等长宁勇千人于初一日到营，张子衡之平江勇千三百人已到千零，将到齐矣。凌荫庭之接带义勇营千人俱扎贵溪，俟练妥后，即日亦当来老营矣。惟彭山屺之兵未到。到齐时，老营共七千余人，将卒皆跃跃欲试，气象颇好，似堪一战，惜无好统领临阵指麾之耳。

湘勇之在江者，多有回援湖南之意。吾令浚川由吉安回茶陵，已去二札一批，至今尚未回信。又派吴翔冈回援，翔冈之营虽交凌荫庭，尚留四百人，合新招之三百人，亦差足成军。王钤峰、张凯章禀请回援，此时景镇未克，碍难撤退。廿四日镇贼扑凯章所辖之祥字营，一击即退。凯军近日已稳，但难期克复耳。

我日记中郁闷之怀虽不能免，然癣疾已愈十分之八九，想系服鹿茸丸之效。办事精神，亦较六年略好。往年心中愧悔之事，与官场不和之事，近亦次第消融而弥缝之矣。惟七年在家度量太小，说话太鄙，至今悔之，此外方寸尚泰然也。澄弟劝我“得日过日”四字，以后当谨记之。目光近更花，或因写字太多之故，此后当少写，诸弟不必挂念。

家中或徙避或否，诸弟自有斟酌，余亦不复挂念。沅弟事，谢恩折宜早发，因湖南并未咨到，又因今年三次奏温弟事，故未同发，昨始奏谢。即问近好，不一一。

【译文】

澄侯、沅甫、季洪三弟左右：

二日收到澄弟二十日写的一封信，一切都已经知道。自从收到沅弟十七日从省城寄来的一封信，到现在已七天没有长沙的消息，不知道耒阳、常宁、安仁、衡州近况怎么样？非常挂念！

组织团练，我向来觉得它不怎么样，但这次我乡却需要有团练来壮大声威，希望澄弟努力办好这件事，不要把我的话当作典要而不尽力。

这里新招了三千多士兵，余星焕等一千长宁士兵在一日到营；张子衡的一千三百平江士兵已到千零，将要到齐了。凌荫庭率领的一千义勇都驻扎在贵溪，待训练好后，这几天也要来老营。只有彭山屺的兵还没到，等都到齐后，老营总共有七千多士兵。将士们都跃跃欲试，形势非常好，看来可以一战，只是没有好将领临阵指挥。

湘军在江西的多数都想回去增援湖南。我命令浚川由吉安回茶陵，已经发去二封公文一件批示，但直到今天还没有回信。派遣吴翔冈回去增援，翔冈的军队虽然交给了凌荫庭带领，但还留下四百人，加上新招来的三百人，也可以凑足成军人数。王钤峰、张凯章来报告请求回去增援,但这时景德镇还没有攻克,难以撤下来。二十四日镇中敌人来进攻凯章所统领的祥字营,一反击,敌人就退了回去。凯章的部队现在已经站稳,但是很难在短期内攻破城池。

我在日记中显露郁闷的心情虽然不能够避免,但癣病好了十分之八九,估计是服鹿茸丸的结果;做事的精神也比六年时稍微好些。以前心中羞愧悔恨的事、跟官场不和的事,最近也逐渐消除弥合了。只是七年在家时,因为度量太小,说话过于刻薄,至今后悔。除此之外,心中还是坦然的。沅弟以"得日过日"四字劝我,今后一定牢牢记住。眼睛最近更昏花了,也许是由于写字太多的缘故。今后要少写一些,兄弟们不必挂念。家里是否要搬迁躲避战祸,请兄弟们自行商量,我也就不再挂念。有关沅弟的事,谢恩奏折要尽快发出,因为湖南并没有收到,又由于今年三次上奏温弟的事,因此没有一同发出。昨天才上奏谢恩。即问近好,不一一细说。

【点评】

首先,这封信让我们感受到湖南战事的危急,因此要训练团队以壮声威,并派遣军队回去增援。信的最后提到是否要搬迁躲避战祸,更体现了军情的危急。信中还提到了沅弟劝导曾国藩的"得日过日"四字,曾氏因在家时与弟争执而至今后悔,因此今后希望可以改变处世态度以消除自己的愧疚之感。"得日过日"对于当今天天惶惶不可终日的现代人也有积极的启示,生活应当是知足常乐的。

咸丰九年三月初八日与诸弟书

公元 1859 年 4 月 10 日

澄侯、沅甫、季洪老弟左右:

初四日发第十号信后,接沅弟廿四日在县城所发之信。贼不直趋衡州,俾我得以从容设备。若谢泰平水师来至耒河口,王人树陆军入衡城要郡固守,则各处皆易布置。甚慰甚慰。

今日接奉谕旨,温弟之子纪寿交吏部带领引见,将来无论何项恩典,皆系至荣,温弟九原之下亦可少慰。兹专人送回,以安叔父与温弟妇之心。

此间诸事平善,刘杰人(腾鹤)于廿八日在建德之云风岭阵亡。渠奉札守彭泽,而自请进剿建德,亦属不自量力。其麾下阵亡者至五百余人,此后不能成军矣。普钦堂独当湖口、彭泽,恐难胜任。如有疏虞,则养素在饶州可危,雪琴在湖口亦可危也。

今年军事,沅弟缄言"稳扎稳打,机动则发",良为至论。然机字殊不易审,稳字尤不易到。余当一一奉为箴言,与澄弟之缄常常省玩耳。即问近好。

兄国藩手草,二月初八申刻。

【译文】

澄侯、沅甫、季洪老弟左右:

四日寄出第十封信后,收到沅弟二十四日从县城寄来的信。敌军不直接进攻衡州,才能使我们可以从容准备。要是谢泰平水军到达来河口、王人树陆军进入了衡州城,可以固守要塞,那么各个地方就都容易布置了,很是高兴!

今天收到圣旨,温弟的儿子纪寿由吏部带领晋见皇上,以后不管有何种恩典,都是非常光荣的,温弟九泉之下也可以得到安慰。现在派专人送回家,以安慰叔父和温弟的妻子。

彭玉麟画像。彭玉麟字雪琴，是清代大臣，曾随曾国藩创办湘军水师，官室兵部尚书

这里一切事情都平安顺利，刘杰人(腾鹤)于二十八日在建德风云岭战死。他奉命守卫彭泽，但自己却主动要求进攻建德，也是属于自不量力。其部下阵亡的人数达五百多人，今后再不能独立成军了。普钦堂独自防守湖口、彭泽，或许难以胜任。要是有疏忽，那么养素在饶州就十分危险了，雪琴在湖口也十分危险了。

今年的军事部署，沅弟在信中提出"稳扎稳打、机动则发"作实是至理名言。但是"机"字十分不容易把握；"稳"字更加不容易做到。我一定把这句话当作箴言，和澄弟的信一起经常阅读。即问近好。

兄国藩手草，二月初八申刻。

【点评】

"稳中有序，抓住时机"，向来是成功者制胜的法宝。信中，曾国藩将沅弟建议："稳扎稳打，机动则发"，作为至理名言。但能准确把握"稳、机"二字，实为不易。可见，此处与曾氏思想中的"抓住时机，做成一个局面"的理念颇为相似。

除此之外，这封家书还谈及衡州对太平军的防御，以及曾纪寿(曾国华之子)享受皇恩之荣，又谈及刘杰人阵亡之事，并赞扬沅弟(曾国荃)对军事的看法。

咸丰九年三月十三日与诸弟书

公元1859年4月15日

澄、沅、季三位老弟左右：

初十日接澄弟及纪泽儿廿八信，沅弟廿九日自县城发信，具悉一切。温弟忠榇初三自黄州开行，尚未到省，殊深系念。日内想已到矣。纪寿侄既奉恩旨交吏部带领引见，其叔父大人诰封，仍当咨部恭领诰轴。盖第二次谕旨中有"着再加恩"字样，再字即承前次诰封之旨言之也。请谥一节，不敢再渎矣。

澄弟信中变格谶语之说，兄早虑及之。七年闰五月十七初得谕旨时，正在白玉堂拆阅，叔父欲将此四字悬匾槽门，余不甚愿，亦未免中有所忌。然此等大事，冥冥中有主之者，皆已安排早定。若兄则久已自命为"癞头牙子"，与其偷生而丛疑谤，又不如得所而泯悔憾耳。

沅弟问克复景镇作何调遣？目下镇贼狡悍，似难遽克，既克之后，如湖南渐安，萧军复来，则当全力以规皖南；如湖南尚危，萧军留湘，则且休兵以驻湖、彭。是否有当，俟沅弟来营面商，尚不为迟。

纪泽儿问地图六分，可否送一分与文辅卿？此图刻板在新化，尚属易购，可分一与文也。所论怀祖先生父子解经，什九着意于假借字，本朝诸儒，其秘要多在此，不独王氏为然。所问各书，《易林》长沙蒋氏曾刻过；《汉魏丛书》亦有之；《逸周书》杭州庐抱经丛书有之；《唐石经》陕西碑林有之，唐开成元年刻，字类欧帖，可托人刷买，郑南侨现官陕西，亦可托也，《北堂书抄》不多见，抄本尤为难得。

泽禀中"讹"、"访"误作两字，"喙"误"啄"，附告之。并问诸弟近好。

再，纪寿侄蒙恩交吏部带领引见，俟下次发折，再行具折谢恩。二月十五日所发折，初八日奉到批谕，比付回矣。初九日所发折，三月初九奉到批谕，今付归也。兄又行。

【译文】

澄、沅、季三位老弟左右：

澄弟和纪泽儿二十八日寄来的信，沅弟二十九日从县城寄出的信都已于初十收到，信中所说的一切都已经知道了。温弟的棺木初三从黄州起程，还没有到达省城，非常挂念。估计近日已经到达。纪寿侄儿已经奉圣旨由吏部带领引见；叔父大人的诰封，仍应该由吏部议决。第二道圣旨里有"着再加恩"字样，"再"字就是在上次诰封圣旨上再加而说的。关于请谥那件事，却不敢再提了。

澄弟信中说到的"变格谶语"的说法，我早已想到。想想七年闰五月十七日那天，刚刚得到圣旨后在白玉堂拆阅，叔父大人当时就计划将这四个字做成匾，悬挂在槽门之上，我对这件事很不赞成，就是由于当时心中已经有所顾忌。但是这等大事，冥冥之中自有主宰，早就已经安排定下。像我则是老早就自命为"癞头牙子"，与其偷生而招致大家的怀疑诽谤，还不如死得其所，把过去的悔恨与遗憾全都消除。

沅弟问攻打景德镇怎样调兵遣将？当前镇中敌人非常狡猾强悍，好像难以立即攻下。克复之后，要是湖南渐渐安定了，萧军又回来了，就应该全力克复皖南；要是湖南还有危险，萧军应该仍停留在湖南，暂且休兵，驻兵湖、彭两地。这样是否恰当，等沅弟来到军营后面商也不迟。

纪泽儿问：六份地图，能不能送一份给文辅卿？这份地图是在新化刻板，还算易购的东西。可分一份给文辅卿。纪泽儿谈论到怀祖先生父子解释经书，十有其九重点在假借字上。本朝各位大儒，解释经书的秘诀都在这里，不只是王氏父子这样。纪泽儿所问的书——《易林》，长沙蒋氏曾经刻过；《汉魏丛书》，也有；《逸周书》杭州庐抱经丛书中有；《唐石经》在陕西碑林中有，唐开成元年刻，字体类似欧体，可以托人购买；邓南桥目前在陕西做官，也可以托他；《北堂书抄》不多见，抄本更是难得。泽儿信中把"讹"、"访"误当作是两个字，"啄"误写成"喙"，一并顺便告诉你。并问诸位兄弟近好。

另外，承蒙皇上圣恩，纪寿侄儿已经交由吏部带领引见，等下次发奏折后，须要写奏折谢恩。奏折在二月十五日寄出，初八收到的圣旨，这次也一并附着送回。初九寄出的奏折，三月初九收到的皇帝批谕。现在一并交人带回去。兄又书。

【点评】

咸丰七年闰五月十七日，曾国藩在家中接到朝廷谕旨："又令曾国华带勇远来援应，尤属一门忠烈。"曾国藩的叔父想将"一门忠烈"四字制成匾悬于门上以示荣耀。但曾国藩心中有所不愿，有所顾忌，怕真应此匾所说一门均成忠烈。然而这些事好像上天在冥冥中早已有了安排，曾国华真的战死疆场，曾国藩回忆起此事，万千感慨。

咸丰九年三月廿三日与诸弟书

1859年4月25日

澄侯、沅甫、季洪三弟左右：

澄弟初五信，沅弟初七信，均于十七日接到。家中初八日所发叔父及澄弟、纪泽儿信，县城初十日所发沅弟信，廿二夜接到。知温弟灵榇于初十到县，十五可到家，至以为慰。又幸叔父能亲笔写字，得纪寿引见恩旨后，必可日就康强，尤为家庭之福。

凯军在景德镇相持如故，十三日打一小胜仗，十六日二更，贼放火伪遁以诱我，我军亦未受其害。老营气象如常。湖南每月协饷三万，因有事停解；余以萧军之二万五千余请其发给，亦差足相当。吉营望沅弟甚切，四月能来为妙。

澄弟身常劳苦，心常安逸，最善最善。余近日事亦平顺，以心血太亏，故多忧疑，恒用自警。

沅弟劝我规模宜阔，我可勉而几也，其谓处事宜决断则尚有未能。用情之厚薄，惟李家赙仪略厚，以渠以厘金济我军已二万余，不可无以酬之。此外皆循旧规耳。顺问近好。

再，芝生前有信，言写信复渠，请用大字书格言，兹写挂屏四张寄之，虽非格言，亦聊以答其殷殷之意。芝生、芊山皆亲戚中之极可敬爱者。可嘱其多作时文，在家则请邓寅师改，付营则请次青改，或与纪泽之文一同付来。或竟另请人誊写，在外多邀数人同作，如京城联课者，用糊名易书之法。沅弟在家，所以润泽族戚朋友者，皆得其当。若能于族戚之读书者更加一番奖劝，暗暗转移风气，人人讲究品学，则我家之子弟随在观感，不期进而自进，沅弟于此等处曾加体验否？

【译文】

澄侯、沅甫、季洪三弟左右：

澄弟五日写的来信、沅弟七日写的来信都在十七日收到。家中八日所寄叔父及堂弟、纪泽儿的信，从县城十日所寄沅弟的信，二十二日晚上收到。得知温弟灵柩已经在十日到达县城，十五日可以到家，对此十分宽慰。又幸叔父可以亲笔写信，等到看见纪寿得到引见圣旨后，一定可以一天天健康，更是我家的福气。

凯军在景德镇仍然和从前一样相持。十三日打了一个小胜仗，十六日晚上二更，敌军放火假装逃跑来引诱我军，我军也没有受到伤害。老营情形和往常一样，湖南每月协助饷银三万两，因为有战事而停止解送，我要求他们发放给萧军二万五千多饷银，也差不多相当。吉营士兵盼望沅弟的心情十分迫切，四弟能够来最好。澄弟身体常常劳苦，但心情却常常安逸，这样最好。我这几天的事情也十分平顺，由于心血太亏，因此多忧虑，常用来警告自己，沅弟劝我做事的气势一定要开阔，我可以用这个自己勉励。他又说做事要敢于决断，则还不可以做到。关于用情薄厚方面，只有给李家的祭礼略多，因为他曾经用厚金接济我军二万多饷银，不能不酬还他。其他的都依照旧例，顺问近好。

另外：芝生上次有信来，让我给他回信，要用大字书写格言。现在写好挂屏四张送给他，虽然不是格言，但也算回报他殷切的希望了。芝生、军山都是亲戚当中值得敬爱的人，可以嘱咐他们多做些时文。在家里可以请邓寅师批改。交到营中就请次青批改，或者可以与纪泽的作文一并寄来，或者干脆另找人誊写。在外边多邀请几个人共同写作，就如京城联课的人，用糊名易书的方法。沅弟在家里，那些能使宗族、亲朋蒙受恩泽的人，都获得了相当的尊敬。要是再能使宗族、亲戚的读书人更增加一番奖励，逐渐转移风气，人人讲究品格才学，那么我家的子弟对事物的观察感受，就必然有所进步，沅弟有过这些方面的体验吗？

【点评】

在这封家书中，曾国藩讲到了修身之道：首先是提到澄弟身带劳苦而心常安逸，而自己却多忧虑怀疑，因此“恒用自警”，其次是沅弟劝其“规模宜阔”而“处事宜决断”，虽然没有做到，但却在尽力勉励自己。生活当中应该常存一颗宽容的心，这样才不会感到遗憾到忧虑难安，对待事情要有开阔的胸襟，处理事情则要决断果敢，这些修身之道我们应当铭记于心。

咸丰九年四月廿三日与诸弟书

公元 1859 年 5 月 25 日

澄侯、沅甫、季洪三位老弟左右：

四月十四日王上国来，接澄、沅信各一件。

日来上游信息何如？闻东安之贼窜至新宁，江、刘两家曾被害，并有贼踞江忠烈之屋，信否？沅弟初六日果起行否？

此间诸事如常，景德镇久未开仗。凯章与钤峰洎难和协。所派屈见田带平江老中营，于初八日到湖口，与雪琴至交。水陆得渠二人，湖口应可保全矣。下游张国梁在江北浦口小挫一次，胜帅保定远大营，亦屡次挫败。各处军事皆不甚得手，幸雨泽沾足，无心尚顺，当有转机。

家中一切，自沅弟去冬归去，规模大备。惟书、蔬、鱼、猪及扫屋、种竹等事，系祖父以来相传家法，无论世界之兴衰，此数事不可不尽心。朱见四先生向来能早起，又好洁有恒，此数事应可认真经理也。

九弟所谓过厚之处，此后余更当留心。顺问近好。

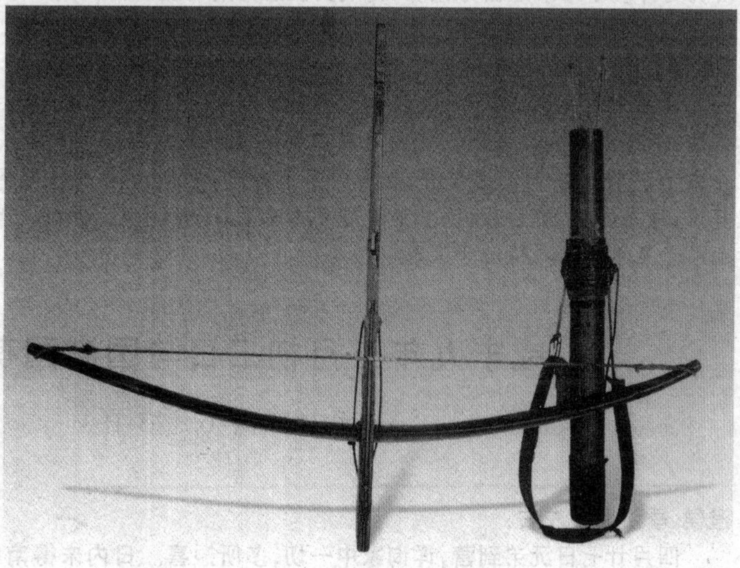

清代的弓弩

再，余此次再出，已满十个月。论寸心之沉毅愤发，志在平贼，尚不如前次之坚。至于应酬周到，有信必复，公牍必于本日办毕，则远胜于前次。惟精神日衰，虽服参茸丸，亦无大效，昨胡中丞又专使赠送丸药，服之亦无起色，目光昏花作疼，难于久视。因念我兄弟体气皆弱，澄弟、季弟二人近年劳苦尤甚，趁此年力未衰，不可不早用补药扶持。季弟过于劳苦，尤须节之。再问澄、季两弟近好。

国藩又行，四月廿三夜。

【译文】

澄侯、沅甫、季洪三位老弟左右：

四月十四王上国来到营中，收到澄弟、沅弟各一封信。

最近上游情况怎么样？听说东安地区的贼匪逃窜到新安，江、刘两家有没有被害？沅弟确实出发了吗？

我这里一切和以前一样，目前景德镇局面稳定，已经很长时间没有战事发生。凯章与铃峰向来就难以和平相处。所派遣屈见田统领平江老中营队，于初八到达湖口，他跟雪琴是很好的朋友。水上陆上有他二人，湖口应该可以保得住。下游张国梁在江北浦口有一次小败，胜帅保护定远大营队亦屡次失手。各地军事都不太顺利，幸亏雨季来了行动不方便，天意还好，应该有转机。

自从沅弟去年冬天回家以后，家里需要处理的事情都变得有条有理，规模完备，让人非常放心。只有读书、种草、养鱼、喂猪和扫屋、种竹等事情是从祖父以来相传的家法，无论世界兴衰，对这些事不可以不尽心。朱见四先生素来能够早起，又喜好洁净，并且有恒心，这些事情他应该可以认真打理。

九弟所说的我过于偏厚的地方，以后我要更加留心。顺问近好。

另外，从我复出那天算起，到现在已满十个月了，一直用寸草之心沉毅奋发，决心在平定敌寇，但是信心没有以前那样坚定。至于应酬还算周到，有信定回，公文一定在当天处理完毕，这大大比前次做得好。只是精神不太好，虽然服用参茸丸，也没有多大效果。昨天胡中丞又赠送这种丸药，服后也没有起色。眼睛昏花疼痛，难以久视。我们兄弟几人体质都弱，澄弟、季弟两个人这几年特别劳苦，趁这些年身体还没有衰弱，趁早服用一些补药养养身体。季弟最近公务繁多，特别要注意劳逸有度。再次向两弟问候。

国藩又书，四月二十三日夜。

【点评】

家书中首先说诸事如常，强调家中"书"、"蔬"、"鱼"、"猪"及扫屋种竹之事都是相传家法，不可以不尽心去做。曾国藩在以前的家书中曾经强调"竹"、"蔬"、"鱼"、"猪"，如今去"竹"将"书"与三者合并，也有曾家书香门第之风的体现。曾国藩又说自己近日精神日衰，目光昏花，难于久视，劝弟弟趁年力未衰，早日调理。并细心为两位弟弟配药寄回高丽参。兄弟手足之情溢于言表。

咸丰九年五月初三日与国潢国葆书

公元 1859 年 6 月 3 日

澄侯、季洪两弟左右：

四月廿七日沅弟到营，详询家中一切，多所慰喜。日内未得南中军报，不知宝庆等处近状何似？

此间诸事如恒，吉字中营、朱唐两营与新添之三营操演颇勤，队伍颇整，端节后即令其全赴景德镇会剿。沅弟率之以行，初九、十一或可启行。湘后营刘杰人在彭泽败后，其营现来抚州，留在身边护卫。普承尧在建德大败，其勇多溃走九江。渠暂守彭泽，恐亦不能久驻耳。

余身体平安，而怕热异常，出汗甚多，眼蒙如故，不增不减。癣疾较春间稍甚，比之往年则大好矣。

十二日值叔母大人五十晋一大寿，兹送春罗一匹、夏布四匹，燕窝一封，鱼翅二斤，以致拜祝之忱。又《皇朝舆地略》一本，交纪泽手收。余派委员伍华瀚在衡州坐探，每三日送信一次。家中若有军情报营，可寄衡城交伍转送也。

余详九弟信中，即候近好。

【译文】

澄侯、季洪两弟左右：

四月二十七日沅弟到达营中，知道家中一切都好，非常欣慰。这几天没有得到南中的军事情况，不知宝庆等地怎么样了。

这里许多事情和往常一样，吉字中营、朱唐两营和新添的第三营操练十分勤奋，队伍非常整齐；端午节后就命令他们全军奔赴景德镇参加会剿，全由沅弟带领他们行进，九日、十一日大概可以起程。湘后营在刘杰人、彭泽战败以后，现在已经来到抚州，留在我身边作卫士。普承尧在建德战败，他的士兵许多都败溃逃到九江地区。他暂时驻扎在彭泽，估计也不能驻多久了。

我身体健康，但非常怕热，出汗十分多。眼睛和以前差不多，不好不坏。癣病比春天厉害一些，跟往年相比却是好多了。

十二日正是叔母五十大寿，现在送一匹春罗、四匹夏布、一封燕窝、二斤鱼翅，来表示祝寿的心意。另外寄回一本《皇朝舆地略》，交给纪泽亲自收藏。我派委员伍华瀚在衡州当联络员，每隔三天送一次信。家里如果有军情报告，可以寄到衡州交给伍转送。

其余详情都在写给九弟的信件中。即候近好。

【点评】

九弟曾国荃已经到达曾国藩的军营中，曾氏一直期盼的事终于实现了，连笔者也为其称快，可以想见兄弟二人联手疆场建功立业的那种雄心壮志，让人好生感动。之后曾氏照例交代了一下最近的战势和自己的身体情况。

咸丰九年五月初六日与四弟国潢书

公元 1859 年 6 月 6 日

澄侯四弟左右：

初四早及家信，是夕接弟廿三夜之信，今年以来，贤弟实太劳苦，较之我在军营，其劳殆过十倍，万望加意保养也。

祁阳之贼或可不窜湘乡，万一窜入，亦系定数，余已不复悬系。

余自去年六月再出，无不批之禀，无不复之信。往年之嫌隙忧悔，业已消去十分之七八，惟办理军务，仍不能十分尽职，盖精神不足也。贤弟闻我在外近日尚有错处，不妨写信告我。

内人问纪泽招赘之事，予复信请弟作主，或五月招赘，或八月成婚皆可，余无成见耳。科三、九读书之进否，家信须提及。即候近佳。

兄国藩手草。五月六日。

【译文】

澄侯四弟左右：

初四早上寄出家信，当晚又收到弟二十三日夜写的来信，自今年以来，贤弟实在辛苦，比我在军营里，恐怕还要辛苦十倍，千万希望注意保养身体。

祁阳敌人，或许可能不会流窜到湘乡吧，万一窜入，也只是无意吧，我已经不再去推测考虑它了。

我自从去年六月再次出山，没有一件不批复的禀告，没有一封不回复的信件，过去因为往来结下的嫌隙今天非常后悔，现在都已经消除十之七八。只是处理军务，仍然不可以十分尽职尽力，这是由于精神不足。

贤弟如果听说我在外面最近来有什么错误，不妨写信来告诉我。

我内人问关于纪泽招亲的事，我回信请弟做主。要么五月招亲，要么八月成婚都是可以的，我没有什么确定的意见，科三、科九读书有没有长进，以后来家信要说一下，即问近好。

兄国藩手草。五月六日。

【点评】

这封信非常简短，首先嘱咐澄弟要注意保养身体，要劳逸有度；其次谈到了祁阳的敌人有可能窜到湘乡，但现在已经是听天由命了；再次说到自己复出以来，尽心竭力，对公文和信件没有一件不回复的，对于以前结下的嫌隙也消除的差不多了，只是由于精神不足而感到力不从心。

咸丰九年五月十三日与四弟国潢书

公元 1859 年 6 月 13 日

澄侯四弟左右：

五月十一季弟寄沅弟信，内有澄侯廿八日在永丰所发之信，得悉一切。贼集宝庆，官兵将近三万人，应足御之，若竟无一匪窜入湘乡境，上也。即有阑入邑界者，团练堵于前，赵、周、王诸军迫于后，或可无碍。

此间一切如常。朱、唐两营，喻吉三、凌荫庭两新营，均于初九日拔赴景德镇，吉中营、岳字新营，十一日拔营前进。初九早，九弟在余公馆行释服礼。三献礼毕，除服即吉，天甫黎明，尚属整齐。十一早，九弟起行赴景德镇。十二三皆大雨，路上甚辛苦也。

下游情形，江北浦口、六合等处，前甚危急，近已获胜仗，军情尚安。胜克斋于四月十二日在天长败挫，其定远老营尚无恙。英夷前欲进京更换和约，业经奏准，不知近事何如？广东夷船于二月间驶至广西梧州，旋即退出。

余日内精神困倦，血不养肝。幸刘星房来营，日与畅谈，略觉爽快。星翁老年失明，殊可悯念，幸其子慈民孝廉，博学不倦，克家继起，尚足自娱。弟以公事常不在家，所有书、蔬、鱼、猪及应扫之屋，栽植之竹，须请建四兄勤勤经理，庶不改祖父以来之旧家风也。至嘱至嘱。此问近好。

太平军所铸火炮

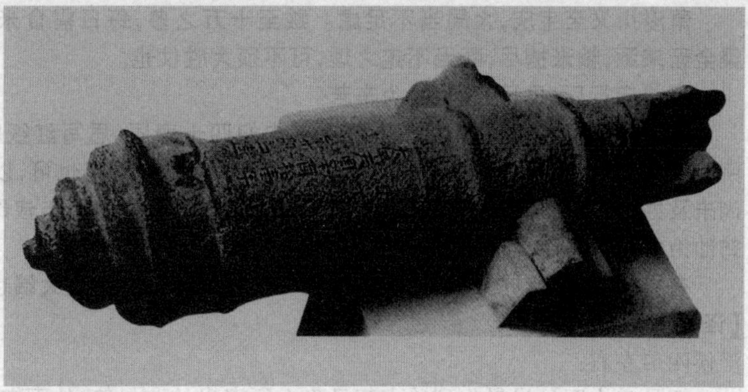

【译文】

澄侯四弟左右：

五月十一日季弟寄来沅弟的来信，里边有澄候二十八日在永丰寄的信，知道了一切。

敌军在宝庆集结，官兵有大约三万人，应该足以防御，好像竟然没有敌军窜入到湘乡。就算有窜入的，团练在前面堵截，周、赵、王各军在后面追击，也应该没什么大问题。

这里一切跟往常一样。朱、唐两营和喻吉三、凌荫庭两个新营，都在初九奔赴景德镇。吉中营、岳字新营，十一日拔营起程。初九早上，九弟在我公馆里履行释服仪式，三次献礼完毕，脱换衣服就是大吉大利，天刚黎明，还算整齐。十一日早上九弟起行去景德镇。十二、十三日两天都下大雨，路上十分辛苦。

下游的军事情形是江北浦口、六合等地方，以前十分危急，最近已经获胜，军情还算稳定。胜克斋于四月十二日早上在天长战败，但定远老营却没有损失。英国列强上次要进京师更换和约，已经奏明批准，不知道近况怎样，广东外夷的船于二月间曾经行驶到广西梧州，后来又退出来了。

我最近几天精神困倦，血不养肝。幸好刘星房来到营中。每天跟他畅谈，才觉得有些快活。星翁老年失明，真是值得怜悯，所幸他的儿子慈民孝廉、博学不倦，可以继承家风，还足以自乐。弟因为公事时常不在家，所有书籍、菜蔬、鱼、猪以及应当打扫的房屋、栽种的竹子，须要请建四兄常常打理，以不改变从祖父以来传下来的旧家风。至嘱至嘱。此问近好。

【点评】

信中交代了近期的战事，有胜有败没有什么大的变故，但应当注意的是在信中又一次提到了洋人的战船以及要求更换和约的事。1860年中国爆发了第二次鸦片战争，在战争爆发以前，西方列强便将战舰集结在中国的沿海地区，并且还时有深入内地的举动，同时逼迫清政府签订一系列的不平等条约，但他们却始终没有满足，因而发动了第二次鸦片战争，将中国变为了他们的半殖民地，中国面临着一次社会性质的变革。

咸丰九年五月廿四日与四弟国潢书

公元1859年6月24日

澄侯四弟左右：

五月廿四早接弟十三夜所发一缄，藉悉一切。

萧浚川又至宝庆，大局当不足虑。贼至十万之多，每日需食米千石，需子药数千斤。渠全无来源，粮米掳尽，断无不走之理，可不须大胜仗也。

沅弟启行后，日日大雨，甚为辛苦。

余右目红疼，不能写小字。前因贤弟夫妇四十寿辰，思写红纸屏一付寄贺，即将平日所称祖父之“勤俭孝友，书蔬鱼猪”等语述写一编，以为寿序也可，以为格言也可。因目疾尚未及办，待下次再寄也。叔父处，前年以大事未办寿屏。明年叔母五十晋一，拟请漱六、筠仙为之。弟意以为何如？

在界岭等处，弟亦太辛苦，须常常服补药，保养身体，孝之大端也。顺问近好。

【译文】

澄侯四弟左右：

五月二十四日早晨收到弟十三日晚上所寄出的一封信，从而知道了一切。

萧浚川又到了宝庆，大局应该不必担心。贼匪聚集到了十万之多，每天需要粮食一千石，需要子弹火药好几千斤。他完全没有来源，粮米吃完，绝对没有不走的理由，可以不用打大仗了。沅弟走后，天天下大雨，非常辛苦。

我的右眼睛又红又疼，不可以写小字。前几天因为是贤弟夫妇的四十寿辰，打算写一幅红纸屏寄给你们作为庆贺，也就是把平日所说祖父的“勤俭孝友、书蔬鱼猪”等话叙述抄写一遍，把它当作寿序也行，当作格言也可以。由于眼病还没来得及处理，待下次再寄。叔父那里，前年由于有大事所以没有办寿屏，明年叔母五十晋一，打算请漱六、筠仙操办。弟的意见觉得怎么样？在界岭等地方，你也太辛苦了，一定要常常服用补药。好好保养身体，这是尽孝的大事。顺问近好。

【点评】

这封信先提到了安庆因“贼匪”聚集太多，因此粮食弹药都将消耗很多，这必然使敌人无法长久维持，所以推断大局不足虑，可以不用打大仗了。之后，曾国藩提到了他的齐家格言，也就是“勤俭孝友，书蔬鱼猪”，虽是简简单单的八个字，但却包含了曾氏的治家思想，于今深有启迪。

咸丰九年六月初四日与四弟国潢书

公元 1859 年 7 月 3 日

澄侯四弟左右：

贺常四初二到营，接弟十九日所发信，具悉团练操演认真，宝庆官兵云集，大局或可无碍，至以为慰。

此间一切如常。弟信言早起太晏，诚所不免。吾去年住营盘，各营皆畏，慎早起。自腊月二十七移寓公馆，至抚州亦住公馆，早间稍晏，各营皆随而渐晏。未有主帅晏而将弁能早者也。犹之一家之中，未有家长晏而子弟能早者也。

吾癣疾较往年实好十之六七。目光昏蒙如故，亦因写字看书下棋，未尝休息之咎，若能戒此数事，当可渐好。沅弟在景镇，办事甚为稳靠，可爱之至。惟据称悍贼甚多，一时恐难克复。官兵有劲旅万余，决可无碍耳。季弟在湖北已来一信，胡咏帅待之甚厚，家中尽可放心。

家中读书事，弟亦宜常常留心。如甲五、科三等，皆须读书，令晓文理，在乡能起稿，在外能写信，庶不失大家子弟风范。若不能此二者，则是为父母者之过，即余为伯者亦与有责焉，弟不可太疏忽也。顺问近好。

正封缄间，接奉寄谕，饬令赴蜀剿贼。此时欲去，则景镇之官兵实难遽行抽调，欲不去，则四川亦系要地。尚未定计复奏，兹先将廷寄付回一阅。

【译文】

澄侯四弟左右：

贺常四初二来到营中，收到弟十九日寄的信，知道了团练操演认真，宝庆官兵大量积聚，大局或许能够无碍，非常欣慰。

这里一切跟往常相同，弟信里说早晨起得太迟，实在难免。我去年住在军营当中，各营兵士都惧怕，全谨慎地早起。自从腊月二十七日移居到公馆居住，到了抚州也住在公馆，早上起床稍微迟了些，各营将士也随即稍微晚了。没有主帅晚起而将士兵勇可以早起的。就好像一家当中，没有家长晚起而孩子能够早起的。

我的癣病比往年好了十之六七。眼睛还是昏暗，模糊跟以前一样。也是因为写字、下棋得不到休息的缘故。如果能够戒掉这几件事，应该能渐渐地好起来。沅弟率军在景德镇，办事十分很稳当，可爱之至。只是听说强敌十分多，一时还难以攻克。官兵劲旅一万多人，肯定没问题。季弟从湖北已经寄来一信。胡咏帅对他十分好，家中大可放心。

家里子弟读书的事，弟也要时常留心。像甲五、科三等都要读书。使他们通晓文理，在家可以作文稿，在外可以写家信，才不失为大家子弟的风范。要是这两条都做不到，那就是父母的过错了。即使我作为伯父也有责任。弟不能太疏忽了。顺问近好。

正当封信时，收到圣旨。命令去四川剿敌。现在要去的话，景德镇的官兵难以尽快抽调。要是不去，四川是关键的地方。还没有定下计划向上复奏，现在将朝廷的公文寄回一阅。

【点评】

曾国藩的四弟近日忙于办团练，就此去信向大哥讨教。曾国藩举自身的例子向四弟说道：自己去年在营中休息的时候，各营将士因为畏惧都早起，后来他移至公馆歇息，起来得晚，没有人带头，将士便不再早起，就像一家之中没有家长起得晚，而子女早起的例子，以告诫四弟要重视领头人的作用。

咸丰九年六月初六日与九弟国荃书

公元1859年7月5日

沅甫九弟左右：

初四日曾甫六等来，接弟廿九日一缄，知廿八日贼出大队前来搦战，我军坚坐不动，反客为主，最为得势。朱、唐、张、喻、凌五营，究以何营最善战？何营靠得住？湘后营鸟枪极外行，日内方勤操也。

初四夜接奉廷谕，抄送一阅，此时甚难为计，欲即溯江为夔府之行，则弟与凯所部之万人自须全数带去，而景镇一松，抚、建必陷，临、江、瑞、袁在在可虞，是未救无事之蜀省，先失初定之江西。欲不为夔府之行，则川、陕两省尚称完善。保川即所以保陕，早一著即占一分之便宜，大局亦何可不顾？特此专使，与弟熟商。望与少泉商详复。并候近好。

【译文】

沅甫九弟左右：

初四曾甫六等人来到，收到弟二十九日写的一信。知道二十八日敌人大队人马前来

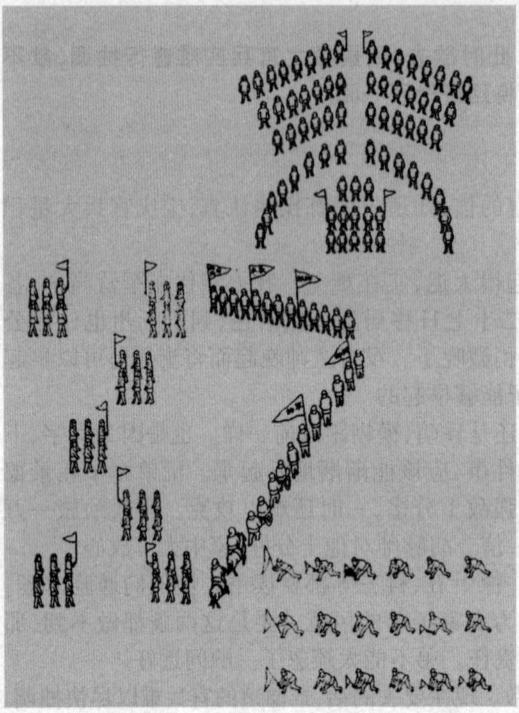

太平军作战图，其中包括螃蟹阵、牵线阵、百鸟阵、卧虎阵四种战阵

挑战，我军坚守不出，反客为主，十分得势。朱、唐、张、喻、凌五营当中，到底哪营最善于打仗？哪营最靠得住？我这里湘后营对鸟枪十分外行，最近几天刚开始勤加操练。

初四收到圣旨，抄送一阅。现在难以决策，要是立即溯江而上奔赴夔州府，那样弟与凯部的一万多人自然应当全都带去，但只要景德镇一放松，抚州、建德肯定失陷，临江、瑞、袁，也十分危急，是没有救成无事的四川，先失陷了刚刚安定的江西。要是不去夔州，那么现在川、陕二省还算很平安，保住四川就是保住陕西，早走一着棋就占一分便宜，这样的大局怎么能够不仔细考虑。特地派专使与弟商讨。希望与少泉商议后详尽答复。并问近好。

【点评】

军事装备的先进与否是战争胜败的关键因素，中国虽是火药的发明地，但直到清朝才将其用在军事上，从而逐渐地取代了冷兵器的刀剑戟等。在这封信中曾国藩提到了“鸟枪”，从这一称谓我们可以看出，当时还没有充分地认识到这种“鸟枪”的威力，还没有从刀枪不入的神话当中走出来，这也无怪乎在后来与船坚炮利的西方列强的鸦片战争中惨败了。

咸丰九年六月十八日与四弟国潢书

公元1859年7月17日

澄侯四弟左右：

十四五应接来信而久不见到，想竟赴景镇耶？

宝庆久被长围所困，心殊悬悬。此间景德镇于十四夜克复，十五日派队跟追。闻浮梁贼尚未退，不知该逆别有诡计否？沅弟追贼约三日，回营后即谋来抚，将归里为改葬事也。

前奉防蜀之旨，顷已复奏，言兵力太单，难以入蜀，且景镇未克，不可遽行抽动等因，已于十八日拜发，其时不知景镇之即复也。目下之计，大约带兵由长江上溯至荆州、宜昌等处。防贼占荆、宜，则两湖俱难措手。若谕旨必令赴蜀，则须添至二万余人，太少无益也。

兹因刘一告假，带温弟祭幛四付、联一付照收。余身体平安，惟目疾久不愈，幸尚能作字耳。即问近好。

兄国藩手草，六月十八夜。

【译文】

澄侯四弟左右：

十四五日应当收到来信却长时间没有收到，猜想可能是寄到景德镇去了。

宝庆长久地被围困，心中十分担心。景德镇在十四日克复，十五日派部队追击。听说浮梁那里的敌军还没有退走，不知道是否另有什么诡计。沅弟追击敌人大约三天，回营后就打算来抚州，之后回乡办理改葬事宜。

上次收到防备四川的圣旨，现在已经复奏，说兵力单薄，很难入蜀，况且景德镇还没有攻克，不能急于抽走兵力，已经在十八日寄出。那时还不知道景德镇已经收复。目前，大致可以带兵从长江上溯到荆州、宜昌等地，防止敌军占领荆、宜，不然的话，两湖都难以保全。假若圣旨坚决命令开赴四川，那就必须增加兵勇到两万以上，不然太少了没用。

现在由于刘一告假，捎回温弟祭幛四副，挽联付清照收。我身体平安，但眼病长期没有痊愈，幸亏还能写字，即问近好。

兄国藩手草，六月十八日夜。

【点评】

这封信主要讲了最近的战况，报告景德镇已经克复，九弟不久就将回家料理改葬的事，信中说如果一定要去四川剿匪，那么一定要增加兵力，否则太少了没用。

咸丰九年六月三十日与四弟国潢书

公元1859年7月29日

澄侯四弟左右：

廿七日接弟十五日信，惊悉鼎二侄殇逝，不胜悼惜。后辈尚只九人，已嫌太少，兹乃遽弱一个。三年之内，家中多故，殊难为怀。弟目下总理团务，万事辛劳之际，尚须宽心加意保重。

此间派张凯章一军回援，二十六日在景镇拔营，至七月底始可还湘。九弟归家办改葬事，亦七月可到。吾拟于七月七日起程，由湖北到宜昌。季弟已过湖口，将由景镇来抚州，日内尚未到，颇不放心。幕府次青诸君多疟疾，吾眼蒙亦未愈，不能作小字。顺问近好。

【译文】

澄侯四弟左右：

二十七日收到弟十五日写的来信，惊闻鼎二侄殇逝，不胜悼惜。后辈只有九个人，本来就太少，现在又去了一个。最近三年以来，家中多变故，殊难为怀。弟目前正统领团练事务，恰好是辛苦之时，还希望放宽心，注意保重。

我这里派遣张凯章回援，二十六日从景德镇出发，到七月底能够回到湖南。九弟回家处理改葬事务，也将在七月到。我计划于七月七日出发，从湖北到宜昌。季弟已经过了湖口，将从景德镇来抚州。现在还没到，十分不放心。幕府中次青等人大都患了疟疾。我的眼病也没好，不可以写小字。顺问近好。

【点评】

常言道：祸不单行，曾家自六弟曾国华战死至今也就半年时间，而子侄辈中的二侄儿曾纪寿又早年殇逝，家中接连发生这样的变故，令人不胜悼惜。这或许更增强了曾氏要尽快改葬祖父母、父母坟墓的决心。

曾国藩家书

卷三

[清] 曾国藩 著
郑红峰 译注

吉林出版集团有限责任公司

咸丰九年七月廿三日与四弟国潢书

公元1859年8月21日

澄侯四弟左右：

在江西省城发信一缄，谅已收到。予于十六日自江省开船，十七日抵吴城，十九日至湖口。季弟与予同至湖口，二十日先挂帆上黄州矣。

雪琴留予在湖口久住。予因所调之湘后营尚在抚州未来，不得不在此少候。又朱、唐等营自景镇调至九江者，皆伤暑多病，亦不得不少为休息。而予亦抱微恙，廿二早呕吐，两日不能食，拟奏明耽搁十日。

兹专人回家，寄银二百两，以一百为纪泽儿婚事之用，以一百为五十侄女嫁事之用。又袍褂料各二件（并里子），赏纪泽制衣。又套料（大呢，并里子）、裙料（羽毛）各一件，赏五十制用。吾家仕宦之家，凡办喜事财物不可太丰，礼仪不可太简。澄弟用财，丰俭得宜，所患者，礼仪过于简率耳，宜更酌之。顺问近好。

【译文】

澄侯四弟左右：

从江西省城寄出一封信，估计已经收到。我于十六日从江西省城开船，十七日到达吴城，十九日到达湖口。季弟与我同到湖口，他于二十日先乘船去了黄州。

雪琴留我在湖口住下，我由于所调遣的湘后营还在抚州没有来，不得不在这里稍微等候，又因为朱、唐等营从景德镇调来九江，许多人身上都有伤，中暑、多病，也不得不稍微休息。而我也有点小病，二十二日早晨呕吐，两天不能够吃饭，计划奏明耽搁十天。

现在派专人回家，带回二百两银子。其中一百两作为纪泽儿婚事的费用，一百两作为五十侄女出嫁的费用，还有袍褂料子各二件（包括里子），赏赐给纪泽做衣服。还有成套料子（大呢和里子）、裙料（羽毛）各一件，赏赐给五十作为缝制的布料。我家因为是做官的人家，只要是办喜事，财物方面不能太丰厚，礼仪方面不可以太简单，澄弟分配钱财丰俭得宜，不足的是礼仪太过简单，应该很好地斟酌。顺问近好。

【点评】

前半部分曾国藩主要报告了这几天的行程以及安排，因为有部队未赶到，以及将士多有伤病，因此不得不在湖口稍作休整；后半部分主要讲了所寄回银两财物的分配及使用情况，并特别强调了在办婚礼时财物不能太丰而礼仪不可太简，充分体现了曾氏俭敬的治家思想。

咸丰九年八月初五日与国潢国荃书

公元1859年9月1日

澄、沅两弟左右：

六月十八刘得一归寄一信，廿四派吉中营二人送一信，计皆当有复信，而至今未到，颇为悬系。伍少海人来，接澄老十七夜信，知宝庆解围，团勇当撤。贼窜祁、衡，吾邑遂可弛

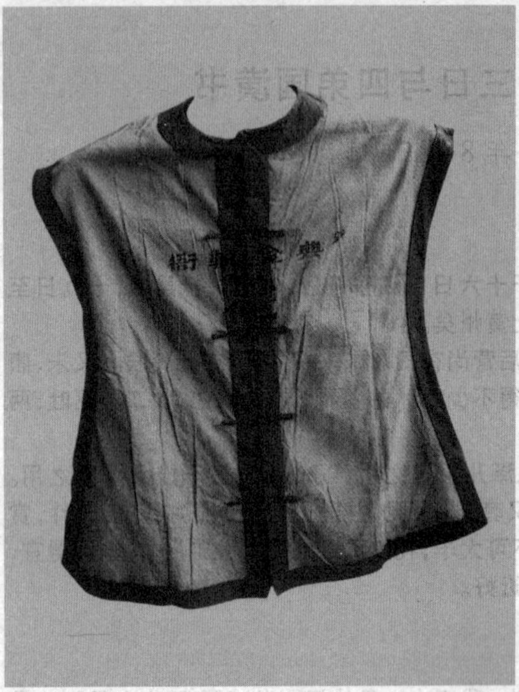

太平军“典金靴衔听使”号衣

防乎？

予在湖口住十日，八月初一日开至浔阳。因等候送者，耽搁二日，初四五本可开行，又以阻风，不克成行。好在上游无事，贼不入蜀，余行虽迟滞，尚不误事。日内守风此间，可游览庐山近处胜景。

朱品隆等各营，已由陆路先至黄州。季弟奉胡中丞札，募勇千人，闻初四日自黄州起行归湘矣。吉字中营之饷，到黄州再派人起解；如已开船北来，则不远解亦可。

先考妣改葬之期已近，果办得到否？须略置墓田，令守墓者耕之。凡墓下立双石柱，方柱圆首。柱高而远，不刻字者谓之华表，柱矮而刻字者谓之阙，四柱平立，上有横石二条，谓之坊。凡神道碑，有上覆以亭者（陵上圣德神功碑之亭，四面皆有拱门，民间亦有用此式者）；有左右及后面皆以砖石贴砌，上盖圆筒瓦者（北道上多有）；有露立全无覆盖者（不耐风日）。三者随弟斟酌，要之上用螭首，下用龟趺，则一定之式，不可改易。

公卿大夫之家有隆礼者，于墓门之南（专指向南者言之）立墓表碑（上刻文章），又于极南远处立神道碑（上刻大字“某官某人神道碑”，不刻文），稍简者仅立一碑。二者听弟斟酌，要之宜立于墓门之外，江西立于坟堆之趾，湖南立于罗匡之头，皆非古法，不可学也。至筑坟结顶，上年周璧冲结顶最合古法，今京师王公贝勒及品官之家，坟茔多用此式，勿以其为吾乡所创见骇闻而不用也。吾之所见如此，望弟细心详酌。

吾之所见如此，望弟细心详酌。吾于祖父坟墓祠庙，皆未尽心，实怀隐疚。今沅弟能力办之，澄弟能玉成之，为先人之功臣，即为余弥此阙憾，且慰且慰。余此次在外，专了从前未了之事，而弥缝过失亦十得七八耳。顺问近好。兄国藩手草，八月初五日。

去年曾托雪琴一保胡维峰，以答其数年之殷殷。兹雪琴禀官帅保举，原札寄归，望交维峰也。又行。

【译文】

澄、沅两弟左右：

六月十八日刘得一回去捎回一封信，二十四日派吉中营两人送回一封信，想来应当有回信来了，但直到现在也没有见到，十分挂念。伍少海来到，收到澄弟十七日晚上的信，知道了一些情况。宝庆已经解围，团勇应当撤除。敌人逃窜到祁、衡两地，我们家乡因此可以放松防备。

我在湖口住了十天，八月一日到达浔阳，耽搁了两天，由于大风阻隔不能出发。幸好上游没有事，敌军没有进入四川，我军行动虽然迟缓，还不至于误事。这两天停在这里等待大风停止，能够游览庐山周围胜景。

朱品隆等各营，已经由陆路先到达黄州。季弟奉胡中丞命令，招募了一千多士兵，据说四日由黄州起程回湖南。“吉”字中营的军饷，等到达黄州再派人解送，如果已经开船北来，那不运送也可以。

先父母改葬的日期已经临近，果真可以做到吗？应该置办一些墓田，使守墓的人耕种。墓下要立一对石柱，柱子是方的，顶部是圆的，柱子很高却不刻字，称为“华表”；柱子很矮，刻有字的称为“阙”。四柱平立，上面有两条横石，称为“坊”。只要是神道碑，有在上面覆盖着亭的；有左右及后面都用砖石贴砌，而在上面盖着圆筒瓦的；还有裸露直立什么都没有覆盖的。这三种样式随便弟斟酌选择，重要的是上面必须用螭首，下面必须用龟趺，这是不能改变的成式，不可改换。

公卿大夫之家有隆重礼节的，就在墓门南边立墓表碑，又在非常靠南的远处立神道碑；而那些礼节稍简的人家则只立一块碑。两者都由弟斟酌选择，重要的是应当立在墓门之外。江西立在坟堆的趾跟处，湖南立在罗匡的头部，这些都不符合古法，不能学。关于筑坟结顶，去年周壁冲结顶最符合古法，现在京城的王公贝勒及有品级的官宦人家，坟顶多用这种样式，不要由于它是我们家乡创建的，名声太大就不用。我的主张便是如此，希望弟弟细心斟酌。

我对于祖父的坟墓和祠堂，都没有尽心竭力，心里十分暗自愧疚。现在沅弟可以尽力办理这件事，澄弟又能够办成它，那你们就是先人的功臣，也就替我弥补了这一遗憾。稍感安慰。我这次在外面，专心解决从前未了的事，而弥补过失也已经完成十之七八。顺问近好。兄国藩手书，八月初五日。

去年曾经托付雪琴保荐胡维峰，来回报他多年以来的殷切期望。现在雪琴已经禀明官帅保举他，原札寄回，希望交给维峰。又行。

【点评】

这封信主要交代了先父母改葬的事，对于改葬过程中墓的内外陈设以及礼仪的施行都作了详细的嘱托，足见曾氏对改葬一事的重视；曾氏虽为博学鸿儒，但仍免不了受封建迷信思想的束缚，将墓地的选择与家中的兴衰荣辱紧密的联系起来，可见他思想的封建性。

咸丰九年八月十二日与国潢国荃书

公元 1859 年 9 月 8 日

澄侯、沅甫两弟左右：

澄弟七月十三永丰发信，沅弟廿九日易俗河发信，均于初九日道士洑接到。澄老廿六夜一信，初十日巴河接到，得悉一切。叔父病体大愈，是第一庆慰事。澄弟办团，为一邑所服，善起善结，亦极慰也。

余自九江开船，逆风逆水，每日行七八十里。十一日至黄州，胡中丞约为十日之留。官帅奏留余一军共征皖省，大约十七八可奉谕旨。贼踪既不入蜀，余自不必遽赴荆、宜，在此少停，恭俟后命。

除萧、张二军队，带来共万人。别单附览。每月需饷六万，拟概求之湖北，胡中丞亦已允许。江西协款三万，仍以供萧、张二人之半耳。九弟营中，六月分半饷，即日起解，七月分少迟亦解。每队多夫一名，或裁与否，应俟到营面定。

沅弟近亦所办之事，无不惬当。银钱一事，取与均宜谨慎斟酌。今日闻林文忠三子分家，各得六千串（每柱田宅价在内，公存银一万为祀田，刻集之费在外），督抚二十年，真不

可及。顺问近好。

兄国藩手草，八月十二日。

林则徐像。林则徐谥“文忠”，故曾国藩在信中称其为“林文忠公”

【译文】

澄侯、沅甫两弟左右：

澄弟七月十三日从永丰寄的信，沅弟二十九日从易俗河寄的信，都是九日在道士洑那里收到的。澄弟二十六日晚上写的一封信，初十在巴河收到，知道了一切情况。叔父病体痊愈，是最值得庆慰的好事。澄弟因办团练而为全县的人所敬佩，能够善始善终，也非常欣慰。

我自六日从九江起程，逆风逆水，每天行走七八十里。十一日到达黄州，胡中丞商量我留下来住十日。官帅上奏请求留下我军共同征讨安徽，大概十七八日能够收到圣旨。敌军既然不进犯四川，我当然没必要急着赶赴荆、宜，就在这里稍作停留，等待命令。除了萧、张二军之外，一共带来一万人，另外附寄清单请一阅，每月需要饷银六万两，计划全部求助于湖北，胡中丞也已经答应。江西协助拨款三万两，仍旧用来供给萧、张二营军饷的半数。九弟营中，六月分得一半的军饷，即日押运上路，七月的军饷过些时候也将押运。每队多增加民夫一名，是否需要裁减，应该等到了营中当面商量决定。

沅弟最近所办的事情无不恰当。有关银钱的取给一定要谨慎考虑。今天听说林文忠的三个儿子分家，各获得钱六千串（每栋住宅包括在内，共同积存的银子一万两，作为祀田、刻集的费用除在外），他担任督抚二十年，真是不能够比的。顺问近好。

兄国藩手草，八月十二日。

【点评】

曾国藩率部众初六从九江开船，十一日到黄州胡林翼的大营，休息十日。本来朝廷命令曾国藩入四川，但是如今太平军南下安徽，因此曾国藩在家书中说太平军不入四川，自己就不必到荆州，而在黄州稍停候命，并提及钱粮军饷问题。信尾提到林则徐后人分家，每人所得十分少，于是感慨林则徐一生清廉，谈及自身远不可及，充满崇敬之情。

咸丰九年八月廿二日与诸弟书

公元 1859 年 9 月 18 日

澄侯、沅甫、季洪三弟左右：

廿二日武昌下三十里接沅弟初十日信， 附洪弟一页，具悉一切。

沅弟到家后，雷厉风行，办理改葬大事，启土下殡，俱得吉期，欣慰无量。

余在家疚心之事，此为最大。盖先妣卜葬之时，犹以长沙有警，不得不仓促将事；至七年二月，大事则尽可从容料理，不必汲汲以图。自葬之后，吾之心神常觉不安，知我先人之体魄，亦当有所不安。此次改葬之后，我兄弟在外者，勤慎谦和，努力王室，在家者内外大小，雍睦习劳，庶可保持家运蒸蒸日上乎？沅弟办理此事，为功甚大。兹以国朝名人书法名画扇三十柄奉赠，酬庸之物颇丰，我父母亦当含笑于九泉也。

余于十一日至黄州，十八日开行赴鄂，途多逆风，五日尚未抵省。官帅奏蜀中无事，请以吾军会剿皖省，已奉谕允。吾在鄂应酬数日，仍赴下游。或驻北岸之黄梅，或驻南岸之九江、湖口，现尚未定。

吾兄弟数人虽共事一方，然皖中为地极大，贼数极多，事势极难，各有所图，不必相妨碍，不必嫌怨。季弟既受胡中丞之知，即竭力图功，不必瞻顾。九弟六月军饷已解去，七月饷亦即解，恐当于中途接到。此次既出，今冬似不宜归去。身既在官，则众人观瞻所系，去来不可太轻率自由也。

澄弟此次办团，名望极好，甚慰甚慰。家中有当应酬周到之处，望澄弟随时告知，至嘱。

即问近好。

兄国藩手草，八月廿二日。

【译文】

澄侯、沅甫、季洪三弟左右：

二十二日在武昌下游三十里收到沅弟初十写的来信，并附有洪弟一页，知道了一切。

沅弟到家以后，雷厉风行处理改葬大事，启土下葬，都在吉日，无限欣慰。

我在家时觉得内疚的事，以这件事为最大。原因是在先母安葬时，正赶上长沙危急，不得不仓促处理；到了七年二月，大事能够从容料理，不用急急忙忙地办。自打下葬以后，我总是觉得心神不安。知道我先人的体魄也是应该有所不安的。这次改葬之后，我们兄弟在外面要勤慎谦和，努力为国出力，在家中内外大小要和睦勤劳。这样才可以保佑家运蒸蒸日上。沅弟处理改葬，功劳非常大。现在以本朝名人书法、名画扇三十柄赠送。祭奠的东西很丰富，我父母应当含笑九泉了。

我于十一日到达黄州。十八日奔赴湖北，途中大多是逆风，五天还没有到达省城。官帅上奏说，蜀中没有战事，请求以我军会剿安徽省，已经奉圣旨批准。我在湖北应酬几天后，仍旧要开赴下游，或者驻扎在北岸的黄梅，或者驻扎在南岸的九江、湖口，现在还没有定下。我兄弟几人虽然在一个地方共事，但皖中地方十分大，敌军人数十分多，形势非常困难，各有各的任务，因此我们不要互相妨碍，不要互相怨恨。季弟既然受到胡中丞知遇，自当尽力建功，不要瞻前顾后。九弟六月的那份军饷已经押送上路，七月的军饷也很快解送，大概能在途中接到。这次既然出来了，今年冬天似乎不宜回去。既然自身处在官位，为众人所注目，来去当然不可太轻率自由。

澄弟这次办团练名望非常好，十分欣慰。家中有该应酬周旋的地方，希望澄弟随时告诉我。至嘱，

即问近好。

兄国藩手草，八月二十二日。

【点评】

家书开头称赞九弟办事十分妥当：曾国荃回家后，雷厉风行地办理父母改葬大事，让大哥十分欣慰。当年曾国藩在家守制的时候，并没有迁葬，后来为了尊重已经过世老六的意见，也有为家里转运得意思，兄弟间商议为父母改葬。曾国藩为此特地送九弟书画名扇三十柄以示奖励。信尾提到曾国藩十八日赴鄂的事情，军队驻扎在哪里还没有商定。

咸丰九年八月廿九日与四弟国潢书

公元1859年9月25日

澄侯四弟左右：

兹有袁漱六亲家之胞弟袁铁庵自松江归来，将我京中书籍概行带送湘乡，实为可感之至。前由京搬至松江，此次由松搬至湘乡，共万余里，吃尽辛苦，到我家时，望加意款待，至要至要！其书交（建四先生及纪泽细心清厘。此外尚有存松之书，并营中之书，将来开单再清也。

即问近好。兄国藩手草。

【译文】

澄侯四弟左右：

目前有袁漱六亲家的胞弟袁铁庵从松江回来，把我在京城中的书籍全都带回来送往湘乡，实在是感谢之至。以前从京城搬到松江，这次又从松江搬到湘乡，一共有一万多里路程，历尽千辛万苦。等到我家时，希望加倍款待。至要至要！这些书交给建四先生和纪泽细心清查整理，此外还有存在松江和军营里的书，等以后开了清单再清理。

即问近好。

兄国藩手草。

【点评】

曾氏以前经常惦念自己在京城中的书籍，因此这次袁铁庵把这些书给他全部运回湘乡，令他十分高兴，因此要求家中要加倍款待袁铁庵，并要求纪泽和建四先生整理这批书，仅此而已。

咸丰九年十月初四日与四弟国潢书

公元1859年10月29日

澄侯四弟左右：

十二月初二日沅弟到营，得闻家事之详，近日婚嫁两事皆已完毕，“江南老名士”可少休息矣。

吾于二十八日自黄州归，接奉寄谕，以湖北大举征皖，恐其驱贼北窜。吾细察湘勇柔脆，实难北征。一渡淮水，共食麦面，天气苦寒，必非湘人所能耐。拟于日内复奏，陈明楚军所以不能北行之故。

湖南樊镇一案，骆中丞奏明湖南历次保举，一秉至公，并将全案卷宗封送军机处。皇上严旨诘责，有“属员怂恿，劣幕要挟”等语，并将原奏及全案发交湖北，原封未动，从此湖南局面，不能无小变矣。

此间进兵，大约在十月底。余身体平安，惟目疾久不痊愈，精神意兴，日臻老态。所差堪自信者，看书看稿，犹能精细深入，每日黎明即起，不敢隳祖父之家风，足以告慰。

余详九弟信中。顺候近好。

十月初四日，草于巴河军次。

【译文】

澄侯四弟左右：

十二月二日沅弟来到军营中，知道家中事务的详情。最近婚嫁两事都已经办完，“江南老名士”也可以稍稍休息一下了。

骆秉章画像。骆秉章即曾国藩家书中所说的骆中丞

我在二十八日从黄州回来，收到圣旨：要求从湖北大举进剿安徽。恐怕这样驱敌会使敌军向北逃窜，我经过细致考虑，湘军柔弱，实在很难向北进军。只要一渡过淮水，必须全吃麦面，天寒地冻，绝对不是湘人所可以忍耐的。计划近日复奏，陈说军队不能北上的原因。湖南樊镇一案中，骆中丞证明湖南历次保举，一向公平，并且把全部案卷密封送到军机处保存。皇上严令指责，有“属员怂恿，劣幕要挟”等话，并且把原奏及全案交给湖北，原封未动。从此湖南局势不可能没有小的变化。我这里进军大约在十月底。

我身体平安，仅有眼病很长时间不能痊愈，精神兴致逐渐趋于老态。还能够自信的是看书、看稿子仍然能精细深入。每天天亮时就起床，不敢丧失祖父的家风，足以告慰祖宗。其余详情都在写给九弟的信中。顺候近好。

十月初四日，草于巴河军次。

【点评】

曾国藩二十八日从黄州回来，接到谕旨从湖北进驻安徽，怕太平军向北流窜。曾国藩认为湘军柔弱，受不住北方的寒冷，也吃不惯北方的荞麦面，其实是有不愿按照翁同书等人的意思在北面堵截太平军得想法，而是想全面收复安徽，不做翁氏的马前卒。湖南樊镇一案说的是左宗棠和樊夑之间的冲突。左宗棠殴打朝廷命官让皇帝十分震怒，本想要重重地处罚他，被潘祖荫力保，才得以脱身。

咸丰九年十月十八日与四弟国潢书

公元1859年11月12日

澄侯四弟左右：

十月十二王孝一到，接九月十九来缄，具审一切。泽儿及五十侄女两场喜事，办理尽善，慰谢慰谢。

我祖星冈公，第一有功于祖宗及后嗣，有功于房族及乡党者，在讲求礼仪，讲求庆吊。

我父守之勿失，叔父于祭礼亦甚诚敬。贤弟若能于礼字详求，则可以医平日租率之气，而为先人之令子；若于族戚庆吊时时留心，则更可仪型一方矣。若须酌送重礼者，则寄信来营，余当寄付弟手。余于军中之钱不愿寄回，而后辈婚嫁及亲族事之最要者，则当略寄。南五舅父处，余必寄贺信，并寄薄礼。其他有应点缀之处，望弟付信来告知。

家中用度，日趋于奢，实为可怕，望弟时有紧一把之心。其铺帐须各开各的，不可由大中开，兄并无私意见也。（弟及泽儿并诸侄贺帖皆收到。男婚女嫁，以似以续，阖家之庆，还为弟贺焉。顺问近好。

【译文】

澄侯四弟左右：

十月十二日王孝一来到，收到九月十九日的来信，一切已经都知道了。泽儿和五十侄女的两场喜事办理得尽善尽美，非常感谢。

我祖先星冈公首先有功于祖宗及后嗣，其次有功于宗族及乡党，最主要的地方就在于讲求礼仪，讲究庆贺及吊祭。我父亲遵守执行没有缺失，叔父对于祭礼也十分虔诚。贤弟如果能够在礼字方面认真追求，就能够改正粗率的习气而变作先人的忠孝子孙，如果可以在亲族中的庆典祭礼方面多加留心，就可以成为一方的表率。如果有必须送重礼的事，请寄信到营中，我会寄到弟那里。我在军中的钱财不愿意寄回，但是后辈婚嫁及亲族的红白喜事是最为重要的，则应该略寄一些。南五舅父那里，我肯定寄贺信和薄礼。其他应当花费的地方，希望弟写信告诉我。

知道家里各项开支逐渐增多，实在可怕，希望弟时常想着节约。其中属于必须的项目应当各宅用各宅的开支，不要从大家中开支，我并没有什么私见。弟及泽儿和各位贤侄的贺帖都已经收到了。男婚女嫁，合家欢庆，也为弟祝贺。顺问近好。

【点评】

古人对于礼的重视程度今人无法想象，在这封信中曾国藩以自己的祖辈讲礼敬来劝诫澄弟曾国潢，希望他在“礼”字上多下工夫，不要丢祖辈的脸，而应成为一方的表率。另外曾氏又说到了家中一定要勤俭节约的问题，一定不可奢侈浪费。这两方面都体现了曾氏一贯的“勤俭谨敬”的治家思想。

咸丰九年十一月初三日与国潢国荃书

公元 1859 年 11 月 26 日

澄侯、沅甫两弟左右：

自余于巴河拔营，沅甫于次日登舟。计此信到家，沅弟亦抵里门矣。

余拔营后长行七日，十一月初三日至黄梅，驻扎城外，距太湖百二十里。太湖贼约三四千，被我兵万五千人四面环围，城贼极为穷蹙。所虑者“四眼狗”率党来援，或有变动，否则太湖年内可克矣。余暂驻梅邑，细察地势，再行前进。

胡蔚之所刻林君碑暨四大字，兹各寄四分查收。钱萍矼星使所寄沅弟联幅，兹亦寄去。余日内癣疾大作，目亦极蒙，幸精神如常，每日竭力支撑，不甚懈怠。

河南捻匪日以猖獗，皖南宁国屡次败挫，六合大营被“四眼狗”攻陷，扬州近又被围，气机殊未转耳。顺问近好。

清代伏虎开山阵
式图册·抄手环攻式

【译文】

澄侯、沅甫两弟左右：

自我从巴河起程，沅甫也在第二天上船，大约这封信到家，沅弟也应该回去了。我拔营后经过七天长途行军，十一月初三到达黄梅，驻扎在城外，离太湖一百二十里。

太湖的敌军有三四千人，被我军的一万五千人四面包围，敌军非常窘迫。所担心的是伪英王会率兵前来救援，或者会有些变化。不然太湖年内能够攻克。我暂时驻扎在梅邑，细细观察地形，然后再向前推进。

胡蔚之所刻写的"林君碑暨"四个大字，现在各寄四份请查收。钱萍矼星使寄来的沅弟的联幅，也同时寄回去。我最近几天癣病发作，眼睛也模糊看不清，幸好精神如常，每天尽力支持，还不算懈怠。

河南捻军越来越猖獗，皖南宁国被打败多次。六合大营被伪英王攻陷，扬州这几天又被包围，形势还没有好转。顺问近好。

【点评】

这封家书主要谈了近期的战事，先说了自己的情况，现在已驻扎在黄梅城外，太湖敌军已被团团包围，之后说到一块儿寄回的其他物体；最后提到河南捻军越来越猖獗，清王朝看来气数已尽农民运动已经是一波接一波了。

咸丰九年十一月十四日与国潢国荃书

公元 1859 年 12 月 7 日

澄侯、沅甫两弟左右：

初七日接沅弟汉口信，初九日曹荣至又接澄弟长沙信、沅弟排洲信，藉悉一切。初五、初八、十皆系东北风，沅弟应早到矣。

余于十三日拔营至宿松。一入皖境，百姓望若云雨，爆竹欢迎，不知兵力果足以庇之否？

十月十七日会奏一折，圣意不以为然，朱批驳斥。保举一单，武职全准，文职交部核议，将来必有驳者，如黄南坡、石芸斋、何廉昉等均属可虞。即李筱泉久未得保，亦不知可允准否？向来从未交部，此次将文武官阶分类，遂尔歧视，想别有所因也。若部文速来，于其驳诘者仍当再请,但恐迟耳。

沅弟带回之银七百零八两,请以二百为温弟祭田之助,余五百为湘乡忠义祠捐项。霞仙丁外艰,承中已送银否?若未送,则由营中送可也。凡家中红白应酬之需,如有应在十两以上者,可写信由营中寄送,少者则家中自送。

余今年癣疾大发,与道光二十六年相仿佛,目疾亦日以增甚,老境大臻。在外往年未了之事,现已渐次清厘,略有归宿。李筱泉所办报销,今冬可毕。京帐一项,毛寄云力劝缓清,今尚未定,俟问明"西顺兴"下落再看。

顺问近好。

兄国藩手草,十一月十四日。

【译文】

澄侯、沅甫两弟左右:

七日收到沅弟从汉口寄来的信;九日曹荣来到营中,又收到澄弟从长沙的来信和沅弟的信,知道了一切。五日、八日、十日都是东北风,沅弟应该早到了。

我十三日率军到宿松,一到达安徽境内,百姓就像盼望云雨,鸣放鞭炮欢迎,不知道我的兵力是不是能够完全保护他们。

十月十七日联名上奏了一折,皇上觉得不以为然,朱批驳斥。保举的那张名单武职的全都被批准了,文职的交给吏部再核定商议,以后肯定有被驳回的,如黄南坡、石芸斋、何廉昉等人都有可能。即便李筱泉长期没有得到保举,也不知道可不可以被批准。以前从来都没有交给吏部处理过,这次把文武官分类,分别对待,估计另外有原因。要是吏部批文很快传来,对于那些被驳回的人,仍然要再次保举,只是担心部文迟迟不来。

沅弟带回去的银子是七百零八两,请拿出二百两做当作温弟的祭田费用,其余的五百两是修建湘乡忠义祠的捐款。霞仙父亲去世,家里是不是已经送去了银两?如果还没有送,就从营中送去也行。只要是家中有红白应酬的事,如果需要用十两银子以上,都可以写信从营中寄送,数量少的可以由家中自送。

我今年癣病发作得十分厉害,就如同道光二十六年那样;眼病也是一天比一天厉害,人到老年了,境况变化真快。前些年在外面没有了结的事,现在已经渐渐理出头绪,还算有点归宿感。李筱泉处理报销的事,今年冬天可以完成。有关京城账目一项,毛寄云极力劝阻暂缓清还,目前还没有定下来。等问清楚"西顺兴"的下落以后再说。

顺问近好。

兄国藩手草,十一月十四日。

【点评】

从这封信中可以看出两件事:一是当曾国藩率军进入皖境时,"百姓若盼云雨,爆竹欢迎",由此我们可以推断太平军在当地不得民心;另一件就是朝廷对所保举的文武官员作了分别对待,武官一律批准而文官却交给吏部审核,这可以看出在战乱频繁的年代,朝廷对文武官员的需要是不同的,其地位也是有高低之分的。

咸丰九年十一月廿四日与国潢国荃书

公元1859年12月17日

澄侯、沅甫两弟左右:

十八日曾天二到接初五日家信,廿三日贺常四到接初一日家信,内澄弟二缄纪泽一缄，并《通鉴》《五代史》及豆、姜等件，廿二日接沅弟岳阳楼下一缄，藉悉一切。叔父大人肝火甚旺，不知沅弟归后，劝之少解否？至以为念。

此间军务平安，新马队已立二营，营官马德顺、伍华瀚也。下游"四眼狗"闻将以本月之杪来援太湖，多、鲍各军颇形惊慌，须派五六千人往太湖助之，但系打行仗，老营仍扎宿松不动耳。

兹付去银五十两，送霞仙家赙仪，又银十两送兰娣之次子贺仪，望即日专送。以后应致情之处，请澄弟斟酌一数目更好，即问近佳。

澄侯、沅甫两弟再览并谕纪泽儿：

前缄未封，陈明德等至，接澄弟十一日一缄并纪泽在欧阳家所写一禀。科三之字大有长进，甚慰甚慰。第不知甲五近尚读书否？问之刘一、金二，皆云目疾痊愈。纵不能多读书应小试，亦须略听史鉴，能动笔写信为妙，不然甲五后日必悔也。澄弟于此等若太松，则有愧父道矣。

泽儿问横笔磔法，如右手掷石以投入，若向左边平掷则不得势，若向右边往上掷，则与捺末之磔相似，横末之磔亦犹是也。《化度寺碑》磔法最明，家中无之；《张猛龙碑》、《同州圣教》磔法亦明，可细阅再禀。沅弟于字用功最深，曾留心磔法否？

国藩又行。

【译文】

澄侯、沅甫两弟左右：

十八日曾天二来到，收初五的家信。二十三日贺常四来到，收初一的家信，里边有澄侯弟一封信、纪泽儿一封信。以及《通鉴》、《五代史》和豆、姜等东西。二十二日收到沅甫弟从岳阳楼下寄来的一封信，知道了一切。叔父大人肝火太旺，不知道沅甫弟回家后劝解有没有缓和，十分挂念。

这里军务平安。新建马队已经成立了两个营，营官是马德顺、伍华瀚。听说下游的"四眼狗"将在本月来援救太湖的敌军，多、鲍各军十分惊慌。这里也须要派五六千人去太湖助战。但是一定要打运动战，老营仍然要驻扎宿松不动。

现在寄回银子五十两，是作为霞仙家祭礼用的。另外有银十两，是送给兰娣的次子的贺仪，希望尽快派人送去。将来应致情应酬的地方，请澄侯确定一个数目更好。即问近好。

澄侯，沅甫两弟再览并谕纪泽儿：

《资治通鉴》书影

前信还没有封上，又有陈明德等人来到，收到澄弟十一日写的来信及纪泽在欧阳家所写的一封信。科三的字大有长进，十分欣慰。不知道甲五最近是否还读书？问刘一、金二都说他眼病已经痊愈，就是不可以多看书也不能参加小试，但是也要听听史鉴之类的书，可以动笔写信更好。要不然甲五以后必然后悔。澄弟如果对这些事太过放松，就有愧于为父之道了。

泽儿问我横笔写磔的方法。就好像右手掷石打人，如果向左边平掷就不方便，如果向右边往上扔，就跟写撩的磔法差不多了；横末的磔法也是如此。《化度寺碑》上的磔法最清楚，家里没有这本书。《张猛龙碑》、《同州圣教》的磔法也很清楚，可以仔细观摩，再来信。沅甫弟的书法用功最为深厚，是否曾留心磔法？

国藩又行。

【点评】

此信是分别针对两封信的回复。在第一篇回复中曾氏提到“伪英王”将要援助太湖，因此自己也要分兵五六千前去支援，并且提出要运用运动战的战术。后一封回复则主要与纪泽儿讨论书法，用“以石投人”作了形象的比喻，对于今天从事教育事业的人应当是有所启发的。

咸丰九年十二月廿四日与国潢国荃书

公元1860年1月16日

澄侯、沅甫两弟左右：

十四日发信后十五日接弟信，知沅弟初一移新宅，贺贺。吾弟以孝友之本，立宏大之规，气魄远胜阿兄，或者祖、父之泽，得吾弟而门乃大乎？余之贺礼：御赐福字一个（即去冬所赏者），红缎对一付，书十种（现尚未配定），兰十盆（愿弟之子孙众多也），明年正月再专妥人送回。

此间日内警报频闻，援贼“四眼狗”纠合捻匪宫瞎子带五六万人来援，鲍超扎小池驿御之，已在太湖之前四十里。蒋之纯扎龙家凉亭，多都护扎新仓，相去各十里内外。廿二日开仗，我军先获大胜，穷追二十余里，因遇伏而小挫，伤亡若干，现尚未得确信。太湖城外留唐义渠一军三千四百人，太形单薄。余派前帮十营六千人前往助扎（朱、唐三营，湘后三营，振、岳、嘉、务四营），派朱云岩、李申夫统领（朱管战守，李管禀报），不知前敌多，鲍等军果站得住否？

余在宿松，身边仅四千三百人，除吉中、吉左之外，均不甚可恃，心殊焦灼。萧浚川奉旨调赴黔蜀，希庵亦以母病不来，统将乏人，不知所以为计。前札调朱惟堂招勇五百前来，顷渠亦禀假不能遽来，望弟催之速来，至要至要。

祖父母地已买得否？若未得，望弟即来营也。余癣疾大发，为十余年所仅见，夜不成寐，幸温书未甚间断耳。顺问岁祺。兄国藩手草，十二月廿四日辰正。

并叩叔父母大人万福，兼问新禧。

【译文】

澄侯、沅甫两弟左右：

十四日寄出信后，十五日收到弟来信。得知沅弟初一搬回新宅，贺贺。我弟用孝友的根本，树立宏大的规模，气魄远远胜过为兄，或者是因为祖、父的辉泽，让我弟而使门户发扬光大。我的贺礼有一个御赐福字(即去年冬天所赏赐的),一副红缎对,书十种(现在还没有配齐),兰花十盆(希望弟的子孙众多)。明年正月再派专人送回去。

这里最近警报不断,来援敌军"四眼狗"联合稔匪宫瞎子率领五六万人前来救援。鲍超驻扎在太湖前四十里的小池驿防御。蒋之纯扎营在龙家凉亭,多都护扎营在新仓,相距各有十里左右。二十二日开始打仗。我军先获得大胜,穷追二十多里,因为遇到埋伏而小败,伤亡若干人,现在还没有确切的消息。太湖城外仅留下唐义渠一支队伍三千四百人,势力单薄,我派前部十营前去援助(朱、唐三营,湘后三营,振、岳、嘉、务四营),派朱云岩,李申夫统率(朱负责军务,李负责禀报),不知道由于前方敌人多,鲍各军能不能站得住脚。

我在宿松,身边只有四千三百人,除了吉中、吉左两营之外,其余的都不可依靠,心里十分焦急。萧浚川奉旨调往贵州、四川,希庵也因为母病没有来。这里缺少将领,不知道如何安排是好。前次公文调派朱惟堂招集兵勇五百人前来,不久他又来信说请假不能很快就来,希望弟催他速来。至要至要。

祖父母的墓地是否已经买好?如果没有买好,希望弟马上来营。我的癣疾大发作,是这十几年来最厉害的一回,夜里不能睡觉。幸好读书还没怎么间断。顺问岁祺。兄国藩手书,十二月二十四日辰时。

并叩拜叔父、叔母大人万福,兼问新禧。

【点评】

从前面的信中我们知道曾国藩是不主张分家的,并且希望兄弟们能够住在一起来考敬长辈,组织生活,因此这次沅弟移回新宅,曾国藩感到十分高兴。之后提到近日太湖的战事,因为敌军众多而自己又缺兵少将所以感到十分焦急,因此问及沅弟是否买好祖父母的地,如果没有,希望他速来营中帮忙,足以看出战事的危急了。

咸丰十年正月初四日与国潢国荃书

公元1860年1月26日

澄侯、沅甫两弟左右:

除夕接两弟家书并纪泽儿一禀,欣悉家中四宅平安,惟叔父病未痊愈,至以为念。

沅弟移居后,新屋气象闻尚宏敞,不知居之俱适意否?凡屋有取直光者,有取斜光者,有取反光者,闻新屋极高而天井不甚阔,则所取皆直光矣。未、申以后,内室尚不黑暗否?装修及制器皿二事殊不易易,颇有头绪否?余在此,望沅弟来甚切,而恐弟应办之事皆未办妥,不敢遽催茁。

前敌多、鲍、蒋三军,自腊月廿二大战后,贼于廿四、六等日包围鲍营,廿七日遂长围鲍营,层层包裹,霆左营四百皆合,水米文报不通。幸顿定心窝子,坚守几日,廿九日贼解围,少退五里以外。除日多都护另派精选前营,扎于霆左营之垒,而令霆左弁勇暂入鲍之中军休息数日,从此前敌应稍安稳。

余自去冬以来,癣疾大发,目蒙异常,而工课及应办之事未甚间断。新年军事紧急,少为将息,除公事外,不敢多作一事也。纪泽儿所论八分不合古义,至欲来营省觐。余亦思一见,沅弟来时可带纪泽来展谒一次,住营一月,专人送归。牧云坠马,右手尚未痊愈。季弟在界牌石,一切平安,余日日与之通信,兹将季信付回(内季寄余信四件,季寄家信四

鲍超扬旗贼溃图，出自清·马骀《百将传图》。鲍超是湘军将领，在与太平军水战时，在自己的船头扬起一面大旗，每次作战均鼓棹在前。

件），顺问近好。

兄国藩手草，十年正月四日。

【译文】

澄侯、沅甫两弟左右：

除夕收到两弟的家书和纪泽儿的来信，很高兴知道家中四宅平安，只是叔父的病还没有痊愈，十分想念。

沅弟搬家以后，听说新房十分敞亮宽大，不知道住着是否如意，房屋采光有的是取直光，有的是取斜光，有的是取反光。听说如果房屋极高而天井不够宽阔，采光就是直光。未时、申时里屋还不至于太昏暗吧？装修房屋和购置家具这两件事十分不容易，都有头绪了吗？我这里着急着等沅弟来军营，但又担心你应办的三件事都没有办好，也不敢太催。

前线战事上多、鲍、蒋三军自从腊月二十二日大战后，敌军在二十四日、二十六日包围了鲍营，二十七日开始长围，层层包裹。霆左营已经被四面合围，水米、情报、书信都已经断绝。幸好心中安定，坚守了几天，二十九日敌军解围，退到五里地以外去了。除夕时多都护又精选前营战士派往霆左营驻扎，而命令左营的兵士暂时转到鲍营中军休整几天。这样前线上应该稍微安稳一些。

我自从去年冬天以来癣病大发作，眼睛也异常模糊，但功课和应处理的公事都没有间断。新年以后军情紧急，只能稍微休息。除了公事之外，再不敢多做一件事情。纪泽儿所说的“八分”与古时原义不符。至于说要来军中探亲，我也十分想和他见一见。沅弟来的时候可以带纪泽一起来。拜见一次，在营里住上一个月，再派专人送回去。牧云从马上摔了下来，右手还没有痊愈。季弟在界牌石那里一切平安，我天天与他通信，现在将季信带回（内有季弟寄给我的四封信，寄回家的四封信）。顺问近好。

兄国藩手草，十年正月四日。

【点评】

读这封信我们可以看出曾氏的知识很渊博，连房屋采光这样的物理学、建筑学知识都能分析得头头是道，很让人佩服。此外曾国藩谈到前线的战事虽然没有太大的变故，但却仍然十分危急，自己的癣病仍没有好转，眼睛还是模糊不清，但因军事危急，不能好好地休息。

咸丰十年正月十四日与国潢国荃书

公元 1860 年 2 月 5 日

澄侯、沅甫两弟左右：

初五得沅弟及纪泽信，知澄弟有永丰处之行，又欣闻叔父大人身体平安，从此当日臻康胜矣。

此间军事，余于除夕、元旦添派护军、长胜军及湖口调来之平江营，赴太湖城外，抽出唐义渠之训营赴前敌小池驿等处。初六日甫到，一面修垒，一面出队打仗，破贼垒二座，少顷败回。训营新垒三座被贼攻陷，军械帐棚全失。

由是贼氛愈炽，日夜围攻鲍营。鲍部三千五百人，伤亡千余，只能守墙，不能出打。每遇贼偶松一隅时，即出队挑水运柴，少顷复来合围。军士不眠者多，不食者亦常有之。十一日，胡中丞所派之金逸亭、余会亭军从潜山内打出，攻贼之背，大获胜仗，杀贼三千。是夜，小池驿之贼分一半去御金军，从此鲍军庆再生矣。

方围鲍极急时，余派宿松吉中二营（张胜禄、张光明）、吉左营（朱宽义）、太湖之湘前强中营（朱品隆、唐义利）、湘后二营（李宝贤、刘连捷）去新仓小池等处助打行仗，以救鲍军。十三早甫经成行，后即闻金、余捷音。计大局应可安稳耳。

余自去腊下半月，夜常不寐。胡帅与我相距二百六十里，每日通信一二次不等，除初鲍军扎小池，余意见不合力争数次外，其余事事相合。季弟在太湖，亦日通信。癣疾比去冬略好，惟目光眵昏，日甚一日。云仙出使山东，竟被参劾，闻部议降级留任，尚无大碍，今春必南旋矣。即问近好。

兄国藩手草，正月十四日辰刻。

【译文】

澄侯、沅甫两弟左右：

初五收到沅弟及纪泽写的来信，知道澄弟去了永丰等地一次。又很高兴地知道叔父大人身体平安，从此以后一定能日益康健。

这里的军情，我于除夕、元旦增派了护军、长胜军和湖口调来的平江营奔赴太湖城外，抽调出唐义渠的训练营奔赴前线小池驿等地。初六刚刚到，一边修筑工事，一边出兵应战。攻破了两座敌军营垒，不久又败了回来。训练营新修建的三压营垒也被敌人攻陷，军械、帐棚全都丧失。因此敌军气势越来越

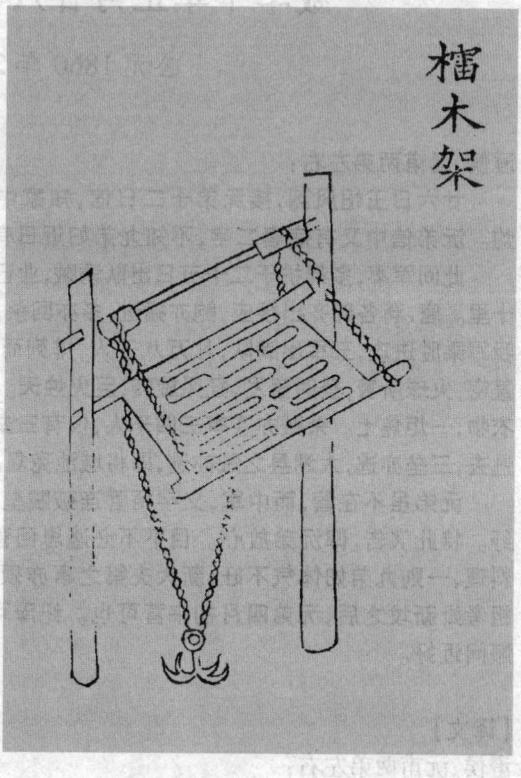

檑木架，守城堆滚木的用具

盛，日夜围攻鲍营。鲍营共有三千五百人，伤亡有一千多人，只可以坚守围墙，不能够出营交战。每当遇到敌军松懈的时候，就派兵出去挑水、运柴火，很快敌军又来合围。军士很多不能够睡觉，也多有吃不上饭的。十一日胡中丞派遣来的金逸亭、余会亭二支军队从潜山山内打出来，攻击敌军背后，大获全胜，杀死敌军三千人。当天晚上小池驿军分兵一半去抵挡金军，这样鲍军能够庆贺重生了。

当在鲍营被围的紧要关头，我派宿松的吉中二营（张胜禄、张光明）吉左营（朱宽义），太湖的湖前强中营（朱吕隆、唐义利）、湘后二营（李宝贤、刘连捷）等到新仓、小池等地救援，来解救鲍军。十三日早上刚出发，很快就听到金、余大胜的消息，大约大局面可以安稳了。

我自从去年腊月下半月就经常失眠，胡帅跟我相距二百六十里，每天都要通信一两次，除了开始时是否派鲍军驻扎小池，我同他意见不合，我力争了几次，其他事情意见都相同。季弟在太湖也天天通信。癣病比去年冬天稍有好转，只是眼睛模糊，一天比一天更厉害。云仙出使山东，竟然被弹劾，听说吏部打算降级留任。还算没有大的妨碍，今年春天肯定南归，即问近好。

兄国藩手草，正月十四日辰时。

【点评】

鲍营被围已久，营中将士非常辛苦，幸好有援军赶来，同时由于曾国藩的调兵遣将使鲍军之围得以解救，并使大局稍微安稳，这让曾氏多少感到一些轻松。信末谈到与胡帅，季弟天天通信，相处愉快，以及云仙在出使山东时被弹劾而必然南归。

咸丰十年正月廿八日与国潢国荃书

公元1860年2月19日

澄侯、沅甫两弟左右：

廿六日王恒风到，接沅弟十二日信，知家中大小平安，惟叔父大人病无起色，实深焦灼。沅弟信中又有病妻二字，不知九弟妇近日有何不适？

此间军事，多都护于二十五日出队诱贼，业已破贼二垒。贼以大队猛扑，多部败退，贼追十里。唐、蒋各部齐出接应，鲍亦猛进，多亦回杀，贼遂大败，凶悍者伤亡二三千人。廿六日，我军乘胜进攻，五军出满队，凡万八千人，排列而进，破贼垒六十余里。垒内火药甚多，草棚甚密，火球所着，登时轰发，狂风旋转，巨火烛天。山谷之间，人马仓卒难逃，多被烧死。牲粮衣物，一炬焦土。杀贼亦实有三四千人，仅有三垒未破。“四眼狗”于是夜出“讲道理”，趁势逃去，三垒亦逃，太湖县之贼亦逃，即将城池克复。此次大捷，实足寒逆胆而快人心。

沅弟虽不在营，而中军、义字两营连破贼垒，亦极有功。季弟在太湖克复一城，志亦少纾。特此飞告，俾沅弟放心。目下不必遽思回营，一则叔父病尚未痊，老宅之事，须沅妥为料理，一则九弟妇体气不旺，新大夫第之事亦须有二三个月，粗立纪纲。待三月廿八拔正祖考妣新坟之后，沅弟四月初来营可也。纪泽可于二月中旬晋省，待贺岳母生日后再归。顺问近好。

国藩手草，正月廿八日。

【译文】

澄侯、沅甫两弟左右：

二十六日王恒风来到营中，收到沅弟十二日来信，知道家中大小平安。只是叔父大人的病没有什么起色，非常焦虑。沅弟信里又提到有“病妻”二字，不知道九弟妇最近有什么不适。

这里的军情，多都护于二十五日出兵诱敌，已经攻破了敌军二座营垒，不久敌军大举反攻，多军败退，敌军追击十里，唐、蒋各部一齐出来接应，鲍军也猛烈进攻，多军也掉过头来冲杀过去，敌军大败，伤亡有两三千人。二十六日我军乘胜进攻，五支军队兵勇全部出战，总共一万八千人。列队向前推进，攻破敌军营垒六十多里。营垒里火药十分多，草棚非常密，火球射进去，马上爆炸。狂风大作火焰冲天。山谷里人马很难逃脱，大多被烧死。牲口粮食衣服器物也被烧毁。化为焦土。杀死敌人足有三四千人，只剩三座营垒还没有攻破。伪英王晚上趁势逃走，三座营垒的敌人也逃走了，我军立即攻克城池。这次胜利，足以让敌军胆寒而大快人心。

沅弟虽然不在军营中，但中军义字两营接连攻破敌营，也立了很多战功。季弟在太湖攻克一座城池，心情也能够稍微舒展。特此飞告，请沅弟放心。现在不必急着回营，一是叔父的病还没有痊愈，老宅的事也须要沅弟妥善处理；二是九弟妇身体不好，刚建的大夫府第也须要有两三个月时间粗立纪纲。待到三月二十八日祖父母新坟改葬之后，沅弟四月初来军营就行。纪泽可以在二月中旬去省城，等庆贺了岳母生日以后再回家。顺问近好。

国藩手草，正月廿八日。

【点评】

战事的发展是难以预料的，前几天清军还处于劣势被围的急迫状态当中，但因为一场小小的解围之后，全军便都活了过来，并能大举进军太平军而获得大胜，真是有摧枯拉朽之势，无往而不胜，由此足以看出战争的瞬息万变。曾氏因获大胜而心情舒畅，因此也不急着让沅弟和纪泽来营中了。

咸丰十年二月初八日与国潢国荃书

公元 1860 年 2 月 29 日

澄侯、沅甫两弟左右：

初五日接来信，痛悉叔父大人于十九日戌刻弃世，哀痛曷极。自八年十一月闻温弟之耗，叔父即说话不圆，已虞其以忧伤生。叔父生平，外面虽处顺境，而暗中却极郁抑，思之伤心。应复各事，条列如左：

（一）余请陈作梅先生赴湘乡看地，请阳牧云陪之，二月中旬自宿松起行，三月初可至家。叔父葬地如已寻地，可候作梅来定葬期，或在三月之杪，或闰三月可也。

（一）叔生平最好体面，此次一切从丰，两弟自有权衡，六十四人大举、诰封亭二事必不可少。丧礼以哀为主，丧次以肃静为主，丁未年于此二者未能讲求，至今愧恨，望两弟留意。

（一）余于闻讣之第二日，进公馆设位成服，拟素食七日，素服十四日，仍行撤灵入营。季弟拟请假回籍，余嘱其来宿松灵前行礼，早来迟来，现尚未定。

（一）沅弟言及朱惟堂一事，此人余不深知，但闻尧阶与季高赞之，人树、凯章亦颇称之。余屡札朱南桂、惟堂来，而至今杳然，未接沅弟信之前三日，尚办一札去也，此后决不再札矣。尧创又荐朱贤来，云可当营官，则欺我之言耳。近来细看，尧阶之言，多不可言。

往岁余托尧觅父母葬地，其后全不留心，此人虽系至亲，似宜疏而不宜密。

(一)沅弟言新大夫第不敢再求惬意，自是知足之言。但湿气一层，不可不详察，若湿气太重，人或受之，则易伤脾。凡屋高而天井小者，风难入，日亦难入，必须设法袪散湿气，乃不生病，至嘱至嘱。余俟作梅兄赴湘详布。顺问近好。

【译文】

澄侯、沅甫两弟左右：

初五收到来信，很痛苦地知道了叔父大人在十九日戌刻去世，哀痛何极！自从八年十一月知道温弟殉难的消息，叔父就说话不清，早已担心他的忧伤会伤及身体。叔父一生外表虽然处于顺境，但心中却非常抑郁，想起来我就十分伤心。应答复的事情，分条列在下面：

一、我请陈作梅先生到湘乡看地，请阳牧云陪同前往。二月中旬由宿松出发，三月初可以到家。叔父的葬地如果已经找到，可以等候作梅来了以后再商定葬期，要么在三月底，要么在闰三月都可以。

二、叔父一辈子最讲体面，这次葬礼一切从丰，两弟自己商议决定。六十四人的大灵车和诰封亭两项是必不可少的。丧礼要以哀悼为主，(丧礼之后)要以肃静为主。丁未年对这两项没能注意，到现在还悔恨，希望两弟留意。

三、我在听到叔父去世消息的第二天在公馆里设了灵位，穿戴孝服。计划素食七天，穿孝服十四天以后撤灵回营，季弟打算请假回乡，我已经写信嘱咐他到宿松来灵前行礼，日期还没有确定。

四、沅弟提到关于朱惟堂的事，我并不怎么了解他，只是听到过尧阶和季高称赞他，人树、凯章对他也十分称赞。我多次发公文叫朱南桂、惟堂来，但到现在还没有消息。在没有收到沅弟来信的前三天还写了封公文去，今后绝不再写了，尧阶又推荐朱贤来营，说能够当营官，这是骗我的话。这几天细想起来尧阶的话大多都不可以相信。以前我托付他寻找父母葬地，此后他全不放在心上。这人虽然是至亲，但好像应该疏远，而不要过于亲密。

沅弟说新建的大夫府第再舒适不过了，这是知足之言，但对于潮湿不能不注意，要是湿气太重，人或许能够忍受，但容易伤脾。只要是房屋高而天井小的，风很难进入，阳光也很难照进来。必须想办法驱散湿气，才能不生病，至嘱至嘱。其余的事等作梅兄到湖南时再详细告知，顺问近好。

【点评】

曾国藩最小的叔父曾骥云于十九日辞世，曾氏感慨叔父的一生坎坷，既无功名利禄，又无亲生子女，连过继的曾国华也战死，因此说“叔父生平，外面虽处顺境，而暗中却极郁抑，思之伤心”，所以叔父的丧事要“一切从丰”，隆重体面。

咸丰十年二月廿四日与国潢国荃书

公元1860年3月16日

澄侯、沅甫两弟左右：

二十日接初二日信，澄弟一件，沅弟一件，并文稿地图等件，纪泽一件。廿二日又接沅弟初九之信，具悉一切。

此间日内尚未进兵，已札饬各军拔营，札稿抄阅。季弟之恒字二营，吾与润公皆不欲其来太湖，弟于正月六日勉强自来，幸遇机缘，太湖克复，同奏肤功。兹湘恒营同围安庆，余亦不甚放心，而季弟自觉甚有把握，故遂令之同行。既已立营，则不能不望其少立功绩也。

自此间克复潜太二邑，袁午帅克复凤阳，翁中丞大破炉桥，皖北军事大有起色。不料皖南徽宁二府连陷六州县，浙江亦失去三县，杭省及湖州府危急之至。罗中丞奏请余率楚军往援，即使奉旨允准，亦缓不济急矣。金陵大营正在十分得手之际，而南则有浙江之变，北则清江浦失守，一波未平，一波复起，殊深焦灼。

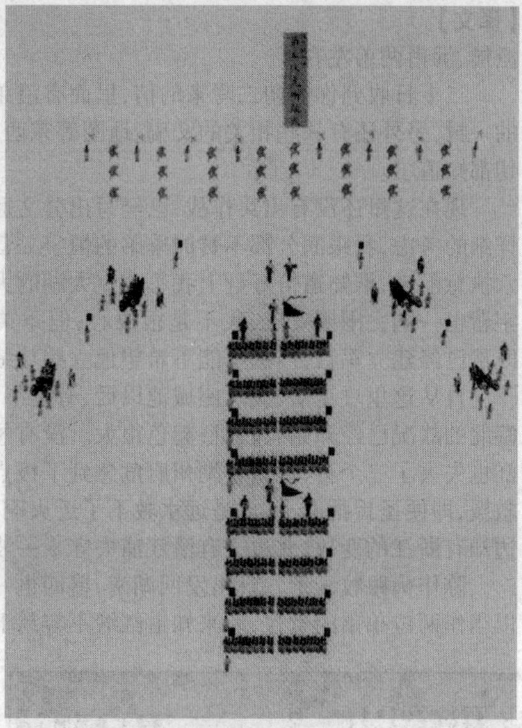

清代伏虎开山阵式图册 · 伏虎冲敌式

陈作梅与牧云以十八日起行旋湘，盛四亦归。余前思办红缎对为两弟贺仪，后访查红缎极不上墨，乃改为冷金笺对。赠澄弟云：

俭以养廉，誉洽乡党；

直而能忍，庆流子孙。

赠沅弟云：

入孝出忠，光大门第；

亲师取友，教育后昆。

各件均交盛四带归。对在长沙裱，想三月下旬乃可也。余在公馆设灵穿孝十四日，于二十日撤位脱素服，仍回营盘。外间来祭幛四十余幛，少迟再专人送归，其金字已尽行拆去，一则恐路远难搬，二则恐已出殡也。

起先大夫祠堂，如牌坊，如诰封亭，皆须就地势为之。余意诰封亭系乡间俗样，尽可不必；牌坊则系官样，余前日所画槽门样子，即与牌坊相近。京城凡大庙中间有照壁，两头皆有木牌坊，南中文庙及贡院之“天开文运”，亦用木牌坊，先大夫庙之槽门，即用木牌坊式可也。但各处木牌坊上不盖瓦，下不装板，此既作庙头门，则上当盖瓦，下当装板。总而言之，一正（扛屋五开间）两横（各三间），一牌坊槽门而已。

至各处起屋之法，皆先立柱起架子，待上屋瓦盖毕之后，乃砌砖墙。各柱嵌于砖墙之中，屋之稳不稳全在架子，不与砖墙相涉。先大夫庙若用此法，则须大柱子十八根（前墙内六根，后墙内六根，中间承栌者四根，两头墙内顶屋脊者各一根），而庙外四面落檐之廊柱尚不在此十八根之内（又须十四根）。如此则须料甚多，吾乡恐办不出，且恐木匠不能做。若用吾乡旧法，概以砖墙为主，不用架子，则省料极多，木匠亦易于交卷。望两弟悉心裁酌。修昭忠祠及东皋书院之正栋，亦不外先大夫庙式，五扛间而四面落檐，即极大方矣，所争者亦在全用架子与否耳。应否由余下札，俟弟到营后再行面商。

白玉堂之事，与季弟日日熟商，实难得一妥人认真照料。沅弟祭文，情文极挚，亦苦无人专管事耳。即问近佳。

兄国藩手草，二月廿四日。

【译文】

澄侯、沅甫两弟左右：

二十日收到你们初二写来的信，里面有澄弟所写的一封、沅弟所写的一封、纪泽所写的一封，另外还有一些相关的文稿、地图等东西。二十二日又收到沅弟初九写的来信。一切都知道了。

现在这里还没有出兵作战，已经写出公文通知各军拔营，公文稿一并抄去一阅。经过详细的考虑，我跟润公都不赞同季弟的恒字二营来到太湖。但因季弟坚持己见，于正月初六执意前来，谁知道恰好赶上我军攻克太湖的大好时机，得以共同建立大功。目前湘军恒字营也一同去围剿安庆，我不是很放心；但季弟自己觉得很有把握，因此命令让他同去。既然已经建立军营，当然不能不希望他立些功绩。

自从这里攻克潜、太两座城池以后，有袁午帅攻克凤阳，之后翁中丞又大破炉桥敌军，皖北的战况已经开始有转机，起色很大。没有想到皖南徽、宁二府连续失陷六个州县，浙江也失去了三个县，杭州及湖州府危急到了极点。罗中丞上奏请求皇上命我率湘军前去救援，即便圣旨批准了，也是远水救不了近火啊。金陵大营正处在十分得手的时候，而南边却有浙江的变故，北边又有清江浦失守。一波未平，一波又起，十分焦虑。

陈作梅跟牧云十八日出发回湖南，盛四也一同回去了。我上次想用红缎子写副对联，以当作两位弟弟的贺仪，后来知道红缎不容易上墨，因此改为用冷金笺作对子。其中赠给澄弟的对联是："俭以养廉，誉洽乡党；直而能忍，庆流子孙。"赠沅弟的对联是："入孝出忠，光大门第；亲师取友，教育后昆。"各样东西都交盛四带回。对联还在长沙装裱，大概三月下旬才可以收到。我在公馆里设灵堂穿孝服十四天，在二十日撤去灵位脱下孝服，回到营中。外面送来的祭幛有四十多副，过几天再派人专程送回。上面的金字已经全部拆掉，一是担心路远难以搬运，二是担心已经出殡。

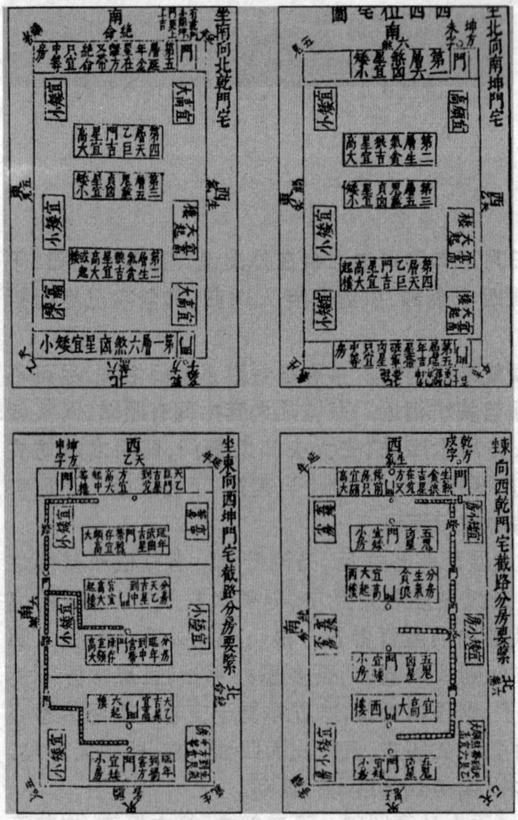

古人造房子对开工时刻、居室方位等都有严格的讲究，图为《三才图会》中的居室方位图

我觉得修建先大夫祠堂，例如牌坊、诰封亭等，都必须要依据地势而建。我的想法是诰封亭建成乡间的俗样，大可不必；牌坊则是官样，我前几天画的槽门样，就跟牌坊相近。京城里只要是大庙中间有照壁，两头都有木牌坊。南中文庙跟贡院的"天开文运"也都是用木牌坊，先大夫家庙的槽门，就用木牌坊样式好了。但是其他各地的大牌坊上面不加盖瓦，下面没有装板。现在既然当作家庙的头道门，就应该上面盖瓦，下面加装板了。总之，一间正屋（扛屋五开间）两行横屋（各三间）一座牌坊槽门而已。

关于其他各处起屋的方法，都是先立柱起架子，等上好屋瓦铺设完毕之后，再开始砌砖墙，那样一来，各条柱子便全部嵌在墙砖之中了。房屋是否稳固，全靠架子的支撑，跟砖墙没有关系。先大夫庙如果使用此方法，就必须用大柱子十八根（前墙用六根，后墙用六根，中间承栌用四根，两头墙里顶屋脊的各用一根），而庙外四面落檐的廊柱还不包括在这十八根里面（还需十四根）。要是这样就需要太多材料，乡里大概置办不起这样高昂的材料，况且乡里的木匠也没有这样高超的技艺。如果使用我们乡间的老方法，用砖墙为主，不用架子，那样就省很多料，而木匠也容易交差，希望两弟仔细商量决断。修建昭忠祠及东皋书院祠的正栋，也不过是先大夫庙的式样，五个扛间，四面落檐，足够大方的了。所要讨论的只在于是否要用架子。是不是由我下公文，等弟弟到营中以后再进行商量。

有关白玉堂的事情，我跟季弟天天商量，但却没有什么结果，很难安排一个合适的人认真处理。沅弟的祭文写得非常真挚，也苦于没有专人主管事务。顺问近好。

兄国藩手草，二月二十四日。

【点评】

信中首先讲到了近期的战事：在皖北接连胜利而战局有所转机时，皖南却接连丢失县城，杭州、湖州危急到了极点，真是一波未平，一波又起。但这封信的主旨是与弟商讨建先大夫祠堂的问题，从式样到材料都作了详细的陈说，从其取舍可以看出曾氏一方面要合于礼仪制度，另一方面又以俭省为主，体现了他的齐家思想。

咸丰十年三月十九日与国潢国荃书

公元 1860 年 4 月 9 日

澄侯、沅甫两弟左右：

三月十八日接二月廿五日沅弟一信，得悉四宅平安。

此间自初十日闻浙江被围之信，十三日闻失守之信，寸心焦灼，全军为之惊扰。一则恐有援浙之行，二则大局一坏，一木难支，所谓一马之奔无一毛而不动，一舟之覆，无一物而不沉也。兹幸于十八日接张筱浦先生来信，杭城于三月三日克复，欣慰无极，特专人驰告家中，亦以慰陈作梅将母之怀。

前有信嘱沅弟来营，或酌募一二营带来，兹浙事既已平定，即不必再添营头。沅弟信中意于今冬谋为蝉蜕之计，尤可不必再行添募。盖凡勇皆服原募之人，不甚服接带之人，多一营头，则蝉蜕时多一番纠结也。

澄弟三月十一日果移居否？寄云赠沅弟四物，少荃寄《经籍纂诂》，统俟弟来营再交，即问近好。

兄国藩手草，三月十九日。

【译文】

澄侯、沅甫两弟左右：

三月十八日收到二月二十五日沅弟写的一封信，知道四宅老少平安。

这里战况是自从初十听到浙江被围困的消息，十三日又听到已经失守的消息，十分焦虑，全军也都因它而惊扰。一是担心要去救援浙江，二是大局一坏，恐怕独木难支。也就是常说的一马之奔无一毛而不动，一舟之覆无一物而不沉。现在幸好在十八日收到张筱浦先生的来信，杭州城已经在三月三日克复，无限欣慰。特地派专人赶往家中转告，也用这个消息安慰陈作梅稍微缓解对母亲安危的挂念。上次在信中嘱咐沅弟来军营时,或许可以酌情招募一二营兵带来,现在浙江战事既然已经平安,这里就没必要再增添营头了。沅弟在信里表示在今年冬天准备退出行伍,那就更没必要再添募兵勇了。只要是兵勇一般只是服从原来征募的将领,不大服从以后接管的人,多设一个营头,那么遣散时就多一番麻烦。

澄弟三月十一日是不是已经移居。寄云赠送沅弟的四件礼物,少荃寄来的《经籍纂诂》都等弟来到军营时再交付。即问近好。

兄国藩手草,三月十九日。

【点评】

在这封信中曾氏阐述了一个很重要的军事观点,即"一马之奔无一毛而不动,一舟之覆无一物而不沉",也就是我们常说的"覆巢之下安有完卵",这体现了军事战略中的一种全局观,牵一发而动全身,大局一坏独木难支。对于今天缺乏全局观念的年轻人有很好的教育意义。

咸丰十年三月廿四日与国潢国荃书

公元1860年4月14日

澄侯、沅甫两弟左右:

廿二日接初七日所交家信,内澄弟一件、沅弟一件、纪泽一件!知叔父大人已于三月二日安厝马公塘。两弟于家中两代老人养病送死之事,皆备极诚敬,将来必食报于子孙。闻马公塘山势平衍,可决其无水蚁凶灾,尤以为慰。

澄弟服补剂而大愈,甚幸甚幸。丽参、鹿茸,虽享福稍早,而体气本弱,亦属无可如何。吾生平颇讲求惜福二字之义,近年亦补药不断,且菜蔬亦较奢,自愧享用太过,然亦体气太弱,不得不尔。胡润帅、李希庵常服辽参,则其享受更有过余者。澄弟平日太劳伤精,唢呐伤气,多酒伤脾,以后戒此三事,而常服补剂,自可日就痊可。丽参、鹿茸服毕后,余可再寄,不可间断,亦不可过多,每早服二钱可也。家中后辈子弟个个体弱,唢呐、吃酒二事,须早早戒之,不可开此风气。学射最足保养,起早尤千金妙方、长寿金丹也。

纪泽今年耽搁太多,此次宜静坐两个月。《汉魏六朝百三名家》,京中带回一部,江西带回一部,可付一部来营。纪鸿《通鉴》讲至何处?并问。即候日好。兄国藩手草,三月廿四日。

再,抚州绅士刻余所书《拟岘台记》,共刷来八份,兹寄五份回家,澄弟一份,沅弟一份,纪泽一份,外二份送家中各位先生,暂不能遍送也。

【译文】

澄侯、沅甫两弟左右:

二十二日收到七日寄出的家信,里边有澄弟一封、沅弟一封、纪泽一封。得知叔父大人已经于三月二日安葬在马公塘,两位弟弟对于家中上两代各位长辈养病送葬的事,做得很诚敬,以后必然会得到子孙的厚报。听说马公塘山势平缓,绝对没有洪水、白蚁的祸患,感到非常欣慰。

澄弟最近服用了大量的补药,身体状况大为好转,实在是幸运的事。高丽参、鹿茸等这些补药,即使开始服用的很早,但体质本来虚弱,也是没有什么效果的。我平生十分讲

清代和田玉桥形笔架

求"惜福"二字的意义。最近几天来也是补药不断,且吃的菜也比往年更好。十分惭愧享用太过分了,然而也是由于身体气色太差,不得不这样做。胡润帅、李希庵经常服用辽参,他们的享受更是大大超过了我。澄弟平日里劳神伤精,吹唢呐伤气,饮酒过多又伤脾。今后戒除这三件事,常常服用补药,自然可以渐渐痊愈。高丽参、鹿茸服用完之后,我可以再给你寄,不可以间断,也不能够过多,每早上服用二钱就行。

家里后辈子弟个个身体较弱,抽烟、吃酒二事必须早早戒掉,不可以开这样的坏风气。学习射箭最为保养身体,早起更如千金妙方、长寿金丹。

自今年以来,纪泽的功课耽误得太多,现在最应该做的就是静下心来在书桌前坐上两个月。《汉魏六朝百三名家》这部书,我从京城带回一部,从江西带回一部,可以送一部来营里。顺便问一下,纪鸿的《通鉴》已经讲到哪里了? 即候日好。兄国藩手书,三月二十四日。

另外,抚州的绅士刻印我所书写的《拟岘台记》,总共寄来八份,现在寄回家五份,给澄弟一份、沅弟一份、纪泽一份,另外两份送给家里的各位先生。暂时还不可以每人都送。

【点评】

信中首先交代叔父的安葬之事,他的墓地无水蚁凶灾,令曾国藩十分宽慰。他提到自己崇尚"惜福"之说,怎奈何近日来日常花销也比往日奢侈,于是叹息自己享用太过分。从而侧面劝诫澄弟用人参、鹿茸调理尚早,倒是弟弟常常过分伤神、吹唢呐伤气、酗酒伤脾,而且人参、鹿茸进补也不可过多,每日二钱就可以了。同时也告诫家中子弟戒掉上述三种伤身体之举,以学射箭来强身健体。

咸丰十年闰三月初四日与国潢国荃书

公元 1860 年 4 月 24 日

澄侯、沅甫两弟左右:

闰月一日彭芳四来,接两弟信并纪泽一禀,具悉一切。

澄弟移寓新居,闻光彩焕发,有王相气象,至慰至慰。沅弟新屋前闻不甚光明,近日长夫来者皆云极好。吾两对所祝者,将来必如愿矣。祭叔父文斐亹可诵,四句字本不易作,沅弟深于情者,故句法虽弱而韵尚长也。余办木器送澄弟,即请澄自为妥办,"女家之钱"

左宗棠克复杭州战图

已交盛四带归，即仿七年之例，由县城办就，至家中再漆可也。

此间自浙江克复，人心大定。太湖各营于二十四五日拔营，宿松吉中、吉左四营于廿六日拔营，均至石牌取齐，初五日将进围安庆。朱惟堂一营初二日至江边，距宿松仅七十里。营中一切平安，余身体亦好。惟饷项暂亏，若四川不速平，日亏一日，必穷窘耳。

澄弟之病日好，大慰大慰。此后总以戒酒为第一义，起早亦养身之法，且系保家之道。从来起早之人，无不寿高者。吾近有二事效法祖父，一曰趁早，二曰勤洗脚，似于身体大有裨益。望澄弟于戒酒之外，添此二事，至嘱至嘱。

顺问近好。

兄国藩手草，闰三月四日。

【译文】

澄侯、沅甫两弟左右：

闰月初一彭芳四来到，收到两位弟弟的信及纪泽的一封信，一切都已经知道了。澄弟移居新屋，听说容光焕发，有王侯的气象，非常欣慰。沅弟的新房从前听说不是太光亮。这几天来我这里的长夫都说非常好，我那两副对联所祝愿的，以后必定能如愿以偿。所写的祭叔父的文章也是朗朗上口，四字句原本很不好作，沅弟因为情深，因此句法虽然差些但韵味还好。我买了一些木器送给澄弟，就请澄弟自己妥善处理，女方家的钱已经交给盛四带回。就仿照咸丰七年的先例，先在县城里办好，然后到家再刷漆就可以了。

这里自打浙江克复，人心十分稳定。驻扎在太湖的各营于二十四五日拔营，驻扎在宿松的吉中、吉左四营在二十六日拔营，都到石牌会合，初五将进军围攻安庆。朱惟堂所率营部初二到达江边，离宿松只有七十里了。营里一切平安，我身体也还好。只是军饷暂时短缺，要是四川不迅速平定，一天天缺亏下来，肯定会十分窘迫。

澄弟的病已逐渐好转，十分欣慰。以后一定要以戒酒为第一大事。早起也是养身的好方法，并且是保家之道，早起的人，从来没有不长寿的。我最近一段时间有两件事效法祖父：一是早起，二是洗脚要勤，好像对身体大有好处。希望澄弟在戒酒之外，再增加这两件事。至嘱至嘱，顺问近好。

兄国藩手草，闰三月四日。

【点评】

曾国藩在家书中首先恭贺两位弟弟乔迁新屋之喜，而后提到战事：浙江克复，人心大定，营中一切平安，自己身体无恙，使家人放心。曾氏一再劝诫澄弟以戒酒为第一要义，并且从来早起的人，没有不高寿的。提到自己近日作习，有两件事是效法祖父的：一是早起；

二就是勤洗脚，曾国藩认为二者对身体大有裨益。他所说的洗脚并不是从卫生角度考虑，而是一种朴素的养生哲学的体现，如此好的养生方法，今人当效仿之。

咸丰十年闰三月十四日与国潢国荃书

公元 1860 年 5 月 4 日

澄侯、沅甫两弟左右：

闰月十三接廿七日家书，得悉一切。沅弟既与作梅兄意见相合，则家中寻地之事，可留梅公多住一二月，以必得为期。过路塘、新安冲之地，余亦不甚惬意，是以酬庸之典，迟迟未办。改葬本非好事，然既已屡改，则必求惬意而后止。倘沅弟业已起行，则澄弟与纪泽必坚留作梅先生寻觅一二处，至要至要。余非欲求地以徼富贵者，惟作梅以三千里外至吾乡，千难万难，不可错过。渠在吾乡，余于营中每月按送薪水，家中只须礼貌恭敬，不必另赠银钱。

澄弟所跋对联，甚为妥叶。服补药虽多，仍当常常静坐，不可日日出外，两脚流星不落地。一则保养身体，二则教训子侄，至嘱至嘱。

此间至今未得进兵，实为迟滞。近希庵至多公处，与之畅谈，针芥契合，相得益彰。大约数日后即可移营进逼桐城与怀宁矣。浙江克复后，皖南又大震动。河南捻匪上窜，陕西及樊城戒严。“四眼狗”近赴全椒，思解金陵之围。

余身体平安。癣疾皆在腿以下，本是空闲地方，任其骚扰可也。即问近好。

【译文】

澄侯、沅甫两弟左右：

闰月十三日收到二十七日写的家信，知道了一切。沅弟既然跟作梅先生意见一致，那么家里寻地的事可以留梅公多住一两个月，以找到好地作为期限。过路塘、新安冲等地方我也都不太满意，因此酬谢的事也迟迟没有办。改葬本来不算什么好事，但是既然已经改了几次，那么就一定要找到满意的为止。如果沅弟已经出发，那澄弟和纪泽一定要坚持留下来帮助梅先生寻找一两处好地。至要至要。我并不是一定要找地而求得富贵的人，只是作梅从三千里远的地方来到我乡，千难万难，不能错过。他在我们家乡，我从营里每月按时给他发薪水。家里只须礼貌恭敬，没必要再另外赠送银两。

澄弟题跋的对联十分妥帖，你服用的补药虽然很多，但仍然应当时常静坐，不可以天天外出，两脚像流星似的不落地。一是要好好保养身体，二是要好好教训子侄。至嘱至嘱。我这里到现在还没有进兵，实在迟缓。

这几天希庵前往多公那里，跟他畅谈，处处相合，相得益彰。大约几天之后就可以移营进逼桐城跟怀宁了。浙江克复后，皖南又有很大的震动。安徽南捻军向北逃窜，陕西和樊城已经戒严。伪英王近日开赴全椒，计划解救金陵之围。

我身体平安，癣病全在双腿以下，本来就是空闲的地方，可以任其骚扰。即问近好。

【点评】

此信说了三件事：一是谈祖母改葬的事，希望趁陈作梅还在乡中而寻块好地，并表明自己“非欲求地以徼富贵者”；二是关心澄弟病情，要以常常静坐休息为主，主要职责就是保养好身体，教导好子侄；三是谈了近期的军事动向，南方已基本把太平军肃清，而北方却仍然受到太平军和捻军的“骚扰”。诸事仅此而已。

咸丰十年闰三月廿九日与四弟国潢书

公元1860年5月19日

澄侯四弟左右：

廿七日刘得四来，接弟十三日信，欣悉各宅平安。沅弟是日申刻到，又得详问一切，敬知叔父临终毫无抑郁之情，至为慰念。

余与沅弟论治家之道，一切以星冈公为法，大约有八个字诀，其四字即上年所称"书、蔬、鱼、猪"也；又四字则曰"早、扫、考、宝"。早者，起早也；扫者，扫屋也；考者，祖先祭祀，敬奉显考、王考、曾祖考，言考而妣可该也；宝者，亲族邻里，时时周旋，贺喜吊丧，问疾济急，星冈公常曰："人待人，无价之宝也。"星冈公生平于此数端最为认真，故余戏述为八字诀曰"书、蔬、鱼、猪，早、扫、考、宝"也。此言虽涉谐谑，而拟即写屏上，以祝贤弟夫妇寿辰，使后世子孙知吾兄弟家教，亦知吾兄弟风趣也。弟以为然否？顺问近好。

国藩手草，闰三月廿九日。

【译文】

澄侯四弟左右：

二十七日刘得回来，收到你十三日写的来信，高兴地知道各宅都平安。沅弟在那天申时到达，又能够详细地询问一切，知道叔父临终时一点没有抑郁的情绪，我十分欣慰。

我跟沅弟谈论治家之道，一切都以星冈公作为榜样，大概有"八字要诀"。其中四字就是去年我所说的"书、蔬、鱼、猪"，另外四字是"早、扫、考、宝"。早就是要早起；扫就是要打扫房屋；考是要恭敬的祭祀祖先，敬奉显考、王考、曾祖考，说考同时也包括妣；宝就是指亲族邻里，要时常来往，贺喜吊丧，慰问疾病帮助危急，星冈公经常说人待人才是无价之宝。星冈公一生在这几个方面最为认真。因此我戏述为八字诀："书、蔬、鱼、猪、早、扫、考、宝。"这些话虽然有些开玩笑的味道，但我打算就写在条屏上，当作祝贺贤弟夫妇的寿辰，也让后世子孙知道我们的家教，知道我们兄弟的风趣。弟觉得对吗？顺问近好。

国藩手草，闰三月二十九日。

曾国藩出生于农民家庭，其家循依"以耕养读"的传统。图为耕田图，出自明·宋应星《天工开物》，描绘了农夫耕田的场景

【点评】

曾国藩和沅弟谈论治家之道，大约有八字诀：书、蔬、鱼、猪、早、扫、考、宝。其中，早，是指起早；扫，指扫屋；考，指祭祀祖先；宝，指与亲邻族里的和睦相处，是待人的无价之宝。曾国藩将它写在屏上，来祝贺弟弟、弟妇的寿辰。更强调后世子孙要知此家教、悟此家教、执此家教，这就是曾国藩治家八字诀，值得后世效仿。

咸丰十年四月初四日与四弟国潢书

公元1860年5月24日

澄弟左右：

廿九日寄第十六号家信，计十三四可到。沅弟于初三日由宿松赴集贤关。余身体平安。皖北军务，亦尚如故，江南大营于闰三月十六日全军溃败，和春张国梁两帅移保镇江，苏州、常州两处大为震动。浙江新复，亦恐无以自立，此又近数年之一大变局也。若江浙不保，则江西亦难久安，而皖北亦将应接不暇，殊为可虞。

九弟欲余下札，请同邑绅士出来，修昭忠祠及东皋书院，兹办十一札，请弟分送为要，顺问近好。

【译文】

澄弟左右：

二十九日寄回第十六封家信，料想十三四日可以到达。沅弟在三日从宿松去了集贤关。我身体平安。皖北的军务还跟往常一样，只是江南大营在闰三月十六日全军大败，和春、张国梁两位将领移师到镇江，苏州、常州两地大为震动。浙江刚刚收复，或许还不能够自立。这又是最近几年一个局势的大变化。如果江为浙江保不住，那么江西也很难长久安定，而皖北也会没有时间兼顾，十分为此担忧。

九弟希望我下公文，请同乡绅士出面修建昭忠祠和东皋书院。现在写了十一件公文，请弟一定分头送去。顺问近好。

【点评】

这封信主要分析了近日的战况：皖北仍和往常一样，但是江南大营却全军溃败，使苏州、常州极为震动；刚刚克复的浙江也难以自立，这将会使大局有所变化，如果江浙不能保住，那么江西也没有长久的安定了，此事让曾国藩十分揪心。

咸丰十年四月十四日与四弟国潢书

公元1860年6月3日

澄侯四弟左右：

接弟闰月廿四夜手缄，得悉五宅平安。魏承祉之事，吾家尽可不管，别人家信，本不应拆阅也。孙大人名昌国号栋臣，系衡州协兵丁，吾调出保至副将，向导营之官。上年雪琴将伊营官革去，派管船厂。曹级珊名禹门，广西知县，船厂委员也。吾将彼信已焚化，以后弟不必提及。

太平军进攻金陵图

金陵大营于闰月十六日溃退镇江，旋复退守丹阳。二十九日丹阳失守，和春、何桂清均由常州退至苏城外之浒关，张国梁不知下落。苏州危如累卵，杭州亦恐再失，大局决裂，殊不可问。

余此次出外两年，于往来未了之事，概无甚愧悔，寸心无甚愧悔，可东可西，可生可死，襟怀甚觉坦然，吾弟尽可放心。

前述祖父之德，以"书、蔬、鱼、猪，早、扫、考、宝"八字教弟，若不能尽行，但能行一早字，则家中子弟有所取法，是厚望也。

顺问近好。

国藩手草，四月十四日。

【译文】

澄侯四弟左右：

我刚刚收到弟弟在闰月二十四所写的亲笔信，从信里知道五宅无事，家人平安。关于魏承祉的事，我们家完全可以不过问，况且别人的家信本来不应该私自拆阅。孙大人名昌国，号栋臣，是衡州协兵丁，我将他调出来，保举作为向导营的副将。去年雪琴把他的营官革除了，派去管管船厂。曹级珊名禹门，是广西知县，船厂的委员。目前我已经将回信烧掉，今后绝对不可以再提这件事。

闰月十六日，金陵大营溃退到镇江，之后又退守到丹阳。二十九日丹阳又失守，和春、何桂清都从常州退守到苏州城外的浒关。张国梁的下落不明。苏州已经危如累卵，杭州恐怕也会再次陷落。大局崩溃，已经没有办法了。

我外出已经两年有余，对于以前没有了却的事，也没有什么其他惭愧悔恨的了。万事可东可西，一切可生可死，已经能够做到襟怀坦然，弟大可以放心。上次说到祖父的德行，以"书、蔬、鱼、猪、早、扫、考、宝"八字教弟，要是不能全做到，就算只做到一个"早"字，那么家中子弟就有效法的榜样了，这是厚望。

顺问近好。

国藩手草，四月十四日。

【点评】

咸丰十年闰三月，朝廷江南大营被太平军击破。金陵大营驻军闰月十六日溃退到镇江，又退守丹阳。二十九日丹阳失守，和春、何桂清等守将由常州退到苏州城之外。张国栋不知下落，苏州城危急，杭州城又怕再失守。曾国藩认为大局决裂，形势前所未有的严峻。下文甚至有遗书之意，认为可生可死，了无遗憾。他告诉弟弟，关于八字家训，如果不能全部施行，能行“早”字就可以了。

咸丰十年四月廿四日与四弟国潢书

公元1860年6月13日

澄侯四弟左右：

前寄一缄，想已入览。近日江浙军事大变，自闰月十六日金陵大营溃败，退守镇江，旋退保丹阳。廿九日丹阳失守，张国梁阵亡。四月初五日和雨亭将军、何根云制军退至苏州。初十日无锡失守，十三日苏州失守。目下浙江危急之至。孤城新复，无兵无饷，又无军火器械，贼若再至，亦难固守。

东南大局一旦瓦裂，皖北各军必有分援江浙之命，非胡润帅移督两江，即余往视师苏州。二者苟有其一，则目下此间三路进兵之局不能不变。抽兵以援江浙，又恐顾此而失彼。贼若得志于江浙，则江西之患亦近在眉睫。吾意劝湖南将能办之兵力出至江西，助防江西之北界，免致江西糜烂后，湖南专防东界，则劳费多而无及矣，不知以吾言为然否？

左季高在余营住二十余日，昨已归去。渠尚肯顾大局，但与江西积怨颇深，恐不愿帮助耳。沅弟季弟新围安庆，正得机得势之际，不肯舍此而他适。余则听天由命。或皖北，或江南，无所不可。死生早已置之度外，但求临死之际，寸心无所悔恨，斯为大幸。

家中之事，望贤弟力为主持，切不可日趋于奢华。子弟不可学大家口吻，动辄笑人之鄙陋，笑人之寒村，日习于骄纵而不自知，至戒至嘱！余本思将书、蔬、鱼、猪、早、扫、考、宝八字作一寿屏，为贤弟夫妇贺生，日内匆匆，尚未作就。兹先寄燕菜一匣，秋罗一匹，为弟中外称庆，其寿屏亦准于五月续寄也。又寄去银五十两，袍褂料一套，为甲五侄新婚贺仪，嗣后诸侄皆照此样，余去年寄内人信已详之矣。弟身体全好否？两足流星落地否？余目疾近日略好。有言早洗面水泡洗二刻即效，比试行之。诸请放心。

即问近好，并祝中外大寿。

【译文】

澄侯四弟左右：

前几天寄回去一封信，料想已经看到。最近江浙地区军情大变，从闰月十六日金陵大营溃败到镇江，之后又退守丹阳。二十九日丹阳又失守，张国梁阵亡。四月初五和雨亭将军、何根云制军退守到苏州。初十无锡陷落，十三日苏州失守，目前浙江危急，孤城刚刚收复，没有士兵没有军饷，没有军火器械，如果敌军再来进攻，也难以固守。东南大局一旦瓦解，皖北各路军队必然要分兵援救江浙，不是胡润帅移师督战两江，就是我前去苏州统军。如果两者必择其一，那么当前这里三路进兵的计划就不得不改变。然而抽调兵力援救浙江，又担心顾此失彼，敌军要是在江浙得势，那么江西的祸患也就迫在眉睫了。我的主张是劝湖南把能够调动的兵力派到江西，帮助江西防守北界，以避免江西失陷以后湖南再集中精力防守东界，那样不但劳苦花费众多而且也没有时间了。不知道湖南方面是不是同意我的主张。左季高在我营里住了二十多天,昨天已经回去。他还是愿意顾全大局的,但是跟江西积怨太深,恐怕不愿意帮助。沅弟、季弟近几天包围了安庆,正是取得优势的好时机,也不肯舍此而向其他方面用兵。我则听天由命,要么在皖北,要么在江南,没有什么不可,生死早就已经置之度外,只希望临死之时,问心无愧,就算是大幸了。

家中的事情,希望贤弟努力主持,千万不要一天天变得奢华。子弟们不可以学名门大族的口气,动不动就耻笑人家鄙陋,越来越骄纵而没有自知之明。至戒至嘱。我本来打算将书、蔬、鱼、猪、早、扫、考、宝八字制作一寿屏当作贤弟夫妇的生日礼物,但最近忙乱,还没有作成。现在先寄去燕窝一匣、秋罗一匹,给弟庆贺生日。寿屏也将准时在五月续寄。又寄回五十两银子、袍褂料子一套,作为甲五侄儿的新婚礼物,以后诸侄都以此为例,我去年寄给内人的信已经详细说过了。你的身体是否已经痊愈,两只脚是不是还像过去如流星一样奔走不停?我的眼病最近几天略微好些。听说早晨洗脸时用水泡上半小时很有效,我打算试一试。大家请放心。

即问近好,并祝中外大寿。

【点评】

读这封信首先感受到的是,清军那种一败千里、走投无路的惶恐心情。曾国藩分析了当前的大局,觉得前途十分暗淡,近乎丧失了信心,因而有"听天由命"、"死生早已置之度外,但求临死之际,寸心无所悔恨,斯为大幸"这些近似乎遗言的话,由此可以看出清军局势的江河日下。

咸丰十年四月廿九日与四弟国潢书

公元 1860 年 6 月 18 日

澄侯四弟左右:

廿七日蔡迎五来,接弟及纪泽儿信,得知家中大小平安。

余以二十八日奉署理两江总督之命,以精力极疲之际,肩艰大难胜之任,深恐竭蹶,贻笑大方;然时事如此,惟有勉力做去,成败祸福不敢计也。兹将廷谕抄寄,其应如何办法,候初四日专人送家信再行详报。

余欲纪泽来营,若走水路,则由岳州、湖北以至九江、湖口。(水路远而险,不如陆稳。)若走陆路,则由萍乡、万载、新昌、奉新以至吴城亦可,由平江、义宁以至吴城亦可。纪泽或于近日至长沙,接我初四日续信,再行东来省觐可也。

弟足疾好否?寿屏之约,日内不克还账,且待秋后再看。

余不一一,顺问日好。

国藩手草,四月廿九日。

【译文】

澄侯四弟左右:

二十七日蔡迎五来到,收到弟及纪泽儿的来信,知道家中老少平安。

我于二十八日奉旨接任两江总督,在精力极其疲惫的时候,肩负这难以胜任的职务,十分担心失败之后会贻笑大方。但是时事这样,只有尽力去做,成败祸福也不敢去计较了。现在将圣旨抄寄回去。至于今后怎样计划,等初四派专人送家信时再详细叙说。

我计划让纪泽来军营,要是走水路,就从岳州、湖北到九东、湖口(水路远而艰险,不如陆路稳当)。要是走陆路,就从萍乡、万载、新昌、奉新到吴城也行,从平江、义宁到吴城也行。纪泽或许在最近几天到长沙,收到我初四的信,再向东来探亲也行。

你的脚病好了吗?因为有寿屏的约定,这几天是不能还账了,就等秋后再看看吧。

余不一一,顺问日好。

国藩手草,四月二十九日。

【点评】

这封信的主旨是曾国藩在非常之秋而临危受命,因为自己精神已极度疲倦,十分担心失败后会贻笑大方,但迫于时事也只能努力去做,不再去计较成败得失了。下一段为纪泽来营探亲提供了两条供选择的路线,并提到因战事所迫与澄弟的寿屏之约也只能以后再说了。

咸丰十年五月初四日与四弟国潢书

公元1860年6月22日

澄侯四弟左右:

廿九日寄一缄,由骆中丞处转交,不知何时可到?

余拟于十五日起行带兵渡江,驻扎徽州、池州二府境内。其九弟所带之万人,现扎安庆城外者,仍不撤动。盖以公事言之,余虽驻军南岸,仍当以北岸为根本。有胡中丞在北岸主持一切,又有多礼堂、李希庵及沅弟三支大军,则北岸稳,湖北稳,袁、翁之军亦稳。余在南岸亦可倚北为声援也。以私事言之,则余为地方官,若仅带一胞弟在身边,则好事未必见九弟之功,坏事必专指九弟之过,嫌疑之际,不可不慎也。

余定带鲍镇超之霆字营六千人,朱品隆二千人,及现在宿松之马步二千人,合万人先行。余俱在湖南陆续调集招募,足成三万之数。左季高现奉旨以四品京堂候补,襄办余处军务,所有应在湖南招勇等事,即咨请季翁在湘料理一切。

近日得浙江王中丞信,苏州之贼尚未至浙境。浙江省城有杭州将军瑞、署钦差大臣张及中丞三人,应可保全。但使保得浙江,保得江西,则此后尚可挽回全局。

纪泽儿若来省觐,则由长沙,或坐战船,或坐民船,直下湖北以至湖口、东流,余扎营当在东流附近地方。长江之险,夏月风涛无定,每遇极热之时,须防暴风之至,下晚湾泊宜早。来营住一月,即令其速归也。望弟谕纪泽儿沿途谨慎,不必求快。

顺问近好。

兄国藩手草。

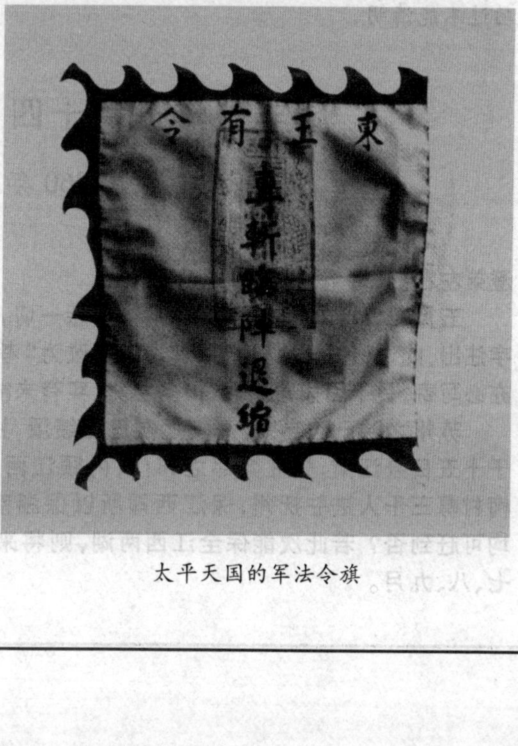

太平天国的军法令旗

【译文】

澄侯四弟左右：

二十九日寄回去一封信，让骆中丞那里转交给你，不知道哪天可以收到。

我计划在十五日出发，带兵渡江，在徽州、池州二府境内驻扎。九弟率领的一万人，现在驻扎在安庆城外，他们仍不撤离。从公事方面考虑，我军应当驻扎在南岸，但仍然应该以北岸作为根本。因为有胡中丞在北岸主持所有事务，又有多礼堂、李希庵及沅弟三支大军相互依靠，那么北岸就会稳定、湖北也会稳定，袁、翁两军也将稳定，我驻扎在南岸也可以靠北岸为声援。从私事的角度考虑，我是地方官员，要是让一兄弟在身边，那么即使办了好事也不一定能显出九弟的功劳；但有了坏事别人肯定专门指责九弟的过错。现在是应该避嫌的时候，不能不谨慎。我计划带鲍镇超的霆字营六千人、朱品隆的两千人及现在宿松的马步军两千人，总共一万人先进军。其余的从湖南陆续调集招募，要凑足三万人。左季高现在奉旨以四品京堂候补的名义协助我处理军务。所有应该在湖南招募兵勇的事，就请季翁在湖南处理。

最近从浙江王中丞那里听到消息，说苏州敌军二十二日还没有侵犯浙江。浙江省城驻有杭州将军瑞、署钦差大臣张和巾丞三人应当能够保全。如果能够保住浙江，保住江西，那么今后全局还可以挽回。

纪泽儿要是来探亲，就由长沙要么坐战船，要么坐民船，直下湖北到达湖口、东流。我会在东流附近安营扎寨。长江艰险，夏天又风涛无常，每次运动十分闷热的时候，必须防范暴风雨的到来，晚上要早停泊。来军营里住上一个月，就叫他尽快回去。希望弟告诉泽儿沿途一定要谨慎。不必求快，顺问近好。

兄国藩手草。

【点评】

曾氏首先分析了自己驻军南岸的原因：从公来说，北岸有大军驻守，十分稳固，因此自己虽驻扎南岸却仍以北岸为依靠，从而获得稳固；于私来讲，因九弟驻军安庆，如果跟他共同驻扎在一起，那么要是有了战功也会未必归给九弟，但有了过错却一定会归给他，所以于公于私都应该驻军南岸。这也启示我们在用人时不可以不考虑避嫌的问题，以免将来功过不能清明。

咸丰十年五月十四日与四弟国潢书

公元 1860 年 7 月 2 日

澄弟左右：

五月四日接弟廿一日县城一缄，得悉一切。“书蔬鱼猪，早扫考宝”横写八字，下用小字注出，此法最好，余必遵办，其次序则改为“考宝早扫，书蔬鱼猪”。凤台先生夫妇寿对，亦必写寄，目下因拔营南渡，诸务丛集，实有未能。

苏州之贼已破嘉兴，淳安之贼已至绩溪，杭州徽州十分危急，江西亦可危之至。余于十五日赴江南，先驻徽郡之祁门，内顾江西之饶州，催张凯章速来饶州会合，又札王梅村募三千人进驻抚州，保江西即所以保湖南也。札王人树仍来办营务处，不知七月均可赶到否？若此次能保全江西两湖，则将来仍可克复苏常，大局安危，所争只在六、七、八、九月。

纪泽儿不知已起行来营否？弟为余照料家事，总以俭字为主。情意宜厚，用度宜俭，此居家居乡之要诀也。余寄回片纸只字，俱请建四兄妥收。即问近好。

国藩手草。

【译文】

澄弟左右：

五月四日收到弟二十一日从县城寄来的一封信，知道了一切。书、蔬、鱼、猪、早、扫、考、宝，将这八个字横写，然后在下面用小字加注解，这个办法非常好，我一定按照办理。但八个字的次序应改为：考、宝、早、扫、书、蔬、鱼、猪。凤台先生夫妇的祝寿对联，也一定写好后寄去。目前由于要拔营南渡，各种事情十分杂乱，实在还不可以写好。

苏州敌军已经攻破嘉兴，淳安敌军已经到达绩溪，杭州、徽州非常危急，江西也十分危险。我在十五日奔赴江南，先驻军在徽郡的祁门，来照顾江西的饶州，催促张凯章快点来饶州会合。又寄文书给王梅村请他招募三千人进驻抚州，保住江西就能保住湖南。寄文书给王人树叫他仍来管理营务处。不知道七月他们是否可以赶到？要是这次能保全江西、两湖，那么以后还可以克复苏州、常州。大局的安危，主要就在六、七、八、九几个月了。

纪泽儿不知道是否已经动身来军营？弟弟为我处理家里的事情，一定要以勤俭为主要，情意要浓厚，生活要俭省，这是居家居乡的重要诀窍。只要是我寄回的片纸只字，都请建四兄为我好好收藏。即问近好。

国藩手草。

【点评】

战事进一步吃紧，苏州太平军已经攻克嘉兴，淳安太平军已到绩溪，杭州、徽州危急，江西也十分危急。曾国藩在十五日到江南，催张凯章迅速赶来会合；又派军队进驻苏州，保卫江西进而保卫湖南，将来能够收复苏州。在信末曾国藩劝诫弟弟代为照顾家事，要以俭为本，这是居家的要诀。另外，请弟弟收好家书，曾氏重保藏书之举为后世的研究留下了珍贵的史料。

咸丰十年六月初十日与国荃国葆书

公元 1860 年 7 月 27 日

沅、季弟左右：

初九日连接初四、六日二缄，具悉一切。

出队以护百姓收获甚好，与吉安散耕牛籽种用意相似。吾辈不幸生当乱世，又不幸而带兵，日以杀人为事，可为寒心，惟时时存一爱民之念，庶几留心田以饭子孙耳。

杨镇南之哨官杨光宗，头发横而盘，吾早虑其不驯。杨镇南不善看人，又不善断事。弟若看有不妥协之意，即饬令仍回兄处，兄另拔一营与弟换可耳。

吾写对联，向不要人代笔。季弟所指者系何人所代，以后当饬禁之。

吾于初十日至历口，十一日拟行六十里赶至祁门县。十二日先太夫人忌辰，不欲纷纷迎接应酬也。宁国府一军，紧急之至，吾不能拔兵往援，而拟少济之以饷，亦地主之道耳。家信暨云仙寄去。初十日午刻。

【译文】

沅、季弟左右：

九日连续收到四日、六日两封来信，所有的一切我都清楚了。

出兵保护百姓收到的效果很好，这与在吉安时发放耕牛、种子的用意一样。我们不幸出生于乱世，又不幸领兵打仗，天天以杀人为业，真让人觉得心寒，只有时时刻刻怀着一种爱护民众的信念，才能留下些安慰以作为子孙们的纪念。

杨镇南的哨官杨光宗头发是横盘着的，我早就担心他难以被驯服。杨镇南不善于识人，又不善于作决定。弟如觉得他不妥当，马上命令他回到我这里来，为兄的另外调拨一营换与弟就行了。

我写对联，一向不要人代替写，季弟所指的是谁代写的，以后要严厉禁止这种事情的发生。

我在十日到达历口，十一日打算行六十里赶到祁门县。十二日是先太夫人的忌辰，我不想搞很多迎来送往的应酬。宁国府一军十分紧急，我不能派遣军队前去增援，而打算给他们少量的军饷来帮助他们，这也是尽地主之谊。家信和云仙信一同寄出。十日午时。

【点评】

曾氏感慨其不幸生于乱世，又不幸带兵打仗，每天以杀人为事，十分寒心。只能心存爱民之念，多为子孙后代积福罢了。曾国藩言及杨镇南的哨官杨光宗的头发横而盘，由此断定其性情桀骜不驯，并且告知如果杨镇南有什么不妥，就让他回到自己这里，他可以另换一些人给弟弟。

咸丰十年六月十九日与九弟国荃书

公元1860年8月5日

沅弟左右：

十八日专丁到，接十五信，得知一切。应复之件，条列具左：

（一）陈米千余石，如不可吃，不必强各营领之。凡粮台事件，弟皆自行当家，不必一一请示；或有疑议，就近与希庵商之。渠阅历颇久，思力沉着，与弟可互相切磋，互相资益也。

（一）杨光宗业已斥革递解，此后应稍安静。马兵既难得力，可饬令杨镇南招募马勇。其兵丁每出十缺（即马缺），即饬令仍回殷开山营盘。余于办马队不惜重本，志在办成一事，若操练半年仍不得力，则浪费过甚，不如趁早改兵为勇，陆续更换。

（一）南坡所谓每月五万者，其条陈尚未到，想在甲三手带来。待其到时，或奏或咨或札，均可如法炮制。西清体弱，似可不必。

（一）雪琴厘金之事，概仍八九等年之旧，丝毫不改，断不至掣雪之肘。牙厘既由我处作主辅，亦不致难为雪也。

末一条，概以大度容之，不另复矣。家信七件寄去。赵信璧，黄信留此，探报未到也。十九日。

【译文】

沅弟左右：

十八日专丁到，接到十五日的来信，得以知道一切。需要答复的事项，一件一件地回答如下：

一、一千多石的陈米，如果已经不能吃了，不必强令各营领取。只要是粮台事务，弟都应该自已做主，不必什么事都向我请示。如果有拿不准的，就与希庵商量。他阅历很广，思想沉着，与你可以互相切磋，彼此进行帮助。

二、杨光宗已经被革除职务并押解递送，此后应该会安静点了。既然马兵不得力，那就下令让杨镇南招募马勇（清制，行营招募的兵卒叫勇）。兵丁每出现十个缺位（马缺），就命令他再回到殷开山营盘。我在办马队这件事上是不惜重本的，一定要把这件事办成。如果操练半年仍然不得力，那就浪费过多了，不如趁早改马兵为马勇，陆续更换。

三、南坡所说每月五万的条陈还没有到，想是由甲三随身带来，等到他来时，不管是奏章、咨文、信札，都可以如法炮制。西清体弱，似乎可以不必这样做。

四、关于雪琴厘金这件事，仍然沿袭八九年的老办法，丝毫不要做任何改变，这样不至于让雪琴感到为难。牙厘既然由我处作主，辅也不至于难为雪琴。

最后一条，以大度宽容的态度处理就行了，不另外答复。七封家信一同寄去，赵信璧、黄信留在此处。探报还没有来。十九日。

【点评】

此封家书所言涉及方面较广：首先是曾国藩对弟弟说，陈米如果不能吃就不要勉强，并告诉他，以后粮台的事情，弟弟可以自己当家，不必事事请示；其二便是招兵买马的事；关于厘金的事，曾国藩认为："概仍其旧，丝毫不改，断不掣肘。"

咸丰十年六月廿二日与九弟国荃书

公元 1860 年 8 月 8 日

沅弟左右：

二十二日接十七日酉刻信，具悉一切。希、厚、雪三人皆主土城合围之说，自应及时兴办。

正东自车径渡至韦家店，地势辽阔，系用众用马之地。弟处兵力本单，老营劲营尤少，兄不甚放心。然此时桐城有兵，枞阳有兵，青草塥有兵，若不趁此合围，则天下更无可办之事矣。鲍兵不甚可恃，然不能不冒险一办，办成之后，则不险矣。

土功太大太难，恐勇尚有不敷，可商之莫善征，雇用民夫。其始略用霸道，其后日日给价，民间亦必悦服。多用银数千两，兄必办解不惜也。盛暑兴工，宜以早夜为之，午、未、申三时均宜停止。黄南坡筹饷事已发札矣，兹将意城所拟札稿寄阅。

东流周万倬一营，不须兄札，或厚庵札，或弟札，朝发则夕至矣。曾得胜宝右营在建德普钦堂处，防池州张家滩一路之贼，吾饬曾营扎建城东，以当头敌，目下实难抽调，当另设法。

【译文】

沅弟左右：

二十二日收到十七日酉时写的来信，一切我都清楚了。希、厚、雪三人既然都主张以土城合围，那自然应该及时兴办。

正东方从车径到韦家店，地势辽阔，正是用兵用马军之地。你那里兵力本来就单薄，老营劲营更少，我很不放心。但是此时，桐城有兵，枞阳有兵，青草塥有兵，如不趁此机会合围，那天下就再也没有什么能办的事了。鲍军不可以完全依靠，但不能不冒险一办。办

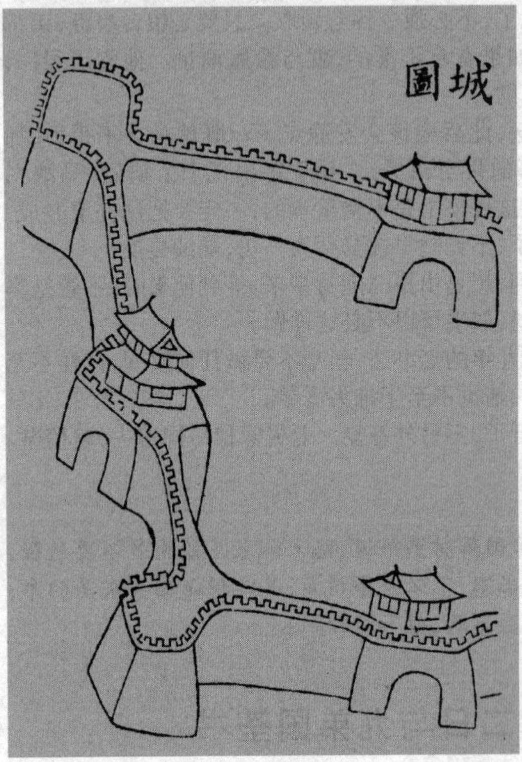

古代防御工事城围图，出自《防守集成》

成以后，就不危险了。

筑土城这个工程太大、太难，恐怕兵勇不够用。可商量一下，强行雇用民夫，不要善征。开始时有些霸道，以后再一点点给些补偿，民间也必定心甘情愿。多花费数千两银子，我肯定不会吝惜，而一定兴办。盛暑天气里大兴工程，应以早晨、晚上施工较好。午、未、申三时都应停工。黄南坡筹饷事已发公文，现将意城所拟文稿寄去给你看看。

东流周万倬一营，不必我发公文，或者厚庵发公文，或者你发公文，早上发出晚上就可到。曾得胜宝右营在建德普钦堂处，防备池州张家滩一路敌军。我命令曾营在城东驻扎，以便其打头阵，眼下也实难抽调，应当另想办法。

【点评】

曾国藩处事老练独到，解决问题有一套自己的办法 。这次修筑土城，他就劝弟弟可以强行征用民夫，但一定要注意事后的抚恤工作。

人的心理往往就是这样，不管你当初做事情时有多么不情愿，事后只要能得到些好处也就把以前的账一笔勾销了。曾氏就是利用人们心理上的这种弱点，要弟弟在开始时可以先用一些霸道，只要事后做好抚恤工作就不会出现什么问题。

咸丰十年六月廿七日与季弟国葆书

公元1860年8月13日

季弟左右：

顷接沅弟信，知弟接行知，以训导加国子监学正衔，不胜欣慰。官阶初晋，虽不足为吾季荣，惟弟此次出山，行事则不激不随，处位则可高可卑，上下大小，无人不翕然悦服，因而凡事皆不拂意，而官阶亦由之而晋，或者前数年抑塞之气，至是将畅然大舒乎？《易》曰：“天之所助者，顺也，人之所助者，信也。”我弟若常常履信思、顺，如此名位岂可限量。

吾湖南近日风气蒸蒸日上，凡在行间，人人讲求将略，讲求品行，并讲求学术。弟与沅弟既在行间，望以讲求将略为第一义，点名看操等粗浅之事必躬亲之，练胆料敌等精微之事必苦思之。品学二者，亦宜以余力自励。目前能做到湖南出色之人，后世即推为天下罕见之人矣。大哥岂不欣然哉。哥做几件衣道贺。

沅弟以陈米发民夫挑壕，极好极好，此等事弟等尽可作主，兄不吝也。

【译文】

季弟左右：

我刚刚收到沅弟寄来的信，知道弟弟已收到训导加国子监学正衔的任命，心中感到不胜欣慰。虽然只是初步晋升官衔，不足以作为我们的荣耀，但弟弟此次入仕做官，做事情毫不偏激，也不随波逐流，所处地位可以高也可以低，上上下下、大大小小官员，没有人不佩服。因此任何事情没有不如意的，而官衔也由此得以晋升。或许前几年抑郁不畅的怨气，现在就会畅然舒展了吧？《易》说："天之所助者顺也，人之所助者，信也。"我弟弟如能常常想到"顺信"二字，那功名怎么可以限量？

近些年来，我们湖南的风气蒸蒸日上。只要是在军中，人人都讲求将略，讲求品行，而且讲求学术。你与沅弟既然在军中，希望你们能把讲求将略作为第一要务，甚至连点名看操这样粗浅的事情，也务必要亲自处理，至于锻炼胆略、预料敌情等精微事情更要用心思索。品行、学识二者，也应自己勉励自己。目前能成为整个湖南出色的人才，以后即可被推为天下罕见的人才。大哥我岂不是很高兴！我做几件衣服道贺。

沅弟用陈米作为挖壕（的工钱），发放给劳作的百姓，这件事做得非常好！以后类似这样的事情，你们都可以自己拿主意，我不会吝惜的。

【点评】

曾国藩在家书中首先庆贺最小的弟弟"以训导加国子监学正衔"，让他感到十分欣慰。同时也劝诫弟弟这次出山，为人处世不要偏激，身份地位的高低也不要计较，那么上下大小，则无不心悦诚服，官位也可以步步高升，前途不可限量。曾国藩说湖南湘军人人讲求将略，讲求学术，因此告诫弟弟要以将略为第一要义，事情无论大小都要力行躬亲。

咸丰十年六月廿八日与国荃国葆书

公元 1860 年 8 月 14 日

沅、季弟左右：

廿八日接廿四日巳刻由驿一缄，同日又接廿五专差一缄，季弟请安安之长信亦在内，弟前后来信均到，探报亦已阅悉，此路并无步拨，即由东流、建德驿夫送祁，建德令已死，代理者新到，故文递迟延。弟以后要事，须专勇送来，三日可到，或逢三、八专人来一次，每月六次，其不要紧者又由驿发来，则兄弟之消息尤常通矣。

文辅卿办厘金甚好。现在江西厘务，经手者皆不免官气太重，此外则不知谁何之人，如辅卿者，能多得几人，则厘务必有起色。吾批二李详文云"须冗员少而能事者多，入款多而坐支者少"；又批云"力除官气，严裁浮费"。弟须嘱辅卿二语："无官气，有条理。"守此行之，虽至封疆，不可改也。有似辅卿其人者，弟多荐几人更好。

甲三启行时，温弟妇甚好，此后来之变态也。《平安歌》无稿矣，各歌亦未汇刻本子。书院、祠宇图，太热未画，稍凉再交卷也。廿八日。

【译文】

沅、季弟左右：

二十八日收到你二十四日巳时由驿站发出的一封信，同时又收到二十五日你专门派人送来的一封信，季弟请安的长信也在其中，弟先后的来信都已经收到，探报也已经看过了。这一路过来并没有步拨，都是由东流、建德的驿夫送到祁门的。建德县令已经死去，代替上任者刚到，所以公文传递延迟。弟以后有重要事情一定派专人送来，三日能够到达。或者逢三日、逢八日派专人来一次，每月来六次，其他不要紧的文件就由驿站发来，这样的话兄弟通问消息就更畅通了。

文辅卿把厘金事务办理得很好。现在江西办理厘务的人，都不免官气太重，此外就不知道谁是什么人了。如果像辅卿这样的人能多有几个，那么厘金事务就必然会有起色了。我批示给二李的详文中说"须冗员少而能事者多，入款多而坐支者少"；又批示说"力除官气，严裁浮费"。弟也要嘱咐辅卿两句："无官气，有条理。"按照这种方法去做事情，即使做了封疆大吏也不能够改变这种作风，有像辅卿这样的人，弟多多推荐几个那就更好了。

甲三起程的时候，温弟妇很好，这是后来心情逐渐转变平静的状态。《平安歌》没有底稿，其他各首歌也没有汇集刻成本子。书院、祠宇图，天太热也还没有画，天气稍凉些再交卷。二十八日。

【点评】

曾国藩非常欣赏文辅卿这样的人才，并要弟弟嘱咐他两句话："无官气，有条理。"所谓的无官气，就是要求辅卿做事切忌官气太重；所谓有条理，就是要求辅卿做事情一定要条分缕晰，有条不紊，切忌慌乱。这两句话是曾国藩为官多年的经验之谈，自然是官场主理，因此他要求辅卿即使后来做到了封疆大吏这样的官职，也不要忘记这两句原则。

咸丰十年七月初三日与国荃国葆书

公元 1860 年 8 月 19 日

沅、季弟左右：

初二日专丁到，接二十八夜之缄，具悉一切。

东流在江边，周万倬一营驻焉，向归厚庵调遣。建德在山内，去江五十里，普钦堂全军驻焉，向归江西调遣。曾得胜者，普部九营中之一营也。池州贼来东流，则畏水师；若至建德，并不与水师相干。全调普军则可，专调曾营则不可。弟屡指调该营，不知何人所说，似不甚当于事理。兄目下实无以应弟之请，谅之。

长濠用民夫，断非陈米千石所可了，必须费银数千。此等大处，兄却不肯吝惜。有人言莫善征声名狼藉，既酷且贪，弟细细查明。凡养民以为民，设官亦为民也，官不爱民，余所痛恨。

宁国尚未解围，闻贼将以大队救安庆，南岸似可渐松。南坡信大有可采，此人真有干济之才，可敬可敬。家信四件附还。初三日夜。

【译文】

沅、季弟左右：

二日专丁到达，收到你二十八日夜里的来信，一切都已经知道了。

东流在长江边，周万倬一营驻扎在那里，一直受杨厚庵调遣。建德在山里，距离长江五十里，普钦堂全军驻扎在那里，一直受江西调遣。曾得胜营是普钦堂部九个营中的一个营。池州的贼军去东流，就害怕水军；如果去建德，就与水军没有关系。全部调动普钦堂军是可以的，专门调动曾得胜营就不可以。你们屡次指名调动这个营，不知道是谁说的，似乎不怎么符合事理。我目前实在不能答应弟弟的请求，请你们原谅。

挖长壕用民夫，绝不是花费千石陈米就可以解决问题的，还必须花费几千两银子。这样重要的大事，我是不会吝惜的。有人说莫善征导致声名狼藉，既残酷又贪婪，弟要仔细查明。凡养育百姓是为了百姓，设置官员也是为了百姓，当官的不爱惜百姓这点是我非常痛恨的。

宁国府还没有解围。听说敌军将用大队人马救援安庆，南岸似乎可以渐渐轻松了。黄南坡的信有很多可以采用的地方，这人确实有干练的办事才能，值得敬重，值得敬重！四封家信附带送还给你。初三日夜。

【点评】

自古以来成大事者，必不拘小节，何况是钱财这等身外之物。

曾国藩对弟弟仅用千石陈米就想解决民夫的抚恤事宜深表不满。他表示在此等大事面前切忌吝惜银财，一定要安抚好百姓。当官从政为的就是给百姓谋福利，弟弟却在这种事情替为兄省钱，这不符合为兄的作风，也是为兄痛恨的做法。

咸丰十年七月初八日与国荃国葆书

公元 1860 年 8 月 24 日

沅、季弟左右：

初七日接沅弟初三日信、季弟初二日信，旋又接沅弟初四日信，所应复者，条列如左：

辅卿而外，又荐意卿、柳南二人，甚好。柳南之笃慎，余深知之，意卿谅亦不凡。余告筱荃观人之法，以“有操守而无官气，多条理而少大言为主”。又嘱其求润帅、左、郭及沅荐人。以后两弟如有所见，随时推荐，将其人长处、短处一一告知阿兄，或告筱荃。尤以习劳苦为办事之本。引用一班能耐劳苦之正人，日久自有大效，无以不敢冒奏四字塞责。

季弟言，出色之人，断非有心所能做得，此语确不可易。名位大小，万般由命不由人，特父兄之教家、将帅之训士，不能如此立言耳。季弟天分绝高，见道甚早，可喜可爱，然办

曾国藩于 1860 年 8 月被任命为两江总督，图为晚清两江总督衙门

理营中小事，教训弁勇，仍宜以勤字作主，不宜以命字谕众。

润帅先几陈奏以释群疑之说，亦有函来余处矣。昨奉六月二十四日谕旨，实授两江总督，兼授钦差大臣，恩眷方渥，尽可不必陈明。所虑者，苏、常、淮、杨无一枝劲兵前往，位高非福，恐徒为物议之张本耳。

余好出汗，沅弟亦好出汗，似不宜过劳。宜常服蜜芪。京茸已到，日内专人送去。初八日。

【译文】

沅、季弟左右：

七日收到沅弟三日写的来信，季弟二日写的来信。接着又收到沅弟四日写的来信。应答复之事，一一回答如下：

除辅卿外，又推荐意卿、柳南两人，这很好。柳南敬笃、诚实、谨慎，我很了解。意卿估计必也不一般。我教筱荃观察人的方法，以“有操守而没有官场习气，办事多有条理而少说大话”为主。又嘱咐他求润帅、左宗棠、郭嵩涛和沅弟推荐人才。以后两位贤弟如果有所发现，随时向我推荐，将他的长处短处一一告诉我知道，或者告诉筱荃，尤其要以习惯于勤劳为办事的根本。引用一班能吃苦耐劳的正人君子，时间长了自然会大见成效，不要以“不敢贸奏”四个字为借口来敷衍塞责。

小弟说，出色的人才决不是有心去做就能做到出色的，这话说得确实好。名望的大小，地位的高低，全都由命不由人，只是父兄教导家人、将帅训导士卒不能这样说罢了。季弟天资聪颖，很早就能领悟大道理，可喜可贺，然而处理军营中的小事，教导训示士兵，仍要以勤字为主，不宜用命字教谕部众。

胡润芝预先洞察细微，上奏解除众人的疑虑，他也往我这里写了封信。昨天接到六月二十四日的圣旨，授予我两江总督，兼授钦差大臣，皇恩浩荡，完全没有必要去说明。我所顾虑的是，苏、常、淮、杨这些地方没有一支劲旅前去。地位高并不是福，恐怕只是为人们有所议论而提供依据罢了。我容易出汗，沅弟也容易出汗，似乎不能过于辛劳，应该经常服用蜜炙黄芪。京茸已寄到，这几天我派专人给贤弟送去。初八日。

【点评】

在这封家书中，曾国藩提到看人的道理在于看他是否“有操守而无官气、多调理而少大言”。就是说要坚持理想、信念与做人的原则，不要在官场中沾染阿谀逢迎、欺上瞒下之陋俗之风气；做事说话要有条理，知道自己要说什么、做什么，要多做实事、说实话而不要夸夸其谈，言过其实。名义上说的是看人的哲学，其实是对弟弟的要求与希望。曾国藩还在信中提到小弟天分极高，但做事要以“勤”字为主，以身作则，不要强下命令，否则难以服众。

咸丰十年七月十二日与国荃国葆书

公元 1860 年 8 月 28 日

沅、季左右：

十二早接弟贺信，系初七早所发，嫌到此太迟也。

兄膺此巨任，深以为惧。若如陆、何二公之前辙，则诒我父母羞辱，即兄弟子侄亦将为人所侮。福祸倚伏之几，竟不知何者为可喜也。

默观近日之吏治、人心及各省之督抚将帅，天下似无戡定之理。吾惟以一勤字报吾君，以爱民二字报吾亲。才识平常，断难立功，但守一勤字，终日劳苦，以少分宫旰之忧。行军本扰民之事，但刻刻存爱民之心，不使先人之积累自我一人耗尽。此兄之所自矢者，不知两弟以为然否？愿我两弟亦常常存此念也。

沅弟“多置好官，遴选将才”二语，极为扼要，然好人实难多得，弟为留心采访，凡有一长一技者，兄断不敢轻视。

谢恩折今日拜发。宁国日内无信，闻池州杨七麻子将往攻宁，可危之至。

【译文】

沅、季左右：

十二日早上收到弟弟的贺信，是初七早上发出的，到得也太迟了。

我担当如此重任，感到非常害怕，如果走了陆、何二公的老路，就会给父母遗留羞耻，即使是兄弟子侄也将受到别人的侮辱。福祸是相互转化的，竟不知什么是值得高兴的事情。

默默观察近来的吏治、人心及各省督抚将帅，天下似乎没有平定的迹象，我只有用一个“勤”字来报效皇上，用“爱民”两个字来报答我的父母。我的才学很一般，绝对难以建功立业，只有遵守一个“勤”字，终日劳苦，以稍微减轻心中的忧虑。行军打仗本是骚扰百姓的事，但我时时刻刻存有一颗“爱民”之心，不使先人积累的福泽被我一个人耗尽。这个我是发过誓的，不知两位弟弟认为对吗？愿我的两个弟弟也常常存有这种想法。

沅弟“多置好官，遴选将才”两句话，非常简明扼要。然而好人实在难以多得，弟弟为我留心查访，凡是有一种长处、一种技艺的人，我决不敢轻视他。

谢恩的折子今日拜恩发出。宁国最近没有信来。听说池州杨七麻子要进攻宁国，这是十分危险的啊！

【点评】

曾国藩对任两江总督之职“深以为惧”，担心自己重蹈前面统帅陆、何两人的覆辙，给家族父母蒙羞，兄弟子侄被人所侮。在他看来，“福兮祸之所倚”，升官固然是喜事，但不知道有什么隐忧在前方，因此不知道有什么值得高兴的。最近看两江吏治、人心和将帅，看不到有什么希望，只有以勤勉来报效君主，爱民以回报亲人。所谓勤能补拙，虽然是平庸之辈，但只要终日劳苦也就无愧于心。

咸丰十年七月十五日与九弟国荃书

公元 1860 年 8 月 31 日

沅弟左右：

十三日强中营二勇回，接弟信及各家信。十五早又接弟十一申时之信。浮桥办齐，长濠已有八九分工程，甚好甚慰。从此援贼虽至，吾弟必足以御之矣。冯事兄处办法，与润帅不谋而合，兹将一批一告示抄付弟览。

翁中丞处复信甚妥，弟意疏疏落落亦极是。弟总认定是湖北之委员，以官、胡两帅为上司，诸事禀命而行，此外一概疏疏落落。希庵于此等处界限极清，人颇嫌其疏冷。然不轻进人，即异日不轻退人之本，不妄亲人，即异日不妄疏人之本。处弟之位，行希之法，似尚妥叶。与翁稿与毓稿均好，近日修辞工夫亦进，慰喜慰喜。

焦君谱序，八九月必报命。书院图须弟起稿而兄改之，弟切莫咎兄之吝也。弟约初八日专差来，何以至今未到？京货诸件，俟弟处人到，再派人同送。十五日。

【译文】

沅弟左右：

十三日强中营的两个士兵回来，收到弟的来信以及各封家信。十五日早上又收到弟十一日申时写的来信。浮桥已经建好，长濠也已经完成了十分之八九的工程，我对此感到很高兴也很欣慰。从此之后，敌军增援部队即使到了，我弟也完全能够抵御他们了。对于冯事，我这里的办法与润帅不谋而合，现在把一个批文、一个告示抄寄给弟弟看。

翁中丞那里的回信十分妥当，弟的意思差不多也很正确。弟总认为只要是湖北的委员，都应该把官、胡两帅看作上司，什么事都请示他们后再行动，除此之外，一概是爱理不理。希庵在这方面的界限十分清楚，大家都嫌弃他疏远冷漠。但是不轻易地引进人也就是将来不轻易斥退人的基础；不随便亲近人，也就是将来不随便疏远人的基础。在弟的位置上，用希庵的方法，好像还可以。给翁的信稿和毓的信稿写得都不错，近来写作能力也有长进，值得欣慰，值得高兴。

官文像。官文，清朝大臣。满洲正白旗人。1854 年任荆州将军，参加镇压太平军。1855 年任钦差大臣兼湖广总督，督办湖北军务

焦君的谱序，八九月之间我一定会完成。书院的设计图纸必须由弟起草而由我来修改，弟千万不要责怪为兄的吝啬。弟约定八日派专差来，为什么到现在还没有来？京中的各件货物，等弟你那里的人来了，再派人一起送去。十五日。

【点评】

在家书中，曾国藩提到沅弟的为人处世态度，他除了对上司禀命而行，对其他人都采取疏疏落落的态度。曾国藩认为这种做法对于他弟弟的地位而言很是适合，对人既不很冷淡疏远，又不很亲近热情，采取一种平和的态度。这种性格态度虽然让陌生人感觉不容易接近，不易相处，很难交心；但也很稳固，不会大起大落，生出变故与事端。也是一种可取的态度。

咸丰十年八月初七日与国荃国葆书

公元 1860 年 9 月 21 日

沅、季弟左右：

初六日，接专丁来信，下游之贼渐渐蠢动，九月当有大仗开。此贼惯技，好于营盘远远包围，断我粮道。弟处有水师接济，或可无碍，不知多、李二营何如？有米有柴可济十日半月否？

贼虽多，善战者究不甚多，礼、希或可御之。弟既挖长壕，切不可过壕打仗。胜则不能

多杀贼，挫则不能收队也。营中柴尚多否？煤已开出否？

红单船下去后，吾拟札陈舫仙办大通厘金，以便弟就近稽查，闻该处每月可得二万余串也。魏柳南宜办厘乎，宜作吏乎？弟密告我。潘意卿何时可到？此间需才极急。浙事岌岌，请援之书如麻。次青今日到祁门，其部下十四五可到。

季弟所言诸枉聆悉，定当一一错之，不姑息也。顺问刻好。

【译文】

沅、季弟左右：

初六收到专人送来的信，下游贼寇渐渐蠢蠢欲动，九月份可能有大仗要打。此股贼寇惯于在营盘远处进行包围，阻断我们的军粮运输之路。弟处有水师接应，或许没有什么妨碍，不知多、李二营的情况如何？可有十天半月的柴米供济？

敌军虽多，但善于作战的不多，礼、希也许可以抵御敌军。

弟既然挖了长壕，千万不可跨过战壕打仗。胜了不能多杀敌军，败了也不能撤退。军营中柴火还多吗？煤是不是已经开出？

红单船下去之后，我准备发公文给陈航仙，让他经手办理大通厘金，以便你就近核查，听说该地每月可得钱二万余串，魏柳南办厘务合适？还是做佐吏合适？请弟悄悄地告诉我。潘意卿何时能到？这里非常急需人才。浙江事态岌岌可危，请求救援的书信多得如麻。次青今天到祁门，他的部队十四五日可到。

季弟所说的小人我已经清楚了，必会一一处置，绝不姑息。顺问刻好。

【点评】

在乱世之中，得人才者往往可以得天下。曾国藩深谙古今战事，自然比谁都清楚这个道理。曾国藩在之前的许多信中都提到了人才问题。曾氏渐觉可用之人已经越来越少，因此让弟弟他们细心查访，一有发现立即向他举荐，而曾氏也肯定会重用他们。

咸丰十年九月初四日与四弟国潢书

公元 1860 年 10 月 17 日

澄侯四弟左右：

初一日接弟信，知家中收成已毕，黄金堂丰收逾恒。五十侄女渐次痊愈，至以为慰。

此间近日殊多失意之事。次青于十九日丛山关败后，二十四日平江六营与何溪礼字等四营大败。贼匪围城，次青坚守一日一夜，至二十五日申刻破城，平江勇自南门走出，次青闻亦已出城，至今八日，尚未接其来信，而其胞侄表弟皆坚言其无恙，不知究竟如何？

二十八日贼破休宁，目下皖南仅存祁门、婺源、黟县及东流、建德而已。闻贼已分大半由严州入浙，而自婺源入江之路亦不可不防。现调鲍军扎渔亭，凯章扎黟县，均去老营不过六十里，军势已稳，人心已定。牧云与甲三初一日由祁门赴安庆，宽十、代三同行，大约十月底可归也。希庵初四日到祁门，带四营远来救援，不久仍当回北岸耳。

余身体平安，目光日昏，精神亦日见其老，深惧无以符此大任。顺问近好。

兄国藩手草。

【译文】

澄侯四弟左右：

一日收到弟弟的来信，得知家中收成已完毕。黄金堂的收成很好，超过往年。五十侄女的病在慢慢地痊愈，这最让我感到安慰。

最近有许多不高兴的事情。次青在十九日丛山关战败后，二十四日平江六营与何溪礼字等四营又吃了大败仗。敌军围困城垒，次青坚守了一天一夜，到二十五日申时城被攻破。平江士兵从南门逃走，听说次青也已逃出城外。到今天，已经整整八天了，还没有收到他的信息，但他的侄儿、表弟都坚持说他平安无恙，不知到底怎么样了？

二十八日敌军攻破休宁，目前安徽南部只剩下祈门、婺源、黟县及东流、建德几县了。听说敌军已分出大半兵力从严州进入浙江，而从婺源进入江西之路也不可不防守。现在调鲍军驻扎在渔亭，凯章驻扎在黟县，都距离老营不超过六十里，军势已经稳固，人心已经安定。牧云和甲三一日由祈门出发到安庆去，宽十、代三也一同前去，大约十月底就可以回去了。希庵四日到祈门，带领四个营的兵力远来救援，不久应还是回北岸去。

我身体平安，目光日渐昏暗，精神也日显老态，很担心不能担当起这样重要的任务。顺问近好。

兄国藩手草。

【点评】

俗话说得好，身体是革命的本钱。只有保证身体康健，才能为完成重任打下一个基础。

曾氏身担家国重任，行兵打仗，进剿太平军，是清朝廷手中不可或缺的一个王牌。曾氏也深感责任重大，可是无奈身体日益老态，岁月不饶人。身体上的老态也让曾氏有了“无以符此大任”的感慨和恐惧。

咸丰十年九月初七日与国荃国葆书

公元 1860 年 10 月 20 日

沅、季弟左右：

初五日酉刻接初二午刻来缄，具悉一切。纪泽在桃树店所发之禀，亦已收到。

徽州、休宁之贼，日内尚未动作。鲍、张两军，日内亦休息未进。祁门、黟县等处，渐有卖米盐者。希庵所带四营，暂令扎去祁六十里之历口地方，防西路之贼穿建德、祁门中间而走景德镇，即去年沅弟破景德镇贼之出路也。

次青廿五日城破走出，廿六夜在街口所发信，初六夜乃接到，大节已亏，此后难自立矣。

廿五夜所奉寄谕，初六日乃恭折复奏，兹抄去一阅。不知皇上果派国藩北上，抑系派润帅北上？如系派我北上，沅弟愿同去否？为平世之官，则兄弟同省，必须回避；为勤王之兵，则兄弟同行，愈觉体面。望沅弟即日定计。复书告我。

无论派我或派润帅，皆须带万人以行。皖北皖南两岸局势必大为抽动。请弟将如何抽法，如何布置，开单见告。一切皆暗暗安排，胸有成竹，一经奉旨，旬日即可成行。两弟以为何如？

【译文】

沅、季弟左右：

初五日酉时收到初二日午时来信，所有的一切我都知道了。纪泽在桃树店发的禀告我也已经收到。

徽州、休宁的敌人,近来还没有动静。鲍、张两军,近来也休整没有前进,祁门、黟县等地,渐渐开始有卖米盐的人了。希庵带领的四个营,暂时让他驻扎在离祁门六十里的历口一带,防备西路的敌军穿过建德、祁门中间而进入景德镇,这就是去年沅弟攻破景德镇之敌时所经之路。

次青于二十五日那天城被攻破,逃了出来,他二十六日晚上在街口发出的信,初六日晚上我才收到,他的气节已经大打折扣,往后恐怕难以立足了。

二十五日夜我接到寄谕,六日就恭敬地写上奏折复奏,现在抄去给你看一看。不知皇上是派国藩北上,还是派胡林翼北上?如是派我北上,沅弟愿与我同去吗?作太平盛世时的官,兄弟在同一个省份,必须回避;作为前去勤王的部队,兄弟同行,反而更觉得体面。希望沅弟马上决定,复信告诉我。

无论派我还是派胡润帅北上,都必须带足万人才能出发。皖北、皖南两岸局势必然因抽兵北上而防务有所松动,请弟弟将如何抽调兵力的方法,如何部署,开列一单告诉我。一切都要暗暗安排,胸有成竹,一旦奉旨,十天之内就可成行。两位弟弟以为如何?

【点评】

徽州守将李元度于二十六日给曾国藩写了一封信,可见他在弃城而逃之后并没有殉职。曾国藩对此十分愤怒,认为城被攻破而守将却苟活是失节之举,"大节已亏,此后难于自立也"。另外,咸丰十年八月,英法联军攻战天津,咸丰皇帝及皇族一千人等仓皇出逃,恭亲王留守北京和联军议和。八月二十八日,英法联军火烧圆明园,朝廷有意派江南之军北上。曾国藩未雨绸缪,和弟弟商议如果派他北上,问九弟是否愿意和他同去,并且说:"一切暗暗安排,胸有成竹,一经奉旨,即日可行。"

咸丰十年九月十四日与九弟国荃书

公元 1860 年 10 月 27 日

沅弟左右:

十三日接十一日巳刻一缄,十四日又接一缄,问纪泽归期。泽儿住安庆,少则十日,多则半月归去,不必候批折也。

安庆决计不撤围,江西决计宜保守。此外或弃或取,或抽或补,合众人之心思共谋之。北援不必多兵,但即吾与润帅二人中有一人远赴行在,奔问官守,则君臣之义明,将帅之职著,有济无济,听之可也。

润帅寄来韦志浚探报,"四眼狗"尚未至庐江,北岸之警尚在十月以后。大通厘员,即札派弟保之二员。手卷觅便再寄。有关防数颗,令纪泽篆之。湖北六君子之信,吾已阅过,兹将吾复润帅缄抄去弟阅。十四日申刻。

【译文】

沅弟左右:

十三日收到十一日巳时写的一封信,十四日又收到一封,问纪泽什么时候能回去。泽儿住在安庆,少则十天,多则半个月就回去,不必等候批折。

安庆决定不撤走包围,江西决定也要保全守住。此外其他地方要么放弃,要么夺取;要么抽兵,要么补充兵力,要集合大家的想法来共同出谋划策。援助北方战场的兵力不必

安庆振风塔

太多,我与胡润帅两人中,会有一个人远行北方,履行职责,这样便可以明确君臣大义,尽到将帅职责,至于有没有帮助,那就只能听天由命了。

润帅寄来韦志浚的探报,说"四眼狗"还没有到达庐江,到十月之后,北岸的紧张形势才会出现。大通的厘员,就是下公文派弟保举的那两人。手书找到方便的机会再寄出去。有几颗官印,让纪泽篆刻。湖北六君子的来信,我已看过,现将我答复润帅的信抄寄给弟看。十四日申时。

【点评】

此封家信中,曾国藩指出为了明确君臣大义、尽将帅之职,自己与胡润帅必定会有一个出兵北上勤王,但这样做能起到多大的作用,也只能听天由命了。信中,曾国藩还谈及庐江战局,要求其弟一定集思广益,不要独断专行。只有广泛听取大家的意见,形成的决策才能更好地被执行。

咸丰十年九月廿一日与九弟国荃书

公元 1860 年 11 月 3 日

沅弟左右:

廿一早接十八酉刻来缄,知营墙及前后壕皆倒,良深焦灼。然亦恐是挖壕时不甚得法。若客土覆得极远,虽雨大,不至仍倒入壕内,庶稍易整理。至墙子则无不倒坍,不仅安庆耳。

徽州之贼,窜浙者十之六七,存府城及休宁者,闻不过数千人,不知确否?连日雨大泥深,鲍、张不能进剿,深为可惜。季高尚在乐平,余深恐贼窜入江西腹地,商之季高,无遽入皖,季高亦以雨泥不能速进也。

润帅谋皖已大半年,一切均有成竹,而临事复派人救援六安,与吾辈及希庵等之初议全不符合,枪法忙乱,而弟与希庵皆有骄矜之气,兹为可虑。希庵论事最为稳妥,如润帅有枪法稍乱之时,弟与希婉陈而切谏之,弟与希之矜气,则彼此互规之,北岸当安如泰山矣。廿一日。泽儿尚在安庆否?可令之回家,无荒常课。

【译文】

沅弟左右:

二十一日早上收到你十八日酉时写的来信。我知道营墙和前后壕沟都倒塌了,深感焦虑。然而恐怕也是因为挖壕沟时不太得法,如果挖出来的土堆离壕沟很远,雨就是大些,也不至于又被冲入壕内,也许稍微容易处理一些。至于营墙那例是没有不倒坍的,不仅仅是安庆出现过这种情况。

徽州的敌人,流窜浙中的十之六七,在府城和休宁的,听说不过几千人,不知道是否属实?近日来雨很大,道路非常泥泞,鲍、张不能进攻围剿,非常可惜。季高还在乐平,我很怕敌军流窜进入江西腹地。我找季高商量,让他不要马上进入安徽,季高也由于雨很大,道路非常泥泞而不能走得很快。

润帅经营安徽已有大半年,一切都是胸有成竹,但事到临头却又派兵救援六安,与我们和希庵等先前商议的完全不一样,真是枪法慌忙紊乱。而弟与希庵都有骄矜的习气,实在令人担心。希庵分析事情最为稳妥,如果润帅再出现枪法忙乱的情况,弟与希庵要委婉地陈说,努力劝谏。弟弟与希庵的骄矜之气,要互相制约一下,那么北岸应当是安稳如泰山了。

泽儿还在安庆吗?可以让他回家了,别荒废了日常的功课。

【点评】

任何人做任何事情都不可以有骄矜之气,只有冷静、心平气和地处理遇到的问题,才是正确的方法。

曾国藩奉劝弟弟与希庵一定要戒除掉这种坏习惯,彼此互相制约,并能及时规谏润帅,以避免慌乱,稳定军心,助为兄完成大事的一臂之力。曾氏在信中屡屡有教导弟弟如何做人的语句,这些都是曾氏的人生经验总结,值得所有人去学习、去深思。

咸丰十年九月廿三日与九弟国荃书

公元1860年11月5日

沅弟左右:

接廿日午刻信,并伪文二件,知安庆之贼望援孔切,只要桐城、青草塥少能坚定,自有可破之理。

次青十六日回祁,仅与余相见一次,闻其精神尚好,志气尚壮,将来或可有为,然实非带勇之才。

弟军中诸将有骄气否?弟日内默省,傲气少平得几分否?天下古今之庸人,皆以一惰字致败;天下古今之才人,皆以一傲字致败。吾因军事而推之,凡事皆然,愿与诸弟交勉之。

此次徽贼窜浙,若浙中失守,则不能免于吴越之痛骂,然吾但从傲惰二字痛下工夫,不问人之骂与否也。

【译文】

沅弟左右:

收到二十日午时信和太平军的两件文件,知道安庆城内敌军迫切盼望援军来救,现在只要桐城、青草塥两地再稍微坚固安定一点,安庆自有攻克的办法。

次青十六日回到祁门,仅与我见了一次面。看到他的精神状态还好,志气也还雄壮,将来或许能有所作为,但他确实不是带兵的将才。

弟弟军中的将领们有没有骄气的?弟弟你近来默默反省,傲气有没有减少几分?天下古今的平庸之辈,都同为一个"惰"字而导致失败;天下古今的有才之辈,都同一个"傲"字而导致失败。我把这个规律推广到军事中,做任何事都这样,愿与弟弟们共勉。

这次安徽的敌军流窜到浙江，假如浙中失守，免不了要受吴越人民的痛骂，但我只能努力在“傲、惰”二字上痛下工夫，而不过问别人是否骂我。

【点评】

从曾氏致其沅弟的信中，使人再次领悟到“谦受益，满招损”的道理，信中告诫其九弟“戒骄、戒燥”；谦虚会使人进步，不断努力学习，吸取失败教训，便是一切成功的首取之要。其次信中指明“懒惰”是人生的大敌，往往由于懒惰使庸人终生一事无成，也说明勤能补拙，天道酬勤。

咸丰十年九月廿四日与国荃国葆书

公元1860年11月6日

沅弟、季弟左右：

恒营专人来，接弟各一信，并季所寄干鱼，喜慰之至。久不见此物，两弟各寄一次，从此山人足鱼矣。

沅弟以我切责之缄，痛自引咎，惧蹈危机，而思自进于谨言慎行之路，能如是，是弟终身载福之道，而吾家之幸也。季弟信亦平和温雅，远胜往年傲岸气象。

吾于道光十九年十一月初二日进京散馆，十月二十八早侍祖父星冈公于阶前，请曰：“此次进京，求公教训。”星冈公曰：“尔的官是做不尽的，尔的才是好的，但不可傲。满招损，谦受益，尔若不傲，更好全了。”遗训不远，至今尚如耳提面命。今吾仅述此语告诫两弟，总以除傲字为第一义。唐虞之恶人，曰“丹朱傲”，曰“象傲”；桀纣之无道，曰“强足以拒谏，辨足以饰非”，曰“谓已有天命，谓敬不足行”，皆傲也。吾自八年六月再出，即力戒惰字，以儆无恒之弊，近来又力戒傲字。昨日徽州来败之前，次青心中不免有自是之见，既败之后，余益加猛省。大约军事之败，非傲即惰，二者必居其一；巨室之败，非傲即惰，二者必居其一。

余于初六日所发之折，十月初可奉谕旨。余若奉旨派出，十日即须成行。兄弟远别，未知相见何日？惟愿两弟戒此二字，并戒各后辈当守家规，则余心大慰耳。

【译文】

沅弟、季弟左右：

近日恒营派专人送来两弟信各一封，还有季弟寄来的干鱼，心中很是喜慰。很久没有见过这种东西了，现在两位弟弟各寄一次，从此我这山人可以有足够的鱼吃了。

沅弟因为我批评他的信，而痛加引咎自责，害怕陷入危机，并想自己进取到谨言慎行的道路上，能这样做，定会使弟弟终生受益，也是我们家门的幸事。季弟的信也是平和温雅，比往年的傲慢之气好多了。

道光十九年十一月二日，我进京散馆供职，十月二十八日早上陪侍祖父星冈公站在庭院的台阶前，请求祖父的训示，我说道：“这次进京城，请您教训。”星冈公说：“你的官是做不到头的，你的才能是好的，但是不能骄傲。骄傲自满招来损害，谦虚谨慎得到好处。你如果不骄傲，就什么都好了。”祖父的遗训，时间还不很长，至今还像耳提面命一样。今天我谨慎地用这几句话来告诫两位弟弟，总要以戒除“傲字”为第一要务。唐虞时的恶人，有个叫丹朱的，傲慢；有个叫象的，也是傲慢；桀纣无道，说“自己能力强，不需要别人提意见，自己能言善辩，能够粉饰过错”，说“自己有天命，敬不足行”，这都是骄傲。我自从八年六月复出，就竭力戒除“惰”字以改变自己没有恒心的坏毛病。近来又竭力戒除“傲”字。徽州战役没有战败之前，次青心中不免有点自以为是，失败之后，我更加深入反省。大凡军事上的失败，不是骄傲就是懒惰造成的，二者必居其一；大家族的衰败，也是非傲即惰，二者必居其一。

我在初六日所发的奏折，到十月初就可以接到皇上的谕旨。我如若奉旨出发，十日内就必须起程。兄弟们远远地分别了，不知哪一天能相会。但愿你们两个人能大力戒除这二字，并告戒后辈们遵守家规，这样我心里就能得到很大的安慰了。

【点评】

1860年，英法联军再次侵扰，自8月24日攻占天津之后，又向北京进发。咸丰皇帝于9月22日仓皇逃离京城，紧急命令各地派军入援。曾国藩上奏朝廷请求援兵，等候批准。兄弟即将远别之际，特意写这一封信，劝诫子弟力戒骄傲、怠惰。信中指出军事失败，不是由于骄傲，就是由于怠惰；大族衰败，不是由于骄傲，就是由于怠惰。历史上和现实中这种事例很多。

要想不重蹈前人的覆辙，就要时常想到可能出现的危机，想到自己的错误缺点，谦虚谨慎，时刻铭记“谦受益，满招损”这一古训。

咸丰十年十月初四日与四弟国潢书

公元1860年11月16日

澄侯四弟左右：

八月廿四发去之信，至今未接复信，不知弟在县已回家否？余所改书院图已接到否？图系就九弟原稿改正，中间添一花园，以原图系“点文章，一个板板”也。

余所改规模太崇闳，当此大乱之世，兴造过于壮丽，殊非所宜，恐劫数未满，或有他虑，弟与邑中诸位贤绅熟商。去年沅弟起屋太大，余至今以为隐虑。此事又系沅弟与弟作主，不可不慎之于始。弟向来于盈虚消长之机颇知留心，此事亦当三思。至嘱至嘱。

鲍、张廿六进兵，廿九日获一胜仗，日内围扎休宁城外。祁门老营安稳，余身体亦好。惟京城信息甚坏，皖南军务无起色，且愧且愤。

家事有弟照料，甚可放心。但恐黄金堂买田起屋，以重余之罪戾，则寸心大为不安，不特生前做人不安，即死后做鬼也是不安。特此预告贤弟，切莫玉成黄金堂买田起屋。弟若听我，我便感激尔；弟若不听我，我便恨尔。但令世界略得太平，大局略有挽回，我家断不怕没饭吃。若大局难挽，劫数难逃，则田产愈多，指摘愈众，银钱愈多，抢劫愈甚，亦何益之有哉？嗣后黄金堂如添置田产，余即以公牍捐于湘乡宾兴堂，望贤弟千万无陷我于恶。顺问近好。

兄国藩手草，十月初四日。

【译文】

澄侯四弟左右：

八月二十四日给你寄的信，到今天也没有收到回信，不知道弟是在县城里还是已经回家了呢？我所修改的书院图纸已经收到了吗？图纸是按照九弟原稿改正的，中间新添了一个花园。就原来的图纸“做点文章，其实是一回事”。

我所修改的图纸原来规模太宏大了，在这个动荡的年代里，书院修建得过于壮丽，特别不合时宜。我只担心劫数还没有结束,或许还有其他的疑虑,弟要和乡里各位贤达绅士认真商议。去年沅弟修建的房屋太大,我现在还认为这是隐患。这件事情又是沅弟和你做主,不能不从一开始就要慎重。弟领悟盈虚消长的道理一直很有心得,这件事也应该三思而后行,这是极其重要的嘱咐。

鲍、张二十六日进兵,二十九日打了一个胜仗,目前在休宁城外合围驻扎。祁门老营安稳,我身体也好。只是从京城传来的消息很坏,皖南的军事没有起色,我真是又愧疚又气愤。

家里的事情有弟照料,我大可放心,但担心在黄金堂买田修建房屋,又加重了我的罪孽,心中很是不安,不光是生前做人不安,即便死了,做鬼心还是不安。我特地将这件事提前告诉你,千万不要让黄金堂买田地修建房屋。弟如果听我的,我便感谢你;弟如果不听我的,我便怨恨你。只要世界稍微得到太平,大局能够有所挽回,我家绝对不怕没有饭吃。如果大局难以挽回,在劫难逃,那么田产越多,指责我们的人就越多,钱财越多,来抢劫的就越多,这又有什么好处呢?今后黄金堂如果要添加购置田产,我就用公牍的形式把它捐给湘乡宾兴堂,希望贤弟千万不要让我陷于恶名之中,顺问近好。

兄国藩手草,十月初四日。

【点评】

此信是曾氏致以其四弟澄侯的,让其四弟澄侯劝其夫人欧阳切莫买田起屋、购置家业,本来购置房产是无可非议的,可在那动乱不安的战争年代,人的命运朝不保夕;曾氏认为自家购置家业多了反是累赘,故此,他不支持欧阳夫人的行为,又因只有澄侯四弟在家是主事之人,所以他写信给四弟澄侯让其劝阻欧阳夫人不要购置房产。自己也觉得像其这样有地位的人,即使不置产业今后也不会饿肚子。

咸丰十年十月初四日与国荃国葆书

公元1860年11月6日

沅弟、季弟左右:

朱祖贵来,接沅弟信,强中营勇回,接沅、季二信,皆廿五六日所发。自廿七日以后,弟处发信,想皆因中途有警折回矣。日内不知北岸贼情何如,至为系念。此间鲍、张初二三并未开仗,唐桂生赴祁、建交界之区,亦未见贼也。

季弟赐纪泽途费太多,余给以二百金,实不为少。余在京十四年,从未得人二百金之赠,余亦未尝以此数赠人,虽由余交游太寡,而物力艰难亦可概见。

余家后辈子弟,全未见过艰苦模样,眼孔大,口气大,呼奴喝婢,习惯自然,骄傲之气入于膏肓而不自觉,吾深以为虑。前函以傲字箴规两弟,两弟不深信,犹能自省自惕;若以傲字告诫子侄,则全然不解。盖自出世以来,只做过大,并未做过小,故一切茫然,不似两弟做过小,吃过苦也。

十月初四夜

【译文】

沅弟、季弟左右:

朱祖贵来,收到沅弟的来信。强中营的士兵回来,收到沅弟、季弟两封信。都是二十五六日发出的。自二十七日以后,弟弟那边发的信,想必是中途遇到险情返回去了。不知

清代掐丝珐琅缠枝莲龙耳炉

最近北岸敌情如何？我很是挂念！这里鲍、张初二、初三没有打仗，唐桂生到祁、建交界地区，也没有见到贼寇。

小弟给纪泽的路费太多了，我认为你给的二百两银子，实在不少。我在京城十四年，从未得到别人二百两银子的馈赠，我也没有用这样大数目的银子赠送别人。虽然这是由于我交往太少，但物力财力的艰难，由此也可见一斑。

我家后辈子弟，都没见过艰苦生活的情景，眼孔大、口气大，使唤奴婢，习惯成自然，骄傲的习气已经深入到内心深处，却没有感觉到，我感到很忧虑。上次我写信以“傲”字告诫你们兄弟两个，你们虽然不是很相信，但幸好你们还能反省自警，而要以“傲”字告诫子侄，他们却根本无动于衷。大概是因为他们自出生以来，只做过颐指气使的“娇儿”，从未做过低贱的事务，所以一切艰苦没有亲身体会，显得很茫然。不像两位弟弟做过低贱的事务，吃过一些苦。

十月初四夜

【点评】

信的大意是曾氏以“傲”字劝诫两弟，尚能自省自律，原因是从小经历过艰苦的历练；可若以“傲”字告诫纪泽子侄却全然不能领会，原因是从小过安逸的生活，已成为习惯，没经受过艰苦困境中的磨炼。而人性的通例，是处逆境而发愤，生活安逸就会堕落。以此，就俩弟赠给其儿子纪泽银两之事，对其晚辈，无不担心忧虑，骄侈易而持家难。借以抒发感慨，于信中时时不忘提醒并限制其晚辈在物质生活方面的享受。

咸丰十年十月初五日与九弟国荃书

公元 1860 年 11 月 17 日

沅弟左右：

初四夜连接廿八、三十及十月初一日三次信缄，具悉一切。

初四日接奉二十日寄谕，夷务和议已成，鲍军可不北上。九月初六日请派带兵入卫一疏，殆必不准，从此可一意图东南之事。

安庆所挑余亲兵两哨，若悉系上选，恐狗贼来援，打仗又少些好手，弟细心斟酌，或待击退狗援后，再令两哨南渡，亦无不可。余前廿八日一缄，谓不须挑人来祁，一半是恶刘、李索钱太多，一半是恐安庆挑出好手，难当大敌也。此次商令缓来，则专为恐扯薄安庆起见，弟细酌之。

贼若有大股从练潭来集贤关，希庵若不递援弟军足支持二三日否？千言万语都不要紧，惟此是性命关头。次青以不能战守，身败名裂。弟所争者，在能守与否，若能守住四五日，则希庵之援兵必至矣。

专意待希之救，万一希被桐城等处之贼牵制，不能援怀，亦事势之所时有。弟此刻与诸将约定，预为守营五日昼夜不息之计。贼初来之日，不必出队与战，但在营内静看，看其强弱虚实。看得千准万准，可打则出营打仗，不可打则始终坚守营盘，或有几分把握。

闻迪庵于六年八月在武昌击石逆援贼，即坚守静待之法。每日黎明，贼来扑营，坚守不动，直至申酉间始出击之，故元日不胜。

希庵新授皖臬，莫令当撤委，令希查办。弟详复之件，尽可呈上，而莫之劾否？不系乎此。江新系马征麟言可杀，却在莫先。

【译文】

沅弟左右：

四日夜间连续收到二十八、三十及十月一日的三封信，一切都知道了。

四日接到上月二十日圣旨，得知与外国人的和谈已成，鲍军可以不必北上。九月六日请求带领军队入京护卫的那本奏折，一定不会被批准，我从此可以一心经营东南方面的事情了。

安庆挑选的我那两哨亲兵，如果全部是精兵，还是担心敌军来增援，打起仗来好手不够，弟要仔细考虑，也可以等到击退敌人援军之后，再命令两哨亲兵南渡，这也没有什么不可以的。我上次二十八日那封信，说用不着挑选士兵来祈门，一方面是厌恶刘、李要钱太多，另一方面是担心安庆的好手被挑走后，难以抵挡大敌。这次命令来得较慢，就是专门为担心影响安庆起见，弟弟仔细斟酌此事。

敌军如有大部队从练潭来集贤关，希庵如不支援，弟能不能坚持两三日？千言万语都不要紧，只有这是生死攸关的大事。次青因为不能死战守城而身败名裂，弟要考虑的是能不能守住。如能守住四五天，那希庵的援兵肯定到了。

如专门等待希庵来救援，万一希庵被相城等地方的敌军牵制，不能前来救援，这种事也是时常会发生的。弟现在即与诸将约定，预先制订守营五天、昼夜作战的计划。敌军刚到时，不必出兵交战，就在营中静观敌人强弱虚实，看得千准万准，觉得能够打就开战，不能打就始终坚守营盘，或许还有几成把握。

听说迪庵于六年八月在武昌击溃石达开率领的援军，就是采用坚守静待的办法。每天天刚亮，敌人来攻打营盘，就坚守不动，直到申酉时分才开始反击，所以没有一天不打胜仗的。

希庵最近被任命为安徽省皋台，莫令当被撤职，由希庵查办。弟的详细回复的信件尽可以呈上，对莫弹劾与否，与此无关。江新是马征麟说要杀的，这却在莫的前面。

【点评】

此封家信中，曾国藩首先提及朝廷与英法侵略者的议和之事，指出不用再北上了。在提及安庆前线军事时，他指示国荃要死战守城，坚守静待，不要盲目与敌人交战，处理问题一定要慎之又慎。这也提醒我们遇到难以解决的问题时，一定要谨慎地采取行动，不要盲目行事，以免误事。

咸丰十年十月二十日与国荃国葆书

公元1860年12月2日

沅弟、季弟左右：

接信，知北岸日内尚未开仗。此间鲍、张于十五日获胜，破万安街贼巢；十七日获胜，破休宁东门外二垒，鲍军亦受伤百余人。正在攻剿得手之际，不料十九日未刻，石埭之贼破羊栈岭而入，新岭、桐林岭同时被破。张军前后受敌，全局大震，比之徽州之失，更有甚焉。余于十一日亲登羊栈岭，为大雾所迷，目无所睹。十二日登桐林岭，为大雪所阻。今失事恰在此二岭，岂果有天意哉？

目下张军最可危虑，其次则祁门老营，距贼仅八十里，朝发夕至，毫无遮阻。现讲求守垒之法，贼来则坚守以待援师，倘有疏虞，则志有素定，断不临难苟免。回首生年五十，除学问未成尚有遗憾外，余差可免于大戾。贤弟教训后辈子弟，总以勤苦为体，谦逊为用，以药佚骄之积习，余无他嘱。

【译文】

沅弟、季弟左右：

收到来信，知道北岸最近还没开始打仗。这边鲍、张于十五日获胜，攻破万安街敌人的老窝；十七日又获胜，攻破休宁东门外两座营垒，鲍军也有一百多人受伤。正在进攻得手的时候，不料十九日未时，石埭敌军攻破羊栈岭而入，新岭、桐林岭同时被攻破，张军前后受敌，全局大震，这比起徽州失守，要更为严重。我在十一日曾亲登羊栈岭，但被大雾所迷，什么都没看见。十二日登桐林岭又被大雪所阻。现在失利恰恰就在这两个地方，难道不是真有天意吗？

目前张军是最危急的，其次是祁门老营，距敌仅八十里，朝发夕至，沿途毫无阻拦。现在只讲求守城之法，敌军若来只能坚守待援，倘若失守，我早已立志，决不会临阵逃脱。回首往事，年已五十。除了学问未成还有些遗憾外，其余都没有大遗憾了。贤弟教育后辈子弟，总体上应以勤劳为根本，以谦虚为辅助，以此来克服骄逸的旧习。其余的我就没有什么可嘱托的了。

【点评】

曾国藩在耳顺之年，回首往事，总结出了本用结合的育人思想，即以“勤苦为本，谦逊为用”。

勤苦为本就是教导子侄后辈要以勤劳耐苦为人生的根本，只有做到这一点才能为其他各方面的发展打好基础；谦逊为用，就是教导子侄后辈一定要谦虚逊顺，切忌狂妄自大、骄傲自满。这是曾氏总结出的教育子孙后辈的重要原则，也是我们可借鉴的金玉良言。

咸丰十年十月廿四日与四弟国潢书

公元 1860 年 12 月 6 日

澄侯四弟左右：

十月廿三夜接弟初五日信，知在敦德堂为显考作庆生道场，五宅平安，至以为慰。

此间于十九日忽被大股贼匪窜入羊栈岭，去祁门老营仅六十里，人心大震。幸鲍、张两军于廿日、廿一日大战获胜，克复黟县，追贼出岭，转危为安。此次之险，倍于八月廿五徽州失守时也。

现贼中伪侍王李世贤、伪忠王李秀成、伪辅王杨雄清，皆在徽境与兄作对。伪英王陈玉成在安庆境与多、礼、沅、季作对。军事之能否支持，总在十月、十一月内见大分晓。

甲三十月初六至武穴，此时计将抵家。余在外无他虑，总怕子侄习于“骄、奢、逸”三字。家败，离不得个一“奢”字；人败，离不得个“逸”字；讨人嫌，离不得个“骄”字。弟切戒之。

即问近好。

国藩手草。

【译文】

澄侯四弟左右：

十月二十三日收到弟五日的来信，知道在敦德堂为祖父作了庆生道场，五宅平安，我感到很欣慰。

太平天国忠王李秀成像

我这边在十九日时，大股敌军忽然窜入羊栈岭，距离祁门老营只有六十里，人心受到很大的震动。幸亏鲍、张两支部队在二十和二十一日打了大胜仗，攻克平复了黔县，把敌人追杀出岭，才转危为安。这次险情的危险程度，相当于八月二十五日徽州失守时的两倍。

现在敌军中伪侍王李世贤、伪忠王李秀成、伪辅王杨雄清都在安徽境内与我作对。伪英王陈玉成在安庆境内，与多、礼、沅、季作对。军事上能不能坚持到底，大体来看要在十月、十一月内有所分晓。

甲三十月六日到的武汉，现在大概快要到家了。我在外面没有其他顾虑，总害怕子侄习惯于“骄、奢、逸”三个字。家族败落是因为奢侈；人的堕落是因为安逸；令人讨厌是因为骄傲。弟一定要戒掉这些坏毛病。

即问近好。

国藩手草。

【点评】

曾国藩虽然身处戎旅，但对家中子侄的教育问题却一直记挂不忘。

骄、奢、逸是人生的三个大敌。骄傲自大会让人讨厌；生活奢侈会败坏家风；贪图安逸则会导致人生的堕落。因此曾国藩告诉弟弟一定要劝导子侄们戒除这三个恶习。这不仅是为了子侄后辈自身以后的成才考虑，也是为整个曾家家族的前途着想。

咸丰十年十一月十四日与四弟国潢书

公元 1860 年 12 月 25 日

澄侯四弟左右：

日内皖南局势大变。初一日德兴失守，初三日婺源失守，均经左季翁一军克复。初四日建德失守，而余与安庆通信之路断矣。十二日浮梁失守，而祁门粮米必经之路断矣。现调鲍镇六千人进攻浮梁，朱、唐三千人进攻建德。若不得手，则饷道一断，万事瓦裂，殊可危虑。

余忝窃高位，又窃虚名，生死之际，坦然怡然。惟部下兵勇四五万人，若因饷断而败，亦殊不忍坐视而不为之所。家中万事，余俱放心，惟子侄教一勤字一谦字。谦者骄之反也，勤者佚之反也，骄奢淫佚四字，惟首尾二字尤宜切戒。至诸弟中外家居之法，则以“考、宝、早、扫、书、蔬、鱼、猪”八字为本，千万勿忘。

顺问近好。

兄国藩手草。

【译文】

澄侯四弟左右：

这些日子以来，皖南的战局发生了很大变化。初一德兴失守，初三婺源失守，都由左季翁一军先后收复。初四建德又失守，导致我军与安庆之间的通信道路被切断。十二日，浮梁失守，祁门运粮的必经之路也被切断了。现调遣鲍镇六千精兵突然袭击浮梁，再派遣朱、唐三千人进攻建德。若此次进攻仍然不能成功，那么粮饷一旦隔断，万事失去根本，那便是最值得忧虑的时刻了。

我居于高位本来就很惭愧，又徒有虚名，大难临头、生死危急的时候，自然能够坦然面对一切。只是我所带领的兵士四五万人，如果由于断粮而导致失败，也实在不忍心眼睁睁地看着，而无所作为。家里的事，我全放心。只是子侄须教育他们一个“勤”字，一个“谦”字。谦虚是骄傲的反面，勤劳是安逸的反面，骄奢淫逸四个字，只有首尾两个字尤其需要切实戒除掉。至于弟弟们在内在外处理家务的办法，就要以“考、宝、早、扫、书、蔬、鱼、猪”八字为根本，千万别忘记。

顺问近好。

兄国藩手草。

【点评】

信中表明了曾氏面对险境，临危不惧，置生死于度外，为保家卫国，热心效忠朝廷的大义凛然的决心，由此让我们看到了一个男子汉大丈夫的高风亮节，不被困难所吓倒，屈服，当处于逆境险境时才能坦然面对，悠然怡得；同时，也体现了曾氏淡泊名利，不被世俗所拖累，只有这样，当处于危急之时，才不会心慌意乱、不知所措、无所适从，体现了一个有作为的男子汉大丈夫处变不惊的态度。

咸丰十年十一月廿一日与国荃国葆书

公元1861年1月1日

沅弟、季弟左右：

廿日灯初专丁至，接十五日来信，知前有四次专人，均未到也。

此次贼围祁门，分三大支：西支破建德以入鄱、浮，东支破江湾及上溪两营盘以入婺源，北支破羊栈各岭以图黟县。三支之中，以建德一股为最巨，除守建德之贼二万余人外，又分为三支，一支窜浮梁、景德镇，一支窜鄱阳、都昌，一支窜鼓泽、湖口。

目下守建德一股，已被唐桂生攻破；窜浮梁一股，被左军小加惩创（十四日杀贼百余人），亦未得逞；窜鄱阳一股，拟分鲍军会同左军剿之；窜彭泽一股，不知雪琴能守住湖口无恙否？若湖口幸得保全无恙，则西支之分为四股者，或渐足以御之。贼之全神全力本在西支，西支如不得逞，则贼气少沮，贼志少衰矣。

北支之犯羊栈者，十八日凯章得小胜仗，二十日鲍军得大胜仗，攻破贼垒，驱贼出岭，闻杀贼三四千人（不知确否，今派人去数贼尸）。经此大创，北支似亦不得逞。惟东支若由婺源以犯乐平，直入江西腹地，刻无兵力足以制之，实深焦灼。

北岸狗逆未受大惩，不久又有大举，不特希庵不可分兵来南岸，即韦部亦不可轻动，总须以全力谋怀、桐也。

太平天国领袖洪秀全像

【译文】

沅弟、季弟左右：

二十日傍晚专丁到来，收到十五日来信，知道前些天有四次专人来，但都没有到达。

这次敌军围攻祁门兵分三路：西路攻破建德进入鄱、浮；东路攻破江湾、上溪两座营盘进入婺源；北路攻破羊栈各岭以图进入黟县。在这三路中，以攻打建德一路人数最多，除了守在建德的敌军两万多人之外，又分为三路：一路窜扰浮梁、景德镇，一路窜扰波阳、都昌，一路窜扰彭泽、湖口。

目前留守建德的那股敌军已被唐桂生攻破；窜扰浮梁的那股被左军小加创击（十四日杀敌百余人），也未能得逞；窜扰渡阳的那股，我打算分出鲍军一部分会同左军进行清剿；窜扰彭泽的那股，不知雪琴能否守住湖口？如果湖口有幸得以保全，那么西路四股敌军，或许就都可以防御了。敌军本来把主要力量放在西路，西路如不能得逞，敌人的士气就会为之沮丧，敌人的士气就会为之衰落。

至于北支进犯羊栈的敌军，十八日凯章打了一个小胜仗，二十日鲍军又打了一个大胜仗，攻破敌军营垒，把敌军驱赶出岭，听说杀敌三四千人（不知是否属实，今天派人去清点敌军尸体）。经过这次大败，北路敌军似乎也不会得逞。只有东路敌军如果由婺源进犯乐平，直接进入江西腹地，此时却没有足够的兵力以制服他们，我实在感到很焦虑。

北岸敌军没有受到大创伤，不久又会有大的举动，不只是希庵不可以分兵来南岸，即便韦部亦不可轻举妄动，总体上来说应以全力谋划进攻杯、桐就对了。

【点评】

曾国藩在此封家信中主要分析了敌方西、东、北三大军事力量的分布和进攻意图，根据具体的情况制定出相应的对策，指出如果湖口能够得以保全的话，那么整个战局对自己就很有利了。此外，他还预测到北岸敌军肯定还会有所举动，南岸守军不可轻举妄动，集中力量完成自己的任务就是了。

咸丰十年十二月初四日与四弟国潢书

公元 1861 年 1 月 14 日

澄侯四弟左右：

自十一月来，奇险万状，风波迭起。文报不通者五日，饷道不通者二十余日。自十七日唐桂生克复建德，而皖北沅季之文报始通。自鲍镇二十八日至景德镇，贼退九十里，而江西饶州之饷道始通。若左鲍二公能将浮梁、鄱阳等处之贼逐出江西境外，仍从建德窜出，则风波渐平，而祁门可庆安稳矣。

余身体平安。此一月之惊恐危急，实较之八月徽、宁失守时险难数倍。余近年在外，问心无愧，死生祸福，不甚介意。惟接到英吉利、法兰西、美利坚各国通商条款，大局已坏，令人心灰。兹付回二本，与弟一阅。时事日非，吾家子侄辈总以谦勤二字为主。戒傲戒惰，保家之道也。

即问近好。

国藩手草。

【译文】

澄侯四弟左右：

自从十一月以来，战事真是危险一个接一个，风波一个接一个。书信公报不通畅有五天了，粮饷不通畅有二十多天了。自从十七日唐桂生攻克收复建德，皖北沅、季弟的书信公文通道才开始通畅。自从鲍镇二十八日到了景德镇，贼匪退却了九十里，江西饶州的粮饷通道才开始畅通。如果左、鲍二公能够把浮梁、鄱阳等地方的贼匪驱逐出江西境外，仍然从建德逃出，那么风波就能逐渐平息，而祁门也就可以庆贺自己能够确保安稳了。

我身体平安。这一个月中的惊恐危急，实在比八月徽、宁失守时，还要危险困难好几倍。我近些年来在外面，问心无愧，死生祸福，都不怎么放在心上了，只有接到英吉利、法兰西、美利坚各国的通商条款时，知道大局已坏，让人灰心丧气。现在寄回两本，给弟看一看。形势一天不如一天，咱们家的子侄们，一定要以“谦、勤”两个字为根本，戒掉骄傲懒惰的恶习，这是保证家庭平安无事的办法啊！

即问近好。

国藩手草。

【点评】

曾氏通过此封家书，向家中描述了近一个月以来的险情，并谈及与诸军的联系已经逐渐恢复。此外，曾国藩再提在此乱世之中保身护家的至理法宝："戒傲戒惰"，并告诫子侄们一定要力行"谦、勤"两字，以确保家风不败。任何人只有做到了"谦、勤"二字，戒除掉骄傲、懒惰的坏习气，才能成身立家，成就一番事业。

咸丰十年十二月十六日与国荃国葆书

公元 1861 年 1 月 26 日

沅弟、季弟左右：

十五夜接沅弟初八夜信，具悉一切。

枞阳坝工未成，亦属意中之事，不必焦灼。大江极深，古人所谓江深五里，海深十里也。两岸支河，入江者极浅极高。夏月江涨，则支河更高，倒灌各小河之内；冬月江涸，落至二三丈不等。小河之水入口时，小河水高而江水低，如二三丈之悬崖，甚至江船不能入小河，小河之船不能出江，以其太陡峻也。今年江水不甚涸，枞阳河之水，至今尚能行舟，即是极好之事。目下又连日霖雨，或者枞阳之水竟至年底不枯，亦未可知，此是弟之运气颇好，不然，则十月枯涸久矣。至塞坝工程，非绝大才调不能，不知弟所用者何人？余屡次写信，均言未能筑成者，盖目中未见有此大才之人也。

韦军日内平安否？分余庵数营赴枞阳助韦防守，事尽可行。公牍嫌其太大，余已亲笔致缄于余庵矣。第调东流之兵助守枞阳则可，调湖口之兵助守枞阳则不可，以贼踪距湖口城尚不过三四十里，难违松劲也。调陈军助守枞阳则可，渊陈军助围安庆则不可，以平日未经弟训练有素，临危急之际，必不听令也。

弟此次拔营赴枞阳，赴鲍家冲，余觉主意不甚老靠，盖拔去未必有益，收回则颇有损。收回鲍家冲二营，则反以长贼之焰；收回枞阳一营，则反以减韦之势。然大敌将至，总以早早收回为是。养足势力，坚守前后两壕，意不旁注，神不外散，或有济乎？

左、鲍二公十三日尚未开仗，黄文金极善张大势威，而党羽善战者少，或足御之。伪忠王李秀成于廿八日围玉山县，攻扑八日，城中王德榜、顾文彩等善于防守，初五日解围去矣。祁门四面各百里内，日内平安，弟可转告润帅及希、礼、厚、雪诸公。

云仙之出处，昕渠自为主。当今之世，处未必非福，出未必非祸。从严公赴豫，恐不相安，云公根器厚而才短，与严未必针芥耳。

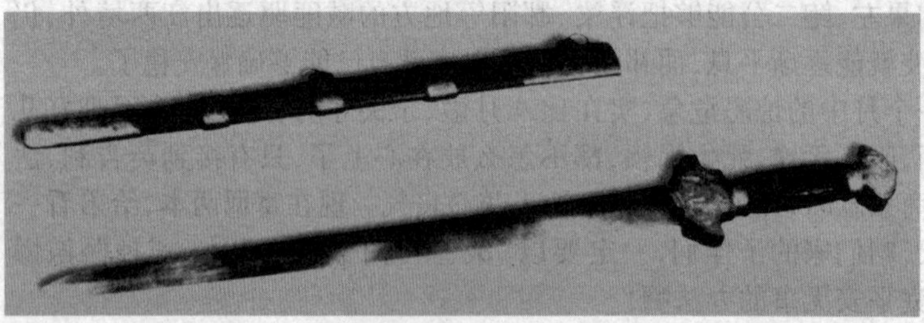

太平天国忠王李秀成的佩剑

【译文】
沅弟、季弟左右：

十五日晚收到沅弟八日夜写的一封信，一切都知道了。

枞阳堤坝的工程没有完成，也是意料中的事，不必觉得太焦虑。大江很深，过去人们说的“江深五里，海深十里”就是这个意思。两岸支流，入江处的河床极浅，水位极高。夏天江水上涨，则支流水位更高，倒灌到各小河之中去；冬天江水干涸，水位下降了二三丈不等。小河入江口处，小河水位高而长江的水面低，像二三丈的悬崖，以至于使江中的船进不了小河，小河的船进不到江中，因为它太陡峭险峻了。今年江水不怎么干涸，枞阳河的水到现在还能行船，就是非常好的事。眼下又连日下雨，或许枞阳的长江水到年底都不会干枯，这也不是不可能发生的事情，这是弟弟的运气好啊，不然的话，在十月份就已经枯涸很久了。至于筑坝的工程，没有极高的才能，不能胜任，不知弟弟用的是什么人？我多次写信，都说堤坝还没有筑成，大概是因为没有遇到有这种大才能的人啊。

韦军近来平安吗？分拨余庵几个营到枞阳协助韦军防守，这是完全可行的。我嫌公文气势太大，已亲笔写信给余庵。调动东流的部队帮助防守枞阳是可以的，调动湖口的部队就不行，因为敌人的活动范围离湖口城不过三四十里，很难突然松动。调动陈军帮助防守枞阳是可以的，调动陈军助围安庆就不行，因为这支部队平日没有受过弟弟很好的训练，到危急的时候一定不会听从号令。

弟弟这次率领军队开赴枞阳，去鲍家冲，我觉得这主意不够稳妥！因为去不一定有所帮助，回来又会有损失。收复鲍家冲两个营，则反而助长了敌人的气焰；收复枞阳一个营，则反而有损韦军的气势。然而大敌将至，总应该早早收回部队才是。养足自己的力量，坚持守住前后两壕，不分心、不走神，或许会有帮助。

左、鲍二公十三日还没有开战，黄文金很会虚张声势，但其党羽会打仗的极少，或许足以抵御他。伪忠王李秀成于二十八日围攻玉山县，攻打了八天，城中王德榜、顾文彩等人善于防守，五日就解围去了。祁门四周各百里之内，近来平安，弟弟可以转告润帅及希、礼、厚、雪等人。

云仙的出路，由他自己做主。当今的世界，进不一定不是祸，退不一定不是福。跟从严公去河南，恐怕彼此不会合得来，云仙公根器淳厚而才能稍差，与严公未必能合得来。

【点评】

“福兮祸之所倚，祸兮福之所伏”，祸福本来就是可以互相转换的。曾国藩经历的事情太多了，他很清楚“进未必非祸，退未必非福”的人生哲理。

一个人晋升了不一定不是祸患，一个人被黜退了也不一定就不是福分。这个道理在正常的年代里都是正确的，更何况在清末那段乱世之中。

咸丰十年十二月二十日与国荃国葆书

公元 1861 年 1 月 30 日

沅弟、季弟左右：

十九日专弁二人至，接两弟来信，沅附寄润帅信、黄南坡兄信，季附寄汪大钟卷并名单，具悉一切。汪生文果清健，乱后尚能不废学如此，信不愧大邦之风。

另一片信，所关甚大。方此军初至东流，众口交赞之时，雪琴即有信来，言其勇不

可恃。沅弟平日曾言造塔者须下一层好，其理至精。将来恐须全行遣散，另招二千人耳。

次青事，须渠来营一次，乃能定案。今天下虽已大乱，而法律不可全废。如普不重惩，即无以服江楚军民之心；重惩普而不薄惩青，即无以服徽人，亦无以服普之心。

澄弟之病，接来信已愈，且言宜服清润之品，不宜补也。左、鲍十七八尚未开仗。润、坡信付还，习字三张批还，卷付还。（十二月廿日辰刻）

【译文】

沅弟、季弟左右：

十九日两个专差到来，收到两弟来信及沅弟附寄润帅、黄南坡兄的信，季弟附寄汪大钟的手卷和名单。一切都知道了。汪生果然文思清丽矫健，战乱之后还能像这样不荒废学业，的确不愧有大家的风范。

另一封信，所说的内容关系很大。当这支军队刚到东流，大家都称赞它的时候，雪琴就有来信说，这些士兵不可靠。沅弟平时也曾这样说过，造塔必须把最下层造坚固，这个道理很精辟。这支军队恐怕以后必须全部遣散，然后另外招募两千人。

关于次青的事，必须让他来行营一次，才能定夺。当今天下虽已大乱，但法律不可以完全废弃。如果不对普加以重罚，就无法让江楚军民心服；重罚普而不轻罚青，就没有办法让徽人心服，也没有办法让普心服。

澄弟的病情，据他来信说已经痊愈，并且说适合吃清淡的东西，不适合大补。左、鲍两军十七、十八日还没有开打。润、坡的信付还。三张习字批注付还，手卷付还。（十二月二十日辰时）

【点评】

曾氏在此信中强调了纪律的重要性。虽然此时正处乱世，但没有规矩不成方圆，军法绝对不可以尽废。相反，在特殊的背景下还应该更加强调军纪、军律的重要性。由此体现了曾氏的治军原则和治军方略，不管谁犯了错误，都要加以惩罚。否则不能服众。

咸丰十年十二月廿四日与四弟国潢书

公元 1861 年 2 月 3 日

澄侯四弟左右：

十六日接弟十一月廿三日手书，并纪泽廿五禀，具悉弟病日就痊愈，至慰至幸。惟弟服药过多，又坚嘱泽儿请医守治，余颇不以为然。

吾祖星冈公在时，不信医药，不信僧巫，不信地仙。此三者，弟必能一一记忆。今我辈兄弟，亦宜略法此意，以绍家风。今年白玉堂做道场一次，大夫第做道场二次，此外祷祀之事，闻亦常有，是不信僧巫一节，已失家风矣。买地至数千金之多，是不信地仙一节，又与家风相背。

至医药，则合家大小老幼，几于无人不药，无药不贵。迨至补药吃出毛病，则又服凉药以攻伐之，阳药吃出毛病，则又服阴药以清润之，辗转差误，不至大病大弱不止。弟今年春间多服补剂，夏末多服凉剂，冬间又多服清润之剂。余意欲劝弟少停药物，专用饮食调养。泽儿虽体弱，而保养之法亦惟在慎饮食节嗜欲，断不在多服药也。

洪家地契，洪秋浦未到场押字，将来恐仍有口舌。地仙、僧巫二者，弟向来不甚深信，近日亦不免为习俗所移，以后尚祈卓识坚定，略存祖父家风为要。天下信地、信僧之人，曾见有一家不败者乎？北果公屋，余无银可捐，己亥冬，余登山踏勘，觉其渺茫也。

此间军事平安。左鲍二人在鄱阳尚未开仗，祁门黟县之贼，日内并未动作。顺问近好，并贺新禧。

左宗棠像

【译文】

澄侯四弟左右：

十六日收到弟弟十一月二十三日手信及纪泽二十五日来信，我知道了。弟弟的病正逐渐好转，感到非常欣慰。只是弟服药过多，又坚持叮嘱泽儿请医生盯着治疗，我很不赞同这种做法。

祖父星冈公在世的时候，不相信医药，不迷信僧巫，不盲信地仙。这三条，弟是一定能够一一记起的。现在我们也应该遵守效法，以继承弘扬家风。今年在白玉堂做了一次道场，在大夫第做了两次道场，此外祈祷祭祀的事，也听说常常有，只是"不信僧巫"这一条，已丧失了家风。买地花去数千两银子，只是"不信地仙"这一节，也与家风相违背了。

至于医药，更是阖家大小老幼，几乎没有一个不吃药的，而且没有一剂药是便宜的。吃补药吃出毛病了，就又服凉药来攻伐减克；吃阳性药吃出毛病了，就又服阴性药来清润调和，像这样反反复复差错失误，非把身体搞得大病、大弱，否则不会停止。弟今年春天服了很多补药，夏末服了很多凉药，冬天又服了很多清润之药。我的意见是想劝弟弟暂停服用药物，专门用饮食进行调节滋养。泽儿虽然体弱，但保养的方法，也应只在饮食慎重、节制过分的欲望方面，决不在于多吃药。

关于洪家的地契，洪秋甫没有到场画押，以后恐怕仍有口舌之争。地仙、僧巫两样，弟弟你向来不很相信，近来却不免受到习俗影响，以后还希望你坚定正确的信念，保留一点祖父的家风才是要紧的。天下信地仙、信僧巫的人，你见过有一家不衰败的吗？北果公的屋，我无钱可捐。己亥年冬天，我登山实地勘察，觉得它很渺茫。

我这里军事平安。左宗棠、鲍春霆两人在鄱阳都还没有开仗。祁门、黟县的敌人，现在还没有动静。顺问近好，并恭贺你新年快乐。

【点评】

曾国藩对于澄侯四弟在家中的一些做法看不习惯，并用家训加以告诫。

"药补不如食补，食补不如气补"；（气补：指修炼气功）。曾国藩在此劝诫老四且勿轻信庸医滥用药物；吃一些补药，保健品之类的药物。"不迷信僧巫，不盲信地仙，不相信医药"，是曾氏一贯祖上的家风，也是历史和思想上的局限。曾国藩还说到平时注重身体锻炼，多做一些对身体有益的运动；要坚持不懈，持之以恒；"生命在于运动"这些是很符合科学道理的。

咸丰十一年正月初一日与九弟国荃书

公元 1861 年 2 月 10 日

沅甫九弟左右：

除夕发去一缄，是夕又接弟廿三夜发信，具悉一切，并京报、厉缄均悉。

吴退庵事，余实不便失信。其确不可用，用必偾事之处，余亦殊无所见，不知意城诸君子何以烛照几先，遂能为此十成语？以余阅历多年，见事之成功与否，人之得名与否，盖有命焉，不尽关人事也。东征局既以我为名，自应照我之札办事。今厉观察又来请示，札不可遵，缄则可遵乎？此事余颇厌烦，以后不必再提。

北岸贼至无为州等处，盖意中事。此间搜获伪文，亦言金陵调杨七麻、李寿成援安庆。杨本自立门户，李现在常山修城，均未必肯赴北岸。

左、鲍二军，残年均未开仗，闻贼数实有五六万，鲍公请留渔亭之四营调去。渔亭亦系前敌吃紧，不能调也。

【译文】

沅甫九弟左右：

除夕寄去一封信，又收到二十三日晚上发来的信件及京报、厉观察来，一切已知。

吴退庵的事情，我实在不好意思食言。他确实不可重用，但用他就一定会坏事这一点，我却并没有看到，不知意城等各位凭什么看得那样明白，能把事情说得那样肯定？凭我多年的阅历，事情能不能办成功，人能不能得到名位，都是由命运来安排的，不完全与人的意愿有关系。东征局既然打着我的名号，自然应该照我的公文办事。今天厉观察又来信请示，公文可以不遵从，信件难道就可以遵从吗？这事让我觉得很厌烦，以后不要再提这件事了。

北岸敌人到了无为州等地，完全属于意料之中的事情。这段时间搜查缴获敌人的文书，也说金陵方面在调派杨七麻、李寿成增援安庆。杨本来自立门户，李现在常山修城，都不一定愿意开赴北岸。

左、鲍二军，年底都没有开仗，听说敌人实际上有五六万人，鲍公请求将留守在渔亭的四营调派过去。但渔亭也是前线吃紧的地方，不能调动。

【点评】

信中“以余阅历多年，见事之成功与否，人之得名与否，盖有命焉，不尽关人事也”。由此可以看出曾氏的双重性格，既有敢作敢为、驰骋疆场、欲以澄清天下的豪情壮志，也有知难而退、避其锋芒的世道老练个性；阅历丰富的曾氏深知客观因素的重要性，一个人的成功与否，除其本身的努力之外，更重要的是有良好的机遇，因此，常以感叹人生“生来都是命，半点不由人”，这也是其处于当时社会环境所持的人生悲观态度。

咸丰十一年正月初四日与四弟国潢书

公元1861年2月13日

澄侯四弟左右：

腊底由九弟处寄到弟信并纪泽十一月十五、七日等语，具悉一切。

弟于世事阅历渐深，而信中不免有一种骄气。天地间惟谦谨是载福之道，骄则满，满则倾矣。凡动口动笔，厌人之俗，嫌人之鄙，议人之短，发人之覆，皆骄也。无论所指未必果当，即使一一切当，已为天道所不许。吾家子弟，满腔骄傲之气，开口便道人短长，笑人鄙陋，均非好气象。贤弟欲戒子侄之骄，先须将自己好议人短，好发人覆之习气，痛改一番，然后令后辈事事警改。

欲去骄字，总以不轻非笑人为第一义；欲去惰字，总以不晏起为第一义。弟若能谨守星冈公之八字（考宝早扫，书蔬鱼猪），三不信（不信僧巫，不信医药，不信地仙），又谨记愚兄之去骄去惰，则家中子弟日趋于恭谨而不自觉矣。

此间军事如常。左鲍二军在鄱阳建德交界之区，尚未开仗，贼数太多，未知能否得手。祁门黟县渔亭等处尚属平安。余身体无恙，惟齿痛耳，顺问近好。

【译文】

澄侯四弟左右：

十二月底从九弟那里寄来你的信，还有纪泽十一月十五、十七日等的话语。一切都已经知道。

弟对人间世事的阅历已经越来越深，但信中不免有一种骄傲的气势。天地之间只有谦虚谨慎才是得到幸福的方法，骄傲就会自满，自满就要倾覆了。凡是说话写字，厌恶别人低俗，嫌弃别人鄙陋，议论别人缺点，揭发别人隐私，都是骄傲的表现。别说所指责的不一定都是恰当的，即使每样都确切稳当，也已经是天道所不允许的了。我们家的子弟都有骄傲的习气，开口就说别人的长短，笑话别人鄙薄浅陋，这些都不是好的表现。贤弟想要戒掉子侄的骄气，首先必须把自己喜欢议论别人的长短，爱揭发别人隐私的恶习痛改一番，然后才能令后辈事事注意警惕改正。

想要除去骄气，大体上来说可以不随便讥笑别人为第一要义；想要除去懒惰的毛病，总体上讲要以不晚起为第一要义。弟如果能够谨慎遵守星冈公的八字（考、宝、早、扫、书、蔬、鱼、猪）和三不信（不信僧巫、不信医药、不信地仙），又能虚心地记住愚兄说的戒掉骄傲、去除懒惰的忠告，那么家中的子弟就会不知不觉地趋向于恭俭谨慎。

这里的军事情况与往常一样。左、鲍二军在鄱阳建德交界的地区还没有打仗，敌人太多，不知能不能成功？祁门、黟县、渔亭等地方还算平安。我身体没有大碍，只是牙痛。顺问近好。

【点评】

曾国藩一直相当重视对子弟的人格培养。此封家书中他再提此义。他批评弟弟的骄气，要求他戒除掉自己骄傲的陋习，以便为子孙后代作榜样，有了好的榜样，家中的子弟自会受到潜移默化的影响。谦虚使人进步，骄傲使人落后，这是亘古不变的永恒真理，唯有戒骄戒躁、谦虚谨慎才是人生的康庄大道。

咸丰十一年正月十四日与四弟国潢书

公元1861年2月23日

澄侯四弟左右：

正月十日接弟腊月十九信，藉悉一切。

此间正月初六贼破大洪、大赤二岭而入。大洪岭距祁门六十里，经江军门带队击退。大赤岭距祁门八十里，初七日进犯历口，初八日进犯石门桥，距祁门仅十八里，经唐桂生带队迎剿，大获胜仗，追杀三十余里，直至历口，次日初九一早，即追出赤岭，杀贼虽仅四五百人，而抢马百余匹，旗帜千余面，刀锚枪炮万余件，极大风波，顷刻即平，可为庆慰。左鲍在鄱阳、洋塘一带，亦于初九日大获胜仗，贼目黄文金带六万余人，闻已杀死，次日，群贼全数溃退。

自十一月初至今七十余天，危险万状，至是稍稍苏息，危而复安。若再稳住三个月，安庆克复，则大局有转机矣。

弟思习大字，总以间架紧为主。写成之后，贴于壁上观之，则妍媸自见矣。弟体痊愈，全家之福，至慰至慰。

即问近好。

国藩手草，正月十四日。

清朝骑兵

【译文】

澄侯四弟左右：

正月十四收到你腊月十九日写的信，一切已知。

这里正月初六敌军攻破大洪岭、大赤岭。大洪岭距祁门六十里，后来被江军门带军击退。大赤岭距祁门八十里，初七敌人进犯历口，初八进犯石门桥，距祁门仅十八里，由唐桂生带队进攻剿杀，大获全胜，追杀三十多里，直至历口，次日初九早上，即追出赤岭，虽仅杀死了四五百个敌人，可是抢了一百多匹马、一千多面旗帜、上万件的刀锚枪炮，极大的风波，顷刻间就平息了，值得欣慰庆贺。左鲍在鄱阳、洋塘一带，也于初九大获全胜，敌人头目黄文金带领六万多人，听说已被杀死，第二天，敌人全部溃败奔退。

自十一月初至今七十多天，危机四伏，到现在稍微有些好转，转危为安。如果再持续稳定三个月，收复安庆，那么大局就有转机啦。

弟想练习大字，总体来说应以间架紧凑为主。写成之后，把它贴在墙上看，那么好看难看一眼便知。弟身体痊愈，是全家的福气，非常欣慰，非常欣慰。

即问近好。

国藩手草，正月十四日。

【点评】

曾氏给四弟澄侯的信中，讲到当时的军事形势："极大风波，顷刻即平，可为庆慰。"表明了曾氏看到战争状况捷报频传，心里十分高兴，想到自十一月初至今七十多天危机四伏，险象环生，心里也颇有感慨。若这样再保持三个月，便可大局已定，看到了胜利的曙光。

信中再提到其对书写大字的看法，曾氏认为大字的空间结构以紧凑为好。常言道："字怕挂"，字体是否写得钢劲有力，一挂在墙上便会看得很清楚了。

咸丰十一年正月廿一日与九弟国荃书

公元1861年3月2日

沅弟左右：

十九日夕接弟十三日信，并鱼二坛，又干鱼二个，谢谢。

安庆城内有降出之贼，则克复消息当在春末夏初，只须以坚静二字持之。陈余庵一军既不得力，即饬令全赴南岸亦可；若须酌留若干扎集贤关，亦听弟与厚庵商度行之。

洋塘败贼分为二股：一股由建德径归青阳，一股窜并彭泽。鲍公跟至彭邑追剿，不知近已全回池州境内否？此股贼多且悍，将来与杨七麻仍为安庆之大患，但祝在安庆既克之后，始起掀天大波，则至幸耳。

陈舫仙带五百人作余身旁护卫之兵，不知渠颇心愿否？朱宽义尚在家否？此间亦未下札。

江西厘金大绌，正月窘迫之至。李秀成于十一日围广信府，不知日内解围否？河口等处糜烂，今年厘金远不如去年，南岸四万余人，不知何以为生，想之惘然。

【译文】

沅弟左右：

十九日晚收到弟十三日的来信，还有两坛鱼、两条干鱼，谢谢！

安庆城内有出来投降的敌人，那么攻克收复的消息应当在春末夏初，只须以"坚静"二字坚持住。陈余庵一军既然不得力，那就命令他们全部奔赴南岸也可以；如需酌情留一些人驻扎在集贤关，请弟与厚庵商量之后，再做决定。

洋塘失败的敌人分为两股，一股由建德直接逃回青阳，一股逃窜到彭泽。鲍公跟踪追剿到彭邑，不知是不是已经全部回到池州境内了？这股敌人众多而且凶悍，将来与杨七麻一样仍是安庆的大患，但愿在安庆被攻克之后，他们才开始有大举动，那就是万幸了。

陈舫仙带领五百人作我的贴身侍卫，不知他是不是心甘情愿？朱宽义还在家吗？这里也没有下达公文。

江西厘金大大不足，正月间极为窘迫。李秀成于十一日围攻广信府，不知最近解围了没有？河口等处混乱，今年厘金收入远不如去年，南岸四万多人不知怎样才能维持生活，想到这事，我心里就很忧虑。

【点评】

曾国藩在此封家书中指示了围攻安庆城的措施，并表示了对形势的担心。此外，由于兵荒马乱导致厘金收入大大减少，曾氏由此而担忧民众的生活。由军国大事到百姓琐事，天下之事尽入曾氏胸中，体现出曾氏忧国忧民的为官风范及其以天下为己任的博大胸怀。

咸丰十一年正月廿八日与九弟国荃书

公元1861年3月9日

沅弟左右：

廿七日申刻张复益、屈楚轩到，接廿四日来书，此二人真善走，已各赏蓝翎一支矣。廿三日步拨之缄尚未到。自十一月后，东流、建德之步拨早已撤回，并将充拨之鄱阳兵遣发回鄂，此后弟有来信，切不可写步拨字样。若由驿递九江、南昌而达祁门，亦不过十日可到，否则须专足也。

公文一件，甚好甚好，即当批准通行各属。吾家兄弟带兵，以杀人为业，择术已自不慎，惟于禁止扰民、解散胁从、保全乡官三端痛下工夫，庶几于杀人之中寓止暴之意。

南坡信何以未见？或忘未封入邪？窜金溪之贼，养素禀已获胜仗，见田禀大半由云际关入闽，尚无确信。

家信数封寄还。此间接澄弟正月初八日信，寄阅。《地舆略》又寄去十本查收。馀数本，此间友人分散矣。

陈镇廿一日至东流，甚好，可略壮声威也。

【译文】

沅弟左右：

二十七日申时张复益、屈楚轩到来，收到二十四日的来信。这两个人行走真快，我已经各奖赏一支蓝翎给他们。二十三日步拨的信件还没有收到。从十一月后，东流、建德的步拨早已经撤回来了，并把用来补充步拨的鄱阳兵调回了湖北。往后弟如有来信，千万不能写步拨的字样。如果从驿站递至九江、南昌，再到达祁门，也不过十天时间就可送到，否则就需要派专人送信了。

附来公文一件，很好很好，我立即就批准通行各部。我们兄弟带兵，以杀人为自己的事业，所选择的事业已经不慎重了，只好在禁止扰民、解散胁从、保全乡官三个方面痛下工夫，也相当于在杀人的同时寓含了禁止暴力的意思。

南坡的信件怎么没有看到？难道忘记装入信封里了？流窜到金溪的敌人，养素报告说他们已经打了胜仗，看到田禀大多数从云际关进入福建，不过目前还没有确切的消息。

有几封家信寄还给你。我收到了澄弟正月初八的来信，寄给你看看。《地舆略》又寄去十本，请查收。剩下的几本，这边的友人就每人分散一本了。

陈镇二十一日已到达东流，很好，这样一来，就可壮我军威了。

【点评】

此封家书中，曾国藩谈及自己兄弟几个带兵打仗，从戎杀人，以此为事业，已经是属于择业时不慎重了，因此他们只能命令自己的军队在“禁止扰民、解散胁从、保全乡官”三个方面下足工夫，以弥补自己择业不慎的损失。动荡年代里的曾国藩虽然整日忙于拼杀，却能从内心自省，从严治军，充分体现出曾氏“以民为本”的从政思想。

咸丰十一年二月初四日与四弟国潢书

公元1861年3月14日

澄侯四弟左右：

二月初一日唐长山等来，接正月十四日弟发之信，在近日可谓极快者。

弟言家中子弟无不谦者，此却未然。余观弟近日心中即甚骄傲。凡畏人不敢妄议论者，谦谨者也；凡好讥评人短者，骄傲者也。弟于营中之人如季高、次青、作梅、树堂诸君子，弟皆有信来讥评其短，且有讥至两次三次者。营中与弟生疏之人，尚且讥评，则乡间之与弟熟识者，更鄙睨嘲斥可知矣。弟尚如此，则诸子侄之藐视一切，信口雌黄可知矣。

谚云：“富家子弟多骄，贵家子弟多傲。”非必锦衣玉食，动手打人，而后谓之骄傲也；但使志得意满，毫无畏忌，开口议人短长，即是极骄极傲耳。余正月初四信中言戒骄字，以不轻非笑人为第一义，戒惰字，以不晏起为第一义，望弟常常猛省，并戒子侄也。

此间鲍军于正月廿六大获胜仗，去年建德全出大股全行退出，风波三月，至此悉平矣。余身体平安，无劳系念。

【译文】

澄侯四弟左右：

二月一日唐长山等来，收到弟弟正月十四日寄出的信，就最近来说这可算是很快的了。

弟弟说家里子弟没有不谦虚的，并非如此。我观察弟弟最近心中就很骄傲。凡是敬畏别人、不敢对其妄加评论的人，是谦逊谨慎的人；凡是喜欢讥笑批评他人短处的人，是骄傲的人。对于军营中的人，如季高、次青、作梅、树堂诸位君子，弟弟都有来信讥笑评论其短处，而且有讥笑两三次的。营中与弟弟生疏的人都对他们讥笑评论，则乡间与弟弟熟悉认识的人，更是对其鄙夷嘲笑斥责，这是可想而知的。弟弟尚且如此，那么子侄们藐视一切，信口雌黄也就可想而知了。

古时有谚语说：“富家子弟多骄，贵家子弟多傲。”由这句话我们可以看出，并非只有锦衣玉食、对人动不动就拳脚相加才能称得上是骄傲，其实言语间流露出意得志满的意思，毫无顾忌，开口闭口议论别人的短长，这就是极端骄傲的表现。我正月初四的信中说戒除“骄”字，就是要以不随便非议嘲笑人为第一要义；戒除“惰”字，就是要以不晚起为第一要义。望弟弟常以这两点来猛烈地反省自己，并时时告诫子侄们谨慎遵守。

这边鲍军于正月二十六日打了大胜仗，去年建德大股敌军全部退出，三个月的风波，至此终于全部平息了。我身体健康平安，无须挂念。

【点评】

曾氏看到澄侯四弟的来信说家中子弟都很谦虚，他却不认为这样，原因是老四对军营中与自己素昧平生、毫无相干的人就品头论足，说长道短，何况在家乡与其长期相处的人呢？好讥讽他人是富贵子弟一贯的习气。常言道：“富家子弟多骄，贵家子弟多傲。”富贵子弟自以为志得满怀，便时常毫无畏忌，开口议人长短，这就是极其骄傲的表现。曾氏信中再次警告其弟及诸子侄在家决不可藐视一切，信口雌黄地讥笑他人。

咸丰十一年二月初七日与国荃国葆书

公元 1861 年 3 月 17 日

沅弟、季弟左右：

初六晚专人来，接沅弟初二日辰刻信、季弟初一日巳刻信，具悉一切。是日早得胡宫保信，言昌营在霍山败溃，英山吃紧，不知究竟如何败法，尚不至遽犯楚疆否？

此间军事，伪侍王李世贤自湖州归来，廿九日入休宁城，分其党裨天义李贼、遴天安陈贼等由婺源再犯江西。大股萃于婺北之清华街，左军在富村御之，初七八当可接仗，兹将左信抄往一阅。

伪忠王李秀成一股攻围建昌，养素派兵往援，廿七日获一胜仗，廿八日打一平仗，不知能解围否？若建昌有失，恐其径犯省城；若建昌幸保无恙，亦恐其由樟树以犯瑞、临。一至瑞、临，则九江、兴国、武宁、义宁、通山、通城处处震动，安庆之围必解矣。左季翁料及此着，余亦深虑此着。再听五日确实消息，如建昌之贼西趋樟树，则余带朱、唐出防江边一路，抽出鲍军渡湖，由九江以赴瑞、临。鲍公之所以不能渡北岸者，以防此着为第一义。润帅、希公处，送此信一阅商之。二月初七。

再，北岸既有霍山余营之挫，则希军必分兵援应，山内多军只能自固，不能再顾安庆。万一贼由集贤关攻安庆各营之背，弟须紧守五日。鲍军现在下隅坂，若渡江救援，一日可以渡毕，两日可抵集贤关。纵有风雨阻隔，五日总可赶到。弟可先与鲍公预为订约，并与杨、彭预订渡兵之船，兄亦当预告鲍公也。鲍军声名，为贼所惮，目下不必轻于拨动，专留为此二着之用，一着救安庆官军被围之急，一着防贼由樟树、瑞、临窜出九江，此外各着皆少缓矣。

李秀成佩剑铭文

【译文】

沅弟、季弟左右：

初六晚专人来，收到沅弟初二辰时写的信，季弟初一巳时写的信，一切都很清楚了。那天早上得到胡宫保来信，说昌营在霍山溃败，英山吃紧，不知到底失败到什么程度，还不至马上入犯湖南疆界吧？

这边的军事，伪侍王李世贤从湖州回来，二十九日进入休宁城，分派敌军裨天义李部、遴天安陈部等由婺源再度进犯江西。现有大股敌军聚集在婺北清华街，左军在富村守卫，初七、初八应该可以开打。现将左信抄去给你看看。

伪忠王李秀成一股围攻建昌，养素派兵前往救援，二十七日打了一个胜仗，二十八日打成平手，不知能不能解围？如建昌失陷，恐怕敌军会直接进犯省城；如建昌幸运保护下来不被攻破，也怕敌军会由樟树进犯瑞、临。一到瑞、临，那么九江、兴国、武宁、义宁、通山、通城处处都会受到震动，安庆之围必解。左季翁预料到了此着，我也深为此着忧虑。再等五天听听确切消息。如建昌的敌军往西开赴樟树，那么我带朱、唐出防江边一路，抽调出鲍军渡湖，通过九江开赴瑞、临。鲍公不能渡过北岸的原因，主要是为防备此着。润帅、希公处，把这封信送去让他们看看，商量行事。二月七日。

另外，北岸既然霍山各营打了败仗，那么希军一定会分兵救援接应，山内多军只能固守自己，不能再顾望安庆。万一敌军由集贤关进攻安庆各营的背部，弟须坚守五天。鲍军现在下隅坂，如渡江救援，一天即可渡完，两天可抵达集贤关，纵使有风雨阻挡，五天也肯定能赶到。弟可先与鲍公预先约定，并与杨、彭预订渡兵用的船，我也应预先告知鲍公。鲍军的声名，让敌军非常惧怕，目前不必轻易调动，专门留下为此二着：一着救安庆官军被围之急，一着防备敌人由樟树、瑞、临窜逃出九江。此外各着皆稍缓和。

【点评】

曾国藩在此信中表达了对当前军事形势的忧虑之情。但从其分析敌我形势、调兵遣将的从容中，我们仍可领略曾氏那沙场点兵、稳如泰山的老将风范。对敌人情况的充分了理和全面解析，是保证自己胜利的重要前提，正所谓“知己知彼，百战不殆”。

咸丰十一年二月廿二日与国荃国葆书

公元 1861 年 4 月 1 日

沅、季两弟左右：

廿一酉刻接十九早信。官相既已出城，则希庵由下巴河南渡以救省城，甚是矣。希庵既已南渡，狗逆必回救安庆，风驰雨骤，经过黄梅、宿松均不停留，直由石牌以下集贤关，此意计中事也。

凡军行太速，气太锐，其中必有不整不齐之处，惟有一静字可以胜之。不出队，不呐喊，枪炮不能命中者不许乱放一声，稳住一二日，则大局已定。然后函告春霆渡江救援，并可约多军三面夹击。

吾之不肯令鲍军预先北渡者，一则南岸处处危急，赖鲍军以少定人心；二则霆军长处甚多，而短处正坐少一静字。若狗贼初回集贤关，其情切于救城中之母妻眷属，拼命死战，鲍军当之，胜负尚未可知。若鲍公未至，狗贼有轻视弟等之心，而弟等持以谨静专一之气，虽危险数日，而后来得收多，鲍夹击之效，却有六七分把握。

吾兄弟无功无能，俱统领万众，主持劫运，生死之早迟，冥冥者早已安排妥帖，断非人谋计较所能及。只要两弟静守数日，则数省之安危胥赖之矣。至嘱至要。

陈余庵闻廿一日可到景镇。左公日内可进剿乐平一带。祁门日来平安，凯章守休宁亦平安。惟宋滋九侍讲带安勇扎于前敌，被贼突来抄杀小挫，宋公受三伤。抚、建此二日无信。顺候近好。抄廿一日复左信一件，可寄胡帅一阅。

再，群贼分路上犯，其意无非援救安庆。无论武汉幸而保全，贼必以全力回扑安庆围

师；即不幸而武汉疏失，贼亦必以小支牵缀武昌，而以大支回扑安庆，或竟弃鄂不顾。去年之弃浙江而解金陵之围，乃贼中得意之笔，今年抄写前文无疑也。

无论武汉之或保或否，总以狗逆回扑安庆时，官军之能守不能守，以定乾坤之能转不能转。安庆之壕墙能守，则武昌虽失，必复为希庵所克，是乾坤有转机也；安庆之壕墙不能守，则武昌虽无恙，贼之气焰复振，是乾坤无转机也。弟等一军，关系天地剥复之机，无以武汉有疏而遽为震摇，须待狗逆回扑，坚守之后，再定主意。

【译文】

沅、季两弟左右：

二十一日酉时收到十九日早上的来信。官相既然已经出城，那么希庵从下巴河南渡以救援省城，这很对。希庵既然已经南渡，敌军必定回头救援安庆，行动风驰雨骤一样迅速经过黄梅、宿松都不作停留，直到石牌以下集贤关，这是意料之中的事。

凡是军队行动太迅速，气势太锐利，其中必定有不整不齐的地方，只有一个“静”字能够战胜它。不出队、不呐喊，枪炮不能命中的不许乱放一枪，稳住一两天，那么就大局可定了。然后写信通知春霆渡江救援，并可约定多支军队三面夹击。

我之所以不肯命令鲍军预先北渡，一是因为南岸处处危险紧急，要依靠鲍军来稳定人心；二是因为霆军优点很多，而缺点正是少一个“静”字。假如敌军刚回集贤关，他们救城中父母妻子等家人心切，拼命死战，鲍军抵挡敌军，胜负如何还不能下定论。如果鲍公没有救援，敌军有轻视弟等的心态，而弟等用谨静专一的气势阻击他们，虽然危险几天，但后来会收获很多，鲍军夹击的效果，却有六七分的把握。

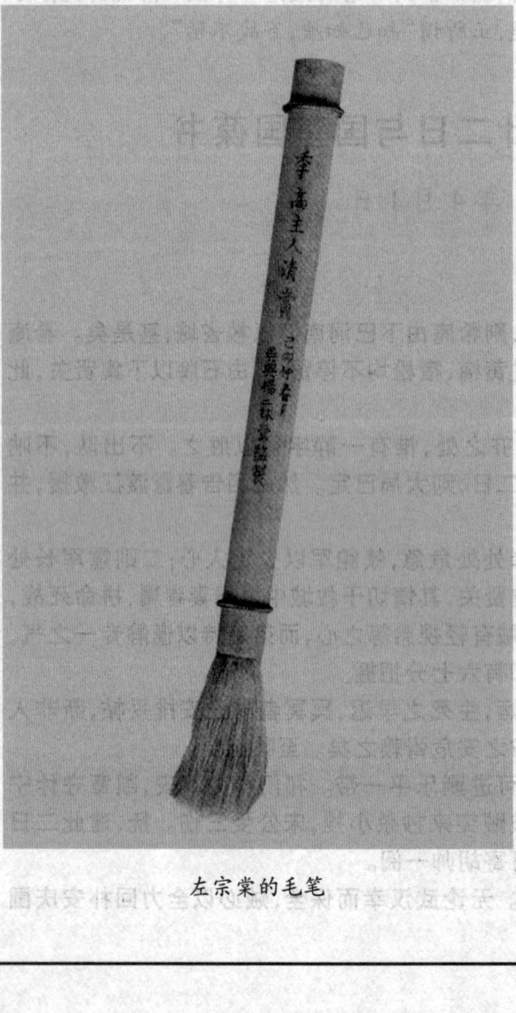

左宗棠的毛笔

我兄弟无功无能，都统领着万军，挖持劫运、生死到来的早晚，这是冥冥之中早已安排好了的，绝不是靠人谋略算计就能做得到的。只要两弟安心守卫几天，那么几个省的生死存亡就完全依赖你们了。这是最紧要的嘱咐。

听说陈余庵二十一日可以到达景镇。左公日前可以到乐平一带去围剿贼寇。祈门近来平安，凯章防守的休宁也平安。只有宋滋九侍讲带领安徽士兵驻扎在敌军前沿，被敌人突然袭击遭遇小的失利，宋公身上有三处负伤。抚、建这两天没有消息。顺候近好。抄二十一日回复左信一件，可寄给胡帅看一看。

另外，这群敌人兵分几路向上进犯，他们的意图不外乎就是救援安庆。不说武汉幸而得以保全，敌人肯定会用全部兵力返回扑向安庆去包围官军；就是武汉因疏忽不幸失守，敌人必定也是用小股力量牵制武昌，而以主力部队返扑安庆,或者干脆放弃湖北省不管。去年放弃浙江而解救金陵之围,就是敌人的得意之笔。今年他们会如法炮制,这是毫无疑问的。

无论武汉保不保得住,总之敌人回扑安庆时,官军能否守住就决定了战局能否扭转。安庆的战壕城墙能守住敌人的进攻,那么武昌即使失陷,也必然会被希庵收复,这样战局就有了转机;安庆战壕城墙守不住,那么武昌即使平安,敌人气焰也会嚣张,这样战局就没有转机。兄弟你们这一军关系到天翻地覆的变化。不能因为武汉疏失就有所动摇,必须等到敌军回扑,安庆官军坚守之后再作打算。

【点评】

曾氏于信中给沅弟、季弟俩人分析了敌情,纵观当时的局势,要俩人于两兵对垒中能沉得住气,保持谨慎行事,要见机行事,伺机而动。同时危机时能以静制动,必要出击时要集中优势兵力攻其一点,不计其余,才能牵制整个局势,从而由被动变成主动。本来,曾氏用来修身养性的理学,其目的是造就人完善的人格,而此时却用来指挥战争,可见,曾氏已把握了理学的骨髓,不得不使人惊奇佩服。

咸丰十一年二月廿四日与四弟国潢书

公元1861年4月3日

澄侯四弟左右:

上次送家信者三十五日即到,此次专人四十日未到,盖因乐平、饶州一带有贼,恐中途绕道也。

自十二日克复休宁后,左军分出八营,在于甲路地方小挫,退扎景镇,贼幸未跟踪追犯,左公得以整顿数日,锐气尚未大减。

目下左军进剿乐平、鄱阳之贼。鲍公一军,因抚、建吃紧,本调渠赴江西省,先顾根本,次援抚、建。因近日鄱阳有警,景镇可危,又暂留鲍军不遽赴省。胡宫保恐狗逆由黄州下犯安庆沅弟之军,又调鲍军救援北岸。其祁门附近各岭,廿三日又被贼破两处。数月以来,实属应接不暇,危险迭见。而洋鬼又纵横出入于安庆、湖口、湖北、江西等处,并有欲来祁门之说。看此光景,今年殆万难支持。然余自咸丰三年冬以来,久已以身许国,愿死疆场,不愿死牖下,本其素志。近年在军办事,尽心竭力,毫无愧怍,死即瞑目,毫无悔憾。

家中兄弟子侄,惟当记祖父之八个字,日"考宝早扫,书蔬鱼猪"。又谨记祖父之三不信,日"不信地仙,不信医药,不信僧巫"。

余日记册中又有八本之说,曰:"读书以训诂为本,作诗文以声调为本,事亲以得欢心为本,养生以戒恼怒为本,立身以不妄语为本(即不扯谎也),居家以不晏起为本,作官以不要钱为本,行军以不扰民为本"。此八本者,皆余阅历而确有把握之论,弟亦当教诸子侄谨记之。

无论世之治乱,家之贫富,但能守星冈公之八字与余之八本,总不失为上等人家。余每次写家信,必谆谆嘱咐,盖因军事危急,故预告一切也。

余身体平安。营中虽欠饷四月,而军心不甚涣散,或尚能支持,亦未可知。家中不必悬念。

顺问近好。

兄国藩手草，二月廿四日。

【译文】

澄侯四弟左右：

上次送家信的，三十五天就到了。这次专人送信，四十天还没到。大概是因为乐平、饶州一带有了敌军，他中途绕道而行了。

自从十二日收复休宁后，左军分出八营，在于甲路一带小败，退驻景镇，幸好敌人没有跟踪追击，左公得以休整安顿数日，锐气还没有大减。

目前左军正进军围剿乐平、鄱阳的敌人。鲍公一军，因抚、建两地吃紧，本来是调派他到江西省，先保住根本，再支援抚、建两地战场。因为最近鄱阳危急，景镇也有险情，又暂时留下鲍军不急于赶赴省城。胡宫保恐怕敌军由黄州往下进犯安庆沅弟的军队，又调动鲍军去救援北岸。祁门附近各处山岭，二十三日又被敌人攻破两处。几个月以来，实在是应接不暇，险象环生。而洋鬼子又纵横出入于安庆、湖口、湖北、江西等处，还有要来祁门的说法。看这情景，今年恐怕很难支持。但我从咸丰三年冬天以来，就已经以身许国，宁愿战死疆场，不愿老死窗下，这是我平生之志。近年我在军中处理军务，尽心竭力，毫无愧疚，死后就可以合眼了，没有丝毫后悔遗憾。

家中兄弟子侄，只应当记住祖父的八个字，即："考、宝、早、扫、书、蔬、鱼、猪。"又谨记祖父的三不信，即："不信地仙，不信医药，不信僧巫。"

我日记本中还有八本之说，即："读书以训诂为本，作诗文以声调为本，事亲以得欢心为本，养生以戒恼怒为本，立身以不妄言为本（即不扯谎也），居家以不晚起为本，做官以不要钱为本，行军以不扰民为本。"此"八本"说，全都是我的亲身经历而十分有把握的说法。弟弟也应教育子侄们谨记之。

无论治世还是乱世，家贫还是家富，只要能确守星冈公的八个字和我的八本，总不会失去上等人家的地位。我每次写家信，必要谆谆嘱咐。因为军情危急，因此预先把一切告知家中。

我近来身体安康。营中虽然已经欠饷四个多月了，但军心并不涣散，或许还可以继续支持下去，这也不是不可能的。家中不必挂念。

顺问近好。

兄国藩手草，二月二十四日。

【点评】

曾氏给澄侯四弟道明信使未能及时把信送到的原因，战乱时期，交通多有不便，大概走了不少的冤枉路。

信提示当前的军事局势，数月以来，危情接二连三，此伏彼起，险象环生。借机曾氏抒发自己的感慨，自咸丰三年冬受命以来，已决心命撒疆场，以身许国，这也是本来平生志向。故此，每在军营处理军务，必当全心竭力，毫无懈怠，即使战死也无悔憾之意。

又嘱咐家中兄弟子侄，切记祖父的八个字，"考、宝、早、扫、书、蔬、鱼、猪"。与祖父的三不信"不信地仙，不信僧巫，不信医药"，还有他自己的八本之说"读书，作诗，事亲，养生，立身，居家，做官，行军"。只要遵守其祖父八字及他的八本，无论家庭处于何种乱世，家世总不至于败落。

咸丰十一年二月廿六日与国荃国葆书

公元1861年4月5日

沅弟、季弟左右：

接廿二日来信，具悉一切。

季弟谓纵使江夏或有疏失，安庆围师仍不可退，与余前寄弟信相符。盖李军速到，贼纵有破鄂之势，断无守鄂之力。江夏纵失，尚可旋得；安庆一弛，不可复围。故余力主不弛围之说。但近日狗逆由黄州折回，猛扑集贤关，两弟当拼命坚守，庶既有定识，又有定力，不徒托之空言耳。

抚、建两府解围，侥幸之至。贼走宜黄、崇仁，或由丰城逼省垣，或由樟树趋瑞、临，均不可不防。然李秀成自入江境，不特未破一府城，并未破一县城，其机已钝，或不能为大害，所虑者，伪侍王鄱、乐一股耳。

徽贼于廿三日攻休宁城一次，凯章以静镇待之。岭贼廿五日围攻历口三营，幸亦保全。南岸风波，尚未艾也。弟劝余出江滨，须事势稍定乃可。

饷项大窘异常，三四月当学联十乎？即问近好。二月廿六日巳刻。

【译文】

沅弟、季弟左右：

收到二十二日的来信，一切都已经知道了。

季弟说即使江夏有所疏失，围困安庆的军队仍不可退，与我以前寄给弟的信意思相符。由于李军迅速赶到，敌人即使有攻破湖南的气势，也肯定没有守卫湖南的兵力。江夏即使失守，还可再夺得；安庆一旦松弛，就不可重新包围了，因此我坚持主张不放松包围的做法。但最近敌军由黄州折回，猛扑集贤关，两弟应当拼命坚守，希望做到既有定识，又有定力，不能仅仅托付给一句空话啊。

抚、建两府解围，实在是非常侥幸。敌人走宜黄、崇仁，或由丰城进逼省城，或由樟树奔向瑞、临，都不可以不加以提防。但是李秀成自从进入江西境内，不仅没有攻破一个府城，也还没有攻破一个县城，其锋芒已经渐钝，或许不能成为大害，我所担忧的是伪侍王鄱、乐一股敌军。

徽州敌军于二十三日进攻休宁城一次，凯章已静镇待之。岭敌二十五日围攻历口三营，幸好也得保全。南岸风波，还未平息。弟劝我出江滨，须形势稍定才可行得通。

饷项异常窘迫，三四月要学联十吗？即问近好。二月二十六日巳时。

【点评】

信中曾国藩坚持围困安庆不放松的基本战略方针。他根据对敌我军情的分析，以敏锐的洞察力看出李秀成一军已成不了气候，从而确定了以后军事行动的重心。婉拒其弟出江滨之请，更是体现了曾氏作为一个政治家和军事家的大局观念和战略眼光，正所谓“识时务者为俊杰”。

咸丰十一年二月廿九日与九弟国荃书

公元 1861 年 4 月 8 日

沅弟左右：

廿八夜陈得月来，接廿四日辰刻信，知湖北转危为安，幸甚慰甚。湖北稳，则安床不怕豺狗子，只怕洋鬼子矣。

此间犯榉根岭之贼，廿五日围沈宝成等营盘，猛扑二时半。廿六日朱云岩等进剿获胜，杀贼三四百人，追贼出岭。

细阅南岸各路伪文及生擒贼口供，大约三王两主将分管各处：一曰伪忠王，所管苏州、常州、松江等处，现由广信、抚、建内犯江西腹地；二曰伪侍王，所管徽州、嘉兴、广德州、金坛、溧阳等处，现由乐平、鄱阳内犯江西；三曰伪辅王（即七麻先生也），所管宁国府，现尚蛰伏未出；四曰伪定南主将黄文金，所管芜湖、繁昌、青阳等处，去冬由建德犯浮、景，被左、鲍击退，受伤未出；五曰伪右军主将刘官方，所管池州及泾、旌、石、太、南陵等处，去年十一月十八入羊栈岭，本年正月初六入大赤岭，二月廿三入榉根岭，皆该逆之部下。此五大股者，每股贼党多者十余万，少者亦八九万。惟太平府不知何贼所管。江北仅“四眼狗”封伪王，其主将数人，则不尽知其姓名，亦不能辨其分管之地耳，弟可便中细细查访。

弟欲余移住江滨，余久有此意，此时伪侍王大股十余万麇集于乐平、饶州，不特祁门之粮路接济已断，即景镇亦无粮路，余与左公俱在危困之中，祁、休等处军心方欲动摇，余岂可出岭独处乐地？待武汉事定，须求北岸分兵一助南岸耳。顺问近好。兄国藩手草。二月廿九日辰刻。季弟均此。并抄送胡宫保一阅。

正封信间，又接弟廿四夜一缄，托春霆送来者。余前留鲍军救援北岸，系屡次接润帅信，且令其预先渡江。厥后因伪侍王窜鄱、乐一带，已决计不令鲍救应北岸，已迭次函报，并有公牍达弟矣。又行。

【译文】

沅弟左右：

二十八日晚上陈得月来，收到你二十四日辰时写来的信，知道湖北转危为安，我感到非常高兴。湖北稳定，那么安庆就不怕柴狗子，只怕洋鬼子了。

这里进犯榉根岭的敌人，二十五日包围了沈宝成等营盘，猛烈攻击两个半时辰。二十

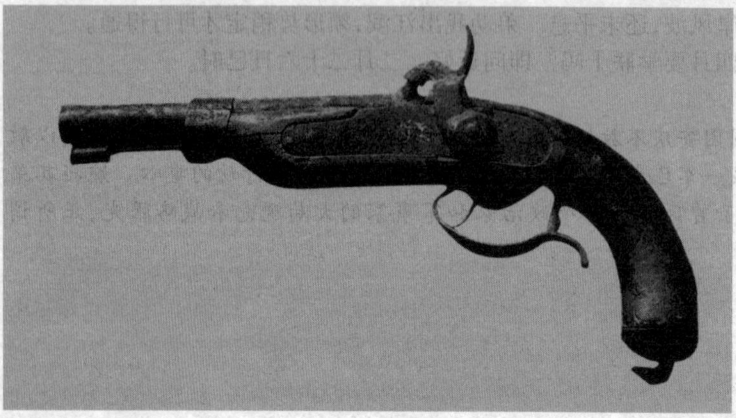

太平军使用的手枪

六日，朱云岩等进军围剿获胜，杀死三四百敌人，把敌军追赶出了榉根岭。

仔细阅读南岸各路敌军文书及活捉敌俘的口供，总体来说三王两主将分管各个地方：一是伪忠王管苏州、常州、松江等地方，现今从广信、抚、建向内攻击江西腹地；二是伪侍王管辖徽州、嘉兴、广德州、金坛、溧阳等地方，现今从乐平、鄱阳进犯江西；三是伪辅王（即七麻先生）管宁国府，现今还是按兵未动；四是伪定南主将黄文金管芜湖、繁昌、青阳等地方，去年冬天从建德进犯浮、景，被左、鲍击退，因为受伤而没有出动；五是伪右军主将刘官方管池州及泾、旌、石、太、南陵等地方，去年十一月十八日进入羊栈岭，今年正月六日进入大赤岭，二月二十三日进入榉根岭的敌军，全都是他的部下。这五大部分，每部敌军多的有十余万人，少的也有八九万人。只有太平府不知为何人管辖。江北只有“四眼狗”（指陈玉成）封伪王，他手下的主要将领，不能全部知道他们的姓名，也不能辨别他们各自所管的地盘。弟可在方便的时候仔细查访。

弟要我移住江滨，我早就有这种想法，此时伪侍王大股敌军十余万聚集于乐平、饶州，不但接济祁门的粮路已被切断，即使供应景镇的粮路也已没有了，我与上左公都处在危险困难之中。祁、休等处军心正开始动摇，我怎么可能离开而独自去享乐的地方？等到武汉战事平息，需要北岸分兵帮助南岸。顺问近好。兄国藩手草，二月二十九日辰时。季弟均此。并抄送给胡宫保看一看。

正要封信的时候，又收到弟二十四日夜写来的信，委托春霆送来。我以前把鲍军留下救援北岸，是因为多次接到润帅的信，令他预先渡江。后来因伪侍王流窜到鄱、乐一带，已经决计不让鲍军救援北岸，也屡有函报，并有公牍传达弟。又添几句。

【点评】

信中曾国藩谈及通过各种渠道得到的敌军情报，他已将敌军的分布及军事行动了然于胸。在此军心有可能动摇的困难之际，曾氏表现出了一个大军事家应有的胆略和气魄，决不会贪图安逸而置大局于不顾。看似轻描淡写的一封家书，却能体现曾氏“每逢大事有静气”的风度和魅力。

咸丰十一年三月初四日与诸弟书

公元 1861 年 4 月 13 日

澄、沅、季弟左右：

余于初二日自祁门起行至渔亭，初三日至休宁，初四日派各营进攻徽州。所有祁门、渔亭之营，皆派七八成队来此，老营空虚。闻景德镇于二月卅日失守，陈镇一军溃散，左京堂亦被围困，不知能守住营盘否？景镇既失，祁、黟、休三县之米粮全无，接济已断。若能打开徽州，尚可通浙江米粮之路；若不能打开徽州，则四面围困，军心必涣，殊恐难支。

余近年在外，勤谨和平，差免愆尤，惟军事总无起色。自去冬至今，无目不在危机骇浪之中。所欲常常告诫诸弟与子侄者，惟星冈公之八字、三不信及余之八本、三致祥而已。八字曰“考、宝、早、扫，书、蔬、鱼、猪”也。三不信曰“药医也，地仙也，僧巫也”。八本曰“读书以训诂为本，作诗文以声调为本，事亲以得欢心为本，养生以少恼怒为本，立身以不妄言为本，居家以不晏起为本，做官以不爱钱为本，行军以不扰民为本”。三致祥曰“孝致祥，勤致祥，恕致祥”。兹因军事日危，旦夕不测，又与诸弟重言以申明之。家中无论老少男妇，总以习勤劳为第一义，谦谨为第二义。劳则不佚，谦则不傲，万善皆从此生矣。

此次家信，专人送安庆后再送家中，因景镇路梗故也。顺问近好。兄国藩手草，三月初四日辰正，休宁城中。

外黄南坡挂屏交安庆转寄，柳帖二付寄家交纪泽。

【译文】

澄、沅、季弟左右：

我从初二自祁门出发到渔亭，初三到达休宁，初四派各营进攻徽州。祁门、渔亭各营，都派七八成兵力来这里，营地空虚。听说景德镇于二月三十日失守，陈镇一军溃败逃散，左宗棠也被围困，不知能否守住营盘？景德镇既然失守，祁、黟、休三县的米粮吃完，接济已经中断。如能打开徽州，还可打通浙江运输米粮的通道；如不能打开徽州，那就四面围困，军心必然涣散，恐怕难以支持。

我近年在外做事勤劳谨慎，为人平和，没出什么差错，只是军事一直没有起色。自去年冬天至今，没有一天不是在危机风波之中度过的。所以要常常告诫弟弟与子侄们的，只有星冈公的八个字、"三不信"和我的"八本"、"三致祥"而已。八字是"考、宝、早、扫、书、蔬、鱼、猪"；三不信是不信"药医、地仙、僧巫"；八本是"读书以训诂为本，作诗文以声调为本，事亲以得欢心为本，养生以少恼怒为本，立身以不妄言为本，居家以不晏起为本，做官以不爱钱为本，行军以不扰民为本"；三致祥是"孝致祥，勤致祥，恕致祥"。现因军事危机日益严重，早晚祸福难测，才与弟弟们再申明一次。家中无论老少男女，都要以勤劳为第一要义，谦虚谨慎为第二要义。勤劳就不安逸，谦虚就不骄傲，一切美好的东西都会由此而生。

此次家信，由专人送至安庆后再送到家，是因为景德镇路途堵塞。顺问近好。兄国藩手草，三月初四辰时，于休宁城中。

另外黄南坡的挂屏交至安庆转寄，柳帖两幅寄回家中交给纪泽。

【点评】

曾氏谈及二月底至三月初其间，军情危急，左宗棠一军被围困，多处驻军粮草断绝，时间长了必然引起军心涣散，恐怕支撑不了多久。想到自己这几年在军营总以勤奋、谦和待人；自己能做的事尽量不打扰(下属)侍从，可军事局面总没有好转，从去年冬天至现在没有一天不是在险境中度过。

想到自己所处的环境，未来吉凶不能预测，不定哪天命撒疆场，故趁有生之命每次往家中回信时，常常告诫在家的各位兄弟与子侄们一定遵守祖父的八个字，"三不信"，还有他总结的"八本"，以及这封信又增添了"三致祥"即孝、勤、恕三者可以给家人带来平安吉祥，可以看出曾氏对其家人的殷切关爱。

咸丰十一年三月十四日与国荃国葆书

公元 1861 年 4 月 23 日

沅、季两弟左右：

十四日接十一日来信，具悉一切。

此间十二日再攻徽州，过于持重，以八千余众之实在队伍，不能遵札直攻东门，列队竟日，不一交锋。是夜贼匪焚村劫营，我军惊溃者八营，完全无恙者十四营。此次伤亡虽不满百人，而士气日减，贼氛大长。目下不可言战，但能勉守，专盼左、鲍二军攻克景镇，或两弟攻克安庆，移师东、建，庶有转危为安之一日。

家信一件，与初四信相仿，弟阅后封好派人同送。自去冬以来，实无生人之趣。季弟

太平天国起义攻克安庆

劝我之言，外人亦有言之者，而不知局中度日之难也。看书久荒，下棋则毫无间断，甚至一日八九局之多。九弟劝我月攘一鸡，我今乃日攘九鸡矣。左公日内无信来，不知足以自立否。顺问近好。三月十四巳刻

【译文】

沅、季两弟左右：

十四日收到十一日来信，一切都知道了。

至于信中所提到的十二日再次进攻徽州一事，显得过于持重，八千余名的精兵强将，未能按照命令直接进攻城东门，竟在城门外列队一日，没有出现过一次交锋。当天夜里敌人放火烧村劫营，我军震恐，有八个营在火中溃散，只有十四个营完全没什么损失。这次伤亡人数虽然不满一百，但士气却因此大减，敌人气焰大长。眼下不可主动进攻，但能勉强守住，只能盼望左、鲍两军攻克景德镇，或者两弟攻克安庆，移师东、建，可能还有转危为安的一天。

现有家信一封，与初四所写的信内容相仿，弟弟看后封好，派人一同送出。自去年冬天以来，总是觉得人生毫无乐趣。季弟劝我的话，别人也跟我说过，只是你们不知道我这个当事者过日子的难处啊。很久没有看书了，下棋却一直没有间断，甚至一天能下八九局之多。九弟在来信中曾劝我每月自我反省一次，其实我已经是每日自我反省九次了。左公最近没有信寄来，不知能否足以自立？顺问近好。三月十四日巳时。

【点评】

此封家书中，曾国藩分析了徽州之战失利的原因，劝弟弟只可静守不能强攻。末尾流露出了对人生的失望情绪，让我们领略了这位叱咤风云的政治家和久经沙场的军事家情感细腻、伤感的一面。这种人性的真实流露让我们能更全面地了解曾国藩。

咸丰十一年三月十七日与国荃国葆书

公元1861年4月26日

沅弟、季弟左右：

两日未接弟信，不知北岸事势如何？十六夜接丁义方禀，知武穴于十二日失守。黄州

之贼下窜，想成大吉下巴河一军必已挫败，否则贼不能遽至武穴也。

此次希军先不直剿黄州而渡至省垣后，不速剿黄州而急攻孝感、德安，似为失算。新添之营太多，临大敌未必可靠。唐桂生在徽两挫，亦因新勇太多之咎。弟处安庆一军，亦嫌新勇太多。前后濠本可坚守无虞，特恐未败而自溃，不可不防也。

余在休宁，凯章守城，一切谨慎之至。岭外之贼因黄文金大股调援北岸，刘、古、赖大股调数千人守金陵，贼氛不旺，祁门差可安堵。左季翁于初六、初十两获大胜，兹将原信抄览，望即寄胡保官一阅。鲍公初十日由湖口起行，十二日至乌石岭，十五六日当可至鲇鱼山一带，与左公渐渐通气。左、鲍相合，则余处又可转危为安，弟可放心。

弟处紧急，并不必管转运事矣。顺问近好。国藩顿首，三月十七日巳刻。

正封函间，又接弟十四日辰刻信。润帅自率入援怀，断断不可，余专函谏止。今日朱云岩来休，接我回祁，余只得归祁门老营，实则祁营不如休城之坚，云军亦不如凯军之稳也。兄又行。

各信璧还。李宝贤究竟何如？有谓其营远不如南云者，查之。

【译文】

沅弟、季弟左右：

两天没有收到弟信，不知北岸军情怎么样？十六日夜接丁义方禀，得知武穴于十二日失守，黄州的敌军向下游流窜，想是成大吉下巴河一军一定被打败了，否则敌人不能这么快到达武穴。

这一次希军没有先直接进攻黄州，而渡至省城后，亦没有速攻黄州而急攻孝感、德安，似乎是失算了。新添置的营盘太多，初临大敌未必能靠得住。唐桂生在徽两次受挫，就是由于新勇太多。弟处安庆一军，恐怕新勇也是太多。前后壕沟本来可坚守无忧，只怕没被敌人打败而自己崩溃，不可不加以提防。

我在休宁、凯章守城，一切极为谨慎。岭外敌军，因黄文金大部调往救援北岸，刘、古、赖大股调走数千人守卫金陵，敌人气焰不旺，祁门还可安稳。左季翁于初六、初十打了两次大胜仗，现将原信抄去给你看看，望立即寄予胡保官看一看。鲍公初十由湖口启程，十二日至乌石岭，十五六日应当可以到达鲇鱼山一带，与左公渐渐通气。左、鲍军相互会合，那么我这里又可转危为安，弟可放心。

弟处境紧急，不必管理转运事宜。顺问近好。国藩顿首，三月十七日巳时。

正要封信时，又收到弟十四日辰时来信。润帅亲自率兵援怀，这绝对不行，我有专信劝止。今日朱云岩来休宁，接我回祁门，我只得回祁门老营。实际上祁营不如休城坚固，云军也不如凯军稳当。兄又行。

各信璧还。李宝贤到底怎么样？有说其营远远不如南云的。调查此事。

【点评】

曾国藩在此信中将希军战事失利的原因归结为新招募的兵勇过多，他们初次临敌，不甚可靠。另外，曾氏还宏观地解析了目前敌我双方的军事力量情况，认为自己有转危为安的可能，让弟弟大可放心。其对战争全局的把握和预测，实在让人叹服！

咸丰十一年三月十九日与九弟国荃书

公元 1861 年 4 月 28 日

沅弟左右：

余于十九日未刻由休宁叫至祁门，接弟十六夜信，不胜焦虑之至。弟处日内援贼将自梅、宿而至，桐城、庐江等贼亦将大有举动，乃以余前缄办米之故，尚须分心办南岸粮运事件，兄实不安之至。

兄十一日信，言弟收三万金，或酌量为我办米数千石，其时未闻东征局三万有改解南岸之说，更未闻贼由梅、宿窜下安庆之说也。厥后接弟信，东征局饷改解南岸，即思酌改为北二南一。兹闻上游之贼由梅、宿窜怀，决计改为北二南一。其南一之数，不必遽买多米，请先买千石（再少亦可），试运一次，看何如，第一次不过运百石而已。口袋千个已嫌太多，难于买办，弟乃欲办八千个，则是误会兄意。陆运千难万难，岂有一次运至千石之理？兄忙乱之中，公牍私函俱欠细思；弟则但求竭力为之，亦未细思也。

总之，援贼若未至右牌、集贤关一带，则弟试为我运米一次，以百石为率，或不运米而运火绳、铅子亦可。援贼若至，则弟可全不管南岸。其经理之人，则东流以张小山为主，桃树店以姚秋浦为主。弟切不可令盛南表弟到东、建。盛南是弟处最得力之人，援贼若到安庆，盛南可为弟代一半之劳也，千万千万！兄已派人往东、建，嘱盛南速归矣。

此间休、祁、黟坚守如故。鲍公拟先赴乐平，与左公会合后，再剿景镇，兹将鲍信与左寄鲍之信抄寄。大约左、鲍能打开景镇，则南岸大有转机；若不能克复景镇，则虽子药米粮充足，亦系坐困之势。此间文武则皆以东、建陆运为非，与弟来信相合，今日回祁，始知之也。

顺候刻佳。三月十九日酉刻。

【译文】

沅弟左右：

我于十九日未时从休宁回到祁门，收到弟十六日夜里的来信，感到极其焦虑。弟那里援敌最近将从梅、宿而来，桐城、庐江等处敌人也将会有大举动，再加上上次我信中所说买米的原因，还须分心到南岸办理运粮事宜，为兄实在感到极为不安。

为兄十一日那封信说弟收银三万两，或酌情为我买几千石米，当时没有听到东征局三万两有改运南岸的说法，更没有听说敌军由梅、宿向下窜扰安庆的消息，后来就收到弟信，说东征局饷银改运南岸，我就考虑酌情改为北二南一。现在听说上游之敌由梅、宿窜扰到怀，就决计改成北二南一。南一之数不必马上买很多米，请先买千石（再少也行），试运一次，看看会是什么样，第一次不过运百石米而已。口袋一千个恐怕太多，很难置买，弟想要买八千个，就是误会为兄的意思了。陆运相当困难，哪里有一次运千石米的道理？兄在忙乱之中，公文私信都缺乏仔细思考；弟却只求尽力办好，也没有仔细考虑。

总之，救援的敌军如没有到达右牌、集贤关一带，那么弟试着为我运一次米。以一百石为准，或不运米而运导火绳、铅子也可以。救援的敌军如到，弟就可完全不管南岸。各处统领之人，在东流以张小山为主，在桃树店以姚秋浦为主，弟千万不要让盛南表弟去东、建。盛南是弟那里最得力的助手，援敌如到安庆，盛南可以为弟分担一半的忧虑，千万千万！兄已派人去东、建，嘱咐盛南马上回来。

这里休、祁、黟坚守如故。鲍公打算先赶往乐平，与左公会合后再进剿景德镇。现将鲍信与左寄给鲍的信抄写寄去。总体来说左、鲍要能攻克景德镇，那么南岸就大有转机；如不能攻克收复景德镇，即使粮食、弹药充足，也是坐而被困的形势。这里文武官员则都认为东、建陆运不通，与弟来信的意思相同，今日回祁门，才知道这些。

顺候刻佳。三月十九日酉时。

【点评】

曾国藩在信中对弟国荃的处境深表忧虑，让弟弟根据不同的军情为他运米，并要求他一定要把盛南表弟留在身边，在关键时刻盛南表弟可是弟弟的左膀右臂。战争胜负的关键除了力量对比外，那就是贵在得人。只有拥有了好的军事人才作为得力助手，战争过程中才能拥有战胜敌人的资本。曾氏知人善任的本领对其军事上的成功是大有裨益的。

咸丰十一年三月廿一日与国荃国葆书

公元1861后4月30日

沅弟、季弟左右：

二十夜接弟十九早信，知援贼已到后壕之外，弟乃因南岸之事，十分焦灼。余不能派兵援救弟处，反以余事分弟心思，损弟精神，此兄之大错。

弟当援贼围逼，后壕十分紧急之时，不顾自己之艰危，专谋阿兄之安全，殷殷至数千言。昔人云，读《出师表》而不动心者，其人必不忠；读《陈情表》而不动心者，其人必不孝，吾谓读弟此信而不动心者，其人必不友。

余定于二十四日拔营起程，廿九日准至东流，即在舟次居住，以答两弟之意。弟从此安心做事，不可挂念南岸也。闻盛南表弟于十八夜回营，此心略慰。

十九夜之黑，廿早之雾，殊为可虑。过此两日，守事当少有把握。枞阳坝成后，桐城之贼由练潭来，尚隔水否？

《三国志通俗演义》版画之孔明初上《出师表》图

此间各路平安之至。景德镇之贼业已退净，不知其全由婺源回徽乎？抑尚在乐平与左、鲍相持乎？然该镇贼退，则祁门粮路业已通矣。两弟千万放心。

兄移驻东流，祁、黟、体各军仍留此间紧守不动，不能多带兵勇救援弟处，惟弟谅之，亦实无强兵可带也。顺问近好。三月廿一日辰刻。

来勇二人各赏翎一支、银四两，留此少停片时，此信另派亲兵及云岩亲兵送去。

【译文】

沅弟、季弟左右：

二十四日夜收到弟十九日早上写的信，得知援敌已到后壕之外，弟因南岸之事，感到十分焦灼。我不能派兵前往援救弟处，反而因我的事让弟分心，损耗弟的精神，这是为兄的大错。

弟在被援敌围堵追逼，后壕十分危急的时候，不顾自已艰难危急的处境，专门关心为兄的安全，绵绵情意胜过千言万语。古人说，读"《出师表》而不动心者，其人必不忠；读《陈情表》而不动心者，其人必不孝。”我说读弟此信而不动心者，其人必不友。

我决定于二十四日拔营起程，二十九日准能到达东流，就在舟中居住，以答谢两弟的情意。弟从此安心做事，不用挂念南岸。听说盛南表弟于十八日夜回营，我心略感宽慰。

十九日夜间阴黑，二十日早上大雾，实在让人忧虑。过了这两天，防守的事应当稍微有些把握。枞阳堤坝建成后，桐城敌军由练潭而来，是否还隔着水？

这里各路极为平安。景德镇敌军已经撤退无余，不知他们是否全部由婺源回徽州？还是在乐平与左、鲍军互相对峙？然而该镇敌人退走，那么祁门粮路就已经畅通了。两弟尽管放心。

兄转移驻扎在东流，祁、黟、休各军仍留在这里坚守不动，不能多带兵勇救援弟处，还请弟原谅，也实在是没有强兵可带。顺问近好。三月二十一日辰时。

来的两个兵勇各赏翎一支、银四两，留在这里稍停片刻，这封信另外派遣亲兵及云岩亲兵送去。

【点评】

曾氏自受命江督之后两年的时间里，就带兵驻扎在皖南祁门，此处四面被山包围，如同锅底，与外面的交通联系容易被敌人切断，不知曾氏作何考虑？多次遭到敌人的攻击形同四面楚歌的险境，几乎所有人都劝其转移，他却就是坚持自己的主意。直到九弟给他写了一封言辞恳切的长信，劝兄长要以大局为重，曾氏才终于决心移防东流。言辞中也表明了兄弟间的深厚感情，对弟弟的关爱，曾氏表达了感激之情。

咸丰十一年三月廿二日与九弟国荃书

公元1861年5月1日

沅弟左右：

廿一早辰刻专二勇送回信，言余于廿四日移驻东流舟次。午刻又写一信，交来勇带归。二十二早接弟二十日辰刻信，知贼尚未猛扑。此间廿日早间大雾，询之来勇，安庆无雾也。

余不带朱、唐赴江滨，则拔行可速，虽不能派援安庆，尚无损于祁、休；余带朱、唐出江滨，则拔行必迟，徒有损于祁、休，仍不能派援安庆，以朱、唐兵少，又经新挫也。余带千人出江，以慰两弟之心。岭内各军一概不动，以慰黟、祁、休三县之民。迨景镇克复，则派鲍军北渡以解安庆之困。左、鲍虽无信到，而外间纷传景镇业已肃清，贼退婺源。想非谣言。凯章坚定之性，断不肯遽舍休宁。兹将凯信寄阅。

弟信皆二日即到，何飞廉之多也？想见士皆用命，为之一喜，即候近好。三月廿二日。

【译文】

沅弟左右：

二十一日辰时派专两人送回信，说我二十四日移驻东流舟中。午时又写了一封信，交付来勇带回。二十二日早上收到弟二十日辰时写的信，知道敌人还没有猛烈进攻。这里二十日早上有大雾，询问回来的兵勇，安庆没有大雾。

我不带朱、唐去江滨，就可以迅速起程，虽不能派兵救援安庆，还能让祁、休没有损失；我带朱、唐出江滨，那起程必然迟缓，白白地让祁、休有损失，还是不能派兵救援安庆，这是因为朱、唐兵少,又刚被挫败。我带领千人出江,以便宽慰两弟之心。岭内各军,一律不作调动,以便宽慰黟、祁、休三县百姓。等到景镇收复,就派鲍军北渡,去解救安庆的困境。左、鲍军虽然没有信寄来,但外面纷纷传言说景镇敌人已经被肃清,敌人退到婺源。我想这并非谣传。凯章性格坚定,绝对不会急于舍弃休宁。现将凯信寄给你看看。

弟的信都是两天就到,怎么会有这么多的飞廉?想必是兵士皆不惜命,我感到很欣喜。即候近好。三月二十二日。

【点评】

信中曾国藩向弟解释了不带朱、唐共赴江滨的原因,他这样做是为了全局着想。在那兵荒马乱的战争年代,士兵送信比较迅速,也能让曾国藩这样的朝廷大臣着实欣喜一番,可是当时社会信息流通弊塞到了什么程度,正像一首诗中所讲的"烽火连三月,家书抵万金"。

咸丰十一年三月廿四日与四弟国潢书

公元 1861 年 5 月 3 日

澄侯四弟左右:

十四日余在休宁发一信,因皖南军务棘手,信中预作不测之想。余旋于十八九自休宁回祁门,闻景德镇克复,尚无确信。廿二三得确信,知左季翁军于初六、初十、十四日三次大获胜仗,杀贼极多,伪侍王在乐平于十五日败溃,鼠窜而去,景德镇之贼于十八九退净,所有鄱阳、浮梁,凡祁门之后路一律肃清。

余方欣欣有喜色,以为可安枕而卧,而闻"四眼狗"围逼集贤关外,九弟、季弟又十分紧急,不得已抽朱云岩带五百人赴安庆,助守于壕内;又调鲍春霆带八千人,于廿八日赴安庆,助攻于关外。此次安庆之得失,关系吾家之气运,即关系天下之安危,不知沅、季能坚守半月,以待援兵否?余身体平安。皖南自去冬以来,危险异常,目下大有起色。若安庆能转危为安,则事尚可为耳。顺问近好。

【译文】

澄侯四弟左右:

十四日我在休宁时发出一封信,因为皖南军务棘手,在信中我做了最坏的预测。紧接着,我在十八九日从休宁回到祁门,听说景德镇被收复,但还没有确切消息。二十二三日得到确切消息,知道左季翁军于六日、十日、十四日打了三次胜仗,杀死了很多敌军,伪侍王于十五日在乐平溃败,抱头鼠窜而逃,景德镇的敌军在十八九日全部败退,鄱阳、浮梁、祁门所有的后路,敌人全都被肃清。

我刚刚有了喜色,以为可以安安稳稳睡觉了,可是又听说伪英王围攻进逼集贤关外,九弟、季弟十分紧急,没有办法,只有抽调朱云岩带领五百人赶赴安庆,在壕沟内帮助守卫;又调派鲍春霆带领八千人,于二十八日赶赴安庆,在关外助阵。此次安庆的得失,关系到我家的命运,也关系到天下的生死存亡,不知道沅、季能不能坚守半个月,以等待援兵的到来?我身体平安。皖南自去冬以来,异常危险,最近有很大改观。如果安庆能够转危为安,那么事情还有希望。顺问近好。

【点评】

曾国藩在此信中主要说了安庆得失的重要性及安庆援兵的部署问题。安庆一战,实系天下之大局。日理万机的曾国藩刚刚沉浸于胜利的喜悦当中,残酷的现实就让他又一次寝不安枕。此起彼伏的军事险情也让这位鞠躬尽瘁的大臣把身家性命全都押在了安庆一战能否胜利上。由此可见战争是多么的残酷。

咸丰十一年三月廿八日与九弟国荃书

公元 1861 年 5 月 7 日

沅弟左右：

接廿五、六日二缄，欣悉安庆守军平稳，多公在练潭大获胜仗，杀贼近万，至欣至慰。余前不敢求多军援怀，正为璋、玕、黄、胡之蹑其后，今得此大捷，可以援怀矣。

余以廿八日至桃树店，闻鲍军廿九日可至下隅坂，三十日即可北渡。因瑞、临失守，九江警急，余飞函止鲍军北渡，请其在下隅坂歇息几日。怀急，则北渡援怀；浔急，则西渡援浔可也。

左军或进屯溪，或守景镇，已两缄请其自酌矣。胡听泉事，日内可附奏，可先报南翁耳。顺问近好，季弟均此。三月廿八日酉刻。

【译文】

沅弟左右：

收到二十五、二十六日两封来信，知道安庆守军平稳，我感到很欣喜，多公在练潭打了大胜仗，杀敌近万，这让我感到极其欣慰。我先前不敢派大量军队援救怀，是因为害怕璋、玕、黄、胡抄其后路，现在打了这个大胜仗，就可以援助怀了。

我于二十八日到达桃树店，听说鲍军二十九日可到下隅坂，三十日就可北渡。因瑞、临失守，九江告急，我迅速写信阻止鲍军北渡，请他在下隅坡歇息几天。怀危急，就北渡援怀；浔危急，就西渡援浔。

左军或者进屯溪，或者驻守景镇，我已经去了两封信请他自己斟酌。胡听泉事，近日可以附奏，可先通报南翁。顺问近好，季弟均此。三月二十八日酉时。

【点评】

曾国藩在此封信中表示安庆现在的局势让他极其欣慰，正当他打算放心让鲍军援怀之时，九江的险情却又打乱了自己的部署计划。瞬息万变的军情是检验一个主帅战争能

怀桐战图。曾国藩在安庆战役中采取了围城打援的战术，在桐城一带多次击退陈玉成的援兵

力的最好试金石。曾氏让鲍军按兵不动，静观其变，然后再算决定，这样既可以安军，又可以将兵力用在最需要的地方。

咸丰十一年三月三十日与九弟国荃书

公元1861年5月9日

沅弟左右：

卅夜建德行次接卅辰刻一函，得悉多公续胜之喜。黄文金于正月初九、廿六日两次大败，丢弃军械殆尽，此次头仗又败，应不能为厉矣。多公初一日至集贤之说，虽未必果能如约如期，要之，可来援怀矣。

分兵极难，若元得力统将，分之则两损。鲍公素不肯分兵，余亦素不肯分兵，且屡嘱鲍公不可分兵，又深知鲍部下仅宋国永一人，不可须臾离鲍左右，此外别无可当一路者，即决计不强之分兵，令其全军援怀。

九江有吴竹庄、丁义、方万泰三人，省城有张运桂（凯章之弟，带千人）、刘胜祥二人，本有可守之理，如不能守，只可听之天命耳。余本日至建德，鲍公至下隅坂，拟令其消停一日，初二日渡江，以践初八前至集贤之约。

顺问近好。三月三十日。

【译文】

沅弟左右：

三十日晚上在去建德的途中收到你在三十日辰时写的一封信，知道多公连续打胜仗的好消息。黄文金在正月九日、二十六日经历了两次大败，军械已经丢弃得差不多了，这次头一仗又被打败，应该不能成为大患了。多公一日到达集贤的事情，虽然不一定能够如期到达，更重要的是可以来援怀了。

分兵是极其困难的事情，如果没有得力的统帅，分兵就会使两头都受到损伤。鲍公从来不肯分兵，我也从来不肯分兵，并且多次嘱咐鲍公不可以分兵，我清楚地知道，鲍公手下只有宋国永一人，不可离开鲍公身边片刻，除此之外，就再也没有能够独当一面的人了，所以我决定不强制其分兵，命令他率领全军援怀。

九江有吴竹庄、丁义、方万泰三个人，省城有张运桂（凯章的兄弟，带领千人）、刘胜祥二人，照理来说应该可以守得住，如果守不住，那就只能听天由命了。我今天到了建德，鲍公到了下隅坂，打算命令他稍停一天，二日渡江，好履行在八日前到集贤庄的约定。

顺问近好。三月三十日。

【点评】

作为一个久经战事考验的统帅，曾国藩深悉分兵多处的危害。本来兵力就不足，分兵必定会导致力量分散，这时如若缺乏有才能的将领，那只能是自取灭亡。曾国藩知道多公手下得力干将不多，所以坚决反对其分兵，而是让他率领全部军队集中力量去援怀。分则弱，合则强，只有集中力量，才能最大把握地赢得胜利。

咸丰十一年四月初三日与九弟国荃书

公元 1861 年 5 月 12 日

沅弟左右：

初三辰刻接初二巳正来书，具悉一切。

昨日雨小而风大，今日风小而雨大。鲍军勇夫万余人，纵能渡江，想初二尚未渡毕，初三则断不能渡。

凡办大事，半由人力，半由天事。如此次安庆之守，壕深而墙坚，稳静而不懈，此人力也；其是否不至以一蚁溃堤，以一蝇玷圭，则天事也。各路之赴援，以多、鲍为正援集贤之师，以成、胡为后路缠护之兵，以朱、韦为助守墙壕之军，此人事也；其临阵果否得手，能否不为狗酋所算，能否不令狗酋逃遁，此天事也。吾辈但当尽人力之所能为，而天事则听之彼苍，而无所容心。弟于人力颇能职，而每称擒杀狗酋云云，则好代天作主张矣。

至催鲍进兵，亦不宜太急。鲍之队伍由景镇至下隅坂，仅行五日，冒雨遄征，亦可谓极速矣。其锅帐则至今尚未到齐，以泥太深，小车难动也。弟自抚州拔营至景镇，曾经数日遇雨。试一回思，能如鲍公此次之迅速乎？润帅力劝鲍公进兵不必太急，待狗酋求战，气竭力疲而后徐起应之云云，与弟意见正相反。余意不必催鲍急进，亦不必嘱鲍缓战，听鲍公自行斟酌可也。多公调度远胜于鲍，其马队亦数倍于鲍。待多击退黄文金后，再与鲍军会剿集贤关，更有把握。

至狗酋虽凶悍，然屡败于多、李、鲍之手，未必此次忽较平日更狠。黄文金于洋塘、小麦铺两败，军器丢弃已尽。多、鲍之足以制陈、黄二贼，理也，人力之可知者也。其临阵果否得手，则数也，天事之不可知者也。来书谓狗部有马贼二千五六百，似亦未确。系临阵细数乎？抑系投诚贼供乎？闻贼探多假称投诚者，弟宜慎之。

即问近好。四月初三日巳刻。

【译文】

沅弟左右：

三日辰时收到你二日巳时写来的信，一切都已知道。

昨天雨小而风大，今天风小而雨大。鲍军兵勇共一万多人，即使能渡江，想必初二还不能渡完，初三则决不能渡江。

凡是干大事业，一半由人力决定，一半由天意决定。如像这次安庆的固守成功，营盘壕沟深而城墙坚，人心稳固沉静而不懈怠，这都是人力决定的；其间是否不至于因一只蚂蚁而使大堤溃坏，因一只苍蝇而玷污了宝石，这就是由天意决定的。各路赶赴来的援军，以多、鲍军为正援助集贤的部队，以成、胡作为后路缠护之兵，以朱、韦作为助守墙壕之军，这就是尽人力；至于打仗能不能胜利，是不是被敌军首领算计，能不能不让敌军首领逃逸，这是天意。我们应该竭尽人力所能做到的，而天事则听之上天，用不着去多想。弟在尽人力方面能尽职尽责，但每次说要擒杀敌军首领等，就是喜欢上天做主张了。

至于要催促鲍进军，也不应太过急速。鲍春霆的队伍由景德镇到达下隅坂，仅用了五天时间，他是冒雨急行，这也是极快的速度了。他队伍的锅、帐篷等到现在还没有到齐，是因为道路太泥泞，小车难以行走。弟从抚州起程到景镇，曾经有几天遇到下雨。试想一下，能够像鲍公这次如此迅速吗？润帅极力劝阻鲍公进军不必太急促，等到敌军首领求战，士气衰竭、兵力疲乏后再慢慢起来对付他们等，与弟的意见正好相反。我的意见是用不着催促鲍急速进军，也不要嘱咐鲍慢慢应战，听任鲍公自己斟酌就行了。多公的调度能力远比鲍要强，他马队的数量也是鲍的几倍，等到多公击退黄文金后，再与鲍军会合进攻围剿集贤关，更有把握。

敌人的首领虽然凶悍，但他们已多次被多、李、鲍打败，这次未必比平日更凶狠。黄文金在洋塘、小麦铺打了两次败仗，兵器已经丢弃完了。多、鲍足以制伏陈、黄二贼，符合事理，这是可预知的人力。他们打仗时能不能取胜，这是命数，天意是不可测知的。来信说敌军有两千五六百马兵，好像也不确切。是打仗时仔细点数出来的吗？还是投降的俘虏招供出来的？听说敌人有许多探子假装成投降者，弟要慎重处理这事。

即问近好。四月三日巳时。

【点评】

曾氏借助于军情谈到人办事能力的问题，“凡办大事，半由人力半由天事”。但是为人做事，但当竭尽全力而为，能否成功那就只有听命于苍天了，他的这一观点也很符合道理的。一个人的能力总是有限的，做小事受外界牵扯的因素较小，通过自己的努力拼搏可能成功。倘若成就大事，就会牵扯到外界各个方面的因素，受制于各方面影响制约，这就不是个人的力量所能为的了，只是尽自己能力所及就是了，至于结果如何？也只有顺从天意的安排。

咸丰十一年四月初八日与九弟国荃书

公元 1861 年 5 月 17 日

沅弟左右：

初八申刻接初七亥刻缄，知初七有出队之举。

凡看地势，察贼势，只宜一人独往，所带极多不得过五人。如贼来追抄，则赶紧驰回。贼见人少，亦不追也。若带人满百，贼来包抄，战则吃贼之亏；不战而跑回，则长贼之焰，两者俱不可。故近日名将看地势者，相戒不带队伍也。

又两相隔在五里以外，不可约期打仗。凡约期以号炮为验，以排枪为验，以冲天火箭为验者，其后每每误事。

余所见带队百余人，以看地势及约期打仗二事致败者屡矣。兹特告弟记之。近唐桂生初五徽州之败，亦犯此二忌。弟如自度兵力，实能胜贼，则出壕一战，亦无不可，切不宜与多、鲍约期。或眼见多、鲍酣战之际，弟率大队一助则可，先与约定则不可。（多鲍来约，竟不应允，甘为弱兵，作壁上观可也。）余此次派鲍、朱援安庆，先未约定而忽至，则有益；希庵先约定回援而不至，则有损也。

杨镇南之不足恃，余于其平日之说话知之。渠说话最无条理。凡说话不中事理，不担斤两者，其下必不服。故《说文》君字后字从口，言在上位者，出口号令，足以服众也。

朱云岩放衢州镇总兵。陈舫仙禀即不批准。瑞州之贼西窜九江，或可无虞。竹庄信附阅。顺问近好。四月初八酉刻。

【译文】

沅弟左右：

八日申时收到你七日亥时写来的信，知道你在七日已经出兵。

曾国藩手札

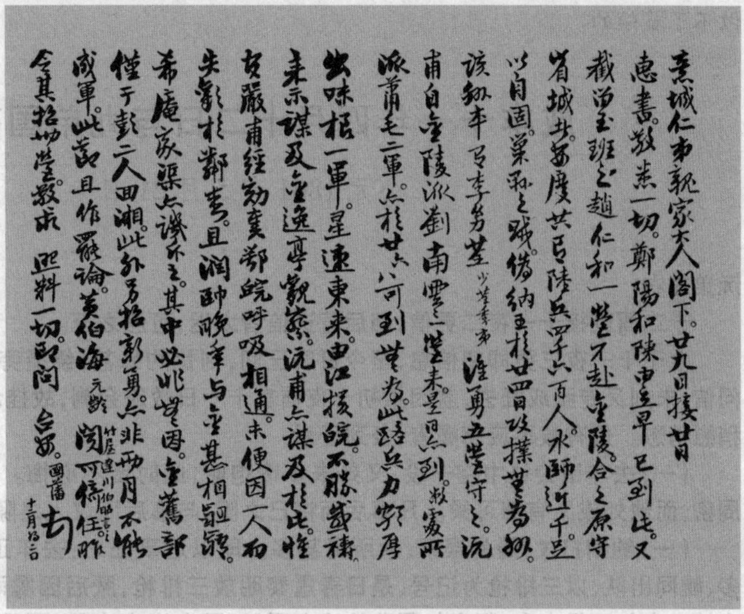

凡是观察地势，侦察敌情，只适合一个人单独去，带的人最多不要超过五个。如果敌军来追击包抄，便迅速返回。敌方看到你们人少，也不会追击的。如果带的人多达一百个，敌人来包抄，迎战就会吃敌人的亏；不迎战而逃回，就会助长敌人的气焰，两种情况都不好。所以近来名将观察地形的，都互相提醒不多带队伍。

另外，两军相隔的距离在五里开外的，都不可约定日期开仗。凡是约定日期并决定用号炮、排枪、冲天火箭为信号的，其后往往误事。

因带着百余人去察看地势以及约定日期开仗而导致失败的例子，我已经见过很多次了。现在特地告诉你，让你记住。最近唐桂生五日在徽州的失败，也是因为犯了这两点禁忌。弟自己估计兵力如果确实能够战胜敌人，就出壕一战，也没有什么不可以的，千万不要与多、鲍约定日期。或者看到多、鲍打得正酣之时，弟带领大队人马去援助也可以，提前做约定，却是不可以的。（多、鲍来约，不要答应，甘心做弱兵，作壁上观就可以了。）我这次派鲍、朱援救安庆，没有事先约定而忽然兵至，就是有好处的；希庵事先约定回援却没有来，就有损失了。

杨镇南之不足以依靠，这是我从他平时所言中得知的。他说话最没有条理，凡是说话不符合事理，没有分量的将领，他的下属必然不悦服。因此《说文》讲解君字说，后字从口，这是说在高位的人，出口号令，要完全能够令众人顺服。

朱云岩被发放担任衢州镇总兵，陈舫仙的禀文不批准。瑞州的敌军向西窜扰到九江，或许没有什么可担心的。竹庄信附寄给你看一看。顺问近好。四月八日酉时。

【点评】

曾氏教导其弟，观察敌情不要带太多人，容易引来敌人的追杀包抄，反而增长了敌人的嚣张气焰，最好一人去，目标小、易隐蔽，不会引来敌人。两人相约某时、某地相见是寻常百姓常有的事，但两军相约是关系到众人生命安危的攸关大事，牵扯的问题较多，一旦有意外的情况发生就会误了大事，曾氏主张最好不要约定，自己能做的就做，不要指望他人。凡办重大事情，必须尽量办得稳妥，考虑周密，做到万无一失。

对于杨镇南说话不着边际、没有条理，借此告诉九弟，凡说话随便不切中事理的人，是做不了首领的。

咸丰十一年四月十二日与九弟国荃书

公元1861年5月21日

沅弟左右：

十二酉刻接十一夜二更信，湘后营送信者太迟，可恶之至。

余于十一夜三更即望信息，至今日辰巳间，则忧灼殊甚，绕屋旁皇。巳刻遣潘文质往问信，未刻又专张成旺去，盖因弟初十夜信言十一日数路会剿，故挂念极切也。兹接弟信，稍慰稍慰。仍有数事应商嘱者，条列于后：

（一）去年诸公议中空一段，又弟未多请炮船，此时皆不必悔。向使此二事当日筹谋周密，而他处或又有隙可乘。凡事后而悔己之隙，与事后而议人之隙，皆阅历浅耳。

（一）约期打仗，最易误事，余所见甚多。即以近事证之：去年正月十九，余际昌约与多、鲍同出队，以三排枪为记号，是日春霆黎明放三排枪，厥后因雾雨，多、鲍未出队，余军大挫。今年正月十六，凯章与霆营约攻上溪口，同在渔亭出队，厥后凯章到而霆营自中途折回，几至误事。二月初九，凯章与朱、唐约攻上溪，以冲天火箭为记号，厥后朱、唐先到，彼此均未见火箭。三月初五，凯章与唐约攻徽州（以排枪为记），厥后唐冒雨先到而凯不至，遂至大挫。弟十一日攻中空九垒，并无错处，因多公约出队牵制，而弟允之，却是错处，想以余前日之信为不足据耳。

（一）攻城攻垒，总以敌人出来接仗，击败之后，乃可乘势攻之。若敌人静守不出，无隙可乘，则攻坚徒损精锐。菱湖贼垒不破，尚不要紧，若关外贼垒十分坚固难破，却须另行熟筹。

（一）用兵人人料必胜者，中即伏败机；人人料必挫者，中即伏生机。庄子云：两军相对，哀者胜矣。此次多、鲍、成、朱援皖，人人皆操必胜之权，余虑其隐伏败机，故前寄弟信，言不必代天主张。本日巳刻小雨，午、未大雨，未知有损于弟军及多、鲍否？如其有损，亦惟兢兢自守，尽人谋以听天而已。顺问近好。四月十二日灯初。

再，来信果临三所代写耶？可谓酷似其舅，欣慰欣慰。

江西所解之五千串，湖北所解之四千两、四千串，计均日内可到。多、李去年十月廿八日之战，杀贼究有多少？方意“狗”难遽振，今何多且悍也？

【译文】

沅弟左右：

十二日酉时收到弟十一日夜二更写的信。湘后营送信人的速度太慢，极其可恶。

我在十一日夜三更就盼望信息，到今天辰巳时间，更加焦灼忧虑，徬徨地绕着屋子转。巳时派遣潘文质前往询问消息，未时又专派张成旺去，大概是因为弟初十夜那封信说十一日数路联合进剿，因此极为挂念。现收到弟来信，稍稍宽慰了一点。但仍有几件事应该商讨嘱咐的，一条一条在后面列出：

一、去年诸公关于中空一段的议论，还有弟没有请要很多炮船，现在都不必后悔。假使这两件事当时筹划谋略得周密，而其他地方或许又会有机可乘。事后后悔自己的失误，与事后议论别人的失误一样，都是由于阅历太浅。

二、约期打仗，最容易误事，我见过很多这种例子。就拿最近的事来证明：去年正月十九，余际昌约定与多、鲍一同出兵，以三排枪为记号。当天黎明，春霆放了三排耸枪，而后来因为雾雨，多、鲍没有出兵，我军大败。今年正月十六，凯章与霆营约定攻打上溪口，一起在渔亭出兵，其后凯章到了而霆营却中途折回，差点误事。二月初九，凯章与朱、唐约定攻打上溪，以冲天火箭为记号，其后朱、唐先到，彼此都没有见到火箭。三月初五，凯章与唐相约攻打徽州（以排枪为号），其后唐冒雨先到，而凯没到，于是导致大败。弟十一日攻打中空九垒，并没有错，但多公约好出兵加以牵制，而且弟答应了，就有错了，想是我前天的信不足以为据啊。

三、攻打城池堡垒，总要在敌人出来接仗，被打败之后，才能乘势进攻。如果敌人静守不动，无隙可乘，则攻坚会白白损失精锐。菱湖敌垒不破，还不要紧，如关外敌垒十分坚固难以攻破，却必须另外慎重地加以筹划。

四、用兵人人料想必胜时，中间就潜伏着失败的危机；人人料想必败时，中间就潜伏着胜利的契机。庄子说：两军相对，哀者必胜。此次多、鲍、成、朱往援皖，人人都认为必胜，我担心其潜伏着失败的危机，因此前面写给弟的信，说不必代天作主张。今天巳时小雨，午时、未时大雨，不知有没有给弟军及多、鲍带来损失？如果有损失，也只有老老实实自守，尽人力而听天命了。顺问近好。四月十二日傍晚。

另外，来信果然是临三代写的吗？可以说跟他舅舅十分相似。欣慰欣慰。

江西解运的五千串钱，湖北解运的四千两银子、四千串钱，估计近日均可到达。多、李去年十月二十八日之战，到底杀死了多少敌人？我刚以为敌军难以马上振作起来，现在怎么又有这么多强悍的敌军呢？

【点评】

曾国藩在此信中根据多年的实战经验和丰富的社会阅历，对弟弟讲了一些军事作战时应该注意的事情：一是切忌约期打仗；二是不可盲目地强攻敌垒；三是哀兵必胜。这些都是曾氏根据切身体会领悟到的道理，对战争的指导意义自然不言而喻。

咸丰十一年四月十三日与九弟国荃书

公元 1861 年 5 月 22 日

沅弟左右：

十二夜二更尽，戈什哈、潘文质归，接弟未正一缄，分条覆列于左：

（一）弟欲余至盐河一行。余既出江滨，岂有不思与弟一见之理？惟历年以来，凡围攻最要紧之处，余亲身到场，每至挫失，屡试屡验，余偏不信，三月攻徽，又试住一行，果又验矣。此次余决不至安庆，盖职是故。

（一）此时不宜再作围贼之计，只作野战与自全两计而已。多在挂车，鲍在关外，必与狗逆有大场恶战。如能大捷，尚可克城；如仅小胜，或反小挫，则不特不能克城，且当思所以自全之策。弟军欲求自全，须请鲍军由江滨进扎，与弟营联络一气，不为赤关岭之贼垒所隔。趁狗在桐未归之时，赶紧扎成。如围棋然，两块相粘连则活矣。或鲍扎原处，而成镇七营进扎亦可。其择地须请杨、鲍、成与弟同看，十三四必须看定。或请韦义堂来一看亦可，以渠熟于贼计也。至季弟东北自全之策，或以枞阳为后路，或仍以大桥为后路，弟与杨、韦酌之。

（一）瑞州一股，横梗腹中，去省太近，不特厘源大绌，即湘人往来亦已道梗。池州一股，又将由建德以入鄱阳。伪侍王一股，与左军相持于广信一带。鄂江膏腴之地，处处糜烂。不特鲍军不可作久围之师，即弟军亦宜腾出为游击之师。古来力争要地，有相守一二年者，如刘项争荥阳，袁曹争官渡，皆不肯让一步。余非不知安庆为必争之地，无奈饷项全无所出，不得不思变计，看鲍、多野战何如。至变计之迟速，则由弟与厚帅酌定。

（一）余每日派舢板送信一次，大约巳午间可至弟处，弟回信可于二三更接到。此外，弟若有极要之件，则派吉中勇送来，其长胜、湘后等营勇不可派也。

顺问近好。四月十三日辰刻。

【译文】

沅弟左右：

十二日夜二更末，戈什合、潘文质回来，收到弟未时正刻写的信，一切都已经知道了。现分条回复如下：

一、弟想要我到盐河一行。我既然到了江滨，怎会有不想与弟见面的道理？只是历年来，凡是围攻最要紧的地方，我亲临现场，每次都会导致失败，屡试不爽。我偏偏不相信，三月攻打徽州时，又试着前往一行，果然又应验了。因为这样的原因，这次我坚决不去安庆。

二、现在不宜再包围敌军，只要作好野外作战与自我保全两方面就行。多在挂车，鲍在关外，必定与敌军有场大恶战。如果能大胜，还可攻克城池；如果仅小胜，或相反遭受小败，则不仅不能攻克城池，而且应当考虑自我保全的策略了。弟军要想自我保全，必须请求鲍军由江滨进军驻扎，与弟营联络一气，不要被赤关岭敌军营垒所隔断。趁伪英王在桐还没有回来的时候，抓紧时间扎成。就像围棋，两块相粘连就复活了。或者鲍驻扎原处，而由成镇七营进军驻扎也可以。选择场地需请杨、鲍、成与弟共同观察，十三四日必须决定。或请韦义堂来看看也可以，因为他熟悉敌人的计划。至于季弟在东北的自我保全之策，或以枞阳为后路，或仍然以大桥为后路，弟与杨、韦斟酌此事。

三、瑞州一股敌军，横插在中间，离省城太近，不仅厘金来源大为受阻，即使湘人往来也是道路梗塞。池州一股敌军，又将由建德进入鄱阳。伪侍王一股敌军，与左军相对峙在广信一带。鄂江土地肥沃，处处沦陷。不仅鲍军不能久围敌军，即便是弟军也应腾出来进行游击战争。自古以来争夺要地，有相持一两年的，如刘、项争荥阳，袁、曹争官渡，都不肯退让一步。我不是不知道安庆是必争之地，无奈没有饷银，不得不考虑改变计策，看鲍、多二军野外作战情况怎么样。至于改变计策是迟是速，则由弟与厚帅斟酌商定。

四、我每日派舢板一次送信，大约巳午间可到弟处，弟回信可于二三更收到。此外，弟若有特别重要的文件，就派吉中营兵勇送来，长胜、湘后等兵勇不可派遣。顺问近好。四

江宁省城战图，描述了湘军与太平军在江宁作战的情景

月十三日辰时。

【点评】

此封家书中，曾国藩说了自己不能去安庆的原因，同时希望弟弟审时度势，根据具体情况的变化与厚帅商定是否改变策略以及改变策略的快慢。战场上的形势风云变幻，只有随机应变、沉着冷静才能得以自保，只有保全自己才能有资本去和敌人拼战，所以就算是兵家必争的战略要地，有时为了自保也必须考虑放弃。安庆的保与弃，便是这样的问题。

咸丰十一年四月十五日与国荃国葆书

公元1861年5月24日

沅弟、季弟左右：

十四日辰刻接沅弟十三夜二更末长信，系临三代笔盛四带回者，志甚坚，气甚壮，微嫌办理太速，兵力太单耳。

十五辰刻罗哨官回，又接沅弟十四戌刻一信，知新移六营，扎于菱湖贼垒之后者，已守住十三夜十四日矣。惟地段太长，仍嫌兵单，务须请成武臣七营赴菱湖，帮助同扎为妥。

大凡初扎险地，与久经扎定者迥乎不同：久经扎定者，壕已深，墙已坚，枪炮已排定，虽新勇亦可稳守；初扎险地者，虽老手亦无把握。久扎者千人守之而有余，初扎者二千人守之而不足。目下菱湖六垒，必须成武臣往扎半月。扎定之后，吾与沅弟另筹几营往该处换扎，又可抽出成军为活着矣。

千万照办，即问近好。四月十五日辰刻。

【译文】

沅弟、季弟左右：

十四日辰时收到沅十三日夜二更末写来的长信，是临三代笔，盛四带回的，你们的意志很坚定，气势很雄壮，只是办理得太快，兵力太单薄。

十五日辰时罗哨官回来，又收到沅弟十四戌时写的信，知道新调移来的六营，驻扎在菱湖敌垒的后面，已经守了十三个晚上、十四个白天了。只是地段太长，仍然觉得兵力单薄，务必请成武臣七营赶赴菱湖，帮助一同驻扎才更为稳妥。

凡是初次进扎险要地方营盘，与久经扎定的营盘截然不同：久经扎定的营盘，壕沟已经挖好，营墙已经坚固，枪炮已排定，即使是新兵也可稳固防守。初次进扎险要地方的营盘，虽是老手也没有把握。长久驻扎的有一千个人固守就绰绰有余了，初次进扎的有二千人防守也不够。现在菱湖六垒，必须由成武臣前往驻扎半个月。驻扎稳定之后，我与沅弟另外筹划几营到那里去轮换驻扎，又可抽调出成军作为活棋。

千万照办，即问近好。四月十五日辰时。

【点评】

曾国藩在此封家信中讨论了初扎营者与久扎营者的不同。初扎营者，由于一切尚未稳妥，即便是久经战场的老将也难以胜任防守任务；久扎营者则壕深墙坚，枪炮齐整，就算是刚刚招募的新手都能很好地完成固守任务。因此，他要求一定要成武臣前往菱湖，去帮助新扎营者稳住阵脚，然后自会派他营前往调换成军，以确保万无一失。

咸丰十一年四月廿一日与九弟国荃书

公元 1861 年 5 月 30 日

沅弟左右：

接廿一早来信并公牍，措词甚为得体。惟此事似非官相所能为力，渠未必肯向夷酋说，夷酋亦未必听渠之话。若果来东流与余相会晤，余窥其意旨，倘可以理论情感，必力为开说；倘其暗助发逆之志甚坚，亦可于言外得之，则奏明另筹大计耳。

弟寄胡公信，欲成扎三安铺与多合势，且待端节后鲍至南岸时再说不迟。凡军事做一节说一节，若预说几层，到后来往往不符。官相处，余即不咨矣。

顺问近好。四月廿一夜。

【译文】

沅弟左右：

收到二十一日早上写的来信与公牍，措词很得体。只是官相不一定有能力把这件事办好，他不一定肯向洋人首领说，洋人首领也不一定会听他的话。如果他们真的来东流与我会晤，我了解清楚他们的意图后，或许还可以和他们理论交情，并竭力陈说利害关系；如果他们坚持暗地帮助长毛敌军的想法，也可以从言外之意听出来，那就奏明圣上另外筹划对策。

弟寄信给胡公，想要成进军驻扎三安铺，与多会合，这个暂且等到端午节后，鲍到南岸后再说也不迟。凡是军事上的事做一步说一步，如预先说了好几步，到后来往往不符合实情。官相那里，我就不去咨文了。

顺问近好。四月二十一日夜。

【点评】

曾国藩在信中说到军事上的事情要做一步说一步，不要预测太深，如果谋划太过周密，万一某个环节出了问题，则会导致全盘计划的崩溃。而且战场上的局势瞬息万变，战争很可能不会向自己预测的方向发展。这体现出曾氏脚踏实地、稳扎稳打的性格特征，万事只求稳妥，不求快速。

咸丰十一年四月廿四日与四弟国潢书

公元 1861 年 6 月 2 日

澄弟左右：

四月廿日接初五七等日家信，藉悉一切。余自来东流，心绪略舒。

安庆之贼，前扎九垒于中空之处。沅弟又扎六垒于贼之后，并九垒与城，以皆大围包之。鲍军亦扎于赤冈岭，围贼四垒，皆有可破之理。所虑者，洋船十六过安庆城，停泊一天，运送油盐接济，我虽辛苦围攻，贼仍供应不断耳。

“四眼狗”窜至桐城，恐日内又窜上游，蹂躏完善之区。瑞州一股盘据如故，建德又新来一股，距东流仅四十里，可谓虱多不痒矣。自去年苏、常失守，金陵师溃，目下贼数骤多

至数十倍。闻各处败兵溃勇多半投贼，故凶悍亦倍于往年。天意茫茫，不知何日始有转机也。

余身体平安，遍身生疮，竟日作痒。自三月下旬至今，几于无日不雨，自十五后，无日不大风，江水涨添一丈二尺有奇。重棉犹觉畏寒。洋船上下长江，几如无日无之。

纪泽儿信，亦不为无见。纪鸿文笔大方，可为喜慰。陈愚谷对联今特寄回，又寄寅皆先生一付。泽儿文笔亦不俗，但嫌作文太少太生，以后须多作为嘱。

顺问近好。

兄国藩手草，四月廿四日

【译文】

澄弟左右：

四月二十日收到五日、七日来的家信，得以知道一切。我自从来到东流之后，心情略为有所舒展。

对于安庆的敌军，前不久布置九座营垒驻扎于菱湖中空旷的地方。沅弟又在敌军的后面扎起六座营垒，将九座营垒与城全部都置于大包围圈之中。鲍军也驻扎在赤岗岭，包围敌人的四座营垒，都有可能被攻破。让人忧虑的是，洋人的船只在十六日经过安庆城，停泊一天，运送油盐进行接济。我军虽辛苦围攻，敌军供应仍是不断。

伪英王于十日流窜到桐城，近来可能又要流窜到上游，蹂躏本已平安的地方。瑞州一部分敌军，像往常一样盘踞着，建德又新来一部分敌军，距离东流只有四十里，可以说是虱多不痒了。自从去年苏、常失守，金陵兵败，这段时间敌军数量骤然多至以前的数十倍。听说各个地方败溃的士兵大部分去投降敌人，因此他们的凶悍程度比起前几年来也增长不少。天意茫茫，不知什么时候才会有转机。

我身体平安，只是遍身生疮，整天作痒。自三月下旬到现在，几乎没有一天不下雨，自十五日以后，没有一天不刮大风，江水上涨一丈二尺多。穿着厚棉衣还觉得怕冷。洋人的船只在长江里来来往往，几乎没有一天没有它们的影子。

纪泽儿信，也不是毫无见解。纪鸿文笔大方，真替他感到欣喜宽慰。陈愚谷的对联今天特地寄回，又寄寅皆先生对联一副。泽儿文笔也不俗，但嫌文章写得太少太生，以后要嘱咐他必须多写。

顺问近好。

兄国藩手草，四月二十四日

【点评】

曾国藩在信中对自己的军队及对安庆敌军的围困情况是比较满意的，但是洋人的船只却一再给对手供应日常物资，使之不至于物资匮乏。别外，现在洋人的船只整天横行于长江之上，无法无天，这让这位朝廷老臣看了怎能不痛心？曾氏对洋敌的痛恨，不仅来自于对其接济太平军的愤慨，更是因为一位老臣的爱国情节和民族尊严受到了洋人的污损。

咸丰十一年四月廿四日与丹阁十叔书

公元 1861 年 6 月 2 日

丹阁十叔大人阁下：

去岁接奉手缄，久稽才复。伏审兴居康豫，福祉日崇，至以为颂。国藩浅材薄植，上承

清代炮台

先世余荫，骤跻高位，并窃浮名，抚衷内省，久怀鹈濡不称之愧。来示勖勉有加，而又引杜陵厚禄书断之句以相讽谕，益增悚仄。

惟近世所称羡督抚之荣，不外宫室衣服、安富尊荣等；而侄则受任于败军之际，奉命于危难之间，所居仅营中茅屋三间，瓦屋一间，所服较往岁在京尤为减省。自去冬至三月，常有贼党十余万环绕于祁门之左右前后，几无一日不战，无一路不梗，昼无甘食，宵有警梦。军士欠饷至五月六月之久，侄亦不忍独处富饶。

故年来不敢多寄银钱回家，并不敢分润宗族乡党者，非矫情也。一则目击军士穷窘异常，不忍彼苦而我独甘；一则上念高曾以来，屡代寒素，国藩虽忝食旧德，不欲享受太过，为一己存福之心，为阖族留不尽之泽。此侄之微意，十叔如访得营中、家，中有与此论不相符合之处，即请赐书诘责，侄当猛省惩改。

安庆一城，费尽气力，本有克复之望。近因洋船暗通接济，城贼又有生机。天意茫茫，未识大局何日转旋。

敬请福安。

【译文】

丹阁十叔大人阁下：

去年收到您的亲笔信，稽缓了很久才回信。十叔居止康豫，福祉日多，值得我们夸颂。国藩才疏学浅，承蒙祖宗余恩荫护，骤然跻身高位，并窃取虚名，扪心自问，很久就有才不称位的愧疚之情。您的来信对我褒勉有加，而且还引用杜陵《厚禄书断》中的句子来讽喻我，更加增加了我的恐惧和内疚之感。

现今世人称道羡慕的总督巡抚这些高官的荣耀，不外乎就是宫室、衣服、富贵、尊荣等，而侄儿我在兵败之时接受任命，在危难之际奉承军令，住的地方只有军营中的三间茅屋，一间瓦屋，穿的衣服比过去在京城时更为俭朴。自去年冬到今年三月份，常常有十多万敌军，环绕在祁门的前后左右，几乎没有哪天不打仗，没有哪条路不堵塞。白天没有美食，晚上常在噩梦中警醒。兵士欠饷达五六个月之久，侄儿我也不忍心独享富贵丰饶。

所以多年来我不敢多寄银钱回家，并且不敢分些钱去接济宗族乡亲，这不是我虚伪。一方面眼睁睁地看着兵士异常穷困窘迫，不忍心让他们贫苦而我却独享甘甜；另一方面想起我家自高、曾祖以来，世代寒素，国藩虽享受祖宗留下来的恩泽，但不敢太过分地享受，为自己留点福气，也为宗族留下用不完的恩泽。这是侄儿的一点心意，十叔如访查到营中、家中,有与我的说法不相符合之处,就请来信责问,侄儿我一定迅猛反省,惩处改正。

安庆一城,费尽气力,本来有收复的希望。近来因有洋船暗中接济,城内敌军又出现了生机。天意茫茫,不知大局哪一天能发生转机。

敬请福安。

【点评】

这是曾国藩写给十叔丹阁的一封家书。信中他解释了自己为何不能更多地接济家人及宗族乡亲的原因。曾国藩自己虽然是朝中要员,位列督抚,但住的是茅屋,穿着也很俭朴。他不忍心看着自己的士兵们异常清苦而自己却独享安乐,体现了曾氏与军队同甘共苦的决心。只有这样的主帅才能得到士兵的拥戴,只有这样的军队才有惊人的凝聚力和战斗力。

咸丰十一年四月廿六日与九弟国荃书

公元 1861 年 6 月 4 日

沅弟左右:

本日发一缄后,午刻接弟廿四夜初更之信。弟处送信,向多"飞廉",近日间有"恶来"。"飞廉"能飞,"恶来"可恶也。

目下可虑之端:第一,洋船接济,安庆永无克复之期;第二,黄、德、瑞三府五六县失守,饷源断无可继之理。欲求一良法救此两端,反复思之,毫无善策。

润帅自统舒、成马步剿南岸兴冶、崇、通等处,弟欲撤休、黟之兵,清江西腹地,纵办得极好,不过克江之瑞州,保鄂之南数县耳,于两大可虑之端,皆不能补救。而弟谓克复安庆,即兆于此举,殆亦未细思也。

兄之不肯弃休、祁、黟三县者,盖兄为江督,又握江南钦篆,不能绕道以履苏境,久已为苏所唾骂。奏明从皖南进兵入苏,又奏参张筱浦接办皖南军务,不能保徽、宁二府,又并此三县而弃之,不又为徽南所唾骂乎?(现不能克徽、宁,徽人甚颂张而怨我。)其次则危困之际,黟、祁曾捐银数万,又其次撤三县之兵,仍须以重兵防饶、景。故兄昨信言调度极难耳。如使一转移间而满盘皆活,有利无害,兄亦何惮而不乐从乎?

今决计于端节后调鲍军南渡,由浔赴瑞,能否得手,则听之天而已。望弟修垒修壕,专为自守之计。如洋船之接济可断,安庆终有克复之日。倘洋船不能禁止接济,则非吾辈所能为力,当奏明另筹耳。

顺问近好。四月廿六日未刻。

再,顷接江西省十九日来文,"十牙影子"之银万两、钱万串,已于十九日交委员刘泽振等领解;又言贼匪扰及义宁之毛竹岭,未言失守。润帅前咨,据崇阳禀,义宁州十一日失守,殆不可信。润帅自剿南岸之说,宜阻之也。

正封缄间,又接胡宫保信,内抄希帅一信,言游湖水涨,水师可保住汉口,渠请自图黄州云云,想润公亦抄送弟处矣。又接弟廿五日巳刻一信,均已聆悉。

余意以鲍军援剿瑞州、武宁、义宁,以成军还希公以谋黄州,或作北岸上游之活兵。希在北,鲍在南,上游有两支活兵,局势必振,胡帅之忧心少纾,病亦必少减。下游又嫌单薄,然江湖水涨若此,弟军专守前后壕,当不致有疏失。多军或驻挂车,或改扎青草塥,纵不能

大破援贼，而自守则绰绰有余。太、潜、石牌三城，亦均易守。杨七麻尚在南岸，未北渡也。云岩务于日内南渡，以安祁门之人心，至要至要。廿六酉刻。

【译文】

沅弟左右：

今天发出一封信后，午时收到弟二十四日夜初更写的信。弟处送信，一向有很多“飞廉”，近来时不时地有“恶来”“飞廉”能飞，“恶来”可恶。

目前让人担忧的事：第一，洋船接济，安庆永远没有被攻克的那一天；第二，黄、德、瑞三府五六个县失守，军饷来源难以延续。想找一个好办法解决这两件事，反复思考，毫无良策。

润帅等率领舒、成马队步兵进剿南岸兴冶、崇、通等处，弟要抽撤休、黟之兵，清剿江西腹地，即使完成得很好，也不过是攻克江西瑞州，保住鄂以南数县罢了，两个忧虑都不能补救。而弟说攻克安庆的兆头就从此开始，可能也没有认真考虑。

兄不肯放弃休、祁、黟三县的原因，是因为兄为江西总督，又是江南钦差，不能绕道以入苏境，早就为苏人唾骂，奏明从皖南进兵入苏，又奏参张筱蒲接办皖南军务，不能保住徽、宁二府，再将这三县一起丢弃，不就又被皖南人唾骂吗（现不能攻克徽、宁，徽州人都非常颂扬张而抱怨我。）其次则是因为在危困之际，黟、祁曾捐数万两银，再有撤三县之兵，仍须用重兵防守饶、景。所以，兄昨天的信说调度是很难的。如能使一方面转移，就盘活全局，有利无害，兄又有什么好担心而不乐于顺从的呢？

现决定于端午节后调派鲍军南渡，由浔赴瑞，能否成功，则听天由命。希望弟修垒修壕，专心做自守之计。如果能中断洋船接济，安庆总会有攻克的那一天。假如不能禁断洋船的接济，就不是我辈力所能及的了，应当奏明圣上另外筹划。

顺问近好。四月二十六日未时。

另外，刚才接到江西省十九日来的文件，“十牙影子”的万两银、万串钱，已于十九日交委员刘泽振等领走解运；又说敌军侵扰到了义宁毛竹岭，没有说失守。润帅前面咨文，根据崇阳禀报，义宁州于十一日失守，也许不可信。润帅独自进剿南岸的想法，最好阻止他这么做。

正封信时，又收到胡宫保来信，内抄寄希帅写的一封信，说游湖水涨，水师可以保住汉口，他请求亲自谋取黄州等，想必润公也抄送弟处了。又接弟二十五日巳时写的一封信，都已经清楚地知道了。

我的意思是以鲍军援助进剿瑞州、武宁、义宁，把成军还给希公以便谋取黄州，或者作北岸上游的机动兵力。希在北岸，鲍在南岸，上游有两支机动部队，整个局势肯定会振作起来，胡帅就可稍稍缓舒一下自己忧虑的心情，病情肯定也会减轻。下游兵力又觉得单薄，然而江湖水涨成这样，弟军专门守卫前后壕，应当不致有疏忽失误。多军或驻守挂车，或改驻青草塥，即使不能大破来援的敌军，但自守应是绰绰有余。太、潜、石牌三城，也都容易守住。杨七麻还在南岸，没有北渡。云岩务必于近日南渡，以安定祁门人心，至关重要。二十六日酉时。

【点评】

曾国藩在此封家书中除了讲明当前形势的可忧之处和诸军的行动计划之外，还向弟弟解释了自己不肯放弃休、祁、黟三县的原因。

曾氏自己以重民保民为第一要义。但形势的不利已经让苏人唾骂自己。自己不能再拿三县当作儿戏，要是三县失守，徽人也不会放过自己，这个父母官可就做不下去了。曾氏深知三县的保与丢，不仅关系到自己的前途，更关系到整个战局。在这种紧要关头，曾氏冷静的头脑让人佩服，可忍一时之辱，但不能置大局于不顾。

咸丰十一年五月初一日与九弟国荃书

公元1861年6月8日

沅弟左右：

接廿八夜信，具悉一切。

韦志浚深明贼情，究竟现在之伪辅王名杨辅清者，即七麻子否？其与金陵洪首逆尚是貌合神离否？少荃信言忠、侍、璋、玕诸王皆与狗逆不合，外畏之而中恨之，确否？现窜鄱阳之刘官方，与黄老虎孰强孰弱？“四眼狗”手下之人，以何人为最悍？四年罗大纲在湖口，身边有洋鬼子三人，现忠逆侍逆身边皆有洋鬼子，系用钱雇无足重轻之鬼乎？抑实与夷中大员说明乎？一一详询见复。

弟处保举，总以归官、胡出奏为妥，牍干之不准，缄求之可也。兄弟中有多少不方便，弟认定为湖北委员，则事事顺手矣。顺问近好。

【译文】

沅弟左右：

收到二十八日夜间写来的信，已知一切。

韦志浚很明白敌情，现在的伪辅王杨辅清到底是不是就是七麻子？他是否与金陵伪天王貌合神离？少荃信中说忠、侍、璋、玕诸王，全与伪英王不合，表面敬畏他，而心里嫉恨他，是这样吗？现在流窜到鄱阳的刘官方，与黄老虎相比谁强谁弱？伪英王的手下，谁最强悍？四年罗大纲在湖口时，身边有三个洋鬼子，现在伪忠王、伪侍王身边都有洋鬼子，是用钱雇来的没有什么分量的洋鬼子吗？是否应该与洋夷中的要人说明白？请一一详细查询后回复我。

弟处保举，还是以官、胡出奏文更为妥贴，正式公文不行，写信求求也可以。兄弟中多少有不方便的。弟认定为湖北委员，就事事顺手。顺问近好。

【点评】

曾国藩在此信中主要询问了敌方目前的形势。从伪诸王的关系到不得不顾忌的洋鬼子，曾氏都一一详细问询并要求弟弟的答复。从一连串的问句中我们可以体会曾氏探知敌情的迫切心理和对伪诸王之间可能貌合神离的盼望之情。伪诸王之间的关系不洽，洋鬼子的无足轻重，正是曾氏最希望看到的情况。

洪秀全像

咸丰十一年五月初四日与国荃国葆书

公元 1861 年 6 月 11 日

沅弟、季弟左右：

初三夜接沅弟畅论贼情一缄，季弟报喜一缄。此次杀三垒真正悍贼千余人，使狗党为之大衰，平日或克一大城，获一大捷，尚不能杀许多真贼，真可喜也。

沅弟所录，十分得其六七。咸丰六七年间，诸杨有老国宗、七国宗、八国宗、九公子之称，当时皆以辅清为老国宗。且言老国宗系真东王之宗支，七、八皆系赐姓。今来缄以辅清为七麻子，与早年所闻不合，不知韦志浚知别有所谓老国宗否也。又韦部黄文金、胡鼎文、古隆贤、赖文等四人（赖忘其名下一字，与现踞黄州之赖文光系亲兄弟否）亦可一询。

鲍公攻刘玱林垒不下，劝之不必性急。余决计不调开渠军，即令在集贤关久扎，且调渔亭二营归之，又调韦部全归之，以厚其力。若决长壕以围玱林先生（敬其人，故先生）之营，断无不破之理。但须严密巡逻，无令玱翁（爱其人，故称翁）一人脱逃耳。

日记附阅，阅毕便付家中。即问近好，并贺节禧。保举单尽可附奏。五月初四日。

【译文】

沅弟、季弟左右：

初三夜间收到沅弟畅论敌情的一封信，季弟报喜的一封信。这次攻杀三垒中真正的强敌千余人，使敌军大受损失，平日有时攻克一座大城池，收获一次大捷，还不能杀如此多强敌，这次真是可喜。

沅弟记的事情，十分之六七是对的。咸丰六七年间，诸杨有老国宗、七国宗、八国宗、九公子的称号，当时都以杨辅清为老国宗。并说老国宗是真东王的宗系分支，七国宗、八国宗都是赐姓。现在来信中认为辅清是七麻子，与早年听说的不吻合，不知道韦志浚是否知道还有别的所谓的老国宗。另外，韦部黄文金、胡鼎文、古隆贤、赖文四人（忘了赖氏名下的一个字，与现今盘踞黄州的赖文光是不是亲兄弟？）也可询问一下。

鲍公攻打刘玱林的营垒没有成功，要劝他不要性急。我决定不调动该军，下令让其长期驻扎在集贤关，并且调遣渔亭两营前往集贤关归他调动，再调遣韦部全军前往，以壮大其力量。如果决计以长壕围攻玱林先生（敬重其人，故称先生）的营垒，绝没有不克之理。但必须严密巡逻，不要使玱翁（爱其人，故称翁）的人有一个脱逃的。

日记附寄让你看看，看完后便付给家中。即问近好，并恭贺节日之喜。保举单尽可以奏上。五月初四日。

【点评】

曾国藩在此信中对三垒大战获胜给予了很高评价，认为这是一次货真价实的胜利，由此我们也可以看出战争是进行得很艰难的。我们需要注意的一点是曾国藩在信中敬称敌军将领为“先生”。虽然战场上是彼此拼杀的死对头，但是曾国藩并没有因此而污蔑其敬重的两位敌军将领，也体现了曾氏的君子风度。

咸丰十一年五月初七日与九弟国荃书

公元 1861 年 6 月 14 日

沅弟左右：

接初六日辰正信，具悉一切。

刘玱林之被擒，余于初六接杨厚庵信始知之，闻已肢解，将头函送菱湖以示众贼，今而后喜可知也。

今早办文调鲍军由浔援瑞。陈舫仙初六东流，东征局带解弟处之二万两、二万串，余欲拨六千金发舫仙新营一月口粮。盖新营无饷，诸事不便，不比老营尚可支持。或俟江西饷到拨还、或抵偿华阳镇借款皆可。弟借提华阳厘局万串，兄已代偿四千金矣。

韦部二营，厚庵已调赴池州否？若未去，弟尽可遣去。安庆守壕，殊非易易，恐以一鼠矢坏全羹也。润帅于安庆守事，闻将录弟禀入告。弟禀毫无铺张，在近日为仅见之事。然言名则保举同，言利则口粮同，又何必铺张哉？

胡、李、鲍三信及泽儿信付还。郭氏兄弟与弟信，余已拆阅；其与兄信，附寄一览，即问近好。

【译文】

沅弟左右：

收到初六辰时写的信件，一切已经知道。

刘玱林被捉住了，我在六日收到杨厚庵的来信时才知道，听说已经被肢解，并把他的首级寄送到菱湖，用以警告敌人。我现在高兴的心情是可想而知的。

今天早上发公文，调派鲍军由浔往援瑞。陈舫仙六日到东流，东征局带到弟弟那里的两万两银子、两万串钱，我想从中调拨出六千发给陈舫仙新营作为一月的口粮。因为新营没有军饷，做什么事情都不方便，不像老营那样还能支持。或者等到江西军饷拨发后再还给弟弟，或者抵偿华阳镇的借款都可以。弟弟借走华阳镇厘局钱万串，我已替你偿还了四千。

韦部二营，厚庵是否已经把它调往池州？如果还没有，弟尽可以派遣去。安庆守壕，特别不容易，真担心一粒老鼠屎会坏一锅汤啊！润帅在安庆的守卫之事，听说将由弟禀告。弟禀告毫不夸张，这在近来是少见的事情。但说起名义来则保举同，说起利益来则口粮同，又何必夸张呢！

胡、李、鲍三封信及泽儿的信寄回，郭氏兄弟给你的信，我已拆看；将其与我的信附寄给你看一看。即问近好。

【点评】

曾国藩在信中对敌将刘玱林被擒并肢解之事表达了欣喜之情，并希望能从弟弟的军饷中调拨一部分给新扎的陈营，要弟弟以大局为重，不要太过吝惜。曾国藩对弟弟的劝说真是动之以情，晓之以理，很能体现其作为一个政治家的工作艺术。

咸丰十一年五月初九日与国荃国葆书

公元 1861 年 6 月 16 日

沅弟、季弟左右：

初八日申刻接初六日信，具悉一切。

韦营事反汗亦尚不难，兹将余复鲍信稿抄阅。鲍军准用民夫，即日当通行各县。

黟县于初五日克复。左军闻亦至景镇。或者天从人愿，三县竟可不弃乎？水大异常，于贼则处处不利。然江西、两湖，农不能收种，官不能安居，商不能贸易，口粮更从何处取出？真大忧也。

家信送去，瑞侄信已拆阅，功牌亦送去，查收。周万晫之营官已报明，渠带千人，新营带三百，不便更改。

弟论兵贵精不贵多一段，实有至理。然弟处守外壕内壕，约计七十余里，万余人尚嫌其少。如贼猛扑外内两壕，地段太长，余深以为虑。比之左公乐平野战，迥乎不同。弟切不可存此心，谓人已太多，力已有余也。若存此心，必致误事。计外内并守，仅敷一班站防，并不能两班轮替。若贼来轮换猛扑，而守者昼夜不换，岂不可危？弟从此着想，并须将外壕加挖，至嘱至嘱。

添募本不易易。余令鲍、朱、唐添募，系采弟与希庵及诸公之言，实则三公均不宜将多也。顺问近好。五月九日。

【译文】

沅弟、季弟左右：

初八申时收到初六的来信，一切已经知道了。

韦营一事，返驻汉地还不算难，现将我回复鲍的信稿抄给你们看。鲍军准许使用民夫，今日当在各县通行此法。

清代的大炮

黟县在初五那天攻克收复了。听说左军也已经到了景镇。或许是天遂人愿，三县最终可以不放弃吧？现在水非常大，对敌军来说处处不利。但江西、两湖，庄稼不能收获耕种，政府不能安居，商人不能贸易，口粮从何而来？这真是个大忧患。

家信送去，瑞侄的信我已拆看过，功牌也送去了，注意查收。周万晫的营官已经上报清楚，他率领千人，新营带三百人，最好不要改变。

弟弟谈论兵法说贵精不贵多，这种说法实在很有道理。但弟弟你那边现在是守外堑内壕，长约七十多里，一万多人尚嫌不足。如果敌军猛扑内外壕堑，地段太长，我深感忧虑。和左公乐平的野战相比，迥然不同。弟弟一定不可有这样的心态，说人已经太多，力已经有余。如果有这样的想法，必会导致误事。估计内外并守，你的兵只够一班站岗防守，不能两班轮换替防。如果敌人轮翻猛扑，而你的守兵昼夜不替，难道不是很危险吗？弟弟要从这方面着想，并且应该加挖外壕，再三嘱咐你。

添募新兵本不容易。我命令鲍、朱、唐添募，是采用了弟弟和希庵及诸将领的建议，实际上，这三人所率之兵都不宜太多。顺问近好。五月九日。

【点评】

曾国藩在信中再三嘱咐二弟千万不要有“人已多、力有余”的想法，应该考虑到站线过长，兵力换防可能不够，若遇敌人轮翻轰炸，结局可想而知。众所周知，骄兵必败。没有充分地估计好战争的困难便盲目乐观，认为自己的兵力多、实力强，实乃兵家大忌。曾氏就是从这个角度出发，教育弟弟切忌骄傲自大。

咸丰十一年五月十三日与九弟国荃书

公元1861年6月20日

沅弟左右：

余于今早卯刻开船，巳刻至华阳镇对岸之香口。余昨日酉刻复胡帅信抄送弟阅。目下各处主意纷纷无定，余将余之深知而自决者告弟知之，谨记之，其不深知不敢自决者，亦告弟知之，听弟酌之。

多军宜全扎桐、怀，专击援贼，弟军宜专主围怀，此兄之深知而自决者也。鲍军或稳驻集贤（胡初议，杨亦然），或援瑞州（沅初议，涤久议），或打宿松（沅后议，多亦然），或剿蕲、黄（胡昨议），或打南岸（蒋某信，多亦然），俱未十分妥善，此兄之不深知不敢自决者也。自孔垄至二套口隆坪一一带，一片皆水，往年湖宽八九十里，今年必百余里。鲍军若由黄梅行走，不特不能至二套口以过南岸，并不能由广济（或可走）以达二蕲，此兄之深知而自决者电。鲍若从兴国下手，共须渡水几次而后可至兴境？成、胡赴南岸，共须渡水几次？此兄之不深知不敢自决者也。现约润帅与春霆同来香口一会，俟会后再飞缄告弟可耳。顺问近好。五月十三日申正。

再，弟论兵事，宜从大处分清界限，不宜从小处剖晰微茫。如鲍军或打南岸，或留北岸，此大处也。往返动须两月，调度不可错误。北岸或扎集关，或攻宿松，南岸或援江之瑞、义，或援鄂之兴、冶，此小处也。往返不过十日，临时尚可更改。

近日接弟两次长信，皆言鲍军不可不救江西以保饷地；而此次十二夜信，又言宿松上至德安乃有官军，中间无人过问云云，意似留鲍公在北岸者。且信中力陈鲍公宜谋宿松矣，而又言鄂南已失十县，重于瑞、义等州，宜合力图之云云，意又似令鲍打南岸鄂境者。究竟弟之确见欲鲍在北岸乎？在南岸乎？望以一言决之，不必纷纷多说道理，使我无所适从也。

【译文】

沅弟左右：

我在今天早上卯时开船，巳时到达华阳镇对岸的香口。我昨天酉时给胡帅写的回信，现抄给你看。目前，各个地方的意见不一，尚无定夺，我把根据我很清楚的情况而作出的决定告诉弟弟，你一定记住，我不是很了解情况，自己不敢决断的事情，也告诉弟弟，听凭弟弟斟酌考虑。

多军应全部驻扎在桐、怀,专门回击来援助的敌军,弟弟领导的军队,最好专门围攻怀地,这是我很清楚情况而作出的决定。鲍军要么稳稳地驻扎在集贤关(胡当初这样想,杨也同意),要么援助瑞州(沅弟当初是这样的意见,涤曾一直做此主张),要么去攻打宿松(沅弟后来有这种想法,多也这样认为),或者进剿蕲、黄(胡昨天提出的),或者攻打南岸(蒋来信提此议,多也同意),这些主张都不是十分妥当,我不是十分清楚这些情况,因而不敢妄自决断。自孔垄到了二套口、隆坪一一带之后,那里到处都是水,往年湖水宽八九十里,今年肯定有百余里。鲍军如果由黄梅行走,不仅不能到达二套口,从而渡到南岸,而且不能由广济(或许也可以走)到达二蕲,这是我熟知的情况,也是自己下的结论。鲍如果从兴国着手,一共要渡多少次水之后才能够到达兴国境内?成、胡到南岸,一共要渡水多少次?这是我不熟悉也不敢妄自决定的。现在约润帅与春霆一起在香口会面,等到会面后再马上写信告诉弟弟情况。顺问近好。五月十三日申时。

另外,弟弟讨论军事,应从大处着眼,分清界限,不要从小处剖析细微之事。例如鲍军要么攻打南岸,要么留在北岸,这是大方面。一来一往调动需要两个月时间,调度不能出差错。在北岸要么驻扎在集贤关,要么攻打宿松;在南岸要么援助瑞州、义州,要么援助湖北的兴、冶,这是小方面。往返不过十天时间,临时还可以作改动。

最近收到弟弟两封长信,都说鲍军不能不救江西,以保住军饷的供应地;而这次十二日晚上的来信,又说宿松上至德安有官军,中间无人过问等,意思好像是要把鲍公留在江北岸。并且,在信中大力主张鲍公应该谋取宿松,但又说湖北南部已失陷十个县,比瑞州、义州等地的情况严重,最好集中力量包围攻击等,意思又好像是要命令鲍军攻打湖北境内的南岸之地。弟弟的确切意见到底是想让鲍军留在北岸呢?还是想让他到南岸呢?希望用一句话来做决定,不必纷纷然讲那么多道理,让我感到无所适从。

【点评】

曾国藩告诉弟弟自己可以做出的决定有哪些,自己不敢妄下结论的事情又有哪些,希望弟弟能加以斟酌。这体现曾国藩实事求是的态度,尤其是战场上的事,不能有一点马虎。

曾氏希望弟弟论兵要着眼大处,不要去抠细枝末节的无关紧要之事。作为一名统帅,应有沙场点兵的能力和气吞山河的魄力,将大的方针制订好了,事情自然会很少出差错。

咸丰十一年五月廿五日与九弟国荃书

公元 1861 年 7 月 2 日

沅弟左右:

廿五日接廿三日来信并伪文一包,具悉一切。观叔父寿器上木色如新,葬地尽可放心。弟于家庭之际,可谓养生送死无憾,至以为慰。

南坡解来之银米,拟以万两济左军之急。左公虽只欠百一十日,而目下穷困异常。枚村扎营建德,钱米俱断;左公自景德镇以千三百金济之,顷又断矣。东流粮台亦无分文。或以八千解左,二千留台,其余银二万,弟与厚庵均分可也。米六千石,则以三千济厚庵,二千交弟处,一千留东流。江西两湖三省水灾已成,纵能克安庆,下半年事势必决裂。

皖南道拟以姚秋浦署理,吏事较凯章略熟,又与张、朱、唐三人相得耳。建德现已无

贼，似畏枚村一军，全退池州。屡获伪文，狗酋催刘官方打东、建、湖口，以分军势而解皖围云云。顺问近好。五月廿五日辰刻。

【译文】

沅弟左右：

二十五日收到你二十三日的来信并伪文（指缴获的太平军文书）一包，已经知道一切。看到叔父寿器上的木头颜色崭新，埋葬墓地尽管放心。弟弟处理家事，对叔父的生养死葬，一切做得都不留遗憾，我感到十分欣慰。

南坡押运来的银米，打算用两万接济左军的危急。左公虽只欠一百一十日的钱粮没有派发，但他们目前异常穷困。枚村在建德驻扎营地，钱粮都断了；左公在景德镇时我就用一千三百金接济他，不久又用完了。东流粮台也身无分文。或者用八千解付左公，二千留台，其余二万两银，弟与厚庵均分就可以了。六千石米，用三千石来救济厚庵，二千石交给弟弟，一千石留给东流。江西、两湖三省已经出现水灾，即使能打下安庆，下半年的形势也很紧张。

皖南道打算让姚秋浦管理，他对官场方面的事比凯章略微熟悉一些，又与张、朱、唐三人合得来。建德现在已经没有敌人，好像是害怕枚村的军队，全部撤退到了池州。多次缴获伪文，敌军首领催促刘官方攻打东、建、湖口，以分散我军势力以解除安庆之围等。顺问近好。五月二十五日辰时。

【点评】

在此封家书中，曾国藩主要谈了粮饷的分配问题。战争耗时太长，军队粮饷接济不及时，许多地方出现了银粮断绝的情况。好不容易有了一些粮饷，无奈僧多粥少，曾氏也只能根据情况勉强给予接济。军事上都讲究兵马未动，粮草先行。曾氏面对的却是军粮短缺、天灾人祸的不利形势，因此下半年的局势不容乐观。

咸丰十一年五月三十日与九弟国荃书

公元 1861 年 7 月 7 日

沅弟左右：

廿九夕接是日早一缄，具悉水师破贼数垒，甚慰甚慰。此时贼势衰弱，再挫其气，则将来城破逃出，亦无心打仗。木排二百余架，大江断难多逃。以排之为物甚笨，只要舢板走近，打几个大火蛋，则排上之贼必扑水自尽。火球中多置松脂，则火燃略久，抛入排上，自然惊心动魄。上游贼势虽炽，只要安庆克复，必可掣之。回顾下游，特大水已成，彗星又出，未知天意究竟何如耳。

余疮痒久未就愈，公事废搁。昨请梅小岩来，当可代理一切。少荃以妻病未到，闻不日亦可来营。

闽汀之贼，从德兴于初三日窜陷婺源。上而渔亭，下而景镇，又同吃紧。并闻蒲圻之贼未破岳州而阑入湘阴境内，惟冀不确耳。

顺问近好。五月卅日巳刻。

【译文】

沅弟左右：

二十九日晚收到你当天早上的一封来信，得知水师攻破敌军数座营垒，我感到很欣慰。现在敌军军势衰落，如果再挫伤敌军士气，那么即使将来破城后贼兵逃出，也必然无心再

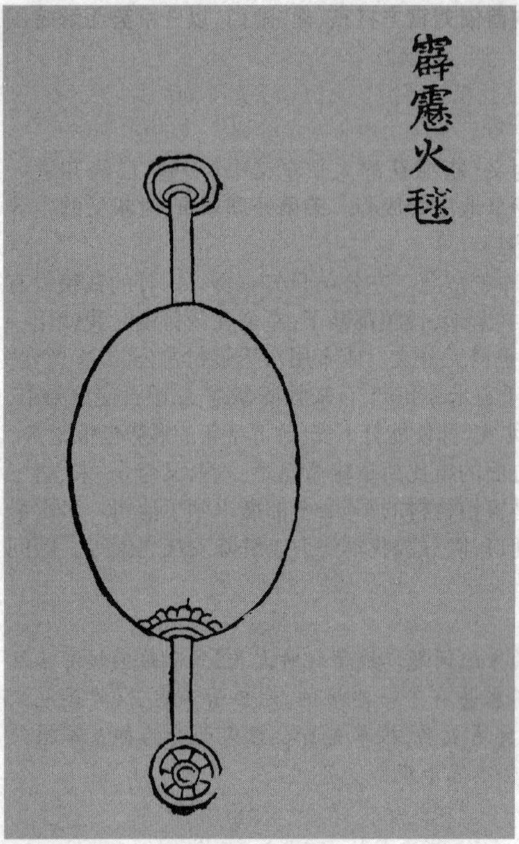

打仗。敌人有木筏二百多架，江上败后贼兵绝对难以多逃。乘木筏的是非常笨的办法，只要舢板靠近，打上几个大火球，木筏上的敌军必然扑跳江中自尽。火球中多放松脂，使火燃烧的时间稍长一点，扔到木筏上，自然让敌惊心动魄。上游的敌军之势虽然较旺盛，但只要攻克了安庆，一定会牵制住敌人，让他们回顾下游。特大洪灾已成，天上又现彗星，不知天意到底怎样。

我的疮痒久治不愈，公事被迫荒废搁置。昨天请梅小岩来，应当可以代理我所有的事务。少荃因妻子有病而没有到，听说过不了几天便可到达军营。

闽汀的敌军，在初三那天从德兴窜扰到婺源并将其攻陷。上游的渔亭，下游的景镇，又一同吃紧。我还听说蒲圻的敌军没有攻破岳州，而是进入了湘阴境内，但愿此消息不确切。

顺问近好。五月三十日巳时。

霹雳火毬，火攻用具。图出自《防守集成》

【点评】

曾国藩在信中认为此次水师的胜利意义重大，使敌军军势大受挫折。在提及敌军可能用木筏逃跑的情况时，曾国藩更是胸有成竹地向弟弟推荐了火攻计，安庆似乎已在曾氏的把握之中。

洪水泛滥成灾，彗星长挂空中。自然灾害的出现和星象变异的到来在曾国藩看来是天意的昭示，但天意到底如何，曾氏也只能在心中暗祷上天眷顾的人是他了。

咸丰十一年六月初五日与九弟国荃书

公元1861年7月12日

沅弟左右：

初五日酉刻接初三日酉刻书并公牍，据水师哨官称，此信初四下午始至渠处也。劫数之大，良可叹悸，然使尧、舜、周、孔生今之世，亦不能谓此贼不应痛剿。

援贼至吕亭驿，日内想已开仗。吾初三日以公牍催鲍军驰援上游，初四日得润帅朔日一缄，又云鲍公且顾怀、桐，吾与润皆不免反复，殊以为愧。然多公如能抵御，则鲍虽南渡，亦尚无妨；如不能抵御，则鲍虽在宿松，亦难赶救也。弟总作一坚守不战之计，并预作一桐军小挫之想，谅当足以御之。

疮痛敷药，不作一字。顷药少干，书此以慰弟念，并问近好，季弟均此。六月初五戌时。接澄弟信，知筠仙夫人仙逝。

再，狗酋此次援皖，利在速战。方今盛暑酷热，若出队站立烈日之中，历二三个时辰之久，任是铁汉，亦将渴乏劳疲。若挂车河官军作坚守之计，任贼诱战搦战，总不出队与之交仗，待其晒过数日之后，相机打之，亦一法也。多礼帅谋略最优，不知肯为此坚忍之着否？弟试与商之。

【译文】

沅弟左右：

五日酉时收到你三日酉时写的书信及公牍，听水师哨兵说，这封信四日下午才到他那里。这样大的劫数，确实令人感叹心悸。但就算是尧、舜、周公、孔子生于当今之世，也不能说这些乱贼不应彻底剿灭。

敌人的援军已到吕亭驿，想来目前已经开战。我在三日那天用公牍催促鲍军急速援助上游，四日收到润帅一日写的来信，又说鲍公还得顾及怀、桐，我与润帅不免都有些反复，实在感到惭愧。但如果多公能够抵住敌人，那么鲍即便南渡，倒也无妨；如多公不能抵御敌军，那么鲍即使还在宿松，也难以赶去救援。大体来说，弟弟要采取坚守不战的计策，并作好桐军遭受小挫伤的心理准备，想来便足以抗敌。

因为痈疮敷药，没有写一个字，现药稍微变干，写这封信来安慰弟，并问近好。也问季弟好。六月五日戌时。

收到澄弟来信，知道筠仙夫人去世了。

另外，狗头（指陈玉成）此次援救安徽，利于速战速决。现在正值盛暑天气酷热，如果队列在烈日下站两三个时辰之久，那么就算是铁打之人，也会口渴疲劳。如果挂车河的官军采取坚守的计策，任凭敌军诱战挑战，总也不出队同他们交战，等敌军晒过几天之后，乘机攻打，也是一个办法。多礼帅的最善谋略，不知他肯不肯因为这个而采用坚守之计？弟弟试探着与他商量此事。

【点评】

此信末尾，曾国藩提出了与李秀成军队作战的策略，那就是坚守不出。时值酷暑，天气炎热，任凭其诱战挑战，自己坚用不出之计，那样敌军便会因为天气炎热而导致气衰力竭，待他们在烈日下曝晒几天后，我军再相机而动，一举击之！这叫做以逸待劳。因此，曾氏劝其弟与多礼帅商量，看看能不能行此计策。

咸丰十一年六月十二日与国荃国葆书

公元1861年7月19日

沅弟、季弟左右：

盛四归，接两弟信，具悉一切。

既已带兵，自以杀贼为志，何必以多杀人为悔？此贼之多掳多杀，流毒南纪，天父天兄之教，天燕天豫之官，虽使周孔生今，断元不力谋诛灭之理，既谋诛灭，断无以多杀为悔之理。幅巾归农，弟果能遂此志，兄亦颇以为慰；特世变日新，吾辈之出，几若不克自主，冥冥中似有维持之者。

赖贼赴下游买米，日内有信来安庆否？余前有寄厚庵二缄，兹抄去一阅，弟可与黄昌岐细细说明。大约不外平日结以厚情，临时啖以厚利，以期成安庆一篑之功耳。即问近好。六月十二日巳刻。

周公像，图出自明·天然撰《历代古人像赞》

【译文】

沅弟、季弟左右：

盛四回来了，收到两位弟弟的来信，一切尽知。

既然已经带领军队，自然就应该以杀贼为志向，何必后悔杀人太多呢？这些贼寇到处掠杀，危害到南纪，信奉天父天兄的宗教，设立天燕天豫的官职，即使是周公、孔子生于当今之世，也没有不竭尽办法诛灭他们的道理。既然打算诛灭乱贼，就没有因多杀人而后悔的道理。弟弟如果能实现幅巾务农的心志，做哥哥的我也会感到很欣慰，只是世事变化无常，我们这些出来的人，几乎不能独立自主，冥冥中似有主宰这一切的人。

赖贼去下游买米，近日他有写信给安庆守贼吗？我在前些天曾寄给厚庵两封信，现抄给你看。弟弟可向黄昌岐细细说明，大体上不外乎是说平日结之以深情厚谊，到时惠之以丰厚利益，以期望成就克复安庆的最后之功之类的东西。顺问近好。六月十二日巳时。

【点评】

从这封信中，我们又看到了战争的残酷性，安庆之役，太平军伤亡惨重，可以让读者想象那种令人惨畏、血雨腥风的悲壮残景；老九感到杀人无数，内心不免有些悔意，可曾氏劝其弟勿以杀人多而有悔意，他认为太平军都殊逆滔天的匪贼，应该死。这反映了曾氏的思想束缚于封建皇权的片面与狭隘。一个文人由于战争变成了杀人不眨眼的刽子手，这也是历史的悲哀！

咸丰十一年六月十四日与四弟国潢书

公元 1861 年 7 月 21 日

澄弟左右：

六月初四接五月廿四来信并纪泽一禀，具悉一切。

南五舅母弃世，纪泽往吊唁后，弟亦往吊唁否？此等处，吾兄弟中有亲往者为妙。从前星冈公之于彭家，并无厚礼厚物，而意甚殷勤，亲去之时甚多，我兄弟宜取以为法。大抵富贵人家气习，礼物厚而情意薄，使人多而亲到少。吾兄弟若能彼此常常互相规诫，必有裨益。

此间军事平安。余疮疾渐愈，已能写字矣。安庆军情，九弟常有信回，兹不赘。付回银二百两，系去年应还袁宅之项，查收。即问近好。

国藩手草，六月十四日。

【译文】

澄弟左右：

六月四日收到你五月二十四写的来信和纪泽的一封信，一切情况全部知道了。

南五舅母去世了，纪泽前去吊唁之后，弟也亲自去吊唁了吗？这种事情，我们兄弟当中有亲自前去吊唁的才好。从前，星冈公对于彭家，并没有厚重礼物，但情意殷实，有事情亲自前往的时候很多，我们兄弟应该学习这种为人处世的方法。大体上说，富贵人家交往的习气是礼物厚重而情意轻薄，派人去的时候多而亲自参加的时候少。我们兄弟如果能够常常彼此互相提醒劝诫，一定会有好处。

我这里战事平安。我的疮病逐渐痊愈，已能写字了。安庆的军情，九弟常有回信，我在这里就不再多说了。寄回二百两银子，是去年应还给袁家的那笔钱，请查收。即问近好。

国藩手草，六月十四日。

【点评】

在世态炎凉的封建社会里，人们之间的亲情和友情，也都受到了世俗等级观念的毒化，尤其是富贵人家往往以政治经济地位的高低来决定对待亲友感情的亲疏厚薄。曾国藩出生于一个普通农民家庭，进入官场后对这种恶俗的世风感受甚深，且深恶痛疾之。所以当南五舅母去世后写信给弟弟澄侯，提醒他自己兄弟中应有一人亲去吊唁，以表示对亲友的深情厚谊。并借这件事教育家中子弟要继承祖父曾星冈对亲戚重情意、轻礼物的美好遗风，不要在贫贱的亲戚面前摆架子。

咸丰十一年六月十七日与九弟国荃书

公元1861年7月24日

沅弟左右：

十六酉刻接十五夜信，具悉一切。五月十六，余在香口，与胡帅、鲍镇三人会商，本令霆军由太湖陆路至张家塝以上蕲水。厥后改计攻宿松，又改计坐船，暨初六日拔营登舟，初八日长行，皆春霆所自定，余不得与闻也。

惟鲍将登舟时，接胡帅信，令其回援怀、桐，渠有禀来请示余；因其时新破菱湖十八垒，怀、桐两军足以自立，批令霆军仍上援鄂、江。至十一日闻建昌之失，乃檄令专援江西；目下江西省城震动，余断不能再失信调鲍回顾下游。如天之福，怀、桐两军站得住，大局终可无碍；若有意外之疏失，亦自有天心主之，国运主之。鲍公本系南岸之军，还之南岸，余无愧悔耳。

多、孙二信寄还，顺问近好。六月十七日辰刻。

【译文】

沅弟左右：

十六日酉时收到你十五日写的来信，一切都知道了。五月十六日，我在香口，与胡帅、鲍镇三人会晤商谈，本来命令霆军由太湖陆路到张家塝，再上到蕲水。其后改变计划攻打宿松，又改变计策坐船，并于六日那天班师上船，八日那天长行军，这些都是春霆自行决定的，我都没有听说过。

只是在鲍将要上船的时候，我接到胡帅的信，我命令他回去援救怀、桐，他有报告向我请示。因为当时刚刚攻破菱湖敌军十八座营垒，怀、桐两军足以站稳脚跟，便批示让霆军仍然向上援助湖北、江西。到十一日，听说建昌失守，于是才传檄命令霆军专门援救江西。

目前江西省城震动，我绝对不能再食言调鲍军回顾下游。如果天赐福祉，怀、桐两军站得住脚，大局终不会有什么大碍；如果有意外的疏忽失误，也自有天意在决定，国家命运在决定。鲍公本来是南岸的军队，归还给南岸，我无愧无悔了。

多、孙二信寄还给你，顺问近好。六月十七日辰时。

【点评】

曾国藩主要讲及鲍春霆一军近来的军事行动。将在外，君命有所不受，原先定好的军事行动部署可能会随着军情的变化而变得不合时宜，所以不管幕后主帅还是临敌统将都必须有随机应变的能力。鲍军的行动计划便是根据敌情而不断变化的。但是军令并非儿戏，不能朝令夕改。曾氏为了保持自己的威信决不可以屡屡变动军令，否则不仅军队无所适从，自己也会失去信用。

咸丰十一年六月廿三日与九弟国荃书

公元1861年7月30日

沅弟左右：

前日接复信并"苦株"一包，顷又接廿二日戌刻来信，具悉一切。狗、辅不来集贤，艇船不送贼米，安庆之事，"十牙子"真有"影子"乎？古文二本，日内当圈点，以犒赏统领也。

汉口、汉阳只要布置略早，水师足资防御。逸亭之能否内剿城贼，外抵狗、辅，则未可知。然南岸尚有成、蒋八千人置之空虚之地。万一金、刘小有疏虞，上游亦不至决裂。

江西建昌之贼与兴国、义宁等股会合，蔓延太广。闽汀股匪，散布抚、建、广三府境内，并围玉山县城，无人去剿，饷源竭矣。

多公函寄还。渠每主先出队寻贼，余每主待贼来扑我，所见不同。古之用兵者，于主客二字最审也。

顺问近好。六月廿三日午初。

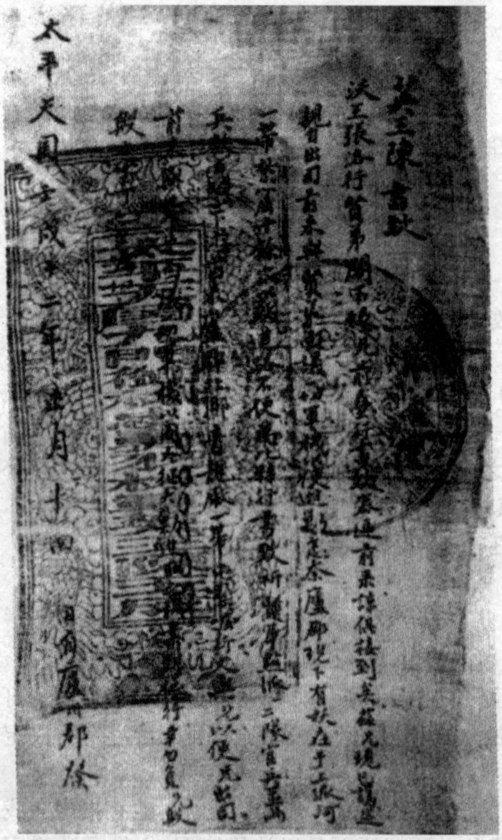

太平天国英王陈玉成请求派军增援庐州的信件

【译文】

沅弟左右：

前天接到回信还有一包"苦株"，接着又收到二十二日戌时写的来信，一切都知道了。狗、辅不来集贤，艇船也不来给敌贼送米，安庆的事情，"十牙子"真有"影子"吗？二本古文，将在最近圈点，用来犒赏统领。

汉口、汉阳只要稍微早点布置，水师足以用来御敌。逸亭能不能对内剿灭城内敌军，对外抵御陈玉成、伪辅王，则不可预知。然而南岸我军还有成、蒋的八千人，驻扎于空虚的地方。万一金、刘两军有什么疏忽，上游军事也不至于彻底崩溃。

江西建昌的敌军与兴国、义宁等股敌军会合，势力蔓延范围太广。闽汀这股敌军，散布于抚、建、广三府境内，并包围了玉山县城，无人前去进剿，军饷的来源枯竭了。

多公的信寄回。他一直主张主动派兵寻找敌人，我一贯主张等敌人来攻打我，我俩看法有所不同。古人用兵，对“主”、“客”二字最为审慎。顺问近好。六月二十三日午初。

【点评】

自古用兵，无外乎两者：主动出击或以逸待劳。每个军事家有着自己不同的理解。主动出击可以出其不意、攻其不备，从而掌握战争的主动权。以逸待劳则可以伺机而动，待其气竭，用己之盛攻彼之竭，自然也有掌握主动权的机会。两种战略互有优劣。

曾国藩一直主张以逸待劳的战略战术，从以前的信中也可窥知一二。他主张待敌军精疲力竭、士气衰竭之时，抓住机会给敌人以致命一击，从而反客为主，争取战争的胜利。

咸丰十一年六月廿九日与九弟国荃书

公元1861年8月5日

沅弟左右：

专人至，接来信，城池未克，而遽索犒赏之古文，未免揭盖太早。湖南主考放王澎、胡家玉。毛公之奏停，系听胡恕堂言，浙江之失，由先年借办江南乡试，招引奸细入城云云，兹将毛信抄寄一阅。虽不免士子之讥议，而为慎守省城起见，毛固不失为贤者耳。

润公专人守候，余因作《箴言书院记》，勉强交卷，文不称意，抄寄弟阅。

四伪王究由宿松至怀、桐否？查明见告。日内闻池州之贼已退，不知确否？即问近好。六月廿九日。

再，望溪先生之事，公私均不甚惬。公牍中须有一事实册，将生平履历，某年中举中进士、某年升官降官、某年得罪、某年昭雪、及生平所著书名，与列祖褒赞其学问品行之语，一一胪列，不作影响约略之词，乃合定例。

望溪两次获罪，一为戴名世《南山集序》，入刑部狱，一为其族人方某挂名逆案，将方氏通族编入旗籍，雍正间始准赦宥，免隶旗籍，望溪文中所云“因臣而宥及合族”者也。今欲请从祀孔庙，须将两案历奉谕旨一一查出，尤须将国史本传查出，恐有严旨碍眼者易干驳诘。

从前入祀两庑之案，数十年而不一见，近年层见迭出，几于无岁无之。去年大学士九卿等议复陆秀夫从祀之案，声明以后外间不得率请从祀。兹甫及一年，若遽违新例而入奏，必驳无疑。

右三者，公事之不甚惬者也。

望溪经学，勇于自信，而国朝巨儒，多不甚推服。《四库书目》中，于望溪每有贬词，《皇清经解》中，并未收其一册一句。姬传先生最推崇方氏，亦不称其经说。其古文号为一代正宗，国藩少年好之，近十余年亦别有宗尚矣。国藩于本朝大儒，学问则宗顾亭林、王怀祖两先生，经济则宗陈文恭公，若奏请从祀，须自三公始。李厚庵与望溪，不得不置之后图。

右，私志之不甚惬者也。

【译文】

沅弟左右：

你派的专人已经抵达，我也收到了你的来信，得知城池还没有攻克，却急于索要用来犒赏的古文，未免太心急了。此次湖南主考官由王淅、胡家玉担任。毛公之所以会奏请朝廷停止这次科举考试，是因为他听胡恕堂说浙江官军出战失利，还有早年主办江南乡试时，招引了奸细入城等，现将毛的信抄一份寄给你看。虽然不免是士人的讥讽议论，但从谨慎守卫省城这方面看，毛仍不失为贤明之人。

润公现有专人守候，我因为写《箴言书院记》，只算勉强交卷，文章不能令人满意，现在抄寄给弟弟看看。

四个伪王到底有没有从宿松到怀、桐？查明后告知于我。听说近日池州的敌军已经退却，不知是否属实？即问近好。六月二十九日。

另外，关于望溪先生的事，结果于公于私都很不能令人满意。公文中必须有一本记事册，将生平履历：某年中举中进士，某年升官降官，某年得罪，某年平反昭雪，及生平所著书名，和各位先辈夸赞其学问品行的话等，一一罗列出来，不要有含混不清的词汇，这才符合一贯的体例。

望溪先生已经获罪两次，一是因为戴名世的《南山集》作序，入了刑部大狱；二是因他的族人方某（忘记了他的名字）挂名于旗籍这一大逆之案，将方某的全族编入了旗籍，到雍正年间才准许赦免，但免去了旗籍，望溪文中所说的"因臣而宥及合族"，即是指此事。现在想奏请跟随皇上一起去祭祀孔庙，必须将两案历次所奉圣旨一一查出，尤其必须将国史中的"本传"查出，恐怕有严厉的不利于望溪的圣旨，找出来易于让别人驳斥问诘。

清代毛笔

从前入祀两庑的案件，几十年不出现一次，近年来层出不穷，几乎每年都有。去年大学士九卿等人议论答复陆秀夫跟随祭祀的案件，声明以后外臣不得随意请求跟随祭祀。现在还不到一年，如果马上违背新例而急于奏请，毫无疑问会被驳回。

以上三个方面，是公事中令人不满意的地方。

望溪精通经学而且颇为自信，但是当朝的大儒们几乎不怎么推崇佩服他。《四库书目》中经常有对望溪的贬抑之词，《皇清经解》中也没有收录他的一本书一句话。姬传先生最推崇方氏，但对他的经学也没有称赞之词。他的古文号称是一代宗师，我小时候十分敬仰，不过近十多年来，也另有所好了。国藩对本朝的大儒，学问上推崇顾亭林、王怀祖两位先生，经济上推崇陈文恭先生，如果奏请跟随祭祀，应从这三公开始。李厚庵与望溪两个人，不得不放在他们三人之后。

以上是我心中不满意的地方。

【点评】

曾氏九弟国荃因有战功被朝廷任命为知府，于军务繁忙之时乃不忘科举功名，让其兄曾老大给他批改古文，以提高自己的写作能力，并一再注重乡试科举。可见科学考试在当时社会对于文人的影响之深。

曾氏把自己写的《箴言书院记》，送给其九弟研读，他自认为，他的文风受桐城姚鼐的影响较大；学问上尤为推崇本朝大儒顾亭林、王怀祖二人；经济方面则是陈文恭，望其九弟从习受益。

咸丰十一年七月十四日与四弟国潢书

公元 1861 年 8 月 19 日

澄侯四弟左右：

十三日刘德四、王厚一来，接弟信并纪泽儿信，具悉家中五宅平安。弟以捐事赴娄底一带，尚未集事否？

此间军事，四眼狗纠同五伪王救援安庆，其打先锋者十二已至集贤关。九弟屡信皆言坚守后壕可保无虞，但能坚持十日半月之久，城中粮米必难再支，可期克复矣。

徽州六属俱平安。欠饷多者（凯）七个月，少者（左、朱、唐、沅、鲍）四五六月不等，幸军心尚未涣散。江西省城戒严，附近二三十里处处皆贼，余派鲍军往救，十一二应可到省。湖北之南岸已无一贼，北岸德安、随州等处，有金、刘与成大吉三军，必可日有起色。

余癣疾未痊，日来天气亢燥，甚以为苦。幸公事勉强能了，近日无积阁之弊。总督关防、盐政印信。于初四日到营，余即于初六日开用。

家中雇长沙园丁已到否？菜蔬茂盛否？诸子侄无傲气否？傲为凶德，惰为衰气，二者皆败家之道。戒惰莫如早起；戒傲莫如多走路少坐轿，望弟留心儆戒。如闻我有傲惰之处，亦写信来规劝。

即问近好。

国藩手草，七月十四日。

【译文】

澄侯四弟左右：

十三日刘德四、王厚一来，我收到弟弟及纪泽儿的信，知道家中五宅平安。弟弟因筹捐一事到娄底一带去，还没有筹募到吗？

这里的军事现状是：四眼狗（指李秀成）纠集会同五个伪王救援安庆，其先锋部队已于十二日到达集贤关。九弟屡屡来信说要坚守后壕，便可确保无事，只要能坚持十天半月，城中敌人的粮食必然难以维系，就有希望克复安庆了。

徽州六属都平安。欠军饷多的（凯）七个月，少的（左、朱、唐、沅、鲍）四、五、六个月不等，幸亏军心都还没散。江西省城戒严，附近二三十里的地方都有敌军，我派鲍军前往救援，十一二日应该可以到达省城。湖北境内的江南岸已经没有一名敌军，北岸的德安、随州等地，有金、刘和成大吉三军，必然可以一天比一天有起色。

我的癣疾没有全好，近来天气极其干燥，非常痛苦。幸亏公事还可以勉强处理，最近没有积压的公文。总督关防、盐政印信于初四到达营中，我将会在初六那天起用。

家里雇请的长沙园丁已到了吗？蔬菜长得茂盛吗？子侄们没有骄傲的习气吧？傲是凶德，惰是衰气，二者都是败家之道。戒除懒惰的办法没有比早起更好的了；戒除骄傲的办法没有比多走路、少坐轿更好的了。希望弟弟留心儆戒。如听到我有骄傲、懒惰的地方，也写信来规劝。

即问近好。

国藩手草，七月十四日。

【点评】

曾国藩在谈了军事战况之后，还是念念不忘子侄后辈的教育问题。骄傲和懒惰是败家之道。骄傲是凶戾之德，懒惰是衰败之气。他希望子侄们要早起以便戒惰，多走路少乘轿以戒傲，并希望弟弟指出自己作风上的不良之处，以便自省。只有戒除掉傲、惰之气，才能承继家风，弘扬家风，使之不至于衰落。

咸丰十一年七月十四日与九弟国荃书

公元 1861 年 8 月 19 日

沅弟左右：

十四未刻接十三午刻专人来信得悉，知程学启攻破北门外石垒二座，多军亦获大捷，极慰极慰。程学启屡立大功，花翎游击，尽可尽可。惟城之能克与否，仍看援贼到时，官兵守后壕之能稳与否。功亏于一篑，病忽于新愈，不可不慎。

江西省城外对河之贼，初三四已退至万寿宫、瑞州一带，章门安稳，是余一大落心之事，以后调鲍军回援集贤关，或援或急皆可，但水陆程途将近半月，仍须弟军能如三月杪之坚守乃妙耳。顺问近好。七月十四酉刻。

【译文】

沅弟左右：

十四日未时收到你十三日午时派专人送来的信，得知程学启攻破了城北门外两座石垒，多军也打了大胜仗，我感到极为欣慰。程学启屡次立下大功，授予花翎游击之官衔，绝对是可以的。只是能不能攻克安庆城，仍然要看援助的敌军到了以后，官军能不能稳固地守住后壕。功亏一篑，病容易在刚痊愈的时候被忽视，不能不慎重。

江西省城外面河对岸的敌人，初三、初四已撤退到了万寿宫、瑞州一带。章门安稳，是一件让我放心的大事，以后调动鲍军回头往援集贤关，速度快慢都可以，只是水陆有将近半个月的路程，仍然需要弟弟像三月末那样坚守才好。顺问近好。七月十四日酉时。

【点评】

曾国藩在信中提到安庆能否攻克，关键是看援贼来后官军能否守住后壕。历史上因为不能坚持而功亏一篑的事例绝不少见，因为大家往往容易忽视那些看似已经稳妥的事情，就像大病容易在刚刚痊愈之时被人们忽视一样。所以做任何事情都要善始善终，不要虎头蛇尾，以免后悔莫及。

咸丰十一年七月十七日与九弟国荃书

公元 1861 年 8 月 22 日

沅弟左右：

十六夜盛四归，接来信，具悉一切。了当此酷暑，贼以积劳之后，远来攻扑，我军若专守一静字法，可期万稳。

多公亦宜用静字法，此贼万无持久之道，弟不必虑多军之久困也。（或出队，或不出队，或过练潭，或不过练潭，由多公作主。余所谓静者，不焦急耳。）昔曹操八十万人自荆州东下，吴以五万人御之，而周瑜策其必败者，一料曹兵不服水土，二料刘表水师新附不乐为用，三料暑热久疲。其后赤壁之役，果不出周郎之所料。

闻德安于十一夜戌刻克复，雪琴专函来报。又言成、蒋军病人太多，不能全进，又闻鲍军病者极多。以此而推，狗、辅之部病必更多，故料其不能持久。

东征局之米，若五日内不到，余必买二千石米请厚庵送交多公，弟告礼帅千万放心（约计月底可解至练潭）。

即问近好。七月十七日辰刻。

【译文】

沅弟左右：

十六日夜里盛四回来，我收到来信，尽知一切。现在正值酷暑，敌军在疲弊之后，远道而来进攻我军，我军如果专心遵守一个“静”字，就可以万分稳妥。

多公也应该使用静字法，这股敌人绝对没有打持久战的办法，弟弟不必担心多军长久以来的困难（是出战还是不出战，是过练潭还是不过练潭，由多公做主。我所说的静，是不焦急的意思）。历史上曹操率领八十万大军从荆州东下，孙吴用五万人抵御，但周瑜认为曹操必败的原因，一是料定曹兵不服水土，二是料定刘表的水师新归附于曹操，不甘心为曹调用，三是料定曹军因暑热而早已疲惫。后来的赤壁之战，结果果然不出周瑜所料。

听说德安在十一日夜里戌时被攻克了，雪琴已有专信寄来报告此事。又说成、蒋军中病号太多，不能全体进攻，又听说鲍军中兵士生病的极多。以此推测，狗（指李秀成）、辅（指杨辅清）的

周瑜赤壁纵火图，出自清 · 马骀《百将传图》

军队病员一定更多，所以我料定敌军不能坚持太久。

东征局的米，若是五天之内运不到，我一定买两千石米，请厚庵送交给多公，弟弟告诉礼帅千万放心（大约月底可送到练潭）。

顺问近好。七月十七日辰时。

【点评】

曾国藩再提其以静制动、以逸待劳的基本战略指导思想。他以赤壁之战中曹军的失利为例说明敌军此次劳师远征，时值酷暑，必定会以失败收场。

以静制动、以逸待劳，然后伺机出击是曾氏一以贯之的战略思想，这也与其老练、沉稳的性格有关系。

咸丰十一年七月十九日与九弟国荃书

公元 1861 年 8 月 24 日

沅弟左右：

十八夜春二、亮一等到，接弟信，知十七早尚有一信，今未到也。援贼十六日入关，未攻我后壕而去。十七日又入关，因雨而去。如连三日不能逞其凶焰，则贼气沮而我军稳矣，望弟慎静待之。

接鲍公信，奉新、瑞州之贼皆已逃遁，将由临江、樟树渡东岸以趋抚、建云云，余函嘱其在临江少停数日。如安庆之贼十分猖獗，则调鲍回援安庆；如安庆尽可支持，则令鲍追忠逆一股直至河口，再作计较。总之，德安克则金、成可以下援，瑞州复则霆军可以回援；怀、桐两处断不患无援兵，只要弟与多公稳守一月耳。

游勇土棍杀害行旅，可恶可恶，即照来牍严办。水师日内梭巡严密否？城贼尚有接济否？弟密查告我。顺问近好。七月十九日辰刻。

【译文】

沅弟左右：

十八日夜间，春二、亮一等到我这里，收到了弟弟的信，得知十七日早上还写有一封信，现在还没有收到。敌人的援军十六日入关，没攻打我军后壕便走了。十七日再次入关，因为下雨而撤退回去了。如果连续三天，敌军都不能得逞，那么敌军就士气沮丧而我军稳健了，希望弟弟谨慎镇静地等待。

我收到了鲍公的信，说奉新、瑞州的敌军都已经逃跑，他将从临江、樟树渡到东岸，然后去抚、建等，我去信叮嘱他在临江稍停几天。如果安庆的敌军十分猖狂，就调派鲍军回援安庆；如果安庆可以支撑，就令鲍军一直追击忠逆（指李秀成）那股敌人直到河口，再做打算。总之，攻克了德安，就可以让金、成援助下游；克复了瑞州，就可以让霆军回援。怀、桐两处绝对不会怕没有援兵，只要弟弟与多公稳稳地守住一个月就行了。

游击的散勇用土棍杀害行人，实在可恶，就照来函之意严办。水师最近巡逻严密吗？城内的敌人还有接济吗？弟弟密密调查后报告给我。顺问近好。七月十九日辰时。

【点评】

曾国藩在此信中要求弟弟坚守安庆以待援军，再次用自己“镇静待之”的战略思想部署兵力，待到敌军士气沮丧衰落之时，便是我军出击取胜之时。

对于军队的纪律，曾氏还是相当严格。手下游勇恶杀旅，必须严厉查处办理，不可滋长这种坏风气。

"以静制动"、"从严治军"是曾氏在战争中取胜的两大法宝。

咸丰十一年七月廿四日与季弟国葆书

公元1861年8月29日

季弟左右：

得廿三夜信，具悉一切。舫仙两营，明日即令带六成队径赴盐河登岸，作为西北游击之师。

闻贼备布袋、草把，此二者皆余阅历之事。余攻九江，办布袋万个，为填壕之用，令每人装土于袋，负之丢于壕中。乃十二月朔日进攻，每袋仅一寸厚，千余袋尚不能填得一丈宽，而千余人断不能站在一处。每处数十人，竟未能填一尺厚，是日伤人最多，此布袋之难用也。

攻瑞州时，刘峙衡以稻草填壕，已填一丈宽，过壕十余人矣。贼以火蛋抛出，稻草悉燃，烧死数十人。第二次，峙衡用湿稻草，贼以枪炮击之，官兵亦不如前次之踊跃，遂不能过壕。瑞州壕深不盈丈，尚且如此，此稻草之难也。望弟告诸勇知之。

家信付阅，便交沅弟寄还，顺问近好。七月廿四日。

【译文】

季弟左右：

收到了你二十三日夜写的信，一切已知。舫仙的两个营，明天就让他们带领六成的兵士直接赶赴盐河上岸，作为西北方游击作战的队伍。

听说敌人准备了布袋和草把，这两种东西都是我清楚并使用过的。我攻打九江时，准备了一万个布袋，用来填堵壕沟，让每个人把布袋装满土，背到壕旁扔到壕中。到十二月朔日进攻时，壕内的布袋每个仅有一寸厚，一千多个布袋还不能填满一丈宽的壕沟，而且一千多人又绝对不可能站在一起。每个地方几十个人，最终还填不了一尺厚，那一天死伤的人最多。这就是布袋的难用之处。

攻打瑞州时，刘峙衡用稻草填壕，已经填了一丈宽，有十几个人过了壕堑。但敌人把火蛋抛出后，稻草都着火了，烧死了几十个人。第二次填壕时，峙衡用湿稻草，敌人用枪炮还击，官军

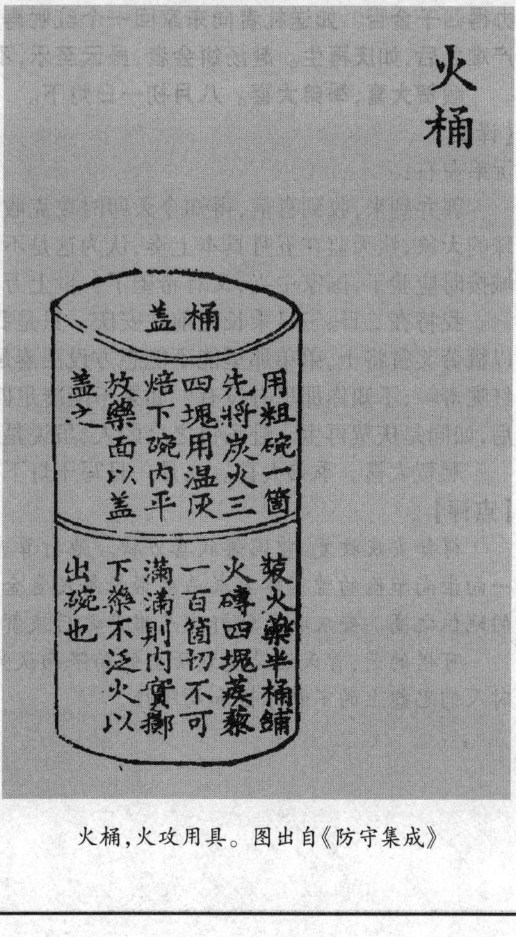

火桶，火攻用具。图出自《防守集成》

也不像上次那样踊跃了，最终没有能够越过壕沟。瑞州壕沟的深度不满一丈，尚且这样难填难过，这就是稻草的难用之处。希望弟弟告诉诸位兵勇让他们明白。

家信附寄给你看看，顺便交给沅弟并让他寄回来。顺问近好。七月二十四日。

【点评】

敌军准备好了布袋、草把，想用此来填壕过壕。曾国藩以自己的亲身经历劝慰弟弟，告诉他这毫无可怕之处。布袋跟草把这两样东西用来填壕是不合适的，自己以前用这两种东西全都失败了，所以弟弟也不用惊慌，只要策略得当，敌人的这两着不足为惧。希望弟弟将这一切告知将士，以稳定军心。

咸丰十一年八月初一日与九弟国荃书

公元1861年9月5日

沅弟左右：

郭弁到，接喜信，知本日卯刻克复安庆。是时恰值日月合璧，五星联珠，钦天监于五月具奏，以为非常祥瑞。今皖城按时应验，国家中兴，庶有冀乎！大界之事，王二，王三之话均算得矣。

余于初二三日坐长龙赴安庆。惟此间银不满六千金，欲凑万金犒赏将士，弟处可设法办得四千金否？如送礼者向东家回一个红呢寿幛，不知有否？若无之，六千亦可遮脸否？产难之后，如庆再生。赴汤饼会者，虽云至乐，不能不念吃亏之人也。

顺贺大喜，季弟大喜。八月初一日灯下。

【译文】

沅弟左右：

郭弁到来，收到喜信，得知今天卯时攻克收复了安庆。当时正遇上日月合璧、五星联珠的天象，钦天监在五月具本上奏，认为这是不寻常的吉祥瑞气到来的兆头。今天在安庆城按时应验了，国家中兴，又有希望了！世上万事，王二、王三的话都可算数。

我将在二日、三日乘长龙前往安庆。只是我这里只有不到六千金银两，打算凑足万金以犒劳奖赏将士，弟弟那里能不能想方设法凑足四千金？如有送礼的，就向东家回赠一个红呢寿幛，不知你那里有没有？如果不能凑足四千金，六千也可以用来遮脸面吗？难产之后，如同是庆贺再生。赴汤饼之会的人，虽说是最快乐的人，但也不能不说是吃亏的人。

顺贺大喜。季弟大喜。八月一日写于灯下。

【点评】

得知安庆收复，曾国藩欣喜万状。他打算亲自前往安庆，带足万金以犒赏三军将士。一向崇尚节俭的曾国藩要求弟弟帮忙筹足赏金，可见安庆城这一战略要地在曾氏心目中的地位之高。安庆收复就好比是难产之后庆贺再生，从此国家中兴便大有希望了。

可惜的是，曾氏还是受到历史的局限而认为这是上天赐给祥瑞的结果，这也表现出当时人们思想上的不科学性和局限性。

咸丰十一年八月初四日与四弟国潢书

公元 1861 年 9 月 8 日

澄侯四弟左右：

三十日接七月十五日信并纪泽一件，具悉五宅平安。

初一日卯刻安庆克复，城贼诛戮殆尽，并无一名漏网，差快人心。余本拟初二日赴安庆与沅、季相见，不料三日大风，不能开船，风稍息即去兄弟相会矣。

江西之贼逼近省城，鲍春霆于廿四日在丰城河西大获胜仗，赣水以西一律肃清。余令鲍军跟追至河口，或尚易了。湖北之贼，安庆克后，或亦不久恋鄂境。目下所虑者，胡中丞病势沉重，关系极大。

余身体平安，惟疮癣未愈，心绪多烦闷耳。余详日记中。顺问近好。八月初四日。

【译文】

澄侯四弟左右：

三十日收到你七月十五日的来信和纪泽写来的一封信，具知五宅平安。

初一那天卯时安庆被攻克了，城内的敌人被诛杀殆尽，没有一人漏网，大快人心。我本来打算初二去安庆与沅、季见面，没想到刮了三天大风，不能开船，风略微停息之后便去与兄弟相会。

江西的敌人逼近了省城，鲍春霆于二十四日那天在丰城河西大获全胜，赣水以西的敌人全部被肃清。我命令鲍军跟踪追击到河口，或许还容易。湖北的敌人，在安庆被攻克后，可能也不会在湖北境内久做停留。眼下我所担忧的是胡中丞的病情严重，这与局势关系极大。

我身体平安，只是疮癣还没有痊愈，心情很烦闷。其他事情详细地记在日记中了。顺问近好。八月初四。

【点评】

曾国藩在信中对安庆的克复表达了欣喜之情，在他看来，这将会是战局扭转的关键之处。但我们也应该看到安庆城内的太平军被诛杀殆尽，几乎无一人漏网，战争如此残酷，曾氏却只顾享受自己胜利的喜悦。多年的战争已经让曾国藩这样的人杀人杀红了眼，那是特殊的战争形势下形成的扭曲人格。

咸丰十一年九月初三日与九弟国荃书

公元 1861 年 10 月 6 日

沅弟左右：

顷接信，胡宫保已于八月廿六亥时去世，可痛之至。从此共事之人，无极合心者矣。奉旨希庵暂署湖北巡抚，系因润帅请开缺折内举以自代也。

打泥汊时，贼墙若傍水滨，我陆师不可近墙登岸，须在上游二十里或下游二十里登岸，庶进退稍宽，不至节太短势太促也。

大通厘局，弟便道一查。郑奠之劣迹，究以何者为最？有言严禁游勇（陈虎臣说的）百姓感之者，果否？弟细心查明见复，将以定终身之弃取，闻渠尚恋恋未去也。顺问近好。九月初三日午刻。

【译文】

沅弟左右：

最近收到你的来信，知道胡宫保已于八月二十六日那天亥时去世，让人感到极其痛惜！从此之后，共事的人中再也没有与我特别合得来的人了。接到圣旨，希庵暂时担任湖北巡抚，是因为润帅在请开缺折内举荐他代替自己的缘故。

攻打泥汊时，敌人的垒墙如果靠近水边，我方陆军不可以靠近垒墙登岸，必须在上游二十里或下游二十里处登岸，那样进退余地宽松，不至于使地段太短，攻势太仓促。

大通厘局，弟顺便查一下郑奠的恶劣行迹，到底以哪一点最严重？有人说他严禁士兵散游（陈虎臣说的），百姓感激他，果真如此吗？弟细心调查清楚以后给我答复，我会由此来定夺到底用他还是放弃他，听说他还恋恋不舍没有离开呢。顺问近好。九月初三午时。

【点评】

曾氏知道朝廷的大变故后，更为伤痛的打击又接踵而来，闻知至友胡宫保已于八月二十六日病逝的消息，可谓伤痛之至。宫保的离去使曾氏觉得如信所言："从此共事之人无极合心者。"

胡林翼，字宫保，享年五十岁，天妒英才，使人感到痛惜。其二十五岁中翰林，以后多年没有升迁的机会，后来到湖北归属于曾国藩的湘军才迅速迁升，直至做到湖北巡抚。此人做官、打仗都很有能力，对曾氏统领湘军起了很大的帮助作用。

咸丰十一年九月初六日与国荃国葆书

公元 1861 年 10 月 9 日

沅季两弟左右：

接沅弟初五日申刻一缄、季弟初五夜一缄，具悉一切。沅弟之字，骨秀得之于天，手稳本之于习，所欠者势与味耳。此二信写瘦硬一路，将来必得险峭之势。尝见旧拓《颜家庙碑》，圭角峭厉，转折分明，绝类欧书，不似近日通行本之痴肥也。

季弟所作润帅挽联，"载"字改"年"字即协韵（平一仄二），通首妥惬，不必多改。裁料尽可代出，缮写似不宜顶替，待弟来安庆时，再面定缮送不迟。余拟候接到饰终谕旨，再送礼也。

今日接官相咨到夹片二件，抄去送阅，不知何以廿余日始到。顺问近好。九月初六日。

顷又得沅弟一信，厘金盐每石改为四百，甚是，吾意可改五百也。

【译文】

沅季两弟左右：

我收到沅弟初五申时写的一封信、季弟初五夜写的一封信，一切都知道了。沅弟的字，刚劲秀丽，这要得益于你的天分；字体平稳有致，这就要归功于你平时的练习了，我觉得你的字现在所欠缺的就是气势和韵味了。这两封信字体写得一样细瘦刚硬，将来一定会成险峭之势。我曾见到旧拓本《颜家庙碑》，锋芒峭拔，转折分明，非常像欧体，不像近来流行本中的字体那样痴肥。

季弟写给润帅的挽联中,将“载”字改为“年”字,就符合韵律了(平一仄二)。全联其他地方都很妥当,不必多加修改。挽联所用的材料完全可以由你代为办理,但书写似乎不应由你代替,等弟弟来安庆时,再当面商定书写送出的事也不迟。我打算等接到润帅逝后追加荣誉的谕旨再送丧礼。

今天收到官相向我咨询的两份文件,抄去送给你看,不知为什么要用二十多天才到。顺问近好。九月初六。

接着又收到沅弟寄来的一封信,信中说要将盐的厘金每石改为四百,我觉得这个做法很好,不过我的意思是改为五百比较合适一些。

【点评】

曾国藩在信中品评了弟弟的书法,认为弟弟的字之所以能有今天的成就,一半得益于天分颇高,一半归功于平日里的勤学苦练。并要求弟弟以后要在气势与韵味上下工夫。

其实任何人要想有所成就,除了依赖自己的天分之外,还必须努力付出,自负天分高而不奋发努力的人,到头来只能是泯然于众人之中。王安石的名篇《伤仲永》中讲到的仲永便是一个很好的教训。

咸丰十一年九月初十日与九弟国荃书

公元 1861 年 10 月 13 日

沅弟左右:

初十日未刻接初八夜信,具悉一切。

黄公信已加封寄去,冠北之札亦发,鹤汀早年在京极熟,容少缓再调。约旨卑思四字,实近来方寸隐微之弊,亦阅历太久,见得天下事由命不由人也。

澄弟信一件寄阅。顷接舫仙禀论进兵事,望弟取阅,度量行之。顺问近好。九月初十未正。

【译文】

沅弟左右:

我于十日未时收到了沅弟于八日夜里寄来信,一切知道了。

黄公所写的信已经加封寄出去了,冠北所写的信也已发出。早年我在京城时与鹤汀就很熟悉了,容少缓些时日再安排调任之事。“约、旨、卑、思”四字,实在是近来为兄的心病,或许是因

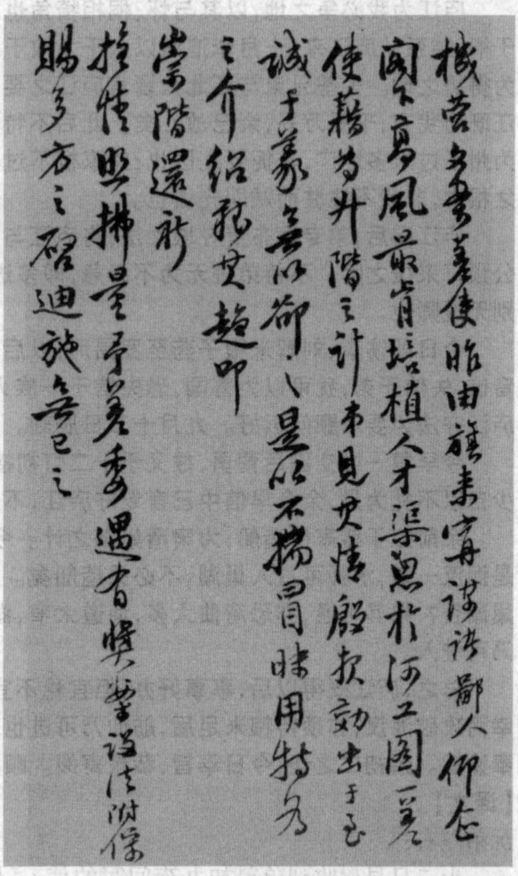

曾国荃手札

为自己所经历的事情太多了，已看透世事，很清楚天下之事由命不由人啊。

我这里有澄弟寄来的一封信，现在寄给你看。刚才收到舫仙谈论进兵一事的信，希望弟弟仔细看看，考虑成熟之后量力而行。顺问近好。九月十日未时。

【点评】

曾氏这封信，“约旨卑思”四个字是用来警示九弟的。自安城克复后，战局大有转机，捷报频传；老九曾国荃得到朝廷的加赏造升按察使，正值是曾氏几位兄弟春风得意之时，曾老大素知老九与其性格不同，心高气傲、野心大，脾气刚烈而圆滑不足，怕其头脑过热而言语失当，招来是非。深谙理学的曾老大自然明白“月满则亏，日中则昃”的道理，故此用“约旨卑思”四字来给其九弟敲敲警钟，防止他过于逞强。

咸丰十一年九月十二日与九弟国荃书

公元 1861 年 10 月 15 日

沅弟左右：

十二早接弟初九夜信，具悉一切。米粮子药未齐，宜缓进兵，极是极是。

庐江为我必争之地，以其与怀、桐相犄角也。咸丰八年二月，郑、秦两军门以二万人败于桐，贼系从庐江来；十月李迪庵以六千人败于三河，贼亦从庐江来。余因此二役，知庐江为得势之地。少荃兄弟与江北人皆言庐江之要紧，故余屡催进兵。今陈、刘二帮既到，庐江既为我有，千妥万妥，余已放心矣。此后不特进无为州可缓，即进盛家桥亦可缓。盖无为州不过米多地广，非扼要之区也；盛家桥不过吾思得之以为造船之埠头，以为肃清巢湖之根本，非我不往驻而贼即先占也。

庐江得后，弟专意布置守城之法，将庐江与怀、桐三城看得并重，贼来攻庐江，则与多公预订来援之师。不特弟进无为不必急，即多进庐州亦不必急，恐多去则桐城兵薄，庐江别无援师也。

今日即饬李、刘解米粮子药至罗昌河，以后必能源源接济，弟可放心。惟银二万杳无音信，失信于弟，犹可以为善国，恐失信于一族人耳。弟出看泥汊，亦不必汲汲，总以熟筹庐江守法为要。顺问近好。九月十二日辰刻。

今早复一缄交副后营勇，兹又于十二灯初接初十夜信。知盛家桥乃用众用马之地，人少自以不扎为是，余今早信中已言专守庐江，不必急进盛家桥矣。今弟意相合，甚慰甚慰。

余前拟于盛家桥造船，为肃清巢湖之计。今弟信云泥汊口可通白湖，白湖可通巢湖。是泥汊一破，水师可直入巢湖，不必另造船矣。果其如此，岂不大妙。但须查明白湖可通巢湖否？果其可通，亦恐湾曲太多，河道太窄，湖底易于胶浅，陆师难于照应。四者查确，乃可驶入。

总之，庐江既得以后，事事好办，但宜稳不宜忙耳。泥汊之贼粱不得，固不可进兵，即幸而攻破泥汊，亦须待粮米足后，舫仙乃可进也。多公处弟须常常通信。官帅十三之奏未奉谕旨。余初二之奏，今日奉旨，恭录寄阅。顺问近好。十二夜。

【译文】

沅弟左右：

十二日早晨收到弟弟初九夜间写的信，一切知道了。粮食弹药未到齐，应该暂缓进军，这是非常正确的。

庐江是我军必争之地，是因为它与怀、桐呈犄角之势。咸丰八年二月，郑、秦两军两万人在桐败在敌人手下，敌人就是从庐江而来；十月，李迪庵六千人在三河失利，敌人也是从庐江而来。通过这两次战役，我知道庐江之地尽得地势之利。少荃兄弟与江北的人都说庐江很重要，所以我屡次催促进军庐江。现在陈、刘二支援助力量既然已经到达，庐江就应为我所有了，十分妥当，我已放心了。以后，不仅是进攻无为州可以缓行，即使是进攻盛家桥也可以慢下来了。无为州只不过是粮食多地盘广，并非扼要之地；盛家桥，我不过是想得到它用作造船的码头，以此作为肃清巢湖敌人的根据地，如果我军不去领驻，敌人就要抢先占领了。

得到庐江之后，弟弟要专心布置守城，把庐江看得与怀、桐同样重要。敌人来进攻庐江，就要与多公事先商定前来支援的兵力。不仅弟弟不必急于进攻无为州，就连多公也不必急于进攻庐州，恐怕多公离开后，桐城的兵力就太薄弱了，庐江就没有另外的援军了。

今天就令李、刘送来米粮弹药到罗昌河，以后一定会源源不断地进行接济，弟弟可以放心。只是两万两银杳无音信，对弟弟食言了，还可以为国家着想，我恐怕对一群人失信。弟弟去观察泥汊地形，也不必太着急，一定要把深思庐江守卫之法放在最重要的地位。顺问近好。九月十二日辰时。

今天早晨又写了一封信交给副后营兵士，现又于十二日刚上灯时收到初十夜里写的信。知道盛家桥乃是需要很多人马的地方，人少的话自然以不在那里扎营为好。我今天早上的信中已说了要专门守卫庐江，不必着急进攻盛家桥。现今弟的想法和我一样，我感到甚为欣慰。

我此前打算在盛家桥造船，是为肃清巢湖着想。现在弟信说泥汊口可以通往白湖，白湖又可直通巢湖。这样泥汊一被攻破，水师就可直接进入巢湖，不必另外再造船了。果真如此的话，岂不是太好了。但是必须查明白湖是否真的可以通往巢湖？真的可通，也担心河湾曲折处太多，河道太窄，湖底容易胶住船底以致搁浅，陆军难以照应。若这四项能查明属实，才可驶入。

总之，庐江既得之后，事事都好办，但是宜稳重不宜慌忙。泥汊的贼匪没有抓获，便不能进兵，即便是幸运地攻破了泥汊，也须等到粮米充足后，舫仙才可进入。多公那里弟须常常通信。官帅十三日的奏告未奉谕旨。我初二的奏呈，今天已接到谕旨，现恭敬抄录了寄回，供弟一阅。顺问近好。十二日夜。

【点评】

庐江得，战争的主动权便已牢牢把握在曾军手中，所以曾国藩劝其弟切忌冒进，一定要等到粮草弹药备充分之后，才能进军。这个时候，曾军能做的只能是专心守卫胜利果实，静待粮食弹药，待一切准备就绪之后，再进攻敌军尚不为迟。对曾军来说，现在是“万事俱备，只欠东风”，也难怪曾国藩在信中那么胸有成竹。

咸丰十一年九月十四日与四弟国潢书

公元1861年10月17日

澄弟左右：

初十日接弟在衡州所发信，具悉一切。

此间近日平安。九弟初二日自安庆进兵，初九日至庐江，日内将出大江，会合水师打

泥汊也。"四眼狗"初七日已到三河，即温弟殉节之处。此次余与九弟定坚守庐江，决不轻进。

胡润帅继先皇而逝，于大局关系至重。闻官帅奏请以希庵实授鄂抚，并力保雪琴为皖抚，想朝廷亦必俯从所请，其办事合手可喜，其党类太盛，为众所指目，亦殊可惧。

浙事危险之至，屡求救援，此间力不能及。现拟以多军进攻庐州，以鲍军进攻宁国。去浙甚近，或亦可少分浙之贼势也。

余身体平安，惟疮疾未愈，夜难成寐。幸每日办事写字如常，家中尽可放心。季弟病已全愈，今日由枞阳来余公馆，暂未写信。九弟有信二件查收。即问近好。兄国藩手草。九月十四日。

再，柳瑞堂、葛十四来营，抄录渠与元嘉湾讼事全案，求余作主。余阅其卷，柳瑞堂之进葬油杉岭，未与元嘉湾说明，本甚孟浪，其先行控官，亦伤和气。元嘉湾之状，言原有议约夫妇合冢及拟改胡氏祖母回葬两层，亦属强为之辞，是各有不是之处。余前年在家尚不理闲事，况今在两千里外，岂能管乡里之事？惟渠求之甚切，兼福九爹与星冈公至好，不能恝然置之。望弟从中善为调处，以不扦为妙；纵系私地，让葬胞伯，亦不失为孝友之家风耳。

此事别有情节否？下次望详告我为要。十四日午刻，涤生再行。纪泽八月廿一日之信，十四日接到矣。

十三日接十一夜信，具悉一切。

调巡湖营由刘家渡拖入白湖之札，今日办好，即派人送去。吾所虑者，水师不能由大江入白湖，白湖不能通巢湖耳。今仅拖七八丈宽堤即入白湖，斯大幸矣；若白湖能通巢湖，则更幸矣。

沈令不尴不尬，亦意中事，暂无人可换，且姑听之。季弟今日辰刻到此，病已全好，昨日在船上微受风，今日禁口，当易愈耳。

余昨日作挽润帅一联云：

逋寇在吴中，是先帝与荩臣临终憾事；

荐贤满天下，愿后人补我公未竟勋名。

季以为可望批首，拟日内送去，外奠仪二千金。弟与季弟可同送一份礼，余可作枪手撰一挽联，弟自书之，奠仪不可太多，盖余已极丰矣。雪琴昨日来信，寄弟一阅。马信阅过，此事大约可成，然吾辈仍专讲战守，不因此稍弛也。顺问近好。九月十四日。

【译文】

澄弟左右：

初十那天收到你在衡州寄出的信，一切知道了。

这里近来平安。九弟初二从安庆进兵，初九到了庐江，这几天就要从大江出兵，与水师会合攻打泥汊了。四眼狗（指陈玉成）初七已经到了三河，就是温弟殉节的地方。这次我与九弟商定坚守庐江，决不轻敌冒进。

胡润帅在先皇驾崩后也逝世了，这对大局至关重要。据说官帅奏请实授希庵湖北巡抚，并力保雪琴担任安徽巡抚，想必朝廷也会听从官帅的奏请，他这个人办事是可以拍手称快的，但他的党羽太多，受到很多人指责，也是十分可怕的。

浙江的战局极其危险，屡次求救求援，我这里是力不能及。现在打算用多军进攻庐州，用鲍军进攻宁国。宁国距离浙江很近，或许也可以稍微分散一下敌人的势力。

我身体平安，只是疮病没有好，夜间难以入睡。幸亏每天能够照常办事写字，家中尽管放心。季弟的病已经痊愈，今天他从枞阳到我公馆来了，暂时还没有通信。九弟有两封信，注意查收。即问近好。兄国藩手草。九月十四日。

另外，柳瑞堂、葛四十来到我的营中，抄录了他们与元嘉湾诉讼事件的全部案情，求我做主。我看了那件案卷，柳瑞堂在油杉岭葬人，没与元嘉湾说明，本来已很鲁莽，他又先去官府告状，也是很伤和气。元嘉湾的状纸上，说的原来有和议约定夫妇合葬冢及打算改葬胡氏祖母，这两个理由也是强词夺理。双方都有不对的地方。两年前我在家中都不理会闲事，何况现在在两千里之外呢，怎能插手乡里的事？只是他们求情太恳切，加上福九爹与星冈公极为要好，不忍把这事放在一边不理。希望弟弟能从中妥善调解，以不混入争端为好。纵然是私人土地，让出一块地埋葬伯父，也是不失为孝友的家风了。

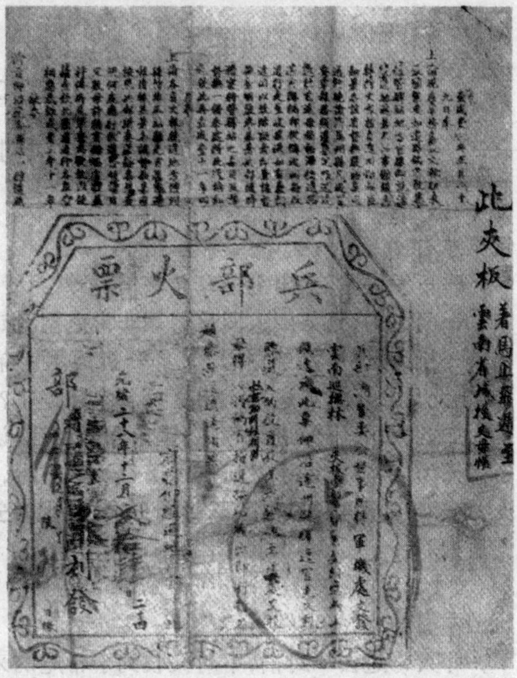

清代兵部火票

这件事还有别的地方吗？下次写信望详细告诉我，这是要紧之事。十四日午时，涤生再行。纪泽八月二十一日写的信，我于九月十四日收到了。十三日收到十一日夜写的信，一切尽知。

调动巡湖营由刘家渡进入白湖的公文，今天办好后，我马上派人送去。吾所顾虑的是，水师不能由大江进入白湖，白湖又不能通往巢湖。现今仅仅拖了七八丈宽的大堤就进入白湖，这是天大的幸运了；如果白湖能通往巢湖，那就更好了。

沈令不尴尬，也是意料中的事情，暂时没有人可替换，就姑且这样吧。季弟今天辰时到此，病已经全好了。昨天在船上稍微受了点风寒，今天禁口，应当很容易就痊愈了。

我昨天写了一副挽联以祭润帅："逋寇在吴中，是先帝与荩臣临终憾事；荐贤满天下，愿后人补我公未竟勋名。"

如季弟觉得可以，望作批首，打算这几天送去，另外加送奠仪二千金。弟和季弟可以共同送一份奠礼，我可以当枪手写一副挽联，弟亲手书写，奠仪不可太多，因为我给得已经很丰厚了。昨天雪琴有信来，寄给弟弟看一看。马信已看过，此事大概可以办成，不过我等仍应专心讲求战守，不要因此而有任何松懈。顺问近好。九月十四日。

【点评】

曾氏给家里去信，很少议论朝政之事，因他为人处世一向谨慎，是城府较深的人物。此封信中讲到官文，因此人很会玩弄权术，拉帮结派。他奏本朝廷保举希庵做湖北巡抚，力保雪琴做安徽巡抚，因其结交党羽太多，使曾氏感到有些害怕，另一方面也看出他谋虑深远。

官文属满洲正白旗人，任湖广总督。他军事上没什么才能，却很会做官，邀荣取宠是他的特长，因此很有一定的势力，令人不可小觑。

咸丰十一年九月十七日与九弟国荃书

公元 1861 年 10 月 20 日

沅弟左右：

昨日发去一信，申刻接李希庵信，抄八月廿五日谕旨一道，兹抄寄弟阅。

一门之内，兄弟四人同日俱蒙非常之恩，惊喜之余，弥深悚惧。余当具一折自行谢恩，又具一折为沅、季两弟谢恩，又具一折为温甫弟谢恩，弟当具一折自行谢恩，四折共派一差，于九月二十八日进京。弟之折清余包办乎？抑本店自造乎？

如此大雨，不似进兵气象，望弟回至庐江，认真布置一番。只要庐江、桐、舒守得坚固，不患无为、庐郡无得手之日。目下且不必进兵，至嘱至嘱。

张泮山于九月三日殁于彭泽舟次，灵现来安庆。余于今日释服。顺问近好。九月十七辰刻。

【译文】

沅弟左右：

昨天寄过去一封信，申时又收到李希庵的来信，抄录八月二十五日的一道谕旨，现抄寄给你看一看。

一家之内，兄弟四人在同一天一齐得到非常的恩宠，惊喜的同时，更加深了恐惧不安。我应当写一个奏折为自己谢恩，再写一道奏折为沅、季两弟谢恩，再写一道奏折为温甫弟谢恩，弟你也应该自己写一道奏折谢恩，四道奏折一起同派一个人在九月二十八日那天送进京去。弟的奏折让我替你包办吗？还是由你本人自己写造？

这么大的雨，不像是进兵的气象，希望弟回到庐江后，认真布置一番。只要庐江、桐、舒等地守得坚固，不怕无为、庐郡没有得手那一天。眼下暂且不必进兵，一再嘱托，一再嘱托。

张泮山于九月三日在彭泽船上去世了，灵柩现在运到了安庆。我于今天穿着丧服前往吊唁。顺问近好。九月十七日辰时。

【点评】

曾氏一门兄弟四人同日受到朝廷册封，满门荣光，欣喜之及。曾氏要弟弟们一定自具奏折送京谢恩，身在官场摸爬滚打多年的曾国藩深知伴君如伴虎的道理。而且自己兄弟四人具受恩宠，树大招风的教训也是曾国藩深深理解的。因此他觉得更加恐惧不安。

物极必反，日满则昃，任何人做任何事情都应深刻地吸取这样的教训，不骄不满，才是正路。

咸丰十一年九月廿三日与九弟国荃书

公元 1861 年 10 月 26 日

沅弟左右：

廿三日巳刻接廿一早无为城内发信，慰悉一切。

守住庐江，吾已欢天喜地，不料竟克无为，从此可以图裕溪口，可以打运漕镇，可以谋西梁山，可以肃清巢湖，皆以无为为根本，何幸如之。

吾于七月及中秋前，深冀得安庆后，并庐、无二城而得之，以庐作上游藩篱，以无作富强基趾。至中秋后，已不敢作此侥幸之想，今竟如愿相偿。从此水陆皆宜休息，不可再言进取一步，专讲防守江面。另造小舢板，放入巢湖之内。明岁春水涨时，湖船从黄落河打出，江船从裕溪口打入，必可得手。

东征局五万已于今日解大通李少山处，赣局三万竟被省截留支发鲍军，此间更窘矣。季弟今日微畏冷，片刻即愈。弟在下游，须将水陆布置十分妥当，乃归皖也。顺问近好。九月廿三夜。

【译文】

沅弟左右：

二十三日巳时收到二十一日早上你在无为城内寄发的信，知道这一切我感到很欣慰。

能守住庐江，我已经是欢天喜地了，没想到最终攻克了无为，此后能够图谋裕溪口，能够攻打运漕镇，能够谋取西梁山，能够肃清巢湖。这些都以无为州为根据地，什么样的幸运能像这样啊！

我在七月至中秋节之前，迫切希望攻克安庆之后，同时拿下庐州、无为两城，把庐州作为上游的藩篱，把无为作为富强的基地。到了中秋节以后，我已经不敢有这种侥幸的想法，今天竟然如愿以偿。从此以后，水陆军都应该休整，不要再讲进兵谋取一步，要专心讲究防守江西。另外造些小舢板，放到巢湖里面。明年春湖水上涨时，湖船从黄落河打出去，江船从裕溪口打进来，必然能够成功。

东征局的五万钱，已经在今天解送到大通李少山那里，赣局的三万钱竟然被省内截留支取派发给了鲍军，这里更窘困了。季弟今天稍微有些怕冷，一会儿就好了。弟弟你在下游，必须把水陆两军布置得十分妥当，才可以回安徽。顺问近好。九月二十三日夜。

【点评】

守住庐江已经让曾国藩非常高兴，现在又攻克无为，更是圆了曾氏长久以来的梦想。无为的战略地位异常重要，以后的军事行动都必须以它作为根据地。

但曾国藩此时的头脑还是异常冷静，他让弟弟切忌急功近利，要做好大战之后的休整工作，布置好水陆两军之后，再做打算。曾氏知道在这种关头，人们最容易头脑发热，所以曾氏及时地加以提醒，让弟弟做一切事情都要三思而后行。

咸丰十一年九月廿五日与九弟国荃书

公元1861年10月28日

沅弟左右：

廿四夜接廿早泥汊口来信，比廿一日之信后到三日之久。

多公信来，日内呕血甚多；此人劳苦太过，病恐难于速愈。又安庆克城，人人优奖，惟多公尚嫌其薄，弟当以信函慰之，或能亲往看视亦好。

昨日到家信各件，兹专原足送上。少荃、仙屏、凯章三人于廿四日到此，梅小岩于廿一日到此，张泮山之灵柩于十六日到河下，万篪轩、史士良、勒少仲三君闻一二日可到，渐有热闹之意。李、王二镇水师，究竟坚劲可恃否？望弟细察。即问近好。九月廿五日。

正封函间，接廿二早来信，并公牍俱悉。运漕可乘机取，巢县亦未始不可乘机攻取。吾意取之易而守之难，目下且专守庐江、无为二处，稍息兵勇之力，亦稍抑其矜情躁气。待水师肃清巢湖后，运漕、巢县皆囊中物耳，吾于水师实不放心也。又行。

【译文】

沅弟左右：

二十四日夜里收到你二十日早上从泥汊口寄来的信，比二十一日的信晚来了有三天之久。

多公来信说，他这几天吐血太多；这个人太过劳苦，他的病恐怕难于迅速就痊愈。另外，攻克安庆城，人人都给予优厚的奖赏，只有多公嫌奖赏得太少。弟应当写封信安慰他，或者亲自前去看望探视也好。

昨天收到的各封家信，现专门派人原样送给你。少荃、仙屏、凯章三个人在二十四日到我这里，梅小岩二十一日到这里。张泮山的灵柩在十六日到了河下，听说万篪轩、史士良、勒少仲三个人一两天可以到达，渐渐会热闹起来。李、王两镇的水师，到底是不是坚强强劲可以凭靠？希望弟仔细调查。即问近好。九月二十五日。

正在封信封时，又收到你二十二日早上写的来信及公牍，都知道其内情了。运漕可以乘机夺取，巢县也未尝不可乘机攻占。我的意思是攻取容易守住难，眼下暂时专门守住庐江、无为两处，稍稍让士兵得到休息，也稍微压制一下部队的骄躁情绪。等水军肃清了巢敌之后，运漕、巢县就都是囊中之物了，我对水军实在不放心。又写。

【点评】

曾国藩在此信中表示了对水军的不放心，让弟弟注意调查水师的情况。他再一次提醒弟弟眼下的战局不宜急于进攻，而是应该专门做好防守庐江、无为两处的工作，以便同时让士兵们得到休整，压制一下全军的骄躁情绪。

欲速则不达，只有养好精神，集中力量，战略得当，才能争取战局的主动权，有能力的领导往往能及时发现部下中存在的骄躁情绪，并及时加以抑制。

广东仿制的西洋战船图。曾国藩后来大规模仿制这种战船，使之构成湘军水师主要战船。

咸丰十一年九月廿六日与九弟国荃书

公元 1861 年 10 月 29 日

沅弟左右：

昨日交走家信人寄一缄，计到无为必不甚速。

接李济清等禀，知水师即日进攻巢县，余甚不放心。盖水师向本骄傲，又得数次小胜，则全是矜情躁气，偶然小挫，则怯态毕露。运漕一带，港汊分歧，一有不慎，则草木皆兵。弟欲调度水师，无但取其长而忘其短，总以看明支河小汊为第一义。

陆师亦宜守住庐江、无为，不宜再进，特此再嘱。湖北饷银闻已直解李少山处。前敌固极要紧，此间守城六营亦贫甚也。顺问近好。九月廿六日辰刻。

【译文】

沅弟左右：

昨天交给送信人寄出一封信，估计肯定不能很快到达无为。

接到李济清等人的报告，得知水师今天进攻巢县，我很不放心。大概因为水师一向骄傲，又打过几次小胜仗，全是一派骄躁情绪，偶然遭遇小挫折，那么胆怯的心态就完全显露无遗。运漕一带，港汊纷歧，一有不慎，就会草木皆兵。弟弟想要调度水军，不要只利用他们的优点而忘记了他们的缺点，一定要以看清楚支河小汊为第一要义。

陆军也应该守住庐江、无为，不适合再进攻。特此再次叮嘱。湖北军的饷银听说已经直接解送到李少山那里。前线固然十分要紧，这里守城的六个营也很贫困呀！顺问近好。九月二十六日辰时。

【点评】

曾国藩本来就对水军不放心，现在水军出去攻城夺县，更是让他寝食难安。骄兵必败，实乃兵家至理。水师本来一直就骄傲异常，遇小胜则无法无天，遭小挫就心灰气丧。弟弟一定要察好地形，切忌盲进，以免误入敌军的包围圈。充分利用水军的长处，并及时发现他们的缺点，以充分发挥水军的作用。

此外，曾氏要求弟弟要稳住陆军，以守为主。至于军饷的分发，曾氏也是难于抉择，到处急需饷银，无奈僧多粥少，让曾氏捉襟见肘。

咸丰十一年十月初四日与四弟国潢书

公元 1861 年 11 月 6 日

澄侯四弟左右：

日来未接弟信，想五宅平安。此间一切尚顺。九弟于廿日克复无为州，廿三日克复运漕镇，一路布置妥当，于十月初一日回安庆省城。江北之贼，现仅占庐州、巢县二城。江南之贼，各立门户，不肯帮助北岸。计江北肃清，尚不甚难，惟恐其勾结捻匪，勾结苗逆，又致蔓延为患耳。自新主继序以来，八九两月，英夷退出广东省城，楚军克复安庆省城，又江西湖北两省肃清，气象颇好。闻大行皇帝梓宫于九月廿三日奉移进京，新主于十月初九日登极。从此否去泰来，寰宇乂安，则中外臣民之福也。

余身体平善。今年自三月以来，因疮疾未服补药，精神尚能支持。九弟拟于日内旋湘。此间诸务，家中可以放心。九月日记付去查收。即问近好。十月初四日。

【译文】

澄侯四弟左右：

最近没有收到弟弟的来信，想来五宅平安吧。

这里一切还算顺利。九弟在二十日那天克复无为州，二十三日克复运漕镇，一路布置稳妥，又于十月初一回到安庆省城。江北的敌人，现只占据着庐州、巢县两座城。江南的敌人，各立门户，不肯帮助北岸。估计我军肃清江北，还不算太难。只怕敌人勾结捻匪，勾结苗逆，又使敌势蔓延成为祸患。自从新帝登基以来，八、九两个月，英国人退出了广东省城，楚军克复了安庆省城，又肃清了江西、湖北两省的敌人，气象很好。听说大行皇帝的灵柩于九月二十三日奉旨转移到京城，新皇帝于十月初九登基。从此否极泰来，天下安宁，这是中外臣民的福祉。

我身体平安。从今年三月以后，因疮病没有服用补药，精神也还能支持。九弟打算近日内回湖南。这里的一切事情，家中尽可以放心。九月份的日记寄给你查收。即问近好。十月初四。

【点评】

战争局势渐渐好转，国家形势起色，这都让曾国藩喜形于色。战争的残酷是任何人都不愿意看到的，曾国藩也是早已厌倦了这种打打杀杀的生活。但将希望寄托在新登基的圣主身上，但愿他能给朝廷带来福祉，给百姓带来安宁。

但是此时还不是该放松警惕的时候，敌军随时可能死灰复燃，洋人也肯定不会善罢甘休，内忧外患的局势是曾国藩最为头疼的事情。因此他告诉弟弟虽然形势一片大好，但也应该保持冷静的头脑。

咸丰十一年十一月十四日与国潢国荃书

公元 1861 年 12 月 15 日

澄弟、沅弟左右：

王彩六等来营，接澄弟十月廿三日信并纪泽一禀，知家中五宅平安。又得赵玉班寄季弟信，知沅弟于十月廿八日自长沙还家，竟可赶上初三祭期，至慰至慰。

此间军事平安。三河之贼于初六日无故自退，或与庐州贼目不和，或别有诡谋，均未可知。余令振字开字两营移守三河伪城，而派竹庄之千三百人接守庐江，均札归多都统就近调度。竹庄自安庆开差，十七可至庐邑，不知振开两营果能守三河要隘否？如守得坚定，则庐郡巢县或易于得手。

浙江自绍兴失守后，别无确信，闻宁波继陷，杭城被围。可危之至。余奏请左寺堂由广信、衢州援浙，又调鲍春霆进攻宁国。宁国距杭仅三百里，可亦掣浙贼之势，坚杭人之心。第目下均尚未拔行，不知赶得及否。

江苏上海来此请兵之钱调甫，即前任湘抚钱伯瑜中丞之少君也，久住不去，每次涕泣哀求，大约不得大兵同行即不还乡，可感可敬。余前许令沅弟带八千人往救，正月由湘至皖，二月由皖至沪，实属万不得已之举，务望沅弟于年内将新兵六千招齐，正月交盛南带

来，沅则扁舟先来，共商大计。吾家一门受国厚恩，不能不力保上海重地。上海为苏杭及外国财货所聚，每月可得厘捐六十万金，实为天下膏腴。吾今冬派员去提二十万金，当可得也。

陈舫仙丁内艰，家无兄弟，本应给假回籍治丧。吾因运漕吃紧之地，批令待沅弟来再行给假，兹将原批暨信抄阅。望沅弟正月到皖，则余不甚失信，至要至要。

东皋书院请山长，让邓寅兄去，万万不能。余自咸丰八年即与寅兄订定，请其教科一五年，科一甫十四岁，岂可遽至书院习为浮荡？明年决请寅兄再教之，并请带之出考，与邓世兄同寓。科四、科六未请得有恒之师，耽误光阴，余甚不放心。沅弟回家，余嘱其以此事为重，不知现已延请何人？或明年即令科四、科六从邓师读书，或癸亥年延邓师于大夫第连教数年。总之，师之有恒者极为难得。邓师在兄弟处无论何家，皆大有益于子侄，公之书院则为益反小，可不必也。邓师修金应行酌增之处，望两弟与纪泽母子商定，余必付回。

梁侄生女，贺贺。余身体平安，惟疮癣之痒迄不能愈，娶妾之后亦无增减。陈氏妾入室已二十日，尚属安静大方，但不能有裨于吾之病耳。

纪泽所呈寿叙及诗，亦尚稳适，惟藻彩太少，又欠风韵。试取庾子山《哀江南赋》熟读百遍，当引出情韵，有情则文自生矣。顺问近好。兄国藩手草，十一月十四。

正封缄间，接奉廷寄谕旨，兹先行抄寄一阅。涤翁道理未免太多矣，即日当专折辞谢，不敢当此重权。昔太无权，今太有权，天下事难得恰如题分也。

兄又草。

【译文】

澄弟、沅弟左右：

王彩六等人已经来到我的军营，我也收到了澄弟十月二十三日的来信和纪泽的一份禀书，得知家中一切都很平安。另外还收到了赵玉班寄给季弟的信，得知沅弟于十月二十八日从长沙赶回家中，这样便能够赶上初三的祭日，看到这个消息我心里很是欣慰。

目前我这里的战况还算平静。初六那天，三河的敌军竟然无故自行退去，可能是因为和庐州的敌人首领出现了矛盾，可能是另有阴谋，其中的原因就不得而知了。我命令振字、开字两个营转移到三河去守卫敌人占领过的城池，又派吴竹庄的一千三百人接替防守庐江，都由多都统就近调度。吴竹庄十三日从安庆出发，十七日就可以到达庐江，不知道振、开两个营能不能最终守住三河这一要塞？如果防守得坚固，那么庐郡、巢县两城或许容易得手。

自从绍兴失守后，浙江地区就没有其他可靠的消息，听说宁波在这之后也失陷了，杭州城不久也被围困。非常危险。我已经奏请让左宗棠从广信、衢州去支援浙江，又调派鲍春霆进攻宁国。宁国距离杭州只有三百里，进攻宁国便可以牵制敌人在浙江的势力，以坚定杭州军民的信心。只是目前我的计划还没有被批准，不知还能不能赶得上？

江苏、上海地区来我这里请求援兵的钱调甫，就是上一任湖南巡抚钱伯瑜中丞的小儿子，他来了以后，待了很久都不离去，每次都是哭哭啼啼地哀求，大概是没有大量的援兵一同去就不回去，真是令人感动和敬佩。我以前答应过他，让沅弟带八千兵士前去救援，正月由湘到皖，二月由皖到沪，实在是万不得已的办法，请沅弟务必在年内招齐六千新兵，正月交给盛南带过来，沅弟要先乘小船来这里，和我一起共商大计。我们全家受国家的恩惠厚待，不能不竭尽全力把上海这一重地保住。上海是江苏、杭州和外国财货的聚集地，每个月可得厘捐六十万金，实在是天下的膏腴之地。我今年冬天已经派人去提取二十万金，应该可以拿到。

陈舫仙亲人病故，家里又无兄弟，本来应该准假让他回乡料理丧事。但运漕目前依然处于危险境地，我下了批令，等到沅弟来了以后再让他告假回家。现在将原来的批令和信件抄给你看。希望沅弟能够确保正月到皖，这样我不至于失信。这是很重要的事。

至于东皋书院请山长的事，让邓寅兄去，这万万不可。我从咸丰八年就和寅兄商定，请他教辅科一五年，科一刚刚十四岁，怎么能接着到书院去养成浮荡的陋习呢？我决定明年再请寅兄教科一读书，而且请他带科一去参加科考，和邓世兄住一起。科四、科五两人没有请到专门的老师，耽误时间，我很不放心。沅弟回家的时候，我嘱咐他一定要看重这件事，不知道现在请了谁来教他们？或者明年就让科四、科六跟邓老师念书？或者癸亥年时请邓老师在大夫第连续教几年？总而言之，有专门的老师是很难得的。邓老师在兄弟那里，不管在哪一家，对子侄们都是大有好处的，邓老师到书院去，反而好处小些，大可不必。邓老师的酬金，应该仔细考虑增加的时候，希望两位弟弟和纪泽母子俩商定好，我一定会把酬金寄回去。

梁侄生了女儿，可喜可贺。我近来身体平安，只是疥癣到现在还没有彻底治愈，娶妾之后，病情也没有什么变化。妾陈氏进门已经二十天了，还算沉静大方，只是对我的病没有什么帮助。

纪泽寄呈的祝寿词和诗，也还算勉强让人满意，只是文采还略有不足，风韵也还欠缺。试着将庾子山《哀江南赋》仔细阅读多遍，应该能够引发出情韵，有了感情，文采自然就会油然而生。顺便问问近来一切可好。兄国藩手草，十一月十四。

正在封这封信的时候，恰巧接到朝廷寄来的谕旨，现先把它抄下来一并寄给你看一看。涤翁的道理未免太多了，今天应该写折专门表示感谢，不敢担当这样的大权。过去太无权，今天太有权，天下的事很难恰如其分。

兄又草。

【点评】

曾氏写信给回家的九弟，要他回军营带兵驻防上海，因上海防务吃紧，太平军已威逼上海，因上海是当时大清国极为重要的商业中心，朝廷方面也相当重视，谕旨曾氏调兵前去守护。

曾氏因身上长癣顽疾时来日久，近几年由于忙于军务，病情加重，常常浑身瘙痒，使其夜里难以入睡，众人劝其纳一小妾陈氏帮他挠痒，为其缓解痛苦。

朝廷历经变故，慈禧太后掌握实权，更是重用曾氏、极力笼络曾氏及其湘军集团，让其掌管了东南四省的军政大权。

咸丰十一年十一月廿四日与国潢国荃书

公元 1861 年 12 月 25 日

澄弟、沅弟左右：

沅弟十月廿六七自长沙发信，澄弟自湘乡发信并寄张父台联幅各纸，沅弟亦寄四纸，具悉一切。

此间日内平安。三河复后，余派振、开两营往守，吴竹庄团防营替守庐江，十九日到防。开营廿一日全赴三河，另扎将吴、罗、程归多都护调度。运漕等处日内如故。以理揆之，环巢湖四面，庐郡及舒、庐、无、巢五城，运漕、东关、三河三隘，八者官兵已占其六，想贼并此二者亦不能久守矣。

惟浙江危急，上海亦有唇齿之忧，务望沅弟迅速招勇来皖，替出现防之兵，带赴江苏下游，与少荃、昌岐同去，得八千陆兵、五千水师，必能保朝廷膏腴之区，慰吴民水火之望。弟言银钱枪炮须咨湖南，顷已咨行矣。公牍应行知弟处者，已有两月未行，此后照常行知也。

京师十月以来，新政大有更张。皇太后垂帘听政。前此受遗诏赞襄之八人者，肃斩决，郑、怡赐自尽，穆军台、匡、景、杜、焦革职。恭王议政居首，桂、周、宝、曹入军机，中外悚肃。

余自十五至廿二日，连接廷寄谕旨十四件，倚畀太重，权位太尊，虚望太隆，可悚可畏。

浙事想已无及，但求沅弟与少荃二人能为我保全上海，人民如海，财货如山，所裨多矣。庐、巢一克，余与弟中无梗隔，事局尚可为也。

疮癣奇痒未愈，而近数夜稍能成寐。饮食如恒，家中不必挂念，顺问近好。兄国藩手草，十一月廿四日。

慈禧太后像。1861年，咸丰皇帝驾崩，立年幼的同治为帝。慈禧太后发动政变，开始垂帘听政。

【译文】

澄弟、沅弟左右：

沅弟十月二十七日从长沙寄出的信、澄弟从湘乡寄出的信及寄给张父台的几张对联字幅，沅弟也寄了四张，一切都知道了。

最近这里平安无事。收复三河以后，我派振、开两个营前去驻守，吴竹庄的团防营代替驻守庐江，十九日到防。开字营二十一日全部赶赴三河，我另外去信让吴、罗、程三军归多都护调度。运漕等地近来一切如故。按理推测，巢湖周围四面有庐郡及舒、庐、无、巢五座城，运漕、东关、三河三处关隘，这八个地方，官军已占据了六处，想必敌人占据的那两处也不能长久固守了。

只是浙江危急，上海也有唇亡齿寒的担忧，望沅弟务必迅速招募兵勇来安徽，把现在的驻防士兵替换下来，带领赶赴江苏下游，与少荃、昌岐一齐去，有八千陆军、五千水军（淮扬水师），一定能保住朝廷的膏腴之地，抚慰吴地百姓水深火热的处境。弟弟说银钱枪炮必须询问湖南方面，最近已经咨询了。公文应该送到弟弟那里去的，已有两个月没送去。以后要照常送知弟弟。

京师从十月以来，实施新政大有更张。皇太后垂帘听政。以前接受遗诏辅佐幼主的八个大臣，肃顺被斩，郑、怡赐自尽，穆军台、匡、景、杜、焦被革职。恭王位居议政大臣首位，桂、周、宝、曹进入军机处，中外悚然。

我从十五日到二十二日接连收到十四件朝廷的谕旨，朝廷赐予我的太多，我的权力地位太尊贵了，虚望也太隆盛，实在可怕。

浙江的事想来已经来不及了，只求沅弟与少荃你们两个人能为我保全上海。人多如海，财货如山，保住了上海裨益极多。庐、巢一被攻克，我与弟弟之间便无梗塞阻隔了，局势还有好转的希望。

我的疮癣未好，奇痒难忍，最近几天晚上稍微能睡点觉了。饮食与平时一样，家中不必挂念。顺问近好。兄国藩手草，十一月二十四日。

【点评】

咸丰帝驾崩，遗诏嘱托八大臣辅佐幼主，幼主登基即位同治皇帝。但同治年幼，皇太后慈禧发动政变，八位辅政大臣全部被查办。之后，慈禧太后垂帘听政，开始了其对中国的统治。

曾国藩敏锐地觉察到了这种变动，因为自己位高权重，虚望隆盛而如履薄冰，诚惶诚恐。不过让人没有预料到的是，慈禧太后上台之后实行的是拉拢汉族地主的政策。

咸丰十一年十二月十四日与国潢国荃书

公元 1862 年 1 月 13 日

澄、沅弟左右：

日来未接家信，不知走信之夫从何处耽搁？

此间军情如常。闻杨逆辅清围逼徽州，攻扰三面，幸西门尚通接济，已调朱云岩由岭外回援。又调左部速援，并请季翁亲来，不知赶得及否。

浙江省城竟于十一月廿八日失守，兵民六十万人，食尽而破。大约半死于饿，半死于兵，存者无几。吾奉命兼辖浙江，不能解此浩劫，愧愤何极。浙抚想必简左帅，吾当奏请简蒋芗泉为浙江藩臬，或令带五六千人，即可独当一路。

上海一县，人民千万，财货万万，合东南数省，不足比其富庶，必须设法保全。拟令少荃带水陆各五千人前往。程学启之千人，拟即拨交少荃带去。余之亲兵营，亦令韩正国随去。

沅弟开年，务须星速前来，能于二月十五以前赶到，少荃尚未启行，诸事面商更好。其程学启处，望弟写信谆嘱，令其听少荃之节制调度。

吾家受国厚恩，吾为江督将近二载，尚无一兵一将达于苏境，上愧对朝廷，下愧对吴民，此次若不能保上海，则并获罪于天地矣。（上海已解来饷银十万，闻年内再有十万解来，无非望我援救耳。）总望沅弟多方设法，助我保守上海，为恢复三吴之张本，千万千万。

顺问近好。十二月十四日。

【译文】

澄、沅弟左右：

最近没有收到家中来信，不知送信的人是在哪里耽误了。

这里军事情况与平常一样。听说杨辅清围困进逼徽州，从三面进行攻扰，幸亏西门还可以沟通接济。我已经调派朱云岩从岭外回援。又调动左部火速救援，并请季翁亲自前来，不知能否赶得上。

浙江省城最终于十一月二十八日失守了，兵民六十万人，因粮食吃完了而导致城被攻破。大约一半人死于饥饿，一半人死于战争，幸存下来的没有几个了。我奉命兼任管辖浙江，不能消解这场浩劫，心中多么的惭愧和愤恨啊！浙江巡抚想来必定会选择左帅来担任,我应该奏请让蒋芗泉担任浙江藩臬,让他带领五六千人,就可以独当一面。

上海一个县,人民成千上万,财货堆积如山,东南方几个省加在一起,也抵不上上海的富庶,必须想方设法保全。我打算命令少荃带水陆军各五千人前往上海。程学启的一千人,也打算调拨给少荃带去上海。我的亲兵营,也让韩正国带去。

沅弟在春节时必须火速赶来,如果能够在二月十五日以前赶到,少荃还没有起程,各种事情当面商议更好。程学启那里,望弟弟写信仔细叮嘱,让他听从少荃的指挥调度。

我们全家蒙受国家厚恩,我做两江总督将近两年了,还没有一兵一将到达江苏境内,对上有愧于朝廷,对下有愧于吴地百姓,这次如果不能保全上海,就会得罪于天地(上海已送来十万饷银,听说年内还会有十万送来,这无非是希望我去援救罢了)。总之,希望沅弟想方设法,力助我保住上海,为收复三吴地区打好基础。一定要做到。

顺问近好。十二月十四日。

【点评】

因上海是商业重地,不可等闲视之,曾氏一再写信给在湖南老家的九弟,劝其速回军营带兵去驻防上海,可谓晓之以理、动之以情;然而老九却雷打不动,借口说去上海不愿受别人的节制。实际其内心是想去打江宁,以求取战功。曾氏知其九弟的秉性,不得以便派自己的幕僚李鸿章,其人本是安徽人,在老家时也曾带过兵,曾氏认为派他较为妥当,李鸿章很快在老家按湘军的建制组成一支四千人马的队伍,为开创淮军奠定了基础。

同治元年正月初四日与国潢国荃书

公元 1862 年 2 月 2 日

澄弟、沅弟左右:

日来未接家信,颇为悬念。沅弟腹泻,何以至今不愈?若云脾虚发泻,则八九月在此办事,宏毅周到,断非元气亏损之象;即到家后寄来各信,字迹精光圆湛,亦殊非积弱者所能为。弟平日服药太多,余心以为非。此次久泻,不知所服者系属何方?恐一味偏补,而于所以致泻之原,未能清其根。万篪轩病疟五年,多服补剂,现在娇养太惯,动辄生疾,亦由当日致疟之原,未清其根也。

望弟少服药饵,迅速来营,忘身报国。凡外间谤言无因而至者,余必能解之;凡险远之处,弟不愿往者,余亦不强之。但望弟早早来营。一则受恩太重,不宜久住家中;一则舫仙思归甚切,前敌今春必有战事,余甚不放心也。

徽州危急,廿六日获一大胜,已将岩寺街打开,粮运既通,当无他虑。

【译文】

澄弟、沅弟左右:

最近没有收到家中的来信,心中非常惦念。沅弟的腹泻,为什么至今还没有痊愈呢?如果说是脾脏虚弱引发腹泻,那么去年八九月份在这里办事时,却照顾得周到细致,绝对不是元气亏损的样子。回到家以后寄来的信件,字迹精湛、光亮、圆润,也不是积弱的人所能写出的。弟弟平时吃太多的药物,我心里以为这是不正确的。这次腹泻持续时间这么长,不知用的什么药?恐怕一味偏重于补药,而对导致腹泻的根本原因却未能根除。万篪轩得疟疾五年,吃了许多补药,现在娇养惯了,动不动就生病,也是因为未能清除当时疟疾的病根。

我希望弟弟能减少服用药物,尽早回营,以便忘身报国。凡是外面出现的恶意无由的谣言，我一定能消解它；凡是弟弟不愿意去的危险偏远地方，我也不会勉强你。我只是希望弟弟尽早回到营中。一方面是因为我们享受了朝廷太厚重的恩惠，不应长时间赋闲在家；一方面是因为舫仙回家的心情迫切，今年春天前线必有战事，营中无人，我非常不放心。

徽州虽正处危急境地，但二十六日打了一场大胜仗，已经把岩寺街打通，这样一来，粮食运输的道路既然通畅了，应该就没有其他的顾虑了。

【点评】

曾国藩一贯不主张弟弟多服药物，尤其是不要多吃补药，这不是正确的养生之道。是药三分毒，服用多了肯定没有好处。曾国藩也是几次劝诫弟弟尽量少服药物，以免积习成疾，导致身体衰弱。身体是革命的本线，没有好的身体，做任何事情都是妄谈。曾氏也是希望弟弟能养好身体，尽早回归营伍，以完成未竟的事业。

同治元年正月十四日与九弟国荃书

公元 1862 年 2 月 12 日

沅弟左右：

接弟腊月专丁一缄，具悉一切。弟于十九日敬办星岗公拨向事件，起行来营，月杪或可赶到。少荃准于二月杪赴镇江，弟能早十日赶到，则诸事皆妥。除程学启外，少荃欲再向弟处分拨千人，余亦欲许之，不知弟有何营可拨？渠赴镇江，即日将有悍贼寻战，新勇太多，实不放心。弟进攻巢县、和、含一带，不妨稍迟，待新军训练已成，再行进兵可也。

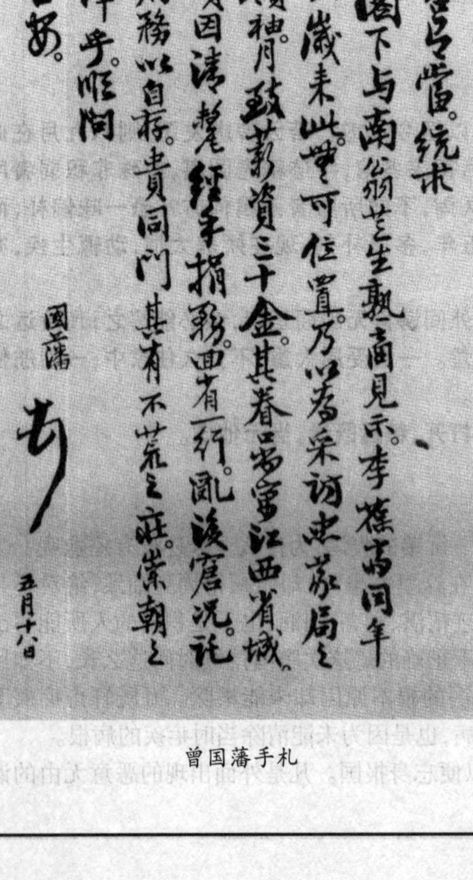

曾国藩手札

用人太滥，用财太侈，是余所切戒阿弟之大端。李、黄、金本属拟不于伦。黄君心地宽厚，好处甚多。而此二者，弟亦当爱而知其恶也。

在安庆未虐使军士，未得罪百姓，此二语兄可信之。拼命报国，侧身修行，此二语，弟亦当记之。余近日平安。幼丹抚江，季高抚浙，希庵抚皖，应不至大掣肘。

【译文】

沅弟左右：

收到弟弟腊月派专人送来的一封信，一切知道了。弟弟在十九日恭敬地承办了星冈公拨向的事件，起程前来营中，月末或许可以赶到。少荃准备在二月末奔赴镇江，弟弟如果能提前十天赶到，那么各项事情就都会稳妥。除了程学启之外，少荃想再从弟弟那里分拨一千人，我也打算允许，不知弟弟那里有哪个营可以调拨？他奔赴镇江，马上就会有凶悍的敌人前来挑战，新兵太多，我实在不放心。弟弟进攻巢县、和、含一带，不妨稍微推迟一些，等到新兵训练完成，再进兵也不迟。

用人太泛滥、用钱财太奢侈，是我奉劝弟弟切实戒掉的一个大毛病。李、黄、金本属不伦不类之人；黄君心地宽厚，有很多优点。对这两者，弟也应该知道爱惜，又要知道他们不好的一面。

在安庆他没有虐待役使军士、没有得罪百姓，这两句话，我可以相信他。拼命报国，侧身修行，这两句话，弟弟也应当记住。我最近身体平安。幼丹在江苏、季高在浙江、希庵在安徽，应该不至于有大的牵制。

【点评】

曾国藩在信中劝弟弟一定要戒除用人太滥、用财太侈的坏毛病。在那种兵荒马乱的年代里，用人、用财两个问题至关重要。发掘使用人才，不要选用庸俗之辈，才能保证队伍的素质和作战能力；节俭戒侈，才能集中财力，把好钢用在刀刃上，奢侈浪费只能尽失人心。

曾氏还要弟弟拼命报效朝廷，时常修身反省，培养自己的爱国情操和人格魅力，以便修身治国平天下。

同治元年正月十八日与九弟国荃书

公元1862年2月16日

沅弟左右：

十七日钦奉谕旨，兄拜协办大学士之命，弟拜浙江按察使之命。一门之内，迭被殊恩，无功无能，忝窃至此，惭悚何极！惟当同心努力，仍就“拼命报国，侧身修行”八字上切实做去。前奉旨赏头品顶戴，尚未谢恩，此次一并具折叩谢。

到省后，或将新营交杏南等带来，而弟坐轻舟先行，兼程赴营，筹商一切，俾少荃得以速赴上海，至要至要。少荃现有四千五百人，望弟再拨一二营与之，便可独当一路。渠所部淮扬水师，余嘱其留两营在上游，归弟调遣。弟将来若另造炮船，自增水师，此二营仍退还黄、李。弟自有水师两营，其余大处仍请杨、彭协同防剿，庶几可分可合，不伤和气。

【译文】

沅弟左右：

我十七日接到谕旨，任命我为协办大学士，任命弟弟为浙江按察使。一家之内，连续地受到朝廷的特殊恩遇，何德何能，竟能授此高位，心中实感愧疚，异常惶恐不安！我们只应当同心一致地努力，仍在“拼命报国，侧身修行”八个字上切切实实下足工夫。前不久奉旨赏赐头品顶戴，你还没有谢恩，这一次一并写具奏折叩阶谢恩吧。

你抵达省城后，可以将新营交给杏南等人带领前来，你坐小船提前先走一步，日夜兼程赶来军营，与我筹划商讨一切，这样少荃也可以迅速赶赴上海，此事至关重要！少荃手下现在有四千五百人，希望弟弟再另外调拨一两个营由他统领，那样他就可以独当一面。他所率领的淮扬水师，我嘱咐他留下两个营在上游，由弟弟调动发遣。弟弟将来如果另造炮船，自己增置水师，这两个营仍然退还给黄、李。弟弟自己有两个营的水师，其他的重要地方仍需请求杨、彭协同防守清剿，大概可分可合，不会伤了和气。

【点评】

曾氏多次函催老九国荃回军营，可老九在老家就是迟迟不动，在家摆起功臣的架子，一直在家待了三个月，曾老大没法制他，这下连朝廷也害怕了，爱惜他是湘军一位难得的将才，便着意笼络，咸丰十一年十月二十一日赏头品顶戴，皆以巡抚才得以享受的殊恩；同治元年正月初四又受命于浙江按察使。即使这样的“殊恩”，老九仍还在家待了二十多天，后来又接到上谕，被授命江苏布政使，可见朝廷对他的器重程度。

曾氏领受皇恩，他一面“惭悚何极”，一面决心“拚命报国，侧身修行。”身为同胞兄弟，可见俩人性格差异悬殊。

同治元年二月初二日与季弟国葆书

公元1862年3月2日

季弟左右：

所有招降立营事宜，业经于禀内一一批明。尚有函中应复各事，列如左：

（一）芜、繁、南、鲁四处在掌握之说，尚难尽信。韦志浚初降之时，亦言包打芜湖。不特降人好说大话，即投效之将官亦多好说硬话，余实厌听久矣。弟初放手办事之始，余不遏其兴致，即芜湖不克，余亦不怪也。惟言训练为有用之兵，则余未敢深信。

（一）滕代馨系李营老帮办，委之署理繁昌县则可，委之办捐务则不可。盖余自八年再出，并未委员劝捐，以其费神多丽获钱少也。

【译文】

季弟左右：

所有有关招降立营的事，我都已经在请示信中一一批明了，还有些信中应答复的事情，回答如下：

一、芜、繁、南、鲁四处都在掌握之中的说法，还难以完全相信。韦志浚刚刚投降时，也说过包办攻打芜湖的话。不仅是投降的人喜欢说大话，即便是投效的军将也大多喜欢说硬话，我厌恶听这样的话已经很久了。弟才开始放开手脚办事，我不毁遏你的兴致，即使芜湖没有克复，我也不责怪你。只是说把投降的人训练成为有用的士兵，我不敢过分相信。

二、滕代馨是李营的老帮办，委托他治理繁昌县可行，要委托他办理捐务则不可行。我从咸丰八年再度出山任职后，一直没有委派人去劝捐，因为派人办此事劳心费神得厉害，得到的钱却很少的缘故。

【点评】

曾国藩对降军好说大话，降将好说硬话。这样的事异常厌烦，对弟弟说的将降兵培养训练成有用之材的做法不以为然。

任何人都有他自己适合做的事情，曾氏告诫弟弟一定要善于识别人才，妥善安排人员的安置工作。曾氏还说到之所以不派人前去劝捐，是因为这样的做法既费心神又收益甚微。

同治元年二月廿一日与季弟国葆书

公元1862年3月21日

季弟左右：

接家书，知季弟妇于二月初七日仙逝。何以一病不起？想系外感之证。弟向来襟怀不畅，适闻此噩耗，谅必哀伤不能自遣。惟弟体亦不十分强旺，尚当达观节哀，保重身体。应否回籍一行，待沅弟至三山夹与弟熟商，再行定夺。

长江数百里内，厘卡太多，若大通再抽船厘，恐商贾裹足，有碍大局，拟不批准。荻港厘局分成，为数无多，拟批令改于华阳镇分成，为数较多，弟之所得较厚，又与外江水师无交涉争利之嫌，更为妥善。

诸嘱保重，至要至要。

【译文】

季弟左右：

收到家中来信，知道季弟媳妇在二月初七那天去世。为什么一生病就好不了呢？想来是外感的病症。弟弟一直胸襟就不豁达，刚听到这个噩耗，想必一定是哀伤得不能自我排遣。只是弟弟的身体也不是十分强壮，还是要豁达乐观节哀顺变，保重身体。你是否应该回家一趟，等沅弟到了三山夹与弟弟仔细商讨，再做决定。

长江流经的几百里范围以内，设置的厘金关卡太多，假如大通局再收过往船只的厘金，恐怕多数的商人会裹足不前，停止手头的生意，这样必定妨碍大局，所以我不打算予以批准。另外，荻港厘局的分设机构不多，我准备批令改在华阳镇分设，那里数量更多一些，弟弟的收入也就会相对丰厚，而且这样做还没有与长江水师争夺收利的嫌疑，更加妥当。

多多保重，至要至要！

【点评】

曾氏得弟媳病逝的噩耗，体谅其季弟悲伤过度，写信安慰，知道季洪弟胸怀不够宽广，怕其经受不住如此打击，叮嘱他节哀顺变，以保重身体为念。

曾季洪的妻子一直没有生育，曾收养曾老大的两个女儿，妻子死后，两个侄女就又回到欧阳夫人身边。

同治元年三月初三日与国荃国葆书

公元1862年4月1日

沅弟、季弟左右：

复奏朱侍御一疏，定于五日内拜发。

请钦派大员专抽广东全省厘金。余奏派委员随同筹办，专济苏浙皖鄂四省之饷，大约所得每月在二十万上下，胜于江西厘务也。此外实无可生发，计今年春夏必极穷窘，秋冬当渐优裕。

马队营制，余往年所定，今阅之，觉太宽而近于滥，如公夫、长夫之类是也。然业已久

行，且姑仍之。弟新立营头，即照此办理。将来裁减，当与华字、顺字等营并裁，另行刻新章也。

上海派洋船来接少荃，一军花银至十八万两之多，可骇而亦可怜。不能不令少荃全军舟行，以顺舆情。三月之内，陆续拔行。

其黄昌岐水军，则俟三四月之交，遇大顺风直冲下去。弟到运漕，可告昌岐来此一晤也。

【译文】

沅弟、季弟左右：

回复奏请朱侍御的疏文，我决定在五天内发出。

已经请求皇上钦派大臣，专门抽调广东全省厘金。我还向朝廷奏请，派遣委员随同筹办，专门接济苏、浙、皖、鄂四省的军饷，所收的厘金每月大约在二十万上下，超过江西厘务。除此之外，实在没有其他地方能拿出这么多钱来，预计今年春夏一定会非常穷困窘迫，到秋冬应当会逐渐宽裕了。

我以前制定马队营的官制，现在看起来，觉得有些太宽松了，甚至接近于泛滥，如公夫、长夫这些职位就是这样。但是，因为已经实行了很长时间，暂且保持不变。弟弟最新建立的军营，就照这些制度办理，将来裁减，应当与华字、顺字等营一并裁减，另外制定新章程。

上海派遣洋船来接少荃，一军花费竟多达十八万银两，真是让人难以置信，可怕也让人怜惜！因此不能不叫少荃全军坐船走，才能不违逆众情。三个月之内，陆续开拔行军。

他的黄昌岐水军，则要等到三四月份之间，逢遇大顺风直冲下去。弟弟到运漕，可告诉昌岐到我这里来见一次面。

【点评】

战争旷日持久，军饷自然成了大问题。曾国藩不得不奏请朝廷专门派钦差大臣抽调广东全省厘金以充军饷。但即便这样，春夏也不免窘迫困极，只能等到秋冬才可渐趋宽裕。

曾氏还表示对以前的马队营官制不满，希望以后可以渐改这种不合理的制度，裁汰冗员，以便精减军政。

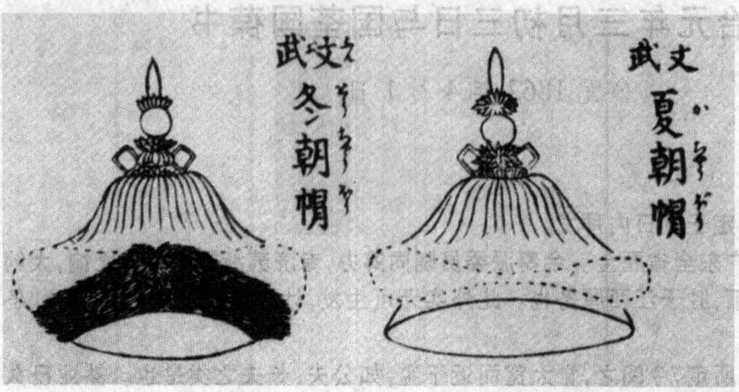

清代文武官员的“冬朝帽”与“夏朝帽”

同治元年三月初四日与四弟国潢书

公元 1862 年 4 月 2 日

澄弟左右：

少荃一军，上海官绅派火轮船来接，船价至十八万两之多，可骇而亦可怜。决计由水路下去。新军远涉，孤立无助，殊为危虑。

祁门附近六十里之历口，闻为贼所犯，恐其直窜景德镇，梗塞粮路。此二者皆近日挂心之事，余尚平安。

口粮极缺，则到处皆然。兵勇尚有米可食，皖南百姓，则皆人食人肉矣。自三月初一起，设粥厂七处，以救饥民，大约每厂可活三千人，不无小补。

余身体尚健，惟公事积压多年，不克按日清厘，深以为愧。

【译文】

澄弟左右：

少荃一军，上海的官员士绅派火轮船前来迎接了，船的造价高达十八万两银子之多，让人惊骇又让人觉得怜惜。决定从水路下去。新军远征，又孤立没有援助，特别危险，让人忧虑。

距祁门附近六十里的历口，听说已经被敌人侵犯，唯恐他们径直进窜景德镇，堵塞运输粮食的路线。这两样都是我这两天挂在心上的事，我身体还算平安。

口粮极其紧缺，而且到处都是这样。士兵还有米可吃，安徽南部的百姓，都人吃人肉了。从三月一日起，设置了七个粥厅，用来救助饥饿的百姓，每个粥厅大约可以救活三千人，不可不说有很大的补救。

我身体还健康，只是公事多半积压，不能按时处理完，因此感到非常惭愧。

【点评】

看过这封信让人感觉心情沉重，令人不寒而栗，活人吃死人的现象让人感到透不过气来。一边是花十八万两银子雇轮船接淮军去上海；一边是安徽的百姓吃人肉。这是何等的反差！倘若用这十八万两银子接济百姓，怎么会造成这样的惨景。就是因为八九年的战争，把一个富庶之地搅得百姓民不聊生，却给曾老九、李鸿章之类的人物官运亨通、飞黄腾达的机会，而数以千万计的百姓遭受苦难。

同治元年三月初八日与九弟国荃书

公元 1862 年 4 月 6 日

沅弟左右：

火药即日咨请湖北协解五万，不知见许否？凡与人交际，当求其诚信之素孚；求其协助，当亮其力量所能为。弟每求人，好开大口，尚不脱官场陋习。余本不敢开大口，而人亦不能一一应付，但略亮我之诚实耳。四十万钱，究竟有着落否？此时子弹亦极少也。

韩正国、程学启初七日开行，少荃初八早开行，轮船不过三四日可抵上海。余令开字

营号补皖勇改淮勇；程云必待沅帅缄谕乃敢改换，亦足见其不背本矣。

广东全省抽厘，专供江浙军饷一折，本日拜发。大约秋冬以后，每月可添银二十万两，春夏则苦不堪言耳。

【译文】

沅弟左右：

最近咨询请求湖北协助解决五万火药，不知湖北方面同意了没有？大凡与人交往，应该求其诚实信用；请求别人协助帮忙，应该考虑他的能力可以办得到。弟弟每次求人，喜欢大开口，还没有摆脱官场上的陋习。我本来不敢大开口，人家也不能一一应付办到，只是稍稍体谅我的诚实罢了。四十万钱，到底有没有着落？现在弹药也非常少了。

韩正国、程学启初七起程，少荃初八早上起程，乘轮船不过三四天就可以到达上海。我命令开字营号补皖勇改为淮勇；程学启说一定要等沅帅去信下令后才敢改换，这也足以看出程学启不忘本呀。

请求广东全省抽出的厘金专门供给江苏、浙江军饷的那本奏折，今天发出。秋冬以后，每月大约可添加二十万两银，春夏就苦不堪言了。

【点评】

求助于人要视其量力而行之，曾氏批评老九的官场毛病，求助别人帮助自己，要首先考虑对方能否帮忙？即使能帮又能帮助多少。不考虑对方，只考虑自己，那就等于给人家出难题。假如对方是下属，他就会感到在你的领导下受压抑。如果求助的对方是朋友，可能彼此的关系会疏远；如果求助对方是亲戚，可能会给亲情关系蒙上阴影。

同治元年三月廿四日与九弟国荃书

公元 1862 年 4 月 22 日

沅弟左右：

接陈东友、蔡东祥、周惠堂禀，知雍家镇于十九日克复，惜日内雨大，难以进兵，若跟踪继进，则裕溪口亦可得手矣。

小泉赴粤，取其不开罪于人，内端方而外圆融。今闻幼丹有出省赴广信之行，小泉万不可赴粤矣。

丁雨生笔下条畅，少荃求之幕府相助，雨生不甚愿去，恐亦不能至弟处，碍难对少荃也。南坡才大之处，人皆乐为之用，惟年岁太大；且粤湘交涉事多，亦须留南翁在湘，通一切消息。拟派鹤汀前往，鹤与劳公素相得。待大江通行后，请南翁来此商办盐务，或更妥洽。

又接弟信，知巢县、含山于一日之内克复，欣慰之至。米可以多解，子药各解三万。惟办事之手，实不可多得，容觅得好手，请赴弟处。受山不乐在希帅处，即日当赴左帅大营，亦不便换留也。

【译文】

沅弟左右：

接到陈东友、蔡东祥、周惠堂的报告，得知雍家镇在十九日那天克复了，可惜当天下大雨，难以进兵，如果跟踪继续进击，裕溪口也可以攻克了。

小泉去广东，是因为我看中他不得罪别人，内心端正而处世老练的优点。今天听说幼丹要出省奔赴广信，小泉万万不可去广东了。

丁雨生文笔流畅，少荃请他去作募僚以辅佐自己，他不愿意去，恐怕他也不能到弟那里，以免难以面对少荃。南坡很有才气，人都乐于供他使用，只是年岁太大了；而且广东、湖南交涉的事务太多，也必须把南翁留在湖南，沟通所有的消息。我打算调派鹤汀前去，鹤与劳公向来交好。等到长江通行以后，请南翁来这里商议办理监务，或许更为稳妥合适。

又接到弟的信，知道巢县、含山在一天之内克复了，我感到十分欣慰。米可以多解送，弹药各解送三万。只是办事得力的人手实在不可多得，容我找到得力人手后，把他送到弟弟那里去。受山不愿意在希帅那里，马上应当会去左帅大营中，也不方便挽留他了。

【点评】

曾国藩在信中所说的人事调换和人才的选用，充分显示出他是一个知人善任的将帅。他一直在寻觅得力助手，以便派去前往辅佐弟弟共事大业。

曾氏对人才不仅是善于发掘，而且不会勉为其难。丁雨生不愿出仕幕僚，他就让弟弟不要再去邀请他了，以免使他为难。这表现出曾氏对人才的爱惜和尊敬。爱其人而敬其才，便不会强迫其去做自己不想做的事情。

同治元年三月廿七日与九弟国荃书

公元 1862 年 4 月 25 日

沅弟左右：

和城已克，大约裕溪口、西梁山两处俱难站脚，若得庐郡速下，则江北可一律肃清矣。雪琴已派水师三营进清巢湖，若弟能派四千人助围庐郡，东路多公更易得手，但须与守巢县之兵声气联络，万一有大股援贼上犯，我之局势本紧，方能立于不败之地。至弟欲亲率五千人南渡，助攻芜、鲁，则断不可。

用兵以审势为第一要义。以弟军目下论之，若在下游采石渡江，隔断金陵、芜湖两贼之气，下窥秣陵关，是为得势。若在上游三山渡江，使巢、和、西梁留守之师，与分攻鲁港之兵隔气，是为失势。余已调鲍公全军与季弟会攻芜、鲁。弟军破西梁山后，将巢、和、西梁山三处派兵守定，即作为弟军后路根本，然后亲率七八千人由采石渡江。闻太平府城已拆，该逆毫无守御，应易收复。弟驻军太平一带，与隔江和州、西梁之兵阴相犄角。水师自裕溪口起至乌江止，联络屯扎，两岸亦易通气。如此布置，则弟军上可夹攻东梁、芜湖，下可规取金陵，似为得势。

余意如此，弟再细询熟于地形者，或亲赴南岸一看，乃可定局。其渡江之早迟，亦由弟自行酌度。或待庐州克复，或庐未克而先渡，弟与多公函商行之。

至进兵金陵之早迟，亦由弟自行审察机势。机已灵活，势已酣足，早进可也，否则不如迟进。与其顿兵城下，由他处有变而退兵，不如在四处盘旋作势，为一击必中之计。兄不遥制也。

【译文】

沅弟左右：

和城已经攻克了，大概裕溪口、西梁山两地都难站住脚了，如果收复了庐郡后迅速向下攻击，那么江北的敌人就可以全部被肃清了。雪琴已派遣三个营水师进击剿清巢湖，弟弟如果能调派四千人援助围攻庐郡，东路的多公就更加容易得手了，但必须与防守巢县的军队通气联络，万一有大股援救的敌军向上进犯，我方的局势本来就紧急，只有这样才能立于不败之地。至于弟弟要亲自带领五千人南渡，援助进攻芜、鲁，则坚决不可以。

用兵要以审时度势为第一要义。以眼下季弟的军情而论，如果从下游采石渡江，隔断金陵、芜湖两处敌人的通气之路，向下窥视秣陵关，就是得势。如果在上游三山处渡江，让巢、和、西梁留守的军队与分兵进攻鲁港的军队隔开，就是失势。我已经调遣鲍公全军与季弟联合进攻芜、鲁。弟的军队攻破了西梁山之后，要在巢、和、西梁山三处分别派兵守住，作为弟军后退的根据地，然后再亲自带领七八千人由采石渡江。听说太平府城已经拆毁，该处敌人毫无守御工事，应该容易收复。弟在太平一带驻扎军队，与隔江的和州、西梁山的我军暗成犄角之势。从裕溪口起到乌江止，水军互相联络屯扎，两岸也容易通气。这样布置，那么弟的军队向上可以夹攻东梁、芜湖，向下可以攻取金陵，似乎是得势。

我的意思就是这样，弟弟再找一个熟悉地形的人仔细咨询一下，或是亲自到南岸看一看，才可下结论。渡江时间的早晚，由弟弟自行斟酌。或是等庐州克复以后，或是不等庐州克复而先渡江，弟弟与多公写信商讨再行动。

至于进兵金陵的早与晚，也由弟弟自已审时度势，相机而行。机会已灵活，声势已充足，早进攻是可以的，否则不如晚些进兵。与其屯兵城下，因他处有变动而退兵，不如在四处周旋作作声势，制定出一击必中的妙计。我不遥控指挥了。

【点评】

曾国藩在信中谈及的几件事情，不管是要求弟弟配合雪琴作战，还是要求弟弟自行斟酌渡江，攻打金陵的早晚，总围绕着一个字，那就是“势”。

用兵打仗一定要以审时度势为第一要义。得势则进有援、退有据，从而从容面对战局的变化；失势则完全相反。同样，下一步的军事行动何时、怎样展开，也都取决于势。如果条件具备则早作战备；如果条件欠缺，那就静待休整。其时，我们做任何事情都是这样，必须时机成熟才能放手去做，否则不如冷静下来，静观其变。只有这样，才能最大限度地保证成功。

同治元年三月廿九日与九弟国荃书

公元1862年4月27日

沅甫弟左右：

西梁山、裕溪口等处，一律肃清，欣慰无已。调度大局，廿七日已写一信嘱弟斟酌，并将信中语办一公牍付去。

其南渡之迟早，是第一要紧机宜，弟须熟审详思，不可造次。大约下而伪忠王等在江浦、天、六，上而伪英王在庐州，均可扰弟军之后路。多公之力，足以制狗酋而有余。只要探得江浦、扬州、天、六等城未破，弟军尽可南渡，必无后患。此等大局，余亦不敢自是，然大致尚不差也。

鲍军本拟进剿芜湖，因湖州围困，可钦可悯，无论赶救得上与否，不能不派人去救。打芜湖，是急谋金陵，势也；援湖州，是保救忠臣，义也（谓赵景贤）。

北岸粮台，即札李少山移驻无为州。巢、含俱已委人，和州尚未委员，裕溪口、剿县、柘

李秀成主持太平天国将领会议图

皋三处厘卡，亦尚无人可办。平日不储才，临事难于派员。待三日内外，必将此四人派定再告耳。

【译文】

沅甫弟左右：

西梁山、裕溪口等地方的敌人已经全部肃清了，我感到非常欣慰。调度的总体大局势，我已经在二十七日写了一封信嘱咐弟斟酌，并将信中所说的话作为一件公文寄去了。

南渡时间的早晚，是第一要紧的大事，弟必须认真考虑、详密思考，不可大意。大概下游伪忠王等在江浦、天、六，上游伪英王（指陈玉成）在庐州，都可以攻扰弟军的后路。多公的兵力，制服狗酋（指李秀成）绰绰有余。只要打探得知江浦、扬州、天、六等地方没有被攻破，弟军就尽可以南渡，必定没有后顾之忧。这样重大的局势，我也不敢自以为是，但大体上还不会出什么偏差。

鲍军本打算进剿芜湖，但在湖州被围困，令人钦佩也令人同情，不管派人救援能不能赶得上，都不能不派人前去搭救。攻打芜湖的目的是为了迅速地谋取金陵，这是必然之势；援助湖州是为了保救忠臣，这是信义的体现（是赵景贤）。

北岸粮台，马上命令李少山移军驻扎无为州。巢、含都已派人，和州还没有派人，裕溪口、巢县、柘皋三个地方的厘卡也还没人可以办理。平时不储备人才，遇到事情就找不到人可派用。三天之内，我一定把这四个人委派确定，然后再告诉你。

【点评】

曾国藩在此信中再一次要求弟弟深思熟虑，慎择南渡之机，这样至关重要的军事行动，一定要有十足的把握后再做行动。

战局固然重要，但不能因此失去信义。鲍军被围，必须前往解救，不管成功与否，此步棋一定要走，因为这是信义的体现，是为了保救国家忠臣。这也能体现出曾氏的深明大义。

曾国藩还对平时没有好好储备人才，临时犯愁的情况作了一番感慨。这种情况很多都会遇到，平时不努力，临时抱佛脚，只能是捉襟见肘。一切事情都应该未雨绸缪，早做打算，这样碰到突发情况才不至于无所适从。

同治元年四月初三日与季弟国葆书

公元1862年5月1日

季弟左右：

接专丁三月信，具悉一切。所应复者，条列如左：

一、新四营之枪炮帐篷仅领一半，当时因弟函言降人军械尚多，故未全发也。今既无械可用，自当由兄处补发，数日之内，必凑齐两营之枪炮帐棚发去。

二、剿抚兼施之法，须在军威大振之后。目下各路俱获大捷，贼心极涣，本可广为招抚。第抚以收其头目，散其党众为上；收其头目，准其略带党众数百人为次；收其头目，准其带所部二三千如韦军者为又次；若准其仍带全部，并盘踞一方，则为下矣，今之李兆寿据滁、全者是也。弟可于此四等中，酌度办理。

【译文】

季弟左右：

收到你三月派专人送来的信，一切知道了。应该答复你的内容，条列于后：

一、新四营的枪炮、帐篷，只领了一半，因为当时弟弟信中说投降敌人的军械还有许多，所以没有全部派发。现在弟弟那里既然没有军械可用，自然应该由我这里补发。几天之内，必然凑齐两营的枪炮、帐篷发遣送去。

二、请剿、招抚共同使用的办法，必须在军威大振之后使用。现在各路都获大胜，敌军之心极其涣散，可以广为招抚。只是招抚以收编敌人的头目，遣散其部众为上策；收编敌人头目，准许他带几百个自己的人是中策；收编其头目，准许他像韦军那样带领两三千人为中下策；如果允许其头目仍旧带领其全部党徒，并盘踞一方，则是下策，现在的李兆寿占据滁、全，就是这样的例子。弟弟可在这四等策略之中酌情度量处理。

【点评】

曾国藩在信中根据自己多年带兵打仗的经验，向弟弟提了几点任用降将的建议。任用降将，以将其笼络，并同时把他从原先的势力中孤立出来为上策，让他带领原先的党徒越多，则越难加以控制，李兆寿就是很好的前车之鉴。

但策略必定只是策略，一定要根据实际情况采用不同的策略。因此曾氏让弟弟自行斟酌处理，因为弟弟毕竟身处前线，对实际情况的了解要比曾氏更多一些。

同治元年四月初四日与九弟国荃书

公元1862年5月2日

沅弟左右：

接缄具悉。应复之事，条列如左：

一、口马到日，当为弟选留数十匹。余欠各营之马尚多，不知匀得出否。令哨勇各私其马，即水师令哨官各私其船也。法同意同，而效不同，亦视乎统领营官为何如人耳。

二、李世忠之缄，兄付之不答。此人最难处置，其部下人诡计霸道，颇善战守。弟现与

之逼处，常相交涉，宜十分以礼让自处。若不得已而动干戈，则当谋定后战，不可轻视。

三、严公长短，余所深知。嫉妒倾轧，从古以来共事者，皆所不免。吾辈当躬自厚而薄责于人耳。

四、由采石、太平一带南渡，本是妙着，亦是险着。妙处有四：使金陵、芜湖两贼隔绝不通，一也；陆师扎于南岸，水师直入内河，可进黄池、湾沚，可由青弋江以达泾县，可由东路水阳江以达宁国，凡鲍军之在泾在宁者，皆可由水路运粮，二也；陆军扎采石、东梁山等处，水师扎黄池、湾沚等处，则芜湖之贼四面被围，三也；青弋、水阳二江，可通石臼等湖，可通宁、广各属，并可由东坝以通苏州，四也。险处有二：初渡采石，营垒未定，恐大股来扑，一也；北岸无大支活兵，恐"四跟狗"窜出，乱扰芜、庐、巢、含，又恐九洑洲之贼上犯，二也。有此四妙二险，故南渡之迟速难决，速或四月，迟或七月，由弟与多帅商定办理。

季弟之军，余嘱其坚守不进，并闻。

【译文】

沅弟左右：

收到信后一切已知道，应答复的事情回答如下：

一、口马到了以后，应当为弟选择留下几十匹。我欠各营的马匹还很多，不知能否匀得出来。让各个哨兵有自己的马，就是水师让各个哨官有自己的船。方法一样，意思一样，但收效却不一样，还要看是什么样的人统领营官。

二、李世忠的信，我放下不予答复。这个人最难对付，他的部下诡计多端、横行霸道，很会打仗。弟现在与他距离很近，经常互相有交往，要以十分礼让自处。如果不得已而动起干戈，则要先谋划稳当后再开战，不可轻视他。

三、严公的长短处，我知道得很清楚。彼此嫉妒内讧，自古以来同事之间都在所难免地存在着，我们应该深刻地反省自责，而少责怪他人。

四、由采石、太平一带南渡，本来就是妙着，也是险着。妙处有四点：使金陵、芜湖两处的敌人隔绝不通，这是第一点；陆军驻扎在南岸，水军直接进入内河，可以进到黄池、湾沚，可从青弋江到达泾县，东路可由水阳江到达宁国，凡是鲍军在泾宁的都可以从水路运送军粮，这是第二点；陆军驻扎在采石、东梁山等处，水军驻扎在黄池、湾沚等处，那么芜湖的敌人就会被四面包围，这是第三点；青弋、水阳两江，可通往石臼等湖，可通往宁、广各属，并可从东坝通达苏州，这是第四点。危险之处有两点：刚由采石渡口，营垒尚未安稳，恐怕有大股敌人来攻击，这是一点；北岸没有大支灵活机动的部队，恐怕"四眼狗"窜出，乱扰芜、庐、巢、含等地，又害怕九洑

清代的望远镜

洲的敌人会向上进犯,这是第二点。因为有这四个妙处、两个险处,所以难以确定南渡时间的早晚,早的话也许在四月,晚的话也许在七月,由弟与多帅商量决定处理。

季弟的军队,我叮嘱他要坚守而不要进兵,一起跟你说一下。

【点评】

身处于官场宦海之中,相互之间暗地较劲、相互排挤、钩心斗角、尔虞我诈是司空见惯的事了,但一般掌握一定职权的人明知道其中事理,但不会表现在口头上,说明身在宦海之中的人,大多城府很深,受制于各方面的利害关系,不轻易表露出来。

曾氏于信中教导其九弟官场中相互间忌妒倾轧是常有的事,要学会做官为人,善于调理各种关系,对于司空见惯的事,不要记在心上;不能因小失大,树立对手多了,便会容易在人生仕途上跌脚。

同治元年四月初五日与季弟国葆书

公元 1862 年 5 月 3 日

季弟左右:

两次捷报,欣悉。南陵克复,从此官军占地愈广,进兵芜湖,当易为力。

惟芜贼甚悍,守兵太薄。以新集之卒,值极窘之时,以之分守繁、鲁、南陵三处尚恐疏失,岂可更谋进取?况弟与各弁勇昼夜不眠,未免太劳,难自守已稳,亦未得片刻休息。此时宜将南、繁、鲁防守事宜布置妥善,三处共应储粮若干,迅速告我,以便由安庆运往,备弟守兵一二月之食。

北岸之兵由采石南渡,是妙着,亦是险着,已详告沅弟。或渡或否,或迟或速,由沅亲看审定也。

【译文】

季弟左右:

两次捷报传来,我很高兴地知道了。南陵克复,从此官军占领的地盘更广了,进兵芜湖,当更加容易了。

只是芜湖的敌人非常强悍,驻守的兵力又少。在极度窘迫的时候,用新招募的兵,分别驻守繁、鲁、南陵三处,还怕有闪失,怎么可以再图谋进兵?况且弟弟与各弁勇昼夜不眠,未免太过劳累,虽然自我防守已经稳当,但也没有得到任何休息。这种时候应将南、繁、鲁的防守事宜安排妥当,三处共需要储存多少军粮,迅速告诉我,以便由安庆运去,以备好弟弟守军一两个月的口粮。

北岸的军队,由采石南渡是个妙着,也是险着,我已详细地告知沅弟。渡或者不渡,快或者慢,由沅弟亲自看清局势,自己定夺。

【点评】

曾国藩在信中及时地提醒季弟应该注意的事项,虽然已经攻克南陵,但决不可以掉以轻心。敌人仍然凶悍,而我们分兵防守,本已处于下风,更何况我们的军队还都是新招募而来的兵勇。再者弟弟与诸将士昼夜作战,身体上肯定吃不消。

曾国藩在表达了忧虑之后,仍然沉着地指示弟弟应该安排好防守事宜,并告诉他所需军粮之权,以便由曾氏为其筹备。兵马未动,粮草先行,这是古训,曾国藩自然明白其中的真谛,因此他要求弟弟迅速报告,以便储备好粮食,这是坚守的基础。

同治元年四月初六日与九弟国荃书

公元 1862 年 5 月 4 日

沅弟左右：

接信，知弟目下将操练新军，甚善甚善。惟称欲过江斜上四华山扎营，则断不可。四华山上逼芜湖，下逼东梁，若一两月不破此二处，则我军无势无趣，不得不退回北岸矣。

弟军南渡，总宜在东梁山以下采石、太平一带。如嫌采石下形势太宽，即在太平以上渡江，总宜夺金柱关，占内河江面为主。余昨言妙处有四：一曰隔断金陵芜湖之气，二曰水师打通泾县宁国之粮路，三曰芜贼四面被围，四曰抬船过东坝可达苏州。犹妙之小者耳，又有最大者，金柱关可设厘卡，每月进款五六万；东坝可设厘卡，每月亦五六万。二处皆系苏皖交界，弟以本省之藩司，抽本省之厘税，尤为名正言顺。弟应从太平关南渡，毫无疑义，余可代作主张，其迟速则仍由弟作主耳。

西梁上下两岸，从三山起至采石止，望弟绘一图寄来，至要至要。

【译文】

沅弟左右：

收到信后，知道弟弟最近准备操练新兵，很好，很好。只是说要过江斜上四华山驻扎营地，则绝对不可以。四华山向上逼近芜湖，向下逼近东梁，如果一两个月内不拿下这两处，那我军没有势没有趣，不得不退回北岸了。

弟弟的部队要渡江，最好是在东梁山以下采石、太平一带。如果嫌采石下地形地势太宽阔，就在太平以上渡江，总之最好要以攻夺金柱关，占据内河江面为主。我昨天说这样做有四个妙处：一是隔断金陵、芜湖的通气咽喉；二是由水师打通泾县、宁国的粮道；三是使芜湖的敌军四面被围；四是抬船通过东坝就可到达苏州。如果觉得这些妙处还小的话，还有最大的一个好处，金柱关可以设置厘卡，每月收款五六万；东坝可以设置厘卡，每月也收款五六万。两地都是江苏、安徽交界处，弟以本省布政使之职抽取本省的税收，也是名正言顺的。弟弟应该从太平关南渡，这是毫无疑义的，这个我可以代你作决定，至于或迟或速，仍然由你自己做主。

西梁上下两岸，从三山起到采石止的地方，希望弟弟画出一幅地图寄来，这是很重要的事情！

【点评】

信中讲了曾氏替其九弟于长江设置厘卡的事，要求两个厘卡每月要交纳十一二万两银子。大江南北，湘军绿营，当地官府层层设厘卡；苛捐杂税压迫得老百姓喘不过气。由于战争引发的苦难，我们难以想象当时社会经济萧条，败落到了何种程度，这也使当地的百姓陷入苦难深重的灾难之中。

同治元年四月初八日与九弟国荃书

公元 1862 年 5 月 6 日

沅弟左右：

和州有四千劲旅，弟自守西梁，吉左、振字守巢县，守御已固，即狗逆自庐郡冲出，当足扼之。

由太平南渡一着，余意在必行。陆师能扎金柱关，水师能入内河扎黄池、湾沚，则全局皆振，筋摇脉动，芜湖、宁国皆易于得手矣。至渡江之迟早，则由弟作主，余不为遥制。

【译文】

沅弟左右：

和州有四千精兵，弟弟自己驻守西梁，吉左、振字两营驻守巢县，防守坚固之后，即使狗逆（指李秀成）从庐郡冲逃出来，也足以扼制住他。

从太平南渡这一着，我的意思是一定要实行。陆军能够驻扎在金柱关，水师能够进入内河，驻扎在黄池、湾沚，这样就会振动全局，影响各个地方，芜湖、宁国就都容易得手了。至于渡江时间的早晚，则由弟弟做主，我不指挥了。

【点评】

曾国藩在此信中再次要求弟弟要从太平南渡，这个地点的选择一定不要再做改动。因为从目前形势来看，从太平南渡便会牵一发而动全身，影响整个战局的变动，从而有利于以后军事行动的展开。

至于什么时候南渡，那就由国荃根据实际情况的变动自己做主。这表明曾国藩在放手让弟弟做事的时候，还是不太放心，因而，自己定好计策，具体执行才由弟弟自己拿主意。

同治元年四月十一日与九弟国荃书

公元 1862 年 9 月 17 日

沅弟左右：

李世忠穷困如此，既呼吁于弟处，当有以应之。三千石米、五千斤火药，余即日设法分两次解弟处，由弟转交李世忠手。

此辈暴戾险诈，最难驯驭。投诚六年，官至一品，而其党众尚不脱盗贼行径。吾辈待之之法，有应宽者二，有应晋严者二。应宽者：一则银钱慷慨大方，绝不计较，当充裕时，则数十百万掷如粪土，当穷窘时，则解囊分润，自甘困苦；一则不与争功，遇有胜仗，以全功归之，遇有保案，以优奖笼之。应严者：一则礼文疏淡，往还宜稀，书牍宜简，话不可多，情不可密；一则剖明是非。凡渠部弁勇有与百姓争讼，而适在吾辈辖境及来诉告者，必当剖决曲直，毫不假借，请其严加惩治。应宽者，利也，名也；应严者，礼也，义也。四者兼全，而手下又有强兵，则无不可相处之悍将矣。

水师独攻金柱关，恐难得手，不如不泄此机，待陆兵渡江，再行下手为妙。

少荃于三月廿七日谕旨饬署苏抚。广东督办厘金放晏端书，以其为戊戌同年而派，朝廷之用心，良可感矣。

【译文】

沅弟左右：

李世忠穷困到了这种地步，既然他向贤弟寻求帮助，弟应当给他一定的回应。三千石米、五千斤火药，我尽快想办法分两次解送到贤弟处，由弟转交到他手中。

这些人脾气暴戾、阴险狡诈，最难驯服驾驭。他投诚已经六年，做官做到一品，而他的党徒还是没有摆脱盗贼行径。我们对待这些人的办法，应该宽让的有两条，应该严厉的有两条。应宽让的是：一是在金钱方面要慷慨大方，绝不计较。当我们钱财充裕时，就几十万几百万像扔粪土一样给他们；当我们穷困窘迫时，就慷慨解囊分给他们一点，情愿自己困苦些。二是不与他争功，如果有胜仗，把全部归功于他，如果遇有保举的事情，用优奖笼络住他。应对其严厉的是：一要礼文疏远、淡泊，来往最好要少，书信最好要简单，话不可以多说，情不可以亲密；二是要讲明是非。凡是他的部下弁勇与百姓争斗起诉，而恰巧在我们的管辖范围之内，又有来诉讼的人，一定要弄清是非曲直，毫不掩饰，请他严加惩治。应宽让的是利、是名；应严厉的是礼、是义。四方面全部顾及到了，手下又有强兵，就不会有不可以相处的强悍统将了。

李鸿章像。李鸿章字少荃，曾国藩家书中的“少荃”即指李鸿章

水师独立攻打金柱关，恐怕难以取胜，不如不泄露这个机密，等陆军渡江后，再下手为妙。

少荃在三月二十七日接到谕旨，任命他为江苏巡抚。广东省督办厘金一事，派晏端书去了，因为他与我同是戊戌年的进士，朝廷的用心，实在令人感动。

【点评】

信中讲到李世忠此人飞扬跋扈，为人阴险狡诈，虽投靠朝廷多年，连其部属都难改土匪的习气，与其他从太平军、捻军中投诚过来的没有两样。曾氏提醒老九与他们这些人打交道，在钱财和官位上可以大方地给予，但在感情上就应该严格保持距离，不能和他们交往太深。

曾氏密保李鸿章做了江苏巡抚，使署理江南四省的曾氏于各省的主官，都是自己的亲信，便于调动各方的势力与太平军角逐。

同治元年四月十二日与九弟国荃书

公元 1862 年 5 月 10 日

沅弟左右：

水师攻打金柱关时，若有陆兵三千在彼，当易得手。

保彭杏南，系为弟处分统一军。弟军万八千人，总须另有二人堪为统带者。每人统五六千，弟自统七八千，然后可分可合。杏南而外，尚有何人可以分统，亦须早早提拔。

办大事者，以多选替手为第一义。满意之选不可得，姑节取其次，以待徐徐教育可也。

【译文】

沅弟左右：

水师攻打金柱关的时候，如果有三千陆军在那里，应当容易取胜。

我保荐彭杏南到你那里去分担统领一军。弟的军队共有一万八千人，总要有两个可以胜任统领任务的人。他们每人统领五六千人，弟弟自己统领七八千人，然后就可以分、可以合。杏南之外，还有谁能够分担统领之任？也必须尽早提拔。

从事大事业的人，要以多多选拔接替的人才为第一重要的事情。很满意的选不到，那就暂且选稍差一点的，以后再慢慢培养教育就行了。

【点评】

信中讲到"办大事者，以多选替手为第一义"，此番话，显示了曾氏无愧为湘军的统帅、统领江南四省，集军政大权于一身的领袖人物。古往今来，凡成就大事，能够雄居一方的领袖人物，除具有高超的智慧、过人的胆识、超常的气魄之外，还必须具有识别人才、善于利用人才和驾驭人的本领。往往办大事会牵扯到方方面面的问题，再有能力的人，也没这么多的精力，把各方面的问题都处理好，一个人的精力是有限的，但可以借助别人的才能，来处理好这些事，因此，善于识别人的能力就显得非常重要。

同治元年四月十四日与四弟国潢书

公元 1862 年 5 月 12 日

澄弟左右：

此间军事，自三月连克州县九城，要隘五处。四月初一日，经凯章军克复旌德县。惟地方太多，防守不易，尚须添募新军，又苦饷项无出。下游民穷异常，谷米艰贵，吾意欲于湖南买谷一二万石来皖，不知衡州一带谷价何如？若价贱，则可于衡郡东征局支银购买，当比长沙更便益也。望弟打听衡、长价值，与南、意诸公一商。

余身体平安，癣疾如故。季弟自克复两县一隘后，亦不似前此之忧郁。温弟谥法，业已行知湘乡县，不知到否？

【译文】

澄弟左右：

这里的战事情况，从三月连续攻克九座州县城、五处关隘之后，四月一日凯章军又攻克收复了旌德县。只是地方太多，不容易驻守，还需要添加募集新军，又苦于军饷没有来源。下游百姓非常贫穷，谷米昂贵，我打算从湖南买一两万石谷运来安徽，不知衡州一带的谷价如何？如果价钱便宜，那么就可以从衡郡东征局支取银两购买，应该比长沙更便宜。希望弟弟打听一下衡州、长沙两地的谷价，与南、意各位商量一下。

我身体平安，癣病和过去一样。季弟自从克复两县一关后，也不像先前那么忧郁了。温弟的谥号，我已经通知湘乡县，不知到了没有？

【点评】

战争局势的好转也给曾国藩带来了新的困难：城池过多，兵力不够，只得招募新兵，但是无奈军饷粮谷缺乏。

战争使百姓遭受深重苦难，生灵涂炭。整个安徽民不聊生、物价昂贵。曾氏也只好打算从衡州或者长沙等谷米便宜之处购买粮饷，然后再运往安徽。可是战争已经把当时的中国折磨得不成样子了。

同治元年四月廿二日与九弟国荃书

公元1862年5月20日

沅弟左右：

接专差送来信，知弟军准于廿日渡江。是日天气晴和，惟南风稍大，上水较难，不知舟渡安稳否？

余前日四妙二险之说，现在庐州既克，扬州屡捷，北岸已无险矣，不知南岸初到扎营之时，果能化险为夷否？如登岸扎营，并无疏失，则且以坚守、坚扎为主，不必遽图进剿，不必寻贼开仗。扎定之后，自有无穷之妙处也。

王可升之兵，已令驻守池州。喻、李二千人，甫经调守安庆，亦难遽行更改。弟嫌兵力单薄，目下庐州既克，弟或可再调千人过江。希庵能派三四千人由西梁过江，则南岸兵力厚矣。

【译文】

沅弟左右：

接到专差送来的信，得知弟准备在二十日渡江。那天天气晴朗温和，只是南风稍大，向上逆水行船较困难，不知渡船是不是安全稳当？

我前些天写的信中四妙二险的说法，现在庐州已经被攻克，扬州屡屡传来捷报，北岸已经没有危险了，不知道刚到南岸扎营，能不能最终化险为夷？如果上岸和扎营都没有疏忽失漏，则要以坚守、稳扎为主，不必马上打算进剿，不必找敌人开仗。扎营稳定之后，自会有无穷的妙处。

王可升的军队，我已命令他们驻守池州。喻、李的两千人，刚被调去驻守安庆，也难于马上更改命令。弟嫌兵力太少，目前庐州已经攻克，弟或许可以再调遣一千人过江。希庵能派遣三四千人从西梁过江，那么南岸的兵力就雄厚了。

【点评】

曾国藩在此信中再提其“四妙二险”之说。在北岸已无险情的时候，曾氏把目光放在了南岸。

他先是叮嘱弟要稳扎稳打，不要急于进攻，这也是曾国藩一贯的用兵策略和总方计。扎营安稳之后，妙处自然无穷。曾氏还会调拨军队加强南岸军事力量。

战局发生变化之后，一定要根据形势转变工作重点，北岸既已无虞，南岸自然成了以后的军事重点地区。做任何事情必须随机应变，适时改变，牢牢把握住事情的重点，才能把握一件事情的命脉。

同治元年四月廿四日与四弟国潢书

公元1862年5月22日

澄弟左右：

纪鸿儿幸取县首，诗文虽不甚稳惬，而其中多有精警之句，疏宕之气；寅皆先生时雨之化，可敬可感。当略备微仪，以申鄙意。府院考皆当极热之时，鸿儿体弱，不知能耐此酷暑否？今年乡试，鸿儿即可不必入场，盖工夫尚早，年纪太轻，本无望中之理，又恐鸿儿难熬此九日之辛苦也。

军事平善，多将军于十四夜攻克庐州府城。皖北数十州县为粤匪所占，今皆克复，一律肃清，只余二三城为捻匪、苗逆所占，想亦易于就绪。“四眼狗”未经擒戮，北窜河南，殊为后患。沅弟由西梁山渡江南岸，进攻金柱关。季弟尚在鲁港，鲍春霆进剿宁国府，徽、衢等处贼皆退，江西今年得保平安。

余身体平安，家中不必挂念。

【译文】

澄弟左右：

纪鸿儿有幸考取全县第一名，诗文虽然不是非常的稳妥惬意，但其中精辟警惕的语句较多，气概顺畅大方，这都是寅皆先生谆谆教导的结果，让人敬佩感动。应当向寅皆先生送些礼金，以表达我们微薄的谢意。府院科考都是在天气酷热的时候，纪鸿儿身体虚弱，不知能不能忍受得了这样酷热的天气？今年的乡试，鸿儿就可以不必参加，因为他的学识还比较微浅，年纪也还太小，本来就没有考中的道理，又怕他难以熬过这九天的辛苦。

战事情况平安良好。多将军于十四日夜攻克庐州府城；安徽北部被敌人占领的几十个州县，如今都已收复，敌人全部被肃清，只剩下两三座被捻军、苗沛霖所占城池，想来也容易收复。李秀成还没被擒杀，向北逃窜去了河南，实在是以后的祸患。沅弟由西梁山渡江到达南岸，进攻金柱关。季弟还在鲁港，鲍春霆进兵围剿宁国府，徽州、衢州等地的敌人都撤退了，江西今年得以确保平安了。

清军与捻军六安战图

我身体平安，家中不必挂念。

【点评】

曾氏给四弟的信中，讲到纪鸿考取了秀才，乃是曾家的幸事，曾氏自然觉得脸上荣耀。但若让儿子再去乡试考贡生，曾氏却不赞成；毕竟一个年方十五的少年，学识还不够成熟，一是出于对儿子的疼爱，怕他吃不了那份苦；二是即便考上对以后的成长也不利，少年得志容易使人骄狂，若考取不上，对其也是一个不小的打击，不利于儿子的健康成长。可见曾氏对儿子的关爱之切，分析事理非一般人可比。

同治元年四月廿五日与九弟国荃书

公元1861年5月23日

沅弟左右：

今早接雪琴信，知金柱关克复，并谣传东梁、芜湖亦克。无论确实与否，金柱为皖南众水出口之所，百脉会聚之区，扼扎该处，则金陵、宁、芜各贼巢皆失所恃，此理之有可信者。

得此以后，可催多军来打九洑洲，会攻金陵也。

【译文】

沅弟左右：

今天早上收到雪琴来信，得知金柱关被攻克收复，并有谣传说东梁、芜湖也被攻克。不管是否属实，金柱关是皖南许多河流的出水口，是百脉会聚之地，扼守驻扎这个地方，金陵、宁、芜各处敌人的老巢都会失去依靠，这个道理是有可信之处的。

攻取此地之后，可以催促多军来攻打九洑洲，联合进攻金陵。

【点评】

金柱关位置重要，是百流出口会聚之所，是金陵、宁、芜等处敌人老巢的依靠。因此曾国藩得知金柱关被攻克后立即写信指示弟弟一定要扼守驻扎于金柱关，不要管其他城池是否攻克。

地形地势对战争全局有着至关重要的影响，占据好的地形地势便进可以攻，退有所守，收缩自如，应对沉着。因此曾氏在第一时间写信通知弟弟一定要扼守金柱关，这也体现出曾氏对战争全局把握的敏感性及其对战争形势的敏锐嗅觉。

同治元年四月廿八日与九弟国荃书

公元1862年5月26日

沅弟左右：

东梁、芜湖已克，由金柱关进兵，二险已化险为夷，四妙已验其三，至幸至幸。

各处败贼，俱萃宁国，杨七麻以著名枭悍之渠，当拼命力争之际；鲍军屡胜之后，杂收降卒，颇有骄矜散漫之象，余深以为虑。

目下弟与雪军、季军且坚守芜、太、金柱、南陵、黄池等处，休养锐气，不遽进兵。待鲍军扎围宁国十分稳固，多军进至九洑洲，弟与雪、季再议前进。

其秣陵关、淳化镇两处，为进兵之路，须派人先去看明。弟信言从太平至金陵百四十里，中不隔水。以古书证之，则尚隔一秦淮河。余处无好图可看，弟亦须先行查明。

弟以金柱关之破，水师出力最多，厘卡当雪二季二，甚善甚善。兹定为沅五、雪三、季二，尤为惬当。

袁午帅之办事，本属浮而不实，然饷项之绌，亦足令英雄短气。且胜公欺之太甚，余当少为护持。

【译文】

沅弟左右：

东梁、芜湖已经被攻克，之后我军从金柱关进兵，两个险关都已经化险为夷了，“四妙”已有三妙得到验证，真是万幸万幸！

各处溃败的敌军，全都会集到了宁国，杨七麻是出了名的枭悍之徒，正处于拼死挣扎的时候；鲍军屡战屡胜之后，军中到处收编了许多降兵，很有些骄矜、散漫的样子，这件事让我感到很忧虑。

眼下弟弟与雪、季两军暂且坚守芜、太、金柱、南陵、黄池等处，休养锐气，不急于进军。等鲍军十分稳固地扎营包围宁国，多军行进到九洑洲之后，弟弟与雪、季再讨论进军。

秣陵关、淳化镇两处，是进军的通路，必须派人先去察明路线。弟弟信中说从太平到金陵一百四十里，中间不隔河水。用古书来查证，则还隔有一条秦淮河。我这里没有地图可看，弟弟也须先把这个情况查明。

弟弟认为攻克金柱关，水师功劳最大，厘卡应分别给雪、季二军各两个，这么做是很合适的。现在定为沅军五处、雪军三处、季军二处厘卡，这样更为妥当。

袁午帅办事，本来就浮躁而不踏实，不过目前军饷短缺，也足以使英雄气短。而且胜公太欺负他了，我应当对他稍加维护。

【点评】

前面提到的“四妙二险”说法，二险具除，四妙也有三妙验证，曾国藩感到十分庆幸。他头脑冷静，清晰地指出了现在军队中的隐患，不愧为一军统帅，洞察秋毫。

对于弟弟提到的地形地势问题，曾国藩虽然没有地图可看，但他从古书上验证出弟弟的调查不清楚、有疏漏，可是曾国藩处理问题是一丝不苟的，更何况战场上的事，更是马虎不得。

同治元年五月初四日与四弟国潢书

公元 1862 年 5 月 31 日

澄弟左右：

军事甚顺，沅、季与雪琴水师于四月廿一二日连克太平府城、芜湖县城、东梁山、金柱关各要隘，水师已进攻九洑洲，沅军距金陵亦仅数十里。鲍春霆进攻宁郡，初一日可抵城下。宁国贼多而悍，不知得手否。“四眼狗”自庐城逃出，往奔寿州投苗沛霖；苗党捆“狗”送胜帅大营，已槛送进京矣。江北除此大害，从此应可少安，冲主之福也。

余身体平安，疮癣大愈，惟每日事多太劳，至日暮疲乏殊甚，总守一勤字，断不改常。家中子侄皆早起否？不懒惰否？望弟常常教之。

【译文】

澄弟左右：

战事进行得很顺利。沅、季与雪琴的水师于四月二十一、二十二日接连攻克太平府城、芜湖县城、东梁山、金柱关各处要塞，水师已进攻九洑洲，沅军距离金陵也只有几十里了。鲍春霆进攻宁郡，初一可抵达城下。宁国敌军众多而且强悍，不知道能不能得手？"四眼狗"陈玉成从庐州城逃出来，跑到寿州，投奔苗沛霖；苗沛霖部下将陈玉成捆绑送到了胜帅大营中，已经被槛送到京城了。江北除掉这一大害，从此应该可以稍微安宁了，这是新皇上的福气呀！

我身体平安，疮癣好了很多，只是每天事情太多、太劳累，到了晚上特别疲劳困乏，总是要坚守住一个"勤"字，绝不改变一贯的作风。家中的子侄们起得都早吗？懒惰吗？希望弟弟常常教导他们。

【点评】

曾国藩面对军事上的节节胜利，自然是非常欣喜，敌军将领陈玉成被擒更是让曾氏觉得大快人心。

曾国藩依然坚守勤字，尽管每天疲劳不堪也不改一贯作风，这表现出他坚强的自制力。同时，曾氏不忘对子侄们的劝勉，要求弟弟教导下一代一定要勤劳，切忌懒惰，以免败坏家风。

曾国藩对子侄们的教育问题一直是煞费苦心，一直劝他们修身养性、洁身自好、勤劳节俭，这在以前的家信中也时常可见。

同治元年五月初七日与国荃国葆书

公元 1862 年 6 月 3 日

沅弟、季弟左右：

接沅信，知已进扎周村，距金陵不满四十里，余既以为慰，又以为惧。

金陵地势宏敞，迥非他处可比，进兵之道，须于太平、采石南路进一支，句容、淳化东路进一支，浦口、九洑洲西路隔江进一支。镇江北路纵无兵来，此三支必不可少；句容东路纵无兵来，隔江一支则断不可少。

此次弟不候多军至九洑洲而孤军独进，余深为焦虑。又上游南陵空虚，季弟不留兵守之，于宁国、芜湖均有妨碍。望弟暂屯扎周村一带，以待多军之至。季弟分兵守南陵，以固后路，要嘱要嘱。

团防营守西梁山，计十五以前可到，王可升二千人，则留守池州，不能调赴东坝矣。

【译文】

沅弟、季弟左右：

收到沅弟的来信，知道已经进军驻扎周村，离金陵不足四十里，我既感到欣慰，又感到害怕。

金陵地势宽敞，绝对不是其他地方可比的。进兵的路线，必须从太平、采石南路进军一支，从句容、淳化东路进军一支，从浦口、九洑洲西路隔江进军一支。镇江北路即使没有军队来，这三支也必不可少；句容东路即使没有军队来，隔江的一支也绝对不可以少。

这次弟弟不等多军到九洑洲，就孤军独自进攻，我感到很焦虑。另外，上游的南陵空虚，季弟没有留下兵将守卫，对宁国、芜湖都有妨碍。希望弟弟暂且屯兵驻扎在周村一带，以等待多军的到来。季弟要分兵驻守南陵，以稳固后路，这是重要的嘱咐。

团防营守西梁山，估计十五日以前可以到达，王可升的两千人则要留下防守池州，不能调往东坝了。

【点评】

弟弟不听曾国藩前嘱，孤军深入，让曾氏感到异常焦虑，他劝弟弟切忌急攻近利，一定要稳扎稳打，同时还应该稳固好后防，以免被敌军抄袭。

曾国藩必定是久经考验的老统帅了，但弟弟却仍然经验欠缺。曾氏一眼便看出其军事行动上存在着重大失误，因此他及时稳住弟军，并指示了进军路线，让弟静待多军，固守后路，以确保战争的胜利。

同治元年五月初八日与季弟国葆书

公元 1862 年 6 月 4 日

季弟左右：

春霆军既不散漫，当足以御宁国大股，至慰至慰。

沅弟进兵，究嫌太速，余深以为虑。一则北岸多军未到，二则后面句容一路无兵，恐援贼来抄官军之尾。望弟与沅稳慎图之，第一莫使金柱、太平稍有疏失，第二莫使贼出江边，梗陆军之粮道。

金陵地势太宽，弟等宜多看多问，至嘱。

【译文】

季弟左右：

春霆军已经不散漫了，应该足以抵御宁国的大股敌军，这让我感到非常欣慰。

沅弟进兵，终究嫌太快了，我感到很忧虑。一方面，北岸多军还没有到，另一方面，后面句容一路没有军队，恐怕来援敌军会来抄袭官军的后路。希望弟弟与沅弟沉稳谨慎作战。第一不要使金柱关、太平有任何闪失，第二不要让敌军出到江边，堵塞官军运粮的道路。

金陵的地势太过宽敞，弟弟等人最好多看多问，这是重要的嘱咐。

【点评】

曾国藩写信告诉季弟，你们的进军还是太快了，北岸援兵未到，句容后无殿军，恐怕你们兵力不足，后路又被敌军抄袭。曾氏告诉他们作战一定要稳重谨慎，确保金柱关、太平两个重地的同时，保证粮道的通畅。

金陵一地地势太过宽敞，不利于作战，曾氏一再叮嘱弟弟们要多多调查、多多询问，切忌刚愎自用，以免误了大事。

同治元年五月十五日与国荃国葆书

公元 1862 年 6 月 11 日

沅弟、季弟左右：

帐篷即日赶办，大约五月可解六营，六月再解六营，使新勇略得却暑也。抬小枪之药与大炮之药，此间并无分别，亦未制造两种药，以后定每月解药三万斤至弟处，当不致更有

缺乏。王可升十四日回省，其老营十六可到。到即派往芜湖，免致南岸中段空虚。

雪琴与沅弟嫌隙已深，难遽期其水乳。沅弟所批雪信稿，有是处，亦有未当处。弟谓雪声色俱厉，凡目能见千里而不能自见其睫，声音笑貌之拒人，每苦于不自见，苦于不自知。雪之厉，雪不自知；沅之声色，恐亦未始不厉，特不自知耳。曾记咸丰七年冬，余咎骆公、文、耆待我之薄，温甫则曰："兄之面色，每予人以难堪。"又记十一年春，树堂深咎张泮山简傲不敬，余则谓树堂面色，亦拒人于千里之外。观此二者，则沅弟面色之厉，得毋似余与树堂之不自觉乎？

余家目下鼎盛之际，余忝窃将相，沅所统近二万人，季所统四五千人，近世似此者曾有几家？沅弟半年以来，七拜君恩，近世似弟者曾有几人？日中则昃，月盈则亏，吾家亦盈时矣。管子云："斗斛满则人概之，人满则天概之。"余谓天之概无形，仍假手于人以概之。霍氏盈满，魏相概之，宣帝概之；诸葛恪盈满，孙峻概之，吴主概之。待他人之来概而后悔之，则已晚矣。

吾家方丰盈之际，不待天之来概，人之来概，吾与诸弟当设法先自概之。自概之道云何？亦不外清、慎、勤三字而已。吾近将清改为廉字，慎字改为谦字，勤字改为劳字，尤为明浅，确有可下手之处。

沅弟昔年于银钱取与之际，不甚斟酌，朋辈之讥议菲薄，其根实在于此。去冬之买犁头嘴、栗子山，余亦大不谓然。以后宜不妄取分毫，不寄银回家，不多赠亲族，此廉字工夫也。谦之存诸中者不可知，其着于外者，约有四端：曰面色，曰言语，曰书函，曰仆从、属员。沅弟一次添招六千人，季弟并未禀明，径招三千人，此在他统领所断做不到者，在弟尚能集事，亦算顺手。而弟等每次来信，索取帐篷、子药等件，常多讥讽之词，不平之语，在兄处书函如此，则与别处书函更可知已。沅弟之仆从随员，颇有气焰。面色言语，与人酬接时，吾未及见；而申夫曾述及往年对渠之词气，至今饮憾。以后宜于此四端痛加克治，此谦字工夫也。每日临睡之时，默数本日劳心者几件，劳力者几件，则知宣勤王事之处无多，更竭诚以图之，此劳字工夫也。

余以名位太隆，常恐祖宗留诒之福自我一人享尽，故将劳、谦、廉三字时时自惕，且亦愿两贤弟之用以自惕，即以自概耳。

湖州于初三日失守，可悯可敬。

【译文】

沅弟、季弟左右：

帐篷即日开始赶速置办，大约五月可以解送给六个营，六月再解送给六个营，以让新兵可以靠此稍微避暑。抬小枪和大炮所用的火药，这里并没有分别，也没有制造过两种不同的火药，以后定为每月解送三万斤火药到你那里，应当不会再有缺乏了。王可升十四日回省城，他的老营十六日可以到达。可以马上调派他去芜湖，以免南岸中段兵力空虚。

雪琴和沅弟之间嫌隙已经很深，难以在短时期内使他们的关系达到水乳交融的程度。沅甫弟对雪琴的信稿所作的批语，有正确的地方，也有不妥当的地方。沅甫的批语说，雪琴声色俱厉，人的眼睛可以看到千里外的物体，却看不到自己的眼睫毛，由于音容笑貌而拒斥别人，常常苦于看不见自己，苦于不知道自己。雪琴的严厉，雪琴自己不知道；沅弟的声色，恐怕也未尝不严厉，只是不自知罢了。曾记得咸丰七年冬天，我责备骆公、文、耆对我刻薄，温甫就说："哥的脸色，常常给人以难堪。"又记得咸丰十一年春天，树堂深刻地责备张泮山骄傲不尊敬人，我就说树堂的脸色也是拒人于千里之外。看看这两件事，沅弟面色的严厉，是不是像我和树堂那样，自己没有察觉呢？

我们家现在正处在鼎盛时候，我又窃居将相之位，沅弟统领的军队近两万人，季弟统领的军队有四五千人，近代像我们这样的有过几家？沅弟半年以来，七次拜受皇恩，近代像弟弟这样的有几个人？日中则昃，月满则亏，我家现在也是满盈之时啊。管仲说过："斛满由人来减损它，人满由天减损他。"我说天进行的减损是无形的，仍然借助于人的手来减损。（例如）霍氏满盈了，魏相减损他，宣帝减损他；诸葛恪满盈了，孙峻减损他，吴国君子减损他。等他人来减损时才后悔，已经晚了。

我们家刚刚丰盈，不要等天来削弱我们，别人来削弱我们，我与各位弟弟应当想办法自己先来削减自己。自我削减的方法是什么呢？也不外乎清、慎、勤三个字罢了。我最近将"清"字改成了"廉"字，将"慎"字改成了"谦"字，"勤"字改为"劳"字，意思更加明白浅显，确实有可操作之处。

沅弟往年收入支取银钱的时候，往往不加斟酌，朋友们讥笑议论看轻你，根源实际上就在这里。去年冬天买犁头嘴、栗子山，我对这种做法也很不以为然。以后不应该随便收取分毫之钱，不要寄钱回家，不多赠予亲戚族人，这是在廉字上下的工夫。谦字在内部的内涵不可知，但其表现在外面的，约有四个方面：脸色、言语、书信、仆从人员。沅甫弟一次增加招募六千人，季洪弟没有向我申明报告，也直接招募了三千人，这些在其他领将那里是绝对做不到的事，在你们还能把事办成，也算顺手。但你们每次来信，索求帐篷、弹药等物资，常有很多讥讽的言词，不平的话语，给我这里写来的书信都是这样，那么往他处写的书信就更可想而知了。沅弟的仆从人员很有气焰，与人接触时，面色言语方面是什么样子，我还没能看到；但申夫曾对我说过，往年你的仆从对他说话的语气，让我至今感到遗憾。以后应从这四方面严加克服，这是在"谦"字上下的工夫。每天睡觉之前，要默默地数一下今天有几件事情操心，有几件事情费力，就会知道为国家办的事不多，而更要竭尽诚心努力地去做，这是在"劳"字上下的工夫。

我因为名誉地位太隆盛，常怕祖宗遗留下来的福分由我一个人享用殆尽，所以常常拿"劳、谦、廉"三字警惕自己，也希望两位贤弟用这三字来警惕你们自己，就算是用这三个字来平抑自己吧。

湖州在初三那天失守，驻守那里的将士让人怜惜敬重！

【点评】

"满招损，谦受益"，这是古人总结出来的一条实践经验。但是，富贵尊荣者往往因其所处的优势而忘记了这条古训，因而招致飞来横祸者在历史上层出不穷。曾国藩纵观古今，深以为戒，并以此警戒自己的兄弟和子侄。尤其当兄弟几人同时获朝廷恩宠、身居显位后，更数次给弟弟们去信，提出做人之道在于"劳、谦、廉"三字，希望与众兄弟共勉。

同治元年五月二十日与国荃国葆书

公元 1862 年 6 月 16 日

沅弟、季弟左右：

城贼开仗，究竟软硬何如？比之叶芸来、刘玱林孰强孰弱？多公全军援秦，弟之军势太孤，务当求所以自立之道。

弟前索洋枪，又托少泉至上海购买，兹令盛四送百杆与弟，内大者七十九，小者二十一。余不甚喜此物，盖其机最易坏，不过打二三十枪即须修整。弟与各将弁试用一二十次，识破其短处，当以余言为然也。

装备精良的清军洋枪队

【译文】

沅弟、季弟左右：

与城中的敌人开始打仗了，敌人的强弱情况到底如何？和叶芸来、刘玱林相比，谁强谁弱？多公全部的兵力援秦，弟的军势太孤立了，一定要寻求自立的办法。

弟弟前些天索要洋枪，又委托少泉到上海购买，现令盛四送一百杆枪给你，其中包括七十九杆大枪、二十一杆小枪。我不是非常喜欢洋枪，因为扳机很容易坏，不过打二三十枪就必须修整。弟弟与各将官试用一二十次，看清楚枪的短处，就自然应当会相信我说的是正确的。

【点评】

弟弟孤军深入，缺少援军，曾国藩非常担忧，但也只能是让他努力寻求自立之道，这回也只有看你们自己的了。

曾国藩现在所能做的就是尽全力支援弟弟，增强其军火实力。弟弟索要的洋枪固然杀伤力很大，但是扳机太过脆弱，很容易就坏了。曾国藩此处不是要向弟弟们炫耀自己能识破洋枪的坏处，而是希望提醒弟弟们在使用洋枪时一定要注意举枪的缺点，不要对其过分依赖。

同治元年五月廿五日与九弟国荃书

公元 1862 年 6 月 21 日

沅弟左右：

专丁来信，正值望信极切之际，得之一慰。弟此次进兵太快，不特余不放心，外间亦人人代为危虑。余以该逆凶焰犹盛，未可骤图。百足之虫，虽死不僵。外间则议弟处新营太多，兵不可靠，几于众口一词。

今进兵已近两旬，墙高壕深，应可立定脚跟。万里长壕，大众公守，最易误事。一蚁蛰堤，全河皆决。去岁之守安庆后壕，余至今思之心悸。此次在金陵，不可再守长壕，仍以各守各垒为稳。地方虽宽，分别极冲、次冲，究无多处。前围城贼，当冲者不过数处，后拒援贼，当冲者亦不过数处。于极冲、次冲之地择人守之，则他处虽有劣营，亦可将就支持。望弟将何营扎极冲，何营扎次冲，开单见告。

【译文】

沅弟左右：

专丁来送信，正是我急切盼望来信的时候，我感到很欣慰。这一次弟弟进兵太迅速，不仅是我不放心，外面也是人人为你担忧。我认为敌人凶恶气焰还很旺盛，不可以马上图谋之。百足之虫，虽死不僵。外面则议论弟弟那里新营太多，兵不可靠，几乎是众口一词。

现在进军已差不多两旬了，墙高壕深，应该可以站稳脚跟。万里长壕，大兵一起防守，最容易误事。一只蚂蚁毁坏堤坝，整条河流都要决口。去年守卫安庆后壕，我至今想起来还心有余悸。这次在金陵，不要再防守长壕，仍然要各自守卫各自的营垒才会稳当。地方虽然宽敞，但分别找出要冲和次要冲之处，这样的地方终究不会有多少。上一次围攻城中的敌人，要冲不过只有几处，后来阻截援敌的要冲也不过几处。对于要冲、次要冲之处，要选人防守，那样其他地方即使有差一点的营垒，也可以将就支持。希望弟弟把哪个营驻扎在要冲之处、哪个营驻扎在次要冲之处的情况，列出详细单告诉我。

【点评】

曾国藩表示担忧的同时，让弟弟吸取上次守卫安庆长壕的教训，这次围攻金陵切忌犯同样错误，应该以各自守各自的营盘为主要战略指导方针。

好钢用在刀刃上，处理事情要抓住问题的主要矛盾，并集中力量首先解决之。曾国藩要求弟弟分别列出要冲与次要冲之地，择优将防守，就是这个道理。

同治元年五月廿八日与国荃国葆书

公元1862年6月24日

沅弟、季弟左右：

沅于人概、天概之说不甚厝意，而言及势利之天下，强凌弱之天下，此岂自今日始哉？盖从古已然矣。

从古帝王将相，无人不由自立自强做出，即为圣贤者，亦各有自立自强之道，故能独立不惧，确乎不拔。昔余往年在京，好与有诸大名大位者为仇，亦未始无挺然特立不畏强御之意。

近来见得天地之道，刚柔互用，不可偏废，太柔则靡，太刚则折。刚非暴虐之谓也，强矫而已；柔非卑弱之谓也，谦退而已。趋事赴公，则当强矫；争名逐利，则当谦退。开创家业，则当强矫；守成安乐，则当谦退。出与人物应接，则当强矫；人与妻孥享受，则当谦退。若一面建功立业，外享大名；一面求田问舍，内图厚实，二者皆有盈满之象，全无谦退之意，则断不能久。此余所深信，而弟宜默默体验者也。

【译文】

沅弟、季弟左右：

沅弟对于"人概、天概"的说法，不怎么放在心上，然而说到势利的天下，以强凌弱的天下，难道是从今天才开始的吗？大概自古以来就如此了。

自古以来的帝王将相，没有一个人不是从自立自强出发做出来的，就算是圣人、贤者，也都有各自的自立自强的方法，所以他们能够特立独行而无所畏惧、坚韧不拔。过去我在京城那些年，喜欢与各位有圣名高位的人为仇，也不是没有挺然独立、不畏强暴的意思。

近来看到天地间万事的规律是刚柔并用的，两个都不能偏废，太柔弱了会委靡不振，太刚强了又会容易折断。刚强的意思不是暴虐，而是坚强；柔弱的意思不是卑微软弱，而是谦逊退让。为大家做事情要坚强；追名逐利的事，要谦逊退让。开创家业时要坚强；守成时要谦逊退让。出去和别人交涉处理事务要坚强；回到家里和妻妾享受时，应当谦逊退让。如果一边建功立业，威名远扬；一边购田置屋，贪图舒适，这两方面都有盈满的迹象，没有一点谦逊退让的意思，那么断然不会长久。这是我深信不疑，而两位弟弟最好能默默地去体验的道理。

【点评】

从这封信中，可以看出老九、老幺俩兄弟的个性与曾氏不同，上封劝老九、老幺的信，哥俩非但不听，还回应"势利之天下，强凌弱之天下"予以反驳。这也反映了人所处的位置、环境不同，对于事物的理解与看法也就不同。本来事物具有两面性，天地大道，在于刚柔相济，也就是曾氏信中提到的"刚柔互用"。

或许，这是因为曾氏与他两个弟弟年龄及阅历有所差别。曾氏阅历颇丰，感到功成名就，年老体衰，因此，凡事以"柔、抑、退"为基本点考虑问题；而老九，老幺年轻气盛，对功名事业感到不满足，因此，凡事以"刚、扬、进"为出发点考虑问题，这就是曾氏与其两兄弟的思想矛盾分歧点所在。

同治元年六月初二日与国荃国葆书

公元 1862 年 6 月 28 日

沅弟、季弟左右：

湖南之米昂贵异常，东征局无米解来，安庆又苦于碾碓无多，每日不能舂出三百石，不足以应诸路之求。每月解子药各三万斤，不能再多，望弟量入为出，少操几次，以省火药为嘱。

扎营图阅悉。得几场大雨，吟、昆等营必日松矣。处处皆系两层，前层拒城贼，后层防援贼，当可稳固无虞。少泉代买之洋枪，今日交到一单，待物到即解弟处。洋物机括太灵，多不耐久，宜慎用之。

次青之事，弟所进箴规，极是极是，吾过矣，吾过矣！吾因郑魁士享当世大名，去年袁、翁两处及京师台谏尚累疏保郑为名将，以为不妨与李并举，又有郑罪重李情轻，暨王锐意招之等语，以为比前折略轻。逮拜折之后，通首读来实使次青难堪。今得弟指出，余益觉大负次青，愧悔无地。余生平于朋友中，负人甚少，惟负次青实甚；两弟为我设法，有可挽回之处，余不惮改过也。

【译文】

沅弟、季弟左右：

湖南的米价异常昂贵，东征局供应的米粮已经很久没有解送来营，再加上安庆缺乏足够的碾碓，每天舂米不到三百石，根本不足以满足各路官兵的需求。每月解送子弹、火药各三万斤，不能再多了，希望弟弟量入为出，尽量少操练几次，把节省火药这件事情放在心上。

驻扎营地的地图我已看过。下几场大雨，吟、昆等营的防守定会日渐松弛。现在到处都安排两层抵御，前一层是用来抵拒城里敌人，后一层是用来防御支援的敌人，如此应当比较稳固，不会有太大风险。少泉代买的洋枪，今天收到一个单子，等货到了马上解送弟弟营中。洋枪扳机太灵动，大多不能经久耐用，使用时要慎重。

关于次青的事，弟弟所讲的箴言规劝，非常有道理，我错了！我错了！我因为郑魁士在当世享有盛名，去年袁、翁两处以及京城台谏，还多次上疏保举郑为名将，认为失守的事是郑与李两人同罪，再者，郑罪重、李情轻，及皇上锐意招之这些话，以为比前面的奏折分量略微减轻了。等到拜读了奏折以后，才发现整篇文字实在让次青过于难堪。现在经弟弟指出来，我更感觉大大辜负了次青，实在愧对天地，无地自容！我生平与朋友相处，辜负他人之处很少，但这次对次青辜负得实在太厉害了。希望两弟尽量为我想办法，只要有能够挽回的余地，我一定不害怕更改过失。

【点评】

曾氏一直标榜自己是位谦谦君子，但在对待李元度的问题上，可窥测其内心极度狭隘和自私的一面。元度本是曾氏的下属，以前曾氏受困时，元度曾给予他很大的支持。因咸丰十年丢失徽州府，遭到曾氏的弹劾，被免去职务，返回故里。然第二年，元度应浙江巡抚之邀，做了浙江按察使，后来，曾氏知道了此事，感到元度不能够为自己效力，再次上奏清廷，并牵强附会，带有诽谤性地罗列数条罪名再度弹劾了李元度使其丢掉官职。由此，可看出曾氏内心复杂的个性，并非为人们所想象的圣贤君子。

李鸿章(字少荃)像

同治元年六月初四日与四弟国潢书

公元1862年6月30日

澄弟左右：

鸿儿印卷之费，余意三分各百千，尚是道光初年样子。弟意学书一分宜少，自是正办，请弟斟酌。其两位老师，则百千断不可少，盖学署清苦，而罗老师又贤而好学也。

沅、季在金陵，援贼尚无信息。春霆在宁国两获胜仗，闻宁城少粮，八月可望克复。少荃在上海获一大胜仗，此后可稳扎矣。安庆前苦亢旱，自十九至今大雨不止，十分沾足。

兹寄回高丽参五斤,参不甚佳,而价则贵,宜以新石灰养之。

【译文】

澄弟左右:

鸿儿印卷的费用,我的意思是三份各给一百千钱,还是道光初年的老样子。弟的意思是学书的一份卷子应少用些钱,自然是正确的处理方法,请弟弟斟酌。两位老师的谢酬,则一定不要少于一百千,因为学署清贫苦困,而罗老师又贤明、又好学。

沅弟、季弟在金陵,援助的敌军还没有消息。春霆在宁国打了两次胜仗,听说宁城粮食短缺,八月有希望克复。少荃在上海打了一个大胜仗,从此之后可以稳扎稳打了。安庆前些日子苦于大旱,从十九日到现在大雨下个不停,有了十分充足的雨水。

现在寄回五斤高丽参,参不太好,但价格昂贵,最好用新鲜的生石灰保养好。

【点评】

曾国藩在信中表示其他的费用可省,但是给老师的酬金一定不能少。

中国是一个有尊师重教良好传统的国度,像曾氏这样的书香之家自然更是恪守着这种传统。其实,士族大家家风不落的原因除了家教、家规严格之外,给后代们选择的教师至关重要。因此曾氏切嘱不可薄待老师,一定要备好足够的酬金,以感谢其对家中后辈们的教育。

同治元年六月初八日与国荃国葆书

公元1862年7月4日

沅弟、季弟左右:

接少荃信,知伪忠王在上海受创而返,即日来援金陵。弟等壕墙已固,应足御之。所虑者,夏月士卒多病,恐队伍单弱。银米子药等事,吾必设法多解,竭平日之力办之。

援贼至金陵,大战当在七月。此外弟应需之物,速写信来,七月初尚可赶到。此间能办之件,亦必先尽弟营也。临战之际,预先爱惜士卒精力,以备届时辛苦熬夜,犹考试者场前静养也。

【译文】

沅弟、季弟左右:

收到少荃的来信,知道伪忠王在上海遭受创击后就返回去了,今天来援救金陵。弟那里的壕沟城墙已经牢固,足够抵御这股敌人。值得忧虑的是,夏天士兵多病,恐怕队伍薄弱。银两、粮食、弹药等物资,我必定想办法多多解送,竭尽全力帮助你置办。

支援的敌军已到达金陵,大战应当是在七月展开。另外,弟需要的东西,马上写信过来,七月初还能够赶着送到。这里能办的事,也必然是先尽量考虑弟的军营。大战来临之际,要预先爱惜士兵的精力,做好准备到时候辛苦熬夜,好比考试的人进场前需要静养一样。

【点评】

曾国藩得知援敌李秀成的部队已经到达金陵,便敏锐地觉察到大战即将在七月展开。此时弟弟那里最需要做的事情便是备好战资,养好体力精神,以十足的精神去迎接大战的到来。

因此,他要求弟弟尽快将所需物资写信告知,以便在决战开始前解送到位,自己这边的一切也完全以弟弟军营行动为核心。弟弟现在能做的就是休养生息,静待大战来临。

同治元年六月初九日与国荃国葆书

公元1862年7月5日

沅弟、季弟左右:

接沅弟营图一纸,图中各营布置尚妥,惟有一处余不放心。

江东桥之河,在季弟各营之前面;大胜关进口之河,在季弟各营之后面,此两河宽若干丈?深若干尺?可踹浅以渡否?如可踹浅以过,则恒昆、吟保各营亦前后受敌。所招降卒新营本不可靠,而陶保堂、张吟又纷纷死病相继,十营占地颇广,事急之际,季弟岂能一一照顾?该处为全军粮路所在,两弟细细审量一番。吟保、平盛等营,果能禁受狂风大浪否?

余所疑者,在此一处,望弟加倍小心。

【译文】

沅弟、季弟左右:

收到沅弟军营分布图纸一份,图中各营的布置还算妥当,只有一处我不放心。

江东桥的河水,在季弟各个军营的前面;大胜关进口地方的河流,在季弟各个军营的后面,这两处的河流宽度各有多少丈?深度各有多少尺?可以浅到踏水渡河吗?如果可以踏水渡河,那么恒昆、吟保各营也会腹背受敌。由招降士兵组成的新兵营本来就不可靠,而陶保堂、张吟又先后病逝,十个军营占地面积很大,事情紧急的时候,季弟怎么能一一全部照顾到?这个地方是全军的粮食运输路线所在,两位弟弟要仔细审议盘算一番。吟保、平盛等营到底能不能经受得住狂风大浪的打击?

我感到疑惑的就在这一点,希望弟加倍小心。

【点评】

曾国藩处理事情一向小心谨慎,在军事问题上更是一丝不苟。因为战争这种事情,容不得半点马虎,稍有疏忽,便可能导致全局皆败,使军士死于非命。

曾国藩对弟弟绘制的各营布防图看得异常仔细。各营前后两条河流的宽深是极容易被忽略的细节,但是曾氏敏锐地觉察到这两条河可能存在的问题。若是他的假想成立,那会使营腹背受敌,何谈成功?

做任何事情都马虎不得,"千里之堤,溃于蚁穴",这是古时便形成的千古至理真言。我们必须处理好每一个细节,防微杜渐,才能把事情办好。

同治元年六月初十日与国荃国葆书

公元1862年7月6日

沅弟、季弟左右:

专丁来信,应复者条列如左:

一、援贼大至,余甚为悬系。崇天义张姓,似是去春守徽州者,诡计甚多,打硬仗亦不甚悍。伪忠王前年十月在羊栈岭,去年春在建昌等处,均不甚悍,专讲避实击虚。弟所部新勇太多，总以“不出壕浪战”五字为主。如看确贼之伎俩，偶然一战，则听弟十分审慎出之，余但求弟自固耳。

二、上海军情，昨已将少荃信抄寄。周沐润业经批令来皖帮办文案，许惇诗有才而名声太坏。南坡专好用名望素劣之人，如前用湖南胡听泉、彭器之、李茂斋，皆为人所指目，即与裕时卿、金眉生交契，亦殊非正人行径。弟与南坡至好，不可不知其所短。余用周韬甫，亦系许、金之流。近日两奉寄谕查询，亦因名望太劣之故。毁誉悠悠之口，本难尽信，然君子爱惜声名，常存冰渊惴惴之心。盖古今因名望之劣而获罪者极多，不能不慎修以远罪。吾兄弟于有才而无德者，亦当不没其长，而稍远其人。

【译文】

沅弟、季弟左右：

专人把信送来，应答复的问题分别回复如下：

一、敌人援军大量到来，我非常挂心你那里的情况。崇天义姓张的那人，似乎是去年春天驻守徽州的敌将，此人诡计多端，打硬仗还不太凶悍。伪忠王前年十月在羊栈岭，去年春天在建昌等处，都不是很凶悍，专门讲求避实就虚。弟所带领的部队中新兵太多，总要以“不出壕浪战”五字为主指导作战。如果看清楚了贼匪的伎俩，偶尔出壕打一下，则由弟做主审慎出击，我只要求弟自己固守。

二、关于上海的军情，昨天我已把少荃的来信抄寄给他们。周沐润已经被批准到安徽来帮忙处理文案，许惇诗有才气，但名声太坏了。南坡专门喜欢任用那些名望向来卑劣的人，像以前任用的湖南胡听泉、彭器之、李茂斋，这些人都被众人指责，即使与裕时卿、金眉生交好，也都不是正当人的行径。贤弟与南坡关系特别好，不可不了解他的短处。我任用的周韬甫，也是许、金那样的人。近日两次收到谕旨调查询问，也是由于名望恶劣的缘故。毁誉在口，本来难以完全相信，但是君子爱惜声名，常有如履薄冰、如临深渊的惴惴不安之心。大概古往今来因名望恶劣而犯法获罪的人极其多，不能不谨慎修身以远离罪罚。我们兄弟几人对于有才而无德的人，也应当采取不埋没其长处，但稍稍远离其人的态度。

【点评】

人与人之间千差万别，即“龙生九种，种种有别”。一个集体团队，什么样的人都有，但具有德才兼备的人却极少，有德无才的人也不是很多，德才平庸的人倒不计其数，但也不乏这样的人物，虽然无德，但才干却高于常人。

作为团队的领导，曾氏认为除识别人之外，更能善于利用人，发挥其长处，包容其短处，在德与才之间，他更注重于德，因为有德的人，可以团结人心，为集体作出更大的贡献。

同治元年六月十二日与国荃国葆书

公元1862年7月19日

沅弟、季弟左右：

援贼已到四五万，究竟在城内乎？抑在秣陵关一带乎？贼若来扑弟之营壕，在秣陵关等处打馆，往返太远，我已反客为主。渠于烈日之下，必难久熬。若移至我营近处扎垒，果有佳处，可扎五六万人否？自城中搬柴米出来，果有若干里？望查示。

五彩关防阅过，均妥。五人亦均胜统带之任，杏南将来或可妣比金逸亭。晴窗或可比刘岳昭，萧、张、刘则朱、唐之亚也。肘时勤教勤讲，渠辈亦有进益，弟亦可互相警惕。

春霆两旬无信，其军银米两缺，悬系之至。

【译文】

沅弟、季弟左右：

增援的敌人数量已经到了四五万人，到底是在城内呢？还是在秣陵关一带呢？敌人如果来攻扑弟的营壕，在秣陵关等处安营扎寨，往返距离太远，我军已经反客为主。他们在烈日之下，肯定熬不了多久。如果转移到我军营附近处安营扎寨，真的是有利的地方，可以驻扎下五六万人吗？从城中搬运柴米出来，到底有多少里路？希望调查清楚后告诉我。

五彩关防我看过了，都很妥当。五个人也都能够胜任统带之职，杏南将来或许可与金逸亭媲美，晴窗或许可比刘岳昭，萧、张、刘则仅次于朱、唐。平时勤教勤讲，他们也会有进步，弟也可以与他们彼此提醒注意之事。

春霆二十天没有来信了，他军中的银两、粮食两样物资都缺乏，十分挂念。

【点评】

曾国藩在此信中表示了对将才的赞扬和渴求。弟弟安排的五个人不仅可以胜任统兵打仗的任务，而且皆为可造之才，平日里多加教导，定会成大器。

乱世之中得人才者得天下，这点曾氏自然比谁都清楚。他以前就曾抱怨过无人可用，这回却夸赞五位将领，可见曾氏对人才的珍惜和渴求。只有得到了可以信任的人才，曾氏说话才有底气，对弟弟的安排布置才表示放心，这也可以看出五位将领在曾氏心目中的地位颇高。

同治元年六月十四日与四弟国潢书

公元 1862 年 7 月 10 日

澄弟左右：

科一身体若能吃辛苦，令其乡试，亦无不可。余甲午乡试，实畏其热，如火如甑。今年多一闰月，则头八月必酷热可知。余不欲其入场，非过于姑息，实因年纪太轻，不能耐此苦耳。

沅、季在金陵，援贼虽到，而尚无动作。多公本应会剿金陵，因陕西不靖，朝旨与官、多之奏，均须先赴秦中一行。鲍春霆在宁国两获胜仗，闻援贼亦多，难遽得手。

今年值各路顺利之时，而忽添此一大波折，不知天心竟待何时乃厌乱也。

【译文】

澄弟左右：

科一的身体如果能够吃得消辛苦，让他参加乡试，也没有什么不可以的。我在甲午年进行乡试，实在害怕天气酷热，那真是如火如甑。今年多出一个闰月，那么第一个八月份必然酷热，这是可想而知的。我不想让他进考场，不是过于姑息他，实在是因为他年纪太轻，不能耐受这辛苦。

沅、季两弟在金陵，救援的敌军虽然到了，但还没有动作。多公本应该合势进剿金陵，但因陕西不安宁，朝廷谕旨和官、多的奏疏，都需要他先到秦中去一下。鲍春霆在宁国打了两次胜仗，听说支援的敌军也很多，很难马上得手。

今年正值各路官军进展顺利之时，而忽然增添了这样一个大波折，不知天意到底要等到什么时候才会厌烦天下的动乱！

【点评】

信中曾国藩还是劝纪鸿不要参加今年的乡试。他表面上是说怕纪鸿年轻体弱，恐难忍受科场酷热，但心里肯定是不希望纪鸿成名太早，所以才不让他参加乡试。

人在年纪轻轻之时便负盛名，往往容易形成骄傲的习气，对以后的发展相当不利，更何况在当时那种乱世中。所以曾国藩一再希望纪鸿儿不要过早参与乡试，认为这样不仅是对身体不好，更是不利于其以后的成才之路。做父亲的曾氏也真是用心良苦啊！

同治元年六月二十日与九弟国荃书

公元1862年7月16日

沅弟左右：

此次洋枪合用，前次解去之百支果合用否？如有不合之处，一一指出，盖前次亦花大价钱买来，若过于吃亏，不能不一一与之申说也。

吾因近日办事，名望关系不浅，以鄂中疑季之言相告，弟则谓我不应述及。外间指摘吾家昆弟过恶，吾有所闻，自当一一告弟，明责婉劝，有则改之，无则加勉，岂可秘而不宣？鄂之于季，自系有意与之为难。名望所在，是非于是乎出，赏罚于是乎分，即饷之有无亦于是乎判。去冬金眉生被数人参劾，后至抄没其家，妻孥中夜露立，岂果有万分罪恶哉？亦因名望所在，赏罚随之也。

众口悠悠，初不知其所自起，亦不知其所由止。有才者忿疑谤之无因，而悍然不顾，则谤且日腾；有德者畏疑谤之无因，而抑然自修，则谤亦日熄。吾愿弟等之抑然，不愿弟等之悍然。愿弟等敬听吾言，手足式好，同御外侮；不愿弟等各逞己见，于门内计较雌雄，反忘外患。

至阿兄忝窃高位，又窃虚名，时时有颠坠之虞。吾通阅古今人物，似此名位权势，能保全善终者极少。深恐吾全盛之时，不克庇荫弟等；吾颠坠之际，或致连累弟等。惟于无事时常以危词苦语，互相劝诫，庶几免于大戾。

酷热不能治事，深以为苦。

【译文】

沅弟左右：

这次的洋枪很好用，上次解送到你那里去的一百支也好用吗？如有不好用的地方，就一一指出，因为上次的洋枪也是花大价钱买来的，如果太吃亏，不能不一一向卖方申诉，讨个说法。

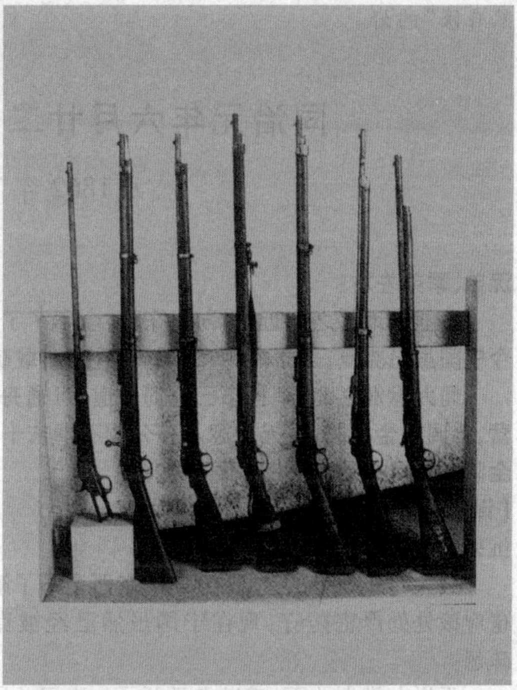

洋务派仿制的美式林明敦步枪

我因近日办事，名望较高，把湖北人疑虑季弟的话告诉你，你却说我不该谈论这些。外面的人指责我们家季弟的过失恶处,我耳有所闻,自然应当一一相告,直言批责,婉言劝告,有则改之,无则加勉,怎么可以秘而不宣呢?

湖北人对待季弟,自然是有意跟他为难。人的名望高了,是是非非就来了,奖赏惩罚也会随之而来,就是军饷的有无也可成为奖赏或惩罚的原因。去年冬天,金眉生被几个人参本弹劾,以至于最后抄没了他的家产,妻子儿女深夜露宿在外,难道果然有很深的罪恶吗?也是因为他有了名望,赏罚就随之而来了。

人多口杂,起初不知道从何处开始,也不知到哪里又停止了。有才能的人,愤恨这种没有根据的怀疑诽谤,但却悍然不顾忌,诽谤仍然逐渐传播;有贤德的人畏惧无缘无故的怀疑诽谤,但却埋头加强自己的修养,诽谤也就逐渐减弱。我宁可愿弟弟们抑制一下自己,但不愿你们无所顾忌,我行我素。但愿弟弟们能敬听我的话,手足携手,共御外侮;不愿弟弟们各持己见,在自家之内争个高低,反而忘了外面来的忧患。

至于我窃居高位,还窃取虚名,时刻都有颠覆坠落的危险。我通观古今人物,有像我这样权势的,能保全自己、得到善终的极少。生怕我在全盛的时候,不能庇护荫佑弟弟们;在我颠覆坠落的时候,或许还会连累弟弟们。只能在没有事发生的时候,经常拿危险之词和苦困之语来互相劝诫,也许这样可以避免大灾难。

天气酷热不能处理公事,深以为苦。

【点评】

曾氏信中告诫其弟,对于别人的议论指责,要采取正确的态度,注意自身的修养。一人做事,尤其是公众人物做事,难堵众人的嘴,过于悍然不顾,也不利于团结,应把精力一心对外,共同对付敌人。曾氏阅历丰富,纵观古今权贵,倾极一时的人物,能保全善始善终的人很少。因此,他对权势的患得患失也不无道理,可他的弟弟并不这样认为,使曾氏的心里更增添了几分忧虑,所以,曾氏多次给其弟的信中,告诫他们还是“抑然自修”的好。

同治元年六月廿二日与国荃国葆书

公元1862年7月18日

沅弟、季弟左右:

贼匪于地势之远近,方向之东西,全不了了,宜其屡败不振。然官兵亦自当处处严防,今宁国虽已克复,吾于旌德、三溪一路,尤不敢疏忽也。

闻九洑洲之北,李世忠已开河一道,可通舟楫。洲上之贼,应不能再犯北岸。吉左两营,弟调至金柱关,当无他虑。多公调石清吉十营至金陵会剿,鲍军亦可由东坝、溧水而至金陵。八月以后,弟处当不孤矣。

【译文】

沅弟、季弟左右:

敌人对于地势的远近、方向的东西全不了解,他们也应该是屡败不振的结局。但官军也应该处处严密防守,现在宁国虽然已经被克复,但我对于旌德、三溪一路,还是不敢疏忽。

听说九洑洲北面,李世忠已开了一道河,可以通行船只。洲上的敌人,应该不能够再进犯北岸了。吉左两个营,弟弟调派他们到金柱关,应该没有其他顾虑。多公调石清吉十营前往金陵合力进剿，鲍军也可以从东坝、溧水到达金陵。八月以后，弟弟那里就不会孤立了。

【点评】

敌军虽然已委靡不振、败局已定，但是曾国藩告诫两弟切忌松懈，相反，而是应该处处严防死守，不要有任何闪失。

曾氏知道军队在这种即将取得胜利的时候最易松懈，因此及时加以提醒，以免造成不必要的损失。各处援军最近几日也能会集金陵，到时候合势弟军，金陵在曾氏眼中似已成口中之物了。

同治元年六月廿三日与九弟国荃书

公元 1862 年 7 月 19 日

沅弟左右：

张胜禄竟以微伤殒命，可惜可痛。余昔年恸塔智亭之殁，失一威望之将；悼毕印侯之逝，失一骁悍之将。张声扬虽不如塔，似已远过于毕。一军之中，得此等人，千难万难。灵榇过安庆时，余当下河祭奠，赙恤其家。

李臣典果足为继起之贤否？凌有和、崔文田、李金洲三人，余俱不甚熟。大约选将以打仗坚忍为第一义，而说话宜有条理，利心不可太浓，两者亦第二义也。十六日之仗，崔文田等出卡在大壕外否？刘南云等亦出卡否？

洋枪与大炮、劈山炮三者比较，究竟何者群子最远，望校验见告。

弟两次抄示寄乔鹤侪信，多影响之谈。淮盐向以江督为主，江督犹东，运司犹佃也。弟欲从盐中设法生财，不谋之于我，而谋之于乔，何也？

盐务利弊，万言难尽，然扼要亦不过数语。太平之世两语日：出处防偷漏，售处防侵占。乱离之世两语曰：暗贩抽散厘，明贩收总税。

何谓出处防偷漏？盐出于海滨场灶，商贩赴场买盐，每斤完盐价二三文，交灶丁收；纳官课五六文，交院司收。其有专完灶丁之盐价，不纳院司之官课者，谓之私盐，即偷漏也。

何谓售处防侵占？如两湖、江西，均系应销淮盐之引地，主持淮政者，即须霸住三省之地，只许民食淮盐，不许鄂民食川私，湘民食粤私，江民食闽私。亦不许川粤闽各贩侵我淮地，此所谓防侵占地。

何谓暗贩抽散厘？军兴以来，细民在下游贩盐，经过贼中金陵、安庆等处，售于上游华阳、吴城、武穴等处，无引无票无照，是为暗贩。无论贼卡官卡，到处完厘，是谓抽散厘也。

何谓明贩收总税？去年官帅给票与商人“和意诚”号，本年乔公给票与商人“和骏发”号，目下余亦给票与“和骏发”，皆令其在泰州运盐，在运司纳课，用洋船拖过九洑洲，在于上游售卖。售于湖北者，在安庆收税，每斤十文半，在武昌收九文半。售于江西者，在安庆每斤收十四文，在吴城收八文。此所谓明贩收总税也。

弟前令刘复祥在大通开官盐店，小屯小卖，是暗贩之行径；今欲令二三商人赴乔公处领盐，驶上行销，是明贩之行径。若使照“和意诚”、“和骏发”之例，亦在运署纳课，亦雇洋船拖过九洑洲，亦在皖与武昌完二十文，皖与吴城完二十二文，则此外为利无几；若不照“和意诚”、“和骏发”之例，概不完厘，则有益于弟，有损于兄，殊不足以服众。

本年四月，刘履祥在下游运盐数船驶上，亦用洋船拖过贼境，被荻港卡员王寿祺拦住；

刘覆祥寄函与王，请完厘释放，厥后过盐河、华阳，竟未完厘。此事人多不服，余亦恶之，拟即将刘覆祥撤去，并将大通官盐店拆毁，盖所得无多，徒坏我名声，乱我纪纲也。弟亦不必与乔公谋盐，弟以后专管军事，莫管饷事可也。

【译文】

沅弟左右：

张胜禄竟然因为轻伤而丧命，让人觉得可惜、心痛。我过去对塔智亭的离世感到悲痛，损失了一员有威望的大将；又哀悼毕印侯的逝世，失去了一员骁勇凶悍的大将。张的声名远扬程度虽然比不上塔，似乎已经远远超过毕。一支队伍中，得到这样的人才非常困难。灵柩经过安庆时，我应当到河中祭奠，优厚地抚恤他的家庭。

李臣典果真足以能够成为后起的贤俊吗？凌有和、崔文田、李金洲三人，我都不是很熟悉。大概选择将才，要以打仗坚忍为第一条件，而且说话要有条理，利心不可太重，两者都是第二条件。十六日那一仗，崔文田等人是不是冲出哨卡在大壕外面？刘南云等人是不是也冲出了哨卡？

洋枪和大炮、劈山炮，三种武器相比，到底哪一种武器的子弹射程最远？希望检查核实后告诉我。

弟两次抄寄给乔鹤侪的信给我看，多数说法是无中生有。淮盐向来由江督主之，江督好比东家，运司好比佃户。弟要想从盐务中谋寻生财之道，不找我想办法，而找乔鹤侪想办法，为什么？

盐务的好处坏处，千言万语也难以说清楚，但要点也不过几句话。太平盛世有两句话：出盐的地方防偷漏，卖盐的地方防侵占。动荡之世也有两句话：暗贩抽散厘，明贩收总税。

什么是出处防偷漏？盐出产在海边的场灶，商贩到盐场买盐，每斤好盐的价格是两三文钱，由灶丁收纳；交纳官税五六文，由院司收取。有的人只交给了灶丁钱而没有往院司缴纳官税，这就是所说的私盐，也就是偷漏。

什么是售处防侵占？比如湖南、湖北、江西等地，都是应该销售淮盐的指定区域，主持淮盐政务的，就必须霸占住三省的地方，只准许百姓吃淮盐，不允许湖北百姓吃来自四川的私盐，不允许湖南百姓吃来自广东的私盐，也不允许江西百姓吃来自福建的私盐。也不允许四川、广东、福建的盐贩子侵占我们淮盐的销售区域，这就是所说的防侵占。

什么是暗贩抽散厘？兵兴以来，小民在下游贩盐，经过敌军占据的金陵、安庆等地，在上游的华阳、吴城、武穴等地方出售，没有凭证、票据、执照，这些人叫做暗贩。不管是敌军的关卡还是官方的关卡，到处完税，这就是所说的抽散厘。

什么是明贩收总税？去年官帅等票号给商人“和意诚”号，今年乔公给票与商人“和骏发”号，目前我也要给票号与“和骏发”号，都是让他们在泰州运盐，在运司纳税，用洋船拖运过九洑洲，好在上游售卖。在湖北售卖的，在安庆收税，每斤盐收税十文半钱，在武昌收九文半钱。在江西售卖的，在安庆每斤收税十四文钱，在吴城收八文钱。这就是所说的明贩收总税。

你前不久让刘履祥在大通开办官盐店，小本经营，是暗贩的行为；现在想让两三个人去乔公那里领盐，运到上游进行销售，是明贩的行为。如果按照“和意诚”、“和骏发”的例子，也在运司纳税，也雇洋船拖运过九洑洲，也在安徽与武昌交二十文税钱，安徽与吴城售卖时交二十二文税钱，那么此外就获利无几；如果不按照“和意诚”、“和骏发”的例子，一律不交税，那么对弟弟你有益，却对我有所损失，特别不足以使众人信服。

今年四月，刘履祥在下游运输几船盐到上游，也用洋船拖运过敌军的境内，被获港卡员王寿祺拦住；刘履祥寄信给伪王，请求完税后放行，后来过盐河、华阳，竟然没交税。这件事人们多不服气，我也厌恶此事，打算马上把刘履祥撤职，并把设在大通的官盐店拆毁，因为所得不多，白白败坏我的名声，扰乱我的纲纪。弟也不用和乔公商谋盐务的事情，弟以后专门管理军务，不要管军饷的事就可以了。

【点评】

曾氏的两位兄弟老九、老幺，于同治元年五月份进兵包围了南京，想要争取头功。南京是历史古城，历史上曾有多个帝王于此建都，南京城域墙高大坚固，易守难攻，老九带领二万兵马，想做长期围困的打算。

曾老九重用金钱名利笼络部属，因此他所统领的部队所需军饷极大，这也是曾老大感到极为头痛的事，本来他统领湘军筹措军饷就是一件很困难的大事，因近几年的战乱，搞得当地百姓民不聊生。曾老九在索求军饷无望的情况下，便想到要从盐税上做文章，曾老大已经控制了大部分盐税，劝其九弟不要再插手而给他造成损失。

同治元年六月廿六日与国荃国葆书

公元 1862 年 7 月 22 日

沅弟、季弟左右：

沅信并祭文稿一件，情极沉挚，辞尤雅丽，似近日大有长进。弟平日写信条理清晰而失之繁冗，往往于业经说明之事，再加一二层，反觉无当。此次一意承接，不漏不蔓，可喜之至。此后弟每动笔，不患其不明，患其太多；意尽则止，辞足则止，不必再添也。

银票不停片刻，不少分厘，弟可遍告各处，不仅弟营为然。弟与季合统二万一千人，每月所收各卡厘金，约计二万金，余再嘱隋龙渊解六万三千金，当办得到，弟尽可放心。

宁国克复，弟处二十日尚无确耗，此后宜专派多人在外探信，至要至要。

【译文】

沅弟、季弟左右：

沅弟来信及一件祭文稿，感情极其深沉诚挚，遣词用句更是典雅华丽，似乎沅弟文笔近日大有长进。弟平时写信条理清晰，但缺点是烦琐冗长，往往在已经说明白的事情上再加上一两层，反而让人觉得不妥当。这一次写的信一气呵成，没有疏漏，没有多余，极为可喜。弟弟以后每次动笔写东西，不要怕说不明白，而要怕说得太多；意思写明白就停下，用词充足了就搁笔，不必再添加了。

银票会片刻不停、分厘不少地送去，弟可以遍告各处，不仅仅是弟的军营这样。弟与季弟共同率领二万一千人，每月收取各关卡上的税金，合计大约有二万两，我再嘱托隋龙渊解送六万三千两去，他应当能办得到，弟尽管放心。

宁国克复，弟那里二十日还没有听到确切消息，此后弟应多多派遣专人在外探听消息，这件事非常重要。

【点评】

战争中信息是极其重要的，情报工作开展得好与坏往往能决定战局的部署，甚至有可能决定整场战争的胜负。因此，古往今来的战争中，间谍工作、情报工作一直是战争双方角逐斗争的重要领域。

曾国藩说弟弟那里消息太闭塞了，宁国克复都许久了，他那里还没有得到确信，因此他要求弟弟多派人到外面去打探消息，以便更好地把握战局。

同治元年六月廿九日与国荃国葆书

公元 1862 年 7 月 25 日

沅、季两弟左右：

日来不接弟等信，想营次平安。春霆克复宁国，至今无公牍私函来此，不解何故，或乘胜进攻广德、东坝耶？抑别有疏失耶？

如果克复广德、东坝，则拟以韦志浚守广德，王可升守东坝，凯章守宁郡、宁邑，云岩守旌德、三溪，桂生守徽州，周万倬两营守芜湖，而春霆从溧阳、溧水、句容绕至金陵之东北，庶为得势，不知果能尽如人意否？

多公自武昌起程西上。闻秦中汉回仇杀，已成巨案。多公此行，能仅至豫而不至陕，或可速了，一入关中，则不复能东还矣。

【译文】

沅、季两弟左右：

最近没有收到弟的来信，想必各营平安。春霆攻克宁国，到现在没有公文和私信寄到这里，不知道是什么原因，难道可能是他乘胜进攻广德、东坝了？还是有别的疏漏过失呢？

如果攻克收复了广德、东坝，就打算让韦志浚驻守广德，王可升驻守东坝，凯章驻守宁郡、宁邑，云岩驻守旌德、三溪，桂生驻守徽州，周万倬两个营驻守芜湖，而春霆从溧阳、溧水、句容绕行到金陵的东北，几乎可成有利之势，不知能不能真的尽如人意？

多公自武昌起程向西进军。听说陕西的汉、回民族互相仇杀，已成巨大案件。多公此行，能够只到河南而不到陕西，也许可以加快速度了，一旦进入关中，就不能再向东返回了。

【点评】

最高统帅的战略眼光往往要比其他人深远一些。由信中所写可知，尽管曾国藩还不能确定广德、东坝是否已经被攻克，但是此两城攻克之后的分兵驻守蓝图已经蔚然成形于胸。

曾国藩老谋深算、眼光独到、城府颇深，以替春霆未报告情况找托词为契机，事先表明自己心目中的理想分守将领，以便安插自己信用的人。

同治元年七月初一日与国荃国葆书

公元 1862 年 7 月 27 日

沅、季两弟左右：

专差至，接两弟书。沅于二十五早大战之后，尚能写二十二页之多，可谓强矫矣，所言俱能切中事理。

凡善将兵者，日日申诫将领，训练士卒；遇有战阵小挫，则于其将领责之戒之，甚者或杀之，或且泣且教，终日絮聒不休，正所以爱其部曲，保其本营之门面声名也。不善将兵者，不责本营之将弁，而妒他军之胜己，不求部下之自强，而但恭维上司，应酬朋辈，以要求名誉，则计更左矣。余对两弟絮聒不休，亦犹对将领且责且戒，且泣且教也。

良田美宅，来人指摘，弟当三思，不可自是。吾位固高，弟位亦实不卑；吾名固大，弟名

亦实不小，而犹沾沾培坟墓以永富贵，谋田庐以贻子孙，岂非过计哉？

廿五日又获大胜，以后应可站稳脚跟。然计贼之伎俩，必再来前后猛扑一次，尚宜稳慎待之。

曾国藩之女曾纪芬像

【译文】

沅、季两弟左右：

你们派出的专人已到这里，收到了你二人写的来信。沅甫经历了二十五日早上的大战之后，还能写出二十二页的长信，真可以说是坚强的，信中所说的话也都能切中事理。

凡是善于带兵打仗的人，天天都告诫将领，训练士卒；战争中遇到小的挫伤，就对自己的将领进行责备训诫，犯了严重错误的，或许拿他正法，或者一边掉泪，一边教导，整天不停地在他们耳边絮切聒噪，这正是爱护自己的部下，确保自己军队面子和名声的办法。不善于带兵打仗的人，不责怪本营的将领，而是嫉妒其他军营超过自己，不要求部下自强，而只是恭维上司，应酬朋友，以沽名钓誉，这种做法就更错了。我对两位弟弟絮叨不止，也如同对将领的责备和训诫，边哭边教。

良田美宅，招来众人指责，弟弟要三思而后行，不可自以为是。我的地位当然很高，弟的地位实际上也不低；我的名气固然大，弟弟的名气事实上也不小，但还要修坟培墓以求永享富贵，谋求田地茅舍以留给子孙，这难道不是错误的计划吗？

二十五日又打了一个大胜仗，以后应该可以站稳脚跟了。但是估计敌军的伎俩，必定会再来一次前后猛扑，还应沉稳慎重地予以对待。

【点评】

曾国荃不听大哥曾氏的劝告，每打一次胜仗，攻下一座城池。就聚敛钱财回到老家买田起屋，修建豪华住宅，修坟起墓，引起不少人的议论指责。曾老大怕受影响，劝他不要这样做，老九却不以为然，就连其侄女纪芬也为他九叔辩护，说求田问舍是其九叔的韬晦之术，避免别人猜疑他功高震主的野心，其实，这是侄女纪芬对他九叔贪求荣华富贵的遮掩，实乃牵强附会之词。

同治元年七月初五日与九弟国荃书

公元 1862 年 7 月 31 日

沅弟左右：

九洑洲以北之河既成，李世忠可大获盐利，吾亦幸金陵之贼永无北岸之接济，镇、扬之兵易通上游之消息，此公私两便也。

希庵近日病颇重，咳嗽吐痰，夜不能睡，并须扶杖出入。闻之深以为虑。作梅之医理，余以为不可恃，而润、希皆深信之，恐贻误不浅也。

陕西汉回仇杀，闻死人至三十万之多，看来西北劫数，方兴未艾，天意茫茫，不知何日果遂厌乱？谕旨屡催多公入关，此等纷纠之事，亦殊非多公所长。朝廷似有中兴之象，而四方兵端日增，良为忧灼。

【译文】

沅弟左右：

九洑洲以北的河道已经挖成，李世忠可以获取大量盐利，我也庆幸金陵的敌军永远没有了北岸的接济，镇、扬的军队容易知道上游的消息，这于公于私都很方便。

希庵最近病情很严重，咳嗽吐痰，夜不能寐，必须拄着拐杖进出，我听到后感到非常忧虑。作梅的医术，我觉得不可靠，但润、希二人都十分相信他，这恐怕可能会耽误不浅啊。

陕西汉族与回族的仇视残杀，听说已经死了三十万人之多，看来西北的劫数正刚刚开始，天意茫茫，不知哪一天上天才会厌烦动乱？谕旨多次催促多公入关，像这样纠纷杂乱的事情，也不是多公善于解决的。朝廷好像有重新振兴的气象，但各地战事一天天增加，的确令人感到忧虑焦灼。

【点评】

曾国藩看到各地战事日增，陕西回汉仇杀方兴未艾，不得不再次感叹天意茫茫，难以捉摸。

曾国藩一直认为世事定乱皆上天意图的反映，体现出了他是唯心主义的世界观。因此他一直扣问苍天到底何时才能厌烦战乱，让世人重享太平。这不仅反映了当时人们对战乱的厌烦和无可奈何，也反映出当时人们思想上的局限性。

同治元年七月二十日与国荃国葆书

公元1862年8月15日

沅弟、季弟左右：

季弟病似疟疾，近已痊愈否？吾不以季病之易发为虑，而以季好轻下药为虑。

吾在外日久，阅事日多，每劝人以不服药为上策。吴彤云近病极重，水米不进，已十四日矣，十六夜四更，已将后事料理，手函托我，余一概应允，而始终劝其不服药；自初十日起，至今不服药十一天，昨夜竟大有转机，疟疾减去十之四，呃逆各症，减去十之七八，大约保无他变。希庵五月之季，病势极重，余缄告之云，治心以广大二字为药，治身以不药二字为药，并言作梅医道不可恃；希乃断药月余，近日病已全愈，咳嗽亦止。是二人者，皆不服药之明效大验。

季弟信药太过，自信亦太深，故余所虑不在于病，而在于服药。兹谆谆以不服药为戒，望委曲从之，沅力劝之，至要至嘱。

季弟信中所商六条，皆可允行。回家之期，不如待金陵克后乃去，庶几一劳永逸。如营中难耐久劳，或来安庆闲散十日八日，待火轮船之便，复还金陵本营，亦无不可。若能耐劳耐烦，则在营久熬更好，与弟之名曰贞，号曰恒者，尤相符合。其余各条皆办得到，弟可放心。

上海四万尚未到，到时当全解沅处。东征局于七月三万之外，又有专解金陵五万，到时亦当全解沅处。东局保案自可照准，弟保案亦日内赶办。雪琴今日来省，筱泉亦到。

清代西洋药书

【译文】

沅弟、季弟左右：

季弟的病好像是疟疾，最近已经痊愈了吗？我不忧虑季弟的病容易发作，而忧虑季弟喜欢轻率用药。

我在外面待的时间越久，阅历越多，每每劝别人以不服用药物为上策。吴彤云近来病情极重，水米不进，已经十四天了，十六日夜四更，已准备料理后事，亲手写信托付我，我全部应允，但始终奉劝其不要服药；从十日起，到现在不服药已十一天了，昨夜竟出现大转机，疟疾好了十分之四，呃逆各种症状，好了十分之七八，大概保住性命是没有问题了。希庵五月末的时候，病情也极严重，我写信告诉他说，医治心病以"广大"二字为药，治疗身体上的不适以"不药"二字为药，并说作梅的医术不可依靠。希庵于是一个多月断服药物，近日病已痊愈，咳嗽也止住了。这两个人，都是不服药而能治好病的明证。

季弟对药物信赖太过，自信也太深，所以我感到焦虑的地方不在于得病，而在于服药。现在谆谆告诫人们以不要服药，望季弟委曲一下，听从我的话，沅弟也要竭力劝他，这是极其重要的嘱托。

季弟信中要与我商议的六条，都可以批准实行。回家的日期，不如等收复金陵后再离去，也许可以一劳永逸。如果难以忍耐军营中的长期劳苦，或许来安庆休闲放松十天八天，等火轮船方便时，再回金陵本营，也没什么不可以的。如果经得住劳顿和烦苦，那么坚持在营中待下去更好，这与弟的名字叫做"贞"，号叫做"恒"两者更为符合。其余各条都办得到，弟可放心。

上海四万两军饷还没解送到位，到时就全部解送到沅弟那里。东征局除七月份的三万两之外，又有专门解送到金陵的五万两，到时也应当全部解送到沅弟那里。东局的保案自然可以照准，弟的保案也将在几天内赶办。雪琴今天来到省里，筱泉也到了。

【点评】

曾国藩历来讲究修身养性之道。在以前的家信中，曾氏已经多次劝诫弟弟要少服药物，以免导致身体衰弱。是药三分毒，药补不如食补，这都是古训，因此曾氏的主张还是有一定道理的。

曾国藩认为修养心病应以"广大"二字为药，治疗身体上的疾病应以"不药"二字为药。总之一句话,尽量远离药物。

同治元年七月廿四日与四弟国潢书

公元1862年8月19日

澄弟左右:

近日诸事平安,沅、季在金陵,并未开仗,鲍春霆克宁国后,尚未进兵。希庵于初八日简授钦差大臣,咨请余代奏谢恩,并请辞谢重任,回籍守制,已于廿一日代为陈奏。渠以二十二日自六安起行来安庆,俟奉到赏假谕旨,即行归里。袁午桥开缺以后,病势甚重,不审能再驻临淮办事否?若午、希皆去,余须兼顾淮北,精力万照管不到。

近日身体颇好,疮癣皆愈,但畏热殊甚,汗出如雨,殆亦老年必有之象。弟近日体气何如?常服药否?余今年未服补药,盖见胡润帅晚年病象,未必非补药太过之咎耳。

【译文】

澄弟左右:

近来一切平安,沅、季两军在金陵,并未开仗,鲍春霆攻克宁国后,还没有进军。希庵在初八那天写信给钦差大臣,请我代他奏表谢恩,并请求辞去官职,回家守丧,我已经于二十一日那天代他上奏了。他将于二十二日从六安起程前来安庆,等接到准假的谕旨后,马上回归乡里。袁午桥开缺之后,病势很重,不知能不能再驻临淮处理事务?如果午、希都离去了,我要兼顾淮北,精力肯定照顾不到。

我近来身体很好,疮癣痊愈了,但十分怕热,汗如雨下,大概也是人老了之后必有的表现。弟弟最近身体气色如何?经常服用药物吗?我今年没有服用补药,大概是看到胡润帅晚年生病的样子,未必不是补药吃得过多的过错。

【点评】

曾国藩在信中对午、希等人的离去深表担忧,看着身边的亲信们一一离去,自己的得力助手日渐减少,曾氏也是看在眼里,急在心里。

如果自己的左膀右臂都离自己而去,以后的工作绝难开展。任何处于领导地位的人都喜欢重用、培养自己的亲信势力,以便形成一个势力范围,作为自己立身处世的依凭。若亲信渐渐离去,自己立身处世的依凭也就失去了,曾国藩不得不深表忧虑。

同治元年七月廿五日与国荃国葆书

公元1862年8月20日

沅弟、季弟左右:

久不接来信,不知季病全愈否?各营平安否?

东征局专解沅饷五万,上海许解四万,至今尚未到皖。阅新闻纸,其中一条言何根云六月初七正法,读之悚惧惆怅!

余去岁腊尾买鹿茸一架,银百九十两,嫌其太贵。今年身体较好,未服补药,亦未吃丸药,兹将此茸送至金陵,沅弟配制后,与季弟分食之。中秋凉后,或可渐服,但偶有伤风微

恙，则不宜服。余阅历已久，觉有病时断不可吃药，无病时可偶服补剂调理，亦不可多。吴彤云大病二十日，竟以不药而愈。郑寅皆终身多病，未尝服药一次。季弟病时好服药，且好易方。沅弟服补剂失之太多，故余切戒之，望弟牢记之。

弟营起极早，饭后始天明，甚为喜慰。吾辈仰法家训，惟早起、务农、疏医、远巫四者，尤为切要。

【译文】

沅弟、季弟左右：

很久没有收到来信了，不知道季弟的病痊愈了吗？各军营平安吗？

东征局专门解送沅弟军的五万两军饷，上海答应解送四万两，到现在还没有到达安徽。看报纸，上面有一条新闻说：何根云于六月初七正法，读起来真让人觉得惧怕和惆怅！

我去年十二月底买了一架鹿茸，花了一百九十两银子，嫌它太昂贵了。今年身体较好，没有吃补药，也没有吃丸药。现将这架鹿茸送到金陵，沅弟配制好了以后，与季弟分吃吧。中秋节天凉之后，可以稍微服用，但偶尔有伤风之类的小病，则不适宜服用。我阅历很深，觉得有病时绝对不可以吃药，没有病时可以偶尔吃点补药加以调理，也不可多吃。吴彤云大病二十天，最终因不吃药而好了。郑寅皆一辈子多病，没有吃过一次药。季弟生病时习惯吃药，并且偏好偏方。沅弟吃补药太多，所以我坚决劝诫你们，希望弟弟牢牢记住。

弟弟在军营中起床极早，吃过早饭后天才亮，我感到很高兴。我们兄弟遵守家训，只有其中的早起、务农，疏医、远巫四条，尤其迫切和重要。

【点评】

曾国藩在信中再次劝弟弟们要恪守家训，其中又以早起、务农、疏医、远巫四条最为重要。

早起则可以戒除懒惰的陋习；务农则可以戒除奢侈的风气；疏医则可以戒除疾病；远巫则可以戒除盲目。四条家训重点不同，但是培养家人的风度和品性的目的则是一样的。家人只有恪守四条家训，才可以勤劳、节俭、健康、明智，从而修身养性，维系家风。

同治元年七月廿八日与国荃国葆书

公元 1862 年 8 月 23 日

沅弟、季弟左右：

接沅弟排递一缄，大傩礼神，以驱厉气而鼓众心，或亦足以却病。

余寸心忧灼，未尝少安。一则以弟营与鲍营病者太多，为之心悸；二则各县禾稼前伤于旱，继而蝗虫阴雨皆有所损，收成歉薄，各军勇夫七万人难于办米；三则以秦祸日烈，多公不能遽了，袁、李皆将去位，长淮南北，千里空虚。天意茫茫，竟不知果有厌乱之期否？幸季弟疟疾速愈，大为欣慰。

观民心之思治，贼情之涣散，金陵似有可克之机。然古来成大功大名者，除千载一郭汾阳外，恒有多少风波，多少灾难，谈何容易。愿与吾弟兢兢业业，各怀临深履薄之惧，以冀免于大戾。

东征局五万，因北风太大，尚未到省，此月竟止解去五万，下月必补足也。

【译文】

沅弟、季弟左右：

收到沅弟的一封信。大规模地设坛祭神，用以驱逐邪气，鼓舞众心，或许也能够祛病。

我心中忧虑焦灼，从来没有些许安宁过。一是因为你营及鲍营中生病的军士太多，为此感到心中害怕；二是因为各县的庄稼，开始因为天旱受损，接着又是因为蝗虫阴雨，都有损害，收成不好，各路军士七万人的粮食问题不好解决；三是因为陕西的祸乱越演越烈，多公也不能快速解决，袁、李又都即将离任，长江淮河南北，千里空虚。天意茫茫，不知道上天是不是真的有厌烦战乱的时候？幸好季弟的疟疾好得很快，这让我非常欣慰。

看到民心希望安治，敌情涣散，金陵似乎有可以克复的机会。但自古以来成就大功名的人，除了千年一遇的郭汾阳之外，总是有多少风波、多少灾难啊，谈何容易。希望我们兄弟兢兢业业，各怀如临深渊、如履薄冰的惧怕心理，以求不要发生大的祸难。

东征局的五万两军饷，因为北风太大，还没有送到省城。这个月竟然只送去五万，下个月一定补足。

【点评】

不经历风雨，难以见彩虹。经历过人生大风大浪的曾国藩阅历颇深，很能理解其中意蕴。自古以来成大事者，没有几个能像唐朝的郭子仪那样一帆风顺的，往往都要经历大风浪、历经苦难才能最终成功。因此他要求弟弟们一定要细心谨慎，时时自省，怀着一种惧怕失误的心态做好该做的事情。俗话说得好，人无远虑，必有近忧，所以必须时刻警惕，防微杜渐，才能成大事。

同治元年八月初四日与国荃国葆书

公元 1862 年 8 月 28 日

沅弟、季弟左右：

希庵昨日到省，气象瘦黑，咳嗽不止，病殊不轻。本日接奉谕旨，不准回籍治丧，赏银八百两，饬地方官妥为经理，天恩优渥，无以复加。然希庵归思极切，且其病似内伤，非回家安心调养，断难速痊。渠拟自行具折陈情，拜疏即行。论君恩则有负，论病状则无愧也。

【译文】

沅弟、季弟左右：

希庵昨天到了省城，气色又黑又瘦，咳嗽不止，病得实在不轻。今天接到谕旨，不批准他回家治丧，奖赏八百两银子，饬令地方官府妥善帮他料理丧事，皇恩浩荡，优厚到了无以复加的地步。但希庵思归心切，而且他的病好像是内伤，若不是回家安心调养，绝对不会很快痊愈。他准备自己上奏折陈述情况，奏疏马上就发出。就对皇恩来说是有所辜负，但就他的病情来说，就没有什么可愧疚的。

【点评】

中国古代社会里君权高于一切，本来是传统礼制中的丁忧归丧制度，在皇帝不允许的情况下，大臣们也是难以履行。

中国古代是一个以孝治天下的社会。家中的父母去世后，做官的人要辞去官职，专门回家治丧并服丧三年，之后才能再起复为官。但在特殊的情况下，对特殊的人，皇帝往往不会批准其辞官归丧的要求，希庵就是这种情况。可是希庵是个大孝子，又身有重病，因此他再次上奏,请求皇上批准其归宁之请,一则可以守孝,二则可以修身养病。在中国古代社会中,在朝为官的人往往会遇到这种忠孝难以两全的情况。

同治元年八月初七日与国荃国葆书

公元 1862 年 8 月 31 日

沅弟、季弟左右:

日内未接弟信,想季疟全愈为祝。余日日至希庵处看视,其骨瘦多咳,略似内伤,而神气尚凝聚,静心调养,当可全愈,即日自行具折陈情,恳请回籍一行,计二十八九可奉批旨。如再不蒙俞允,则续行陈情拜疏即行。渠于送奠仪者一概辞谢,虽余兄弟与雪琴者皆不受,此外则并祭幛而辞之。

袁帅病势颇重,断难久留。余之责任太重,深为焦虑。东局五万上海四万至今未到,昨日江西解到四万,今日飞解弟处,稍济眉急。金陵援贼近日何如?各营病痛比来少愈否?

澄弟寄到家信,嘱专人送金陵,兹专足送去。弟处送家信者,常失之太慢,余定限自皖至家十八天。以后弟逢八日写信。排递余处,余逢四送家,则弟缄达湘,不满一月矣。

【译文】

沅弟、季弟左右:

最近没有收到弟弟的信,想必季弟的疟疾全好了,恭喜你。我天天到希庵那里探视,他身体瘦弱、咳喘不止,像有内伤,而神气还算凝聚着,静心调养,应当可以痊愈。今天他自上奏折陈述情况,恳请回家一趟,估计二十八九日可以接到谕旨。如果还不能蒙受皇上的恩准,就继续上疏陈情,奏疏马上就会发出去。他对于赠送祭礼的人,一律推辞谢绝,就连我们兄弟与雪琴送的祭礼都不接受,此外连祭幛他都推辞谢绝掉了。

袁帅的病情很严重,绝对不会活多久了。我的责任太重大了,感到非常焦虑。东局的五万军饷、上海的四万军饷至今没有到,昨天江西解送到四万军饷,今天马上飞速解送到弟弟那里,稍解燃眉之急。援助金陵的敌军,最近怎么样?各营的病情,近来稍微好些了吗?

澄弟寄来的家信,嘱咐专人送往金陵,现在我派专人给你送去。弟弟那里送来的家信,不好的地方是经常太慢,我定的期限是从安徽到家的信要十八天。以后弟弟每逢八日写信,送到我这里,我每逢四日送去家中,那么澄弟的信到湖南,就不用一个月了。

【点评】

俗话说:“病来如山倒,病去如抽丝。”就是说病情来的时候往往非常快速严重,但治疗起来却是一个极其困难的过程。

曾国藩近来遭遇的烦心事全都跟疾病有关。先是季弟疟疾久难治愈,希庵更是内伤不轻,身体极度虚弱,袁帅更是病情加重,已处弥留之际,这不能让曾国藩不忧虑。不过幸好季弟的疟疾渐好,希帅的病情还有能够好转的迹象。曾国藩由此更是担忧起了前线阵营中兵士的疾疫情况,希望各营不要受到疾病疫情的困扰,不要削弱战斗力。

同治元年八月廿一日与国荃国葆书

公元 1862 年 9 月 14 日

沅弟、季弟左右：

专差到，接来信，具悉。吴委员解饷七万，前缄已决其径解金陵，该员不来安庆禀见，亦殊可怪。毛、恽以此敦同舟之谊，而该员暗寓离间之意，世情浅薄如此！

六属丁漕，不能不驳。去年十二月二十一日，恩诏豁免安徽失陷地方。今年钱漕，余与希庵会衔出示，定以十二月二十一日以前克复者起征，恩诏以后克复者不起征，兹将告示寄阅。和、巢皆在不征之列，碍难违旨开办。无为、怀、庐等属虽办抵征，然当分拨各军。弟军之视鲍张朱唐各军已极优矣，若再处处独优，则人必不服，余亦无词以告马方伯、隋粮台也。

【译文】

沅弟、季弟左右：

专差到，收到来信，一切尽知。吴委员解送七万军饷，他上次来信已决定直接把军饷解往金陵，他不来安庆见我禀报，也颇为奇怪。毛、恽二人有同舟共济的情谊，而他却暗藏离间两人关系的意思，世情竟如此浅薄！

六属丁漕，不能不加以驳斥。去年十二月二十一日皇上加恩发诏，豁免了安徽失陷地区的征粮。今年的钱漕，我和希庵联合署名发布公文，定于从十二月二十一日以前收复的地区征粮，恩诏发布以后收复的地方不征粮，现将告示寄去给你看看。和县、巢县都不在征粮范围之内，很难违抗圣旨进行征粮。无为、怀、庐等县，已经征粮，应当把所征粮食分别拔发给各部队。弟弟的部队比起鲍、张、朱、唐各军来，已算是很好的了，如果各个方面都是你那里最好，则人心肯定不悦服，我对马方伯、隋粮台也没法交代。

曾国藩像

【点评】

曾国藩在信中谈及军队待遇问题。他告诉弟弟说，弟那里的军队已经明显要优于其他各军，如果再处处争利，任何地方都比其他军队好，那么一定会让人不心服的，别人可能会碍于我们兄弟的关系而不好说什么，但心中不免会有怨言，不仅弟军受人指责，我这个统帅对其他各军也不好交待。因此他希望弟能够考虑一下自己的难处，不要让别人说闲话。可见曾氏谨小慎微的作风。

同治元年闰八月初四日与四弟国潢书

公元1862年8月28日

澄弟左右：

沅、霆两军病疫，迄未稍愈，宁国各属军民死亡相继，道殣相望，河中积尸生虫，往往缘船而上。河水及井水皆不可食，其有力者，用舟载水于数百里之外。臭秽之气中人，十病八九。诚宇宙之大劫，军行之奇苦也。

洪容海投诚后，其党黄、朱等目复叛，广德州既得复失。金柱关常有贼窥伺，近闻增至三四万人，深可危虑。余心所悬念者，惟此二处。

余体气平安，惟不能多说话，稍多则气竭神乏。公事积搁，恐不免于贻误。弟体亦不甚旺，总宜好好静养，莫买田产，莫管公事，吾所嘱者，二语而已。盛时常作衰时想，上场当念下场时，富贵人家，不可不牢记此二语也。

【译文】

澄弟左右：

沅甫、春霆两军将士遭遇疾疫，至今不见起色，宁国府所属各地军民相继死亡，道路上到处都是尸体，河流中积尸生虫，往往缘船而上。河水和井水都不能饮用了，有力气的人，到几百里之外用船运水。又臭又脏的污秽之气感染到人，十有八九会发病。实在是天下的大劫难，行军部队的奇特苦痛啊。

洪容海投降后，他的党羽黄、朱等头目再次叛变，广德州得而复失。金柱关常有敌军窥伺，近来听说敌军增加到三四万人，实在让人觉得危险忧虑。我心中所挂念的，就是这两个地方。

我身体气息平安，只是不能多说话，话说得稍多一点就气息喘竭、精神疲乏。公事一直积压耽搁，恐怕难免发生贻误。你的身体也不是很健旺，总的来说应该好好静养，不要置办田产，不要过问公事，我常常嘱咐你的，就是这两句话罢了。兴盛的时候常常想想衰弱时候的情况，登台亮相的时候应当多思考一下下台后的情况，富贵人家，不能不牢牢记住这两句话。

【点评】

"盛时常作衰时想，上场当念下场时"，星辰转换，日月更替乃是事物运动的规律，人的命运也一样，有盛就有衰。曾氏已觉得自己功成名就，具有笼络半壁江山的权力已很知足。近几年来，由于年老体衰，说话久了都感到疲乏，冥冥之中觉得身处鼎盛之时，似有衰退的征兆。故此，时常感到慌恐，便写信给其兄弟要谨慎行事，以此共勉。

另外，曾国荃带领的湘军围攻南京不久，由于战争横尸遍野，引发了瘟疫，南京城内外军民病死无数，臭气熏天，连河水、井水都不能喝了。可见，战争给人类带来的灾难有多严重啊！

同治元年闰八月十六日与九弟国荃书

公元 1862 年 9 月 9 日

沅甫九弟左右：

多帅回顾金陵之说，万办不到。陕西大乱，死者已四五十万人，较三江、两湖之劫更巨。余前复奏一疏，言多公果不入秦，当令驻军南阳，其时盖深知多之必入秦中，又不料弟与鲍、张各军病势如此之甚也。厥后官相与陕帅屡疏奏艟多公入陕，朝旨亦屡次催之，分派胜剿渭北，多剿渭南兼保省城，入关以后，万不能东返矣。

顷多公飞调庐州石清吉部下三营入陕，余已咨复截留，尚不知留得住否。且即奏调多军回援金陵，至速亦在五个月以后，而金陵与鲍军之危迫，必在两月以内，远水不能救近火。弟惟就现有兵力，专谋坚守，不图出战，早早布置，或尚可为。

两弟共统兵二万，若责以合围，责以攻城，诚有不能；若责以专守营垒，似亦无辞可以诿谢。病疫乃是天意，弟与鲍张朱唐各军皆病，多军东返，遂能保其不大病乎？弟当与各营官力图自固。身居绝地，只有死中求生之法，切不可专盼多军，致将卒始因求助而懈弛，后因失望而气馁也。

弟若另求保营之法，只有两法略可补救：一法商之毛、郭、黄、赵，在湖南飞募新卒前来补缺；一法调竹庄团防营与周万倬共守芜湖，而腾出王可升之兵为活兵，危急之际或助弟或助鲍也。然二万人不能守营，添王可升遂能守乎？殊深焦虑。

【译文】

沅甫九弟左右：

多帅回援兼顾金陵的说法，万万办不到。陕西大乱，已经死了四五十万人，比三江、两湖地区的劫难还严重。我前些天又上一份奏疏，说多公最后不能进入陕西，应当令他驻军南阳，当时大概已知道多公必须进入秦中，又没有料想弟弟与鲍军、张军病疫如此厉害。其后朝臣及陕帅又屡次奏疏，催促多公入陕，朝廷圣旨也屡次催逼他，分派胜军进剿渭北，多军进剿渭南并保护省城，入关以后，决不能够再东还了。

近来多公飞速调派庐州石清吉部下的三个营入陕，我已去信截留这三个营，还不知能不能留得住。并且，我还立即奏请调派多公回援金陵，再快也要在五个月以后，而金陵与鲍军危急紧迫，一定会在两个月之内，远水不能救近火。弟弟只能就现有兵力，专谋坚守，不图出战，早早布置，或许还可有所作为。

两位弟弟共统率二万兵力，如果责令你们合围，责令你们攻城，确实是不可能的；如果责令你们专门坚守营垒，似乎你们也没有言辞可以推谢。疫情的发生乃是天意，弟弟与鲍、张、朱、唐各军都有病情，多公东返，能够保证多公的军队不染上大病吗？弟弟应该与各营官们力图自固。身处绝境，只有死中求生之法，切不可专门等盼多军，致使将士因求助的心态而开始松懈，到后来又因求助失望而气馁。

弟弟如果另外寻求保住营地的办法，只有两个办法略微可以补救：一是与毛、郭、黄、赵商议，让他们在湖南快速募集新兵前来补缺；二是调派竹庄的团防营与周万倬共同驻守芜湖，腾出王何升的兵力作为机动军队，在危急之时，或去帮助弟弟，或去援助鲍军。但两万人马都不能守住营地，加上王可升的兵就可以守住了吗？这确实让我深为焦虑。

【点评】

做任何事情的主体力量都是自己，一定要充分发挥自己的主观能动性，才能于绝处逢生。

曾国藩告诫弟弟一定要以自我为主，千万不要把希望寄托在前来援助的军队身上。如果过分依赖援军，你的军队便会产生松懈的心态，一旦援军未到，士兵便会因为失望而气馁，这两种情况实乃兵家之大忌。况且弟弟的军队也不是没有可救之策，所以弟弟一定要充分发挥自己兵力勇猛作战的精神，只有这样，弟军才能绝处逢生，全力争胜。

同治元年闰八月十九日与九弟国荃书

公元1862年9月12日

沅弟左右：

多公不能回军东指，前信略述其概。本日接严渭春一缄，称多公在商南小挫，散去四营，恐未必确；其称多帅昨奉谕旨，又令回剿楚豫发、捻，不必入关，则必见廷寄之言。

多若果回楚豫，则弟欲奏请会攻金陵，或有几希之望。然余接多公在商南发信，业已入关，其部下雷正绾已至陕西城外，为解省围之计。秦中官绅未必肯放多帅出关；而多公不携雷镇十营偕行，必不肯独自东还。是多公不能出关回剿楚豫，十居其七；即能回楚豫，亦不能会剿金陵。

以鄙见计之，多军长途之辛苦，部落之分散，接济之不便，事机之不顺，多公必不免于懊恼，将士必不免于疾病，若再东行三千余里而至金陵，则辛苦尤甚。无论其不能东来，来亦必不能速，难遽得力。故余欲弟力求自保，断不可指望多公，致误大事，至嘱至嘱。

多公阅历尚浅，四五月间自请援陕，与官公密商密奏，皆秘不使余知，彼时锐意立功西北，岂料今日尚在商南，所谓事非经过不知难也。弟今欲多军速回金陵，亦不知事之难也。余千思百计，无术可救弟之危。惟今团防营南渡，与周万倬会守芜湖，腾出王可升一军，留助弟处一臂之力。然弟二万人不能坚守，添二千余人，岂遂足恃？聊尽心焉耳。

篪轩愿助我办粤厘，亦可感也。

【译文】

沅弟左右：

多公军队不能回军东援，上一封信已经讲述了大体的情况。今天收到严渭春的一封信，说多公在商南小受挫伤，丢散了四个营，恐怕不一定准确；他说昨天多帅接到谕旨，又令他返回进剿楚豫之地的发、捻军，不必入关，那么他一定是见到了朝廷的旨令。

多军如果真的回剿楚豫，那么弟弟奏请多公会势进攻金陵，或许会有几分希望。但我收到多公在商南时寄出的信，说他已经入关，他的部下雷正绾已经到了陕西省城外，正准备解救省城之围。秦中的官绅们未必肯放多公出关；而多公不携带雷镇十个营同行，也一定不肯独自东还。所以，多公不能出关回剿楚豫的可能性占十分之七；即便是能回剿楚豫，也不可能联合进剿金陵。

以我的看法，多公长途跋涉辛苦行军，部落分散，接济不便，事机不顺，多公必然会感到懊恼，将士必然会多染疾病，如果再向东行军三千里到金陵，其部队会更加辛苦。不用说他不能向东进军，即使向东进军也肯定不会很快，难于短时间内得力。所以我想要求弟弟要力求自保，绝对不可以指望多公，以免导致误事，这是极其重要的嘱咐。

多隆阿像，出自《紫光阁功臣小像》。多隆阿是满洲正白旗人，清代将领，曾与太平军作战，曾国藩家书中的“多帅”、“多公”均指多隆阿

多公阅历还浅，四五月间自己请求援救陕西，与官公秘密商奏，都是秘密进行的，不让我知道。那时他决意要在西北立功，怎会料到现在还在商南，正所谓不经历事情不知道办事的难处。弟弟现在想要让多军迅速回援金陵，也是不知办事的难处。我千思百想，没有办法可解救弟弟的危急。现在只有让团防营南渡，与周万倬共同驻守芜湖，腾出王可升一军，助弟弟一臂之力。但弟弟两万人都不能坚守，添上两千余人难道就可以坚持吗？我只是聊尽心意罢了。

篪轩愿帮助我办理广东厘务，也令我感动。

【点评】

曾国藩对多公之军回军援助攻金陵不持乐观态度。多公行军艰险，必定不肯远途跋涉前来援救，况且多种因素导致多公几乎不可能回军援助弟军。因此，曾国藩还是坚决地要求弟弟一定要寻求自我保全之计，切忌持有多公回援的希望，并表示自己会尽力调派援军，但兵力很少，不一定能有帮助。

曾国藩这样做也是有好处的。他把弟弟逼到了绝境之中。人的潜能往往能在绝境之中全力迸发，发挥出难以想象的威力。一个人在绝境中面临死亡时，便会觉得无可畏惧，从而激发出超常的能力。曾国藩也只能寄希望于弟弟能够迸发出超常的能量，只有这样才能绝处逢生。

同治元年闰八月廿一日与九弟国荃书

公元 1862 年 9 月 14 日

沅弟左右：

雪琴信来，贼分三大支上犯，伪侍王一支专攻金陵，侍逆尚在衢、严一带。此信或未必确，然大支贼扑犯之说，则处处皆同，大约弟处九月必有战事矣。

季弟各营所守一段，乃弟之粮路所关。其营皆新集之卒，未历战阵，未经风波，恐大股贼甫至，而各营望风先溃，粮路一失，弟所统各营亦有不能不退之势，则大局立坏。他处无兵可调，只留王可升一军为援助金陵之地。弟或先将王可升调至大胜关一带，填扎季弟新勇八营墙内，而换出季弟之新勇，移驻芜湖，似尚妥惬。升字四营，虽亦系未经见仗之新

勇，而较之季弟新勇，或者略胜。

王可升二千七百人可扎五垒。弟于湘恒等十营中挑留五营，而抽五营移于芜湖以上。季若不愿在金陵，亦可移至芜湖以上。惟弟斟酌行之，余相隔太远，不敢悬揣，系念无已。

【译文】

沅弟左右：

雪琴来信说，敌人兵分三路向上进犯，伪侍王的一路专门攻打金陵，伪侍王还在衢、严一带。这个消息不一定准确，但大股敌人进扑进犯的说法，则处处都有，大概九月份弟弟那里一定会有战事了。

季弟各营驻守的一个路段，关系到弟弟的粮路。那个军营都是最新招募的兵卒，没有经历过战斗，没有经历过风波，恐怕大股敌军一到，各营会望风先逃，粮路一丢，弟弟所统领的各营也会出现不能不撤退的局势，那么大局立即会被破坏了。其他地方没有兵力可以调派，只留下王可升一军为援助金陵时使用。弟弟或许可先将王可升调动到大胜关一带，替补驻扎在季弟的八个新兵营，把替换出的季弟的新兵，调去驻防芜湖，似乎还比较妥当放心。升字四营，虽然也是没有经历过打仗的新兵，但与季弟的新兵比起来，或者要略强一些。

王可升的两千七百人可分扎为五个营垒。弟弟从湘恒等十个营中挑选留下五个营，抽调五个营移军芜湖以上。季弟如果不愿意在金陵，也可以转移到芜湖以上。只希望弟弟斟酌行事，我相隔太远，不敢凭空揣测，无比挂念。

【点评】

曾国藩预言弟军那里在九月份当会有战事发生，他最担心的还是季弟新兵营驻守的一个关系军队运粮之路的地区。

粮路是军队的生命线，粮路一旦被切断，军队供应中断，就容易导致粮食短缺造成军队恐慌。因此他调动沅弟的军队前去替防季弟的新兵营，让沅弟帮忙季弟扼守粮路，确保军队供应。曾氏确定大政方针，但具体实行起来还得靠弟弟根据实际情况自行斟酌。

同治元年闰八月廿四日与九弟国荃书

公元 1862 年 9 月 17 日

沅弟左右：

次青之案，竟是假信，亦殊可诧。余第三次引入他案作证，以郑魁士与次青相提并论，亦尚非拟不于伦。郑魁士在江南江北，声名极好，翁中丞于十年奏力求名将以保皖北危局一折，袁午帅于十一年奏请起用宿将，帮办军务一折，皆极言郑魁士忠勇冠时，至今郑告病在籍，尚食全俸。弟若见翁、袁二折，则知此人之享大名。余跻李于郑之上，片中颇有斟酌，弟试取原片而再阅之，当可释然。惟与我昔共患难之人，无论生死，皆有令名，次青之名，由我而败，不能挽回，兹其所以耿耿耳。

希庵于廿三日开行回籍，义渠即于是日晋省，定于廿六日接印。希之吐血已愈，而咳嗽未止，瘦亦殊甚，幸吃饭多而有味，夜眠极酣；此次归去，亦志惬神畅，当可调理就痊耳。义渠言多帅营勇逃者极多，杨得武之弟凯字营，在樊城逃回九十人，在荆子关又逃回百五十人，他营逃者亦禁拿不住。吾料此行多公必懊悔，全军必衰弱，恐不幸而言中。弟须力求自立，不可盼望多军，至嘱。

王可升一军亦不宜轻易调去，一至金陵，则成呆军，能进不能退，不如在芜湖宁国之活也。

【译文】

沅弟左右：

次青的案子，居然是虚假信息，让人特别惊诧。我第三次引用其他的案卷作证，把郑魁士与次青相提并论，不也还是比得不对。郑魁士在大江南北名声很好，翁中丞在咸丰十年竭力上奏，请求宿将以确保皖北危局的那本奏折，袁午帅于十一年奏请起用老将，帮办军务的那本奏折，都极力说郑魁士的忠勇在当时无人能比，到现在郑告病在家，还享受全俸的待遇。弟如果见到翁、袁的两本奏折，就知道这个人享有盛名了。我把李放在郑之上，案卷中我是斟酌了很多的，弟试着拿原件再看看，应当能明白。和我过去共同经历患难的人，不论生死，都享有好的名声，只有次青的名声，因我而败坏，不能挽回，这就是他现在耿耿于怀的原因。

希庵于二十三日起程回家，义渠即于当天到省赴任，定于二十六日接替官印。希庵吐血的病症已好了，但咳嗽仍然未止，身体也非常瘦弱，幸亏吃饭多，夜里睡觉极好。这次回家，也是精神愉快心情气爽，应该可以调理痊愈了。义渠说多帅营的士兵逃跑者极多，杨得武弟弟的凯字营在樊城时逃回九十人，在荆子关时又逃回一百五十人，其他营逃跑的，也都禁拿不住。我料定多公此行必会懊悔，全军必会衰弱，恐怕不幸被我言中。弟必须力求自保，不可指望多军，这是非常重要的嘱咐。

王可升一军也不应该轻易调去，一到金陵就变成呆军了，能进不能退，不如在芜湖、宁国时灵活。

【点评】

曾国藩自己认为一生中与其交好的朋友，大都享有美好的名声，只有次青的名声是因为自己而败坏的。曾氏一直标榜自己一生未曾有愧过朋友，但对次青却是愧疚难当。当然，曾氏也是在信中竭力为自己辩护，认为自己所做的决定都是有凭有据的，虽然自己觉得对不起次青，但结果已不可挽回。这反映出曾氏虽不能释然面对次青之事，但也竭力地粉饰其作。

同治元年九月初一日与九弟国荃书

公元1862年10月23日

沅弟左右：

昨日未接弟信，忧系不释。兄弟相隔太远，不能相顾，虽欲百计救助，而信到金陵，已在贼到十日之外，凶锋已过矣。

计此三日内，已发军火一批、饷银二万，护军湘后营挑勇共四百人；发信请厚庵救助，请任星元救助；发札调陈东友、赖荣光二营归弟调遣；今日发炸炮炸弹，派人去放；调石清吉亲带三营前往，扎保江边饷道。此数者若件件做到，亦自不无小补。特患最危最急在廿五六七等日，而余所发之援兵，均在九月初五日后乃到。乃知军事呼吸之际，父子兄弟，不能相顾，全靠一己耳。

【译文】

沅弟左右：

昨天没有收到你的信，忧心忡忡，难以释怀。兄弟相隔太远，不能互相照应，虽然我想千方百计地援助你，但信到金陵时，已是在敌军到后的十多天之后了，凶锋已经过去了。

这个救助计划是，在三天之内，已发去一批军火、二万饷银、护军湘后营挑出的共四百名勇士；写信请求希庵救助，请求任星元救助；写信调遣陈东友、赖荣光两个营归弟弟使用；今天发出炸炮炸弹，派人去放；调派石清吉亲自带领三个营前往，驻扎在江边保护供军饷的道路。这几条如果件件做到，也自然会有所补救。最怕最危急的时候会出现在二十五六七日那几天，我调发的援兵，都在九月初五以后才能到。我这才懂得了战事呼吸之际，父子兄弟，不能相顾，全靠自己一个人了。

【点评】

曾国藩在信中向弟弟说明了派遣援军的情况，但愿能有所补益。同时他告诫弟弟，在战场上，战争危急的紧要关头，父子兄弟犹不能相顾，只有靠自己。

战争形势变幻莫测，曾国藩也是只能尽全力给金陵弟处调派援军，怎奈何兵力不足，时间急迫，即便是自己的所有计划都能实现，但那也要在九月初五之后才能落实到位，所以曾氏在对弟弟说“全靠一己”这样的话时，心中的无奈之情也是可想而知的。

同治元年九月初二日与九弟国荃书

公元 1862 年 10 月 24 日

沅弟左右：

自十九到廿五夜，若守已七日，后此应可无虞，至慰至慰。

季弟所守江滨一段，系粮运至要之地，而用收降新集之卒，吾深为忧虑。不料季能稳慎有条，弟所寄前后各信，竟无一字稍涉慌张，又能联络水师，使之乐为我用，佳哉！吾两弟可谓贤且劳矣。愿从此益加谨慎，再过十日，贼若无如弟何，自必溃而之他。

贼数闻以十万计，每日须食米千石，若无大舟搬运，何能持久？吾在徽用兵二载，深知陆路运米之难，即在金陵城内运至谷里村一带，数十里之内，月运三万石，经理亦极不易，

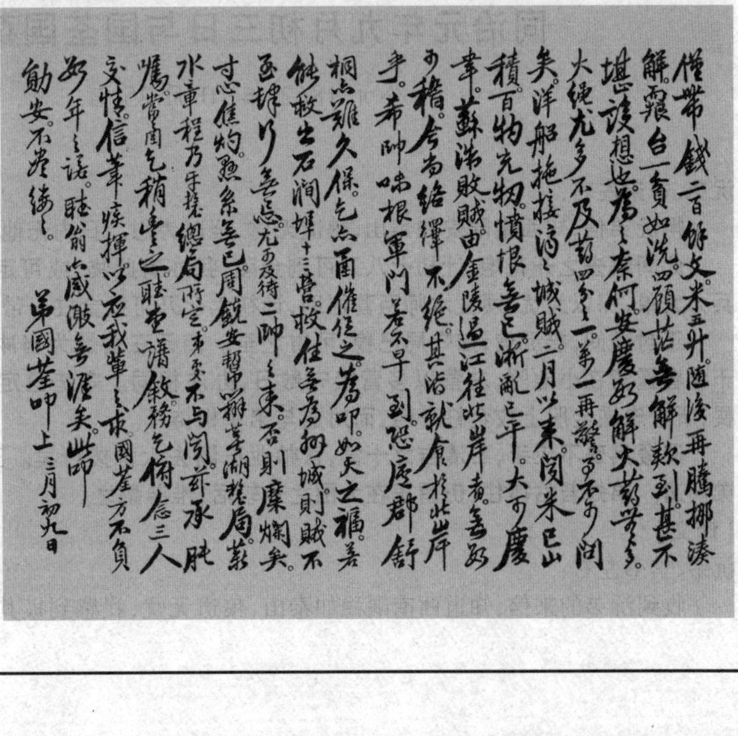
僅帶錢二百餘文，米五升，隨後再騰挪湊
解。餉銀台一貧如洗，四顧茫無解款，到甚不
堪設想也。奈之奈何！安慶所解火藥無多，
大繩尤多不及。藥四分之一，第二再發，不可問
矣。洋船拖接源源，城賊二月以來，閩米已山
積，百物充牣，憤恨無已。浙亂已平，大可慶
幸。蘇滬敗賊由金陵過江往北岸者，無所
可稽。今尚絡繹不絕，其誌就食於北岸
也。希帥味根軍門若不早到，恐廬郡舒
桐亦難久保，乞亦面催。俾之為叩，如天之福。善
能救出石澗埠十三營，救住無為州城，則賊不
至肆行無忌。尤不及待二帥之來，否則糜爛矣。
寸心焦灼，想系無已。周鼓安暫辦蕪湖釐局，
水軍程乃手撥總局所定，事來不與聞，並承
囑常問乞稍壘之，昧無譜敘，務乞備忘三人
交情，信筆揮以應我輩之求。國荃方不負
好年之語，昧前以感激無涯矣。此叩
勛安，不盡縷縷。 弟國荃叩上 三月初九日

曾国藩手札

况城贼之米，未必肯多搬出耶？

弟守事既稳，以后余惟多办银米子药接济，弟可放心，断不缺乏。宁国守城之事已有把握，此后只求金柱关一带水师不挫，则处处皆稳矣。

【译文】

沅弟左右：

从十九日到二十五日夜里，已经苦苦坚守了七天，此后应该没有危险了，我感到十分欣慰。

季弟驻守的江滨一段，是运输军粮的至关重要的地方，而使用降兵和新募集的兵，我为之感到很忧虑。没想到季弟能够稳重谨慎、有条不紊，弟弟前后所寄的各封信，竟然没有一个字显得有一点慌张，又能联络水师，使他们乐意为我所用，这真是好极了！我的两个弟弟真可以称得上是既贤明又勤劳了。但愿从今以后更加谨慎，再过十天，如果敌军拿弟弟没什么办法，必然会自己溃败而逃到其他地方。

听说敌人的数量在十万以上，每天需要吃千石米，如果没有大船搬运，怎么能坚持长久呢？我在安徽打了两年的仗，深知陆地上运米的困难，即使在金陵城内运到谷里村一带，几十里的距离，一个月运三万石，做起来也很不容易，况且城内敌军未必肯搬运出很多米来呢？

弟弟守卫工事既然稳固，我以后只多置办些银米弹药接济就是了，弟弟可以放心，绝不会缺乏。守国守城的事已经有把握了，从此之后只求金柱关一带的水师不受挫伤，那处处就都稳定了。

【点评】

曾国藩在家信中基本很少夸奖季弟，因为怕引发他的骄傲情绪。但是这次季弟不但没有让曾氏担忧的问题出现，而且稳重审慎，镇定自若地顺利完成了防守任务，这不仅解除了曾氏心头的忧虑，而且使官军变被动为主动，争取到了战争的先机。因此，曾国藩这次破例，对季弟的交际才能和军事才能给予了很高的评价。同时要求他们更加谨慎小心，以便彻底拖垮敌军。

同治元年九月初三日与国荃国葆书

公元1862年10月25日

沅弟、季弟左右：

得沅弟信，知西南隅安如泰山，粮道无虞，至以为慰。日内无他变症否？悬念之至。

此间解去之开花炮，计初七八乃可到金陵，我亦有此物，或可定军心而沮贼气。厚庵兵力太单，深以为忧，顷拨水师两营往助，计初六七乃可抵金柱一带，不知赶得上否？

正封缄间，接沅信，知守局已稳，可慰之至。南云三营最为当冲，弟派信营往换，正与十年春霆营在小池驿，左营以多营换守数日，办法相同。守势已定，再添贼来扑，亦不足畏；所虑忠逆全股上攻金柱一带，而对逆与弟军相持耳。

调援兵殊不应手，石清吉之十营，官帅业已调去六营拔行矣。王可升一军，早有札归弟调遣。弟处若站得住，仍留王在大围之外较活，惟弟酌之。

【译文】

沅弟、季弟左右：

收到沅弟的来信，知道西南隅稳如泰山，粮道无忧，我感到极其欣慰。最近有没有其他的变化？十分挂念。

从我这里解送去的开花炮，估计初七八日才能到达金陵，我也有这种东西，也许可以安定军心而使敌人的士气沮丧。厚庵的兵力太单薄，我觉得非常忧虑，刚刚调拨两个营的水军前去援助，估计初六七日才能抵达金柱关一带，不知能不能赶得上？

正封信时，接到沅弟来信，知道防守的形势已经稳固，感到极其欣慰。南天的三个兵营，最为要害之地，弟要派遣信营前去替换，正与咸丰十年春霆营在小池驿，左营与多营换防几天的办法相同。守势已稳固，再增添敌军来进攻，也不足以让我们害怕；我所忧虑的是李秀成部全军向上进攻金柱关一带，而两股敌军与弟的军队相互僵持着。

调派援兵很不顺手，石清吉的十个兵营，已经被官帅调去六个营，并且已经起程了。王可升一军，我早有信件让他听你的调遣。弟那里如果站得住，仍要留王可升军在大围之外作灵活调动，只希望你斟酌此事。

【点评】

曾国藩通过弟弟的来信得知围攻金陵的部队在与敌援军战斗过程中，防守成功，相当稳固，这让曾氏很是欣慰。

曾国藩一直不主张主动出击寻找敌军作战，而是主张静心防守，伺察对手松懈之隙，然后相机而动，一举消灭敌军。防守在曾氏的战略指导思想体系中占有重要的地位。因此，当官军在与敌援军战斗过程中防守稳健，没出什么大差错时，他非常高兴地回复弟弟的来信，并认为官军的守势已定，就算再来更多的敌军，也不足惧。

同治元年九月初四日与四弟国潢书

公元 1862 年 10 月 26 日

澄弟左右：

沅弟金陵一军危险异常，伪忠王率悍贼十余万，昼夜猛扑，洋枪极多，又有西洋之落地开花炮，幸沅弟小心坚守，应可保全无虞。

鲍春霆至芜湖养病，宋国永代统宁国一军，分六营出剿，小挫一次。春霆力疾回营，凯章全军亦赶至宁国守城，虽病者极多，而鲍、张合力，此路或可保全。又闻贼于东坝抬船至宁郡诸湖之内，将图冲出大江，不知杨、彭能知之否？若水师安稳，则全局不至决裂耳。

来信言余于沅弟，既爱其才，宜略其小节，甚是甚是。沅弟之才，不特吾族所少，即当世亦实不多见。然为兄者，总宜奖其所长，而兼规其短，若明知其错而一概不说，则非特沅一人之错，而一家之错也。

吾家于本县父母官，不必力赞其贤，不可力诋其非。与之相处，宜在若远若近、不亲不疏之间。渠有庆吊，吾家必到；渠有公事，须绅士助力者，吾家不出头，亦不躲避；渠于前后任之交代，上司衙门之请托，则吾家丝毫不可与闻。弟既如此，并告子侄辈常常如此。子侄若与官相见，总以谦谨二字为主。

【译文】

澄弟左右：

沅弟在金陵一军，异常危险，伪忠王率领十余万凶悍的援贼，日夜猛攻，而且敌军有很多洋枪，又有西洋产的落地开花炮助阵，幸亏沅弟小心坚守，估计应该可以保全，不会有太大的闪失了。

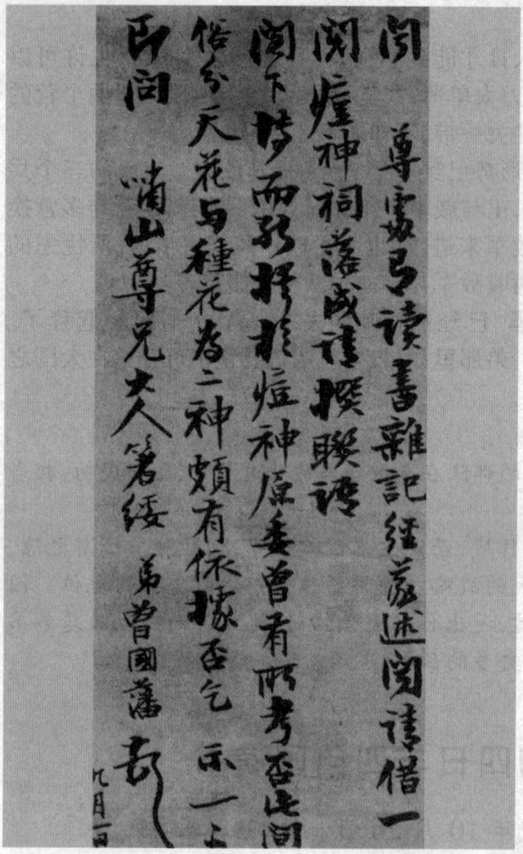

曾国藩手书

鲍春霆到芜湖养病，宋国永代替他统领宁国一军，分派六个营出剿敌人，受到一次小的创击。春霆立即回到营中，凯章全军也赶到了宁国守城，虽然生病的士兵很多，但鲍、张合力，这一路也许可以保全。又听说敌军从东坝抬船到宁郡各湖之内，图谋冲出长江，不知道杨、彭能不能掌握这些情况？如果水军安稳，那么全局还不至于崩坏决裂。

来信中说到，我既然欣赏沅弟的才干，就应该忽略他的小节，说得很对。沅弟的才干，不光是我们这一家族的人中少有，即便现在天下之大也实在不多见。但作为兄长，总应该在称道他的长处时，能规劝他注意自己的短处，如果明明知道他犯了错误，却一概不说，那就不是沅弟一人的过错了，而是我们全家族人的过错。

我们家对于本县的地方官，没有必要极力地称赞他们怎样贤明，也没有必要竭力诋毁他们的过失。和他们相处，应保持一种若远若近、不亲不疏的关系。遇到他们有该庆贺或该吊唁的事情，我们家一定要去；他们有公事，需要地方绅士帮助的时候，我们家既不主动出面张罗，也不躲避；他们前后任的交割，上司衙门的请托，那么我家丝毫不可以参与其间。弟要这样做，并教育子侄辈常常这样做。子侄们如果与官员相见，总要以“谦谨”二字为主。

【点评】

从此封信可以看出在老家主事的曾老四也和其他三位兄弟站在一起看待问题。从多次家中的来信中也可看出，曾氏的为人处世观点，往往得不到四位弟弟的赞同。这或许是因为人的思想境界、社会地位的不同而导致他们对待事物的看法不同，也说明曾老四和其他三位兄弟是同一层次的人，其想法属于与大多数人相同的庸人思想。追求荣华富贵是人的天性，在曾老四看来，老九在外带兵打仗，战功显赫，回老家购置豪宅是理所当然的事。然曾老大却能居安思危，谋事深远，这也正是其他曾氏兄弟及众人不能比拟的可贵之处。

同治元年九月初四日与九弟国荃书

公元 1862 年 10 月 26 日

沅弟左右：

该逆以全力攻东隅，伤亡过多，殊恐难以久支，焦灼曷极。二日内又转大北风，于上游

接济诸物大不方便，焦灼之至。然无论到否，日内必再续解火药群子一批。江西有银二万在途，一到即日续解，特无援兵可拨。

该逆万无自退之理。忠逆一股，去年围建昌，亦凶悍之至；后黄印山等坚守，无隙可乘，彼围攻十九日解去。厥后在丰城与春霆打仗，闻交手不久即败。今年在上海与少泉一军交仗，除洋枪甚多外，似无他奇技。该逆欺弟军全不能战，弟若能挑得七八千不病之勇，出壕与之力战一次，亦是一法。

去年伪侍王在乐平欺左军不能战，猛围猛攻，业三日矣；左帅暗与各营约定，待贼疲乏散漫之时，猛然出队力战，侍贼是夜即遁。不知弟处可用此法否？如用此法，总须善于相机，第一要看贼散布在我营外最近之处，第二要看贼疲乏思归之时，第三要辨得贼之强枝安在弱枝安在，乃可交手。弟与诸营官熟商行之，如无病者不满七千，则难作此计矣。

【译文】

沅弟左右：

这股敌军全力进攻东方一角，我军伤亡过多，非常害怕难于长久坚持，我焦灼到了极点！两天内又转吹大北风，对上游进行接济东西很不方便，我觉得更加焦灼。但无论到没到，近日内一定再解送去一批子弹火药。江西有两万两军饷在路上，到了以后马上解送去，只是没有援兵可供调拨。

这股敌人绝不可能自行退去。伪忠王一股敌军，去年围攻建昌时，也是极为凶悍；后来因为黄印山等军坚持守卫，敌军无机可乘，在围攻了十九天后解围而去。其后这股敌军与春霆在丰城打仗，据说交手不久后就败退了。今年这股敌军在上海与少泉军交火开仗，除了洋枪很多外，似乎没有其他出奇制胜之计。这股敌人欺负弟军全部不能出战，弟如果能挑选出七八千没生病的士兵，出壕与他们尽力打一次，也是一个方法。

去年伪侍王在乐平，欺负左军不能出战，猛烈围攻，已经过了三天，左帅暗中与各营约定，等敌军疲乏散漫之时，突然出队力战，伪侍王当天晚上就逃跑了。不知弟那里能不能用这个办法？如果用这种方法，要善于看准战机，第一要看敌军在我军营外面散布最近的地方；第二要看准敌军疲乏思归的时机；第三要辨别清楚敌军的强势力量在哪里，弱势力量在哪里，才可以与敌人交战。弟与各营官仔细商量后采取行动，如果没生病的士兵不足七千人，就难用这个办法了。

【点评】

自古以来，兵法都讲究知己知彼，百战不殆。只有弄清楚了敌军的情况，才能有针对性地安排部署，采取行动。

曾国藩自然是根据自古行兵之道，指示弟弟一定要先摸排查清对手的情况，包括敌军的分布情况以及敌人强弱力量的布局，只有这样，弟弟才能按照对手的特点部署我军力量，真正地做到知己知彼。

同治元年九月初五日与九弟国荃书

公元1862年10月27日

沅弟左右：

伪侍王率三四万贼，于闰八月十四日自浙之龙游起行，亦赴金陵，约计侍逆此时已到金陵，不知弟已调王可升至壕内否？今日余又函催王可升迅赴弟处矣。

总之，九月二十以内，王可升、程学启二人必到弟壕之内；十月二十以前，鲍军必到太平、采石、大胜关一带；十一月二十以前，多公亦必至太平、采石一带。只望我贤弟苦守此两月，而尤苦者在王、程未到之先。若王、程既到，弟新募之卒陆续而至，则弟亦或可出壕一战。

弟处群子少而不甚合用，日内赶制赶解，必可接济。

【译文】

沅弟左右：

伪侍王率领三四万敌军，于闰八月十四日从浙江的龙游出发，也赶往金陵，估计这时他已到达金陵，不知弟弟已经调动王可升到壕内了没有？今天我又写信催促王可升迅速赶往你那里。

总之，九月二十日之前王可升、程学启两人必定赶到你的战濠之内；十月二十日之前，鲍军必定赶到太平、采石、大胜关一带；十一月二十日之前，多公也必定赶到太平、采石一带。只希望贤弟苦苦坚守这两个月，而最艰苦的时候，是在王、程二军没赶到之前。如王、程二军赶到了，弟弟新招募的士兵陆续赶到，那么弟弟也或许可以出濠打一仗。

弟弟那里炮子少而且不怎么好用，我近日内赶紧制造，尽快解送过去，一定可以接济你。

【点评】

曾国藩写信告诉九弟国荃，有一支援敌部队正在往金陵进发，甚至有可能已经到达金陵，希望弟弟有所准备。

曾氏绝对不会让弟军坐以待毙，而是积极地调派援军前往金陵助沅弟等一臂之力。曾氏希望弟弟一定要坚持住一两个月，以静待援军到来。曾氏这封信一则告知弟弟有援敌前来，更为重要的是要让弟弟知道各路援军正在赶来，以便让弟弟安心做好防守事宜。

同治元年九月初七日与国荃国潢书

公元 1862 年 10 月 30 日

沅弟、季弟左右：

接初一日信，知已稳守十昼夜，曾岂凡之病伤亦得救全，至慰至慰。惟倪桂是弟左右第一奋勇可靠之人，竟尔阵亡，可悯可敬。弟从此亦须保重，不必常往危险之地。余从不以此等言劝弟，今守局已稳，与初到危险之时又当稍别，望弟酌之。

石清吉病莫能兴，派参将梁美材等三营遵调南渡，救援金陵。余以芜湖关系极大，又刘世墀请留升营守芜，余批令升营决须赴援金陵，而调梁美材三营督守芜湖。日内北风甚大，想升字营不能开赴弟处，弟催令升营陆续前进可也。

调程学启之咨札，昨日搭洋船下去，初九可到。程学启或于十五后可抵金陵。王、程与弟之新勇三千到齐，纵外无援兵，弟亦可从内打出矣。

【译文】

沅弟、季弟左右：

收到初一写的信，知道你们已经稳稳地防守了十个昼夜，曾岂凡的伤病也得以赶救保全了，我感到极其欣慰。只是倪桂乃弟弟身边最勤奋、勇敢、可靠的人，竟然阵亡了，让人怜惜又敬佩。弟弟从此以后也需保重，不必经常去危险的地方。我从来不用这种话劝说弟弟，现在防守大局已稳固，与危险刚刚出现时又当稍稍区别对待，望弟弟斟酌行事。

石清吉有病不能动，派参将梁美材等三营遵守调令南渡，救援金陵。我认为芜湖关系到的事情极大，又因刘世墀请求留王可升驻守芜湖，因此我批令坚决调派王可升赴援金陵，而调派梁美材三个营督都驻守芜湖。近来北风很大，想必升字营不能起程前往弟弟那里，弟弟也可以催促下令王可升营陆续前进。

调派程学启的书札，昨天搭乘洋船送下去了，初九可以到达。程学启或许于十五日后可到金陵。王、程与弟弟的三千新勇到齐后，纵使外面没有援兵，弟弟也可以从壕内攻打出来了。

【点评】

战争过程中，主帅的精神往往能感染全军士气，因此，许多将领往往会亲临前线，与军队并肩作战。但这样做也存在很大的危险性，一旦主将遭遇不测，就会使整支军队群龙无首，陷入混乱。

曾国藩从来不劝弟弟们在领导打仗时有所畏惧，只求自保，而是一直鼓励他们一定出现在最危险的地方以鼓舞全军士气。但曾氏这次破例劝说弟弟要自我保重，以后不要经常出没于危险的地方。这一方面是因为他们之间兄弟情深，另一方面更是因为此时守势已稳，战争激烈程度有所削弱，弟弟已经没有必要再亲临险地指挥战斗了。这时弟弟能做的就是好好保重，不要让整支军队失去统帅，陷入群龙无首的混乱境地。

同治元年九月初八日与九弟国荃书

公元 1862 年 11 月 1 日

沅弟左右：

接吴竹庄信，尚留王同守芜湖。芜湖存，金陵之吉凶尚未可知；芜湖若亡，则金陵万无可救之理矣。且如此大逆风，王可升亦万无飞入金陵之法。弟若稍足自立，或即令王无庸离芜，可否？祈弟酌之。

营垒之不得地势者，可否另筑一垒，移居其中，以养兵力？程学启一军，吾必调之至金陵助守。他事或办不到，此事必办得到，望弟坚忍以待。

【译文】

沅弟左右

收到吴竹庄的来信，还留住王共同守卫芜湖。芜湖保住了，金陵的吉凶还不能预知；芜湖如果失守了，金陵就肯定没有挽救的余地了。而且这么大的逆风，王可升也绝对没有飞入金陵的办法。弟如果能够稍稍站住脚，或许马上命令王可升离开芜湖，这样可不可以？希望弟好好斟酌。

不得地势的营垒，能不能另行建筑一座，把军队移居到垒中，休养兵力？程学启一军，我肯定会调派到金陵去帮助守卫。其他事情或许办不到，这件事情必定能够办到，希望弟坚忍等待。

【点评】

芜湖战略位置相当重要，芜湖的得与失能够决定金陵能否还有挽救的余地。所以在留王可升一军守卫芜湖还是调派王可升一军往援金陵两个问题上，各方的意见不很一致，曾国藩自然也是左右为难。芜湖不可不守，金陵又不可不救，曾国藩因此写信给九弟国荃，让他自行斟酌决定。至于程学启一军，曾国藩还是比较肯定地告诉九弟自己一定会派遣其前往金陵进行援助。

同治元年九月初九日与国荃国潢书

公元 1862 年 10 月 31 日

沅弟、季弟左右：

连接来信，略为宽舒，然危险情状，仍流露于纸上。护军营勇有自金陵归者，言初四夜弟营无恙，又言初六在东梁一带见升营水陆急赴金陵，北风极大，恐初七尚未到。

余忧灼之情，以初五夜为甚，不知是夜如何危殆？初六七夜，愁云暗淡，初八则月色清明，今日北风稍息矣。现备军火一船，专候轮舟到托带下去，此后弟子药银米，不患不能解济。特目下十日恐缺乏耳。

王可升既赴弟处，闻芜湖十分惊慌。万一芜湖失守，弟亦当安心坚守，总待王、程二将到齐，出壕与之决战。程学启未到之先，仍以坚守为主。

缩十营近西头，此法甚好，何为迟疑不决？凡用兵最重气势二字，此次弟以二万人驻于该处，太不得势。兵勇之力，须常留其有余，乃能养其锐气，缩地约守，亦所以蓄气也。

【译文】

沅弟、季弟左右：

连续收到来信，得知战事情况略为宽舒，然而危险的状况，仍然在纸上流露出来。有从金陵回来的护军营士兵说，四日夜里弟的军营安然无恙，又说六日在东梁一带看到升营的水陆两军紧急赶赴金陵。北风很大，恐怕七日还没有到达。

我忧虑焦灼的心情，在五日夜里最厉害，不知那个夜晚是如何的危险？六七日夜里，愁云暗淡，八日则月色清明，今天北风也稍微减弱了一些。现准备了一船军火，专门等轮船到就拖送下去，此后弟的弹药粮食，不担心不能够解送接济。只是眼下十天之内可能会

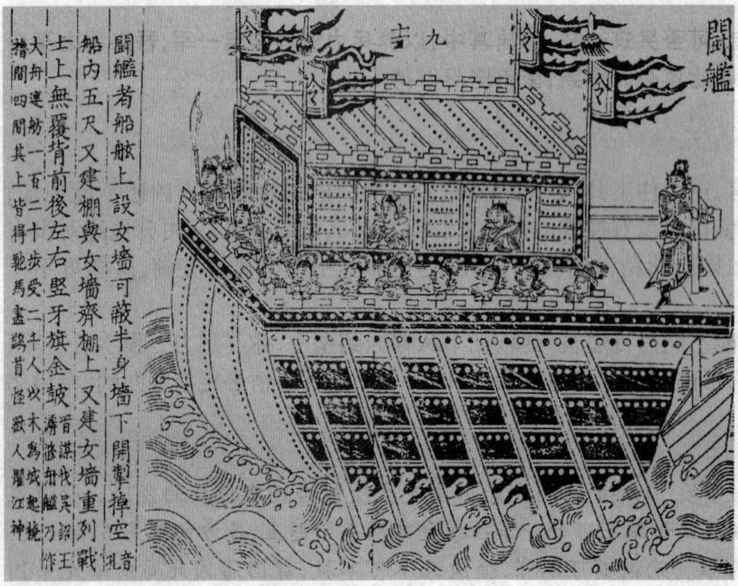

斗舰图，出自《武经总要》

缺乏。

王可升到了弟那里，听说芜湖方面十分惊慌。万一芜湖失守，弟也应该安心坚守，一直等到王、程两位将军到齐后，才出壕与敌人决战。程学启没有到达之前，仍然以坚守为主。

收缩十个兵营靠近西头，这个方法很好，为何迟疑不决呢？凡是用兵最重视“气势”这两个字，这次弟用两万人马驻守在该处，非常没有优势。兵力必须经常留出余地，才能增加军队锐气，收缩地盘坚强防守，也是蓄养锐气的办法。

【点评】

用兵打仗拼的就是一口气，士气高涨便能够出现以少胜多的奇迹；士气低落则可能导致全军溃败。历史上著名的“曹刿论战”利用的便是敌军三鼓作气之后，士气衰竭的机会以少胜多的。

曾国藩再次写信给弟打气，让他稳固防守、休养兵力、养蓄锐气，以待援军到后与敌军决一死战。

同治元年九月初十日与九弟国荃书

公元 1862 年 11 月 1 日

沅弟左右：

接弟信，局势稍稳，寸心稍慰。所备子药一船，派先锋官任祖文专解者，已附洋船拖带下去，计明日可抵金陵，此余近日一快心事也。

一月内，各处援兵皆可到齐，必有佳音。万一芜湖或有失，弟亦唯苦心坚守。王、程助之于内，李世忠助之于外，必可一战解围，切莫慌战，至嘱。

【译文】

沅弟左右：

收到弟弟的信，知道局势稍稍稳定了，我心中稍感安慰。所准备的一船弹药，派先锋官任祖文专门解送过去，现已搭载洋船拖带下去了，估计明天可到达金陵，这是我最近的一件高兴事。

一个月之内，各路援兵都可以到齐，一定会有好消息。万一芜湖有闪失，弟弟也只管苦心坚守。王、程在内助攻，李世忠从外援助，必定能够一战解围，千万不要慌乱，这是极其重要的嘱咐。

【点评】

曾国藩信中劝告弟弟只管尽力做好守卫工作，其他的一概别管。弹药粮食由我给你解送，援军由我负责给你调遣，弟弟能做的唯一工作便是专心做好防守。

曾氏一再写信力劝弟弟不要分心，专守壕内，目的是要让弟弟放弃后顾之忧，全力坚守，不要有任何顾虑，待援军一到，围困必定一战而解，这种时候一定要冷静沉着。

同治元年九月十一日与九弟国荃书

公元 1862 年 11 月 2 日

沅弟左右：

初五早之捷，破贼十三垒，从此守局应可稳固，至以为慰。缩营之说，我极以为然。既不能围城贼，又不能破援贼，专图自保，自以气敛局紧为妥，何必以多占数里为美哉？及今缩拢，少几个当冲的营盘，每日少用几千斤火约，每夜少几百人露立，亦是便益。气敛局紧四字，凡用兵处处皆然，不仅此次也。

所需洋枪洋药铜帽等，即日当专长龙船解去。然制胜之道，实在人而不在器。鲍春霆并无洋枪洋药，然亦屡当大敌，前年十月去年六月亦曾与忠酋接仗，未闻以无洋人军火为憾。和、张在金陵时，洋人军器最多，而无救于十年三月之败。弟若专从此等处用心，则风气所趋，恐部下将士，人人有务外取巧之习，无反己守拙之道，或流于和、张之门径而不自觉，不可不深思，不可不猛省。真美人不甚争珠翠，真书家不甚争笔墨，然则将士之真善战者，岂必力争洋枪洋药乎？

闻霆军营务处冯标说，霆营现以病者安置城内，尽挑好者扎营城外，亦是一法。弟处或可仿而行之。将病者、伤者全送江北，令在西梁、运漕等处养息，专留好者在营，将东头太远之营，缩于中路、西路，又将病伤太多之营缩而小之，或以二营并而一之，认真简阅一番，实在精壮可得若干人，待王、程到齐，再行出壕大战。目下若不缩营蓄锐，恐久疲之后，亦难与言战也。

穆海航在无为州，已札饬将抵征之项银米并收，闻百姓欢欣之至，弟托之办两月米粮，必做得到，即当告之。

【译文】

沅弟左右：

五日早上的胜利，攻破敌军十三处营垒，从此防守的局面应该可以稳固，这让我十分欣慰。收缩营盘的说法，我认为极其正确。既然不能够围困住城中的敌军，又不能攻破援助的敌军，只求保全自己，自然是以收敛气势、紧缩营地最为妥当，何必因为多占据几里地而高兴呢？到今天收缩聚拢后，少了几个地处要害的营盘，每天少用几千斤火药，每晚少几百人露立放哨，也是捡了便宜。“气敛局紧”四个字，凡是用兵之处都是这样，不只是这一次。

所需要的洋枪、洋药、铜帽等，马上就用长龙船解送去。但是取胜的关键，实际上在于人而不在于武器。鲍春霆并没有洋枪洋药，然而也屡屡抵挡大敌，前年十月、去年六月，也曾经和伪忠王相接打仗，没有听说因为没有洋人的军火而感到遗憾。和、张在金陵时，拥有的洋人军火最多，而没能挽救咸丰十年三月的失败。弟如果专门在这些地方用心，那么这种风气就会产生影响，可能部下的将士，人人都养成投机取巧的习惯，而不反省自己脚踏实地的道理，或走了和、张的老路而自己没有觉察，不可不让人深思，不可不让人猛醒。真正的美人不用去争夺珠翠之功，真正的书法家不用去争夺笔墨之功，那么真正善战的人，难道一定要尽力争取洋枪洋药之功吗？

听霆军营务处的冯标说，霆营现在把病号安置在城内，全部挑选健康的士兵在城外扎营，也是一个办法。弟那里也许可以仿效他们这么做，把病号伤员全部送到江北，让他们在西梁、运漕等地方调养休息，专门留下身体好的在营中，把东边离得太远的营兵收缩在中路、西路，再把病号伤员太多的兵营缩小地盘，或者把两个营合并成一个营，认真检查审视一遍，确定精悍健壮的还有多少人，等到王、程到齐，再出壕沟大战一番。目前如果不缩小营地，蓄精养锐，恐怕长期疲顿之后，也很难再谈打仗了。

穆海航在无为州，我已经去信命令他把抵征的军饷粮食合并征收，听说老百姓十分高兴，弟委托我办理的两个月的米粮，必定做得到，现在应当告诉你。

【点评】

曾氏在此封信中，就战争的哲理问题作了剖析；“制胜之道在于人而不在器。”“真美人不甚争珠翠，真书家不甚争笔墨。”都说明了对于战争来说，人为要素是第一位的；也说明了曾氏重用人才的重要思想，这也正是他的成功之道。然而曾老九却不这样认为，他更依赖侧重的是洋枪、洋炮，这是其思想的局限性所必然导致的，由此可看出，人的智慧思想境界不同，考虑问题的侧重点也就不同。

同治元年九月十二日与九弟国荃书

公元 1862 年 11 月 3 日

沅弟左右：

天久不雨，秋末恐有久雨泥泞，此理势之必然者。吾意欲弟早早缩营，气敛局紧，常留有余，以与贼相持。一则恐雨后墙坍，处处不能照顾；二则王、程到后，抽队出战，亦须留队守垒，愈短愈紧，则愈易守也。

宁国县城失守。朱守旌德，唐守徽州，十分吃重。春霆亦三面受敌，自顾不暇，不能援救弟处。弟惟待王、程到后，力战力守，庶有解围之一日，否则他处竟无援兵可盼。

昨信劝弟缩营并营，送病者伤者于江北，弟意果行之否？

【译文】

沅弟左右：

很久都不下雨，秋末可能会阴雨连绵、道路泥泞，从道理上讲这是必然的。我的意思是想要弟尽早缩小营盘，收敛气局，常留余地，以与敌人相持。一是因为担心雨后墙坍，不能照顾各个方面；二是因为王、程到了以后，抽兵作战，也必须留队守垒，战线越短越紧密，也就越容易守卫。

宁国县城失守了。朱驻守旌德，唐

古代城池的重门大楼，一般城池的重门上必有大楼，一来显得威武，二来可以便于防守时瞭望敌情

驻守徽州，十分危急。春霆也是三面受敌，自顾不暇，不能援救弟弟那里。弟只有等王、程到了以后，尽力拼战防守，肯定会有解围的一天。否则，其他地方都没有可以指望的援兵。

昨天的信劝弟缩小营盘、合并军营，送病号伤员到江北，弟的意思到底想不想这样做呢？

【点评】

天时、地利、人和，三者乃战争取胜最为关键的因素。

天时。曾国藩劝弟弟在秋天久雨之前一定要尽早气敛局紧，以免错失好天气，到时候顾此失彼。

地利。曾国藩劝弟弟缩短战线，集中力量防守最重要的地方，这时也只能这么做来尽量争取地利了。

人和。曾国藩告诉弟弟现在各处战事吃紧，已经没有援兵可派。要想自保，只有靠你与王、程两军协心齐力，并肩努力。

由此看出，在天时、地利、人和三者都没有什么很大优势之时，曾氏也只能要求弟弟抓住目前可以抓住的天时、地利、人和，以求自保。

同治元年九月十三日与九弟国荃书

公元1862年11月4日

沅弟左右：

都将军派兵四营来助守，固属可喜，而亦未必可恃。凡危急之时，只有在己者靠得住，其在人者，皆不可靠。恃之以守，恐其临危而先乱；恃之以战，恐其猛进而骤退。幸四营人数不多，或不致搅动弟处全局，否则彼军另有风气，另有号令，恐非徒无益而反有损，弟宜谨慎用之。

去年春间，弟不要陈大富一军，又不留成大吉一军，余深喜弟之有识有志也。

子药银米，余刻刻不忘，弟刻刻宜存节省之意，不必函函苦催。大约弟设身处地所能办到者，兄亦必能办到，兄所束手不能办者，虽弟设身处地，亦无如何也。

【译文】

沅弟左右：

都将军派了四个营的兵力前来协助防守，自然值得高兴，但也不一定可以依靠。凡是危急的时候，只有自己的力量才靠得住，而别人的力量都不可靠。依靠别人来防守，恐怕他们面临危急的时候会先乱；依靠别人进攻，恐怕会因为猛进而导致失败。幸好四个营人数不多，也许不至于搅乱弟那里的全局，否则，这部分军队另有一种自己的风气，另有自己的号令，只怕不但没有补益，反而导致损失，弟要谨慎地使用他们。

去年春天，弟不要陈大富一军，又不留成大吉一军，我对弟的远见卓识深感欣喜。

子弹、火药、银钱、粮食，我时刻不会忘记，你也应该要时时想着节约，用不着我每封信都苦苦催促。大概弟设身处地想想能办到的事情，我也肯定能够办到，我束手无力没办法办的事情，即使弟设身处地，也还是没有办法。

【点评】

俗语说得好，求人不如求己。遇到困难时，只有依靠自己才能解救自己，依靠别人是不行的。只有自己才是最可靠的。

曾国藩说有援军前往弟处是好事，但弟弟一定要慎重使用，以免不但无所裨益，反而带来损失。因此，弟弟千万不要以为别人的力量可以凭靠，只有主要依靠自己的军队，以自己为中心，全力发挥自己的主观能动性，才是自保的正道。

同治元年九月十四日与九弟国荃书

公元 1862 年 11 月 1 日

沅弟左右：

余于初四日接芗泉公牍，知伪侍王将续到金陵，忧悸不可言状。今弟此信尚有把握，又力赞王可升之将材，意者守局业臻稳固乎？

王可升之精选右营、升字后营，须全行调赴金陵。升字皆新集之卒，弟不可恃之过深。其梁美材等三营，即今改扎芜湖。目下稍厚芜湖、金柱之声援，将来北岸有事，梁美材仍回守无为州也。

程学启尚在青浦，余已两次飞调，碍难忽行停止。少泉所派合肥招勇者，系张树声等五营，业已成军起行，余留之暂守运漕；万一孝感马融和一股下窜北岸，守住庐州、无为、运漕三处，庶不致掣动南岸全局。张树声等现虽置无用之地，然不可少也。

【译文】

沅弟左右：

四日我收到芗泉的公文，得知伪侍王将接着到金陵，我忧虑害怕的心情不可形容。现在弟的这封信中说还有把握，又极力称赞王可升的将帅之才，意思是防守的局势已经趋于稳固了吗？

王可升精选的右营、升字后营，必须全部调赴金陵。升字营全部都是新招募的士兵，弟不要太依靠这个营。梁美材等三个营，现在改为在芜湖驻扎。目前稍微增加对芜湖、金柱关的声援，将来北岸有战事，梁美材仍然回守无为州。

程学启还在青浦，我已经去了两次信调派他，因为困难又突然停止了。少泉派遣到合肥招募士兵的是张树声等五个营，已经成军起程。我留下他们暂时守卫运漕，万一孝感和马融合为一股向下流窜北岸，守住庐州、无为、运漕三个地方，还不至于牵制南岸全局。张树声等人现在虽然被安排在没有用的地方，然而也是必不可缺的。

【点评】

曾国藩在信中对敌军大兵压境感到十分忧虑，告诉弟弟自己仍然会调动王可升精选的两营兵力前往救援。他还提醒弟弟王可升虽为有用之才，但其新兵营却不可尽靠，弟弟还是要以自我为主，稳固防守。

同治元年九月十五日与九弟国荃书

公元 1862 年 11 月 6 日

沅弟左右：

接专差携归之信，具悉守局已定。都部及升营现尚未派汛地，自是行有余力之象，至

慰至慰。

鲍军病者死者比之金陵更多，又有新河庄之挫，副中及峰、礼等六营折损颇多，不复成队；又有宁国县城之失，韦、洪两部全数溃败，是霆军之元气大亏，威望亦损。朱云岩既因坚守旌德，不能随鲍远行，则鲍亦独立单薄，未敢令其由官圩直取小丹阳，仍须以稳重为主。昨日已专缄告之，嘱其专剿宁国之贼，不必作援金陵之想。

弟处守战，皆须全靠自己，切莫盼望他人。其可盼者，只有都部与程、王两军，及回湘续招之三千人而已。多礼堂一军。余与官、都、李四处具奏，渠亦迫思东还，大约十一月必到和州一带。只要处处守定，至冬间不患无转机也。火药实接济不上，弟当极力节省，子与银米，尚可敷衍。

再，去年三月十四日左季帅在乐平之战，全在善于蓄势审机，兹将渠原信寄弟一阅。兵无常法，弟不可泥左之法以为法，拘左之机以为机，然亦可资参采。大约与巨寇战，总须避其锐气，击其惰归，乃为善耳。

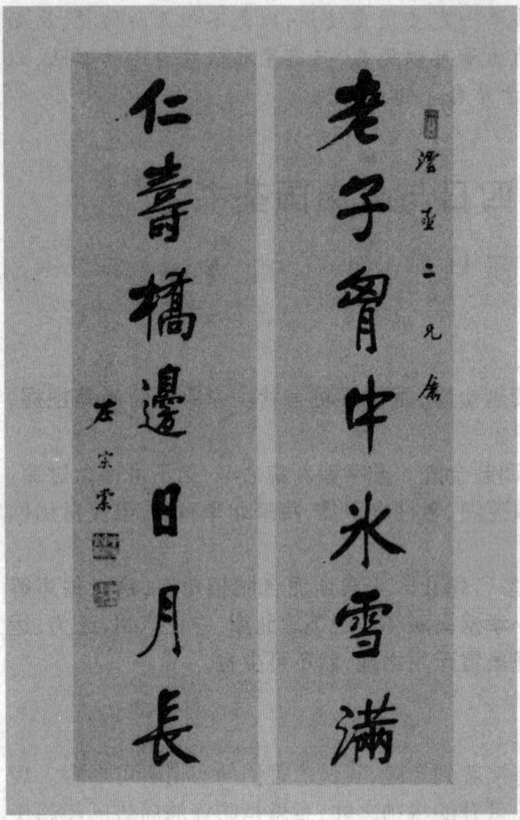

曾国藩家书中的"左季帅"即指左宗棠。此为左宗棠手书对联

【译文】

沅弟左右：

收到你派专差送来的信，知道防守局势已稳定。都部和升营现在还没有派往最吃紧的阵地，自是弟弟有余力的表现，我感到极为欣慰。

鲍军将士中病的、死的比金陵还多，又加上在新河庄的失败，副中和峰、礼等六个营损伤极大，不复成军；又有宁国县城失守，韦、洪两军全部溃败，因此霆军元气大伤，威望也有消损。朱云岩因为坚守旌德，不能跟随鲍军远行，那么鲍军也很孤立单薄，不敢让鲍军从官圩径直攻取小丹阳，仍必须以稳重为主。昨天我已专门写信告诫他，嘱咐他专门进剿宁国的敌军，不必有援救金陵的想法。

弟弟那里守城，必须全靠自己，千万不要指望依靠他人。可盼望前去支援的，只有都部与程、王两军及回湖南继续招募的三千人罢了。多礼堂一军，我与官、都、礼四处呈送奏折，他也迫切想向东返还，大约十一月一定会到达和州一带。只要处处守住稳固，不怕到了冬天没有转机。火药实在接济不上，弟弟应当极力节省，子弹和银米还可以凑合满足。

再有，去年三月十四日左季帅在乐平的那场仗，全在他善于蓄势待发和善于审视时机，现将他写的原信寄给你看看。用兵没有常法可循，弟弟不可以拘泥于左帅的战法作为你的战法，拘泥于左帅的战机作为你的战机，但这也是可供参考的。大体上说与大股敌军作战，总是必须避开其锐气，攻击其惰处，才是上策。

【点评】

"避其锐气,击其惰处",这是曾国藩给弟弟指出的总体指导方针。这不仅是曾国藩根据实战经验总结出来的方针战略,也是自古以来兵家用兵至理。

曾氏劝弟弟应该参考左帅的行军作战之法,但不要过于死板,拘泥成规。行军打仗没有常规可循,必须根据自己的实际情况来灵活地随机应变,审时度势,伺机出动,给敌军致命的打击。

同治元年九月十六日与九弟国荃书

公元 1862 年 11 月 7 日

沅弟左右:

弟望火药迫切之至,而任祖文恰到,快慰可知。然火药实接济不上,江西省城,全数搜括,不满四万斤,所望者仅湖北耳。弟须时时存节省火药之心,庶十月以后,犹可敷衍。

侍逆之党为左帅所攻,穷蹙之至,兹将左帅来信,并伪文抄阅。蒋军恐难速来,然左公接余两信,当必分兵来助。徽、宁目下春霆一军实嫌单薄,余已调梁美材三营、周万倬四营助之。

闻孝感之贼回窜河南,皖北又少一患。

【译文】

沅弟左右:

弟急切盼望火药的时候,任祖文恰好到了,这高兴欣慰的心情可想而知。但是火药实在是接济不上,整个江西省城全部都搜寻完了,加起来也不到四万斤,现在只有指望湖北省了。弟必需时时要有节约火药的想法,大概十月份以后还可以应付过去。

伪侍王带领的敌军被左帅攻打,十分窘迫,现在将左帅来信和伪文一起抄给你看。蒋军恐怕很难快速赶来,但是左帅接到我的两封信,应当必定会分派兵力前来援助。徽、宁之处目前只有春霆一军,实力实在是很薄弱,我已经抽调梁美材三个营、周万倬四个营的兵力前去援助。

听说孝感的贼匪返回窜扰到河南,安徽北面又少了一大祸患。

【点评】

军用物资,尤其是弹药的紧缺,一直是曾国藩关心的焦点问题。弟弟那边需要大量的军火,可是曾国藩所储有限,实在难以保证对弟弟军队军火的供应。因此他要求弟弟一定要节省弹药,不要浪费,以保证战时火药子弹的供给。由于当时的生产能力有限,战争又遍地皆有,因此曾氏也实属无奈之举。

同治元年九月十七日与九弟国荃书

公元 1862 年 11 月 8 日

沅弟左右:

接少荃、云仙信,知程学启以守嘉定等处,不能上援金陵。彼间既为大局所关,而弟之

美国人华尔像。华尔是洋枪队头领，与清军共同镇压太平天国起义

初心，亦本不欲调程将西来，弱松沪之力，掣少荃之肘。惟少荃另调所谓常胜军者，则殊非余之本意。

常胜军前为华尔所带，余已不愿与之共事。今华尔已死，白齐文接统其众，其能战与否不可知，而其风气迥别，不能与弟军合处，则显而易知。渠既前来，则此间拦阻亦赶不及，只好听其自来，但断不可令人弟军长壕之内，只可令其先攻九洑洲、下关等贼垒，冀稍掣贼之势。如下游不能取胜，则令白齐文等由金柱关、采石上游夹击而下，虽未必大收其效，亦自无损于弟处，或亦善处之一道。白齐文部下名为洋兵，实皆广东、宁波之人，骄侈成俗，额饷极贵，弟军断不宜与之共处。凡长壕以内，总须主兵强于客兵，一切皆由弟作主，号令归一，而后不至偾事，至嘱至嘱。弟若有信至沪，亦须先与说明。

又接弟信，知两处地道同穿，皆经堵住，欣慰之至，转增忧悸，恐弟轻易出壕打仗，不敌贼之多且悍也。

【译文】

沅弟左右：

收到了少荃、云仙写的信，知道程学启因为要守卫嘉定等地方，不能来上游援助金陵。他那里既然关系到大局，而弟当初的想法也本不想调派程将军到西边来，以免减弱松沪的军力，牵制少荃。只是少荃另外调派的被叫做常胜军的，则绝对不是我的本意。

常胜军以前是由华尔统带的，我已经不愿意与他合作共事。现在华尔已死，白齐文接手统领其众，他能不能打仗就不得而知了，但部队的风气与官军迥然不同，不能与弟的部队和睦相处，则是显而易见的。他既已经前来，那么这时拦阻也来不及了，只好任他自己来，但断然不能让他们进入弟军长壕之内，只能让他们先攻打九洑洲、下关等敌人的营垒，希望能稍微牵掣敌人的势力。如果下游不能取胜，就命令白齐文等从金柱关、采石上游向上夹击，虽然不一定收到很大的效果，也自然不会让弟那里受损失，或许是让两军和睦相处的一个办法。白齐文的部下名义上是洋兵，实际上都是广东、宁波等地之人，骄傲奢侈成性，饷银极贵，弟的军队绝对不该与他们共处。凡是长壕之内，总要让主兵强于客兵，一切都由弟做主，统一号令，到后来才不至于坏事，这是至关重要的嘱咐。弟如果有信送到上海，也必须先对他们说明。

又收到弟的来信，得知两处地道都打通了，又都被堵住，我感到十分欣慰，但转而又更加担忧，害怕弟轻易出壕打仗，打不过数目众多而且凶悍的敌军。

【点评】

程学启的军队不能前来援助金陵，但李鸿章抽派了白齐文统带的洋枪队来代替程学启的军队。

曾国藩告诫弟弟一定要提防白齐文这支军队。洋枪队大部分由广东、宁波等地方的人组成，军风奢侈骄傲，与弟军迥然有异，很难与弟军和睦相处。因此，洋枪队到达江陵之后，千万不要让他们进入壕内，以免乱我军心，让他们去攻打别的地方也不无裨益，弟军营之内还是一定要由弟弟自己做主，而且这也不失为一个与洋枪队和睦相处的好办法。

同治元年九月十九日与九弟国荃书

公元 1861 年 11 月 10 日

沅弟左右：

梁美材等三营，弟令其替守芜湖，而腾出精右、升后归并金陵，正合余意。李世忠所部，系义渠、彤云等力劝余调之过江，助弟一臂之力。余一时心绪过忙，枪法遂乱，旋闻弟处局势稍稳，已止调矣。

火药当再解二万斤，帐篷拟再解五百架，银钱则须顺风数日乃可过鄱阳湖而抵安庆，目下实无妙法可以速之。

伪忠王之初计，本以全力先攻鲍军，不知何以变计，改而先攻弟军，必有献策者，言鲍军坚而弟军瑕也。看来一半月内，该逆必不干休，必再多方猛扑。弟军若出壕打仗，恐正中贼之计，贼所求之而不得者，似以坚守不出为最妥，不必出而撄贼凶锋。半月以后，白齐文必至，一月以后，新募之卒必至。我有日增之象，贼处已竭之势，则我操胜算矣。弟意以为何如？

【译文】

沅弟左右：

梁美材等三个营，弟命令他们代替驻守芜湖，从而腾换出精右、升后两个营归并到金陵，这正和我的想法一样。李世忠部，是义渠、彤云等极力劝我把他们抽调过江前去助弟一臂之力的。我一时心情头绪过于忙乱，思路也混乱了，很快听说弟那里局势稍微有些稳定，已经停止了调动。

应当会再押送两万斤火药前去，并且打算再解送五百架帐篷，银钱则必须逢顺风几天才能够渡过鄱阳湖而到达安庆，目前实在没有更好的办法可以加快速度。

伪忠王最初的计策，本来是先全力攻击鲍军，不知为什么变动了计划，改为先攻打弟的军队，必定有替他出谋划策的人说鲍军坚固而弟的部队有机可乘。看来在一个半月之内，这伙敌军肯定不会善罢甘休，必定会再次想方设法猛攻猛打。弟的军队如果出壕沟作战，恐怕就正中了贼匪的奸计，这正是贼匪求之不得的，似乎还是坚强守卫、不出壕作战最为妥当，用不着出战去碰敌人的嚣张气焰。半个月后，白齐文必定会赶到，一月以后，新招的兵卒一定也会到。我方实力一天天增强，贼匪气势却一天天枯竭，那么我军就稳操胜券了。弟的意见以为如何？

【点评】

曾国藩写信通知九弟国荃，伪忠王的作战计划有变，可能弟军要首当其冲。他力劝弟弟不要冲动，仍然要坚守不出，与敌军周旋，把敌军拖垮。如果弟弟出壕作战，则正中伪忠王之下怀，我们绝对不可以自入虎口。

白齐文的洋枪队及新募之兵很快就会赶到，曾氏希望弟弟再坚持一个月，到时他们就胜券在握了。

同治元年九月二十日与九弟国荃书

公元 1862 年 11 月 21 日

沅弟左右：

弟与芜湖、金柱三处既稳，只要春霆一无疏失，则各路皆可化险为夷。一至十月，新募之勇，陆续可至矣。火药二万、银二万，均于明日起解。嗣后事事接济得上，不至缺乏。惟火药一项，望弟认真撙节，节莫大意。

洋枪洋药，总以少用为是。余前接办张小浦之徽防，其弁目人人皆有洋枪，余令部下不必染其风，而张部亦次第裁汰。凡兵勇须有宁拙毋巧，宁故毋新之意，而后可以持久，弟莫笑我为老生迂谈也。

【译文】

沅弟左右：

弟处与芜湖、金柱关三个地方既然已经稳固，只要春霆那边没有失误，那么各路就都可以化险为夷了。一月到十月，新招募的兵勇就可以陆续到达了。两万斤火药、二万两银子，都会在明天开始解送。以后各种物资都接济得上了，不至于再缺乏了。只有火药这一项，希望弟认真节约，千万不可以大意。

洋枪洋药，总要尽量少用为好。我以前接办张小浦的徽州防务，他手下的军官人人都有洋枪，我命令部下不必沾染这种风气，而张的部下也就逐渐裁减淘汰了。凡是士兵必须要宁愿守笨拙老路也不要投机取巧，宁愿故旧不要新奇的想法，然后才可以持久，弟不要笑我这是老生迂腐论调。

【点评】

一只部队战斗力的强弱，主要看士兵的素质如何，而不是主要看这支部队的装备如何。曾国藩告诫弟弟凡是当兵之人必须要宁愿守笨拙老路也不要投机取巧，宁愿用故旧稳妥的兵器也不要趋附新奇的洋枪，只有这样，一个士兵才能保持长久的战斗力，整个部队的战斗力便提升上去了。曾氏说弟弟不要以为这是他的迂腐论调，个中道理，时间久了自然就会明白。

同治元年九月廿一日与九弟国荃书

公元 1862 年 11 月 22 日

沅弟左右：

贼之来援金陵，群酋大会二次，各路布置周妥而后来。贼处心积虑以求逞于我，我轻心深入，以侥幸于不可得之城。弟之骤进，余之调度，皆轻敌而不能精审。此次经一番大惊恐，长一分大阅历。如忠、侍等酋解围而去，弟当趁势退兵，以伤兵羸弱者循江滨退至金柱关，选精锐者整队追贼，追至大官圩、小丹阳一带，与鲍军互为声援。

待新募之卒到后，认真整练，再行进兵。弟由高淳、东坝、溧阳以进宜兴，鲍由建平、广

德以进长兴，两路排进，相去常在百里内外。水师棋布于丹阳、石臼、南漪等湖，与陆军相去常在数十里内，旌旗相望。弟以金柱为后路根本，鲍以芜湖为后路根本，处处联络，庶无全局瓦裂之患。

宜兴、长兴两城皆在太湖西岸，陆军到此休息停顿。待李朝斌水师办成驶入太湖后，陆军再行前进。此大局所关一年二年之军势，不可不早为定计。若长扎雨花台，以二三万劲旅屯宿该处，援贼不来，则终岁清闲，全无一事；援贼再来，则归路全断，一蚁溃堤。此等最险之着，只可一试再试，岂可屡屡试之，以为兵家要诀乎？

望弟早早定计，贼不解围，则忍心坚守；贼若解围，则以追为退，不着痕迹。行兵最贵机局生活，弟在吉安、安庆，机局已不甚活，至金陵则更呆矣。

久晴之后，必苦阴雨，下弦之后，夜必晦暗，不知弟处仍能坚守否？缩壕恐长贼气，即可定计不缩。营中米粮子药，究竟尚可支若干日？我自能打算也。

【译文】

沅弟左右：

敌军来援助金陵，是众多敌军首领聚集商议了两次，各路布置周到稳妥之后才来的。敌人处心积虑要在我们面前逞威风，我军掉以轻心地深入，想侥幸地攻取不可得到的城池。弟的冒进，我的指挥都是因为轻敌而没有精准地审时度势。这次经历一次大的惊恐，增长了一次大阅历。如果伪忠、伪侍等头目解围而去，弟应该趁机退兵，把伤病号、瘦弱者沿着江边撤退到金柱关，挑选精锐部队追击敌人。追到大官圩、小丹阳一带，与鲍军互相声援对方。

曾国藩像

等到新招募兵到后，认真整顿训练，再发动进攻。弟从高淳、东坝、溧阳进军到宜兴，鲍军从建平、广德进军到长兴，两路并排前进，彼此间的距离常保持在百里左右。水军在丹阳、石臼、南漪等湖中星罗棋布，与陆军的距离常保持在几十里之内，旌旗相望。弟把金柱关作为根据地，鲍把芜湖作为根据地，各处相互联络，就不会有全局崩坏的隐患了。

宜兴、长兴两城都在太湖的西岸，陆军到了这里就休息整顿。等到李朝斌的水军办成，进入太湖之后，陆军再继续前进。这一两年的军事形势，这是大局的关键，不可不尽早谋划。如果长期驻扎在雨花台，用劲旅两三万人屯驻在这个地方，敌人援军不来，就终年清闲，没有一点事；援助敌军再来的话，那么后路就全部被隔断了，会有一蚁溃堤的危险。这种最冒险的着数，只能试一两次，怎么可以多次使用，把它当作行兵打仗的要诀呢？

希望弟早做决定。敌人不解除围

困，就忍耐坚守；敌人如果解除围困，那么就以进为退，不露痕迹。行兵贵在机智灵活，弟在吉安、安庆，局面已经不是很灵活了，到了金陵就更加呆板了。

天气久晴之后，必然会苦于阴雨，下弦月之后，夜晚必定昏暗，不知弟那里仍然能够坚守吗？缩短壕沟，可能会助长敌军的气焰，那就决计不缩短。营中粮食弹药，到底还能够支撑多少天？我自会有所安排。

【点评】

人无远虑，必有近忧，这是至理古训。曾国藩这位老将自然明白未雨绸缪的重要性。因此他要求九弟早做打算，预想好可能出现的各种情况，然后根据不同的战情随机应变，切忌临时慌乱，呆板固执。

同治元年九月廿四日与四弟国潢书

公元1862年11月15日

澄弟左右：

唐萍翁遽尔沦谢，深堪悼恸。吾兄弟宜共赙以二百金，以答渠始终不忘先大夫之雅意。

沅弟在金陵苦守，已满一月，实属劳瘁异常。自闰月十九，援贼初到，直至九月二十日，皆昼晴夜月，清和光明，近三日风雨阴寒，不知别有变症否？营中病卒虽多，而军心尚固，银米子药均尚敷用，或可化险为夷。吾此次焦灼，更甚于在祁门关系一身之安危，此次则数万人之性命也。

【译文】

澄弟左右：

唐萍翁突然谢世，我深感悲痛。我们兄弟应该共赠两百金，用来报答他始终不忘先大夫的好意。

沅弟在金陵苦苦守卫，已经整整一个月了，实在是异常疲劳，身心交瘁。从闰八月十九日增援的敌军刚到，一直到九月二十日，天气都是白天晴朗晚上有月，清和光明，最近这三天却风雨交加，阴冷寒湿，不知道是不是还有别的情况变化？营中生病的士兵虽然很多，但军心还算稳定，银两、米粮、子弹、火药，都还够用，也许可以化险为夷。这次我感觉比在祁门时还要更加焦灼，因在祁门时只关系到一个人的安危，而这次却关系到几万人的性命。

【点评】

中国古代社会，人们往往夜观天象，根据天气情况的变化来预测吉凶祸福，曾国藩自然也摆脱不了这种认识上的局限性。

他认为之前的一个月，天气晴朗，晚上则皓月当空，自然是好兆头，所以战局还算顺利。但是最近几天风雨交加，天气阴晦寒冷，会不会是不祥的预兆，所以他很担心金陵战局是否有什么不好的变化出现。

曾国藩的想法不免有些迷信色彩，但是受制于当时的生产力和科技发展水平，这种想法也是无可厚非的，还好他还能根据弟军军备充足、军心稳定的实际来认定弟军定能化险为夷。

同治元年九月廿四日与九弟国荃书

公元 1862 年 11 月 15 日

沅弟左右：

接弟二信，因余言及机势，而弟极言此次审机之难。弟虽不言，而余已深知之。苹忠、侍两酋极悍极多之贼，以求逞于弟军。久病之后，居然坚守无恙，人力之瘁，天事之助，非二者兼至，不能有今日也。当弟受伤，血流裹创，忍痛骑马，周巡各营，以安军心，天地鬼神，实鉴此忱，以理势论之，守局应可保全。然吾兄弟既誓拼命报国，无论如何劳苦，如何有功，约定始终不提一字，不夸一句，知不知，一听之人，顺不顺，一听之天而已。

审机审势，犹在其后，第一先贵审力。审力者，知己知彼之切实工夫也。弟当初以孤军进雨花台，于审力工夫微欠。自贼到后，一意苦守，其好处又全在审力二字，更望将此二字直做到底。古人云兵骄必败。老子云两军相对哀者胜矣。不审力，则所谓骄也；审力而不自足，即老子之所谓哀也。

药二万，银二万，及洋枪一批，日内准交轮舟拖带东下。其余银米子药，苦于逆风，不能到皖。望弟稳守，不可急于出壕打仗。十月间，吾再添派护军前往助弟，弟之新勇，十月亦可赶到。昨日风雨，余极忧灼也。

【译文】

沅弟左右：

收到弟的两封信，因为我谈及军机情势，弟就说这次审视时机极其困难。弟即便不说，我也早已知道得很清楚了。李秀成、李世贤两个敌军首领聚集了极多凶悍的敌军，想在弟的部队面前逞威风。弟在久病之后，居然坚守成功，人力充分发挥，天意暗中帮助，如果不是具备了这两个条件，就不会有现在的胜利了。当弟受伤时，流血包扎伤口，忍住疼痛骑马。四周巡视各营垒，以稳定军心，天地鬼神，都见证了弟的忠诚，从道理形势上讲，守局应当可以保全。但是我们兄弟既然誓死报效国家，不管怎样辛苦，怎样有功，始终坚持不提一个字，不夸一句口，知不知，全听之于人；顺不顺，全听之于天罢了。

审时度势，这还是次要的，最重要的是审度力量。审度力量，就是知己知彼的实实在在功夫。弟当初孤军深入雨花台，在审度力量方面的工夫就稍微有点欠缺。自从敌军来了之后，一心一意苦守，其好处也全来自“审力”两个字上，更希望弟把这两个字一直做到最后。古人说过，“骄兵必败”。老子说过，“两军相对哀者胜”。不会审度力量，这就是所谓的骄；审度力量之后而知道自己实力不够，这就是老子所说的哀。

二万斤火药、二万两银子和一批洋枪，近日打算交由轮船拖带东下。其余银米火药，苦于逆风，不能送到安徽去。希望贤弟稳守战局，不要急于出壕打仗。十月份，我再增加派遣军队前去帮助你，弟的新兵，十月份也可以赶到。昨天风雨交加，我感到极为忧虑焦灼。

【点评】

曾国藩在信中告诉弟弟国荃说领兵打仗审时度势固然重要，但还不是第一位的。最重要的是审度力量。

审度力量就是要观察彼此的力量对比，做到对敌我双方的力量了熟于胸。如果不去审度力量对比，就居于骄傲，则“骄兵必败”；相反，通过“审力”之后知道自己的军队实力不足以战胜对方，这时就会认清自己，摆正自己的位置，做好打硬仗的准备，这样便容易取得胜利，即老子所说的“哀兵必胜。”

同治元年九月廿五日与九弟国荃书

公元1862年11月16日

沅弟左右：

阴雨作寒，天黑如磐，极念士卒守壕之苦。能守过廿三四夜，则此后当就稳固。

春霆来信，病已全好，精神比前加倍，军心尚固。余又拨梁美材等营助之，计九月内必开大仗。渠处一经打动，则军势自可及于大官圩、小丹阳一带，可与弟处遥为声援。至十月，精右营、升后营必到，白齐文之常胜军必到，赵玉班所部省城守兵千人必到，不患兵事之无转机。

江粤报解之饷，尚有十一万两在外。沈幼丹派胡长芝解银二万、火药二万，指明直解金陵。余函商少泉，亦请其拨银数万，直解金陵，不患饷事之无起色。只望弟与诸将勉力支持九月杪十月初之苦境，过此则渐入佳境。

今日天气微晴，或不至久变以苦我将士。

【译文】

沅弟左右：

天气阴雨寒冷，天色黑如磐石，我极为挂念辛苦守壕的士卒。如果能把二十三四日这几天夜里守过去，那么以后就应当稳固了。

春霆来信说，病已经全好了，精神倍加清爽，军心还算稳定。我又抽调梁美材等营前去帮助他，估计九月之内必开大仗。他那里一旦打开了，军势自今到达大官圩、小丹阳一带，可与弟弟那里遥相声援。到了十月份，精右营、升后营一定会到，白齐文的常胜军也一定会到，赵玉班率领的一千守卫省城的人马也必定会到，不怕战局没有转机。

江西广东报送的军饷，还有十一万两在外。沈幼丹派胡长芝解送二万两银、二万斤火药，指明要直接解送到金陵。我写信给少泉与他商量，也请他拨几万两银，直送金陵，不用担心军饷之事没有改观了。只希望弟弟与诸将彼此勉励，尽力支撑过九月末十月初的艰苦环境，过了这段时间，环境就会渐有转机了。

今天天气微晴，或许不至于久变，让我的将士受苦了。

【点评】

曾国藩在信中勉励九弟国荃竭力坚守，共同度过这段最困难的时期。九月末十月初是我军最为困难的时候，此后各路援军会陆续赶到，饷银也会解送到位，战局肯定会有转机。

曾氏这是在给弟军鼓气，让他们在坚守的同时能看到希望，以起到安定军心的作用。

同治元年九月廿六日与九弟国荃书

公元1862年11月17日

沅弟左右：

排递一缄，具悉守局平稳。寄少泉信稿与白齐文一军的约法三章，均属切要之语。总之危急之际，惟有专靠自己，不靠他人为老实主意。即如王可升一军，余久拟派助弟处，公牍私函不仅数次。至今月余，尚有二营未到金陵。则此外如程学启、蒋芗泉等军之不能应手救急，何足怪哉。

连日阴雨夜黑，贼于夜间猛扑否？余所虑者，雨后墙坍一变症，江滨水涸一变症，过此二者皆能守住，则忠、侍虽围两年，亦无如弟何矣。

【译文】

沅弟左右：

送来一封信，我已知晓守局平稳。寄去少泉的信稿和白齐文一军的约法三章，这些都是关键重要的话语。总之，危急关头只有专心依靠自己，不依靠他人是最切实可行的办法。比如王可升这支军队，我早就打算调派他增援弟那里，公文私信不止好几次。到现在已经一个多月了，还有两个营没有赶到金陵。除此之外，如程学启、蒋芗泉等军队不能应求前往救急，有什么值得奇怪的呢。

连日来阴雨夜黑，敌军有没有在夜里猛攻呢？我担心的是，雨后出现墙坍塌，江边水干涸这两关变动，过了这两关，就都能守住，那么李秀成、李世贤即使围困上两年，也不能把弟怎么样。

【点评】

曾国藩在信中再次提醒弟弟一定要专靠自己，切忌把希望寄托在前来援助的敌军身上。王可升、程学启、蒋芗泉这些知根知底的人都不能完全应求前往援救，更何况白齐文率领的常胜军洋枪队呢。

所以，做任何事情一定要靠自己，即使己力不支，援军前来，也不能把希望全部寄托在他人身上。

同治元年九月廿八日与九弟国荃书

公元1862年11月19日

沅弟左右：

日内因风雨严寒，长夜深黑，正切焦虑，防守严密，实有把握，为之大慰。只要雨后墙坍无变症，江滨水涸无变症，则虽久不解围，亦自无妨。

柴炭一项，今日派人去张家滩、殷家汇收买，若买得几十船装下，金陵亦有小补。

白齐文来援之事，余信语气与弟寄少荃信语气相吻合。总之，危急之际，莫靠他人，专靠自己，乃是稳着。弟惟专待新勇到齐出壕一战，不必别有盼望。

硼炮交委员带回，甚是。在人不在器之说，余言终当验也。

李鸿章(少荃)像

【译文】

沅弟左右:

最近因为风雨严寒,长夜漆黑,正切中我焦虑之处,但弟信说严密防守有十分的把握,这让我很是欣慰。只要雨后没有出现坍墙,江边水势没有出现干涸的变动,那么即使长期解不了围,也自然没有什么妨碍。

柴炭一项,今天派人到张家滩、殷家汇收买,如果能买得到几十船装运到金陵,也小有补益。

白齐文前来救援的事,我信中的口气和弟给少荃信中的口气相吻合。总之,危急的关头,不要依靠别人,专靠自己,才是稳妥的选择。弟只有等到新兵到齐后再出壕一战,不要有其他的打算。

硼炮交委员带回来,很好。打仗关键在于人而不在于武器,我这句话终会得到验证的。

【点评】

做任何事情都要靠自己的努力,不要把希望放在别人身上。俗话说得好,求人不如求己。曾国藩在信中告诫弟弟在危急关头,一定要依靠自己的努力才是正确的策略,切忌把自己的命运出路寄托在前来援助的白齐文常胜军身上。

曾氏对弟弟把硼炮交由委员带回来这一做法深表同意,在他看来作战能否取胜的关键在于将士的素质,而不在武器的优劣。

同治元年九月廿九日与九弟国荃书

公元1862年11月20日

沅弟左右:

南云部卒杀至贼地道口,毙贼甚多,为之一慰。

今日又晴霁,罗、朱、周、吴等邀同各营又获胜仗,从此太平、官圩、小丹阳之贼当难站脚,忠逆、侍逆之粮路柴路必已掣动。忠、侍若不解围以去,则必会发兵回救太平一带。

洋枪机括,弟营既善收拾,又勤于擦洗,余当令筱泉于粤厘项下购买。然我军仍当以抬鸟刀矛及劈山炮为根本,譬之子弟于经书八股之外,兼工诗赋杂艺则佳,若借杂艺以抛弃经书八股则浮矣。至嘱。

【译文】

沅弟左右:

南云部士兵杀到了敌军的地道口,杀死很多敌人,为此我感到一丝欣慰。

今天雨后初晴，罗、朱、周、吴等邀同各营又获胜仗，从此之后太平、官圩、小丹阳的敌军应当难以立足，伪忠王、伪侍王运送粮草的路线必然已经受到牵制。忠、侍二伪王如果不解围而去，那么必定会分兵回援太平一带。

洋枪的扳机，弟在营中既要好好保管，还要经常擦洗，我会命令筱泉用广东的厘金款项购买。但我军仍然应该以抬鸟刀矛以及劈山炮为主要武器，就好比子弟除了精熟经书八股之外，再会些诗赋技艺就更好了，如果因为奇技杂艺而抛弃了经书八股，那就变浮躁了，这是重要的嘱咐。

【点评】

曾国藩对洋枪这种奇技淫巧的东西一贯是不以为然。他认为洋枪火力虽然凶猛，但是不经用，易坏。因此，他要求弟军还是应该以当时的传统兵器为主进行作战。这一方面表明当时的枪炮质量差，不能让习惯于冷兵器作战的曾氏满意，另一方面也表明曾氏的传统守旧思想仍然顽固，不易于接受新事物。

同治元年九月三十日与九弟国荃书

公元 1862 年 11 月 21 日

沅弟左右：

南云处地道已穿，从此东路应更稳妥，不知西路江边水涸尚有他变症否？周、王、罗、朱之捷，于贼之粮路柴路必有大损，或可不打，而忠酋自退。

弟坚持不浪战之义，甚是甚是。凡行兵须蓄不竭之气，留有余之力，《左传》所称再衰三竭，必败之道也。弟营现虽士气百倍，而不肯浪战，正所谓留有余之力也。孤军驻雨花台，后无退路，势则竭矣。吾欲弟于贼退后，趁势追贼，由东坝进溧阳宜兴，所谓蓄不竭之势也，望弟熟思定计。

【译文】

沅弟左右：

南云那里的地道已经打穿，从今以后东路应更加稳妥，不知道西路江边的水有没有干涸，还有没有其他变动？周、王、罗、朱的胜利，对于敌人的粮路、柴路都有很大的打击，或许可以不用进攻，伪忠王便会自行退兵。

弟弟坚持不轻易出壕打仗的做法，极为正确！凡是行军打仗必须蓄存用不尽的士气，保留绰绰有余的力气，《左传》所说的“再衰三竭”，是必败之道。弟的兵营现在虽然士气高昂，而不肯轻易出兵打仗，正是所谓的留有余力。敌人孤军驻守雨花台，后退无路，气势必将耗尽。我想让弟弟在敌军撤退后，趁势乘胜追击，从东坝进入溧阳、宜兴，这就是所谓的蓄不竭之势，希望弟弟深思熟虑后定下计策。

【点评】

《左传》中说的“再衰三竭”，是行军打仗的必败之道。即“一鼓作气，再而衰，三而竭”，意思是说第一遍击鼓之后士气高昂，第二遍击鼓后士气便会有所衰退，第三遍击鼓后士气已经差不多耗尽了，这样的军队必败无疑。

曾国藩要求弟弟吸取教训，一定要保蓄士气，留有余力，不要轻易出兵打仗，以免影响打击士气，导致败亡。

同治元年十月初一日与九弟国荃书

公元1862年10月22日

沅弟左右：

昨夕接春霆信，似有小挫之象。宁国霆、凯两军，本较之弟军病者更甚，死者更多。凯章之病近更沉重，渠信来有"难支一月，料理后事"等语，可悯可敬。霆军病故猛将，如黄庆伍、华瀚之类，不可再得。吾前专忧虑弟处一军，今又深忧霆军矣。

【译文】

沅弟左右：

昨天晚上收到春霆的来信，他好像是遭遇了小挫伤。宁国的霆、凯两支部队，本来比起弟弟的部队来伤病员就更多，死的也更多。凯章的病情，近来更加严重。他在来信中有"难支一月，料理后事"的话，真让人觉得可惜，也令人敬佩。霆军病死的猛将如黄庆伍、华瀚等人，都是不可多得的。我先前只担忧弟这一军，现今又为霆军深感忧虑了。

【点评】

曾国藩写信告诉九弟国荃，现在春霆一军病号伤员增多，而且几员虎将也都先后病故，霆军现在处境堪忧。

之前，曾氏只忧虑担心九弟金陵一军，现在又必须顾虑霆军，这让曾氏心情更加沉重，所承担的任务也越来越重。

同治元年十月初三日与九弟国荃书

公元1862年11月24日

沅弟左右：

排递一缄，知守局平安如常，至以为慰。大官圩等处之粮多为我军所焚，则金陵援贼之粮必难久支，城贼之粮多寡则不敢必耳。计忠、侍引退之期，必不甚远。

吾前有信，嘱弟以追为退，改由东坝进兵，先剿溧阳以至宜兴，先占太湖之西岸。水师亦由东坝进兵，俾李朝斌先在太湖西岸立住脚跟，则战船处处可到，而环湖之十四府州县处处震动，贼则防不胜防，我则后路极稳，较之株守金陵者，有死活之分，有险易之别，但无赫赫之名耳。

凡行军最忌有赫赫之名，为天下所指目，为贼匪所必争。莫若从贼所不经意之处下手，既得之后，贼乃知其为要隘，起而争之，则我占先着矣。余今欲弃金陵而改攻东坝，贼所经意之要隘也，若占长兴、宜兴、太湖西岸，则贼所不经意之要隘也。愿弟早定大计，趁势图之。莫为浮言所惑，谓金陵指日可下，株守不动，贪赫赫之名，而昧于死活之势。至嘱至嘱。

如弟之志必欲围攻金陵，亦不妨掀动一番，且去破东坝，剿溧阳，取宜兴，占住太湖西岸，然后折回，再围金陵，亦不过数月间事，未为晚也。

吾兄弟誓拚命报国，然须常存避名之念，总从冷淡处着笔，积劳而使人不知其劳，则善矣。

忠王李秀成府中的彩画《燕子矶图》

【译文】

沅弟左右：

收到递送来的一封信，得知守势平安如常，我感到极其欣慰。大官圩等处的粮食大部分被我军烧掉了，那么援助金陵的敌军粮食必然很难长久支持下去。城内敌军粮食的多少不敢确定。估计伪忠王（李季成）、伪侍王（李世贤）引兵而退的日期一定不会很远了。

我在以前的信中，曾嘱咐弟弟要以追为退，改由东坝进军，先行剿清溧阳，然后再往宜兴方向进军，先占领太湖西岸。水师也由东坝进军，若使李朝斌先在太湖西岸站稳脚跟，那么我军的战船处处可到，而环绕在太湖四周的十四个府州县也会处处受到震动，敌军防不胜防，我军的后路就极为稳固了，这一战略，比起在金陵守株待兔来，有死活之分，险易之别，只不过没有显赫的名声罢了。

但凡行军打仗最忌有显赫的名声，有了大名声，天下人都会关注你，敌人也把你当作劲敌，与你死力相争。不如从敌人不注意的地方下手，得手之后，敌人才知道那是要害之地，才奋起争夺，而我们已抢先一步占据了此地。我现在想放弃金陵而改为进攻东坝，正是敌人关注的要害之地；如果占领长兴、宜兴、太湖西岸，就是敌人没有注意的要害之处。但愿弟弟早日确定大计，趁势攻占。不要被浮躁的传言所迷惑，说什么金陵指日便可攻下，死守不动，贪求显赫的名声，而不明了死活的形势。这是极其重要的嘱咐。

如果弟弟志在围攻金陵，也不防先动一动，先去攻破东坝，进剿溧阳，攻取宜兴，占住太湖西岸，然后再折回来围攻金陵，也不过是几个月之间的事，并不算晚。

我们兄弟誓死报国，但也需常有避开大名声的想法，做事总要从冷清平淡的地方下手，积累功劳而又使人不知道我们的功劳，那就好了。

【点评】

一个人有了显赫的名声，便会成为世人关注的焦点，同时也会成为敌人注意的目标。因此曾国藩希望弟弟为人处世要低调，不要贪求显名。

曾国藩认为弟弟可以改变一下行动战略，去攻打一些敌人没有关注的要害之地，这样可以乘其不意，攻其不备，从而收到意想不到的效果。总之，他不希望弟弟为了贪求大名而只盯住金陵不放，而要灵活一些，暂时放一放围攻金陵的计划。曾氏希望兄弟几个应该从细微处入手，积累功劳而不要贪求大功，以免名声太大，招来大祸。

同治元年十月初五日与九弟国荃书

公元 1862 年 11 月 26 日

沅弟左右：

连接九月两次来缄，具悉一切。弟决计不肯少退，不肯改由东坝一路进兵，则余续寄一缄，弟亦必不以为然。

弟株守金陵，恐又成三年五年之局。援贼退，则苦其太闲；援贼来，又苦其太险。反复筹思，不得所以两全之法。且看张、鲍两军在宁国果能坚守否？如鲍军能击退杨、黄大股，再能乘势规复东坝，则金陵之后路亦不至十分空虚，从弟之策，亦无不可。若鲍军不能却敌，或有疏虞，再行筹议。

少泉解来饷银五万，今日派长龙船送弟处；其洋枪洋药尚未到齐，到即专人解金陵也。少荃大获胜仗，忠酋不久必分兵回援苏、昆。其调张树声等赴沪，已飞札应之矣。

【译文】

沅弟左右：

连续收到你九月份的两封来信，我一切知道了。弟弟决计不肯稍退一步，不肯改从东坝一路进兵，那么我再继续寄一封信，弟弟也一定不以为然。

弟弟死守金陵，恐怕又会出现相持三年五年的局势。援助的敌军退了，则苦于太过清闲；救援的敌军来了，则又苦于太过危险。我反复思考，想不出一个两全之策。且看张、鲍两军在宁国能不能坚守？如果鲍军能够击退杨、黄大股敌军，再乘胜收复东坝，那么金陵的后路也还不至于十分空虚，听从弟弟的策略，也没什么不可以的。如果鲍军不能打退敌人，或有闪失，再作筹划。

少泉送来五万饷银，今天派长龙船送到弟弟那里；洋枪洋药还没到齐，到了以后马上派专人解送到金陵。少荃打了一个大胜仗，伪忠王不久必定会分兵回援苏、昆；他抽调张树声等去上海，已飞速回信答应了。

【点评】

曾国藩在上一封家信中曾劝弟弟不要贪求大功，应从细微之处积累功劳，可是九弟并不愿听从大哥的建议，仍然一味地死守金陵，不肯退让一步。

曾氏写信劝弟弟不要过早地下结论，不要轻举妄动，先看看鲍军的情况如何再作定夺。若鲍军战事顺利，则九弟的策略还可一行，但若鲍军战事不顺，则就需要另行商筹了。

同治元年十月初八日与九弟国荃书

公元 1862 年 11 月 29 日

沅弟左右：

天气大寒，营中将士昼夜辛苦，极可怜念。初三四后，忠、侍两逆别有变相否？以少荃之歼毙听王，左、蒋之急攻汤溪，计忠、侍俱不能不回顾根本，或者再猛扑数日，乃始兴尽而返乎？

毛寄云协解火药至十一万斤之多，可感可敬。其被属员讦告之案，现饬官、严审办，不知果能不挂吏议否？

白齐文一军，日内果已西来否？厚庵部下诸将，与弟久处者不下十余人，弟察看其中可靠者以何人为最？弟营经此番风波，诸将之胆识力量、长短分寸，纤悉毕露，其中可带三四千人独当一面者更有何人？望详告我。

吾以洋枪比诗赋杂艺，而以劈山、抬鸟比经书八股，弟复函深以为然，此处见解相合，亦一大机括也。吾以劈山炮为陆军第一利器，若食群子至五十颗以外，实可无坚不摧。皖局目下加意打造劈山群子，少迟再解万斤至弟处试用。去年吾寄弟信，言劈山炮食满群子之后，须用稻草球子封之，并须用搠杖多杵几下，将草球紧紧贴子，子紧紧贴药，药紧紧贴膛，则群子之所及，又远又宽矣。弟须将各营亲口教之，亲眼验之，乃不失劈山炮之妙用，无谓各营皆已善用劈山，而不加察也。

【译文】

沅弟左右：

天气太寒冷，营中将士早晚辛苦，十分让人怜惜挂念。初三四日以后，伪忠、伪侍两支敌军有没有变化？因为少荃歼灭了听王，左、蒋又急攻汤溪，估计伪忠、伪侍两王都不可能不回去顾及根据地，或许再猛烈攻击几天后，才开始兴尽返回吗？

毛寄云协助解送来的火药达十一万斤之多，令人感动和敬佩。他被下属诬告的案子，现已命令官、严两人在审查办理，不知道最后能不能不被停职查办？

白齐文一军，最近当真向西边前来了吗？厚庵部下的各位将领，与弟长期相处的不下十余人，弟观察其中谁最为可靠？弟营经历这番风波，各位将领的胆识能力、优缺之处，纤悉必露，其中能够统带三四千人独当一面的又有谁？希望详细地告诉我。

我把洋枪比作诗赋杂艺，而将劈山炮、抬鸟枪比作经书八股，弟回信认为这个比喻非常恰当，在这一点上，我们的见解一样，也是一种很好的默契。我认为劈山炮是陆军的第一锐利武器，如果能填装子弹五十颗以上的，绝对可以无坚不摧。皖局现在正加紧打造劈山炮的子弹，稍过段时间再解送一万斤到弟那里试用。去年我寄信告诉弟，劈山炮装满子弹后，必须用稻草球将其封住，并用木杖多捣几下，让草球紧紧贴住子弹，子弹紧紧贴住火药，火药紧紧贴住炮膛，那么子弹所能攻击的范围，就会又远又宽。弟必须亲自到各营去教授方法，亲眼检查，才不会有失劈山炮的威力，不要说因为各营都已经对使用劈山炮非常熟悉，而不加以调查。

【点评】

曾国藩在信中说九弟非常同意他把洋枪比作诗赋杂艺、将劈山炮比作经书八股的比喻，认为兄弟间有此默契也不失为一件快事。

曾国藩要求弟弟学会使用劈山炮的技巧，并亲自教授各营，检验其成果。不要想当然地认为各营都已经会使用劈山炮而不加以调查。这体现出曾氏处理问题一丝不苟、事必躬亲的态度。

同治元年十月十二日与国荃国葆书

公元 1862 年 12 月 3 日

沅弟、季弟左右：

伪忠王既回苏州，伪侍亦不久必退，日内想弟处已解围矣。

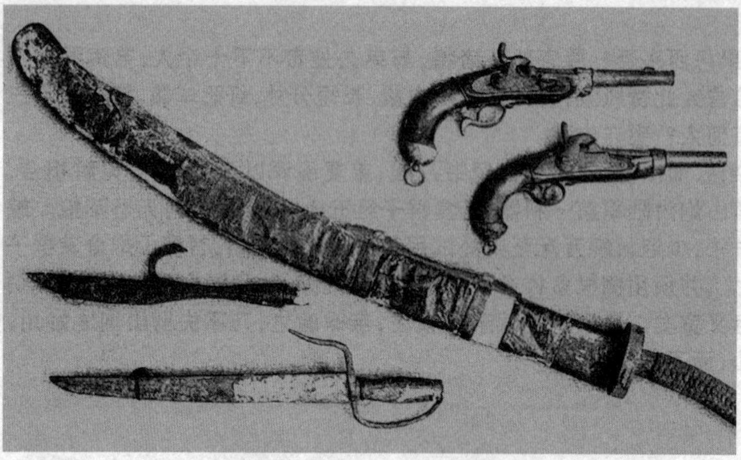

太平军使用的武器

春霆初六七日来信，甚忙乱无主张。渠军好手，故者伤者太多，亦有抱怨而散去者。目下粮路已断，众心多离，深为可虑。

两弟决志不肯退兵，余亦不遽相强。但须鲍军得手，乃可定计。鲍军幸而获胜，宁国幸而保全，则弟处或退或否，尚易布置。鲍之老营倘有疏失，则宁郡必困重围之中，不得不调弟回驻芜湖、金柱，进援宁郡，即不去援宁，亦必退保芜湖。鲍军之安危，总在三五日内可决，弟之行止，视鲍军为权衡也。

【译文】

沅弟、季弟左右：

伪忠王已经回到苏州，伪侍王不久也会撤退，想必弟那里最近已经解围了。

春霆初六七日来信，他非常慌乱，没有主见。他军中的得力助手，病故的、受伤的太多，也有因为抱怨而离去的人。现在粮路已经被隔断，众心离散，让人非常忧虑。

两位弟弟决定不肯撤兵，我也不会勉强。但必须等到鲍军得手后，才能定下大计。鲍军幸好取得了胜利，宁国也幸运地得以保全，那么弟那里退或者不退，还容易布置。鲍的老营倘若有闪失，那么宁国必定会陷入重重包围之中，不得不抽调弟回驻芜湖、金柱关，前进救援宁郡，即使不去增援宁国，也必须退保芜湖。鲍军的安危，大体在三五天内就会有消息，弟的行动，也要权衡鲍军的情况作决定。

【点评】

曾国藩写信通知弟弟敌军正开始退兵解围，弟弟那里应该不久便会解除围困。同时，他希望弟弟能够顾全大局，根据不同的军事情况，接受不同的调命。而且弟弟那里的退与不退，决定于鲍军进展情况的好与坏，万一鲍军的老营有什么闪失，弟必须前往援救，以大局为重。

同治元年十月十三日与九弟国荃书

公元 1862 年 12 月 4 日

沅弟左右：

昨日一缄，言弟军之进止，视鲍军之利钝以为权衡，本日接春霆来信，贼在西河坚扎墙垒，霆军进剿，未能扑动。吾观霆军之布置散漫，主意慌乱，人心离怨，恐此次必难支持；而其病者死者比他军独多，似亦冥冥中有主之者。鲍、张果有挫失，则芜湖三山等处，必十分吃紧，中段空虚，弟在下游，断难久站。不如趁金陵贼退之时，鲍军未败之先，以追为退，以西梁山、芜湖、金柱、运漕、无为为弟军之基业，然后相机再进，庶为可战可守、可伸可缩之军。

咸丰五年余率水军驻扎南康，志在攻破湖口一关。五六两年竟不能攻破，七年余丁忧回籍，寸心以此为大憾事。罗罗山于五年八月至南康、湖口一看，知其不足以图功，即决然舍我而去，另剿湖北。其时有识者皆佩服罗山用兵，能识时务，能取远势。余虽私怨罗山之弃余而他往，而亦未尝不服其行军有伸有缩、有开有合也。观多公之决志不肯南渡，与各军秋问之多病，霆营目下之难支，是天意不欲遽克金陵，已可概见。吾辈当一面顺天意，一面尽人事，改弦更张，另谋活着。

古人用兵，最重变化不测四字，弟行军太少变化。此次余苦口言之，望弟与季弟审度行之。即日退扎金柱、芜湖，分五千人至湾沚、西河助剿，所以救鲍，即所以救张，即所以保全局而救阿兄也。若弟坚执前议，果扎金陵不肯挪动，鲍挫而张必随之，在余之公局固坏；而弟以重兵屯宿该处，如余之株守南康，和、张之株守金陵，弟之私局亦必坏，望弟详思之。

凡行军言退，万众不愿。此次弟为救鲍而退，与寻常之退迥不相同，可以告麾下将士，谅余苦心耳。弟若决不肯退，则请拨王可升一助春霆可乎？

【译文】

沅弟左右：

昨天寄去的那封信，说你的队伍的具体行动要根据鲍军进展是否顺利来做权衡。今天收到鲍春霆来信，得知敌军在西河安营扎寨加固墙垒，鲍军前去剿灭，没能攻动。我看霆军部署散漫，主意慌乱，人心离怨，恐怕这次很难支撑下去；而他的队伍中病倒的、病故的偏偏又多于其他军队，好像他是冥冥之中自有主宰者。鲍、张真的有挫折、闪失的话，那么芜湖、三山等地方必定十分紧急，中段空虚，弟在下游，绝对难以长期站稳。不如趁金陵的敌军撤退之时，鲍军没失败之前，以追为退，以西梁山、芜湖、金柱关、运漕、无为等地作为弟军队的根基，然后相机而动，几乎成了一支能战能守、能伸能缩的军队了。

咸丰五年，我率领水军驻扎南康，目的在于攻破湖口关。咸丰五、六两年，竟然没能攻破，七年，我因为守孝回家，内心感到极其遗憾。罗罗山在咸丰五年八月到南康、湖口一看，知道其地不足以建功，就毅然舍我而去，另外到湖北去清剿敌军了。当时有眼识的人，都佩服罗罗山用兵打仗能识时务，能够看很远。我虽然私下埋怨罗罗山丢下我而到别的地方去，但是也未尝不佩服他行军打仗能伸能缩、能开能合。看多公决心不肯南渡，再加上各军营秋天病号增多，霆军目前难以自保，就大体上可以知道这是天意不想让我们迅速攻克金陵。我们应该一面顺从天意，一面竭尽人力，改弦更张，另外寻求灵活的计谋。

古人用兵，最讲究“变化不测”四个字，弟用兵打仗却变化太少。这次我苦苦奉劝你，希望弟与季弟审时度势后再行动。立即撤退驻扎到金柱关、芜湖，分兵五千人到湾沚、西河帮助剿敌，以此救援鲍军，也就是救张军，也就是保全大局而救助为兄。如果弟坚持以前的意见，当真驻扎在金陵不肯挪动，鲍受挫后，张军也必定随之失败，对于我的大局固然会有损失；弟用重兵屯驻金陵，像我那样死守南康，和、张那样死守金陵，弟自己的局面也会被破坏。希望弟详细思考一下这件事。

一般说来，用兵打仗说到撤退，大家都不乐意。这次你为援救鲍军而退兵，跟一般的退兵意义迥然不同，你可以向部下将士说明，让他们体谅我的苦心。你如果坚决不肯退兵，就请调拨王可升的部队援助一下春霆，可以吗？

【点评】

古人行军打仗，切忌死板拘泥，最看重"变化莫测"四个字。曾国藩这个老谋深算的统帅自然明白这个道理。他批评九弟用兵过于呆板，不懂灵活处变，不能以大局为重。他希望弟弟应该设身处地地为他想一想，国荃若是坚决不退兵回援鲍军，不仅是弟弟自己的局面不好收拾，就连为兄的大局也都得跟着受牵累。曾氏对其弟的劝说真是动之以情，晓之以理，就是希望弟弟能顾全大局，听从劝告。

同治元年十月十三日与九弟国荃书

公元 1862 年 12 月 4 日

沅弟左右：

本日已专送一信，劝弟趁势退兵，分五千人救援鲍军，不知何日可以接到？断思金陵援贼，尚未退净，若不能打开后路，虽欲退兵至金柱、芜湖一带而不能。一切仍听弟作主，可退则退，不可退则姑少留，余不遥制也。

【译文】

沅弟左右：

今天已经专门送去一封信，劝说弟趁势退兵，分派五千兵力救援鲍军，不知道哪一天可以收到？又想到援助金陵的敌军还没有完全撤退，如果不能够打开后路，即使想退兵到金柱关、芜湖一带也不可能做得到。一切仍然都由弟做主，能够退兵就退，不能够退兵就姑且稍作停留，我不遥控指挥了。

【点评】

曾国藩在上封信中力劝九弟退兵往援鲍军，但是他并没有把话说绝，而是一直留有余地。因此他又及时地再具一信改变自己的主张，说一切听凭弟做主，能退则退。

曾国藩为人处世的老练之处就在这里。他不会把话说绝，这是给别人留余地，也是给自己留余地。

同治元年十月十四日与九弟国荃书

公元 1862 年 12 月 5 日

沅弟左右：

昨日午刻寄一缄，欲弟退金柱、芜湖，而拨五千人援救鲍军。灯后又寄一缄，言进退由弟自行作主。今日接弟缄，竟不知弟后壕之外尚有贼垒否？已退净否？

余日内忧灼愤郁，寸心如焚，不复能细思大事。弟当打退援贼之后，精神可为一振，宜将全局细思。

鲍军挫失，宁郡不保，中段必一片荆棘，三山、大通、荻港等处，均虑复为贼有。弟处饷道，终久必梗，不如趁早退守芜湖、金柱，弟独可以北岸为根本，弟两年所克城隘犹可自保。若不早为之所，后恐求退而不得，求保芜湖、金拄而不得。特此再商，望弟裁断。

【译文】

沅弟左右：

昨天午时寄了一封信给你，想让弟退守到金柱关、芜湖一带，拨派五千人援救鲍军。掌灯后又寄出一封信，说是进是退由弟自己做主。今天收到弟的来信，不知道弟的后壕沟之外到底还有没有敌军的营垒？已经撤退干净了没有？

我近来忧郁、焦灼，心急如焚，不再能仔细地思考大事。弟正处打退增援的敌军以后，精神能够为之一振，应该仔细思考一下全局。

鲍军遭受挫折损失，宁郡没有保住，中间一段必定是麻烦一片，三山、大通、荻港等地方都害怕再被敌军占据，弟处的饷银通道时间久了必定会被阻塞。不如趁早退守芜湖、金柱关，弟还是可以凭借北岸为根本，弟这两年攻克的城池还能够保住。如果不早点行动，以后恐怕想退也退不了了，想保住芜湖、金柱关也保不住了。特此与你再行商议，希望弟裁决。

【点评】

曾国藩曾在十三日连发两信，先劝弟弟退守芜湖、金柱关，后再说进退由弟自行做主，自己不再遥为控制。

但是第二天曾国藩便得知鲍军出现了闪失，他担心的事情终于发生了。心急如焚的曾国藩飞笔再写一封信，再次力劝九弟退守芜湖、金柱关，回援鲍军，如果不早做决定，恐怕大局便无法挽救。但他还是采用商量的语气，并把决定权交给了九弟。可见其为人处世的聪明之处。

同治元年十月十五日与九弟国荃书

公元 1862 年 12 月 6 日

沅弟左右：

后壕之外，究尚有贼若干？已解围否？两次嘱弟退兵，改由东坝再进，弟复信皆深不以为然。昨又恐弟兵有难遽退之势，补发一信，令弟自行斟酌。

总之，用兵之道，全军为上，保城池次之。弟自行默度，应如何而后保全本军。如不退而后能全军，不退可也；如必退而后能全军，退可也。

至于鲍军纵有挫失，而江面总可保全，大通、荻港等处厘局，纵或被扰，而水中粮运总可常通。余十三日信言弟处运道终恐梗塞，系忧灼过虑之辞，谅必不至于此耳。

【译文】

沅弟左右：

后壕之外，到底还有多少敌军？围困已经解除了吗？两次嘱咐弟弟退兵，改从东坝再进，弟弟回信都很是不以为然。昨天又担心弟弟的军队有难于立即撤退的情况，补发一信，令弟弟自行斟酌。

总之，用兵之道，以保全军队为第一要义，以保全城池次之。弟弟自行思度应该如何行动之后才能保全自己的军队。如果不退兵而后能保全全军，不退兵是可行的；如果必须退兵而后才能保全全军，则退兵是可行的。

至于鲍军，即使有挫折失败，但江面总可以保全，大通、荻港等处厘局即使被干扰，但水中的粮路总可以畅通。我在十三日写的信中说弟弟那里的饷粮之道恐怕最终会堵塞，那是我多虑了，想必不会到那种地步。

【点评】

曾氏无愧于大清国的将帅之才，在大是大非面前看得透彻，分析明确。他始终把人力因素摆放在第一位，如信中所讲：“用兵之道，全军为上，保城池次之。”这一重要的军事战略思想被后来许多著名的军事家所借用。确实人为因素极为重要，只有保存住军队的有生力量，才有机会扭转战争的不利局势；倘若军队的有生力量受挫严重，即使保住城池又怎能持久。然而，生性狂妄的曾老九并未采纳他大哥的建议，即使在战局对他极不利的情况下，仍是死打硬拼，使其军队处于被动危险的境地。

同治元年十月十六日与季弟国葆书

公元1862年12月7日

季弟左右：

此次保全粮道，联络水师，援应东路，厥功甚伟。皇天不负苦心人，或终有树立勋名之日。

余近来心绪忧灼，迥异往年。前以金陵勇夫三万余众，一有疏失，全无归路；近以鲍军三次小挫，恐宁国不支，全局瓦裂；又见兵勇日增而可靠者少，饷项日绌而掣肘者多，日夜愤郁，绝少欢愉。

雨花台此次幸得保全，千辛万苦，成此规模，本无言退之理。惟恐鲍、张宁国或有差池，则上游糜烂，下游金陵一军，亦难孤立，故余三次寄信与沅弟，商所以退兵之法。然关系太大，余亦不敢遥制，听沅与季自行作主可也。

至弟仍伸前议。亦听两弟自主。若不退兵而坚扎原处，弟回籍一行，当无不可。

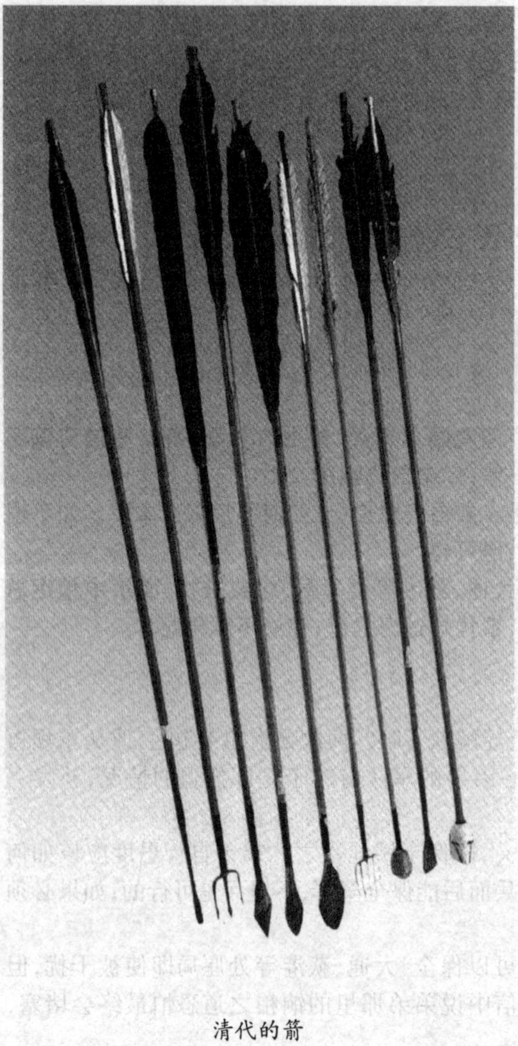

清代的箭

【译文】

季弟左右：

这次能够保全粮道，联络水师，救援回应东路，是相当伟大的功劳。皇天不负苦心人，或许终有建功立勋的那一天。

我近来心情忧郁焦灼，与往年迥然不同。以前是因为金陵兵士三万多人，一旦有任何闪失，全部没有退路；近来因为鲍军遭遇三次小的挫折，担心宁国不能支撑，全局崩裂；又看到士兵一天天增多而能够依靠的却很少,饷项一天天紧张而受到的牵制越来越多,日夜愤怒忧郁,很少高兴过。

这次雨花台幸运地得以保全,历经千辛万苦才形成这样的局面,本来没有说撤退的道理。只是担心鲍、张的宁国有差错,那么上游就一塌糊涂了,下游的金陵一军,也难以孤军独立,所以我三次寄信给沅弟,商量怎样退兵的办法。但这关系到的事情太大,我也不敢遥控指挥,听凭沅弟与你自行做主就可以了。

至于弟要坚持先前的主张,也听任两位弟弟自己做主。如果不退兵而驻扎在原地,弟弟回家一趟,应当没有什么不可以的。

【点评】

曾国藩是全军统帅,需要顾及的事情太多,不像两位弟弟那样,完全以金陵为中心行事就可以了。

弟弟要坚守金陵决不退兵,也不是全无道理,只是在顾全大局上没有像曾氏那样考虑全面;而且三人又是兄弟关系,于情于理曾国藩都没有断然要求弟弟退军的依据。近来烦心事日增的曾国藩也就索性把权力下放给两位弟弟,让他们自行做主。

同治元年十月十七日与九弟国荃书

公元1862年12月8日

沅弟左右:

今日接春霆信,较为宽舒。清弋江业已扎住,粮路当不至终梗,能将宁郡风波禁过。此后更宜大加整顿。

弟处各营有最弱者,或裁或并或换营官,总宜时时存一整饬之意。弟初赴吉安时,不过三千人,足打一枝大贼;今增至八九倍,而野战似尚无把握。练兵如八股家之揣摩,只要有百篇烂熟之文,则布局立意,常有熟径可寻,而腔调亦左右逢源。凡读文太多,而实无心得者,必不能文者也。用兵亦宜有简练之营,有纯熟之将领、阵法,不可贪多而无实。春霆今统万余人,而不逮往年三千四百人之可靠,可以为鉴。

【译文】

沅弟左右:

今天收到春霆的来信,得知他那边的情况较为宽松了。清弋江已经驻扎占领,粮路应该不至于被梗塞了。能够度过宁郡这场风波,此后更应该大加整顿。

弟弟那里各营中有最弱的,或者裁减,或者合并,或者更换营官,总应该时时怀着一种整饬的想法。弟弟刚到吉安时,不过三千人,足以打败一大股敌军;现在兵力增到以前的八九倍,但野战似乎还没有把握。训练士兵好比八股家的揣摩思考,只要有百篇烂熟于胸的文章,那么结构、立意,便会常有熟路可循,腔调也会左右逢源。凡是读书太多,实际上没有心得的人,必然是不能写文章的人。用兵打仗也应该有简练的军营,有纯熟的将领、阵法,不可贪求华而不实的东西。春霆现在统兵万余人,反而不如往年三千四百人时可靠,可以作为借鉴教训。

【点评】

曾国藩在信中劝弟弟加紧训练,精兵简政,裁汰冗员,以提高战斗力。有时候东西并不是越多越好,而是应该精益求精。

春霆现在统军万余，战斗力越不如以前的三千四百人，正是因为其中得力的兵士太少，可靠的将领太少，很多士兵在那里滥竽充数。因此曾国藩提醒九弟要该减的减，该并的并，宁缺毋滥，以便提高战斗力。

同治元年十月十九日与九弟国荃书

公元 1862 年 12 月 10 日

沅弟左右：

季弟究系伤寒症否？近大愈否？吾每以季之多病为虑，尤以其果于自医为虑。以后季或有疾，总嘱其莫轻服药，至要至要。

春霆一军危急，吾日夜忧灼。梁美材等三营本不可恃，渠令其孤立抱龙冈，旋又令其移扎寒亭，吾甚忧之。何绍彩四营十五日自安庆开下，吴廷华二营十八日自安庆开下，弟又新派王可升五营前去一助，兵力不为不厚。然无一统领调度得宜，则此皆如散钱委地，不足恃也。王可升尽可由陆路至芜湖，或由大胜关渡至北岸，再由神塘河渡至南岸三山等处。

弟但知采买者过厘卡之怨声载道，而不知陆兵掳船之怨声之倍之也。

【译文】

沅弟左右：

季弟得的到底是不是伤寒病？最近有没有大的好转？我经常因为季弟经常生病而感到忧虑，尤其为他敢于自己医治而担心。以后季弟若再生病，一定嘱咐他不要轻易服药，这一点非常重要。

春霆一军十分危急，我早晚都感到忧虑焦灼。梁美材等三个营本来就不可靠，鲍命令他们孤军驻扎于抱龙冈，接着又命令他们转移驻扎到寒亭，我对此感到十分担心。何绍彩四个营在十五日从安庆开下，吴廷华二个营在十八日也从安庆开下，弟又调派王可升五营前去助战，兵力不能说不雄厚了。然而没有一位将领调度得恰到好处，就好像把钱撒在地上，不足以依靠。王可升尽可以从陆路到芜湖，或者从大胜关渡到北岸，再从神塘河渡到南岸三山等地方。

弟弟只知道采买的百姓过厘卡时怨声载道，却不知道对陆军掠夺船只的怨声数倍于此。

【点评】

曾国藩在信中对九弟国荃说到各路调派前去救援春霆一军的各位将领，他们所带之兵虽然可以增强春霆一军的实力，但是却没有一个人调度得恰到好处，就好比把铜钱散放在地上，没有一条主线穿贯它们，便是散沙一盘，不足以依靠。

这表明曾氏对手下将领的统筹调度能力非常不满意，并认为弟弟的调遣能力也有待加强。

同治元年十月二十日与九弟国荃书

公元1862年12月11日

沅弟左右：

宁国之事，据凯章言，老湘营守郡城，决可无碍；鲍、宋守高祖山、清弋江两处营垒，或亦尚可支持。如不能支，只好调皖北希部来救宁郡。蒋军正在力攻汤溪之际，又恐侍逆回浙，必不能饬芗救宁。吾每说军事但靠自己，莫靠他人，盖阅历之言也。

左帅此次派王文瑞带三千五百人援徽，已是力顾大局之举，不可又责望芗军也。平心而论，鲍、张二军尚不能守一宁国，求援于人，实难措辞。

弟在军已久，阅事颇多，以后宜多用活兵，少用呆兵，多用轻兵，少用重兵。进退开合，变化不测，活兵也；屯宿一处，师老人顽，呆兵也。多用大炮辎重，文员太众，车船难齐，重兵也；器械轻灵，马驮辎重，不用车船轿夫，飙驰电击，轻兵也。弟军积习已深，今欲全改为活兵、轻兵，势必不能，姑且改为半活半呆、半轻半重，亦有更战互休之时。望弟力变大计，以金陵、金柱为呆兵、重兵，而以进剿东坝、二溧为活兵、轻兵，庶有济乎！

【译文】

沅弟左右：

宁国的事情，据凯章说，老湘营守卫郡城，绝对没有问题；鲍、宋守卫高祖山、清弋江两处营垒，或者也还可以支撑。如果不能够支撑，只好调派皖北希部来救援宁郡。蒋军正处于全力进攻汤溪的时候，又怕伪侍王的敌军返回浙江，必定不能饬令芗去援救宁国了。我每次都说打仗只能靠自己，不要依靠他人，这是经验之谈。

左帅这次派遣王文瑞带领三千五百人增援徽州，已经是尽力顾全大局的举动，不能够再责怪芗军了。平心而论，鲍、张两军都不能守住一个宁国，而且还向别人求援，实在说不过去。

弟的军旅生活已久，经历的事情很多，以后要多用灵活之兵，少用呆板之兵；多用轻便之兵，少用笨重之兵。进退开合，变化不测，这样是灵活之兵；屯驻一个地方，学老人的顽固，这是用呆板之兵。大量使用大炮辎重，文职人员太多，车船难以挤下，这就是笨重之兵；器械轻便灵活，用马驮辎重，不使用车船轿夫，风驰电掣，这是轻便之兵。弟军中积习已经根深蒂固，现在想全改为用活兵、轻兵，势必不可能，暂时先改为半活半呆、半轻半重，也会有更改战局和互相休整的时候。希望弟全力改变整体计划，在金陵、金柱关处用呆兵、重兵，而进剿东坝、二梁时用活兵、轻兵，应该有所帮助吧。

【点评】

自古以来行军打仗，都讲求战术战略上的灵活性和多变性，因为兵不厌诈，只有丰富自己的进攻手段，才能在迷惑敌军的同时，使出杀手锏，一击致命。

曾国藩要求弟弟随着军中阅历的增长，也应该多学着运用不同的战术，灵活地处理不同的敌情。他希望弟弟今后多用灵活、轻便之兵，少用呆板、笨重之兵，循序渐进地改变自己的行军习惯。

同治元年十月廿三日与九弟国荃书

公元 1862 年 12 月 14 日

沅弟左右：

金陵解围一案，季弟请奖一节，实不宜形诸公牍。在我既不能奏请奖弟，在官、李又不能不奏军情专奏保奖，陈述数行，徒觉词费。

朝廷立法，所以待大员子弟，防范颇严，如在京不准保送军机，不准保送御史，皆因其声势较广，恐其营私树党。咸丰初元，孙苻卿保杜芝农之子，杜保孙之侄，当时物论切讥之。季弟劳绩虽多，吾二人只可置之不议。方今督兵者，如胜、袁、都公，皆有子弟在营，若非皇上特恩，皆只能叙“不敢仰邀议叙”六字而已。

朱云岩昨日一禀，言旌德万分危急，吾调周万倬由泾县往援，不知赶得上否？看来宁国纵能幸保，而徽、池与江西必难瓦全，不知决裂始于何处耳。

吾前两次寄信，嘱弟以追为退，曾商之左中丞。兹接渠回信，亦不以退兵之说为然，与弟前后各信多相同者。惟渠言外之意，觉弟兵不可野战；吾则因金陵士卒用命，乐为之死，觉弟兵尽可野战。不知弟自度己力，野战果有几分把握否？

要之能得众心，未有不可酣战之理。望弟决从余计，分作两大支：一支呆兵，屯扎金陵；一支活兵，凡金柱、东坝、小丹阳、二溧、句容等处，听弟择地而驻，相机而进。有急则两支互相救应，去金陵总在二百里内外也，何如？

【译文】

沅弟左右：

金陵解围的案卷中，季弟请求奖赏的一段内容，实在不应该写在公文上。从我的角度来说不能奏请奖赏弟，从官、李二人的角度来说他们又不能不奏明军情，而专门上奏褒奖弟，陈述几行，白白地说废话。

朝廷确立法度，对朝中大员的子弟防范很严格，比如在京的官员不准许保送子弟到军机处任职，不准许保送子弟为御史，都是因为他们声望权势较大，害怕他们结党营私。咸丰元年，孙苻卿保荐杜芝农的儿子，杜又保荐孙的侄儿，当时舆论切实地讥讽他们。季弟的功劳成绩虽然多，但你我二人对此只能不作议论。当今督理军队的人，像胜、袁、都公，都有子弟在营中，如果不是皇上的特别恩典，都只能说“不敢仰邀议叙”这六个字罢了。

朱云岩昨天的一份报告，说旌德万分危险紧急，我抽调周万倬从泾县前往增援，不知能不能赶上？看来就算宁国能够幸运地保住，但徽州、池州与江西必定难以保全，不知道崩溃会从哪里开始！

我先前两次去信，嘱咐弟以追为退，曾与左中丞商量此事。现收到他的回信，也不认为退兵的主张是对的，和弟前后各信件的说法多有相同之处。只是他的言外之意是，觉得弟的军队不能够野战；我则认为金陵的军士听从命令，愿意为弟去死，觉得弟的军队尽可以参与野战。不知道弟自己估计自己的实力，野战真的能有几分的把握吗？

关键是要得军心，没有不能努力作战的道理。希望弟坚决地听从我的计划，分成两大部分：一支是呆板之兵，驻扎在金陵；一支是灵活之兵，凡是金柱关、东坝、小丹阳、二溧、句容等地方，听凭弟选择地方驻扎，相机而动。有了紧急情况，两支部队就互相救应，距离金陵总要在两百里左右，怎么样？

【点评】

统率军队的关键在于要得军心，只要得到了军士的信任与爱戴，部下肯定就是为主帅去死也心甘情愿，更不用说临战拼命了。

曾国藩一直主张待人处事攻心为上，他认为领军打仗关键是在"能得众心"，真是一语中的。一军之帅得军心，便会成为全军的主心骨，把整支军队的战斗力凝聚起来，从而使自己的将士协力齐心地投入到战斗中，这样的军队才是最可怕的军队。

同治元年十月廿四日与九弟国荃书

公元1862年12月15日

沅弟左右：

季弟病甚不轻，曷胜惦念。今年季之劳苦功多，既不得邀世俗之荣，乃求一日之康强健爽，而天意亦尚若吝之，然则人生事无巨细，何一不由运气哉！

鲍、张粮运已断，吾竭力以办陆运，而连日大雨如注，万不能运，可忧可怖。弟欲饬鲍、张退兵，此时万不能退。其无勇列队，无夫搬运，与弟相同；而其无退步立脚之处，则更不如弟之有金柱可驻守，有江滨可搬运矣。

蒋军即来援，亦必在一月以后，远水难救近火。鲍若果挫，余当自立一新军，自打数大仗，以毕吾余生，遂吾初志。弟则须另立门面，分为呆兵一支，活兵一支。呆兵坚筑石垒，缩小地方，活兵多或二万，少亦万四五千，与呆兵之在金陵者更番休息，千万依我行之。

九洑州势甚危急，李世忠断不足恃。如何如何！

【译文】

沅弟左右：

季弟病得不轻，我十分惦记挂念。今年季弟劳苦功高，已经不能够邀求世俗的荣誉，而只是希求有一天能够健康强壮，然而天意也还是如此吝啬，不过人一生中不管大事小事，哪一样不是由运气决定的呢！

鲍、张运粮通道已被切断，我会竭力办好陆运，而连续几天大雨如注，绝对不可能运粮，令人既忧虑又害怕。弟想命令鲍、张退兵，这种时候万万不可退兵。敌人没有士兵可以对阵，没有人夫搬运东西，这些难处都与弟相同；但是撤退的话，他们又没有立足的地方，就不如弟有金柱关可以驻守扎防，又有江边可供运粮。

蒋军即使来增援，也必定在一个月以后，远水难救近火。鲍军如果真的受挫失败，我定当自己建立一支新军，自己打几个大胜仗，用我余下的生命，实现我当初的志向。弟就须自立门面，分为一支呆板之兵，一支灵活之兵。呆板之兵修筑坚守石垒，缩小地盘；灵活之兵多可以到两万人，少也要有一万四五千人，和在金陵并的呆板之兵轮流休整，一定要依照我的计策行事。

九洑洲形势十分危急，李世忠绝对不足以依靠，怎么办？

【点评】

曾国藩立志报效家国，以安定天下为己任。可是现在在实现自己理想的道路上却充满挫折。要是鲍军再受大的创伤，曾国藩决定自立一支新军，拼了这条老命也要为实现自己当初的志向而努力。这虽然可能是意气之话，但却更能表明这位老臣的忠诚和毅力。一句"毕吾余生，遂吾初志"是何等的豪情壮志，何等的英雄气魄！

同治元年十月廿五日与九弟国荃书

公元 1862 年 12 月 16 日

沅弟左右：

季弟病沉重之，曷胜廑念。魏姓医不知向来手段何如？以吾观季弟病症，似不应服大黄者。日来果有转机否？能勉强坐船，来安庆就医调养否？

弟向来体亦不甚结实。今年各营疾疫，过于伤感，援贼久战，过于劳苦，亦须加意调养，切不可自恃康强，多劳多忧，至要至嘱。

东路八营，趁援贼已退之时，赶紧缩入中圈之内。如果援贼再来，省一半精力，即刘、武、朱、吴诸公，亦可多睡一觉，少吃一惊。余昨日有公牍，令弟拨大炮十二尊与李世忠，即是将东路八营缩退之计，望弟决计早缩，切莫迟疑。

大炮守墙，余嫌太笨。现造坐劈山炮，专为守墙之用。弟以后宜少用笨重之物，此陆军第一要诀。

【译文】

沅弟左右：

季弟的病情十分严重，我不胜挂念。不知魏姓医生的医术一向怎么样？以我来看季弟的病情症状，似乎不应该服用大黄。近日以来真的有转机吗？能不能勉强坐船，到安庆来医治调养？

弟的身体一直以来就不很结实。今年各营中流行疫病，弟过于伤感，与援助的敌军长期作战，又过于劳苦，也必须注意加强调养，切忌自认为身体康健，过多的操劳忧虑，这是我重要的嘱托。

东路的八个兵营，趁援助的敌军已经撤退的时候，抓紧时间退到中圈之内。如果援助的敌军再来，就可以节省一半的精力，也就是刘、武、朱、吴诸位也可以多睡一觉，少受些惊吓。我昨天有公文，让弟调拨十二门大炮给李世忠，就是为了实施让东路的八个兵营缩退的计划，希望弟决计早些紧缩，千万不要迟疑。

清代铁炮

用大炮守墙，我觉得太笨拙。现在打造的坐劈山炮，专门用来守墙。弟以后应该少用些笨重的器械，这是陆军的第一要诀。

【点评】

兵贵神速。人们常说行军打仗与时间赛跑就是同死神作斗争。战机出现后，必须在最短的时间内把握住，机不可失，时不再来。

曾国藩一是希望弟弟早下决心，抓住机会赶紧实行收缩之计，以免战机倏忽即逝；二是希望弟弟以后少用笨重的器械，以提高陆军的行军速度，这是陆军的第一要诀。

同治元年十月廿七日与九弟国荃书

公元1862年12月18日

沅弟左右：

来信欣悉。季弟之病已愈六七分，能进饮食，为之大慰。

李世忠虽难十分危迫，然渠始终亲驻九洑洲行营，当非遽不能支之象。惟浦口官营被贼攻扑，颇不可解，岂新开口业已于涸，贼已遍行北岸耶？否则贼能渡大江而至九洑洲，不能遽渡新开河而至北岸？若贼已遍行北岸，则和、含、巢、庐，上至舒、桐、潜、太，处处可虑。余拟将希庵部下之驻寿州、霍邱、三河尖等处者陆续抽出，移至六安、庐州、巢、含等处，免致已复之城尽隳前功。

苗沛霖前后所上僧邸各禀，痛诋楚师，令人阅之发指。僧邸所与苗党之札，亦袒护苗练而疏斥楚师。世事变化反复，往往出乎意想之外。所谓道高一尺，魔高一丈，不饱历事故，乌知局中之艰难哉！

弟信均已接到，添募新营，尽可允许；不变换局面，则断不能允许。前此向、和以重兵株守金陵，不早思变计以图灭贼，吾尝讥其全无智略，今岂肯以向、和为师，而蹈其覆辙乎？再添十营，从弟之请可也；金陵老营永不拔动，从弟之计可也；至以数万人全作呆兵，图合长围，则余断断不从。余之拙见，总宜有呆兵，有活兵，有重兵，有轻兵，缺一不可。

以万人为呆兵重兵屯宿金陵，以万人为活兵轻兵进攻东坝、句容、二溧等处，以八九千人保后路芜湖、金柱，随时策应。望弟熟审，以此次回信定局。

【译文】

沅弟左右：

收到来信，很高兴地获悉季弟的病情已经痊愈了六七分，能够进饮食了，我感到十分欣慰。

李世忠虽然十分危险迫急，但他始终亲自驻扎在九洑洲的行营中，应当不是马上就不能支撑的样子。只是浦口官军的兵营被敌人攻打，让人很不能理解，难道新开河的河口已经干涸了吗？北岸已经到处都是敌人了吗？否则，敌军就能渡过大江而到九洑洲，反而不能马上渡过新开河而到北岸？如果敌军已经遍布北岸，那么和、含、巢、庐，上到舒、桐、潜、太，到处都让人忧虑。我打算把驻扎在寿州、霍邱、三河尖等地方的希庵部下的队伍陆续抽调出来，转移到六安、庐州、巢、含等地方，以免使已经收复的城池又前功尽弃。

苗沛霖先后上报僧邸的各禀报，痛骂楚师，看了后令人发指。僧邸给苗党的信件，也袒护苗练而疏远斥责楚师。世事变化无常，往往出乎人们的意料之外。真是道高一尺，魔高一丈，不饱经世事沧桑，怎么能知道局中人的艰难呢？

弟的来信都已经收到，增添募集新的兵营，完全可以允许；不改变目前局面，则绝对不能允许。以前向、和用重兵死守金陵，不提前想好变化的计策，以消灭敌人，我曾经讥笑他们没有一点智慧韬略，现在难道要向向、和学习，从而重蹈他们的覆辙吗？听从弟的请求，可以再增添十个兵营；遵从弟的计划，金陵老营永不调动；至于用几万人全部作为呆板之兵，企图合长围，则是我绝对不会答应的。我的拙见，总是要有呆兵、有活兵、有重兵、有轻兵，缺一不可。

用一万人作为呆兵、重兵屯驻金陵，用一万人作为活兵、轻兵进攻东坝、句容、二溧等地方，用八九千人保护后路芜湖、金柱关等地方，随时策应。希望弟仔细审度，这次回信时作出决定。

【点评】

世事无常，变化不定。不经历大风大浪的人，难以理解个中滋味。曾国藩一世精明，阅历颇深，饱经世事沧桑变化，自然一眼便能看出事件背后蕴藏的内容。就连处事老练的曾氏都感叹"道高一尺、魔高一丈"，世事变幻莫测，令人难以捉摸，看来小人的阴险真是无处不在，而且隐藏颇深，让人不得不防。

同治元年十月廿八日与九弟国荃书

公元 1862 年 12 月 19 日

沅弟左右：

昨日接朱云岩禀，旌德业已解围，徽州得已安枕，为之欣慰。九洑洲渡江之贼既不满万，或不致竟犯北岸。吾两月忧怀万端，至是稍释一二。只求季弟病体全愈，宁国粮路大通，鲍、张再稳支一月，则大海风涛，又得安渡彼岸矣。

弟处东头八营，已缩人中圈之内否？全军分为两支，一呆一活之说，已定局否？

幼丹中丞将江西漕折全数截留，此后饷项愈绌。又洋人将于安庆、大通、芜湖新立子口，皖厘亦必减色。然应添之营，仍不敢缩手不添。现令申夫添立一军三千人，一切仿照霆营规模，不知将来有成否？

【译文】

沅弟左右：

昨天收到朱云岩的报告，旌德的围困已经解除，徽州可以安枕无忧了，这让我深感欣慰。从九洑洲渡江的敌军既然不满万人，或许不至于进犯北岸。两个月以来让我忧虑挂念的事情太多了，到现在才稍微消解了一些。只求季弟身体痊愈，宁国粮路完全通畅，鲍、张再稳稳地支撑一个月，那么就过了大风大浪，又可以安全到达彼岸了。

弟那里东头的八个营兵力已经缩紧到中圈以内了吗？全军分为两支，一支呆兵，一支活兵的计划，已经成形了没有？

幼丹中丞将江西漕折全部截留，此后饷银来源更少了。另外，洋人将在安庆、大通、芜湖新建子口，安徽的厘金数量也必然会减少。但应添置的新营，仍然不敢放手不添。现今命令申夫添立一军三千人，全部按照霆营的规模，不知将来能不能有所成果？

【点评】

军队饷银来源减少，洋人新开子口让安徽的厘金日趋减少，新营又不得不添置，而这些不仅需要钱，而且建成后还需要派发饷银，所有这一切让曾国藩深觉囊中羞涩，如何分拨军饷便又成了一个心病。他只能寄希望于添置的新营能收到一定的成效，也不枉费曾氏花费的心血。

同治元年十一月初一日与九弟国荃书

公元1862年12月21日

沅弟左右：

余日内忧煎，有甚于祁门极困之时。季弟得焦听堂诊治，用药不至大错，果日愈否？弟忧劳过甚，精神尚能强支否？此时吾兄弟惟有强作达观，保惜身体，以担国事，以慰家人，别无他策。

万篪轩顷送辽参一两，吾拟备价百二十金与之，不知渠肯收否。吾已蒸食一钱，似尚有力量，余九钱兹专人送金陵，季弟病后，服补剂时，可酌服之。但不宜太早，须外症退净毫无反复之时，乃可蒸服。温弟在江西病时，竟系此物之功。弟劳苦过甚，亦可分食少许。

冬笋两担带去，各营官处，可分馈数枝。北岸事已决裂。南岸鲍军不知尚可支持否？

【译文】

沅弟左右：

我这段时间心情忧虑，备受煎熬，比在祁门极甚困难的时候还严重。季弟接受焦听堂的诊治，用药不致于出大差错，当真一天天好起来了吗？弟弟忧虑操劳过度，精神还能勉强支撑吗？这种时候我们兄弟只有强作乐观，保重珍惜身体，以担负起国家大事，以安慰家人，除此之外，也没有别的办法了。

万篪轩刚给我送来一两辽参，我打算给他一百二十两银子，不知他肯不肯收。我已蒸吃了一钱，好像还有劲，剩下的九钱参，现派专人送到金陵，季弟病好后，吃补药时，可以试着服吃。但不应太早，必须等外在病症退净，一点都没有反复之时，才可蒸服。温弟在江西生病的时候，就是用这东西治好的。弟弟太过劳苦，也可以分吃少许。

带去两担冬笋，可分别馈送各营官几枝。北岸的战局已经崩溃，不知南岸的鲍军还能不能支撑？

曾国藩像

【点评】

曾氏于信中劝慰九弟，由于军情危急，事务繁多，必定劳精伤神；可即便处境险恶，也要振作精神，保持乐观的态度，保养好自己的身体，为国家担当起重任，也能让家里人放心。并拿出别人送的珍贵辽参给其两位弟弟送去南京，由此可见，曾氏即便在自己身体相当虚弱的情况，还这样关心他的兄弟，这实在是我们学习的可贵之处，这也是一个大丈夫的所作所为。

同治元年十一月初四日与九弟国荃书

公元 1862 年 12 月 24 日

沅弟左右：

昨日接唐鹤九、李嘉湜二禀，言巢县失守，与侯朝栋一禀不甚符合。现调张树声五营守无为，吴长庆等新四营守庐江，不知赶得上否？

目下事机不顺，有万箭攻心之象。然北岸最要者，惟安庆、庐州、无为、桐城、西梁、运漕六处，南岸最要者，惟金陵、宁国、芜湖、南陵、金柱五处。尽吾力之所能，保一处算一处，此外则付之天命而已。

【译文】

沅弟左右：

昨天收到唐鹤九、李嘉湜的两封禀报，说巢县失守了，与侯朝栋的来信不太符合。现抽调张树声五营兵力驻守无为，吴长庆等新四营兵力守卫庐江，不知能不能赶得上？

眼下事机不顺，有万箭攻心的迹象。但北岸最要紧的地方只有安庆、庐州、无为、桐城、西梁、运漕六处，南岸最要紧的地方只有金陵、宁国、芜湖、南陵、金柱关五处。尽我所能，保住一处算一处，除此之外就只能听天由命了。

【点评】

曾国藩一直是一个相信命运的唯心主义者，但他同时也是一个能充分积极地发挥主观能动性的人。

曾国藩面临的局势真是千疮百孔，难于应对。但他能够冷静地确定几处必守之地，并表示竭尽全力保住一处算一处，这表明曾国藩能在混乱之中充分发挥主观能动性，但是他最后还是表示了听天由命的无奈，显露出其认识上的唯心主义性。

同治元年十一月初六日与九弟国荃书

公元 1862 年 12 月 26 日

沅弟左右：

季弟病略转轻，为之少慰。日内心中有三大虑，一曰季病，二曰皖北，三曰宁国。今季病有转机，略纾一虑。

皖北之事，得弟信派树字五营守无为州，初一业已过江，初三或可进州，守此一城则骊珠在握矣。余又留吴长庆四营守庐江，调萧、毛等七千人来庐州，中旬可到，调江味根来皖北，新年可到。是皖北之大虑，或可徐纾。

惟宁国一虑，反无把握。伪侍王似尚在东坝、小丹阳一带，日内或攻弟营，或攻金柱、芜湖，皆意中事。望弟商之诸公，专重南岸。其北岸之事，只要无为州不失，自可徐徐料理，余能担当也。

至弟处轻兵重兵之说，且待此三虑纾后，再行熟商。到明年二三月后，弟或以余之言为然，亦未可知。

【译文】

沅弟左右：

季弟的病略微转轻，令我稍感欣慰。最近我心中有三大忧虑之处：一是季弟的病情，二是皖北，三是宁国。现在季弟的病情有了转机，其中的一大忧虑略微得以舒减。

皖北的战事，收到弟弟的信，已调派树字五营守无为州，初一已经过江，初三也许可进州城，守住这一城，骊珠就在握了。我又留下吴长庆四营守卫庐江，调萧、毛等七千兵马来庐州，中旬可到，抽调江味根来皖北，新年可到。这样，皖北的一大忧虑或许可以渐渐解除了。

只有宁国的忧虑，反倒没有把握。伪侍王好像还在东坝、小丹阳一带，近日或会攻打弟营，或会攻打金柱关、芜湖，这都是意料之中的事。希望弟弟与诸公商议，专门重视南岸军事。北岸的事，只要无为州不失守，自然可以慢慢料理，我能担当得起。

至于弟弟那里轻兵重兵的说法，且等我这三大忧虑解除后，再行仔细商议。到明年二三月以后，也还说不定呢，弟弟或许就会认为我的话是对的。

【点评】

曾国藩在信中向九弟国荃诉说了三大心头之患，其中季弟的病情好转让他略感欣慰；皖北的战局似乎也在曾氏的把握之中；但是宁国府一忧却仍然没有十足的自信解除。至于要把弟弟那里的军队分成重兵、轻兵的计划，曾氏打算在这三大忧虑解除之后再作商讨，不过说不定到时候九弟自会明白大哥的意思是正确的。

同治元年十一月初八日与九弟国荃书

公元1862年12月28日

沅弟左右：

昨日未接弟信，不知季弟病势何如？

庐州有六营，无为有五营，业经守定，必可放心。庐江新营未齐，若贼不遽犯，五日外即可固守。三河有解先亮之三百人，当可保全。

萧、毛七千人，二十以内可齐集舒城，皖北大局，不致决裂。

余所虑者，忠酋往年以偏师攻破浙江，分散官军的力量，而以全力攻扑金陵老营；此次或以攻窜和、含、巢、庐，效往年破浙之故智，而以全力再攻弟营金柱。不知弟部下诸将，能如前此四十六日之坚守否？

【译文】

沅弟左右：

昨天没有收到弟的来信，不知季弟的病情怎么样了？

庐州有六个营，无为有五个营，已经守住，必定可以放心了。庐江新营还没有到齐，不过如果敌人不马上进犯，五天后就可以稳固防守。三河有解先亮的三百人，应当可以保全。

萧、毛的七千人马，二十天之内可在舒城集结完毕，皖北的全局不至于崩盘。

我所忧虑的是，伪忠王去年以小股部队攻破浙江，分散官军的力量，而以全力进攻猛扑金陵老营;这次也许会攻击窜扰和、含、巢、庐等地,仿效去年攻破浙江的老办法,却以全力再进攻弟营与金柱关。不知弟部下的各位将领,能不能像过去的四十六天那样坚守?

【点评】

兵不厌诈,行军打仗有时候靠的就是诈术,靠的就是蒙弊、迷惑对方。曾国藩写信提醒九弟伪忠王去年攻打金陵我军时,便是先分小股兵力攻取浙江以分散我军注意力,而主要力量却放在攻打金陵老营上。这次他很有可能故技重施,但我们不能让他再得逞,要有针对性地做好布防工作,以不变应万变。

同治元年十一月初九日与九弟国荃书

公元1862年12月29日

沅弟左右:

季弟业已出汗大解,应可放心。凡伤寒、瘟疫两症,所最难得者大解耳。

弟之所忧三端,余亦同之。余以季病为第一患,宁国为第二患,皖北为第三患。盖宁国鲍军站不住,则弟军五百里毫无声援,进退两难也。皖北之贼虽多,吾坚守庐郡、安庆、无为三城,调希部由舒城进兵,调江达川、味根由桐城进兵,或尚可以挽救。

旌德贼退后,陷太平,至黟县,去祁门仅六十里,不知王钤峰、唐桂生能速由徽援祁否?祁若不保,则皖南全局立坏,此又三患外之一大患也。

【译文】

沅弟左右:

季弟已经出汗并开始大便,应当可以放心了。凡是伤寒、瘟疫这两种病,最难得的就是能够大便。

弟所忧虑的三件事,我也同样这么认为。我把季弟的病看作第一点忧患,宁国看作第二点忧患,皖北看作第三点忧患。因为宁国的鲍军站不稳脚跟,而弟军远隔五百里丝毫不能声援,这就进退两难了。皖北的敌军虽然多,但是我们坚守庐郡、安庆、无为三城,抽调希庵部从舒城进兵,抽调江达川、味根从桐城进兵,或者还可以挽救。

旌德敌军撤退以后,攻陷了太平,到了黟县,离祈门只有六十里,不知王钤峰、唐桂生能不能迅速从徽州援赴祁门?祁门如果失守,那么皖南的全局就马上恶化了,这又是三大忧患之外的另一大忧患。

【点评】

虽然人们常说在战争中不能计较一城一地的得失,但是要害之地说起来就不能这么轻松了。

祁门实乃皖南全局的门户,万一有闪失,则很有可能导致整个皖南局势的恶化,这让曾氏再添一大忧患。他也只能寄希望于援军能够迅速赶往祁门,以确保祁门万无一失。

同治元年十一月十一日与九弟国荃书

公元 1862 年 12 月 31 日

沅弟左右：

季病又有反复，实深忧悸。弟自闰月以来，过于忧劳，此刻且将添勇与否，活兵呆兵之说，一概置之度外，待过年后再议。

江北之事，守住西梁、无为、庐郡、庐江、三河，又调萧、毛二军来舒城，调达川、味根来桐城，仅可支持。皖南泾、旌二县已稳。所患者鲍军与祁门耳。此等处自关国运，吾近亦稍宽怀，以愁之不胜愁也。

饷项日绌，吾近又添人万余，明年断难支持。然地广贼多，亦只好姑且添兵，以资抵御。待明年二三月，希庵与二江同到，吾决计率万人至芜湖、金柱等处，为弟打通后路，兄弟相会耳。

【译文】

沅弟左右：

季弟的病情又有反复，实在让人非常忧虑。弟从闰八月以来过于担忧辛劳，此时要暂且先把增添不增添新兵，分兵为活兵、呆兵的想法，一概放在一边，先别管它，等年后再谈。

江北的战事，守住西梁、无为、庐郡、庐江、三河，又调派萧、毛二军来舒城，调派达川、味根来桐城，也只是仅仅能支撑。皖南的泾、旌二县已经稳定。我所担心的就是鲍军与祁门了。这些地方关系到国家命运，我近来也稍微宽心释怀了一些，因为愁不胜愁呀。

军饷日见短缺，我近来又添募了一万多人马，明年一定难以维持。但地域广阔，敌军众多，也只能姑且增添新兵，以便用来抵御敌人。等明年二三月，希庵与二江都来到后，我决定统率万人到芜湖、金柱关等处，为弟打通后路，我们兄弟即可相会。

【点评】

身体是革命的本钱。季弟病情的反复发作让曾国藩不得不再次感慨健康的重要性，因此他要求九弟暂且将劳烦之事放在脑后，前段时间过于忧劳，此时可以略作休息调整，

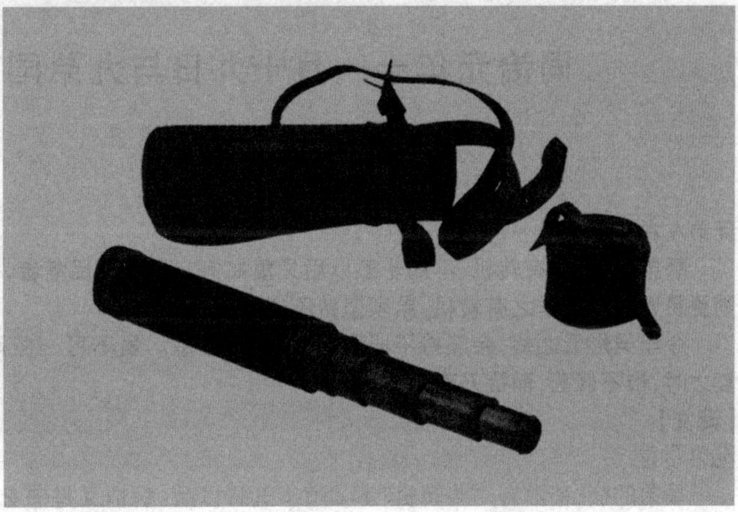

清代六节望远镜

一切待年后再说。曾国藩自己也是渐趋达观，不再自找烦恼，因为他看得很明白了，愁不胜愁啊。白白地犯愁不仅没有用处，反而可能引发身体疾病，还不如不去想它，乐观豁达、以保证身心健康。

同治元年十一月十八日与九弟国荃书

公元 1863 年 1 月 7 日

沅弟左右：

本日接初八日谕旨廷寄各一道，弟蒙恩赉黄马褂料一件、袍料一件、扳指一个、翎管一个，季弟蒙恩以知府用。谕旨两道抄录，专人送去。请奖请恤各员，均已照准。弟须专折谢恩，余可代做代写。

接弟公牍，已派朱洪章千人守东梁山；以后可不再派，老营亦宜微有余力也。

【译文】

沅弟左右：

今天接到八日的谕旨及廷寄各一道，弟承蒙皇上恩典御赐一件黄马褂衣料、一件袍料、一个扳指、一个翎管，季弟亦蒙皇恩被任命为知府。两道谕旨抄录下来，派专人送去。请求奖赏和抚恤的各官员，全部都已恩准。你必须专门上奏折感谢皇恩，我可以代为制作、代为书写。

接到你的公文，已经调派朱洪章带领千人驻守东梁山。以后可以不再增派，老营也应该稍微有些多余兵力。

【点评】

曾国藩一家兄弟同时承蒙皇恩，曾氏要求弟弟专具奏折感谢皇恩浩荡。

其实蒙承恩典一直以来都让曾国藩心中既高兴又害怕。高兴的是得一门荣光，皇恩眷顾也让曾氏家族名望渐高；害怕的是各位弟弟性格粗犷，容易骄傲自大，盛名之下，容易滋生狂妄的不良思想，这种情况很有可能带来灭门之灾。因此曾氏也是一再提醒弟弟们做人一定要低调，不要贪功求名。

同治元年十一月十九日与九弟国荃书

公元 1863 年 1 月 8 日

沅弟左右：

季弟之病，微有转机，不知十五以后又复如何？伤寒而反复者，每以服药致误，服补药则更易误。欲求季之有转机，弟须坚持不复服药。

今年吴彤云之病，余坚持不服药之说，果得痊愈。虽不可一概而施，然亦可见病情反复之时，惟不服药，而症乃有定象也。

【译文】

沅弟左右：

季弟的病，稍微有一些转机，不知道十五日以后，病情又是怎么样了？伤寒病出现病情反复的情况，常常因为服用药物而导致病情延误，服用补药就更会延误病情。想要让季弟病情好转，就必须让弟弟坚持不再服用药物。

今年吴彤云的病，我坚持不让他服用药物，果然得以痊愈。虽然不能一概而论，但也可以看出在病情出现反复时，只有不服用药物，病症才会出现稳定的迹象。

【点评】

曾国藩一直对季弟喜欢服用药物这一习惯就很不以为然。这次季弟病情反复，曾国藩仍然是主张季弟不要再服用药物，补药更不能再吃。

俗话说得好，药补不如食补。曾国藩力主不能乱服补药自有其中道理。但是人生病了总得吃药，关键是要对症下药，切忌乱服药物。只要对症下药，自会药到病除。

同治元年十一月廿二日与九弟国荃书

公元 1863 年 1 月 11 日

沅弟左右：

接弟十八日辰刻信，知季弟溘逝，哀恸曷极！应商之事，条列于左：

（一）余准于三日起行赴金陵，本月内准到。一则与弟商季弟后事及营中各事；一则亲接季弟灵柩，由金陵护送至安庆。载灵榇之船，不必大，取其较便易行者。余坐一长龙船，季榇载一民船，各用数号舢板拖带，庶上水稳而且快。至安庆后，应否另换大船，俟与弟面商。

（一）季弟请恤事，应请少荃出奏。上海现在有“威林密”轮船在此，廿六七日可过金陵，余信弟信，均可由该船带沪。

（一）季弟部下五千人，自当归并弟处统领；若另有可分统之人，俟余与弟相见后再行下札。弟久劳之后，继以忧伤务当强自宽解。余于兄弟骨肉之际，夙有惭德，愧憾甚多。弟则仁至义尽，毫无遗憾，千万莫太悲伤。

（一）弟信须洋药等物，余当带洋药万斤，洋帽二十万、洋枪四百枝亲交弟处。白齐文在上海大闹，兹将筠仙原信付阅，该军断不来矣。只要春霆站得住，军务尚可支持也。

李鸿章像

【译文】

沅弟左右：

收到你十八日辰时写的信，知道季弟已溘然长逝，我悲伤哀痛到了极点！应商量的事情，一条一条列在下面：

一、我于三日准时起程赶赴金陵，本月内一定能到达。一来与你商议季弟治丧事宜及军营中的各种事情；二来亲自迎接季弟灵柩，从金陵护送到安庆。运载灵柩的船只不必太大,挑取轻便易于航行的船只就行了。我乘坐一艘长龙船,季弟灵柩由一艘民船运载,各由数只舢板拖带,这样逆水而上平稳而且快捷。到达安庆后,该不该换艘大船,等与你当面商议。

二、请求抚恤季弟家属之事,应该请求少荃出面上奏。上海的"威林密"号轮船现在这里,二十六七日可路过金陵,我的信及你的信,都可由该船带往上海。

三、季弟手下的五千人马,自然应归由你处统率;如果另外有可以分而统领这些兵力的人选,等我与你相见后再另外下文。你在长久辛劳之后,又接着遭受忧伤之事,务必应当勉强宽慰排解。我对自己的兄弟骨肉,一直负有惭德,惭愧遗憾的事情非常多。弟弟你则仁至义尽,丝毫没有遗憾,千万不要太过悲伤。

四、你来信说需要洋药等物品,我带去万斤洋药、二十万顶洋帽、四百杆洋枪亲自交给你们。白齐文在上海大闹,现将筠仙原信交付于你看一看。该军绝对不会再来了。只要春霆站得住脚,军务上的事还是可以支撑下去的。

【点评】

曾国葆死于瘟疫,给曾氏兄弟带来沉重打击,可谓哀伤至极!曾国葆病死时,年仅三十五岁,正值壮年,且无子女,确实令人感到惋惜。曾氏要亲自接曾国葆的灵柩由南京护送到安庆。并请李鸿章上奏朝廷,朝廷下旨对曾国葆的死给予很高的抚恤。除曾国葆生前有的知府衔外,又特追封为按察使,赐谥号靖毅。

同治元年十一月廿三日与九弟国荃书

公元1863年1月12日

沅弟左右:

昨日发两信,定于廿四日起程赴金陵,坐"威林密"船以行。而此间官绅上下纷纷谏阻。今早接弟信并与澄侯一信,知季弟之灵柩,拟于廿四日开船上行,余若坐轮船以往,必在中途错过。余即不赴金陵,留此迎接季榇,而请亦山至金陵一行,代余慰视老弟。应商事宜,再行条列于后:

(一)余署附近有一大屋,将买为湖南会馆。季弟灵榇,即迎置其中。一切开吊行礼,俱甚方便。加漆多则七次,少则五次,每次必须三日,不可草率。湘潭既不上岸,不可加漆,不如即在安庆停二十天,尽漆六七次。一切丧礼应行之仪,皆在安庆行之。余昨与亦山商,拟令季榇仍进曹禾冲,再行开堂发引。今弟意令季榇由北港登岸,舁葬马公塘,则是湘潭固不上坡,紫田亦不进屋,宜在安庆备行诸礼,而加漆尤为要务,在此停留两旬无疑。

(一)刘南云三营,宜仍留金陵,兹派戈什哈持令箭公牍至中途截令折回。无为州有树字五营,尽足坚守。吾又派萧、毛七千人从无为进兵,更可放心。

李幼荃有才,与少荃相等,将来必成伟器。穆海航德优而才亦并不劣,幼与海水乳交融。吾以无为付之二君,尚属付托得人。其城存钱米,俟闭城断接济时再行支放。火药余已解到万斤,弟不可疑余与幼、海毫无准备也。弟谓余用人往往德有余而才不足,诚不免有此弊,以后当留心惩改。然弟若疑幼、海为无才之人,所见差矣。

【译文】

沅弟左右:

昨天寄出两封信,决定于二十四日那天动身前往金陵,乘坐"威林密"号船前去。但这里的大小官吏绅士纷纷劝谏阻拦。今天早上收到你和澄侯的来信。得知季弟的灵柩，打算于二十四日开船逆江而上，我如果坐轮船前往金陵，必然会在中途彼此错过。我就不去金陵了，留在这里迎接季弟灵柩，而派亦山到金陵一趟，代表我探视慰问老弟。应商量的事情，再条列于后：

一、我的官署附近有一座大屋，我即将它买下来作为湖南会馆。季弟的灵柩就迎放在里面。一切开吊行礼仪式，全都十分方便。棺椁油漆多则七遍，至少也要五遍，每一遍必须要三天，不可草率。灵柩既然不在湘潭靠岸，不可以上漆，不如就在安庆停留二十天，尽可以上漆六七遍。所有丧礼中应该进行的仪式，全部在安庆举行。我昨天与亦山商量，打算让季弟灵柩仍然进曹禾冲屋，然后再开堂发引。现在弟的意思是打算让季弟的灵柩在北港登岸，抬葬于马公塘，在湘潭固然不上坡，在紫田也不进屋，只适宜在安庆全部举行各种礼仪，而棺木加漆尤为重要，在这里停留二十天没有问题。

二、刘南云的三营军队，应该仍然留驻在金陵，现派遣戈什哈拿着令箭公文前往途中拦截，令他折回。无为州有树字五营兵士，绝对足以坚守。我又派萧、毛七千人马从无为进兵，更加可以放心。

李幼荃有才能，与少荃差不多，以后必然成大器。穆海航品德优秀，而且才能也不低劣，幼荃与海航水乳交融。我把无为托付给他们二人，还算属于托付得当。城里存放的钱财米粮，等到闭城断了接济时再行支取发放。我已运到火药万斤，弟弟你不能怀疑我与幼荃、海航一点准备也没有。你说我任用的人往往德行有余而才能不足，确实不免有这个缺点，以后应当留心改正。但是你如果怀疑幼荃、海航是没有才能的人，那就不对了。

【点评】

选用人才历来是统帅最为关心的问题之一。每个统帅的性格不同，选任人才的标准也就有很大不同。但总体来说，德、才这两者是每个统帅考虑用人时的两个必备因素。一般说来，在乱世用人，往往偏重其才而忽略其德，但在太平盛世用人，德又会成为统治者用人时首先考虑的因素。

曾国藩任用人才虽然注重德才兼备，但还是更加注重其人的品德而不是非常重视其人的才能，弟弟给他指出，他也能意识到自己的这个缺点。

同治元年十一月廿四日与九弟国荃书

公元 1863 年 1 月 13 日

沅弟左右：

兹请亦山至金陵一行，劝慰老弟宽怀，专以国事为重。不带勇则已，带勇则死于金陵，犹不失为志士。弟以季之没于金陵为悔为憾，则不可也。袁简斋诗云，“男儿欲报君恩重，死到沙场是善终”，当时以为名句。

季梂到安庆，余必加漆五次，大约停住两旬。圣山至金陵，小住十日可也。

【译文】

沅弟左右：

现在请亦山到金陵去一趟，劝解安慰老弟放宽胸怀，要专以国家大事为重。如果不带兵打仗就算了，只要带兵打仗，即使死在金陵，仍不失为有志之士。你因为季弟死在金陵而感到后悔和遗憾，那就不对了。袁简斋有诗说："男儿欲报君恩重，死到沙场是善终"，当时人们都认为这是名句。

季弟的灵柩抵达安庆之后，我一定再加五遍漆，大概要停放在这里二十天才可下葬。丰山到金陵后，小住十天也是可以的。

【点评】

马革裹尸、战死沙场是任何一个统将都应该追求的最高理想和最高目标。曾国藩对九弟说，你我兄弟不带军作战也就算了，一旦开始带兵打仗，即使战死沙场也死而无憾，无怨无悔，不失为志士。所以弟弟一定不要因为季弟死在金陵而耿耿于怀，难以释怀，这正是我们这些戎伍之士最好的归宿。

同治元年十一月廿五日与九弟国荃书

公元 1863 年 1 月 14 日

沅弟左右：

季榇到皖，余决留二十天，以加漆为第一要务。或作传，或作墓志，即于此二十日内为之。题主、派炮船等事皆极易办，弟可放心。弟于天伦骨肉之间，尽情尽礼，毫发无憾，余则歉憾甚多，然送死大事，亦断不敢草率。

春霆闻讣，丁继母忧。虽以缄牍慰留，然其军心涣散，殊切隐虑。萧、毛从北路柘皋打巢县，刘、张从南路无为打运漕，本极妙着。余先不知南云之来，已令萧、毛由南路进兵，今始悔失算矣。

【译文】

沅弟左右：

季弟的灵柩到安徽后，我决定让它停留二十天，把给灵柩上漆看成是最重要的事。还要写传记，撰写墓志铭，这些都要在二十天内完成。题主、派炮船等事情都是很容易置办的，你尽可放心。弟弟对天伦亲人骨肉兄弟，已经尽情尽礼，没有留下丝毫的遗憾，我在这方面则愧歉遗憾的事情很多，但送葬这种大事，我也绝对不敢草率。

春霆收到讣告，她的继母也已去世。虽然写信安慰过他，但是他那边军心涣散，特别需要注意隐藏自己的忧虑之情。萧、毛从北路柘皋攻打巢县，刘、张从南路无为攻打运漕，本来就是绝妙的一着。可我先前不知南云要来，已经命令萧、毛由南路进兵，现在才开始后悔失算了。

【点评】

曾国藩一生为国操劳，对亲人兄弟却总有遗憾愧疚的心情存在。季弟的死更是让曾国藩觉得惭愧到了极点，他也只有尽心尽力地安排好季弟的葬礼，以告慰季弟的在天之灵。

同治元年十一月廿六日与九弟国荃书

公元 1863 年 1 月 15 日

沅弟左右：

季弟无生前合意之室庐，弟因定在北港登岸，径舁至马公塘，与叔父合葬，此仪甚妥。

余在安庆为之开吊设奠，多漆几次。安庆系季立功之所，亦尚妥也。

【译文】

沅弟左右：

季弟生前没有心满意足的房屋，因此弟弟决定将弟的灵柩在北港登岸，直接抬到马公塘，与叔父合葬，我觉得这个提议非常妥当。我在安庆为他开吊设置灵堂进行祭奠，棺木多油漆几遍。安庆是季弟立功的地方，这也还算是妥当的。

【点评】

中国人自古便有盖棺定论一说，同时，亲友为了纪念死者往往会满足一些死者生前未能实现的愿望，以告慰死者在天之灵。

曾国藩与九弟国荃为了弥补季弟生前没有好房子的遗憾，决定将他与叔父合葬，并且为他在其生前立功之地——安庆举行葬礼，也算是表达两位哥哥对季弟的缅怀之情。

同治元年十一月廿八日与九弟国荃书

公元 1863 年 1 月 17 日

沅弟左右：

昨日发信后，接弟信并祭文一篇，至性至情，流溢纸上，有不可磨灭之状。观老弟天性之厚，将来福泽当有不可限量者。

季弟之主，明日可以毕工，主要用栗木，匣用楠木。闻徽州漆甚好，已函请祁门粮台购买。

【译文】

沅弟左右：

昨天把信寄出后，收到你的来信和一篇祭文。深情厚谊，流淌洋溢于纸上，有不可磨灭的印象。看来老弟天性淳厚老实，以后当有不可估量的福气恩泽。

季弟的木像，明天可以完工，像主用栗木，匣子用楠木。听说徽州的漆非常好，已去信请祁门粮台帮忙购买。

【点评】

九弟国荃深痛于季弟之死，充满感情的一篇祭文让曾国藩看了也不得不感动。

曾国藩由祭文反观国荃的淳实本性，希望他以后可以永享福泽。季弟的木像以及木匣、漆器等，曾氏都尽量用最好的材料，也算是弥补自己对季弟照顾不周的遗憾。

同治元年十一月廿九日与九弟国荃书

公元 1863 年 1 月 18 日

沅弟左右：

余之定计，以萧、毛进无为一路，不进柘皋一路，盖亦略有苦心。当时不知弟派南云上来，无为究嫌力薄，一也。柘皋等处，无米可办，无夫可雇，二也。进南路，恐贼从柘皋以攻庐郡，其祸迟；进北路，恐贼从盛家桥以犯桐城，其祸速；三也。前此迭接弟信十余件，皆言北渡之贼气势浩大；李世忠之咨，则更言贼多且悍。吾因萧、毛皆系中才，恐不宜置之柘皋

清代密折专用匣

用马用众之地，四也。

今调度已定，纵然错误，无可挽回，只好听之而已。上湖南之勇，远胜于长、善一带，极是极是。鲍营近日逃者纷纷，恐终决裂也。

【译文】

沅弟左右：

我已拿定主意，让萧、毛进军无为州这条路线，不走柘皋那条路线，大概也算用心良苦了。当时不知道你派南云前来，终究还是觉得无为力量薄弱，这是第一点。柘皋等地方，没有粮米可置办，没有差夫可供雇用，这是第二点。进攻南路，恐怕敌军从柘皋攻打庐郡，祸患会来得慢些；进攻北路，恐怕敌军从盛家桥进犯桐城，祸患会立刻就到，这是第三点。前几天接连收到你的十余封信，都说北渡的敌军声势浩大；李世忠的咨文，则更是说到敌军众多而且强悍。我因为萧、毛都属才能中等之人，恐怕不适合把他们用在柘皋这样使用骑兵带领大队人马的地方，这是第四点。

现调度已定，即使有差错，也无法挽回，只能听天由命罢了。派去湖南的士兵，远远胜于去往长、善一带的士兵，这非常正确。鲍营最近逃兵很多，可能最终会分崩决裂。

【点评】

曾国藩做事一向沉稳老练，绝不慌乱，因此也极少出错。但这次战略部署过程中，虽然他也设想到了全局才做出决定，但是万万没想到九弟会派军队前来，这样一下子打乱了整个军事部署。但是军令如山倒，不能轻易更改，更何况各路兵马已经开始行动，因此也只能是将错就错、听之任之了。

同治元年十二月初一日与九弟国荃书

公元 1863 年 1 月 19 日

沅弟左右：

南云已抵无为州，自无遽回金陵之理。春霆至黄麻渡，回高祖山老营。据报，黄麻渡

之下小淮窑地方，被贼占据，水运又已不通，恐其再窜三山、繁昌，梗我陆军，则大局去矣云云。

余以鲍军久困该处，军心涣散，逃亡相继，实深忧灼。拟令南云三营再由无为南渡，会合周、吴、罗、朱等营，痛剿一次，或剿湾沚，或剿石埝。两处能打开一处，鲍军乃有生机。临阵打仗，则以刘南云为主；事前布置，则以厚庵为主；不知办得到否？赶得及否？望弟细心筹度，与厚庵、南云、竹庄及诸将商之。

昨日为季弟写铭旌，自外入室，闻檀香甚烈，意戈什哈等焚之，以致诚敬；及至写毕一问，并无人焚香者，殊为可异。

阅邸抄，何根云已正法。本日接寄谕，胜克斋又革职拿问矣。

【译文】

沅弟左右：

南云既然已经抵达无为州，自然没有马上就返回金陵的道理。春霆到了黄麻渡，返回高祖山的老营地。据报告说黄麻渡下游的小淮窑之地已被敌军占据，水运也不畅通了，恐怕他们会再次窜扰到三山、繁昌，梗塞我陆军交通，那么大好局势就会失去了。

因为鲍军长久被围困在这个地区，军心涣散，士兵逃亡不断，我实在感到非常忧虑焦灼。我打算命令南云三营兵力再从无为南渡，会合周、吴、罗、朱等营军队，痛击进剿敌军一次，要么剿灭湾沚，要么围剿石埝之敌。两个地方能够攻开一处，鲍军才有生机。临阵打仗，就以刘南云的兵力为主；事先布置好战斗，就以厚庵兵力为主。不知能不能办得到？能不能赶得上？希望你仔细筹划，与厚庵、南云、竹庄及各位将领商议此事。

昨天为季弟写墓志铭，我从外面走到屋里，闻到十分强烈的檀香味，以为是戈什哈等人在焚燃檀香，以表示诚意。等到写完之后一问，并没有人烧香，实在是非常奇异。

读了邸抄，何根云已经被正法。今天接到寄来的谕旨，胜克斋又被革职问罪了。

【点评】

曾国藩为季弟写墓志铭，从外面回到屋里，闻到檀香殊烈。但是写完之后，曾国藩才知道并没有人焚烧檀香。

曾氏是个唯心主义者，这种奇异的现象自然引起曾氏强烈的关注，他认为这应该是季弟亡灵冥冥之中在显灵，故特地写信告知九弟。

同治元年十二月初二日与九弟国荃书

公元 1863 年 1 月 20 日

沅弟左右：

忠酋如果回苏，则江北与金陵之事或可渐松；严州既破，待逆亦必旋浙；所虑者，专在春霆一路。吾忧灼太久，只好委心以听天命之自然。

弟意季弟之梓不可久羁安庆，不必入城，亦有所见。惟此间公馆一切供张已备，又新作大杠、棺罩，同城官绅多有备礼者。入城治丧，亦世俗哀荣之一端，故京师刻讣闻者，做高脚牌者，均争此一节。本年周军门（天受）柩来安庆，力请入城，余许之；黎寿民柩求入城，余亦许之；杨镇魁柩求入城，余未之许，乃请一咨求入长沙城，其家因此生感。将来季榇入安庆城，设奠数日，但不久停耳。

太平天国忠王李秀成的龙袍

【译文】

沅弟左右：

伪忠王如果当真回到苏州，那么江北与金陵的战事或许可以逐渐宽松；严州已经被攻破，伪侍王也必然会回到浙江；我所忧虑的，只在春霆这一路了。我忧虑焦灼时间太长了，只好安心听从天命顺其自然。

你的意见是季弟之灵柩不可久留安庆，不必入安庆城，这也是一种看法。只是这里公馆的一切事情供办张罗已完备，又全新制作了大杠、棺罩，城中很多官员士绅已准备了礼物。入城治丧，也是当世风俗中哀悼显示荣誉的一件事，所以京城刻写讣告的人，做高脚牌的人，都是争相为此事而做。今年周军门(天受)灵柩到安庆，竭力请求入城，我同意了；黎寿民灵柩请求入城，我也同意了；杨镇魁灵柩请求入城，我没有同意，就请求我写一封信准许他进入长沙城，他的家属因此十分感激。过几天季弟灵柩进入安庆城，设立灵堂祭奠几天，但不会停放太久。

【点评】

九弟写信不同意让季弟的灵柩入安庆城。曾国藩复信说安庆这边一切都已安排妥当，还有很多官员士绅准备好了祭礼。如此的形势已经不容许季弟的灵柩不入安庆城了，但曾氏表示不会停留太久。况且，灵柩能够入城祭奠，也是一种表示哀悼、显示荣誉的途径，并不是所有人的灵柩想入城就都能入城的。

同治元年十二月初四日与四弟国潢书

公元 1863 年 1 月 22 日

澄弟左右：

三次寄缄论季弟丧事，想均接到。闻季弟灵榇尚在西梁山一带，不知何日始达安庆。皖北暂有平稳之象，惟鲍军十分危急。鲍若不支，则宁郡之老湘营亦必难坚守。宁若不支，则徽州亦难久守。日夜忧灼，无可设法。

余以军务处处棘手，又遭季弟之变，寸心如焚。纪泽须留家中办季弟大事，二三月尚不能来营。但望军事稍顺，则余怀可渐渐舒畅矣。季弟柩过安庆，余欲留停二十天，一则多漆几次，二则到家后不进曹禾冲等屋，直进马公塘，则一切丧礼应行之仪注，即在安庆行之。且待到此后，再行斟酌。

家中诸子侄，望弟概教之习劳起早，不轻服药，一切照星冈公在日规矩，至嘱至嘱。

【译文】

澄弟左右：

三次寄信讨论季弟的丧事，想来都收到了。听说季弟的灵柩还在西梁山一带，不知哪天才能可到达安庆。皖北暂时有了平稳的迹象，只是鲍军十分危急。鲍军如不能支撑，那么在宁郡的老湘营也必然难以坚守。宁郡若不能支撑，那么徽州也难以长久守卫。我日夜忧虑焦灼，想不出任何办法。

因为军务处处棘手，又遭遇季弟的不幸变故，我心如火烧。纪泽须留在家中办理季弟的丧事，二三月还不能来营中。只希望战事上能稍稍顺利些，那么我心中还可逐渐畅快一些。季弟灵柩经过安庆时，我打算让其停留二十天，一是为了多油漆几遍，二是到家后不进曹禾冲等屋，直接前往马公塘，一切丧礼上应进行的礼仪，都在安庆进行。待到达安庆之后，再斟酌处理。

家中的子侄们，希望弟教育他们都要习惯于早起勤劳，不要轻易服食药物，一切按照星冈公在世时的规矩处理，这是至关重要的嘱托。

【点评】

曾国藩忙于国事。近来战事吃紧，又加上季弟病故，让曾国藩暂时忽略了对家中子侄的教育。这封信中他再提星冈公在世时订的家规，要弟弟加强对下辈子侄的教育调导，让他们养成勤劳早起的好习惯，不要轻易随便服用药物，以促进他们身体和心理两方面的健康发展。

同治元年十二月初九日与九弟国荃书

公元1863年1月27日

沅弟左右：

今日卯正，季弟灵柩至宝塔下，余登舟迎至盐河卡登岸，阖城官绅均在江滨迎接，进西门入公馆。祭幛祭筵甚多，其中亦有全无瓜葛者，却之不情，受之有愧，颇难处置。拟停住数日，即送之登舟西归。船尚宽大，尽可在舟中加漆也。

【译文】

沅弟左右：

今天卯时整，季弟灵柩到达宝塔下，我登船迎接到盐河卡登岸，全城官员士绅都在江岸迎接，入安庆城西门，进入公馆。祭幛祭筵非常多，其中有全无关系之人，拒绝他们不合情理，接受却有愧疚之感，十分难于处理。我打算让灵柩停留几天，就把他送上船向西走回家去。船还算宽大，尽可以在船上为棺木加大漆。

【点评】

季弟的灵柩终于到达安庆城，曾国藩亲迎至馆，前往吊唁的人非常多，其中有些根本同曾氏毫无关系的人，这表明曾氏在安庆城官绅百姓中的威望还是很高的，但这也让曾国藩陷入两难境地，接受其祭礼吧，觉得心中有愧，不接受却又不合情理，非常难办。

同治元年十二月初十日与九弟国荃书

公元 1863 年 1 月 28 日

沅弟左右：

两日未接弟信，不知金陵各营平安否？

季榇到此已一日，外间幛联颇多，联无十分称意者。余因书一联云：

英名百战总成空，泪眼看河山，怜予季保此人民，拓此疆土；

慧业多生磨不尽，痴心说因果，望来世再为哲弟，并为勋臣。

亦不称意也。今日已漆一次，拟在此漆五次，二十日发引髓舟。少荃信来，欲为季请谥、请祠、请加衔立传，恐已在官奏之后，兹将少荃信抄阅。

朱云岩因前调青阳之檄，已弃旌德城而回徽。宁郡四面皆贼，深恐难支。

【译文】

沅弟左右：

两天没有收到你的来信了，不知金陵各营是否平安？

季弟灵柩到这里已有一天，外面送的祭幛挽联非常多，挽联没有让我十分满意的。我撰写了一幅挽联：英名百战总成空，泪眼看河山，怜予季保此人民，拓此疆土；慧业多生磨不尽，痴心说因果，望来世再为哲弟，并为勋臣。

也还是不能让我满意。今天已把棺木漆了一遍，计划在安庆共漆五遍，二十日登船出发。少荃来信，说打算为季弟请求谥号、请立祠堂、请加衔立传，可能已落在官奏之后了，现把少荃来信抄寄给你看一看。

朱云岩因前调青阳的命令，已放弃旌德城而回安徽。宁郡四面楚歌，恐怕实在是难以支撑。

【点评】

信中讲了曾国葆的灵柩已运抵安庆，曾氏感到挽联虽多，但没有十分称心如意的，于是，他自己又给死去的弟弟写一挽联。在安庆城举行了悼念仪式，灵柩停留了二十多天后，用船运回湘乡老家。曾氏为幺弟写了一副挽联为："英名百战总成空，泪眼看河山，怜予季保此人民，拓此疆土；慧业多生磨不尽，痴心说因果，望来世再为哲弟，并为勋臣。"表达了曾氏兄弟的手足情深。

同治元年十二月十一日与九弟国荃书

公元 1863 年 1 月 29 日

沅弟左右：

弟近日肝旺动气，此系忧劳太过之故。饷项本日已解五万，拟再解五万为度岁之资，合之各卡厘金，必足一月满饷。保举饬知，早经办毕，俟弟营便弁带去。

季榇定以十九日设奠题主，二十日发引登舟。余缄告澄弟，令择二月末或三月为季葬期。盖长江上水，逆风其常，而顺风其变也。

弟肝气旺，最易伤人。余兄弟皆禀母体，本难强制，然不可不以静坐制之。至属。

【译文】

沅弟左右：

你近来肝气旺盛容易动气，这是由于忧郁劳困过度的缘故。今天已经解送五万军饷，打算再送去五万，作为过年用的资金，各厘卡的税金加起来，必能满足整整一个月的饷银。保举告知，早已办理处置完毕，等你营送信士兵来时带回去。

季弟灵柩定于十九日设置奠堂将衔名写在神位上，二十日登船出发。我写信告诉澄弟，让他选择在二月末或三月份某天作为季弟下葬日期。大概在长江逆江行船，逆风是常有的事，而顺风则不经常有。

你肝气旺盛，最容易伤人。我兄弟都秉承母亲的性格，本来就难以强行压制，但不可以不平静地坐下来控制自己。这是至关重要的嘱咐。

【点评】

九弟国荃近来肝气旺盛，容易发脾气。曾国藩信中劝其弟要冷静。

虽然他们兄弟秉承母亲本性，性格上难以强行压制自己的脾气，但是这样暴躁的性格最容易伤害别人，引发不和。因此，曾氏力劝其弟切忌狂躁，要心平气和地静坐下来控制自己，不要冲动，以免做出什么不当之事。

同治元年十二月十二日与九弟国荃书

公元 1863 年 1 月 30 日

沅弟左右：

昨寄缄后，秊山恰到，道弟虽忧劳过甚，而精神完足，为之少慰。

余在季公馆三宿，今日仍回本署。至盐河一看，新城已修十分之八，十五六可竣工矣。九洑洲图迄无善本，余请人画一幅，以应恭邸之求，兹将副本寄弟一阅，果不甚差谬否？春霆久无来信，悬系之至。

昨夕拟为季弟作墓志，竟夜未成一字，却又得挽联一副云：

大地干戈十二年，举室效愚忠，自称家国报恩子；

诸兄离散三千里，音书寄涕泪，同哭天涯急难人。

或用弟名写之或不写，未定也。

【译文】

沅弟左右：

昨天的信寄出后，秊山恰好回来，他说你虽然忧劳过度，但精神很好，我略感安慰。

我在公馆住了三个晚上，到今天才回到衙署。到盐河巡视，新城已修建完成了十分之八，十五六日就可以竣工了。九洑洲图至今没有善本，我请人画一幅，以应对恭邸的请求，现将副本寄给你看一看，是不是真的没什么错误呀？春霆很长时间没有来信了，我非常挂念。

昨天傍晚准备为季弟写墓志铭，结果整整一个晚上没有写出一个字，却又写了一副挽联：

大地干戈十二年，举室效愚忠，自称家国报恩子；诸兄离散三千里，音书寄涕泪，同哭天涯急难人。

想以弟的名义写出，或者不写，还没有决定呢。

【点评】

曾国藩与季弟手足情深，在季弟灵柩所在的公馆住了整整三天，回官署后一心要为季弟撰写墓志铭，结果却又写出一副挽联："大地干戈十二年，举室效愚忠，自称家国报恩子；诸兄离散三千里，音书寄涕泪，同哭天涯急难人。"这副对联是曾氏兄弟日常生活和平生志向的真实写照：曾氏兄弟虽然生前天各一方，相隔甚远，只能靠书信来表达彼此的思念之情，但仍然全家效忠朝廷，一心要报答家恩国恩。

同治元年十二月十三日与九弟国荃书

公元1863年1月31日

沅弟左右：

季弟蒙恩追赠按察使，照按察使军营立功后病故例议恤。

南云之三营之营官、哨官皆已来见，武、朱三营之营、哨官尚未来见。关防六颗，皆已刻就。安庆存马，系副都统明兴所管，未便令其交出。

同治皇帝像

季弟恩旨抄阅。南云来打湾沚之说，且听厚庵裁夺。

【译文】

沅弟左右：

季弟蒙受皇恩被追赠为按察使，按照按察使军营立功后病故的条例商议抚恤事宜。

南云三个营的营官、哨官都已经前来拜见我，武、朱三营的营官、哨官还没有来拜见我。印章六颗，都已经刻好。安庆所存马匹，归副都统明兴管辖，不便命令他交出马匹。

季弟所蒙恩旨抄寄给你看一看。南云攻打湾沚的计划，要听凭厚庵来裁断定夺。

【点评】

季弟虽然已经去世，但朝廷下令追赠他为按察使。这是中国古代朝廷为了褒奖去世的文臣武官，而经常采用的一种方法，即追赠封号。

季弟死后的抚恤事宜也会按照按察使在军营中立功后病故的规格来进行。季弟生前受朝廷眷顾，死后又蒙受恩典追赠，在曾国藩看来，季弟这一生也就没有白过了，正所谓"了却君王天下事，赢得生前身后名。"

同治元年十二月十五日与九弟国荃书

公元 1863 年 2 月 2 日

沅弟左右：

弟处气象日稳，为之少慰。

萧军克复运漕，闻将进剿铜城闸。鲍军粮路虽未大通，而古、赖等专人至霆营投诚，黄、胡等逆亦自狡而不悍，或者支撑此局，风波渐定，亦未可知。

季弟棺漆过三次，而匠工不甚精细，此后当亲监教之。铭旌必须改写，旧者列灵焚化。余生平不信鬼神怪异之说，而八年五月三日扶乩，预料九江一军之必败，厥后果有三河之变，及昨廿九日写铭旌时，异香满室，余所亲见亲闻，又觉神异之不尽虚妄也。

弟蒙赏之衣料，宜制成后拜赐服之，服数次后敬谨收藏。将来兄弟所得赐物、诰轴，概藏于先大夫庙内。

【译文】

沅弟左右：

弟弟那里的战事渐趋稳定，我感到非常欣慰。

萧军已经克复运漕，听说即将就要进剿桐城闸。鲍军的粮路虽然还不是很顺畅，但古、赖等已经派专人到霆营(联络)投诚(事宜)，黄、胡等所率领的敌军虽很狡猾，但不强悍。如果能够支撑这个局面，说不定风波就逐渐平定下来了。

季弟的棺木已经刷了三遍漆，但我认为漆匠的工作还是不够精细，以后我要亲自监督指导他们。墓志铭必须改写，原来的已在灵前烧掉。我平生不信鬼神怪异的说法，但是咸丰八年五月三日扶乩求卜时，预料到在九江的军队必吃败仗，之后果然出现了三河之变。而且昨天二十九日写墓志铭时，异香满室。这是我亲身经历之事，所以又觉得神异之说也不全是虚妄荒诞的。

承蒙皇恩赏赐的衣服布料，制成衣服后，你要先拜谢恩赐，然后再穿上。穿着几次之后，恭敬谨慎地收藏起来。以后咱们兄弟得到的赏赐之物、诰命之轴，一律收藏在先大夫庙内。

【点评】

世上并无鬼神，曾国藩这个唯心主义者之前也这样认为。但是前有三河之变时占卜的应验，后有撰写季弟墓志铭时的异香满室，这些亲身经历的事情让曾国藩觉得世间的鬼神怪诞之说也不一定会是虚妄的。由于当时生产力与科技发展水平，我们不应对古人的这种思想求全责备，而是应该给予一定程度的谅解。

同治元年十二月十七日与九弟国荃书

1863 年 2 月 4 日

沅弟左右：

弟处气势渐旺，深以为慰。宁郡、泾县二城之米，均可支至正月中旬。春霆营中之米，亦可支至腊底。若南云能帮打三山等处，则皖南亦必平稳。

春霆于前招七千人外，又派人至三厅续招五千，于营中自借银一万六千带往，不支粮台东局之银，可谓尽心报国。其回籍治丧之意颇切，若能打开东坝，或须允准。

九月十二日恩诏，余与弟皆原官未曾升调，不能另为祖父请封，凡遇覃恩，既不为祖父请封，则亦不准貤封他人，但可为本身妻室请轴耳，弟尽可请本身夫妇诰轴，不必谦也。澄弟不肯受头品诰封，言乡间不便举动，亦颇近情理，或待其过五十后，弟再行封，亦无不可。

【译文】

沅弟左右：

弟弟那里气势逐渐旺盛起来，我深感安慰。宁郡、泾县两城的粮米，都可以支撑到正月中旬。春霆军营中的粮米，也可以支撑到腊月底。如果南云能帮助攻打三山等处，那么皖南的局势也必然会稳定下来。

春霆除前已招募七千人马外，又派人到三厅继续招募五千人，带着从军营中的自备银两中拿出的一万六千两银前去，不支取粮台东局的饷银，绝对可以称得上是尽心报国。他回家治丧的想法十分迫切，如果能攻取东坝，或许可以批准他回去。

九月十二日圣恩诏旨，我与弟都官任原职而没有获得升调，所以不能另行为祖父请求封号。凡遇到皇帝普行封赏时，既然不能为祖父请求封号，自然也不准转封其他人，但是可以为自己的妻室请封诰命，弟尽可以为自己的夫人请封诰命，不必谦让。澄弟不肯接受一品诰封，说在乡下不便于活动，也是很近情理的。或者等他过了五十以后，弟再求转封，也没有什么不可以的。

【点评】

中国是一个讲求孝行的社会，孝顺乃是人安身立命的根本。中国古代丧礼中有为父母守丧三年的规制。也就是说父母去世后，不管谁都要回家治理丧事，并且服三年丧。在这三年期间，不能做任何世俗欲望之事。

鲍春霆母丁忧，可是朝廷不准他回家治丧，忠孝难以两全。但鲍的忠诚是无可质疑的，他想回家守孝也是情理中事。看来只有战事有了很大转机后，朝廷才会恩准其回家治丧。当忠孝矛盾时，只能是先尽忠后守孝了。

同治元年十二月二十日与九弟国荃书

公元1863年2月7日

沅弟左右：

季弟身后附身附棺之事，弟在金陵已筹虑周到，其礼仪虚文之事，余在安庆亦颇周到。回籍后尽可如弟之策，径进马公塘山内，不必再入荷叶宅中，余当切告澄弟及子侄等也。

地图甚为精细，与余所绘九洑洲图大致相类。明兴之马八十匹，不能给弟，此外亦无购马之法。拟再解银五万两，日内竟无到者，忧灼之至，只好先解钱三万串，与弟略资点缀。

弟因时贤开府论及“不仁而在高位是播其恶”一节，极是极是。余三年以来，因位高望重，时时战兢省察，默思所行之事，惟保举太滥，是余乱政，不办团，不开捐，是余善政，此外尚不了了。

【译文】

沅弟左右：

季弟去世以后附身附棺的事，弟在金陵已筹谋考虑周到，祭奠的礼仪、祭文等事，我在安庆也安排得很周到。回到家乡后，尽可以按照弟弟的计划，直接进入马公塘山内，不必再到荷叶的家中，我一定切实转告澄弟及子侄们。

地图非常精细，与我所绘制的九洑洲的地图大致相似。明兴的八十匹马不能给弟弟，此外也没有别的购买马匹的办法。我打算再解送五万两银给弟，最近竟然没有人到，这让我非常焦灼，只好先解送三万串钱，给弟略为提供一点资助。

弟弟你因时贤开府，论及“不仁而在高位，是播其恶”那一节，极为正确，极为正确！我三年以来。因地位高名望重，时时刻刻兢兢业业，自我反省审察，默默思考自己做的事，只有保举的人太多太滥，这是我的乱政；不办团练，不开设捐募，是我的善政。其他的还不太明了。

曾国藩像

【点评】

曾国藩很同意九弟“不仁而在高位，是播其恶”的观点。不仁不义之人要是处于高位，那就是在传播他的恶毒。

曾氏因而自省，认为自己位高望重，时时怀有一颗警惕的心去办理公事。细细想来，只有自己保举的人太多太滥是自己为政的缺点，至于不办团、不开捐等等则是自己为政的成就所在。要是大清国的每个大员都能像曾氏一样时刻自省，那么整个国家就有救了。

同治元年十二月廿二日与四弟国潢书

公元 1863 年 2 月 9 日

澄弟左右：

接弟来信，知已得季弟沦逝之信，将在荷叶宅内为季治丧发引。季弟此次身后之事，沅在金陵办得十分整齐。余于初九日接进安庆，二十发引登舟，一切未敢稍忽，大致与七年先大夫之丧礼仪模一一相似，亦系新制六十四人轝，新制高脚牌。挽联稍少，祭幛则较七年更多。身后之虚荣，在季弟可称全备。

前沅弟意季到湘乡后，不必更进紫田、荷叶等屋，余意亦以为然，望弟即照此办理，将季榇从北港径至马公塘山内，千妥万妥。古人云：“祭不欲数，数则烦，烦则不敬。”祭尚不可烦渎，况丧礼而可烦渎乎？余系一家之主，安庆系省会之地，又系季弟克复之城，一切礼

仪在此行之，即在此发引登山，想季弟之英灵，亦必默鉴，深以为然。

再，季弟灵柩，自金陵至安庆七百里而走十六日，甚为迟滞。此次二十日自安庆开船，计程至湘潭二千里，应须四十余日乃可到潭，当在二月十五后矣。然风信无定，或遇顺风，早到亦未可知。自湘潭至北港，又须七八日。家中办接柩事，总在二月初十以后。葬马公塘则不进荷叶，不葬马公塘则必进荷叶，二者听弟一言决断。余与沅相隔太远，往返商酌，恐致误事，不敢遥断也。

季弟升知府、赠按察使，两次谕旨寄回，李中丞又奏请照二品例议恤，请谥请祠，恐更有后命。二十日业经题主，恐须改题耳。

【译文】

澄弟左右：

收到你的来信，知道你已得知季弟谢世的消息，将在荷叶宅内为季弟治丧发殡。季弟死后的一切事情，沅弟在金陵处理得十分妥帖。我在初九日接灵柩到安庆，二十日登船开航，一切礼仪不敢有任何疏忽，大体上与七年前治理先大夫之丧事时的礼仪规模差不多。也制作了新的六十四人的轚，做了新的高脚牌。挽联稍微少了一些，祭幛则比七年前更多一些。死后的荣誉，季弟可以说是全有了。

沅弟的意思是季弟灵柩到湖南家乡以后，不必再进入紫田、荷叶等房屋，我也认为应该这样做，希望弟就照此办理，将季弟棺木从北港轻运到马公塘山内，千万要妥当。古人云："祭不欲数，数则烦，烦则不敬。"祭奠尚且不可烦扰渎，难道丧礼就可以烦扰轻渎吗？我是一家之主，安庆是省会之地，又是季弟攻克的城市，一切礼仪在这里举行，也在这里发引登山。想来季弟在天之灵，也必然会默默同意的。

另外，季弟的灵柩，从金陵至安庆七百里就走了十六天，非常缓慢。这次二十日自安庆开船起程，计算路程到湘潭有两千里，应该有四十多天才能到达湘潭，那就应当在二月十五日以后了。但是风向无定，或者可能遇上顺风，说不定可能会早到。从湘潭到北港，又要走七八天。家中办理迎接灵柩事务，大约在二月初十以后开始就行了。如埋葬在马公塘，就不用进入荷叶家中，如不埋葬在马公塘就必须进荷叶屋，这两个方案采用哪个由你来决定。我与沅弟相隔太远，往返商量，恐怕会耽误事，所以不敢遥作论断。

季弟升任知府，追赠按察使，这两次的谕旨现寄回。李中丞又奏请按照二品官员的规格来议定抚恤事宜，请求谥号并请立祠堂，恐怕以后还会有命令。二十日已经写就的神位，恐怕必须改变题名。

【点评】

古人云："祭不欲数，数则烦，烦则不敬"，意思是说祭奠之事不可次数太多，次数太多则嫌烦扰，烦扰就会对死者不敬。中国古代迷信思想异常严重，认为人死之后亡灵仍在，因此祭奠的次数太多就会打扰到死者亡灵，不能让他好好安息，便是对死者的不敬。

曾国藩与沅弟已经为季弟的丧事做了很多事情，因此希望灵柩回乡之后，家人不要再行丧礼，以免打扰弟弟亡灵。至于回家之后灵柩的运行路线则由四弟国潢自行做主。

同治元年十二月廿三日与九弟国荃书

公元 1863 年 2 月 10 日

沅弟左右：

少荃为季弟请谥请祠折稿昨日寄到，兹抄寄弟阅。目下之是否谕允，殊不敢必。但吾与弟将来若再立功绩，克复金陵，则请谥亦终可望允准。

两宫太后及恭邸力求激浊扬清，赏罚严明，但患无可赏之实，不患无不次之赏；而罚罪亦毫不假借，如去年之诛二王一相，今年之戮林、米与何，近日拿问胜帅，又拿问前任苏藩司蔡映斗进京，谕旨皆严切异常。吾辈忝当重任，不恃无意外之罚，而恃无可罚之实。

少荃解银四万，吾暂不解弟处，且解鲍、张两军各二万，为度岁之资。弟处昨日解银四万两，年内必到；其解钱二万串，今日用民船解去，年内之能到与否，未可知也。

澄弟昨有信来，言季榇不宜附葬马公塘，其言亦颇近理。余因相隔太远，不敢遥决，请澄自行决断。

【译文】

沅弟左右：

少荃为季弟请封谥号请立祠堂的奏折底稿昨天寄来，现抄寄给你看一看。是否会下谕旨应允，目前还不敢下结论。但是我和弟弟以后要是再立功绩，克复金陵，那么请封谥号也最终可望得到恩准。

两宫皇太后以及恭亲王力求激浊扬清，赏罚分明，担心的是没有可受赏赐的功劳，而不用担心有功而没有赏赐；而惩罚犯罪也毫不含糊，比如去年诛杀二王一相，今年诛戮林、米与何，最近又将胜帅拿下问罪，又将前任苏藩司蔡映斗捉拿进京，这些事情的谕旨都是非常严厉的。咱们身负重任，不要奢望没有意外的处罚，而要靠自己没有可供处罚的事实。

少荃运送来四万两白银，我暂时不给你，而解运给鲍、张两军各二万两，作为过年的资金。昨天往弟处押运去四万两白银，年底肯定运到。解送的二万串钱，今天用民船送去，年底能不能运到，还不知道。

澄弟昨天来信，说季弟灵柩不宜安葬在马公塘，他的话也颇有道理。我因为距离太远，不敢遥做决断，请澄弟自行定夺吧。

奕䜣像。奕䜣为咸丰皇帝之弟，封爵为恭亲王，清末洋务派首领

【点评】

身处朝廷，为官从政，担心的不是有了功劳而没有奖赏，而是担心自己有没有可以让朝廷奖赏的成绩；抱有的不该是奢望没有意外处罚的侥幸心理，而是应该努力保证自己没有可供处罚的罪实。

曾国藩在官场摸爬滚打这么多年，自然深谙为官从政之道。因此他写信给弟弟告诉他不要担心季弟请谥请祠之事得不到应允，只要兄弟两人再立战功、收复金陵，那么季弟的这些事到时候再请也不迟。

同治元年十二月廿五日与九弟国荃书

1863 年 2 月 12 日

沅弟左右：

李世忠事，朝廷方以袁帅办理妥善，此间无论如何让他，总不能如袁之惟所欲为。

陈栋九营且到此再看，目下鲍、张、朱各军缺额甚多，可以此勇挪移补之，则不必多开新营；如万不可挪补，则令迅赴金陵，听弟妥为位置。

余所以不愿多立新营者：一则饷项极绌，明年恐有断炊之虞；二则局面愈大，真气愈少，和、张晚年覆辙，只是排场廓大，真气销亡，一处挫败，全局瓦裂，不可不引为殷鉴；三则余拟于新年疏辞钦篆、江督两席，以散秩专治军务，如昔年侍郎督军之象，权位稍分，指摘较少，亦与弟请改武官之意，暗相符合。

保举单不能不减，余自有苦衷，明年至金陵当面详告可也。

【译文】

沅弟左右：

李世忠的事情，朝廷已让袁帅处理妥当，这里不管如何迁就他，总不能让其像袁帅那样为所欲为。

陈栋的九营兵力，等到达后再说。目前鲍、张、朱各军士兵缺额很多，可以用陈栋之营兵士移补各营之不足，这样就没有必要再设一些新营；如果绝对不可以挪移，就命令他们迅速赶赴金陵，由弟给予安排妥当的位置。

我之所以不愿意多建立新营的原因：一是因为军饷极其短缺，明年恐怕还会有断饷的担忧；二是因为局面越大，真气越小，和、张晚年时的覆辙，就是因为排场搞得太大，真气消亡，一个地方受挫败，全局瓦解，不能不引以为教训；三是因为我准备在新年上疏辞掉钦篆、江督两个官衔，以散秩的身份来专心治理军务，如同以前用侍郎身份做督军那样，权力和地位稍微下降，受到的指责就少一些，这也同你请求改授武官的意思暗相符合。

保举名单不能不裁减，我自有苦衷，明年到金陵我再当面详细告诉你就可以了。

【点评】

曾国藩不主张建立新的兵营，因为新的兵营一建立，就会出现新的军饷支取点，而此时的饷银已经不容再有新营出现了；局面越大，真气越小，到时候可能导致"千里之堤，溃于蚁穴"的情况；再者曾氏想辞去两江总督等职，以散职来专门治理军务。这三点让曾国藩不想也不能再建新营。另外，沅弟保举的名单也应该减裁，大哥的苦衷到时自会告知。

曾国藩家书

卷四

[清] 曾国藩 著 郑红峰 译注

吉林出版集团有限责任公司

同治元年十二月廿七日与九弟国荃书

公元1863年2月14日

沅弟左右：

接弟捷报，知谷里村、六郎桥、朱门等处贼巢一概剿洗。此后自弟营以至金柱关，除太平府城外，尚有贼卡、贼垒若干，先打贼馆，后破垒卡，此法处处可行。

此次出队打行仗，至六七十里之远，将来推广变通，便可打至百余里二百余里。惟雨花台老营须十分坚固，能于最冲地方筑石垒数处，宜以五百人守者可以三百守之而无虑，宜用劲旅守者可以次等守之而无妨，则临分兵之时便益多矣。

余前要弟明年分兵出剿二溧、东坝，弟深以为难。现在拔兵出防东西梁山、裕溪口、龙山桥、黄麻渡、三山，多至六七千人，而弟毫无难色。然则明年军威丕振之时，弟分兵出剿二溧、东坝，必更高兴与无难色耳。

【译文】

沅弟左右：

收到弟的捷报，得知谷里村、六郎桥、朱门等地方的敌军老巢一律被剿灭干净，此后从弟的营地到金柱关，除了太平府城之外，还有敌军的若干处路卡、营垒，先攻打敌军的老窝，然后破取营垒、路卡，这个办法到处都行得通。

这次行军打仗走了六七十里远，将来推广改变这个办法并加以变通，便可以打到一百多里甚至两百多里远的地方。只是雨花台的大本营，必须十分坚固。最好在最容易冲击的地方建造几处石垒，做到可用五百人完成的防守任务可以由三百人来完成而不用担忧，要用精锐部队完成的防守任务可以由相对差一些的部队来防守也不会有什么妨碍，那么面临分兵作战的情况时，就会有许多好处了。

我先前要求弟在明年分兵出剿二溧、东坝，弟感到很为难。现在调拨军队出防东西梁山、裕溪口、龙山桥、黄麻渡、三山，多达六七千人，而弟毫无难色。然而等到明年军威大振的时候，弟再分兵出剿二溧、东坝，必然会更高兴更不觉得有困难。

【点评】

带领部队作战，大本营即老窝必须稳固，以免除作战时的后顾之忧。

曾国藩告诉弟弟一定要守好位于雨花台的大本营，并且教他在最易冲击之处设几处石垒，以做到以少量的兵力完成大量部队才能完成的任务。以次等部队便能完成精锐部队才能完成的任务，这样不仅可以确保大本营，而且能使军队面临必须分兵作战的情况时有裕的兵力，充余裕精锐部队可供分兵。

同治二年正月初一日与九弟国荃书

公元1863年2月18日

沅弟左右：

今年元日天气温和，傍夕晴霁，或东南军事可期平稳。吾所最怕者年荒米贵，统辖近九万人，若无米可食，岂堪设想。

金、宝失守，吴竹庄之说本属可信。或者尚有一分冀幸，未破此痴人幻想也。先大夫祠前牌坊上四字，俟拟得寄弟商定再写。

鲍军门二十五日出队，因雨泥中途折回，深感弟派南云驻扎三山，保全粮路。其军气较前稍壮，若将陈栋之勇分二千给之，则更壮矣。

保举太滥，官、胡创之，余亦因之，习焉不察，不复自知其非。今年余将力挽颓习，逐案核减，正月拟至金陵，与弟面谈诸事。

【译文】

沅弟左右：

今年正月初一日天气温暖和煦，傍晚清朗，也许东南军事有望平稳。我最害怕的是遇上荒年，粮价昂贵，统辖近九万人，如果没有粮食吃，后果怎堪设想！

金、宝失守，吴竹庄的说法，应该是可信的。或许还有一分侥幸希望，也算没打破这个痴人的幻想吧。

先大夫祠堂前面牌坊上的四个字，等想好了寄给你，与你商量定好以后再写。

鲍军门二十五日带队出发，因为下大雨，道路泥泞而中途返回，十分感谢你调派南云驻扎三山，保全运粮的道路。他的军队的士气比以前稍微雄壮一些，如果从陈栋的军队中再分两千士兵给他，士气就会更加雄壮了。

保举太泛滥了，官、胡两人开的头，我也因袭他们而没有察觉，自知自己的错误，不再这样了。今年我要尽力挽回这个颓废的恶习，每个文案都审核裁减。我打算正月到金陵，与弟面谈一切事情。

【点评】

兵马未动，粮草先行。行军打仗的前提是要备好充足的军粮。军粮短缺、无饭可吃，再勇猛的士兵作战能力也会下降。曾国藩此时最怕荒年米贵，军粮供应跟不上，到时候还谈什么打仗啊？

曾国藩觉得保举太过泛滥了。自己以前没有觉察到自己的这一点失误，以后一定痛加改正，裁减审核每份保单，以确保保举人才的质量。

同治二年正月初三日与九弟国荃书

公元 1863 年 2 月 20 日

沅弟左右：

陈栋之勇除已至金陵三营外，尚有九营，吾昨令营务处点名，共四千六百余人，闻精壮者不甚多，可汰者占三分之一。余札拨二营与鲍春霆，拨一营与朱云岩，以六营归弟处。若果汰去三分之一，则可挑存四营，其余或令全坐原船遣归，或酌留数百作为余勇，听弟裁度。

昨奉年终颁赏福字、荷包、食物之类，闻弟有一分，春霆亦有一分，此系特恩。吾兄弟报国之道，总求实浮于名，劳浮于赏，才浮于事，从此三句切实切实做去，或者免于大戾。

【译文】

沅弟左右：

陈栋的部队除已经到金陵的三营以外，还有九营，我昨天命令营务处点名，一共有四千六百多人，听说精壮的不是很多，可以裁汰的占三分之一。我去信令他调拨出两个营给鲍春霆，再调拨出一个营给朱云岩，将另外六个营归到弟弟名下。如果裁掉三分之一，那么可以挑选保留四个营。其余的人，或者让他们全部乘坐原来的船遣送回家，或者酌情留下几百人作为余勇，听凭弟弟自己裁断。

昨天，我收到年终颁赏时的福字、荷包、食物等东西，听说弟弟也有一份，春霆也有一份，这是特殊的恩典。我们兄弟报效国家的方法，总要做到功劳超过名声，勤劳效命超过得到的赏赐，才能超过实绩，从这三个方面切切实实去做，或许可以免遭大祸。

清·正谊明道印及印文

【点评】

曾国藩深谙为官处事之道。他要求弟弟做到以下三点：第一，自己实际的功劳要大过所取得的名声；第二，自己的辛劳大过所得的奖赏；第三，自己的才能要大过自己作出的实有成绩。只有以这三个方面作为总体的指导原则，曾家才有可能不遭受大的灾祸。为了整个家族的前途着想，曾氏希望弟弟切实践行这三个基本原则。

同治二年正月初七日与九弟国荃书

公元1863年2月24日

沅弟左右：

疏辞两席一节，弟所说甚有道理。然处大位大权而兼享大名，自古曾有几人？能善其末路者，总须设法将权位二字推让少许，减去几成，则晚节渐渐可以收场耳。今因弟之所陈，不复专疏奏请，遇便仍附片申请；但能于两席中辞退一席，亦是一妙。

李世忠处，余拟予以一函。一则四坝卡请归余派员经收，其银钱仍归渠用；一则渠派人在西坝封捆淮北之盐，几与抢夺无异，请其迅速停止。看渠如何回复。

本日接两次家信，交来人带寄弟阅。鼎三侄善读书，大慰大慰。其眉宇本轩昂出群，又温弟郁抑过甚，必有稍伸之一日也。

弟军士气甚旺，可喜。然军中消息甚微，见以为旺，即寓骄机。老子云，“两军相对，哀者胜矣”，其义最宜体验。

【译文】

沅弟左右：

关于向皇上疏，请求辞去两个官职这件事，弟弟说得很有道理。然而处高位握有大权，而兼享有大名的，自古以来有过几个人？能善终的人，总要设法把“权位”二字推让少许，减去几成，那么晚年就可以慢慢收场了。现在因为你已上奏，我便不再专门上疏奏请，到时候顺便再附上一个折片申请。只要能在两个官职之中辞去一个，那也是好的。

李世忠那里，我打算写一封信去。一是四坝厘卡归由我派去的人管理，但收到的钱仍归他使用；二是他派人在西坝封捆淮北的盐，几乎与抢劫掠夺没有区别，请他迅速停止。看他如何回复我。

今天收到两封家信，交来人带去给弟弟看一看，鼎三侄儿善于读书，这让我极是欣慰！他眉宇之间本来就有轩昂出群之气，温弟又过于抑郁，一定会有出头之日。

弟弟的军队士气旺盛，可喜！但军中的信息很微妙的，看上去很旺盛，就有可能寓含着骄傲的危机。老子说：“两军对抗，哀者胜。”这句话含义最应该体会。

【点评】

曾氏想辞去钦差大臣和两江总督的职位，好集中精力专心治理军务，如同以前的兵部侍郎身份一样，削分权位，也可避免别人对自己功高盖主的猜疑，曾氏自以为这是寻求退路的好方法。老九却不以为然，他认为曾氏的做法，更让人觉得矫情造作，会产生相反的效果。

老九认为，作为平叛太平军的军事统帅，能兼有朝廷委任的军政大权，只会在管理军务上更有利，这不也是你当年想寻求的结果吗？曾氏想善始善终，以退为进是其内心的计谋策略。

同治二年正月十一日与九弟国荃书

公元 1863 年 2 月 27 日

沅弟左右：

初十日连接初三、四日两信，初五日之信又于十一日接到，具悉一切。所应复者，详复如左：

一、弟寄澄侯信，力主季葬马公塘之说，今日发排单递去。余加一信，亦力主马公塘，抄稿寄阅。

一、洋枪自广东买来，半存此间，余亦并无他意，不过军需器械，前敌营盘宜稍少，粮台存贮宜稍多耳。计弟处所存者，洋药洋帽当尚敷数月之用。今弟意欲全数取去，亦无不可，近日当专委员解去。弟函词旨过涉戆直，非老年兄弟所宜，以后慎之。

一、弟军不能进剿东坝、二溧，自是审量稳慎之计。余自接澄弟密信一片，已决不欲令弟军雕剿各处。上年凯章病重，余即批准令其回籍调养，况弟谊属手足，岂亲爱反不如凯乎？况澄意但请调至安庆身边，并不求回籍。目下金陵大局苦于无人接办，而尽可不必远出雕剿，尤不宜亲身督队；除坚守金陵老营外，有余力则派人助剿含、巢、无、庐一带。今年一年，望弟笃守恐惧和平四字，以弭灾而致福。

本日解去银四万，作抵去冬上海一款。春霆初六日大获胜仗，立解泾围，军威或可再振。顺问近好。

国藩手草，正月十一日。

【译文】

沅弟左右：

初十我接连收到你初三、初四寄来的两封信，又在十一日那天收到初五写的信，一切都已知晓。现在将需要回复的事情详细地答复如下：

一、弟在寄给澄弟的问候的信中极力主张把季弟埋葬在马公塘，今天发一份排单寄回家。我再写一封信，也极力主张把季弟埋葬在马公塘，现在抄寄给你看。

二、洋枪已经从广东买回来了，有一半留存在我这儿。我也没有其他的意思，只不过军用器械，前线营盘中应该稍微少些，而后方粮台应充足些罢了。估计弟那儿存下来的洋药、洋帽应该还够几个月用的。现在弟想全部拿去也没什么不可以的，这几天专门派人押解送去。弟弟信中言辞过于刚直，这不是老年兄弟所应该有的性格，以后要慎重些。

三、弟的军队不能进军清剿东坝、二溧，这自然是仔细考虑的沉稳慎重之计。我自从收到澄弟的一封密信后，已经决定不准备命令弟弟进军清剿各地。去年凯章病重，我就批准他回老家调养，何况弟与我是手足之亲，亲近程度怎可能还不如同凯章呢？更何况澄弟的意思只是要求调你到我身边，并不是要求调回家乡。眼下苦于金陵大局无人接管办理，弟尽量不要远征清剿，尤其不要亲自督战。除了坚守住金陵老营以外，如果有多余的力量，就调派兵力援助清剿含、巢、无、庐一带的敌军。今年一年，希望弟弟真诚恪守"恐惧和平"四个字，从而消除灾祸而带来幸福。

今天派人解送去四万两银子，作为抵偿去年冬天去上海的费用。

初六那天春霆打了个大胜仗，立即解除了泾县的围困，这下军威或许可以重新振作起来了。顺问近好。

国藩手草，正月十一日。

【点评】

曾国藩决计不让九弟主动出军进剿东坝、二溧等地，改变了以往的计策。曾氏与九弟手足情深，不想让其有任何闪失，劝弟不要亲临督战，以免招来不测之祸。这与之前曾氏的论调有了很大的差别，可能与四弟国潢写给他的信有关。曾氏还希望九弟笃守"恐惧和平"四字，以便消灾得福。

同治二年正月十三日与九弟国荃书

公元 1863 年 3 月 2 日

沅弟左右：

二日未接弟信，想军中诸事平安。东征局保案，昨日奉到朱批谕旨，一概照准。恽次山已超擢湖南藩司，而南坡翁仅以道缺提奏，想尚有后命也。李筱泉调广东粮道，圣意亦为广东厘务而设。王文瑞擢赣南道，则因克复祁门，新得记名故耳。季弟追赠按察使，昨日具折谢恩，抄稿寄阅。

少荃调浦东各营潘鼎新、刘铭传等救援常熟，盖因常熟贼目周兴隆等投诚后，伪忠王以大股贼前往围攻。少荃欲力争常熟一城、福山一隘，为克复苏州张本。专函来调树字五营。余不得已，调韦部五营守无为州，而腾出树字五营赴沪，兹将少泉信抄阅。少荃麾下之将，仅程学启一人能当大敌，余不足深恃。余屡劝其约旨卑思，不宜多拓疆土，少荃不甚相信，颇为虑之。

顺问近好。

【译文】

沅弟左右：

两天没有收到弟弟的来信了，想必军中所有的事情都平安吧。东征局的案子，昨天接到皇上的朱批谕旨，已经全部批准。恽次山已被破格提拔为湖南藩司，但是南坡翁只是以道缺被提奏，想必以后还会有任命吧。李筱泉调任广东粮道，皇上的意思也是为广东厘务设置此职。王文瑞被提拔为赣南道，这是因为他攻克收复祁门而新被提名的缘故。季弟追赠按察使，昨天上了奏折谢恩，现抄一份寄给弟弟看。

少荃抽调浦东各营的潘鼎新、刘铭传等将救援常熟，大概是因为常熟的敌军头目周兴隆等投诚后，伪忠王（指李秀成）调大批兵力前往围攻常熟的缘故。少荃想拼命争夺常熟城和福山这个险要之处，为今后攻克收复苏州创造条件，他专门来信要抽调树字五营。我不得已，只好调派韦部五营驻守无为州，腾出树字五营前往上海，现把少荃的信抄来寄给你看看。少荃手下的将领，只有程学启一个人能独挡大敌，其余的都不值得依靠。我多次奉劝他遵从圣旨低调从事，不要过多地拓宽领地，但是少荃不太相信我的话，我很为此感到忧虑。

顺问近好。

【点评】

曾国藩一生处事低调，从来不主动出风头，这与他的性格和为人处世的原则有关系。但是曾氏的几个弟弟和得力助手李鸿章（字少荃）却与他的性格相去太远。所以他屡屡写信劝诸弟要戒骄戒躁。这次，他谈到李鸿章也是用了他看问题的一贯方式。

曾国藩觉得李鸿章手下并无得力助将，因此应该韬光养晦、低调从事，不要急于拓宽领地。言外之意是不仅李鸿章应该如此，各位弟弟也应该如此。

同治二年正月十八日与九弟国荃书

公元 1863 年 3 月 7 日

沅弟左右：

二日未寄信与弟，十七夜接弟初九日信，知左臂疼痛，不能伸缩，实深悬系。兹专人送膏药三个与弟，即余去年贴右臂而立愈者，可试贴之，有益无损也。

“拂意之事接于耳目”，不知果指何事？若与阿兄间有不合，则尽可不必拂郁。弟有大功于家，有大功于国，余岂有不感激不爱护之理？余待希、厚、雪、霆诸君，颇自觉仁让兼至，岂有待弟反薄之理？

惟有时与弟意趣不合。弟之志事，颇近春夏发舒之气，余之志事，颇近秋冬收吝之气。弟意以发舒而生机乃旺，余意以收吝而生机乃厚，平日最好昔人“花未全开月未圆”七字，以为惜福之道、保泰之法莫精于此，屡次以此七字教诫春霆，不知与弟道及否？

星岗公昔年待人，无论贵贱老少，纯是一团和气，独对子孙诸侄，则严肃异常，遇佳时令节，尤为凛不可犯，盖亦具一种收啬之气，不使家中欢乐过节，流于放肆也。

余于弟营保举银钱军械等事，每每稍示节制，亦犹本“花未全开月未圆”之义；至危迫之际，则救焚拯溺，不复稍有所吝矣。弟意有不满处，皆在此等关头，故将余之襟怀揭出，俾弟释其疑而豁其郁，此关一破，则余兄弟丝毫皆合矣。余不一一，顺问近好。

圣山信寄去。

再，余此次应得一品荫生，已于去年八月咨部，以纪瑞侄承荫，因恐弟辞让，故当时仅告澄而未告弟也。将来瑞侄满二十岁时，纪泽已三十矣，同去考荫，同当部曹，若能考取御史，亦不失世家气象。以弟于祖父兄弟宗族之间竭力竭诚，将来后辈必有可观。目下小恙断不为害，但今年切不宜亲自督队耳。又行。

【译文】

沅弟左右：

两天没有给弟弟寄信了，十七日晚我收到弟初九日的来信，得知弟左臂疼痛，不能伸缩，让我实在非常挂念。现派专人送三贴膏药给贤弟，就是我去年贴在右臂而疼痛立刻就好了的那种膏药，弟可以试着贴用，有益无害。

违背心意的事，贤弟接连看到听到，不知道到底指哪件事？如果贤弟与老哥间有不合的地方，尽可不必郁闷。弟对曾家有大功劳，对国家有大功劳，我哪里有不感激、不爱护你的道理呢？我对待希、厚、雪、霆等人，自认为做到了既仁慈又谦让，哪有对待自己的弟弟反而鄙薄的道理呢？

只是有时我和弟的意向志趣不同。弟的志趣，很像春夏之时万物初发生长的气势；而我做事的志趣则近似于秋冬收获时的吝惜气势。弟的志趣是万物生长发育且生机旺盛，我的志趣则是收敛而使生机丰厚。平常我最喜欢前人说的"花未全开月未圆"七个字，我认为珍惜幸福和确保平安的方法，没有比它更精到的了，我曾经多次用这几个字教育劝诫春霆，不知道有没有对弟说起过？

当年星冈公待人接物，无论贵贱老少，都是一团和气，独独对待子孙诸侄，则是异常严肃，遇到节日，更是凛然不可冒犯，大概也是具有一种收敛之气，使家中过节的欢乐气氛不至于变成毫无节制的放肆。

我对弟弟军营中的保举银钱军械等事情，经常稍加节制，也是本着"花未全开月未圆"的道理，到了最危险急迫的时候，不管是扑救火灾还是拯救水患，便不会再有一点吝啬的地方。弟不满意的地方，都是在这些问题上。所以我敞开心扉，以让弟消除疑虑而豁然开朗，祛除郁闷，这关一打破，那么我们兄弟在所有事情上就都合意了。其他的我就不一一说了，顺问近好。

圣山的信寄给你。

还有，这次我应该得到一品荫生，已经在去年八月启奏吏部，让纪瑞侄儿承享荫恩，因为怕弟推辞谦让，所以当时只告诉澄弟而没有告诉你。将来纪瑞侄儿年满20岁的时候，纪泽已经30岁了，同去凭荫恩参加科考，同去部曹为官，如果他们能考取御史，也就不失为世家风范了。靠着贤弟在祖父兄弟宗族之间尽心尽力地做事，将来后辈必有可观的成绩。眼前这点小病绝不会带来危害，但今年千万不要亲自督领军队。又行。

【点评】

读罢此信，让人十分感慨，感叹人生的波折多舛，就常人而论，大多人都追求人生的完美，这或许是一般人的理想人生境界。然而，我们看到曾氏却是"求阙"，为何？真正理想境界的完美人生是不存在的，俗话说："金无足赤，人无完人。"纵观历史上的伟人、名人也都无不有诸多憾事，更何况我们这些寻常人呢？人的一生若得到的过多，便会招人嫉恨，就会招来麻烦。因此，曾氏便以超人的智慧在"求阙"，想到自己的名位，寻求以退为进，以便得以自保善终。

同治二年正月二十日与九弟国荃书

公元 1863 年 3 月 9 日

沅弟左右：

十九日接弟十四日缄，交林哨官带回者，具悉一切。

肝气发时，不惟不和平，并不恐惧，确有此境。不特弟之盛年为然，即余渐衰老，亦常有勃不可遏之候，但强自禁制，降伏此心，释氏所谓降龙伏虎，龙即相火也，虎即肝气也。多少英雄豪杰，打此两关不过，亦不仅余与弟为然。要在稍稍遏抑，不令过炽，降龙以养水，伏虎以养火。古圣所谓窒欲，即降龙也；所谓惩忿，即伏虎也。儒释之道不同，而其节制血气未尝不同，总不使吾之嗜欲戕害吾之躯命而已。

至于倔强二字，却不可少。功业文章，皆须有此二字贯注其中，否则柔靡不能成一事。孟子所谓至刚，孔子所谓贞固，皆从倔强二字做出。吾兄弟皆禀母德居多，其好处亦正在倔强。若能去忿欲以养体，存倔强以励志，则日进无疆矣。

新编五营想已成军，郴桂勇究竟何如，殊深悬系。吾牙疼渐愈，可以告慰。刘馨室一信抄阅，顺问近好。兄国藩手草，正月廿日。

【译文】

沅弟左右：

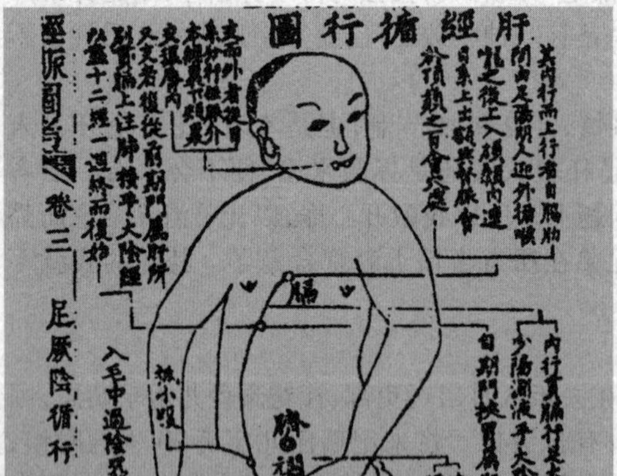

清·陈惠畴《经脉图考》经脉图中的肝经循行图

十九日收到弟弟十四日的来信，就是交给林哨官带回来的那封。信中的一切均已知晓。

肝气旺发时，身体不但不平和，心中也并不恐惧，确实会有这种情况出现。不但弟弟年轻气盛时如此，就算我现在已渐渐衰老了，也常有肝气勃发不能遏制的症候，不过只要自己强加禁制，便可降伏心火，正如佛教所说的降龙伏虎：龙即是代表火，虎就是代表肝气。多少英雄豪杰都过不了这两道难关，不只有我和弟弟是这样的。关键在于要稍加遏止抑制，不要让肝火过分炽烈，降龙用来养水，伏虎用来养火。古代圣人所说的窒欲，就是降龙；所说的惩忿，就是伏虎。佛教儒教的根本虽然不同，但在节制血气这一点上，未尝不是相通的，其宗旨不外乎是要人们克制自己的嗜好欲望，不要让它们损害自己的身体性命罢了。

至于“倔犟”这两个字，却是不可缺少的。建功立业、写文做章，都必须要有这两个字作为精神贯穿其中,否则一生都会柔弱,委靡不振,一事无成。孟子所说的至刚,孔子所说的贞固,都从"倔犟"二字引申出来的。我们兄弟继承的母亲的德行更多一些,其好的地方也正在于"倔犟"二字。如能消除体内的仇恨欲望以保养自己的身体,存留倔强之气以激励心志,那么就会每天都有进步。

新编的五个营,想必已经可以称其为一个军队了,郴、桂的士兵究竟操练得如何?我心中很是挂念。我的牙疼已渐渐痊愈,稍觉欣慰,不必过于挂念了。现将刘馨室寄来的一封信抄寄给你看。顺问近好。

兄国藩手草,正月二十日。

【点评】

"倔强"一词,在现实生活中多含贬义,尤其是对于一些才学平庸的人来说,"倔犟"其实就是固执、呆板的代名词。"倔犟"属于人生来的禀性、气质,多受于父母的遗传,但受母亲的遗传影响会更大。

信中曾氏讲到他们兄弟多属倔犟性格,来源于受其母亲的遗传影响;对于那些没有才学的平庸人,性格倔犟,就是固执、认死理的表现;但是,对于曾氏兄弟们来说,就应另当别论了。曾氏自己也认为性格倔犟会为他们兄弟做学问、成就大事带来益处。

同治二年正月廿四日与九弟国荃书

1863 年 3 月 13 日

沅弟左右:

廿二日得弟十八日缄,具悉一切。

北岸可虑者,在毛竹丹一军,吾已添调元中、瑞左两营益之,闻其营柴米子药足支月余,应不怕围营截粮,只要处处守定,待三月间希庵及江、席同来,北岸当可得手。

左帅新复一府三县,军威大振。鲍亦米粮充足,士气渐旺。春水生后,舟师会剿,南岸或亦无虞。目下吾所虑者,少荃因救常熟之故,兵力全出,老营空虚;及北岸之贼不踞巢、含,直犯桐城以上耳。

弟臂疼未大愈,膏药已试贴否?千万莫多服药。筋脉之间,岂水药之力所能遽到?利未达于筋络,恐害已中于他脏。吾近年不轻服药,实有确见,弟可参酌。

南云三营暂不可离三山。吾之视南岸始终重于北岸,不知弟意何顺问近好。

【译文】

沅弟左右:

二十二日收到弟十八日写的来信。一切都已知道。

北岸让人担忧的是毛竹丹这一军,我已经增加调派了元中、瑞左两个营去帮助他们。听说他军营里的柴米弹药足以支撑一个多月,应该不怕被围困截断粮路。只要处处守定,等到三月份希庵和江、席都过来,北岸就应当可以得手。

左帅最近又收复了一个府城,三个县城,军威大振。鲍军也是粮草充足,士气逐渐旺盛。春天河水涨后,会师水军一同围剿,南岸或许也不会有问题。目前我所担心的是少荃因为要援救常熟的缘故,兵力全部出动,老营空虚,还有北岸的敌军不再盘踞巢、含,而是直接向上进犯桐城等地方。

弟的手臂疼痛还没有好得差不多,我寄去的膏药试着贴用了没有?千万不要服用太多的药物。筋脉之间,哪里是用汤药就能马上治好的?还不等药力到达筋络之间,危害可能早就已到达其他器官了。我这些年不轻易吃药,实在是有这种明确的想法,弟可以参考斟酌。

南云三营暂时不能离开三山。我对南岸的重视程度始终大于北岸,不知道弟的意思如何?顺问近好。

【点评】

曾国藩坚持不服用药物,自有他的道理。尤其是像国荃这种经络筋脉之间的疼痛,更是不能轻易吃药。药效还未到达经脉之间发挥作用,恐怕早就把危害传到其他的器官上去了。

曾氏之前是劝季弟少服药物,现在是奉劝九弟也不要轻易吃药,以免带来不必要的损害,影响身体健康。

同治二年正月廿七日与九弟国荃书

公元 1863 年 3 月 16 日

沅弟左右:

廿六日接弟廿日、廿一日两缄,具悉一切。臂疼尚未大愈,至为系念。然治之之法,只宜贴膏药,不宜服水药。余日内当赴金陵看视,正月当成行也。

李鸿章像

接奉寄谕,知少荃为季弟请二品恤典、立传、予谥、建祠,一一允准,但未接阅谕旨耳。陈栋之勇即好,甚慰甚慰。

纪梁宜荫一节,余亦思之再四,以其目未痊愈,读书作字均难加功。且弟有功于家庭根本之地,不特为同气之冠,亦为各族所罕,质诸祖父在天之灵,亦应如此。

九洑洲北渡之贼果有若干?吾意尚以南岸为重,刘南云、王峰臣两军,弟幸勿遽调北渡,盖北岸守定安、合、无、庐、舒五城,此外均可挽救;南岸若失,宁国则不可救矣。

【译文】

沅弟左右:

二十六日收到弟二十日、二十一日写来的两封信,一切已经知道。弟右臂的疼痛还没怎么好,我非常挂念。然而治疗的方法,只适合贴膏药,不适宜服用水药。我这几天当会到金陵探视你,正月应当会动身。

接到寄来的谕旨,得知少荃为季弟

请求了二品抚恤典礼，为他立传、赐予谥号以及建立祠堂等各种要求，也都被皇上一一批准，但是还没有看到真正的谕旨。陈栋的军队既然很好，我感到十分欣慰。

纪梁应该受荫恩那这件事，我也是想了又想，因为他的眼睛还没有痊愈，读书写字都难以更加用功，而且弟为家族立下的功劳，不仅是同辈人中最大的，也是各个家族中都罕见的，如果询问祖父的在天之灵，也应该这样做。

从九洑洲北渡的敌军到底有多少？我的意思还是以南岸为重点，刘南云、王峰臣两军，弟弟最好不要马上调派他们北渡，因为北岸只要守住安、合、无、庐、舒五个城池，其他地方都还可以挽救；南岸的宁国如果失守，那么就不可挽救了。

【点评】

做事情一定要分清主次先后，抓住重点，集中力量解决主要矛盾，切忌盲目行动，眉毛胡子一把抓，以免最后出现“捡了芝麻，丢了西瓜”的不好结局。

曾国藩一直认为南岸是重点军事区域，而南岸的宁国府则是重中之重。宁国失守，全局皆崩。因此曾氏劝九弟不要急于调派军队北渡，首先确保南岸无虞才是目前最重要的工作。

同治二年二月十四日与四弟国潢书

公元 1863 年 4 月 1 日

澄弟左右：

二月初十，在金陵沅弟营中接弟正月二十日信，痛悉兰姊于十四日仙逝。同产九人，二月之内，连遭季弟与伯姊之戚，从此只存吾等四人。抚今追昔，可胜伤恸。又闻临三外甥哀毁异常，其至孝可敬，其体弱又可怜。伯姊遗命不令长八子入营，自当谨遵。吾即日当寄银二百两，料理伯姊丧事，即以为临三、临八甥家用之一助。

余于二月初六日抵金陵，在沅弟营中住五日，十一日仍回舟次；沅弟送至舟中，同住三日。俟风息即行西旋，周历芜湖、金柱关、无为州等处，再行回省。

鲍春霆于二月初一日大战，将围营之贼击退，乘胜攻克西河、小淮窑、湾沚等贼巢十余处。自去秋以来，奇险万状，竟得转危为安，各军稳如泰山，国之福也。

余身体平安，齿疼痊愈。目下惟李世忠九洑洲、二浦危急，余无可虑。

【译文】

澄弟左右：

二月初十那天，在金陵沅弟的军营中收到弟弟正月二十日的来信，得知兰姐于十四日去世的消息，我感到十分悲痛。一奶同胞共九人，在两个月的时间里，接连遭受失去季弟和大姐两个亲人的痛苦，从此以来就只有我们四个人了。思前想后，不胜悲痛。又听说外甥临三异常哀伤，他如此孝顺令人起敬，但他的身体虚弱又让人觉得可怜。大姐遗言不让长八子从军，自然应当谨遵其遗嘱。我今天就寄二百两银子回去以资料理大姐的丧事，也算资助一下临三、临八两位外甥的家用。

我于二月初六那天到达金陵，在沅弟的军营中住了五天，十一日又回到船中；沅弟把我送到船上，和我一起住了三天。等风停息了就往西走，周游经过芜湖、金柱关、无为州等地，再坐船回省城。

鲍春霆在二月初一那天打了一场大仗，把围攻军营的敌军击退，并乘胜攻克了西河、小淮窑、湾沚等十几处敌垒。自从去年秋天以来，险象环生，现在竟然得以转危为安，各军稳如泰山，真是国家的福分啊！

我的身体很好，牙痛全好了。现在只有李世忠所在的九洑洲和二浦还处于危急之中，其他的就没有什么可忧虑的了。

【点评】

曾国藩在两个月的时间之内，连续遭受季弟与长姐先后去世的打击，不能不深感悲痛。遥想当年一奶同胞九人，在家共享天伦，可如今不仅仅是彼此天各一方，而且有几个先后离世，只剩下四人还活在世上，想想过去看看现在，怎能不让人不悲痛欲绝。幸好军事上局势的好转还能让曾氏释怀一些，否则，真不知他该如何排解抑郁之情。

同治二年二月二十日与九弟国荃书

公元 1863 年 4 月 7 日

沅弟左右：

十九日接十八日酉刻弟缄，江浦、新河口俱陷，北岸贼势浩大可知，然二处之不保亦意中事也。

余于十八日至金柱关，即与厚、杏查阅三汊河、龙山桥等营。朱洪章两次败挫，士气已伤，其壕墙亦极草率，全不可靠。十六之役，李祥和以五百人苦战力堵，朱营并无一人随之堵御者，幸水师彭罗、陆师朱罗继进，乃能转败为胜。然长胜军目下已为极劣之营，而渣家湾、新圩角防河之法亦甚不妥。厚庵力劝余将该防兵调回老营稍为休息，余令李祥和亲往调之。又加缄与朱、罗，兹钞原缄抄寄弟阅。以余察度，该河长近八十里，与永丰河相等，深则倍之；分哨防河，可御零贼，断不可敌大股。贼即渡河，长胜军之营盘不可恃，李与朱罗之营则皆可恃。此金陵之情形也。

十九日查阅西梁、东梁、裕溪等处，张与周、熊之营皆可恃，武明善之营则万不可恃。此外江之情形也。

余与杏南熟商，目下以熊登武三哨移守东梁，将来须由弟处再拨二新营上来，以一营协防西梁，俾熊营一哨全归东梁，张营一哨全归裕溪；以一营扎金柱之宝塔，以保三汊河朱、罗之后路。庶查家湾、龙山桥纵有疏失，而芜、金大局无碍。

春霆顷已说明，打开东坝再行回籍。顺问近好。

【译文】

沅弟左右：

十九日收到你十八日酉时写的来信，江浦、新河口都失守了，由此可知，北岸的敌军气势浩大，不过这两处都没能保住，也是我意料之中的事。

我在十八日那天到金柱关，就与厚、杏查看了三汊河、龙山桥等军营。朱洪章两次遭遇挫败，士气已经受到损伤，他修筑战濠城墙也特别草率，完全不可靠。十六日的战役，李祥和用五百人苦战，全力堵御，而朱洪章军营并没有一个人跟着抵御的，幸亏水军彭罗、陆军朱罗继续进攻，才能转败为胜。但是目前长胜军已成为素质极为低劣的队伍，而且渣家湾、新圩角守河的方法也十分不妥。厚庵尽力劝我把这个防守的军队调回军营中稍作休养，我命令李祥和亲自前去调他们回来。又给朱、罗写信，现把原信抄写寄给你看。根据我的观察审度，这条河大约八十里长，和永丰河差不多一样，深度却是永丰河的一倍；分设哨位守河，可以抵御零散的敌军，绝对不能抵挡大股敌军。敌军已经过了河，长胜军营盘不可凭靠,李与朱、罗的阵营却都可以依靠。这就是金陵的形势。

十九日视察西梁、东梁、裕溪等地方,张与周、熊的阵营都可以依靠,武明善的军营就万万靠不住了。这就是外江的形势。

我和杏南仔细商议过,目前把熊登武的三个哨所转移到东梁守卫,将来必须从弟处再调拨两个新营上来,用其中的一个营协助防守西梁,让熊营的一个哨所全部归属东梁,让张营的一个哨所全部归属裕溪;用另外一个营驻扎在金柱的宝塔,以确保朱、罗三汊河的后路。纵使渣家湾、龙山桥有闪失,也对无、金大局没有什么妨碍。

春霆不久前已经说明,攻取东坝后再回乡。顺问近好。

【点评】

曾国藩不愧为全军统帅,各路官军的公布、现状全都能够了熟于胸,作起战略整体部署来一点也不慌乱,颇有指点江山的意味在里面。

曾氏在信中谈了金陵的总体形势,外江的总体形势以及如何调兵遣将,安排全军部署。一军之首也不是极容易胜任的,没有烂熟于胸的文韬武略,是不可能治好全军的。

同治二年三月初六日与九弟国荃书

公元1863年4月23日

沅弟左右:

初六日接三十日专足来信,具悉一切。自廿八九日贼窜东建,便不得通徽、祁消息。以理推之,刘克庵已于二十日至屯溪,距休宁仅三十里。钤守祁,桂守徽、休,克作游兵,山内必可万全。

惟贼由山外径窜江西,湖口、景镇,俱为可虑。余檄春霆回救景镇,连日雨泥,师行迟滞,不知赶得上否?北岸之贼,初二日已过盛家桥,距庐江仅二十里,幸先有吴长庆三营,又截留梁美材等三营,庐邑应可保全。

近日粮台奇窘,通省城寻凑不上万金。今日作函向幼丹借银六万,指明九江新关税;向寄云借谷四万,指明近河州县仓谷;向少荃借银八万,不知均有些点缀否?

上海近无信来,但接荫亭信,言常、昭业已解围,此乃极好消息。苏浙两处得手,只要此间不大决裂,夏秋必有好音也。

事恒墓志宜比温甫哀词略大些,但亦在一寸以内耳,即日添稿付去。顺问近好。国藩手草。

再,彭以德(即盛四之表弟)在余处因屡唤不到革逐,闻已赴金陵弟处,切不可收用,并凡在北岸粮台领饷之营皆不可收。弟处薪水较丰,若在此被革之人弟皆收录,则人皆乐于去此而就彼矣。凡在弟处得罪之人,兄亦不可收也。又行。

【译文】

沅弟左右:

初六日收到你三十日派专人送来的信,一切都已知道。

自从二十八、二十九日敌军窜扰东建,便不能得知徽、祁的消息了。从事理上推测,刘克庵已于二十日到达屯溪,距离休宁只有三十里。钤军驻守祁,桂军驻守徽、休,克军作为机动部队,山内必定可以确保安全。只是敌军从山外直接窜扰江西,这样湖口、景镇就都令人担忧了。

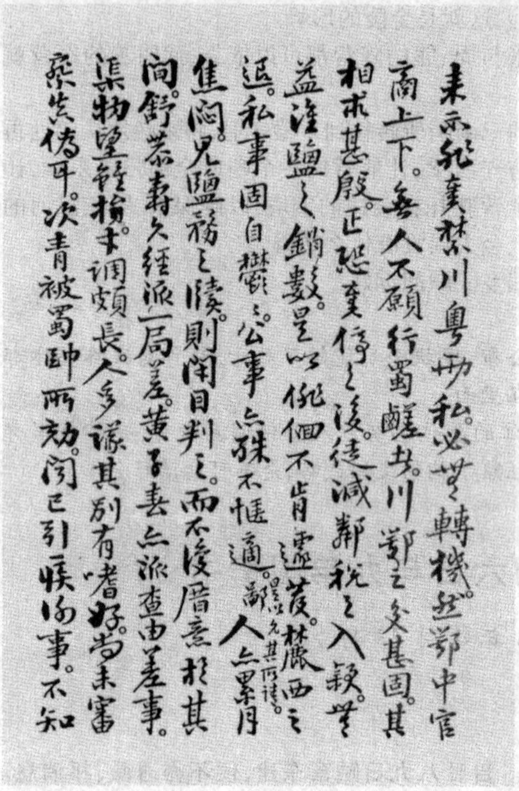

曾国藩手札

我已下命令让春霆回师援救景镇,接连几天大雨道路泥泞,军队行进迟缓,不知道还能不能赶得上?北岸的敌军,初二那天已经过了盛家桥,距离庐江只有二十里,幸亏先前有吴长庆的三个营,又截留下梁美材等三个营,庐邑应该可以保全。

最近粮台出奇窘迫,寻遍整个省城仍凑不满万金。今天我写信向幼丹借六万两银子,指明会用九江的新关税偿还;向寄云借四万斤谷子,指明会用近河州县仓库的谷子偿还;向少荃借了八万两银子,不知能不能各处都给一点补贴?

上海方面最近没有信来,但是接到荫亭的来信,说常、昭都已经解围,这是非常好的消息。苏浙两个地方已经得手,只要这段时间内没有大的变动,到了夏天、秋天一定会有好消息传来。

事恒的墓志铭应该比温甫的碑文哀词稍大一些,但也要在一寸以内,今天就撰写墓志铭文稿送去。顺问近好。国藩手草。

再有,彭以德(即盛四的表弟)在我这儿因为多次不服调遣,被革职驱逐,听说他已到了金陵弟那里,千万不能收留使用他,还有,但凡在北岸粮台领饷军营中的兵士都不可收用。弟那里薪水较为丰厚,如果那些在这里被革职的人弟都收留录用,那么,人就都愿意离开这些地方而到你那里去了。凡是在弟那里有罪的人,我也绝不收留录用。又行。

【点评】

曾国藩在信中特别叮嘱弟弟不要收留录用那些从薪水少的地方跑到弟那里去的人,也千万不要收留录用在我这里被开除的人,比如说彭以德。

国有国法,家有家规。一支军队也有着自己的纪律。在此处因不听调遣而被革职开除的人,在彼处也绝不可被录用;为了高薪水而从此处跑到彼处的人也绝对不可以留用。否则,人们就都愿要离开此处而跑到彼处了,这对一支军队来讲,成何体统,还有军纪军规可言吗?因此曾国藩特地叮嘱九弟不要收留录用以上两种人。

同治二年三月十二日与九弟国荃书

公元 1863 年 4 月 29 日

沅弟左右:

十一日接弟初七夜信,知已派杏南带五营援救毛、刘,弟处兵力不厚,何可再分五营之

多？伪忠王于十年春间攻陷杭州，即系分和、张兵力以解金陵之围，此等诡计，今亦不可不防。望弟即日调回三营四营，固金陵之老营，酌留一、二营于上游。若石涧埠幸而解围，即令杏南与刘南云、张光明等，从西梁山、五显集进兵，攻铜城闸之背，春霆从东关进兵，攻铜城闸之上；即石涧埠果有不测，但留杏南略助萧守运曹，鲍在北岸，必能保全无为、庐两城也。

顷闻捻匪自麻城下窜蕲水，不日必入皖境，已调周厚斋防守桐城，令成武臣跟追下来，亦可至桐、舒等处。庐州子药米粮足支月余，闻石清吉甚不得力，可虑之至。安庆留兵六营，虽不甚可靠，而缓急尚易调也。

家信及彭、赵信五件，外燕菜二匣、帖一本查收。顺问近好。

国藩手草，三月十二日。

【译文】

沅弟左右：

十一日收到弟七日夜间写的来信，知道你已经派遣杏南率领五营兵力救援毛、刘。弟那里兵力不雄厚，怎么可以再分派出五个营之多的兵力？伪忠王于咸丰十年春天攻陷桂州，就是采用离分和、张的兵力来为金陵解围的方法，这种诡计现在也不可不防。希望弟即日就抽调回三营四营的兵力固守金陵的老营，酌情留一营、二营在上游一带。如果石涧埠能幸运地解围，就命令杏南和刘南云、张光明等从西梁山、五显集进攻铜城闸的背面，春霆在东关从北面进攻铜城闸。即使石涧埠当真有什么不测，只要留下杏南帮助萧守卫运漕，鲍在北岸，必定能够保全无为、庐州两城。

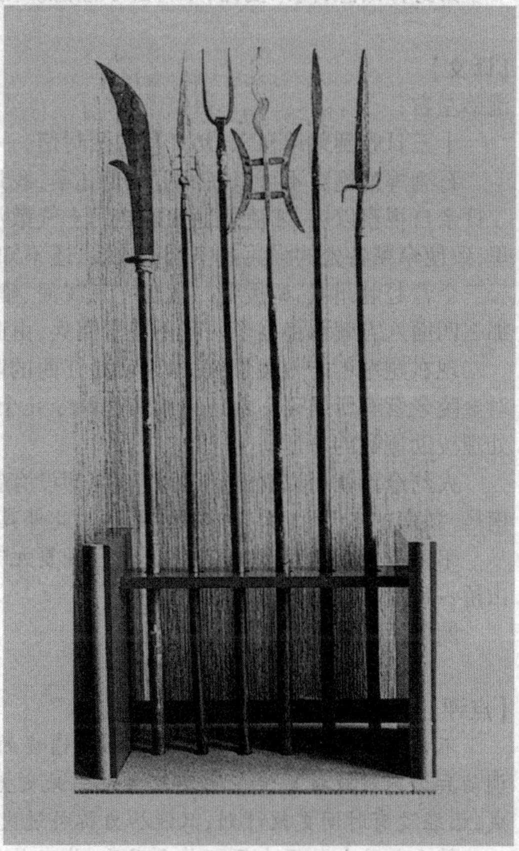

捻军使用过的武器

近来听说捻军从麻城向下窜扰到蕲水，不用几天必定会进入安徽境内。我已经调派周厚斋防守桐城，命令成武臣跟随追赶下来，也可以到桐、舒等地方。庐州弹药粮食完全能支撑一个多月，听说后清吉办事很不得力，让人十分担忧。安庆留了六个营兵力，虽然不是十分可靠，但是遇事比较容易调动。

家信和彭、赵的信共五封，另外还有两匣燕菜、一本字帖注意查收。顺问近好。

国藩手草，三月十二日。

【点评】

曾国藩得知九弟抽调五个营的兵力前去援救毛、刘，这让他十分担心。金陵老营的兵力本来就不怎么雄厚，九弟却一下子抽调走如此多的兵力，真是有可能让金陵老营不保。以前伪忠王便是使用这种调虎离山之计来解金陵之围，他有可能故技重演，我们却不能重蹈覆辙。因此曾氏命令弟弟赶紧把兵力再调回来固守金陵。由此也可看出九弟国荃在用兵打仗方面还是略显稚嫩，经验不足。

同治二年三月十四日与九弟国荃书

公元 1863 年 5 月 1 日

沅弟左右：

十三日接弟初六、初九日两次信件，具悉一切。

石涧埠营盘尽可不扎，余以前疏于考核。迨二月廿二亲阅以后，明知其散漫难守，又不能立刻调开，致掣动各处劲兵往救，尚不知救得上否？若于廿二日调南云三营赴州城，调毛拔二营守三汊河、雍家镇，而毛率六营守桐城县，则八面皆妥矣。余之不善用兵，此特其一端也。

目下鲍军不能救景镇，固为江西之患，而派七营上援，尤于金陵老营有碍。望弟速调数营回雨花台，而留杏南于裕溪口等处料理援剿事宜。火药即日当解二万斤，银钱竟无可解。广东四万初三日过南昌，湖南六万十日内可到，此外缈无音信。

弟身体略愈，尚未复元，不可过于焦急。雨多河涨，龙山桥一带当无碍耳。顺问近好。

国藩手草，三月十四日。

【译文】

沅弟左右：

十三日收到弟弟初六、初九写的两封信，一切都已经知道了。

石涧埠处绝对不可以在那里安营扎寨，我以前没有仔细考察审核。等到我二月二十二日亲自视察以后，才清楚地知道他们士气散漫，难守阵地，但又不能立刻把他们调离那里，致使牵掣各处的强兵劲率前往救援，还不知道能不能赶得上？如果在二十二日调派南云三个营赶赴州城，调拨毛二营驻守三汊河、雍家镇，而让毛率领六营兵力驻守桐城县城，那么四面八方就都稳妥了。我不善于用兵，由此便可窥知一斑。

现在鲍军不能救援景镇，本来就是江西的隐患，而弟弟派七个营前往上游救援，尤其对金陵老营有所妨碍。希望弟弟快速调令几个营回师雨花台，而把杏南留在玉溪口等地处理援助剿敌的事情。

火药今天就可以解送到两万斤，但却没有银钱可供解送，广东来的四万钱，初三过了南昌，湖南的六万，十天以内就可到达。此外其他地方都是杳无音信。

弟弟身体略微有些好转，但还没有恢复元气，不可以过分焦急。雨水多，河水上涨，龙山桥一带应该没有什么大碍了。

顺问近好。

国藩手草，三月十四日。

【点评】

不根据实际情况作出的决定往往是错误的。曾国藩此前不熟悉石涧埠的情况，同而调动兵力前往救援。但在他实际考察当地之后，才知道自己大错特错了，但局面已经形成，已经没有时间更改计划，只能尽力弥补过失。

曾氏把这归咎于自己不善于用兵，其实是推辞。他真正的错误是没有熟悉实际情况就盲目下军令。俗语说得好，没有调查就没有发言权，曾氏这次应该可以从中吸取教训。

同治二年三月十六日与九弟国荃书

公元 1863 年 5 月 3 日

沅弟左右：

十五日申刻接十二夜弟信并南云绸信。上游之事，弟尚有不尽知者，兹分条缕告如左：

（一）庐江已有贼到，十二日扑城一次，自巳至酉，人约四五千，洋枪亦多。吴长庆三营尽足守御，近又截留梁美材三营，尤为力厚。米粮子药可支四十天。

（一）桐城派厚斋带五营往守，自省拔行，约十五六日可到，只要庐江之贼不扑桐城，则守备皆全矣。舒城、三河二处皆系蒋之纯防，似可放心。石清吉甚不得众心，郡中之事却多可虑，鹤九亦非能禁风波者。

（一）麻城下窜之捻，已陷广济（十二）、黄梅，此时想过宿松以下矣。成武臣一面派礼左等三营先来救省，一面亲自跟追，严中丞亦派王桐柏六营出境追剿。官军远不如捻行之速，闻捻意欲直扑安庆，此间日内略有防备，一面调申夫由东流回省，俟省防无虞，即令申夫会同成军专剿捻股。

（一）湖口有丁义方、王定国水陆两军，可保万稳。黄老虎等窜江西者，闻至今尚徘徊于石门、洋塘一带。只要景镇诸军严扼昌江一河，春水盛涨，贼亦断难飞渡，若由山内穿婺源，左军或足御之。

（一）希庵三月十日之期，不知果成行否？味根想难遽成行，席研香则已屡次催令赴抚州矣。枞阳竟无人往守，且姑置之。

弟处要火药，昨日解二万斤，银钱则竟无可解，且看丹、荃两信有接济否？顺问近好。国藩手草。

再，此次鲍军从无为州进援石涧埠，杏南与萧军从黄洛河进援石涧埠，以理推之，当可解围。解围之后，吾意以鲍军从东关进攻桐城闸之前，杏南与南云从西梁山、五显集攻桐城闸之背。即竹丹一军，亦不必再扎石涧埠，尽可与杏南、南云三人合为一路，均作游击之师。

三部将近万人，鲍军亦有万人，鲍以无为、运漕为后路，杏竹云以西梁、裕溪口为后路，两支活兵，纵横驰击，则无、巢、和、含境内当可次第肃清。上游舒、桐、庐、合，节节皆有防

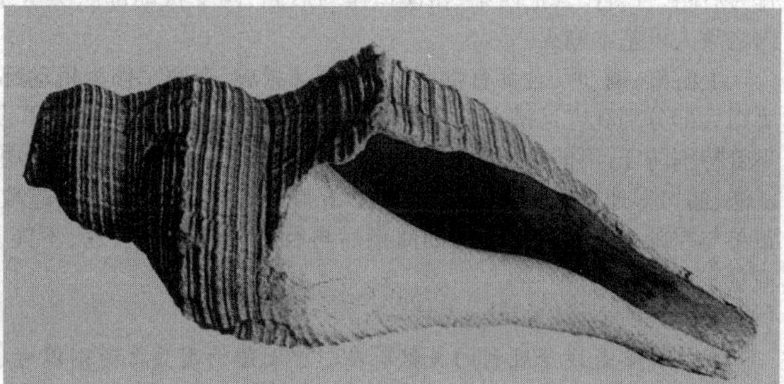

捻军螺号

兵，吾又派成、李两军为游击之师，大局必不致决裂。萧为则一军分守运漕、三汊河、雍家镇三处，黄洛河尽可不设守兵，此外概不置守，不可占住有用之活兵也。巢、含等处得手，以全力进攻桥林、江浦、浦口等处，直打九洑洲。北岸大定，再行回顾南岸、江西。

余意如此，请弟与雪师、杏、为、竹、云妥议行之。余相隔太远，不能遥制，并不能往返细商也。

【译文】

沅弟左右：

在十五日申时收到十二日夜里弟的来信和南云绸的信件。关于上游的事情，弟知道的并不是很多，现一一告知如下：

一、敌人八九日到达庐江，十二日开始攻城，从巳时直至酉时，约有四五千人，大多手拿洋枪。吴长庆的三个兵营完全可以守住，不久前又留下梁美材的三个兵营，兵力更是强大，粮草弹药能够支撑四十天。

二、派遣厚斋率领五个兵营守卫桐城，十三日从省城出发，大约十五六天后能够抵达。只要庐江的敌人在二十天之内没有攻打桐城，就完全可以守住。舒城、三河两个地方隶属蒋之纯的管辖，还比较让人放心。石清吉失去民心，城中的事让人很不放心。鹤九也不是能承受得住风浪的人。

三、麻城以下的捻军已经攻占了广涤（十二日）、黄梅，想来这时已经向宿松以下逃跑了。成武臣一方面派礼左等三个兵营前来支援省城，一方面亲自追踪，严中丞也派遣王桐柏率领的六个兵营出境围剿敌人。官兵远不如捻军的动作迅速。听说捻军想攻打安庆，这里目前已做防备。一面派遣申夫由东流回省城，等到省城的防务完全后，立即命令中夫会同成军剿灭捻军。

四、湖口驻扎丁义方和王定国的水陆两军，方能确保万无一失，黄老虎等流窜至江西的，据说至今还在石门、洋塘一带活动。如果景镇各军严守昌江河，等到春天河水涨潮，敌人不可能渡过。一旦从山里穿过婺源，左军也能够抵御捻军。

五、希庵三月十日的期限，不知最终能否成行？估计味根难以立刻出发，席研香现已多次催促命令其至抚州。枞阳目前还没人守卫，此事暂且不理它。弟处需要火药，昨天已押送了两万兵。但无银钱可送，只有看丹、荃两人能不能接济。顺便帮我问好。

此外，这次鲍军由无为州增援石涧埠，杏南和萧军从黄浴河增援石涧埠。从理论上推断，应该可以解围。解围之后，我的想法令鲍军从东关攻打桐城前面的城门，杏南和南云由西梁山、五显集进攻桐城后面的城门。驻扎在石涧埠的竹丹一军，尽可能与杏南、南云三人合并为一路，可作为机动部队。三部近一万人，鲍军官兵有一万人。鲍把无为、运漕作为后路，杏、竹、云把西梁、裕溪口作为后路，两支机动部队英勇杀敌，则无、巢、和、含境内之敌人可基本剿灭。

上游舒、桐、庐、合都有部队防守，吾又派成、李两军作为机动部队，大局比较乐观。萧为则兵部分别驻守运漕、三汊河、雍家镇三处地方，黄洛河可以不设守军，其余地方，则用不着特别防守，不能抢用机动部队。如果巢、含等地方胜利，可以用全部的兵力攻打桥林、江浦、浦口等地方，一直攻打九洑洲。北岸一带稳定后，再回头进攻南岸江西。我意如此，请弟与雪帅、杏、为、竹、云仔细商量后再行动。我相隔较远，不能及时指挥，也不能来回商量。

【点评】

用兵谋略是战争胜利的关键所在。曾国藩的用兵之道则以奇、快、准而闻名于世。作为昔日的一个文职官员，到如今的用兵将领，凡事他都能恰到好处地处理，让我们不得不钦佩曾国藩的才能,升迁则是理所当然的事了。

同治二年三月十八日与九弟国荃书

公元 1863 年 5 月 5 日

沅弟左右:

十八早接十三日弟信,具悉一切。

弟意石涧埠解围后,各军不可株守,宜急进攻,正与余意相合。所微不合者,余令萧守运漕,而以彭、毛、刘为进剿之师,弟令彭守运漕,而以萧、毛、刘为进剿之师。弟意贼将上窜,故追剿庐江、三河、桐、舒等处,余意贼将下窜,故速剿闸镇、巢县、和、含等处。此所以微不合也。台、庐、舒、桐三河五处,余皆有劲兵守之,潜、太以上,又有成、李两军,巢贼断无上窜之理。石涧埠解围以后,贼必仍归东关、巢县、闸镇三处。我军向下追击,仍宜以萧守运漕,而以彭、毛、刘为进剿之师,省得纷纷换防,耽搁工夫也。

弟统二万余人,必须分出一支活兵在外,半活半呆,半剿半守,更番互换,乃能保常新之气。此次彭带七营,刘带六营在外,恰好成一支活兵矣。若再分吉左、敏字三营过江,则十六营更成一大支活兵。杏、云、芳浦三人,尽可以当大敌,弟不必过虑恐活兵在外吃亏也。

惟金陵老营,兵力尚单,恐须调回一二营,弟自酌之。至于上游合、庐、舒、桐、三河、六安等城,皆已守定,弟尽可放心。捻匪至广济后,并未下窜,想已至英山以内矣。南岸景镇、祁门,初十以内尚无警信,或者不至决裂。顺问近好。国藩手草,三月十八日。饷银九江关六万、粤四万、赣四万均数日内可到,到即飞解弟处。

【译文】

沅弟左右:

十八日早上收到十三日弟的书信,情况都以得知。

弟的想法是石涧埠解围后,各军不能按兵不动,应该快速追击,正合我意。但有一点不同的是:我调萧驻守运漕,而令彭、毛、刘作为进攻的机动部队。弟认为敌人可能向上游逃窜,故追剿庐江、三河、桐、舒等地区;我认为敌人向下游逃窜,所以想围剿闸镇、巢县、和、含等地区。这就是稍微不同的地方。由于合、庐、舒、桐、三河五个地区,我都有劲旅把守,潜、太以上有成、李两军驻守,巢县之敌绝不可能向上游流窜的道理。石涧埠解围以后,敌人仍会回窜东关、巢县、闸镇三个地区,我军则向下游追击,仍然要用萧仍守卫运漕,令彭、毛、刘作为先锋部队,省得来回换防、耽搁时间。

弟统领两万官兵,需分出一支机动部队出来。一半灵活一半固定,一半进攻一半守卫,不断轮换,方可保持良好的战斗力。此次彭带之七营,刘带之六营,正好作为一支机动部队。如果令吉左、敏字三个营渡江,成为十六个营的机动部队。杏、云、芳浦三人完全能够抵挡敌人,弟不用过于担心机动部队在外面受挫。

但金陵的大本营兵力比较薄弱,需要调回一两个兵营,弟自行安排。关于上游的合、庐、舒、桐、三河、六安等城池都已安全,弟应该放心。

捻军到广济后并没有向下逃窜,我想已经到英山之中。南岸景镇、祁门至初十以内并无警报,说明并不危险,顺问近好。

饷银之事,九江关的六万两、广东的四万两、江西的四万两几天之内方能到达,之后立即押送至弟那里。

【点评】

灵活用兵是击败敌军的关键所在。曾国藩是一位用兵能手,灵活用兵自然不在话下。但是曾国藩用兵之精的确令人钦佩。他的这种战略战术为他的以后发展起到了至关重要的作用。每个人都有自己的特长,我们要充分发挥自己的长处,为自己的前途铺平道路。

同治二年三月廿一日与九弟国荃书

公元 1863 年 5 月 8 日

沅弟左右:

廿一日接十七日来信,具悉一切。

石涧埠之贼竟于十七夜全数遁回巢县,未得痛剿,若遽调鲍上援江西,则皖北之贼必尚有一番大动作,恐贻皖鄂无穷之患。

春霆欲就原船转舵西上移救江西,余当力阻,批答令其仍由东关进攻桐城闸,或由黄墩进兵亦可。其彭、毛、刘三军,则仍从西梁山、五显集进攻桐城闸之背。总须全力一打,断其犯鄂之谋,然后北岸稍得安枕。余十六、十八日与弟二信,亦与雪琴、杏南皆言鲍军攻剿北岸之事,不知雪、杏接到后能力阻春霆之西旋否?

庐江、桐城皆已守定,弟尽可放心。祁、徽日内无信。唐、王、刘、王(沐)四军,兵力本不为薄,特无一作主之人,贼又三面围逼,殊为可虑。九江幼协六万尚未解到,到即多拨弟处,复问近好。

【译文】

沅弟左右:

廿一日收到弟十七日写的来信,一切都已经知道。

十七日晚上,石涧埠的敌军突然全部逃回巢县,没能全部消灭掉。如果立即将鲍军调上江西支援,则皖北的敌人一定会有大行动,这样会给安徽、湖北留下无穷的后患。春霆想调用船上的原班人马转舵向西去支援江西,我肯定要极力反对,命令他依旧从东关攻打铜城闸,或由黄墩进攻也可以。彭、毛、刘三军,则仍然从西梁山、王显集进攻铜城闸的后面,轰轰烈烈地打一场,彻底打消敌人进攻湖北的想法,这样北岸才能稍微放心。

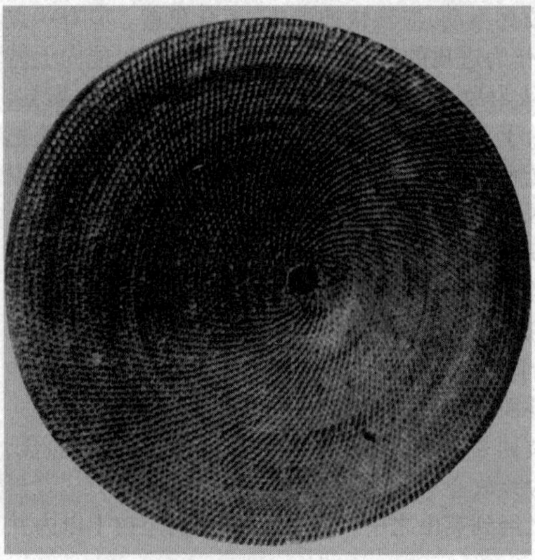

太平军藤牌

我于十六日、十八日给弟弟写了两封书信,并且与雪琴、杏南讲了鲍军攻打北岸的事情。不知雪、杏收到信后,能否阻止春霆向西转的想法。庐江、桐城都已经稳定安全,弟可以放心。祈、徽目前还没有收到信。唐、王、刘、王(沐)四支军力比较强壮,但没有一个作领导的人,敌军又从三面包围,非常令人担心。九江幼协的六万两银子还未送到,到之后马上送些到弟弟处,复问近好。

【点评】

冷静、清醒的头脑,是每个人的必备素质。为军之将更不例外,尤其是在发生突发事件时,冷静清醒地面对敌军是战争胜利的关键。我们在日常生活和工作中,经常会遇到让人来不及防备的事,这时就需要冷静地面对一切。曾国藩的头脑可以说相当冷静和清醒,在遇到不可遇料之事,他能充分发挥这一长处,谨小慎微。

同治二年三月廿四日与四弟国潢书

公元 1863 年 5 月 11 日

澄弟左右:

廿一日接弟三月初八日在县城发信,具悉一切。罗老师掌教新东皋书院,通县悦服,开张即好,以后书院必诸事顺遂,人文蔚起,可喜可庆。

罗允吉婿从邓师读书甚好。业经成婚之后,欲将各书一一温熟,势必不能。惟求邓师将《五经》点一遍讲解一遍,正史约亦讲一遍,不求熟,不求记,但求经过一番而已。邓师辛苦一年,明年或另择师专教罗婿亦可。

事恒系照二品赐恤,并无一品字样。弟寄挽联,本请余评定前三名,何以未见寄到?茶叶极好,余去年一年未吃得好茶,此次始交运也。兰姊处余备奠仪二百两,今付回临三甥处,下次再作函慰之。

此间军事,石涧埠自初三日被围,十七日内外夹击大胜,立解重围。发逆上犯,围逼庐江,捻匪由鄂下窜,连陷宿松、太潜,北岸处处吃紧。南岸徽、池群盗如毛。祁门久无信来,不知保得住否?上海军事,近极顺利,大约苏、杭均可图也。顺问近好。

国藩手草,三月廿四日。

【译文】

澄弟左右:

二十一日收到弟弟三月初八从县城寄出的信,得知一切。

罗老师管理新东皋书院,全县都比较高兴。既然有很好的开端,书院的各项事情会很快进入正轨。文化待兴,值得庆幸,应该庆祝。罗允吉婿跟随邓老师读书学习很好。吉婿结婚之后,想把所有的书都一一熟读,恐怕时间不允许。只有让邓老师把《五经》标点一遍,讲解一遍,正史也应讲解一遍,不求熟,也不求记,只求看一遍就行。邓老师辛苦了一年,明年另选一个指导罗婿的老师也行。

事恒是按二品赐给抚恤的,并无一品字样。弟弟寄来挽联,说是请我评定前三名,但并未收到。茶叶很好,去年我一年都没有喝过如此好茶叶,这次比较运气好。

兰姐处,我准备奠仪二百两,现寄到临三外甥处,下次再写信慰问。

此期间的军事,石涧埠自初三被围困,十七日内外夹攻取得胜利,现已解围。发逆(指太平军)向上游进攻庐江。捻军从湖北向下游逃窜,陆续攻陷宿松、太潜等地区。北岸处处急迫,南岸徽、池等地敌军遍地都是。祁门也很久没有消息了,不知能否保住。上海的军事近来比较顺利,苏杭有望收复。顺问近好。

国藩手草，三月二十四日。

【点评】

曾氏认为，读书切不可死记硬背，强记对读书毫无益处。曾氏也多次劝儿子及子侄读书领略大意即可，但看书时一定要在看过的地方加以圈点、批注，以免看后又忘记。曾氏在此信中提到的读书讲学："欲将各书一一温熟，势必不能"、"不求熟、不求记、只求经过一番而已。"现在看来，此读书法亦有益处。

同治二年三月廿九日与九弟国荃书

公元 1863 年 5 月 16 日

沅弟左右：

二十八夜接奉廷寄谕旨，弟蒙恩补授浙江巡抚，仍办金陵军务。弟处亦有夹板公文一分，余已拆阅，中廷寄一道，谕旨三道，与余处同。嗣后夹板递弟处者，余均不拆，照例不应拆也。

前读金陵解围后屡次谕旨，及季弟优恤各谕，知圣意宠注吾弟，恐不久于两司。此次畀以开府之任，而仍不令到任，朝廷于此等处苦心斟酌，可感孰甚。吾兄弟报称之道。仍不外"拼命报国，侧身修行"八字。至军务之要，亦有二语，曰"坚守已得之地，多筹游击之师"而已。

春霆一军，已檄由舒城进援六安；申夫一军，已檄由潜山横截英、霍；枞阳张、周二营，弟可迅速调回。大江为我有，庐、桐为我有，水师可进枞阳河入菜子湖，直至练潭，省城十分可恃，枞阳不须防兵也。

顺问近好。

国藩手书

【译文】

沅弟左右：

二十八日晚我收到朝廷寄来的谕旨，弟受皇恩宠授浙江巡抚，还是管理金陵军务。弟处有一份夹板公文，我已拆开阅读。里面有一道廷寄，三道谕旨，与寄到我处一样。今后递交给弟的夹板公文，我都不再拆开，按例也不应拆开。

前些天阅览金陵解围后的多道谕旨与给季弟代恤的各道谕旨，觉得皇上十分宠爱吾弟，可能很快会让你升任浙江巡抚并且主管金陵军务了。这次给予你开府的升迁，又不让你到任，朝廷对你的此番苦心，非常让人感动！我们兄弟报答的方法，只有"拼命报国，侧身修行"八个字。至于军务的职责，也只有两句话："坚守已经占领的地区，大量组建机动部队。"

春霆一军，已经令其从舒城开拨增援六安；申夫一军，已下令从潜山阻截英、霍；枞阳的张、周两个营，弟可以调回来。我们已经占领了大江，庐、桐归我们所有，水军可以进枞阳河入菜子湖，直赴练潭。省城很安全，枞阳不用设防了。顺问近好。

国藩手书

【点评】

曾国荃在不到一年半的时间里，连续升迁，这次又被朝廷任命为浙江巡抚，可见，朝廷对曾老九的极其倚重，如此的升迁之快，让人感到十分吃惊，六七年的时间，从一个无名小辈升迁到几乎和他大哥曾国藩平起平坐了，在人们的预料中是难以想象的，是什么原因使这些极少数人成为暴发户呢？是战争，战争给整个社会带来灾难，却让极少数人得以暴发。这便是战争的残酷性及魅力。

同治二年四月初一日与九弟国荃书

公元 1863 年 5 月 18 日

沅弟左右：

昨日专人送喜，想已接到。弟之谢恩折，尚可由安庆代作代写代递。初膺开府重任，心中如有欲说之话，思自献于君父之前者，尽可随时陈奏。奏议是人臣最要之事，弟须加一番工夫。弟文笔不患不详明，但患不简洁，以后从简当二字上着力。

春霆由枞阳、庐江进援六安，未知现抵何处。六安守兵系蒋之纯部下二营，二十五六七业已坚守三日夜，二十六日城塌数丈，贼匪猛扑，亦能御之，或可保全。枞阳周、张二营，吾批令一面驰回裕溪口，一面禀请弟示。安庆与庐江、桐城三处椅角坚守，枞阳尽可不须陆兵，但用水师分布于枞阳、上枞阳、大纲窑、练潭等处。安庆城守十分坚固，弟可放心也。

希庵初十起行，病势加剧，十七始至县城，此最可虑。昨日接家信四件送去，本日接毛、黄二信抄阅。

顺问近好。

国藩手草，四月初一日酉刻。

【译文】

沅弟左右：

昨日我特派人送去的喜信，想必已收到。弟弟谢恩所用奏折，可以由安庆代写并代递。弟弟首次担任开府的重任，心中若有想法想要表达，可以在面圣时向圣上奏明，也可以随时上奏陈述。奏议是作为臣子最重要的事情，弟弟必须下硬功夫。弟弟的文笔不怕不详细，就怕不简洁，以后应从“简当”二字上下工夫。

春霆由枞阳、庐江增援六安，不知抵达与否。六安守军是蒋之纯部下的两个营，二十五、二十六、二十七日他们已坚守了三昼夜。在二十六日城墙塌了几丈长，因此敌人又猛烈进攻，仍然能抵挡得住，也许可以保全。至于枞阳的周、张两个营，我已令他们边返回裕溪口，边向弟弟请示。安庆、庐江、桐城三个地区构成掎角之势进行防守。则枞阳可以不用陆军，只用水军布防于枞阳、上枞阳、大纲窑、练潭一带。安庆城守卫较安全，弟弟可以放心。

希庵于初十动身出发，但病情日渐加重，直至十七日才抵达县城，此事让人十分担忧。昨日我收到了四封家书，现在一起给你送去，今日又收到毛、黄的两封信也抄与你。

顺问近好。

国藩手草，四月初一日酉时。

【点评】

在古代官场之中，凡事都要讲究个技巧，不怕你没能力，就怕你脑子不聪明。就像和珅一样，可以说和珅的成功，说明了一个道理，那就是做事要讲技巧、讲方法。曾国荃作为随时都要面对皇帝的重臣来说，奏折写的简当极为重要。所以曾国藩在此信中特别嘱咐弟弟要写好奏折。

同治二年四月初三日与九弟国荃书

公元1863年5月20日

沅弟左右：

初二日接弟三月廿八日专函，具悉一切。上游近事，六安廿九日尚未解围，而守事似有把握。兹将何牧禀抄寄一阅。

春霆卅日接救援六安之檄，定初一日自孔城成行，初六日赶到。申夫接移师天堂截击霍山贼腰之檄，定三十日自石牌成行，初二三日可至天堂。成武臣前接游击潜、太捻股之檄，廿八日已至太湖；旋接回驻滠口以保武汉之檄，计日内已西上矣。

南岸之局，王钤峰于十一日大破黄文金一股，刘克庵、王心初于十七日、廿五日再破黟县大股，徽境将次肃清。方深慰幸。而东、建各股，从桃树店横窜而东，祁门之南，景镇之北，一片逆氛，刻下想已入婺源、乐平境矣。皖南无所得食，各贼不窜江西，万无一线生机，故不得不冒死上冲。流贼之势已成，江西、湖南皆不免于蹂躏，奈何奈何！

饷项十分窘迫。鲍军因无饷可支，逃者至千余人之多，病者又有二千余人。吾兄弟当此时艰，而皆居大位、负重任，亦可云不幸耳。复问近好。

国藩手草，四月初三日。

【译文】

沅弟左右：

初二日收到弟于三月二十八日写的专信，一切已经知道。

关于上游的近况，六安二十九日还未取胜，但防守很有把握。现将何牧的报告抄写与你。三十日春霆接到救援六安的命令，决定在初一日从孔城出发，初六日到达六安。申夫收到转换部队到天堂去阻击霍山一带敌军的命令，决定在三十日从石牌出发，初二日或初三日到达天堂。成武臣现已接到令其带领游击将士偷袭潜、太捻军的命令，于二十八日到达太湖，后来又接到返回滠口以保卫武汉的命令，估计这两天已向西行军了。

至于南岸的局势，王钤峰于十一日大胜黄文金一部敌人，十七日、二十五日刘克庵、王心初又大胜黔县的大批敌军，那么安徽境内敌军不断会被消灭。此时才深深地感到幸运了。但东、建各股敌军从桃树店方向流窜。祈门及南景镇以北敌军较多，估计现在已经进入婺源、乐平一带了。皖南一带粮食缺乏，如果各股敌人不逃窜到江西境内就肯定不会有出路，故不得不冒死向上游进军。敌人流窜路线明显，江西、湖南都免不了糟受蹂躏，这也是没有办法的事！

由于军饷十分缺乏，鲍军没有军饷以供开支，有一千多士兵逃跑，生病的就有两千多人。我们兄弟处在艰难时期，但又都位居高官，背负重任，也可说是不幸啊。复问近好。

国藩手草，四月初三日。

【点评】

曾氏此信有两层意思：一是担心江西、湖南受战事蹂躏，且为兵勇溃病而内疚；另外在信的末尾坦言虽处于高官之位，背负重任，但在战乱年代，兄弟一家不能团聚，整日背负重任，心力备感憔悴。可谓人生之大不幸。此信末尾也从侧面反映出了曾氏已厌于战争，有归隐之心。

同治二年四月初六日与九弟国荃书

公元1863年5月23日

沅弟左右：

初五日夜接弟初二日信，具悉一切。

辞谢之说，余亦熟思之。谓才不胜任，则现在并不履浙江任。谓请改武职，则禀生优贡出身，岂有改武之理？且过谦则近于伪，过让则近于矫。谓请改京卿，则以巡抚而兼头品顶戴，必改为侍郎，断无改三品卿之理。三者均难着笔，只得于谢折之中，极自明其惴慄之意。其改武一层，弟以后不宜形诸笔墨，恐人疑为矫伪不情也。谢折应专弁赍京。季弟立祠予谥谢折，拟兄弟会衔具奏。

六安于初二日解围，闻忠酋未上英、霍，已回庐郡一路，大约仍由巢、含下窜。窜所虑者有三层：一则由九洑洲南渡，再行猛扑雨花台大营，如十年春得杭不守，速回攻扑和、张之故智；一则不得志于上游，将力攻扬州、里下河，以图一逞；一则因太仓州已破，回救苏州（六安州探报忠逆传令救苏）。

余拟檄蒋、成、毛攻苗以援寿州，檄鲍由柘皋进巢北，檄彭、刘、萧由东关以进巢左。俟六安确信到，再行分别咨札。弟处防忠酋，已妥为堤备否？尚须调营回金陵否？顺问近好。

【译文】

沅弟左右：

初五晚收到弟弟初二寄来的书信，具悉一切。

关于辞谢之事，我也仔细想过。你认为自己没有能力胜任，故并不去浙江府上任，请求改任武职，但你是廪生优贡出身，哪有改武的道理？而且过分谦虚就相当于虚伪，过分谦让就等于虚假。说想请求改为京官，那么巡抚兼任头品顶戴，就应该改任侍郎，就没有改为三品朝臣的道理。三个要求都没有道理，只有在谢恩奏折中，尽量表现你惶恐不安的心理。你请求改任武职的想法，弟弟以后不应该再提出来，恐别人怀疑是虚假之情。谢恩的折子应派专人送上京城。为季弟立祠、赠谥号的谢恩奏折，计划于弟弟上任后一并奏请。

清代三品文官官服上的补子

六安在初二解围，据说忠酋（指李季成）并未到英、霍，反而回到庐郡一带，可能要从巢、含向下逃窜。让我担心的事有三点：一是敌人从九洑州向南流窜，之后向雨花台大营进攻，如咸丰十年春天取得杭州但守不住，之后又迅速回头进攻和、张的计谋；二是敌军在上游形势不利，于是就猛攻扬州、里下河，以求胜利；三是由于太仓州已经沦陷，回头救苏州（六安州的探报说忠王传令救苏州）。

我计划令蒋、成、毛攻打苗沛霖救援寿州，令鲍由拓皋进攻巢北，令彭、刘、萧从东关进军巢县左侧。等六安有确切消息到了，再商量发去咨文。弟弟对于忠酋的防守准备妥当没有？是否还需要调兵回金陵吗？顺问近好。

【点评】

“戒骄戒躁”是曾氏一贯主张的为人根本，凡事应认真完成，切不可矫揉造作。在沅弟想辞谢浙江官职一事上，曾氏表现出一贯的谨小慎微，力劝弟弟不可再言辞谢之说。信中言：“过谦则近于伪，过让则近于矫。”信的末尾又详细分析了李秀成的军事意图和行军路线，告弟严加防守。

同治二年四月初十日与九弟国荃书

公元 1863 年 5 月 27 日

沅弟左右：

初九日接二日来信，具悉一切。此间日内无警，惟曾璞山于初六日报贼复至六安，旋又于初七日报回窜之贼被围击退，皆不足信。究之忠酋之或东或否，陈大澧、马融和与忠酋之或分或否，苗沛霖、李世忠与忠酋之或通或否，皆不深知，故调度多不合宜也。

春霆由巢北进兵，数百里内寸草不生，办柴极难，子药米粮转运亦殊不易，不知何日始至柘皋、炯炀。苗逆复叛，皇上震怒，命僧邸由山东返旆旋皖会剿，命余与希庵堵剿，此后或不至更行议抚。只要贼不犯鄂，蒋、毛、成三军或足以了办苗案。六安搜得忠酋伪文，似李世忠亦与之暗通；刻下兵力只此，不敢扬薪下之火也。

皖南久无来信，但闻二十五日大捷之后，歙休黟三县肃清。刘克庵将由黟赴景镇，自内打出，不知果成行否？

顺问近好。

再，李宝贤带来六百余人，据称精壮老勇，意欲另开一营，余断不允。弟处每营病者百余人，如需补缺之勇，则飞速寄信，可令李之新勇赴雨花台也。又行。

【译文】

沅弟左右：

初九收到初二的来信，一切已经知道。

我处近来还没有警报，只是曾璞山在初六日报告敌人又抵达六安，初七日报告说回窜的敌军被包围且击退，都不可全信。忠酋是否向东行进？陈大澧、马融和忠酋是不是走散了？苗沛霖、李世忠和忠酋联系上了没有？都不是很清楚，所以不能轻易指挥调度。

春霆从巢北行军，几百里内寸草不生，置办柴草都很困难，弹药粮食转运就更为不易，不知何时才能到达柘皋、炯炀。苗沛霖再度谋反，皇上非常生气，命令僧格林沁从山东返回安徽将其消灭，令我和希庵截击剿灭，这次不会再进行安抚。只要敌人不进攻湖北，蒋、毛、成三军方能将苗案了结。

在六安得到了忠酋的伪文，好像李世忠也与他有私密的联系。眼前兵力有限，不敢贸然行动。皖南很久未来信。听说二十五日大胜之后，在歙、休、黟三县境内消灭了敌人。刘克庵将由黟到景镇，从内向外突围，不知是否可行？顺问近好。

此外，李宝贤带来六百多人，据说是勇敢精壮，想成立一个兵营，我不同意。弟处兵营病号有百多人，如需补充兵力，就火速来信，可让李带来的新兵急赴雨花台，又行。

【点评】

此信讲到鲍军给养困难，又提及苗沛霖叛变一事，推测李世忠与李秀成暗中通信。曾氏一向善于观人、用人，观其眼可识内心，在识人方面有一套独特的兵法。为曾氏日后的仕途之路埋下了很深的根基。

同治二年四月十六日与九弟国荃书

公元1863年6月2日

沅弟左右：

接十一、十二日两信，具悉一切。

辞谢一事，本可浑浑言之，但求收回成命，已请筱泉、子密代弟与余各拟一稿矣。昨接弟咨，已换署新衔，则不必再行辞谢。

吾辈所最宜畏惧敬慎者，第一则以方寸为严师，其次则左右近习之人，如巡捕、戈什、幕府文案及部下营哨官之属，又其次乃畏清议。今业已换称新衔，一切公文体制为之一变，而又具疏辞官，已知其不出于至诚矣，欺方寸乎？欺朝廷乎？余已决计不辞，即日代弟具折（用四六谢折，外余夹片，言弟愧悚思辞，请收成命），廿一二日专人赍京。弟须用之奏折各件，即由此次折弁带归。

弟应奏之事，暂不必忙。左季帅奉专衔奏事之旨，厥后三个月始行拜疏。雪琴得巡抚及侍郎后，除疏辞复奏二次外，至今未另奏事。弟非有要紧事件，不必专衔另奏。寻常报仗，仍由余办可也。

李子真尽可分送弟处。莫世兄年未二十，子偲不欲其远离。赵惠甫可至金陵先住月余，相安则订远局，否则暂订近局。

五月杪以后之米，省局尽可支应。以三万人计之，每月需米万二千石（五百人一营者加夫一百八十名，每月需二百石）。弟部来此请米价及护票者已一万数千石，计六七月必到，不尽靠皖台也。

顺问近好。

国藩手草，四月十六日。

【译文】

沅弟左右：

收到弟弟于十一、十二日的两封来信，具悉一切。

辞谢一事，本可含糊说明，不需指明武职、京职，只要请求收回成命。我已经让筱泉、子密替弟弟各做一文。昨天接到弟弟的探问，新任官衔，就不要再辞谢了。我们要畏惧谨慎的，一是要以人心为严师；二是要左右身边熟悉之人，如：巡捕、戈什、幕府文案以及部下营哨官等；三就是恐文人的言论。既然现在已经改官衔，所有公文体制都有所改变，如还写奏折辞官，让人以为是出于诚心了。欺骗人心呢？还是在欺骗朝廷呢？我已下定决心不辞，今日我代弟写奏折。除用四六谢折之外，又附加了几句，说弟弟由于惭愧想辞官，请求收回成命。二十一二日派专人送到京城。弟弟要用的奏折文书等也一并带去。

弟弟所奏事，暂时不必惊慌。左季帅奉专衔奏事旨意，之后三个月内执行。雪琴任巡

陶澍像

抚和侍郎官职后，除疏辞与再次奏请后，目前还没另外奏事。如果弟弟没有紧要的事，不要专门奏请，平常的报告，仍然由我办理就可以。

李子真可以送给弟弟，莫世兄岁数不满二十，子偲不想让其远离身边。赵惠甫可以先到金陵住一个多月，如果平安就作长远打算，否则就做近期计划。

五月底方后的粮食，省局可以支付。按三万人计算，每月需要一万两千石米，（五百人一营加民夫一百八十名，每月需要二百石），军队到这里请示米价和护票的已经有一万几千石了。计划六七月份到，不用依靠安徽粮台了。

顺问近好。

国藩手草，四月十六日。

【点评】

曾国荃被清政府赠封为浙江巡抚，给其大哥曾氏的信中，言辞中有想辞去此职务的意思，曾氏认为这是老九的矫情之作。给老九弟回信中写道："以方寸为严师。浙江巡抚的职位是别人想得都得不到的职位，如此得宠地蒙受皇恩，你却还不欣然受命，这不是明显地抖身价、矫情造作吗？若这样不领情的话，就有慢待朝廷的厚恩之为，有违拗自己的内心之嫌。只有诚然接受任命，专心认真做事，才是报效朝廷的最好之举。"

同治二年四月廿一日与九弟国荃书

公元 1863 年 6 月 7 日

沅弟左右：

日来未接弟信，想甚平安。得云仙信，知弟辞巡抚之意，已洋告少荃矣。余代弟作折及自作之折，仍请收回成命，盖辞官而公牍署新衔，其矛盾处尚小；以辞官写信告人，而具折时不辞，其矛盾处更大。折差定于明日成行，兹将折稿先送弟阅。此二三月，内弟之公牍概用浙抚新衔；追折差回时奉到朱批，如准开缺，再行换衔可也。木质关防，即日当换刻送去。

发、捻在定远分队，忠酋回救苏州，捻党扑临淮一次，现又回至六安，大约为皖、鄂、豫三省之患。少荃克复昆山，杀贼极多，苏州大有可图。苏若果克，则调程学启扎孝陵卫，或打东坝、二漂，春霆进攻和、含、二浦，大局其渐转乎？

顺问近好。

李鸿章(少荃)指挥的淮军

【译文】

沅弟左右:

这些天没有收到弟的信件,想必比较平安!收到云仙的来信,得知弟把辞去巡抚职务一事已经详细地告知了少荃。我代弟弟写的奏折与我自己写的奏折都是请求收回成命。想辞退官职但公文上却已授予新官职,这还算小事;写信说要辞官,但上奏折时不提及,这就算大事了。送奏折的人计划明日起程,现将折子草稿给弟弟看。在此两三个月内弟之公函一律用浙江巡抚的新官衔,等送折的差人回来接到圣上的朱批,如果准许辞官,再换官衔。木质关防印今日换刻完就送给你。

发(指太平军)、捻于定远分兵,忠酋返回支援苏州。捻军进攻了临淮后,现回到六安,他们是皖鄂豫三省的隐患。少荃收复了昆山,杀死很多敌军,苏州胜利在即。苏州如果拿下,就调程学启驻守孝陵卫,或进攻东坝、二溧两地,春霆进攻和、含二处,大局也许能逐渐改变?

顺问近好。

【点评】

在战乱不断的年代,曾老九的官职却不断升迁,说明什么?很值得人深思。战争中,曾老九的用兵手段与曾国藩有过之而无不及。当时,曾氏控制着大部分的兵权,其势力之大,让人为之钦佩。信的结尾又谈到李秀成及捻军战事。

同治二年四月廿四日与四弟国潢书

公元1863年6月10日

澄弟左右:

接弟四月初在竹山坳发信,知家中诸事平安。希庵之病至于失音,深为可虑。

此间军事，自伪忠王六安解围后，风波渐平。上海李军连克太仓、昆山，杀贼至二三万之多，为军兴以来所罕见。忠逆急回救苏，皖北得以少松。蒋、毛二军救援寿州，五日内必可赶到。只要寿州无恙，则自去秋至今无数之险，皆得安稳度过矣。

沅弟辞浙抚一疏廿二日拜发，兹抄回一阅。掳船之风太甚，顷出示严行禁止，兹将写刻之示寄回。

李少荃近日军务极为得手，大约苏、杭两处必有一克，或全克亦未可知。惟饷项奇绌，米贵而雨多。皖南食人肉，每斤卖百二十文。看来浩劫尚未满，天心尚未转也。

余身体平安，足慰远念。顺问近好。

兄国藩手草，四月廿四日。

【译文】

澄弟左右：

收到弟于四月初在竹山坳寄来的信，得知家中一切都好。希庵的病发展到不能说话的地步，我很担心。

这期间的军事，自解了伪忠王六安的围困之后，风波逐渐平息。上海李军陆续攻占了太仓、昆山，歼灭敌人多达两三万人，是有史以来较少有的。因此敌军急速支援苏州，故皖北能稍微松懈。蒋、毛两支军队援救寿州，五天之内定可赶到。只要守住寿州，那么从去年秋天到现在的无数次战争，都算是安全平稳地度过了。

关于沅弟辞去浙江巡抚的奏折于二十二日送发，现抄一份给你。抢夺船只的行为恶劣，立即下令严行禁止。现把命令寄回去。

近来李少荃部进展较顺利，估计苏杭两地定能攻占一处，或者两处都收复也说不定。只是饷银非常短缺，雨水多且米又贵。皖南吃人肉，每斤可以卖一百二十六钱。看来战争还没有完，天意不可违。

我身体康健，你们不要挂念。顺问近好。

兄国藩手草，四月二十四日。

【点评】

"皖南食人肉，每斤卖百二十文"，看后实在让人胆战心惊，不寒而栗。用穷凶极恶比喻当时的人们是再恰当不过得了，饿的人当时能买人肉吃，可见，当时的社会已经败坏到极致。皖南本来是历史上有名的鱼米之乡，富庶之地，可由于可恶的战争，给人类带来如此浩大的劫难，简直到了惨绝人寰的地步，怎不令人诅咒、痛骂？

同治二年四月廿七日与九弟国荃书

公元 1863 年 6 月 13 日

沅弟左右：

廿七日接廿一日来信，具悉一切。

弟辞抚之意如此坚切，余廿二日代弟所作之折想必中意矣。来信"乱世功名之际尤为难处"十字，实获我心。本日余有一片，亦请将钦篆、督篆二者分出一席，另简大员，兹将片稿抄寄弟阅。吾兄弟常存此兢兢业业之心，将来遇有机缘，即便抽身引退，庶几善始善终，免蹈大戾乎？至于担当大事，全在"明强"二字。《中庸》学、问、思、辨、行五者，其要归于愚必明，柔必强。弟向来倔强之气，却不可因位高而顿改。凡事非气不举，非刚不济，即修身齐家，亦须以明强为本。

巢县即克，和、含必可得手。以后进攻二浦，望弟主持一切，函告鲍、萧、彭、刘四公。余相隔太远不遥制也。顺问近好。

《中庸》书影

【译文】

沅弟左右：

二十七日收到二十一日来信，事情都知道了。

我看你辞去巡抚一职心意已决，二十二日代你写的奏折一定会合你的心意。信中所说“乱世功名之际尤为难处”这句话，和我想的一样。今日有一封附折，请求将饮差和总督两个官衔分出一个，另选官员来担任。现把奏折抄于你看。你我二人要永远保持兢兢业业的精神，若将来有机会，则抽身引退，或许能够善始善终，以免犯大的错误。至于成就大事，全靠“明强”两个字。《中庸》中学、问、思、辨、行五点，最主要的就是将不明白的搞明白，不坚强的变坚强。弟弟脾气很倔犟，但不要因为当官了而改变。任何一件事情，没有志气做不成，不坚定也做不成，即使是修身养性，也要以“明强”二字为根本。

攻克巢县之后，和州、含山一定能够拿下。之后进攻二浦，希望你能指挥，写信告知鲍春霆、萧庆衍、彭杏南、刘南云四公。我离得太远，不能从远处作决定。顺问近好。

【点评】

曾国荃给其大哥曾氏的信中，再次说明要辞掉浙江巡抚一职，本身的想法，即“乱世功名之际尤为难处”，曾老九的这句话，很符合曾氏的心意；但也有些令曾氏不解，向来性格倔犟、蛮横的九弟，怎么变得如此优柔寡断起来？曾氏便回信给其九弟讲，“担当大事，全在明强二字”，他深知刚柔相济的奥妙之处，把《中庸》思想归纳为“愚必明，柔必强。”“愚”是“大智”后之愚；“柔”是“至强”后之柔。所以，他教导九弟要想做愚公，必得先明白事理；要想柔弱处世，必得先有强做后盾。

同治二年五月初二日与九弟国荃书

公元 1863 年 6 月 17 日

沅弟左右：

初一日接廿四日弟函，具悉一切。萧军分守各处，已照弟所拟咨行各处矣。

鲍军过江，则必须打开桥林、江浦、浦口、九洑州，北岸一律肃清，然后可以南渡。即南渡后，亦不遽扎燕子矶以作呆兵，仍当进剿东坝、二溧以作活兵。以理势论之，该逆经营一年，攻取二浦，无非固九洑州之后身，作金陵之犄角，必将竭力坚守。

余之拙见，二浦未克之前，不可先攻九洑洲，九洑洲未克之前，鲍、彭、刘不可南渡；东坝、二溧未克之前，不可围扎孝陵卫、燕子矶。此三者皆极大关键，余计已定，弟切勿执见辨驳。余因呆兵太多，徽、祁全借左军之力，受气不少。兹略抄一二函禀寄阅（左帅来信一件，左批刘克庵禀痛责唐镇一件，刘克庵告示一件），此后余决不肯多用围城之呆兵矣。

由和州进攻二浦，有山内与江滨二路。似宜让鲍军走江滨之路，彭、刘走山内之路。鲍军纪律极坏，江滨运粮较易，掳夫较少。此等大处让人，乃是真谦，乃是真厚。余牍中未说出，望弟酌定，速告春霆与杏、云也。

陈氏妾于五月初一早丑刻病故，初三出殡，应否搬回湘乡，现尚未定，顺问近好。

国藩手书，五月初二日。

【译文】

沅弟左右：

初一我收到弟于二十四日写的书信，一切都已知道。萧军已按照弟命令守卫的地区开始行动了。

鲍军渡江后，必须收复桥林、江浦、浦口、九洑洲，北岸一律将敌人歼灭，然后再向南渡江。过江之后，不要驻扎在燕子矶，成为一支守军，仍然要进功东坝、二溧，作为一支机动部队。从形势上来看，此股敌军已计划了一年，攻占二浦，是为了把九洑洲作为后方，当作金陵的犄角，故一定会拼命防守。

依我之见，在二浦没有攻克之前，不能进攻九洑洲；九洑洲没有攻克之前，鲍、彭、刘就不能向南渡江；东坝、二溧未攻克之前，不能驻扎孝陵卫、燕子矶。这三方面都是非常关键的，我的决定，弟千万不要反驳。我就是由于呆兵较多，徽、祁全借助左军的援助，承受了不少怒气。现抄一二封信件公牍于你看（左帅的一封来信，左批刘克庵禀痛责唐镇的一件、刘克庵告示一件）。此后我决心再不过多调用固守在城中的呆兵。

由和州攻打二浦，有山内和江滨两条路。似乎应该让鲍军走江滨这条路较恰当。彭、刘走山内一路比较合适。鲍军纪律不严，粮食由江滨运输比较安全，如此大的地方给人才是真的谦让，才是真的宽厚。我在公文中没有讲，希望弟仔细揣摩，决定后马上告知春霆和杏、云。

陈氏妾于五月一日早晨丑时病故，三日出殡。是否应该回湘乡，现未做决定。顺问近好。

国藩手书，五月初二日。

【点评】

怎样做到谦虚呢？曾国藩的经验是"大处让人，乃是真谦，乃是真厚"。也就是说在小处论人，不足以见人真的谦让，因为这并不关大局，而在大处让人，没有宽大的胸襟，是很难做到的。

同治二年五月初四日与九弟国荃书

公元 1863 年 6 月 19 日

沅弟左右：

初三日接廿八日信，知雨花台石垒与南门外各贼垒均已攻克，至为欣慰。我军驻雨花台而石垒为贼所占，殊为碍眼，今即得之，拔去眼中钉矣。惟调回彭杏南各营，守壕之呆兵愈多，游击之活兵愈少。弟统三万人，不筹出一支结实可靠之活兵，在外纵横驰击，而专以合围攻坚为念，似非善计。

咸丰三、四、五年，向帅在金陵，兵不满三万，饷亦奇绌。向军与金陵悍贼相持，而又分兵援庐州（和亦向部），援宁国（邓亦向部），打镇江，打芜湖（罗大纲在芜湖打死），中外皆称向兵为天下劲旅，而余不甚以为然者，以其不能从大处落墨，空处着笔也。弟用兵之规模远胜于和，而与向相等。杏、云甫成一支活兵，而又急于调回，则空处全不著笔，专靠他军，可尽恃乎？

余现调萧军助剿桥林、二浦，以周厚斋替守巢县等处。闻李秀成尚未回苏，恐二浦必有恶仗，江北之兵愈多愈好。银钱现无存者，稍迟再解。洋火洋药今日专船解去。顺问近好。

国藩手草，五月初四日。

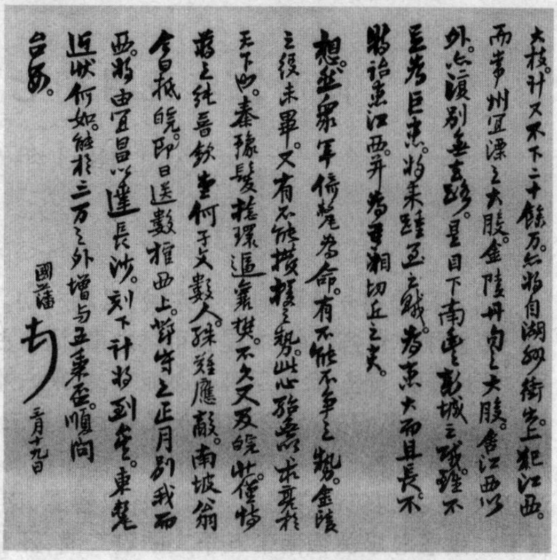

曾国藩手札

【译文】

沅弟左右：

初三日收到你于二十八日的来信，得知雨花台石垒和南门外之敌人的各个营垒都已经被消灭，十分高兴。我军驻扎在雨花台但石垒被敌人占领，而感到不安，只要占领了石垒，就拔去了眼中钉。但是调回彭南的部队，则守卫壕沟的呆兵更多了，机动的活兵更少了。弟统领三万人，需组建一支精锐的机动部队在外征战，而一直合围攻坚，并不是长远之计。

咸丰三、四、五年，向帅驻金陵，兵力不到三万，军饷也很缺。向军与金陵强劲的敌人对抗，并且又分兵支援庐州（和也是向的部下）和宁国（邓也是向的部下），攻打镇江和芜湖（罗大纲在芜湖被打死），朝廷称向军是天下之劲旅，我并不完全认为是这样，由于他不能从大处着眼，而在空处着笔。弟用兵的能力远胜于和，而且与向不相上下。杏、云部刚成为一支机动部队，就急忙调回，那么空处就完全不能着笔，不能完全依靠其他部队。

我将令萧军支援清剿林、二浦，令周厚齐守卫巢县等地区。据说李秀成并没有回到苏州，因此二浦必定是场恶仗，江北的部队越多越好。银钱目前没有留存的，略晚一些再送去。洋火和洋药今日派专船送去。顺问近好。

国藩手草，五月初四日。

【点评】

当局势有所好转时，曾氏兄弟并没有因此而高兴、松懈，而是将目光放远，从长远考虑建一支"结实可靠之活兵"的部队，非常有先见之名。

我们知道在当时的年代有如此长远目光的人并不多，而曾国藩为其中的骄骄者，也许这就是他位高权重的本质所在。此外，在战术上，曾氏一贯主张合围攻坚的战术，此战略思想为曾氏的战争胜利起了不可磨灭的作用。

同治二年五月初七日与九弟国荃书

公元 1863 年 6 月 22 日

沅弟左右：

初六日接初一日酉刻专丁来缄，具悉一切。

克复雨花台各石垒，本是极可喜之事，而多占守兵，又少杏南一支游击之师，亦是美中不足。至印子山石垒，余意尽可不必扼守，将来城池之克否，全不系乎印子山之有兵无兵也。

蒋、毛廿八日之战，阵亡哨长及有官阶者二十四员，伤亡至五百余名。据称苗逆队中有四眼狗旧部四千人在内。寿州之围固不能解，且恐蒋、毛败挫，贼窜六安，故余檄周厚斋改赴六安，维则仍留守巢县一带。现仅春霆、南云进攻二浦、九洑洲，窃恐地人城坚，难以得手。余意总思留杏南带五千人助攻二浦，江北多一营有一营之好处，弟意雨花台多一营有一营之好处，此两端者，兄弟各执一端，未识大舜用何者为中也。

折弁自京归，季弟得谥靖毅，二字皆优等，谥法远胜温弟，予季身后之荣，真无遗憾。予之三次诰轴、科四之荫生执照皆已带回，即日当专人送归。惟诰轴错误甚多，如伯祖父伯祖母误书伯父伯母之类，不一而足。许仙屏、刘韫翁、王孝凤各有信寄弟，兹带去查收，靴二双、京报并付去。洋火已解去五十万，余俟另牍续解。

顺问近好。

【译文】

沅弟左右：

初六收到弟弟于初一酉刻派专人送来的信，一切具悉。

收复雨花台各个石垒，本来是件好事，但过多利用兵力守卫，加之少了杏南一支机动部队，此为美中不足。关于印子山的石垒，我认为完全没有必要死守。将来城池能否攻克，与印子山有无兵完全没有联系。

蒋、毛二十八日的战斗，阵亡有官衔的二十四名，战亡五百多名士兵。听说苗军部队中有四眼狗（指陈玉成）旧部四千余人。寿州情况并不乐观，而且自蒋、毛失败后，恐敌军流窜到六安，故派周厚斋改去六安，维则仍旧留守巢县一带。目前仅有春霆、南云攻打二浦、九洑州，由于地方太大且城池坚固，很难拿下。我认为把杏南留下并且带五千人支援二浦，江北多一个营有多一个营的好处，弟弟则认为雨花台多一营有多一营的好处。我们两人各有自己的想法，不知大舜利用哪一方面比较好？

送折子之人从京城回来了。季弟得到靖毅二字的谥号，此谥号很好，远胜温弟的谥号。季弟死后能得此荣誉，应该没有什么遗憾了。我的三次诰轴，科四的荫护执照都被带回来了，现在就让人送去。只是诰轴错误较多，比如把伯祖父祖母写成伯父伯母等，不止一处。许仙屏、刘韫翁、王孝凤都有信寄予弟弟，现派人送去请查收。两双靴子和京报一起带去。洋火已经送去五十万，其余的另行解送。顺问近好。

【点评】

曾氏的成功之道，首取当是其善于识人用人，从其众多的幕僚中，就可窥见一斑。曾府的幕僚可谓人才汇集在当时便享有"人才渊薮"的美誉，这与生性心高气傲的曾老九相比，可谓大相径庭，曾氏便时常把身边的幕僚派到九弟那里，帮助他办理公务。

这封信里，曾氏又给曾老九派去了自己的幕僚，名叫赵惠甫，此人胸怀雄才大略，具有远见卓识，颇得曾氏的器重和赏识，成为曾氏的心腹。曾氏叮嘱老九，不可小觑此人，要有尊敬的态度，以礼相待。

同治二年五月初九日与九弟国荃书

公元 1863 年 6 月 24 日

沅弟左右：

日内未接来信，不知城贼又出扑我营否？寿州之围断不能解，大约如前年安庆故事，援贼看我破坏耳。

顷接云仙信，于弟疏稿不甚以为然，兹寄阅，余批弟疏亦寄去查收。弟平日于文章一途，最谦退不敢自信，(寄云仙处请益析疑，原无不可。祭文寄京师刘韫翁处，则似自信为能文者，不似平日之谦谨。京师人文荟萃，韫翁交游最广，万目传观，究为非宜。以后弟文宜专从简当二字着力，每日读书一时工夫亦不可少。

方子白谨厚朴实，而无佻薄难近之态，或有裨于弟；弟若欲延之，则另派员署和州也。刘冰如一信抄阅，系寄湖北司道者，读之寒心。李黼堂在湖北偶一蹉跌，便若半身不遂者，不知真病乎？抑装病乎？顺问近好。

国藩手草，五月初九日。

【译文】

沅弟左右：

近几天内没有收到弟弟的来信，不知城中敌人有没有袭击我营？寿州之围千万不能解除，如前年安庆的例子一样，让增援的敌人看着我们破城。

刚接到云仙的书信，给他回信请教好的办法，解答疑问，并不是不可以。祭文寄到京城刘韫翁处，却好像自信能写文章的人，不如往常谦虚。京城里藏龙卧虎，韫翁交际又比较广，如果大家都来传看你的文章，有些不太合适。往后弟弟写文章应专门从“简当”二字上下工夫，每天至少读一个时辰的书。

方子白为人谨慎、朴实、厚道，对你或许有帮助，并且他平易近人，弟弟如果器重他，就另派人到和州工作。把刘冰如寄给湖北同道的信抄与你，读了让人心寒。李黼堂在湖北不小心摔了一跤，便成为半身不遂的人了，不知是不是真病？顺问近好。

国藩手草，五月初九日。

清·朝乾夕惕印及印文

【点评】

曾氏为其九弟在做文章这方面作出指导，即信中讲的，“弟文宜专从简当二字着力”，就是说让他以后做文章时，要注意语句的简捷，运用字、词要精确且恰当，避免文字的烦琐、拖沓；叙述事理要简明扼要，不要说的太多，显得文章太冗长。若是给在地方的故友看还将就，但要把写的文章寄给在京师做官的看，怕被人笑话，因为京师多是人才荟萃的地方。由此，可以看出曾氏对其兄弟的关心，可谓无微不至了。

同治二年五月十四日与九弟国荃书

公元 1863 年 6 月 29 日

沅弟左右：

十三夜接初八日专丁来信，称前二日交戈什哈之函，则至今未到，不知何若珍在何处耽搁也。

东坝与孝陵卫之先后，尚可随时斟酌，余亦不敢固执成见。至于未克九洑洲之前，霆军不可先渡南岸，则是一定之理。盖九洑不克，断不能断洋船奸民之接济；接济不断，不能克金陵。亦犹克九江者，必令霆军先破小池口，李、彭先破湖口；克安庆者，必令嘉字营先扎南岸，韦志浚先扎枞阳，而后接济可断，文报可绝。若金陵不断接济，而渭霆军过江，洪逆可一惊而走，一逼而破，此实万元是理。故余决汁，不破九洑洲，霆军不南渡也。

味根决计东来。将来广德州与东坝，江、席或可任之。余日内畏热殊甚，弟处想更酷热，不知弟能耐此烦暑否？左帅信俟续到再行抄寄。顺问近好。

【译文】

沅弟左右：

十三号晚接到弟初八日派人送来的信，提到前两天给戈什哈的书信，到今日并未收到。不知何若珍因何故给耽搁了。

关于东坝和孝陵卫的前后顺序，可以随时斟酌，我也不固执己见。但没有攻克九洑洲之前，霆军不能向南渡江，此决定不能改变。如果九洑不能攻克，就不能阻断洋船对敌人的供应，供应不切断，就不会拿下金陵。也就如攻克九江那样，需先令霆军攻克小池口，李、彭攻占湖口；要进攻安庆，需令嘉字营先驻扎在南岸，韦志浚驻扎在枞阳，这样敌人的供应就会被切断，并隔断敌人的信息。假如不切断金陵的供应，就令霆军过江，洪逆则会被吓跑，一逼则破，这就没有道理。故我决定如不攻克九洑洲，霆军便不得南渡。

味根计划东来，到广德州和东坝，江、席也许能够胜任。我现在特别怕热，弟那里想来也很热，不知弟能不能受住这烦恼的暑热？等左帅来信之后，再抄与你。顺问近好。

【点评】

正确的战略战术是战争得以取胜的关键所在，古时战争常有断其粮草、城池不攻自破的故事。此乃战争一计也。

曾氏在此信中谈及攻克金陵一事，认为如不切断金陵的补给线，则金陵城难破，敌人的补给线一旦被隔断，则敌军处于被动状态，城池则容易攻破。

信的末尾又谈到因天气炎热，劝弟保重身体的希望。

同治二年五月十六日与九弟国荃书

公元1863年7月1日

沅弟左右：

十五日接弟初六、初四、初十日三次信，十六日又接初八日信，具悉一切。所应复者，条列如左：

一、二浦即克，现依弟议，移韦守巢县、东关，梁、王、万三营守西梁山、桐城闸，腾出萧军分守二浦，刘军围攻九洑州，鲍军南渡打东坝、二溧，另有公牍知会矣。

一、弟在湖南索取之药四万斤、银万两、绳十万，今日已到此间。除催令速行外，余又另解三万、米三千、子弹五万斤，又解还弟代济鲍营米一千九百石，均于日内成行。

一、陈氏即葬于安庆城外，已买得地一处，定于廿一日下葬。

一、靖毅公墓志，此时可写矣，日内当添数语寄去。

去年进兵雨花台，忠侍以全力来援，俾浙沪皆大得手。今年攻克各石城，俾二浦速下，扬州、天、六之贼经回南岸，此弟功之最大处。然此等无形之功，吾辈不宜形诸奏牍，并不必腾诸口说，见诸书牍。此是谦字之真功夫，所谓君子之所不可及在人之所不见也。吾时时以和为殷鉴，望弟时时以和为殷鉴。比之向忠武，并不甚劣，弟不必郁郁也。

顺问近好。

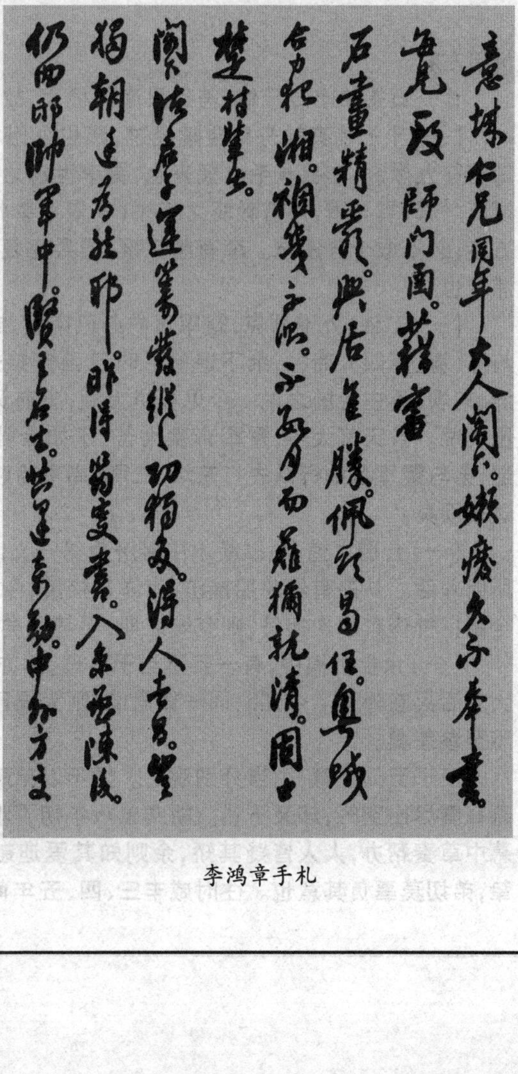

李鸿章手札

【译文】

沅弟左右：

十五日收到弟弟初六、初四、初十三次写的来信，且十六日又收到初八的来信，一切具悉，需答复之事，列举如下：

一、如果二浦已经拿下，那就按照你的意思，令韦军转至巢县、东关防守。梁、王、万三个军营守卫西梁山、桐城闸，令萧军守卫二浦，刘军攻打九洑州，鲍军由南渡江攻打东坝、二溧，另有公文通知。

二、关于弟弟在湖南索要的四万斤火药、一万两白银、十万丈绳子，正在运抵营中。我已催其迅速送抵你处。除此之外，另外又解送了三万钱，三千石米，五万斤子弹，还有给弟弟用来接济鲍营的一千九百石大米，都于今日发出。

三、陈氏安葬在安庆城外，已经买下了一块地，计划于二十一日下葬。

四、为靖毅公所写的墓志铭，已经开始着手撰写了，我再增添一些话即可寄去。

去年攻打雨花台的时候，敌忠王、侍王尽全力支援，才使得浙江、上海获得胜利。今年攻占各石城后，二浦又得以顺利攻下，因此扬州、天长、六安的敌军都仓皇逃回南岸，这些是弟弟的功劳。但这些无形的功劳，都不应该在奏折上炫耀，也不要总挂在嘴上、写在文章里，如此才是"谦"字的功夫。正所谓君子做不到的，人们也看不见，我经常以和为鉴，望弟弟也应该以和为鉴，和过去的忠武相比，并不是相差太多，弟不要抑郁愁闷。顺问近好。

【点评】

由于曾国荃带领二万湘军，去年围攻南京，逼迫在浙江、上海一带的太平军前来增援，从而缓解了浙、沪一带的军事局势，使左宗棠、李鸿章的军队打了胜仗，消除了江北的军事压力。因此，对于江南的整个战役来说，曾国藩的确作出了很大的贡献。但是朝廷不清楚，别人也不一定认账；曾老九的功劳被埋没，便想写信告诉别人。曾氏劝告他不要这样做，因为这属于无形之功，这种功劳还是不说为好。

同治二年五月廿一日与九弟国荃书

公元 1863 年 7 月 6 日

沅弟左右：

廿一日接弟十三日信，盖连日南风极大，故到省极迟。应商事件，条列如左。

（一）十七晚有轮舟自金陵经过，亲见九洑洲实已克复。宜以萧军守二浦，南云酌留二营守九洑洲，非畏长毛之复来也，畏李世忠之盘踞耳。如李业已派兵扎二浦城内，则弟须商之厚、雪与萧，用蛮教驱之使去（李最欺善怕恶），今萧军速入占守二城。李见我军威方盛，必不敢十分违抗。李有牍来报，渠兵克复桥林、二浦，余当批斥之，不准渠部再入二浦城也。

（一）二浦、九洑即克，霆军日内必已南渡，或竟围扎孝陵卫一带，或先打二溧，均听弟与厚、雪、霆四人商办，余不遥制。昨已函告弟处，顷又函告雪琴矣。余平日本主先攻二溧、东坝，不主合围之说。今见事机大顺，忠酋又已回苏，金陵城贼必甚惊慌，亦改而主合围之说。且天气太热，霆军奔驰太苦，不如令扎金陵东北以资休息。待七月半间伏过暑退，弟与霆军各抽行队去打东坝、二溧，尚不为晚。届时江、席、李三军亦可由广德、建平以达东坝矣。

（一）合围之道，总以断水中接济为第一义。百余里之城，数十万之贼，断非肩挑陆运所能养活。从前有红单船接济，有洋船接济，今九洑洲即克，二者皆可力禁。弟与厚、雪以全副精神查禁水次接济，则克城之期，不甚远矣。九洑洲可设一厘卡，弟处有贤员可派否？

（一）余批折稿中，有一条不当于事理，弟亦不必怄气。余之意，不过想弟军常常有一大支活兵在外耳。今江北即一律肃清，则大局已好，或合围或游击，均无不可，余兄弟议论不至参差矣。

至于云仙之意，则当分别观之。渠不以弟疏稿为然，诚所不免；谓渠遵例回避，愿入弟幕草奏尽出空气，却又不然。胡文忠八年初丁艰时，屡函称遵旨夺情，不愿作官，愿入迪庵幕中草奏帮办，人人皆疑其矫，余则知其爱迪敬迪，出于至诚。云仙之爱弟敬弟，亦极诚挚，弟切莫辜负其意也。往时咸丰三、四、五年间，云仙之扬江。罗、夏、朱而抑鄙人，其书

函言词均使我难堪，而日久未尝不谅其心。

至弟之文笔，亦不宜过自菲薄，近于自弃。余自于壬子出京至今十二年，自问于公牍书函、军事吏事、应酬书法无事不大长进。弟今年四十，较我王子之时尚少三岁，而渭此后便元长进，欺人乎？自弃乎？弟文有不简之处，无不畅之处，不过用功一年二载，便可大进。昔温弟谏余曰：“兄精神并非不足，便吝惜不肯用耳。”余今亦以此意谏弟也。顺问近好。

【译文】

沅弟左右：

二十一日收到弟弟于十三日的来信，由于这些天南风刮得很厉害，故延迟了信件到达省城的日期。需要商量的事情，列举如下：

一、十七日晚有轮船路过金陵时，发现九洑洲已经被攻克。故我认为应该令萧军守二浦，令南云两个营留守九洑洲，此举不是怕敌人突然反扑，而是担心李世忠盘踞在那里。假如李已率兵驻扎在二浦城内了，弟弟应该与厚、雪、萧商量，利用蛮教将其赶走（李最欺善怕恶）。并令萧军迅速入城，占领且守住这两处城地。如果李发现我军士气振奋，一定不会拼命反抗。李曾来信说，他的部队攻克了桥林、二浦，我不会让他的军队再进二浦城。

二、二浦、九洑已被攻克，近几日霆军会开始南渡，或驻扎在孝陵卫一带，也可以攻打二溧，此事可由弟弟和厚、雪、霆四人来商量处理，我就不管了。昨日我已写信告知弟，之后又写信与雪琴告知于他。我原来主张先进攻二溧、东坝，不主张合围。由于战况比较乐观，伪忠王又已回到苏州，金陵城里的敌人肯定非常惊慌，故我就同意了合围的意见。而且天气极热，霆军行军太辛苦，可以令他们驻扎在金陵东北，以便于休整。等过了七月中旬的炎热天气之后，弟弟和霆军各抽一队人马去进攻东坝、二溧。到那时，江、席、李三军也可以由广德、建平攻打至东坝了。

三、合围的办法，总的来说应以截断水中的接济最为关键。一百多里的大城，几十万的敌军，不是能用肩挑、陆运来养活的。以前有红单船和洋船接济，如今九洑洲已经被攻克。这两个外援已经切断，故弟弟和厚、雪三人应尽全力查禁水中的支援，因此拿下金陵城则指日可待。九洑洲是否设一厘卡，贤弟处有无良才可派？樊沛仁名声很坏，应当严厉查办。

四、在我批改折稿时，发现一条不合理的建议，弟弟不要因此而有怨气。我希望弟弟能长期拥有一支规模宏大的机动部队可供灵活派遣。既然江北的敌人已全部歼灭，局势开始好转，或围或攻都可以。我兄弟两人的看法不会相差太远。

至于云仙的建议，就应该区别对待了。他认为弟弟的疏稿有不妥之处，是必然的；他说因遵守惯例回避，想到弟弟手下起草奏折全是出于客气，事实并非如此。胡文忠在咸丰八年年初兵力比较困难的时候，多次写信说遵从谕旨而违背自己的意愿，不想做官，愿加入迪庵的手下任帮办并起草奏折。很多人怀疑他是骄横，我却知他爱迪敬迪完全是出于真心。云仙爱你敬重你，也很真诚，望弟弟不要辜负他的心意。咸丰三、四、五年间，云仙称赞江、罗、夏、朱，反而轻视我，他的书信言辞经常使我非常难堪，但时间长了我倒理解他了。

至于弟弟的文笔，不要一味过分妄自菲薄，甚至有点自暴自弃。自壬子年离京以来，至今已有十二年了，我自问无论是公文书信、军事吏事、应酬书法，都大获长进。弟今年才40岁，比我壬子年时还小3岁，就说自己没长进了，这是骗人呢？还是自暴自弃呢？弟弟的文章有不恰当的地方，不是不通顺；有不简练的地方，并没有不畅达的地方，努力不超过一两年就会有大的进步。过去温弟规劝我说：“兄精神不是不够，只是吝惜不用？”今天我也用这个意思来规劝弟弟。顺问近好。

【点评】

曾国藩作为大哥很关心弟弟的事,甚为他的前途操心,当弟弟有些事想不通时及时开导他,充分尽到了当哥哥的职责。让人备感亲切。信的末尾劝弟不应妄自菲薄,近于自弃。人活着就应当用足精神,用足力气去拼搏,去奋斗,男儿自当有倔犟之气,不应遇事就自暴自弃。

同治二年五月廿四日与四弟国潢书

公元 1863 年 7 月 9 日

澄弟左右:

五月廿三日接弟四月十八日托郭意城排递之件,不知何以迟滞若此?此间近事,颇为顺手。九洑洲于十五夜克复,杀毙、溺死之贼,闻实在二万以外,我军伤亡二千人,水师第一场大血战,然自此长江一律肃清,水师已功成事毕矣。余现调鲍营围攻金陵东北,已作合围之势,惟饷项日绌,殊难为计。

余身体平安,怕热则更甚于往年,竟日在竹床仰卧,令人挥扇不辍。闻叔父七、八、九年间亦畏热异常,汗下如雨,老年体虚,大约有此情况。

纪鸿儿应赴科考,余曾有一手谕寄鸿儿,未知到否?寅皆先生若不能晋省送考,则须托芝生、亦山或镜和、子祥代为照料。日记中间有附记之事,系偶然想出应办者,不料抄者一并抄之,将来尚未知果一一做到否。顺问近好。

曾国藩像

【译文】

澄弟左右:

五月二十三日收到弟于四月十八日托郭意城带来的书信,不知如何拖至现在?这段时间的事情进展很顺利。九洑洲在十五日晚被收复,杀死和淹死的敌人,应该有两万多,而我军只伤亡两千人?此为水军第一场恶战。现在长江一带敌人已全部被消灭了,水军已成功完成任务。我将调鲍营围攻金陵东北部,已构成合围之势,但军饷逐渐缺乏,较难想出办法。

我身体平安,但比往年更怕热。整日在竹床上躺着,让人不停地扇扇子。据说叔父在咸丰七、八、九年也是很怕热,汗如雨下。老年身体虚弱,大概情况与我一样。

纪鸿儿应参加科考。我曾给他写过一封信。不知是否收到?如果寅皆先生不能照顾他去省城,就劳烦委托芝生、亦山或者镜和、子祥来代为照料。关于日记中有附记的事，是偶然想起要处理的事，没想到抄写的人一并抄上了，将来不知能否都可以办到。顺问近好。

【点评】

此信主要有三层意思，一是讲到围攻金陵水师战争的激烈惨状；二是谈及年老体虚又怕热；三是说儿纪鸿应参加科考一事。

纵观曾氏家信，大体格式一样，先谈公事，再谈及私事，可见其公私分明与大公无私。在曾氏心里一直是蒙受皇恩感谢圣上，皇恩浩荡的思想，这种感恩之心也为曾氏的仕途铺平了道路。

同治二年六月初三日与九弟国荃书

公元 1863 年 7 月 18 日

沅弟左右：

接廿四、五日来信，具悉一切。鲍军只能扎幕府山一带，不能照顾孝陵卫，钟山贼垒不能遽克，印子山尚未得手，即不求争于合围，且先以自固为主。

去年大病，今年亦不可不预防。故须先求自固，弟自固于南路，鲍自固于北路。如有大股援贼前来，彼此足以自了，不必互求救助。余咨复弟之公牍，亦以此说为要。

其次则力断江中接济，其责在余，在杨、彭，在总理衙门，而不在陆军。然查水师之果严查与否，查洋船之常送接济与否，则须弟督饬刘南云、曾良佐辈细细稽察也。断截江中接济，实足制贼死命，不在西门之合围与否耳。

七月十二日万寿贺折已代弟办一分，并代春霆办一分。杏南请封事，已代寄银三十两，托皮主政请轴矣。纪泽十六日自长沙开船，初二日到此，已属迅速。走家信之勇夫，五月廿一日起行，六月初一日至此，则更神速。泽儿稍凉即赴金陵省谒。仇祖泽事另有一条。顺问近好。

国藩手草。

【译文】

沅弟左右：

收到弟弟于二十四、二十五日的来信，具悉一切。

鲍军只能驻扎在幕府山一带，不能顾及至孝陵卫。由于钟山敌人的石垒不能很快攻克，印子山还未得手，故不要急于合围，应先以巩固自己为主。去年吃了大亏，今年就不能不有所防备，所以必须先求自己发展。弟在南路休整，鲍军在北休整，如果有大批援敌来了，彼此都能应付得了，不需互相救援。我回复弟弟的公文，也是以此为重点。

其次就是要彻底阻断江中的供应，原因在于我，由于杨、彭在总理衙门，而不在陆军。然而负责检查的水师严格查了没有，查洋船是否经常送接济，就需要弟督令刘南云、曾良佐等人仔细稽查。切断江中的供应，确实足以致敌人于死地，主要不是西门是否合围。

七月十二日的万寿贺折我已代弟弟和春霆各写了一份。关于杏南请求册封一事，我已经寄了三十两银子，托皮主政写折子奏请。五月十六日纪泽从长沙出发，初二到我处，已经算是很快的了。送家信的差人五月二十一日出发，六月初一就到了，就更快了。等稍微凉快点了泽儿就立即赴金陵去省谒。仇祖泽的事另外有一条。顺问近好。

国藩手草。

【点评】

信中主要提到了关于攻打金陵的策略。曾国藩是一个极其聪明的人，虽然看上去有很多事情都由曾老九和他的下属们自己做主，但是对于一些关键的事情还是他自己说了算。同时曾国藩对于攻城方面也有一定的研究，即信中所言：各军先以自固为主，再断金陵城中接济，则城自破。

同治二年六月初六日与九弟国荃书

公元1863年7月21日

沅弟左右：

六月初五日接廿八、三十日两缄，具悉一切。为则保三营官之案，杏南专丁来此，已详复之，想达弟览。

淮北盐运行淮南引地，近吴仲仙漕师专案奏办，谕旨允准；都、富专奏驳之，谕旨亦允准；运使专详驳之，余处亦批准。吴帅将办成之事，竟不能行。盖利少而害太多，不能不驳。弟请运北盐之咨，与漕帅事同一例，余当详细咨复。

江西厘金，近日颇有起色，秋冬间银米子药断不缺乏，弟可放心。今年米贵，此间度过荒月，尚可余谷五万石，预备早也。

李世忠买米之事，义渠处处有信，余不甚以为然。本日复雪琴一函，抄寄弟阅。犒赏万金，陆师尽可分三四千。洋枪双响者，即日解二百至弟处，火箭则向无此物。辞巡抚未蒙俞允，弟宜发一折恭谢天恩，并陈围攻金陵事宜。弟子盐务见闻太少，不必言及盐务。顺问近好。

再，今年酷暑为近数年所未有，弟军占汛地不宜太宽，恐士卒多病，援贼大至也，至嘱也嘱。

僧邸将苗激变后即回山东，圣旨将剿苗之事专责成余处。义渠若将李激变后，亦必将剿李之事专责成此间。余意此刻宜以全力谋图金陵，不妨缓于图李。

僧格林沁旧照。僧格林沁，蒙古贵族，清末将领。博尔齐吉特氏，科尔沁左翼后旗人。道光五年，袭科尔沁郡王爵

【译文】

沅弟左右：

六月初五收到弟于二十八、三十日

写的两封信，具悉一切。关于萧为则保三营官的案卷，杏南专派人来这儿，已经具体回复了，我想已传达弟弟那里，并看过了。

淮北的盐运到达淮南的引地，对于近来吴仲仙漕师专案奏请处理，谕旨准允了；都、富又特上奏批驳他，谕旨也允准了；运使专门详驳，我也批准了，吴帅把该办成的事没办成，想必是利少而害太多，不能不批。弟弟询问淮北盐务，与漕帅之事，我理应详细地回复。

关于江西抽厘金一事近来办理得很顺利，秋冬期间银米弹药不会短缺。弟弟可以放心。今年米贵，由于早有准备，现在已度过荒月，可以剩下五万石谷子。

对于李世忠买米的事，义渠那里到处都传开了，我却不认为是这样。今日给雪琴回一封信，抄与弟弟看。犒赏的银两，陆师可得到三四千。双响的洋枪，今天就押送二百支给弟弟，至于火箭从来没有过。我辞巡抚一事皇上没有允准，弟弟应该发一封折子恭谢皇帝的恩德，并讲述一下进攻金陵的事，由于弟弟对盐务了解较少，故不要提及有关盐务的事。顺问近好。

此外，今年之酷暑是近来从未有过的。弟弟军队占领汛地不需要太宽，恐士兵得病太多，而大批增援的敌人到来。特别叮嘱。

僧格林沁在官邱把苗沛霖激怒后就回山东了，朝廷把剿苗一事专门责成我处理，倘若义渠再把李激怒，也定会将剿李的事责成给我处理。我的想法是现在应尽全力对付金陵，不妨稍后再对付李。

【点评】

曾氏在此信中劝弟弟，"银米弹药"断不可缺乏，此四项及行军打仗的根本。曾氏是一个处理事情极其仔细，办事异常周全谨慎的人，凡事关重要的事，都尽早做好准备。信中有言："银米子药断不可缺乏，今年米贵，此间度过荒日，尚可余谷五万石，预备早也。"曾氏的这种处事态度很值得我们借鉴。

同治二年六月初十日与九弟国荃书

公元1863年7月25日

沅弟左右：

初九夜接弟初五日信，具悉一切。调洪、韦各军，本日余有复厚庵一缄，已写一份由驿发递。兹再写一分，由弟阅后专人送去。

临淮倘有疏失，朝廷必于厚、雪、霆三公中派一人接办，盖环顾别无他人可以承认也，故此时不得不以救援临淮为要着。义渠与士卒同食豆粥，论私谊亦须往援。厚雪共派去舢板八十号，于金陵水次大局无损，望弟便中怂恿成之。

合围之举，吾意待江、席、李军到齐再办不迟。若弟与厚、霆之意必求早早合围，则或调镇防二千人，调扬防三四千人，皆可应调而来。余当办咨文二角封存弟处，听弟何时调镇、扬之兵可也。

何致华事，张小山业已详禀，批待云仙到任查办，云仙六月必可接印。盐务之难，不在源头之不疏通，而在江鄂之无销路，云仙、南坡来信皆深知其故。目下欲禁湘鄂江西之不食川私粤私，余实无此手段，奈何！官中堂之票盐，想系九年奏定之案。九洑洲以上仅在安庆完厘二次，余皆验票放行，即日另行咨复。双响洋枪仅存数杆，俟续购再寄弟处。顺问近好。

国藩手草，六月十日。

【译文】

沅弟左右：

初九日夜收到弟初五日的来信，一切已具悉。调派洪、韦各部，今天我又给厚庵写了一封回信，已由驿站发递，现再写一封，由弟阅读后派专人送去。

如果临淮有闪失，朝廷必定会在厚庵、雪琴、春霆三人中派出一人来接替办理，大概由于再三斟酌后，没有好的人选能够胜任。所以不得不把支援临淮作为重要事情。义渠与士兵同吃豆粥，论交情也要前去增援。厚、雪派去了八十只舢板，对金陵水上的局势没有影响，望弟在方便时促成此事。至于合围的行动，我的建议是等到江、席、李军会合后，再行动也不迟。如果弟与厚、霆的意思是尽早合围，那么调派镇防的两千人，调派扬防的三四千人，应该都可调来。我应当办好两份公文存放在弟处，以便弟随时调派镇、扬的军队。

何致华的事，张小山已经详细告诉我了，等云仙上任后开始办理。云仙在六月份可以接印。盐务的难处，不在于与产地不通畅，而是在江苏、湖北等地没有销路。云仙、南坡的来信都清楚知道缘由。现在想禁止湖南、湖北、江西地区不吃四川和广东的私盐，我确实没有办法，能怎么样呢？官中堂的禁盐，是咸丰九年奏定的案子。九洑州以上在安庆交过两次厘金，其余的都需检验票据后才可放行。今日另写信回复。双响洋枪剩余不多，等继续购买后再寄予弟。顺问近好。

国藩手草，六月十日。

【点评】

盐是人们日常生活的必需品，可以说谁掌握了盐谁就拥有了财富。盐商们利用战乱来贩运私盐，使财富大量涌入商人的腰包中，使朝廷的战争粮饷来源减小。曾氏一向对盐务的问题异常谨慎，曾多次在信中提到操办盐务之事，并劝弟弟不要插手盐务之事，更不要在盐务中有贪念非分之想。

同治二年六月十二日与九弟国荃书

公元 1863 年 7 月 27 日

沅弟左右：

日内未接弟信，酷暑想平安也。自寿州失后，吾心日益忧灼。蒙城马方伯一军万难保全，临淮唐中丞恐亦孤危难支。昨东征局解到三万，已全供防苗诸军，致弟与霆军毫无接济。乃知军事悉如弈棋，各路失势，一隅虽胜，无益也。

调冯、都两处之兵，咨文各件，总为一包，派滕副将送至弟处，弟以为可调则发之。合围之或缓或急，全凭弟作主，官阶与物望所在，弟不必推诿。只要水路无接济进城，陆路纵有接济文报，贼亦终无可久之道。若必围得水泄不通，恐困兽犹将死斗，一蚁溃堤，全局皆震，不可不防。余所求者，水路无接济、弟与霆军不打败仗二事而已。不求如安庆、九江之围攻严密也。

国藩手草，六月十二日。

【译文】

沅弟左右：

今日未收到弟信，想必酷热已经消除。寿州沦陷后，我心情日渐忧虑！蒙城马方伯这支部队，定很难保住临淮，唐中丞恐怕也身处险境，难以支援。昨日东征局送到三万两军饷，现已全部供应给防守苗沛霖的几支部队，使得你和春霆部没有接济供应。现在才知道军事就如同下棋，如果各路失利，一处得胜，并无用处。

对于冯、都两处部队，你认为可以调就调。合围敌军是缓是围，全由弟弟做主。职责和众人的期望所在，你不必推脱。只要水路没有接济进入金陵城，即使陆路有接济、有情报，敌人也终究不会坚持长久。假如一定要将其围得水泄不通，恐敌人会作闲兽之斗，一只蚂蚁也可以使大堤崩溃，全局都会受到牵连，不可不防备这点。我所要求的，只是敌人水路没有接济，弟弟与春霆军不打败仗就已足矣。不求像安庆、九江那样严密围攻。

国藩手草，六月十二日。

【点评】

此信主旨有两点，一是寿州失守，对各处都有或多或少的影响；二是破金陵不能太急，从其水路断其接济，城自可破。

从曾氏的这封信可以看出，世间万物，都有一定的联系，牵一发而动全身，然而只有抓住事物的主旨才能事半功倍。就是我们通常所讲的"牵牛要牵牛鼻子"、"打蛇要打七寸"。

同治二年六月廿七日与九弟国荃书

公元 1863 年 8 月 11 日

沅弟左右：

二十五日滕副将等归接十九日信，廿六日接廿一二日两信并彭、萧银二封，具悉一切。军中多病，忧灼实深。只有斋心默祷，无他法也。何铣专利多年，众口沸腾，适会乔、郭交替之际，而有堂见张守之案。筠公宽厚，不知肯一施棘手否？

改商栈为官栈，自是目前急务，然楚岸西岸已被川私粤私占尽，上游盐价大减，淮引厘卡太多成本太轻，不特商运有亏本之虑，即官运票盐亦必无利可图。若不于江西湖北力堵邻私，淮盐竟无售处，虽有良法无如之何。吾之所以迟迟不讲求盐利者以此。昨见南坡与弟信所虑者亦在此。

信卿事，候下次折弁进京带去。开花子候派人去放。

舫仙另信阅过。姚到省后却未说过潘、唐半个差字，亦犹前此云岩满腹狐疑（疑申夫进谗），十年二月由太湖至宿松吊轩叔丧，向我言之垂泪，而申并未说云半个差字。既有三千借项，不能不撤矣。顺问近好。

国藩手书，六月廿七日。

【译文】

沅弟左右：

二十五日滕副将等人归来，并收到十九日的信。二十六日收到二十一、二十二日两封信和彭、萧银的两二封，具知一切。军中将士生病较多，士气深深地受到打击，只好默默地祷告上苍，并无其他办法。何铣专利多年，群众积怨很多，恰遇乔、郭交替之际，且有堂看到张守之案。筠公为人宽厚，不知他是否予以制裁。

把商栈改为官栈，自然是首要事情。但楚岸西岸已被四川和广东私盐贩占据，长江上游盐价大跌，淮地关卡较多，成本又低，商人贩运还得担心是否会亏本，即使官府运输票盐也肯定无利可图。假若不在江西、湖北严防堵截贩卖私盐的人，只怕淮盐将无地销售。虽然有好的方法，但又不能拿他们如何？我之所以一直不讲求盐之利，就是由于此原因。昨天看到南坡和你的来信，所考虑的也是这些事情。

信聊一事，等下次送奏折之人进京时带去。开花子等派人去放。

舫仙写的信也看到了。姚到省后并没有说潘、唐两人半个差字。前一段使得云岩满腹猜疑，怀疑是申夫说了坏话。十年二月从太湖到宿松凭吊轩叔之丧，与我讲时不禁泪流满面。而申夫当时并未说云岩半个差字。既有三千块借债，不能不撤掉。顺问近好。

国藩手书，六月二十七日。

【点评】

曾氏在此信中再次提及盐务一事，曾氏认为，将商栈改为官栈是当务之急，用以来严防贩卖私盐的人。并谈及私盐极其严重，切勿讲求盐务之利。体现曾氏克己、修身的儒家思想。

同治二年七月初一日与九弟国荃书

公元 1863 年 8 月 14 日

沅弟左右：

接廿六日巳刻来信，具悉一切。

奏折一事，弟须用一番工夫。秋凉务闲之时试作二三篇，眼界不必太高，自谦不必太甚。上次惠甫、次卿二稿，只须改润一二十字，尽可去得。目下外间咨来之折，惟浙、沪、湘三处较优，左、李、郭本素称好手也。此外如官、骆、沈、严、僧、吴、都、冯之折，弟稍一留心，即优为之。

以后凡有咨送折稿到弟处者，弟皆视如学生之文，圈点批抹。每折看二次，一次看其办事之主意，大局之结构，一次看其造句下字之稳否。一日看一二折，不过月余，即可周知时贤之底蕴，然后参看古人奏稿，自有进益。每日极多不过二三刻工夫。不可懒也。

二十五日拜发之件，尽可咨行邻省。金眉生与鹤侪积怨甚深。吾辈听言，亦须独具权衡。权位所在，一言之是非，即之他人之荣辱予夺系焉；弟性爽快，不宜发之太骤。

曾国藩在信中嘱咐其弟要加强与同僚的交往，此图为清人拜访图，出自《姑苏繁华图鉴》

顺问近好。

兄国藩手草，七月一日。

【译文】

沅弟左右：

收到二十六日巳刻的来信，得知一切。

关于写奏折一事，你要下一番工夫。秋凉稍闲的时候，练习写两三篇，要求不必太高，自谦不要过分。上次惠甫、李次卿的两份奏折，修改一二十个字完全说得过去。现在外面送来咨询的奏折，仅浙江、上海、湖南三处写得比较好，左、李，郭一直以来就被称为好手。此外如官、骆、沈、严、僧、吴、都、冯等人的奏折。你稍微留心看一下就可以了。

以后若是有呈送折稿到你处，你就把它当作学生的作文来圈点批改。每个折子需要看两次，第一次看他办事的想法、文章的整体结构，再一次看他造句用字是否妥当。每日看一两个折子，不出一个多月，就可以清楚了解现在这些文人的底蕴和内涵。然后再参照古人的奏稿，自然就会有进步。每日最多不用两三刻的工夫，不可以偷懒。

二十五日送到朝廷的信件奏折，可以送到邻近各省咨询。金眉生和乔鹤侪积怨较深，我听他们说话，也要自己权衡。权位都握在我们手里，一句话说得对错，就关系到他人的荣辱得失。你生性豪爽，最好不要急于发表自己的意见。顺问近好。

兄国藩手草，七月初一日。

【点评】

曾国藩作为朝廷命官，给朝廷写奏章很多，其文笔颇令人欣赏。为了稳妥，弟弟沅甫的奏章也常由他代写。曾沅甫被任命为浙江巡抚后，曾国藩觉得自己不能再多代写，就告诫弟弟在写奏折上下些工夫，并提出具体的意见和方法，要弟弟勤学、勤练。对于属员之间的矛盾问题，曾国藩则提醒弟弟不可过急地发表意见，因为一句话就可关系到他人的荣辱得失。这是值得后人，特别是处在领导地位的人注意的。

同治二年七月十一日与九弟国荃书

1863 年 8 月 24 日

沅弟左右：

初十夜接初六日专人来信，具悉一切。

鹤侪肯留弟营委员至三个月之久，宜弟恚怒不平。弟去之严札，其是处余以圆圈识之，其太繁处余以尖圈识之。乔来之戆禀，余亦以圆圈尖圈识之。

何铣之事，本拟俟筠仙查复后再行严办。今筠公有抚粤之行，后来者不知为谁，意欲严惩何铣，竟不知如何下手，乃为恰如题分。盖谴罚有罪，亦须切当事理，乃服人心。筠、南二公日内必到此间，商定后再行举发可也。

近人折稿，弟处咨到者少，余当饬抄成本，陆续寄去，每月寄送二分。古人奏疏，亦当抄二三十篇，以备揣摹。

强字原是美德，余前寄信，亦谓明强二字断不可少。第强字须从明字做出，然后始终不可屈挠。若全不明白，一味横蛮，待他人折之以至理，证之以后效，又复俯首输服，则前强而后弱，京师所谓瞎闹者也。余亦并非不要强之人，特以耳目太短，见事不能明透，故不肯轻于一发耳。又吾辈方鼎盛之时，委员在外，气焰熏灼，言语放肆，往往令人难近。吾辈若专尚强劲，不少敛抑，则委员傔从等不闹大祸不止。

盐务规复引地，余有寄南坡一信，抄稿付阅。所索子药太多，候酌发之。即问近好。

【译文】

沅弟左右：

初十夜里收到你于初六日派专人送来的信，一切情况全都知道了。

鹤侪扣留了你在军中委派的官员有三个月之久，难怪你很生气。你写了严厉斥责的信，其中说得好的地方我已用圆圈画出，太繁杂的地方我也用尖的圆圈标出。对于鹤侪写的报告，我也用圆圈和尖圈分别标出。关于何铣的事情，本来计划等筠仙复查后再严厉惩办。筠公现任广东巡抚，继任者也不清楚是谁。我打算严惩何铣，但不知如何下手才恰到好处。因为即使处罚有罪的人，也必须有事实确凿，才能让人信服。筠、南二公这几日会来我处，等我们商量后再行处理。

现在人的奏稿，你那里能够收集到的较少，我将整理并抄写成本，每月寄两份给你。古代人的奏疏，我也抄二三十篇，并一起寄给你，你随时可以揣摩。

刚强原就为一种美德，我在以前的信中也说到过明白事理和刚强是不可缺少的。但刚强必须在明白事理中才能表现出来，这样才能始终做到不屈不挠。倘若不明事理，一味专横，对其他人用大道理加以责备，到最后证明自己是错人，又不得不低头向人家道歉，此种做法是前强而后弱，与北京人所说的"瞎胡闹"一样。我也并非是不要强的人，主要是由于耳不聪目不明，看事不能看透彻，故不轻易发表意见。另外我们正值事业鼎盛时期，在朝为官，气势逼人，语言放肆，往往让人难以忍受。假如我们只倚仗强权势力，而不稍微收敛，手下仆从等人迟早会闹出大祸不可。

关于盐务方面计划收复以前行销区域一事，我寄给南坡一封书信，原稿抄与你看。你索要的弹药数量太多，待我斟酌后再发给。即问近好。

【点评】

曾国荃的盐务委员被安徽巡抚扣留，在路过李詹，黄台二处时，又被两淮运司的属员何铣抽了票盐的厘金。曾老弟为这两件事十分气恼。

他给安徽巡抚写威胁信，又想严厉惩处何铣。曾氏对其九弟的强硬做法并不十分赞同，他以为老九的行为有些偏激。于是，他又给曾老九写信，对"明强"二字作进一步的剖析，要先"明"后"强"，即"强"是在"明"的基础上做出的，这样的"强"才是"至强"，使人心悦诚服。

同治二年七月十五日与九弟国荃书

公元1863年8月28日

沅弟左右：

十四日夜，接初十日巳刻信，知初九日大获胜仗。凡逼城开仗，向不能多杀贼，此次杀贼甚多，想是群贼欲趁此猛战，扑我营盘，解其城围，故能得机得势如此。然傍城而战，例为彼此杀伤相当之局，以后若非贼来扑营，似不必常寻贼开仗。盖贼粮路将绝，除开仗别无生路；我军则断粮路为要着，不在日日苦战也。

春霆各营，有言其极不整齐者，究竟何如？家眷船泊河下者，闻有千余号之多，将弁多不在营歇宿，信否？此事关系于弟者极大，望再细察。顺问近好。

国藩手草，七月十五日。

【译文】
沅弟左右：

十四日夜收到十日巳刻写的书信，得知初九日取得了大胜利。以往攻打城池，总不能歼敌很多。但这次却是例外，可能是敌人打算趁机猛攻，攻击我营垒，以破被围之城，故才能得到如此好的机会。然而攻城之战，往常的战例是彼此双方死伤人数差不多，今后除非敌人主动来进攻我营垒，我军不必经常找机会与敌军交战。因为敌人粮食接济已被我军阻断，除了交战别无他法。现在我军最重要的是阻断敌军粮道，不必整日与敌人苦战。

春霆率领的部队，据有人说士兵极不整齐，不知是怎么一回事？我军家眷乘坐的船只沿河停靠，据说有一千余艘，他们大多不回营住宿，有如此事？这件事对弟的影响极大，希望仔细视察，顺问近好。

国藩手草，七月十五日。

【点评】

曾氏手下的一名虎将鲍超，字春霆，他是四川奉节人，此人骁勇善战很会打仗，为湘军屡建奇功，是湘军中的一支劲旅。但他没有文化，是个大老粗，值得一提的是咸丰十年，曾氏被困祁门，生命危在旦夕，幸亏鲍超赶来增援救了曾氏一命，因此，很得曾氏赏识，不到两年的时间便升迁到浙江提督。可鲍超的军纪风气很败坏，官兵到处掠夺百姓的财物，吃喝嫖赌之风在军中盛行。由此，可以想象当时的百姓，因为战争要遭受有多大的灾难啊！

同治二年七月廿一日与九弟国荃书

公元 1863 年 9 月 3 日

沅弟左右：

二十日接十六日信，廿一日接十一日交雷哨官信，具悉一切。

杏南未愈而萧、伍复病，至为系念。亲兵独到，而丁道以前二年在福建寄信来此，献蹦炮之技。去年十一月到皖，已试验两次，毫无足观。居此半年，苟有长技，余方求之不得，岂肯弃而不用？渠在此无以自长，愿至金陵一为效用，余勉许之，至欲在雨花台铸炮，则尽可不必。待渠匠头来此，如需用他物，或可发给，若需锅铁及铸炮等物，则不发也。

凡办大事，以识为主，以才为辅；凡成大事，人谋居半，天意居半。往年攻安庆时，余告弟不必代天作主张。墙壕之坚，军心之固，严断接济，痛剿援贼，此可以人谋主张者也；克城之迟速，杀贼之多寡，我军士卒之病否，良将之有无损折，或添他军来助围师，或减围师分援他处，或功隳于垂成，或无心而奏捷，此皆由天意主张者也。譬之场屋考试，文有理法才气，时不错平仄抬头，此人谋主张者也；主司之取舍，科名之迟早，此天意主张者也。若恐天意难凭，而广许神愿，行贿请枪；若恐人谋未臧，而多方设法，或作板绫衣以抄夹带，或蒸高丽参以磨墨合，是皆无识者之所为。

弟现急求克城，颇有代天主张之意，若令丁道在营铸炮，则尤近于无识矣。愿弟常存畏天之念，而慎静以缓图之则善耳。顺问近好。

弟于吾劝诫之信，每不肯虚心体验，动辄辩论，此最不可。吾辈居此高位，万目所瞻。凡督抚是己非人，自满自足舞，千人一律。君子大过人处，只在虚心而已。不特吾之言当细心寻绎，凡外闻有逆耳之言，皆当平心考究一番。（逆耳之言，随时随事皆有，如说弟必

曾国藩劝其弟要有远见，这正应古人所说的“淡泊而明志，宁静而致远”。此为清代的“淡泊宁静”印及印文

克金陵便是顺耳，说金陵恐非沅甫所能克便是逆耳。）故古人以居上位而不骄为极难。兄又及。

【译文】

沅弟左右：

二十日收到你于十六日来信，二十一日收到你于十一日让雷哨官捎来的信，相关情况都知道了。

杏南的病还未痊愈，且萧、伍二人又生病了，我十分担心。亲兵独自一人回来了，而丁道的匠头却没有一起前来。前两年丁道在福建曾经写信于我，告知制作崩炮的技术。去年十一月在安徽试验了两次，但丝毫没有值得欣赏的东西。在这里待了半年，如果有真正的技术，我正求之不得，怎么可能有弃之不用之理呢？他在此地不想长期居住下去，一直想到南京发挥自己的才能，我鼓励他并同意他走。他打算在雨花台制造大炮，倒是没有必要。等工匠头领到了后。可以给他们铁锅和铸造大炮的物品等一些其他东西。

办大事，要以见识为主，才能为次之；成大事，谋略占一半，运气占一半。以前攻打安庆时，我曾告诉过你不要靠运气。将城池修得再坚固些，把军心治理得坚定些，尽力切断贼军的供给路线，狠狠地打击增援的贼军，这些都是靠人的谋划主张可以做到的。至于攻克城池的时间，歼敌多少，我军士兵会不会生病，将领有没有牺牲，是令其他军队来帮助我围困之师，还是减少围城的部队分兵增援其他地方，或者马上在成功之时却失败了，或者无意之中大获全胜，这些都是靠运气。例如进考场应试，文章写得有条理，有才气，诗词写作平仄格式都正确，这些是靠人的智慧。而主管考试的官员如何录取，何时得取功名，这些全都靠上天的意志决定的。如果害怕上天靠不住，可以求神拜佛，行贿雇人代考；如果人的智慧不足，或者做板绫衣来夹带，或者将高丽参蒸完后用来磨墨，这些都是没有头脑的人干的。

弟现在急于想攻克敌人城池，有点想代替上天做主的意思。如果令丁道铸造大炮，就更是没有见识的人了。望你对上天有敬畏之意，并慎重地考虑。如此就好了，顺问近好。

你对我的劝诫，往往是不肯虚心体会，经常与我辨析理论，这是最好的。我们弟兄任这么高的官职，有很多人的眼睛在看着我们。凡是当总督巡抚的，往往喜欢肯定自己而否定别人，自满自足，很多人都是如此。而有德行之人则有大大超过常人的地方，只是比较虚心罢了。对于我的话不仅要仔细反复推敲，凡是在外面听到的逆耳的话，也要静下心来研究一番。逆耳之言随时都有，如果说你定会攻克南京，此为顺耳之言，如果说南京你不能攻克，此为逆耳之言，所以很多古人认为高居上位而不骄傲是很难做到的，我再强调一下这一点。

【点评】

此信的主旨是谈论见识与才能、人谋与天意的关系。曾国藩认为，凡要办大事，见识占第一位，才能占第二位。强调见识的重要性，凡要成大事，人的主观谋划占一半，客观条件占一半，强调天时、地利的重要性。其弟曾沅甫有要强好辩、不爱听劝诫之言的缺点，因此写信告诫他，遇事要审时度势，顺应自然，万不可主观武断，恃才逞能，应该具备身居上位而不骄横，兼听顺耳逆耳之言的涵养。

同治二年七月廿三日与九弟国荃书

1863 年 9 月 5 日

沅弟左右：

廿一夜接十八早排递一信并折稿各牍，廿三日接寸九日专丁送信，具悉一切。所应复者，仍条列如左。

（一）折稿皆轩爽条畅，尽可去得。余平日好读东坡《上神宗皇帝书》，亦取其轩爽也（《古文辞类纂》有之），弟可常常取阅，多阅数十遍，自然益我神智。譬如饮食，但得一肴适口充肠，正不必求多品也。周寿山久已署温处道，弟毫无所闻耶？金陵战事，弟自行具奏亦可，然弟总以不常奏事为妥。凡督抚以多奏新事、不袭故常为露面，吾兄弟正在鼎盛之际，弟于此等处可略退缩一步。

（一）鲍军仍须由大胜关进孝陵卫，决不可由下面绕来。待过中秋后，弟信一到，余即咨鲍由南头进兵。

（一）弟骤添多营，本与余平日之规模不相符合。然贼势穷蹙之际，力求合围亦是正办，余亦不敢以弟策为非。恽中丞余曾保过，凡大臣密保人员，终身不宜提及一字，否则近于挟长，近于市恩。此后余与湘中函牍，不敢多索协饷，以避挟长市恩之嫌，弟亦不宜求之过厚，以避尽欢竭忠之嫌。

（一）江西厘务，下半年当可略旺。然余统兵已近十万，即半饷亦须三十万，思之胆寒。弟处米除每月三千外，本日又解四千石矣。顺问近好。

兄国藩手草，七月廿三日。

【译文】

沅弟左右：

二十一日夜里收到于十八早上速递来的一封信和奏折底稿，二十三日收到十九日派专人送来的信，具悉一切。需要回复的，列举如下：

一、奏折稿子具气轩文爽，有条理且又通畅，足以拿出手。平时我喜欢读苏东坡的《上神宗皇帝书》，同样气宇轩昂（《古文辞类纂》中有这篇文章），弟可以拿出来阅读。经常阅读，非常有益于自己的精神智慧。就好像吃饭，如果有一道菜肴很合口味，就不想要其他的品种了。周寿山任温处道已很长时间了，难道弟就没有听说吗？金陵的战况，弟自己上奏也可以，但是弟要以不常常奏事为妥当，凡是总督或巡抚以经常奏新鲜事、不同寻常来表现自己。你我两人正处在鼎盛的时期，弟在这些地方要退一步想想。

二、弟的部队仍然要从大胜关进攻孝陵卫，绝不能从下面绕行，等过了中秋节，弟的信一到，我令鲍春霆从南面进兵。

苏轼像，图出自清·上官周绘《晚笑堂画传》。苏轼号东坡，故又称“苏东坡”

三、弟弟突然增兵几个营，与我平时的规模不符。当敌人的势头跌落的时候，正是合围的时候，也不是说弟弟的策略不对。恽中丞我曾保举过他。凡是大臣私下保荐的人，任何时候都不要提起，否则就像在是挟功，等于让他还报于你。此后我写关于湖南的公文，没有多要饷银，以免有挟功还报的嫌疑，弟也不要要求太高，以免他满足你的心愿来显示他的忠诚的嫌疑。

四、江西厘金事务，下半年应当会略有起色。由于我统领的兵将近十万，就是半数饷银也要三十万两，想起来就担心。弟处的米除了每月三千石外，今天又解送了四千石去，顺问近好。

兄国藩手草，七月二十三日。

【点评】

曾氏为提高曾老九的作文及写奏章的水平，又把自己非常欣赏的《上神宗皇帝书》一篇奏章，推荐给老九看，并点出该奏章的好处所在，即很会运用“典故”并且非常“明显”地把问题讲清楚；又讲了如何写好奏章的方法，要求老九对于好的文章一定要反复阅读，直到记熟、能背诵，读书的妙处在于精，而不在多，如同吃东西，不在多，只要适合自己的胃口就行。这对于我们后人很有教育意义，现代人多好于贪多，有的整天沉溺于书海，但对于其中很有文学价值的书籍，真正吃透消化的却不多，结果于己读书受益不大。

同治二年七月廿四日与四弟国潢书

公元1863年9月6日

澄弟左右：

前接弟信，已将寅皆、牧云两兄不宜送眷之故，致函排递至家，不知到否？途次有曾恒德、张德富照料，又系自己之座船，又有水师护送，千稳万慎。寅皆、牧云二公如已成行，请于中途婉辞谢之。吾家富贵气不可太重也。

纪瑞侄完姻，吾实嫌其太早。不知系沅弟之信与？抑沅弟妇谋之于弟而成与？兹寄银五十两暨五品顶戴、补褂、朝珠以为贺礼。吾恐家中日习于奢，故诸事从俭薄也。

此间军事平安，江西已一律肃清，惟兵勇病痛尚多。苗逆猖獗，唐中丞十分危急。袁午帅业已仙逝，淮事殆无了日耳。即问近好。

国藩手草，七月廿四日。

【译文】

澄弟左右：

之前收你的来信，已经把寅皆、牧云两兄不宜送家眷的原因，写信告知家里，不知是否收到？一路有曾恒德、张德富细心照料，还是自己的座船，并有水师炮船护送，非常稳妥安全。如果寅皆、牧云二公已经出发，请在途中婉言谢绝。富贵之气不能太过招摇。

侄儿纪瑞的婚事，我则认为太早了。不知是沅弟写信让他早完婚的？还是沅弟媳妇的主意而沅弟也同意的？现寄去五十两银子和五品官员顶戴、补褂、朝珠当作贺礼。我担心家里生活过于奢华，所以很多事要以从俭为好。

我处军事活动平静。江西境内敌人已歼灭，只是士兵得病的较多。由于苗匪猖獗，唐中丞处情况危急，袁午帅已经去世，淮地的事情也比较多。即问近好。

国藩手草，七月二十四日。

【点评】

曾氏全家人要来安庆，原计划要在他家当私塾的邓寅皆和曾氏的大舅哥欧阳牧云两人陪伴照料他们一家人，后来决定由安庆派大船到长沙接他们，途中又有官府人员护送，曾氏怕过于讲排场影响不好，也是他生活向来节俭，就写信一再嘱咐其四弟不要邓寅皆和欧阳牧云再相送了。再是，曾氏对于侄子纪瑞结婚之事，十分不赞成，认为刚15岁就完婚，也太早了；而他的儿子都是到18岁才结婚。确实，对于现代人来看，早结婚有好多不利处：首先，此时正是身体发育时期，生理、心理各方面都不成熟，不利于身体健康，再者也耽误学业。

同治二年七月廿七日与九弟国荃书

1863年9月9日

沅弟左右：

廿五日接廿二日专丁来信，具悉一切。郭师与金前司所陈盐务，一一阅过。金所虑者，恐难缓第一批之厘。究之盐务变法，无论改何新章，断无不缓厘免厘之理。若概如今日之逢卡抽厘，则不得谓之新章，不得名日盐法矣。

余所虑者，却不在缓厘，而在终无实效。盖江西自道光年间，从无销足额引之事，乱后人口减少，即令全食淮引官盐，亦不能稍至六万大引之多。况引地被邻私侵占殆尽，焉能一一骤尔夺回？商人奏办三万引之成本四十余万已极不易。二分之利，又不足动其涎羡之心。加以引地毫无把握，销售难期畅旺，时日稍滞，获利愈微。商利即薄，则所谓包缴厘金盈余者，皆成拖欠展缓之局。余之所虑无实效者，谓此烦也。然此时办法，除重税邻私、指岸认运二者，别无下手之处，应即照金君所拟办理。黄南坡兄七月廿四在湘启行，节前当可到此，余再与之商定一切，乃行具奏。其泰州招商认运，即可一面兴办。南坡来信抄阅，万、杜说帖二件抄阅。顺问近好。

再，弟需用大炮，另以公牍咨复。余新造守营劈山，兹寄出三尊，弟试用之。又造小手枪，土枪而用洋药洋火，此间试之，可食抬枪子五六粒，其及远与抬枪等（弟亦试用之，不可草草一试，宜再三反复审试可也），亦寄去三杆照收。兄又草。

【译文】

沅弟左右：

二十五日收到二十二日派专人送来的信，事情都已知道。

郭师与金前司关于盐务的想法已经看过。金所考虑的，是第一批厘金较难延缓。关于盐务变法，无论用什么章程，都需要缓征和免除厘金。如果依旧逢卡就抽取厘金，就不算是新章程，也不叫做盐法了。

我认为，不在于是否延缓征收厘金，而是恐最终没有效果。江西自道光年间以来就没有销足额引的事，太平天国作乱之后人口减少，于是就下令全部食用淮引官盐，但从来就没有卖到过六万大引，况且引地也几乎被邻近私盐所占据，怎能一一马上夺回？商人为凑办三万盐引需成本四十多万两已很不容易，二分的利润，又不足以吸引人心，再加上销售之地没有把握，销售很难达到我们所期望的顺利。时间一长略有滞销，利润就会减小。商人利润既然减少，则规定包缴厘金盈余，就会形成拖欠延缓的局面。这就是我考虑收不到好效果的原因。但是，目前除了对邻省私盐加以重税和指定口岸规定运输之外，就没有其他办法了，要立即按照金君所拟定的办法处理。黄南坡兄于七月二十四日从湖南出发，中秋节前应该能够到达。我再与他商定一切，然后上奏。对于泰州招商认可运输，马上可以办。南坡来信抄送请阅。万、杜说帖两份一并抄送请阅。顺问近好。

对于你需用大炮，另有公文回复。我新铸造的守营劈山也运去三座，与你试用。又造小手枪、土枪并使用洋人火药。在我处试验，能装抬枪子五六颗，射程与抬枪相当，同寄去三杆，你也试用一下。不可匆忙试验，应该经过多次反复审视试验，请验收。兄又书。

【点评】

在战争动荡的年代，盐务确实是件非常棘手的问题，即要从中抽取厘金，又要保证商人的利益，还要顾及市场的销售情况，这件事对于曾国藩来说确实比较难办。信中曾氏对战后盐政提出了明确的修订建议，照顾到了各方利益，曾氏这种堪称完美的处事方法，值得我们细细品味。

同治二年八月初二日与九弟国荃书

公元1863年9月14日

沅弟左右：

初一日接弟七月廿四、廿六日二信，具悉一切。

陈斌述及与鲍军门言改由七桥瓮（七瓮桥）进孝陵卫，春霆欣然乐从，余已决从此策，日内即办公牍分别咨行，地道决不复升。

七瓮桥上流须用浮桥，容再由此间办竹木解去，前因花篙、地道均非要务，故未饬知潜山县耳。

左帅保筠仙，此间并无所闻。黄信之所谓季帅者，似即毛寄云也。毛密片余未得见，大约系保两郭、黄、李。筠公已擢粤抚，筱泉已折粤臬，南翁有旨往粤办厘，惟意城保花翎三品卿未奉明之。

弟所保各员均奉允准，惟金安清明渝不准调营，寄谕恐弟为人耸动，盖因金君经余两次纠参，朝廷恐余兄弟意见不合也。大抵清议所不容者，断非一口一疏所能挽回，只好徐徐以待其自定。又近世保人，亦有多少为难之处：有保之而旁人不以为然，反累斯人者；有保之而本人不以为德，反成仇隙者。余阅世已深，即荐贤亦多顾忌，非昔厚而今薄也。

景、河、婺、乐四卡，左帅业已归还余处。上海四万，余志在必得，恐不免大有争论。霞仙升陕抚，先办汉中军务，闻李雨苍系多帅所劾也。纪泽等今日往营省谒，父亲手泽六纸寄还。即问近好。

国藩手草，八月二日。

【译文】

沅弟左右：

初一日收到七月二十四日、二十六日来信，尽知一切。

陈斌提到和鲍军改由七桥瓮（瓮桥）攻打孝陵卫，春霆欣然认同，我也认为此计可行，现在立即办理公文并分别咨询商量，但地道不能重新挖。

七桥瓮（瓮桥）上游需要搭建浮桥，给我时间从这里弄一些竹子木材送去。由于花篱、地道均不是重要的事情，也就没有通知潜山县。

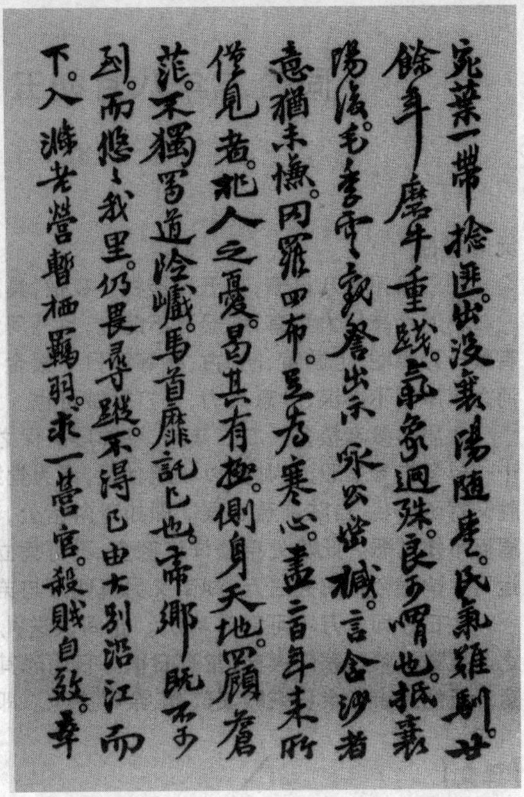

曾国藩给其弟信中所说的“左帅”即指左宗棠，此为左宗棠手札

左帅推荐筠仙，我并没有听说。黄信上提到季帅一人，可能是毛寄云。但毛的密札我并没有见到，大概是保荐两郭、黄、李。筠公已荣升为广东巡抚，筱泉也升任广东道台，南翁依圣旨前往广东处理厘金事务，只有意城保荐花翎三品还没有接到明文。

弟所推荐的官员，都已奉旨准允。只有金安清得谕旨明令不能调离军队，寄去谕旨恐你被他人挑动，因为金君曾受到我两次纠参弹劾，朝廷唯恐我兄弟不和。可能清议对我不满，但绝不是一人或一封上疏就能挽回的，只有顺其自然。还有如今推荐人才，也有很多为难之处。有时保荐，虽然旁人不说什么，反而连累其人，有时被保荐的人不因被保而感恩戴德反而酿成仇恨。我涉世较深，即使推荐贤才也有所顾忌，并不是看重旧交而应以新识为薄也。

景、河、婺、乐四道关卡，左帅已交由我管理。对于上海四万，我是志在必得，但不免会有激烈争论。霞仙升为陕西巡抚，先处理汉中军务。听说李雨苍是被多人弹劾的。纪泽等人今日前往军营探视谒见。父亲亲手写的六幅字寄予你。即问近好。

国藩手草，八月初二日。

【点评】

曾国荃为了培植自己的势力，不惜重金笼络部属。每打一次胜仗便大肆向朝廷保举人员，有些本与该仗无关的人员也被保举之列。曾氏对于老九的滥保行为，心里感到十分不赞成，如信中提到“近世保人，亦有多少为难之处。”他自己阅历深，曾经为朝廷保举过许多贤能，可后来有的不以感恩戴德，反而反目成仇，如左宗棠其人便是一个例证。对于那些缺才少德的人，如保举不慎就会牵连到自己，有鉴于此，曾氏奉劝老九不要过多滥保。

同治二年八月初五日与九弟国荃书

公元 1863 年 9 月 6 日

沅弟左右：

初二日接廿八日信，初五日接初一夜信，具悉一切。

小河西岸尽为我有，贼船万不能过，且凭河为守，又可当一道长壕，可慰之至。然城内有数十万悍贼，上游黄、胡、古、赖等即日下援金陵，穷寇有致死于我之心，抑又可惧之至。河之东岸暂不必谋，少息兵力，以打援贼可也。

金眉生参者极多。二三年来，胜帅屡疏保之，升于九天；袁帅屡疏劾之，沉于九渊。余十一年冬查参革职，胜帅又以一疏劾我，谓为党袁而不公。余偶与汪曜奎言之，汪以告胜，胜又寄函于我，自陈前疏之误。即如下游诸公，李、吴、乔皆痛恶眉而不知其美，郭又酷好眉而不知其恶。此等处弟须详询密查，不可凭立谈而遽信其人之生平耳。许次苏已委署运司。饷银今日解去三万，湖南又另解四万与弟，节下当可敷衍。

生日在即。万不可宴客称庆。此间谋送礼者，余已力辞之，弟在营亦宜婉辞而严却之。至嘱至嘱。家门大盛，常存日慎一日而恐其不终之念，或可自保，否则颠蹶之速，有非意计所能及者。余日来眼又红疼，余平安也。即问近好。

国藩手书，八月初五日。

【译文】

沅弟左右：

二日收到你于二十八日的书信，五日收到一日晚上的来信，一切都清楚了。

目前小河西岸已全被我军占领，敌船不可能渡过。且凭借河水来守卫，又可作为一道长长的壕沟，心里非常高兴。但城内还有几十万劲敌，上游的黄、胡、古、赖等人即将顺流而下支援金陵，走投无路的敌人如果要同我军决一死战，也是很让人担忧。至于河东岸的敌军暂时不用理会，让军队稍事休息，准备进攻增援的敌人。

虽弹劾金眉生的人很多。但近两三年来胜帅多次上疏保荐他，使他不断升迁；袁帅多次上疏弹劾他，均杳无音讯。我于咸丰十一年冬天被参查革去职务，胜帅又写一本奏折弹劾我，说我与袁帅是一伙，且办事有失公平。偶然我与汪曜奎谈及此事，汪把我的话转告胜帅，胜又写信于我，自己讲到以前上疏的错误，比如下游几位，李、吴、乔都非常仇恨眉而不晓得他的优点；郭又十分欣赏眉而并不知道他的恶行。这些事你必须详细询问并秘密调查，不能凭借别人说的话就相信其人的人品！

许次苏已升任为署运司。饷银今日押解去三万两，湖南另外送来四万给你，中秋节应该可以应付过去了。

你的生日快要到了，千万不要为庆祝而大摆宴席。我处想送礼给你的人，我尽力给推掉了；你于军中也应当委婉拒绝，千万记住。如果家族想发达兴旺，需学会谨慎的态度来对待，或许可以自保，否则就会很快衰败。有许多事不是人的刻意计划所能达到的，我这几天眼睛虽又红又疼，但是身体很好。即问近好。

国藩手书，八月初五日。

【点评】

曾氏一贯主张做事要勤俭，盛时当作衰时之想，以及做人要常怀忧患之心。此信末尾在谈到九弟生日在即时，曾氏力劝九弟万不可宴客称庆。此间送礼者，均已婉言辞却，并告诫弟弟自保之法，即："常存日慎一日而恐其不终之念。否则颠蹶之速。"此观念对当今处在领导地位的人极有借鉴意义。

同治二年八月初九日与九弟国荃书

公元1863年9月21日

沅弟左右：

数日未寄信与弟，亦未接弟来信，想平安也。

青阳米粮太少，援兵不得至城下，万难久支。青邑若失，则南陵、泾县、宁国殆将瓦解，不得不调霆军救援皖南，昨日已备牍咨行。请弟速催春霆启行，无贪城北地道万不可成之功，而忘上游数城万不可失之地。

弟兵暂扎小河以西，只要背后无援贼，但御前面之城贼，力自有余。待至秋末冬初，春霆击退黄、李、古、赖各股，或可进攻东坝。弟之新勇募到，亦可扎过小河以东，渐达孝陵卫矣。

古人用兵，最贵变化不测。吾生平用兵，失之太呆，弟亦好从呆处着想。霆军五月从燕子矶南渡，本是呆着，挖地道则更呆。此际皖南危急，不能不调之使活耳。

临淮三日内无信，闻米粮可支一月。上海解七月分银四万至弟处，已接到否？霆营开差，望略多拨些。即问近好。

国藩手书，八月初九日。

【译文】

沅弟左右：

几日没写信与弟，也未收到弟的来信，想必一切平安。

青阳的粮食供应不足，援兵又不能到达城下，很难维持太久。如果青阳城失守，那么南陵、泾县、宁国可能也将丢失，因此不得不令霆军支援皖南，昨日已准备好公文并让其行动。请弟催促春霆出发，让他不要贪图攻打城北地道这个很难达成的功劳，却忘记上游几个非常重要的城池。

弟的军队暂时驻扎在小河以西，只要后方没有援救的敌军，就只管攻打城中的敌人，不会有什么问题。到秋末冬初，春霆击退黄、李、古、赖各路敌人，就可以攻打东坝。弟招募的新士兵，可驻扎在小河以东，留守孝陵卫。

古人的用兵之道，比较重视变化多端，并且让敌人防不胜防。而我的用兵策略，失误之处就在于太呆板，弟也是经常犯同样的毛病。霆军五月由燕子矶南渡，就已经很呆了，再挖地道就更呆了，但此时皖南危难，不能不调走他来激活局面。

临淮已三天没有来信，据说米粮可支持一个月。七月份上海押解的四万银两到你处，应该接到了吧？霆营的开销，望稍微多拨一些。即问近好。

国藩手书，八月初九日。

【点评】

此信曾国藩谈及用兵之法。曾氏一向主张用兵应"活"字当头，"呆"兵必败。信中有言："古人用兵，最贵变化不测。"用兵打仗如此，做人何尝不是这样？在如今变幻莫测的社会中，如依然用老方法、旧观念去为人处世，势必碰头。头脑亦贵在变化，随时而变，更要随势而变，方能出人头地。

同治二年八月廿三日与九弟国荃书

公元1863年10月5日

沅弟左右：

接弟十六日酉刻信，具悉一切。通江关与石埠桥相近，为李部济贼之区，自当咨李，请将石埠桥之兵悉数撤回江北。惟此咨目下尚难遽发。渠之两岸设兵，中间又设炮船，为通江关厘卡计也。

日内因定盐务新章，咨请渠将厘卡撤回，每月由运司衙门解渠银一万两以作抵款，尚不知渠肯应允否。待渠咨复到日，肯撤通江之厘卡，然后可并撤石埠之防兵。余本日拟解银万两、子药各万斤协济滁州，亦为求渠撤通江厘卡，先有以慰其心也。大凡办一事，其中常有曲折交互之处，一处不通则处处皆窒矣。

张富年管泰州总局，余已允许。弟十五日之信尚言不敢冒昧，十六日之信则言业已札委，不知何以迫不及待若此？自筠、眉二君定包运西岸之策，余比即允行。厥后弟与筠、眉函牍到此，余无隔日不回之信，无隔日不批之详，不知弟何以犹嫌其迟？以后弟于盐务专写信来，信寅到则余寅办，信卯到则余卯办，弟却不宜干预公牍也。

曾国藩像

青阳危险如常，殆难幸保。顺问近好。

国藩手草，八月廿三日。

【译文】

沅弟左右：

收到弟于十六日酉时写的来信，事情都知道了。

由于通江关与石埠桥距离很近，是李部防御敌人的范围。应征求李的意见，请他将石埠桥的部队全部撤回至江北。但现在这封信还难以马上发出。他为通江关厘卡而在两岸都设了兵，且中间还有炮船。

因为要决定盐务的新章程，与他商量把厘卡撤掉，由运司衙门每个月押送给他一万两银子当作抵款，不知他能否答应。等到他的回复到了，如果他肯撤掉江中的厘卡，然后可一并撤走石埠的守军。我今日就准备押送一万两银子及子弹、火药各一万斤支援滁州，也是为了请他撤掉整条江的厘卡，先要安慰他的心。如果要办成一件事，中间常会有互相交汇曲折的，一个地方不通，则处处都受牵制。。

对于张富年管理泰州总局，我已经准允了。弟在十五日写的信还说不敢冒昧，十六日的信就已决定委任，不知为何如此着急？�、眉二公已决定包运四岸的办法，我当即同意并执行。这以后弟与筠、眉公函文牍到这里，我并未隔日回信和批复，不知弟为何还嫌慢了？以后弟有关盐务的事宜要写专信来。信寅时到我就寅时办理，卯时到我就卯时办理。弟却不宜干涉公文。

青阳城仍旧危险，很难保全。顺问近好。

国藩手草，八月二十三日。

【点评】

曾国藩认为，办事总有曲折，一处不通，可以绕道而行，否则就会自绝生路。因此一个人应当学会“绕行和在最佳路线上寻找自己成功的机遇。曾氏在信中说：“大凡办一事，其中常有曲折交互之处，一处不通，则处处皆窒矣。”

同治二年八月三十日与九弟国荃书

公元 1863 年 10 月 12 日

沅弟左右：

廿八日接廿四日辰刻来缄，内附新刻西省饷盐招商章程及还毛寄帅密件，具悉一切。新章中余亦有不以为然之处，已批出交篪轩复核，即日另刻一本寄阅。盐务自应由余与运司两衙门作主，界限不可不清，始基不可不慎。护票不必由弟营填发，船单与认旗皆可不用，恶其全是洋人规模也。凡商皆可招，不必认说全归大营认办，并不必立营运名目。总之，余之主意，重在商运，不重在官运、营运。金君之主意，时重商，时重官营，夹杂之中，不免自相矛盾。故此次刊刻新章不可不慎，以其遍传官绅商贾也。

蔡少彭业已奏调回江，并保司道实缺矣。午桥之优旨尚未得见。顺问近好。

【译文】

沅弟左右：

二十八日收到二十四日辰时写的来信，并附有新刻西省饷盐招商章程和毛寄予大帅的密件，一切已经知道。在新章程中我有认为不妥之处，已经批示并交与篪轩核查，即刻另外刻一本寄与你一阅。

盐务应由我和运司两衙门做主，界限要明确，开始时就必须慎重。护票不要在弟营填写并发出，船单与认旗都可不用，这些都是洋人的规矩。凡是经商者都能招商，不需要认定是归大营认可办理，且没必要立下营运的名目。总之，我的意见重在商运，而不在官运和军运。金君的意见，一会儿重商运，一会儿重官运，相互混杂，免不了会自相矛盾。故此次刊刻新章程必须慎重。因为它要传到所有官员、绅士和商贾当中。

蔡少彭已奏明调回江，并且被保举为藩司道台的实缺。午桥事宜的协调圣旨还未到。顺问近好。

【点评】

重商的盐务章程，是较明智的做法，这样既省了人力、物力，又避免了风险，可谓是万全之策。与现代社会的承包制有些相似。曾氏对盐务的新政不仅使官商分离，而且也增加了税收，免去了很多矛盾。

同治二年九月十七日与九弟国荃书

1863年10月29日

沅弟左右：

十四、十五日接弟初十、十二两信，具悉一切。前因批谕词旨严峻，余恐弟怫郁不能自克，深以为系。兹接弟两缄，心气和平，事理通达，大慰大慰。

皖盐亦向泰局领票，由安庆总握其权，则食岸亦渐就范围。日内将南坡米盐互市之议略定章程，作一长折，将漕务彻底一说，即日具奏。

弟增募二万人，银米恐接济不上。且安庆克复，弟添新兵近二万人，此次又添二万，前此老营能战能守之将弁分散太多， 譬之一壶酽酒，参水至四五壶，则太淡不成酒味矣，此余之所深虑。

至水师十二营，尤可不必添募，弟意不过恐杨、彭师船不能应手耳。天下事焉能尽如人意？古来成大事者，半是天缘凑泊，半是勉强迁就。余当寄信与郭意城，请其停止弟募水勇之事；寄信杨、彭请其不必代弟造船，望弟亦寄信止之。长江肃清之后，忽添水师十余营，于清议亦说不去也。

焦山抽厘之举，暂姑缓办，松岩信寄还。幼丹事，言之颇长，兹将幼来之咨与信各一件，余去之信一件，又余与孙方伯来往信各一件，抄寄弟阅，亦可略得梗概。又接弟十四日信，知仙屏已到矣。顺问近好。

【译文】

沅弟左右：

十四日、十五日收到你于十日、十二日写的两封来信，一切全部知道。先前因为圣上的批谕词句严厉，我担心你心情压抑，十分挂念。现收到你的两封信，心气平和，事理通达，非常高兴！

安徽盐司也需向泰局领取盐票，由安庆总揽大权，则食盐买卖的界限也就渐渐地按照预期的指定范围。最近把南坡米盐互市的想法略定一个章程。此外写一个长的奏折，将漕运事务详细说清楚，今日就上文请奏。

弟欲增加募兵两万，银钱米粮可能不能通过。并且由于攻克安庆后，弟已增添了新兵近两万余人，此次又添两万，以前能战善守的老将士太过分散。似一壶酽酒，掺水至四五壶，则酒味就会变太淡，从而不是酒了。这就是我所担心的。

至于招募十二个营的水军，就更为不必了。你的意思是担心杨、彭水军用船时不方便，天下之事怎能尽如人意？自古成就大业之人，一半是天缘成全，另一半则是迁就应付。我会写信与郭意城，请他不要在为你招募水兵。另写信给杨、彭，也请他们不要为你造船。望你也写信阻止。长江水寇歼灭之后，忽然增添十多个营的水军，很说不过去。

焦山抽取厘金之事暂时缓办。松岩的信已寄还。幼丹之事，说来话长。现把幼丹的推荐与信各一件，另有我和孙方伯来往的信各一封，抄寄给弟看阅，让你大概了解一下。又接到你十四日来信，得知仙屏已到。顺问近好。

【点评】

曾国荃近两年连续两次增兵，每次都在两万之众，誓有不攻下南京，绝不罢休之势。

曾氏知道老九性格刚烈，办事果断有魄力，志向宏大，便从精神上给他解压，缓解一下他的愤懑情绪，曾氏信中讲道："天下事焉能尽如人意；古来成大事者，半是天缘淡泊，半是勉强迁就。"就是说天下的事情很难让人称心如意。即使历史上能成就大事的人，一半是靠借助于有利的机会和形势；另一半是靠自己的努力拼搏，艰苦磨难。曾氏的这番话是有一定的哲理的。

同治二年九月廿二日与九弟国荃书

1863 年 11 月 3 日

沅弟左右：

二十日接十五日酉刻信，廿一日接十七日信，具悉一切。弟于此等有畏慎而无怫郁，极慰极慰。老弟之意量远矣，先世之气脉长矣。

鲍军宜进东坝，二朱不宜进花津，均是均是。杜小舫文澜往年经郭雨三专函力保，去年又经晏彤甫函保，故余一见即器重之，许以驻汉口办督销局务。近日与南坡亦极水乳，南亦请以汉口督销局委之。南又与舫面订一切，虽未下札，然已不可反汗。其品望虽未必果翕舆论，然亦当稍优于金、许也。此次不回泰州，则系余面留之等候南坡，非渠恐破面皮也。许之条陈，多有可采，候与南坡商之。

杨守炮船一事，弟之公牍甚为婉逊，即照弟所拟办理。末世好以不肖之心待人，欲媒孽老弟之短者，必先说与阿兄不睦。吾之常常欲弟检点者，即所以杜小人之谗口也。

何铣罚款断不放松，幸毋听谣言而生疑。上海兵骄而贼多，余深以为忧，昨寄少荃信抄付弟阅。

即问近好。

国藩手草，九月廿二日。

【译文】

沅弟左右：

二十日收到你于十五日酉刻写的信，二十一日收到十七日写的信，得知一切。弟对此事有畏慎之心而无抑郁不畅之感，深感欣慰！老弟之意量深远，则我先世的气脉也可长久了。

鲍军应该进攻至东坝，二朱则不应该进攻花津，是非常正确的。杜小舫文澜以往经郭雨三次专函大力保举，去年又经晏彤甫来信保举，所以我很器重他，并任命他驻汉口办理督销局的事务。近日与南坡也很谈得来，南坡也请求委任汉口督销局职务，且南坡又与仙舫当面约定一切，虽然还未下札，但是已经不能后悔。他的人品声誉虽然未如众人所言，但也应当优于金、许。这次不回泰州，则是我留下他来等待南坡，不是将事情讲破。许的意见有很多可采纳的，等到南坡来之后再商量。

杨守卫炮船一事，你的公文写得很谦虚，所以按照你的意思办理，末世好以不肖之心对待众人，如果揭老弟短处的话，必定首先会说你与我不合。我之所以时常让你检点，就是要堵小人之口。

何铣罚款千万不可放松，幸而没有听谣言而起疑心。上海的军队很傲而敌人又多，我比较担心。昨日寄给少荃的信抄与你一份，即问近好。

国藩手草，九月二十二日。

【点评】

古语有言:"身正不怕影歪。"的确如此,一个人的所作所为无不时时刻刻受到他人的关注。尤其是身居高官要职的领导,更应格外留心。

曾氏在此信中就劝九弟言行定要检点,以防小人算计。这也是很好的为人处世哲理,很值得我们学习。

同治二年十月初四日与四弟国潢书

公元 1863 年 11 月 14 日

澄弟左右:

九月廿九日纪鸿母子及全家到营,一路平安,足慰家中悬系。寅皆先生意欲速行旋里,订廿外即可启程,牧云当度岁乃归也。袁婿在此,尚无为非之事,惟不肯读书作字,难期有成。

内人以下历述老弟数年以来照料黄金堂诸事,心思之细,仪节之恭,送情之厚,均为近世兄弟中所未见。吾家敬宗收族、承先启后诸大端,皆发于沅弟之谋,而成于弟之手(萧先生好手)。沅弟费财(八老爷好财),老弟费心,均可为祖、父累代之功臣。余愧未能悉心经营,幸两弟有以补余之过也。

此间近事平安。沅军连克上方桥、七桥瓮等贼垒,城外接济将断。朱云岩招降古隆贤一股,收复石埭、太平二城。春霆进攻水阳、金宝圩一带,尚无开仗之信。临淮唐中丞处近亦平安。惟蒙城粮尽援绝,断难保全。发逆稍衰,而苗逆方盛,良可虑也。

闻蕙姑娘病未全愈,兹寄去高丽参半斤,望弟专人送交昆八外甥为要。余事详日记中。顺问近好。

国藩手草,十月初四日。

【译文】

澄弟左右:

九月二十九日纪鸿母子及全家到达营中,且一路平安,这样可以安慰家人的挂念。寅皆先生计划立刻回乡,定于二十日后起程,牧云则过了年回去。袁婿在此,还没有干什么坏事,只是不愿读书写字,很难期望他成才。

我的夫人,一件件叙述老弟你数年以来照料黄金堂诸多事务,心思之细致,礼节仪式的恭敬,送她们上路之厚情,是在众兄弟中没有的。我家尊敬祖先团结家族、承先启后等诸多事务,都由沅弟提出,而经你之手办成(萧先生好手)。沅弟破费钱财(八老爷好财),

清·戗金彩漆云龙纹炕桌

而你花费心血，都是祖先父辈的好子孙。我很惭愧没能参与其中，但幸好有你们两个弟弟来弥补我的过失。

近来我处平安，沅弟之军接连拿下上方桥、七桥瓮（瓮桥）等敌人营垒，城外的接济也将被断绝。朱云岩招降古隆贤一部，收复了石埭、太平两座城池。春霆进攻水阳、金宝圩一带，但还没有收到开战的书信。临淮唐中丞处近来也很平安，只有蒙城没有粮食且接济不上，很难保全。太平军稍衰，但苗沛霖又发展起来，非常担忧。

听到蕙姑娘病还未痊愈，现寄去半斤高丽参，望你派专人送交昆八外甥为要。其他事情都详细记在日记中。顺问近好。

国藩手草，十月初四日。

【点评】

九月二十九日这天全家人到达安庆的曾氏督府。这一群人有曾氏的妻子欧阳夫人，儿子纪鸿，大女儿纪静，大女婿袁秉桢，三女儿纪琛，四女儿纪纯和小女儿纪芬，还有纪泽的媳妇刘氏及女儿广璇，全家九口人，外加相陪伴护送的邓寅皆、欧阳牧云，共十一人。曾氏和家里分别五年多了，今日相见自然是十分高兴，向来清冷的督府大院，顿时欢腾的气氛是可想而知的了。

同治二年十月十七日与九弟国荃书

公元1863年11月27日

沅弟左右：

接初十日信，具悉一切。徐士衡等归，言弟于十二日往看孝陵卫营基，余且喜且惧。喜贼之接济将断，惧弟之新营太多，占地太广，恐百密而一疏也。意城亦以弟招新勇太多为虑，来信抄寄弟阅。

余以弟力谋此城，苦心孤诣，故仅禁招水勇而不禁招陆勇，不忍重拂弟也；然一酒参五水之说，则梦寐不忘，深恐偾事。弟亦当谅余苦衷，将新勇之可减者减之，可并者并之。至克城迟早，仍有天意，不尽人谋也。四衔告示究不相宜，不如用会衔札，多刷几百张，每哨发一张为妥耳。顺问近好。国藩手草，十月十七日。

正封函间，接弟十四日一函，并抄寄总理衙门折片，此间亦于十二日接到。乃知弟前日之碰钉子，并非因此折之过。余前日责弟之词，亦系妄为揣疑，全无当于事理。因此类推，则外间督抚之专讲揣摩，真枉费心神耳。恭邸有信寄余，极佩余八月十二日一函之说。朝廷已成之局，从谏如流，令人感极生愧。明日抄寄弟阅，兹先将弟处抄本寄还。

国藩又致，十七夜。

【译文】

沅弟左右：

收到你十日的来信，一切已经知道。徐士衡等人回来之后，谈到你在十二日前往巡查孝陵卫的营垒基地，我既高兴又担忧。高兴的是敌人的接济即将被切断，担忧的是你新营太多，占地太广，且百密而有一疏。意城也担心你招募太多新兵。来信抄与你一阅。

我认为弟尽全力攻打此城，苦心经营，所以仅不让你招收水兵但并不禁止招收陆军，不忍心太过阻止你。但一份酒掺五份水的道理，则要梦寐不忘，深恐攻城失败。你也要体谅我的苦衷，新营能减则减，能合就合。至于攻克城池的时机，仍由天意，不是人谋可以左右的，四街联名的告示还是不行，不如用会街札子，多印几百张，每个哨卡发一张比较妥当。顺问近好。

在封信之时，收到你十四日写的信与抄寄总理衙门的折片，我处也是在十二日才收到，才知你前日碰钉子，并不是由于此折。我之前责备你的话，也是妄为猜疑，全无事实。从这里可以看出，其他督抚专门揣摩人心，真是耗费心思。恭邸有信寄给我，十分赞同我八月十二日一信的说法。朝廷已成立专门机构，从谏如流，让人既感动又惭愧，明天抄寄于你一阅，现先将你处的抄本寄还。

国藩又致，十七日夜。

【点评】

此信开始便谈到九弟招新勇之事，曾氏喜忧参半，喜的是如前所建议，金陵城接济果然被切断；忧的是九弟招太多的新兵之事，影响太大，恐怕难免有疏忽，劝九弟能减则减，能合则合。

曾氏信中说，成败皆由天定，不以人的意志为转移。显然是让九弟减合新兵的说辞，但流露出点滴封建色彩。

同治二年十月廿二日与九弟国荃书

公元 1863 年 12 月 2 日

沅弟左右：

日内未得弟信，不知身体安否？

东坝、溧水既克，弟又进扎孝陵卫，城中接济似已可断。其孝陵卫以北不妨空缺，不必合围。盖大至米粮难入，则城中强者可得，弱者难求，必有内变争夺之事。若合围太紧，水息不通，无分强弱，一律颗粒难通，则反足以固其心，而无争夺内变、投诚私逃之事矣。不知弟亲历其境，以余此说为然否？

江达川调四川藩司，即日入蜀，当可代购米石若干解皖。马谷山升皖藩，英翰升皖臬，刻下均不能到任。朱久香学使（兰）昨日入城。赵惠甫近患吐血之症，本拟即赴弟处，今日因病耽搁矣。科一、金二、罗婿请周缦云教书，十八上学，并闻。顺问近好。

国藩手草，十月廿二日。

【译文】

沅弟左右：

近日没有收到弟的书信，不知身体可好？

既然东坝、溧水已经拿下，弟又进驻孝陵卫，城中的接济应该可以切断。孝陵卫以北不妨空出，不必合围。如果米粮难以入城，则城中强壮者可以得到，弱者难以求得，必然会出现内乱且发生争夺粮米之事。如果围得太紧，到水都流不进去的地步，不分强弱，谁都得不到粮食，反而不会发生内乱而斗争，就更不会有投诚私逃这种事了。不知你身处其中，认为我说得有无道理？

江达川已调到四川任藩司，即刻入蜀，应可为你代购粮食并运送到安徽。马谷山升任安徽道台，英翰任安徽按察使，但眼下都不能到任。朱久香学使（兰）昨天入城。赵惠甫最近得了吐血的病，本来准备马上出发到你那里，现在因病就给耽搁了。科一、金二、罗婿调来周缦云教书，十八上学一并告诉你。顺问近好。

国藩手草，十月二十二日。

【点评】

借刀杀人是战争中常用的谋略，对于曾国荃的局势可以节省很多人力物力和财力，但他似乎还没有想到，只是一心想拿下城池，这也许就是曾国藩说他用兵呆的原因所在吧！

同治二年十一月初五日与九弟国荃书

1863 年 12 月 15 日

沅弟左右：

初三日得弟廿九夜信，初四日牧云归来，详述一切。“十牙子”果有“影子”，大慰大慰。

此间初三日接程学启报苏州克复之信，初四日得唐中丞克复怀远之信。苗党张士端叛苗从官，献出怀远一城，并献炮船六十号、米四千石、钱三千串。从此苗众之心益涣。僧邸亦至蒙城，蒙围当可立解。

金陵如果克复，弟当会同彭、杨三人前衔，将大略情形飞速入告。折首云：“为官军克复金陵，谨将大概情形，先形驰奏，以慰宸廑，仰祈圣鉴事。”折末云：“伏乞皇太后皇上圣鉴。再，臣等前接曾国藩密函，金陵如果克复，嘱臣三人先将大概情形会奏，早到京一日，圣怀早得宽慰一日。其详细情形，仍咨由官文曾国藩会奏等语。除将详细战状另咨楚皖续奏外，合并声明，谨奏。”其折愈短愈妙。洪秀全之下落，银钱之多寡，不可不说大概，此外皆宜略也。

乔、许处皆可照来咨各予一札，附片则尽可不必。许次苏于每月应解之李营万二千两全不认真，其所应弟处之饷，恐亦徒托空言。

顷又接弟初二日林冯萃亭信，洪秀全不动摇，弟切不必性急。常、杭、嘉、湖全克而金陵乃收功结果，乃正理也。

顺问近好。

【译文】

沅弟左右：

初三日收到你于二十九日晚写的信，初四牧云回来了，详细叙述了一切。“十牙子”果然有“影子”，太高兴了。

我初三日收到程学启报告收复苏州的书信，初四日得知唐中丞拿下怀远的消息。苗沛霖的同党张士瑞叛变苗并投诚官军，献出怀远城，此外还有炮船六十艘、米四千石、钱三千串，这样苗

太平天国天王洪秀全画像

沛霖军队的人心就更加散乱了。僧格林沁官兵已到了蒙城，蒙城之围应当立即可以解开了。

如果金陵真的拿下了，你应当与同彭、杨三人联合起来，将大概的局势火速上奏。折子开头应这么写："官军已攻占金陵，谨特将大概局势先派飞马上奏，以谢龙恩，望陛下明鉴此事。"奏折末尾这样写："伏乞皇太后皇上英明之预见。再有，臣予等人之前接曾国藩的密信，说到如金陵攻克，嘱咐臣子等三人先行将大致情况禀奏，早一天上奏，皇上的心情就早得一天宽慰。详细情况，则另写成官文，与曾国藩共同上奏等。除将详细战况另写公文并由湖北安徽继续上奏外，共同声明。谨此上奏。"此奏折越短越好。至于有关洪秀全的下落，银两的多少，不能只说个大概，除此而外都可以省略。

乔、许处都可按照来往公文分别给予一个札子，就不用附片了。许次苏说每月押送到李营的一万三千两并不认真负责，他所说供给你那里的饷银，也可能只是说说而已。

刚才又收到你初二日抄寄冯萃亭的书信。洪秀全全然不动摇，但你千万不要性急，常、嘉、湖已全部攻克而金陵城未果，也是预料之中。顺问近好。

【点评】

曾国藩在此信中讲道，如国荃果克金陵，给皇上的奏折越短越好，该省略的就省略。与此同时，曾氏还不忘为自己请功。信中有言："臣等前接曾国藩密函，金陵如果克复，嘱臣三人先将大概情形会奏，早到京一日，圣怀早得宽慰一日。"曾氏在嘱托九弟给圣上的奏折当中，还不忘让九弟在皇上面前替自己美言几句，可谓用心良苦。

同治二年十一月十二日与九弟国荃书

1863 年 12 月 22 日

沅弟左右：

接初四、初六日两次来信，知初五夜地道轰陷贼城十余丈，被该逆抢堵，我军伤亡三百余人，此盖意中之事。城内多百战之寇，阅历极多，岂有不能抢堵缺口之理？

苏州先复，金陵尚遥遥无期，弟切不必焦急。古来大战争，大事业，人谋仅占十分之三，天意恒居十分之七。往往积劳之人非即成名之人，成名之人非即享福之人。此次军务，如克复武汉、九江、安庆，积劳者即是成名之人，在天意已算十分公道，然而不可恃也。吾兄弟但在积劳二字上着力，成名二字则不必问及，享福二字则更不必问矣。

厚庵坚请回籍养亲侍疾，只得允准，已于今日代奏。苗逆于二十六夜擒斩，其党悉行投诚。凡寿州、正阳、颍上、下蔡等城一律收复，长、淮指日肃清，真堪庆幸。

郭世兄于十二日到此，大约暂留安庆小住。牧云定于十五以后回湘。弟近日身体健否？吾所嘱者二端：一曰天怀淡定，莫求速效；二曰谨防援贼城贼内外猛扑，稳慎御之！顺近问好。

【译文】

沅弟左右：

收到你于初四、初六两次来信，知道你们初五夜利用地道轰陷贼军城墙十多丈，敌军在抢堵中，我军伤亡三百余人。这也是意料之事。南京城内不少身经百战的贼军将领，他们经验丰富，肯定会去抢堵缺口。

苏州已收复，而南京却还遥遥无期，但你千万不要着急。自古以来战争胜利，事业成功，人的谋略只占十分之三，天意却占十分之七。出力多的人反而不是成名的人，成名之人并非享福之人。就以这次战争而言，如果攻克武汉、九江、安庆，出力多的人就是成名的人，天意已算非常公道，但却不可邀功。我们弟兄只应在“出力”二字上下工夫，“成名”二字则不要提及，“享福”两个字就更不用说了。

厚庵坚持请求回原籍赡养父母，侍奉病中的亲人，我只得同意。已于今日代他上奏。苗沛霖已于二十六日晚被擒获并斩首，其手下士兵全部投诚。寿州、正阳、颍上、下蔡等地区全部收复，长江、淮河一带歼灭残敌，也指日可待，这是非常值得庆幸的事。

郭世兄于十二日到达我处，大概会暂留安庆住几天。牧云计划在十五日后回湖南。你近来身体可好？我嘱咐你的仅有两件事：一是胸怀淡泊宁静，不要急于求成；二是防御来援的贼军和城里的贼军内外夹击，要稳妥慎重地进行抵御。顺问近好。

【点评】

曾国藩作战向来重视人谋，但更重视客观自然条件，认为胜败乃兵家常事，为将者应胸藏江海，心性淡定。此信就是他军事思想的一个反映。他告诉弟弟曾沅甫，古代大战争、大事业，人谋只占三分，天意常占七分，积劳者并非就是成名者，成名者并非就是享福者。劝告弟弟要胸怀淡泊，漠视名利，莫因贪功而求速效，体现出他能洞察世事、刚柔相间、毁誉淡然的涵养。

同治二年十一月十四日与四弟国潢书

1863 年 12 月 24 日

澄弟左右：

十一月十一日朱斋三来，接十月初六日一函，具悉一切。

团山嘴桥稍嫌用钱太多，南塘竟希公祠宇亦尽可不起。湖南作督抚者不止我曾姓一家，每代起一祠堂，则别家恐无此例，为我曾姓所创见矣。沅弟有功于国，有功于家，千好千好；但规模太大，手笔太廓，将来难乎为继。吾与弟当随时斟酌，设法裁减。此时竟希公祠宇业将告竣，成事不说，其星冈公祠及温甫、事恒两弟之祠皆可不修，且待过十年之后再看。至嘱至嘱。

余往年撰联赠弟，有“俭以养廉，直而能忍”二语。弟之直人人知之，其能忍则为阿兄所独知；弟之廉人人料之，其不俭则阿兄所不及料也。以后望弟于俭字加一番工夫，有一番苦心。不特家常用度宜俭，即修造公费，周济人情，亦须有一俭字意思，总之，爱惜物力，不失寒士之家风而已。弟以为然否？

温弟妇今年四十一岁。兹寄去银一百、燕菜二匣，以为贺生之礼。其余寄亲族之炭敬，芝圃之对，均交牧云带回。此间自苏州克复，苗沛霖伏诛后，诸事平定。即问近好。

国藩手草，十一月十四日。

【译文】

澄弟左右：

十一月十一日朱斋三到达，接到你十月初六的书信，情况全部知道了。

我觉得修团山嘴桥花钱太多，至于南塘的竟希公祠堂完全可以不建。湖南人不止我们曾姓一家做总督巡抚，每代都建一座祠堂，恐并未有此先例，则此就为我曾氏所创。沅弟对国家有功劳，对家庭也有功劳，不管多好，但规模太大，花费太多，恐以后难以为继。

我与你应想办法裁减。现在竟希公祠堂即将竣工，修建好的就不说了，但其余星冈公祠堂及温甫、事恒两弟的祠堂就不要修了，等过十年以后再看。切记切记。

往年我撰写对联赠与你，有“勤俭以培养廉洁，正直能造就忍让”这两句话。众所周知你为人正直，但你为人忍让，则只有为兄明白，人人都说你廉洁，你不勤俭则是为兄始料未及的。以后望弟弟在“俭”字上下一番工夫，用一番苦心，不只是家庭日常开支应节俭，例如修房造屋之类的公共家业费用、接济他人的开支，也应以“俭”为好。总之，爱惜物力，不有失家风。不要怕人家说你寒酸，不要怕别人说你吝啬，更不要贪求大方，不要贪图豪爽。不知弟弟意下如何？

温甫弟妇今年41岁。现寄去白银一百两，燕菜二匣，当做生日的礼物。其余寄给亲族的木炭，寄给芝圃的对联，都由牧云带回去了。我处自苏州收复，苗沛霖被斩后诸事平安。即问近好。

国藩手草，十一月十四日。

【点评】

早在咸丰八年，曾氏兄弟家族就有热衷兴建祖宗祠堂之风，现在曾氏家族已到鼎盛时期，在家主事的曾老四更是热心为祖宗建祠立庙，有过之而无不及。向来廉俭的曾氏看到老四这样大兴土木，花费钱财，怕引起不好的后果，就劝导老四，设法裁减，祖父星冈公及老六，老幺的祠堂以后再说。曾老四也有他自己的想法，一是建祠立庙，既光宗耀祖，又可于他姓人前露脸；二是以建祠堂的名目，可以顺理成章地向族人征收钱财，也可向军营要钱，通过曾氏的劝导，曾老四便消取了自己的计划。

同治二年十一月廿四日与四弟国潢书

1864年1月3日

澄弟左右：

十一月十七日接弟十月廿八衡州一缄，具悉一切。

此间近事，惟李少荃在苏州杀降王八人，最快人意，兹将渠寄总理衙门信稿一件抄寄弟阅。戈登虽屡称欲与少荃开仗，少荃自度力足制之，并不畏怯，戈登亦无如之何，近日渐就范围矣。

衡州之粤盐，只禁船载，不禁路挑，弟所见极为有理。江西新城县亦为禁闽盐之路挑，竟被私贩将委员殴毙。现在衡州每挑既补二百四十，若再加亦必激变。从前道光年间，衡州严禁粤私，从未禁遏得住。将来新章到衡，弟可与府县及厘卡说明，只有水卡查船载之私，每斤加作八文，其陆卡查路挑之私既不再加分文，亦不必出告示，亦不必办公牍，但得水卡一处稽查，便算依了我之新章耳。兹将新刻章程三本寄回。

牧云于十七日回籍，带去银廿余封，兹将原单寄去，请弟照单分送。又内人寄澄弟妇菲仪五十两，余亦寄弟银百两，弟得毋笑黄河千年而始一清乎？又朱金权本年薪水银廿两，望即转给。弟家之渐趋奢华，闻因人客太多之故。此后总须步步收紧，切不可步步放松。

禁坐四轿，姑从星冈公子孙做起，不过一二年，各房亦可渐改。总之，家门太盛，有福不可享尽，有势不可使尽，人人须记此二语也。即问近好。

国藩手草，十一月廿四日。

李鸿章克复苏州战图

【译文】

澄弟左右:

十一月十七日收到弟弟十月二十八日由衡州寄出的书信,信意尽知。

我处发生之事,仅李少荃在苏州杀掉敌军投降的八个将领最为欣慰。现将他寄给总理衙门的信稿抄与你看。戈登虽几次声称要与少荃开战,少荃知道自己的力量足以制伏洋枪队,并不畏惧。则戈登拿他没有办法,但近日戈登已不断就范。

对于衡州的广东盐,仅禁止船运,并未禁止陆路肩挑,你的想法很有道理。江西新城县由于严禁福建盐陆路挑运,派去的官员竟被私盐贩打死。目前衡州每挑盐已经补了二百四十文,如要再增加,则必会激起民变。在道光年间,衡州严禁广东盐走私入境,但并不能完全禁止。将来新颁的章程到衡州,你可对府县及厘卡说清楚,只有水路厘卡稽查到的船走私盐每斤加八文,至于陆路厘卡查到的肩挑私盐则一概不加钱,也不出告示,不发公函,只要水路厘卡一处稽查,就算尽到新章程的职责,现把新到的三本章程寄回。

牧云在十七日回乡,带去白银二十余封。我处将原来的物品单寄去,请弟照单分送。又,内人(即妻子)寄予澄弟妻薄礼五十两,我也寄给你一百两。弟弟不要笑黄河千年难道开始变清澈了吗?又,朱金权今年薪水二十两,望尽快转交。你家日趋奢华,据说是由于人客较多的缘由。以后应慢慢收紧,切不可逐渐放松。

禁止坐四人抬的轿子,暂且从星冈公的子孙做起,不出一两年,各房子孙则都会慢慢改正。总之,家族过于兴旺,有福也不可以尽享,有势力也不可乱使。人人都须记住这两句话。即问近好。

国藩手草,十一月二十四日。

【点评】

李鸿章背信弃义,杀死了已投降清军的太平军将领本为世人所不齿,也令人不服,却被朝廷赞赏,又被曾氏如信中所讲是“最快人意”的事,非常让人感叹!可见曾氏也是一个杀人如麻的刽子手,一个维护封建皇权的奴才。生命的价值,在中国古代很难被抬到至高无上的地位,尤其战乱时期,这样草菅人命的事,更是屡见不鲜,这既是历史的悲剧,也是人类的不幸。

同治二年十二月初一日与九弟国荃书

1864 年 1 月 9 日

沅弟左右：

接二十三日来信，三日未答，因日内事多也。昨廿九夜忽接春霆信，知溧水失守，王可升不战而溃，殊为骇异。新军之不可恃如此。

弟处七瓮桥、孝陵卫诸营尤为吃重。新营太多，余实不放心。留丁泗滨二营水师，调志字五营陆师，皆已照准咨复。志营万不可恃，虽有五营，弟视之如无一营可也。

神策、太平二门断不可合围，人以收全功求速效望于弟，吾所望者一稳字而已，不求速不求全也。

头批火药已到否？二批昨已起解。余次尚有二十四万饷银，不知何以久不到此，到即先尽弟处。与吾事，余有一咨两信，皆作活动之词；只要厚庵不苛求，此事甚为易了。皇上不许厚庵假，旋而赏其亲人参四两，真殊恩也。即问近好。

国藩手草，十月初一日。

【译文】

沅弟左右：

收到你于二十三日写的书信，由于事情较多，三天没有答复。二十九日晚突然收到鲍春霆来信，得知溧水沦陷，王可升不战而逃，十分震惊。新军居然如此不可依靠？

这样老弟那里七瓮桥、孝陵卫等各营压力就更大，而新营又太多，我实在是担心。望把留守丁泗滨的二营水军，调去志字五营步兵，现都已批准，由咨文回复。志字营很难依靠，虽有五个营之多，但还不如一个营的力量。

神策、太平这两座城门千万不能缩小包围圈。很多人希望你迅速全胜，但我所希望的仅一个"稳"字，不求快，也不求全。

第一批火药是否已到达？第二批昨日已经出发。另外有二十四万两饷银，不知何故这么久还未运到我处。一旦到达，我会立即运往你处。

信中提到关于我的事，我有咨文一道、信件两封，写的都是活话，如果厚庵对此不加苛求，就容易了结此事。皇上虽没有准允厚庵的假期，但赏他的亲人四两人参，这不是一般的恩典哪，即问近好。

国藩手草，十月初一日。

【点评】

曾氏给九弟的此信主要有两层意思：

一是二十九日夜得知溧水失守，王可升不战而溃，惊悉新勇溃散如此之快；二是劝九弟应重新部署兵力，但攻城切勿求快，但求一"稳"字。

凡处理任何事情我们皆应遵循曾氏这一"稳"字诀，快则容易生慌，慌则容易致乱。

同治二年十二月初十日与九弟国荃书

1864 年 1 月 18 日

沅弟左右：

接初三、初五日两缄，具悉一切。城上有墨气灰气，意者天欲殄此寇乎？然吾辈不恃天人之征应，而恃吾心有临事而惧，好谋而成之实。

火药银两接济尚可不断，惟米粮极难。江西、两湖皆卖至三两四五钱，且处处阻隔遏粜，无米可买，深堪忧灼。本日札上海采买洋米迳解弟营，篪轩言金眉生屡函言里下河有米可买，顷亦令篪告眉生代为买米送弟营矣。只要各军有可食之米，吾兄弟有敬畏之心，此役当有了日耳。

许次苏于新章全不遵行，且似有意搅局，于何铣亦庇护太过，殊不可解。李济清已至此间，吾欲留之，而渠迫思归，尚未议定。顺问近好。

李家之事，途迪、希所存成、萧、蒋、毛处万金外，必可再凑万金寄去，讣书到时，似不必多散各处矣。余与沅弟二人之名，拟送一联一幛一千金，弟不必另致情也。澄弟在李宅所写之信附阅。再致沅弟左右。涤生拾片。

【译文】

沅弟左右：

收到你初三、初五两封书信，一切尽知。

金陵城上空有黑色、灰色的云气，我想应该是上天要灭这些贼寇。但是我们并不能倚仗上天的预兆应验，我们所依靠的是提防谨慎，办事要三思而后行。

火药、银两的供应还能保证，米粮就有些困难。江西、两湖地区每石米值白银三两四五钱的价格，且运输很困难，无米可买，很让人担心。今日往上海发札文一道，让采买洋米，直接押至弟营。篪轩曾提到金眉生多次来信说下河可以买到米，日前也让篪轩写信转告眉生。并让他代为采购米粮解送弟营。只要各军有粮可吃，同时我等兄弟保有警惕之心，这一仗终会有结束的一天。

许次苏完全不遵照执行新章程，而且像是有意捣乱，对何铣的包庇也有些过分了，很不理解。李济清已到我处，我想留下他，但他急着要回去，此事还没有谈好。顺问近好。

关于李家之事，除了李迪庵、希庵兄弟存放在成、萧、蒋、毛等处的白银一万两之外，应该能够再凑一万两寄去。等正式讣告来的时候，似乎没有必要再多处散发了。我和沅弟两人联名各送一副挽联、一幅挽幛、白银千两，弟就不必另外再送了。澄弟在李宅写的信附上一阅。再致沅弟左右。涤生拾片。

【点评】

曾国藩采取了切断金陵接济后，使城中人心慌慌，米价暴涨，这种以逸待劳的战略思想果然收到效果。他在信中告诉九弟，只要吾处各军有可食之米，此役当有了日耳。只要我军口粮不断，金陵城就必能破。

在信的开头曾氏感言："城上有墨气灰气，意者天欲殄此寇乎？"从侧面反映曾氏对金陵一战已心力交瘁，且兵困马乏。望岂求上天的帮助，速克金陵城。

同治二年十二月十四日与四弟国潢书

公元 1863 年 1 月 22 日

澄弟左右：

十二月十日接弟十一月十八日在李宅所发之信，具悉一切。

李氏兄弟五人而殁其三，九与五固系名将帅，即二亦系克家之令子，五年之内先后沦谢，振亭姻伯虽康健，想亦怆恸不可为怀矣。此间拟凑奠仪万金，迪、希前存历年薪水，尚有万金寄存蒋、成、萧、毛等处，亦拟提回作为姻伯养赡之资。余送赙仪千金，沅弟拟另送四百，皆在拟凑万金之内，大约可多不可减也。

金陵军务近尚平稳。伪忠王久至金陵，尚未出城猛扑。鲍军在东坝平安。少荃一军又在浙江克复二城，下游事机极顺，所虑者群贼旁出四溢，终为江西、两湖之患耳。

弟十月十五日大夫第之函顷亦接到。沅堂先生西逝，余当寄奠仪百金。东皋书院、昭忠祠工竣之牍，至今尚未接到。余身体平安，合家内外均吉，无劳廑念。陈作梅寄李宅信请妥交，顺问近好。

兄国藩手草，十二月十四日。

【译文】

澄弟左右：

十二月十日收到弟于十一月十八日在李家发出的信，一切尽知。

李家兄弟五人有三位已去世，老九和老五是当今闻名的将帅，就是老二也算得上是继承父祖事业的优秀人选。然而却在五年中先后谢世，振亭姻伯虽然身体康健，想必也是悲怆痛哭而难以控制自己的情绪。我处准备凑够奠仪一万两白银。迪庵、希庵以前所存的历年的薪水，另外还有白银万两分别存放在蒋、成、萧、毛等人之处，准备提取出来作为姻伯一家的奉养之用。我送助丧银一千两，沅弟计划送丧银四百两，这全在准备凑集的一万两之内，估计只多不少。

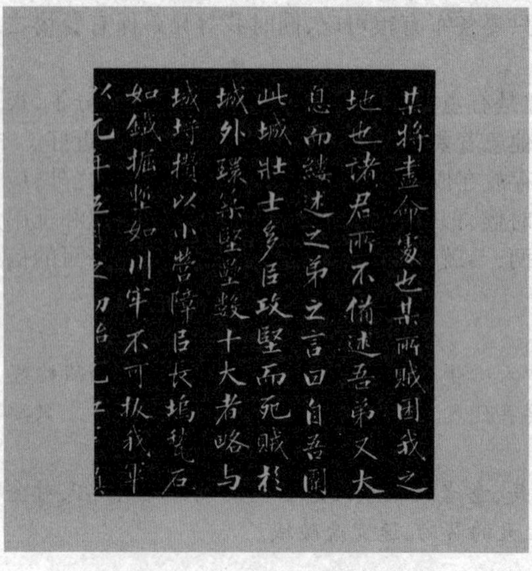

曾国藩所书金陵湘军陆师昭忠祠记（部分）

金陵方面军务近来没有大动静。敌忠王到金陵的时间也不短了，却并未出城猛攻。鲍春霆军在东坝并无异象。少荃部又在浙江拿下了两座城池，长江下游军事进展顺利。我所担心的是，敌军各路到处乱窜，终究会给江西、两湖地区带来祸患。

弟于十月十五日在大夫府写的信也到了。对于沅堂先生去世，我应寄上奠仪一百两。东皋书院、昭忠祠竣工的公函至今还未收到。我身体很好，全家人也平安，不必挂念。陈作梅寄李宅之信请弟妥为转交。顺问近好。

兄国藩手草，十二月十四日。

【点评】

此信主旨有二：一是曾氏的好友相继离世，曾国藩对此深感遗憾；二是金陵军务近期平稳，伪忠王久至金陵，尚未出城猛扑。

曾国藩无时无刻不惦念金陵战事，终日盼望金陵城早日攻克。在攻打金陵的攻坚阶段，李鸿章一军却连连得胜，在浙江相继克复两城。由此可见，在曾氏心中已有派李少荃一军助九弟攻打金陵之想。

同治二年十二月十八日与九弟国荃书

1864 年 1 月 26 日

沅弟左右：

十八日接十五日未刻来信，具悉一切。日内雨雪严寒，深以弟营缺银缺米为虑。湖南之十万金，本派定全解弟处。不料十一月初八日起行，至今四十天未到，昨派炮船四号迎提，又为大雪所阻。一俟提到，即用洋船拖送，不知年内可到否？

弟派王子鉴办江西之米，朱守谟办湖北之米，余为力主其事。尚斋在江，厉、杜在鄂，亦无不认真之理。但昂贵异常，其能多与否，仍未可知。

希帅奠仪，余拟令萧、成、毛、蒋、周、朱、唐七人，凡有送者概交余处汇送，但每军去一弁同送耳。其联幛唁函，则各自另送。义从三营，每营送二百金，亦令汇存此间，明年二月送去。请弟告知为则，该军共送银若干，明年二月交余处汇送可也。弟之四百金，或单送或汇送请酌。其代撰挽联，正月再行交卷。

义渠交部议处，竟以皖藩降补，继芳之力甚大，而亦未甚公允。乔升皖抚，万调宁藩兼办粮台，恐难膺此艰窘之任。寄谕即日咨达弟处。惠甫与各处特保之员十四人，皆发为江苏知县，朝廷忘其为苏籍矣，弟已接部文否？大雪奇寒，千万保重，复问近好。

【译文】

沅弟左右：

十八日收到十五日未刻来信，一切尽知。

近日天冷，且雨雪交加，我对弟营缺银缺米非常担心。湖南送来的十万两白银，原已决定全部解往弟营，未曾想到十一月初八日自湖南出发，如今已四十天过去了仍未送到。昨日派出四艘炮船去迎接，又被大雪阻住。待银两一到，即刻用洋船拖送你处。不知在今年之内能否运到。

弟派王子鉴采购江西米粮，朱守谟采购湖北之米粮。我将尽力帮助此事。程尚斋在江西，厉、杜在湖北，也没有不认真办事的道理。由于米价昂贵异常，不知是否能多采购一些。

希庵丧事之礼银，我计划让萧、成、毛、蒋、周、牛、唐七人，将要送的钱一概交我处一并送去，每军去一武官同送即可。至于挽联、挽幛与吊唁信函等则各自另送。义从三营每营送银二百两，也让他们送至我处，明年二月一并送去。请你告知为则，该军一共送银多少，明年二月交我处一总送去就可以。弟要送的四百两，是单送还是一起送，请酌。代写的挽联，正月再交稿。

唐义渠已交部议处，居然能够降补安徽布政使，想必此事继芳从旁助力不少，但这并不公平。乔松年升迁安徽巡抚，万启琛调任江宁布政使，兼办粮台，但恐怕难以担当此任。

谕旨即日寄与弟处。赵惠甫以及各地特别保荐共十四人都发表为江苏知县，朝廷忘记惠甫乃江苏籍。弟是否收到部发公文？大雪奇寒，望保重身体。复问近好。

【点评】

粮草乃行军作战必备之物，然而九弟军部目前米粮极缺，况且又逢严寒，大战在即，曾国藩对弟处战况颇为担心。曾派炮船迎提粮草，不料又被大雪所阻，屋露偏遭连夜雨。曾氏在信中颇感忧虑："日内雨雪严寒，深以弟营缺银缺米为虑。"下段中还有言："弟派王子鉴办江西之米，朱守谟办湖北之米，余为力主其事。"显现出曾氏为弟处办粮之决心。

同治二年十二月廿一日与九弟国荃书

1864 年 1 月 29 日

沅弟左右：

二十日接十六日来信并抄寄、筠两帅来信，具悉一切。大炮守垒，只可偶一用之，多用则实可不必。

吾在水营多年，深知大炮之长短。凡炮火之利有二，曰及远，曰命中。大炮之大子，可以及远而难以命中，谓其愈远则行愈迟慢，且有声可以回避，又往往自上落下，不能横穿也。其群子，可以命中而难以及远。包得合膛，筑得极紧，可及二三箭之远，否则仅及一箭而已。群子所能及之处，先锋包亦几能及之。

军兴日久，各弁勇事事外行，徒慕大炮之名。见贼在二三里外，纷纷开大炮大子击之，喜其响之震，烟之浓而已；见贼不畏炮而排进如故，则以为凶悍无匹，而不知大子实不伤人也。

吾在水营时，教将弁专用群子"包得圆，筑得紧，开得近"三语者，内湖各营罕能做到，外江间有做到者，便是无敌之将。陆营善用大炮者，吾尚无所闻。弟营善用大炮者共若干人？然大约不满三百人，而营中之炮，却不止三百尊。弟去年请黄南翁解炮四尊，今年请丁道铸炮数尊，皆外行之举动也。余恐火药接济不上，故于地洞、大炮二事详悉言之。

火药腊月已解八万，正月不过三四万耳。饷银今日起解六万，竟不能践十万之约，亦因弟处腊月有沪上之三万、运司之七万八千、无为之二万，而此间亦已先解九万，在近日已有贫儿骤富之象矣。余近于饷银粮药等物，稍缺则有决裂之患，稍足又惧满盈之灾。

义渠并无实缺，所带之勇殊难交卸。李世忠事，余有复奏密疏，抄寄弟阅。南翁尚未到此，颇不可解。程学启将到常州，余函商少荃，令程来共图金陵。顺问近好。

国藩手草，十二月廿一日。

【译文】

沅弟左右：

二十日收到十六日的来信和抄送寄、筠两位将领的书信，一切已经知道。

大炮守卫营垒，偶尔可用一次，但不可多用。我在水营多年，非常清楚大炮的长处和短处。大多火炮有两个好处：一是打得距离远；二是攻击目标准确。但大炮用大炮弹可以打得远而较难命中目标，也就是说越远炮弹飞行的时候就越长，并且听到声音后可以躲避；又往往是从上面落下来，而不能够横向贯穿。但如果用小炮弹命中率很高但射程不远。如果符合炮膛内径的要求，且火药填充紧凑，则能达到弓箭射程的两三倍距离远，否则只相当于弓箭的射程。小炮弹能打到的地方，先锋包同样能达到。

战争到现在已经很久了,但各兵营的士兵对这些事还很不了解。只是羡慕大炮的威名。当看到敌人在两三里外,就用大炮攻击敌人。喜欢的是大炮的响声和浓烈的硝烟而已。如果看到敌人不怕大炮且依然列队前进,就认为是敌人凶悍异常,并不知道大炮弹实际上伤不了人。

金陵机器制造局制造的大炮

我在水营期间,教官兵们专门将小炮弹包得圆整,填得严密,射到距离近的地方。这三句话,内湖各营很少能办到,在外江营中能做到的,则战无不胜。我还未听说在陆军中有善用大炮的人。不知弟营有多少善于使用大炮的人?恐怕不到三百人,而军中的大炮却不止三百门。弟去年请黄南翁送来四门炮,今年又请丁道铸造了几门炮,此皆为外行做法。我担心火药会供应不上,所以对地洞、大炮两件事说得比较详细。

火药在腊月中已经押送了八万斤,正月里不过三四万斤而已。军饷今日开始押送六万两,虽然没有履行十万两的诺言,也是由于弟处腊月里得到上海送来的三万两,盐运司的七万八千两,无为的两万两,而在此之前我已先押送了九万两,想必已经足够了。我近来对于军饷、粮食、弹药等物品,稍有缺乏就担心形势崩溃,稍觉充足又怕有物极必反的灾祸。

唐义渠并未得到实缺,所率士兵很难交接。关于李世忠的事,我再次秘密上奏,现抄寄予弟一阅,南翁还没有到达,不知何故,程学启将要到常州。我写信与少荃商量,请程到这里共同策划攻取金陵。顺问近好。

国藩手草,十二月二十一日。

【点评】

曾国藩对大炮的研究非常透彻,不但清楚大炮的好处,也仔细琢磨了大炮的弊端。而士兵呢?只知道响声大、烟雾浓、能够吓倒敌人。曾氏在信中说:"兵勇见贼在二三里外,纷纷开大炮击之,见贼不畏炮而排进如故,则以为凶悍无比,而不知大子实不伤人也。"这也许就是将与兵的区别。将懂得思考,而兵只知道执行命令。

同治二年十二月廿三日与九弟国荃书

公元1864年1月31日

沅弟左右:

十三日来信,廿二日乃到。弟营之米太少,余亦知之,竟无法可以多购。待二三月后,江达川办蜀米,王子鉴办江米,朱守谟办鄂米,三处所得,当较多耳。

许小琴到已数日,而黄、杜至今未到。许应缴之罚款,吴漕帅仅为之咨部,部中令吴自

行具奏。吴恐碰而咨请余为奏结，余以此事既系吴帅经手，即应由吴完结，业已咨还吴处。许案既不能结，即难在此效用，昨日来此禀辞，余令其少住数日，待南坡到后再行可也。

弟问芳浦、惟堂等是否可调金陵，余意句容之贼可由秣陵关、小丹阳而至金柱关，贼若以一支稳扎秣陵关，一支进攻金柱关，不特鲍营远在东坝不能破遽秣陵之贼，即弟营近在雨花台亦不能猛打秣陵大股也。弟军前攻破秣陵关伪城后，不知曾派兵守之否？若已有劲兵守之，则不特金柱关可以无虞，即三汊河、江宁镇之兵亦可少减；若秣陵关并未设守，则朱芳浦不可轻离金柱关也。或调芳浦驻守秣陵关，于鲍、王皆可联络，于金、芜亦可屏蔽，请弟酌裁。顺问近好。

国藩手草，十二月廿三日。

【译文】

沅弟左右：

十三日收到你于二十二日写的信，弟营中米粮缺乏，得知此事，米粮并未多购一些。等二三月以后江达川采购四川米粮、王子鉴采购江西米粮、朱守谟采购湖北米粮时，三处所得米粮相加，应当可以接济得上了。

许小琴到达已好几天了，而黄、杜还仍未到。许应缴的罚款，漕运总督吴棠仅为许行文至部里，部里却让吴棠自行写文奏报。吴棠担心写不好，故咨文请我为其奏报了结此案。我想此事既然是经吴帅办理，就应该由吴帅结案，所以已经将咨文还到吴处。既然许案不能了结，就很难在我处效力。昨日他来禀告辞职，我让他小住几天，等南坡到达以后再离去即可。

弟问及芳浦、惟堂等部是否可全部调往金陵。我认为句容敌军可能取道秣陵关、小丹阳到金柱关，如果敌用一部分兵力稳住秣陵关，一部分则进攻金柱关，不但鲍营远在东坝而不能迅速攻破秣陵敌军，就是弟营近在雨花台，也不可猛攻秣陵大批敌军。你部上次攻占秣陵关敌城之后，不知是否派兵守卫？如果已经派精锐守住此城，不但金柱关可以无忧，就是三汊河、江宁镇的兵力也可略微减少。假如秣陵关并未派兵驻守，则不可将朱芳浦轻易调离金柱关。如果调朱芳浦部驻守秣陵关，能够与鲍、王诸部联络呼应，对金陵、芜湖也可起保护作用，请弟斟酌裁定。顺问近好。

国藩手草，十二月二十三日。

【点评】

曾氏在信中首先告慰国荃，各处粮米二三月即可办到；另外再安排各处军事力量的部署和相互联络。

俗话说，创业难，守业更难。战争也是如此，打了胜仗，攻占了城池固然可喜，而如何守护好战果也是极其重要。凡事皆有内在联系，只有环环相扣方能连连取胜。信中言："弟军前攻破秣陵关伪城后，不知曾派兵守之否？若已有劲兵守之，则不但金柱关可以无虞，即三汊河、江宁镇之兵亦可少减"。曾氏深知此道。

同治二年十二月廿六日与九弟国荃书

公元 1864 年 2 月 3 日

沅弟左右：

接十八日专足一缄，廿日排递一缄，具悉一切。余日内所忧弟营之事，专在米粮一宗。

赈米二千石，日内必解赴金陵。江西之米，官固认真稽查，民间阻遏甚紧。余顷已札行各卡，正二三月一律免厘。此风一播，应可松活也。

太平、神策二门，余意不遽合围，实因另无统令之故。如东头初一日开仗，西头之兵初二日驰援，尚只能走路，不能接仗，必须初三日乃能交手。而东头存亡呼吸之顷，固不能靠西兵以救危，又岂能向西帅以问计策哉？

欲求东头另立统领，近则调鲍春霆，远则调程学启，或竟请少荃亲来，乃可当此一面。余顷有信寄少荃，调程学启还弟麾下。如少荃不允，余于正二月必设法调一统领大员，用扎神策、太平二门，并拟于灯节后坐轮船与弟一会。弟宜以保身体为主，不必焦灼也。

弟此次两信，胸怀颇宽舒，心志颇敬慎，以后须常存此意，总觉得人力虽尽到十分，而成功纯是天意，不可丝毫代天主张，至嘱至嘱。萧为则八营保举尚未接到部文，今岁不能办行知也。许、丁两处均当以厚道待之。南坡到此已二月，兴趣尚不甚减，可慰可慰。筠仙续弦之事，竟尔大不适意，殊骇听闻。吃食诸物，略付少许照收，顺问近好，兼贺年禧。

国藩手草，十二月廿六日。

【译文】

沅弟左右：

收到十八日专人送来的一封信和二十日传递来的一封信，得知一切。

我近日来所担心的，是弟营米粮一事。赈米两千石近日内定会送至金陵，江西的米粮，官方定会认真稽查，民间尤其阻碍严重，我方才已令各厘卡，正、二、三月内一律免征厘金。此消息一出，各种限制就应该可以得到缓解了。

太平、神策这两门，我认为不用马上合围，主要是因为无人统领的原因。如果东面在初一日开仗，西面的部队在初二日赶去救援，由于只能行军而不能打仗，必须在初三日才能够交手。但东面的存亡只在之一瞬间，因此不能靠西边的兵来支援，又如何向西边的统帅询问策略呢？若想东边另外有人统领，近处就调鲍春霆，远处可调程学启，或者直接请少荃亲自来，如此一来才能够独当一面。我刚有信寄予少荃，商量调程学启由你派遣。如若少荃答应，我于正、二月间想办法调一位将领在神策、太平两门合围并驻扎，并计划在灯节后坐船去弟处。

弟切记要以休养身体为主，不必焦虑。从弟的两封信可以看出，你胸怀宽舒，心志很恭敬谨慎。望以后将此牢记于心，若人力已经尽了十分，而成功与否纯属是天意，不可逆天而行，至嘱至嘱。

萧为则受八营的推举，但还未接到吏部的批文，今年是肯定不能办了。许、丁两个地方应尽量满足他们的请求。南坡已到两个月了，但兴趣并未降低，值得宽慰。筠仙再娶妻的事很不顺利，特别吃惊。带来一些食物，请照单查收。顺问近好，又祝新年之喜。

国藩手草，十二月二十六日。

【点评】

这封信告慰国荃弟粮米即日可到，金陵城合围之事，因没有得意的统领，不必马上合围，需另调将领率兵办理；最后劝九弟为战事不必过于焦急。当时时存有心胸宽舒、心志敬慎之意，人力虽尽十分，而是否能成功纯属天意。

曾氏言辞诚恳，劝诫九弟保养身心为重，凡事尽力而为，不可违背天意。

同治三年正月初四日与四弟国潢书

1864 年 2 月 11 日

澄弟左右：

十二月二十九日接十五日县城所发之缄，具悉一切。五十侄女生子，恭喜弟又做一届外公。余兄弟屡见孙女，尚未抱孙，不知何年乃做真公公。科四今春完娶，想三家之中不久必有佳音耳。

此间年底平安，各营腊月皆放一个月满饷，近岁所仅见也。惟米贵异常，年前已买至五千二百文一石。九弟及各军近日均无战事。苗沛霖既诛，其部下头目为僧王擒斩殆尽。李世忠亦知畏罪，近有文书来，将渠所据城池交出，请我派人去守，其枪炮亦愿缴出，将来江北可无后患。

余身体平安，合署内外俱好，惟俭字日减一日。余兄弟无论在官在家，彼此常以俭字相勖，则可久矣。

顺问新岁吉好。

【译文】

澄弟左右：

十二月二十九日接弟十五日从县城发来的信，知道了一切。五十侄女生儿子，恭喜弟又做了一届外公。我屡见外孙，尚未抱孙子，不知我何年做真爷爷。科四今年春季完婚，想三家之中，不久一定有佳音传来。

此间年底平安，各营腊月都发放了一整月的饷银，这是近几年少见的。只有米价贵得异常，年前米已卖至五千二百文一石。

九弟与其他各部近来都没有开战的迹象。既然苗沛霖已经被诛杀，其手下将领，也被僧格林沁所擒杀。李世忠也知道畏罪，近来有文书来，将他所占据的城池交出来。请我派人去驻守，军队的枪炮也愿意缴械交出。今后江北就安宁了。

我身体很好，官署内外都平安。只是“俭”字却一天比一天做得差。无论我兄弟在家还是为官，都应彼此常以“俭”字相劝勉，则可以长久了。顺问新年好。

【点评】

曾氏在此信中告诉九弟国潢苗部已镇压，李世忠也畏罪交出兵权，江北日后无后患矣。

曾氏在信末又一次劝弟节俭，坦言自己在“俭”字上一天比一天做得差。俗语说：“勤能补拙，俭可养廉。”曾氏持家治国之道，时刻不敢忘记“俭”字。他认为兄弟之间能友好和睦地相处长久，只有相互劝勉，相互鼓励，常以俭以相勖。

同治三年正月初七日与九弟国荃书

1864 年 2 月 14 日

沅弟左右：

初六日接弟初二日信，具悉一切。送福字之戈什哈尚未到家，盖须至东坝也。

余思至金陵一行，不过因弟太辛苦，或兄弟一会以畅欢怀。近见弟累次来信，襟怀甚恬畅，字画甚光润，心意甚敬谨，可卜其神不外散。别无波折，余即决计不赴金陵矣。盖洋船虽快，往返亦须八九日也。

少荃决不能来，显而易见。程学启之能来，亦姑听之。余已有函商之少荃，此后不加咨牍可耳。元年九月少荃不派程援金陵，余至今不能无介介也。朱南桂可当神策门一路，至慰至慰。逸亭能否至金陵，且待渠到日再酌。顺问近好。

【译文】

沅弟左右：

初六日收到初二日寄来的信，一切已经知道。送福字的戈什哈还未到家，大概由于要去东坝的原因。

我计划到金陵去一趟，若不是因为老弟你太辛苦了，或许我们可以好好聚聚。近日来看了弟几次的书信，胸襟是淡泊顺畅，字画是光鲜润泽，心意是恭敬谨慎，可见你神气内敛。如果没有其他重要的事情，我就决定不去金陵了。洋船虽然很快，往返也得八九天。

少荃决不会来，是显而易见的。程学启是不是能来，也不一定。我已写信与少荃商量，以后就不用再发公函了。同治元年九月李少荃不愿调程学启支援金陵，至今我想不通。朱南柱能胜任神策门一路，深感欣慰。逸亭能否到金陵，等他来这里再商量。顺问近好。

【点评】

曾氏在信中讲到国荃心境平和，自己甚为高兴，决定暂不去金陵。曾氏一向注重养生，血气旺精神自然强、饭后三千步、不可乱服猛药、早睡早起，这些养生观念已深入人心。在金陵大战来临之际，国荃方能神情自若、胸襟淡泊、神情内敛，身心能调整得如此顺畅，国藩心里自然很是兴奋。

信末提到李鸿章不去金陵而需另派人。

同治三年正月十四日与四弟国潢书

1864 年 2 月 21 日

澄弟左右：

正月四日接弟十二月二十日排递之函，初七日接弟二十日函，由谢绍武等带来者。些微寄件，何足云谢。

吾不欲多寄银物至家，总恐老辈失之奢，后辈失之骄，未有钱多而子弟不骄者也。吾兄弟欲为先人留遗泽，为后人惜余福，除却勤俭二字，别无做法。弟与沅弟皆能勤而不能俭，余微俭而不甚俭。子侄看大眼吃大口，后来恐难挽回，弟须时时留心。

大雪五日，平地四尺，此间军士极苦。沅弟初二日以后尚无信来。安庆合家平安，足慰远念。顺问近好。

【译文】

澄弟左右：

我于正月初四日收到你去年十二月二十日由驿站递出的一封信，初七日收到你于去年十二月二十日托谢绍武等稍来的一封信。我给你寄的钱物，就不用和我道谢了！

我之所以不想多寄钱物回家，是因为怕老一辈太奢侈了，晚辈不免也会骄奢起来，以前的富家子弟没有不骄奢的。我们兄弟要保留祖先遗存下来的恩惠，为后人珍惜一点他们剩余的福气，除了勤俭以外，别无他法。你和沅弟都能做到勤，但不能做到俭。我虽俭，但做得并不是很好。子侄们眼光变得高了，出手也阔绰了，以后恐难以挽回，此方面你要多加留心！

此次大雪已连下五天了，平地积雪也达四尺之厚，这些天士兵们也吃了不少苦。沅弟自初二之后，都未来信。安庆家中平安无事，无须挂念。顺问近好。

【点评】

曾国藩看到在封建官僚家庭中，老辈奢侈，后辈骄纵，未有钱多子弟不骄纵的。而自己家里沅甫和澄侯两位弟弟能勤不能俭，自己能稍俭不能很俭，子侄们更是眼大口大，花钱手粗，深恐以后难以挽回。于是写信提醒主持家政的澄侯，要树立把德行留给后代，而不要在钱财上骄纵的教育思想。

同治三年正月十七日与九弟国荃书

1864 年 2 月 24 日

沅弟左右：

十四日接初九日来信，十六、十七连接十一日两缄，具悉一切。

此间近事，侍逆之党于初六日陷绩溪，唐桂生于初八日出队小胜。初九日唐与王开琳之军均获胜仗，收复绩溪。惟歙之南乡贼数尚多，初十进剿，不知得手否。贼马闻已到千余，侍逆大股又将续至。毛军赴休宁，今日始从安庆南渡。江、席赴婺源亦为雪阻，均落后着，实为焦灼。能否不令侍、辅、堵等深入江楚变成流寇，则全仗国家之福也。

金眉生十四日到此，已交银二万，令买米解弟营、篪轩履宁藩之任，凡眉生有善策无不采纳，凡弟处有函商无不遵允。晋鹤既调皖抚，自不能于预淮北盐务。惟用人极难，听言亦殊不易，全赖见多识广，熟思审处，方寸中有一定之权衡。如眉生之见憎于中外，断非无因而致；筠仙甫欲调之赴粤，小宋即函告广东京官，以致广人之在籍在京者物议沸腾。今若多采其言，率用其人，则弹章严旨立时交至，无益于我，反损于渠。余拟自买米外，不复录用。许小琴老而自用，亦未便伏以北鹾重任。且待忠鹤皋相见，李军全撤之后，再议淮北章程。

闻弟宅所延之师甚善讲解，可慰之至。问及后辈，兄弟极为和睦，科一、三、四行坐不离，共被而寝，亦是家庭兴旺之象。余所虑者弟体气素弱，能常康强无疾，至金陵蒇事之日不起伤风小恙；其次侍、辅、堵等酋不上江西，不变流贼；其次洪、李城贼猛扑官军，弟部能稳战稳守。三者俱全，如天之福。

雪、厚、南、竹（吴）等皆以弟新营太多为虑。余苦无良将调以助弟，极歉仄也。复问近好。

国藩手草，十月十七日。

【译文】

沅弟左右：

十四日收到你于九日的来信，十六、十七日两天又接连收到你十一日的两封信，一切已经知道。

我处近来各事，侍王李世贤所属贼匪在初六日占领绩溪，唐桂生初八日出兵迎接，并获小胜。初九日唐桂生与王开琳部均获胜，并收复绩溪。但歙县以南敌军数量还比较多。十日出兵围剿，不知情况如何？听说敌军调来一千多匹马，侍王大部队又将陆续赶来，敌军向休宁行进，今日开始从安庆南渡江、席到婺源也是为了阻止，我方部署都迟一步，实在着急。能否阻止侍王李世贤、辅王杨辅清、堵王黄汶金进入到江西、湖南等地从而成为游击作战的窜寇，就全仰仗国家的福分了。

金眉生十四日到达，已交付两万两白银，我已令他购米送往弟营。篪轩在任江宁布政使一职时，只要眉生有好主意他就采纳，弟处有公函商议事情也都认真遵行。晋鹤已被调任安徽巡抚，自然就不能干涉淮北的盐务事宜。这年头用人是非常困难的，接受别人的言论也相当不容易，全仰仗见多识广且深思熟虑，谨慎处理，并且心中有一定的尺度。例如金眉生受到朝野人士的憎恶，不会没有原因的。郭筠仙刚要将眉生调往广东，小宋就给广东人在京师中央各衙门任职的写信通知，使得在京做官的广东人议论纷纷。现如今多采纳眉生的意见，并轻率地重用他，那么弹劾我们的奏章，和指责我们的谕旨就会马上一起来了，对我们没有好处，且反而害了他。我计划除了买米事项之外，以后不再任用他。许小琴年纪大了又自以为是，不能把淮北盐务重任交付给他。还是等到和忠鹤皋相见，李部撤走以后，再商议淮北盐务章程。

听说老弟家中所请的老师很会教书，很高兴。关于问到后辈，他们兄弟之间也非常和睦，科一、科三、科四这几位行坐不离，且合盖一条被子入睡，这也是家庭兴旺的景象吧。但我所担心的是，老弟身体一向虚弱，希望能强壮康健，没有病患，待金陵的时候，哪怕是伤风一类的小病都不要患。此外，太平军侍王、辅王、堵王等向官军猛攻，弟部或战或守都能稳健无忧。如若都好，就算是谢天谢地了。

雪、厚、南、竹(昊)等人都担心弟营中新兵太多，我由于没有好的将领调去帮老弟深感内疚。复问近好。

国藩手草，十月十七日。

【点评】

此信以金眉生为例，感叹用人极难，担心九弟体弱，应力争稳围金陵。

用人之难，听人相劝是领导下属的两个难题。曾国藩认为要想用人恰到好处，能兼听人言，全赖见多识广，熟思审处，方寸中有一定权衡。“权衡”为何？当自少省之。

同治三年正月廿三日与九弟国荃书

1864 年 3 月 1 日

沅弟左右：

接十七、二十日来函，具悉一切。

城事果有可望，大慰大慰。此皆圣朝之福，绝非吾辈为雁子者所能为力。不特余之并未身临前敌者不敢涉一豪矜张之念，即弟备尝艰苦，亦须知谋事在人，成事在天，劳绩在臣，福祚在国之义。刻刻存一有天下而不与之意，存一盛名难副、成功难居之意。蕴蓄于方寸者既深，则侥幸克成之日，自有一段谦光见于面而盎于背。至要至要。

云仙信阅过。余昨有复云信，后附密片一纸，抄寄弟阅，云原信缴还。唐升漕督之说，此间并无所闻。侍党之在款、绩境者业已击退，其至遂安境者王开琳已往追剿，又有席在

清代一品文官官服上的补子

婺源，韩在玉山，当无他虑。十一月信折首尾各拟数句者抄阅。忠鹤皋昨日到此，南叟月杪可归矣。顺问近好。

国藩手草，正月廿三日。

【译文】

沅弟左右：

收到十七日、二十日的来信，一切都已知道。

收复金陵的事胜算很大，我非常高兴。这都是我朝的福分，绝不是我们做臣民的所能做到的。不仅是我由于没有身临前线故不敢有一点张扬的念头，弟虽备尝艰苦，也一定要明白谋事在人、成事在天的道理。劳绩是臣子的本分，福运则在于国家。心中时时都要有想着国家而又不参与其事的想法，存一份盛名之下，其实难副，成就功业其实难居的想法。如果内心丰富深邃，若将来有幸拿下金陵城的时候，谦逊之德会自然体现出来。这一点非常重要。

看过云仙的信后，我昨日给他回了信，后面又附了一纸密片，会抄寄与弟看。云仙的原信也缴还给他。唐升漕督的说法，我没有听到过。在歙县、绩县的李世贤部，已被我军击退。甚至遂安境内的敌军，王开琳也已经去追剿了。席率军在婺源、韩率军在玉山，应当不会有什么顾虑。十一月信折首尾各处拟定的数句抄阅。忠鹤皋昨日到达，南叟月底就可回去了。顺问近好。

国藩手草，正月二十三日。

【点评】

信中讲到金陵城攻克在望，劝九弟不可因功成而张扬。曾国藩在家书中，处处给家人打"防预针"，在这封家书中，他认为："即一个人应当始终保持谦虚的态度，不断地在成功之路上行进，不能一劳永逸，迷失自我。"

同治三年正月廿四日与四弟国潢书

1864 年 3 月 2 日

澄弟左右：

日内未接弟信，想五宅平安。此间合家俱吉，沅弟在金陵甚顺遂。克城之事"十牙即"竟有"影子"。侍逆之党上窜江皖，徽军已屡获胜仗，驱贼回窜。惟另股窜遂安者，未知浙军能否得手。大约杭州、金陵春间皆可望捷音，只求败贼不至江西，则大局日稳矣。

李家两昆仲先后殂谢，以名贤而兼高位，一旦长逝，其家冷落之状，可想而知。余为筹匯各处奠仪并公项，共得三万余金，专人送去。

新正人客甚多，不似往年军营光景。余虽力求节俭，总不免失之奢靡。日日以俭字告诫妻子，现略知遵守，亦望吾弟常告内外周知也。顺问近好。

【译文】

澄弟左右：

近来没有收到弟的来信，想必五兄弟宅中都很平安，我处一切都好，沅弟在金陵也很好。攻克金陵一事，未料到十面牙旗会有虚影预兆。侍王李世贤部敌军往上游流窜入江西、安徽境内，在安徽我军已打了几个胜仗，迫使敌军向回逃窜。但是另外窜往遂安的一部分敌军，不知我军能否应对。大约春天杭州、金陵战事都有望传来捷报，只要战败的敌人不到江西境内，局势就会逐渐稳定。

李家两兄弟先后仙逝，虽以名士贤能而位居高官，一旦溘然长逝，李家萧条景象就表现出来了。我为李家筹划凑集各处所送的奠仪合并公家款项一共有三万两。今日我给李克轩的信寄弟一阅。送刘坦衢家的祭幛一件，奠仪百两，也于今天派人送去了。

新年正月客人较多，与往年军营情况不一样。我虽然力求节俭，还是免不了有些奢侈浪费。每日用"俭"字告诫妻子儿女，目前稍微知道遵守了，也希望老弟时常告诫舍家内外人都要知道这个道理。顺问近好。

【点评】

此信谈及金陵攻破后的应对策略，不使太平军扰乱阵脚，局势将会逐渐稳定下来。

信末曾国藩又以"俭"字劝慰国潢弟，并自己身先士卒，以身作则，奉行勤俭的作风。综观曾国藩家信，劝诸弟奉行节俭、以俭持家、处事从俭等方面的言辞数不胜数，看来曾氏已把"俭"字的烙印深深印在了自己的心中。曾氏认为宦官家中常生骄奢子弟，身居高官的曾氏一直担心自家及后辈不能奉行节俭、谨慎的家风，有违曾氏遗规，故此曾氏不厌其烦地告诫子弟力求节俭。

同治三年正月廿六日与九弟国荃书

公元1864年3月4日

沅弟左右：

廿五日接十八日来信，廿六日接廿二夜来信。天保城以无意得之，大慰大慰。此与十一年安庆北门外两小垒相似，若再得宝塔梁子，则火候到矣。

弟近来气象极好，胸襟必能自养其淡定之天，而后发于外者，有一段和平虚明之味。如去岁初奉不必专折奏事之谕，毫无怫郁之怀，近两月信于请饷请药毫无激迫之辞，此次于莘田、芝圃外家渣滓悉化，皆由胸襟广大之效验，可喜可敬。如金陵果克，于广大中再加一段谦退工夫，则萧然无与，人神同钦矣。富贵功名，皆人世浮荣，惟胸次浩大是真正受用，余近年专在此处下工夫，愿与我弟交勉之。

闻家中内外大小及姊妹亲族，无一不和睦整齐，皆弟连年筹画之功。愿弟出以广大之胸，再进以俭约之诫，则尽善矣。喜极答函，顺问近好。

国藩手草，正月廿六日。

【译文】

沅弟左右：

我二十五日收到十八日来信，二十六日接到二十二夜写的信。在无意中收复天保城，我很高兴。这和十一年攻打安庆城北门外的两个小堡垒的情况非常相似，如果将宝塔梁子拿下，则时机就成熟了。

弟近来状况很好,胸襟中充满恬淡安定的气息,而后表露在外就会有和平虚明的味道。如去年收到不必特具折奏事的谕旨,并未生气和不满。在近两个月的信中,提到请求军饷、弹药,没有激动且迫切的语句。这次对于莘田、芝圃诸外家的过节全部消融。这归功于老弟胸怀宽广的结果,可喜可敬。如果攻克金陵,再加上谦和逊让的性格,自甘冷落而不争名义的品质,人神都会钦佩你的风范。富贵功名,都是人世间虚幻的荣誉,只有胸襟宽广的人才是真正胜利者。近年来我特在这些地方下工夫,希望与老弟互相鼓励。

听说家中内外大小及姊妹亲族很和睦,这都是贤弟不断管理和教育的成果。望弟教以胸襟广大,再以勤俭节约劝诫,就更好了。怀着十分高兴的心情给你写这封信。顺问近好。

国藩手草,正月二十六日。

【点评】

曾氏此封信颇有很深的人生哲理内涵;阅历颇丰,老于世故的曾氏把功名利禄看得很轻,本也是身外之物,胸襟宽大乃人生的终生享尽之物。如信中言:"富贵功名皆人世浮荣,唯胸怀浩大是真正受用。"这不是曾氏得势卖乖,此话确实有很深的道理,得不到时,认为它千好万好,得到了却又觉得不过如此,而且还可能招来意想不到的麻烦。近来老九每给曾氏的信中,可以看到老九每临事而惧的心态让曾氏满意。所以,曾氏再次要求老九凡事要以"谦退"、"俭约"为好。

同治三年二月初二日与九弟国荃书

1864 年 3 月 9 日

沅弟左右:

初一日接廿五日申刻信,知金陵业经合围,只空后湖一段,大致不能以全股冲出,贻患他处,且喜且惧。

喜者,喜弟之苦心经营,渐有蒇事之望;惧者,惧穷寇拼命决战,如黄河将合龙之际,恐大溜冲决走埽也。望弟加倍小心,竟此大功。天保城山下修二新垒,湘后二营恐不足当此要路,其营官由水师出身,不知陆路事宜。周围九十余里,围数十万悍贼于其中,吾弟布置之劳,责任之重,思之不觉惴栗。

谕旨前令都兴阿南渡至句容一带助剿,本日改调都赴山西,派富将军南渡,饬余区画调度。余因富公无本领而有脾气,拟复奏富不必南渡。微州之贼虽退,已从浙境上窜玉山、广信,势将蹂躏江西腹地。金陵若克,请弟拨二万人同顾江西、湖南,即为遣散地步。顺问近好。

国藩手草,二月初二日。

【译文】

沅弟左右:

初一日收到二十五日申时写的信,得知金陵已经被包围,只留下后湖一段,大体上敌不能完全从包围中冲出,并到其他地方作乱,我既高兴又畏惧,高兴的是弟的苦心准备,已经看到胜利的曙光;畏惧的是恐敌军拼死一战,就如黄河即将合龙的时候,大水将冲开堤坝,冲走堤料。望弟多加小心,完成此次伟大使命。

天保城山下建了两座新营垒,湘军的后二营不能担当如此重要地段的守卫。该营将领是由水军出身,不懂陆路上的战术,方圆达九十多里,困住了几十万凶悍的敌军在其中,弟攻城辛苦的布属,责任的重大,想到此就深感担心。

谕旨先前命令都兴阿南渡在句容一带协助剿敌,今日已改派都兴阿到山西,派富明阿将军南渡,并令我负责具体调度。由于富公无能力且脾气暴躁,计划复奏撤销南渡。徽州的敌人虽已撤退了,却从浙江境内逃窜到玉山、广信一带,定会在江西的中心地带作乱。如若攻克金陵,望弟调拨两万人回到江西、湖南,同时也为将来遣散部队做好准备。顺问近好。

国藩手草,二月初二日。

【点评】

曾国藩在信中劝勉国荃弟围攻金陵定要奉守"稳"字,以期最后成功。并在信末给了九弟一些军事上的建议。然而曾氏的心情却是喜忧参半,喜的是九弟的苦心准备,终于看到了胜利的曙光;忧的是担心穷途末日的敌军拼死决战,如同黄河即将合拢的时候,恐大水会冲开堤坝,冲走堤料。

在大战即将来临之际,足见曾国藩的焦急心理,即盼望早日克复金陵,又担心恐有闪失,内心百感交急。

同治三年二月十一日与九弟国荃书

1864 年 3 月 18 日

沅弟左右:

初七日接正月廿六日来缄,初九日接二月初五夜一缄,具悉一切。连日风雨严寒,气象愁暗,便似咸丰十年二月光景,深为疑悚。不知弟体气何如?各营近状何如?城贼出外猛扑否?

上游窜江西之贼,虽经席、韩迭获胜仗,闻有一小股由铅山之湖坊内窜,恐遂将窜扰抚、建,殊为焦虑。

旒轩于初九日上轮船,拟在河下等候二日,以待鹤侪之至。南坡叟初二日辞行,而至今未开,则为风所阻也。

金陵果克,弟之部曲断不能全数遣散。一则江西是管辖之境,湖南是桑梓之邦,必派劲旅防御保全。二则四五万人同时遣撤,必无许多银钱,而坐轿者愿息,抬轿者不肯,其中又有许多人情物理,层次曲折。

勇退是吾兄弟一定之理,而退之中次序不可凌乱,痕迹不可太露。待兄弟相见,着着商定,再行办理。

近奉一寄谕,似宜稍密,抄寄弟阅。吴道代理宁藩,吴有一咨,乔去未先禀也。顺问近好。

【译文】

沅弟左右:

初七日收到正月二十六的书信,初九日收到二月初五写的一封信,具悉一切。

近日风雨不断,天气异常寒冷,和咸丰十年二月的天气相似,我很担心,贤弟的身体可好?各营近况如何?城中敌军有没有出城猛攻的行动?

从上游流入江西的敌军,虽被席宝田、韩进春等部多次攻打,依然有一小股敌军取道江西铅山之湖坊流入内陆,可能会进一步骚扰抚州、建昌一带,我很担心。

篪轩已于初九日上轮船,计划在河下等候两天,待鹤侪的到达,南坡叟于初二日辞行,但由于被大风阻挡,至今没有开船。

如若收复金陵,弟手下士兵不能全部解散。一是由于江西现由我们管辖,而湖南是我们的故乡,定要由我等派遣重兵设防,保全地方;二是因为四五万人的队伍,同时解散回家,肯定没有足够的银两铜钱。当官坐轿的虽然愿意休息,但当兵抬轿的则不情愿,其中又有许多人之常情、物之常理,比较复杂。

你我兄弟急流勇退是肯定的,但引退过程中的步骤次序不能错杂混乱,也不可太过于直露。待你我兄弟见面,再仔细商量,具体实施。

近日收到一份寄谕,理应保密,今抄寄与弟阅。吴仲宣代理江宁政使。吴先有一封公函,但乔鹤侪未曾先行禀告。顺问近好。

【点评】

曾氏在信中首先问及国荃各处军事战况,然后做如果金陵攻克之后遣散兵勇的设想,最后言及兄弟二人急流勇退之事,退中不可乱序,不可声张暴露。

此信又让我们领略了曾氏谨小慎微的处事风格,曾氏凡事都尽量做到尽善尽美,不露声色。在遣散兵勇的问题上也尽量遵循人之常情、物之常理,诸事皆处理的十全十美,以防后患。

同治三年二月十四日与四弟国潢书

1864年3月31日

澄弟左右:

二月十三日接弟正月廿五日衡州一函,其萧开二等所带腊肉亦于十二始到。弟所寄食物多而且好,谢谢。

正月下冻冰雪太久,恐非佳兆,而弟决谷米之必贱,何也?此间亦苦风雪严寒,气象黯惨,几与庚申春间苏杭大变时景象相似,余深以为忧,幸二日内已放晴矣。

沅军平安如故,自正月底合围,贼至今未出城猛扑。探称洪逆积柴绕屋,自誓城破则放火自焚。上窜江西之贼,近日未闻的报,不知已至抚、建否?

寓中大小平安,纪泽之病之愈,但尚禁风,后辈体气远不如吾兄弟之强壮。吾所以屡教家人崇俭习劳,盖艰苦则筋骨渐强,娇养则精力愈弱也老弟以为然否?顺问近好。

【译文】

澄弟左右:

二月十三日收到你于正月二十五日从衡州寄出的书信,萧开二等人稍带的腊肉也在十二日才到。你寄的食物既多又好吃,多谢了!

正月间天气寒冷,冰雪下得又大且时间久,恐怕不是好的兆头,而你认为米粮必然降价,不知为何?我处天气也很冷,气象惨淡,和庚申年春季苏杭时的景象一样,我比较担心。所幸天气在两天内已放晴了。

沅弟的部队如往常一样。自正月底合围金陵城以来,敌军并未出城猛攻。据密探说洪秀全绕房屋堆积柴木,发誓说如金陵城被攻破就纵火自焚。关于窜往江西的敌军情况,还未得到准确的报告,不知是否到达抚州、建州一带?

安庆寓所大小皆平安。纪泽的病也已痊愈，但还不能经常活动，后辈体格远不如我兄弟强壮。我屡次教导家人崇尚节俭，勤习劳苦，就是因为经历艰苦磨炼后筋骨才能越来越强健，娇生惯养，精神体力则会越来越虚弱，不知弟意下如何？顺问近好。

【点评】

“纪泽之病已愈，但尚禁风。”由此曾氏看到因为他家生活过于富裕，较少劳作，所以后辈的体质都不很好，因此，他信中提出“吾所以屡教家人崇俭习劳，盖艰苦则筋骨渐强，娇养则精力愈弱也。”曾氏讲得很有道理，他五兄弟中，除老六、老幺死于战场，其他三人都到60多岁，而曾氏的二子五女，除俩儿女高寿外，其余的都没活过60岁；就连他的五个女婿也没有超过60岁都死去。就是因为他（她）们生长在富裕安逸的生活当中，很难长寿。

同治三年二月廿四日与四弟国潢书

1864年3月21日

澄弟左右：

接弟信，知临三生子，兰姊可慰于九泉矣，兹付去银十两为贺；五十侄女生子，亦寄十两为贺，请弟妥交。

此间近状平安。上海李军于十二日克复常州。金陵之贼外援已绝，计瓜熟蒂落之期当亦不远。惟米粮昂贵，且无处可买，颇以为虑。江西之贼自席军在金溪获胜，大局不致糜烂。然穷寇觅食纷窜，闽广两湖均属可虑，不可以其为残败之匪而忽之。如省城、衡州有与弟商及贼情者，宜互相诫慎也。

俭之一字，弟言时时用功，极慰极慰，然此事殊不易易。由既奢之后，而返之于俭，若登天然。即如雇夫赴县，昔年仅轿夫二名，挑夫一名，今已增至十余名，欲挽回仅用七八名且不可得，况挽回三四名乎？随处留心，牢记有减无增四字，便极好耳。顺问近好。

国藩手草，二月廿四日。

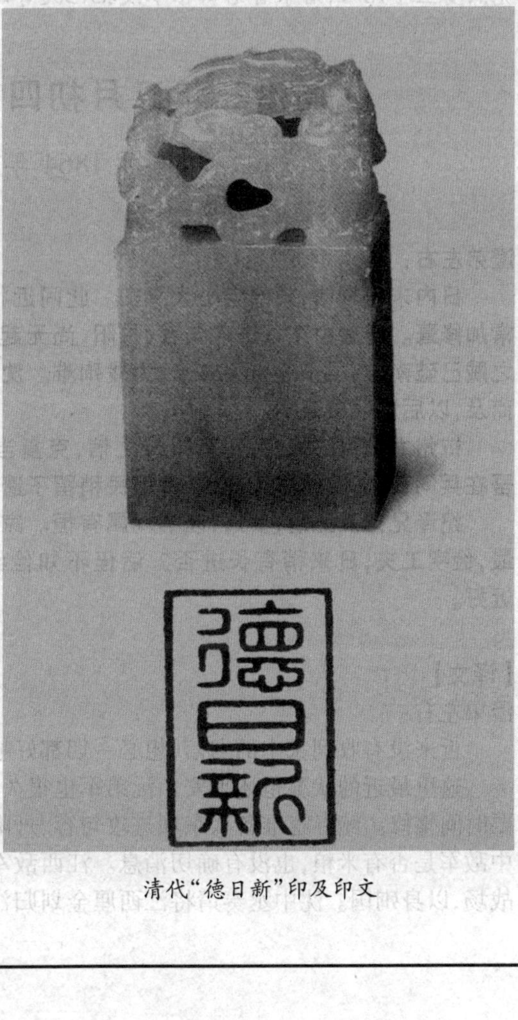

清代“德日新”印及印文

【译文】

澄弟左右：

接到弟弟来信，得知临三喜得贵子，可以告慰兰姊于九泉了。现寄去十两白银表示恭贺。五十侄女生儿子，也寄去十两白银表示祝贺。请弟弟代为转交。

我处近来诸事平安。上海李少荃军在十二日拿下常州。如此金陵城中的敌军外援已经消灭,估计时机会很快成熟。但粮食昂贵,且无处可买,深感忧虑。江西的敌军,自从席砚香军在金溪获胜,大局不至于崩溃。但我以为敌军为求得粮食,四处乱窜,则福建、广东、湖南、湖北都是比较危险的地方,决不可忽视残敌。与省城、衡州共同研讨敌情并互相告诫,要加倍小心。

弟说要时刻注意“俭”字,很令我欣慰。但这并不是很容易的事。从奢侈到俭朴,非常困难。例如雇民夫到县上,以前只有两名轿夫、挑夫一名,现在已多达十多名。有七八个人都很难做到,何况要恢复到仅有三四个人呢?随时都要留心,并牢记有减无增四个字,就很好了。顺问近好。

国藩手草,二月二十四日。

【点评】

太平军困守南京已成孤立无援之势,看来到最后残败的结局不会长久了。曾氏讲到当地的粮食贵得吓人,甚至即使拿钱都买不到粮食。可见战争给社会带来的灾难,别说有钱的富人吃饭都成问题,何苦老百姓呢?

曾氏不烦其厌地警惕在老家的曾老四,生活一定要节俭,曾老四口头上答应着,实际行为上却依然摆阔铺张浪费,原先去一趟县城仅用两名轿夫、一名挑夫,而现在轿夫随从竟然多至十几人,看来曾老四根本没把他大哥的话放在心上。

同治三年三月初四日与四弟国潢书

公元 1864 年 4 月 9 日

澄弟左右:

日内未得家信,想四宅小大平安。此间近状平安。沅弟营中久无战事,惟春雨墙坍,常加修葺。春霆由东坝进攻句容、丹阳,尚无起程确耗。金陵之贼,亦无粮尽确耗。江西之贼已破南丰,吴子序带团守卡,力战殉难。沈中丞奏请以江西厘金归本省用,并无信来商及,以后饷项愈窘矣。

杭州之贼目陈炳文,闻有投诚之信,克复当在目前。天气阴雨作寒,景象似不甚佳。吾在兵间日久,实愿早灭此寇,俾斯民稍留孑遗,而睹此消息,竟未知何日息兵也。

纪泽兄弟及王甥、罗婿,读书均属有恒。家中诸侄,近日勤奋否?弟之勤为诸兄弟之最,俭字工夫,日来稍有长进否?诸侄不知俭约者,弟常常训责之否?至为廑系。即问近好。

国藩手草,三月初四日。

【译文】

澄弟左右:

近来没有收到家中的书信,想必一切都好吧。

这里最近的状况也还平安。沅弟军也很久没有打仗了。只是春季雨多,营墙坍塌,需要时间整修。鲍春霆准备从东坝进攻句容、丹阳一带,但还没有出发的准确消息。金陵城中敌军是否有米粮,也没有确切消息。江西敌军已攻破南丰,关子序带兵防守哨卡,拼死战场,以身殉国。沈中丞奏请将江西厘金划归江西本省,并未来信商量此事,如此军饷就更加窘迫了。

杭州敌军头目陈炳文听说有投诚的消息，那么杭州的收复也就指日可待了。阴雨绵绵，春寒料峭，景象并不是太好。带兵这么长时间了，确实想早些消灭敌人，使民众能和平过日子。可目睹这种阴阳消长的变化，不知何时是个头啊！

纪泽兄弟们以及王外甥、罗贤婿读书都很有恒心。家中几位侄儿是否用功读书？老弟的勤勉在兄弟们中是最好的，在俭朴方面是否有所长进？侄儿有不懂俭朴节约的，老弟是否经常加以训斥责备呢？极为殷切挂念。即问近好。

国藩手草，三月初四月。

【点评】

信中曾国藩首先向潢弟介绍了自己近况，及沅弟近日的战况；其次言及盼望早日消灭太平军，以便息兵；最后向澄弟问及家中诸弟及子侄"俭"字做得如何。曾氏极其注重家人在"俭"字上的所作所为。在信的末尾接连用三个反问句，问及子侄是否勤俭，可见曾氏盼望家人在"俭"字上多下工夫的迫切心情。并嘱托澄弟，诸侄有不知节俭者，弟当常常训责，以传我家风。

同治三年三月十二日与九弟国荃书

1864 年 4 月 17 日

沅弟左右：

接初七夜一缄，欣悉句容克复，从此城贼冲出益无停足之地，当不至贻患他方，至以为慰。

弟增十六小垒，开数处地道，自因急求奏功，多方谋之。闻杭城克复之信，想弟亦增焦灼，求效之心尤迫于星火。惟此等大事，实有天意与国运为之主，特非吾辈所能为力，所能自主者。虚心、实力、勤苦、谨慎八字，尽其在我者而已。

春霆既克句容，宜亲驻句容，专打金陵破时冲出之贼。篪轩办捐之札，专人坐轮船送去。刘方伯札亦发。惟少荃近日与余兄弟音信极稀，其名声亦少减。有自沪来者，言其署中藏珍珠灯、八宝床、翡翠菜碗之类，值数十万金，其弟季荃好货尤甚等语，亦非所宜。将来沪局劝捐，恐又将与余处龃龉。幼丹截分厘金之事，今日具疏争之，竟决裂矣。

奉初六日寄谕，恐金陵军心不一，欲余亲往督办，盖亦深知城大合围之难。余拟复奏，仍由弟一手经营，惟常常怕弟患病，弟千万保养，竟此大功。顺问近好。

国藩手草，三月十二日。

【译文】

沅弟左右：

收到你于初七晚上写的一封信，得知收复句容，心中很高兴。这样城中敌人冲出之后就再无立足之地了，也不至于到别处作乱，甚是欣慰。

你增加十六个小营垒，开几处地道，想来自然是急于攻城，想方设法攻打金陵。得知杭州收复的消息，想来你更加焦急，我能体会你的心情。但凡这样的大事，实际上是上天旨意和国家命运才能做主，绝不是我等所能主宰得了的。在"虚心、实力、勤苦、谨慎"八字上，尽力就可以了。

既然鲍春霆收复了句容，就应该驻扎在那里，准备专门消灭攻破金陵城时从城中冲出来的敌军。叫篪轩办理捐务书信，派专人坐轮船送去。致刘方伯的信也已寄出。近来李少荃与我们兄弟很少通信，他的名望声誉也有所下降。有从上海来的人，说他官署中收藏有珍珠灯、八宝床、翡翠菜碗等物品，价值数十万两白银，并且他的弟弟季荃非常爱好财物等，这不是他们该做的。将来沪局鼓励募捐，避免不了和我们发生矛盾。沈幼丹主张厘金分给江西一事，今日写好奏折力争，居然把关系弄得破裂。

奉到初六日寄来的圣旨，皇上担心金陵前线军心不一，要我亲自到前线督办军务，大概也是深知城大，合围较困难。我准备再上奏朝廷奏明此事仍由弟弟一人负责。只是常常担心弟弟会生病，弟弟千万注意保养身体，完成此次攻城。顺问近好。

国藩手草，三月十二日

【点评】

尽管李鸿章才高卓识，是中国近代史上颇具影响的人物，但也不是德才兼备的君子，就他人品方面有好多可指责之处。虽然李鸿章是曾氏的得意门生，鉴于他的才能，曾氏一向对他着意培养，但对李鸿章也不十分看好，他很明白李鸿章身上有不少严重的缺点，便是他的品行方面，曾氏看他的缺点主要有三个方面——不诚实、奸猾、热衷于名利；李鸿章后来为个人聚敛了大量的财富，有句流传颇广的对联足可说明一切："宰相合肥天下瘦，司农常熟世间荒。"其中的宰相指的就是李鸿章，可见此人对钱财的贪婪程度。

同治三年三月十四日与四弟国潢书

公元 1864 年 4 月 19 日

澄弟左右：

初十日接周有元带来之缄，十四日接胡立名带来之缄，皆弟廿三、廿四日在县城所发者，具悉一切。

此间近事，杭州、余杭皆于二月二十四日克复，鲍春霆攻剿句容，于三月初七日克复，大致极为顺遂。惟金陵城贼坚守如常，并无粮尽确耗。又新插麦禾甚多，竟不知何日始能了此公案。江西之贼，尚在南丰、新城，其气甚衰，逃者甚众，应不能为害他方。惟广东之贼坚悍，无散归之志，终当变成流贼，蔓延闽粤两湖，是可虑耳。

县中文庙费在万串以外，余当捐五百串，以为之倡，此外各营凑捐，当易成事。季弟专祠，即买南门之专祠，亦无不可。谕祭文到日，遣官致祭，其遣来之官，即天使也。京师大员得邀谕祭者，系礼部堂官充天使，余曾充过数次。奠酒三杯，天使立而不跪；读文毕，天使三揖而退；孝子跪迎跪送；丧家以酒席陪敬天使，并赠送袍褂、朝珠、冠、补等物，极多八色，少或六包四色——此京中以尚书侍郎充天使者之概也。外间充天使者，从前陶文毅家系省城派道员前往，近来罗、李、王家皆系派本县知县，其仪注如何，余不得知也。

荷亭之侄信渠至今未到。守之早已自皖起程，须绕至宜昌一看家眷，计三月必到湖南。邓寅皆兄总以到馆为妙，渠非愿受乾脩之人，余亦向不肯荐乾馆。天下不义之荐，乾馆亦其一也。顺问近好。

【译文】

澄弟左右：

初十日收到周有元带来的书信，十四日收到胡立名稍来的信件，都是第二十三、二十四日由县城发出的，一切尽知。

近来，杭州、余杭在二月二十四日收复。鲍春霆进攻句容，于三月初七日收复，都比较顺利。只是金陵城的敌人仍在坚守，还没有得到粮食耗尽的确切消息，听说最近又种了很多稻苗，竟然不知道何时能了却此案！江西的敌人还在南丰、新城，但士气很衰落，逃跑的比较多，应该不会危害其他地方。只有广东的敌人很顽强，没有解散回家的想法，将来则会成流窜的贼匪，在福建、广东、湖南、湖北一带作乱，非常使人担忧。

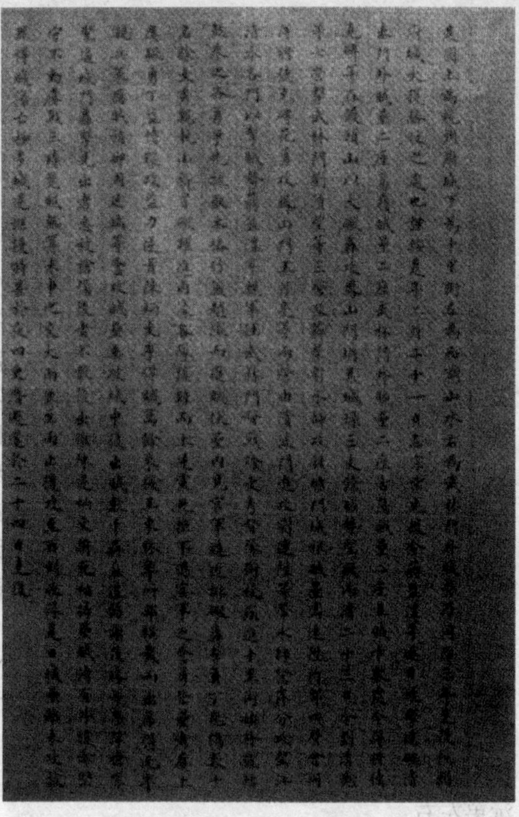

左宗棠克复杭州战图·题记

县中文庙的花费需一万串以上，我理应捐五百串，以此作为倡导，此外，由各兵营凑钱捐献，应该很容易办成这件事。

关于季弟专祠一事，即使卖掉南门的专祠也没有不可以的。谕祭文到达时刻，需派遣官员表示哀悼。此派遣来的官员，即为天子的使臣。京城的大官受邀送达谕祭的，由礼部的长官担任天子的使臣，我曾经也经历过几次。献酒三杯，使臣要站立并不下跪，读完谕祭文后，使臣作三次揖后退场。孝子要跪迎跪送。且丧家用酒席陪天子使臣以表达尊敬，另外赠送袍褂、朝珠、冠帽等物品，最多八件，另有六件或四件。这是京城中尚书、侍郎担当天子使臣的大概程序。在外面充当使臣的，如以前陶文毅家，是由省城派遣道员前去的。近来比如罗、李、王家，都是派遣本县知县，礼节如何，我无从知晓。

荷亭的侄儿的信到现在还未到。守之早已经从安徽出发，需要绕行到宜昌看望一下家眷，估计三月份到达湖南。邓寅皆兄总是要以到学馆为好，他不是愿意接受一点教师薪金的人，但我也从来不愿推荐人到学馆。天下的不义之财，做学馆教师接受的薪金也算是其中的一点吧。顺问近好。

【点评】

曾氏给曾老四的信，使读者明白了当时的清政府，对战场牺牲的高级将领的丧礼仪式。另外，也让读者了解到，代表清政府的所谓“天使”级别悬殊极大，有当一品官员的尚书，也有从七品的小县令，而且料理完公事后，还都受贿丧家人所赠送的钱财，这就是封建迂腐的社会腐败制度。

同治三年三月廿六日与九弟国荃书

公元 1864 年 5 月 1 日

沅弟左右：

接廿二日午刻信，得悉金坛、丹阳次第克复，慰甚。鲍军上援江西，余已飞檄调之。但春霆于元年冬丁艰，力求回籍治丧，余许以打开宁国四面之贼，即准回籍。二年二月春霆求践前约，余展限打开东坝乃准回籍。东坝克后，春霆又求践前约，余展限五个月，以今年二月底为度。至三月初，春霆要请甚迫，余又展限以金陵克复为度。此次不待金陵克复而遽令援江，在我则失信太多，在霆则坚求还蜀，此意中之事，亦无可强派之事。

望弟与之再三细商，但借渠之名望援救江西，以安江西官绅士民之心。只需宋镇、娄、冯等率之以往，不必春霆亲往督办。春霆行至安庆等处，余即具疏奏请准渠回籍治丧；一至九江，渠即可分手回蜀，听宋、娄等带队入江西援剿可也。爽约太多，人必不复见信，望弟与霆一一详说，言此番决无爽约之理。并请春霆速发告示咨文至江，言渠即日来援，以安人心，至要至要。

余昨日具疏告病，一则以用事太久，恐中外疑我兵权太重，利权太大，不能不缩手，以释群疑。一则金陵幸克，兄弟皆当引退，即以此为张本也。顺问近好。国藩手草，三月廿六日。调春霆一咨附去，请专送。

【译文】

沅弟左右：

收到你于二十二日午刻写的书信，得知金坛、丹阳连续收复，心中很欣慰。鲍春霆军往上游支援江西，我已发急信调离他。但春霆在同治元年冬由于家中亲人故去，强烈要求回故乡，我曾答应他攻破宁国被围的敌军就让他回家。同治二年二月，春霆请我履行诺言，但我让他攻破东坝再回家。收复东坝后，他又要回家，于是我就让他今年二月底回家，又延续了五个月。到三月初，春霆心情焦虑，我又延期到收复金陵为最后期限。没等金陵收复又马上让他支援江西，由于我失信太多，春霆回乡则是意料之中的事，并不是强迫命令。

望弟能与他仔细商量。只借他的声望去援助江西，以稳定官员、乡绅和民众的心。但需宋镇、娄、冯等率军前往，不用春霆亲自前往督战。春霆行军到安庆一带，我就奏请朝廷准许他回老家料理丧事。到九江后，他就可以回四川，由任宋、娄等人带兵支援江西。由于多次失约以后人们就不会相信，希望弟弟和春霆好好说说，告诉他这次绝不会失信。并请春霆速往江西发布告示和咨文，说他几天后就要入援江西，安定人心。这点非常重要。

昨日我奏请病假，一来由于带兵太久，担心朝廷内外会疑忌我兵权过重，权力太大，我不能不停手干预其事，以消除众人的猜疑。如果将来攻克金陵，你我兄弟都应当引退，就让我以此打个伏笔。顺问近好。国藩手草，三月二十六日。

抽调春霆的一道咨文附上，请派专人送去。

【点评】

曾氏在给九弟的信中为一事深感歉疚，鲍春霆多次请求回家治丧，因战务紧急，曾氏多次失信于他，信中与九弟商量准允鲍春霆回乡治丧。

做人应当诚信为先，失信于人则必威信扫地。做领导更应遵守此法，领导没有诚信，在下属心中必然威信全无;在与客户交往中,如果没有诚信,势必导致生意失败,曾国藩因失信于鲍春霆,故特意书信一封与九弟商议此事。在战乱年代,军情紧急之时,曾氏也是无可奈何。

同治三年三月廿七日与九弟国荃书

公元 1864 年 5 月 2 日

沅弟左右:

廿六日接弟廿三日信。廿七日傍夕兰泉归来,备述弟款接之厚,才力之大,十倍竺虔旧仆。而言弟疾颇不轻,深为忧灼,闻系肝气之故。

余日内甚郁郁,何况弟之劳苦百倍于我?此心无刻不提起,故火上炎,而血不养肝。此断非药所能为力,必须放心静养,不可怀忿怄气,不可提心吊胆,总以能睡觉安稳为主。(兰泉言弟尚能睡)。

今日接到寄谕,江西厘金之讼,仍是督抚各半。然官司虽输,而总理衙门奏拨五十万两专解金陵大营,未必尽靠得住,而其中有二十一万实系立刻可提者,弟军四五两月不致哗溃,六月以后则淮北盐厘每月可得八万,故余转恼为喜。向使官司全赢,则目下江西糜烂,厘金大减,反受虚名而无实际,想弟亦以得此为喜也。兹将恭王咨文付阅,廷寄俟明后日咨去,即问近好。

【译文】

沅弟左右:

二十六日收到弟二十三日写的信。二十七日晚从兰泉回到这里,仔细讲述老弟对他的盛情款待,膂力很大,简直比竺虔过去那位随从大十倍,又说到老弟的病很重,非常担忧,据说老弟每日非常劳累,时刻放不下心来,故火气上升,但血脉不能保养肝气。此病不

清代总理各国事务衙门图。总理各国事务衙门简称“总理衙门”,是清政府为办洋务及外交事务而特设的中央机构

是药能治愈的，必须放下心来，静心调养，不能心怀愤怒，自己生闷气，也不能提心吊胆，能安稳睡觉就最重要，但兰泉说老弟还能睡得着。

今日接到寄来的圣旨，关于江西厘金的争论，让两江总督与江西巡抚各分一半。虽然这场官司输了，但总理衙门奏准另拨五十万两专门解往金陵大营。虽未必靠得住，但已有二十一万两实际上是可以立即提款的，所以老弟的军队在四、五俩月也不至于解散。六月以后，淮北盐厘每月可收八万两，故我转怒为喜。如果赢了这场官司，眼下江西一带还很乱，厘米收入大减，我辈反而徒有占江西全省厘金之虚名，但并没有实际收益。我想老弟也会为此次输掉官司而高兴吧。现将恭王发来咨文寄弟一阅。寄来的谕旨则等明后天以咨文发出。即问近好。

【点评】

曾国荃因积劳成疾，火气上升，以至于病情日益加重。曾国藩劝慰九弟气血之病当以静养为主，非药物所能为。曾氏在信中说："必须放心静养，不可怀仇忿怄气，不可提心吊胆，总以能睡觉安稳为主。"

中医观点认为，睡觉最能养血养气。夜间是心肝脾胃汲取能量的时间，此时只有进入深度睡眠，人的造血细胞才能得以正常工作；也就是曾氏在信中所讲的"睡觉安稳"。可见曾氏深知恢复气血"睡觉安稳"为重中之重。也足见曾国藩对养生保健理论的研究之深。

同治三年三月三十日与九弟国荃书

公元 1864 年 5 月 15 日

沅弟左右：

接廿六日信，具悉一切。张仙舫禀食盐事并未与弟说及，殊为大谬。当严饬，此后凡事当先禀弟处。其人似尚胆小，或不至敢违吾与弟之训。抚恤一局，万难裁撤，听弟斟酌。吾因安庆、池州饥民纷纷赴江南大营就食，吾恐此名一播，万难应付，故劝停也。

上海拨五十万至金陵之旨，廿八日续奉廷寄一道，重言以申明之，余笑告人曰，"官司虽输，和得一注现钱"，大约可实得廿四万。

湖北发捻交集，甚为震恐。天气阴寒，余深虑别有祸变，但求每月除米以外，凑得十余万金，俾弟军鲍军不至决裂，竟此一篑之功，然后兄弟熟商引退之法，则大幸矣。顺问近好。兄国藩手草，三月卅日酉刻。

兰泉信附去，欧阳氏家传墨刻付去。

【译文】

沅弟左右：

收到二十六日的来信，一切都已经知道。张仙舫说食盐一事并未与弟说过，确实有错，应当严厉警告，并让其以后凡有事情应当先向弟汇报，这人胆子较小，但也不至于违背我与弟的训导。抚恤一事，较难撤销，听凭弟自行处理。由于安庆、池州的饥民都到江南大营中吃饭，担心此事传出去，就很难处理了，所以请你停止此事。

另外上海拨五十万两银子到金陵营中的谕旨，二十八日又收到朝廷的谕旨，再三强调说明。我笑着告诉其他人，官司虽然输了，但赢了一笔钱。实际上能得到二十四万两。

湖北长毛和捻匪聚集，非常吃惊，天气阴森寒冷，我很担心会有祸变。但愿每月除粮食以外，能凑齐十万两的军饷，以使弟军、鲍军不至于散掉，以完成只差一步的功业。然后你我弟兄再认真商量引退之法，就是天大的幸事了。顺问近好。

兰泉的信附寄给你。欧阳氏家传的雕版图书也寄给你。

【点评】

曾氏此封信谈及的事情较杂，首先谈到用人；然后讲到池州饥民纷纷赴江南大营就食，担心这件事传出去很难处理；接着谈到上海军饷一事；最后谈到湖北军事问题。

曾氏在信末有这样一句话："竟此一篑之功，然后兄弟熟商引退之法，则大幸矣。"曾氏做任何事均以保身为重，也多次与九弟商议引退之法。这也告诫我们，做任何事都应考虑好风险，需要冒生命之险的事情，万不可为。

同治三年四月初三日与九弟国荃书

公元 1864 年 5 月 8 日

沅弟左右：

接廿七、八日两信，具悉一切。

地道既难中止，听弟加工再挖，余不复遥制。徽、休、祁、黟俱无恙，贼已由婺境横窜遂安、华埠，将仍走玉山、广信以犯、抚建，闻剃头者甚多，并不杀人放火，或有各自逃散之意亦未可知。

弟军今年饷项之少为历年所无，余岂忍更有挑剔？况近来外侮纷至迭乘，余日夜战兢恐惧，若有大祸即临眉睫者，即兄弟同心御侮，尚恐众推墙倒，岂肯微生芥蒂？又岂肯因弟词气稍戆，藏诸胸臆？又岂肯受他人千言万怄，遂不容胞弟片语乎？老弟千万放心，千万保养。此时之兄弟，实患难风波之兄弟，惟有互劝互勖互恭维而已。

余日内所患者三端：一则恐弟过劳生病，弁勇因饷绌而散漫；二则恐霆营人心涣散，另生祸变，兹将霆营周委员寄鄂台一信抄闭；三则恐汉中大股东窜，庐（普守）、巢（何绍彩守巢）、和、滁俱不能守，西梁山亦无兵可以拨防。此三事中，弟有法可以补救一二否？

即问近好。

【译文】

沅弟左右：

收到二十七、二十八两天来信，知道一切。

地道既然已经难以中止挖掘，就按弟弟的意思增加人工再挖，我不再指挥了。徽州、休宁、祁门、黟县都平安无事。敌人已经由婺源境内窜向遂安、华埠，将仍然取道玉山、广信来进犯抚州、建昌。听说敌人剃头的很多，并不杀人放火，或许有各自逃窜的意图，也不能料到。

弟弟的军队今年军饷很少，这是历年来所没有过的，我怎么忍心还对你挑剔指责呢？况且近来外面对我们的欺侮接踵而至，我日夜战战兢兢，深为恐惧，好像大祸临头一般。即使兄弟间同心同德，共同抵御外侮，还恐怕墙倒众人推，又怎么肯产生一些小隔阂呢？又怎么肯因为弟弟语气略带刚直而心怀不满呢？又怎么肯接受别人千言万语却不容纳亲兄弟只言片语呢？老弟千万放心，千万保养。这时候的兄弟，实在是同患难共风雨的兄弟，只有互相劝诫、互相勉励、互相恭维罢了。

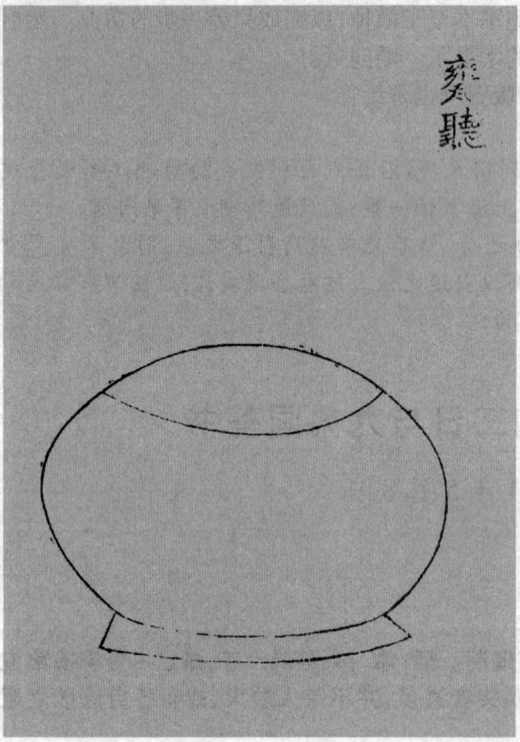

瓮听，用于观察、发现敌人挖地道进攻的用具。图出自古代兵书《防守集成》

我近日担心三件事：一是怕你过度劳累病倒，兵勇因军饷短缺而人心散漫；二怕霆营人心涣散，另外生出事端，于是就将春霆营中的周委员寄给湖北道台的一封信抄给弟弟看；三怕汉水中游大批敌军向东流窜，庐州（普军守卫）、巢县（何绍彩守卫）、和州、滁州都守不住，西梁山也没有军队可以调去防守。这三件事，弟弟有没有办法可以补救？即问近好。

【点评】

曾氏最近一段时期，心绪极为糟糕，整日郁郁寡欢，除围攻江宁城的战事正处于紧张关头外，主要还是先前江西厘金之事；另是其儿纪泽的病和国蕙妹的病逝对他的心情也有影响。七八年间的时间，他家的亲人死去十多人，也令他悲伤心痛，于此心境下，更感到情同手足的兄弟的宝贵，如信中写道“此时之兄弟，实患难风波之兄弟，唯有互劝互勖互恭维而已。”这的确是发自内心的由衷感慨之言。

同治三年四月初四日与四弟国潢书

1864 年 5 月 9 日

澄弟左右：

前月廿八日接弟所发排单一信，痛悉蕙妹于十四日未刻去世，吾同产骨肉九人，至是仅存吾与弟暨沅弟三人矣，哀哉！自丁巳至今八载，亲属死丧九人（合陈氏妾则十人），久处兵戈之中，畏闻哀戚之事。昆八外甥适于是日由金陵来皖，因催令登舟上行，而未将讣音告之，大约至湘潭等处始得闻知。

金陵围师稳固如常。霆军于廿一日攻打金坛，现凋春霆统率全军救援江西，须俟李少荃派兵接防东坝、句容后，鲍军乃能上行，大约起程在两月以后。比又派周军门宽世、金逸亭两军救援江西，共八千人，当在十日内由安庆起行。湖北之贼已由枣阳等处下窜，将自皖境救援金陵。闻发、捻近三十万，实属应接不暇。

江西之贼，若至瑞、袁等处，则湖南处处须设防兵。如有调弟带兵出境防剿者，弟千万不可应允。即在本县办团，亦须另举贤员为首，弟不可挺身当先。吾与沅弟久苦兵间，现在群疑众谤，常有畏祸之心。弟切不宜轻易出头露面，省城则以足迹不到为是。树堂劝弟不可干预公事，吾已作函谢之，并劝其出山，或蜀或粤矣。

去年十一月十四日，余寄温弟妇银一百两、燕菜二匣作贺生礼，至今未接回信，不知果寄到否？祈示复。兹又寄去银一百五十两作蕙妹赙仪，叶亭归时已带五十金去矣，请妥交，即问近好。

【译文】

澄弟左右：

上月二十八日收到弟十五日发的排单信，得知惠妹在十四日未刻去世，痛心不已。我们兄弟姐妹九人，到现在只剩下我和弟以及沅弟三个人了，悲痛啊！从丁巳年到现在的八年时间，亲属去世的有九人（算上陈氏妾就是十人）。长期处于军营中，十分害怕听到亲戚去世的消息。昆八外甥正好今天从金陵来安徽，于是催他坐船去上游，而没有将讣音告诉他，大概到了湘潭等地方，他才能知道。

包围金陵的军队平稳坚固得和往常一样。霆军在二十一日攻打金坛，现在调派春霆率领全军救援江西，一定要等李少荃派兵接替鲍军防守东坝、句容后，鲍才能上路，大概在两个月以后起程。然后又派提督周宽世、金逸亭两军救援江西，一共八千人，大约在十日内从安庆起程。湖北的敌人已经从枣阳等地方向下流窜，将经过安徽境内援救金陵。听说长毛、捻军接近三十万人，实在是没有办法全顾及到。

江西的敌人如果到了瑞州、袁州等地方，那么湖南到处都要设置驻防的军队。如果要弟弟带兵出境防剿敌军，弟千万不能够答应。就是在本县操办团练，也需要另外保举贤才做首领，弟不能够挺身而出、一马当先，我和沅弟长期为军务所苦，现在遭遇众人怀疑、诽谤，因此我时常有畏惧祸变的心理。弟千万不要轻易地抛头露面，省城最好不要去。树堂劝弟不能够干预公事，我已经写信感谢了他。并劝他出山做官，或者去四川，或者去广东。

去年十一月十四日，我寄给温弟的妻子一百两银子，两匣燕菜，作为祝贺生日贺礼，至今没有接到回信，不知礼物是不是收到了，希望回信能答复我。又寄去一百五十两银子作为惠妹身后的助丧钱。叶亭回去的时候我已让他带去五十两银子，也请妥善地交给她，即问近好。

【点评】

曾国藩接到家书得知惠妹去世，悲痛万分。想兄妹九人如今只剩三人，在这乱世之中，是不能再承受丧亲之痛了，战事让曾氏感到略微吃力，既要守住金陵又要派军救援江西，还要在湖南到处设防。但他力劝弟弟不要轻易抛头露面，还是以脚踏实地最好。

同治三年四月初五日与九弟国荃书

公元1864年5月10日

沅弟左右：

初四日连接初一日巳刻及夜间二缄，知弟近日肝疾已愈，湿毒亦十去七八，大慰。

初一以后，贼果出城猛扑否？若非有绝大便宜，我军并不出壕，仅稳稳为自守计，应可无碍。元年七月廿二日出壕之战，吾至今尚觉心悸，盖吾胆气素薄故也。日内阴雨寒森，气象不佳，务望老弟不求奇功，但求稳着，至嘱至嘱。

吾虽亦有肝气，然善眠善食。兰泉诊我脉，言六脉平和，养生家所求之不得，断无疾恙云云。但每日懒于作事，未免积搁文件耳，弟可放心。

上海二十一万零，已专员去取，寄李、刘手函抄阅。淮北盐务，每年余可得课钱八十余万串，刊章寄阅。顺问近好。国藩手草，四月初五。中关水面接济，即日当悬重赏防之。

【译文】

沅弟左右：

初四连续收到初一巳刻和夜间的两封来信，得知弟弟这几天肝病已经痊愈，湿毒也好了大半，十分欣慰。

初一以来，敌人有没有猛攻城？如果没有很大的便宜可占，我军一定不出战壕作战，只稳稳当当地自保，应该是没有大碍。同治元年七月二十二日我军出战壕一战，我现在回想起来还觉得心有余悸，大概是我一向气魄，胆量不够的缘故吧。连日阴雨绵绵，寒冷阴森，天气不好，希望老弟不要追求出人意料的功绩，只求稳妥。至嘱至嘱。

我虽然也有肝火旺盛之象，但我能吃能睡。兰泉替我诊脉，说我六脉平和，这是养生保健的人求之不得的境界，绝对没有什么疾病，等等。但是每天懒于做事，不免积压了一些文件罢了。弟弟尽可以放心。

上海二十一万两白银的款子，已经派专人去取。寄给李、刘两位的亲笔信抄送一阅。淮北盐务，我每年都能征收盐税八十多万贯钱，刊出章程寄给你看。顺道问一下近日可好？

金陵城北中关于江面接济一事，马上应该悬出重赏招募人员设防。

【点评】

同治元年七月二十二日，曾氏率湘军与太平军一战，让他现在回想起来仍然心有余悸，因此他采取以守为攻的战略战术，不管敌军如何摇旗叫阵，只要湘军无利可图，就不要轻易出战。希望弟弟不要为了贪恋战功而轻率出击。

同治三年四月初六日与九弟国荃书

公元1864年5月11日

沅弟左右：

前寄弟信，言湖州业于三月初九日克复，系廿五日接准左季帅十一日之咨而云然，并于廿五日奏片中亦言之。顷接蒋芗泉三月廿五日之禀，则湖州并未克复，余不特于奏片中错报三处（王可升报丹阳克复亦已入奏，常州有克复之说），且调度亦因之而谬。

湖州、丹阳既皆未克，则鲍军未可轻动，而浙江群逆亦必由东坝、丹阳等处援救金陵。特此飞函商吾弟，细告彭、刘、萧、张诸将蓄养锐气，专为前打城贼后御援贼之用，断不可因地道将成，竭力进攻，致多损锐，反不能力破援贼也，千嘱千嘱。

好事多磨，自古而然。即东坝疏失，鲍军小挫，亦未始非意中或有之事。虽有其事，而弟军仍安如泰山，乃为铁汉。

自苏杭克复，人人皆望金陵之速克。吾独不期其速，而期其稳。故发信数十次，总诫弟之欲速，盖深知洪逆非诸贼可比，金陵非他城可比也。此等处吾兄弟须有定识定力，望老弟巍然不动，井然不紊。将克未克之际，必有一番大风波，吾弟若破地道，且待大风波经过之后，再行动手，实不为晚。吾所虑者，一恐弟求速效而焦灼生病，一恐各营猛攻地道，多损精锐，而无以御援贼耳。弟其体我此意，稳慎图之。至于弟军银米，九月以前必可敷衍。

顺问近好。

【译文】

沅弟左右：

上次寄给弟弟的信中，说湖州已经在三月初九日收复失地，这是三月二十五日接到左季高十一日的咨文中的说法，并且在二十五日的奏折中也说到此事。刚收到蒋芗泉三月二十五日寄来的报告，说湖州并没有被收复，我不但在奏折中上报错了三件事（王可升报告丹阳被收复，也已经写在奏折中，常州也有被收复的说法），并且指挥调度也因为这些事而有谬误。湖州、丹阳既然都没有攻克，那么鲍军就不能轻举妄动，而浙江的敌人也必须从东坝、丹阳等地方援救金陵。我特地用快信和弟商量。仔细告诉彭、刘、萧、张各位将领养精蓄锐，专门进攻前面城中的敌人，后面抵御援助的敌人，千万不能因为地道即将完成，就竭力猛攻，以至于折损锐气，反而不能有力地击退援助的敌人，切记切记！好事多磨，自古以来就是这样。就算东坝有疏漏，鲍军受点小挫败，也一定是我等意料之中可能发生的事。即使有事，但弟的军队仍然稳如泰山，这才是铁打的汉子。

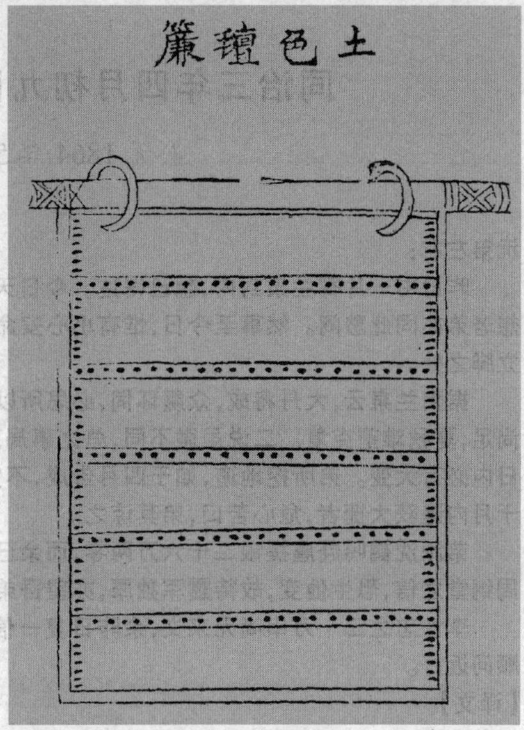

土色氈簾，用于防御敌人攻夺地道。图出自古代兵书《防守集成》

自从苏州、杭州被收复之后，人人都希望金陵能迅速攻克。只有我不希望这事很迅速，而希望稳步而进所以写了几十封信，总是劝诫弟不要急于求成。因为我清楚地知道洪秀全不是其他贼匪能够相比的，金陵城也不是其他城池可以相比的，这些地方你我弟兄一定要有坚定的见解和毅力，希望老弟岿然不动，有条不紊。也就是将攻克又没有攻克的时候，一定会有一场大风浪。弟如果想利用地道破城，要等到大风浪过去之后再行动，实在不算晚，我所担心的，一是害怕弟急于求成而焦灼生病；二是害怕各路军队猛攻地道，损失了很多精锐部队而不能抵御援助的敌人。请弟体会我的这些意图，稳当、谨慎地计划。至于弟的军饷粮食，在九月份之前必定能够处理妥当。顺问近好。

【点评】

自湘军收复苏州、杭州之后，人人都希望一鼓作气，直接攻打金陵。曾国藩放眼全局，劝诫弟弟千万不要急于求成。在曾国藩看来，洪秀全与其他贼匪不同，金陵情况也比较特殊，所以他劝弟弟以守为攻，按兵不动，保存实力，以取得大战的胜利。

同治三年四月初九日与九弟国荃书

公元1864年5月14日

沅弟左右：

昨日书一片寄兰泉封内，想已得达。今日天雨如注，气象阴森，寒似深秋，实增焦灼，想老弟亦同此愁闷。然事至今日，惟有小心安命，埋头任事二语，兄弟互相勖勉，舍此更无立脚之处。

据窦兰泉云，大丹将成，众魔环伺，必思所以败之。雪琴上赴九江过此，则云金陵贼粮尚足，夏秋难望克复。二说虽微不同，总之事局艰难，吾兄弟适当其任。湖州、广德未克，日内必有大变。弟所挖地道，如于四月告成，不宜于四月装药轰发。吾观天时人事，似非于月内遽获大捷者，危心苦口，弟其谅之。

弟派沈鹤鸣赴扈提银二十六万两零，而余已先拨九万与霆军，弟心不免郁郁。余实因周纲堂之信，恐生他变，故待霆军独厚，亦望吾弟谅之。

李世忠之三十万串尚无来文，余昨日复一信，抄稿寄阅。应道、沈丞劝捐，即日加札。顺问近好。

【译文】

沅弟左右：

昨天有一封信封夹在给兰泉的信中，想必已经收到。今天大雨倾盆，天气阴森，冷得好像深秋，实在令人增加了焦灼的情绪，想来弟也一样忧愁苦闷。然而事情到了现在，只有小心安身立命，埋头苦干，这两句话作为弟兄间互相勉励共进的话语，除此之外，更没有立足之地了。

听窦兰泉说，炼丹就要成功时，会有许多魔鬼围绕窥伺，一定要想好怎样打败他们。雪琴往上游到九江路过这里就说金陵敌军粮草充足，夏秋之时很难有希望收复。两种说法虽然有所区别，总之时局艰难，你我弟兄正担当重任，湖州、广德没有攻克，近日内一定有大的变故。

弟所挖的地道，如果在四月份完成，也不适合在四月份装火药炸城。我观察天时和人事，好像在这个月内不能迅速大功告成，心存畏惧，苦口劝说，希望弟能理解。弟派沈鹤鸣到上海提银子二十六万两整，而我已先拨了九万两给霆军，弟心中难免不舒服。我实在是因为看了周纲堂的来信，恐怕发生其他的变故，因此只待霆军很优厚，也希望我弟见谅。

李世忠的三十万串钱还没有回信，我昨天回了一封信给他，抄下稿子寄给弟看一下，应道、沈丞劝捐的事情，这几天回信答复。顺问近好。

【点评】

天时、地利、人和，想成大事的话，三者缺一不可。曾国藩看最近天气阴冷，大雨连绵，令人心中不免抑郁。同时，敌军粮足兵多，怕是近日很难收复失地。因此，他劝弟弟所挖地道即使完工也不应立即使用，事情是不可一蹴而就的，必须要从长计议。

同治三年四月十三日与九弟国荃书

公元 1864 年 5 月 18 日

沅弟左右：

十三日接弟初十日书，具悉一切。其时适闻初六常州克复，初八丹阳克复之信，正深欣慰，而弟信中有云“肝病已深，痼疾已成，逢人辄怒，遇事辄忧”等语，读之不胜焦虑！

今年以来，苏浙克城甚多，独金陵迟迟尚无把握，又饷项奇绌，不如意之事机、不入耳之言语纷至迭乘。余尚愠郁成疾，况弟之劳苦过甚百倍阿兄，心血久亏数倍于阿兄乎？余自春来，常恐弟发肝病，而弟信每含糊言之，此四句乃露实情。此病非药饵所能为力，必须将万事看空，毋恼毋怒，乃可渐渐减轻。蝮蛇螫手，则壮士断其手，所以全生也。吾兄弟欲全其生，亦当视恼怒如蝮蛇，去之不可不勇，至嘱至嘱。

余年来愧对老弟之事，惟拔去程学启一名将，有损于阿弟。然有损于家，有益于国，弟不必过郁，兄亦不必过悔。顷见少荃为程学启请恤一疏，立言公允，兹特寄弟一阅，请弟抄后寄还。

李世忠事，十二日奏结。兹咨弟处。渠见此奏，或可将三十万串迅速解来。并请弟抄折再咨李处（余已咨矣，恐其到缓）。又饷绌情形一片抄阅，即为将来兄弟引退之张本。余病假于四月廿五日满期，余意再请续假，幕友皆劝销假，弟意以为何如？

淮北票盐、课厘两项，每岁共得八十万串，拟概供弟一军。此亦巨款，而弟尚嫌其无几，“且愧对万、忠”，盖亦眼大口大之过。余于咸丰四、五、六、七、八、九等年，从无一年收过八十万者，再筹此等巨款，万不可得矣。顺问近好。

【译文】

沅弟左右：

十三日接到弟初十的信，洞悉一切。

刚刚听到常州收复、丹阳收复的喜讯，正在高兴，但弟弟在信中说：“肝病加重，顽疾已经形成，逢人就发怒，遇事动不动就忧愁。”读了之后，兴奋之意马上消散，心中十分焦急。

今年以来，苏、浙克城很多，只有金陵迟迟没有攻下，再加上缺少军饷等，这些不如意的事情、不堪入耳的议论，纷至沓来，接踵而至，连我都要积郁成疾了，更何况弟弟在军中整日辛勤劳苦，比我要胜过十倍！心血久亏的状况，自然是我的数倍。自从入春以来，

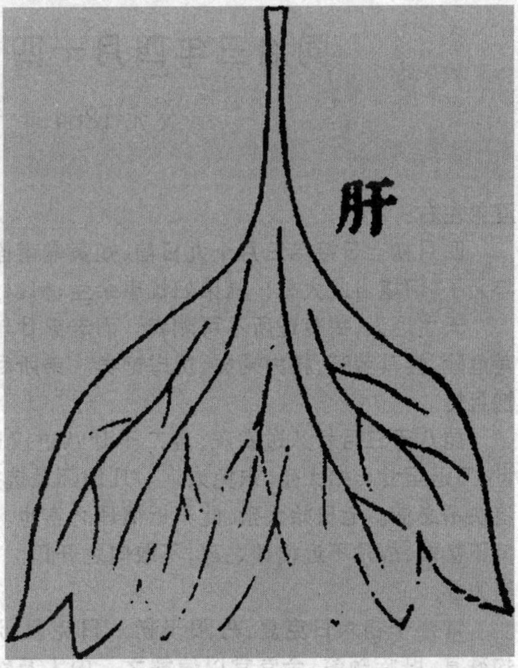

曾国藩数次在书信中对其弟曾国荃的肝病表现出了担忧，此为明代张介宾《类经图翼》脏腑图中的肝脏图

我经常害怕弟弟的肝病复发，而弟弟每次来信都含糊其辞，这次信中的四句话终于暴露了实情，这病不是药物所能治愈的，为人处世一定要胸怀广阔，遇事不恼不怒，疾病才可渐渐痊愈。蝮蛇咬手，那么壮士断然斩断他的手，这才能够保全生命。沅弟如果想要保全生命，应把恼怒当作蝮蛇看待，下决心戒恼怒，不可以犹豫不决，没有勇气，至嘱至嘱！

这一年来，我做了愧对老弟的事，只调拨程学启一人给你任用，这显然对弟弟不利。然而，有损于家，却有益于国，弟弟不必过于抑郁，我也不会后悔。刚看到李少荃为程学启请求抚恤的奏疏，立论十分客观，特寄弟一阅，请弟弟抄后再寄还给我。

李世忠的事，已经在十二日奏结。只把咨文送到弟弟这里。李世忠如果见此奏折，或许能将那三十万贯迅速送来。并请老弟抄了这份奏折以咨文送到李世忠那里。（我已发咨文，怕它太慢）。另外，军饷匮乏的情况也抄了一张给你看，这就作为你我兄弟引退的伏笔。我的病假将于四月二十五日期满，我再请求续假，同僚都劝我销假，弟弟以为怎么样？

淮北票盐、厘课两项，每年共得八十万串，准备都供给弟弟这一军。这也是巨款，但弟弟还嫌少了。我在咸丰四、五、六、七、八、九这几年，从来没有一年收过八十万串的。今后如果再想筹集这么大的巨款，恐怕是难上加难了。

顺问近好。

【点评】

湘军很长一段时间都不能攻克金陵，又有缺少军饷等事件接踵而至，令人们议论纷纷，这更使曾国藩兄弟甚为担忧。曾国藩劝诫弟弟遇事要胸襟宽广，心态平和，以免积郁成疾，令肝病加重，可见兄弟手足情深。

同治三年四月十四日与四弟国潢书

公元1864年5月19日

澄弟左右：

四月初七日接弟三月十九日信，知黄鼎甫侄婿于十七日申刻去世，不胜悲愕。侄女青年无子，何堪当此大故！温弟妇忧患余生，何以遣此悲怀？

天之厄人，每有理所不可测者。而老弟廿年以来，凡亲属疾病死丧之事，皆弟一人历其危险，尝其劳苦，精力竭矣，忧虑饱矣。弟所尽职于骨肉之际，其劬劳盖百倍于阿兄，且愧且怜。

昆八于三月廿八过安庆，金二于廿八过汉口，计四月廿七均可赶到。蕙妹于十四去世，乃延至廿日始大殓，未免太迟。凡地师及选择方术之言，其近情理者信之，其不近情理者决不必信。七日始大殓，此不近情理之言也。吾祖星冈公于僧道巫医及堪舆星命之言皆不甚信，故凡不近情理之言，不敢向之开口。以后吾家兄弟子侄，总以恪守星冈公之绳墨为要。

常州于初六日克复，丹阳于初八日克复，江苏全省只剩金陵一城未克耳。沅弟忧灼殊甚，肝疾颇深，余常常以信解之。内人及纪泽之病皆已全愈，尽可放心。朱光孚之诰封二轴付回，请查收。李北冈一信请妥交。年来过于忧劳辛苦，务望善自保养，至嘱至嘱。

即问近好。兄国藩手草，四月十四日。

再，欧阳节孝家传刻成，兹寄去两分查收。家中人来，请弟寄苏梗之子少许、饼粑少许、饼药少许，以便在此造酒。

【译文】

澄弟左右：

四月初七日接到你三月二十九日的来信，知道黄鼎甫侄婿在十七日申时去世，十分悲痛！侄女年轻又没有子女，怎能面对这么大的变故，温弟的妻子剩下的光阴就要在忧患中度过，怎能排解这种悲伤的情怀？上天弄人，经常是无法预测。而老弟你二十年以来，凡是遇到亲属疾病死亡等事，都是一个人经历其中艰难、困苦，精力耗尽了，饱受忧虑。你对骨肉亲人所尽的职责，其辛劳程度，大概是我付出的一百倍。我既惭愧！又怜惜！

蕙妹于十四日去世，但拖延到二十日才收殓，未免太迟了。凡是地仙及方士的话，其中合理的地方就相信它，不合理的地方绝不相信。七天才大殓，这是不合理的话。我的祖父星冈公对僧人道士、巫师医生及星相算命之说，都不肯相信。所以对不合理的话，不敢向他开口，我家兄弟子侄，总要以遵循星冈公的做法为好。

常州在初六日克复，丹阳在初八日克复，江苏全省现在只剩下金陵没有克复了。沅弟十分担忧焦虑，肝病加重了，我常常写信劝解他。夫人和纪泽的病都好了，尽可放心。带回朱光孚的诰封两轴，请查收。李北冈的一封信请妥为转交。近年你过于忧劳辛苦，一定要善自保养。至嘱至嘱。即问近好。兄国藩手草，四月十四日

还有，欧阳节孝家传刻成了，现在寄两份回去，请你查收。家中如果派人来，请老弟捎寄一点苏梗的种子、一点饼粑、一些饼药，以便我在此造酒。

【点评】

又有亲人过世，曾国藩在感慨造化弄人，天意不可为的同时，对弟弟几年来每逢亲属丧病的事都一人承担，饱尝辛苦，他对至亲的情感，令曾国藩且愧叹。对于丧事等的办理，还应该以宗法祖制为准，不应全信巫师的说法，以免误事。

同治三年四月十六日与九弟国荃书

1864 年 5 月 21 日

沅弟左右：

得弟十三日信，具悉一切。常、丹之克，此间已先得报。

各城皆得，仅余金陵，城之坚而大，贼之悍而多，实非他处可比，弟切勿焦灼致疾，听其自然而已。如奉旨饬少荃中丞前来会攻金陵，弟亦不必多心，但求了毕兹役。独克固佳，会克亦妙。功不必自己出，名不必自己成，总以保全身体，莫生肝病为要。善于保养，则能忠能孝而兼能悌矣。

顺问近好。

【译文】

沅弟左右：

接到弟弟十三日的信，了解一切。

常州、丹阳的攻克，我这里早已得到报告。

各城都收复了，只剩下金陵，城墙坚固且厚大，敌人凶悍，而且数量很多，绝不是其他

地方可以比，弟弟一定不要焦急，以至于生病，顺其自然就好。如果接到谕旨令李鸿章前来一起攻打金陵城，你也不要多心。只是要尽快结束这个战役。你单独攻克固然好，一起联手攻克也不错；功劳不必一人全占，名声不必一人享尽，总要以保全身体、不生肝病为主，善于保养身体，才能做到能忠能孝而且能友爱。顺问近好。

【点评】

湘军久攻金陵都不能攻克，朝廷派李鸿章来帮助其围城，以求共同克敌。曾氏怕弟弟多心，会影响作战，因此不但劝慰弟弟金陵城围兵强，易守难攻，还劝慰弟弟，皇上派李鸿章与他并肩作战只是为了以快结束战役，要弟弟精心保养身体，才能做到忠、孝、悌。同时反映曾氏“功名利禄不可强求”的思想。

同治三年四月十八日与九弟国荃书

公元 1864 年 5 月 23 日

沅弟左右：

十七日接弟十四日信并抄鲍信，具悉一切。弟湿毒已愈，又添脚气之疾，总因忧劳过久之故。然天相劳臣，当不至于大碍。观弟昔年无数月不病，此次两年未尝一日不写字，一刻不办事，则知尽忠王事者，自有神明佑助，理不爽也。

少荃派兵来接东坝、句容之防，余已咨明弟处。春霆马步万六千人，师行二千余里，九万途费本不可少。兹拟先交五万，请弟于轮船经费或大通解饷项内拨五万济之，余四万设法续解。

弟需大批饷，除沪上十五万外，实无可指之款。子药则今日起解三万矣。湖南解药三万，计已赶到。

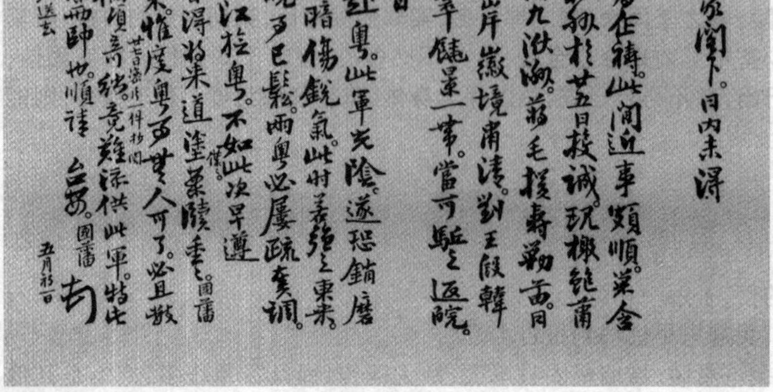

曾国藩手札

徽州于十二三日连获胜仗，系剿江阴洋舍及常州破垒上窜之股。江西之贼，散者极多，见官军辄避不交锋，断无大碍。左帅拨十二营，与克庵、铃峰之兵俱到江矣。湖北德安府有失守之信。兵多而无劲旅，帅贵而好粉饰，亦可虑也。

顺问近好。

【译文】

沅弟左右：

十七日接到弟来信并且抄寄的春霆信，了解一切。弟湿毒之症已经痊愈，却又添脚气之病，总是因为忧虑劳累时间太久的缘故。然而上天将相助辛劳的臣子，应该不至于有什么大妨碍。看老弟你往年就没有几个月不得病的，这次两年里没有一天不写字，没有一刻不办公事，就知道效忠朝廷竭尽忠心的人，自有神明保佑辅助，这个道理是不错的。

李少荃派兵来接替东坝、句容的防务，我已有咨文送到弟弟那里。春霆一军马步计一万六千人，行军两千多里，按说九万两的路费本是不能缺少的，现准备先给春霆五万两，请老弟从轮船经费或大通所解饷项之内拨出五万两周济鲍军。其余四万两再想别的办法陆续解运。

弟所需要的大批饷银，现除上海的十五万两以外，实在没有可以指望的款项。只火药一项，今年起运三万斤。湖南解去三万斤，估计已经赶到。

徽州方面在十二、十三日连续打胜仗，所剿杀的是从江阴洋舍和常州破垒往上游窜逃的部分。江西的敌众，分散的很多，遇到官军就暂避不和他们发生冲突，根本没有大妨碍。左季高已拨出十二营兵，和克庵、铃峰所部一起到江西了。有湖北德安府失守的消息。人数虽多而没有强劲的队伍，将帅尊贵却乐于粉饰自己，也让人担忧啊。顺问近好。

【点评】

曾国藩劝弟弟不要因为忧劳太过而伤身体，所谓吉人自有天相，像曾国藩兄弟这样勤勉为军事效忠的人，自有上天来保佑，因此劝弟弟不要过于操劳，经费问题也是湘军近日急需解决的问题，各路人马皆不可短缺，但实际各路人马都不够，只能划拨周济，解燃眉之急。

同治三年四月二十日与九弟国荃书

公元 1864 年 5 月 25 日

沅弟左右：

十九日接弟十六日信，具悉上海解到十三万六千，合之前批之银三万钱二万串，共得银十八万有奇。春霆分去五万，合之大通之二万，又由江外粮台再解二万，即足九万之数，加以旛轩所办之米四千石，霆营尽可起程援江矣。

弟收沪银十三万零，今日再由江外粮台解去六万，合之各卡厘金，计亦可勉强过节。此节之不决裂，实天幸也。

“深信器重”，施之于富，或容有之；施之于冯，则甚不确。富欲派六千人助剿金陵，亦有信到此间，拟复信令其调回北岸，守六合而保里下河，预防湖北股匪。十二日之片，亦已发其端矣。

“事事落人后着”，不必追悔，不必怨人。此等处总须守定“畏天知命”四字。金陵之

克，亦本朝之大勋，千古之大名，全恁天意主张，岂尽关乎人力？天于大名，吝之惜之，千磨百折，艰难拂乱而后予之。老氏所谓“不敢为天下先”者，即不敢居第一等大名之意。弟前岁初进金陵，余屡信多危悚儆戒之辞，亦深知大名之不可强求。

今少荃二年以来，屡立奇功，肃清全苏，吾兄弟名望虽减，尚不致身败名裂，便是家门之福。老师虽久，而朝廷无贬辞，大局无他变，即是吾兄弟之幸。只可畏天知命，不可怨天尤人。所以养身却病在此，所以持盈保泰亦在此。千嘱千嘱，无煎迫而致疾也。顺问近好。

【译文】

沅弟左右：

我十九日接到了你十六日写来的信，知道上海给你运到了十三万六千两饷银，加上上次的银子三万两、铜钱二万串，你一共得到银子十八万两还多。鲍春霆从中分去五万两，再加上大通拨给他的二万两，江外粮台又给他送去二万两，这样他就凑够了九万两的整数。加上篪轩所采办的米粮四千石，春霆军完全可以开拨支援江西了。

弟收入上海饷银十三万两挂零，今日再从江外粮台解去六万两，加上各厘卡的厘金，估计也能够勉强过端午节了。到端午节而我军不致崩溃，实在是上天的恩赐。

若说朝廷求贤若渴，对富明阿确是这样，对冯子材就很不确切了。富明阿想派六千人来协助围剿金陵城，也有信函来这里，我准备回信让他调回长江北岸守卫六合，保护里下河，预先防御湖北敌人。十二日的附片已经开了这个头。

部署事事落在他人之后，既不必懊悔，也没有必要迁怒他人，这些地方总应该守住畏惧上天、知晓天命这几个字。攻克南京城，是本朝的大功勋，也是千古的大功名，全凭上天做主，怎么能完全依靠人力呢？上天对于大功名，很吝啬、很珍惜，一定在你经历了千磨百折、艰难困顿之后才赐予你。老子所说的“不敢为天下先”这句话，就是说不敢担天下第一等大功名的意思。弟前年刚围攻金陵，我多次写信大多是恐惧儆戒之辞，也深深知道功名是不能强求的。

曾国藩以老子的“不敢为天下先”之语劝诫其弟。图为老子像，出自明·天然撰《历代古人像赞》

少荃自同治二年以来屡建奇功，肃清江苏全境。我辈兄弟名誉声望虽然降低，但还不至于身败名裂，这就是家门的福气。让军旅疲惫困顿的时间已经很长久了，但朝廷并没有斥责之词，全局没有生变，这就是我们兄弟值得庆幸的事。我们只可以顺应天命，不可以怨天尤人。这是保养身体、祛除疾病的道理，也是坚持满盈、保持平安的道理。切记，切记，不要因为熬煎而生病。顺问近好。

【点评】

曾国藩一向主张处事要谨慎小心，不要居功自傲，不要贪天之功为己有。即使事事落在别人的后头，也不必追悔，不必抱怨，必须守定"畏天知命"四字，养身祛病，持盈保泰。因此，在这封信中告诉其弟曾沅甫，南京如果能克复，虽是本朝的大功勋，千古的大功名，但是全凭天意主张，不完全依靠人力，劝他"不敢为天下先"。"畏天知命"，不可强求高名，也不可为李鸿章军功日益显著、兄弟两人名望日益减退而懊恼，这正是家门之福的诀窍所在。

同治三年四月廿四日与四弟国潢书

1864年5月29日

澄弟左右：

廿三日接弟四月初十日由衡州发信，可谓神速之至，其初一之信并茶叶、青布等件尚未到营。弟料理蕙妹丧事，又须照料黄家侄婿之丧，兹又赴衡州经营米捐办之事，可谓劳苦已极。

然捐务公事，余意弟总以绝不答一言为妙。凡官运极盛之时，子弟经手公事格外顺手，一倡百和，然闲言即由此起，怨谤即由此兴。吾兄弟当于极盛之时，预作衰时设想，当盛时百事平顺之际，预为衰时百事拂逆地步。弟此后若到长沙、衡州、湘乡等处，总以不干预公事为第一义。此阿兄阅历极深之言，望弟记之。

此间近状平安。常州、丹阳克复，只剩金陵一孤城，余则江苏全省一律肃清。鲍超马步万六千人即日上援江西，将由九江先赴瑞、临，以便兼顾湖北之崇、通、兴、冶，湖南之巴、平、浏、醴。

内人咳嗽大愈，纪泽亦已复元。惟沅弟肝病颇深，心血太亏，若金陵月内即克，病可不医而全愈耳。家中书有《历代帝王年表》，齐召南所编，约四本，末一本《明纪》系阮福所编，请告朱金权查出付来。黄金堂下手之竹务须大删，每二尺宽乃可留一根，柞树尤宜多芟，否则愈密愈不长也。余俟续具，顺问近好。

【译文】

澄弟左右：

二十三日就接到老弟四月初十日从衡州寄来的信，可以说是十分神速。初一日的来信和寄付的茶叶、青布等东西还没到。弟既要料理惠妹的丧事，又必须照料黄家侄女婿的丧事，现在又赶到衡州经办米粮匪捐的事，可以说十分辛苦。然而匪捐这公事，我认为弟还是绝不插一句话为好。凡是官运极其旺盛的时候，子弟去办理公事就格外顺利，一呼百应，但闲言碎语也就由此而生，怨恨诽谤也从这里兴起。你我兄弟应该在极为旺盛的时候提前做好衰败时的设想，应当在旺盛且百事顺利的时候预见到衰落百事不顺的局面。弟以后如果到长沙、衡州、湘乡等地方，总应该以不干预公事为第一件大事。这是我作为兄长阅历世事有了很深体会而说的话，希望弟记住这些话。

这里近来状况平安。常州、丹阳克复，只剩下金陵一座孤城，江苏的其他地方的敌军都已全部肃清了。鲍春霆马步兵一万六千人这几日北上支援江西，将从九江先到瑞州、临州，以便兼顾湖北的崇阳、通山、兴国、大冶和湖南的巴陵、平江、浏阳、醴陵等地方。

内人咳嗽已经大有起色，纪泽也已经康复。只是沅弟肝病较严重，心血过于损亏，如果金陵在这段时间内收复，那么他的病自会不治而愈。家中书有《历代帝王年表》，齐召南编写的，大约有四本。最后一本《明纪》，是既福编写的。请转告朱金权，找出这本书寄过来。黄金堂下亲手种的竹子务必要砍疏，每二尺宽留一根就可以了。柞树更要砍伐，否则树木越来越密，就难以生长了，其他的事以后再说。顺问近好。

【点评】

曾国藩在表达对弟弟料理家中琐事的谢意的同时，认为弟弟对公事不宜多言，他认为人在官运亨通时，虽然办事效果极佳，但也会招来闲言碎语和猜忌怨恨。因此。人应当在顺境时为以后多做打算，以免在逆境时会招致落井下石，也是曾氏低调做人的思想反映。

同治三年四月廿八日与九弟国荃书

公元 1864 年 6 月 2 日

沅弟左右：

廿四五日接廿一日两信，廿六日接廿三夜来信，具悉一切。

余已于廿七日具片销假矣。弟信既恳至，雪琴又由湖口特来此间一行，遂不复续假，亦恐人疑我此举专为沈中丞也。片稿先抄弟阅。

抚州于十八早解围，外间言围攻极猛，不知实尚隔一大河，炮船排列，断难飞渡也。

富公数千人预备助剿金陵，谕旨令其以江北为重。富来函亦谓即将调回扬防。大约除少荃亲来外，别无一支来弟处帮忙者，事权之一可喜，担荷之重亦可惧。究竟尹光六须借稿荐否？中关之接济已断否？望示及。

弟病在水不能生木，余亦夙有此疾，非药物所能为力。每日无论如何忙迫，总须略有抽闲之时，或静坐，或渴睡，或散步。火不动，则水得所养矣。弟若续接沪饷九万，可分二三万运湘中官盐否？

顺问近好。

【译文】

沅弟左右：

二十四、二十五日接弟二十一日的两封信，二十六日接到二十三日晚上的来信，一切已经知道。

我已经在二十七日写奏折销假了，弟的来信恳切周到，雪琴又从湖口特地来了这里一

静坐为古人所提倡的养生之法，曾国藩常劝其弟静坐。图为清代高人静坐图

趟,就不再继续请假,也怕别人怀疑我这么做专门为了沈中丞。奏折的稿子先抄给弟看看。

抚州在十八日早上解围,外面传言说攻城的时候战斗十分猛烈,他们不知道其实还隔了一条大河,我军炮船排列,敌军绝对很难渡过河的。

富公几千人准备在金陵帮助围剿敌人,谕旨命令他以江北为重点,富公来信也说马上调回扬州驻防。大概除了少荃亲自来了外,其他没有一支队伍来到弟那里帮忙的。指挥权力归你一人是好事,但是负荷太重也是让人害怕的。到底尹光六需不需要让别人的奏稿推荐?中关的接济已经断绝了吗?希望来信告诉我。

弟的病情在于水不能生木,我也很长一段时间有这毛病,不是药物能够控制的。每天不管怎样忙碌,一定要抽点时间,要么静坐,要么睡觉,要么散步,只要火不动,那么水就得到养护了,弟如果连续接到上海方面的军饷九万两银子,可以分出两三万两运送湘中官盐吗?顺问近好!

【点评】

江宁城久攻不下,指挥前线的曾老九固然是焦头烂额,肝胆俱裂,在后方的曾氏也同样是忧心如焚,寝食难安。曾氏每天夜里都去一间小望楼里,双腿跪地,默默向天祈祷,保佑他的亲人平安,也使自己那颗心浮惊疑烦躁无比的心,能够神闲气定下来。心静则神定,神定则虎蛇不惧,就能驾驭三军。于是他无论多忙,都要挤出时间,找一个清静地方静心。曾氏便把自己这种养生心得的方法告诉给曾老九。

同治三年五月初一日与九弟国荃书

1864年6月4日

沅弟左右:

自廿六夜接弟廿三夜一信,近日未接续报,殊深疑虑,不知弟之病恙何如?

此间日内无他信息,惟闻江西省城人心惊惶,纷纷搬徙。雪琴已带船晋省,藉助声威。抚州解围后,贼于二十日攻扑建郡,亦不得逞。谕旨派厚庵督办江西、皖南军务,大约系左帅奏请,亦因余屡奏责重事烦,分此仔肩也。

官帅参严把持兵柄,奉旨以道员降补。吴昌寿补授鄂抚,唐义渠暂署,即日咨达弟处。日内又凑得银四万,听弟处信息,若弟续得沪饷九万,需银不甚迫切,则余拟以此四万作运湘盐本,昨已解四万作盐本矣。即问近好。

彭玉麟铁锁横江图,出自清·马骀《百将图传》。彭玉麟字雪琴,是清朝湘军将领,在与太平军作战中,用铁锁横江,以防太平军溯江上攻

【译文】

沅弟左右：

自从二十六日晚上收到弟二十三日晚上写来的一封信，这两天没有收到后面的信件，深感忧虑，不知弟的病情怎么样了？

这几天没有其他消息，只听说江西省城人心惊慌失措，人们纷纷搬迁。雪琴已经带领船队进入江西省，来助声威。抚州解围后，敌人在二十日攻打建昌府，也没有得逞。谕旨派厚庵督办江西、皖南的军务可能是因为左季高上奏请示的，也因为我多次奏明自己责任重大，想让人帮忙分担一下。

官帅参劾严把持兵权，所以奉旨降为道员。吴昌寿补授湖北巡抚，唐义渠暂时代理，咨文这几天就送到弟那里。

目前又凑到四万两，等候弟那里的消息。如果弟又得到上海来的九万两军饷，不急着需要银子，那么我打算用这四万两银子作为运送湘盐的本钱。昨天已经运送四万银子当作运盐的本钱了。即问近好。

【点评】

曾氏认为，战争令百姓流离失所，城池被攻战前令城中百姓人心惶惶，各自逃散以避难，这时就需要安定军心、民心，所谓人和才能够取胜，军队中将士的士气需要鼓舞，城中百姓的心态也需要安定，这有助于作战时军民的默契配合，从而取得战事的胜利。

同治三年五月初三日与四弟国潢书

1864年6月6日

澄弟左右：

前次发信后，旋接弟四月初一夜之信，并茶叶十篓，又二篓系寄金陵沅弟者，具悉一切。

此间近状平安。金陵之贼，援虽绝而粮实未断。沅弟焦灼之至，而无如之何。幸身体平安，余派盛四去看，归云面色甚好也。

江西之贼攻扑抚、建，两府俱得保全。鲍军于廿六、七等日自东坝起程，初六日自芜湖拔行，五月必可到江。又奉旨派杨厚庵督办江西、皖南军务，应可渐有起色。

惟湖北之贼，蹂躏过久，副都统舒保阵亡，系一马队名将，殊有关系。严中丞以道员降补，义渠暂署鄂抚，不知能平此风波否。

安徽麦收甚丰，惟天气太寒，五月初尚着棉衣二件，不知湖南亦如此否？余详日记中。顺问近好。

【译文】

澄弟左右：

前次的信寄出以后，随即又收到弟四月初一日夜写的来信和十篓茶叶，另外两篓是寄给金陵沅弟的，一切都已知道。

这里近来状况平安。金陵的敌军，虽然断绝了外援，但还没有断粮，令沅弟十分焦虑却又没有什么办法，值得庆幸的是沅弟身体安康。我派盛四去看望他，回来说沅弟的脸色很好。江西的敌军攻打杭州、建昌，两座城府都得以保全。鲍春霆一军在二十六、二十七等日从东坝起程，初六日从芜湖前行，五月之内一定可以到达江西。又奉旨派遣扬厚庵监督查办江西、皖南军务，应该能够逐渐有一些起色，但是湖北敌军活动时间太长了，而二十一日我副都统舒保阵亡，这是一位马军名将，他的阵亡对士气很有影响，严中丞道员降补，唐义渠临时任湖北巡抚，不知能不能平息这场风波。

安徽小麦获得大丰收，只是天气太冷，五月初还要穿两件棉衣，不知湖南是否也是这样？其余都详细记在日记中，顺问近好。

【点评】

战事还处于苦战状态，令曾氏兄弟十分焦虑，金陵的敌军还未弹尽粮绝，仍旧拼死抵抗，而江西虽没有失地，又有军队支援，但也没有占到便宜，反倒是主将的阵亡给军中士气带来负面影响，这场风波必须要尽快平息，不然恐怕动摇军心。

同治三年五月初六日与九弟国荃书

公元 1864 年 6 月 9 日

沅弟左右：

昨寄一缄，旋接初二日来信，具悉弟腹泄小愈，腹泄及不食油荤，均不足介意；惟肝脾二家，全仗老弟以心治之，非阿兄所能助谋，亦非良医所能为功，弟之天君即神医也。

江西宜黄、崇仁失守，省城吃紧，实出意外。（兹有催杨军门之咨，请弟转递。余排递弟处信，三日可到，而排递杨、彭信，总须八九日。州县之以亲疏为势利，可恶如此。昌岐来此，必厚待之如初。

前澄弟寄弟信与茶叶，久未专送，顷又接澄付弟信，兹一并排递，而另派亲兵送茶叶去。火药即日再解二万，以资应用。金陵贼情，常、丹克复与未克时有异乎？无异乎？顺问近好。

【译文】

沅弟左右：

昨天寄出一封信，立刻又接到你初二的来信，得知弟弟你腹泻稍微好了一些。腹泻和不吃油腻荤腥都不值得介意，只是肝、脾两病全靠老弟用心治疗，我不能帮你出谋划策，高明的大夫也不能完全治愈，你的心就是你的神医。

江西宜黄、崇仁两地失守，省城战事吃紧，实在意料之外。现在有催促杨提督的咨文，请老弟转递。我由驿站用马送给老弟的信三天可到，而这样送给杨厚庵、彭雪琴的信总要八九天才到，各州县以亲疏而别，如此势利，实在可恶。昌岐如来这里，一定要像过去一样厚待他。

前不久澄弟寄给你的信和茶叶，很久没有派专人送去，不久又接到澄弟写给你的信，现在一起用驿站的马送到，另派亲兵送茶叶去。火药这两天再解运两万斤去，以应军需之用。

金陵敌情在常州、丹阳攻克前后相比有什么异常？还是没有异常？顺问近好。

【点评】

形势逆转，战事吃紧，宜黄、崇仁两地失守，令省城更处在危急之中，这种状况让曾氏兄弟十分忧虑，曾氏劝弟弟心病还需心药医，肝、脾的病都要靠宽心来调理，但在这种情况下，其实要做到心宽也是很难的。

同治三年五月初十日与九弟国荃书

公元 1864 年 6 月 13 日

沅弟左右：

初九日接弟初六日书，具悉一切。厚庵亦于是夜到皖，坚辞督办一席。渠之赴江西与否，余不能代为主持；至于具折，则必须渠亲自陈奏，余断不能代辞。厚帅现拟在此办折，拜疏后仍回金陵水营。春霆、昌岐闻亦日内可到。春霆回籍之事，却不能不代为奏恳也。

弟病近日少愈否？肝病余所深知，腹疼则不知何症。屡观朗山脉按，以扶脾为主，不求速效，余深以为然。然心肝两家之病，究以自养自医为主，非药物所能为力。今日偶过裱画店，见弟所写对联，光彩焕发，精力似甚完足。若能认真调养，不过焦灼，必可渐渐复元。

五月分之火药三万斤，拟于日内起解，银亦可解三万。江西之贼，初四日尚未至樟树。省城援兵已到，当安稳矣。

复问近好。

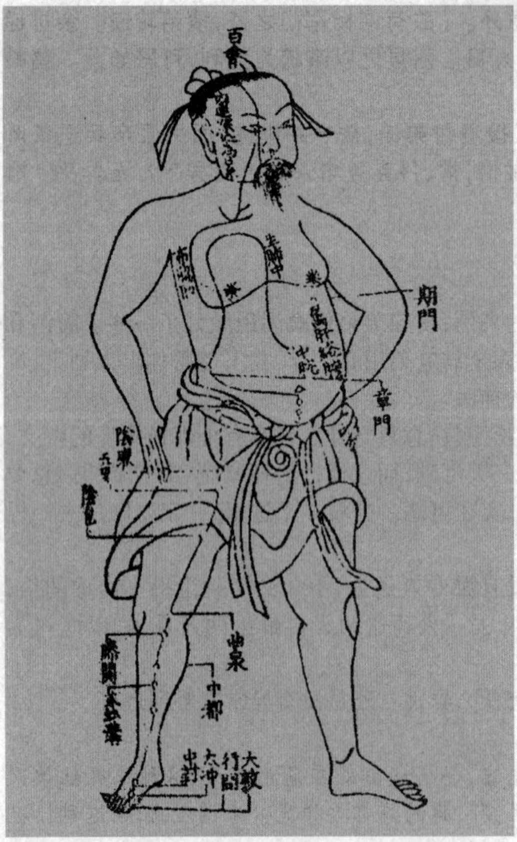

《十四经发挥》图中的足厥阴肝经之图

【译文】

沅弟左右：

初九收到弟弟初六的来信，了解一切。厚庵也在昨晚到安徽，坚决要辞去督办这个职务，他去不去江西，我不能替他做主。至于写奏折，就必须要他亲自上奏陈述，我万万不能替他辞职。厚庵现在准备在这里写奏折，呈上奏疏之后还回金陵水军。据说春霆、昌岐可以在这几天内到达。春霆回原籍奔丧的事，我却不能不代他上奏恳求。

弟弟的病现在好些吗？肝病我十分了解，腹痛不知道是什么症状？我多次看《朗山脉按》，说要以扶脾为主，不要求速效，我很赞成这种说法。但是心、肝两处的疾病，终究还是要以自我保养、自我治疗为主，不是药物所能起作用的。今天我偶然经过裱画店，看到你书写的对联，可以说光彩焕发，精力看上去十分旺盛。如果能够认真调养，不致过于焦虑着急，一定能够逐渐复原的。

五月份的三万斤火药，准备几天内就起运，白银也能运去三万两。江西的敌军，初四还没有到樟树。省城派出的援兵已到，应当很安稳了。复问近好。

【点评】

曾国藩认为心、肝、脾等疾病，终究是要以自保自医为主，就是要"内发"，以自身系统循环的调养为主，而不是外部药物所能够完全治愈的，因此他劝慰弟弟凡事不要过于焦虑，调养生息，便能早日康复。

同治三年五月十二日与九弟国荃书

1864 年 6 月 15 日

沅弟左右：

日内深以弟病为虑，十一日接初七日交袁差官带来之信，并与泽鸿两儿信，字有精光，兼有静气，词语亦不迫促，卜病体之必将痊愈，为之大慰。

惟金陵持久不下，以吾弟平日之性情，恐肝气之病愈积愈深。余吾与昌岐久谈，知少荃于吾兄弟处，实有相亲相卫之意。吾意欲奏请少荃亲带开花炮队、洋枪队前来金陵会剿，接弟此次复信（不过十八九可到），余即一面出奏，一面函咨少荃，请其迅速西来。如苏军齐到成功，则弟受其劳而少荃享其名，既可以同膺懋赏，又可以暗培厚福；盖独享大名为折福之道，则与人分名即受福之道矣。如苏军虽到，而城贼仍坚持不下如故，则谤可稍分，而责亦稍轻。

余昨日已咨少荃派炸炮至金陵会剿。细思弟之肝病，不宜再郁两月，而饷项亦断难支至三四月，故决计奏清少荃前来。苏军近亦仅支五成之饷，并非十分充足，可无贫富相耀之患，想弟能谅我苦衷也。

厚庵新授陕甘总督，可谓非常特恩，仍督办江西皖南军务，断不可辞矣。金陵水师防务，余请昌岐与弟会办。雪琴仍回裕溪等处，当不至疏失。多公仙逝，劳苦可悯。

即问近好。

杨岳斌像。杨岳斌字厚庵，为清末大臣，1864 年被任命为陕甘总督

【译文】

沅弟左右：

这几天很担心老弟的病，十一日收到初七日弟交袁差官带来的信和给纪泽、红鸿两儿的信，字迹有精神、有光泽，也有安静之气，言语之间也不显得

匆忙迫切，由此看出老弟的病体不久一定会痊愈，因此十分欣慰。

只是金陵城相持很久却还没有攻下，按照我兄弟平日里的性情，怕肝病会越来越重。我和昌岐长谈，得知李少荃实际上有和我兄弟互相亲近、互相保护的意思。我的意思是奏请少荃亲自带领开花炮队、洋枪队前来金陵城一同剿灭敌军。一接到弟的回信（不超过十八九日回信就能到），我就一面上奏，一面给少荃去一道咨文，请他立即西进。如果苏州军到齐而大功告成，那么弟承受其辛劳，而少荃享有其声名。既可以一同领赏，又可以暗中为自己培养丰厚的福分。因为单独享受大功名会折损福气，那么和别人分享功名就是接受福分的方法了。如果苏州军虽然到达，而金陵城敌军仍然坚守，金陵还是攻不下来，那么对我们的非议也可以分散一些，我们的责任也可以稍微减轻一些。

昨天我已给少荃发咨文，让他派炸炮到金陵来一同剿敌。细想起来，弟肝病在身，不应该再抑郁两个月，而军饷也很难以支撑三四个月之久，因此决定奏报朝廷，请求派少荃前来。苏州军近来也只能支持五成的军饷，供给并不是十分充足，来金陵也不担心会有贫富悬殊的问题，想来老弟能体谅我的苦衷。

杨厚庵刚被任为陕甘总督，可以说不是一般的恩赐，仍然让他督办江西、皖南军务，这回一定不能再辞职了。金陵水军防务我请昌岐和弟一起办理。雪琴还回到裕溪等地，应该不至于有疏忽失误。多公仙逝，劳苦功绩，让人怜悯。即问近好。

【点评】

同治三年五月，杨岳斌被朝廷授命陕甘总督，这实在是朝廷对杨岳斌的非常特恩。他自从咸丰三年投奔曾氏以来，极为受到曾氏的器重，屡次升官晋级，由副将、总兵而提拔到提督。这次由武职变成文职，总督比提督的实际地位强多了。因为清代重文抑武，驻于本省内的所有总兵、提督一律受该省督抚的节制，杨岳斌可以说是咸丰、同治年间，湘军中最值得庆幸的人了。

同治三年五月十四日与四弟国潢书

公元1864年6月17日

澄弟左右：

初五日接弟四月十九之信，初八日接四月十六日来信，十二日又接排单递到一信，具悉一切。震四微有转机，大幸大幸，不知近日又更好否？

此间近状，杨军门放陕甘总督，仍督办江西、皖南军务。鲍春霆于十一日至安庆，其全军已至青阳，二十以内可至九江，本月必至瑞州。瑞州、临江两府相隔仅九十里，由江西窜两湖，必由瑞、临经过。杨鲍二人由瑞、临下手，所以援江西，即所以保两湖也。

由江西犯湖南约有三路，北由瑞、临犯平江、浏、醴，中由吉安犯茶陵，南由南赣犯郴、桂。现在三路俱有布置，吾乡应可安居。

湖北之贼几犯汉口，幸为水所隔，不日必来皖北。金陵之贼坚抗如故。谕旨问少荃能亲赴金陵会剿否，余拟即日奏请饬派少荃亲来会剿，速克则共乐其功，缓克则稍分其谤。沅弟外症虽好，而肝病已深，断不宜再久郁郁矣。

弟比余小十岁，何以白头遂已一半之多？以后总宜节劳，至嘱至嘱。余发仅白数茎，惟精神日衰，牙齿松疼，看来吾兄弟寿年均难及上三代，惟当加意保养；弟于诸昆中，劳苦独甚，尤宜静养耳。

顺问近好。

【译文】

澄弟左右：

初五日收到弟四月十九日的信，初八日收到四月十六日来信，十二日又收到排单送到的一封信，一切已经知道。震四稍微呈现转机，真是万幸，不知这几天是不是又更好一些？

这里近来情况，杨提督外放陕甘总督，还是督办江西、皖南军务。鲍春霆已经在十一日到达安庆，鲍部全军已经到青阳，二十日内可以到达九江，本月之内一定能到瑞州。瑞州、临江两府相距只有九十里，敌军如从江西逃窜到两湖，一定从瑞州、临江经过。杨厚庵、鲍春霆在瑞州、临江下手，来援救江西，也是保全两湖。

从江西进犯湖南大概有三条路线：北路从瑞州和临江进犯平江、浏阳、醴陵，中路从吉安进犯茶陵，南路从南安、赣州进犯郴州、桂阳府。现在三路都有所安排，我们的乡民应该能够安居乐业。

湖北敌军几次进犯汉口，幸好被江水所阻隔，不出几天一定会来到安徽北部。金陵敌军和原来一样负隅顽抗。有谕旨询问李少荃能不能亲自到金陵一起剿敌，我打算这几天奏请下令派少荃亲自来一同剿敌。迅速攻克，那么大家乐得共享大功；收复得晚，那么少荃可为我等稍微分担非议。沅弟外在之病虽然好了，但是肝病已加重，绝对不能长久郁郁寡欢了。

弟比我小10岁，为什么白头发已有一半之多？以后总该节制辛劳，至嘱至嘱。我的头发仅白了几根，不过精神日渐衰退，牙齿松动疼痛。看起来你我兄弟的寿命都很难赶上前三代，只有着意保养。老弟在各位兄弟当中尤其劳累辛苦，更应当静养。顺问近好。

【点评】

太平军从江西向湘军老家湖南进犯，曾国藩认为大概有三条路线：北路、中路和南路，因此未雨绸缪，在三路都设下阻隔以保家乡。金陵仍然难以攻克，曾氏希望和李少荃部队共同剿敌。曾氏在信中末尾又谈及养生的问题，劝九弟保养身体为重。

同治三年五月十五日与九弟国荃书

1864年6月18日

沅弟左右：

昨日寄信一件、咨文一件，拟请李少荃来金陵会剿，想可先到。今日写复少荃信一件并咨一件，兹专船送至弟处，弟细心斟酌。如以为然，即由弟觅便递至苏州抚署；如弟不以为然，则咨与信皆交来弁带回，余另写复信可也。

余千思万想，皆为恐弟肝病日深起见。不请少荃来会剿，则恐贼城相持太久，饷绌太甚，弟以郁而病深；请少荃来会剿，则二年之劳苦在弟，一旦之声名在人，又恐弟以激而病深。故辗转踌躇，百思不决。此次将咨与函，送弟处自决。弟之声名即余之声名也，弟之性命即余之性命也。二者比较，究以保重身体为大。弟自问身体足以久磨久练，则余自放心矣。

至昨所奉初八日寄谕，余当会弟衔复奏，待弟两次复信到乃具疏耳。顺问近好。

【译文】

沅弟左右：

昨天寄去一封书信，一件咨文。打算请李少荃来金陵一同剿匪，想可先到。今天写好给李少荃的回信一封和咨文一件，现派专船送到弟那里，弟要仔细斟酌。如果弟弟认为合适，就由老弟找机会送到苏州巡抚衙署；如果弟与我意见不同，那么致少荃咨文并书信都交予来人带回，我再另给少荃回信就行了。我思来想去，都是因为害怕弟肝病加重起见。不邀请李少荃前来会同剿敌，则就怕敌军相持时间太长，军饷不足的问题太严重，弟因为抑郁而病情更重，请少荃来一同剿敌，那么两年之辛劳全归弟，一旦马到成功声望归别人。又担心弟因受到刺激而病情又深。所以我辗转反侧犹豫再三而决定不了，这回将咨文和信函送至弟处请弟自己决定。弟的声望名誉，也就是我的声望名誉；弟的性命，也就是我的性命。声名、性命二者相比较，还是保重身体更重要。弟自问身体可以经得起长久磨炼，那我自然可以放心了。

至于昨天所接奉的初八日寄谕，我还要和弟会同具衔复奏，且等弟两封复信来了就写奏折。顺问近好。

【点评】

对于会同李少荃共同抗敌攻克金陵的决定，曾国藩也有顾虑而犹豫不决。因此让弟弟自己作决定。如果会同李部抗敌，怕军饷不足，事情郁闷而导致信中反映了曾氏为兄弟之事思考再三，既担心独军难以克敌，又担心少荃援助而抢其功名，前思后想，不知所为。弟弟病情加重；反之，那么弟弟两年来辛勤劳苦，却要把功劳拱手让人，实在是难以解决的事情。

同治三年五月十六日与九弟国荃书

公元 1864 年 6 月 19 日

沅弟左右：

十二日接弟劝纪鸿乡试之信，字秀劲而有静气，知弟病体大愈。因复一缄，商请少荃来金陵会剿。十四日因接初八寄谕，又去一咨一缄，商少荃会剿之事，十五日又将余与少荃之一咨一缄，专戈什哈送至弟处转递，想均到矣。

夜来又细思，少荃会剿金陵好处甚多，其不好处不过分占美名而已。后之论者曰：润克鄂省，迪克九江，沅克安庆，少荃克苏州，季高克杭州，金陵一城，沅与荃各克其半而已，此亦非甚坏之名也，何必全克而后为美名哉？人又何必占天下之第一美名哉？如弟必不求助于人，迁延日久，肝愈燥、脾愈弱，必成内伤，兄弟二人皆将后悔，不如及今决计，不著痕迹。望弟将余与少泉一咨一函递去，弟亦自加一缄，待弟复信到日，余即会弟衔复奏。少泉将到之时，余亦必赶到金陵会剿，一看热闹也。

顺问近好。

【译文】

沅弟左右：

十二日收到弟劝纪鸿参加乡试的信，字迹秀丽、刚劲又有平静之气，知道弟的病情已有相当大好转。因而给复一信，商量邀请少荃前来金陵会同剿灭敌人。十四日因为接到八日寄来的信，又给你寄去咨文一件、书信一封，商量请少荃会同剿敌的事，十五日又把我寄给少荃的一件咨文和一封信派戈什哈送到弟处代为递送，想来都已经送到了。晚上又仔细思考，少荃来金陵会同剿敌的好处十分多，至于不利之处不过是占了点美名而已。对于后一点可以这样想：胡润芝克复湖北省城、李迪庵克复九江、沅弟你攻克安庆、李少荃攻克苏州、左季高攻克杭州，而金陵一城等于沅弟与少荃各自攻克一半而已，这也不是很坏的名声呀。何必一定要独自攻占全城才能算是美名呢？人又何必要独占天下第一这美名呢？如果弟断然不肯求助于别人，战事天天拖延，肝火越来越燥，脾越来越弱，一定成为内伤，你我兄弟二人都会后悔的。不如现在早做打算，还不留痕迹。希望弟把我给少荃的咨文、书信转去，弟自己也写一封信。等弟的回信寄来的时候，我就会马上同弟具衔上奏。

少荃要来到金陵的时候，我也一定会赶往金陵一同剿贼，看一下热闹场面。顺问近好。

【点评】

曾国藩再劝弟弟仔细考虑与李少荃联手攻克金陵的事，认为好处很多，至于不利之处只不过是弟弟少占了些功名而已。即使与人联合攻城，名声也不算太坏，何必非要独占第一美名呢？若不把握时机，怕以后一定会后悔的。此信反映曾氏看透功名，以军务大事为第一的忠国思想，其实也是如此，少些争功占名之心，反倒使心境清爽，有益于身心健康。

同治三年五月十七日与九弟国荃书

公元 1864 年 6 月 20 日

沅弟左右：

三日未接弟信，不知弟身体何如？不更加焦灼增疾否？

余闻昌岐言弟精神完足，小恙无碍而放心，闻曾恒德、刘高山言弟病势不轻而悬念，见弟信劝科一乡试，字迹奇润而喜慰，见弟信言贼米日发一斤四两而忧灼。

春霆过此，其于吾弟感激钦佩迥异寻常，厚庵于弟亦契合无间言。故余与少荃一咨一信，惟愿弟之速送，又惟恐弟之径送，反复无定，为弟所笑，亦必为弟所谅也！

今日命纪泽赴金陵省视老弟。余于六月初间亦必往兄弟畅叙。届时少荃若到，余即在彼不遽回皖；如少荃不到，余即坐轮船速归。总之，弟以保身为主，无论少荃与余会剿与否，于弟威名微减，而弟之才德品望毫无损也。

顺问近好。

【译文】

沅弟左右：

三天没有接到弟弟的来信，不知道你身体怎样？不知道是不是因为过分焦灼而增添疾病了呢！

我听昌岐说你精神很好，只是小痛，没有什么大碍，才放心了。然而听到曾恒德、刘高山说你病情不轻，又很挂念。看到弟弟来信劝纪鸿儿参加乡试，字迹奇特圆润，很高兴。看到老弟信中说敌人的粮食还能每人每天发给一斤四两，又感到很忧虑焦灼。

春霆路过我这里，他对我的感激敬佩之情很不寻常。杨厚庵和弟弟也是配合默契，没有隔阂。所以我十五日给李少荃的一件咨文、一封书信，希望你迅速送去，又怕你直接就送去了，心中反复不能决定，一定被弟笑话，你也一定会原谅我。

今天命纪泽到金陵看望弟弟。我六月初时也一定去，兄弟畅谈一番。到时候少荃如果来了，我就留在你那里，不立即回到安徽。如果少荃不来，我就坐轮船立即回去。总之，弟弟要以保养身体为主。不管少荃和我是否到金陵会剿敌军，对于弟弟顶多只是声威名望有所减损，但是对弟的才学品德名望一点也没有损害。顺问近好。

【点评】

曾国荃自同治三年五月，带领吉字营围攻江宁城已达二年多了，这样旷日持久的围攻，不但耗费了许多钱财，也影响整个战局的进展，招致许多人对曾氏兄弟的指责，曾老九私心凝重，想独吞天下第一头功，他容不得别人插手。这样的僵持局面，可急坏了朝廷，便下两道谕诣，要求李鸿章增援曾老九。曾氏也私心自重地为老九着想出发，若李鸿章前来争功，曾氏就去江宁城督阵，因李与老九都是他的部下，功劳的美名还是姓曾；若李不去江宁，曾氏也就不和老九争功，依然回到安庆。显而易见，于大是大非面前，曾氏的私心暴露无遗。

同治三年五月十九日与九弟国荃书

公元 1864 年 6 月 22 日

沅弟左右：

十八日接弟十五夜书并少泉信稿，具悉一切。少荃意在助吾兄弟成功，而又不敢直言，其意可敬，弟复信盼他早来，甚是甚是。

戈登今日来此畅谈，亦甚服弟之营垒坚固，号令严肃（但言少好炮）。吾观近日认真办事者，外间尚有公论。如弟元年初进金陵，远近责有烦言，至二年而浮言尽息，三年而众论翕服，从未闻有谤议入吾耳者。盖实见弟办事极有条理，军民之最近者心悦诚服，则远处之浮言亦无由而起。若亲者如杨如鲍，疏者如窦如戈，则尤极口赞叹，不知弟耳中别闻毁言否？如有所闻，亦望置之度外，照常治事，到底不懈。少荃若开花炮若不效，仍恃“曾铁桶”（贼中呼弟之名）以严断接济破之耳。

弟复余十四五日之信，计廿、廿一可到，到即会衔复奏，催少泉西来也。顺问近好。

【译文】

沅弟左右：

十八日收到弟十五日夜里写来的信和少荃来信的手稿，一切都已知道。少荃想要辅助我弟兄成就功业，而又不敢直截了当地说，他的心意让人敬佩。弟回信盼望他能早来金陵，的确应该这样。戈登今天到这里，畅谈一番，也十分佩服弟的军营壁垒坚固，号令严明，军纪严肃，只是说老弟一军缺少好炮。据我观察近来能够认真办事的人，外面还是有公正看法。比如同治元年弟初次进攻金陵，到处都有闲言碎语，至同治二年那些流言就全部平息了。至同治三年众人议论则又都表现出佩服了，再没有毁谤的议论进入我耳朵里。因为明显看到弟办事极有条理，军民对你心悦诚服，则远处的闲言碎语也就无从发生了。亲近的像杨厚庵、鲍春霆，疏远的像窦兰泉、戈登，对弟更是极口称赞、叹服。不知道弟是否曾听到过其他的非议没有？假如听见一二，也希望老弟能置之度外，照常处理军务，坚持到底毫不松懈。

少荃的开花炮如果没有效果，仍然要靠“曾铁桶”用严厉切断敌军接济供己的办法攻破金陵城了。

弟给我十四、十五日信的回信，估计二十、二十一日可以到此，信一到我就会和弟一起具衔上奏，催促少荃西进到这边来。顺问近好。

【点评】

曾氏为人处世的原则是：凡事问心无愧就好，一切自有公论。他回忆弟弟当年刚刚攻打金陵的时候，流言飞语、非议之声不断，到现如今大家都称赞弟弟的作法是正确的。他因此劝弟弟无论听到什么谣传，只要置之度外就好，切莫因此而心生抑郁。

同治三年五月廿三日与九弟国荃书

公元1864年6月26日

沅弟左右：

昨日余宗发归，寄一信，想可先到。接胡莲舫咨，广东解银四万八千零至金陵大营，不知到否？

自贼窜江西，余即寄信与云仙，恐江右道梗，请将粤饷全由海道径达上海，以解金陵。云仙之复信早已接到，而饷则至今未到，粤厘日见目减，良可深虑。云仙深不以吴公昌寿为然，而吴公在粤在京，物望极美，不日即将履鄂抚之任，未知果贤于旧令尹否？兹将云仙前来密缄抄达弟览。

弟之内疾外症果愈几分？凡郁怒最易伤人。余有错处，弟尽可一一直说。人之忌我者，惟愿弟做错事，惟愿弟之不恭；人之忌弟者，惟愿兄做错事，惟愿兄之不友。弟看破此等物情，则知世路之艰险，而心愈抑畏，气反愈平和矣。

顺问近好。

【译文】

沅弟左右：

昨天余宗发回去，寄一信，我想那封信能先到。接到胡莲舫的咨文，广东运送白银四万八千多两到金陵大营，不知运到没有？

自从敌军逃窜到江西，我就给郭云仙写信，怕江西道路阻断，请他把广东运来的军饷经海路直到上海，以便运往金陵。云仙的回信早已收到，但饷银却到现在还没有运到。广东厘金眼见一天天减少，很令人担忧。云仙很不把吴昌寿的意见当回事。但吴公在广东、在京师，声望都极好，不几天就要到湖北巡抚任职，不知是不是真的比过去的前任强些？现将云仙日前来的密信抄送弟看。

弟弟的内外病症，是不是真的好了几分？凡属抑郁发怒，最伤身体。我有过错，弟弟尽管一一说出来。嫉恨我的人，只想看到我弟弟做错事，只想看到我弟弟不恭敬。嫉恨弟弟的人，只想我做错事，只想我们兄弟不和。弟弟看破了这种人情世故，就会知道世态的险恶，那么心里越抑制忧郁，而心境反而越平和。

顺问近好。

【点评】

凡是有了利益之分，有了功名之别后，人与人之间就变得匪夷所思了，就会有许多陷阱布满周围。曾国藩在这封信中谈到的问题，绝对是一种社会风尚——恨不得竞争对手早些出点事。因此他告诫家人，要能看透此心，知世路之艰险，保持心平气和之态。

同治三年五月廿五日与九弟国荃书

1864年6月28日

沅弟左右：

廿五日辰刻接弟廿一夜信，知地道又被斗穿三洞，实堪愤闷。然与其轰开而被贼以火球堵住，伤亡尤多，又不如被其掘穿，我之士气不大挫减也。弟须多方劝慰诸将，无过忧郁。

凡子弟生徒，平日懒惰，场文荒谬而不售者，则当督责之；至平日劳苦、场文极佳而不售者，则当奖慰之。弟所统诸将，皆劳苦佳文之生徒也。余中厅悬八本堂扁，跋云：养生以少恼怒为本，事亲以得欢心为本。弟久劳之躯，当极力求少恼怒。纪泽事叔如事父，当极力求得欢心也。

又闻江西之贼将由青阳、芜湖回救金陵。厚庵调湘后三营，撤金柱关之防，余极不放心。渠言面商吾弟，果商及否？望弟加意慎重。陆防江西、湖州之援贼，水防江面之接济，只要此二事办得认真，金陵终有蒇事之日，无以地道无成、苏军将至稍涉大意也，千万千万！顺问近好。

烟毬，用以熏地道中敌人。图出自《防守集成》

【译文】

沅弟左右：

二十五日辰时接到弟二十一日夜来信，知道地道又被挖穿三个洞，实在令人愤懑。但与其炸开之后被敌军用火球堵住伤亡更多，还不如被他们挖穿，我军的士气也不致受到很大的影响。弟弟必须多方设法劝慰将领们不必过分忧心抑郁。

凡是子侄、学生门徒，平日里懒惰，科场作文荒谬而没有中举的人，则应当督促斥责他们。至于那些平时辛劳刻苦、科场作文很好却没有中举的人，就应该奖励安慰他们。你所率领的将领，都是勤劳刻苦、文章很好的学生。我在中厅悬挂了八块匾额，跋文说："养生以少恼怒为本，事亲以得欢心为本。"弟弟长期劳苦的身体，应当极力减少恼怒。纪泽儿侍奉三叔应像侍奉父亲一样，应极力讨三叔欢心才对。

又听说江西的敌军将要从青阳、芜湖回去救援金陵。厚庵调回湖南三个营，撤了金柱关的防守，我很不放心。他说会跟弟弟当面商量这件事，真的商量了吗？希望弟更加留心、慎重。陆路要防守江西、湖州的敌援，水路要严防敌军水面接济城中敌军，只要这两件事办得认真，金陵一定会有克复的一天，不要因为从地道攻击没有成功，苏州的军士又将要到来而稍微大意。千万千万！顺问近好。

【点评】

曾国藩在这里谈到教育问题，即如果平时懒散，不求上进、不用功的人，要督促惩罚他们，但对于平时勤奋刻苦的人，即使他们做错了，也要安慰鼓励他们，以求激发他们的斗志，鼓励他们继续前进。

同治三年六月初一日与九弟国荃书

公元1864年7月4日

沅弟左右：

初一日午刻接廿七日一函，知廿六日苦攻无益，弟又以皖北空虚之故，心急如焚。我弟忧劳如此，何可再因上游之事，添出一番焦灼。

上游之事，千妥万妥。僧邸即日可至三河尖，陈国瑞已至正阳关，其力足制此贼。而"狗"党数酋坚请投诚，已派刘维桢前往收降。刘亦"狗"部大酋，十一年在德安降蒋之纯，"狗"党陈、马等有信约刘往黄州说事者也。若非真有降意，岂有徘徊黄、麻月余不下皖境之理？

江西侍、康各股，亦纷纷逃散，不出宜、崇城外一步。两岸之事皆易收拾，弟积劳太久，用心太苦，不可再虑及他事。

弟以"博文约礼"奖泽儿，语太重大，然此儿纯是弟奖借而日进。记咸丰七年冬，胡帅寄余信，极赞三庵一琴之贤，时温弟在坐，告余曰："沅弟实胜迪、希、厚、雪。"余比尚不深信，近见弟之围攻百数十里而毫无罅隙，欠饷数百万而毫无怨言，乃信温弟之誉有所试。然则弟之誉泽儿者，或亦有所试乎？

余于家庭有一欣慰之端，闻妯娌及子侄辈和睦异常，科一、科三、科四有姜被同眠之风，甲三、甲五等亦爱敬兼至，此足卜家道之兴，然亦全赖老弟分家时布置妥善，乃克臻此。

大女儿病已愈，殊出望外。余俟江西案办妥，乃赴金陵，弟千万莫过忧灼，至祷至嘱。

即问近好。

【译文】

沅弟左右：

初一日午刻接弟二十七日一信，知道二十六日苦攻金陵，并无收益，老弟又因为安徽北部空虚的缘故而心急如焚。老弟已经这般忧愁劳苦，怎么能再为了上游军事而增添一番焦虑呢？

上游军事十分妥当，僧格林沁近几天里可以到达三河尖，陈国瑞已经到正阳关，他们的力量足够可以牵制这股敌人。陈玉成余党数位将领坚持要求允许他们投降，已经派刘维桢前去接受投降。刘维桢原也是陈部大将，咸丰十一年在德安投降蒋之纯。陈部陈、马等人有信来，就是约刘维桢去黄州商议这事的。如果不是真有投降的意思，哪里有在黄州、麻城一带徘徊一个多月不进入安徽境内的道理呢？

江西敌军侍王、康王各部也纷纷逃散，不出宜黄、崇仁城外一步。两岸军事，都很容易处理，弟辛勤劳苦已久，用心太苦，不能再考虑其他的事务了。

弟用博学于文、约之以礼来奖励纪泽儿，言重了，但这孩子完全由于弟奖掖而日有进步的。记得咸丰七年冬天，胡润帅给我写信，极力称赞三庵一琴是贤能之才。读信时温弟在座，对我说沅弟实际上胜过迪庵、希庵、厚庵、雪琴。当时我还不是很相信他的话。近来看到老弟指挥围攻金陵，连营一百几十里而毫无纰漏，拖欠军饷已达数百万两而丝毫没有怨恨之言，这才相信温弟对你的称誉名副其实。所以老弟今天称道纪泽儿，或许也会有所应验吧？

我对家庭感到欣慰的一件事，是听说家中妯娌以及子侄辈很和睦，科一、科三、科四兄弟有兄弟友爱的家风，甲三、甲五也是兼有友爱、恭敬的美德。因此完全可以预见家道的兴盛。然而这也全仰仗分家时老弟布置十分妥善，才能达到这种程度。

大女儿病已全好，大出意外。我等江西事办妥以后再去金陵，老弟千万不要过于忧虑着急。至祷至嘱。即问近好。

【点评】

曾老九夸奖纪泽“博文约礼”，这使曾氏备感欣慰，喜悦的心情真是比自己得到奖赏时高兴的心情，有过之，而无不及。大至人活到50多岁以后，自己一生的功名事业大凡已有定数，所有未能实现的愿望都寄托在下一代身上。俗话说：“五十而知天命。”正是此意。曾氏看到下一代的兄弟们，大小学业上都取得功名；且他们兄弟间都能相互尊敬关爱，和睦相处，曾氏心里感到非常欣慰，他认为曾氏家族的家业兴旺有指望了。

同治三年六月初四日与九弟国荃书

1864年7月7日

沅弟左右：

初二初三日连接廿九三十日两缄，知又攻破地保伪城，吾弟焦灼情怀，或为少纾。

贼周城而呼援贼已到安徽云云，正是情急无聊者之所为。苏军如到溧水，弟速调王可升渡扎浦口，则城内众心绝望，必益大慌。此虽闲着，万万不可少也。

李文合三营业已调之替守高淳，何能再调守无为州？鄂贼徘徊黄州，不似遽下窜者，万一下窜，吴竹庄三营先到无为，周厚斋七营亦将继到，上游北岸之事，弟尽可放心，慎毋轻撤高淳之兵也。

弟廿五六日俱骑行百余里，欣慰之至，下次军情片中当奏及之。沪饷以陈米万石应付，实出人情之外。即日当奏请沪苏卡局各厘捐，督抚各占一半，或抚三成占二，督三成占一，交户部核议，出奏时将稿寄阅。顺问近好。

【译文】

沅弟左右：

初二日、初三日两天连续接到弟二十九、三十日两封信，得知弟又率军攻破敌人地保城，我兄弟的焦虑情绪也许可以稍微缓解。

敌人围城呼喊援军已到安徽，等等，正是那些情急之下没有办法的人所做的事。苏州援军如果到达深水，弟可迅速调王可升部渡过长江驻扎在浦口，那么金陵城内人心必然绝望，一定更为恐慌。这一行动虽然是闲着，但又是万万不可少的。李文合的三营已经调去高淳换防，怎么能再调到无为州呢？湖北敌人正在黄州境内徘徊，不像要立刻到下游去的样子。万一向下流窜，吴竹庄三营可到无为，周厚斋的七营也要随后到达，所以上游北岸的事情，弟可以完全放心，千万不要轻易撤走高淳守兵啊！

老弟二十五、二十六日这两天都能骑马行走一百多里，十分欣慰，下次军情奏折内应该提到此事。上海的来饷竟然以陈年积米万石应付，实在出乎情理之外。这几天当上奏请求上海、苏州卡局各自厘捐在分配上采用总督、巡抚各占一半；或者三成中巡抚中二成、总督占其中一成，交送户部核议。上奏时将把奏稿寄给弟看。顺问近好。

【点评】

全陵城内的太平军呼喊援军已到安徽，在曾氏看来，这正是敌人自乱阵脚、心中无底的表现，我军千万不可以因此而动摇军心。他还告诉弟弟如果援军到达深水，弟弟可以迅速做出部署，这样便能断绝敌人的希望。

同治三年六月初四日与四弟国潢书

1864 年 7 月 7 日

澄弟左右：

六月四日接五月廿二日信，初一日接十一日信，具悉一切。震四果尔早逝，四妹适朱家万缘皆空，吾骨肉中今年何多变也！老弟终日奔驰劳苦，深为系念。

此间近状平安。大女儿病六七日，今已全愈。沅弟病亦愈矣，闻廿五六日每日又骑行百余里。余命泽儿往看沅病，初二归来云“尽可放心”，但六月尚盖棉被三床，体亦弱矣。

弟能从此少管公事，甚慰甚慰。余蒙先人余荫，忝居高位，与诸弟及子侄谆谆慎守者，但有二语曰“有福不可享尽，有势不可使尽”而已。福不多享，故总以俭字为主，少用仆婢，少花银钱，自然惜福矣。势不多使，则少管闲事，少断是非，无感者亦无怕者，自然悠久矣。余详日记中。顺问近好。

【译文】

澄弟左右：

六月初四日接到五月二十二日信，初一日接到十一日信，知道了一切。震四真的早早去世，四妹嫁到朱家，真是万事皆空。我曾家一门兄弟姐妹今年怎么这么多变故啊！老弟

清·“养心莫善于寡欲”印及印文

整天奔走劳苦,身体还吃得消吗?我十分挂念。

这里近来还平安。大女儿病了六七天,现已痊愈了。沅弟的病也全好了,听说二十五六日他每天又能骑马走一百多里了。我命纪泽儿去看沅弟的病,初二日他回来说:"完全可以放心。"但六月份还盖三床棉被,可见身体还很弱。

弟能够从此少管公事,我感到十分宽慰。我承蒙前辈遗下的福泽而窃居高位,希望各位弟弟和子侄恳切地谨慎遵守的只有两句话,就是"有福不能全享用尽,有势不能全用完"。有福不过多享用,所以总要以"俭"字为主,少用仆人奴婢,少花钱,自然就是珍惜福分;有势不过多使用,就要少管闲事,少评断是非,没有人感谢你,也没有人怕你,那自然可以长久悠闲下去。我详细写在日记中。顺问近好。

【点评】

曾国藩治家策略中一向主张"有福不可享尽,有势不可使尽"的思想,此封家信中又提到此观点,意在劝诫子弟们时刻莫忘"惜福才能长福,惜势才能长势",只有珍爱福分,才能长保幸福,后世子孙才能有钱花、有饭吃,切不可滥用、多用。

今天的社会更是如此,有些人认为自己强大,仗势欺人,甚至无法无天,为所欲为,当有朝一日,福尽势尽时,必将受到上天的惩罚。曾氏在此方面的主张很值得我们借鉴,即四少原则:少用仆婢,少花银两,少管闲事,少断是非。

同治三年六月初九日与九弟国荃书

1864 年 7 月 12 日

沅弟左右;

初八日接弟初四夜信,具悉一切。

王绍羲、陈万胜阵亡,实深悯惜。地道一二处既穿,则他处亦断难奏效,不必时时急焦也。王可升既不必调至浦口,则当至无为州听调。上游英霍、宿、太虽日日告急,然从二月至今。已告急四个月矣,亦闻惯而不惊也。

余赴金陵之期,从弟之意暂缓起行,以少荃将到之日为定。弟以倔强之性,值久劳久郁之后,一见亲人,涕泣一场,大闹一场,皆意中所有之事;然为涕为闹,皆可以发抒积郁,皆可以暗调肝疾。余到在少荃之前四五日方为妥善,望弟届时先寄一信为要。

寄谕虽催金陵迅速成功,然无甚苛责之辞,不过寻常因物付物之言,弟不可看得太深。较之昔催向、和之辞,松活多矣,亦并无甚倾摘者,弟少见多怪,难禁风浪耳。顺问近好。

【译文】

沅弟左右:

初八日接弟四日夜的来信,一切已知。

王绍羲、陈万胜阵亡,实在深感怜悯痛惜。地道已经有一两处被凿穿,那么其他地方也难以奏效,也就不用时时着急了。王可升既然没必要调到浦口去,就应调到无为州听从调遣。安庆上游的英山、霍山、宿松、太湖等地虽然天天告急,但是从二月到现在已连续告急四个月了,也就听惯而不再吃惊了。

我去金陵的日期,按照弟的意思暂缓起程,就定在少荃到金陵那天。老弟性情倔犟,又长时间劳累、抑郁,一见自家亲人,哭上一场、大闹一场,都是意料中的事。但是一哭一闹,都能够抒缓抑郁之气,都可以暗中调养肝病。我到金陵的日期在少荃到达之前四五天才算合适,希望老弟到时候先寄一信最好。

皇上寄谕虽然催促攻克金陵迅速成功,但并没有什么苛刻斥责的话语,不过是一些平常的托付的话,弟不要看得太重。比当年催促向荣、和春的言辞缓和多了,也没有什么指责的话语。弟如少见多怪,就难以经受起风浪考验。顺问近好。

【点评】

李少荃将要到金陵与曾国荃一起攻城,曾国藩知道弟弟因为久攻金陵不下而抑郁,现在李少荃来与他联手,又担心弟弟因为城破而功名被分而心中不平。并宽慰老弟不要因为皇上的催促和责备而影响身体。

同治三年六月初十日与九弟国荃书

公元 1864 年 7 月 13 日

沅弟左右:

初十辰刻接弟初六夜信,具悉一切。少泉信阅过,其片稿则已抄寄余处矣。观少荃屡次奏辞信函,似始终不欲来攻金陵,若深知弟军之千辛万苦,不欲分此垂成之功者,诚能如此存心,则过人远矣。

纪泽儿已于初二日到皖。余从弟意,秋初再赴金陵。老年畏热异常,阿弟深知而体恤,兄即依弟之议,实受其福矣。

英山、宿、太日内警信迭至,余调王可升守无为,再急则调陈自明池州之二千人守庐江。惟调守桐、舒之铨军为江西官绅所留,拟改调钧军上援皖北,亦难遽到也。

春霆于六月四日抵南昌,江西人心大定,想不至别有风波耳。顺问近好。

【译文】

沅弟左右:

初十辰时接到弟初六夜的信,一切都知道了。少荃的信已看过,他的信件已经抄寄到我那里。看少荃多次地请辞信函,似乎他始终不愿来攻打金陵,好像他十分了解弟弟的部队千辛万苦,不想来分享这项马上就可到手的功劳,诚然有这种想法,那实在是远远超过了一般人的境界。

纪泽儿已在初二到安徽。我顺应弟弟的意见,初秋再到金陵。年纪大了非常怕热,弟弟深知这点,体谅我,我就按弟弟的想法,实实在在地享点福。

英山、宿、太,近几天战事连连吃紧,我调王可升部守无为,再危急点就调陈自明部驻池州的两千人守庐江。不过(原来准备)调走守去桐、舒两地的铨军,被江西官绅们所留,就计划改调钧军北上,援救皖北,也难以立刻赶到。

春霆在六月四日到南昌,江西人心稳定,想来不至于另有什么风波。顺便问候。

【点评】

此信说明在是否援助江宁一事上,李鸿章与曾氏及曾老九之间的关系极其危妙,即依赖又防患,出兵援江宁会战显然能分得天下第一功,但李鸿章内心一直矛盾重重,因曾老九性情粗暴、强悍、翻脸不认人。另一方面李又不敢得罪曾国藩,曾氏更不愿意看到李鸿章与沅弟分功。但在此事上李鸿章又动了手腕,表面上说自己不来,而对朝廷却说,曾氏兄弟不愿他来。这更体现了李氏与曾氏在政治舞台上的相互为盟,又相互猜疑,暗地攻击。

同治三年六月十一日与九弟国荃书

公元 1864 年 7 月 14 日

沅弟左右：

初十日接初七日申正信，于余初四日言及苏沪厘饷一事，劝譬详明，深识名论，可慰可敬。

弟近年于阿兄忿激之时，辄以嘉言劝阻，即弟自发忿激之际，亦常有发有收，以此卜弟之德器不可限量，后福当亦不可限量。大抵任天下之大事以气。气之郁积于中者厚，故倔强之极，不能不流为忿激。以后吾兄弟动气之时，彼此互相劝诫，存其倔强，而去其忿激，斯可耳。

十二日之疏决不提及，弟于初九日秘诀一信亦决不可从。初十日接奉寄谕，词旨温润，无催迫之意，兹抄阅，将来咨文不另抄也。顺问近好。

【译文】

沅弟左右：

初十接到弟弟初七申正时的一封信，对我初四提到的苏沪厘饷的事情仔细分析，见解深刻，譬喻明白，使我欣慰，令我敬佩。

这几年来你在我激动愤恨的时候，总是好言相劝；即使弟弟自己愤怒激动的时候，也总是做到有发作也有收敛。因此可以预见弟弟的德行、成就不可限量，以后的幸福也不可限量。大概担当天下重任需要的是一股血气。血气积蓄郁积得多，也就非常地倔犟，不得不表现出一些愤怒和激动。以后我们兄弟生气的时候，彼此要互相劝说告诫，保留倔犟，去除愤怒激动，就可以了。

十二日上疏中绝不提此事，弟弟在初九有“秘诀”的那一封信也绝不可取。初十接到谕旨，言辞温和，没有催逼的意思。现抄呈弟阅。将来咨文就不再另抄了。顺问近好。

【点评】

曾国藩先称赞弟弟强于自己之外，因为他不但在曾国藩动怒的时候，能够好言相劝，并且在自身发怒的时候也能够控制自己，因此其前途不可限量。但是凡是担大任者都十分倔犟，容易激动愤怒，因此曾氏告诉弟弟以后遇事两人互相劝慰、互相提醒。

同治三年六月十四日与四弟国潢书

1864 年 7 月 17 日

澄弟左右：

连接五月廿一二日信，具悉一切。科四之文，一种清气浮溢纸上，科六之字，秀润绝伦，两侄今年长进如此之大，可喜慰。

此间近状平安。沅弟病已大愈，日来骑马周历各营，辛勤不辍，意气亦极平和。余偶有忿怒之事，沅反作书来劝。无论金陵克复之迟速，但求沅弟病痊而气平，则万事皆顺矣。

科一本定于六月廿二日起程回湘乡试，因近日天气太热，而鸿儿作文太慢，迟疑未决。

湖南正主考放庞宝生侍郎，盖皇上重视湖南如江浙大省矣。

鲍春霆于初四日抵江西，厚庵计亦赶到。周厚斋为江西官绅所留，未回皖北。湖北之贼至今未入皖境，未免太迟。

余身体平安，惟怕热异常。合室大小均言。嵩龄十二日到此，袁榆生尚在下游未归。

【译文】

澄弟左右：

连续收到五月二十一、二十二日两信，具悉一切。科四的文章自有一股清新气息溢满纸上，科六的字迹秀丽润泽、美妙绝伦。两位侄儿今年进步很大，令人欣慰。

这里近来平安。沅弟病已大好，这几天以来骑马走遍各营，辛苦勤劳不停，而且意气十分平和。我偶尔愤怒的时候，沅弟反而写信来劝慰我。不管收复金陵的时间是早还是晚，只祈求沅弟身体痊愈，心态平和，那就万事顺利了。

清代隶书四言联

科一原定这个月二十二日上路回湖南参加乡试，因为近来天气太过炎热，而且纪鸿儿写文章的速度太慢，所以犹豫不决。今年湖南正主考官点的是庞宝生侍郎，大概是皇上把湖南看得和江浙一样重要吧。

鲍春霆在初四抵达江西省城，估计杨厚庵已赶到。周厚斋被江西官吏绅民挽留，没有回安徽北部。湖北敌军到现在还没有进入安徽境内，恐怕太慢了。

我身体平安，只是非常怕热，全家大小都好。嵩龄十二日到这里，袁榆生还在下游没有回来。顺问近好。

【点评】

曾国藩首先提及两位侄儿的字体、作文大有进步，十分欣慰。此外，弟弟近日来虽身体辛勤劳苦，但心态较为平和，因此不管战事如何，只祈求弟弟身体没有大碍。

同治三年六月十六日与九弟国荃书

公元 1864 年 7 月 19 日

沅弟左右：

接弟十二夜信，知连日辛苦异常，猛攻数日，并未收队，深为惦念。弟向来督攻，好往来于炮子如雨之中，此次想无二致也。

少荃前奏至湖州一看，仍回苏州，此次启行，不知径来金陵乎？抑先至湖州乎？“难禁风浪”四字璧还，甚好甚慰。古来豪杰皆以此四字为大忌，吾家祖父教人，亦以“懦弱无刚”四字为大耻，故男儿自立，必须有倔强之气。惟数万人困于坚城之下，最易暗销锐气，弟能养数万人之刚气而久不销损，此是过人之处，更宜从此加功。

子弹日内装就，明日开行，不知果赶得上否？余启行之期，仍候弟一确信也。顺问近好。

【译文】

沅弟左右：

接到你十二日夜来信，得知这几天来十分辛苦，猛攻了几天，还没有收兵，非常挂念。弟弟一直督促进攻作战时，喜欢往来于枪林弹雨之中，看来这次也没有两样。

李少荃前不久上奏朝廷，要到湖州看一看，还是回苏州去。这一次十六日出发，不知是直接来金陵呢？还是先到湖州？“难禁风浪”四个字弟把它还给我，很好，我很欣慰。自古以来英雄豪杰们都以这四个字为大忌。我家祖父教导别人，也是以“懦弱无刚”四个字为大耻辱。因此男儿自立于世，一定要有倔犟之气。只是好几万人被困在坚固的城池之下，最容易暗自销磨锐气。弟弟能保存数万人的刚强之气而长久不致消磨损耗，这是过人之处，更应在这一点上下工夫。

子弹今天可以装好，明天起程，不知能不能赶上？我出发来金陵的日期，还是等候你给一个确切的消息。顺问近好。

【点评】

男儿的倔犟之气，在曾老九的身上体现得淋漓尽致。吉字营、江宁城的兵马不足，围城内的瘟疫传播、饷银缺乏，都给战争带来了不小的阻碍。曾老九凭借自己的倔犟之气，都一一挺过来了。后来曾老九患重病，体质虚弱到了一定地步，同时还得忍受来自各方面的责斥和嘲讽，所面对和承受的压力是如此之大……所有这些，都溃败在他的倔犟之气下。

当今的社会，需要更多自立的“倔犟之气”，就如此信中所说的“男儿自立，必须有倔犟之气。”

同治三年六月十九日与九弟国荃书

1864 年 7 月 22 日

沅弟左右：

十八夜子正接弟十六日申刻咨文，知午刻克复金陵。弟功在社稷，岂仅一家之光哉！虽有志者事竟成，然弟苦矣，将士苦矣。

未得弟详信，不知弟平安否？将士伤亡不甚多否？进城巷战不甚久否？洪、李二酋未逃出否？俟得详函发详折后，再赴金陵与弟相会也。顺问近好，并贺并谢。

【译文】

沅弟左右：

十八日夜子时整接到弟十六日申时的咨文，得知午时已经攻克金陵。弟对社稷有功，难道仅是我们一家的光荣啊！虽然有志者事竟成，但是弟弟和众将士为此该受了多少的苦呀！

没有收到弟弟详细的来信，不知弟是否平安？将士伤亡不是很多吧？进城巷战是不是需要很长时间？洪、李二酋没有逃出来吧？等收到详信，发了详细的奏折后，再到金陵和弟相会。顺问近好。

【点评】

此信中提到的"克复金陵"之事，记载于十六日申刻沅弟给曾氏的咨文当中，曾氏于十八日夜三更三点得知这个消息，紧绷的神经终于放松了，并于二十三日会同湖广总督官文，并附杨岳斌、彭玉麟、李鸿章、曾国荃为后衔，共同以红旗报捷的方式向朝廷递送了这份奏折。

据载，这篇奏折是曾氏历年折片中最长的，有很多值得欣赏之处。该奏折的主旨和格局，自然都出于曾氏之手，不过拟稿则是由幕僚代笔，当时曾氏幕府中不乏善于写文章的人。

同治三年六月二十日与九弟国荃书

公元1846年7月23日

沅弟左右：

自十八夜三更接弟克复金陵之咨，十九日未得弟信，想因进城巷战，搜诛余匪，遣散降人，千头万绪，皆须弟一手经理。十六七八等日，弟之劳苦想更甚于肉薄环攻之日。

十九夜有自泰州来者，据云十八日戌刻坐轮舟过金陵，见城内火光二十余处，但知城已克，而不知如何情形，兄尤系念之至，恐巷战三日未休也。兄俟接弟详报后，乃能赴金陵与弟会晤。酌带赏号，大约不过三万，不知三日内另有进款否（大通或可添凑）。

澄弟信寄阅，其与兄信语皆相同，不复寄。顺问近好。

【译文】

沅弟左右：

自从十八日夜里三更接到弟攻克收复金陵的咨文，十九日没有收到弟的来信。大概是因为要进城里进行巷战，搜索歼灭残余的敌人，遣散俘虏，事情千头万绪，都需要由弟亲

太平天国天京失陷图

自办理，十六、十七、十八日这几天，弟的辛勤劳苦想来比围攻金陵、近战肉搏那些天还要厉害。

十九日夜里有从泰州来的人，据他说十八日戌时坐船路过金陵，看见城里有二十多个地方有火光，只知道城已被攻克，但不知道具体是什么样的状况。我十分挂念，怕是巷战三日都没有结束，为兄等接到弟的详细报告后，才能到金陵与弟会合。适量带上赏钱，大约不超过三万两银子，不知三天内另外有没有进账？（或许可以添凑一点）

澄弟的来信寄给弟一阅，这封信和给我的信内容相同，不用寄回了。顺问近好。

【点评】

由于没有接到弟弟的来信，详细言明战况，曾国藩一直难以放下心来，猜想可能是要进行巷战，歼灭余党而由此不能抽出时间。同时有从泰州来的人说十八日坐船路过金陵时，只能看到大概的状况，但不知道详情，使曾氏十分挂念。

同治三年七月初四日与四弟国潢书

公元1864年8月5日

澄弟左右：

到金陵后曾寄一信，不知到否？连日周览城内城外各处，见沅弟布置之详密，用心之劳苦，将士之用命，皆为近日所未见。伪忠王讯供未毕，拟即在此正法，不必解京，用陈玉成、石达开之例。

余拟在金陵犒宴三日，七月中旬仍回安庆，中秋后再来办善后事也。

沅弟热毒十愈其六，精神业已复原。营中疾疫又作，新营较多，老营尚属平安。余虽极畏热，而日内应酬一切，亦不甚以为苦，弟可放心。余详日记中。顺问近好。

【译文】

澄弟左右：

我到金陵以后曾给你寄去一封信，不知是否收到？连日来看遍了城内、城外各个地方，发现沅弟部署的十分详细周密，用心的勤劳辛苦，将士的拼命效力，都是近来从没有见过的。伪忠王审讯还没有结果，我打算把他在这就地正法，不用押解到京师了，可依照陈玉成、石达开的先例。

我准备在金陵犒宴三军三天，七月中旬还是返回安庆，中秋节以后再来金陵处理善后事宜。

沅弟所患热毒已经好了六成，精神也已经复原。营中传染病又开始流行，新营得病的人更多，老营还算平安。我虽然十分害怕天热，但这几天处理一切事情也不觉得特别辛苦，弟可以放心。其余的详细记在日记中。顺问近好。

【点评】

金陵攻克以后，曾国藩各处巡视，发现九弟部署十分周密，可见其用心良苦。曾国藩打算将李秀成就地正法不用押送进京，并且犒赏三军。信末，劝弟由于天气炎热，严防疾病流行，尤其是新营形势更为严重。由于金陵攻克，曾国藩抑郁之情有所缓解，因此尽管环境恶劣，身体也觉得甚安。

同治三年七月十四日与四弟国潢书

公元1864年8月15日

澄弟左右：

初三日在金陵寄信，想已接到。初十日接奉恩旨，余蒙封侯爵、太子太保；沅弟蒙封伯爵、太子少保，均赏双眼花翎。沅部李臣典子爵，萧孚泗男爵。殊恩异数，萃于一门。祖宗积累阴德，吾辈食此厚报，感激之余，弥增歉悚。

沅弟五六月来，辛苦迥异寻常，近日湿毒十愈其七。初十、十一、十二等日戏酒宴客，每日百余席，沅应酬周到，不以为苦。谚称"人逢喜事精神爽"，其信然欤！

余拟于七月下旬回皖，九月再来金陵，十一月举行江南乡试。沅弟拟九十月回籍。各营应撤二万人，遣资尚无着也。顺问近好。

【译文】

澄弟左右：

初三日在金陵寄出的信，想来老弟已收到。初十日接奉恩旨，我受封为侯爵、太子太保，沅弟受封伯爵、太子少保，二人都赏双眼花翎。沅弟部下李臣典封子爵，萧孚泗封男爵。特殊的恩典，异于寻常的礼数，都集于我家一门。历代祖宗所积阴德，使我辈得以享受如此厚重的恩惠，除心存感激之外，更增加了歉疚不安的心理，

沅弟五六月来很辛苦，这几天湿毒，好了十分之七。初十、十一、十二等日，演戏、宴客，每天一百多桌，沅弟应酬周到，并且不认为辛苦，俗话说"人逢喜事精神爽"，真是这样。

我计划七月下旬回安徽，九月再来金陵，十一月举行江南乡试。沅弟准备在九、十月回家，各营要撤两万人，遣送费还没有着落。顺问近好。

【点评】

因攻克金陵，屡获战功，曾氏一门加官晋爵，兄弟几人均受封赏。曾国藩感念祖宗阴德，深感皇恩浩荡，得此殊荣，心存感激。家逢如此大喜更是大宴以庆祝，沅弟都能周到应酬也不以为苦，正所谓"人逢喜事精神爽"。

同治三年七月廿四日与四弟国潢书

公元1864年8月25日

澄弟左右：

前接排单信，知家中已得金陵克复之信，顷又接七月朔来缄，具悉一切。

余以廿日自金陵起行，廿三日始行三百里，至芜湖上之鲁港耳。将近八月，舟中尚燥热异常。回皖小住一月，九月初仍须赴金陵，换出沅弟请假回籍。顷廿日奏片已将沅弟旋归之意略露端倪。先抄寄阅。

沅弟热毒虽未痊愈，而精神甚好，当是寿征。余亦幸托平安，惟眼蒙甚，不能不改用加花眼镜。弟畏热异常，亦是老境，但不知眼光如何？

天京巷战图。1864年7月，湘军攻破天京，图为当时湘军与太平军进行巷战的情景

春霆在抚州之许湾大获胜仗，杀贼四万有奇。厥后崇仁、东乡、金溪次第克复，"听王"率六万人投诚，江西指日当可肃清，惟湖北之贼，尚难速了耳。

【译文】

澄弟左右：

前日接到排单信，得知家里已得到收复金陵消息的信，不久接到你七月初一日来信，一切已经知道。

我二十日从金陵起程，到二十三日才走了三百里，到达芜湖上游的鲁港。快到八月份了，在船上还是感到非常燥热。回安徽小住了一个月，九月初还必须要赶到金陵，替换沅弟让他请假回原籍。二十日所上奏章中已经稍微透露了一点沅弟凯旋的意思，先抄寄弟一阅。

沅弟湿热之毒虽然没有痊愈，但是精神很好，这应该是长寿的征兆。我也托福还平安，只是眼睛很迷蒙，不得不改用老花镜。老弟你十分怕热，也是年老的征兆，只是不知你视力怎么样？

春霆在抚州的许湾打了大胜仗，杀敌四万多。而后崇仁、东乡、金溪等地陆续被收复，"听王"率六万部众归降，江西肃清指日可待。只有湖北的敌人还难以迅速了结。

【点评】

曾国藩回安徽小住一月后，九月还要赶到金陵，替换弟弟回原籍休假。沅弟的病症虽然没有全好，但精神十分好，可见是由于战事取得大胜，心情愉悦的缘故。曾氏感叹自己怕热和视力下降都是年老的缘故。另外战事捷报连连，很多失地被收复，只是湖北尚待时日。

同治三年七月廿九日与九弟国荃书

公元1864年8月30日

沅弟左右：

数日未寄信与弟，想弟悬系无已。余于廿二宿芜湖，廿六宿池州，廿八坐一小舟回省，寓中内外平安。廿五日接到初七日所发一折之批、一明谕、一寄谕，舟中匆匆，尚未咨弟，兹接弟廿六日信，已赶办咨文矣。

弟撤勇之事，余必一一速办，除催李世忠及办里下河之捐外，再札上海官绅办沪捐六十万，并加函托苏、常绅士，必有收获，弟可放心。昨得云仙信，已办六万径解弟营。

弟之退志兄应成全，兄之门面亦赖弟成全。第一要紧守金陵、芜湖、金柱三处，第二要分一支出剿广德，以塞众望。即令朱南桂与刘松山、易开俊三人进剿广德，而弟处派三支防宁郡、泾、旌，或亦一道，望弟早为酌定。倘兄之门面撑立不住，弟亦无颜久居山中矣。

熊登武、张诗日、刘南云三人，弟万万不可放走，陈舫仙稍迟一步，明年再退可也。此外孰留孰散，听弟裁酌，总不使我遽倒门面为要，千万千万。

弟肝气不能平伏，深为可虑。究之弟何必郁郁？从古有大勋劳者，不过本身得一爵耳，弟则本身既挣一爵，又赠送阿兄一爵。弟之赠送此礼，人或忽而不察，弟或谦而不居，而余深知之，顷已详告妻子知之，将来必遍告家人宗族知之。

吾弟于国事家事，可谓有志必成，有谋必就，何郁郁之有？千万自玉自重。顺问近好。

【译文】

沅弟左右：

几天没有给你写信，弟一定很挂念。我在二十二日晚上留宿芜湖，二十六日晚留宿池州，二十八日坐一小船回省城寓所，内外诸事一切平安。二十五日接到初七我发出的一份奏折批文，一道明谕，一道寄谕。在船上匆匆忙忙，还没有来得及发咨文给弟弟，现在接到你二十六日的信，已经抓紧办理咨文了。

弟弟裁军的事，我一定一件件从速办理。除了催促李世忠及办理下河捐务外，再以公文让上海官绅办足捐银六十万，并且另写一信托付苏州、常州绅士，一定会有所收获，弟可以放心。昨天我接到云仙来信，已办好六万两直接运解到弟军营。

弟弟引退的意向，我应成全，我的门面也全靠老弟成全。第一要紧的事是守住金陵、芜湖、金柱三个地方。第二要紧的事是分派一支军队出击围剿广德，来满足众人的意愿。马上令朱南桂与刘松山、易开俊三人率部进攻广德，而弟那里派三支队伍分别防守宁国府、径县、旌德，或许也是一个办法，希望弟弟斟酌以后早做决定。如果我的门面撑不住，弟弟也没有脸面久在山中。

熊登武、张诗日、刘南云三人，老弟千万不能放他们走。陈舫仙可以稍为晚一些，明年再退也可以。除此以外其他人哪些留下、哪些遣散，全凭老弟斟酌裁定。总之，总不能使我的门面支撑不住为第一要义，千万切记。

弟弟肝气不能平服，十分令人担忧。究竟老弟为什么一定要郁郁寡欢呢？自古以来，有大功的人也不过就是他本人得到一个爵位而已。而老弟你是自己挣得一个爵位，又送给我一个爵位，弟弟赠送这个礼物，别人或许忽视了而没有觉察，弟弟或许谦逊而不邀功，但我深深知道这一点。刚才已详细告诉妻子使她知道，将来一定告诉全家、全族的人都知道。

弟对于国事和家事，可以说是有志向的人一定成功，有谋略一定实现，有什么值得郁郁不平的呢？老弟千万要自爱自重。顺问近好。

【点评】

前面提到近些天来有很多事情让曾老九感到抑郁，除了封爵一事外，还有放走幼天王，擅自杀李秀成、财产去向不明等。朝廷也开始对他强烈不满，除了上谕的严厉斥责外，更为严重的是曾氏一连七次的保举都被吏部打了下来。老九虽被封为伯爵，但处于这种形势下，也让他的日子确实不好过。曾氏深知老九的委屈，便写信安慰开导他，表明了兄弟间的情深义重；但他又明白自己的文字，即便是家书，将来也得公之于众，所以，很多话都不愿在信中说明，以免再添事端。可见曾氏心思的缜密和考虑问题的周到与全面。

同治三年八月初二日与九弟国荃书

公元 1864 年 9 月 2 日

沅弟左右：

前日寄弟一缄，昨初一日将六日内所奉廷寄谕旨全录咨弟，并覆奏裁勇及洪福瑱事一片，想已收到。

弟肝气尚旺，遇有不称意之端必加恼怒，不知近日如何懊闷？实深廑系。天下之道，无感不应，无诎不伸。以吾心之且怜且敬，知外间必千里应之，亦必怜弟敬弟，万口同声，弟少耐数月以待之，而后知吾言之不谬也。

吾所望于弟者三大端：一守金陵、芜、金，一皖南北两支游兵，一修贡院赶十一月乡试。三者皆办到，则弟为我挣得十分体面，而弟回家亦心安梦恬矣。

南云、焕文来皖北，途费必须二万；芳圃至宁国，途费亦须万余；弟部各营除遣资外，亦须有四五万为日用之需。日内须筹八万金解至弟处，目下尚止二万，请先交刘、朱为行粮可否，仍由弟酌之。上海、里下河两处劝捐日内赶办，函牍尚未发出，李世忠之咨今日发矣。

前以四百金请李幼泉买参，昨在上海寄来之一两，不知去银若干，余留置弟木柜内，宜以石灰养之，无令沾潮湿之气。弟近不服补剂，余甚以为然，而独参蒸服却无损也。澄弟信寄去查收，顺问近好。

【译文】

沅弟左右：

前天寄给弟一封信，初一日，我把六天之内所接奉的廷寄谕旨全部录下发咨文给你，并又上奏裁减士兵一折和洪福瑱事一片，想必弟已收到。

弟肝气还是旺盛，遇到不称心的事一定会恼怒，不知道这几天来你是怎样的懊恼忧闷？实在是很牵挂。天下的道理，没有有感触却无反应的，没有永远委屈不得伸张的。以我自己内心中又怜爱又尊敬的心情，我知道即使是千里之外也是有感应的，也一定是万口同声地怜惜弟、敬爱弟的。弟稍忍耐几个月等待一下，以后就知道我的话是不错的。

我对弟寄予愿望的有三件大事：一是守住金陵、芜湖、金柱；二是向安徽境内南北方派出两支游动军队；三是修复贡院，赶上十一月的乡试时间。这三件事如果都能办到，那弟就是为我挣足了面子，弟回老家也能安心了。

南云、焕文要求来安徽，路费要两万两白银。芳圃到宁国府，路费也要白银一万多两。老弟营中各部，除了遣散费用以外，还要有四五万两供日常开支之用。目前要筹集八万两运送到弟那里，可眼下只有两万两，请弟先交给刘朱两位作为粮饷，不知道可不可以。上海、里下河两处捐额也要在这几天内加紧办理，有关信函公文还没有发出。给李世忠的咨文今天已发出了。

先前曾给四百两请李幼泉代买人参，昨天从上海寄来了一两人参，不知花了多少银子。我留在弟的木柜里，最好用石灰保存它，不要让它沾上潮湿之气。弟近来不吃补药，我认为这样很好，而只蒸人参吃对身体没有损害。澄弟来信附上，请查收。顺问近好。

【点评】

曾国藩对弟弟目前有三个要求：一、要守住金陵以及芜湖、金柱；二是对安徽境内加以部署；三则是赶在乡试之前修好贡院，那么弟弟回家休假也能走得安心。另外，军饷问题也很值得注意，遣散费、路费等等均告急。

同治三年八月初四日与四弟国潢书

公元1864年9月4日

澄弟左右：

八月初一接弟在长沙排单一信，知已得见科一，并在胡宅演戏三日。初二日又接弟十三在家所发之信，具悉一切。

余在金陵二十日起行，廿八日至安庆，内外大小平安。门第太盛，余教儿女辈惟以勤、俭、谦三字为主。

自安庆以至金陵，沿江六百里大小城隘，皆沅弟所攻取。余之幸得大名高爵，皆沅弟之所赠送也，皆高曾祖父之所留贻也。余欲上不愧先人，不下愧沅弟，惟以力教家中勤俭为主。余于俭字做到六七分，勤字则尚无五分工夫。弟与沅弟于勤字做到六七分，俭字则尚欠工夫。以后各勉其所长，各戒其所短。弟每用一钱，均须三思。至嘱。

李宅二万金，上年十一月曾由东征局解去二千，此次应行扣除，顷已补札东局矣。余详日记中。即问近好。

【译文】

澄弟左右：

八月初一日接到你在长沙排单发出的信，知道老弟已见过科一，并且在胡宅演戏三天。初二又接到弟十三日在家中发出的信，了解了一切。

我二十日从金陵起程，二十八日到安庆，家宅内外孩子大人都平安。曾家一门太过昌盛，我教导儿女辈要他们以“勤、俭、谦”三字为主。从安庆到金陵，沿江六百里内大大小小的城池关隘都被沅弟所攻克。我有幸得享大名气和高爵位，都是沅弟赠送给我的，都是高祖、曾祖、祖父、父亲遗留的福气与恩赐。为了要上不致愧对先人，下不致愧对沅弟，只有努力教导家人以勤奋俭朴为主。俭朴这方面我大概做到六七分，而勤勉方面我可能还做不到五成。老弟和沅弟在勤勉上能做到六七分，但俭朴方面却还有欠缺。以后咱们各人互相勉励，在自己的长处上继续下工夫，克服自己的短处。老弟每花一文钱，都要三思而后行。至嘱。

为李家凑的二万两，去年十一月曾经经过东征局解运去两千两了，此次应扣除这一部分，刚已给东征局补发札文。其余详情在日记里有所记载。即问近好。

【点评】

此信讲到自己幸得大名，全仗九弟军功与祖上遗德，因此全家需在“勤俭”二字上下工夫。他客观地分析说：“余于俭字做到六七分，勤字则尚无五分工夫。弟与沅弟于勤字做到六七分，俭字则尚欠工夫，以后各勉其所长，各戒其所短”的胸襟。

同治三年八月初五日与九弟国荃书

公元1864年9月5日

沅弟左右：

初四夜接初一夜来函，具悉一切。贡院九月可以毕工，大慰大慰，但规模不可狭小，工程不可草率。吾辈办事，动作百年之想。昨有一牍，言主考房后添造十八房住屋，须将长毛所造仓屋拆去另造，即不欲草率之意。此间所购木料，中秋前可到一批，九月再到一批。

弟中怀抑郁，余所深知。究竟弟所成就者，业已卓然不朽。古人称立德、立功、立言为三不朽，立德最难，而亦最空，故自周汉以后，罕见以德传者。立功如萧、曹、房、杜、郭、李、韩、岳，立言如马、班、韩、欧、李、杜、苏、黄，古今曾有几人？吾辈所可勉者，但求尽吾心力之所能及，而不必遽希千古万难攀跻之人。弟每取立言中之万难攀跻者，而将立功中之稍次者，一概抹杀。是孟子钩金舆羽，食重礼轻之说也，乌乎可哉？不若就现有之功，而加之以读书养气，小心大度，以求德亦日进，言亦日醇。譬如筑室，弟之立功已有绝大基址，绝好结构，以后但加装修工夫，何必汲汲遑遑，茫若无主乎？

刘、朱两军望弟迅速发来，必须安庆六县无贼，兄乃可速赴金陵，至要至要。

弟所遣散之勇，皆令在长沙领补全饷，必办不到。十八万盐本何能遽尔畅销？须令过长沙时暂补一半（遣散者今年发全饷，则留者皆不愿留），余则营官给一限期票与勇（余于萧、毛两军拟用限期票札），弟给一限期札与营官，明年再补可也。顺问近好。

【译文】

沅弟左右：

初四日晚上接到你初一日晚上发来的信件，一切都知道了。贡院的修建工程九月可以完工，让我很欣慰。但它的规模不能狭窄小气，施工也不能草率行事。我们办事，一举一动都要有长远的打算。昨天有一件文牍，说主考的房间后面要加盖十八间房屋作为考官住房，要把长毛建的仓屋拆掉另盖新的，这就是不想草率从事的意思。这里所买的木料，中秋节前可以到一批，九月再到一批。

你心中抑郁，我深深了解。说到底，你取得的成就，已经是十分卓越，永垂不朽。古人把立德、立功、立言称为三种不朽的事。这其中立德是最难的，也是最抽象的，所以自从周代、汉代以后，很少看到凭借良好德行传世的。以立功闻名的如萧何、曹参、房玄龄、杜加晦、郭子仪、李光弼、韩世忠、岳飞；以立言闻名或以诗文传世的像司马迁、班固、韩愈、欧阳修、李白、杜甫、苏轼、黄庭坚，古今以来曾有几人？我们这代人所能自勉的，只不过是追求尽我们全力所能达到的目标，而不必希望自己成为千古罕见、难以攀登追赶的人。弟弟总是效法那些创立学说或以诗文传世的难以追赶超越的人，而将建功的名人中成就稍微低一点的都抹杀了，这就是《孟子·告子》所说的一只金钩不比一车羽毛重，食物比礼节更重要的说法。这怎么行呢？不如就凭借现有的功业为基础，再加上读书养气，遇事谨慎小心，气度宏大，来求得德行，取得进步，学说思想也日益淳厚。就像修建房屋，弟弟的功业实在是已有了很大的基础，极好的结构，以后只是再加以装修就行。何必要急急忙忙，茫然好像没有主意了呢？

刘、朱两军，希望弟弟迅速派来。必须使安庆六个县没有敌人，我才能撑住局面，迅速赶往金陵。至关重要。

老弟所遣散的那些湘军,都想要让他们在长沙领到补足的全部军饷,一定是办不到的。十八万两银子的盐怎么能很快卖出去呢?你必须下令在部队路过长沙时暂时补发一半饷银(如果遣散的士兵今年发了全饷,那留在兵营的也就不愿意留下来了),剩下的一半由营官付给士兵一张限期票代替军饷(我在萧、毛两支军队里想用限期票札)。你付给营官一张限期札,明年再补发也行。顺问近好。

【点评】

曾氏是湘军的统帅,金陵的克复,标志着湘军事业的大功告成,但是曾氏并没有暂作歇息的念头,他仍深知接下来的事情也会很繁重。信中所说的三件大事:撤湘军、撤厘和修建江南贡院,就是这段时期曾氏所在考虑的。撤军的问题在于如何偿还所积欠的饷银;撤厘是为了平息一些非用兵之省的怒怨;修建江南贡院则是加强人才的培养。曾氏全面分析了这三件大事的形势状况,利弊得失,处处体现了他为国为民的深切情怀。

同治三年八月初九日与九弟国荃书

1864 年 9 月 9 日

沅弟左右:

初七八日连接初四、五日三信,具悉一是。萧信卿等初八过此,问知杏南已好,南云则不深知,至以为念。

保举单收到,准于十二日出奏,一字皆不更动;其千总蓝翎可奏可咨者,现虽未定果奏,然要之不更改耳。

湖郡、广德既克,皖南自可不派游兵。刘、朱、朱皆来皖北甚好,惟苦无行粮。江西盐厘七万金,在途为风所阻。焦灼之至。萧为则七营,吾意仍以遣撤为是。

秋纲早开,业经批准。里下河之捐,余只索二十万,盖深知彼间捐事有名无实也。

弟肝气未痊,全靠自己以心医之。弟若不知自爱,懊怒不已,剥丧元气,则真太愚矣。

祁幼章方伯宿藻与余同年,其尸葬金陵城中,闻春浦先生派二仆来寻,望弟善视之。陆、涂诸公之尸,余虽有札与上、江两县,均望弟留心寻觅也。顺问近好。

【译文】

沅弟左右:

初七、初八两日连续收到第四、五日的三封信,一切已经知道。萧信卿等人初八日经过这里,询问他们得知杏南已经好了,南云的情况他们知道得不十分清楚,因此很挂念。

保举名单已经收到,我准备在十二日奏上,一个字都不更改。千总的蓝翎可以奏上,也可以列入咨文,现在虽然没有定下来是否一定奏上,但是不会改动名单。湖州府、广德州既然已经攻克,自然可以不向安徽南部派遣机动部队。刘、朱、朱都能来安徽北部十分好,只是苦于没有粮食军饷。江西运来的盐厘白银七万两在途中被大风阻断,令我十分焦虑。萧为则的七营,我的意思还是以遣散撤销最好。

秋李纲运提前开始,二十日已经批准。里下河厘捐我只取二十万两,因为清楚地知道扬州捐务是有其名而无其实的。

老弟肝气抑郁还没有痊愈,全靠你自己用心来治疗。老弟如果不知道自己爱护自己,总是懊恼怨怒,失去元气,那就真是太愚蠢了。祁幼章、方宿藻和我同年进士,他们尸骨葬在金陵城内,听说春浦先生已派两名仆人来寻找墓址所在,希望老弟好好照顾他们。陆、涂诸位的遗骸,我尽管已书信给上、江两县,还希望老弟留心寻找。顺问近好。

【点评】

心病还需心药医,曾国藩深知这一点,他劝慰弟弟肝气抑郁只能够依靠自己的调整,如果自己都不能够爱护自己,总是动不动就懊恼气愤,抑郁伤肝,一旦失了元气就不好恢复了。

同治三年八月十四日与四弟国潢书

公元 1864 年 9 月 14 日

澄弟左右:

日内未接弟信,想七月底到县,即至李家陪吊客矣。

此间诸事平顺,拟于九月初全家移至金陵。袁婿自五月赴金陵,至今未归。罗婿于八月十六日先去为沅弟叩寿。

沅弟湿毒与肝郁二者总未痊愈,湿毒因太劳之故,肝疾则沅心太高之故。立此大功,成此大名,而独怀郁郁,天下何一乃为快意之事?何年乃是快意之时哉?余于本月为代具请假折,九月再奏请开缺,十月当可成行。

余之精神日疲,亦难当此重任,然目下不能遽行引退,且待沅弟退后再作计议。纪鸿抵家后,九月初仍可命之东来。过汉口时,应至淮盐督销局杜小舫处一行,其妻舅郭慕徐在杜处寄寓,约定留信在彼也。近日家中内外大小,勤俭二字做得几分?门第太盛,非此二字断难久支,务望慎之。即问近好。

【译文】

澄弟左右:

近几天没有收到弟弟来信,想必是七月底老弟一回湘乡县,就到李家陪同前来哀悼的客人了。

这里事事平安顺利,计划在九月初全家都迁到金陵去。袁婿五月份去金陵,到现在还没有回来。罗婿在八月十六日先到金陵为沅弟祝寿。

沅弟患的湿毒和肝气郁结总不能痊愈。湿毒是因为太劳累的缘故,肝病就是心气太高的缘故。立这样的大功,成就这样的名声,却偏偏心怀抑郁,那么天下有什么才能算是高兴的事?哪一年才能算是痛快的时候呢?我这个月为他代写请假的奏折,九月份再上奏请求辞职,十月份应能办好一切回家。

天京天王府正门

我的精神也日渐疲惫，也难以担当目前的重任，但眼下还不能马上引退，并且等待沅弟退下后再作打算。纪鸿到家后，九月初仍可叫他来我这里。他过汉口时，应到淮盐督销局杜小舫那里去一趟，他的妻舅郭慕徐寄住在杜小舫那里，事先约定留信在那里。近日家中内外大小人等，“勤俭”二字做得怎么样？我家门第太兴盛，没有这两个字恐怕难以持久。希望务必慎重对待这个问题。即问近好。

【点评】

曾国藩一直强调祸福相倚，最近家门加官晋爵，喜事不断，他更强调家人要做好“勤俭”二字，以保持家门长盛不衰。

同治三年八月二十日与九弟国荃书

1864年9月20日

沅弟左右：

昨日一信，便寄兰泉书。

今日乃弟四十一大庆，吾未得在金陵举樽相祝，遂在皖作寿诗，将写小屏幅带至金陵，以将微意。一则以纪泽寿文不甚惬意，一则以近来接各贺信，皆称吾兄弟为古今仅见，若非弟之九年苦战，吾何能享此大名？故略采众人所颂者以为祝诗也。东坡有寿子由诗三首，吾当过之耳。顺贺寿祺。

【译文】

沅弟左右：

昨天寄出一信，顺便寄上兰泉的信。

今天是老弟41岁生日，我没能够在金陵为你举杯祝贺，就在安庆作祝寿诗，我会写成小屏幅带到金陵去，来代表我微薄的心意。一来因为纪泽儿所作的祝寿文不很合我心意；二来近来接到各位的贺信，都称赞我兄弟是古往今来少见的人物。如果不是因为老弟你九年以来的艰苦战争，我怎么能享有如此大的名声呢？所以我大致选择众人称颂之词，用来写成祝寿诗。苏东坡曾作《寿子由》诗三首，我应能超过他。顺贺寿祺。

【点评】

写这封信的时间正好是曾国荃的40周岁生日，算虚岁的话是41岁，为大生之年。曾氏为给老九特别祝贺，就作了一组寿诗，随信附上来恭祝他。曾氏的文笔的确非常好、非常妙，他作的这一组寿诗中，句句体现了老九的品性、所经历的事件和劝诫老九的话语，等等。如“九载艰难下百城，漫天箕口复纵横。今朝一酌黄花酒，始与阿连庆更生”这首诗中，表明了老九近年来收复不少城池，好评坏评都有，今天作为兄长的曾氏举杯来祝贺他的大功。

类似这样的诗还很多，首首都表现了曾氏对其弟的深切关怀。

同治三年八月廿四日与四弟国潢书

1864年9月24日

澄弟左右：

前接弟信，知已由李家送葬归来，具悉一切。此间近状平安。

霍光像，图出自清·顾沅辑《古圣贤像传略》。霍光是汉武帝、汉昭帝、汉宣帝三朝重臣，霍家因此权势显赫。霍光死后霍家很快获罪衰败。

沅弟之肝疾未平，湿毒更炽，克城封爵之后，而郁抑之气并未稍减。余在金陵住二十余日，自六月廿五至七月初八九，沅弟心神不怡，初十日至廿日，察沅心怀似稍开豁，病亦日减。近与余相隔二十余日，情复郁结，疾亦略增。余定于初一日起程再赴金陵，家眷亦于初间同去，并于廿一日具折为沅弟告病开缺回籍调理。沅见归期已近，或可速痊。然起行总在十月，但能归家过年，不能赶十一月初三也。

纪鸿想已抵家？在署一年，已沾染贵公子气习否？吾家子侄，从须以勤俭二字自勉，庶几常保盛美。观《汉书·霍光传》，而知大家所以速败之故；观金日磾、张安世二传，解示后辈可也。

即问近好。

【译文】

沅弟左右：

前日接到弟的来信，知道弟已从李家送葬回来，具体细节已从信中得知。其间我这里一切平安。

沅弟的肝病仍未痊愈，湿毒又更严重了。破城并被封爵后，抑郁的心情并没有好转，我在金陵住了二十天，观察沅弟的心情和胸怀，似乎渐渐豁然开朗了，病情也一天天减轻了。与我有二十多天没有见面，他又忧郁一些了，病情也加重了，我定在初一起程去金陵，家眷也于上旬一起去，并于二十一日写好奏折替沅弟告病辞职，回家乡调养治疗。沅弟看回家的日期已经邻近，或许可以很快痊愈。但出发日期在十月份，能回家过上年，但不能赶上十一月初三的日期。

想必纪鸿已到家了，在官署一年，他有没有沾染上贵公子习气？我家的子侄们，总应该以“勤俭”二字自勉，就可能常保兴旺。读了《汉书·霍先传》，就知道名门世家之所以迅速衰落的原因，看一看《金日磾》、《张宠进》两传，解读给后辈让他们看就可以了。即问近好。

【点评】

曾老九的心事烦琐，抑郁成疾，不管曾氏怎么劝说，都难以帮他化解，于是老九便决定辞官回家，以养病为名，实际上是为了发泄对朝廷、对朝野内外的不满。

老九的辞呈由曾氏代为递承，奏折中叙述老九病情严重，必须得回籍安心调养，除此以外，奏折中还说明了由老九经手的事情已经办妥。此处充分体现了曾氏幕府写奏的高水平，该奏折明为述病，实为表功，真不愧为有“天下第一疏”称号的幕府所作。

同治三年八月廿六日与九弟国荃书

公元1864年9月26日

沅弟左右：

廿四日贺光五归，具述弟疾日减，廿日周旋众客，精神照应得到，与七月十一二日对客略同，至以为慰。

曾恒德等今日自京归，温、恒两弟又奉恩命，兹将谕旨抄寄弟阅。朝廷待忠勋之家有加无已，但愿吾家丁口日繁，子弟读书勤俭，稍有成立，则弟之功所以垂裕后昆者远矣。

余俟船到，准初一日成行，顺问近好。

【译文】

沅弟左右：

二十四日贺光五回安庆，详细叙述了老弟疾病日渐减轻的状况。二十日应酬众宾客，照应周到，和七月十一、十二日应对众客的状况差不多。我感到十分欣慰。

曾恒德等人今天从京师回到这里。温甫弟、事恒弟又蒙皇上恩典，现将谕旨抄录寄给弟一看。朝廷礼遇忠臣、勋臣的恩典有增无减，我只希望我家人丁兴旺，子侄辈能自己读书，勤勉俭朴，稍微有所成就，那么老弟的功劳泽及后人就会长久了。

我等船到，一定在初一出发。顺问近好。

【点评】

对弟弟的病症日轻，应酬宾客周到得体，曾国藩十分欣慰。除此之外，感念祖先福泽与圣恩浩荡，曾氏只希望家门人丁兴盛，子侄们读书用功，勤奋俭朴，在学业、事业上略有所成就满足了。

同治三年九月十四日与四弟国潢书

公元1864年10月14日

澄弟左右：

八月十七日来信于九月十二接到，廿一日来信于初七日接到，廿五日东征局排递信于十三日接到，内有纪鸿一文一诗，具悉一切。余于初一日自安庆起行，初七日到金陵，初十日入署，内外平安之至。

沅弟湿毒未愈，而精神尚极完足。肝疾虽深而亦尚能自持，不至遽损真元。惟夜睡多不成寐，不知何口始得痊愈？初十日奉到谕旨，准其开缺回籍调理，恩赏人参六两，大约九月底十月初可以起行，十一月初三日或可到家，赶上祭期也。

纪鸿之文，万无中举之理。如侥幸中式，送贺礼者，似亦不宜全却，请弟斟酌，择其应收者收之，其为数太多者，非旧日亲友者，婉言璧之。工夫太早，中则必为有识者所笑，亦可惧也。顺问近好。

【译文】

澄弟左右：

八月十七的来信在九月十二日收到，二十一日来信在初七日收到，二十五日东征局排单寄来的信件在十三日收到，里面有纪鸿一篇文章、一首诗，尽知一切。

我在初一日从安庆出发，初七日到达金陵，初十日入官署治事，里里外外都十分平安顺利。沅弟湿毒之症还没有痊愈，但精神很好。肝病虽然严重，还能自我控制，不至于立刻就损耗元气。只是夜间睡不好觉，不知道什么时候才能痊愈。初十日授奉谕旨，批准他辞官回家乡调理，又赏赐六两人参。大概九月底十月初就可以起程，十一月初三日或许能到家赶上祭期。

纪鸿的文章，绝没有中举的道理。如果侥幸考中，有人送礼道贺，似乎也不好全部推辞，请老弟看着办。选择其中应该收下的就收下，如送礼太多，又不是过去的亲朋好友的，就婉言谢绝，礼品归还。纪鸿学问太浅，下工夫太少，考中一定会被有识之士笑话，也是令我担心的。顺问近好。

【点评】

沅弟的湿毒病症并无大碍，主要是肝气抑郁，夜间不能安睡的缘故。幸而可以奉旨辞官回乡调养，不久就可以起程。关于纪鸿的文章，曾国藩谦虚地说“绝没有中举的道理”，即使侥幸考中，也会被有识之士笑话。此信主要体现曾氏养生、劝学的思想。

同治三年九月廿四日与四弟国潢书

1864 年 10 月 24 日

澄弟左右：

九月十七日接弟八月廿九日信，系在县城所发者。廿二三日连接弟九月初七八日两缄，具悉一切。

弟为送科一之考两次晋省，实觉过于勤劳，兄闻之深抱不安。且弟于家庭骨肉之间，劳心劳力，已历三十余年，今年力渐老，亦宜自知爱惜保养，不特为家庭之际不可过劳也。

吾入金陵署中已半月，大小平安。隔日至沅弟处看病，沅之湿毒未愈，尚尔疼痛，而肝郁少减，大约十月初登舟起行。其湿毒与我廿五六年之病相似，而我之病似更重。余劝沅不必吃药敷药，此等皮肤之疾，终可不治自愈。惟夜不成寐，却是要紧之症，须用养心和平之法医之。

褚一帆事，不能请谥。盐局之事，全依次帅与黄、郭之言，断不掣肘。顺问近好。

【译文】

澄弟左右：

九月十七日接到老弟八月二十九日的来信，是从县城发出的。二十二、二十三日两天连续收到九月初七、初八两封来信，一切尽知。

老弟为了送纪鸿参加科举考试而两次上省城，实在觉得弟过于辛勤劳苦，为兄我听到以后深感不安。而且老弟你为全家人劳心劳力已历经三十多年，现年纪、力气都渐入老境，也更应该知道爱护身体，保养身心，不只为了家族，就是为了你自己也不能过于劳累了。

我住进金陵官署里已有半个月，家中大小都平安无事，隔天到沅弟那里探望病情。沅弟湿毒还没痊愈，偶尔还感到疼痛，而肝气郁结之症稍微减轻。大概十月初乘船起程。沅弟湿毒之症和我道光二十五年、二十六年的病差不多，但我的病好像更重一些。我劝说沅弟没有必要吃药、敷药，这种皮肤病，最后可以不经医治，自行痊愈的。只是夜间不能安睡，却是要紧的病，必须用保养心气平和的办法来治疗。

褚一帆的事，不能请求谥号。盐局的事，完全按次帅以及黄、郭等人的意见，绝不从旁牵制。顺问近好。

【点评】

曾国藩认为沅弟的病情——肝气抑郁的症状稍微减轻，但是湿毒的症状还没有痊愈。他回忆自己道光二十五年、二十六年的病症，和沅弟的病症类似，但似乎比弟弟的症状更重，因此他劝弟弟不用吃药、敷药，病不久就会自己痊愈的。但是夜不能睡，需要仔细调理。

同治三年十月初五日与四弟国潢书

1864 年 11 月 3 日

澄弟左右：

九月廿六日接弟初十夜在长沙所发一信，具悉一切。此间诸事平安。沅弟之肝疾日见轻减，而湿毒并未痊愈，大约如吾廿五六年请南宫张氏医治情形。其疮之颗较吾更大，而吾之患处较沅更多。吾力劝沅不吃药不敷药，沅近亦深以吾言为然。

十月初一日，沅弟起程旋湘，吾送百里至采石矶。初四早兄弟分手，吾于本日即还金陵，令纪泽送至芜湖以上矣。初五日巳刻纪鸿与叶亭甥到金陵署内，不知初四何以与沅船相左，不得一谒见也？

常仪庵所带罗忠节集，今尚未到。王载轩请封之事，去年已托京友赶办，至今尚未寄出，兹将寄来之执照付京，再一催取。

余身体平安，惟诸事丛集。撤勇极多，欠饷难清，尚费周章耳。顺问近好。

【译文】

澄弟左右：

九月二十六日接到老弟初十夜间在长沙所发的一封信，一切尽知。

这里事事都很平安顺利。沅弟的肝病日渐减轻，而湿毒之症还没有痊愈，大概和我道光二十五年、二十六年请南宫张氏医治时的情况相似。他的毒疮比我的大，但我的患处比沅弟更多一些。我极力劝说沅弟不吃药、不敷药，近来沅弟也认为我说得很有道理。

十月初一沅弟起程回湖南，我送他走了一百里到采石矶。初四早晨，兄弟分手，我当天就返回金陵，让纪泽儿送沅弟到芜湖上游。初五日巳刻，纪鸿和叶亭甥来到金陵衙署内，不知道初四那天为何就和沅弟的船错过了，难道不能够见上一面吗？

常仪庵所带的《罗忠节集》现还没有到。王载轩请封的事情，去年就托付在京友人抓紧办理，到现在还没有寄出。现把寄来的执照带去京师，再次催促。

我身体平安，只是各种事情凑到一起了，裁撤湖南兵勇很多，所欠遣散费用难以结清，还要费些周折才能办妥。顺问近好。

【点评】

曾国藩又提到沅弟的湿毒症与自己的病症相似，并极力劝说弟弟不需服药，沅弟也渐渐认为大哥所说的正确。近期曾国藩公务繁忙，各种事物堆积到一起，如湖南裁军之事，所裁人数众多，安家费还没有着落，等等，令他略感到不安。

同治三年十一月十四日与国潢国荃书

公元 1864 年 11 月 12 日

澄弟、沅弟左右：

十一月十三日接澄弟十月初九日一函、沅弟二十五日在汉口发信，具悉一切。沅弟病势十愈六七，欣慰无已。

余近日心绪多不适，一则前有楚北之行，深虑各营欠饷无着；一则自上游来者，皆言沅弟病体增重；一则科场雨雪交加，严寒侵人，而萧梁等约期之饷尚无着落。兹余既免湖北之行，而沅弟之病大愈，寸心帖然无忧。至幸至幸。

乡试虽风雪苦寒，而头二场清吉平安，未死一人。少荃初十日感寒颇重，二三场未能点名，若迅速就痊，则科场完美矣。

甲五侄又生一女，望从此三女之后，继以三男。科四完姻后，吾三家桐孙秀发，瓜瓞绵绵，斯为至祝。

【译文】

澄弟、沅弟左右：

十一月十三日接到澄弟十月初九日一信和沅弟在汉口发出的信，了解了一切。沅弟的病情，好了十分之六七，令我欣慰不已！

我近来心绪不宁，一是前次到湖北，非常担心各部队拖欠的军饷没有着落；二是来自上游的人，都说沅弟病情加重；三是科举考场雨雪交加、严寒刺骨、冷气逼人，但是萧梁等军已约好的军饷，还没有着落，现在我既然已经取消湖北之行，沅弟的病又大大好转，心中坦然没有挂牵，真是万幸啊！

乡试虽然风雪交加，但头两场时都平静安定地度过，没有冻死一个人。少荃初十那天感冒十分严重，两三场没能点名。如果少荃能迅速痊愈，科场的情况就算完美无缺了。

甲五侄又生了一个女儿，希望他在生了三个女儿之后，再生三个男孩。我们三家儿女成群，人丁旺盛，这是最大的祝愿！

【点评】

信中曾氏言及三件事令自己心神不安：首先是担心湖北各路军队所拖欠的军饷没有着落；其次是有从沅弟那里来的人说他的病情加重；再次是科举考试不逢时，雨雪交加，寒冷无比。但并没有人员伤亡，只是少荃感冒严重，其他一切顺利。

同治三年十一月廿四日与国潢国荃书

1864 年 12 月 14 日

澄弟、沅弟左右：

十一月二十日、廿三日接澄弟十月十九、廿八日两次安信，十八日接沅弟十一月初六岳州安信，具悉一切。

旸谷叔祖遽尔仙逝。年来本房中丧事均寿算不高,而东阳祖体素强健,尤不似不得周甲之人,远人闻之,殊切哀怛。兹寄去祭幛一幅,奠敬三十两,望弟送交添梓坪为要。

科九、鼎三两侄字姿俱好,鼎三善读书,大慰大慰。温弟蕴奇未发,将来其食报于此子乎?

此间近俱平安。余于十七日仍接督篆,少泉中丞之病已十愈其六,余今日进闱看视,尚有余热未净。其季弟幼泉已到,同住闱中,尚不寂寞。澄弟谓城中驻扎万人太多,所论极是,然昨日科场,士子万余在城,与兵勇并无半点口舌,实算安静。

沅弟与余约定,苟有银钱,即随时裁撤,今冬纵不能撤,明春必遣撤也。盐务日有起色,目下淮南之盐,以泰州河涸不能出江为苦,淮北之盐以洪泽湖冻不能运淮为苦,新春当大旺矣。

沅弟嘱抄奏议,自腊月起,每次信内抄几篇,圈批付回,即以此为兄弟谈文可也。顺问近好。

【译文】

澄弟、沅弟左右:

十一月二十日、二十三日接到澄弟七月十九日、二十八日两次平安家信,十八日收到沅弟十一月初六日从岳州发来平安信,尽知一切。

旸谷叔祖竟然已经仙逝。近年来咱们这一房去世的都不是高寿,但东阳祖身体一向强壮健康,尤其不像是连花甲之年都活不到的人。远方的人听到讣闻,尤其感到哀伤。现寄去祭帐一幅,奠仪三二两,希望弟一定送到添梓坪。

科九、鼎三两位侄儿的字体都是好的。鼎三喜欢读书,让我十分欣慰。温甫弟蕴藏奇才,却来不及体现,将来难道因为这个儿子而得到回报吗?

这期间诸事平安。我在十七日仍然接管总督之印。少荃中丞的病已经好了十分之六,我今天到贡院探望,还有余热没有退干净。他的小弟幼荃已经到了,和他同住在员院当中,还不觉得寂寞。澄弟认为在城里驻扎一万人太多了,他说得很有道理。然而昨天科场考试一万多人在城中,并没有和士兵发生冲突,实在算是平静安定的了。

沅弟和我已商量好,如果有银钱,就随时裁减撤销士兵。就算今年冬不能裁撤,明年春一定遣散裁撤。盐务一天天有了起色。现在淮南的盐,因为泰州运盐河干涸,不能运到长江,淮北的盐则因为洪泽湖结冰而不能运到淮河,明年春天就大为兴旺。

沅弟嘱咐我抄寄奏议,从腊月起每次去信都抄几篇并附上圈点,加批之后寄回,就用这种办法作为兄弟间谈论文章的方式就可以了。顺问近好。

【点评】

曾国藩在前几年的家书中说过,兵强马壮是好事,但如果人数太多就不妙了,军士的气节就不易凝结,容易成为一盘散沙。因此,曾氏兄弟商议好,一旦有足够的遣散费就裁军,最晚不过明年春季。

同治三年十二月十六日与国潢国荃书

1865 年 1 月 14 日

澄、沅弟左右:

腊月初六日接沅弟十一月十七日信,知已于十六日平安到家,慰幸无已。初九日接澄弟十一月初十日信，具悉一切。此间近状平安。少泉于初六日起行，初十日已抵苏州。

余于十四日入闱写榜，是夜二更发榜，正榜二百七十三，副榜四十八，闱墨极好，为三十年来所未有，辐斋先生与副主考亦极得意，士子欢欣传诵。辐师定于廿六日起程，平景孙编修奏请便道回浙，此间公私送程仪约各三千有奇。各营挑浚秦淮河，已浚十分之六，约年内可以竣事。

澄弟送萝卜丝，谢谢。以后请无送他物，太远，多费船钱也。其所劝大臣大儒致身之道，敬悉敬悉，惟目下精神实不如从前耳。顺问近好。

【译文】

澄、沅弟左右：

腊月初六日收到弟十一月十七日的来信，得知弟弟已在十六日平安到家，十分欣慰庆幸。初九日又接到澄弟十一月十日的来信，尽知一切。

这里近来状况安好。少泉在初六日起程，初十日已经抵达苏州。我在十四日进贡院，写乡试榜，当天夜里二更放榜，正榜有二百七十三人，副榜有四十八人。墨卷文笔非常好，是三十年来从没有过的。辐斋先生和副主考也十分满意，考生欢欣鼓舞。辐师决定在二十六日起程，平景孙编修已上奏请求准许取道回浙江。这里官署私人赠送的财物大概各有三千多，各营疏通秦淮河，已完成了十分之六，大概今年之内就可以完工。

澄弟送来了萝卜丝，谢谢。以后请不要再送其他东西，太遥远，要用很多路费，弟所奉劝大臣大儒要献身出仕的道理，已经了解。只是目前我的精神状况实在不如从前了。顺问近好。

【点评】

此次的甲子科江南乡试，时间为十一月初八日至十五日，入场人数达一万三千多，为中国科场空前绝后之仅例。曾氏于十二月十四日入闱写榜，整整写了一天，才将正榜二百七十三人和副榜四十八人写完。这次的乡试文墨极好，是三十年来从未有过的。考生之多，所凑的谢银达到了六千两，正副考官都各得了不少。

江南是片富庶之地，人才备出，因此甲子科的江南乡试无论是人数、谢银方面，都很“富裕。”

同治四年正月十四日与九弟国荃书

1865年2月9日

沅弟左右：

前奉饬南云赴豫之旨，殊难筹画，少荃亦以刘铭传赴豫为难。此次旨谕概免中州之行，以后诸事皆易措置。惟春霆须速赴新疆，刘铭传赴闽归左帅调度，尚非二将所愿耳。

弟病近日大愈否？疮癣皆皮肤之疾，决无损于元气，切不可轻用克伐之剂，谓之无罪攻伐。吾观弟在途所寄篪轩之对、眉生之屏，皆圆湛秀劲，其福泽必方兴未艾。辐斋先生谓京中言及弟者，贤愚皆俯首无异辞。弟若无端而郁恼，是与无罪而攻伐同一失也。

余近事极顺，弟可放心，愿兄弟常诵《常棣》、《小宛》二诗以自保耳。

【译文】

沅弟左右：

日前奉命南云前往河南的谕旨，此事十分难以筹划，李少荃也替刘铭传去河南的事犯难。这一次的谕旨全部免去了各位的河南之行,以后的事就顺利了。不过鲍春霆必须立即赶赴新疆,刘铭传到福建归左帅调度,这不是两位将军所心甘情愿的。

老弟的病近日好多了吗?疮、癣之类都是皮肤病,是断然不会损伤元气了,千万不可轻易使用药性猛烈的方剂,那可以说是对无罪者加以攻伐。我看老弟在回家的途中,所作的寄给篪轩的对联、给眉生的屏风,字迹都圆润清秀而刚劲,你的福气正处于兴盛时期。韫斋先生说到京城中的人一提到老弟,不论贤能愚昧都敬佩不已,绝无二话。弟弟如果无端地抑郁烦恼,就和攻伐无罪者是同样的过失。

我近来事事都很顺利,弟弟完全可以放心。望你常常诵读《常棣》、《小宛》二诗来自保。

【点评】

信中曾国藩劝弟弟对于湿毒的病症千万不能轻易使用猛烈的药方去治疗,那样做和惩罚无罪的人没有什么两样。此外,弟弟的事业正如日中天,大家对他也只有敬仰之情,因此弟弟不应该无端地懊恼,那样只能伤及元气,就和采取药物猛攻湿毒没什么两样。

同治四年正月廿四日与九弟国荃书

公元 1865 年 2 月 19 日

沅弟左右:

弟信言寄文,每月六篇为率,余意每月三次,每次未满千字者则二篇,千字以上者则只一篇。选文之法,古人选三之二,本朝人选三之一,不知果当弟意否?

弟此时讲求奏议尚不为迟,不必过于懊悔。天下督抚二十余人,其奏疏有过弟者,有鲁卫者,有不及弟者。弟此时用功不求太猛,但求有恒。以弟攻金陵坚苦之力用之他事,又何事不可为乎?

【译文】

沅弟左右:

弟弟信中提到我寄去的文章以每个月六篇为准。我的意思是每月寄三次,每次没满千字的两篇,千字以上的就只有一篇。选择文章的方法,古人的占三分之二,本朝人士占三分之一,不知是不是合老弟心意?

老弟现在来讲求奏议的方法还不晚,不必过于后悔、懊恼。天下的督抚有二十几个人,其中奏疏有比你写得好的,有和你同样的,有不如你的。你现在不要急于求成,只求有恒心。凭借弟弟攻金陵这种历尽艰苦的能力,用在其他事务上,又有什么干不成呢?

【点评】

力求上进之人有时也会陷入对自己不甚肯定的怪圈中。曾国藩劝弟弟不要认为现在努力为时太晚,与别人相比,有比你好的,有和你相同的,也有不如你的。做学问、做事只要有恒心,不要图快而力促,凭借弟弟连金陵城都能攻克的精神,又有什么事不成功呢?

同治四年正月三十日与国潢国荃书

公元 1865 年 2 月 25 日

澄弟、沅弟左右：

陈舫仙放陕西臬司，兹将饬和排递长沙转送，请沅弟专送陈家，并嘱舫仙迅速屏当，由家赴鄂，由鄂坐轮船来金陵，拜发谢恩折，折内照例声明：迎折北上，进京请训。

如谕旨令即赴新任，毋庸来京，则舫仙仍坐轮舟回鄂，由襄阳赴陕履任。如谕旨着令来京，则或即从金陵北上，或回鄂由樊城北上，均无不可。请沅弟与舫仙商定一切，先行排递函复。或仿照江达川元年之例，谢恩折件请意城代办，附恽中丞奏事之便具奏。俟奉到批旨，如令进京，则坐轮舟由金陵北上，亦属妥协。二者似后一策更为易行，以达川有样子可循也。

【译文】

澄弟、沅弟左右：

陈舫仙外放任陕西省臬司的职务，现将命令用排单递送到长沙再转送，请沅弟专门送往陈家。并嘱咐舫仙迅速准备妥当，从家中赶到湖北，从湖北坐轮船到金陵，上奏谢恩奏折，奏折内照惯例声明："迎折北上，进京请训。"

如果谕旨命令他"马上到新地就任，不必来京。"那么舫仙还坐轮船回湖北，由襄阳到陕西任职。如果谕旨命令他"来京"，就或者马上从金陵北上，或者回湖北，由樊城北上，都可以。请沅弟和舫仙商量好，先用排单递送信函回复。或者仿照江达川同治元年的例子，上谢恩奏折，请意城代为处理，在恽中丞上奏的时候附在一起上奏。等得到谕旨批复，如果命令他进京，就坐轮船从金陵北上，也是合适的。两者相比似乎后一种方法更为简便易行，因为有江达川的例子可以遵循。

【点评】

曾国藩为陈舫仙上任陕西省臬司的职位设计有几种方案：即陈舫仙先从武汉到金陵，照例奉旨"进京请训"，如果上谕令他马上赶赴就任，就还坐船回湖北，从襄阳到陕西任职；如果上谕令他进京，就马上从金陵北上或者回樊城北上。可见曾氏考虑的详尽周全。

同治四年二月初五日与国潢国荃书

公元 1865 年 3 月 2 日

澄弟、沅弟左右：

少荃派郭松林等带八千人由轮船赴闽助剿，二月杪可以成行。侍、康二逆在闽，其焰尚张，将来必为江西楚粤之祸。

吾乡近日风气人情，两弟细察之，不至更遭浩劫否？若沅弟仓卒用兵，足以捍桑梓之难否？次山中丞被查之事，不至去位否？环顾各省疆吏，殊乏满意之选，不审天意竟复何如。

金陵已撤八营，截至正月末止，将来拟再撤八营，留四千人守城。朱云岩定于五月遣撤，余亦次第撤散。

余身体无恙,惟心血日亏,目光不耐久视。

【译文】

澄弟、沅弟左右:

少荃派郭松林等带领八千人乘轮船到福建协助围剿敌人,二月底能够出发,侍王、康王两贼在福建,他们的气焰还很嚣张,将来一定会成为江西、湖北、广东的祸害。

我们家乡最近的风气人情,两位兄弟请仔细观察,不至于要遭更大的浩劫吧?如果沅弟仓促用兵,是不是完全能够保卫咱们的故乡呢?恽次山中丞被查办的事件,不至于撤职吧?看看各省的封疆大吏,尤其缺乏满意的人选,不知天意究竟要怎么样。

金陵的军队已撤走八个营,截至正月末。将来计划再撤走八个营,留守四千人守城。朱云岩已定在五月遣散,其余的也要陆续裁减、遣散。

我身体没大碍,只是心血一天天亏损,眼睛不能长时间看书。

【点评】

太平军侍王、康王还在福建,曾国藩认为此二人不除,今后定会成为朝廷的后患,因此少荃派郭松林赴闽,协助围剿敌人。对于军队的遣散问题已经陆续在进行,到正月末已撤走八个营,最后只留四千人守城。

同治四年三月初四日与国潢国荃书

公元 1865 年 3 月 30 日

澄弟、沅弟左右:

初二日接奉寄谕,饬沅弟迅速进京陛见,兹用排单恭录谕旨咨至弟处。上年十二月韫斋先生力言,京师士大夫于沅弟毫无闲言,余即知不久必有谕旨征召,特不料如是之速。

余拟于日内复奏一次,言"弟所患夜不成寐之病,尚未痊愈,赶紧调理;一俟稍痊,即行进京;一面函商臣弟国荃,令将病状详细陈明"云云。沅弟奉旨后,望作一折,寄至金陵,附余发折之便复奏。

余意不寐屡醒之症,总由元、二两年用心太过,肝家亦暗暗受伤,必须在家静养一年,或可奏效,明春再行出山,方为妥善。若此后再有谕旨来催,亦须稍能成寐,乃可应诏急出,不审两弟之意以为何如?

筱荃来抚吾湘,诸事尚不至大有更张。惟次山以微罪去官,令人怅怅。沅弟前函有长沙之行,想正值移官换羽之际,难为情也。

同治皇帝便装像

【译文】
澄弟、沅弟左右：

初二接到朝廷的上谕，令沅弟迅速进京谒见皇上。现恭敬地录下谕旨，粘排单递送咨文到老弟那里。去年十二月，韫斋先生极力解释京城士大夫对沅弟没有任何非议，我就知道用不了多少时间一定会有谕旨征召，只是没有想到会这么快。

我准备在这几天再奏一次，说弟弟得了晚上不能安静之症，还没有完全好，正在调理，等他略为好转，马上进京。一方面写信与为臣之弟国荃商量，让他把他的病状详细陈述，等等。沅弟接到谕旨之后，希望写一道奏折寄送到金陵，借我发出奏折的便利回奏皇上。

在我看来，睡不着，老醒来的病，都是因为元年二年过于操心，肝脏也暗暗受伤，一定要在家里静养一年，或者可以收到效果。明年春天再行出山，才算妥善，如果再有谕旨来催，也要稍微可以安睡了，才可以应诏出山。不知道两位弟弟认为怎么样？

如果筱荃担任湖南巡抚，诸事还不至于有大的改变。只是次山因小罪丢掉了乌纱帽，令人惆怅！

沅弟前次来信提到有长沙之行，看来你去长沙时正赶上湖南巡抚交接班的时候，有些难为情吧。

【点评】

曾老九在家“养病”期间，接到了朝廷的谕旨，让他病痊愈后立即上京进见。但是老九以病还未好为由，拒绝上京进见。其实，老九拒绝进京并不完全是因为身体有病，而是他那块心病始终还没有去掉。在当时那个年代，违抗朝廷的命令轻则丢官，重则处死，老九却有如此胆量来顶撞朝廷，实在不愧是一个有个性、有能力、有胆识的官员。

同治四年三月初七日与国潢国荃书

公元 1865 年 4 月 2 日

澄、沅弟左右：

金陵昭忠祠纪将士劳苦之碑，沅不肯稍编节略，其名似谦，其实懒耳。

弟以不能文为深耻，无以恇怯体弱，过于自恕自逸。如元年八九月雨花台之役，弟昼夜不成眠至五十余日之久，三年四、五、六月，弟尤劳更甚，为日更久，岂当时体气忽健，异于生平哉？因众人蔑视沅甫非能克金陵之人，发愤欲一雪其耻而伸其志，故忘其为积弱之躯也。目下用力于奏议文章，亦当稍存昔年拼命之意。不过一二年间，谕旨必屡催出山。一经履任治事，诸务冗杂，欲再专力于文章，则不能矣。

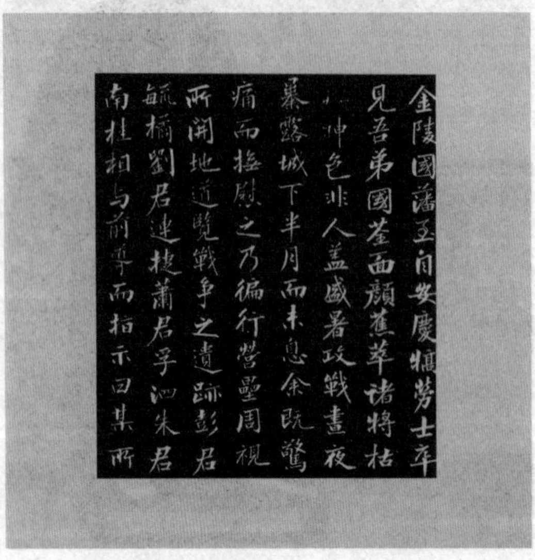

曾国藩所书金陵湘军陆师昭忠祠记

【译文】
澄、沅弟左右：

金陵昭忠祠记述将士们辛勤劳苦

的碑文,沅弟不愿做一点删减,看来像是谦逊,其实是懒惰啊。

老弟因为不能写出好文章感到耻辱,不能因为心悸体弱而过于宽恕自己、放松自己。就像同治元年八九日间雨花台之战,弟昼夜不眠长达五十余天之久。同治三年四、五、六月间,弟弟忧虑劳累得就更厉害,时间也更长了。难道当时身体忽然健壮,和平常不一样了吗?因为大家看不起沅弟,认为你不是能攻克金陵的人,你就发愤要洗雪这一耻辱,展现你的志向和抱负,所以就忘记了你的身体一向很虚弱。现在你在奏议文章上用功,也应当稍用当年拼命的勇气。不过一两年时间,一定会有谕旨再三催促弟弟出山。一旦到任处理公务,事务冗多繁杂,想再专门致力于做文章,就是不可能的了。

【点评】

信中曾国藩以弟弟不愿改碑文为例,揭示弟弟实际上不愿意努力的惰性。不能用身体不好而作为偷懒的借口。想想当年弟弟为了证明自己而不顾艰难险阻,终攻克金陵。现在写文章也应该拿出当年的勇气来,趁现在还有时间应发奋进取,否则不久到用时方悔恨不已。

同治四年三月十八日与九弟国荃书

1865 年 4 月 13 日

沅弟左右:

十七日接奉三月初八日寄谕,首行军机大臣之上少议政王三字,殊堪大诧。以前无不有此三字者,虽恭王病假之时,亦尚有之,三月初六日寄谕亦尚有之,若非生死大变,则必斥逐,不与闻枢密大政矣。此事关系绝大,不胜悚惧。

顷又闻河南之贼窜至山东单县、汶上,僧邸亦追至汶上。汶上去山东省城仅二百余里,去直隶境亦二百余里,深为可虑。

有识之士与相爱之友,多劝弟暂缓出山。余意亦欲弟久养病躯,闭户三年,再行出膺艰巨。若各路不靖,则恐又有征召之旨,弟身体未痊,总宜再三斟酌。如有复奏之疏,专人至鄂,搭洋船至金陵,由余代递,最为妥协,免致兄弟辞意两歧也。

【译文】

沅弟左右:

十七日接到三月初八日的寄谕,首席军机大臣上缺少"议政王"三字,令人十分惊诧。以前没有缺这三个字,就算恭亲王休病假的时候,也还有它,三月初六日的寄谕也还有这三个字。如果不是有身亡的重大变故,那么一定是已遭到斥逐,不能参与十分机密的政要。此事关系重大,我感到不胜恐惧。

刚刚又听说河南敌军流窜到山东单县、汶上,僧格林沁也追到汶上。汶上县和山东省会只有两百多里,距离和直隶境内也相距两百多里,令人甚为忧患。

有见识的人士和爱护我们的朋友大都劝说老弟先不要出仕。在我看来也是希望弟用较长时间调养身体,闭门三年不出,然后再出来担当重任。如果各处敌人不能平定,那么可能又会有征召弟的谕旨。弟身体还没有完全康复,总是应该反复斟酌考虑。如果弟有回复的奏章,派专人送到湖北,再搭乘洋船到金陵,由我代弟转送,这是最妥当的,来避免我兄弟二人说法不一。

慈禧太后像

【点评】

信中反映了慈禧与恭王之间的矛盾越来越深，致使了恭王的第一次下台。慈禧对恭王的不满，不是一次两次，众多的不满积累在一块儿，终于引起了慈禧的愤怒，于是亲自拟了一道谕旨，革除了恭王的一切差委。赵烈文在《能静居日记》中全文抄录了慈禧的这道上谕，还作了评论。赵此时在曾氏幕府，曾与曾老九常常谈论当时的政局，他的思想和曾氏兄弟的思想必然相互产生影响，所以在信中，曾氏劝老九暂时不要出山。

同治四年四月十五日 与国潢国荃书

公元1865年5月9日

澄弟、沅弟左右：

山东回窜之捻尚在江南徐、宿一带，调淮勇二千余人驻扬州，三千余人驻清江，并昌岐水师百余船，均到防矣。刘铭传等万余人自六安赴徐州，尚未到防，大致足御寇氛。

惟霆军八千人在湖北金口登岸，不听号令，各持军器洋枪成队南行，不知果叛逆乎？抑仅溃散已乎？此事关系极大，殊深焦灼。此军若溃，则厚庵一军亦属可虑。

厚庵奏分六省厘金，万做不到，徒托空言。其奏改西征局，不能不妥为调停。

【译文】

澄弟、沅弟左右：

从山东逃窜的捻军还在江南的徐州、宿州一带，调拨淮军两千多人驻守在扬州，三千多人驻守在清江，还有昌岐长江水军的一百多只战船，都已驻防。刘铭传等一万多人从六安奔赴徐州，还没有到位。大体上足够抵御敌军了。

只有霆军八千人在湖北金口登岸，不听命令，士兵手持器械、洋枪结队向南行进，不知是否当真叛变了？还是仅仅是溃逃而已？这件事至关重大，令人特别焦灼，这支部队如果溃败，那么厚庵的部队也值得担心。

厚庵奏请分享六省的厘金，实在不可能做到，只是空话而已。他奏请改隶西征局，却不能不妥善解决。

【点评】

从山东逃散的太平军还处在徐州、宿州一带。因此朝廷在扬州、清江等地设防，还有水军战船均已到位，局势还算稳定。可是严重的状况在于霆军的将士不听指挥，持武器南进,现在还不能判断是判军还只是战败的逃军。这件事非同小可,很有可能动摇军心。

同治四年四月廿四日与国潢国荃书

公元1865年5月18日

澄弟、沅弟左右:

接两弟信并渠侄夫妇安禀,欣悉新妇有和顺载福之象,从此和室宜男,家庆绵长,企慰无似。

纪鸿儿于四月二十一日完婚,外问即无一客。衙门办喜事,似较家乡稍简易也。

沅弟寄到折稿,当略为修饰,日内拜发。陈舫仙、朱心栏到此陈谢恩折,亦于日内附报发去。魏柳南自京师归,亦恰至此。凡从弟当差者,无不恩明谊美,将来出任,当能束躬自爱。

弟病以怔忡不寐为最要之症,外毒及善忘、多感伤皆不甚要紧。开卷心疼,终由于心肝血亏之故。治之之道,非药力所能遽效,自以不看书不用心为良方。

余因闻霆营之变,近日毫无欢悰。又接两弟信,梁葆颐在衡既不相宜,余即批令归湖南酌委署事,不复与闻盐务耳。

【译文】

澄弟、沅弟左右:

收到两位兄弟的来信和纪渠侄儿夫妇俩的请安禀帖,了解家中的一切,很是高兴。新娘子有和谐顺从、承受福气的吉祥象征,从今以后家庭和睦,多子多福,家中喜庆之事连续不断,这是我最大的期望和欣慰。

儿纪鸿已在四月二十一日完婚,没有一位外来的客人。衙门里办喜事好像比在家里要稍显简单些。

沅弟寄来的奏稿,应该稍微加些修改,过几天就发出去。陈舫仙、朱心栏到金陵呈上谢恩奏折,也在这几天内附奏报后一起发出去。魏柳南从京城回来,也刚好到这里。但凡在兄弟部下当差的人,没有一个不明白知遇之恩,感念袍泽之谊的,以后出去做了官,一定能做到严格要求自己,爱惜名声。

弟的病情主要是心悸、失眠,外患湿毒、健忘、容易感伤等,这都不要紧。一看书就心痛,终究是因为心肝血亏的缘故。治疗的办法,不是吃药就可以很快见效的,当然是不读书,不用心思最好。

我由于知道春霆军中哗变,几天来没有一点欢乐。又接到两位弟弟来信,梁葆颐既然不适合在衡州,我就批准让他回湖南去,在官署里适当担任个职务,不要让他过问盐务了。

【点评】

曾氏兄弟治军严明,凡是曾氏的部下,没有一个不严守军纪的。就是将来步入仕途,也以严明的军纪要求自己,做人检点,爱惜声誉。对于弟弟的病情,外患都不要紧,而一看书就心痛是因为肝气郁结的原因,这并不能靠药力治愈,以少用心力为上策。

同治四年五月初五日与国潢国荃书

1865 年 5 月 29 日

澄弟、沅弟左右:

日内未接弟信,想家中各宅平安。

余于初二日接奉廷寄,饬余出省督师剿贼,尚未开江督之缺,不过驻江南境内。初三日接奉廷寄,则僧邸在郓城阵亡,饬余赴山东督剿,以李少荃署江督,刘松山护苏抚。现约少荃于月半后来宁,余于月底起行。

金陵之八千人,现札令愿随征者自告奋勇,愿撤散者遣发回籍,各营自行具禀,或北征或西归,拟令同日起行,但留一营护卫衙署,暂不搬动。家眷应否回湘,秋凉再作计较。

淮勇现有刘铭传等万余人在徐州,张树声三千五百在清江,余拟带此万四千人赴东。此外又调筹春镇易开俊三千人以行。金陵之告奋勇者,无论多少,皆与易同打一路。此外,令申甫至山东就地新募马勇数百,合计二万余人,当足以御寇氛。

沅弟复奏之折业已拜发,兹将原稿寄回。

【译文】

澄弟、沅弟左右:

目前没有接到弟的来信,大概家中各宅都平安吧。

我在初二日接到朝廷寄来的谕旨,命令我出省率军剿灭敌人,还没有免去两江总督的职务,不过是驻扎在江南境内。初三日接到朝廷寄来的谕旨,因为僧格林沁在郓城阵亡,于是朝廷命令我奔赴山东剿灭敌人,命李少荃署理两江总督,刘松山任江苏巡抚。现在约李少荃在本月十五之后来江宁,我在月底动身。

在金陵的汀军有八千人,我已经下发札文,让愿随队出征的自告奋勇,主动报名,愿意撤退遣散的,送回原籍,各营详细报告本营的情况。要么北征,要么西归,计划命令他们在同日起程。只留一营士兵守卫衙署,暂不调动。家眷是不是应该回湖南,等秋天再作打算。

淮军现在有刘铭传等一万多人在徐州,张树声部三千五百人在清江,我打算带这一万

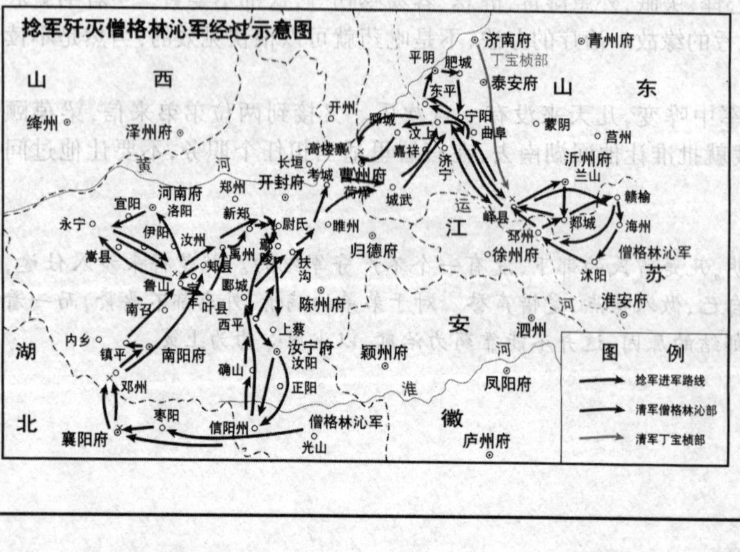

清·同治四年(1865年)四月,捻军在山东菏泽高楼寨歼灭僧格林沁。此图为捻军歼灭僧格林沁经过示意图

四千人到山东，除此之外，再调拨筹春镇的易开俊三千人去，金陵这边自告奋勇，要求去的，不管多少人，都和易同行一道。另外，命令中甫到山东就地招募士兵几百人。一共两万多人，应当足够来抵御敌人。

沅弟回奏的折子已发出，现在把原稿寄回来。

【点评】

僧格林沁带领的蒙古马队，是当时镇压太平军的正规军中一支很特别的队伍，在他的指挥下立下了赫赫战功。同治四年四月，僧格林沁在山东菏泽高楼寨遭到围歼，惨败而死，蒙古马队失去了一位好领袖，从此便失去了战斗力。于是朝廷便命曾氏带兵北上，来取代僧和他的蒙古马队。曾氏在信中表现了十分不愿意的心情，但是仍然不得不遵循朝廷的命令，带兵外出。

同治四年五月十五日与国潢国荃书

1865 年 6 月 8 日

澄弟、沅弟左右：

余自初三日奉到北征山东之命，厥后屡奉寄谕严催。金陵十六营勇丁人人思归，直至初八日始议定张诗日带仁字一营随征，又新峻字一营，罗茂堂招晋字、豫字两营，朱星槛招星字左右两营，合成三千人。初九日飞檄刘松山来陵，顷已来此商定，渠带三千人随征。又易开俊专弁禀告奋勇，亦经批准，渠所部亦三千人。通共带湘勇九千人，淮勇二万二千人，除刘铭传、周盛波、张树声外，又添派潘鼎新五千人，由轮舟赴天津也。

步兵已厚，只须添练马队。若贼不渡黄，剿办尚不甚难，一渡黄则手脚忙乱，万目悬望，万口讥议，余实应接不暇，难乎其免于大戾矣。

寄谕中两次催沅弟出山任事，昨奉批旨亦催弟进京。沅弟曾为封疆大吏，又系立功受爵之臣，礼数稍优，自不必轻于一出，况病势尚重，万难遽膺艰巨。筱荃中丞录旨宣示到家时，不知弟曾呈请筱荃代为复奏否？

余待少荃来宁接篆，十五营开船西归后，定于廿五日起程。此后相去愈远，不能再用专差送信，但每月三次家信，由驿处至筱荃转交而已。

【译文】

澄弟、沅弟左右：

我初三日接到率师北上出征山东的命令，以后又几次接到催促寄谕，措辞严厉。金陵十六营的士兵个个都想回家，一直到初八日才商量确定张诗日率仁字营跟随我征讨，又有新招的峻字营，加起来共有三千人。初九日急召刘松山到金陵来，他已经到这里，并且已商定带三千人随我出征。易开俊又专门派人来自告奋勇地主动请战，已经批准了。易部也有三千人，加起来共计带领九千湘勇，两万两千淮勇，除刘铭传、周盛波、张树声外，又增添了潘鼎新五千人，乘轮船奔赴天津。

步兵人数已很多了，只需增添并训练马队。如果敌军不渡黄河，剿灭敌人还不十分困难；一旦敌人渡过了黄河，那我军就会手忙脚乱。到那时全部都是责备的眼光，全是诽谤的议论，我就会忙得应付不过来，很容易会铸成大错。

寄谕中还两次催促沅弟出山任职，昨天又接到谕旨，也催弟赶快进京。沅弟曾经担任封疆大吏，又是因立过大功而受封爵位的大臣，朝野对你的礼数稍稍优厚一些，自然没有必要就轻易出仕；况且你的病情还很严重，实在很难立刻就担当重任。筱泉中丞录下谕旨前去发布，到咱们家的时候，不知道弟弟曾呈请筱泉代我复奏皇上吗？

我等李少荃来金陵按总叔印，十五营开船向西回湖南后，我定在二十五日起程。以后我们相距就远了，不能够再用专人通信，只有每月三次家信，从驿处寄到筱泉那里转交就是了。

【点评】

曾国藩接连接到让他北上的命令，湘军都想回家而不想再外出作战，直到多方拼凑几万人共同抗敌。步兵人数足够，现在只要训练骑兵，怕的是敌军渡过黄河，我军就会处于手忙脚乱的境地。对于请弟弟出山的事，曾氏认为不必心急，从长计议，等弟弟身体好转再做打算。

同治四年五月廿六日与国潢国荃书

公元1865年6月19日

澄弟、沅弟左右：

纪瑞侄得取县案首，喜慰无已。吾不望代代得富贵，但愿代代有秀才。秀才者，读书之种子也，世家之招牌也，礼义之旗帜也。谆嘱瑞侄从此奋勉加功，为人与为学并进，切戒骄奢二字，则家中风气日厚，而诸子侄争相濯磨矣。

吾自奉督办山东军务之命，初九、十三日两折皆已寄弟阅看，兹将两次批谕抄阅。吾于廿五日起程登舟，在河下停泊三日，待遣回之十五营一概开行，带去之六营一概拔队，然后解维长行。

茂堂不愿久在北路，拟至徐州度暑后，九月间准茂堂还湘。勇丁有不愿留徐者，亦听随茂堂归。终使吉中全军人人荣归，可去可来，无半句闲话惹人谈论。沅弟千万放心。

余舌尖蹇涩，不能多说话，诸事不甚耐烦，幸饮食如常耳。

沅弟湿毒未减，悬系之至。药物断难奏效，总以能养能睡为妙。

【译文】

澄弟、沅弟左右：

纪瑞侄夺得我县考试的头名，令我欣喜不已。我不望代代人都得到富贵，但愿代代人都有秀才。秀才，是读书的种子，世家的招牌，礼与义的旗帜。因此谆谆嘱咐瑞侄，从此勤奋努力，更加用功，做人和做学问齐头并进，切实戒除“骄奢”两字，那么家中风气会越来越淳厚，而子侄们也会争相上进。

我自从奉旨督办山东军务，初九、十三日两个折子都已寄给弟弟看，现将两次批示的谕旨抄给你们一阅。我于二十五日起程上船，在河下停泊三天，等派回来的十五个营都已开拔，带去的六个营都拔营出走，然后再起程。

茂堂不愿意在北路久住，打算到徐州度暑后，九月间准许他回湖南。士兵有不愿意留在徐州的，也任由他们随陆茂堂一起回故乡。总要使吉中营全军人人荣归故里，来去自由，没有半句闲话惹人议论。沅弟千万放心。

我舌尖干涩，不能多说话。许多事情都不耐烦，幸好饮食还和往常一样。

沅弟湿毒没有减轻，令我十分忧虑！药物很难奏效，总要以能保养能睡觉为好。

【点评】

这封信道出了曾国藩对富贵功名与读书种子的看法，宁可子侄做秀才，戒“骄奢”二字，再谈调兵与健康事。此外，曾氏认为读书是非常重要的，是世家的招牌，是礼义的旗帜。他告诫家人要“为人与为学并进，切戒‘骄奢’二字。”这个观点非常中肯，其中能够看出他极其重视把文化学识与成功人生结合起来。

同治四年闰五月廿四日与国潢国荃书

公元 1865 年 7 月 16 日

澄弟、沅弟左右：

罗茂堂与张朱等六营、刘松山六营，先后赴临淮。临淮距清江四百二十里，距金陵四百六十里，距安庆六百六十里，以后仍可专人由安庆送信到家。

雉河集营盘被发、捻围困，萸方伯冲出后，诸将坚守无恙，然亦岌岌难久保矣。易开俊驻扎西洋集，距雉河五十里，以目疾出营，轻赴徐州，不能不予以严参。

徽、休、青阳三军闹饷，情同叛逆，不知近日安靖否？实深忧系。沅弟屡念金陵各军悉宜早撤，良有卓见。今金陵之营，仅存刘、朱、朱三军尚在瑞、临，每月由江西盐局发给满饷，不知有他变否？望就近体察，商之少荃中丞办理。

兄身体平安，惟不能耐劳苦。捻贼已成流寇，断难收拾，余亦做一日算一日而已。

【译文】

澄弟、沅弟左右：

罗茂堂和张朱等六营、刘松山六营，已先后奔赴临淮。临淮距离清江有四百二十里，离金陵有四百六十里，离安庆有六百六十里，以后仍然可以派专人从安庆送信回家。

雉河集营盘被发、捻两匪包围，萸方伯冲出重围后，诸将仍在坚守，目前仍未被攻破，但也岌岌可危，难以长久守住，易开俊驻扎在西洋集，离雉河五十里，因为眼睛有病而擅离营盘，轻骑到徐州，不能不给他严惩。

徽、休、青阳三军闹着要饷银，情形就和叛变一样，不知这几天安定下来没有？实在让人十分忧虑。沅弟多次惦记金陵各军应尽早全部散撤，实是高见。现在金陵之兵，只有刘、朱、朱三军还在瑞、临，每月由江西盐局发给满饷，不知是不是会有他变？希望弟就近察看一下，和少荃中丞商量着处理此事。

兄身体平安，只是不再能受得了辛勤劳苦，捻贼已成为流寇，已经很难收拾，我也就打一天算一天罢了。

【点评】

信中言及由于军饷问题，使军心涣散，情形和叛变一样，让人十分担忧。对于裁军之事，是越早做决定越好，迟则恐怕要生变。对于金陵的守军，也最好全部遣散。对于目前敌人四处逃窜的局势，已很棘手，因此曾国藩说“做一日算一日。”

同治四年六月初五日与国潢国荃书

公元 1865 年 7 月 27 日

澄弟、沅弟左右：

沅弟病虽愈，而尚黄瘦，实深悬系。建非常之功勋，而疑谤交集，虽贤哲处此，亦不免于抑郁牢骚。然盖世之事业既已成就，寸心究可自怡而自慰。悠悠疑忌之来，只堪付之一笑。但祝积年之劳伤湿毒日渐轻减，则正气日旺，固可排遣一切耳。

舫仙知沅颇深，感恩尤切，每言沅公精神极好，后来勋业方长，区区小病，不足为虑。余闻之常为一慰。李季荃与舫仙亲如骨肉，言其功劳极大，牢骚甚深，而病颇可虑。余观季荃虽瘦削异常，而精神尚足，当无他虑。

兄抵临淮，罗、张、朱六营于初二日到，刘松山亦到。雉河集之围危急如故，刘铭传一军日间可到，不知能解围否。若果解围，则西窜河南、湖北，恐不出沅弟所料。若各路重兵齐到，而卒不能解围，则中原糜烂矣。

余身体尚好，惟朱、唐、金三军闹饷，处置宽严皆有不宜，寸心忧灼。蒙、亳、宿、颍一带，人心甚坏，亲近捻匪，仇视官兵，亦久乱之气象也。

【译文】

澄弟、沅弟左右：

沅弟的病虽痊愈，但还又黄又瘦！实在令人担心，建立了不平常的功勋，但怀疑诽谤接连而至，即使是贤人、哲人处于这种情况，也不免要抑郁、发牢骚。然而盖世的事业既然已经成就，心中毕竟可以自我安慰。面对各种怀疑、忌妒，只是付之一笑。但愿多年积累下来的劳伤湿毒，一日比一日减轻，那么正气越来越旺，就可以排遣一切忧愁。

舫仙十分了解沅弟，非常感念沅弟的恩！他经常说“沅公精神很好，以后的事业道路远长；区区小病，不值得忧虑。”我听到这话常常很欣慰。李季荃和舫仙亲如骨肉，舫仙说李功劳极大，牢骚很多，病也令人忧虑。我看季全虽然十分消瘦，但精神还好，应当没有其他顾虑。

我到临淮，罗、张、朱六个营于初二到，刘松山部也到了临淮。雉河集被敌人包围，危急如故。刘铭传一军，这几天可到，不知能不能解围？如果能解围，那么敌人向西流窜河南、湖北一带，恐怕不会出乎沅弟的预料。如果各路重兵都到了，最终还是不能解围，那么

清军和捻军临淮关决战图

中原局势就糜烂了。

我身体还好，只是朱、唐、金三军闹军饷，处置或宽或严，都不合适，心中十分焦急！蒙、亳、宿、颍一带，人心很坏，亲近捻军，仇视官兵，这也是长久动乱造成的气象啊。

【点评】

信中曾氏怜惜弟弟虽立下大功但是却遭遇接踵而至的议论，不免令人抑郁。因此曾氏劝慰弟弟凡是要自怡自慰，能够宽心，对于非议一笑置之。

同治四年六月十五日与国潢国荃书

1865 年 8 月 6 日

澄弟、沅弟左右：

日来淮水涨发，罗、朱、张六营，刘松山六营及陈自明之四营，皆在水可淹人之处，营之周围筑堤御水，若不幸而堤穿，则垒中有入水二三尺者，有入水四五尺者。不得已，今日用船渡至南岸，大约五六日乃可渡毕，然使再涨水一丈，则百里内几无一可驻之处，又无草柴可觅。然后知临淮之苦，为他处所未有也。

雉河集已于初三日解围，贼踪西窜，尚无确信。大约河南之南、汝、光，湖北之德、黄、襄皆当其冲。此贼已成流寇行径，殊难收拾。

吾所用淮勇诸将，自以刘铭传为首选，然其心志是否翕服，尚未深知。又一骁将陈国瑞，桀骜难驯，昨发去一批，抄寄弟阅。

【译文】

澄弟、沅弟左右：

近日来淮水猛涨，罗、朱、张六营，刘松山六营以及陈自明四营都处在大水淹没人的地方。军营周围筑起堤坝防水，如果一旦不幸堤坝被大水贯穿，那么营盘之内有的地方要进水两三尺深，有的地方要进水四五尺深，毫无办法，今天用船把队伍渡到南岸，大概要五六天才能全渡完。然而如果大水再涨高一丈，那百里以内就没有可以驻兵的地方，又找不到柴草，这才会知道临淮的苦处，是其他地方没有过的。

雉河集已在初三日解围，敌军向西逃窜，还没有准确的消息，大概河南的南阳府、汝宁府、光州府，湖北的德安府、黄州府、襄阳府都有敌人西窜的踪迹。这些敌人已养成流寇作风，很难应付。

我所任用的淮军将领，都自然推举刘铭传，然而他的心里是不是服气。我还不很清楚，又有一员骁勇战将陈国瑞，这个人凶暴乖戾，难以驯服。昨天发去一道批文，抄写弟阅。

【点评】

此信中谈到了水患的问题。连日来淮水猛涨给湘军带来很大的困难。各营要筑坝防洪，如果堤坝不够牢靠，那么营盘内就要进水数尺深。即使用船运送队伍也要五六天。如果水势再涨，无驻兵之地，又没有柴草燃料，就更加困难了。

同治四年六月廿四日与国潢国荃书

公元 1865 年 8 月 15 日

澄弟、沅弟左右：

接两弟闰五月信，知沅弟又复大病。久劳久病之躯，又多服攻伐之剂，殊为悬虑。

次日接奉六月十八日寄谕，沅弟已拜山西巡抚之命。既感天恩高厚，不为浮言所摇，予以最称完善富庶之区；又虑沅体尚未复元，恐不宜遽任出此劳勩。计湘乡奉到谕旨，不过七月，沅病若已大愈，应诏赴晋，则七月初旬当具折谢恩，自请进京陛见，再履新任；若尚未痊愈，稍为调养，再行北上，计拜折之期，不及待兄此次之信耳。

山西号称富国，然年来京饷，全以该省为大宗，厘金尚未办动，入款较道光年间不见增多，出款则较昔日增。去京极近，银钱丝毫皆户部所深知，沅弟有手笔太廓之名，既为安静省分督抚，则正杂各款不能不谨慎节俭，丝丝入扣。

外间拟弟再出，当系军务棘手之处。此时山西虽无寇警，而圣意虑捻匪入晋，逼近畿辅。弟到任似宜多带得力将官，勇丁则就近在晋招募。南人不惯面食，晋中尤无稻米可买，不似直东尚可由大海及运河设法也。弟进京可由安庆登陆，至徐州与兄相会，畅论一切。

闻钦差至山西，实系至陕查办霞仙之事。一波未平，一波复起，宦海真可畏耳。

【译文】

澄弟、沅弟左右：

按两位弟弟闰五月写的来信，知道沅弟又大病了一场。长久劳累又长久患病，并且过多地服用了猛烈的药剂，这令我十分忧虑。

第二天接到六月十八日的寄谕，得知沅弟已被任命为山西巡抚。我既感激皇恩浩荡，不被流言所动摇，要派你到最好的地方，最富的地区，又担心沅弟病体还没有完全康复，恐怕不适合马上出山担任这么辛苦的职位。估计在湘乡接到谕旨不会超过七月份，如果沅弟的病已痊愈，应奉旨前往山西，那么七月初旬就应该写谢恩折，请求进京陛见皇上，再赶赴新任。如果还没有痊愈，稍微调养一段时间后，再北上。估计恩折奏上时，等不到我这封信了。

山西号称富庶的地方，几年来朝廷拨的饷银，主要就是依靠山西。厘金还没有改动，上交款项比过去增加了。山西离京师又很近，银钱账目上有丝毫变化，户部都很清楚。沅弟有开销太大的名声，既然现在担任平静省份的巡抚，那正、杂等各种款项上不能不谨慎节俭，账目做到丝丝入扣。

外界认为弟再度出山，应该在军务很棘手的地方任职。这个时候山西虽然还没有贼匪活动的警报，但圣上担心捻军进入山西，逼近京师。老弟这次上任，似乎应多带些得力的将官，至于兵勇，就近在山西招募就可以了。南方人不习惯吃面食，山西尤其没有稻米可买，不像直隶、山东，还能够从海路或运河没法转运。弟如果进京，可以从安庆登陆，到徐州与我会合，再畅谈一切。

听说钦差大臣到山西，实际上是到陕西查办霞仙的案件。真是一波未平，一波又起，政坛太可怕了。

【点评】

在三月十八日的信中，曾氏劝老九暂缓出山，而此信中，曾氏把山西夸得非常好，希望老九出任晋抚，除了希望借高官权重以利老九康复外，还有出于自身利益考虑，希望老九帮助他抵挡流向秦晋的捻军，对他将会是一个强有力的支持。但是老九仍旧不愿意出来，不理睬曾氏的苦衷，依然再以疾病未愈为借口，拒绝了朝廷的谕旨。

信的最后，曾氏说道："一波未平，一波复起，宦海真可畏耳。"表明官海之中，世事繁杂，无论是以前还是现在，情况都是相似的。

同治四年七月廿五日与国潢国荃书

1865 年 9 月 14 日

澄弟、沅弟左右：

接弟信，沅弟定辞山西巡抚之任。以弟之荣利泊如，尘视轩免，可喜可敬；观弟之病势未减，反可虑也。

究竟弟病状比在金陵时痊愈几分？不能构思，则兄于八年春数月不眠，奄奄欲尽，厥后六月再出，愤发自励，不过半年，精神大振。弟目下之病似尚不如余八年之甚，惟小便太多，殊为可虞。宗气动摇，是何症象？下次详以告我。

此次纵或恩准开缺，而数月之内，恐不免再有征召。兄因相隔太远，奏疏中只能作活笔，不敢太说呆了。余在外太久，精力日惫，已与少荃订约，决不回江督之任。捻事亦茫无头绪，惟因所部各军尚有少半未撤，不能遽尔引退。惟望弟振刷精神再出，则吾担轻矣。

【译文】

澄弟、沅弟左右：

接到弟来信，沅弟决定辞去山西巡抚的职位，老弟对待荣华名利淡泊宁静的态度和把官位爵禄看作尘垢的眼光胸襟，让人欣喜、让人尊敬，看到老弟病情并没有减，又让人担心。

到底老弟的病情比起在金陵的时候能痊愈多少，想象不出。为兄在咸丰八年春天曾有几个月都不能安睡，气息微弱，如同要不行了似的，后来到六月间，(以钦命办理浙江军务)再次出山，发愤图强，自己鼓劲，没过半年时间，精神大为振作。老弟眼下所得的病好像还不如我咸丰八年那么厉害，只是你小便太多，很让人担心。中气动摇，这是怎样的症状呢？下次写信详细地告诉我。

这一次就算是能恩准你辞职，几个月之内恐怕也免不了再一次征召。为兄因和你距离太遥远，我在奏疏中只能把话说得灵活一些，不敢把话说得太绝对了。我在外面待的年头太长，精力越来越疲惫，我已和李少荃谈好，我绝不会再回到两江总督位子上去了。对捻作战现在也是茫然没有头绪的事，只是因为所部湘勇各营还有少部分没有遣散撤销，我不能马上引退。现在只希望沅弟振作精神，再次出山，那我的担子就轻松了。

【点评】

曾国藩对弟弟辞去山西巡抚这一肥差感到又敬又喜，称赞弟弟的淡泊名利与胸襟广阔，但又为弟弟的病情加重而担忧。他用自己的例子鼓励弟弟振作精神，鼓舞士气，重新出山。这也是为曾氏能减轻自身的压力而考虑的。

同治四年八月初六日与国潢国荃书

1865年9月25日

澄弟、沅弟左右：

八月初四日抵徐州府，接沅弟七月两缄，并折稿二件。前颇以弟病甚深为虑，得此二缄，益为放心。年仅四十二岁，即再养二年，报国之日方长。此次固辞恩命，能认真调养年余，于保身之道，出处之节，均属斟酌妥善。特恐朝命敦促，不容久住林下耳。

二折措辞均极得体。养病之期，总以养到自己能用心作奏时，再行出山。接舫仙及各处信件，似前此谣诼之辞业已涣然冰释，尽可安心静摄。刘、朱撤营之早迟，金、唐各营之变否？余当细心料理，弟可概置不问。

余决计不回江督之任，拟于九月间将全眷送回家乡。郭宅姻事，拟于十二月初二日在湘阴成礼。顷有与泽儿一信，抄寄弟阅。

【译文】

澄弟、沅弟左右：

八月初四到达徐州府城，收到沅弟七月份的两封信和奏稿两件。前几天很担心弟病重，看到这两封信，更加放心。老弟才42岁，就是再调养两年，你报效国家的日子还很长。这一次弟坚持辞职不就，能够认真地调养一年多时间，对保全自身的原则、仕途进退的节操，都是深思熟虑的。只是担心朝廷恩命再三敦促，不允许你长久住在隐居之地。

你寄来的两份奏折措辞都很得体。在家养病这段时间，总是要以调养到自己能够用心写奏稿时再出山。我接到舫仙以及各处的来信，似乎以前那些谣言毁谤之词已经像冰的融化一样消失了，老弟可以安下心来静静地休养。像刘、朱各营什么时间遣散，金、唐各营是不是叛变这些事，我会仔细处理，老弟可以一概不过问。

我已决定不再回到两江总督任职，打算在九月间将家眷都送回老家去。郭家的婚事，准备在十二月初二于湘阴举行仪式。目前给泽儿一信，抄寄弟看。

【点评】

曾国藩肯定弟弟的辞职决定，认为弟弟目前身体状况欠佳，就是再调养两年，仍然有机会为国家出力；只恐怕朝廷不会罢休，还会催促弟弟多次出山。至于在家养病期间，要调养到能写出好的稿子再出任。信中流露了曾氏打算让弟弟出山，助自己一臂之力的想法。

同治四年八月廿五日与国潢国荃书

1865年10月14日

澄、沅两弟左右：

朱金权来徐，言我五家昆弟之和协，后辈子侄之贤良，闻之令人心怡神旺。

兄自出金陵后，公事较简，气体较健。惟捻匪劲骑万余，飘忽难制。昨任柱、牛洪等股十三、十五等日在周家口附近为刘铭传一军所败，不过五日即已窜至山东之曹、单等县，每日行百四五十里。余所接僧邸马队，皆人疲马乏，屡挫之后，心惊胆寒，何能破此悍贼？殊为焦灼。

接纪泽信，家眷不愿仍住黄金堂，拟即在长沙小住。余以长沙繁荣，不如暂留金陵数月，令纪泽先回湘乡，禀商两弟，觅一妥屋，修葺就绪，再缄告金陵全眷回籍，庶几有条不紊。请两弟先为筹度一处，以不须新造者为妙。纪泽今冬先归，全眷须明年也。

沅弟请开缺一疏，此间尚未奉到谕旨。霞仙得降调处分，其辨诬一疏，不愧名作，不料竟以获咎，可慨耳！

【译文】

澄、沅两弟左右：

朱金权来到徐州，说我家五兄弟的和谐，后辈子侄们的贤良，听起来让人心旷神怡、精神振奋。

刘铭传像。刘铭传字省三，清代将领，为淮军大将，台湾设省后为首任台湾巡抚

我从离开金陵后，公事较少，精神身体较为健康。只是捻军有强劲骑兵万余人，踪迹飘忽不定，难以对付。昨天任柱、牛洪等部捻军，十三、十五等日在周家口附近被刘铭传军打败。不过五天，就已流窜到山东的曹县、单县等地，每天行进一百四五十里。我所接手的僧格林沁马队，都是人困马乏，疲惫不堪。几次战败之后，人人胆战心惊，怎么能打败这么强悍的敌人呢？我很焦虑。

接到纪泽的来信，知道我的家眷仍然都不愿在黄金屋居住，打算就在长沙小住一段。我认为长沙繁华，还不如暂时在金陵多留几个月。让纪泽先回湘乡，和两位商量，寻找一处合适的房屋修葺妥当，再写信告诉金陵，家眷全都回老家，这才有条不紊。请两位老弟先寻找一处，最好不要新盖的房子。纪泽今年冬天先回去，全体家眷要明年再回去。

沅弟请求辞职的奏折，这里还没有接到谕旨，霞仙受到了降职的处理，他辩白诬陷的奏疏，不愧是名作，不料竟然因此而遭到责备，真是让人慨叹。

【点评】

信中主要谈及两件事，一是曾国藩所接管的僧格林沁的马队已连战数日，人困马乏，而太平军仍然有很强劲的骑兵，这使得他十分忧虑；二是对于家眷的处所，曾国藩仍以俭朴为主，嘱托弟弟帮忙寻找一处并不新的房子，只要收拾停当就可以了。

同治四年九月十六日与国潢国荃书

1865 年 11 月 4 日

澄弟、沅弟左右：

阅邸抄，弟仍未开晋抚之缺，赏假六个月在籍调理。明年二三月间，体气复元，或可赴山西。如精神尚难任事，届时再行疏陈，目下则须具折谢恩。不开缺而在籍养病，亦旷典也。

贼窜山东后，蹂躏于曹州各属。徐州派去之兵六千人，日内当可接仗。

顷奉寄谕，欲以李少荃视师河、洛，而吴仲仙署理两江，垂询当否，复奏颇难措辞。李不在两江，则余之饷无着矣。

【译文】

澄弟、沅弟左右：

阅读邸抄，弟辞去山西巡抚的职务还是没有获得批示，赏赐六个月的假期，回到原籍调养身体。明年二三月里如果身体复原，或许可以到山西去。如果精神还难任职，到时再上奏折陈述，目前就必须上奏折谢恩。不准许辞职而获准在原籍养病，也是少有的恩典。

敌人流窜到山东以后，在曹州下属各县烧杀抢掠。徐州派去了六千兵士，这几天内应该能够与敌人开战。才接到寄谕，想让少荃到河南负责军务。而吴仲仙任两江总督，不知道这样安排是不是妥当，回奏很难以措辞，李少荃如果不在两江上任，那么我的军饷就没有着落了。

【点评】

曾国藩弟弟辞官的要求并没有获准，而是给他六个月的假期回家调养，等到身体复原再作筹谋。另外这也体现了身在官场，命不由己的世态。太平军逃窜之处，掠城抢劫，令民不聊生，总要结束战争，民众的生活才能安定下来。

同治四年九月廿五日与国潢国荃书

公元 1865 年 11 月 13 日

澄弟、沅弟左右：

十日内未接两弟信。徐州去湘太远，营勇送信者均难如期往返。风闻沅弟近已留须，多而且美，不特不似病人，并加丰腴，果否？

贼在徐郡百里内外沛县等处。徐州仅有吉中八营系今夏新招者，忠、朴四营系豫胜营旧部，只堪坚守，不能出战。调山东之兵回援，三日内必可赶到。江南另调千人来徐，五日内亦可续到，兵到则贼又他窜，恐未必能一痛剿也。

少荃入洛一案，已于十九日复奏。金、唐闹饷一案，已在徽正法二十余人，并解营官数人来徐。当可了结，不致决裂。惟与朱云岩三军同时遣撤，须欠饷七八十万，恐难应手耳。

接云仙信，婚事改期明年。纪泽今冬尚不可回，明岁再送全眷回湘。移屋之事，即求两弟代为料理。纪泽虽先归，渠亦不善经理，须全禀叔父命也。

【译文】

澄弟、沅弟左右：

十天没有接到两位弟弟的来信了。徐州与湖南相距太远了，营中兵勇派去送信的人，都很难按时往返。听说沅弟近来已开始留起了胡须，又浓密又漂亮，不但不像是病人，而且更加丰满起来，真是这样吗？

敌军在距离徐州城百里远近的沛县等地出没。徐州只有吉中八营，是今年夏到新招募的；忠朴四营，是豫胜营的旧部，只能用作防守，不能出城作战。调动山东兵马回援徐州，三天内一定可以赶到。江南另外调八千人来徐州，五天内也可以陆续到达。大军一到，敌人又流窜到别的地方，恐怕不能痛剿敌人。

少荃进入洛阳一案，我已在十九日回奏。金、唐等营闹饷一案，已在徽州将二十多人就地正法，并将营官数人押解到了徐州，此事应当可以了结，不会发生决裂，只是与朱云岩三军同地遣散撤除，要拖欠饷银七八十万两，恐怕很棘手。

接到云仙的来信，婚期改到明年，纪泽今年冬天还不能回去，明年再送全体家眷回湘乡。迁移住所的事，就请两位弟弟代为处理。纪泽即使先回湘乡，他也不善于处理这类事务，要完全听从叔父的命令。

【点评】

信中的主旨意思是说：朝廷在徐州驻防较疏，只能坚守，不能出城作战，需要调兵马回援，只不过太平军现在已成为“流寇”四处作战，恐怕不能一次剿灭。至于军中为军饷闹兵变的事已经处理，并没有很严重的后果。

同治四年十月初五日与国潢国荃书

公元 1865 年 11 月 22 日

澄弟、沅弟左右：

复奏少荃不宜入洛，李丁不宜遽跻封疆一疏，奉旨留中，并无寄谕，颇不可解。

东抚阎丹初与此间水乳交融，豫抚吴少村多所牴牾。吾以位望太隆，从不肯参劾邻封疆吏，故河南公事，不甚顺手。若少荃长任两江，饷事不至掣肘，吾将于撤朱、唐、金军后，接撤刘、朱二军，腾出六军之饷概养淮军，专办捻匪，或可有济。若少荃不在两江，军饷断难应手，吾不能不引疾告退，月内当有明降谕旨也。

张文端公家训一本，寄交纪渠侄省览。渠侄恭敬谦和，德性大进，朱金权亦盛称之。将来后辈八人，每人各给一本，又给沅弟所刊《庭训格言》一本，又以星冈公“书疏鱼猪，早扫考宝”八字教之，一门之风气自盛矣。

【译文】

澄弟、沅弟左右：

回奏李少荃不应该去洛阳，李丁不应该立即提拔为督抚的一道奏章奉旨留中，并且没有寄谕，令人费解。

山东巡抚阎丹最初和我关系很好，河南巡抚吴少村和我则矛盾较多。我因为地位显赫，名声过高。如果李少荃长期担任两江总督，那么军饷方面的事务不至于受到牵制。我将在裁撤朱、唐、金诸营以后，接着裁刘、朱诸营，这样腾出来的六军饷额全部用在淮军上，专门对付捻军，也许可以成功。如果少荃不在两江总督任，军饷供应很难如愿，我就不能不称病引退了。这个月里应该有明发谕旨。

张文端《家训》一本，寄给纪渠侄阅读。纪渠侄待人恭敬谦和，品德修为大有长进，朱金权也极力称赞他。《家训》一书将来后辈八人每人都给一本，另外给沅弟所作的《庭训格言》一本，又拿星冈公“书、蔬、鱼、猪、早、扫、考、宝”八个字训导他们，家门的风气自然会兴盛了。

【点评】

信中谈到李少荃如果能长期担任两江总督，那么曾国藩军饷的事就很好解决，但如果李少荃不任两江总督，军饷不能接应，事事都不好处理。此外，信中还提到家庭教育问题，将《家训》、《庭训》和星冈公“八字家训”共同传给子侄辈。

曾氏在军务繁忙之际，从未忘记家中后辈的教育问题，诸多信中数次提到劝学事宜，这在当时的情势下是很难能可贵的。

同治四年十月十五日与国潢国荃书

公元 1865 年 12 月 2 日

澄弟、沅弟左右：

吾以淮军分布济宁、徐州、归德、周家口等处，此次捻匪东窜，处处被我军拦头痛击，若自投罗网者然，从此或不敢肆意流窜，恐将为湖北之害耳。

沅弟已具折谢恩否？如身体果未全好，明年二月再行辞谢，尚不为迟。目下则不宜疏辞。以朝廷之仁厚，凡任事之臣，当可善始善终，两弟悉心酌之。

《鸣原堂谕文》已抄若干篇？此间无底稿可查，请弟抄一目录寄来，拟再继批数十篇，以成完编，或取佳文，或取伟人，总期足以感发兴起耳。

【译文】

澄弟、沅弟左右：

我把淮军分布在济宁、徐州、归德、周家口等地，这一次捻军向东逃窜，所到处均遭到我军迎头痛击，好像他们自投罗网一样。从今以后他们或许就不敢任意到处乱窜，恐怕以后会流窜到湖北为害一方。

沅弟是不是已经呈上奏折谢恩了？如果身体真的没有完全康复，明年二月再辞职也不晚，目前还不应该上书辞职。朝廷如此宽厚仁慈，凡是担当国事的臣子，一定要善始善终。两位弟弟仔细考虑斟酌。

《鸣原堂谕文》已经抄了多少篇了？这里没有底稿可查，请弟弟抄录一份寄来，我计划再陆续批几十篇，来完成全书。或者取佳作，或者选作者是伟人的，总之期望被选上的文章让人读后感到振奋。

【点评】

太平军残部向东逃窜，遭清军围追堵截，曾国藩估计他们以后不会游动作战而会躲于湖北境内。沅弟的身体如果没有完全康复，曾氏认为他不必急于递辞，为了报效朝廷，他劝弟弟仔细斟酌后再决定。

同治四年十月廿五日与国潢国荃书

公元 1865 年 12 月 12 日

澄弟、沅弟左右：

衡、永、宝三府改食粤引，澄弟所陈，本系便民之举，然盐法不便民者极多，如瓜洲系淮盐出产之区，然对岸之镇江府仅隔八里，例食浙引，不准食淮引，不便孰甚焉？盖处处求便于民，则近者只食三四文之盐，而远者虽出钱一二百而尚无盐可买，故不能不画配引地以销货，均匀贵贱以裕课也。吾今不为江督，不复兴闻盐政，遂不言衡、永、宝之事矣。

米捐保奖，俟有保案，即当附奏。吾经手事件，拟一一清理完竣。朱、唐、金三军，现均遣撤将毕。三军遣竣，即遣撤刘、朱、朱三军。至明年夏，遣王可升一军，则大致粗了矣。

【译文】

澄弟、沅弟左右：

衡州、永州、宝庆三府改吃广东的盐引，按澄弟所说，这本来是方便民众的做法。但是盐法令民众不便的地方很多，比如瓜洲是出产淮盐的地方，但和对岸的镇江府只隔八里远，按规矩只允许吃浙江盐引，不准分用淮盐，还有比这更不方便的吗？处处要求使民众方便，但离盐区近的人吃，离盐区远的人即使出一两百文钱也没有盐可买，所以不能不为盐引划出地域来销售，一斤盐要三四文，使盐价平均，使盐税增加。我现在不是两江总督，不再过问盐务政策的制定和实施，所以不说衡州、永州、宝庆的事了。

米捐保奖一事，等到有保案时就立即附奏。经过我手处理的事情。打算样样都整理清楚。朱、唐、金三军现在遣散退撤就要结束了。三军遣散结束后，立即遣散退刘、朱、朱三军。到了明年夏天，遣散王可升一军，那么大致就可以完成了。

【点评】

信中主要谈到盐务的问题，他认为三地改食用广东盐，是为方便民众的做法，但它的弊端也很多。比如瓜洲产淮盐，与其隔岸面对的镇江府却只能吃浙江盐而不能吃淮盐。有的地方离盐区近，盐价极低；而有的地方离盐区远，所以盐价很高都不能买到。这还需要制定相关政策来解决，这也体现了曾氏关心民生的思想。

同治四年十一月初五日与国潢国荃书

公元 1865 年 12 月 22 日

澄弟、沅弟左右：

近一旬中军务并无一事。贼在河南南阳一带，吴少村中丞沥陈河南万难情形，其语颇侵伤余处。霞仙仍为陕抚，不失旧物，此近数十年未见之事。朱石翘之技俩，始终不得一逞耳。

余定以李幼荃、刘省三两军为游击之师，而徐、济、归德、临淮、周家口等处仍旧驻防不动。驻防者，以备拦头要截；游击者，以备跟踪尾追。

余亦于新年移驻周家口。沅弟若决计出山，则自汉口坐轿至周家口，旱路不过八天。余上次所商之信，言以腊底之信为定，两弟想必能熟商妥策矣。

【译文】

澄弟、沅弟左右：

将近十天中，军务没有什么事，敌人在河南南阳一带，吴少村中丞详细陈述了河南十分危急的情况，他的话有很多在责备我。霞仙还是陕西巡抚，仍然不失旧有的公论。这是近几十年来从没有过的事情，朱石翘的伎俩最终没有得手。

我决定用李幼荃、刘省三两军作为机动部队，而徐州、济宁、归德、临淮、周家口等地方驻防照旧不做变动。驻防的部队，用来迎头或拦腰攻击敌人；机动的部队，任务是尾随追击敌人。

我也在新年后驻守周家口。沅弟如果已经决定出山，那么弟从汉口坐轿到周家口，走陆路不超过八天的时间。我上次所商量的信，说以腊月底的信为准，两位兄弟一定能商量出成熟妥当的对策。

【点评】

信中介绍如何打击太平军残部的详情。信中言：近日军中没有大事，只不过太平军残部集中在河南一带，另河南状况危急，曾国藩决定采取机动部队和驻防部队相结合的方法，迎头痛击敌人；而机动部队用来收尾。

同治四年十一月十六日与国潢国荃书

1866 年 1 月 2 日

澄弟、沅弟左右：

余经手事件，只有长江水师应撤者尚未撤，应改为额兵者尚未改，暨报销二者未了而已。今冬必将水师章程出奏，并在安广设局，办理报销，诸事清妥，则余兄弟或出或处，或进或退，绰有余裕。

近四年每年寄银少许与亲属三党，今年仍循此例。惟徐州距家太远，勇丁不能携带。因写信与南坡，请其在盐局兑汇，余将来在扬州归款。请两弟照单封好，用红纸签写“菲仪”等字，年内分送。千里寄此毫毛，礼文不可不敬也。

【译文】

澄弟、沅弟左右：

我经手的事件，只有长江水师应撤的还没有撤，应改为额兵的还没改，还有报销两件事没有完成罢了。今年冬天一定要把水师改革的方法拿出来上奏，并在安庆设立办事处办理报销。各种事务处理妥当，我们兄弟或出任他处或居本处，或做官或引退，都绰绰有余了。

近四年来，每年我都寄一点银子给亲属三党，今年也遵循这个惯例。只是徐州离家太远，勇丁们不能携带，因此就写信给南坡，请他在盐局兑汇银子，我将来在扬州还款给他。请两位贤弟照单封好，用红纸签写上菲薄的礼仪等字，年内把它分送出去。千里之外寄上如此毫毛一样的薄礼，礼文不能不表示尊敬。

【点评】

曾氏在信中谈到关于裁撤军队的事还没有完全办妥，另外，曾国藩还打算在年底把水师改革的方案拟定，并设立办事处处理报销事宜。等到事情全部处理妥当，曾氏兄弟是进是退，是做官还是回乡，就都能放心了。曾氏做事细心周到，谨小慎微，哪怕一点小事都处理得非常停当，这一点很值得我们现代人借鉴。

同治四年十二月初六日与国潢国荃书

1866 年 1 月 22 日

澄弟、沅弟左右：

本房连添二丁，尚有梦熊者五人，深为喜慰。星冈公之后，想亦必瓜瓞繁衍。吾近岁

清代“虚心实行”印文

纯是老人情怀，专盼家中多添幼孩也。

鼎三体不甚弱，尤为欣慰。凡后天以脾为主，脾以谷气为本，以有信为用。望两弟当告鼎三，每日多吃饭粥，少吃杂物；无论正食及点心，守定一个时辰，日日不差。若有小小病症，坚守星冈公之教，不轻服药，至要至要。

富圫本算一等屋场，弟若肯代为收拾，必是第一等妥当。乃必待纪泽母子到家看定，再行修葺，且令先在大夫第小住，实属情文周至。手足至亲，不复言谢。

进退大吏伤易，余亦深以为虑。然少荃不果赴洛，霞仙不果去位，朝廷择善而从，不肯坚执自用，即恭邸大波亦不久即平，是非究不颠倒。沅弟自以再出为是，下次再详论也。

【译文】

澄弟、沅弟左右

本房连续添了两个儿子，还有五人已怀有孩子，让人十分欣慰喜悦！星冈公的后人，一定会人丁兴盛。我近年来是老年人的情怀，只盼望家中多添小孩。

鼎三身体不很弱，更让我欣慰。大凡后天以脾为主，谷气是脾的根本，以有信为用。希望两位弟弟告诉鼎三，每天多吃饭，少吃零杂食物。无论是正餐还是点心，每天都要定时用餐，如果有小小的病症，严格遵守星冈公的教导，不要轻易吃药，这一点非常重要。

富圫这里本是一处好处所，弟弟如肯帮我们收拾，一定会更加稳妥，但一定要等纪泽母子到家后看定，再进行修缮。让他们先在大夫第小住几天，这样已经是关怀备至。兄弟之情最亲，不用再表谢意了。

高级官员的进与退都不是容易的事，这让我十分忧心。然而如果少荃一定不去洛阳，霞仙一定不辞职，朝廷举贤所用，不肯坚持自用，那么官邸的风波很快就可以平息，是非终究不会颠倒。沅弟自然应再次出山才对，下次再作详细讨论。

【点评】

在此封家书中曾国藩提到饮食之道：若要肝脾健康，每天应该按时按量地吃正餐，而少吃零食杂食，这是十分重要的。如果有小病小痛，不要随随便便地吃药，调理是最重要的。这些养生思想在今天看来也是很科学的。

同治四年十二月十五日与国潢国荃书

公元 1866 年 1 月 31 日

澄弟、沅弟左右：

近日贼情，张总愚一股尚在南阳，赖文光、任柱等股尚在光州、固始一带。闻京师之东北、山海关外、奉天等处，马贼猖獗，派文尚书、福将军剿办，尚未得手。新授徐海道、张树声为直隶臬司，圣意盖欲多调淮勇北卫畿辅。局势又当少变矣。

沅弟出处大计，余前屡次言及，谓腊月乃有准信。近来熟思审处，劝弟出山不过十分之三四，劝弟潜藏竟居十分之六七。

部中新例甚多，余处如金陵续保之案，皖南肃清保案，全行议驳，其余小事，动遭驳诘，而言路于任事有功之臣。责备甚苛，措辞甚厉，令人寒心。军事一波未平，一波复起，头绪繁多。西北各省，饷项固绌，转运尤艰。处山西完善之区，则银钱分文皆须入奏，难以放手办事。若改调凋残之省，则行剥民敛怨之政，犹恐无济于事。去年三四月间，吾兄弟正方万分难窘，户部犹将江西厘金拨去，金陵围师几将决裂。共事诸公易致龃龉，稍露声色，群讥以为恃功骄蹇。为出山之计，实恐怄气时多，适意时少。

若为潜藏之计，亦有须熟筹者。大凡才大之人，每不甘于岑寂，如孔翠洒屏，好自耀其文彩。林文忠晚年在家，好与大吏议论时政，以致与刘玉坡制军不合，复思出山。近徐松龛中丞地方官不合，复行出山。二人皆有过人之才，又为本籍之官所挤，故不愿久居林下。沅弟虽积劳已久，而才调实未能尽展其长，恐难久甘枯寂。目下李筱荃中丞相待甚好，将来设与地方官不能水乳交融，难保不静极思动，潜久思飞。

以余饱阅世态，默察时局，则劝沅行者四分，劝沅藏者六分。以久藏之不易，则此事须由沅内断于心，自为主持，兄与澄不克全为代谋也。余前所谓腊月再有确信者大率如此，下二次更当申明之。

【译文】

澄弟、沅弟左右：

近来的敌情，张总愚一股敌人还在南阳，赖文光、任柱等股敌军还在光州、固始一带。听说京城的东北、山海关外、奉天等地方马匪十分猖獗，已经派文尚书、福将军去剿灭，还没有成功。最近授予徐海道道员张树声为直隶按察司。圣上的意思是多调派淮军去保卫京城，局势可能又会发生少许变化了。

沅弟是否出山，我先前提过很多次，到腊月底才有准确的消息。近来仔细思量，劝弟出山的意思不过只占十分之三四，劝弟隐退的意思竟占了十分之六七。

部中的新规矩很多。我这里比如金陵续保一案和皖南肃清保案全被驳回，其余小事动不动就遭到驳斥；而言官对于办事的官员、有功劳的臣子，责备苛求，措辞十分严厉，让人寒心。军事方面也是一波未平、一波又起，杂乱无章。西北各省军饷本来就少，转运更困难，而银钱的一分一文都要奏上，难以放开手脚办事情。如果改调于残破的省份，那么又要采取克剥民众、敛取怨恨的政策，恐怕还是无济于事。去年三四月间，我兄弟正当十分艰苦窘迫时，户部还把江西厘金调拨走，令包围金陵的军队几乎崩溃。和共事的人容易发生矛盾，稍微露出声色，大家就批评他傲慢自大。作出山的打算，恐怕怄气的时候多，舒心的时候少。

如果作引退的打算，也要认真谋划。凡才气大的人，都不甘于寂寞，就像孔雀开屏，喜好自己炫耀色彩。林文忠晚年待在家里，还喜欢和大官论政事，以导致和刘制军玉坡合不来，又想出山。近来徐松龛中丞和地方官员不合，再次任职。这两人都有过人的才华，又被他老家的官员排挤，所以不愿长期隐居。沅弟虽然长久辛劳，但肯定没有充分展现他的才华，可能难以长期甘于寂寞。目前，李筱泉中丞待他很好，将来如果和地方官不能相处得融洽，难以保证不会静极思动，潜久思飞的。

以我观察世态的丰富阅历，默默察看时局，因此劝沅弟出山的有四分，劝沅弟引退的有六分，因为长期隐居不容易，所以这件事必须由沅弟在心中自己决定。为兄与澄弟不能替你做主。我先前所说腊月再有确切的消息大致是这样，下两次还应该作详细说明。

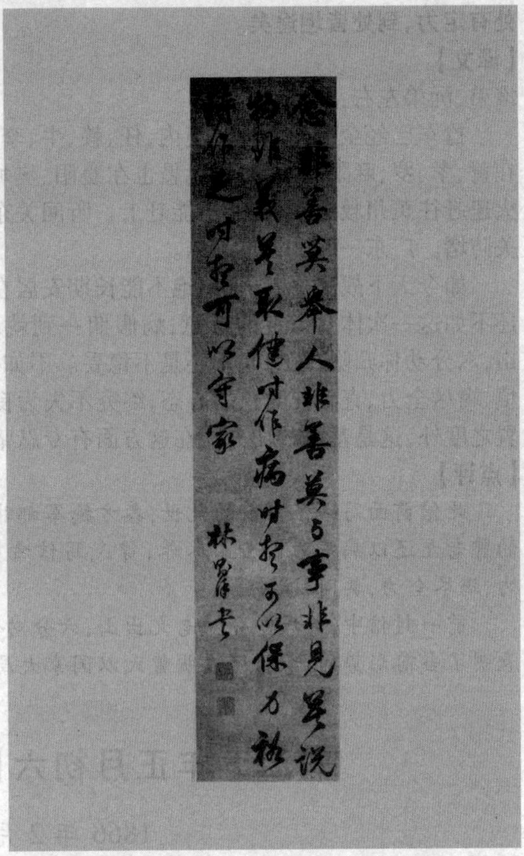

林则徐谥文忠，故又称“林文忠”。此为林则徐手书警语

【点评】

之前的信中提到曾老九以病拒绝赴任，朝廷又延假六个月，眼下假期即将结束，兄弟俩就对出不出山之事进行了讨论。此时的曾氏，各方面都对他不利，似乎已经到了力不从心开始衰退的时期，所以他在给老九的信中也流露出他希望老九出山的心情。与之前劝老九藏卧的信来看，曾氏此时的心境也是很复杂，进退两难，但是也始终不失他一贯的遇事瞻徇的谨慎性格。

信中还透露出此时李鸿章家族势力的增大，李家与曾家双峰并峙的局面也开始出现。

同治四年十二月廿五日与国潢国荃书

1866 年 2 月 10 日

澄弟、沅弟左右：

捻匪全入湖北，任、赖、牛、李等股，与成大吉之叛卒勾结，在黄、孝、罗、麻一带，张总愚亦在襄、樊一带。余调刘铭传九千人由周家口驰援黄州，不知赶得及否。闻关东之骑马贼甚为猖獗，刘印渠带兵至山海关防堵。广东一股，亦不易了。

天下纷纷，沅弟断不能久安。与其将来事变相迫，仓卒出山，不如此次仰体圣意，假满即出。余十五之信，四分劝行，六分劝藏，细思仍是未妥。不如兄弟尽力王事，各怀鞠躬尽瘁，死而后已之志，终不失为上策。沅信于毁誉祸福置之度外，此是根本第一层工夫。此处有定力，到处皆坦途矣。

【译文】

澄弟、沅弟左右：

捻军已经全部闯入湖北境内，任、赖、牛、李等部同成大吉手下的叛乱士兵相互勾结，在黄、孝、罗、麻附近活动，张总愚也在襄阳、樊城周围。我调派刘铭传部九千人自周家口火速赶往黄州救援，不知能不能赶上。听闻关东的骑马贼寇十分猖獗，刘印渠率兵到山海关防堵。广东一股也很难了结。

如今天下战乱不断，沅弟绝不能长期安居在家，与其以后时事变化，逼迫你匆忙出山，还不如这一次体察圣上的旨意，病假期一到就出山。我十五日寄出的信中，四分劝你出山，六分劝你归隐，细想起来还是不稳妥。不如我们兄弟一同为国家卖力，都怀着恭敬谨慎、竭尽全力、直到死为止的心态，终究不失为良策。沅弟的来信中把诋毁荣耀、灾难福分置之度外，这是基本的功夫。在这方面有专忍坚定的心，那么所到之处就都会是坦途了。

【点评】

此信前面写到了当前的乱世，各方捻军都非常猖獗，曾氏的人马可能难以平定。此时的曾老九还以病痛为由在家休养，曾氏写信希望老九病期满后出山，同他一起为国家出力，竭尽全力，共同抗捻。

前一封信中，曾氏四分劝老九出山，六分劝他隐居，此信中却极力希望老九出山，不仅表明了当前形势的严峻，还说明曾氏以国家大局为重，忧国忧民的深切情怀。

同治五年正月初六日与国潢国荃书

1866 年 2 月 20 日

澄弟、沅弟左右：

近日未接来信，想各宅平安，新岁内外多祜为慰。

此间军事，任、赖、牛、李等酋，全萃湖北、黄、孝、罗、麻等处，余调刘省三全军九千人援鄂。

成武臣之叛卒，闻官相以廿万金抚之，业经招集七营。官相并未将叛态情形入奏，但言拔营索饷，适为捻所乘，挫退而已。湖北军政，多出于阍人、仆隶及委员之嗜利者，奏牍则一味欺蒙，深为可叹。以各省用事之人言之，军事将见日坏，断无日有转机之理。

沅弟假满出山，与各邻省督抚共事，亦必龃龉者多，水乳者少。然吾兄弟受厚恩，享大名，终不能退藏避事，亦惟循沅前信所言，置祸福毁誉于度外，坦然做去，行法俟命而已。

余拟二月初起程赴周家口。纪泽儿由徐州回金陵送眷还湘，或在途次可与沅相见也。顺候近好。

【译文】

澄弟、沅弟左右：

这些天没有收到来信，想必家中各宅都该平安，新年内外多有福分，让我十分欣慰。

这期间的主要军务是：捻军任、赖、牛、李等头领全部集中到湖北罗陂、孝感、黄安、麻城一带，我已经调派刘省三全军九千人赶往湖北支援。

成武臣部下叛乱兵勇，听说官文用二十万两银钱去安抚，已经招集了七营之多。官文并没有把该部哗变反叛的具体情况上疏朝廷，只提到他们拔营起程，索要银钱，恰巧被捻军趁势击退而已。湖北军政计策大多出于阍人、随从下人,还有贪图私利的委员之手,奏疏、公函则总是隐瞒实情,让人哀叹。拿各省主事之人来说,军事情形将越来越糟,绝不会有渐渐好转的情况。

沅弟病假期满出山后,同相邻各省督抚共事,也一定有很多闹矛盾的时候,亲密的时间则会很少。不过我兄弟深受朝廷洪恩,负有盛名,终究不能后退藏身,逃避时事。也只能依照沅弟上封信所说的,把诋毁、荣耀、灾难、福分都置之度外,坦荡地去做事,遵守法度,以待天命。

我打算二月初出发去周家口。纪泽儿将从徐州回金陵,随后把家眷送回湖南,或许在路上能和沅弟相见,顺问近好。

【点评】

此信中,曾氏又对目前的军情作了分析,其中提到官文一伙人所上奏折、公函,一味隐瞒事实,实在是令人叹息。由此他对军事形势越来越担忧。对于曾老九出山后的种种困难,曾氏在信中也作了讨论,身处乱世的曾氏兄弟,深受皇恩而享有盛名,面对种种的困境,他们也只能迎难而上。

曾氏对朝廷的担忧和对兄弟的关怀,在如此混乱的世道下,实属不易,阅历丰富的他也逐步有了一套应对乱事的方法。

同治五年正月十五日与国潢国荃书

1866 年 3 月 1 日

澄弟、沅弟左右:

正月七日王幼山来,接两弟十月中旬信,初十日又接十一月廿七日专勇回信,具悉一切。

此间近状平安。捻匪任、赖等股窜至黄州一带,已派刘铭传一军九千人援鄂。其张总愚一股,闻又由襄樊回窜豫境,李幼泉一军定于十九日起程赴豫剿办。刘松山一军现已调至徐州,将来令其合吉中八营为一路,作为游击之师,剿鄂皖交界之贼,从渠等之所愿也。

沅弟出处大计,余腊月十五日信六分劝藏、四分劝行,而以久藏之不易,又嘱沅内断于心,自为主持。至腊月廿五日、正月两信,则专劝弟出山,盖终不免于一出,不如假满即出,最为体面。惟决计出山,则不可再请续假,恐人讥为自装身份太重也。余此信已为定论,下次不再商矣。

沅弟以余待朱、唐等稍失之薄,余心亦觉不甚安贴。然天道不能有舒而无惨,王政不能有恩而无威。近日劾吴少村及驱逐在徐之王、刁两团数千人全回山东,亦似稍失之薄,而非此实办不动也。

夹袋中并无新储之才,惟幼泉及张敬堂较优,不知果有所建树否?顺问近好。

【译文】

澄弟、沅弟左右:

王幼山于正月初七日到这儿,收到两位弟弟十月中旬的来信,十日又收到派专兵送来的十一月二十七日的回信,所有情况都清楚了。

近日这里状况平安。捻军任、赖等部逃窜到黄州一带,我已经调派刘铭传一军九千人支援湖北。张总愚这一支敌军,据说又自襄樊往回流窜到河南境内,李幼泉军决定在十九日动身赶往河南境内剿灭湖北，安徽交界处的捻军，也是遵照他们的意愿。

关于沅弟是否出山，我在腊月十五日的信中四分劝他出山，六分劝他归隐，又由于长时间隐居不容易做到，又叮嘱沅弟心中自主决定。之后腊月二十五日及正月初六日的两封信中，则是特意劝沅弟出山。或许由于终究免不了出山，不如病期满后就出山最为体面。不过决定出山后，就不能再次上奏恳请续假了，也许别人会嘲笑你太过于自重身份了。此信我已经是决定意见，下次就不再讨论此事。

沅弟觉得我对待朱、唐等稍略失之于刻薄，我心中也认为不是很妥当。然而天道不能有舒逸而没有残酷，国家典制不能有恩惠而没有威信。最近弹劾吴少村还有把在徐州的王、刁两团几千人全都驱逐到山东，似乎也稍微失之于刻薄，不过不这样做事情就无法办下去。

最近我这并没有储备人才，仅有李幼泉、张敬堂还算是优秀，不知他们能不能真有所成就？顺问近好。

【点评】

从信中得知近些天的军情有所好转，其他的状况也很平安，让曾氏心里稍稍得以安慰。关于曾老九是否出山的问题，信中做了个总的概括，从“四分劝出，六分劝隐”到专门劝老九出山，曾氏的决定已经下了，此信则就是出山之事的结束，最终怎么样，还是留给老九自己来决定。

曾氏以国家大事为重，坚持让老九出山，但是还是会尊重老九的决定，对于老九给他指出的问题，他也能虚心地思考，曾氏的处世为人，确实值得我们学习。

同治五年二月初一日与国潢国荃书

1866 年 3 月 17 日

沅弟左右：

顷奉正月廿六日谕旨，弟调湖北巡抚，且令即赴新任。虽明发谕旨中无“无庸来京”字样，而寄谕中似饬弟就近履任，即办鄂境之捻。

朝廷为地择人，亦即为人择地。圣恩优渥，无以复加。而余办捻事，正苦鄂中血脉不能贯通，今得弟抚鄂，则三江两湖，均可合为一家，联为一气，论公论私，均属大有裨益。

余前调张诗日、刘松山二镇带十九营赴鄂助剿，定于二月中旬起程。又春霆一军，谕旨令赴楚豫之交，归余调度，余正虑相离太远，呼应不灵；弟在湖北，则就近调遣，节节灵通。

弟奉旨后，即于谢恩折内声明，一面酌带营勇赴鄂巢贼，俟鄂难稍平人心稍定，即行进京陛见。如渝旨不令来京，亦尽可带兵出境，兄弟相会。

赴鄂行期，或可不待六月假满。如待假满，亦断不可展限。君恩过厚，无令外人疑为装腔作势也。余俟续致，并问澄弟近好。

【译文】

沅弟左右：

刚刚收到正月二十六日谕旨，得知弟弟调任湖北巡抚，并且命令你立刻任职。尽管明发谕旨内没有“无须来京”的字样，不过寄谕中似乎要你就近履行职责，立刻清剿流窜在湖北境内的捻军。朝廷为地选人，也为人选地。皇恩厚重，无以复加。而且我处理捻军之事，正苦于湖北境内血脉不能畅通，如今弟弟你任湖北巡抚，那么三江两湖之内，都能够合并为一家人，联为一气。于公于私，都是大有益处。

上次我调派张诗日、刘松山两镇率领十九个营赴湖北助剿，定于二月中旬动身。还有春霆一军，谕旨派他到湖北河南交界的地方，由我调度。我正担心距离太远，联系不太方便。你在湖北就可以就近调遣，指挥起来就非常灵便。

你接旨后，就在谢恩奏折中声明："人心稍稳定，即行进京陛见。"一面考虑率部队到湖北剿贼，等湖北局面稍微稳定了，假如谕旨不令你去京城，也尽可以率兵出湖北，和我相会。

去湖北的出发日期，也许能够不等到六月假期满。弟媳在你假期时满之即，也绝不能再留你在家中。皇恩太浩大，不要让外人猜忌为装腔作势。未完待叙，顺问近好。

清代象牙杯

【点评】

信中说到曾老九于二月收到了正月二十六日的谕旨，调派他为湖北巡抚。这一次他没有拒绝，而是欣然接受。一是由于他已回籍养病一年多了，再以病推辞也说不过去，万一朝廷恼怒罢了他的官，也是他不希望看到的；二是他是湖南人，到较近的湖北任巡抚也较为理想；最重要的第三点，这次他出山实际上是仍做军事统帅，带兵打仗才是他的强项，况且此时打捻的统帅是他的兄长。于是，在短短的一月内，曾老九并招集了六千余人的军队，号称新湘军，开赴湖北，与曾氏共同打捻。这样一来，曾氏两兄弟共同作战，对付捻军，实力当然就会大增。

同治五年二月初四日与九弟国荃书

1866 年 3 月 20 日

沅弟左右：

三十日接廿六日谕旨，弟调补湖北巡抚，速赴新任。初一日恭录咨会，并有函嘱弟速行赴鄂。初一日又奉寄谕，俟弟接印，邓小珊中丞乃行交卸。又接胡莲舫京信，鄂人亦望弟拯救甚切，其时尚未得弟抚鄂之信，已有云霓之望（胡原信抄阅），况一闻新命，中外悬盼自为更切。

弟此次履鄂，似不可稍涉迟回。兹特备一咨牍，催弟迅赴新任，一面出省督剿。至募勇之多少，由弟自行斟酌，大约以八九千为率，另增马队千余成一大军，可为游击之师。

余处本有刘省三、李幼泉、刘仲良三支淮勇游击之师，刘寿卿、张田畯合成湘勇一支游击之师，合之鲍春霆全军赴鄂，已五支游兵矣。弟既接印，公事甚多，似不能亲临行阵，即偶一督战，亦可暂而不可常，宜另派一可靠之统领。

弟驻扎或在黄州，或在德安、襄阳，细看再酌。一则尽瘁报国，久驻前敌，不敢安处。一则鄂省抚署风水不利，历有明征，亦可稍避，避之以正，非专为私也。顺问近好。

【译文】

沅弟左右：

三十日收到二十六日谕旨，弟弟调补湖北巡抚，立刻赶赴新任。我于初一恭敬地抄写谕旨，并有信件叮嘱弟马上奔赴湖北。初一日又收到寄谕，待弟接到印后，邓小珊中丞才能进行交接卸任。又收到胡莲舫正月二十三日自京城寄来的信，湖北人也殷切希望弟去拯救。那时还没有调任湖北巡抚的消息，却已经有大旱而久盼云虹的期望（胡原信抄阅）了，更何况听到最新任命，朝野的期盼理应是更为迫切。

此次弟弟到湖北赴任，好像不能有一点迟缓。如今特备咨文一道，催促弟即刻赶赴新任，一面出省督办剿捻。至于招募多少兵将，由弟自己考虑，大概以八九千为限，另外添加马队千人，组成一军，再来作为机动部队。

我这里原本有三支淮军的机动部队，分别由刘省三、李幼泉、刘仲良带领，刘寿卿、张田畯合为湘军的一支机动部队，再加上鲍春霆全军，去往湖北的已经有五支机动部队。弟刚刚接任，有很多公事。似乎还不能亲临前线，即便偶尔督战，也只能是暂时这样，不能常常如此。要另外调派一位可信赖的将领。

弟的驻扎地要么在黄州，要么在德安、襄阳，认真察看形势，再行思量。一方面鞠躬尽瘁，报效祖国，长驻前线，不敢舒适地居住；一方面湖北巡抚衙门风水不好，历年来都有明显的预兆，也能够稍加躲避，回避是为了正事，不是特意为自己，顺问近好。

【点评】

朝廷已经下了谕旨，调曾老九任湖北巡抚，希望老九出山的曾氏自然是十分高兴。对于出山后老九所急需解决和办理的事情，曾氏也提出了自己的一些建议，对于安排人事、组建军队等杂事，曾氏仍然希望老九细看形势后自行斟酌。身为兄长的曾氏对老九的关心一直是有增无减，从目前的形势来看，兄弟俩将会联成一气，共同抗敌。

曾氏始终关心着自己的兄弟，这位大哥对兄弟的关心关爱，想必老九也深深地体会到了。

同治五年三月初五日与九弟国荃书

1866年4月19日

沅弟左右：

三月初二日接弟正月廿五日之信，初四日接二月十三排递之信，知弟将以三月初间赴鄂履任，至以为慰。

兄到济宁数日，恰值张总愚大股来齐，不惟不能遽赴周家口，并不敢出阅视黄河、运河，盖恐州县将领但顾接差，反不御贼。本日有陈奏军情一折，鲍君饷项一折，另牍咨达弟阅。

弟请何人办奏稿？能强意臣一行相助数月否？寄云在此，眷眷于弟，与意臣津津不置。渠并无恨云仙之意，而云仙寄兄数信，怨寄甚深，未免太过。弟欲小宋到任，但发一公牍与李、乔，立即履鄂矣。

纪泽等送全眷回湘，定于三月十七日、二十六日起程。乡间苦无良师，拟在皖吴择师，留纪鸿在弟署读书，不知纪瑞等随母来鄂否？

余在济宁小驻，若贼不渡运，张逆一股又将回豫，余稍徘徊旬日。任、赖等股若不东窜，则余仍赴周家口，再谋兄弟相见之法也。顺问近好，并请寄至澄弟一阅。

【译文】

沅弟左右：

三月初二日收到弟正月二十五日寄来的信，初四日收到排单递送来的信，得知弟将于三月上旬赴湖北任职。让我感到非常高兴。

为兄到济宁这几天，恰巧赶上张总愚的大部人马到达山东，不能不立刻赶到周家口，而且不用出去视察黄河、运河。或许担心各州县的将领只顾着迎接钦差，反而不抵抗敌军。今天有一道陈述军情的奏折，一道鲍春霆军饷银的奏折，另用咨文寄给弟看一下。

弟要请谁来处理奏稿事务？能否强留意臣等人协助你几个月呢？寄云在此处，非常看重弟和意臣，对其他人都毫不理睬。他并无憎恨云仙之意，但是云仙寄给为兄的几封信，对寄云的怨恨很深，确实有点过分了，弟想让小宋到任，只要给李、乔发一道公函，他就能够立刻去湖北上任了。

纪泽等决定于三月十七、二十六日动身，送全家人回湖南老家，乡下苦于没有好的老师，打算在安徽选择老师，把纪鸿留在弟的署衙内读书。不知纪瑞等有没有跟随他母亲来到湖北？

我在济宁小住一段时间。假如敌人不渡过运河，张总愚一部又要返回河南，那我就再住上十多天，任、赖等敌人假如不向东流窜，那么我还是赶往周家口，再想办法同兄弟相见，顺问近好，并请把这封信也寄给澄弟看一下。

【点评】

在识人用人方面，曾氏很有一套自己的方法，对于曾老九任用谁来办理奏稿事务，他也表明了自己的意思，并且对寄云和意臣的为人，他用客观的角度来评价，体现了他为人公正的一面。对于家中情况，他也关怀备至，而且时刻不忘对儿子成长的正确教诲。信末他还告知家人自己的近况，并流露出希望与老九见面的殷切心情。

同治五年三月十六日与国潢国荃书

1866 年 4 月 30 日

澄弟、沅弟左右：

三月十五日接沅弟二月廿四自县城发信，具悉赴鄂履任业已起程，此时计将抵武昌，计高一旬矣。

此间军事，初四日潘军获胜。初六日马队小挫，步队小胜。初七日，李幼泉一军小挫。渠所部万人尚有一半未到，视贼太轻，遂致损折。十三日贼退窜西南，潘军追之，十四日获一小胜，贼又折回北窜，锐意窥犯运河，不知山东诸军能御之否，深为焦虑。前闻捻匪不如发逆，张总愚一股又不如任、赖等一股，不知张逆狡悍若此，竟无术可以制之。

沅弟到任后，仍须以治兵自强为第一义。小宋到鄂藩任，已作函商之。乔鹤侪，请其一面派人接署，一面附片奏明，颜光杰亦径饬令赴鄂矣。弟驻襄阳甚好。春霆可驻南阳，其粮台则设于襄阳，刘仲良则改驻徐州等处。

谢恩折尚稳适。好折奏手竟不可得。余亦久思觅一高手，殊难其选。能强浼意诚一出，相助二三个月，或可从容求得替人。其有号称名士，眼高手低，不切事理，不合时宜者，却不可请。

“顺斋排行”虽为身旁小人所愚弄，然心术亦欠光明，惟最善联络京官，牢笼乡绅，鄂人官京师者津津乐道。近年如沈幼丹在江，蒋芗泉在浙，皆以联络绅士大得名誉，跪道攀留。而云仙以疏斥绅士，终不得久于其位，闻渠与左季高甚为龃龉，罢官后必更郁郁。弟此次赴鄂，虽不必效沈、蒋之枉道干誉，然亦不可如云仙之讥侮绅士，动成荆棘。大约礼貌宜恭，银钱宜松，背后不宜多着贬词，纵不见德，亦可以远怨矣。接两弟正月廿三日信，澄弟以金陵驳案宜一办再办，现拟附片办之。

尧阶全愈，至慰至慰。老年服大黄，体气诚不可及，然谓是乾隆间生人，则实非也。此后凡兄寄鄂之信，或将原信付澄一阅，或抄一分寄湘，听沅弟斟酌，顺问近好。

【译文】

澄弟、沅弟左右：

三月十五日收到沅弟二月二十四从县城寄出的信，得知沅弟已动身赶赴湖北上任，此时大概就要抵达武昌了。

最近的军事状况：初四一战潘军获胜。初六马队小败一次，步队则小胜。初七李幼泉一军小败，他所带领的一万人还有一半没到齐，太过于小看敌人了，以至于损兵折将。十三日敌人朝西南逃窜，潘军乘势追击，十四日获一小胜，敌人又反折朝北逃窜，想全力侵犯运河，不清楚山东诸军是否能抵挡得住，真让人担心。从前听说捻匪比不上发逆厉害，张总愚一股又比不上任、赖等一股敌军厉害，却不知道张逆竟然如此狡诈剽悍，居然没有办法能够制住他。

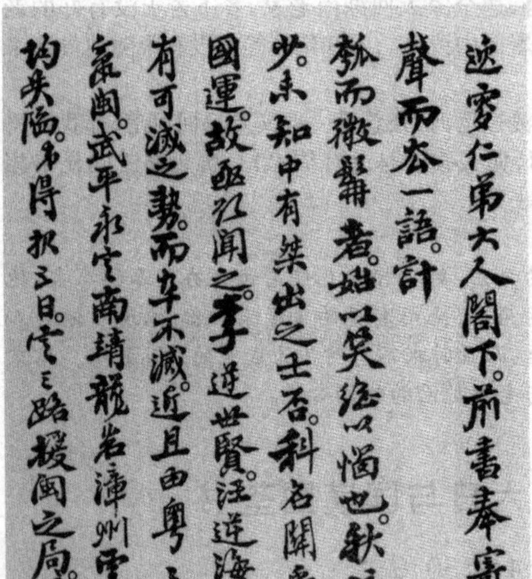

左宗棠字季高，故曾国藩信中称其为左季高。此图为左宗棠手札

沅弟上任之后，仍旧须把治兵自强摆在第一要义。小宋去湖北任藩台一事，已经写信与乔鹤侪商议了，请他派人接待并附片奏明，颜光杰也奉命去湖北了。弟驻守在襄守非常好。可以让春霆驻扎在南阳，并让他把粮台设于襄阳，刘仲良就转为驻扎徐州等地吧。

谢恩的奏折写得还称得上稳妥适当。能写好奏折的人居然找不到一个。我也很早就想着要找一位写折高手，但却太难以挑选了。能勉强请得意城出山，帮助两三个月，也许能够从容找到代替的人。那些号称名士，却眼高手低、不明事理、不合时宜的人，也只能把他推掉，而决不能任用。

“顺斋排行”尽管被身边小人所愚弄，但是其心术也不免有失光明磊落，只是最擅长联络京官，拉拢乡绅，在京城当官的湖北人对此津津乐道。这些年来如沈幼丹在江苏，蒋芗泉在浙江，都凭借笼络绅士而名声显赫，人们都跪在路上挽留他们。而云仙上疏责骂绅士们，终究官位坐不长，据说他和左季高很不合，罢官之后必定愈加郁郁寡欢。弟这次去湖北，尽管不必效法沈、蒋那样的沽名钓誉，不过也不要同云仙那样讥讽侮辱绅士，动不动就弄得周围满是荆棘。大体在礼数神态上应该谦逊恭敬，在银钱上应该豪爽大方，而在背地里也不应多说别人的闲话，这样即便不被认为有德，也能够远离怨恨了。收到两弟正月二十三日的来信，澄弟觉得金陵允案应该一办再办，如今拟好附片以办之。

尧阶的病已经痊愈了，让我非常欣慰。老年服用大黄，体力的确不是常人能比，不过说是乾隆年间出生的人，事实上并不是这样。今后但凡我寄往湖北的信，要么把原信交给澄弟看，要么抄一份寄回湖南老家，沅弟可依情况而定，顺问近好。

【点评】

从信中得知，曾老九已经到湖北上任去了，曾氏的劝说最终还是起了作用，没有白费苦心。不过曾氏还是不厌其烦地为老九剖析当前的军事情况，并给他提出到任后办事的几点建议。虽然苦于没写奏折高手，但曾氏还是要求“宁缺毋滥”，可见他对官事的严谨和对人才的渴望。老九将要去任地方官，曾氏用沈幼丹和蒋芗泉的例子来告诉老九不要仿效他们的做法，并提出了他的希望，这位兄长对弟弟真是良苦用心。

同治五年三月廿六日与国潢国荃书

公元1866年5月10日

澄弟、沅弟左右：

三月十八接沅弟二月廿八日长沙河干一信，廿二日接澄弟二月廿二日一缄，具悉一切。

沅弟定于十七日接印，此时已履任数日矣。督抚本不易做，近则多事之秋，必须筹兵筹饷，筹兵，则恐以败挫而致谤；筹饷，则恐以搜括而致怨。二者皆易坏声名。而其物议沸腾，被人参劾者，每在于用人之不当。沅弟爱博而面软，向来用人失之于率，失之于冗。以后宜慎选贤员，以救率字之弊；少用数员，以救冗字之弊。位高而资浅，貌贵温恭，心贵谦下。天下之事理人才，为吾辈所不深知，不及料者多矣，切勿存一自是之见。用人不率冗，存心不自满，二者本末俱到，必可免于咎戾，不坠令名，至嘱至嘱，幸勿以为泛常之语而忽视之。

陈筱浦不愿赴鄂，渠本盐务好手，于军事吏事恐亦非其所长。余处亦无折奏好手，仍邀子密前来，事理较前清晰，文笔亦见精当。自奏折外，沅弟又当找一书启高手，说事明畅，以通各路之情。

此间军事，廿一日各折已咨弟处，另有密件抄去一览，复张子青一信亦抄阅。纪泽母子等四月中旬当可抵鄂，纪鸿留弟署读书，余以回湘为是。科三嫂病愈，甚慰甚慰。顺问近好。

【译文】

澄弟、沅弟左右：

我于三月十八日收到沅弟二月二十八日在长沙河干寄出的信，二十二日收到澄弟二月二十二日的来信，所有情况都知道了。

沅甫弟定于十七日接受巡抚大印，到现在已经上任几天了。总督巡抚原本就有点难做，近日来又正值多事之秋，一定得招募兵勇、筹集军饷。招募兵勇，害怕由于失败、挫折而遭到诋毁；筹集军饷，害怕因为搜刮钱财而招惹怨恨。这两件事都容易败坏声望。而引起纷纷议论，被别人弹劾的，常常在于用人不当，沅弟爱惜的人多，而又喜爱面子，向来在用人上都失之于轻率，失之于繁杂。今后要谨慎地选择贤德的人员，以此整治轻率的问题。少用一些人，用来救治多杂的问题。官位高而资历浅，外貌以温和谦恭为贵，内心则以谦让下士为贵。天下的事理人才，是我辈所不能深知的，不清楚的事情还很多，所以就千万不要自以为是。用人不轻率、多杂，内心不自满，这两者主次都顾及了，一定能够免于责难、过错，不让名誉扫地。至嘱至嘱，千万不要认为这是普通的话语而忽视它们。

陈筱浦不肯到湖北来。他原本是一位管理盐务的好手，所以在军事、人事方面恐怕不是他的长项。我这儿也没有写奏折的好手，仍旧请子密前来，他事理相对清晰，文笔也得精巧妥当。除写奏折以外，沅弟还应该找寻一位写信的好手，说事情能够清楚流畅，以用来通报各方的情况。

在此期间的军事情况，二十一日的各个奏折，已用咨文送到你那里，此外，还有密件抄给你一阅。给张子青的回信也抄给你看一下。纪泽母子估计四月中旬能到达湖北，纪鸿仍留在你官署中读书，其他人则应该回到湖南。科三嫂的病已经痊愈了，我很欣慰。顺问近好。

【点评】

从信的内容中可以看出，曾氏对从小看着长大的老九的脾性非常了解。老九小时候的毛病，只是伤及自身和家庭，如今，他担任湖北巡抚，是一省之主、一军之主，那么他的毛病就有可能伤及全军、全省，甚至是全国，所以在信中，曾氏就针对老九的毛病，提出了自己的一番建议，希望老九能多加注意。

据赵烈文的《能静居日记》记载，曾老九的性格特征主要表现为不拘小节、我行我素、招摇张扬、挥金如土，他的行事做人，与曾氏有天壤之别，曾氏对老九的劝诫，可谓是兄弟情深。信中提到的“用人不率冗，存心不自满”对当今为官的人来说，也是极富道理的，值得深思和学习。

同治五年四月廿一日与九弟国荃书

1866年6月3日

沅弟左右：

四月十二日接弟三月廿四信，廿一日又接四月初三来缄，与我订五日一信之约，此次余以四月七日出营查阅黄运两河，并察看泰安形势，登岱礼神，致十四日未发家信，有愆夙约，将来不知果能践五日之约否？

山东军情，半月前事已具初七折片之中。捻匪长处，在专好避兵，不肯轻战，偶尔接战，亦复凶悍异常，好用马队四面包围，而正兵则马步夹进。马队冲突时，多用大刀长棒；

步队冒烟冲突时，专用长矛猛刺。我军若能搪此数者，则枪炮伤人较多，究非捻匪所可及，劈山炮尤为捻匪所畏。弟可详告刘、朱、彭、郭、熊、陈诸人也。

调四将之折，甚为条畅妥协。谢绝陋习，慎重公事，严密以防门内，推诚以待制府，数者皆与余见相合，声誉亦必隆隆日起矣。惟风水之说，余平日不信，于鄂抚一署却为惴惴，将来仍以改驻襄阳等处为是。

湿毒未愈，殊为悬系。余自腰以下，无寸肤不癣，然较之道光二十六七年之大颗隆起者，已觉减轻。弟若不能全好，则变成癣疾，犹为彼善于此，总不可服克伐药耳。复问近好。

【译文】

沅弟左右：

四月十二日收到弟三月二十四日寄出的信，二十一日又收到四月三日寄出的信，与我约定了五天通一次信。此次我于四月初七日出大营，去视察黄河、运河，同时察看泰安的情形，因为登泰山祭神，所以以至于十四日没有寄出家信，违背了我们的约定，以后不知能否真的履行五天通一次信的约定。

有关山东的军情，半个月之前的情况在初七日的奏折中已经详细说明了。捻匪喜欢专门躲开兵锋，不愿轻易出击，偶尔的交战，也是特别的凶悍。他们还喜欢用马队四面包围，而正面部队则是马队与步兵交叉前行。马队向前冲锋时，大部分都用大刀长棒。步兵顶着硝烟冲锋时，专门用长矛猛刺。我军假如能够应付这几招，那么枪炮极大的杀伤力，终究不是捻匪可以企及的，至于劈山炮，捻匪就更加畏惧了。弟可以把情况详细地告知刘、朱、彭、郭、熊、陈诸位。

关于调派四位将领的奏折，十分流畅、稳妥。谢绝不良的习惯，谨慎办理公事，严谨细致地治家，对总督、知府要以诚相见，这几点都和我的见解相吻合，声望也必定会蒸蒸日上的。只是有关风水的说法，我平素不相信，但对于湖北巡抚的署衙却感觉惴惴不安，今后仍旧改在襄阳等地方住为好。

弟的湿毒还未全好，非常挂念。我身上从腰部至下，每一寸肌肤都长满了癣，不过比起道光二十六七年大颗隆起的癣相比，已经感觉轻多了。假如弟不能完全好转，那就会转变成癣疾，即使那样，也比你目前的湿毒要好一些，总之不要服用药性比较刚烈的药物，复问近好。

【点评】

征战了这么多年，曾氏对敌军的作战方式了解得很清楚，此信中，他把敌军的特点一一告知曾老九，让老九也了解清楚，同时告知各个将领，知己知彼才能百战百胜。身患癣疾的曾氏长年来也有了自己应对的方法，老九如今也患湿毒，曾氏建议他不要服用药性刚烈之药，对于疾病和养身，曾氏还是有所研究，在之后的家信中将会提到很多。

同治五年五月初三日与九弟国荃书

1866年6月15日

沅弟左右：

四月廿八日接十一日来信，五月初二日又接四月十八之函，具悉一切。纪泽母子已到阳逻，纪瑞母子十二日已自湘起程。兄弟宦游在外，眷属得以团聚，亦足喜也。

此间写信尚不甚稀，但自到济宁，每月仅有专勇信一次，遂觉比往时大减。以后如弟来缄之指，每隔十日寄日记一次，并信排递弟署，而每月初四仍专勇送信并日记至湘乡，俾两处皆知余起居之详。

弟信亦不必太密，仍以十日一封为率，或有他事，则加一封，无事亦不可减。不仅说军务饷务之大政，即幕友、家丁及亲友相从，将弁投效者，多说几句，司道风气，属僚贤否，亦可略述一二，以广见闻。余之日记，详于小而略于大，弟则互有详略可也。

弟现募步队万二千人，马队千余人，与余初次函商相符，以后不必再行添募，恐饷项不继。所裁官相之勇仅发数成，所添弟部之勇必须全饷，一撤一招之际，厚薄悬殊，相形见绌，营头太多，必生怨望。厚庵之优待楚勇，薄视甘兵，遂有三月三日之变，可为前车之鉴。

四月十五所发进扎应山一折，字句间有不妥，以后宜请一二人斟酌。非十分虚心，人不肯轻说一字。四月十一日弟函，颇有拒谏之意，施之于兄，兄当如常规诲，施之于他人，则拒人千里矣，慎之慎之。复问近好。

正封缄间，接云仙信，并抄渠与左信及保举人才一疏。其与左信，计筠老必另抄寄弟处，兹将筠信并荐疏抄去一览。意诚所拟咨稿，可照发也。又行。

【译文】

沅弟左右：

四月二十八日收到十一日寄出的信，五月初二日又收到四月十八日的来信，已经得知一切。纪泽母子已经抵达阳逻，纪瑞母子也于十二日从湖南出发。兄弟在外当官，家眷能够团聚，也值得欣慰。

我这里写信也算不少。不过自从到了济宁，专门送信的士兵每月只送一次信，于是感觉比过去大大减少。今后就依照弟来信的意思，每十天寄一次日记和信，以及排单驿递到弟的官署，并且每月初四日还派专人把信和日记送到湖南家乡，让两地都清楚我生活起居的详细状况。

弟的来信也不要太频繁，还是每十天寄一封，假如有其他的事就外加一封，即使没有事情也不能减少。不要只说军事、饷银等大政要事，即便是幕僚宾友、家丁亲友、部下将领士兵、投诚者等诸方面也多说两句，布按两司及道员的表现、下属幕僚是不是贤能也可稍加说一些，以增加见闻。我的日记中小事记得详细而大事记得粗略，弟的信中也可以互有详略。

如今弟所招募的步兵有一万两千人，马队也有一千多人，与我第一封信所商议的规模相符合，今后就不要再招募了，军饷可能会不足。裁去官相的兵卒只发几成军饷，而弟部下所增添的士兵则必须要发全部饷银。裁减与招募之间，待遇的薄厚悬殊，必定会相形见绌。兵营过多，肯定会滋长怨恨的情绪，杨厚庵由于厚待湖北士兵，而薄视甘肃士兵，于是就有三月初三日的变故，这能够作为前车之鉴。

四月十五日发出的进驻应山的奏折中，字里行间有不妥当的地方。今后要请一两个人来思量。没有非常虚心的态度，那别人就不会轻易讲出一个字。弟于四月十一日的来信中很有拒绝劝诛的意思。对为兄讲这些话，为兄的理应依常规教导你，但对别人讲这些话，那就是把人拒于千里之外。一定要慎上加慎，复问近好。

正要封信时，又收到云仙的来信，并抄写他寄给左季高的一封信以及保举人才的疏奏。他寄给左的信函，估计郭筠仙一定会另抄来寄往弟那里，现在我就把筠仙的来信还有举荐人的奏疏抄去，以供弟一阅。郭意城所亲拟的奏稿可以照样寄出。又行。

【点评】

曾氏与家中的来信还甚是紧密，信中也包含着各种信息，如军事状况、自身身体情况等，处处体现着他对国事和家事的关心，他也希望老九给他的来信中，多方面谈及些情况，大到国家政事，小到家丁亲友，也让他多说几句，以便让曾氏了解家中的大小事务。曾氏考虑事情，真是相当的周到，不失为一位好兄长。

同治五年五月十一日与九弟国荃书

公元1866年6月23日

沅弟左右：

五月初四日接弟四月廿一日信，十一日又接廿七日一缄。具悉一切。纪瑞侄母子已于二十五日已抵鄂，娣为东而姒为宾，客到先而主到后。乱离之世，骨肉相聚本极难得，老年得之为尤难也。

弟足疾复发，极为廑系。湿毒在下，总非本原之病。然一求速效，杂投药剂，则难于见功。吾阅历极久，但嘱家中老幼，不轻服药，尤不轻服克伐之药，即是善于养生之道。鄂抚衙署风水之说，弟能毅然不信，可谓卓识定力。如足毒不愈，亦须略为变通。兄向来不信择日风水，老年气怯，遂徇俗见，惟弟亮之酌之。

请倪豹岑赴鄂幕，系余见其毫无脾气，又耐劳苦，极好相处，笔下圆妥，善写公事信缄。因弟屡请余荐人，余去年四月本订聘豹岑入幕，旋以北征而止，遂于四月五日函致雨亭，嘱其代请豹岑赴鄂。今得弟书，湖北州县多疑豹者，兄又甚悔，未得弟回信而遽函聘，太涉孟浪也。兹将余寄雨亭信抄付弟阅，事已难于食言，请弟将就用之，为我弥缝其失。若豹不肯应聘入鄂，甚妙甚妙。如其翩然应命，乘舟武昌，请弟迎入署中，礼貌相待。豹之短处，则在无定识定力，好以疏野不应酬自命，而讥人之有官气。与雨亭、中夫、眉生、存之等至好，均言其长处多而短处少。弟信言豹知官将劾严而不以告，余近细询申、存二人，均知有此事，中曾面责之。豹言系司道公见时所说，并非对渠一人说，外间见渠为渭春所保，故咎渠耳。至州县疑豹，却系影响，并无实际。牧令怨渭之参劾，并怨渭幕刘植之招摇，又以豹为渭所敬重，而并疑之，豹实无过也。豹若抵鄂，弟延之署中，毫不与外交际，则断无风声矣。至弟不能添延重金之友，弟只出五十金包火食，兄亦代出五十金另寄豹家。数月之后，如不相安，婉为辞退，或荐一书院，则兄无食言之迹矣。

曾国藩像

春霆为厚庵奏调入甘，有损于中

原，无益干西事，兄当作疏留之。日内未接寄谕言及此事，或中旨欲令霆先办捻耶？鄂协霆饷二万（目下马尚未买，勇尚未募齐，弟与霆商，或可少减），望弟竭力筹之，至嘱至嘱。顺问近好，余详日记中，不具。

【译文】

沅弟左右：

五月初四收到弟四月二十一日寄出的信，十一日又收到你二十七日的来信，详知一切。纪瑞侄母子已经在二十五日到达武昌，弟妹是主人，嫂子是宾客，结果客先到而主后到。在动荡的年代，亲人相聚原本就很不易，年老后碰到此类的事就更加难得。

弟足疾又复发，我非常挂念。湿毒病症，终归不是伤及根本的病。不过一旦追求立刻见效，乱用药物，就难以见效。我经历的已经很多，只是叮嘱家中老少都不要草率吃药，特别不要轻易服用药性刚烈的药物，这也就是善于养生的方式了。有关武昌巡托衙门风水一说，弟决然不相信，可谓是见识高远，定力过人。假如脚上湿毒不发，也要稍作变通。为兄向来不信挑选黄道吉日或风水一类的说法，年老气弱，由于遵循俗人见解，还希望老弟谅察。

聘请倪豹岑到湖北幕中，是因为我看他这个人没有什么脾气，而且又能吃苦耐劳，特别好相处，文字圆通稳妥，擅长写公事信函。因为老弟多次来信请我举荐人选，去年四月我原本已订好聘请豹岑为幕僚的，随即由于出师北征而停止，于是我就在四月初五日写信给李雨亭，叮嘱他代为邀请豹岑去湖北。今天收到老弟来信，得知湖北州县有很多官员对豹岑存有疑忌，为兄又很懊悔，没有收到老弟回信就匆忙去信延聘，办理得太莽撞了。如今把我写给雨亭的信抄付弟一阅。事情既然这样，诺言难以违背，那就请老弟将就着用他，替我来弥补这个过错。假如豹岑不愿应聘到湖北，那就再好不过了。假如他马上答应，乘舟赴武昌，还请老弟把他接到官署中，以礼相待。豹岑的缺点在于没有稳定的见解及沉稳的定力，喜好自命为粗狂对应酬不屑的人，而嘲讽别人有官气。他和雨亭、中夫、眉生、存之等人的关系非常好，这些人都说他优点多、缺点少。弟来信说豹岑清楚官文要参劾严渭春而不告诉严他知道。最近我认真询问李申夫和方存之两人，他们都清楚这件事。申夫曾经还当面指责他，豹岑对此解释是，那些话是两司和道员等因公谒见时讲的，并不是针对他一个人。外人仅看到他是渭春所保荐的人，因此才指责他。至于州县官员对他存有疑忌，则是捕风捉影，并没有什么根据。州县官员对严渭春受参劾满怀怨恨，并且对严渭春幕僚中刘植的招摇过市也非常怨恨，又由于豹岑曾受渭春敬重而一并猜疑到豹岑，实际上豹岑并无什么过错。豹岑假如到武昌，请老弟把他延至衙署中，完全不与外界交流，就不会有任何风声。至于老弟不能增加薪金来延聘幕僚，只能出五十两，并包伙食，那么为兄也代出五十两，另寄到豹岑家里。数月之后，假如不能和睦相处，那就婉言辞退，或者推举到一个书院去，那么为兄就没有食言的迹象了。

杨厚庵的奏折中请求把鲍春霆调去甘肃，这样会对中原局势有所损害，而对西北局势没有什么帮助，所以为兄要上奏挽留春霆。近些天没有收到谈及此事的谕旨，也许朝廷的意思是让春霆先对付捻军再做打算？湖北协办春霆两万两军饷（当前马还没有买，兵勇也还没有招满，老弟同春霆商议一下，或许能够减少一点），但愿老弟尽力筹措。至嘱至嘱。顺问近好。其他的详载在日记中，就不详谈了。

【点评】

常年在外的曾氏，对家人难得团聚到一起，甚为欣慰。在当时战乱年代，亲人相聚实在是不易。对于曾老九的病况，曾氏还是嘱咐家人不要乱吃、乱用杂药，过段时间自然就会好的。有关风水的说法，他之前也不相信，但是近来年老气弱，思想也稍有了变化。这是很正常的现象，现在的人年轻时思想活跃，需要考虑的东西少，所以对风水一类的迷信涉及的不多，但年老后，想得多而复杂，再加上世俗观念的影响，慢慢地也会相信。这也是几千年封建社会所遗留下来的影响。

同治五年六月初五日与四弟国潢书

1866年7月16日

澄弟左右：

五月十八日接弟四月八日信，具悉一切。七十侄女移居县城，长与娘家人相见，或可稍解郁郁之怀。乡间谷价日贱，禾豆畅茂，尤是升平景气，极慰极慰。

此间军事，贼自三月下旬退出曹、郓之境，幸保山东运河以东各属，而仍蹂躏于曹、宋、徐、泗、凤、淮诸府，彼剿此窜，倏往忽来，直至五月下旬，张、牛各股始窜至周家口以西，任、赖各股始窜至太和以西。大约夏秋数月，山东、江苏可以高枕无忧，河南、皖、鄂又必手忙脚乱。余拟于数日内，至宿迁、桃源一带察看堤墙，即由水路上临淮而至周家口。盛暑而坐小船，是一极苦之事，因陆路多被水淹，雇车又甚不易，不得不改由水程。

余老境日逼，勉强支持一年半载，实不能久当大任矣。因思吾兄弟体气皆不甚健，后辈子侄尤多虚弱，宜于平日讲求养生之法，不可于临时乱投药剂。

养生之法，约有五事，一曰眠食有恒，二曰惩忿，三曰节欲，四曰每夜临睡洗脚，五曰每日两饭后各行三千步。惩忿，即余篇中所谓养生以少恼怒为本也。眠食有恒及洗脚二事，星冈公行之四十年，余亦学行有七年矣。饭后三千步近日试行，自矢永不间断。弟从前劳苦太久，年近五十，愿将此五事立志行之，并劝沅弟与诸子侄行之。

余与沅弟同时封爵开府，门庭可谓极盛，然非可常恃之道。记得己亥正月星冈公训竹亭公曰：宽一虽点翰林，我家仍靠作田为业，不可靠他吃饭。此语最有道理，今亦当守此二语为命脉，望吾弟专在作田上用些工夫，辅之以书蔬鱼猪早扫考宝八字，任凭家中如何贵盛，切莫全改道光初年之规模。凡家道所以可久者，不恃一时之官爵，而恃长远之家规；不恃一二人之骤发，而恃大众之维持。我若有福罢官回家，当与弟竭力维持。老亲旧眷贫贱族党不可怠慢，待贫者亦与富者一般，当盛时预作衰时之想，自有深固之基矣。

凯章家事，即照弟信办一札照收。湘军各营俱不在余左右，故每月仅能送信一次，俟至周家口后即送三次可也。余详日记中。顺问近好。沅弟在鄂拆阅，均此。

【译文】

澄弟左右：

五月十八日收到弟四月初八日寄出的信，所有情况都知道了。七十侄女迁到县城居住，能常常与娘家人见面，也许能稍微解除一下她心中的抑郁。据说近些天来乡里谷价一天比一天降低，地里的禾苗豆苗还是非常茂盛，好一派升平的气象，让人心中非常快慰！

这里的军事情况，贼匪从三月下旬就退出了曹、郓两县，还好保全了山东运河以东的各州县，不过仍旧蹂躏了曹、宋、徐、泗、凤、维等几个州府。我军这里追剿，他们又往那边窜，时来时去，直至五月下旬，张、牛各路敌军，才流窜到周家口以西，任、赖各支，才流窜到太和以西。或许夏秋的几个月中，山东，江苏能够高枕无忧；而河南、安徽、湖北，又必定手忙脚乱。我打算在几天之内，去宿迁、桃源一带查视堤墙，就从水路上行到临淮，再去往周家口。盛夏酷暑天气乘坐小船，是一件相当痛苦的事情，因为陆路大多被水淹没，不容易雇车，所以不得不改走水路。

我一天比一天衰老了，估计再勉强坚持一年半载还行，确实不能长期担当重任了。所以想到我们兄弟的身体都不是很健壮，后辈子孙更是大多身体虚弱，应该在平常讲究养生之道，不能到患了疾病，临时胡乱吃药。

养生之道大概有五个方面：一是睡眠、饮食要有一定的规律；二是抑制恼怒；三是节制情欲；四是每晚临睡前要洗脚；五是每天两餐饭后各行走三千步。戒除愤怒，就是我以前所说的"养生以少恼怒为本"。睡眠饮食有规律和洗脚两件事，星冈公坚持做了四十年，我也学着坚持做了七年。饭后行走三千步我最近才试行，从此以后不会间断。以前劳苦太长了，如今已经50岁了，应该把这五件事立志坚持做下去，并劝沅弟和诸位子侄们要坚持做下去。

我与沅甫弟同一时间封爵，同一时间担任督抚，门庭能够算是极其兴盛，不过，并不能长久倚仗这些。曾记得己亥正月，星冈公教训竹亭公说："宽一尽管做了翰林，我家仍旧要靠种地为业，不能倚靠他吃饭。"这句话最为有道理，如今应将这两句话写作命脉所系的训诫，但愿弟弟专门在种田上下些工夫，再加上"书蔬鱼猪，早扫考宝"八字。任凭家中怎样的显赫兴旺，切记不要改掉道光初年家中的规模。但凡能够持久的，不是凭靠一时的官爵，而是依靠长远可行的家规；不是依靠一两个人的累发，而是倚仗大家的力量来维持家族的兴盛。我若有福罢官回乡，必定和弟弟一起，用尽全力维持家族的兴盛。老亲旧眷、贫贱族亲，不能怠慢。对待穷困的人和富裕的人要完全一样。兴盛时期要预先作好衰败时期的想法，那理应就有深厚的根本了。

有关张凯章家的事，就依照你的来信写一份公函，请查收。湘军各营都不在我身旁，因此每月只能送信一次，等到周家口后就能够送三次。其他的事详细写在日记中。顺问近好。沅甫弟在湖北拆阅，均此。

【点评】

此信中，曾氏又提到了养生之法，共有五条：一是起居要有规律，即他所说的"眠食有恒"；二是惩愤，就是不要老是愤懑不乐，要保持心情舒畅；三是节制欲望，不要奢望得太多太滥；四是每天晚上临睡前洗脚；五是每天两餐饭后散步。这五条在现代人看来，也是很有道理的，也常被用作养生之道，特别是其中的"洗脚"和饭后散步，几乎广为人知，泡脚，按摩脚底，促进全身血液循环，还能治疗一些疾病；饭后散步，有助于消化，调节心情，是民众广为喜爱的运动之一。

信中还提到曾氏教导子弟不要因富贵而忘了贫贱，不要因显达而倚势欺人，给人以很大的启迪。

同治五年六月十二日与九弟国荃书

1866年7月23日

沅弟左右：

六月六日连接五月十八日、廿四日两次来信，同一排单，何以迟速悬殊？足毒居然全好，大慰大慰，不特鼻子无缺，并脚梗亦不短欠丝毫，足以间执谗慝之口。豹岑处弟复雨亭信未令西来，从此即作罢论。

一万二千之数恐不足保鄂省疆土，自可量力多招。至于有文一篇便使天下后世知某

某为小人云云，则未免视文太重，而视天下后世太轻。此室所论之是非，易一室而彼不以为然，易一邑而其说更变矣；此乡所服之贤士，易一乡而彼不以为然，易一府而屡变不一变矣，况天下乎？况后世乎？

此间军情，凡大处凋度，均已咨达弟署。若各股均渡至沙河、淮河之南，余当以淮军扼守沙河、贾鲁河，此数月内，鄂境虽十分吃紧，而使贼不得回窜东北平旷之区，各军得悉萃于西南山多田之处，剿办当稍易为力。恐其半过沙河以南，半留沙河以北，则尤疲于奔命耳。

以“贤四本家”为罪魁，诚为笃论；惟“信风本家”向来在京在粤声望极劣，人以巨憝目之，尚须细察。绅士如藿郊、畏之尚相洽否？子寿、孝凤、廉卿等曾晋省一晤否？小舫、云黼等曾通信否？皆“顺斋排行”之至交也。本日寄谕中有左帅折片，另咨抄阅。

余详日记中，顺问近好。六月忌日。

【译文】

沅弟左右：

六月初六日连着接到五月十八日、二十四日两次寄出的信，都是同一排单寄来，怎么快慢会相差这么大？足毒竟然痊愈了，让我十分欣慰，不仅鼻子没什么缺憾，就连脚跟也丝毫不短少，足以把那些谗言诋毁人的嘴堵住了。豹岑那弟给雨亭的回信没有让他寄来，这事就到此为止吧。

一万两千名士兵可能不足以保卫整个湖北省，弟可以量力而行，多招募些兵勇。至于作一篇文章就能让天下后世明白某某为小人之类的话，未免太看重文人，而又把天下后世人看得太轻了。这间屋里所说的是非曲直，另一间房子的人就会不以为然，要是换一个县而言就更加所议非然了；这一乡所钦服的贤士，换了另一乡的人就不一定认为他是贤士，要是换一省人们就会有更多不同的看法而不会一概不变，况且是换之于天下呢？更何况是换之于后世呢？

最近这里的军务状况，凡是大规模的调度，都已给你的官署发出了咨文。假如各股敌军都窜渡到沙河、淮河之南，我就用淮军坚守沙河、贾鲁河。这几个月里，湖北境内相当吃紧，而要使敌人不能回窜到东北部平坦开阔的地域，各路兵马就得全部集中在西南山区田多的地方，这样清剿才能稍微容易使上劲儿。就担心敌军一半渡到沙河以南，一半人则留在沙河以北，那我们可更是劳累奔波了。

把“贤四本家”作为罪魁，诚然是厚道的说法；只有“信风本家”在京城和广东素来声誉极差，人人都视之为大恶人，还需要认真察访。绅士如藿郊、畏之相处还和睦吗？子寿、孝凤、廉卿等曾来过省城相会吗？小舫、云黼等曾有书信来往联系吗？他们全都是“顺斋排行”最好的朋友。本月寄谕中附有左帅的折片，另用咨文抄一份以供弟一阅。

其他的详细记在日记里了，顺问近好。

【点评】

中国古代的科举制度，都是以文章取士，文章的好坏在当时的选拔制度中是非常重要的。好的文章，能够流传千秋万代，并让其作者名垂不朽，在我们现代所学的古文中，大多都出于名家之手。不过，与作者的时代背景相结合，一些文章也只能是表达那个时候的思想状况，并不绝对代表后世的形势。就像信中曾氏劝阻老九所说的“未免视文太重，而视天下后世太轻”，曾氏看文章，非常明智通达，有着自己独到的见解。

如今随着通信、资讯的发达，发表文章的简易，也许很难再有流传千百年的文章了。

同治五年六月廿三日与九弟国荃书

公元 1866 年 8 月 3 日

沅弟左右：

日内未接弟信，想因余自济起程，驿夫不知行迹所在，或辗转迟误耳。十五日登舟，十七八九阻风三日，廿二日至韩庄，今日可至台庄。溽暑小舟，殆非老年所堪。

运河大雨盛涨，民居水皆封檐，数十万难民转瞬皆成流寇。而运河东岸堤墙雨后塌卸殆尽，秋冬无以制寇，尤深焦灼。防守沙河之策，未必可恃，而业已出奏，不得不试行之。

春霆已自黄州起行否？若需帐篷等物，请弟饬局办给，将来于万五千内拨还鄂局。江西两次来商，不欲于七万处更增杂支。少泉亦畏霆而远避之。弟既敬霆之为人，即可一力维持，使之迅速集事。杂款实有盈余，余已嘱刘申怿随时禀请弟作主也。

申夫今日自韩庄分手，渠定八月节前到鄂小住一月，即回四川省母。其讲论八股试帖，胜于其所作所改，可令纪鸿纪瑞听讲一月，必有进益。光、固、六安、德安、黄州军情，望弟将各檄咨送一份。

余详日记中，顺问近好。

【译文】

沅弟左右：

近几天没有收到老弟的来信，想必是由于我从济宁出发，驿夫不知道我走到什么地方，可能找来找去就耽搁了。我于十五日上船，十七到十九日三天被大风所阻，二十二日抵达韩庄，今天能到达台庄，酷暑时节乘坐小舟，确实不是老年人所能承受得起的。

此时节正值大雨，运河水猛涨而导致民房已被水淹到屋檐，数十万难民转瞬间都要变为流寇。而且运河东岸的堤坝在大雨之后已经坍塌得差不多了，进入冬季就没有能够遏制敌人的工事，非常焦虑。防守沙河一线的策略不一定可行，不过已经奏上，就一定要试行一下。春霆已经从黄州起程了吗？假如该部需要帐篷等物资，还请老弟吩咐相关部门办理，以后从一万五千的数额中拨款还给湖北。江西发出两道咨文来商议，不肯在七万两饷额之外再添加其余杂项开支。李少荃对春霆也是惧怕而躲避的。既然老弟敬重春霆的为人，就要全力支持他，让他能马上成事。事实上，杂款还有盈余，我已叮嘱刘申怿随时向老弟请示，由你做主。

申夫今天从韩庄离开，并定于八月中秋节之前去武昌小住一个月，然后回四川看望母亲。他讲评八股、试帖的水平比他作文、改文的水平还要高，可以让纪鸿、纪瑞听他讲授一个月，必定会有长进、有好处。定州、固始、六安、德安、黄州等地军情怎么样，望老弟把各处檄文发咨文寄给我一份。其余的详细写在日记中。顺问近好。

【点评】

这封信中，主要谈到了运河水猛涨给人们带来了灾难，河堤的坍塌也让军情陷入危机。军饷方面，由于水灾和实施防守沙河一线的方案，几万的银两似乎还是有所不足。不过曾氏还是希望老九大力支持相关工作。

曾氏的心系国民，心挂军事，实在是一位忧国忧民的良臣。

同治五年七月初三日与九弟国荃书

公元1866年8月12日

沅弟左右：

六月寄弟三信、纪泽二信，不知均到鄂否？其澄弟一信，则舢板送彭芳四至镇江搭轮船以达武汉，想早到矣。

廿八日接弟六月十三日函，并附澄弟五月廿八及黄麓西之信。吾湘哥老会公然有谋反之意，可恶可畏，若一连惩创几次，当可戢其凶志，目下尤耽耽思逞也。

兄于廿五日至宿迁，衰年怕热，登岸小住。闻任、赖又窜睢州，将回山东，檄调铭、鼎、盛三军追剿，不知何日乃能见贼接仗？军务毫无起色，加以大水成灾，酷热迥异寻常，心绪实为恶劣，然亦只好安命耐烦做去。拟日内由杨庄换船溯淮西上，八月可达周口耳。

闻弟近甚辛苦。前示养生五诀，一眠食有恒，一饭后散步，一惩忿，一节欲，一洗脚，曾行之否？老年兄弟相勉，惟此而已。

【译文】

沅弟左右：

六月我曾寄给弟三封信、纪泽两封信，不知是不是都到湖北了？寄给澄弟的一封，由舢板送彭芳回到镇江搭轮船后再到武汉，想必应该早就到了。

二十八日收到弟六月十三日的信函，并附有澄弟五月二十八来信和黄麓西的信。我们湖南哥老会公然有谋反之意，真是可悲可怕！假如接连惩创他们几次，应该能够灭灭他们的嚣焰，目前他们正伺机谋反，以求一逞。

我年老怕热，所以到宿迁后，登上岸小住了一段时间。据说任柱、赖文光两股捻军又流窜往睢州，即将回到山东，我发文调派铭、鼎、盛三军追剿捻军，不知什么时候才能和敌人交战？军务没一点起色，加上洪水成灾，天气异常酷热，心情确实是很糟糕。不过也只有听天由命，耐心地办事。我打算近日内从杨庄换船沿淮河西上，八月能够抵达周口。

听闻沅弟近些天来很辛苦。上封信中我告诉你的养生五诀，曾经依照着做过吗？年老了，兄弟间相互勉励，只有这样了。

【点评】

信中写到曾氏家乡湖南有人谋反，让他感到可悲可怕。军事方面，曾氏派出的军队不知何时才能与敌军交战，再加上运河水灾，并且天气酷热，曾氏的心情糟到了极点。不过，他也能调整好自己的心态，分清事情轻重，面对这些“乱事”，他还是能平静心态耐心地工作，并告知老九兄弟间要相互勉励。

曾氏对待工作的态度，值得现代的白领一族学习，不管心情是多么恶劣，也不要把个人情绪带到本职工作中来。

同治五年七月初六日与四弟国潢书

1866年8月15日

澄弟左右：

六月六日彭芳四送一家信，想已接到。久未接弟信，惟沅弟寄弟五月底信，言哥老会一事，粗知近况。吾乡他无足虑，惟散勇回籍者太多，恐其无聊生事，不独哥老会一端而已。又米粮酒肉百物昂贵，较之徐州、济宁等处数倍，人人难于度日，亦殊可虑。

吾意兄弟处此时世，居此重名，总以钱少产薄为妙。一则平日免于觊觎，仓卒免于抢掠；二则子弟略见窘状，不至一味奢侈。

纪泽母子八月即可回湘，一切请弟照料。"早扫考宝，书蔬鱼猪"八字，是吾家历代规模，吾自嘉庆末年至道光十九年，见王考星冈公日日有常，不改此度。不信医药、地仙、和尚、师巫、祷祝等事，亦弟所一一亲见者。吾辈守得一分，则家道多保得几年，望弟督率纪泽及诸侄切实行之。

富圫木器不全，请弟为我买木器，约值三百金为率。但求坚实，不尚雕镂，漆水却须略好，乃可经久。屋宇不尚华美，却须多种竹柏，多留菜园，即占去田亩，亦自无妨。

吾自六月十五日济宁起行，廿五至宿迁，奇热不复可耐，登岸在庙住九日，今日始开船行至桃源，计由洪泽湖沿淮至周家口，当在八月初矣。身体平安，惟目光益蒙，怕热益甚，盖老人之常态也。余详日记中。

顺问近好，沅弟均此。七月初六日。

【译文】

澄弟左右：

六月初六日彭芳回来并送来家信一封，想必已经发到。很长时间没有收到沅弟的来信，仅有五月底寄了一封，提及哥老会一事，才大概了解近况。我家乡无其他担忧，只是有很多遣散回乡的士兵，担心他们会因为无聊而惹事，不只是哥老会一事而已。而且粮食酒肉等物品样样都昂贵，比徐州、济宁等地方高出几倍，家家都难以度日，也尤其值得担忧。

我的想法是我兄弟处在当今的时代，有这样显赫的声望，总是以钱少产薄为好。一来平时避免被人觊觎，动荡时避免被人抢夺；二来子弟稍微看到窘迫时的情形，也就不至于一味地奢侈浪费了。

纪泽母子八月就可以回到湖南，一切都请弟细心照料。"早扫考宝，书蔬鱼猪"八个字，是我家历代相传的规矩。从嘉庆末年至道光十九年，我见到祖父星冈公每天生活有规律，而且从不改变。他从不相信医药地仙、和尚、巫师、祷祝等事，这些都是弟亲自所见的。我们这一代能守住一分，那么家道就能多维持几年，但愿弟督促并带领纪泽儿及各位侄儿们确实实施。

富圫木器还是不完备，烦请弟帮我购买些木器，价钱大概在三百两银子左右。只要牢固、坚实，不要精雕细刻，油漆却要稍好一些，这样才能够长期使用。房屋不追求奢华壮丽，但却要多种竹子、柏树，多留菜园子，即便占去了田地也无所谓。

我于六月十五日从济宁出发，二十五日到达宿迁。天气闷热让人不耐烦，于是就上岸在庙里小住了九天，今天开始行船去桃源。估计从洪泽湖沿淮河逆流而上抵达周家口，应当也在八月初了。我身体安康，只是目光一天比一天昏暗，而且更加怕热，可能是老人的常态。其他的详细地写在日记中。

顺问近好，沅弟也在此问候，七月初六日。

【点评】

对于湖南的哥老会和散勇生活无着落而发生叛乱，曾氏在信中显现出了担虑之情，由此而想到了家族中的种种情况。曾氏希望家中不要因为他兄弟俩名声显赫而到处奢华，免得被人觊觎和抢掠，曾氏向来是崇尚节俭的，这番话也体现了出来。

身为大官的曾氏，能在动乱时代正确地引导家中子弟为人处世，实属大家的风范。

同治五年七月十六日与九弟国荃书

1866年8月25日

沅弟左右：

七月九日连接弟六月初一、四、六三日信，并五月廿八日抄件，具悉一切。此时计折弁已归，如何揭晓，殊深悬系。

兄以七夕至清江，初十渡洪泽湖，十六日至临淮。十五酉刻在临淮之下十里遇大暴风，危险之至，幸免于难。今年大水，自济宁至临淮千三百里，民无栖息之所，业已伤心惨目，而又值非常之酷热，受非常之大惊，殊觉行役功苦，老境不能堪此。惟闻刘松山、张诗日等在上蔡、郾城一带剿张总愚一股屡获大胜，差堪一慰，尚未接禀，不知其详。

春霆迭奉严旨诘催，弟须嘱其迅人豫境，不可再缓。渠制车二千辆之多，不知做法何如，恐未必适于用。

闻捻逆用长矛者，进身极矮，湘淮洋枪均失之高而不中，此次刘、张系以劈山炮取胜，近亦习跪装洋枪，请弟告之鲍、郭、彭、熊也。

英、法因天主教事即日进兵高丽，此即与中华寻衅之由，实为可虑。

兄身体尚好，惟出汗太多，目光愈蒙，老境日逼。惟望弟与澄弟讲求前信养生之五务，目臻康胜耳。

顺问近好。七月十六日。

王瑞征写日记，十二三四等日船尚未赶到，故此次迟四日，日记则写半月矣。

【译文】

沅弟左右：

七月九日接连收到弟六月初一日、初四日、初六日寄出的信，还有五月二十八日的抄件，详知一切。此时送奏折的专差也应该返回了，事情到底怎么样，我非常惦念。

为兄于七月七日抵达清江，十日渡过洪泽湖，十六日抵达临淮，十五日酉时在临淮下游十里的地方遭遇一场大风暴，十分危险，幸亏逃脱了灾难。今年发生特大洪水，自济宁至临淮一千三百里的广大区域，百姓无处安身，景象十分悲惨，让人不忍心看。又遭遇不同寻常的酷暑，受到不同寻常的惊吓，感到旅途非常劳累辛苦，年岁大了，经不起这些。只有得知刘松山、张诗日等部在上蔡、郾城一带剿杀张总愚一部，屡次获得大胜，才稍微感到欣慰，此时还没有收到禀报，不清楚详细状况，春霆已接连接到谕旨，严厉地催促责问老弟要嘱咐他立刻进入河南境内，不能再耽误拖延。他制造的车辆达两千之多，不知他用怎样的制造方法，我担心未必适合应用。据有关情况了解，捻军使用长矛的部队，进攻时身姿都很矮，湘、淮两军的洋枪都因失误在高而不能击中。此次刘、张是以劈山炮取胜的，近日来也在练习跪装洋枪，请老弟把这些情况转告给鲍、郭、彭、熊。英、法等国由于天主教的事这些天出兵高丽，这是向我中华挑衅生事的开端，确实让人担忧。为兄身体还算好，不过就是出汗太多，视力模糊不清，已经临近老年境况了。只希望老弟和澄弟遵循前次信中所说的养生五条，让身体越来越好。顺问近好。

王瑞征抄日记，由于十二、十三、十四这几日船尚未赶到，因此迟了四天，日记则只抄了半个月。

【点评】

水灾和酷暑，使广大百姓生活景象十分惨淡，也让年老的曾氏更加忧心，还好军事上的几次大胜使得他得到一丝安慰。摸索战胜捻军的作战经验，曾氏总结出应以劈山炮和跪装洋枪取胜，并希望老九把此经验告知各部将领，以并战胜捻军。

此时的曾氏已经有一些“老年境况”了，但是他的心始终牵系着国家和人民，实在值得钦佩。

同治五年七月廿四日与九弟国荃书

1866 年 9 月 2 日

沅弟左右：

十六日寄去一缄到否？余在临淮，本不欲久住，定二十四日成行，已咨明弟处矣。乃廿一以后病体日深，殊觉支持不住，余力守不药之戒，竟不能坚持到底。廿三夜服张敬堂所开桂枝汤，外感之寒已觉轻松，而所受之暑湿未能清理，腹疼作胀，屡思大便，而登厕辄不爽快。现定廿六日起行，不知届时能勉强登舟否。今年出汗太多，身体遽瘦。自问精力大减，断不能久当大任。到周口后与弟谋一会晤，共筹引退之法，但不以鲁莽出之耳。

弟处五月廿八日一案分晓如何？殊切悬系。

顺问近好。七月廿四日，临淮。

【译文】

沅弟左右：

我于十六日寄去的信，不知收到没有。原本我不想在临淮久住的，本定于二十四日出发，这已用咨文告知弟，但是自二十一日以后，病情越来越重，到二十二日夜晚感觉支持不住了，一直以来我都极力坚守不轻易吃药的戒条，居然不能坚持到底，二十三日夜晚服用张敬堂所开的桂枝汤，外感风寒已觉得轻松些，但是积久的暑湿之气还没能清理，腹痛发胀，老是想大便，但一上厕所又感到不痛快。现定于二十六日出发，不清楚到时候能否勉强上船。今年出汗太多，身体比以前瘦了，我感觉自己精力大为衰退，绝不能长期担任重任。抵达周口以后想和老弟会晤一次，共同商议引退的办法，但是也不能鲁莽行事。

老弟那五月二十八日一案的结果怎么样？十分挂念。顺问近好。

【点评】

曾氏在信中谈到了自己近些天来的身体状况，病痛很多，令他十分难受，就连一直坚持的、不轻易服药的戒条也不管用了，由此看来曾氏确实已经步入“老年”了。他也深知自己的情况，有辞职的念头了。并希望与老九会晤商议引退之法。看来，进出官海，实属不易，想要全身而退，必须做全方位的考虑。

同治五年八月初十日与四弟国潢书

1866 年 9 月 18 日

澄弟左右：

八月初六日接弟六月十八山枣一缄，初九日沅弟寄到弟七月十九与沅之函，具悉一切。

哥老会之事，余意不必曲为搜求。左师疏称要拿沈海沧，兄未见其原折，便中抄寄一阅。提、镇、副将，官阶已大，苟非有叛逆之实迹、实据，似不必轻言正法。如王清泉系克复金陵有功之人，在湖北散营，欠饷有数成未发。既打金陵，则欠饷不清，不能全归咎于湖北，余亦与有过焉。因欠饷不清，则军装不能全缴，自是意中之事。即实缺提、镇之最可信为心腹者，如萧孚泗、朱南桂、唐义训、熊登武等，若有意搜求，其家亦未必全无军装，亦难保别人不诬之为哥老会首。余意凡保至一、二、三品武职，总须以体貌待之，以诚意感之。如有犯事到官，弟在家常常缓颊而保全之。即明知其哥老会，唤至密室，恳切劝谕，令其自悔，而贷其一死。

惟柔可以制刚狠之气，惟诚可以化顽梗之民。以即吾一家而论，兄与沅弟带兵，皆以杀人为业，以自强为本；弟在家，当以生人为心，以柔弱为用，庶相反而适以相成也。孝风为人，余亦深知，在外阅历多年，求完善者实鲜。

余外病全去，尚未复元。初九抵周家口，此间或可久住。余详日记中，顺问近好。

【译文】

澄弟左右：

八月初六日收到弟十八日从山枣寄来的信，初九日沅弟寄来你七月十九日写给他的信，所有情况都已经知道了。

有关哥老会的事，我的建议是不必刻意去搜求。左宗棠上奏说要捉捕沈海沧，我没看到他的原折，假如弟方便的话抄寄我看一下。提督、总兵、副将，官阶已经很高，假如不是有叛逆的事实和真凭实据，好像不能轻易说什么正法。例如王清泉，是克复金陵的有功之人，在湖北被遣散，欠他的饷银还有一部分没发。既然攻打金陵，那么拖欠的饷银没有结算清，那就不能全部归罪于湖北，我这边也有过失。由于拖欠的饷银没能结清，那么军事装备就不能全部上缴，理应就是意料之中的事。即便是现任提督、总兵中最可信赖、当作心腹的人，如萧孚泗、朱南桂、唐义训、熊登武等人，假如有意搜查，他们家中也未必没有军事装备，也难以确保别人不会诬赖他们是哥老会头领。我的建议是但凡保举至一、二、三品的武职官员，总要对他们以礼相待，用诚心去感动他们。假如有人犯了事，闹到官府，弟在家的时候也常代人说情而保全他们。即便是明知加入哥老会的，把他叫到密室，并恳切地劝导，让他悔过自新而饶他一命。

只有柔能够制伏刚狠之气，只有诚能够教化顽固梗塞之民。就拿我们家来说，我同沅弟带兵在外，均以杀人为业，以自强为基本。老弟在家中，应当以教育人民为本心，以柔弱为作风，或许能够相反相成吧。孝凤的为人我也很清楚。在外闯荡多年，阅历很多，要想找到尽善尽美的人实在是不多。

我身上外部的疾病已经全好了，不过还没有恢复元气。初九日到达周家口，这里或许能够长久住下。其余的详细写在日记中。顺问近好。

【点评】

信中所提到的哥老会，盛行于四川民间，于咸丰末期开始在湘军内部蔓延开，其会徒倚仗团伙的力量自成一派，无视军纪，让军队首领们十分头疼，因此，左宗棠上书请求朝廷，捉拿结交哥老会的沈沧海。一时间，湖南刮起了一股清查哥老会之风。曾氏认为，这种轰轰烈烈的举动势必带来不好的影响，但圣旨无法违背，所以他只能劝自家兄弟在办事时，以柔和诚对之，他的这种做法比较得宜。此信体现了曾氏阅历丰富，经历众多磨炼而造就出了他圆熟的思想。

结合众多的历史经验，我们明白，要彻底清查某一事件或某一团伙，绝对不能大张旗鼓，应该宜宽宜柔，这样才能细水长流。

同治五年八月十二日与九弟国荃书

1866年9月20日

沅弟左右：

八月以内连接六月廿七日，七月初九、十四、十七、廿五，八月初二、三等日信。本日又接初五之信，询及帮办应否疏谢，余意似可不必具疏。近年如李世忠、陈国瑞等降将皆得帮办，刘典以臬司、吴棠以道员得之，本属极不足珍之目，本朝以来亦无此等名目。若具折，则不可辞，亦不可有微辞。疏忽则可，不平则不可也。余于弟之衔不署。弟于公牍似亦可不署，奏疏结衔则不可不书帮办字样，酌之。

荫云申来，并非依违为"顺斋"地步。原折系请作为访闻，谕旨昭示天下，断无称访闻者。我辈作折，须预为军机拟旨者设想。

申夫力求请假回籍，弟可设法成其本志。渠平日深服弟之功大，以为李、左苏浙之易，皆由悍贼全在金陵而占便宜；又深悉"顺斋"之恶，决不至与弟隔阂。特眼高手低，或与同事者难水乳耳。

贼志实在东而不在西，春霆仍应由汝宁进兵，不可再趋西路。

余病虽好，而用心辄汗，本日具片请假一月，抄寄弟阅。弟若得闲，或奏明来周家口看兄之病，亦近情理；贼势未定，则不可来耳。家眷还湘之迟早，听弟斟酌。鸿儿有病，当由聪明未开，志高而才不能赴之，故或令回湘，或来周口以扩胸襟，均可渐痊。顺问近好。

【译文】

沅弟左右：

八月里接连收到弟六月二十七日，七月九日、十四日、十七日、二十五日，八月初二日、初三日等日寄来的信，今日又收到初五日的来信，咨询担任帮办是否应该上奏谢恩，我觉得可以不必上疏，因为近些年来如李世忠、陈国瑞等投诚将领都获得了帮办之职，刘典和吴棠分别以按察使和道员得到帮办，原来属于极不值得珍视的衔名，自本朝以来也从未有过这样的名目。假如奏折谢恩，就不能辞职，还不能有隐晦的批评。假如出于疏忽还行，若是出于不平，那就不行了。我署弟名衔时不写"帮办"两字，弟的公函上也似乎不要署上。但是奏疏结衔时则一定要写上"帮办"字样，请弟认真考虑。

荫云申来此，并不是要反复为"顺斋"预作地步。原奏中说的是请作访闻，天下已经公布谕旨，绝没有访闻之说。我们写奏折也要事先为军机处拟旨的人员着想。

申夫力求请假回原籍，弟可以设法成全他的心愿。他平日里非常佩服弟的功劳显赫，并且认为李少荃、左季高在江苏、浙江办事较为容易，都是由于凶悍的贼匪全都在金陵而占了便宜。他又十分了解顺斋的劣迹，绝不至于和老弟发生隔阂，但是他眼高手低，可能和同事们难以融洽相处。

捻军实际的目的在东面而不是在西面。春霆还是应当从汝宁进军，不要再向西路奔进。

尽管我的病好了，但是一用心就出汗。今天写一奏折，请一个月假，现抄录寄给弟一阅。如果弟有空，或可奏明圣上来周家口看望为兄的病情，这也是合乎情理的，假如捻军情况不明了，就不能到这来。家眷回湘时间的早晚，听凭老弟安排。鸿儿有病，应当是因为智力没有开，心高气傲而才能又跟不上。因此或者让他回湘乡，或者让他来周家口，以让他的胸襟怀抱开阔，身体都是能够慢慢痊愈的。顺问近好。

【点评】

对于官位名衔，曾氏看得很清楚，对于"帮办"这样的头衔，他认为就不值得保举了。信末曾氏提到了近日来自己的身体状况，外病虽然好了，但内体还是很虚，他希望老九有空闲时来看视他，兄弟间的亲情或许对曾氏的内病有所帮助。对于家眷的关心，曾氏始终不忘，步入老年的曾氏对国事、家事、同僚、家丁等还那么的操心，真是尽职尽责。

同治五年九月初六日与四弟国潢书

1866年10月14日

澄弟左右：

八月廿八接弟七月卅日信，具悉一切。旋闻弟于八月初一、初四得生二孙，而兄亦于初十日得生一孙，祖宗之泽，家庭之幸。兄年来衰态日增，他无所图，专盼家中添丁，闻此喜慰无量。昔星冈公于四十七岁得见五孙、二男、三女。今弟四十七岁，亦系三男、三女，将来弟之福泽，可继星冈公而起，贺贺。

此间军事，自贼于八月十六窜过沙河之防复犯山东，二十七八尚在运河西岸未能抢渡，如运河防守坚固，不久又将回窜皖豫。

富圫承弟修整完好，谢谢。木器三百金，弟之语气似乎不要，兄即不另寄矣。

六月十五与沅弟信，问与各绅曾否见面通信，非谓皆好朋友也，不过为鄂中露面之人而已。譬如官长沙者，曾否会见南坡、荫云，官衡州者，问曾否会见题五、春浦，岂即为举贤而始问乎？余身体将次复元，惟衰年不能用心，不愿再肩艰巨，急切不得脱卸之法。云仙已归，霞、厚亦先后告病开缺，殊为可羡。季高有陕甘之行，则较我尤难，渠精力过人，或足了之。家中妇女渐多，外则讲究种蔬，内则讲究晒小菜、腌菜之类，乃是兴家气象，请弟倡之。顺贺大喜。

【译文】

澄弟左右：

八月二十八日收到弟于七月三十日寄出的信，已经得知一切。前不久听说弟在八月初一日、初四日喜得两个孙子，而为兄的也在初十日喜得一孙。这是祖宗的惠泽、家族的幸事。这八年来为兄衰老的神态一天比一天多，其他没有什么期盼的，就希望家中增添人口，所以听到此事就相当的高兴欣慰。昔日星冈公在47岁时得见了第五位孙子，两男二女。如今弟也四十七岁，也是三男三女。未来弟的福气，能够继星冈公之后而起来，可喜可贺。

最近的军情，自从捻军于八月十六日窜过沙河的防守再次侵犯山东，二十七八日还流窜在运河西岸，没能抢渡，假如运河防守牢固，过不了多长时期，又要回头窜往安徽、河南。

富托房屋承蒙弟修缮完好，谢谢。购买木器花去了三百两银子，听弟的语气好像不要了，为兄的也就不另外再寄来了。六月十五给沅弟去信，问他同各位绅士有没有见面、通信，并不仅指那些好朋友，不过是在湖北抛头露面的人罢了。如同在长沙做官的，问他们曾经有没有见过南坡、荫云，在衡州做官的，问他们曾经有没有见过题五、春浦？难不成是为了保举贤人才问的吗？

我的身体将要恢复元气了，只是渐渐衰老而不能用心思，也不愿意再担当重任。让我焦虑的是没有解脱的方法。云仙已经回到家中，霞仙、厚庵也前后告病辞职，实在令人羡慕。左季高还肩负去陡甘的任务，所以比我还更加艰难。他精力超乎常人，或许可以成事。咱们家中妇女慢慢增多，在外则应讲求种植蔬菜等，在内则应讲究晾晒小菜、腌菜一类，这才是家庭兴旺的景象，请兄弟要倡导实行。顺贺大喜。

【点评】

曾氏家族人丁不多，如今其弟喜得二孙，他也增得一孙，确实是让他欣慰的事。虽然曾氏在很多事情上看得透彻，但是身处封建社会，不免会受到一些封建礼制的影响，信中透露出曾氏有"重男轻女"的思想，对于家中的妇女，曾氏希望她们做好"分内"事，以成兴旺之景象。

几千年的封建思想影响着广大群众，新时期的我们应该用科学的眼光来看问题，"重男轻女"、"男主外，女主内"的思想应当改变。

同治五年九月十二日与九弟国荃书

1866年10月20日

沅弟左右：

九月初六接弟八月廿七八日信，初十日接初五樊城所发之信，具悉一切。"顺斋"一事业已奏出，但望内召不甚着迹，换替者不甚掣肘，即为至幸。

弟谓命运作主，余素所深信；谓自强者每胜一筹，则余不甚深信。凡国之强，必须多得贤臣工；家之强，必须多出贤子弟；此亦关乎天命，不尽由于人谋。至一身之强，则不外乎北宫黝、孟施舍、曾子三种。孟子之集义而慊，即曾子之自反而缩也，惟曾、孟与孔子告仲由之强，略为可久可常。此外斗智斗力之强，则有因强而大兴，亦有因强而大败。古来如李斯、曹操、董卓、杨素，其智力皆横绝一世，而其祸败亦异寻常。近世如陆、何、肃、陈，亦皆予知自雄。而俱不保其终。故吾辈在自修处求强则可，在胜人处求强则不可。"福益外家"若专在胜人处求强，其能强到底与否尚未可知，即使终身强横安稳，亦君子所不屑道电也。

贼匪此次东窜，东军小胜二次，大胜一次，刘、潘大胜一次，小胜数次，似已大受惩创，不似上半年之猖獗。但求不窜陕洛，即窜鄂境，或可收夹击之效。余定于明日请续假一月，十月请开各缺，仍留军营，刻一术戳，会办中路剿匪事宜而已。余详日记中，顺问近好。

【译文】

沅弟左右：

九月初六日收到你八月二十七、二十八日寄出的信，初十日收到你初五日在樊城寄出的信，全部情况都知道了。有关顺斋的事已经上奏圣上，但愿大内召问能够不露痕迹。接任者不是很牵制，那就十分庆幸了。

你说是命运主宰着人生，我素来就很相信；但说自强的人总是会胜过一筹，我却不怎么相信。旦凡国家的强盛，必须要有很多贤良的臣子；家庭的兴旧，必须要多出贤良的子弟。这也和天命有联系，并不完全靠人的筹划。至于一个人本身的强与弱，则不外乎有北宫黝、孟施舍、曾子这三种类型。孟子集仁义于一身而还不满足，即曾子的反躬自问，制约自己的意思。只有曾子、孟子和孔子告仲由的强，稍微能算作是能够长久的强。除此之外，有关斗智斗力的强，有的是由于强而更强，有的是由于强而大败。从古至今，像李斯、曹操、董卓、杨素等，他们的智力都是世人无可比拟的，而最终的战败与否却不同寻常。近代的人像陆、何、肃、陈也都自认为自己的谋略是很杰出的，这样都不能保有善终。因此我们在自我修养上可以求强，但在胜过他人的地方上求强是不可取的。假如特意在胜过他人的地方求得自己的强，则自己是否能强到底也还不清楚。即便终生因强横安稳，也是君子所不屑提及的。

子路像。子路是孔子的弟子，字仲由

贼匪这次往东流窜，山东的军队取得两次小胜，一次大胜；刘、潘获得一次大胜，几次小胜，贼军好像已受到重创，不如上半年那样猖獗。但我希望贼匪不要流窜到陕西、商洛一带，即使是逃窜到湖北境内，也许还能收到夹击的效果。我定于明天向朝廷奏请续假一个月，然后于十月请求免去各项职位，不过仍旧留在军营中，刻制一个木戳，同他们一起办理中路剿匪事宜罢了。其他的事情详细记在日记中。顺问近好。

【点评】

信中提到曾老九"自强者每胜一筹"的观点，可以看出眼下的老九已经不是处处都听从兄长的小青年了，现在的他，只要决定做的事，没有人能阻止得了。针对老九的这一观点，曾氏用几个例子，来表达了自己不同的看法。前面说到曾氏遵从孔孟之道，那当然他也是服孔、孟、曾子的自强模式，即强大自己本身，增强自身内在的力量，那么别人就不会来欺负你，这样，你才能算作是真正的强者。他借此来告诉老九并不是圣贤所认可的真正强者。

曾氏的这种自强理论，在大局上是有重要的指导作用的，例如要是一个国家的综合实力达到了一定的地步，整个国家自然就强大了，不用去"欺负"其他的国家来获得"强国"的称号。对于个人提高自身能力和素质，也是同样的道理。

同治五年十月初六日与四弟国潢书

1866年11月12日

澄弟左右：

九月八日接八月初九信，廿六日接八月廿二日信，十月初一日接九月初五之信，具悉一切。弟之两孙，元五、元六，派名广文、广敷，余孙元七拟取派名广钧，既无偏旁合为一律，惟广字下一字用十一真、十二文之韵，声调较为清亮。

科三侄以直隶州知州用，系克复金陵后第二次恩旨。季洪弟赠内阁学士，亦系确有其事，即日当查出付回，尽可不花部费。

蔡贞斋投营，无好差使可派。若其果来，不过如邹至堂、沈蔼亭之数，赠银百金，附案保奖，在我已屡竭力周旋，而在渠仍无大益。或渠不来，余便寄百金遥周故旧，不知可否？弟一酌之。

服药之事，余阅历极久，不特标病服表剂最易错误，利害参半，即本病服参茸等味亦鲜实效。如胡文忠公、李勇毅公（希庵）以参茸燕菜作家常酒饭，亦终无所补救。余现在调养之法，饭必精凿，蔬菜以肉汤煮之，鸡鸭鱼羊豕炖得极烂，又多办酱菜腌菜之属，以为天下之至味大补，莫过于此。《孟子》及《礼记》所载养老之法、事亲之道皆不出乎此，岂古之圣贤皆愚，必如后世之好服参燕菜鱼翅海参而后为智耶？

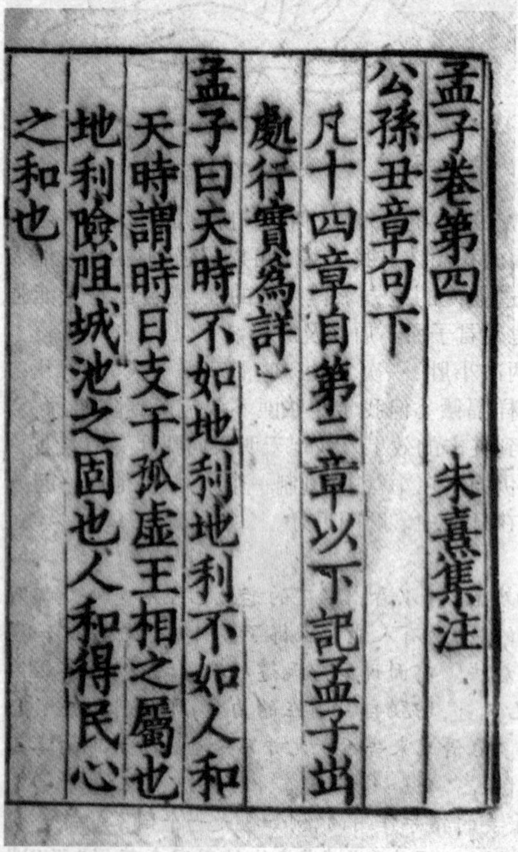
孟子卷第四　朱熹集注
公孫丑章句下
凡十四章自第二章以下記孟子出處行實爲詳
孟子曰天時不如地利地利不如人和
天時謂時日支干孤虛王相之屬也
地利險阻城池之固也人和得民心之和也

《孟子》书影

星冈公之家法，后世当守者极多，而其不信巫医、地仙，吾兄弟尤当竭力守之。兄近日身体平安。军事总无起色，西股已过洛阳，东股在山东，无术制之，实深焦灼。余详日记中。顺问近好。十月初六日。

【译文】

澄弟左右：

九月初八日收到八月初九日的来信，二十六日收到八月二十二日的来信，十月初一日收到九月初五日的来信，一切情况都知道了。

老弟的两个孙子元五、元六分别排名广文、广敷，为兄的孙子元七准备排名为广钧，就没有偏旁让他们的名字一致了。仅是广字下面的一个字用十一真、十二文韵部的字，声调相对清亮些。

科三侄儿被任命为直隶州的知州，

这是克复金陵之后的第二次恩旨了。季洪弟获赠内阁学士,也确有此事,这几天内当查出抄件寄回,完全可以不用部里费用。

蔡贞斋想要投奔大营,没有什么好差使能够派给他。假如他一定要来,不过就像邹至堂、沈蔼亭这些人一样,赠送一百两银子,附在寨中保举恩奖,就我来说,已经是尽力周旋,而对他来说仍旧没有大的帮助。假如他不来。我就寄回百两银子,周济一下远方亲戚朋友,不知这样可不可以?请老弟认真考虑一下。

对于服药,我的阅历很多。不只是体表有病服用治标的药剂最容易出错,属好坏各半,就是根本性的疾病,服用人参、鹿茸之类的名贵药材也没有什么效果。就如胡林翼、李希庵,将参茸燕菜当成家常便饭一样天天吃,也终究不能补救身体。目前我的调养方法是,米饭要精细,蔬菜要用肉汤煮,鸡鸭鱼羊猪肉炖得要很烂,又多置办些酱菜腌菜这类东西。我觉得这是全天下最好的饮食,有关补养身体的方法,没有比这个更好的了。《孟子》以及《礼纪》中所记载的养老之法,侍奉亲人的方式都是像这样。难道说古代圣贤都是愚蠢的,一定要像后世子孙那样喜爱服食人参、鹿茸、燕窝、鱼翅、海参等才称得上是明智吗?星冈公的治家之道,后人遵守的应该有许多,而他的不信巫师、医生、地仙、和尚这一条,我兄弟俩尤其应当竭力遵循。

近日来我身体安康。军事总无起色,捻军西路已经窜过洛阳,东路还停留在山东,没有方式制止它,确实很焦灼。其余的详细记在日记里。顺问近好。十月初六日。

【点评】

对于养身之道,曾氏很有研究,他一直坚持不要轻易服药。不一定名贵的药材都是好的,他的调理之道是"饭必精凿,蔬菜以肉汤煮之",等等,实际上就是用食物来进补,说明了服药不如食疗的道理。

曾氏的养生之道,还是很富科学性的。

同治五年十月廿三日与九弟国荃书

1866 年 11 月 29 日

沅弟左右:

十二日接初五日长信,言春霆事,十八日接李鼎荣带回之信,廿一日接十七夜之信,具悉一切。十六日交便勇带来之信与澄弟信则尚未到。

此间子密接方子颖信,言"光一外家"已暂出军机,明白回奏两次,初次认系程仪千金,二次认系充炮船之赏,从来无明白回奏而可两次互歧者,或亦神魂扰乱之故。余初闻弟折已发,焦灼弥月。直至十月朔日得见密稿,始行放心。所言皆系正人应说之事,无论输赢,皆有足以自立之道,此后惟安坐听之而已。

吾腰疼旬余,今将痊愈。开缺辞爵之件,本拟三请四请,不允不休。昨奉十四日严旨诘责,愈无所庸其徘徊。大约一连数疏,辞婉而意坚,得请乃已,获祸亦所不顾。

春霆奉旨入秦,霞仙亦催之甚速,然米粮子药运送万难,且恐士卒滋事溃变,已批令毋庸赴秦,又函令不必奏事。除批咨达外,兹将函稿抄阅。

鸿儿十五日到此,一切平安。左公进京,当添多少谤言。日者言明年运蹇,端已见矣。顺问近好。

【译文】

沅弟左右：

十二日接到弟初五日的一封长信，提到有关春霆的事情，十八日收到李鼎荣带回的信，二十一日收到十七日夜晚的来信，所有情况都知道了。十六日交给士兵带来的信和澄弟的信还没有收到。

在此期间子密收到方子颖的信，说我家光一已经暂时离开军机处，明白回奏两次，第一次承认是出发前赠银千两，第二次则承认是充作炮船的赏银。但是从来没有明白回奏能够两次有出入的，或许也是神魂颠倒的缘故。我刚听闻老弟奏折已经发出，焦虑了大概一个月，直到十月初一日看到密折稿件，这才放下心来。折稿上所谈及的都是正人君子应该说的事，不管是输是赢，均有足以自立的道理，在此以后只有安坐听天由命了。

我的腰疼了将近十多天，如今已经快好了。辞职、辞爵位的奏折函件，原本准备三次请求、四次请求的，获不得批准就不停止。昨天收到十四谕旨，严厉责备，我就更加没有必要徘徊了。前后一连几道奏折，用词婉转而意志坚定，得到准许才肯罢休。所以获罪也顾及不了那么多了。

春霆遵照谕旨，奔赴陕西，霞仙也催得很急。但是粮食、弹药运送起来非常困难，也担心士兵惹是生非，溃逃兵变，我已经批示命令他不必赶赴陕西，又写信让他不必上折奏事。除了批件用咨文发送之外，现把信稿抄给弟一阅。

鸿儿于十五日到这儿，一切都安好，左季高进京，要增添多少诋毁之言。占卜者预言明年命运困苦不顺，预兆已经显露出来了。顺问近好。

【点评】

信中表现出近日来曾氏在各方面的不顺。曾氏奉旨北上同捻军作战，已经一年半，其间他军事围剿同清乡查圩并行，但是效果却非常小，再加上为老九参劾官文的事，本身多病的他更加衰弱，感到力不从心了。所以他决定自请开缺辞爵，多少保留些面子。半月之后，曾氏又接到让他回江督本任、李鸿章继任为钦差大臣的上谕，他再次上疏请求开缺，但朝廷予以拒绝，曾氏也只能遵从了。

由此看来身处宦海中，很多事情都是被逼无奈，所要面对的压力也是很大，此时的曾氏，已经开始遭到朝廷上下的责骂了。

同治五年十月廿六日与九弟国荃书

1866 年 12 月 2 日

沅弟左右：

日内未接弟信，想在熊营驻扎，一切平安。何镜芝有与子密信，言弟名望甚好，鄂人倚为长城。

吾十三日请开各缺疏片，奉批旨调理一月，进京陛见一次。余定于正月初间起行。本日有寄少泉一函，寄纪泽一谕，抄付弟阅。

此间幕客有言不必进京，宜请一省墓假回籍。余意余与筠仙、义渠，情事迥不相同。古称郭子仪功高望重，招之未尝不来，麾之未尝不去，余之所处亦不能不如此。准开各缺而以散员留营，余之本愿也。或较此略好，较此略坏，均无不可，但秦晋齐豫直隶苏皖责成一身，即不能胜此重任，此外听命而已。顺问近好。

【译文】

沅弟左右：

这一段时间没有收到弟的来信，想必弟这时在熊营驻扎，一切都安好。何镜芝给钱子密的信中，说弟声誉很好，湖北人倚重你就像倚重长城。

我于十三日请求辞去各项职务的奏折，已经接奉谕旨，调理休养一个月后，进京去陛见一次。我已决定在正月初动身。今日寄给少泉一封信，寄给纪泽一谕，都抄给老弟一阅。

这里幕僚有人说不用进京，应当请假扫墓，回到原籍。我觉得我同筠仙、义渠的情况完全不一样。古人称赞郭子仪功绩高、声望大，皇上招见他他没有不来的，让他离开他没有不走的，我处世也一定要像这样做。但求辞去各项职务，而以闲散人员的身份留在营中，这是我最初的想法。要么比这稍好一些，要么稍差一些，都可以。只是系陕西、山西、山东、河南、直隶、江苏、安徽各省的责任于一身，此般重任可担当不起。除此以外，只能听天由命了。顺问近好。

唐代名将郭子仪像，出自明·天然撰《历代古人像赞》。郭子仪在平定安史之乱中屡立战功，功绩高，声望大，但对朝廷始终保持恭谨谦逊。

【点评】

曾氏请求辞去各项职务的奏折已经得到了批示，允许他休养一个月后进京陛见。曾氏深知自己年老体迈，办事大不如前，如今还没有引退的万全之策。现在他若是能辞去各项职务，并且以闲散人员之身份留在营中，再慢慢引退，也不失为一个好办法。但是，忧国忧民的曾氏还牵系着许多重任，成功引退还得多需些时日。

身处宦海中，真是有许多身不由己的时候，无论是古代还是现代，都是如此。

同治五年十一月初二日与九弟国荃书

公元 1866 年 12 月 8 日

沅弟左右：

廿六日接廿一信，三十日接廿五日信，初一日又接廿六日专差之信，并承送湖绵被及腊肉、小菜多件，谢谢。老年怕冷异常，顷已制青狐嗉袍及阿龙袋、猞猁马褂，又托人办湖绵小袄并裤，不独怕冷为向来所未有也。

入京陛见之谕，定于腊杪正初起程，本日附片复奏。前寄信命纪泽来营随侍进京，近思住京不过半月上下，何必唤渠远来，明日当寄信止之，即带鸿儿一行。二月回豫，即可令鸿儿回湘。

《古文四象》目录抄付查收。所谓四象者：识度即太阴之属，气势即太阳之属，情韵少阴之属，趣味少阳之属。其中所选之文，颇失之过于高古。弟若依此四门而另选稍低者、平日所嗜者抄读之，必有进益。但趣味一门，除我所抄者外，难再多选耳。

七月二日星变既有此占，吾辈当儆省，何可乘机劾人？弟平日居心似不如此，此次或失言耳。“明年上半年见机而作”，此亦错计，今春甫出，岂可倏起倏灭？左帅虽横行一世，尚未弹劾如官、胡之贵显者；然此次西行不辞艰险，亦以平日苛责他人，畏人之议其后耳。弟作此石破天惊之事，而能安居乡井乎？宜早息此念，敬慎图之。顺问近好。

【译文】

沅弟左右：

二十六日收到二十一日的来信，三十日收到二十五日的来信，初一又收到二十六日派专人送来的信，并承蒙老弟寄来湖棉被、腊肉、小菜等物，多谢了。年老以后特别怕冷，没多久就已经置办了狐嗉袍、阿龙袋、猞狮马褂，又托人购置湖绵小袄和裤子，这样怕冷，也是未曾有过的事。

皇上让我入京陛见的谕旨，今天已用附片回复圣上，并定于腊月底、正月初出发。上次写信让纪泽来大营，随同我进京去，近日来我又想到在京城不过仅住半月左右的时间，何必让他这么老远赶来？明天我就寄信阻止，我就带鸿儿走一趟，二月回到河南后，就可以让鸿儿回家乡了。

《古文四象》的目录抄好寄给你，请查收。所谓四象：即识度属太阴，气势属太阳，情韵属少阴，趣味属少阳。其中所选的文章，失之于太过高深古典。弟弟能按照这四象所蕴含的道理而另外挑选一些程度稍低的，平日所喜好的去抄它读它，必有长进。不过趣味这一门，除了我所抄的，也很难再多选其他的了。

据说七月初二有星相之变化，既然有这个预言，我们就应该自我反省，自我警戒，怎么能趁此之机弹劾别人呢？老弟平时心里好像并非如此，此次可能是失言吧。“明年上半年见机而作”，这也是一个错误的计策。今年春天弟才出山，难道要忽起忽灭吗？左季高尽管横行一时，也还未曾弹劾诸如官、胡这样显达的人。不过我这一次西行，不辞艰险，也是由于平时苛刻地指责别人，害怕别人在背地里批评我啊。老弟作出这般石破天惊的事情，还能够在家乡安居吗？趁早取消这个念头，谦恭谨慎地去做事。顺问近好。

【点评】

信中提到曾老九给曾氏寄来了棉被、食品等物，可见弟对兄长的关心还是无微不至的。有关《古文四象》的道理，曾氏研究的还是很深，并希望老九也选择喜欢的来抄读，提升自己。久经宦海的曾氏，对于如何在官场上“打拼”也是阅历很深，所以信末他劝止老九不要弹劾官文，以免滋生事端。曾氏对老九，真是苦口婆心。

同治五年十一月初七日与九弟国荃书

公元 1866 年 12 月 13 日

沅弟左右：

初四日接廿八日信，初五日又接卅夜信，具悉一切。二十日之寄谕令余人覲者，初二日之复奏，均于初三日交专差带去，想已收到。

顷又得初一日寄谕，令回江督本任。余奏明病体不能用心阅文，不能见客多说，既不堪为星使，又岂可为江督？即日当具疏恭辞。

余回任之说，系小泉(少荃)疏中微露其意，兹将渠折片并来信抄寄弟，余回信亦抄阅。弟信云“宠荣利禄利害计较甚深”，良为确论。然天下滔滔，当今疆吏中不信倚此等人，更有何人可信可倚？吾近年专以至诚待之，此次亦必以江督让之。

余仍请以散员留营，或先开星使、江督二缺，而暂留协办治军亦可。乞归林泉亦非易易，弟住家年余，值次山、筱泉皆系至好，故得优游如意。若地方大吏小有隔阂，则步步皆成荆棘。住京养病，尤易招怨丛谤。余反复筹思，仍以散员留为营中下之策，此外皆下下也。

军机处，清代官署名，亦称“军机房”、“总理处”，是清朝中后期的中枢权力机关。图为军机处内景

弟开罪于军机，凡有廷寄，皆不写寄弟处，概由官相转咨，亦殊可诧。圣意于弟，则未见有薄处。弟惟诚心竭力做去。吾尝言，“天道忌巧，天道忌盈，天道忌贰”。若甫在响用之际，而遽萌前却之见，是贰也。即与他人交际，亦须略省己之不是。弟向来不肯认半个错，望力改之。

顺问近好。

【译文】

沅弟左右：

初四日收到老弟二十八日寄来的信，初五日又收到弟三十日夜间写的信，所有情况都知道了。三十日寄出的谕旨，令我入京陛见；初二日我的回奏，都在初三日交由专差带去，想必应该已经收到了。

刚又收到初一日的寄谕，命我回江督本任。我上奏朝廷自己如今体弱多病，不能用心批阅文章，也不能见客多说话，既然都不能担任钦差大臣，又怎么能做两江总督呢？当日我就写奏章推辞。

让我回任之意，是在小泉(少荃)的奏疏中稍略表达了一些。现把他的折片和来信抄寄给老弟，我的回信也一同抄去供弟一阅。老弟信中说宠辱荣誉名利官禄，利益损害都算计得很深，这确实是实在的言论。不过普天之下，当今封疆大吏之中，不信任倚赖这样的人，还能有什么人能够信赖、能够依靠呢？近些年来我特意用非常真诚的心来对待他，那这次也必定让他担任两江总督。

我仍然请求自己以闲散人员的身份留在军营中，或者先辞去钦差大臣、两江总督两职，而暂且保留协办军务也可以，要请求归隐林泉也不是件容易的事。弟在家中赋闲一切都还顺意。假如与地主大官有点隔阂，那每一步周围都会布满荆棘。住在京城养病，特别容易招惹毁谤。我反复思量筹划，仍然是以闲散人员身份留在军营为中下之计，除此以外都是下下之策。

弟把军机处得罪了，朝中凡是有廷寄，都不寄往弟那里，一律由官递相把公文转送到弟那里，也很是让人奇怪。皇上对贤弟也没见有减薄之处，贤弟只管诚心竭力去做。我曾经说过：“天道忌恨伪诈，天道忌恨自满，天道忌恨不专一。”如同以前正要任用你的时候，立刻又萌发退后的想法一样，这就是“贰”了。同他人来往时，也一定要反省自己不足的地方。弟素来不愿认半个“错”字，但愿以后用力将它改正。顺问近好。

【点评】

这封信中，兄弟俩对李鸿章进行了议论，从信中的内容可以看出曾氏对他亲手选定的这个人在品德上非常不满意，但是，李鸿章确实很能干，天下没几个能与他相比，所以，曾氏即使无可奈何，也只能信倚李了。

信中曾氏总不忘劝导老九，此信中的“天道忌巧，天道忌盈，天道忌贰”，很有寓意，这些都是针对老九的脾性说的，曾氏仍旧希望老九稍改自己倔犟的毛病。在今天看来，巧、盈、贰在与人交往时都应该避免，好耍小聪明、八面玲珑等属巧之列；心高气傲、无视他人等属盈之列；不真诚坦荡，左瞻右顾等，属贰之列，这些道理都值得我们每个人重视，值得捉摸。

同治五年十一月十二日与九弟国荃书

1866 年 12 月 18 日

沅弟左右：

初六日接回江督任之谕，初七日寄函与弟，到否？任、赖南窜，据报已至信南、罗山，未知果否入鄂？

兄标病腰痛等症渐已痊愈，惟不能多语，舌端蹇涩之症未好，恐遂成痼疾矣。

春霆不能入秦，余以函咨劝之强之。果使霆军援秦，湘军防晋，则西路张股亦不足为大患。任、赖一股，得诸淮军与鄂军夹击，或易得手。

余拟于十五后具疏，复陈不能回任，请令少荃署江督，兼握钦篆。余以散员留营，仿咸丰八九年之例，刻一木质关防，照旧办事。数月之后，或另放江督，或另简星使，再听朝廷定夺。目下但求降旨，言曾病不克回任，李仍兼署而已。余视江督一缺，实难称职，前数年幸未泼汤，此际何必再作冯妇？留军而不握大符，或者责望稍轻，疑谤稍减，是好下场也。

二竹在省，弟惟专心治军，一切置若罔闻为妥。余详日记中，顺问近好。

兄国藩手草。

【译文】

沅弟左右：

初六日收到令我回去担任两江总督的谕旨，初七日就给弟寄去一信，不知有没有收到？任、赖等部捻军朝南流窜，根据信报已到了信阳、罗山，不知是否进入湖北了。我腰疼之类的疾病已渐渐痊愈，只是不能过多讲话，舌尖不灵便的症状还没有好，或许从此就变成积久难治的疾病了。

春霆不能进入陕西，我已去信和咨文劝止他，强令他。假如让春霆军援助陕西，湘军在山西防守，那么捻军西路张宗属部也就不足为大患。捻军任柱、赖文光部遭受各部淮军与湖北军的夹击，或许容易成功。

我准备在十五日之后上奏，再度阐明不能回任两江总督的缘由，请求令李少荃来署理两江总督，兼掌管钦差大臣印。我则以闲散人员身份留在军中，依照咸丰八、九年的先例，刻一个木质的官印，依旧处理事务。数月以后，要么另外任命两江总督，要么另外选择钦差大臣，听由朝廷安排。当前只希望求得朝廷能下旨，说曾因病不能回任两江总督，李少荃仍旧兼署理总督事就行。我觉得做两江总督确实难以称职,幸亏前几年没有闹到覆水难收的程度,如今又何必冒充勇士呢?留在军内而不掌控大权,或许责任能稍有所减轻,猜忌毁谤也会有所削减,这也就是好结局了。

二竹在省城,弟只管专心治理军中事务,其他所有情况就像不知道一样,这样则最为妥当。其余详细写在日记中。顺问近好。

兄国藩手草。

【点评】

信中曾氏建议用淮军和鄂军夹击捻军的方法,或许有效果。对于军事方面,曾氏一直很关心,但是如今年老体迈,已经力不从心了,朝廷让他回任两江总督,他也将要婉言谢绝,并推荐李鸿章来担任此职。曾经性格刚烈的曾氏,此时也不愿充当勇士了,兄希望以闲散人员留在军中,也同样可以办理些事务。此举也是为他逐渐引退铺好路子,曾氏的心思甚为缜密。

同治五年十二月初六日与四弟国潢书

公元 1867 年 1 月 11 日

澄弟左右:

十一月廿三日芳四来,接弟长信并墓志,廿六日接弟十一日在富圫发信,具悉一切。余于十月廿五日接入觐之旨,次日写信召纪泽来营,厥后又有三次信止其勿来,不知均接到否?

自十一月初六接奉回江督任之旨,十七日已具疏恭辞;廿八日又奉旨令回本任,初三日又具疏恳辞;如再不获命,尚当再四疏辞。但受恩深重,不敢遽求回籍,留营调理而已。余从此不复作官。同乡京官,今冬炭敬犹须照常馈送。昨令李翥汉回湘送罗家二百金,李家二百银,刘家百金,昔年曾共患难者也。

前致弟处千金,为数极少,自有两江总督以来,无待胞弟如此之薄者。然处兹乱世,钱愈多则患愈大,兄家与弟家总不宜多存现银现钱。每年足数一年之用,便是天下之大富,人间之大福。家中要得兴旺,全靠出贤子弟,若子弟不贤不才,虽多积银积钱积谷积产积衣积书,总是枉然。

子弟之贤否,六分本于天生,四分由于家教。吾家代代皆有世德明训,惟星冈公之教尤应谨守牢记,吾近将星冈公之家规,编成八句,云:

书蔬鱼猪,考早扫实;常说常行,八者都好;

地命医理,僧巫祈祷,留客久住,六者俱恼。

盖星冈公于地、命、医、僧、巫五项人进门便恼,即亲友远客久住亦恼。此八好六恼者,我家世世守之,永为家训,子孙虽愚,亦必略有范围也。

写至此,又接弟十一月廿三日信并纪泽信矣。余详日记中,顺问近好。

【译文】

澄弟左右:

芳四于十一月二十三日到这,收到弟的长信和墓志铭,二十六日收到弟十一日在富圫寄出的信,所有情况都知道了。

十月二十五日,我接到入京陛见的谕旨,次日并写信招纪泽来军营,随后又有三次去

清代描金彩漆折枝花圆盒

信,阻止他来,不知有没有全收到?自从十一月初六收到回任两江总督原职的圣旨,已于十七日写好奏疏恭敬地谢绝;二十八日又接奉谕旨,令我回任原职。初三我又写奏疏恳切谢绝。假如再得不到准许,我还要接着上奏请辞。不过因深受皇恩浩荡,不敢立刻请求回家乡,只能留在大营内调养身体,现把初三折稿送去供弟一阅。我从今往后不再做官。凡是同乡(已回乡)的京官,今年冬天敬送的木炭还要照旧赠送。昨天派李翥汉回湖南,送给罗家二百金,李家二百金,刘家百金,他们全都是以前曾经共患难的人。

前次寄给弟处的一千两,数量不多,从有两江总督一职以来,还没有对自己的胞弟像这样薄的。不过处于当前这个乱世中钱越多则灾祸越大,我兄弟俩的家中不应该多存现钱。现钱只要足够支付每年的全家开支,那么便是天下的大富,世间的大福了。要让家族兴盛,全凭出贤能的子弟。假如子弟们既无贤德也无才能,即便多存银存钱,积存谷物产业、衣物书籍,都是白费一场。子弟与否贤德,六分由天生,四分靠家教。我家世代都有先人留传下的功德与训诫,只有星冈公的教诲特别应该遵循和谨记。这些天我把星冈公的家规编写成八句话,即:"书蔬鱼猪,考早扫宝;常说常行,八者都好;地命医理,僧巫祈祷,留客久住,六者俱恼。"星冈公对地、命、医、僧、巫这五类人进门就恼怒,即便是亲朋好友、远方客人在家久住,他也会恼怒。这八好六恼,我家应世代遵从,永远把它作为家训。子孙后代即便愚昧,也会有一定限度。

写到这,又收到弟弟十一月二十三日的来信和纪泽的一封信。这些我详细地写在日记里。顺问近好。

【点评】

从信中得知,曾氏这次是第四次上书辞职,朝廷给予的答复是不要再固执己见,奉旨克期回任,勿许再有固请。前三次的请辞中,曾氏都是以病痛为由,朝廷也一连三次地予以挽留,君臣之间的这种交道,在封建社会里并不多见。此时的曾氏,已经是55岁的老头子,很多事情都力不从心,面临着各方面指责的压力,不过他看准朝廷还是得用他这只"狗",借朝廷的屡次挽留,多少也为自己赢得了些许颜面。

曾氏在官《一些继承权丝》中打拼这么多年,早已把世事政治摸得透彻了,他自己的理想,也由原来的倔犟刚烈,加入了一些"柔弱"的因素,成为他的为人处世之道。

同治五年十二月十二日与九弟国荃书

1867年1月17日

沅弟左右：

初六日接初二、初三日两次来信，初九日接初四、初六之信，十二日又接初七、初八及初九夜之信，具悉一切。

郭子美皂吊挫后，又有臼口之挫，殊为忧灼。人皆言捻子善避兵，只怕打不着。余则谓不怕打不着，只怕打不胜。即鲍、刘等与之相遇，胜负亦在不可知之数。如鲍、刘不败，群捻幸出鄂境，弟当将各军大加整顿，无以曾克安庆、金陵，遂信麾下多统将之才。杏岳亦非可当一面者，祈慎使之。即与鲍、刘、周、张等通信，亦勿以灭贼劝之，姑以不败期之。百战之寇，屡衰屡盛，即仅存数十人尚是巨患，况数万乎？

光一外家轻轻议处，虽有后患，然弟不大羸，究不大犯众怒；渠虽巧于出脱，究为人所窃笑。少泉劝我密疏保全顺斋，不知鄂火正旺，弟用芒硝大黄且攻之不下，吾岂可更进参茸乎？人心日伪，大乱方长，五兄弟惟勤劳谦谨以邀神佑，选将练兵以济时艰而已。湖北水师诸将中，与弟颇相联络否？恐其放贼渡汉渡江，不可不防。年终密考暂不必办，新年另专一差亦无不可。余同治二年二月十五始在金陵拜发，弟所见也。伟勇号之案，亦俟腊底查出送去。

顺问近好，余详日记中。

【译文】

沅弟左右：

六日收到初二日、初三日的两次来信，九日收到初四日、初六日的来信，十二日又收到初七日、初八日还有九日晚上的来信，所有情况都知道了。

继皂吊受挫后，郭子美又在臼口受挫，非常让人担忧焦虑。别人都说捻匪擅长躲避兵锋，恐怕打不到。我则觉得不怕打不到，只怕打不胜。即便是鲍、刘等军同捻匪交战，战败也是没法知晓的。如果鲍、刘没被打败，侥幸地把捻匪驱逐到湖北境外，弟应该将各军大肆加以整顿，不要由于以前克复安庆、金陵，就相信部属有很多统率诸将的人才。杏岳也不是可以独当一面的，希望对他要谨慎使用。就是同鲍、刘、周、张等人写信，也不要总劝他们消灭敌人，期盼他们不打败仗。身经百战的敌寇，多次衰落又多次强大，即便只保留了几十人也都是巨大的隐患，更何况有几万人呢？

光一外家受到轻微的处罚，即便有后患，不过弟反而大赢，终究不会冒犯众怒。尽管他巧手逃脱，终究是被人嘲笑。少荃劝谏我秘密上奏保全顺斋，却不明白邪火正值旺盛，弟使用芒硝大黄就能让他好转，难道我更要用人参鹿茸吗？人心一天比一天虚伪，大的动乱还很久，我兄弟俩只有勤劳、谦恭、谨慎以求得神灵的护佑，挑选将领，训练士兵，以便度过时势的艰难。湖北水师的诸位将领与弟经常联络吗？或许他们会放过捻军，而让他们渡过汉水长江，一定要有所防备。年终的密考暂且不必办理，新年另派一专差来也还是可以的。我于同治二年二月十五日才从金陵发出，这是老弟亲眼目睹。有关伟勇号一案，也要等到腊月底查明后才送去。顺问近好。其余的详细写在日记中。

【点评】

前面提到刑部尚书绵森和工部侍郎谭廷襄奉命来武昌调查曾老九参劾官文一事，一段时期后返京回奏太后说官文的几大罪状都查无实据。很明显,两位钦差是为官文蓄意开脱。虽然表面上老九和官文打了个平手,但却埋下了隐患,朝廷对养病期间的老九不闻不问,正是另一种方式的报复。

信中曾氏提到李鸿章来信劝他密保官文,被曾氏拒绝了,曾氏兄弟都对李的过于乖巧深为不满,“人心日伪”正是对这些人的指责。曾氏觉得官文、绵森、谭廷襄和李鸿章都是一班虚伪的官僚,只要他们掌权,乱局就不会停止。

同治五年十二月十八日与九弟国荃书

公元 1867 年 1 月 23 日

沅弟左右:

十四、十五六日接弟初十日函、十二日酉刻及四更二函。贼已回窜东路,淮、霆各军,将近五万,幼泉万人尚不在内,不能与之一为交手,呵恨之至。岂天心果不欲灭此贼耶?抑吾辈办贼之法实有未善耶?

目下深虑黄州失守,不知府县尚可靠否?略有防兵否?山东、河南州县,一味闭城坚守,乡间亦闭塞坚守,贼无火药,素不善攻,从无失守城池之事,不知湖北能开此风气否?鄂中水师不善用命,能多方激劝,扼住江汉二水,不使偷渡否?少泉言捻逆断不南渡,余谓任逆以马为命,自不肯离淮南北,赖逆则未尝不窥伺大江以南。屡接弟调度公牍,从未议及水师,以后务祈留意。

奉初九、十三等日寄谕,有严行申饬及云梦县等三令不准草革留之旨,弟之忧灼,想尤甚于初十前。然困心横虑,正是磨炼英雄,玉汝于成。李申夫尝谓余怄气从不说出,一味忍耐,徐图自强,因引谚曰:“好汉打脱牙,和血吞。”此二语是余生平咬牙立志之诀,不料被申夫看破。余庚戌、辛亥间为京师权贵所唾骂,癸丑、甲寅为长沙所唾骂,乙卯、丙辰为江西所唾骂,以及岳州之败,靖港之败,湖口之败,盖打脱牙之时多矣,无一次不和血吞之。弟此次郭军之败,三县之失,亦颇有打脱门牙之象。来信每怪运气不好,便不似好汉声口。惟有一字不说,咬定牙根,徐图自强而已。

子美倘难整顿,恐须催南云来鄂。鄂中向有之水陆,则格格不入者,须设法笼络之,不可灰心懒漫,遽萌退志也。

余奉命克期回任,拟奏明新正赴津,替出少泉来豫,仍请另简江督。顺问近好。

【译文】

沅弟左右:

十四、十五、十六日三天先后收到弟弟初十日来信,十二日两刻和四更两封信。敌人已经折回窜向东路,淮军、霆军各军差不多十五万人,幼泉部的万人还没有包括在内,但不能同捻军交一交锋,非常可恨啊!难道是天不愿剿灭这股敌军吗?还是我们对付敌军的方式还有不完善之处?

眼前我非常担忧黄州失守,不清楚府城及各县还可靠吗?有部队防御吗?山东、河南州县一味闭城坚守,乡村也同样如此,敌人没有火药,向来不善于进攻,从未有丢失城池的事。不知道湖北是不是会开(丢失城池)此先例?湖北水师不擅长用兵作战,能否多方设法以激励和规劝他们,扼守住长江和汉水,不让敌人偷渡呢?少荃说捻军决不会向南渡江,我则觉得任柱以马为命,理应不愿离开淮河南北,赖文光则何尝不打江南的主意。几次收到你调动部队的公文,从来没有提到水师,今后请老弟一定要留意。

收到初九、十三等日的寄谕,有严词申饬及云梦等三县寸草不留的旨意。你的焦灼忧虑,想必比初十以前更加厉害。不过心力困顿,忧心忡忡,正是磨炼英雄,让你有所建树的时候。李申夫曾经说我怄气之事从不说出口,一味地忍耐,慢慢地图谋自强之道,所以引用谚语说"好汉打掉牙和血吞"。这两句话是我平时咬紧牙关,立下宏志的秘诀,想不到被申夫看穿,我在庚戌、辛亥年间遭京城权贵所唾骂;癸丑、甲寅年间又被长沙人唾骂;丁卯、丙辰年间还被江西人唾骂;还有兵败岳阳、靖江、湖口,打掉牙的时候多着呢,每次都是和血吞。此次你和郭军的战败,三个县的失守,也很有打脱门牙的迹象。你的来信常常怪运气不好,这便不像是好汉所说的话。只有一个字都不说,咬紧牙关,慢慢谋求自强才行。

假如子美难于整顿,恐怕必须催南云到湖北来。之前湖北的水师陆军,有格格不入、与我有隔阂的,必须要设法拉拢它,不能心灰意懒,马上产生引退的念头。我奉命限期内回任两江总督,准备奏明皇上让我在新年前往天津,替出少泉来河南,仍然恳请朝廷另派人来担任两江总督。顺问近好。

【点评】

此时的曾老九,面临着屡战屡败的局面和朝廷一而再声色俱厉地训斥,心里很不是滋味。特别是他与官文之间的纠葛,让他处于下风,老九没有办法,只能硬撑下去。作为兄长的曾氏在此信中道出了他平生成功的最大秘诀来点拨和安慰老九,该秘诀就是"好汉打脱牙和血吞"。此谚语的意思就是即使是失败了,也不在别人面前示弱,把仇恨埋在心里,自身努力奋发,下次再来较量。曾氏认为,真正的强者,应该是"一字不说,咬定牙根,徐图自强。"

在现实生活中,人们往往在胜利到来时才看到谁是强者,但是强者并不是什么事都强,也必定有遭遇挫折和失意的时候,曾氏所提到的"好汗打脱牙和血吞"能给立志奋斗的人以激励和点拨。

同治五年十二月二十日与九弟国荃书

1867 年 1 月 25 日

沅弟左右:

廿日接弟十三日酉刻、十四戌刻两信,知慎、严等营有在沙港被围之说,焦灼之至。此间接春霆初十日信,渠初十日住平林岩,因闻贼已遁去,又拟于十一日拔回枣阳,是弟处所探贼情固不确,霆处所探尤不确也。

捻匪忽来忽往,瞬息百里,探报最难的确。余于不确之信,向不转行各处,反不如听各统领自探自主,自进自止,尤为活着。

陕西之贼猖獗日甚,余派刘松山自洛阳入关援秦,顷拨渠复禀。定于十六日拔行赴秦。黄万友所带老湘四营,请弟催令赴洛一同援秦。以后即令霆军在鄂、豫一带专剿任赖一股。

郭松林之败,不知失去洋枪洋药若干?捻匪向少火器,将来亦恐其日多矣。闻绵星使已将北还,岂鄂案已结耶,何其速也。鄂豫驿递全靠不住,弟若有要信与鲍、刘,总以专送为妥。顺问近好。十二月二十日。

正封函间,又接十六日酉刻及夜间两信,知十一日熊军获胜,大慰大慰,不知彭军同战否？至该匪惯于避兵，不肯浪战，偶战又极精悍，余三月已奏明矣。各军仅截尾子打边马，并未拦头大战，余亦知之。无良将挽回风气，奈何！

【译文】

沅弟左右：

二十日收到弟十三日酉刻、十四日戌刻写的两封信。得知了慎、严等军营在沙港被围困的消息，非常焦虑忧灼。这期间还收到春霆初十日的来信。他初十日住于平林岩，由于听闻敌人已经逃跑，又计划在十一日移师返回枣阳，弟那里打探到的敌人军情固然不准确，春霆那里所打探到的更加不准确。

捻匪时来时去，转眼之间就能到百里之外，打探来的情报最难准确。我对不能确信的消息，从来不通知其他各地，倒不如让各部的统帅自己打探、自己做主，自己安排行动，更为灵便灵活。

陕西的敌人越来越猖獗，我调派刘松山从洛阳入关支援陕西。才收到他的禀报，决定于十六日开赴陕西。黄万友所率领的老湘军的四个营，请弟调派他们奔赴洛阳，一同援助陕西。今后就让霆军在湖北、河南一带专门剿伐任、赖一股敌军。

郭松林战败，不知丧失了多少洋枪、弹药？捻匪向来缺少火器，以后也可能会一天天增多。据说绵钦差已经返回京城了，难不成湖北的案子已经了结了？怎么会如此迅速？湖北、湖南的驿站送信都靠不住，若是弟有重要的信函给鲍、刘，总是还要用专人派送为好。顺问近好。

正要封信时，又收到十六日酉时及夜里的两封信，得知十一日熊军获胜，非常高兴。不知彭军是否在一道作战，至于这伙贼匪，习惯于躲避兵锋，不愿轻易出战，偶尔打一次仗又极为精悍，我已于三月里向皇上奏明了。各军只是截击敌人后尾，攻打边上的人马，并没有直接迎头大战，我也清楚。没有优秀的统帅来改变这种状况，又有什么办法呢？

【点评】

信中曾氏认为捻军来去不定，各路军情也都不准确，传来传去就更加离谱了。对于曾氏来说，他从来不把不确定的消息随意通知给各部将领，他觉得由各部自己去打探敌情更为灵活些。

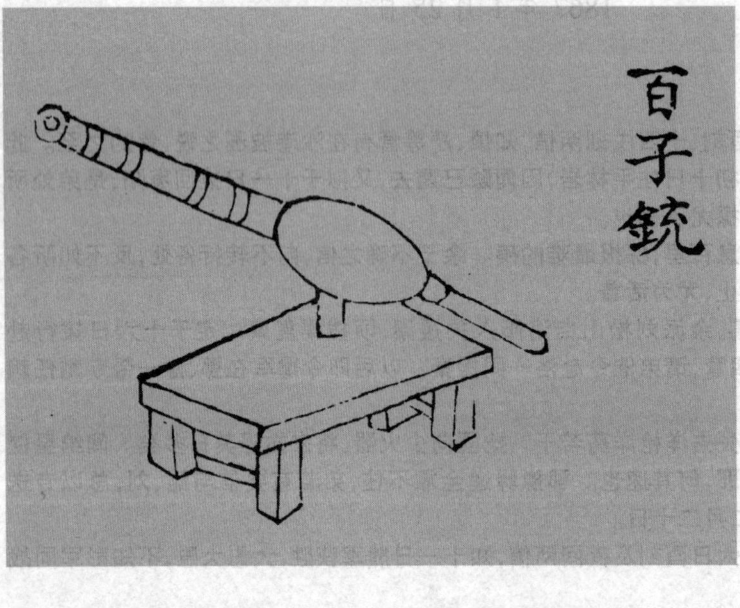

百子铳图。百子铳是一种作战使用的火器，具有很大的杀伤力。图出自《防守集成》

信息在传播的过程中,或多或少会失去它原有的意思,越多的人转达它,失真的可能性就越大,就如曾氏所说的,要想知道真实的情况、信息,还是需要自己去求证,不能道听途说。

同治五年十二月廿二日与九弟国荃书

公元1867年1月27日

沅弟左右:

廿日接弟十三四及十六日两信,比即复信,想可先到。日来贼窜何处?由孝感而东南,则黄陂、新洲及黄州各属处处可虑。

此贼故智,有时疾驰狂奔,日行百余里,连数日不少停歇;有时盘于百余里之内,如蚁旋磨,忽左忽右,贼中相传秘诀曰:"多打几个圈,官兵之追者自疲矣。"僧王曹县之败,系贼以打圈之法疲之也。

吾观捻之长技约有四端:一曰步贼长竿,于枪子如雨之中冒烟冲进;二曰马贼周围包裹,速而且匀;三曰善战而不轻试其锋,必待官兵找他,他不先找官兵,得粤匪初起之诀;四曰行走剽疾,时而数日千里,时而旋磨打圈。

捻之短处,亦有三端:一曰全无火器,不善攻坚,只要官吏能守城池,乡民能守堡寨,贼即无粮可掳;二曰夜不扎营,散住村庄,若得善偷营者乘夜劫之,协从者最易逃溃;三曰辎重妇女骡驴极多,若善战者与之相持,而别出奇兵袭其辎重,必受大创。此吾所阅历而得之者。弟素有知兵之名,此次军事甚不得手,名望必为减损。仍当在选将练兵切实用功,一以维持大局,扫净中原之氛;一以挽回令名,间执谗慝之口。

吾复奏折,昨日拜发,新正赴徐,暂接督篆,三月必切实恳辞。辛苦半生,不肯于老年博一取巧之名,被人窃笑也。

余详日记中,顺问近好。

【译文】

沅弟左右:

二十日收到弟十三日、十四日还有十六日寄来的两封信,马上同时回了信,想必可以早些寄到。

现在敌人逃到哪了?从孝感逃往东南,那么黄陂、新洲以及黄州各处都让人担忧焦虑。这股敌军用的还是老办法,有时疯狂奔驰,一天前行一百里左右,接连几天不作停留;有时在方圆百多里范围里盘旋,就像蚂蚁转磨,时左时右。敌军中相互流传的秘诀是:"多转几个圈圈,那么追赶我们的官军自然就疲乏了。"僧格林沁在曹县的战败,就是敌人使用绕圈子的办法让他的军队疲劳而致。

通过我的观察,捻匪擅长的技巧有四种:一是百名步兵都手持长枪,在枪林弹雨中冒着硝烟往前冲;二是骑兵进行包围时迅速而且均匀;三是擅长战斗而不草率出击,必会等到官兵找他打仗,而他们不会先找官兵,他们学到了广东贼匪最初的作战方法;四是行军急速,有时几天就前进了一千里,有时好像推磨一样绕圈子。

不过捻匪的短处也有三处:一是全军没有火器,不擅长攻坚战,只要士兵能驻守住城池,村民能守住堡寨,那么敌匪就没有粮食可抢掠;二是夜间不扎营,在村庄散住,假如有擅长偷袭敌营的人乘夜晚去强攻,随从者就很容易逃溃;三是有很多辎重、妇女、骡驴,假

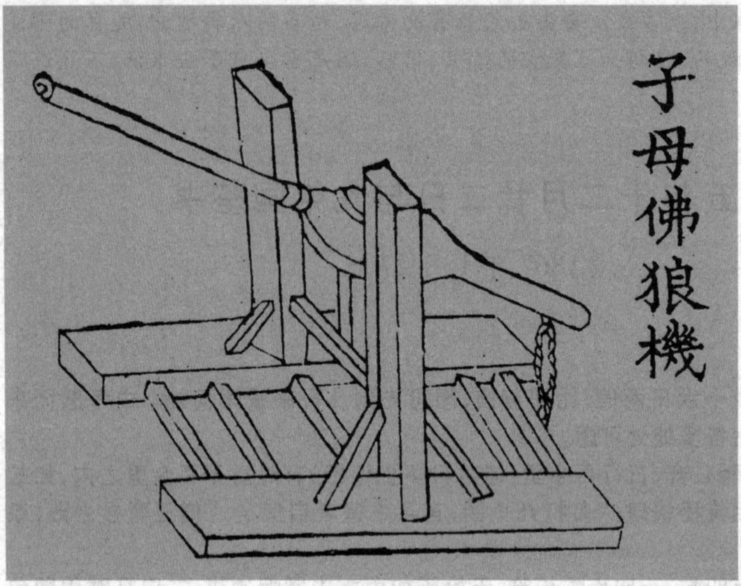

子母佛狼机，用于杀敌的器械，可发射火药。图出自古代兵书《防守集成》

如擅长作战的同捻军相持，又另出奇兵袭击他们的辎重，必定大受创伤。这是我数年来阅历战事而得到的结论。弟向来有擅长兵事的声望，但这次在湖北，军事上总是不顺手，声望一定会受损，仍旧要在选择将帅培训士兵上努力扎实地下工夫。一来以维持大局，扫除中原的敌匪；二来挽回声望，把说闲话之人的嘴巴堵住。

我后来写的奏折已在昨天发出。新年正月赶赴徐州，暂时接管总督大印，三月时必定真实恳切地请求辞去官职。辛苦了大半辈子，不想在老的时候博一个取巧的名声，被人背地里嘲笑。其他的详细写在日记中，顺问近好。

【点评】

曾氏在信中详细分析了捻军作战时的四长三短，也阐明了几次战败的原因，以此来勉励曾老九全心练兵，以增强兵力，一则可以克敌制胜；二则可以挽回战况不力的声名。曾氏的这些所感所得，都是长年来他阅历战事而得出的，可谓是经验的传授，有这么一个兄长的教诲，老九以后打仗时就更加能得心应手了。

同治五年十二月廿七日与九弟国荃书

1867 年 2 月 1 日

沅弟左右：

廿七日巳刻接弟廿一夜信。知杏南及刘镇俱获两胜。旬日焦灼非常，闻此稍有生意。不知周、张、二刘，果又接仗否？

春霆一军，弟于十七日咨令赴秦，余于廿一日批令仍剿任、赖，并经奏明，不知渠行止若何？余调度最缓，盖因贼情难审之故，弟此后亦宜斟酌。

“伟勇巴图鲁”恩旨，记得确系十一年八月视十日，余报克复池州案内所得，乃偏寻未得此谕旨。其时弟尚在安庆，未赴巢县、无为一带，余将此旨行知弟处，不知弟可检查否？弟凡得好处，余俱有谢恩折，独此次未尝谢恩，不知当日何以疏忽过去？

弟前信索年终密考底稿，兹将同治二年二月十五在金陵河下所发元年之密考一折一清单付去，又将四年所发三年之密考一折一片付去。元年亦有考学政之片，三年亦有清单，兹不悉付。

弟于正月节前专差进京，可照样办一折一学政片一清单缮递，定例须亲笔自缮，余久未作楷，故未自缮，弟能自缮否？此问近好，兼贺年禧。

【译文】

沅弟左右：

二十七日巳时收到弟二十一日夜晚发出的信，得知杏南和刘总兵都打了两个胜仗，这十多天来都处于异常焦虑状态，得知此消息才稍微觉得有了一点生机。不知周、张、二刘真的又和捻军交锋了吗？

春霆一军，弟先在十七日发咨文令他奔赴陕西，我在二十二日的批示中命令该部仍旧进剿任、赖的部队，并已奏明圣上。不知道他行动得怎么样了？我的指挥最为缓慢，是由于敌情难以探明的原因，弟今后也要认真思量。

“伟勇巴图鲁”的谕旨，我记得的确是咸丰十一年八月初十日，我奏报克复池州一案内所获得的，居然查遍了也没有找到这份谕旨。那时弟仍在安庆，还未到巢县、无为一带，我把这份谕旨行文寄往弟那里，不知弟是否曾经检查过？弟但凡得到好处，我都会写谢恩折。只是这一次没有谢恩，不知当天怎么就给疏忽了？

弟之前来信索要年终密考的底稿。此次就把同治二年二月十五日在金陵河所发出的元年密考的奏折一道、清单一件随信付去，又把四年所发出的三年密考的奏折一道、附片一件也随信付去。元年还有考学政的附片，三年也有清单，现在暂不全部送去。

弟在正月之前派专人进京送奏折，可以同样办一道奏折、一件学政片、一件清单，眷写好后递送上去，定例必须要亲笔誊写。我已经很久没有写楷书，因此没有能自己誊写，弟能否自行誊写呢？此问近好，兼贺年禧。

【点评】

剿捻的任务是十分艰苦的，一直以来曾氏都为没能打胜仗而焦虑，信中他得知杏南、刘总兵获得两胜，可算是让他稍稍安心些。对于军事的安排，兄弟俩有不同的意见，曾氏希望老九依敌情而斟酌。曾氏对于实事的分析，给兄弟提的建议，都包含着他对国事、家事的深切关怀。

同治六年正月初二日与九弟国荃书

1867年2月6日

沅弟左右：

鄂署五福堂有回禄之灾，幸人口无恙，上房无恙，受惊已不小矣。其屋系板壁纸糊，本易招火。凡遇此等事，只可随打杂人役失火，固不可疑会匪之毒谋，尤不可怪仇家之奸细。若大惊小怪，胡思乱猜，生出多少枝叶，仇家转得传播以为快。惟有处之泰然，行所无事。申甫所谓“好汉打脱牙和血吞”，星冈公所谓“有福之人善退财”，真处逆境者之良法也。

弟求兄随时训示申儆，兄自问近年得力，惟有一悔字诀。兄昔年自负本领甚大，可屈可伸，可行可藏，又每见得人家不是。自从丁巳、戊午大悔大悟之后，乃知自己全无本领，凡事都见得人家有几分是处。故自戊午至今九载，与叫十岁以前迥不相同。大约以能立能，达为体，以不怨不尤为用。立者，发奋自强，站得住也；达者，办事圆融，行得通也。

吾九年以来，痛戒无恒之弊，看书写字，从未间断，选将练兵，亦常留心。此皆自强能立工夫。奏疏公牍，再三斟酌，无一过当之语，自夸之词。此皆圆融能达工夫。至于怨天本有所不敢，尤人则常不能免，亦皆随时强制而克去之。弟若欲自儆惕，似可学阿兄丁戊二年之悔，然后痛下箴砭，必有大进。

立达二字，吾于巳未年曾写于弟之手卷中，弟亦刻刘思自立自强，但于能达处尚欠体验，于不怨尤处尚难强制。吾信中言，皆随时指点，劝弟强制也。赵广汉本汉之贤臣，因星变而劾魏相，后乃身当其灾，可为殷鉴。默存一悔字，无事不可挽回也。

【译文】

沅弟左右：

湖北官署五福堂发生了火灾，幸亏没有人员伤亡，上房的人平安无恙，所受到的惊吓已不小了。那些房屋都是木板墙壁而且是用纸糊的，原本就容易引起火灾。但凡碰到这种事，只能说是打杂的差役们不小心失火，绝不能多疑是会匪的阴谋，更不能怪什么仇家的奸细。要是大惊小怪，胡乱猜想，滋生出许多事端，反倒会让仇家传播出去作为笑料。我们只有泰然处之，就像什么事都没发生那样才好。申甫曾说的“好汉打脱牙和血吞”，星冈公曾说的“有福之人善退财”，确实是应对逆境的好办法。

你请求我随时劝训警告。我自问近些年来只是得力于一个“悔”字诀。我早年的时候自认为本事很大，能屈能伸，能表露也能隐藏，又时常看到别人不对之处。自丁巳年、戊午年大悔大悟之后，才明白自己并没有什么本领，很多事情上也能发现别人做得好的地方。因此从戊午年到今九年的时间里，我同 40 岁以前大不一样，大体上是以能立能达为基本，以不怨不尤为应用。所谓立，就是奋发图强，站得住的含义；所谓达，就是做事圆融，行得通的含义。

我在这九年以来，痛下决心戒除没有恒心的弊病。看书写字，从没有间断过，选择将帅，训练官兵，也非常用心。这些都是在自强自立方面下的苦功。奏疏公文，反复地斟酌，没有一句不适宜的话，也没有一句自我夸耀的话。这些都是办事圆融练达方面的功夫。至于怨天原本是我所不敢为的，尤人却是时常难以避免，不过也都随时强制加以克服。假如你想自我警诫，应该可以学习为兄丁巳、戊午两年的悔悟，之后努力鞭策自我，今后必定会大有长进。

“立达”这两字，我曾在巳未年（咸丰九年）写于你的手卷中，你也应时刻想着自强自立，不过在能达方面还缺乏体验，在不怨天尤人方面还难以约束自己。我在信中都会随时指点，劝导你约束自己。赵广汉原本是汉朝的贤臣，因为星象变化而被弹劾魏相，后来就身受其害，能够用来作为历史借鉴。心中默默存有一个“悔”字，那就没有什么事情不能挽回了。

【点评】

继之前一封信中提到的“好汉打脱牙和血吞”的秘诀后，曾氏在此信中劝导老九时，又提出了悔字诀。事情源于老九的儿婢仆居后院起火一事，老九认定要么是公敌，要么是私怨而为。曾氏听说后，就劝老九不要那样去想，而是把责任者局限在自家内部，于是，曾氏向老九推出了他的一大人生诀窍，即“悔”字诀。此诀是曾氏在经历种种不顺后，从老庄的“柔弱胜刚强”中悟出的道理，其含义就是以不怨不尤之用，可成能立能达之体。“悔”字诀告诉我们，一个人身处逆境时，行“悔”字诀，便能削减与人的冲突，能更好地保护自己；身处顺境时行此诀，则更能赢得他人的敬服。老九在连遭挫败后，渐渐地开始接受了为兄的教诲。

同治六年正月初四日与四弟国潢书

公元 1867 年 2 月 8 日

澄弟左右：

军事愈办愈坏。郭松林十二月初六日大败，淮军在德安附近挫败，统领张树珊阵亡，此东股任、赖一股也。则西路张逆一股，十二月十八日，秦军在灞桥大败，几于全军覆没，捻匪凶悍如此，深可忧灼。

余廿一日奏明正初暂回徐州，仍接督篆，正月初三日接奉寄谕。现定于正月初六日自周家口起行，节前后可到徐州。身体尚好，但在徐治军，实不能兼顾总督地方事件，三月再恳切奏辞耳。

沅弟劾官相，星使亦已回京，而处分尚未见明文，胡公则已出军机矣。吾家位高名重，不宜作此发挥殆尽之事。米已成饭，木已成舟，只好听之而已。

余作书架样子，兹亦送回，家中可照样多做数十个，取其花钱不多，又结实，又精致，寒士之家，亦可勉做一二个。吾家现虽鼎盛，不可忘寒士家风味，子弟力戒傲惰，戒傲以不大声骂仆从为首，戒惰以不晏起为首。吾则不忘蒋市街卖菜篮情景，弟则不忘竹山坳拖碑车风景。昔日苦况，安知异日不再尝之？自知谨慎矣。

【译文】

澄弟左右：

近日来，军事情况越来越糟。郭松林军在十二月初六大败，淮军在德安一带也打了败仗，统帅张树珊则阵亡。这是东路任化邦、赖文光一股。其西路张逆（张宗禹）一部，于十二月十八日在灞桥击败了陕西的军队，陕西军队几乎全军覆没。敌军如此凶悍，确实是让人焦虑担忧。

我已于二十一日奏明皇上，正月初暂且回到徐州，仍旧接受总督一职。正月初三收到军机处寄出的谕旨。目前定于正月初六从周家口动身，元宵节前后就能抵达徐州。我身体还健康，只不过是在徐州指挥军队，确实难以兼顾料理地方事务，所以决定三月再次恳切向皇上请辞。

沅弟弹劾官相，皇上所派的使者已经返回了京师，而最终的处理决定还没有见到明确的公文；胡公已经被撤去军机处的职务了。我们家爵位高、名气大，不应做这样不留余地的事情。既然生米已煮成了熟饭，就只好任凭它去吧。

我画了个书架的图样，今也一道送回，家中也可以照这样多做几十个。这种书架主要是看重它花钱不多，既结实又精致，即便是穷困书生家，一两个也还是做得起。如今我们家尽管处于鼎盛时期，但是不能忘记穷困书生家庭特色，家里的子弟要竭力戒除傲气和惰性。戒除傲气，要从不大声斥责仆役开始，戒除惰性要从不晚起开始。我则不会忘蒋市街买菜篮时的情形，你则要谨记竹山拗拖碑车时的景象。当年的艰难困苦谁又能保证以后不会再次发生呢？自己应该懂得谨慎啊！

【点评】

信尾的“吾家现虽处鼎盛，不可忘寒士家风味”一句，很值得我们斟酌和学习。曾氏向来都认为自己是寒士出身，从来不忘当年赴京赶考和买书时亲戚的支持和帮助。如今他已经是高官爵位，但他还仍旧与四弟回忆起当年苦困的情景，他始终教导兄弟们一定不要忘本，不要因为现在富裕了而忘了当年的苦况；不要由于如今尊贵了而忘了当年曾有过的卑贱。

中国的传统思想中，一向主张“不忘本”、“不忘根”，曾氏的这一番议论，也更加让我们明白其中的深刻道理，常常记得过去的困苦，就能更加珍惜现在的富顺，“不忘本、不忘根”的人就能保持平和满足的心态，让人更加清醒。

同治六年正月初十日与九弟国荃书

公元1867年2月14日

沅弟左右：

得春霆信，贼去樊城仅六十里。余为雪所阻，今日在归德停住一日。批令霆军在河南西路六府专追任、赖一股，暂不赴秦，业已抄咨弟处。

盖以大局而论，任、赖纵横五省，不可无多军缀之。张逆仅在陕西三府一州之境，左、刘二军已足支持。以私计而论，春霆与左帅积不相能，恐其溃败决裂，又生金口之变；若留于南阳、汝、襄等处，豫西鄂北俱属有益。望弟将余苦心告知春霆，令其莫再奏事。余将来奏，定令渠军专办南、汝、襄、许四府州可也。

弟之奏稿及咨札稿，动称“剿减此股”，亦欠斟酌。余于奏咨函牍，但称“或可大加惩创”而已。余见弟与各处函牍，亦颇觉烦渎忙乱。以后调度文书以少为好。昔胡文忠亦失之太多，多则未有不纷乱者。“殄灭”等字，不可轻用也。

【译文】

沅弟左右：

收到春霆的来信，说敌人距离樊城仅有六十里。我被大雪所阻拦，今天在归德府停住一宿。下令春霆部在河南西路六府专门追剿任柱、赖文光一股，暂时不去陕西。我已经把公文抄送到你那了。

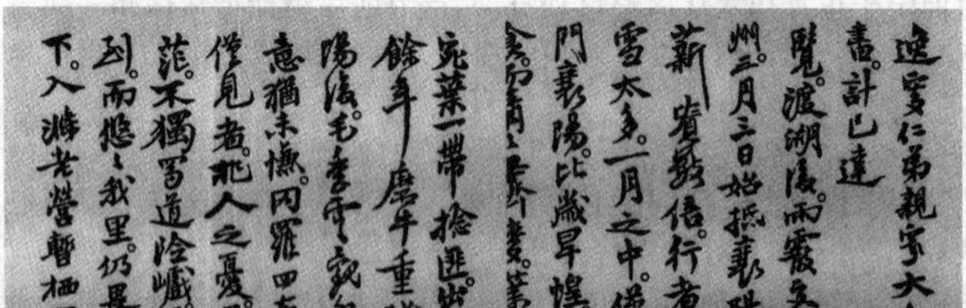

左宗棠手札

依大局而说，任、赖两部敌人纵横五个省，一定要多派军队跟踪追击。张宗禹只在陕西三府一州境内活动，左(宗棠)、刘两人足能同他们周旋。就我个人而言，春霆和左宗棠素来不和，担心他们一旦战败，关系就会破裂，又滋生出众口铄金的变故；假如把春霆留在南阳、汝阳、裳阳等地，那么对河南西部、湖北北部均有益处。希望你把我的一番苦心告诉春霆，让他不要再奏事。我以后奏请决定，确保他的部队专门在南阳、汝阳、襄阳、许州三府一州作战就可以了。

弟的奏稿及咨文信函，动不动就声称消灭这股敌军，也是欠缺斟酌的。我在奏文、咨文、信函中，只说也许能够给敌匪以沉重打击罢了。我看到你写给各地的信稿、公文，也感觉烦冗杂乱。今后调度文书以少为好。当年的胡文忠(胡林翼)也就是失之于文书太多。太多了就有很多纷乱的，歼灭等言辞，不能随便地使用。

【点评】

曾氏在信中总是会提到军事情况，此信中也不例外，信中谈到了各军力量和军需情况，他分析的要领对曾老九来说也是管理军事中一个很重要的信息。信末曾氏劝老九在折稿中不要随便使用“歼灭”等字样，这样太绝对化了，恐怕会使说话人出现难以下台的局面。

同治六年正月十二日与九弟国荃书

1867年2月16日

沅弟左右：

今日至虞城之太阳集，接弟两信并抄与春霆来往信，具悉一切。

余与少荃皆坐视贼太轻，以致日久无功，弟则视贼尤轻。老子云，两军相对，哀者胜矣。咸丰三年以前，粤匪为哀者；咸丰十年以后，官军为哀者。今捻匪屡胜，而其谨畏如故；官军屡败，其骄蹇如故。是哀者尚在捻也，可虑孰甚。

【译文】

沅弟左右：

今天抵达虞城的太阳集，收到弟的两封信和所抄来的你及春霆的来信，所有情况都知道了。

我和少荃都由于太轻敌，以至于长时间没有建立功勋，消灭敌军，弟则就更加轻敌。庄子曾说过，两军对对则哀者胜。咸丰三年以前，广东的敌匪是哀兵，咸丰十年之后，官军则是哀兵。如今捻军多次获胜，但仍旧还是像以前那样谨慎戒备，官军屡次战败，却还是同以前一样骄傲。由此可见哀兵仍是捻匪，着实让人担忧。

【点评】

曾氏认为由于自己和李鸿章都太轻敌，才导致长期没有建立功勋，但是曾老九却比他俩更加轻敌，这在军事作战中是一大忌。曾氏引用庄子的话“两军相对，哀者胜矣”来说明骄兵必败的道理，同时也告诉我们，做任何事情都不能过于骄傲自满，一定要虚心谨慎才能不断获得成功。

同治六年正月廿二日与九弟国荃书

公元 1867 年 2 月 26 日

沅弟左右：

日内有战事否？留霆军剿任、赖一股，昨已附片具奏，另咨弟案。嗣后奏事，宜请人细阅熟商，不可一意孤行，是非己人，为嘱。

弟克复两省，勋业断难磨灭，根基极为深固。但患不能达，不患不能立；但患不稳适，不患不峥嵘。此后总从风平浪静处安身，莫从掀天揭地处着想。吾亦不甘为庸者。近来阅历万变，一味向平实处用功，非委靡也，位太高，名太重，不如是，皆危道也。

【译文】

沅弟左右：

这些天来有没有战事？留春霆进剿任化邦、赖文光部敌军，昨天已把此事用附片奏明圣上，并另附了一件咨文给你。此后不管上奏什么事情，都要请人认真审阅、用心商议，切不可一意孤行，总是认为自己是对的，而别人是错的。

你克复了两个省，这项重大功绩绝不会被磨灭，你的地位也还是很牢固的。只害怕不通达，不担心不能立身扬名；只担心不稳当，不害怕不荣显。从今以后总要风平浪静地待人处世，不要总想着做什么惊天动地的大事。我也不是甘愿做平庸的人，近些年来我经历了很多变化，只是在追求平稳朴实方面下工夫。这并不是委靡不振，而是权位太高，名气太大，要是不像这样做的话，那都是危险的。

【点评】

经过曾氏的屡次点拨和劝说，再加上近些天来所遭受的一连串挫败打击，曾老九的思想境界有了较大的转变，迈进了一个较高的层次。不过，从信中可看出，老九对竞争心和自强的激情减退是否是后退了感到十分困惑。曾氏信奉“花未全开月未圆”的哲学，求缺而不求全，他对于已经功成名就的老九已经相当满意了，现在只希望他能安安稳稳地过日子，不必企盼一辈子都轰轰烈烈。

现在的一些人，越是成名还越是想着再干些惊世骇俗的大事，来企求“完美”，孰不知越是强求就越会适得其反，人无完人，有些缺陷才是美的，不一定一辈子都要惊天动地，或许，平平淡淡才是真。

同治六年正月廿六日与九弟国荃书

公元 1867 年 3 月 2 日

沅弟左右：

廿五日亲兵回，接正月初十日来信，具悉一切。

顷阅邸抄，官相处分极轻，公道全泯，亦殊可惧。惟以少师督楚，筱荃署之，又以韫斋先生抚湘，似均为安慰吾弟，不令掣肘起见。朝廷调停大臣，盖亦恐有党仇报复之事，弟不必因此而更怀郁郁也。

少荃宫保于吾兄弟之事极力扶助，难于弟劾“顺斋”不甚谓然，然但虑此后做官之不利，非谓做人之有损也。弟于渠兄弟务须推诚相待，同心协力，以求有济。淮军诸将在鄂中者，有信至少荃处，皆感弟相待之厚，刘克仁感之尤深。大约淮湘两军，曾李两家必须联为一气，然后贼匪可渐平，外侮不能侵。少荃此间斌力劝余即回江宁，久于其位。余以精力日衰，屡被参劾，官兴索然，现尚未能定计。

霞仙去官，屡干谕旨诘责，余不能不与之通信，兹有一函，请弟阅后封口，专人妥交。

“鸣原堂文”亦思多选，以竟其事。若不作官，必可副弟之望。古文目录俟抄就再寄。

顺问近好。

【译文】

沅弟左右：

二十五日亲兵回营，接到了你于正月初十日寄来的信，所有情况都已经清楚。

刚才见到朝廷官报，对官相的处分极轻。公道都全无了，也确实是可怕。只有让少帅任湖广总督，筱泉署理，又让韫斋先生任湖南巡抚，似乎是为了安慰你，不让掣肘起见。朝廷调解大臣之间的纠纷，或许是怕会出现党派仇视、纷争、报复之类的事情，你用不着为此事而心情郁闷。

少荃对你我兄弟的事大力扶持，尽管他对你弹劾顺斋这件事也不大同意，不过他也只是考虑到这会使你今后当官没有益处而并不是说你的为人不好。对他的兄弟你一定要以诚相待，同心协力办好事情。淮军在湖北的统领们给少荃写信，都认为你待人厚道，刘克仁的感慨特别深。或许是假如淮、湘两军，曾、李两家能连成一体，那么敌军就可以逐渐平定，外国人也不敢侵犯。少荃与这里的文武官员都劝我立刻回到江宁，长期担任两江总督一职。由于我精力日益衰退，屡次被人弹劾，当官的兴致丝毫都没有了，目前我还没有决定。霞仙离任后，圣旨中屡次严厉责问，我必须得和他通信。这儿有一封信，请你看过后封好，并派专人妥善转交。

“鸣原堂文”我也想多挑选一些，以好完成这件事。假如是不当官，必定能符合你的期望。古文的目录，待我抄好了再寄给你。顺问近好。

【点评】

封建社会时期，朝廷对督抚不和的事件大多采取调离的办法来解决，这种做法往往让双方都不满意，但却是较为稳妥的。此处对官文的处分，也是如此，只是“轻微”的“意思一下”。曾老九心中当然是有所不快，曾氏便从另一个角度来安慰老九。官文走后，由李鸿章来补湖广总督一职，不过李鸿章军务为重不能在职，便让他的哥哥湖南巡抚李瀚章来武昌管理，所留下的湘抚一缺则由刘昆来补，曾氏认为这一安排，对他俩兄弟来说是最好不过了。但是，由于老九对李鸿章的意见很大，曾氏劝其弟“淮湘两军、曾李两家必须联为一气”，这样才能力克捻军。

曾氏的这番言语，对于眼下的战事和今后曾家的未来，都是见高识远的金玉良言。

同治六年二月初三日与九弟国荃书

1867年3月8日

沅弟左右：

省三挫败，春霆大胜，所得似多于所失，惟窜回河南者，究未知尚有若干耳？

余接印已十余日,公牍尚可了办,惟见客太多,甚以为苦,说话稍多,舌端蹇滞如故。两奉寄谕,饬回金陵,拟于初十外移驻金陵。四月十九满三个月后,再行陈表开缺。少荃屡言"疏语不可太坚,徒觉痕迹太重,而未必能即退休,即使退休一二年,而他处或有兵事,仍不免诏旨促行,尤为进退两难"等语,皆属切中事理。余是以反复筹思,洎无善策。申夫自京回,亦言都下公论,皆以求退为非。

云仙新授两淮运使,霞仙与鹤侪互相纠参,计两君皆不能无郁郁。

《船山集》尚在舟次未来,余至江宁,计已近三月矣,请弟寄书筱岑,令共迅速开刷,不必等余信修改也。

王夫之像。王夫之,字而农,号浈斋,湖南衡阳人。中国明末清初思想家,哲学家。学者称船山先生,著有《船山集》

【译文】

沅弟左右:

省三大败而春霆大获全胜,所得似乎多于所失。只是逃窜到河南的捻匪,不清楚还有多少。

我接管官印已经十多天了,公文还可以处理。只是接见的客人太多,非常辛苦,只要话说的稍微多一些,舌尖就像以前那样干涩。两次接到谕旨,命令我返回金陵,计划十日以后移驻到金陵。等到四月十九日满三个月之后,再恳请辞职。少荃多次说我奏章里的用词不能太坚决,这只会让人觉得很虚伪,而不一定能立刻退休,即便退休一两年,而其他地方如果有战事,仍旧免不了被下旨征召,就更为进退两难了。这些话语都是说到了事情的要点。所以我反复思考,也想不到什么好办法。申夫自北京回来,也说京城的舆论都觉得我想引退是不正确的。云仙最近新授予两淮运使,霞仙同鹤侪互相弹劾,预计两人都难免郁郁寡欢。

《船山集》还在船上没有运到,我到江宁,算来已经快三月了。请弟写封信给筱岑,让他立刻印刷,不用等到我的信后再作修改了。

【点评】

对于是进是退,曾氏总是犹豫不决,李鸿章的建议切中事理,特别是说曾氏"疏语不可太坚,徒觉痕迹太重"两句,所蕴涵的道理也是极其深刻的。我们平时说话办事,特别是承诺别人时,不能够太绝对,一来会让人觉得虚伪;二来会让自己没有退路。说话也是一门艺术,掌握其中的技巧才能灵活应对各种情况。

同治六年二月初五日与四弟国潢书

1867年3月10日

澄弟左右：

正月初六日起行，十五日抵徐州，十九接印。近又两奉寄谕，令回金陵。文武官绅，人人劝速赴江宁。申夫自京归，备述都中舆论，亦皆以回任为善，辞官为非。兹拟于二月移驻金陵，满三个月后，再行专疏奏请开缺。连上两疏，情辞务极恳至，不肯作恋栈无耻之徒，然亦不为悻悻小丈夫之态。允准与否，事未可知。

沅弟近日叠奉谕旨，谴责严切，令人难堪。固由劾官、胡二人，激动众怒，亦因军务毫无起色，授人以口实，而沅弟所作奏章，有难免于讪笑者。计沅近日郁抑之怀，如坐针毡之上。

霞仙系告病引退之员，忽奉严旨革职，云仙并无降调之案，忽以两淮运使降补，二公皆不能无郁郁。大约凡作大官，处安荣之境，即时时有可危可辱之道，古人所谓富贵当蹈危机也。

纪泽腊月信言宜坚辞江督，余亦思之烂熟。平世辞荣避位，即为安身良策；乱世仅辞荣避位，尚非良策也。

【译文】

澄弟左右：

我于正月初六日出发，十五日到达徐州，十九日接管大印。近几天又两次接奉寄渝，命我回金陵去。文武官绅，个个都劝我火速赶赴江宁。申夫自京城回来，详细说起京中的各种舆论，也都觉得我回金陵旧任为良策，辞官是不对的。我打算在二月移驻金陵，满三个月以后，再行专门上奏恳请开缺。连续上两个奏折，情意言辞务要非常恳切至诚，不愿做贪恋官职的无耻之徒，然而也不做愤愤不平的小人姿态。是不是能得到准许，那就未必清楚了。

近日来沅弟多次接奉谕旨，斥责严厉切实，让人难堪。固然是由于弹劾官、胡两人而招惹众怒，也由于军事没有丝毫起色，让人抓住了把柄。而且沅弟所写的奏章，也不免有嘲笑别人的话。猜想这些天他是心情忧郁，就像坐在针毡上一样。

霞仙是快要告病引退的官了，突然拜奉严旨，把他革职，云仙并没有降职的理由，却突然降为两淮运使。他俩都少不了心情郁闷。可能但凡做大官，处于安逸、荣耀的境遇，就随时可能会招来危险、导致羞辱。古人常说的富贵经常让人走向危险，就是这个意思啊！

纪泽腊月的来信中让我应该坚决辞去两江总督一职，我也考虑得很透彻了。太平时辞退尊荣避开高位，就是安身的良策；但是处在乱世中只是辞退荣耀避开高位，还并不是良策啊。

【点评】

刘蓉（霞仙）和郭嵩焘（云仙）都是曾氏的亲家，分别为纪泽的岳父和纪纯的公公，这两位亲家翁近些天来都在走背运，即刘蓉革职回籍和郭嵩焘降调两淮盐运使。再加上曾老九最近的军事不顺和他本人的回任，曾家的内亲外戚可谓是倒霉事都碰到了一起。曾氏由此发出了“富贵常蹈危机”的感慨。他认为，富者和贵者都处于“危险”之中，经商和从政之人钱权越多，则风浪亦越多。

如今有些人,为了求钱求权而不择手段,这样一来,他们所面临的压力和危险非常大,一不小心,就会葬身于商海和官海。这样看来,人的一生求个轻松平安,远离“富贵”,也未尝不是一件好事。

同治六年二月廿一日与九弟国荃书

公元1867年3月26日

沅弟左右:

澄弟之孙元五殇亡,忧系之至。家中人口不甚兴旺,而后辈读书全未寻着门路,岂吾兄弟位高名大,遂将福分占尽耶?

接吴竹庄信,捻似尚未入皖境。闻巴河、武穴焚掠一空,鄂饷日绌,军事久不得手,弟之名望必且日损,深以为虑。

吾所过之处,千里萧条,民不聊生。当乱世处大位而为军民之司命者,殆人生之不幸耳。弟信云英气为之一阻,若兄则不特气阻而已,直觉无处不疚心,无日不惧祸也。

【译文】

沅弟左右:

澄弟的孙子元五夭折了,我非常担忧牵挂。家里人口不太兴旺,而晚辈们读书又完全没有入门,难道是我们兄弟地位高、名声大,就把福分都占尽了吗?

收到吴竹庄的信,捻军好像还没有进入安徽境内。听说巴河、武穴被敌军烧掠一空,湖北的军饷日益困难,仗也总是打得不顺手,你的名声威望一定越来越受到损害,我很为你担忧。

我经过的这些地方,千里萧条,民不聊生。生于乱世,身处高位,而且又是掌握百姓、军队命运的人,真是人生的不幸。你信中说这事让人泄气,我觉得不只是让人泄气,更觉每件事情都让人揪心,每个问题都怕惹上灾祸。

【点评】

此封信虽然简短,但是所传达的思想还是非常丰富的。曾氏在信中说到家中人丁稀少,孙辈中澄弟之孙又殇亡,他怀疑是不是因为他和老九的福分太大了,而让子孙后辈的福分变小了。这显然是一种封建的思想,没有任何的依据,但是在漫长的封建时代里,这种观念对遏制贪婪,多少也起过一些作用。

曾氏在信末说到“揪心”和“惧祸”,也不是故作姿态。在人慌马乱、战火纷飞的年代,处于高位者如巡抚、总督等军事大臣所要承担的责任是非常重大的,他们若是无力制止战乱,战争时间持续得越长,那么民不聊生的情况就会更加严重。因此,此时身居高位的曾氏不免会“揪心”和“惧祸”,并认为在乱世时处于高位,是人生的一大不幸。

无论是古代还是现代,身居高位的官员始终都会牵动着百姓的心,特别是处于乱世之时,宦海之中,也依旧会有很多无奈和担心的时候。

同治六年二月初二日与九弟国荃书

公元1867年3月7日

沅弟左右：

接李少帅信，知春霆因弟复奏之片，言省三系与任逆接仗，霆军系与赖逆交锋，大为不平，自奏伤疾举发，请开缺调理，又以书告少帅，谓弟自占地步。弟当此百端拂逆之时，又添此至交龃龉之事，想心绪益觉难堪。然事已如此，亦只有逆来顺受之法，仍不外悔字诀，硬字诀而已。

朱子尝言：悔字如春，万物蕴蓄初发；吉字如夏，万物茂盛已极；吝字如秋，万物始落；凶字如冬，万物枯凋。又当以元字配春，亨字配夏，利字配秋，贞字配冬。兄意贞字即硬字诀也。弟当此艰危之际，若能以硬字法冬藏之德，以悔字启春生之机，庶几可挽回一二乎？

闻左帅近日亦极谦慎。在汉口气象何如？弟曾闻其略否？申夫阅历极深，若遇危难之际，与之深谈，渠尚能于恶风骇浪之中，默识把舵之道，在司道中不可多得也。

【译文】

沅弟左右：

接到李少帅来信，得知春霆由于你在奏折里说省三是同任逆作战，春霆是与赖逆交锋，就觉得不平，自己上奏说疾病复发，要开缺回家疗养。又写信告知少帅，称你霸道。你在身处这种错综复杂的纷争之中期间，又增添了这么一件好朋友之间不愉快的事。我估计你心里会更加难受。不过事情已经到此地步，也只能用逆来顺受的办法，依然不外乎是悔字诀及硬字诀。

朱熹曾说过：悔字如同春天，世间万物蕴蓄初发；吉字犹如夏天，万物繁茂已到了顶点；吝字就像秋季，万物开始败落；凶字好比冬天，万物枯谢凋零。又曾用元字配春，亨字配夏，利字配秋，贞字配冬。为兄觉得“贞”字也就是“硬”字诀。弟此时正处于艰危之际，假如能用“硬”字仿效冬天敛藏的德行，用“悔”字启蒙春天的生机，应该能够挽回一点过失吧。

据说左帅最近也非常谦恭谨慎，他在汉口的情况怎么样？你是不是也听说过些许？申夫的阅历很丰富。假如遭遇危难的时候能够和他深谈，他还称得上是能在大风大浪里懂得把握方向的方法，这在宦海中真是很难得。

朱熹像像，出自明·吕维祺《圣贤像赞》

【点评】

从信中得知，曾老九最近所遇到的

烦心事有很多，让他心里极其抑郁，身为兄长的曾氏用“悔”字诀和“硬”字诀来劝导他。官场中是极其复杂的，需要面对很多压力，也面临着较多风险，“悔”字诀和“硬”字诀告诉我们有时候需要采用“逆来顺受”的方法，在官途险恶之时或许能够让自己有个立足之地。丰富的阅历也同样是在官场打拼的重要资源，不知有多少人才能做到？

同治六年三月初七日与四弟国潢书

1867 年 4 月 11 日

澄弟左右：

沅弟治军甚不得手。二月十八之败，杏南、葆吾而外，营官殉难者五人，哨勇死者更多，而春霆又与沅弟龃龉，运气一坏，万弩齐发，沅弟急欲引退，余意此时名望大损，断无遽退之理，必须忍辱负重，咬牙做去，待军务稍转，人言稍息，再谋举身而退，作函劝沅，不知沅弟肯听否？

处兹乱世，凡高位、大名、重权三者，皆在忧危之中。余已于三月六日入金陵城，寸心惕惕，恒惧罹于大戾。弟来信劝我总宜遵旨办理，万不可自出主意，余必依弟策而行，尽可放心。祸咎之来，本难逆料，然惟不贪财、不取巧、不沽名、不骄盈四者，究可弥缝一二。

【译文】

澄弟左右：

最近沅弟带兵不是很顺手。二月十八日的战败，除杏南、葆吾之外，还有五名营官殉难，士兵死亡的则更多；而且春霆又同沅弟有矛盾。运气只要一变坏，就如同万箭齐发那样不能逆转了，沅弟想立刻引退。我认为这时沅弟声望大受损害，绝对没有立刻引退的道理，一定要忍辱负重，咬紧牙关坚持到底。等到军事情况稍有好转，别人的评论稍有平息，再筹划抽身引退。我写信劝导沅弟，不知道他会不会接受？

身处当今这种乱世，但凡地位高、声望大、权力重的三种人都处在忧患危险之中。我已经于三月初六日进入金陵城，忐忑不安，常常担心遇上大灾患。弟来信劝我总要奉旨行事，一定不能自作主张。我会依照弟的策略行事，尽可以放心。祸患、罪咎的到来原本就难以预料，不过只要做到不贪财、不取巧、不沽名、不骄盈这四方面，终究还是能够弥补一些。

【点评】

曾氏与澄弟谈论了有关曾老九最近的情况，感叹身处乱世中的无可奈何。处于乱世时，位高、名大、权重的人都处在忧患危险当中，只要稍微做不好，那就会弄得个身败名裂。曾氏认为老九不应该在处于危难之际引退，应该忍辱负重渡过难关。在太平时引退是良策，而乱世时引退则就不是好计了。对于现在当官的人来说，能够弄清楚这点，对他的仕途之路也很有益处。

同治六年三月十二日与九弟国荃书

1867 年 4 月 16 日

沅弟左右：

春霆之郁抑不平，大约屡奉谕旨严责，虽上元之捷，亦无奖许之辞，用是怏怏者十之

四；弟奏与渠奏报不符，用是怏怏者十之二；而少荃奏省三败挫，由于霆军爽约，其不服者亦十之二焉。余日内诸事忙冗，尚未作信劝驾，向来于诸将有挟功而骄者，从不肯十分低首恳求，亦硬字诀之一端。

余到金陵已六日，应酬纷繁，尚能勉强支持，惟畏祸之心，刻刻不忘。弟信以咸丰三年六月为余穷困之时，余生平吃数大堑，而癸丑六月不与焉。第一次壬辰年发佾生，学台悬牌，责其文理之浅；第二，庚戌年上日讲疏，内画一图甚陋，九卿中无人不冷笑而薄之。第三，甲寅年岳州靖港败后，栖于高峰寺，为通省官绅所鄙夷；第四，乙卯年九江败后，赧颜走入江西，又参抚臬，丙辰被困南昌，官绅人人目笑存之。吃此四堑，地无自容，故近虽忝窃大名，而不敢自诩为有本领，不敢自以为是。俯畏人言，仰畏天命，皆从磨炼后得来。

弟今所吃之堑，与余甲寅岳州、靖港败后相等，虽难处各有不同，被人指摘称快则一也。弟力守悔字硬字两诀，以求挽回。

弟自任鄂抚，不名一钱，整顿吏治，外间知之者甚多，并非全无公道。从此反求诸己，切实做去，安知大堑之后，无大伸之日耶？

【译文】

沅弟左右：

春霆愤懑不平，可能是由于总被圣旨严厉责备的缘故，即便正月十五打了个胜仗，也没有一句奖励的言辞，这就占了他抑郁原因的四分；你和他上奏的报告内容不相符，这占他抑郁原因的两分；同时少荃奏报中说省三战败是因为春霆违背了作战计划，他的不服气也占了两分。我最近忙于各种事，还没有赶得上写信劝导他。我向来对于那些挟功傲慢的将帅们，从来不愿完全低头恳求，这也是“硬”字诀的内容之一。

我到达金陵已经六天了，有很多应酬，还能勉强支持，只是担心祸患的想法一刻也忘不了。你信中认为咸丰三年六月是我穷困的时候。我这一生中摔过几个大跟头，不过你说的这次还称不上。第一次在壬辰年（1832 年）公布乐舞生，提督学政张贴公告，批评我文理肤浅；第二次在庚戌年（1850 年），我在一篇日讲制度的奏章中，画了一张十分粗劣的图，同僚们没有一个不讥笑、挖苦我的；第三次在甲寅年（1854 年）岳州、靖港战败后栖息在高峰寺，湖南全省的官绅都瞧不起我；第四次在乙卯年（1855 年），九江战败后我厚着脸皮到了江西，又参奏江西巡抚和提刑按察使，第二年被围困在南昌。乡绅们来慰问我时都带着嘲讽的目光。这四次教训，都让我无地自容。因此近年来尽管有些名气，不过不敢自夸有本事，也不敢自以为是。既担心公众的议论，又担心命运的安排，这些都是经多次磨炼后得来的。

你眼前摔的跟头，和我甲寅年在岳州、靖江战败后的情况差不多，尽管难处各有不同，不过被人指责、讥笑却是相同的。你应该竭力坚持遵从“悔”字诀和“硬”字诀，以求得挽回。

曾国藩在岳州与太平军交战图

你自从担任湖北巡抚开始，清正廉洁，整顿吏治，外边有很多人清楚这个情况，也并不是完全没有人来主持公道。从此省察自己，认真地去做，又怎么知道栽了大跟头之后没有大成功的那一天呢？

【点评】

信中提到的曾氏曾四次受人讥笑，让他增长了不少阅历，他的思想境界也一次比一次提高，在此曾氏借他的遭遇来继续安慰老九，兄弟之间的感情可谓是十分厚重。曾氏认为，人的一生不可能顺顺利利，现在吃些苦头，经历些挫败，也未尝不是件好事，能够从中明白世事的深浅，能让自己的头脑保持清醒，人才能逐步地长进。

同治六年四月十二日与九弟国荃书

公元1867年5月15日

沅弟左右：

弟手痛极苦，字迹亦露艰难之状，殊深忧系。若专由于风湿，自非药物不能为力；若肝家积郁血，不养筋所致，则心痛还须自心医，非药力所能达，非他人所能谋也。

春霆果系真病，余前日误信人言，谓渠尚在襄城演戏燕乐，是以初七调娄云庆疏内未将春霆大加褒赞，于宋国永且有贬辞。发折后接春霆信，颇用悔之，幸疏中亦未说坏春霆耳。

【译文】

沅弟左右：

你的手疼得相当厉害，从字迹上也能够看出写字困难的状况，真令我担忧。假如只是因为风湿，理应除了药物之外其他的什么都不管用；要是由于肝气积郁，血液不畅通而导致的，那么心病还得从心里医，不是药物能发挥作用的，也不是别人能帮你想办法的。

春霆当真是病了。前几天我误信别人的话，说是他仍在襄城听戏游乐。因此初七调娄云庆的奏折中没有对春霆大加赞赏，对宋国永还有责怪的话。发出奏章之后才接到春霆的来信，非常懊悔，幸好奏章中没有说什么有损于春霆的话语。

【点评】

曾氏从分析曾老九的病情中，告诉人们"心病还需心来医"的道理，身上能看得见的病用药可医，但心里看不到的则只能自己想办法了，自己的心还是自己最明白。我们现在也会面临着同样的情况，自己给自身造成的烦恼、忧愁，还得由自己找到解决的途径，所谓"解铃还需系铃人"就是这个道理。信末提到曾氏误信他人的话而误解春霆，同样也告诉我们没有真凭实据前，不能轻易相信别人的话，免得带来不必要的麻烦。

同治六年四月二十日与九弟国荃书

公元1867年5月23日

沅弟左右：

春霆已赏参四两，娄峻山奉旨来南，不久当可到金陵。见一二次，即可坐轮船赴鄂接统霆军。

芳圃遣其侄来，言病已痊愈，可出治军。并云南云于四月初旬起程前来金陵，余令二人共招万人，已咨达弟处矣。

余回任后，诸事尚不甚棘手，惟久旱不雨，二麦已伤，稻亦不能下种，深用焦灼。湖北前亦苦旱，近得雨否？

弟之处分，无须谢恩。凡部议重而特旨改轻者，则照例谢恩。依议者则不谢，旧式然也。

余身体如常，惟眼蒙较昔年更剧，作事全无兴致，老境颓唐，分所应尔，理所当然，无足怪者。弟之手痛，尚未及遽成痼疾之年，只要弟心宽和，肝郁稍纾，即可日就康复。古语云："心病还须自心医。"千万千万。

【译文】

沅弟左右：

朝廷已经赏赐四两人参给春霆，娄峻山奉旨来到南方，过段时间应该就可以到江宁。见一两次面后，就能坐轮船去湖北替代春霆统领军队。

芳圃派他的侄子来告诉我他的病已经全好了，能够出来带兵打仗，并说南云在四月初出发，已经到江宁。我命令他俩一共招募一万兵勇，咨文已送到你那里了。

我回任之后，各种事情还不是很棘手。只是很长时间没有下雨，二茬麦子都已经被晒伤了；稻子也不能下种，对此我非常焦灼。湖北曾经也苦于旱灾，不知最近有没有下雨？

对于你的处分，就不必谢恩了。但凡有关部门商定的处分而皇帝专门改为轻的，那就要按照惯例谢恩；假如按照有关部门决定的，那就不用谢恩，老规矩就是如此。

我身体和往常一样。只是眼睛比往年更加模糊了，做事没有丝毫兴致。晚年变得颓唐委靡，是命里注定的，理所应当，并不足为怪。你手疼的疾病，还没到马上转变成顽症的时候，只要你心平气和，郁气舒畅，那就能一天天康复起来。有古语说："心病还需自己医"，一定要记住。

【点评】

信中提到了此时曾氏兄弟俩的身体状况，曾氏年老的迹象越来越明显，这是自然的现象，不足为怪。对于曾老九的病况，曾氏还是按上封信所提到的"心病还需自己医"来告诫他，希望他能把心中郁气慢慢舒解开。曾氏如此深切地关怀老九，无论在国事、家事还是自己的事上，都给他提出了较好的建议，有很多富有哲理性的话语，值得我们认真揣摩。

同治六年五月初一日与九弟国荃书

公元 1867 年 6 月 2 日

沅弟左右：

炮位自协解直东晋豫后，现存六百尊，而可用者实已无几，顷饬伊卿带胡将等自往拣择三百尊，大约明后日可开船西上。民间修筑圩寨，不难在炮械，而难在修寨之费与守寨为主之人。虽有告示，非年余不能办出头绪。

春霆之病，恐无生理。顷各分统谭胜达、唐仁廉等公禀，不愿归娄统，而愿归宋统，由春霆转咨到此。既已不愿归附娄镇，若勉强令娄驰入霆军，恐生他变，自应留娄在苏皖，另谋位置，惟宋公仁柔琐碎，断非能统此万五千人者。余意竟将霆军全行遣撤，另为招集，或令娄招五千，宋招五千，各打一路。不知弟意云何？此军素无条理，即使春霆幸而病痊，亦难保其无事。

亢旱千里，金陵虽得雨，尚难插秧。弟又手疼异常，焦灼之至。

【译文】

沅弟左右：

炮位从协同运往直隶、山东、山西、河南以后，如今存有六百尊，但是能用的也确实没有多少。前段时间命令伊卿率领胡将等人亲自去那里挑三百尊，估计明、后天能够装船西上。民间修筑圩寨，困难不在于缺少枪、炮，而是缺少修寨用的钱及守寨做主的人，即便发布告示，没有一年多的时间这事也办不出什么头绪来。

春霆的病，恐怕没有什么希望救活了。前段时间各分统，如谭胜达、唐仁廉等人联名上书，不肯受娄峻山的率领，而愿意接受宋国永的管辖，这件事春霆已经转告给我。既然部队不肯接受娄峻山率领，假如非让娄峻山进入军营中，恐怕就会发生什么变故。所以理应要把娄峻山留在江苏、安徽，为他另谋官职。只是宋国永柔弱、多事，绝不是能统领这一万五千人部队的将领。我想将春霆原失部队完全遣散，另行招募。或是让娄峻山招募五千人，宋国永招募五千人，各自分开作战，不知你认为怎么样？这支部队素来没有规矩，即便春霆的病有幸痊愈，也难保证他们不出什么事故。

千里之地发生旱灾，江宁地区即使下雨也难以插秧。你手疼痛又极其厉害，实在是让我焦虑啊。

【点评】

从信中得知春霆的病越来越严重了，曾氏非常担忧，一是忧虑病情；二是担心找不到能替代他的将才。处于乱世时，最缺乏的就是能够统领兵勇的将才；再加上部队首领间有不和的话，那调任空缺就极为难办，曾氏也拿不定主意，再加上各地旱灾严重以及老九手疼越加厉害，他更是忧心忡忡了。忧国忧民的曾氏，此时焦急难耐。

同治六年五月初五日与四弟国潢书

1867 年 6 月 6 日

澄弟左右：

吾乡雨水足，甲五、科三、科九三侄妇皆有梦熊之祥，至为欢慰。吾自五十以后，百无所求，惟望星冈公之后丁口繁盛，此念刻刻不忘。吾德不及祖父远甚，惟此心则与祖父无殊；弟与沅弟，望后辈添丁之念，又与阿兄无殊。或者天从人愿，鉴我三兄弟之诚心，从此丁口日盛，亦未可知。且即此一念，足见我兄弟之同心。无论哪房添丁，皆有至乐。和气致祥，自有可卜昌盛之理。

沅弟自去冬以来，忧郁无极，家眷拟不再接来署。吾精力日衰，断不能久作此官。内人率儿妇辈久居乡间，将一切规模立定，以耕读二字为本，乃是长久之计。

【译文】

澄弟左右：

此时家乡雨水很充足，甲五、科三、科九三个侄儿的媳妇，都有生男孩的祥瑞，让我十分高兴。我自50岁之后就没有什么其他的愿望，只是期盼星冈公的后代人丁兴旺，这个想法我时刻都没有忘记。我的德行比祖父星冈公差得其远，只有这个心思同祖父一样。

希望你和沅弟的后代多生男孩，这又和我一样。或许是天从人愿，了解我们三兄弟的诚心，从此以后人丁愈加兴旺，也未可知。也就是这个想法，足可以看出我们兄弟同心同德，不管哪家生了男孩，都相当高兴。全家融洽以得吉祥，当然就预示着家族的兴盛。

沅弟自去年冬天以来，忧愁抑郁很严重，家眷也不打算接来署营了。我的精力日益衰弱，决不能长久当这个官了，内人领着儿子媳妇长久居住在乡下，把家庭的规矩立一个规模，以"耕读"二字作为立家的根本，这才是长久之计策。

【点评】

曾氏一直都希望曾家的人丁能够兴旺些，此时三个侄儿媳妇都有喜兆，确实让他非常高兴。封建社会时期，"重男轻女"的思想非常严重，所以曾氏家族中也不例外，信中曾氏希望两弟的后代也多生男孩，以便整个曾氏家族扩大。

如今的社会，也存在着"重男轻女"的封建思想，特别在农村，这种现象与中华民族几千年的封建文化息息相关。

同治六年五月十二日与九弟国荃书

1867 年 6 月 13 日

沅弟左右：

接两函，知贼实已出境，为之少慰。亢旱不雨，鄂苏所同；禾稻不能栽插，饥民立变流寇，亦鄂苏所同也。惟盐河无水，盐不能出场入江；运河无水，贼可以渡运窜东。此则苏患较大于鄂。

岂吾兄弟德薄位高，上于天和，累及斯民，而李氏兄弟，亦适罹此难耶？中夜内省，忧皇无措。

湖北饷绌若此，朱芳圃之军自可缓招，昨已用公牍咨复，由弟与筱荃会咨韫帅檄停矣。春霆既无治军之望，其军宜全行遣撤。六月告病，七月开缺，弟意既定，余亦不便阻止。盖大局日坏，气机不如辛、壬、癸、甲等年之顺，与其在任而日日如坐针毡，不如引退而寸心少受煎逼，亦未始非福。惟余辞江督，筠仙辞淮运司，均不能如愿，恐弟事亦难必允准。

至于官相入觐，第一日未蒙召见，圣眷亦殊平平；弟谓其受恩弥重，系阅历太少之故。大抵中外人心，皆以弟之弹章多系实情，而圣意必留此公，为旗人稍存体面，亦中外人所共亮也。

【译文】

沅弟左右：

我接到两封信，得知捻匪的确已经离开湖北，我稍微有点宽慰。久旱不雨，湖北和江苏都一样。稻子也不能栽插，饥民就会变成流寇，湖北、江苏也是一样的。只是运盐的河里没有水，盐不能运出盐场，运河里没水，捻匪能够渡河以后朝东流窜，在这方面则是江苏的灾患要比湖北大得多。难道是我们兄弟的德行过于浅薄，官位又高，以至于触犯天意，牵连百姓，而李氏兄弟也遭此灾祸吗？深夜自我反省，忧愁、迷茫，彷徨无措。

湖北军饷既然如此短缺，那朱芳圃的军队理应能够暂缓招募，昨日我已用公文回复他了，由你和筱泉共同告诉韫帅停止发布公文。春霆既然没有带兵的想法，那他的部队就应该全部遣散撤销。你六月请病假，七月开缺回籍，既然你决心已定，那我也不便阻止。是由于大局日益变坏，运气也比不上辛酉、壬戌、癸亥、甲子那几年一样顺利，与其做官而天天如坐针毡，还不如引退而减少内心痛苦，也未必不是福气。不过我辞去两江总督，筠仙辞去淮运司都没获批准，或许你辞职也难以准许。

至于官相进京陛见皇上，第一天没被接见。皇帝对他的态度也非常一般。你说他受皇帝恩泽太重，是由于他阅历太浅。可能朝廷内外的人都觉得你弹劾他的事情都是事实，而皇上的意思必须得把他留下，是为了给满族人稍微留下些面子，这也是朝廷内外的人共同所体谅的。

【点评】

信中说到此期间湖北和江苏的状况都不尽相同，旱灾、饥民、捻匪，让曾氏非常担忧和惧怕。由此他想到了是不是因为他兄弟俩的福分过于大而触犯了天意，牵连百姓遭殃。向来对国家担忧，为百姓焦心的曾氏，此时也不知所措了。此时的曾老九打算以病为由请求开缺，曾氏也赞同，只不过担心他的请辞未获批，所以老九的也不一定能批。看来要想退出官场，确实不易，不仅要找个正确的方法，还要找个合适的时机。

同治六年五月廿一日与九弟国荃书

1867 年 6 月 22 日

沅弟左右：

湘乡土匪业已扫灭，为之一慰！余日来有焦虑者四事：大者则恐枯旱终不下雨，又恐捻匪窜至运河以东；小者则恐湘乡之会匪，与阜宁之海匪养成气候。今幸两处之匪皆已扫除，金陵已得大雨，不至竟成旱灾，三事可放心矣。惟捻匪由东平境内窜过运河，大局弥坏，凶焰弥炽，江苏之东北四府，处处可虑。

顷见邸抄，御史佛尔国春参弟之案，尚有劾官相肃党不实照例反坐之说，虽经谕旨平反调停，而痕迹殊重，弟见之必更懊恼，又增几分退志。余观军务日形吃紧，朝廷必不允弟告病之请，而弟之中怀郁郁，勉强久留，恐致生病，兄亦踌躇不能代决。弟之主意定后，如决志告病，望派专弁搭轮船前来，将折稿送兄斟酌，商定再发。盖世局日变，物论日淆，吾兄弟高爵显官，为天下第一指目之家，总须于奏疏中加意检点，不求获福，但求免祸。云仙得"藉词规避"之批，盖"仍遵前旨进京候简"等语，本不稳妥也。弟此时无论如何恼怫，如何穷窘，总以保养身体为第一着。

【译文】

沅弟左右：

湘乡的捻匪已经剿清，让我非常高兴。近些天我忧虑的事有四件：最主要的是担心长期干旱不降雨；其次又害怕捻匪逃窜到运河以东；再次是害怕湘乡的会匪和阜宁的海匪会发展成大祸患。当前所幸两地的捻匪都已扫清，金陵已降大雨，不至于造成旱灾，这三件事能够放下心了。只是捻匪从东平境内窜过运河，大局就会更坏，敌人的气焰也就更加嚣张，那么江苏东北部四个府就都会让人担忧了。

前不久接到朝廷宫报，御史佛尔国春弹劾你的事情中，还有你弹劾官相、肃党失实，照例应该反坐的说法，尽管由圣旨替你平息调解，然而责备你的意思还是很明显。你见到后心里会烦恼，又增多了一些引退的念头。我看军事形势一天比一天紧张，朝廷必定不会同意弟弟请病假，而你抑郁不乐，若是勉强留任，恐怕会生出疾病；我也踌躇不能替你下这个决心。你作好决定后，假如决心请病告假，还望派专人乘船前来，把奏折稿送给我，等我反复斟酌，商量决定以后再寄出去。主要是当前时局莫测，言论混乱，我们兄弟俩又都是显爵高官，是最受全国关注的一家，所以必须坚持在奏折中加以检点，不求获得福气，只求免去灾祸。云仙遭到皇上"借词规避"的责备，就是因为遵从先前的圣旨去京师等待选拔等话，原本就不稳妥而致。此时你不管如何懊恼，如何困窘，总要把保养身体放在首位。

【点评】

从信中可以看出目前朝中有很多对曾老九不利的因素，以至于让老九增多了一些引退的念头，军情的紧张和人事的复杂，曾氏也不知如何来帮老九下这个决定。他还担心老九的奏稿言语过于偏激，所以希望奏折经他加以修改后才寄出。可见在乱世时期，曾氏不仅要顾全大局，又要想办法保护亲人，实在是不容易。他多年在官场打拼的阅历、经验，是他正确处理好国事、家事的重要根本。

同治六年六月初六日与四弟国潢书

1867 年 7 月 7 日

澄弟左右：

闻弟与内人白发颇多，吾自发者尚少，不及十分之一，惟齿落较多，精神亦尚能支持下去。诸事棘手，焦灼之际，未尝不思遁入"眼闭箱子"之中，昂然甘寝，万事不视，或比今日人世差觉快乐。乃焦灼忽甚，公事愈烦，而长夜快乐之期杳无音信。且又晋阶端揆，责任愈重，指摘甚多。人以极品为荣，吾今实以为苦恼之境。然时势所处，万不能置身事外，亦惟有做一日和尚撞一日钟而已。

哥老会匪，吾意总以解散为是，顷已刊刻告示，到沿江到处张贴，并专人至湖南发帖。兹寄一张与弟阅看。人多言湖南恐非乐土，必有劫数。湖南大乱，则星冈公之子孙，自须全数避乱远出，若目前未乱，则吾一家不应轻去其乡也。

南岳碑文，得闲即作，吾所欠文债甚多，不知何日可偿也。

此间雨已透足，夏至插禾尚不为迟，但求此后晴霁耳。

清人所绘的南岳衡山全图

【译文】

澄弟左右：

听闻弟和弟媳已经有很多白发了，我的头发白的还算少，也不到十分之一。只是牙齿脱落的比较多，精神也还能支持下去。很多事情都难以办理，非常棘手，让我焦灼忧虑，也曾想过就钻进棺材箱子，昂头酣睡，诸事不理，也许比今天活在世间还要快乐。所以焦灼的越多，公事就感觉越杂乱，而长夜快乐时光却毫无音信。而且我又升为大学士，责任越重，受到的责骂也越多。别人以能当上一品官为荣耀，但是我现在真是把当官作为一件痛苦的事。然而势态处于这种状况，也绝不可能置身于事外，只能当一天和尚撞一天钟了。

至于哥老会匪，我觉得总是以解散为良策，刚才已经刊刻了告示，并在沿江途中各处张贴，并派专人去湖南散发张贴。如今寄一张给弟看。人们都说湖南也许不是平安之地，一定会有劫数。湖南假如大乱，那么我们曾氏家族自然要全部避难。假如当前还没有乱，那么我们一定不应该随便离开家乡。

南岳碑文，我有时间就写。我欠下的文债还有很多，不知什么时候才能偿清。这段期间雨水很是丰富，夏至插秧还不为晚，但愿这以后都是晴天。

【点评】

五月下旬，曾氏奉到补授大学士的谕旨，授予他体仁阁大学士。按理来说，一个人要是获得如此人臣之极的高位，一定会是异常兴奋和激动，但是曾氏的心情却十分恶劣，与老弟倾吐苦水，如今的他只能是“做一日和尚撞一日钟”罢了。曾氏的心绪烦乱，原因是很多的，除了前面提到的剿捻无功、屡遭御史弹劾以及曾老九劾官文案，军事挫败外，还有回任后所面临的种种困境。其中最大的两件事就是钱银匮乏和旱情严重。身为地方最高长官的曾氏，不能很好地解决这些问题，所担负的责任也是很重的。面对这些问题，即便是补授了学子们人人向往的大学士，自己也没什么心情享受了。

同治九年十二月廿一日与国潢国荃书

公元1871年2月10日

澄弟、沅弟左右：

连接沅弟两函，澄弟一函，具悉一切。符卿侄之次子殇亡，家中丁口不旺，殊深焦虑。

兄自十一月发眩晕后，每日服药一帖，服二十余日而停止。刻下弦晕未发，而左目甚蒙，恐又将如右目之废视。饭量少减，间食面条、薄饼之类以换味而利脾。内人近无所苦，阖家大小平安。

澄弟汇督销局之银三千，不知已收到否？闻吾乡银钱奇窘，不练团则有事难于应变，常练团则中户难于捐资，此中大费斟酌。两弟为一邑之望，此等处颇难措手。

兄自患目病，肝郁日甚。署中应治之事，无一能细心推求。居官则为溺职之员，不仕又无善退之法。恐日趋日下，徒为有识者所指摘耳。惟望兄弟各善调摄，异日相见，尚各康强为幸。

【译文】

澄弟、沅弟左右：

连续接到沅弟的两封信，澄弟的一封信，让我所有情况都知道了。符卿侄子的次子夭折，家中人丁稀少，让我非常焦虑。

我自从十一月出现眩晕后，每天服一剂药，服了二十多天才停。目前眩晕没有发作，不过左眼很是模糊，恐怕又将和右眼那样不能看东西了。饭量也减少了，有时吃些面条、薄饼之类的东西，用来换一下口味，也对脾脏有利。我妻子近来没有什么病痛，一家老少平安。

澄弟汇去督销局的三千两银子，不知有没有收到？据说我们家乡特别缺钱。不办团练，那么出事就难于应变；若常办团练，那么又难于捐筹资财。这些都让人非常伤脑筋，两位弟弟身为地方上有名望的人，此类事情很难经手处理。

我自从患眼病以来，肝脏郁结一天比一天严重，官衙中应办理的事务，也没有一一认真处理。当官没有做好本职工作，不做官又没有较好的引退方法，恐怕是日益变坏，白白地被有识之士指指点点了。只期望你我兄弟各自善于调养身体，日后相见，还能各自健康强壮为好。

【点评】

曾氏在信中更多地谈及身体健康的问题。家中一孙又夭折，让年老的他更加痛心，自己的身体状况也越来越不好了。曾氏此时力不从心，做官本职的事也没能完成，也没有较好的引退方法，实在让他无可奈何。如今他只希望曾氏兄弟能身体健康，就是万福了。此时的曾氏，思想上似乎有了一些转变，更多地加入了一些“柔和”的因素，这也是他丰富的阅历所得，对于现代一些思想，“激进”的当权者来说，应该学习一下。

同治十年正月廿五日与国潢国荃书

公元 1871 年 3 月 15 日

澄弟、沅弟左右：

十五日发出一缄到否？后于十八日寅刻，纪泽生一子，大小平安，深以为慰。纪泽今年三十三岁，正在望子极殷之际，如愿得之，满门欣喜。惟八字于五行缺水缺火，不知易于养成否？

廿三日堂弟厚九至此。署中内外清吉。余眩晕之疾近日未发，目病则日益昏蒙，恐左目亦不能久保。闻堂叔母彭孺人亦盲一目，其脚本不能行动，又增目疾，老景亦苦矣。

郑小山尚书自除夕到此，初二日即督同司员审马制军之案，至今熬审将近一月，张汶详毫无确供，即再熬，亦属无益，只好仍照魁将军等上年原定之案具奏。

长江水师，外间啧有烦言。或谓遇民间有骨牌者字牌者，则以拿赌讹索，得数千或千余文乃肯释放。或以查拿私盐，查拿小钱，搜索民舟及附近人家，讹钱释放；夜索打更之灯油钱；民船拉纤，不许在炮船桅上盖过。干预词讼，至有哨兵棍责举人者。甚且包庇私盐，袒护劫盗，种种弊端。余设立水师，不能为长江除害，乃反为长江生害。两弟在省时，亦常闻此等话否？如有所闻，望详细告我。

兄精神衰惫，加以目病，每日治事甚少，任内应尽之职，不克一一办妥；而昔年所办之事，又有大不妥如水师者，贻人讥议。用是寸心焦灼，了无乐趣，境颇顺而心不适，对老弟而滋愧矣。

沅弟若果居省城，澄弟又常不在家，则吾乡五家日益寂寞，深以为念。而苻、剑两侄欲求学问文章之日进，又似宜在省会多求良友，以扩充其识而激发其志。二者利害参半，若不得良友而亲损友，则居省之得少矣。

意诚信来，欲余专疏为黄翁申雪表章。余以昔年曾两次疏陈南翁之才而表其功，俱遭谴诘，其时余当物望尚隆之际，已不能有益于南翁，近则余望大减，恐拜疏反为南老之累，故慎重而不敢轻出。

《东皋书院记》，余尚未作，而澄弟写来之节略，又失去矣。顺问近好。

【译文】

澄弟、沅弟左右：

十五日我寄出的一封信有没有收到？之后的十八日寅刻，纪泽喜得一个儿子，大人小孩都平安，我非常欣慰。纪泽今年33岁，正值深切期盼得子的时候，终于如愿以偿，全家上下都很高兴。不过此儿八字里五行缺水、缺火，不知容不容易养得大？

二十三日堂弟厚九来我这儿了。官署内外一切都安好。我的眩晕病这些天没有发作，但是眼睛则更加模糊，估计左眼也保不了多长时间了。据说堂叔母彭孺人也有一只眼睛看不见了，她的脚原本就走不动了，再增添了眼病，老来的境况也是很辛苦了。

郑小山尚书自从除夕来我这里后，初二开始就督促同事的官员审理马制军一案，到今为止审判了将近一个月。张汶祥没有一点准确的供词，即便是再熬下去也没有用，只能仍依照魁将军等人去年审判的结果上奏。

至于长江水师，外面常常有令人难听的话。有的说碰到民间有骨牌字牌的，就用赌博的罪名来讹诈勒索平民，获得几千或者一千多文钱才肯释放人。有的则以查禁私盐、查拿小钱为名，到处搜索民间小船和周边人家，讹诈到钱才释放人。夜里还敲诈打更的灯油钱。民间小船拉纤，不准从炮船桅上面拉过。干预官司的照常进行，甚至还有哨官用棍责打举人的。有的还包庇私盐，庇护盗窃抢劫的罪犯等各种弊端。我所设立的水师不能帮长江两岸的人民除害，反倒还增添了一害。两个弟弟也经常听到这些闲话吗？如果查听到，希望告诉我详细情况。

为兄我精神日渐疲惫，再加上眼疾，每天办理的事情很少，我做官本应尽的职责，也不能一一办妥。而且以前所处理的事情，又有非常不妥当的，例如设立水师，让人嘲笑议论。所以心中焦虑，没有丝毫乐趣。境遇很顺利但是心里不安，面对老弟而心生愧疚。

沅弟假如真的住在省城，澄弟又不常在家，那么我们家乡五家人就会更加寂寞，让我非常惦念。不过荇、剑两个侄儿想要在学问上求进步，好像又适合在省城住，多访求良友，以扩充知识并激发他们的志气。这两方面均各有利弊，假如没有获得良友而让亲人有所损失，那居住在省城的好处就不多了。

意诚的来信，想让我特地为黄南翁申雪耻辱上一奏折。以前我曾两次上奏陈述南翁的才学，表扬他的功劳，都遭到诘问和谴责，那个时候我还很有名望，已不能对南翁有所帮助，近些年来我的声望大不如前，恐怕上书反而会牵连南翁，因此需要慎重而不敢随便做什么。

《东皋书院记》我还没有写，而且澄弟写来的节略又找不到了。顺问近好。

【点评】

"刺马案"是晚清四大奇案之一，主角分别是张汶祥和马新贻，对于张为何要刺杀马，有众多的说法，其中官方文本的奏折中的说法是同治五年马新贻做浙江巡抚时，严厉禁盗，张的一班朋友被抓后，张拦轿喊冤，马置之不理，张、马矛盾加深，在江湖朋友唆使下，张就把马刺杀了，民间流传的说法还有很多，其中最主要的一种是说张杀马是为了给结拜兄弟报仇，不过，现在已经无从考证了。

曾氏对他一手创制的水军十分看重，十多年的征战中，水军也是功不可没，然而现在水师中出现了腐败害民等种种弊端，曾氏仍处于"迷糊"中，不信其传言，还让其弟去查证而告知他。当一个人非常喜爱某物时，眼中全是好的没有坏的，这时需要用旁观者的眼睛来帮着分析和提醒，方能看得更全面。

同治十年二月初七日与国潢国荃书

1871 年 3 月 27 日

澄弟、沅弟左右：

澄弟正月十六、十八两次家信先后接到，而十八由胡万昌之信廿九日即到，十六由院排递之信后三日乃到。二月初六又接澄弟廿二日在湘潭所发之信，并沅弟十九日一信，附聂一峰与弟一信，具悉一切。

乡间银钱紧迫，萧条气象，亦殊可虑。此间近日平安，纪鸿儿子正月廿六日又生一子，乙丑四月完婚，六年未满，已生四子，亦云密矣。纪泽之子，名曰广铭，纪鸿之子，名目广铨。只求易于长成，将来各房丁口，或者不至甚少。

郑小山于正月廿八日出来拜客一日；廿九日拜折后即行起程，干礼水礼一概不收，一清澈骨。小钦差程仪则已收去（每人五百耳）。谷山之案，竟未审出别情，仍照魁、张原拟定谳。

徐寿蘅学使于二月初五日来此。一则由浙回京，必由扬州，迂道来宁见访；一则渠以奏事上干严谴，亦欲与余一商进退之宜。余劝之回京复命（学政任满），一面谢降调之恩，如久不得缺再行引退，渠以为然。其精力才气，将来尚当再跻崇秩。

见身体平安，目疾则日甚一日，春日肝旺，宜其更不如冬日之静。署中大小清吉。来此求差事者，惟熊午亭（焕南）派祁门办茶税，余均无可位置，瑞臣甥、厚九弟亦尚无可安之席。世上之苦人太多，好事太少，殊焦闷也。

长沙督销局派叶介唐，如叶不遽到，先派伊尹耕代理，今观澄弟信中云云，将来恐不相安。

聂一峰处喜期，待渠信到，即当照办。余之目光决难久保，渠既有回家之意，余亦恐当以目废还家，大约在湘完婚耳。前信在扬接到，久已复书，此信亦当速复。

云仙前信言当带子妇及二孙来宁，不知果否成行？正、二两月人客极多，应酬甚忙，尚可勉强支持，附告一慰。顺问近好。

【译文】

澄弟、沅弟左右：

澄弟于正月十六、十八两次寄来的家信先后接到，不过十八日由胡万昌送的信在二十九日就收到了，十六日的排单信晚了三天后才知道，二月初六日又收到澄弟二十二日在湘潭发出的信及

清代从国外流入中国的银币

沅弟十九日的一封信，还附有聂一峰给弟的一封信，全部情况都已经知道。

乡下的银钱非常紧缺，气象萧条，非常让人焦虑。这里近些天来平安。纪鸿儿于正月二十六日又喜得了一个儿子。他于乙丑年四月份结婚，还不到六年，就已经生了四个儿子，也称得上很紧密。纪泽的儿子取名广铭，纪鸿的儿子取名广诠，只期望容易长大，今后各房男孩的数量不至于会很少。

郑小山于正月二十八日出来拜访了一天，二十九日拜访后就动身了，干礼水礼一概不收，非常清廉。小钦差程仪钱则收去了（每人五百两）。谷山案，居然没有审出其他的情况，仍旧依照魅、张之前的判决定罪。

二月初五日那天徐寿蘅学使来到我这。一来由于从浙江回北京，必须要经过扬州，所以绕道来宁波访问；二来是他因为奏事遭到了皇上的严厉责备，也想与我商议进退的事宜。我则劝他回京复命（学政任满），一面感谢降职的恩典；假如长久不能缺补，再引退。他也同意这种做法。以他的精力才气，今后应当还会再跻身于高官之列。

为兄近日身体平安，只是眼病日益严重。春季肝气旺盛。不如冬天那样平静。衙署上上下下都安好。到这里谋求差事的，只有熊午亭（换南）派到祁门料理茶税，其他的都没有位置可安排，瑞臣的外甥、厚九兄弟也还没有能安置之处。世间的受苦人太多，好事情又过于稀少，让人非常焦虑、烦闷。

长沙督销局调派叶介唐来。假如叶不即刻到，就先派伊尹耕代理。今日看澄弟信中所说的，担心将来可能不会相安无事。聂一峰正值大喜的时候，等他的信到了就理应照办一切。我的眼睛绝对难以长久保全，他既然有了回家的念头，我或许也要因眼疾回家，可能是在湖南完婚吧？上封信在扬州收到。信也回了很久，这封信也应该立刻写回信。

云仙上封信说要领儿媳妇和两个孙子来宁波，不清楚是不是真的来过？

正月、二月里家里客人很多，应酬很频繁，还可以勉强支持，顺带告诉你好使你放心。顺问近好。

【点评】

曾氏又喜得一个孙子，这为人丁不旺的曾氏家族又增添了一些希望，给孙子的取名也包含着对他们的寄托，曾氏对家族的兴盛非常关心。特别是越到年老时，这样的心情和期盼愈加的明显。

那时有这样的一种观念，“多子多孙多福气”，曾氏的这种关心和期盼，正是这种思想的真实体现。

同治十年三月初三日与国潢国荃书

1871 年 4 月 22 日

澄弟、沅弟左右：

久未寄信，想弟望之殷殷。接澄弟二月初九湘潭发信，十四长沙发信，顷如九又带到一封。沅弟正月廿二之信附聂一峰信。正月十七交如九之信，均已聆悉。并承寄腊肉等件，极多且佳，谢谢。

科六侄之女二月初七夜殇故，虽亦为门庭之不祥，然幼女尚未周岁，究非已成丁口可比，切勿过于郁损。

此间正月所生两孙，俱已满月，小大平安。内人于二月十三日患病，初似温症，竟日发热谵语，十余天不愈。近日变为咳嗽，左手、右腿肿疼异常，多方医调，迄无效验。余新患疝气疾，右肾偏坠，肿痛殊甚，旬日之后，渐见痊愈，日内痛已渐止，立坐均不碍事矣。瑞臣、厚九均尚无差可委，此外来找事者颇多，殊愧无以应之。

沅弟挈家移居长沙，不知即试馆旁之公馆否？住乡住城，各有好处，各有坏处。将来一二年以后，仍望搬回廿四都，无轻去桑梓之邦为要。

省城之湘乡昭忠祠索余匾字，自当写就寄去。惧目光昏蒙，字比往年更劣，徒供人讪笑耳。澄弟目光亦坏，"申酉至卯刻直是废人"，不知两目同病乎？一目独苦乎？沅弟亦近五十，迩来目光何如？牙齿有落者否？夜间能坐至四五更不倦否？能竟夜熟睡不醒否？

刘同坡翁恤典一事，即日当查明，行知湖南本籍。刘文恪公之后，至今尚有男丁若干？光景尚不甚窘否？吾乡显宦之家，世泽绵延者本少。吾兄弟叨忝爵赏，亦望后嗣子孙读书敦品，略有成立，乃不负祖宗培植之德。吾自问服官三十余年，无一毫德泽及人，且愆咎丛积，恐罚及于后裔。老年痛自惩责，思盖前愆，望两弟于吾之过失时寄箴言。并望互相切磋，以勤俭自持，以忠恕教子。要令后辈洗净骄惰之气，各敦恭谨之风，庶几不坠家声耳。

顺问近好。

【译文】

澄弟、沅弟左右：

我已经很久没给弟弟寄信，估计弟弟十分期盼。接到澄弟二月初九从湘潭寄出的信，十四日从长沙寄出的信。不久如九又带来一封信。沅弟正月二十二的信附有一封聂一峰的信。正月十七日让如九带来的信，全部情况都已经知道了，同时非常感谢送来的腊肉等东西，又多又好。

科六侄儿的女儿在二月初七夜晚夭折了，尽管也是家门不幸，但是幼女还不满周岁，并不是成年人口能比，所以也千万不要太过抑郁不乐。

这里正月所生的两个孙子，都已经满月了，大小都很平安。内人在二月十三日患病，刚开始像是温症，一天后则发烧并胡言乱语，十多天都还没好。近来转变成咳嗽，左手及右腿又肿痛得很异常，经多方医治调疗，到今天也没什么好转。我新患疝气病，右肾位偏下坠，十分肿痛，十天之后，逐渐痊愈。目前疼痛渐渐止住，站立坐下都已经不碍事。瑞臣、厚九都没有什么差事可安排。此外来还有很多找事做的人，没有答应感到很愧疚。

沅弟领着家眷移居长沙，不清楚是不是居住在试馆旁的公馆里？住在乡下或城里，都各有益处，各有坏处。今

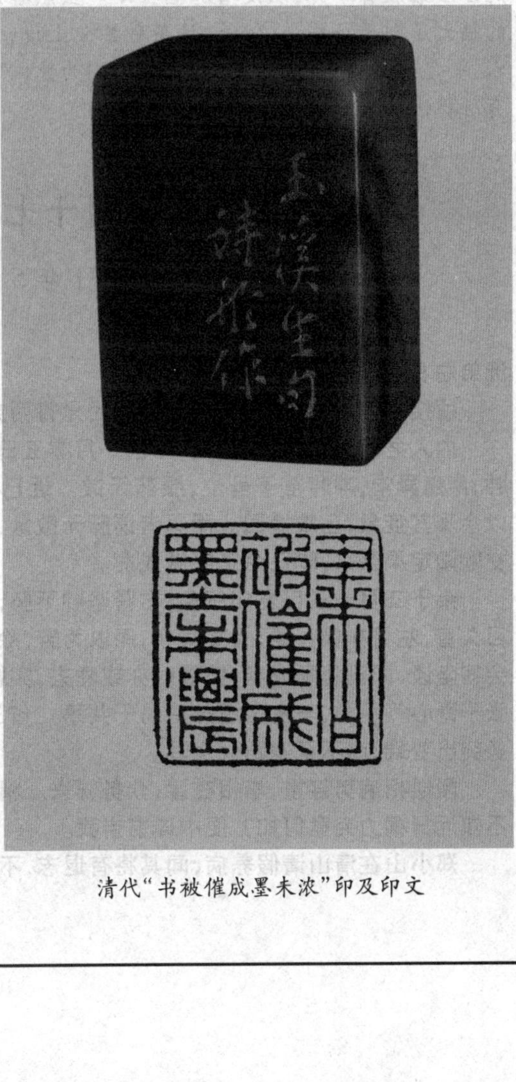

清代"书被催成墨未浓"印及印文

后一两年,仍旧希望撤回二十四都,不要随便离开家乡最为重要。

省城的湘乡昭忠祠向我索要匾字,理应写了寄去。然而目光模糊不清,字写得大不如往年,白白让人笑话了。

澄弟也患了眼疾,从申酉时到卯时简直就什么都看不见。不清楚两只眼是不是都患了这个疾病?一只眼睛像这样就很痛苦了吧?沅弟也将近50岁了,近来眼睛怎么样?牙齿有没有掉落的?夜里能坐到四五更天不感到疲劳吗?可以整夜熟睡不醒吗?

刘同坡翁恤典一事,应该立即查明,并行文告知湖南老家。刘文恪公的后代,到现在还有几个男丁?光景是不是还十分困窘?在我们家乡,凡是显赫的官宦之家,世代受到恩惠的原本很少。我们兄弟侥幸获得封爵赏赐,也期望后世子孙读书人品敦实,略有建树,才不会辜负祖宗的培植。我自问当官三十多年,没有一点恩泽与德行给人,并且过错很多,恐怕惩罚会牵连后代。年老了沉痛地惩罚并责怪自己,想弥补原来的过失。期望两位弟弟针对我的过错多寄些劝诫的箴言,并且希望能够相互切磋,能够以勤俭自持,用忠恕来教育子孙。要让后辈洗清身上的骄傲与懒惰之气。各自有敦实恭谨的作风,才差不多不会有损家里的名声。顺问近好。

【点评】

此信中,曾氏认为兄弟俩受到的恩泽太多,但自己却没有福泽留给后人,而且还担心若是自己遭受惩罚的话可能会连累到后世子孙。所以希望弟弟们指出他的过错并用正确的方法来教育子孙,以便增加些福泽。虽然曾氏的这种思想带有封建礼教的色彩,认为他的福大了则子孙福小,但是,从某种意义上说,他的这种思想,实际上是要告诉我们当官的人,一定要行得正、做的正,真正地为国为民,只有这样,心里才不会对自己和子孙的福分有所担忧。

同治十年三月十七日与九弟国荃书

1871年5月6日

沅弟左右:

顷接来信,知弟已移居长沙。此后兄寄两弟信,仍各分写,两弟接信,彼此互阅。

内人之病,自二月十三起,今已一月零五日。初系大热,谵语不止,三日转变则右脚大肿,疼痛异常,呻吟至于号泣,服药无效。近已肿至小腹,左脚及两手亦微肿,但不甚耳。以余观其症象,已难挽回。而医者谓脉无败象,尚有一线可望。李少荃送建昌花板二付,交欧阳定果带来,昨已命工匠做成矣。

余于二月十三日发疝气疾,右肾坚肿下坠,近已消肿缩上,不甚为患。惟目疾日剧,右目久盲,左目亦极昏蒙,看文写字,深以为苦,除家信外,他处无一字亲笔。精神亦极衰惫,会客坐谈,即已瞌睡成寐,核稿时亦或睡去,实属有玷此官。幸江南目下无甚难事,新中丞张子青心气平和,与友山漕帅皆易于共事。省三丁艰,孙琴西署盐道,亦属顺手。若无洋务突出变端,尚不至遽蹈大戾耳。

闻倭相病势甚重,李相在津,众务异兴。精神之衰旺。固全视乎年齿,两弟年不甚高,不知近日精力究竟何如?便中详书告我。

郑小山在清山请假养病,闻其将有退志,不知果否?顺问近好。

【译文】

沅弟左右：

刚刚接到来信，得知弟弟已经移居到长沙。这以后我寄给两位弟弟的信，仍然是分别写，两位弟弟接到信后，可以互相传看。

内人的病从二月十三开始，至今已经一个月零五天。刚开始是发高烧，不停地胡说八道，三月时就转变成右脚肿大，特别疼痛，以至于声音从呻吟变成哭号，吃药也没有一点见效。近日来已经肿到小腹了，左脚和两手也微微肿起，不过还不太厉害。依我看，这病症已经难以治愈了，但医生说没有败家的脉息，或许还有一丝希望。李鸿章送来两副建昌花板，经由欧阳定果带来，昨天已经让工匠做好了。

我在二月十三日患了疝气病，右肾又硬又肿而且还下坠。这几天已经渐渐消肿往上缩了，不会转变成病症。只是眼疾日益严重，右眼已经失明很久，左眼也非常模糊不清，看书写字，都感觉很困难，除了家信之外，没有亲笔写什么函件了。精神也非常衰弱疲惫，会客坐座时，也已经是很想睡觉，核对稿件时也会睡过去，实在是玷污我这个官位。幸好江南目前没有什么难办的事，新中丞张子青心气平和，和友山漕帅也很容易共事。

省三家人过世回籍，孙琴西署理盐道，也还算是顺手。假如没有洋务忽然发生事端，也还不至于一下子遭大罪。据说倭相的病情很严重。李鸿章在天津，所有事务完全复兴。精神是不是旺盛全在于年龄，两位弟弟年事不太高，不清楚近来精力究竟怎么样。请写信详细告诉我，郑小山在清江请假养病，我听闻他有引退的念头，不知道是否当真如此。

【点评】

此信中更多地提到了曾氏和内人的病况，步入老年的曾氏夫妇也是病痛不断。生老病死，是世间正常的现象，就如曾氏信中所说："精神之衰旺，固全视乎年齿。"将近花甲的曾氏精神日渐衰弱，但他还仍旧不忘关心两位弟弟的身体健康，即使目光昏暗也亲笔写家信，告知两弟自己的状况，并希望他们保重身体。体现了曾氏对曾家兄弟无微不至的关怀和期盼家人健康平安，努力使家中人丁兴旺的心情。

同治十年四月初一日与国潢国荃书

公元 1871 年 5 月 19 日

澄弟、沅弟左右：

三月十七日寄去一缄，专写沅弟之号，意谓此后沅既住省，信当分寄，然细思吾兄弟三人之信，断未有不互观者，仍以共写一封为妥。

三月廿日接两弟初六日信，由胡万昌带来者。廿八日接沅弟廿日信，其迅速又过于他日。两弟信皆甚密，阿兄目病，而又懒惰，去信较稀，致弟殷殷悬盼，殊抱不安。

余疝气之疾已愈，眩晕近亦未发，惟目光昏蒙日甚，作字为难之至。内人病已近五十天，前半月壮热谵语，后月余脚肿奇疼，寸步不能移，大小便皆须纪泽抱起，略为移高，垫以纸絮等物，事毕重洗，视星冈公更为难动。目盲而肢体痿痹，此病中极苦之境，而诊脉者谓其目下尚无死法。二女此次归宁，恰好待服母疾。余阖署小大平安。

冯树堂十八日到此，相得甚欢。渠因吴竹翁足不能动，谋送之归六安，已于廿八日赴上海，就涂朗轩商事，瑞臣甥亦随之同去。瑞臣虽能写公牍，而吾不欲荐之当幕，必求局卡专差，是以得缺较难。冠秀甥女处，四月专差到湘，当稍济之。

广德州并未失守，土匪滋事，二月十七日夜围建德城，城内团丁、差役等保守得完，生擒十余贼正法，余已鼠窜，派兵各处搜捕。江皖得雨沾足，应不至煽成大变。惟万一有事，无兵可用。吾意欲招勇数营，不知沅弟意中有可靠之统领否？即问近好。兄国藩手具，四月初一日。

【译文】

澄弟、沅弟左右：

我于三月十七日寄出一封信，特地写的沅弟的事，意思是今后沅弟既然在省城居住，那信就应该分开寄了。但是仔细想想我们兄弟三人的信件，从来没有不相互传阅过，仍旧是共写一封信相对妥当些。三月二十日收到两位弟弟六日的来信，经由胡万昌带来的。二十八日接到沅弟二十日的来信，比其他天都要快。两位弟弟写信都很频繁，为兄因为眼疾，而且还懒惰，所以回信比较少，以至于让弟弟非常盼念，让我感到非常不安。

我的疝气病已经痊愈了，眩晕也没有再发作，只是目光一天比一天昏暗，写字非常困难。内人的病已经快有五十天了。前半个月发高烧并胡言乱语，一个多月后脚肿痛得厉害，寸步难行，大小便都得靠纪泽抱起来，稍微放高些，再垫上纸絮等东西，完事之后又熏又洗，比星冈公还更加难以活动。眼睛失明并且四肢萎缩，这是病痛中最难受的情景，不过诊脉的人说现在还是不会死去。两个女儿这次回宁波，正好照顾他们的母亲。纪鸿的次子也得病了，像是白喉，这两天才开始渐渐变好，其他全家老幼平安。

冯树堂于十八日到我这，我们彼此都非常高兴，由于吴竹翁脚不能动，所以他想送吴回六安，已经于二十八日抵达上海，与涂朗轩商议事情，瑞臣外甥也跟着去了。瑞臣尽管能写公文，不过我不想举荐他当幕僚，一定要谋取一个局卡的差事，所以得到补缺很难。至于冠秀外甥女那里，四月专门派人去湖南，应当稍微接济她。

广德州并没有失守，只是土匪滋生事端，二月十七日夜晚围攻建德城，城里的团丁、差役都保守住了，活捉十多个贼匪并将他们正法。其他的抱头鼠窜，派兵到各处去搜捕。江皖地区得上天降雨惠泽，应该不至于造成大的变乱。只怕万一有事，没有士兵能用。我想要招募几个营的兵勇，不知兄弟有没有看中的可信赖的将帅？即问近好。

【点评】

从信中得知曾氏的病稍微有点好转，不过曾夫人却病得比以前严重了，让他很担忧。除了家事外，曾氏还牵挂着各地的军情和家中亲戚来投靠之事。不过，在安排亲戚职差的事情上，曾氏也有着自己的原则，并不是所有来投靠的亲戚他都给安排差事，也遵循因才用人之道。在某种程度上也体现了他"识人用人"的一面。

年老的曾氏在病痛时还关心着国家军事状况和用人情况，确实是一个忧国忧民的良臣。

同治十年五月初十日与国潢国荃书

公元 1871 年 6 月 27 日

澄弟、沅弟左右：

四月廿日接初六信，论敕书、养廉等事。五月初二日接洋局寄信报岳崧案首之喜。初七日又连接廿一日之排递信、廿八日之洋行信，论李廷章剿办等事，具悉一一。鲁秋航带到好茶，及前次寄来之早茶，俱已收到。至情佳味，感谢感谢。纪寿早得入庠，足以少慰高

轩公、愍烈公于地下，良为慰幸，惟府考院考尚须敬重将事。

余昏眩之疾，疝气之疾近皆未发。目光则昏蒙如常，无法挽回。内人右脚肿已全消，疼亦大减，能伸缩而不能行走。虽眼不光，脚不健为极苦之境，而三月间势处必死，竟能逃出命来，亦不幸中之幸也。其余合室平安。

澄弟问余所作慎独主敬等四条，兹抄一分寄去。诸侄辈若能行之，于身心及治家，俱有大益。阅《微草堂笔记》系纪文达公所著，多言狐鬼及因果报应之事。长沙如有可买，弟亦可常常阅之。

云仙极言"有笔"之劣，而筱泉则谓是老实人耳，究以何说为宜？

朱唐洲、彭霖系何处人？俟其至当优待之。此间差事亦极难逢，瑞臣及厚九近始各得一差，已候半年矣。

封爵敕书同治四年领得，错字极多，令纪泽带至湖北呈弟处。弟因其错误一笑而未收，泽即带回湘乡，不知今尚在富原堂否？拟到京换领，尚未果行。养廉有领与否？可在外省藩库领否？须托人到京一查。(余之爵廉未曾领过一次。)

《湖南文征》收到，研翁去年寄书，意欲余为伯宜作碑传等，语甚沉痛。余顷为作伯宜墓志，其《文征》之序，少迟亦当一作，俟作就一并寄南，请弟先告研翁。精力日衰，文笔日陋，则不能强者也。

两处设卡之详末到，鲁、秦二君既十分可靠，将来任以卡务亦无不可。此案余已具奏，思稍收回鄂岸引地，现交户部核议。部若议准，尚须筱泉肯略相助，不一力袒川，乃可期有起色。任鹤年系何处人？现居何官？督销局向无会办，且姑待之。此间雨已沾足，本月下旬再得甘霖则丰收矣。顺问近好。

【译文】

澄弟、沅弟左右：

四月二十日收到初六日的来信，商议封爵敕书、养廉费等事情。五月初二日收到从洋局发来的信，告知岳菘侄儿考取第一的喜讯。初七日又连续接到二十一日的排递信，二十八日的洋行信，都说的是李廷章剿办等事情，所有情况都知道了。鲁秋航带来的好茶以及前一次寄来的早茶都已经收到，味道很甘美，十分感谢。纪寿早早进入县学，足能够稍稍安慰九泉之下的高轩公、愍烈公，感到非常欣慰。只是府考、院考还要谨慎从事，千万不能马虎。

我的眩晕、疝气病近日来都没有发作，但是目光仍旧和往常一样昏暗模糊，没有方法挽回。内人右脚浮肿已经消退了，疼痛也减轻了许多，能够伸缩但还不能行走，尽管眼睛不发光亮、脚不能走动是最痛苦的情境，三个月中看势头必死无疑，居然能够逃命不死，也是不幸中的大幸了。其余家中老小都平安。

澄弟向我要所写的慎独主敬等四条，这次就抄一份寄去。澄弟和侄辈假如能做到，那对身心和治家都是大有好处的。《阅微草堂笔记》是纪文达公所写的，说的大多是狐鬼及因果报应的事。假如长沙能买到，弟弟也可以经常读一读。

云仙极力说有笔为人之坏，但筱泉则说他是老实人。到底哪种说法较为合适？

朱唐洲、彭霖是什么地方的人？信中说，"等他们到了一定要给以优待"。但是这里找个差使也非常难遇到机会，瑞臣和厚九近来才各人获得一份差事，他俩已经等候半年的时间了！

封爵敕书是在同治四年领到的，上面有很多错别字。由纪泽带去湖北呈交给弟弟们，由于里面错字多，弟弟们看完了笑一笑，并没有留存，纪泽就带到湖南老家去了。不知目前是不是还在富厚堂放着？准备到京城去换领敕书，还没有出发，养廉银领过了吗？能不能在外省布政司所属的储库领取？必须得托人去京城查一查(我的封爵养廉银还从来没有领过)。

《湖南文征》已经收到。研翁去年寄信来说，想要让我为伯宜作碑传等，言语很沉痛。我立刻作了伯宜的墓志。他的《文征》序言，晚些时候应当再做，等做好了一同寄过去，请弟弟先告知研翁。精力日益变差，文笔也不如以前了，那就不能再勉强了。

两处设立盐卡详细的申报咨文还没有送到这里。鲁、秦二位先生既然都非常可靠，以后委任他们掌管盐卡事务也还是可以的。有关这事我已经写好奏折上报了，想稍微收回湖北口岸行销官盐之地，如今奏折已经交给户部审核议定。户部假如审议准许，还必须有李筱泉愿稍微帮助一下，不要全力袒护四川，这才能期盼事情有所转机。

任鹤年是什么地方的人？如今担任什么官职？督销局素来没有会办，暂时等一等吧。这里雨水下得已经非常充足，本月下旬假如再下些好雨，那就必定会丰收了。顺问近好。

【点评】

曾国藩向来重视教育子弟修己健身，有所成就。到了晚年，他疾病缠身，精力日益衰退，切感来日无多，更加念念不忘子弟教育，亲手订立了慎独、主敬、求仁、习劳四条家训。老年人用这四条自我警惕，补救往年的过失；并且要求儿子、侄儿们共同遵守，互相考查。贯穿在这四条家训中的基本精神，就是振作精神，奋发努力，刻苦磨炼，勤俭自力，遵循儒家仁义之道，实现人格自我完善，成为一个对家庭、对他人、对社会有益的人。从这里表现出曾国藩经世致用之学在伦理道德方面的崇高目标，也映照出他本人的思想境界、人格操守的基本轮廓。

同治十年六月廿七日与国潢国荃书

公元1871年8月13日

澄弟、沅弟左右：

久未致书，想我弟悬望之至。屡接弟信，承寄健脾糕、茶叶、腊肉之类，谢谢不尽。又代寄南云茶叶，舫仙漆碗，深为感荷。

朱唐洲、欧阳仲诚先后到此，尚无位置。王上国已派先锋官。王瑞臣派宝应厘局，每月三十六金。曾澧楼管纱帽洲炮船五号，每月五十二千，在此间即算优差。鲁秋航已札令回湘管陈陵矶城陵矶花畹岗盐卡。此外皆无差可派，武员望泽者尤多穷困饥疲。公既无事可委，私又无钱可赠，惟有抱愧而已。

余身体尚好，今年不甚酷热，眩晕、疝气等病未发，惟目光昏蒙如常，亦不吃药点药。内人脚肿已消，膝尚作疼，略可站立，不能行动。久病之后，此已算痊愈矣。纪鸿之次子(九年元旦生日)日内有疾，食物全不消化，夜不能寐，亦未服药。余满门平安。

聂宅姻事，余已两次回信。余于八九月出外府阅操，请渠冬二月选择吉期，在宁招赘。新郎或八九月到宁，或稍迟再到，听渠裁夺。不知一峰近常与沅弟通信否？

冯树堂已抵家否？渠在此小住兼旬，又至上海访涂朗仙，又至六安州代吴竹如先生相择阳宅阴地，并为涂家择地数处，又言八九月间将至湘乡廿四都等处为我预卜葬地。若果至吾乡，请澄弟殷勤款接。渠昔在祁门，余与之口角失欢，至今悔之；今年渠至此间，余对之甚愧也。

余往年开罪之处，近日一一追悔，其于次青尤甚。昔与次青在营，曾有两家联姻之说，

其时温弟、沅弟均尚有未定姻事者，系指同辈说媒言之，非指后辈言之也。顷闻次青欲与纪泽联姻，断无不允之理，特辈行不合，抱惭滋深耳。

长沙无《阅微草堂笔记》，当即以此间一部寄弟，纸板亦坏，较之金陵市店之板犹略胜耳。

沅弟信中所称"德一本家""虎远本家"纵容凶恶、与善为仇，诚亦可虑。凡吏治之最忌者，在不分皂白，使贤者寒心，不肖者无忌惮。若犯此症，则百病丛生，不可救药。辐师近日天眷稍替，若更事事将就，则群辈益将瓷肆。余近待属吏亦殊颟顸，顷派员至三省密查，求去其尤无良者而已。

澄弟索融峰匾，八月当寄去。梅煦庵顷已到此，待差者虽难位置，然煦庵、唐洲必当有以玉成之也。元六小恙比已全愈否？至为系念。

顺问近好。

纪昀像。纪昀即纪晓岚，是清代乾隆时期的大臣，著有《阅微草堂笔记》

【译文】

澄弟、沅弟左右：

很长时间没有写信了，估计弟弟非常期盼来信。多次收到弟弟的信，承蒙送来健脾糕、茶叶、腊肉等东西，非常感谢。还有代寄过来的南云茶叶、舫仙漆碗，深为感动。

朱唐洲、欧阳仲诚前后来到我这，还没有安排职位。王上国已经调派为先锋官。王瑞臣调派到宝应厘局，每月薪水三十六两银子。曾澧楼掌管纱帽州五号炮船，每月薪水五十二千文。在这里也算得上是美差了。鲁秋航已接到命令回湖南，掌管城陵矶花畹岗盐卡。此外其他人都没有职差可安排。渴望恩泽的武职人员，比穷困饥饿疲劳的人更多。你既然没有事情能够委派，私下我又没有钱财能够相赠，只有感到愧疚了。

我身体还平安。今年不像往年那么酷热，眩晕、疝气病都没有发作。只是眼睛还和往常那样模糊，既没有吃药，也没有滴眼药。内人的脚肿已经消退了，膝盖还有点疼，稍稍能够站立，但是不能行走。久病之后，这样已经算是痊愈了。

纪鸿的次子（九年元旦生日）目前正生病，所吃的食物都不能消化，夜晚睡不着觉，也没有吃药。我全家都平安，有关聂家的婚事，我已经两次回信。我八九月要到外面的州府去检阅操练，请他在冬天的两个月内挑选个黄道吉日，在宁波招亲。新娘子于八九月到宁波，或者稍晚一些再到，听他安排。不知一峰近来是不是常和沅弟通信？

冯树堂已经到家了没有？他在我这小住了几十天，又去上海拜访涂朗仙，又去六安州帮吴竹如先生看阳宅阴地的风水，并且为涂家挑选几处地。又说八九月间将去湘乡二十四都等地为我预先占卜葬地。假如他到了我们家乡，请澄弟殷勤款待他。他过去在祁门，我曾和他争吵过几次，大家都闹得不愉快，到现在我还后悔。今年他来我这里，面对他，我感到很愧疚。

我原来得罪过人的地方，近日来一一追悔，对于次青我最为后悔。原来同次青在营中，曾经有两家结为姻亲的说法。那时澄弟、沅弟的子女都有还没有定下婚事的，这里指的是同辈说媒而言，不是指后辈所说的媒。后来听说汉青要和纪泽结为亲家，绝没有不答应的道理，但是辈分不合，感到非常愧疚。

长沙没有《阅微草堂笔记》，我立刻把我这里的寄给弟弟。纸板也坏了，但是比起金陵店铺中的纸板还稍好一些。

沅弟信中所说的“德一本家”，“虎远本家”行凶作恶，和善良的人为仇，的确是让人忧虑。凡是吏治最忌讳的，在于不论青红皂白，使有贤德的人寒心，不肖之徒无所惧怕。假如犯了这种过失，就会百病丛生，无药可救。这些天来皇上对韫师有些冷淡了，假如仍旧事事迁就，则这些人会更加放肆。我最近对待部属也非常马虎糊涂。我将立刻派人去三省秘密寻查，只希望革去那些不称职的坏官吏。

澄弟索要的融峰匾，八月就当寄去。梅煦庵刚到我这，等待差事的人尽管很难找到职位，不过煦庵、唐洲一定要成全他们。元六患了小病，现在痊愈了吗？非常惦念。顺问近好。

【点评】

对于安置前来投奔的家乡亲戚朋友，曾氏的前后态度有所不同，从待之较苛到采取宽容，但是，他始终有自己的一个原则、一个尺度，并不是所有来投靠的都统统安排，信中所提到的朱唐洲、欧阳仲诚就暂没有给他们安排位置。而他的学生李鸿章就不同了，不管谁都安排，最终导致了淮军的腐败。曾氏待人处世还是更胜一筹，身处高官的他心里始终都有一个原则，让他为官时能有放有收。

冯树堂是曾氏青年时代的朋友，当年曾为一点小事与之发生口角，曾氏至今还感到后悔，信中希望澄弟如遇到的话殷勤接待，以减少他的愧疚。回忆起以前的往事，曾氏尤觉得对不起李元度，不过最终曾李两家有联姻，让曾氏得以安慰。

曾氏对朋友的深情，真是值得大家敬佩。

同治十年七月廿六日与国潢国荃书

公元 1871 年 9 月 10 日

澄弟、沅弟左右：

久未寄函与弟，近日亦未接弟信，想各家皆清吉也。此间纪泽之子曰同儿者，于七月发慢惊风，廿三日酉刻便已殇亡。前此余不知其有病，直至廿二日始闻其腹泻已近二十日，瘀涌已历七日（十七日起），因病状不甚要紧，未办医药，二十二日动风时，即已危险难治矣。此儿初生时，余观八字，于五行中缺水缺火，与甲一儿之缺火缺木者相同，即已虑其难于长成，不料其如是之速。纪泽夫妇，年逾三十，难免忧伤。然此等全凭天事，非人力所能主持，只得安命静听。余老年衰惫，亦畏闻此等事，强自排解，以惜余年，两弟尽可放心。

善长（即玉二）带一婢女来，云将为吾置篷，系昌明所办，而吾弟亦赞成之者。吾以精力太衰，理不久于人世，不欲误人子女，故不收纳，不久即当倩媒另行择配。

江境兵勇太少，缓急无可倚恃，现令章合才招湘勇三千东来，派朱唐洲、李健斋为营务处，梅煦庵为支应委员。薪水则朱六十金，李、梅各四十金，略为位置三人。此外谋差而无以位置者尚极多也。

余衰颓日甚，每日常思多卧，公事不能细阅，抱愧之至。看书未甚间断，不看则此心愈觉不安。偶作古文，全无是处。研生兄处文二篇，兹有一信寄渠，请弟转交。伊辅先生文一篇，托弟交丁子开(骅)，前曾寄信，此次未写也。祖考两处墓表皆已作就，皆不称意，下次再行寄回。如其可用，则请沅弟书就刊刻。

左帅疏普沅弟及芗泉，此间亦闻是说。其萌退志，则未尝闻之。章合才言其精神百倍，多酒健饭，现派刘省三出关剿新疆、伊犁之贼。左帅平安甘肃之后，恐下文尚长，亦由天生过人之精力，任此艰巨也。

余拟于八月初出省大阅，大约两月后乃可旋省。此间岁事丰稔，高田间有伤旱之处，而亦可望七八分。涂朗仙放湖南臬司，本属有德，近更优于才，湖南之福也。

此问近好。

【译文】

澄弟、沅弟左右：

很长时间没有给弟弟寄信了，最近也没接到弟弟的来信，想必各家都平安。纪泽叫同儿的儿子，在七月间发作慢惊风，二十三日酉刻就已经夭折了，前些日子我不知道他有病，直到二十二日才得知他腹泻已将近二十天，痰涌也已经有七天(十七日开始)，因为病情不是很要紧。所以没有请大夫也没有吃药。二十二日动风的时候，就已经病危且难以治愈了。这个孩子出生的时候，我看他八字里五行缺水缺火，与甲一儿子的缺水缺木一样，就已经料想到他很难长大，想不到居然是如此之快。纪泽夫妇已年过三十，难免非常忧伤。但是这种事全凭天意，不是人的力量能够主持的，只有安心听命了。我年老体衰精神疲惫，也害怕听到此类事，只能强迫自己努力排解，来珍惜余下的时光，两位弟弟尽可放心。

善长(即玉二)领来一个婢女，说是给我做小妾，是昌明筹办的，我的弟弟也同意这么做。由于我精力不旺，也是将不久于人世的，也不想耽误她。因此没有收纳，过段时间就请媒人另外择人婚配。

长江境内的士兵太少，有了急事则难以依靠，如今让章合才招募纳湘勇三千人往东来，调派朱唐洲、李健斋为营务处，梅煦庵为支应委员。薪水方面朱唐洲六十两，李、梅二人各四十两，只对这三人稍作安置。除此以外来谋求个差事但是没有职位的人还是很多。

我一天比一天衰弱，每天常想多躺多卧，公事也不能认真批阅，深感愧疚，看书还没怎么间断，不看就感觉心里不安。偶尔写些古文，全无是处。研生兄那里的文章二篇，这里有封信，请弟弟转交给他。伊辅先生的文章一篇，托弟弟交给丁子开(骅)。上次曾经寄信，这次就没写了。祖父、父亲两处墓表已经写好，都不是很满意，下次再寄回。假如能用，就请沅弟写成刊刻。

左帅上疏举荐沅弟和芗泉，我这也听说了。不过他萌生引退的念头，则没有听说。章合才说他精神很佳，酒饭都吃得很多，目前派刘省三出关去剿除新疆伊犁的贼匪。左帅在平定甘肃之后，唯恐将来还有事情，也是由于天生有过人的精力，才担当了如此艰巨的任务。

我准备八月初出省进行大检阅，大概两个月就能够回省了。这期间正值丰收的时候。高田间有伤旱的地方，但愿还能够有十分之七八的收成。涂朗仙被外放为湖南臬司，原本是有德行的，也更是有才能的，这也是湖南人的福气啊，此问近好。

【点评】

曾氏的长子纪泽在正月间生的儿子，不幸在七月间惊风夭折，长房唯一的儿子夭折，对于纪泽夫妇来说,是多么的痛心。本来曾氏家族现在人丁不兴旺,这突如其来的打击,更让年迈的曾氏心绪低落。虽然在信中他说道"此等全凭天事"、"只得安命静听"、"强自排解",但这也是无可奈何的做法,只是希望纪泽夫妇不要因为担心他而更加伤心。

信中还提到了曾氏纳妾的事,曾氏深知自己"精力太衰",不希望误人子女,所以这个妾最终没纳成,也算是减少了一桩"风流韵事"。当时的曾氏身体状况已经越来越不好了,他的心情也更加接近平常人老来的所思所想了。

同治十年八月初十日与国潢国荃书

1871 年 9 月 24 日

澄弟、沅弟左右:

七月廿六日寄去一缄,告孙同儿殇亡事,并寄罗宅丁宅信,到否?旬日内此间平安。余脚上浮肿,肥而且硬,常服之袜已不能入。心血极亏,全不能用。现定于十三日出省,至淮、徐、苏、常等处大阅。

日内酬应纷繁,勉强支持。同乡及外省求差事者络绎不绝,已位置十余人,而向隅者尚多。南五母舅之嗣远遂,来此已逾半年,实难派差,徒花盘费,兹令乘轮舟之便,由鄂归湘。又专一勇回籍,送数月日记及金宅挽赙之类。大抵老年之人,血虚则气断难振,兄近来所以日见日衰,志欲强而气血不能副者,亦由血虚之故。

盐务之事,户部奏复之文,助鄂川而抑淮,轩轾之情,力透纸背。余两次在京,不善应酬,为群公所白眼;加以天津之案,物议沸腾,以后大小事件,部中皆有意吹求,微言讽刺。陈由立遣发黑龙江,过通州时,其妻京控,亦言余讯办不公,及欠薪水四千不发等语。以是余心绪不免悒悒。阅历数十年,岂不知宦途有夷必有险,有兴必有衰?而当前有不能遽释者。但求不大干咎戾,为宗族乡党之羞足矣。

前闻湘乡于七月杪府试,不知纪寿侄应试妥善否?筱澄侄已到省应院考否?苻、剑两侄取古否?欲得拔贡,则岁考之经、古及正场,是最要之根基。纪泽新丧弱子,学业难免抛荒。红鸿近看《书经注疏》,书法太拙,于岁科考亦难出色,又因道元,故未还湘应试。

内人目疾已久,脚疼未痊,余却平安,饭量比亦稍加,真所谓贞疾恒不死矣。余详日记中。

顺问近好。

【译文】

澄弟、沅弟左右:

我在七月二十六日寄出一封信,告知孙子同儿的夭折,并且一同寄去罗宅、丁宅的信,都收到了吗?十天以来这里诸事平安。我的脚上浮肿,又胖又硬,平时穿的袜子已经不能穿进去了。心亏血虚,都不正常了。目前定于十三日出省,去淮、徐、苏、常等地检阅。每天应酬频繁,勉强能支持。同乡和外省找差事的人连续不断,已经安排了十多人,不过还是有很多人在等待着。南方五母舅的后代大老远的来到这里已经时过半年了,确实是很难安排上差事,白白地浪费盘缠钱。如今让他趁着乘船的便利,从湖北回到湖南。又专门派一人回家乡,把这几个月的日记和金宅挽赙等东西送回。终究老人血虚短气就难以振作。我近日来之所以日益衰弱,想要强健但是气力不能有所帮助,也是因为血虚的原因。

有关盐务的事情,户部奏复的咨文是扶助湖北、四川而抑制淮河地区,抑扬轻重的情况，非常清晰透彻。我两次在京城，由于不善于应酬，遭到大家的白眼，再加上天津的案子被人议论纷纷，今后大小事情，吏部都特意地吹毛求疵，颇有微词讥讽。陈由立调派到黑龙江，路过通州时，他的妻子到京控告，也说我审办案件不公，欠他四千两薪水不发给等。所以我心中不免抑郁。我在外经历几十年，难道不明白仕宦之途有平坦必定有凶险，有兴盛必有衰败？然而现在总有人并不能立刻懂得其中的道理，只求没有大的过失，不被宗族乡里嘲笑也就满足了。

之前听闻湖南在七月底府试，不知纪寿侄儿的应试安排稳妥了吗？筱澄侄儿到省里应试院考了吗？符、剑两个侄儿有没有考过经策古文？要想得以拔贡，那么岁考的经策古文和正场八股请帖则是最重要的根基。纪泽最近痛失弱子，学业则难免就荒疏了。纪鸿最近看《书经》的注疏。书法太拙劣，今年的科考也难以有出色的表现，又由于路途遥远，因此还没有回湖南应试。

内人的眼疾患了很久了，脚疼一直还没好，其他的都平安，饭量也比以前增大了，的确是所谓的“贞疾恒不死”。其他的详细地记在日记中了。

【点评】

信中曾氏谈到自己日益衰颓，遭到不少人的白眼、讥讽和嘲笑，内心非常的抑郁，有丰富阅历的曾氏，对官途的夷险兴衰看得很清楚，对于那些不能马上明白其道理的人，他除了叹息之外，也只求自己没有太大的错误，以便清静晚年了。

做官的道路，有坦途必有险途，有兴盛必有衰败，这是任何年代都存在的现象，一些人总是在兴盛平坦时大攀关系，甜言蜜语，而在衰败危险时，冷嘲热讽，避之不及，实在是让人悲叹！

同治十年九月初十日与国潢国荃书

公元 1871 年 10 月 23 日

澄弟、沅弟左右：

自八月十三日出门，至淮阳等处，久未寄信，殊以为歉。而接弟等信三次，(第一次沅弟信中有欧阳牧云讣音，阅之不胜忧惋。本日得澄弟寄纪泽信，中有筱澄侄八月十九生子喜报，阅之不胜欢欣。兄之望甲三得子，与澄弟之望甲五得子，此其心之同，众人所共知者也。沅弟之与两兄同心，亦众所共知者也。今甲五上托祖宗之福，如愿而偿，将来甲三或亦相继而起。老年兄弟，心中只有此事要紧，贺贺。

兄自八月十八至扬，阅操三日，廿二日起行。廿八日至清江阅操三日，九月初三起行。初七至徐州，已阅一日。日内身体小有不适，幸渐痊愈，即当南旋，至常、镇、苏、松等郡校阅，大约十月二十前后可以完竣。人客繁多，较之在署更为劳剧。所幸江南今年丰熟，所过无颠连憔悴之状，为之少慰。老年记性愈坏，精力益散，于文武贤否，军民利弊，全无体察。在疆吏中最为懈弛，则又为之大愧。

闻法国于天津之事总不输服，现已派轮船七八号前来中国搦战，不知确否。果尔，则上海、江宁皆将震扰。久作达官，深虑蹈叶相末路之愆。少荃时望甚好，而为各灾所困，亦颇棘手。筱荃则身名交泰，无往不顺。

仕途巨细，皆关时运，余持此说久矣，然亦只可言于仕宦。若家事亦虽有运，然以尽人事为主，不可言运也，如何如何？顺问近好。

前信未发，九月十二又于邳州旧城途次接沅弟八月廿八信，具悉一切。同孙之殇，兄于七月廿六日函告两弟，不知何以久未接到，然则彼此家信之不到者多矣。剑农侄两试皆未高取，拔贡自已难望。苻卿侄则大有可图，须从大卷切实用功。二陈书法何如？诗赋何如？所争只在一二人间耳。

舒伯鲁之子运昌既为意臣所托，自应即予督销局一差。惟盐销极滞，而余屡札支空衔薪水，亦颇畏局讥议。

《文征》序业已寄去，到否？兄阅毕。徐州弁兵归来，已行二日。余病皆愈，惟目疾似又增剧，但冀留得一隙之光，与两弟相见。再候近好。兄又草，十二夜，旧邳州。

外刘毅斋信托速寄。

【译文】

澄弟、沅弟左右：

我自从八月十三日出门，到淮阳等地，已经很久没有写信了，深感抱歉。然而却收到弟弟们三封信，其中有筱澄侄儿八月十九日生得儿子的喜报，看了信后真是让我欣喜欣慰！我期盼甲三生儿子，和澄弟期盼甲五生儿子，心情是相同的，大家都清楚这点。沅弟和两位哥哥同一心愿，也是大家都明白的。如今甲五托祖宗的福，如愿以偿，以后甲三可能会相继生儿子。年老的兄弟，心中只有这件事最为要紧。祝贺祝贺。

我自八月十九日到扬州，阅操了三天，二十二日出发。二十八日抵达清江阅操三天，九月初三又离开，初七抵达徐州，至今已经阅操一天。这几天身体略有不适，幸好已经慢慢痊愈了。即刻就要回南方，去常州、镇江、苏州、松江等地阅操，大概十月二十日前后能够结束。来往的客人很多，比担任衙署更加繁忙，所幸的是江南地区今年喜获丰收，所经过之地没有颠沛流离、民生憔悴的景象，这让我的心稍微得以安慰。

步入老年，记性也越来越不好，精力也越来越集中不起来，对于文武官员是否贤能，军队和民间的情况，一点也没去视察调研，在封疆大吏之中我是最为松懈的，我为此很惭愧。

据说法国人对天津教案一事，总不服输，如今已派来七八艘军舰前向中国挑战。不知道消息是不是确切？要是当真这样，那么上海、南京都将会受到震动和骚扰，做高官这么久，很担心自己不能善始善终。

如今李鸿章名声很好，只是受各种灾害所困扰，也颇为棘手。筱荃则身名都好，诸事

1870年6月发生了天津教案，引发了清政府的外交危机。图为清末的天津码头

顺利。仕途中的大小变化都和一个人的命运息息相关,我持这种观点很长时间了。然而也只能适用于官场,若是家事,尽管也有命运的问题,但是应当以尽人事努力为主,不能过分地强调命运。你觉得我的看法怎么样?顺问近好。

上封信还没有寄出,九月十二又在去往邳州旧城途中收到沅弟八月二十八的信,所有情况都知道了。小孙同儿的夭亡,兄已于七月二十六日的信中告诉两弟,不知什么原因这么久还没有收到,这样看来你我彼此家信收不到的就有很多了。剑农侄儿两次应试都没有考上,拔贡自然已难以企望。苻卿侄儿则大有可图,必须从大卷上切实用功。二陈的书法怎么样?诗赋又写得如何?竞争也只会在一两个人之间罢了。

舒伯鲁的儿子运昌既然是意臣所托付照应的,那自然应该立刻给他督销局这一差事。只是盐的销路非常不好,而我屡次命令支取空衔薪水,也很害怕局里嘲讽议论。《文征》序已经寄出去了,不知有没有收到?我已经看完了。徐州弁兵回来,已经走了两天了。我的病也都痊愈了,只是眼病好像比以前更厉害了,但求留得一线光亮,能和两弟相见。再候近好。

另外,刘毅斋的信也已经托人快速寄回。

【点评】

曾氏在信中说到繁杂的公务让年老的他也承受不起了,对没有认真做好自己的本职工作,他深感惭愧。不过,宦海之中,也确实是有力不从心的时候,就像李鸿章这样的能人,面对诸般难事也感到棘手。对于仕途,曾氏认为与个人命运有关,不过对于家庭,他则主张不能过分强调命运,还是要以尽人事努力为主。

如今的好多人,不管什么事,都和"命运"联系在一起,未经努力而导致失败,则抱怨"老天不公"、"命运弄人","命运"是掌握在自己手中的,即使是相信"命运的安排",更需要自己的努力。

同治十年十月廿三日与国潢国荃书

1871年12月5日

澄弟、沅弟左右:

屡接弟信,并阅弟给纪泽等谕帖,具悉一切。兄以八月十三出省,十月十五日归署,在外匆匆,未得常寄函与弟,深以为歉。小澄生子,岳松入学,是家中近日可庆之事。沅弟夫妇病而速痊,适朱氏侄女生子不育而不甚忧闷,亦属可慰。

吾见家中后辈体皆虚弱,读书不甚长进,曾以养生六事勖儿辈:一曰饭后千步,一曰将睡洗脚,一曰胸元恼怒,一曰静坐有常时,一曰习射有常时,(射足以习威仪,强筋力,子弟宜多习),一曰黎明吃白饭一碗不沾点菜。此皆闻诸老人,累试毫无流弊者,今亦望家中诸侄试行之。

又曾以为学四事勖儿辈:一曰看生书宜求速,不多阅则太陋;一曰温旧书宜求熟,不背诵则易忘;一曰习字宜有恒,不善写则如身之无衣,山之无木;一曰作文宜苦思,不善作则如人之哑不能言,马之跛不能行。四者缺一不可,盖尽阅历一生,而深知深悔之者,今亦望家中诸侄力行之。

养生与为学,二者兼营并进,则志强而身亦不弱,或是家中振兴之象。两弟如以为然,望以此教诫子侄为要。

兄在外两月有余，应酬极繁，眩晕、疝气等症，幸未复发，脚肿亦因穿洋袜而愈，惟目蒙日甚，小便太多，衰老相逼，时势当然，无足异也。

聂一峰信来，言其子须明春乃来，又商及送女至粤成婚一层。余复信仍以招赘为定，但许迟至春间耳。

章合才果为庸才，其军断难得力。刘毅斋则无美不备，将来事业正未可量，其欠饷余必竭力助之。王辅臣亦庸庸，颇难寻一相宜之差。

东台山为合邑之公地，众人瞩目，且距城太近，即系佳壤，余亦不愿求之，已有信复树堂矣。

茶叶、蛏奸、川笋、酱油均已领到，谢谢。阿兄尚未有一味之甘分与老弟，而弟频致珍鲜，愧甚愧甚。川笋似不及少年乡味，并不及沅六年所送，不知何故？

“鸣原堂文”余意忘所选之为何篇，请弟将目录抄来，兄当选足百篇，以践夙诺。祖父墓表即日必寄去，请沅弟大笔一挥，但求如张石卿壁上所悬之大楷屏（似沅七年所书）足矣，不必谦也。

顺问近好。

【译文】

澄弟、沅弟左右：

多次收到两位弟弟的来信，并且见到弟弟教诲纪泽等人的信，所有情况都清楚了。我于八月十三日出省城，十月十五日抵达南京官署。在外来也匆匆去也匆匆，没能常常给你们写信，所以深感抱歉。小澄喜得了个儿子，岳松入学读书，是这几天家中可喜可贺之事。沅弟夫妇的病痊愈得很快，碰到朱氏侄女生子不育也不怎么忧虑烦闷，她的心胸如此达观也是属于让人欣慰的事。

我见到家中后辈子孙身体都很虚弱，读书也没有很大进步，曾经以养生保健六件要事来勉励孩子们：一是饭后要行走千步；二是临睡前用温水洗脚；三是静坐要有定时；四是练箭要有定时（射箭足以练习威仪增强筋骨，子弟应多加练习）；五是清早吃一碗米饭，不沾一点下饭菜。这些都是从老年人那里听来，屡次尝试没有什么弊病的，如今也希望家中各个侄儿尝试实行。我又曾经用作学问的四件事来勉励晚辈：一是阅览新书应讲求快，假如不博览群书则会太孤陋寡闻；二是温习旧书应讲求熟，不背诵的话就容易忘记；三是习字应该有恒心，不善于书写就好像身上没有衣服、山中没有草木一样；四是做文章时应当多思考，不善于写文章就好像人哑了不能讲话、马瘸了不能行走一样。四者缺一不可。这些都是我经历了一生所深刻感悟到而又有所懊悔的事物，如今期盼家中各位侄子能依照着努力去实行。

养生和学习，二者兼顾就会使意志坚强而且身体也不柔弱，或许是家中振兴的景象。两位兄弟假如觉得是这样，但愿要常常以此教导子侄辈。

我在外面已经两个多月了，应酬非常繁多，眩晕、疝气等病症幸亏没有复发，脚肿也因穿了洋袜而全好了。只是眼睛越来越昏蒙，小便也太频，衰老也渐渐迫近了，趋势自然是这样，那也就没有什么可奇怪的了。

聂一峰世兄来信，说他的孩子要到明年春天才来，又商议把女儿送去广东成婚一事。我回信仍然坚持定为招赘，不过或许要推后到春天了。

章合才当真是个平庸之辈，他的军队必然难以有很强的战斗力，毅斋却和他不一样，他具备很多优点，以后事业的建树必定无可限量。他所拖欠的军饷，我一定会竭力帮他偿还。王辅臣的才能也很平凡，也很难帮他找到一份合适的差使。

东台山属于合邑的公地，万众瞩目，而且距离都城太近，又都是肥沃之地，我也不想得到它,并已经写信答复树堂了。

茶叶、蛏好、川笋、酱油都已收到,谢谢。为兄还没有分给老弟一味好吃的,但弟却常送来许多山珍海味,让我非常惭愧。川笋似乎不如少幼时家乡的好,也比不上沅弟六年前所送的,不清楚是什么缘故?

鸣原堂古文选,我居然忘记选入了哪几篇,还请弟把目录抄来一份。我打算选足一百篇,以便履行以前许下的诺言。祖父、父亲的墓表今日定会寄去,还请沅甫弟大笔一挥,只要能像张石卿墙上所悬挂的大楷条屏(似乎是沅甫弟于同治七年所写的)那样就可以了,不用谦虚。顺问近好。

【点评】

曾国藩教育子弟,向来认为应该在好学、养生两方面并重,不能忽视任何一方面,认为读书明理是立身的根本,养生健体是事业的基础。他戎马一生,辗转南北,少有安定和闲暇的时候,但仍坚持读《资治通鉴》等书,甚至在一眼失明、一眼视力很差的情况下,也没有间断过读书。他在晚年患有疝气、眩晕等多种疾病、精神日益衰竭,还要经常见客、出外检阅,应付繁重的公务,到了心力交瘁的地步。此时更加感到养生的重要。曾国藩在这封信中,用养生六事、为学四字勉励子侄,希望他们好学、养生同时并进,切身体会中得来的宝贵经验,绝不能当作一般的泛泛之谈。

同治十年十一月初八日与国潢国荃书

1871 年 12 月 19 日

澄弟、沅弟左右:

近接澄弟一信沅弟二信,具悉一切。兄自大阅归来,倏已兼旬,身体尚好,眩晕、疝气、脚肿等症俱未复发,惟目蒙日甚,小便太多,无非以一衰字蔽之。

亲戚来此者,龙三及从三之子俱已归去,仅有远房日江福田者留老湘营当勇。李健斋、曹镜初俱归,订明春复来。

刘毅斋亦已告归,其欠饷五十余万,余已为之设法,约二年可以完清,渠亦已为感。盖寿卿固可敬,毅斋又极可爱,宜沅弟屡函思所以扶植之也。

王笛楼甥来祝寿,亦已返鄂。康候拟于腊月旋归,因吾将以十一月廿二日迁新衙门,渠同移后始归也。

历年有菲仪寄家乡族戚,今年亦稍为点缀,乞弟即为分致。毫末之情,知元补于各家之万一。

纪鸿拟以一子出嗣纪泽,余自十月由苏、沪归来,始闻其说,力赞成之。本月拟即写约告祖,不作活动之语。中和公出嗣添梓坪,因活动而生讼端,不如李少荃抚幼泉之子作呆笔耳。

筱荃至湖南查案,必于锟帅有碍,夔石既署抚篆,藩席另放吴公,则中台开缺已无疑义。锟帅和平明慎,不知同乡京僚何以啧啧评贬,宦途信可畏哉!

顺问近好。

【译文】

澄弟、沅弟左右:

这几天收到澄弟一封信,沅弟两封信,所有情况都知道了。我从大阅回来到现在,转眼已经二十天了。身体还算健康，眩晕、疝气、脚肿等病症均没有复发。只是眼病一天比一天严重，小便太频，说来说去也只是个衰字罢了。

来这的亲戚中，龙三和从三的儿子都已经回去了，只有一个叫江福田的远房亲戚，留到老湘营当兵。李健斋、曹镜初也都回去了，约好明年春天还来。

刘毅斋也已经告退回乡。他拖欠的五十多万饷银，我已经替他想办法，大概两年就能够还清，他十分感激。寿卿固然可敬，毅斋又非常可爱，这应该就是沅弟屡次来信想扶植他们的理由吧。

外甥王笛楼来祝寿，也已经返回湖北了。康侯打算腊月回去，由于我将在十一月二十二日迁往新衙门，他随我一块儿迁过去后才回家。历年来都有菲薄的礼寄回给家乡同族乡亲，今年也稍有一些作为点缀。就托彭芳四送回，希望弟协助分发给大家。仅此微薄之意，不足以解决各家的困难。

纪鸿打算把一个儿子过继给纪泽。我于十月中旬从苏州、上海回来，听到此事，深表同意。本月就准备写约告祖。那就这么定下了。中和公给添梓坪过继了一个儿子，由于犹豫不定而滋生事端，比不上李少荃抚养幼泉之子作呆笔的例子。

筱荃去湖南办案，必定对韫帅有所阻碍。夔石既然已经署理了巡抚大印，布政使又另外放了吴公，那么中台一职空缺已经是必然的了。韫帅待人平和慎明，不知同乡官僚为什么口出微言贬责他？宦途险恶，非同一般啊！顺问近好。

【点评】

曾氏的长子纪泽唯一的儿子不幸在仅六个月时惊风夭折，而此时的纪鸿不仅有两子，而且新生儿还健康活泼，纪泽心里肯定不是滋味，于是并有了出抚一说。出抚，即把弟弟的儿子过继给哥哥，曾家就把纪鸿的小儿子广铨过继给了兄长纪泽，为长房。后来，纪泽生子广銮、广钿(9岁时夭折)，广铨仍在长房不动，但是，曾氏夫妇对待抚子和亲子，还是截然不同的，除了纪泽去世后爵位并没有传给居于兄长位的长房广铨外，在分财产时还对广铨苛刻而偏心于广銮，由此可见，尽管曾氏的两个儿子在大体上继承了家风，但在人性内心的最深处，自私这一点还是依旧在起着作用。

同治十年十一月十七日与国潢国荃书

1871年12月28日

澄弟、沅弟左右：

初八日彭芳四回家送菲仪于亲族，付去一函，不知何日可到？

日内此间平安，余身体粗健，眩晕、疝气诸症未发，脚肿因穿洋袜而消，幸未再发，惟眼蒙日甚，无术挽回。请医诊视，云两尺脉甚虚，然尚可补救。惟目疾难治。近世亦无精于眼科者，不如不治为上策。署中大小平安。镜初、健斋前住署中，近皆归去，竹林亦即日告归，留此者惟陈松生、欧阳仲谐、刘康侯。本月廿二日移居新衙门，屋多人少，殊觉空旷。

聂宅世兄尚无来江之信。渠中间有一函，商及送女至粤成婚。兄回信仍请送男来江，胡耽延一二月也。接澄弟十月廿八日信，及十一月初三与纪泽信，知刘、王二公急欲借洋饷六十万，余前复信虽已允许，而仍多筹商为难之辞，不知韫帅接到后如何定计？新任上海沈道月内必来敝处，当再与熟商之。湘省督销局入款，分拨甘省淮军，留湘用者无几，能还此巨款否？

李筱帅查办之案已就绪否？輼帅无大处分否？宦途险巇，在官一日，即一日在几波之中，能妥帖登岸者实不易易。如輼帅之和厚中正，以为可免于险难，不谓人言籍籍，莫测所由，遽至于此。

李申夫回藉后光景甚窘，今年托兄追索浙江运使任内养廉，杨石泉慨然许给三千七百余金，亦小可慰也。

八九十月日记此次专人送去，霞、筠二公复信请即妥寄。顺问近好。

【译文】

澄弟、沅弟左右：

初八日彭芳四回家把菲薄的礼送给亲族，寄出一信，不知什么时候才能收到。近些天来一切平安，我身体还算是粗健。眩晕、疝气等病症都没有复发，脚肿也因穿了洋袜而消退，幸好没有再发。只是眼疾越来越严重，没有办法挽回。请医生诊断，说是两尺脉太虚，不过还能够补救。只是眼疾难医，近代又没有精于眼科的医者，不如不治为上策。署中老少平安。镜初、健斋前往署中，近日都已经返回了。竹林这几天也要回去。留在这里的只有陈松生、欧阳仲谐和刘康侯。我将于本月二十二日移居新衙门，屋多人少，顿时感到空旷许多。

聂宅世兄暂时还没有来江陵的消息。此期间他曾来过一封信，商量把女儿送去广东成婚。我回信仍旧希望男方来江陵，因此耽搁了一两月。收到澄弟十月二十八日的信及十一月初三给纪泽的信，得知刘、王二公急着想借六十万洋饷。我前次回信中尽管已经答应，不过言语多有为难，还有待商议，不知輼帅收到后怎么打算？新任上海沈道这月内必定会来我这，到时候再和他商量。湖南省销督局的进款已经分拨给甘省淮军，留给湖南的就没有多少了，能不能还这笔巨款呢？

李筱帅所查办的案子已经准备就绪了吗？輼帅有没有大处分？宦途过于险恶，为官一日，就一日在风浪波折之中，能安全登岸的实属不容易。就像輼帅如此宽厚平和的人，本以为能够免于险难，怎料到人言可畏，前途莫测，居然到如此田地。

李申夫回籍后光景十分窘迫，今年并托我追索浙江运使任内养廉费，杨石泉则慷慨地同意给三千七百多两银子，也是能够稍微安慰一下了。

八、九、十月写的日记，这次派专人送去。霞、筠二公的回信，请早些妥善寄来。顺问近好。

【点评】

信中曾氏提到自己的眼病越来越严重，也无法医治，看来年老的迹象越来越明显了。此时曾氏的思想还是有所变化，此时的他对官场看得也越来越透彻了。身处官场确实不易，进去不易，出来也难，搞不好就会弄得个“身败名裂”。

如今的社会也是这样，想在官场上打拼，确实要有“身经百战”的阅历，官场内风波无限，为官的人应该把握个度，坚持好正确的原则。